1990
|
1991

中国建筑年鉴

CHINA BUILDING ALMANAC

中国建筑工业出版社

(京）新登字 035 号

中国建筑年鉴

(1990～1991)

《中国建筑年鉴》编委会

*

中国建筑工业出版社出版、发行（北京西郊百万庄）

新华书店经销

中国建筑工业出版社印刷厂印刷(北京阜外南礼士路)

*

开本：787×1092 毫米 1/16 印张：$39^{3}/4$ 插页：26 字数：1428 千字

1992 年 3 月第一版 1992 年 3 月第一次印刷

印数：1—4,000 册 定价：45.00 元

ISBN7—112—01579—O/TU·1186

(6614)

《中国建筑年鉴》编委会

目　　录

1 文　　献

2 建 筑 实 录

工业·交通

民用·公共

3 行业综述

4 地 方 概 况

5 村 镇 建 设

6 科 技 进 展

7 建 筑 教 育

8 图书、论文选目

图 书 选 目

文 摘

9 学会 协会

10 先进人物、先进集体

先进人物

先进集体

11 企业简介

12 统 计 资 料

13 纪　事

中国建筑年鉴

1

文献

国家计委　建设部

促进工程设计技术进步若干问题的规定

（一九八九年三月八日）

根据中央关于"经济建设必须依靠科学技术，科学技术工作必须面向经济建设"的方针，要求"八五"期间新建或扩建的大中型工程项目在技术上要达到八十年代初期的世界先进水平。工程设计是把先进技术转化为生产力的纽带，是整个工程建设的"灵魂"，在工程建设中处于主导地位，它对工程质量、建设周期、投资效益以及投产后的经济效果起着决定性的作用。

建国三十多年来，我国工程设计界广大技术人员勤勤恳恳、兢兢业业为社会主义建设做出了成千上万个工程项目的设计，取得了很大的成绩，使我国的工程设计在许多领域里达到了较高的水平。特别应当指出的是，经济体制改革的不断深入给设计单位带来了生机和活力，进一步调动了广大设计人员的积极性，使设计工作发生了深刻的变化，出现了一批新技术、新工艺、新软件，为四化建设做出了应有的贡献。

但也必须看到，与国际先进水平相比，仍有很大差距。比如，工艺技术水平较低；设计与设备制造互相脱节，往往是先进的工艺迁就落后的设备；消化吸收和开发新技术力量不足，计算机运用和软件开发能力较差；设计标准、规范偏于保守，国际标准和国外先进标准采用不多；设计体制、程序和方法仍需进一步改革，人员素质亟待提高。以上情况表明，无论在工艺技术、设备制造和工程设计的先进性、可靠性以及管理工作的科学性方面都还存在着许多问题，需要我们认真去提高、去解决。因此，大力推进工程设计的技术进步，是我国工程设计行业一项紧迫而又艰巨的任务，没有现代化的设计，就不可能有现代化的建设。为此，特作如下规定：

一、要严格控制重复引进，努力提高国产化水平。

七十年代以来，我国先后引进一批先进的工艺技术和生产装备，通过消化、吸收和创新，从过去只能承担引进装置的配套设计，到现在能够独立承担大型装置的设计，而且在有些方面还有创新，使我国的工程设计水平取得了很大提高，在某些领域内达到了国际八十年代初期的先进水平。

主管部门要加强对引进技术消化、吸收、创新工作的领导，认真编制本行业提高工程设计水平五到十年规划，明确奋斗目标和制定强有力的措施，分期分批组织实施，力争在本世纪末，使本行业的工艺设计水平达到世界八十年代初期的水平。

设计单位要在国产化上起主要的作用。要积极主动与科研单位合作，共同开发先进的工艺包和基础设计，并逐步形成一支具有使先进技术工程化设计的开发队伍。要贯彻"工艺与装备并重"的方针，紧密配合装备制造厂和特殊材料研制单位，为先进工艺提供先进装备，从软、硬件上提高设计水平。设计单位要有一名领导负责国产化工作。

主管部门要大力支持设计单位提高工程设计国产化水平，从政策上给予扶植。结合本行业的情况，明确本行业国产化的重点项目，定期检查并及时解决开发过程中发生的问题。今后，已经引进过的技术，如没有特殊情况，一般不再重复引进。要坚定信心，依靠自己的力量，坚定不移地走国产化道路，力争在最短的时间内取得成效并能向国外输出设计技术，尽快走向国际市场。

二、设计软件实行有偿转让，加快商品化步伐。

工程设计软件商品化，一方面是指在进行工程设计或建筑设计时所需的各种软件，包括工艺软件、过程控制和监控软件、结构软件、图形软件以及各类基础设计作为商品实行有偿转让；另一方面是指运用上述软件或基础设计作出的施工图设计实行定额计价。只有让先进软件和基础设计尽快达到商品化程度，参与市场竞争，并在工程项目中应用，才能使我国工程设计的水平出现一个新的飞跃。

设计软件有偿转让，要按质论价。属于专利技术，按专利法的规定收取转让费；各种软件要经过逐级鉴定，鉴定合格者才能实行有偿转让，哪一级鉴定只能在哪一级范围内有偿转让，也可实行转让方与使用方协商定价。鉴定不合格者，或未经鉴定的软件，不能在工程设计中应用，更不得收取转让费。各类基础设计可按照初步设计收费标准进行转让，各主管部门可按照上述原则制定其具体的转让办法，经建设部会同国家计委审定后实行。

要成立各级工程设计软件评审机构，建立完善的评审制度和工程软件管理办法，定期公布评选结果及经鉴定准予转让的软件目录，并在一定范围内强制推广应用。今后，国家大中型项目的设计，要逐步使用经国家鉴定合格的工程设计软件，否则在设计审查时不予认可，或者重做设计。

三、要大力运用电算技术，提高装备水平。

现代化的建设趋向大型化、综合化、连续化。工程设计已成为一个系统工程，如不采用计算机技术，用先进的软件进行准确的运算和多方案优化，就不可能做出先进的设计。而现代化的设计是建立在计算机先进软件、各类基础设计和专利技术的不断开发和更新提高上的。因此，大力运用电算技术，提高设计单位装备水平就显得十分重要。

主管部门要组织所属设计单位认真编制技术装备五到十年规划，要有重点、有步骤地分年组织实施，在逐步更新技术装备的同时，要注意软件兼容和资源共享以及机型统一的问题。今后，设计单位的装备和软件水平，将作为划分设计资格等级的主要条件之一。

设计单位要强化计算机运用系统，充实计算机站（室）的力量，也可成立计算机开发应用公司，实行独立核算，自负盈亏，面向社会服务。设计单位之间和国内外之间可以互相合作，联合开发和经营计算机软硬件业务，共同分享其开发成果。设计单位从事计算机工作和软件开发人员，其奖金分配应不低于设计人员。对开发和应用有贡献的人员要给予重奖。

四、坚持正确设计思想，继续开展创优秀设计活动。

设计单位必须坚持正确的设计思想，真正站在国家立场上，实事求是，坚持设计的科学性和客观性。在各项工程设计中要从中国的国情出发，采取先进适用的技术，贯彻勤俭建国的方针，不能盲目追求高标准，既要做到技术先进，又要做到经济合理，用尽可能少的投资，取得最大的经济效益。在民用建筑中，要全面贯彻实用、安全、经济和适当注意美观的原则，既防止千篇一律，又要具有中国特色。今后，凡不符合上述原则，不采用优秀软件的设计，都不得评为优秀设计。

要完善优秀设计的评审制度，改革设计单位奖金分配办法，对创作优秀设计的人员，给予优秀设计人员奖。

在开展创优活动的同时，要继续开展全面质量管理活动。各重点设计单位都要建立以院长为首的质量保证体系，以总工程师为首的技术保证体系，以总经济师为首的工程造价保证体系，强化质量意识，做到技术和经济的统一。

各设计单位要彻底转变和纠正对新技术不敏感，甚至无需求的状态。在加强新技术、新工艺、新产品、新材料开发的同时，大力普及已有的适用技术，推广已经进行商品化生产的新型材料，并坚决废除、淘汰低效劣质的旧工艺、旧设备、旧标准。厂房和民用建筑要把采用先进技术同新型建筑材料结合起来，注意节约能源、建材和用地，讲求综合经济效益，发展新的建筑结构体系。

五、要强化培训，提高设计人员的素质。

设计单位要对现有在职人员组织全面培训，分期分批达到各类人员所要求的素质，确保技术和业务水平。实行优化劳动组合，对不合格的设计人员要调离设计岗位，从事其他工作或再学习，不能迁就。要鼓励设计人员勤学苦练、精心设计。

要逐步建立注册工程师和注册建筑师制度。在加强单位资格管理的同时，严格个人的资格管理。通过注册考核，获得相应等级的注册证书的设计人员，才能承担相应的技术责任并签发相应的设计文件。

主管部门要有计划地选派一批有才华的设计人员去国外重点培养，或到国外工程公司去工作，也可以聘请国外专家来华讲学，认真做好智力引进工作，尽快提高设计人员的素质。

六、创造条件，开展国际交流与合作。

主管部门要大力支持设计单位走向世界，打破长期以来对外封闭的局面。要通过中外合作咨询、合作设计和技术劳务出口等方式，积极开展国际交流和合作。要与外国工程公司和国际上各种专业应用软件开发机构建立广泛联系，参与或共同开发工程软件，及时分享国际上先进的、最新的专业技术开发成果，以缩短差距。在引进技术中，应尽可能不依赖中间商，直接购买专利使用权、工艺包或基础设计，由国内来完成较高水平的工程设计，逐步形成自已的高技术开发力量。

当前，要积极采用国际标准和国外先进标准，以适合中外合作设计和工程总监理的需要。各设计单位都要做好基础工作，对本行业的设计标准、规范、导则手册和电算程序等，要逐步向国际标准靠拢，提高竞争能力。要有计划地派出设计人员出国承揽任务或邀请外国公司合作，共同承担国内外设计咨询业务。

建设部　国家计委　财政部
中国人民建设银行　物资部

关于扩大设计单位进行工程总承包试点及有关问题的补充通知

（一九八九年四月一日）

国务院各有关部门，各省、自治区、直辖市、各计划单列省辖市建委（计经委、建设厅）、财政厅（局）、建设银行分行：

自一九八七年国家计委、财政部、中国人民建设银行、国家物资局联合颁发计设〔1987〕619号《关于设计单位进行工程建设总承包试点有关问题的通知》以来，设计单位进行工程总承包工作又有了新的发展。从试点的情况看，设计单位负责管理整个工程项目的建设，普遍收到了缩短工期、保证质量、控制和节约投资的效果。各部门、各地区都要求扩大试点范围。现就扩大试点和有关问题作如下补充通知：

一、设计单位进行工程总承包时，设计单位的等级（设计证书等级）必须与所承包的工程项目的规模大小一致，即乙级设计单位不准总承包大型工程项目；丙级设计单位不准总承包中型工程项目；丁级设计单位不准总承包县以上单位小型工程项目。各设计单位均不准越级总承包工程项目。

二、设计单位不能辖有施工队伍，也不应与施工单位联合投标总承包工程项目。设计单位在进行工程总承包时，只负责勘察设计、设备采购、施工招标、发包、项目管理、质量监督和试车考核，不直接从事施工，不必领取施工执照。

三、设计单位进行工程总承包，必须有两个以上设计单位参加投标竞争，择优选定总承包单位。实行总承包的项目，其投资承包额必须控制在国家批准的设计任务书（可行性研究报告）规定的工程项目总投资额的范围内，并在招标评标时具体审定。根据国家计委计资〔1984〕1684号文的规定，如果工程项目的初步设计概算比批准的设计任务书（可行性研究报告）规定的投资额超出10%以上的，要报请有权单位重新审批设计任务书（可行性研究报告）。投资总承包额一般应低于同类型工程的平均造价。

四、设计单位在进行工程项目总承包时，应在建设银行开立帐号，直接承办工程款项。

设计单位进行工程总承包时，可以把设计与设备订货有机地结合起来，这有利于缩短工期，防止设计返工。在拨款时，应考虑这些特点，以保证工程用款。

设计单位所需的周转资金、周转材料仍按原规定执行。请有关部门继续给予落实和支持。

五、工程总承包单位所需总承包管理费，在总承包投资内支出，不得从承包资金外收费。

六、建设项目由设计单位进行总承包节余投资的分配按国家计委、建设部、劳动人事部、中国人民建设银行联合颁发的计基（1984）2008号《基本建设项目投资包干责任制办法》中的有关规定执行。

七、总承包单位在确保质量的前提下，按合同工期提前竣工投产，所得利润按国家计委、财政部、中国人民建设银行联合颁发的计施（1987）1806号《关于改革国营施工企业经营机制的若干规定》中第四条执行。由于拖长工期而造成的损失，属于承包单位责任的，由该承包单位赔偿。

八、开展工程总承包的勘察设计单位暂时一律执行国家对勘察设计单位的各项财政、税收政策。

九、为了推进这项改革，拟扩大一批由设计单位进行工程总承包的试点单位（名单附后）。部门和地方的试点单位，由各部、各地自行确定。

十、本通知只适用于以设计为主体进行工程总承包的勘察设计单位。

附：

第二批试点单位名单

1.中国华西工程设计建设（集团）公司
2.中国远东国际工程承包公司
3.中国华龙工程咨询设计（集团）公司
4.北京有色冶金设计研究总院

关于《冶金工程项目建设工期定额》的复函

（一九八九年五月八日）

冶金部:

你部（88）冶建字第996号文“关于报送《冶金工程项目建设工期定额》的函”悉。经与国家计委研究，现复函如下：

你部组织编制的《冶金工程项目建设工期定额》是在深入调查研究基础上反复修改编制而成的。该定额的编制依据和原则基本符合统一规定的要求，其编制方法是科学的，成果是有价值的。根据国家计委计标（1986）619号文审批程序的规定，该定额请由你部审批发布试行，并请你部加强对该定额的管理，及时掌握定额的执行情况，以便进一步修改、完善。

5.南昌有色冶金设计研究院

6.北京钢铁设计研究总院

7.武汉钢铁设计研究院

8.中国天津化学工程公司（化工部第一设计院）

9.中国西安化学工程公司（化工部第六设计院）

10.中国寰球化学工程公司

11.机械电子工业部第七设计研究院

12.机械电子工业部第四设计研究院

13.机械电子工业部深圳设计研究院

14.水电部贵阳勘测设计院

15.水电部中南勘测设计院

16.天津水泥工业设计研究院

17.蚌埠玻璃工业设计研究院

18.太原煤炭设计工程公司

19.中汉煤炭设计工程公司

20.江苏煤炭设计工程公司

21.兖州煤炭设计工程公司

22.交通部水运规划设计院

23.交通部第一航务工程勘察设计院

24.林业部林产工业设计院

25.核工业部第五研究设计院

26.中国轻工业北京工程咨询公司（轻工业部北京设计院）

27.中国纺织工程咨询公司（纺织工业部设计院）

28.中国制冷工程咨询公司（商业部设计院）

29.中国石化总公司北京设计院

30.广播电影电视部设计院

31.建设部建筑设计院

注:

名单中第1—3为设计集团工程公司，其成员单位中，国务院各部所属的勘察设计单位都属于第二批总承包试点单位；地方所属单位，按本文第九条规定处理。

建 设 部

关于对集体、个体设计单位进行清理整顿的几点意见

（一九八九年五月十九日）

一九八四年，国务院批转国家计委《关于工程设计改革的几点意见》中提出:‘“国营、集体、个体设计并存，开展竞争”以后，不少地区相继成立了一批集体和个体设计单位。几年来，他们完成了一批城乡民用建筑和村镇小型工业项目的设计任务，对我国工程建设起到了积极的辅助作用。但是，也存在不少问题，主要是：一、全民与集体、个体单位界限不分。有不少集体、个体设计单位依附于国家党政机关、企事业单位或协会、学会等群众团体，其人员、固定资产、资金等与这些单位没有彻底划清，挂名在集体、个体设计单位的人员两边都有收入，因而影响了一大批在职人员的生产积极性。二、没有起到与国营设计单位在技术上展开竞争的积极作用。有不少集体、个体设计单位在组织上不健全，其成员几乎都是退（离）休的工程技术人员，干一天算一天，有的单位甚至没有能容纳其人员从事正常设计的固定场所，有任务回家干，没任务就散，在分配上“用光分尽”，根本没有考虑单位发展的长远观念，这种只着眼于“现得利”的短期行为，不符合国家倡导进行三个“并存”试点的意义。三、管理混乱，设计水平低、质量差。有的集体、个体设计单位本身技术力量不足，靠出卖图签、图章过日子，有的私下拉在职人员为其搞设计，不仅设计质量得不到保证，而且严重地干扰了设计市场。为了建立良好的设计生产秩序，创造平等竞争的环境，除对国营设计单位进行资格整顿外，对现有集体、个体设计单位要进行一次清理和整顿。清理整顿的主要意见如下：

一、凡是一九八四年以来新成立的集体、个体设计单位，要与国家党政机关、企事业单位以及协会、学会等群众团体，在人员、财务、资金等方面限期彻底脱钩。所有在职人员到集体、个体设计单位从事工作（或挂职的），都必须办理离职手续，由所在单位开具离职证明，除支援边远地区经过批准的可停薪留职外，其它不予留职。集体所有制单位的固定资产及资金要完全自立。限期内不能脱钩的要取消设计资格。

二、对于没有能容纳与申报规模相适应固定工作场所或不具备开展设计工作基本条件的单位，应吊销其设计证书。其未完成的任务要妥善处理，也可转给有证的单位承担。

三、完全由退（离）休人员组成的集体、个体设计单位，其技术骨干要在限期内配备不少于百分之三十的中青年，以保持单位的生命力。限期内不能配备的，要重新审查其资格。

四、退（离）休工程技术人员应聘到集体、个体设计单位工作，不能作为评定设计单位资格的依据。

五、退（离）休人员到集体、个体设计单位的生活待遇。参照中央对于党和国家机关退（离）休干部的规定，原所在机关即中止其享受的各项生活待遇，由所在集体、个体设计单位负责。退出集体、个体设计单位后，经原单位同意，由所在单位恢复其生活待遇。

六、集体、个体设计单位的财务开支，要进行认真的清理。集体和个体设计单位的收入和分配，一律按照国家对集体企业的税收、成本核算和工资奖金标准执行，免税期过后，按国家对集体企业的税率缴纳所得税。单位盈余50%建立生产发展基金，50%建立集体福利、公益基金和奖励基金。为了控制消费基金的增长，超过国家奖金限额的分配应交纳奖金税。如果有乱摊成本、逃避税收、滥发钱物、津贴的行为时，各级主管部门要配合工商行政、财政、税务部门进行严肃处理。

七、要对集体、个体设计单位所设计的项目进行抽查，凡被查项目中，在半数以上不合格者，应吊销其资格证书；有半数以下不合格者，要降低其资格等级，并限期整顿，对不合格项目进行认真修改；对设计质量全优的单位要给予一定的鼓励。

八、集体、个体设计单位要端正经营作风，对清理中发现有出卖图签、图章或拉人搞设计者，应视情节轻重给以经济处罚，降低证书等级直至吊销资格证书的处分。对于违反国家政策，扰乱设计市场，采取非法手段私自承揽设计任务，私分设计费

建　设　银　行

关于积极开展清理企业拖欠款工作的通知

（一九八九年五月二十四日）

建设银行各省、自治区、直辖市分行，计划单列市分行：

近几年，企业之间拖欠款项的现象日趋严重，据统计，截至1988年底止，全国施工企业被建设单位拖欠工程款额近70亿元。其它如拖欠设备材料款、拖欠购房款等现象也很严重。按照人民银行关于要大力帮助企业清理拖欠款的要求，总行今年将把清理企业拖欠款作为一项重要工作有组织、有领导、有步骤地开展起来。现将有关要求部署如下：

一、加强组织领导，建立清理拖欠工作领导小组。为加强对此次清理企业拖欠款工作的组织领导，总行已成立清欠工作领导小组。领导小组的任务是摸清情况、督促检查、协调工作、指导清理、推广经验。各行也要按照一级抓一级的原则、层层建立专门领导班子抓好清欠工作。

二、层层部署、抓紧动手。各行首先要搞好调查研究、弄清企业拖欠数额、拖欠时间及造成拖欠原因等，在弄清情况的基础上对拖欠款项进行分类排队，本着先易后难，先系统内、后系统外，先本地区内、后本地区外的原则，作出清理安排。属于辖区内本系统的企业之间的拖欠款，应切实帮助企业清理一批，对于跨专业银行系统的企业拖欠，应积极参加以当地人民银行为主组织的清理工作。

三、明确重点、掌握政策。这次清理对象限于我行经办的施工企业的建设单位，清理重点主要是企业之间工程款和设备材料款的拖欠，各行要选择一些工程款和设备材料款拖欠数额比较大的企业作重点突破，做到"清理一点，带动一串"使企业生产经营活动走上正常轨道。同时，各行要把清理拖欠工作与调整信贷结构工作结合起来，贯彻扶优限劣政策。

四、配合结算改革，推行商业票据。随着商品经济的发展、企业之间的商业信用将有所扩大，由此所发生的债权债务关系，主要应通过商业汇票加以引导，逐步把企业之间的商业信用关系票据化。同时要严格结算纪律，不管是系统内或系统外的结算凭证，都不得积压，对汇入的汇款要保证及时解付，保证结算畅通，维护银行信誉。

五、拖欠情况统计表请按附表格式于6月15日以前报送总行。

者，要依法严肃处理。

九、对于挂着集体单位名义，实质为全民所有制的勘察设计单位要通过这次整顿，改正其性质，严格执行国家对全民所有制勘察设计单位的有关规定。

以上请各省、自治区、直辖市及计划单列市基建主管部门于今年内抓紧进行清理整顿，并将清理整顿情况以及存在的问题和处理意见及时书面告建设部设计管理司。在清理整顿期内，不发展集体、个体设计单位。

中华人民共和国建设部令

第2号

《施工企业资质管理规定》，已于一九八九年六月二十二日经建设部部务会议审议通过，现予发布，自一九八九年八月一日起施行。

部长　林汉雄

一九八九年六月二十八日

施工企业资质管理规定

第一章　总　　则

第一条　为了加强施工企业的资质管理，保障企业依法承包和经营工程建设任务，维护建设市场的经济秩序，制定本规定。

第二条　凡从事各种房屋建筑、土木工程、设备安装、管线敷设等活动的施工企业，均适用本规定。

第三条　本规定所称企业资质系指企业的人员素质、管理水平、资金数量、承包能力和建设业绩。

第四条　建设部归口管理全国施工企业的资质；国务院各有关主管部门管理所属施工企业的资质，业务上接受归口管理部门的指导；省、自治区、直辖市建设行政主管部门对本辖区内的施工企业的资质进行归口管理。

第二章　资质管理

第五条　下列施工企业应当按照本规定进行资质审查：

一、全民所有制企业；

二、集体所有制企业；

三、在中国境内设立的从事施工活动的中外合资经营企业、中外合作经营企业和外资企业；

四、联营企业；

五、私营企业；

六、需要办理资质审查的其他企业。

第六条　施工企业按资质条件分为等级企业和非等级企业。等级企业的资质标准由建设部审定发布，非等级企业的资质条件和经营范围由省、自治区、直辖市建设行政主管部门规定。

第七条　申请资质等级的企业应当提交下列证明文件：

一、企业资质等级申报表；

二、企业法人代表和经济、技术负责人的职称证件；

三、企业统计年报资料；

四、其他有关文件、证明。

第八条　等级企业的资质等级实行分级审批。一级施工企业由建设部审批。二、三、四级施工企业，属于国务院有关主管部门的，由国务院有关主管部门审批；属于地方的，由省、自治区、直辖市建设行政主管部门审批。经资质审查合格的企业，由资质审批部门发给《资质等级证书》。

第九条　非等级企业的资质条件和营业范围，由省、自治区、直辖市建设行政主管部门或其授权的部门审定。经审查合格的企业，由资质审批部门发给《资质审查证书》。

第十条　《资质等级证书》由建设部统一制定；《资质审查证书》由各省、自治区、直辖市建设行政主管部门统一制定。《资质等级证书》和《资质审查证书》分为正本和副本，具有同等的法律效力。资质审批部门根据企业开展工程承包活动的需要，可以核发《资质等级证书》或者《资质审查证书》副本若干份。

第十一条 新开办施工企业，应当在审定资质后，按照《中华人民共和国企业法人登记管理条例》的有关规定，到工商行政主管部门办理开业登记。

新开办施工企业的资质等级为暂定等级，两年内承包工程的质量全部达到国家验收标准，未发生重大安全、质量事故的，由企业审报，经原资质审批部门核定后，转为正式等级。

第十二条 企业资质审定四年后，方可提出晋升企业资质等级的申请。在工程建设中取得显著成绩、资质条件有明显提高的企业，其申请晋升资质等级的年限可以不受本条的限制。

第十三条 企业发生分立、合并，应当在上级主管部门批准后三十日内，向原资质审批部门办理资质等级注销手续，并重新申请企业资质等级。

第十四条 企业变更法人代表和经济、技术负责人，应当在变更后三十日内，向原资质审批部门办理变更手续。

第十五条 实行企业资质年度检查制度，企业应当向资质审批部门提交企业资质条件的年度资料。经检查企业达不到原资质标准的，按实际达到的标准重新定级。

第十六条 任何单位和个人不得伪造、涂改、出租、出借、转让、出卖和复印《资质等级证书》或者《资质审查证书》。

第十七条 企业遗失《资质等级证书》或者《资质审查证书》的，必须在报纸上声明作废后，方可申请补领。

第三章 工程承包管理

第十八条 等级施工企业必须按照《资质等级证书》规定的工程承包范围进行承包活动，不得越级承包工程。等级企业的年承包工程量，要与企业的施工能力、管理水平相适应。具体办法由省、自治区、直辖市建设行政主管部门和国务院有关部门规定。非等级施工企业主要从事工程分包和提供劳务。

第十九条 施工企业承包工程，必须依照有关合同法规的规定签订合同，并严格履行。任何企业都不得采用行贿、回扣等不正当手段获取工程任务。

第二十条 一、二、三级施工企业承包的工程根据需要可以分包；四级施工企业承包的工程不得分包。

第二十一条 禁止施工企业倒手转包工程。

本条所称倒手转包系指工程承包者将工程转交其他单位，只收取管理费，不对工程施工进行管理，不承担技术、经济责任的行为。

第二十二条 一、二级施工企业可以跨省独立承包工程；三、四级施工企业和持有《资质审查证书》的企业可以跨省向总包企业分包工程或者提供劳务。

第二十三条 经济特区、边远地区和建设任务多而施工力量不足的地区，工程所在地建设行政主管部门可以允许外省和国务院有关部门的三、四级施工企业进入本地区独立承包工程。

第二十四条 跨省承包、分包或者提供劳务的企业，应当持有省、自治区、直辖市建设行政主管部门或者国务院有关主管部门出据的外出施工证明。

第二十五条 建设单位不得将工程发包给不具备承包该项工程资质条件的施工企业。

第二十六条 设立《营业管理手册》，记录施工企业的承包业绩、经营活动、违纪行为等。

《营业管理手册》的内容和管理办法由建设部统一制定。

第四章 罚　　则

第二十七条 申请资质等级隐瞒真实情况、弄虚作假的；不按规定办理资质等级注销手续或者年检的；发生重大安全事故或者重大质量事故，情节特别严重的；除按国家有关规定处理外，由该企业原资质审批部门予以警告或者降低资质等级。

降低资质等级的企业，一年后企业管理工作有明显改善或者工程质量水平有明显提高的，可以申请恢复原资质等级。

第二十八条 擅自超越《资质等级证书》和《资质审查证书》规定范围承包工程的；无企业《资质等级证书》或者《资质审查证书》从事工程承包活动的；不按规定擅自跨省承包工程的；在承揽工程任务或参加工程投标中有行贿等行为的；除按国家有关规定处理外，由工程所在地建设行政主管部门予以警告、停止施工、责令限期返回原地并可处以罚款。

第二十九条 倒手转包工程的；伪造、涂改、出租、转让、出卖或复印《资质等级证书》或者《资质审查证书》的；由企业所在地建设行政主管部门予以警告，并可处以罚款。

倒手转包工程的款项全部依法没收；因倒手转包造成工程质量事故的，由转包单位负责处理质量事故并赔偿受害人的经济损失。

第三十条 建设单位将工程发包给不具备相应

（下接第11页）

建 设 部

关于调整国家工程建设质量奖审定委员会委员的通知

(一九八九年七月十三日)

根据国家机关机构改革调整后的情况，经与有关部门协商，对国家工程建设质量奖审定委员会组成人员进行了调整。现将调整后的审定委员会名单公布于后。

国家工程建设质量奖审定委员会名单

主任委员：干志坚　建设部副部长

副主任委员：傅仁章　建设部建设监理司司长，高级经济师

张岳东　中国施工企业管理协会专职副理事长，高级经济师

张青林　建设部施工管理司司长，工程师

沈吕英　国家计委重点建设协调监督司副司长，高级工程师

卢延玲　建设部设计管理司副司长，高级工程师

委　员：陈道安　建设部标准定额司副司长，高级工程师

于　麟　建设部城市建设司副司长，高级工程师

何健安　建设部科学技术委员会委员（副司级），高级工程师

吴钦照　建设部施工管理司，高级工程师

赵维纲　能源部电力企业联合会顾问，高级工程师

王风林　冶金部建设司副司长，高级工程师

史学斌　化工部基建司司长，高级工程师

高竣诚　轻工业部综合计划司处长，高级工程师

周振远　铁道部建设司副司长，高级工程师

吴德镇　交通部工程管理司高级工程师（副司级）

丁　孑　水利部建设开发司高级工程师

周顺致　林业部计划司高级工程师

英瑞鸿　商业部基建司综合处副总工程师，高级工程师

肖　东　总后勤部基建营房部副处长

李世柳　中国石油化工总公司工程建设部副主任，高级工程师

夏铁成　中国有色金属工业总公司基建局副局长，高级工程师

毕孔耜　中国统配煤矿总公司基建部副主任工程师

樊喜林　中国核工业总公司建筑安装工程局局长，高级工程师

金燕凯　中国石油天然气总公司基建工程部副主任

曹善琪　中国勘察设计协会副秘书长，高级工程师

张文朗　中国施工企业管理协会副秘书长

于忠厚　机械电子工业部建设司副司长

赵鼎勋　纺织工业部综合计划司副司长(1990 年增补)

陆建中　航空航天部建设司副司长(1990 年增补)

建　　设　　部

建设监理试行规定

（一九八九年七月二十八日）

第一章　总　　则

第一条　为了改革工程建设管理体制，建立建设监理制度，提高工程建设的投资效益和社会效益，确立建设领域社会主义商品经济新秩序，特制订本试行规定。

第二条　建设监理包括政府监理和社会监理。政府监理是指政府建设主管部门对建设单位的建设行为实施的强制性监理和对社会监理单位实行的监督管理。社会监理是指社会监理单位受建设单位的委托，对工程建设实施的监理。

第三条　所有建设工程，必须接受政府监理。

公有制单位和私人投资的大中型工业交通建设项目和重要的民用建筑工程，外资、中外合资和国外贷款建设的工程，尚应委托监理单位实施监理。其他工程是否委托监理单位实施监理，由投资者自行决定。政府鼓励投资者委托监理单位实施监理。

第四条　建设监理的依据是国家工程建设的政策、法律、法规，政府批准的建设计划、规划、设计文件以及依法成立的工程承包合同。

第五条　建设监理工作的归口管理部门，在中央为建设部，在省、自治区、直辖市及市（地、州、盟）、县（旗）为各级人民政府的建设主管部门。

第二章　政府监理机构及职责

第六条　建设部和省、自治区、直辖市建设主管部门设置专门的建设监理管理机构，市（地、州、盟）、县（旗）建设主管部门根据需要设置或指定相应的机构，统一管理建设监理工作。

国务院工业、交通等部门根据需要设置或指定相应的机构，指导本部门建设监理工作。

第七条　建设部建设监理的职责：

（一）根据国家政策、法律、法规，制定并组织实施建设监理法规；

（二）制定社会监理单位和监理工程师的资格标准、审批和管理办法并监督实施；

（三）审批全国性、多专业、跨省（自治区、直辖市）承担监理业务的监理单位；

（四）参与大型建设项目的竣工验收；

（五）检查督促工程建设重大事故的处理；

（六）指导和管理全国建设监理工作。

第八条　省、自治区、直辖市建设主管部门建设监理的职责：

（一）贯彻执行国家建设监理法规，根据需要制定管理办法或实施细则，并组织实施；

（上接第 9 页）

资质条件的施工企业的，由工程所在地建设行政主管部门令其停止施工并可处以罚款。

第三十一条　罚款的具体标准和办法由省、自治区、直辖市建设行政主管部门拟定报人民政府批准。

第三十二条　施工企业违反本规定，对其主要负责人员或者法人代表，可以依照国家有关规定给予行政处分；情节严重构成犯罪的由司法机关依法追究刑事责任。

第三十三条　各级建设行政主管部门和有关部门的工作人员严重失职、索贿、受贿或者侵害企业合法权益的，由其所在单位给予行政处分；情节严重构成犯罪的，由司法机关依法追究刑事责任。

第三十四条　不服地方各级建设行政主管部门或者有关部门处罚的，可以在接到处罚通知书之日起三十日内向上一级机关申请复议。

第五章　附　　则

第三十五条　施工企业对外承包工程的资质管理办法另定。

第三十六条　各省、自治区、直辖市建设行政主管部门和国务院有关主管部门可以根据本规定制定实施办法，并报建设部备案。

第三十七条　本规定由建设部负责解释。

第三十八条　本规定自一九八九年八月一日起施行。过去发布的有关管理规定中与本规定相抵触的无效。

（二）参与审批本地区大中型建设项目施工的开工报告；

（三）检查、督促本地区工程建设重大事故的处理；

（四）参与大中型建设项目的竣工验收；

（五）组织监理工程师的资格考核，颁发证书，审批全省（自治区、直辖市）性的监理单位；

（六）指导和管理本地区的建设监理工作。

市（地、州、盟）、县（旗）建设主管部门的建设监理职责由省、自治区、直辖市人民政府规定。

第九条 国务院各工业、交通等部门建设监理的职责：

（一）贯彻执行国家建设监理法规，根据需要制定实施办法并组织实施；

（二）组织或参与审查本部门大中型建设项目的设计文件、开工条件和开工报告；

（三）组织或参与检查、处理本部门工程建设重大事故；

（四）组织或参与本部门大中型建设项目的竣工验收；

（五）组织本专业监理工程师的资格考核，颁发证书，审批本部门管理的本专业全国性的监理单位；

（六）指导和管理本部门的建设监理工作。

第三章 社会监理单位及监理内容

第十条 社会监理单位称谓工程建设监理公司或工程建设监理事务所。

工程建设监理公司是依法成立的法人，具有自己的名称、组织机构、场所、必要的财产或经费。

工程建设监理事务所是依法成立的私有制独资或合伙组织，具有固定的场所和必要的设施以及与服务规模相适应的资金和从业人员。

第十一条 工程建设监理公司和工程建设监理事务所开业，必须经政府建设主管部门审批资格，发给资格证书，确定监理范围，再向同级工商行政管理机关申请注册登记，领取营业执照。

第十二条 符合监理条件的独立的工程设计、科学研究、工程建设咨询等单位，可以兼承监理业务，但必须经政府建设主管部门批准，取得资格证书。

第十三条 监理单位承担的监理业务，可以由建设单位直接指名委托，或者由建设单位通过竞争方式择优委托。建设单位可根据需要，委托一个监理单位承担工程建设项目全部或部分阶段的监理，也可委托几个监理单位承担不同阶段的监理。

第十四条 监理的主要业务内容：

（一）建设前期阶段：

1.建设项目的可行性研究；

2.参与设计任务书的编制。

（二）设计阶段：

1.提出设计要求，组织评选设计方案；

2.协助选择勘察、设计单位，商签勘察、设计合同并组织实施；

3.审查设计和概（预）算。

（三）施工招标阶段：

1.准备与发送招标文件，协助评审投标书，提出决标意见；

2.协助建设单位与承建单位签订承包合同。

（四）施工阶段：

1.协助建设单位与承建单位编写开工报告；

2.确认承建单位选择的分包单位；

3.审查承建单位提出的施工组织设计、施工技术方案和施工进度计划，提出改进意见；

4.审查承建单位提出的材料和设备清单及其所列的规格与质量；

5.督促、检查承建单位严格执行工程承包合同和工程技术标准；

6.调解建设单位与承建单位之间的争议；

7.检查工程使用的材料、构件和设备的质量，检查安全防护设施；

8.检查工程进度和施工质量，验收分部分项工程，签署工程付款凭证；

9.督促整理合同文件和技术档案资料；

10.组织设计单位和施工单位进行工程竣工初步验收，提出竣工验收报告；

11.审查工程结算。

（五）保修阶段：

负责检查工程状况，鉴定质量问题责任，督促保修。

第十五条 建设单位委托监理单位承担监理业务，要与被委托单位签订监理委托合同，主要内容包括监理工程对象、双方权力和义务、监理酬金、争议的解决方式等。授予监理单位所需的监督权力还应在工程承包合同中明确。

第十六条 监理单位及其成员在工作中发生过失，要视不同情况负行政、民事直至刑事责任。

第十七条 监理单位应根据所承担的监理任务，设立由总监理工程师、监理工程师和其他监理工作人员组成的项目监理工作小组。在工程实施阶段，工作小组应进驻现场。

总监理工程师是监理单位履行监理委托合同的全权负责人，行使合同授予的权限，并领导监理工程师的工作。监理工程师具体履行监理职责，及时向总监理工程师报告现场监理情况，并领导其他监理工作人员的工作。

第十八条 监理单位必须严格按照资格等级和监理范围承接监理业务。各级监理负责人和监理工程师不得是施工、设备制造和材料供应单位的合伙经营者，或与这些单位发生经营性隶属关系，不得承包施工和建材销售业务，不得在政府机关、施工、设备制造和材料供应单位任职。

第四章 监理单位、建设单位和承建单位之间的关系

第十九条 建设单位必须在监理单位实施监理前，将监理的内容、总监理工程师姓名及所授予的权限，书面通知承建单位。总监理工程师也应及时将其授予监理工程师的有关权限以书面形式通知承建单位。承建单位必须接受监理单位的监理，并为其开展工作提供方便，按照要求提供完整的原始记录、检测记录等技术、经济资料。

第二十条 在监理实施过程中，总监理工程师应定期向建设单位报告工程情况。未经建设单位授权，总监理工程师无权自主变更建设单位与承建单位签署的工程承包合同。由于不可预见和不可抗拒的因素，总监理工程师认为需要变更工程承包合同时，要及时向建设单位提出建议，协助建设单位与承建单位协商变更工程承包合同。

第二十一条 建设单位与承建单位在执行工程承包合同过程中发生的任何争议，均须提交总监理工程师调解。总监理工程师接到调解要求后，必须在三十日内将处理意见书面通知双方。

如果双方或其中任何一方不同意总监理工程师的意见，在十五日内可直接请求当地建设主管部门调解。经调解仍有不同意见，可请当地经济合同仲裁机关仲裁。

第二十二条 工程建设监理是有偿的服务活动。酬金及计提办法，由监理单位与建设单位依据所委托的监理内容和工作深度协商确定，并写入监理委托合同。建设监理酬金计取办法有以下几种：

(一) 按提供的服务人员支付工资及管理费；

(二) 按受监工程造价的一定比例；

(三) 费用包干；

(四) 其他。

监理酬金在建设单位的管理费中列支，或在工程总概算中单列的监理费项目中支付。

第五章 外资、中外合资和外国贷款建设项目的监理

第二十三条 外国公司或社团组织在中国境内独立投资的建设项目，需要委托外国监理单位承担监理时，应聘请中国监理单位参加，进行合作监理。

中外合资的建设项目，中国监理单位能够监理的，不应委托外国监理单位承担监理，但可根据需要引进与建设项目有关的监理技术和向外国监理单位进行技术、经济咨询。

外国贷款建设项目的监理，原则上由中国监理单位承担，如果贷款方要求外国监理单位参加的，一般以中国监理单位为主进行合作监理。

第二十四条 外国监理单位，经建设项目所属的省级以上政府建设主管部门审批，并向同级的工商行政管理机关申请注册登记，领得营业执照，方可应聘在中国承担监理任务。

第二十五条 中外合作监理，必须签订合作监理合同。主要内容包括监理工程对象、监理依据、双方权力和义务、酬金的分配、争议的解决方式等。

第二十六条 外资、中外合资和国外贷款建设项目的监理酬金，可参照国际惯例计算，并在监理合同中加以确定。

第二十七条 香港、澳门、台湾地区的公司或社团组织在内地投资的建设项目，按本章的规定实行监理。这些地区的监理单位应聘与内地监理单位进行合作监理，也参照本章规定执行。

第六章 附 则

第二十八条 本规定由建设部建设监理司负责解释。

第二十九条 本规定自颁布之日起施行。

建设部

关于加强建设系统内部审计工作的通知

（一九八九年七月三十一日）

近几年，建设系统的内审机构认真贯彻“边组建、边工作”和“抓重点、打基础”的方针，积极开展审计监督，做了大量工作，对维护财经纪律，加强经营管理，促进增收节支，提高经济效益起到了积极作用。但也存在不少问题，主要是内部审计机构不健全，内审人员不足；对承包经营中短期行为和虚盈实亏问题监督不力；一些同志特别是有的领导同志，对内部审计工作的地位和作用认识不足，有的单位内部审计工作出现了被削弱的情况等。

为了贯彻党中央十三届四中全会关于继续搞好治理整顿，惩治腐败，加强廉政建设的精神，保证改革开放的健康发展，必须进一步加强审计监督。为此特通知如下：

一、加强对内部审计工作的领导，建立健全内部审计机构。内部审计是我国社会主义审计体系的重要组成部分，是加强行业管理和企业管理的内在需要。对于加强宏观控制体系，优化经营机制，强化自我约束机制，维护财经纪律，提高经济效益有着重要作用。各级领导要重视此项工作，加强对内部审计工作的领导，支持开展内部审计工作。按照国务院发布的《中华人民共和国审计条例》和部(89)建审字第44号文印发的《建设系统内部审计工作试行办法》，各地建设主管部门一般应设置独立的内部审计机构；大、中型企业及财务收支金额较大的事业单位应设置独立的内部审计机构；小型企业和财务收支金额较小的事业单位应配备专职审计人员；国家测绘局可结合自己的情况作出规定。

目前，凡是没有建立内部审计机构的部门和单位。都应在今年年底前抓紧组建，配备人员。已经组建内部审计机构，人员尚末配齐的部门和单位，要尽快配齐人员。要保证内审人员质量，选调政治素质好、具有一定专业知识和独立工作能力的财会、经济和工程技术人员从事内部审计工作。关于内部审计机构人员的配备，我们建议：各省、自治区、直辖市和计划单列市的建设主管部门一般不少于四人；财务收支金额较大的事业单位一般不少于三人；大、中型企业一般不少于职工总数的千分之二（资金、技术密集型企业审计人员的配备不受这个比例的限制）。内部审计工作要在部门、单位主要负责人领导下开展工作。

二、积极参与廉政建设。各地内部审计机构，要会同有关部门对建筑市场、房地产市场及市政公用事业中行贿受贿、倒买倒卖、乱涨价、乱收费、虚列成本、截留税利、损失浪费等违法违纪行为进行查处，特别要加强对重大违纪案件和经济案件的查处工作，维护建设市场秩序，保证建设事业和经济改革的顺利发展。

三、加强对施工企业财务决算的审计工作。要贯彻执行审计署《关于开展全民所有制施工企业年度财务决算审计的意见》，结合建设系统的实际，对成本利润、财产物资、含量工资进行重点审计，财务决算必须经内部审计机构或审计人员审签后方可报出。要维护国家和企业合法权益，促进改善经营管理，提高经济效益。其他企业、事业单位也要本着这个精神，加强财务决算的审计工作。

四、积极开展经济效益审计。针对企业经营管理不善，资金运用不当，损失浪费严重，特别是大力压缩固定资产投资规模以后，施工企业所面临严重的停工、窝工等问题，帮助企业挖掘内部潜力，增收节支、提高效益，摆脱被动局面。要通过效益审计，找出经营中的问题，研究提出改进经营管理的措施和意见。要开展对外联营、多种经营、购置大型固定资产及重要经济合同的可行性审查工作，帮助企业进行科学决策，提高经济效益。

五、积极开展承包经营责任审计。实行承包经营责任审计，是改进完善承包经营责任制的重要措施。要按照部颁发的《建设系统国营建筑企业内部承包经营责任审计试行办法》的规定，将承包经营责任审计作为承包经营的必经程序。承包前要进行资产评估和合同鉴证审计；执行期间进行例行审计；合同期满进行终结审计。不经过资产评估和合同鉴证审计，不得签订合同。不经过审计，不得兑现承包经营者年度和承包期的奖罚，不得办理离任

建　设　部

关于加强施工企业对外承包工程资质管理的通知

（一九八九年八月二十七日）

近年来，我国施工企业进入国际市场，开展对外承包工程和劳动合作取得了一定的成绩。但目前还存在不少问题，主要是：提供劳务多，承包工程少；经营管理粗放，组织方式松散，甚至有的施工企业在国外越级承揽与其施工能力不相符的工程，经济效益低下，亏损增多；外出人员素质不高，劳动纪律不严等。这些问题不仅使当前对外承包声誉有所下降，而且将对未来进一步开拓国际市场产生不良影响。上述状况，已在一些国家有所反映。因此，我们必须认真总结经验教训，放眼未来，立足当前，加速改进施工企业对外承包工程和劳务合作的管理方式，坚持以强化资质、提高信誉为中心，推进对外承包能力和承包权力相统一、国内和国外相结合，逐步形成以国内保国外、以国外促国内，国内外相互促进，共同发展的良性循环。为此，特作如下通知：

一、从现在起，国家将逐步建立和完善施工企业对外承包工程的资质管理制度，通过严格的资质审查，改变目前施工企业对外承包工程不讲资质，派出人员不讲素质的现象。

对外承包工程的资质管理包括四个层次：一是具有对外承包权"窗口"企业的资质管理；二是选派施工队伍的资质管理；三是工程承包合同中工程项目与施工企业相"对号"的资质管理；四是派出国外施工队伍的管理。鉴于目前的情况，应从第二层次，即选派施工队伍的资质管理做起。其目的是通过培养和精选一批质量高、素质好、有竞争力的企业和讲文明、守纪律、技术精、有素养的劳务人员，以提高我国施工队伍在国际市场上的声誉和竞争力，提高效益和创汇能力，促进我国对外承包事业的健康发展。

二、施工企业对外承包工程的资质确认，暂按下列条件从严掌握：

1.施工企业资质等级在二级以上和具有科研、设计、施工、材料设备采购一体化的工程总承包或集团性企业。

2.企业拥有一定数量的接受过国际工程承包业务培训或参加过对外承包工程工作的技术和管理人员，并有由上述人员组成的对外承包工程管理机构。

3.有独立、联合或分包（包括提供劳务）国外工程的经历。

4.企业管理基础好，有一定的经济承受能力。同时，在国内工程建设的体制改革方面积累了一定的经验。

三、施工企业申请对外承包工程的资质，暂按下列程序进行：

1.企业申报。由企业填写《施工企业对外承包工程资质申报审批表》（样本附后）一式四份，并持企业资质等级、营业执照、主要负责人技术职称证书复印件，按照隶属关系，地方施工企业由企业主管部门提出意见后向省级建设行政主管部门申报，国务院各部门所属施工企业向其主管部门申报。

2.主管部门审核。省级建设行政主管部门、国务院各有关部门对申报企业进行审查核准，同意后报送建设部。

3.建设部审定发证。建设部对省级建设行政主

或续签合同的手续。通过推行承包经营责任审计，促进企业完善经营机制，克服短期行为，强化自我约束机制，正确处理国家、企业、个人三者之间的体系。

六、加强内部审计机构自身建设和基础工作。要建立、健全岗位职责、项目计划、审计统计、审计档案和内部业务管理等方面的规章制度，使内部审计工作逐步经常化、制度化和规范化。要重视内部审计干部的培训工作，提高现有干部的政治素质和业务水平，不断培训后备人材，保证内部审计工作顺利开展。

管部门、国务院各有关部门报送的企业，进行必要的复查，确已达到对外承包工程资质条件的，予以批准，并发给《施工企业对外承包工程资质证书》。

四、建筑劳务人员的选派，一般由国家确定的建筑劳务基地和省级建设行政主管部门选定的培训基地选派。省级建设行政主管部门统一制订考核办法，负责对外出劳务人员的资格认可，并颁发证书。

对外开展劳务合作人员应严格遵守《中华人民共和国出国人员守则》，并具备以下条件:

1.政审合格。

2.文化程度均在初中以上。

3.技术素质达到工人技术等级标准要求，一般应为高、中级工，低级工人按需要配置；专业技术工人取得专业技术资格证书。

4.身体素质强，能胜任本工种作业；高级工年龄一般不超过 50 岁，中、低级工年龄不超过 35 岁。

5.经过专门培训，思想端正，作风正派，遵守纪律。

取得《施工企业对外承包工程资质证书》的施工企业，对企业内部的劳务人员可根据上述条件自行选派。

五、施工企业对外承包工程资质审查工作，应与本地区、本部门全面展开的施工企业资质审查工作同步进行。一九八九年底前为企业申报和省级建设行政主管部门、国务院各有关部门审核阶段。一九九〇年一月一日起为建设审批发证阶段。一九九〇年三月一日前，完成第一批企业资质审批发证工作。

六、按照少而精的原则，当前重点培养一批有一定基础的施工企业，其对象：一是具有独立对外承包权的施工企业；二是与具有对外承包权的企业联合从事对外承包工程经历的施工企业；三是提供对外建筑劳务的施工企业。第一批企业的数量不宜过多，暂按各地区、各部门一九八六年至一九八八年三年对外承包工作量的总和来确定相应的企业个数。

七、施工企业取得对外承包工程资质证书后，既为获得对外承包权创造了条件，又为同有对外承包权的企业进行合作提供了依据。一九九〇年三月一日开始，只有取得了《施工企业对外承包工程资质证书》的企业，才能申请对外承包权，或与有对外承包权的企业进行合作；凡未取得《施工企业对外承包工程资质证书》的企业，不按本通知规定执行，各级建设行政主管部门可视具体情况限制国内工程的承包额和工程量，直至降低或吊销国内资质等级和证书。对外承包工程出现亏损、造成浪费、发生事故，以及队伍违纪等方面的问题，均由派出部门负责处理。

八、加强我国施工企业对外承包工程和劳务合作的资质管理，既是国家对全国施工企业全面实行资质管理的组成部分，也是现阶段改革对外工程承包体制的一个重要环节。各省、自治区、直辖市建设行政主管部门、国务院各有关部门要在全国施工企业实行资质管理的工作中，很好地把施工企业对外承包工程的资质管理工作强化起来，要把发展国际承包的重点放到提高对外承包能力上来，为实现对外承包权力和能力的统一打下基础；要组织力量，严格按照规定对申报企业进行资质审查工作。

九、对开展对外承包工程较早，已经实行上述“四个层次”管理的地区和部门，可依照本通知的精神，制定各层次的具体管理办法，可将施工企业对外承包工程的资质由二级以上放宽到四级以上。

十、各级建设行政主管部门要积极为施工企业打出国外作好服务工作。采取多种形式疏通渠道，开展对外承包工程的情况交流，组织翻译有关经济技术资料，为企业提供信息；组织开展多层次的业务培训，重点是国际承包谈判人员、工程技术管理人员、专业翻译人员以及劳务人员的技术培训等；要加强调查研究工作，对近几年施工企业开展对外承包工程的情况进行一次分析，认真总结经验教训；对因开展国外工程承包给施工企业带来的新问题进行一次解剖，研究解决有关国内与国外相互衔接的政策措施。

十一、关于计划单列市所属施工企业申请对外承包工程资质的审批程序问题，暂按以下原则办理：凡经经贸部批准，设有对外承包权“窗口”企业的计划单列市，由建设行政主管部门直接报送建设部；凡未设有对外承包权“窗口”企业的计划单列市，仍按本通知第三条的规定办理。

建设部　国家体改委　劳动部

中国人民建设银行　国家工商行政管理局

关于对第一批推广鲁布革工程管理经验试点企业进行联合检查及进一步扩大试点范围的通知

(一九八九年九月四日)

根据建设部《关于做好一九八九年施工管理工作的通知》(〈89〉建施字第202号) 的要求，今年将对第一批推广鲁布革工程管理经验试点企业进行一次联合检查。

这项工作自一九八七年开展以来，先后召开了三次推广鲁布革工程管理经验座谈会，总结交流经验，探讨研究问题，推动了试点工作的开展。为了进一步推动试点工作的深化，经商定，今年第四季度拟采取分组进行实地调查的方式，由国家体改委、劳动部、中国人民建设银行、国家工商行政管理局和建设部及试点企业的主管部门共同组织若干小组，按“检查方案”(见附件) 的部署进行一次检查。请各试点单位及其主管部门先行自查，做好准备工作。各地区、各部门确定的试点企业可参照“检查方案”自行组织检查。

目前，全国已有不少施工企业按照施工管理体制改革总目标的要求，认真学习推广鲁布革工程管理经验，调整企业组织结构和经营机制，取得了一定的成效，其中一些大型企业已经或正准备申请列入试点企业的范围。为此，经协商决定扩大试点范围。请各地区、各部门视本地区、本部门的具体情况，在企业申报的基础上，各推荐一个企业作为新增试点企业。请将推荐企业名单及其基本状况、试点方案、改革进展情况等有关资料于今年十月十五日前送建设部施工管理司。对新增试点企业的要求，仍按原国家计委、国家体改委、劳动人事部、中国人民建设银行、国家工商行政管理局《关于批准第一批推广鲁布革工程管理经验试点企业有关问题的通知》(计施〔1987〕2002号文) 执行。

附件：关于对第一批推广鲁布革工程管理经验试点企业进行联合检查的实施方案

关于对第一批推广鲁布革工程管理经验试点企业进行联合检查的实施方案

(一九八九年八月)

为了全面掌握各试点企业开展试点工作以来的进展情况，有针对性地分类研究试点中的问题，进一步细化分阶段的实施步骤，全面促进试点工作的深化，更好地发挥示范作用，决定对第一批推广鲁布革工程管理经验试点企业进行一次联合检查。

一、分类检查内容

1.总公司类型企业。主要检查：(1) 企业试点方案实施情况；(2) 企业领导班子在试点工作中的作用；(3) 企业实行“项目法”施工的情况；(4) 企业内部实行管理层和劳务层分离的进展情况；(5) 试点项目的进展情况；(6) 试点企业主管部门指导、帮助解决试点过程中出现的问题，促进试点工作发展的情况；(7) 发展设计、科研力量的情况；(8) 企业机关适应转轨变型的要求，进行调整的情况。

检查对象：中国化学工程总公司、北京市建筑工程总公司、北京市住宅建设总公司、云南省建筑工程总公司。

组别	组长单位	成员单位	检查对象
第一组	化工部 北京市建委	国家体改委、劳动部、建设银行、国家工商行政管理局、建设部	中国化学工程总公司、北京市建筑工程总公司、北京市住宅建设总公司、中国建筑技术开发公司
第二组	能源部 建设部	国家体改委、劳动部、建设银行、国家工商行政管理局、冶金部	冶金部第三冶金建设公司、东北煤矿工程公司、东北电力管理局第一建设公司
第三组	天津市建委 建设部	国家体改委、劳动部、建设银行、国家工商行政管理局、铁道部、中建总公司	中国建筑第八工程局、铁道部第十八工程局、天津市第三建筑工程公司
第四组	铁道部 建设部	国家体改委、劳动部、建设银行、国家工商行政管理局、交通部、河南省建设厅、中建总公司	铁道部第一工程局、河南省第六建筑工程公司、交通部第二航务工程局、中国建筑第三工程局
第五组	冶金部 建设部	国家体改委、劳动部、建设银行、国家工商行政管理局、能源部、云南省建委	冶金部第十七冶金建设公司、中国水电建设总公司第十二工程局、云南省建筑工程总公司、中国石油天然气总公司第六建设公司

2.工程局（建设公司）类型企业。主要检查：(1) ～ (7) 同总公司类型企业检查内容；(8) 企业内试点与非试点单位各自的改革情况；(9) 基地建设情况；(10) 精干队伍的情况。

检查对象：冶金部第三冶金建设公司、冶金部第十七冶金建设公司、东北煤矿工程公司、中国水电建设总公司第十二工程局、铁道部第一工程局、铁道部第十八工程局、交通部第二航务工程局、中国建筑第三工程局、中国建筑第八工程局。

3.工程公司类型企业。主要检查 (1) ～ (7) 同总公司类型企业检查内容；(8) 企业内部机构调整情况；(9) 精干队伍、实行优化组合的情况。

检查对象：中国石油天然气总公司第六建设公司、东北电力管理局第一建设公司、天津市第三建筑工程公司、河南省第六建筑工程公司。

4.科研先导型企业。主要检查：(1) 同总公司类型企业检查内容中的 (1)、(2)、(5)；(2) 将开发研究的新技术、新工艺应用于所承包的工程中及取得成果等情况。

检查对象：中国建筑技术开发公司。

二、组织形式

由建设部会同国家体改委、劳动部、中国人民建设银行、国家工商行政管理局和试点企业主管部门共同组成五个联合检查小组，按类型分别到各试点企业进行实地检查。具体分组情况见上表。

三、检查方式

1.请按上述分列的各项内容先行自查，在自查基础上准备书面汇报材料。

2.听取各试点企业领导的详细汇报。

3.在每个试点企业召开若干个各种层次人员的座谈会。

4.选择几个试点项目进行现场抽查。

5.听取试点企业主管部门的意见。

四、检查情况的综合处理

每个联合检查小组在检查过程中要针对企业存在的问题，积极帮助企业共同研究解决的意见；在检查工作结束后要对每个被检查企业的情况进行总结和讲评，充分肯定成绩，研究存在的问题，并写出具体检查报告。在此基础上，由有关部门分析研究后，确定列入下一阶段继续试点的单位名单。根据试点企业具体情况，对于试点工作进展较快、成效较显著的企业予以表扬；对继续试点确有困难的企业，征得主管部门的同意，可以进行调整。

五、时间安排

检查工作初步安排在今年第四季度进行，每个企业检查 4～5 天。具体时间安排另行通知。

建　设　部

地震基本烈度六度区现有建筑抗震加固暂行规定

（一九八九年九月十二日）

为了减轻地震基本烈度六度地区（以下简称六度区）地震灾害，保障人民生命财产的安全，做好抗震加固工作，在总结建国以来六度地震区震害经验的基础上，根据当前国家财力物力的可能，对六度区的城镇建筑物抗震加固做如下规定：

一、六度区抗震防灾工作的重点应放在新建工程的抗震设防上，即认真贯彻执行《建筑抗震设计规范》（GBJ11-89）中关于六度区抗震设防的有关规定。对于现有建筑物的抗震加固，应根据本地区、本部门的财力、物力情况，本着从严掌握的原则先重点、后一般，有计划、有步骤地开展。

二、六度区现有建筑物的抗震加固，当前只限于以下几类建筑物：

1.市级供水、供电、交通、通讯等重要生命线工程。

2.有关国计民生的重要工矿企业。

3.县级以上医院的重要建筑。

4.重要的单层空旷公共建筑。

5.五层和五层以上，多层砖混住宅、内框架建筑和底层框架房屋。

6.三层和三层以上的空斗墙和18墙房屋。

7.30米以上的砖烟囱。

三、六度区的抗震加固计划、技术管理，应严格执行现行的有关抗震加固的各项规定。

四、对解放前遗留的老旧房屋和目前不属于加固范围的房屋，主要应通过城市改造逐步解决。有震情背景的城镇，则通过城市抗震防灾规划，优先安排危房改造，或采取适当措施，保护震时人员的安全。

五、六度区的抗震加固所需的经费，主要应由地方、部门财力和单位自筹解决，对某些特别重要的工程，国家和省、部可给予适当补助。

六、六度区的省会城市和百万人口以上的重要城市的少数重要建筑物需按七度加固者，仍按（84）城抗字第267号文批准的《地震基本烈度六度地区重要城市抗震设防和加固的暂行规定》执行。

七、各省、自治区、直辖市和国务院有关部（委）、直属机构可根据本地区、本部门的具体情况，按本规定的原则，参照现行《工业与民用建筑抗震鉴定标准》和《建筑抗震设计规范》制定加固细则，并报我部抗震办公室备案。

建　设　部

地震基本烈度十度区建筑抗震设防暂行规定

(一九八九年九月十二日)

我国地震基本烈度十度及以上地震区（以下简称十度区），虽然只占全国国土的百分之一点五左右，但这些地区仍有可能进行建设，而现行《建筑抗震设计规范》〔(GBJ11-89) 以下简称“抗震规范”〕未做具体规定。为满足十度区抗震设计的需要，特做如下规定：

一、十度区一般是七级以上强震的震中地区，新建工程也应严加控制。必须建设时，应由省、部抗震主管部门审查、批准。

二、十度区工程建设的设防标准是：按本规定设计的建筑物，当遭遇到十度地震影响时，不致造成严重破坏以至倒塌，避免造成人员伤亡。

三、十度区的重要建筑抗震设计需经抗震主管部门组织专家审查。

四、十度区建筑应符合以下基本要求：

1.应特别注意选择对抗震有利的场地，避免因高烈度地区地质、地形、地貌变化而加重建筑物震害。

2.应采取整体性和刚性好的基础，对软弱粘性土、液化土、新近填土或不均匀土层必须处理或采取相应的措施。

3.应严格遵守平面、立面简单，重量、刚度均匀对称等建筑布置原则。限制建筑物高度，严禁修建高层建筑。

4.应选择合理的抗震结构体系，采用多道设防的结构，加强整体性，提高变形和耗能能力。

5.严禁修建女儿墙、门脸等易倒塌的装饰物，应加强其他非结构构件与主体结构的锚固和联结，防止倒塌和坠落。

五、十度区建筑结构设计应符合下列要求：

1.多层砖房总高度不应超过9米（三层），并须设置钢筋混凝土构造柱和现浇或装配整体式楼（屋）盖。

2.钢筋混凝土的房屋宜设置剪力墙，不应采用框支结构，应采用现浇或装配整体式楼（屋）盖。

六、十度区建筑物的地震作用和截面抗震验算均按“抗震规范”的有关规定执行，但水平和竖向地震影响系数最大值分别取九度时的1.5倍和1.8倍。反应谱曲线按近震时取用。

七、十度区建筑的抗震构造措施，应根据“抗震规范”的建筑物类别区别对待。可暂按九度区的构造措施采用或加强。

建　设　部

关于颁布城市综合开发公司资质等级标准的通知

(一九八九年九月二十三日)

现颁发城市综合开发公司资质等级标准，请认真组织施行。

各地应加强对开发公司的资质管理，建立持等级证书营业制度。由于一些省、市已制定了开发公司的等级标准，各地可结合公司资质复审或年检，在二、三年内完成施行统一标准的工作。

对于达不到四级开发公司标准的公司，应限期整顿，整顿不合格的，令其停止营业。撤并工作须在1989年内完成。

中央各部门所属的开发公司在地方的分公司的资质等级认证，由所在省、自治区、直辖市建委(建设厅)、开发办负责；在国家工商行政管理局登记注册的中央各部门所属的开发公司，其资质等级认证工作，由建设部房地产业司负责。

附件：1.城市综合开发公司资质等级标准

2.城市综合开发公司资质等级申报表(略)

3.城市综合开发公司等级证书正本(略)

4.城市综合开发公司等级证书副本(略)

附件一：城市综合开发公司资质等级标准

一、本标准适用于专营城市综合开发，建设、经营商品房屋的公司（以下简称开发公司)。

二、开发公司按资质条件划分为一、二、三、四四个等级。

三、一级开发企业必须具备以下全部条件：

1.自有流动资金1000万元以上（包括1000万元)；

2.固定职工人数100人以上（包括100人)；

3.有职称的技术人员50人以上（包括50人)；

4.设有高级工程师职称的总工程师，设有经济师以上职称的总经济师，设有会计师以上职称的总会计师，技术、经济、统计、财务等各业务负责人具有相应专业中级以上职称；

5.具有五年以上从事综合开发的经历；

6.独立承担过一个建筑面积为30万平方米以上的居住区或三个建筑面积为10万平方米以上的住宅小区的开发建设任务，并已竣工交付使用，连续4年建筑合格品率达100%，无重大事故记录。

四、二级开发公司，必须具备以下全部条件：

1.自有流动资金500万元（包括500万元)；

2.固定职工人数60人以上（包括60人)；

3.有职称技术人员24人以上（包括24人)；

4.工程技术、经济、财务负责人具有中级以上相应专业的职称，配有助理统计师以上职称的专职统计人员；

5.具有三年以上从事综合开发的经历；

6.独立承担过一个建筑面积为10万平方米以上的住宅小区或三个建筑面积4万平方米以上的住宅组团的开发建设任务，并已竣工交付使用。连续2年建筑合格品率达100%，无重大事故记录。

五、三级开发公司必须具备以下全部条件：

1.自有流动资金200万元以上（包括200万元)；

2.固定职工人数30人以上（包括30人)；

3.有职称的技术人员10人以上（包括10人)；

4.工程技术负责人具有建筑或结构专业中级以上职称，经济、财务负责人具有助理经济师、助理会计师以上职称，配有统计员以上职称的专职统计

建　设　部

工程设计计算机软件管理暂行办法

（一九八九年九月一日）

第一章　总　　则

第一条　为了提高我国工程设计的技术水平，促进工程设计的计算机应用，提高软件质量，加快国产软件系列化、标准化和商品化的进程，维护软件产权所有者和用户双方的合法权益，特制定工程设计行业管理办法。

第二条　本办法所称的软件是指计算机程序及其有关文档。

第三条　本办法的适用范围为国内所有工程设计领域的计算机软件。

第二章　工程设计计算机软件的审定

第四条　为确保计算机软件的科学性、正确

人员；

5.具有二年以上从事综合开发的经历；

6.独立承担过建筑面积为4万平方米以上或两个以上建筑面积为2万平方米的开发项目的建设任务。建筑合格品率达100%，无重大事故记录。

六、四级开发公司，只允许在20万人口以下的小城市和县镇设立，其必须具备的最低条件，由各省、自治区、直辖市建委（建设厅）、开发办根据本地区的经济发展情况，在以下范围内确定：

1.自有流动资金50～100万元；

2.固定职工人数10～20人；

3.有职称的技术人员3～6人；

4.工程技术负责人具有建筑或结构专业助理级或中级以上职称，财务负责人具有助理会计师以上职称；

七、对于资金、人员达到一、二、三级标准而经营实绩分别达不到一、二、三级公司标准中第5、第6项规定的开发公司，可降低一个等级暂定。

八、临时招聘的和兼职聘用的技术人员不计人公司的技术人员数，也不得作为技术、经济、财务等业务负责人。

长期聘用的非兼职的技术人员，聘用期在两年以上，可计人公司的技术人员数，但不得作为一、二级公司技术、经济、财务等业务负责人，可作为三、四级公司的技术、经济、财务负责人。

九、各级开发公司可承担的任务规定如下：

1.一级开发公司可承担20公顷以上的土地开发任务，建筑面积30万平方米以上的居住区开发建设，以及与与其投资能力相当的工业区、商业区的开发建设，建设技术复杂程度不受限制。

2.二级开发公司可承担20公顷以下的土地开发任务，建筑面积20万平方米以下的住宅小区开发建设，以及与其投资能力相当的工业、商业建设项目的开发建设，不得承担技术特别复杂的建设项目。

3.三级开发公司可承担建筑面积12万平方米以下的住宅小区的土地、房屋综合开发或与其投资能力相当的工业、商业建筑的开发建设，不得承担含有十二层以上、跨度超过24米的建筑物的建设。

4.四级开发公司可承担建筑面积4万平方米以下的住宅组团的土地、房屋综合开发，或与其投资能力相当的商业建筑的开发建设，只允许承担六层及六层以下民用建筑的建设。

十、开发公司的降级处罚：

1.对建筑工程发生重大事故的开发公司，予以降一级处罚，处罚期一至二年；

2.工程质量抽查中，一级开发公司全年竣工房屋优良品率低于20%、二级开发公司全年竣工房屋优良品率低于15%、三级开发公司全年竣工房屋优良品率低于10%，予以降一级处罚，处罚期一年。

十一、申请一级开发公司的，由各省、自治区、直辖市建委（建设厅）完成初审，报建设部审批、认证；申请二、三、四级房地产开发公司的，由各省、自治区、直辖市建委（建设厅）确定审批手续。

性、可靠性和实用性，避免由于软件自身的原因而使工程设计的技术、造价以及安全等方面出现问题，凡国内开发的工程设计的计算机软件（含移植）必须经过审定（或鉴定）才能在工程设计中推广应用。

第五条 审定的组织形式

1.“全国工程设计计算机软件审定委员会”，由建设部和国务院各部主管工程设计部门的专家组成。委员会下设办公室负责日常工作，办公室设在中国工程设计计算机应用协会。

2.国务院各有关部门、各省（自治区）、直辖市的工程设计主管部门可根据各自情况组织相应的“工程设计计算机软件审定小组”，其成员报建设部备案。

3.各设计单位开发完成的软件（含移植）由院总工办负责组织审定（或鉴定）。

第六条 送审渠道

1.各设计单位开发（含移植）经工程实践考验的软件可上报给主管部门的审定小组要求组织审定。

2.各工程设计主管部门的审定小组，可对设计单位审定合格后报送的软件进行审定，并将其中优秀的通用软件报送“全国工程设计计算机软件审定委员会”要求审定。

第七条 送审条件

1.必须符合有关工程设计的标准、规范；

2.必须是按照“工程设计计算机应用软件开发导则”开发的；

3.不得与已审定合格的软件在功能上完全重复；

4.必须经过工程设计的实际应用。

5.在满足上述4条的基础上，报审的软件应有较强的适用性，操作简便，易于移植，有较好的社会与经济效益，软件结构先进、合理，可使某一方面的设计水平有较大的提高。

6.“全国工程设计计算机软件审定委员会”主要进行下列工程设计通用计算机软件的审定工作：

土建部分；通用工艺包；电气；管道；容器；过程控制；工程管理；工程勘察；系统软件等。

第八条 审定内容

1.软件的全部文档；

2.软件功能的必要测试及工程实例的应用报告；

3.听取开发单位必要的补充说明；

第九条 审定办法

1.“全国工程设计计算机软件审定委员会”从一九九〇年开始工作，每二年集中审定一次，每项报审费为100元。

2.各工程设计单位主管部门组织的审定工作，自行决定其工作方式。

3.经“全国工程设计计算机软件审定委员会”审定通过的软件，由建设部颁发“工程设计计算机软件合格证书”，其软件有资格在全国工程设计行业内实行有偿转让。

4.结合工程设计计算机软件的审定工作，同时进行全国工程设计计算机优秀软件的评选工作，其评选结果，向全国工程设计行业公布。

第三章 工程设计计算机软件的登录

第十条 为了便于工程设计各类计算机应用软件的统一管理，建设部委托中国工程设计计算机应用协会负责全国工程设计计算机软件的登录工作。

第十一条 经过审定的软件均可报送登录。

第十二条 登录表格必须按要求填写，所需文档资料要齐备。

第十三条 所报软件，经中国工程设计计算机应用协会审查合格后，予以正式登录。(《工程设计计算机软件登录表》附后)

第十四条 登录软件的版权将受到保护。

第十五条 登录软件的目录和功能简介每年向工程设计系统发布一次。

第十六条 除特殊情况外，一般登录保留五年。

建　设　部

工程设计计算机软件开发导则

（一九八九年九月一日）

第一章　绪　　论

1.1　目标　本导则的目标是改善工程设计计算机软件开发的可管理性；有效地提高软件质量，降低开发成本，有利于软件成果的推广和应用。

1.2　适用范围：本导则适用于工程设计工作中各类软件的开发。但是导则本身不是一个强制执行的文件，它根据下列条件之一产生约束性：

①软件开发者自动遵守本导则并以此作为软件产品的特色，以增强用户的信心。

②软件供需双方协议中规定采用本导则作为一项内容。

③软件评审机构规定遵守本导则作为软件参与评审的一个条件。

④其它有效的约束性文件中规定本导则必须执行。

1.3　叙述方法：本导则按照软件的生存期，分阶段自顶向下叙述软件开发过程的任务要求、可采用的技术、文档格式、质量指标与控制途径。

第二章　软件要求定义

2.1　软件要求定义的任务是对需要解决的问题进行识别和评价，并写成准确、完整的要求说明书。要求说明书是软件开发人员与用户之间互相了解的基础，也是软件开发和验收的根据。要求说明书是软件要求定义阶段可交付的成果。

2.2　关于工程设计标准和规范：工程设计软件中所采用的数据、计算公式、计量单位、图形符号等应符合有关标准规范的规定。标准规范的名称和代号要在要求说明书中明确规定。

2.3　关于数学模型：工程设计应用软件所采用的数学模型必须是成熟的、经过工程实践检验的。采用何种模型，必须在要求说明书中明确规定。

2.4　软件要求说明书内容如下：

①软件功能；

②适用范围、限制条件；

③有关标准、规范的名称和代号；

④数学模型和计算方法；

⑤计算机系统配置要求和软件支撑；

⑥输入／输出的介质和格式、响应、错误信息、应用范例；

⑦系统调试方案和系统调试数据（包括正常的、特殊的和非法的）；

⑧可靠性、兼容性和扩充性要求；

⑨预计的技术经济效果；

⑩开发工作总进度；

⑪人工、资金和计算机资源开销预算；

2.5　说明书的质量要求如下：

①完全性：对软件的要求陈述完整；

②明确性：陈述方式不致引起误解；

③可测性：要求项目满足与否有客观评价的标准；

④适应性：在一定范围内，软件环境改变后，所定义的功能易于调整。

2.6　要求说明书必须经校核和审核，根据审核结果提出修改后的说明书新版本，经复审直至符合质量要求。要求说明书需经委托开发机构或用户确定。

在软件开发的任一阶段如需改变要求说明书，应写成正式改变文件并相应改变后继阶段的有关说明书或设计文件，其审核手续与提出说明书新版本相同。说明书校、审过程中产生的历史版本与有关的校、审记录必须保存。

第三章　概要设计

3.1　概要设计的任务是，根据要求说明书确定软件的外部功能和内部功能；设计软件的总体结构；初步确定采用的数据结构和关键算法及确定软件与系统的接口。对于小型软件，可以将概要设计阶段的内容与详细设计合并为一个开发阶段。

3.2　外部功能是用户可见的软件功能，它是要求说明书中功能性要求的补充和具体化。外部功能必须覆盖要求说明书中定义的功能性要求。

3.3　概要设计阶段可交付的开发成果是概要设计说明书，它是软件详细设计的根据。

3.4　概要设计说明书的内容如下：

①软件功能的详细描述；

②软件环境概述;

③有关工程标准规范依据;

④主要数据结构和关键算法;

⑤输入/输出格式和介质;

⑥软件支撑及接口;

⑦质量(可靠性、操作性等)考虑;

⑧调试措施(方法);

⑨调试数据和预期结果;

⑩维护和扩充方面的考虑;

3.5 设计中应充分考虑优先利用已有的软件资源和软件工具,包括数据库管理系统、工程数据库、算法库、应用模块库和程序包。

3.6 概要设计说明书的质量要求如下:

①正确性:外部功能覆盖要求说明书中的功能性要求;内部功能支持全部外部功能的实规;

②操作性:人机界面面向工程应用,有辅助应用措施并考虑了软件在错误操作下的安全;

③有效性:处理方案,包括关键算法和数据结构的设计在可靠性和效率方面能支持功能要求的实现;采用的数据、公式以及输入/输出形式符合软件要求说明书中规定的标准规范;数学模型成熟可举。

3.7 概要设计说明书是面向开发过程的内部可交付文件,它不经用户确认。说明书必须校核和审核,根据审核结果提出修改后的说明书新版本,需经复审直至符合质量要求。说明书校、审过程中产生的历史版本与有关的校、审记录必须保存。

第四章 详细设计

4.1 详细设计的任务是从概要设计说明书的要求出发逐步分解成一系列精细刻划的实现步骤和结构,并使其达到可以用来准确地进行编码的程度。

4.2 详细设计采用由顶向下的方式,并规定采用支持结构化设计问题分析图(PAD)作为设计表现工具。

4.3 语言选择:根据问题的性质和算法特点编码用语言。选择语言的原则要兼顾该语言的标准化程度和实现的有效性。

4.4 详细设计的深度到基本模块一级。基本模块应保证功能的单一和独立,有单一入口和单一出口。基本模块的规模,应使相应的PAD能完整地画在4号幅面的图纸上,相应的源码一般不超过5页打印纸为度。

4.5 除非出于数据安全的考虑,在输入设计中不应要求用户提供系统能够自动形成的信息。

4.6 应用软件应提供输入数据合法性检查的功能。

4.7 输出结果的意义和量的单位必须用汉字、规范化的符号明显地加以标志。输出的具体格式应符合概要设计说明书的规定。

4.8 对于应用软件运行中可能出现的异常情况,必须给出用户能解释的信息。

4.9 详细设计阶段可交付的开发成果是详细设计说明书,它是软件编码阶段的根据。

4.10 详细设计说明书的内容如下:

①软件结构及软件环境概述;

②功能分解图;

③信息(数据)流图;

④各级模块设计(PAD及接口说明);

⑤模块关联图;

⑥数据结构设计;

⑦关键算法的分析;

⑧模块调试数据及其期望答案;

4.11 详细设计说明书质量要求如下:

①正确性:各项内容均能满足概要设计说明书的要求;

②有效性:所设计的主要数据结构及关键算法,在可靠性和效率方面都经过了求精处理;

③模块化:模块独立性好、规模适当;

④可编码性:接口设计合理、说明清晰;基本模块一级的RAD可以直接转换为结构良好的源码。

4.12 详细设计说明书是面向开发过程的内部可交付文件,它不经用户确认。说明书必须经校核和审核,根据审核结果提出修改后的说明书新版本,需经复审直至符合质量要求。说明书校、审过程中产生的历史版本与有关的校、审记录必须保存。

第五章 编 码

5.1 编码的任务是根据详细设计说明书的要求,将PAD表示的各级模块转换为指定语言的源码。

5.2 编码必须遵守结构化的原则和良好的编码风格。

5.3 编码阶段可交付的开发成果是源码文本。

5.4 源码文本的质量要求如下:

①可读性:通过遵守结构化的原则、使用有意义的标识符以及合理安排文本编排等措施,使不参加该编码工作的软件人员能顺利读懂源码文本。为保证可读性,标识符一律根据英语、科技惯用符号来构造;

②正确性:源码文本符合相应的PAD及其接口说明;

③结构化：使用标准的“顺序”、“选择”和“循环”结构，禁止控制流由外部转入结构内部；尽可能避免使用GOTO、算术IF语句等破坏结构的语言部分；

④注释：注释是源码文本的重要组成部分。必要的注释包括：每个程序单位首部的集中注释，其内容为模块名称、功能、参数表各元的意义、单位、调用该模块的程序单位名字、该模块调用的下属模块名字、编码人、编码时间、版本等；在程序中插入的注释，主要是对算法的进一步阐述；在条件许可时，注释应该使用中文。

⑤空白及空行：文本中应有效地使用空白（包括缩格）及空行以显示嵌套层次及划分语句组。

5.5 源码文本在进入调试阶段之间必须经过认真的静态检查和正式校核、审核。校审内容包括源码文本质量要求的各个方面，但可读性不好的源码不评价其它质量项目。根据审、核结果提出修改后的源码新版本，需经复审直至符合质量要求。源码文本校、审过程中产生的历史版本与有关的校、审记录必须保存。

第六章　调　　试

6.1 调试的任务是使程序在一个调试数据集上运行、以发现软件错误并加以排除。调试阶段可交付的开发成果是排除了已发现错误的源码版本和调试分析报告。

6.2 调试所用的数据、应是在要求定义阶段或设计阶段根据功能要求生成的，其中包括有充分代表性的正常数据、特殊数据和非法数据。

6.3 根据具体情况，可以采取自顶向下、自下向上的或混合调试方法。无论采用何种方法，必须保证每个基本模块的功能均经过测试。

6.4 系统调试成功的标准是程序的行为符合规格书中的全部功能要求。

6.5 调试分析报告的内容如下：

①调试方案概述；

②调试数据及其说明；

③错误的统计分析及排表（语法错除外）；

④已发现各类错误的列表（语法错除外）；

⑤调试中的各类输出结果与期望结果的对照分析；

⑥结论。

6.6 调试分析报告的质量要求如下：

①所规定的调试数据集均已执行，在各种情况下均能得到符合预期的结果或令人满意的信息；

②所发现的错误和缺陷均已排除并有错误的记录和分析；

③由排错引起的副作用已经分析并采取了措施。

6.7 调试分析报告必须经校核和审核。根据校、审结果修改或补充调试内容提出分析报告的新版本，需经复审直至符合质量要求。调试分析报告在校、审过程中产生的历史版本与有关校、审记录必须保存。

第七章　应用软件的完工验收

7.1 应用软件的调试阶段完毕并经审核符合质量要求即可进行完工验收。完工验收是软件开发阶段结束转入维护阶段的内部验收，由开发主持单位按验收标准进行。验收成果包括各阶段可交付开发成果的最后版本及其清单。

7.2 验收标准如下：

①应用软件按本导则规定开发，且每一阶段均经确认符合质量要求；

②各阶段可交付开发的最后版本及清单完整，各种工作文档及成果的历史版本、校审记录完整；

③程序清单、运行程序、用户手册、测试数据以及输出结果之间严格一致。

第八章　交付使用与软件维护

8.1 开发单位向软件用户提供的应用软件的技术深度以及交付验收标准根据合同或协议的规定执行。

8.2 对已交付使用的应用软件，原开发单位应组织收集和积累运行资料，负责改进并承担软件技术咨询工作。

8.3 开发单位应建立应用软件的版本档案和软件维护制度，并根据需要发布新的版本，其中与各级工程设计标准规范相关的应用软件，必须根据有关标准规范的变更及时更新软件版本。

8.4 有上列情况之一，由开发单位宣布应用软件报废并通知用户：

①软件已不再存在应用背景；

②软件缺陷太多，无法修复；

③已有新的更有效的应用软件代替。

8.5 已经有关部门批准作为标准使用的应用软件报废必须报请该标准的管理部门批准。

附录A　关于PAD的简要说明

本导则推荐的 PAD（probie Anaiysis Diagram）设计表现，是一种克服了传统流程图缺点的结构化程序二维展开图，1983年正式介绍到国内，现已逐渐为软件工作者接受。例如：建筑工程软件包（BDP）的作业标准曾规定PAD为必须采用的设计表现手法。

传统框图法的主要缺点如下：

（下接第30页）

中华人民共和国建设部令

第3号

《工程建设重大事故报告和调查程序规定》，已于一九八九年九月十九日经建设部部务会议审议通过，现予发布，自一九八九年十二月一日起施行。

部　长　林汉雄

一九八九年九月三十日

工程建设重大事故报告和调查程序规定

第一章　总　　则

第一条　为了保证工程建设重大事故及时报告和顺利调查，维护国家财产和人民生命安全，制定本规定。

第二条　本规定所称重大事故，系指在工程建设过程中由于责任过失造成工程倒塌或报废、机械设备毁坏和安全设施失当造成人身伤亡或者重大经济损失的事故。

第三条　重大事故分为四个等级：

(一) 具备下列条件之一者为一级重大事故：

1.死亡三十人以上；

2.直接经济损失三百万元以上。

(二) 具备下列条件之一者为二级重大事故：

1.死亡十人以上，二十九人以下；

2.直接经济损失一百万元以上，不满三百万元。

(三) 具备下列条件之一者为三级重大事故：

1.死亡三人以上，九人以下；

2.重伤二十人以上；

3.直接经济损失三十万元以上，不满一百万元。

(四) 具备下列条件之一者为四级重大事故：

1.死亡二人以下；

2.重伤三人以上，十九人以下；

3.直接经济损失十万元以上，不满三十万元。

第四条　重大事故发生后，事故发生单位必须及时报告。

重大事故的调查工作必须坚持实事求是、尊重科学的原则。

第五条　建设部归口管理全国工程建设重大事故；省、自治区、直辖市建设行政主管部门归口管理本辖区内的工程建设重大事故；国务院各有关主管部门管理所属单位的工程建设重大事故。

第二章　重大事故的报告和现场保护

第六条　重大事故发生后，事故发生单位必须以最快方式，将事故的简要情况向上级主管部门和事故发生地的市、县级建设行政主管部门及检察、劳动（如有人身伤亡）部门报告；事故发生单位属于国务院部委的，应同时向国务院有关主管部门报告。

事故发生地的市、县级建设行政主管部门接到报告后，应当立即向人民政府和省、自治区、直辖市建设行政主管部门报告；省、自治区、直辖市建设行政主管部门接到报告后，应当立即向人民政府和建设部报告。

第七条 重大事故发生后，事故发生单位应当在二十四小时内写出书面报告，按第六条所列程序和部门逐级上报。

重大事故书面报告应当包括以下内容：

（一）事故发生的时间、地点、工程项目、企业名称；

（二）事故发生的简要经过、伤亡人数和直接经济损失的初步估计；

（三）事故发生原因的初步判断；

（四）事故发生后采取的措施及事故控制情况；

（五）事故报告单位。

第八条 事故发生后，事故发生单位和事故发生地的建设行政主管部门，应当严格保护事故现场，采取有效措施抢救人员和财产，防止事故扩大。

因抢救人员、疏导交通等原因，需要移动现场物件时，应当做出标志，绘制现场简图并做出书面记录，妥善保存现场重要痕迹、物证，有条件的可以拍照或录相。

第三章 重大事故的调查

第九条 重大事故的调查由事故发生地的市、县级以上建设行政主管部门或国务院有关主管部门组织成立调查组负责进行。

调查组由建设行政主管部门、事故发生单位的主管部门和劳动等有关部门的人员组成，并应邀请人民检察机关和工会派员参加。

必要时，调查组可以聘请有关方面的专家协助进行技术鉴定、事故分析和财产损失的评估工作。

第十条 一、二级重大事故由省、自治区、直辖市建设行政主管部门提出调查组组成意见，报请人民政府批准；

三、四级重大事故由事故发生地的市、县级建设行政主管部门提出调查组组成意见，报请人民政府批准。

事故发生单位属于国务院部委的，按本条一、二款的规定，由国务院有关主管部门或其授权部门会同当地建设行政主管部门提出调查组组成意见。

第十一条 重大事故调查组的职责：

（一）组织技术鉴定；

（二）查明事故发生的原因、过程、人员伤亡及财产损失情况；

（三）查明事故的性质、责任单位和主要责任者；

（四）提出事故处理意见及防止类似事故再次发生所应采取措施的建议；

（五）提出对事故责任者的处理建议；

（六）写出事故调查报告。

第十二条 调查组有权向事故发生单位、各有关单位和个人了解事故的有关情况，索取有关资料，任何单位和个人不得拒绝和隐瞒。

第十三条 任何单位和个人不得以任何方式阻碍、干扰调查组的正常工作。

第十四条 调查组在调查工作结束后十日内，应当将调查报告报送批准组成调查组的人民政府和建设行政主管部门以及调查组其他成员部门。经组织调查的部门同意，调查工作即告结束。

第十五条 事故处理完毕后，事故发生单位应当尽快写出详细的事故处理报告，按第六条所列程序逐级上报。

第四章 罚　则

第十六条 事故发生后隐瞒不报、谎报、故意拖延报告期限的，故意破坏现场的，阻碍调查工作正常进行的，无正当理由拒绝调查组查询或者拒绝提供与事故有关情况、资料的，以及提供伪证的，由其所在单位或上级主管部门按有关规定给予行政处分；构成犯罪的，由司法机关依法追究刑事责任。

第十七条 对造成重大事故的责任者，由其所在单位或上级主管部门给予行政处分；构成犯罪的，由司法机关依法追究刑事责任。

第十八条 对造成重大事故承担直接责任的建设单位、勘察设计单位、施工单位、构配件生产单位及其他单位，由其上级主管部门或当地建设行政主管部门，根据调查组的建议，令其限期改善工程建设技术安全措施，并依据有关法规予以处罚。

第五章 附　则

第十九条 工程建设重大事故中属于特别重大事故者，其报告、调查程序，执行国务院发布的《特别重大事故调查程序暂行规定》及有关规定。

第二十条 本规定由建设部负责解释。

第二十一条 本规定自一九八九年十二月一日起施行。

建设部　农业部

国务院贫困地区经济开发领导小组

关于建立第一批国家建筑劳务基地问题的通知

（一九八九年十月六日）

根据（88）建施字第217号文《关于加强建筑劳务培训基地工作的通知》部署，决定建立第一批由国家重点指导的建筑劳务基地（名单附后），定名为国家建筑劳务基地。现将有关问题通知如下：

一、为了贯彻治理整顿和深化改革的方针，各地区、各部门正在按着《施工企业资质管理规定》的要求，开展了施工企业资质审查工作。加速对农村建筑劳务的治理整顿，改变目前组织松散、管理粗放、素质低下的状况，是强化施工企业资质管理的重要组成部分。建立一批管理有序的建筑劳务基地，实行农村建筑劳务的集约化管理，正是当前建设领域治理整顿的一项重要工作内容。同时，面向贫困地区建立建筑劳务基地，也是建设部门开展扶贫工作的重要措施。因此，必须作为一件大事认真抓好。

二、建筑劳务基地的管理对象主要是国家实行施工企业资质管理中的非等级施工队伍。它的主要任务是：通过治理整顿，培养和造就一支能工能农的建筑劳务队伍，能向国内外输送政治素养好、身体素质强、讲文明、守纪律、技术精的各类建筑劳务人员；加强县（市）建筑劳务的集约化管理，促进非等级施工队伍的科学管理和技术进步，提高资质水平，使建筑业成为县（市）经济的支柱产业；集中发挥建筑业投入少、产出快的产业优势，使建筑业更好地为贫困地区走上脱贫致富的道路服务。具体工作，包括统一管理非等级施工队伍，组织各类人员的技术和业务培训，建立劳务信息渠道，统一进行建筑劳务输出，负责外出劳务的管理等。

三、要积极做好第一批国家建筑劳务基地的规划工作。各地区要对建筑业总体情况，包括人员规模、地区分布、管理机制，以及专业特长、劳务资源的状况进行一次全面调查，对这次资质审查中划为非等级的施工队伍优存劣汰，进行全面规划，提出五年计划和近期工作安排。并由所在省（自治区）建设行政主管部门会同乡镇企业主管部门、贫困地区开发办批准。规划中应突出每个建筑劳务基地的专业发展方向，确定劳务队伍发展的适度规模，落实不同专业人员的培训措施，明确基地与外部的协作关系，提出建筑劳务基地的非等级施工队伍晋升等级企业的发展目标。

四、要着手建立建筑劳务基地与大型施工企业相对稳定、紧密配合的劳务协作关系。各地要按照“双向选择”的原则，确定一批大型施工企业。这类企业的选择要同各地区开展的推广鲁布革工程管理经验的试点企业结合起来，统盘考虑。同时，要为本省（自治区）建筑劳务基地同国务院有关部门所属大型专业施工企业建立协作关系，做好“媒介”工作，使建筑劳务基地能够形成同各类大型企业多渠道、多形式的协作网络。建立建筑劳务基地是各级建设行政主管部门扶贫工作的重要措施，因而要优先为贫困地区的建筑劳务基地作好“媒介”工作。

五、建筑劳务基地要加强对建筑劳务的管理。建立相应的管理办法，统一进行外出队伍审查认证工作，配合用人单位和有关部门加强对外出人员的管理，对使用劳务较多的中心城市，可设立相应的办事机构，以形成内外统一、相互协调的健全管理系统。

六、第一批国家建筑劳务基地，为国家重点指导的试点基地。为作好这项工作，拟选择其中几个基地先行试点，以取得经验，推进第一批国家建筑劳务基地的试点工作。试点的主要内容是：非等级施工队伍的资质管理及考核认证试点工作；国际工程承包劳务人员资质认证试点工作；施工操作新技术、新工艺试点工作；贫困地区建筑劳务基地综合发展的试点工作。先行试点基地的确定，由国家同有关省（自治区）共同确定。

七、国家建筑劳务基地的管理机构定名为国家建筑劳务基地XX省（自治区）XX县（市）管理处。按照现有管理基础，实行与主管部门“两块牌子，一套人马”，不再单设机构，但必须落实专人负责这项工作。国家和省（自治区）两级建设行政主管部门会同乡镇企业主管部门、贫困地区开发办，按照分级管理的原则，共同做好建筑劳务基地的协调、指导、监督和服务工作。

八、各省、自治区要按照本通知的精神，根据各自的实际情况，积极稳妥地做好基地的起步工作。要建立联系渠道，定期通报基地的工作情况，研究解决存在问题。对这次没有设立基地的省、自治区、直辖市、计划单列市，有关主管部门也要积极支持这项工作。建筑劳务基地所在省、自治区要在今年十二月底以前将基地的基本情况、五年规划和近期工作安排报建设部施工管理司、农业部乡镇企业司，属于贫困地区的建筑劳务基地也还要同时报中国贫困地区经济开发服务中心。

附件：第一批国家建筑劳务基地名单

附件：

第一批国家建筑劳务基地名单

河北省

1.定州市

2.阜平县　　贫困县

江苏省

3.启东县

4.江都县

5.金坛县

6.睢宁县

安徽省

7.肥东县

江西省

8.临川县

9.广丰县　　贫困县

10.瑞金县　　贫困县

山东省

11.汶上县

12.沂水县　　贫困县

河南省

13.林县

14.长垣县

15.平舆县　　贫困县

16.信阳地区（信阳市）　　贫困地区

湖北省

17.孝感市

18.黄冈地区（麻城市）　　贫困地区

广西自治区

19.北流县

20.都安县　　贫困县

湖南省

21.桑植县　　贫困县

四川省

22.遂宁市

23.泸县

24.仁寿县

25.南部县　　贫困县

陕西省

26.宝鸡县

27.绥德县　　贫困县

甘肃省

28.临洮县　　贫困县

29.甘谷县　　贫困县

青海省

30.乐都县　　贫困县

(上接第 26 页)

1.与高级语言脱节，如没有与高级语言对应的控制结构，不能由图直接编码；

2.无法直接在粗框图的基础上细化，不支持由顶向下逐步求精的设计方法；

3.控制流有任意性，不能作为强制结构化程序设计的工具。

关于 PAD 的进一步论述见文献〔1〕〔2〕。

附录 B　参考文献

〔1〕《电子计算》“分阶段研制应用软件的方法”，蔡玉泉　1984.2

〔2〕《电子计算》“结构程序设计 PAD 方法”，蒲海龙　1984.2

〔3〕《电子计算》“程序开发与程序错误分类”，顾元祥等　1985.1

〔4〕《电子计算》“软件测试技术与展望”，李友仁等　1984.3

〔5〕《电子计算》“软件工程引论”，邓良松　1986

建设部　国家计委

新建工程抗震设防暂行规定

（一九八九年十月十九日）

为加强对新建工程（含扩建和技术改造工程，下同）抗震设防的管理，以减轻和防御地震对工程建设的破坏，特制定本规定。

第一条　地震基本烈度六度和六度以上地区（以下简称抗震设防区）所有新建工程都必须进行抗震设防。

第二条　建设项目设防烈度按国家颁布的地震基本烈度或经国家抗震主管部门批准的城市抗震防灾规划的设防区划执行。

第三条　经有权单位批准和颁发的工程抗震设防标准，各部门、团体和个人应在建设中遵照执行，不得随意提高或降低。

第四条　建设项目主管部门对新建工程进行厂址选择、可行性研究和编制计划任务书等文件时，应按有关规定提出抗震设防依据、设防标准等意见。

第五条　所有工程项目的设计文件（包括文字说明和图件）应有抗震设防的内容，包括设防依据、设防标准、方案论证等。

第六条　对建设项目的抗震设防，应作为可行性研究的内容之一；在审查初步设计和施工图时，主管审查部门应吸收抗震管理部门参加，或请抗震管理部门组织专题审查。

第七条　各级抗震防灾主管部门，应加强对工程建设抗震问题的监督、检查。有关工程抗震设防、抗震设计方案的审查、论证会等，项目主管部门应通知抗震防灾主管部门参加。

第八条　施工单位应严格保证建设项目的抗震施工质量，各级质量监督部门，对所在地和所属工程建设抗震构造的施工质量进行监督、检查，对不符合抗震要求的工程应令其修补、返工、停工、直至追查责任及经济赔偿。

第九条　建设项目主管部门对重要工程组织竣工验收时，邀请抗震防灾管理部门参加。

第十条　对工程建设的抗震设防，既要符合抗震要求，又要尽量节约投资。对此做出突出贡献的单位和个人，由相应的建设主管部门和抗震防灾主管部门给予表扬和奖励。

第十一条　抗震设防区的新建工程，如不符合抗震设防要求，应追究建设、设计、施工等有关单位和个人的责任。对地震时造成不应有的重大损失和人员伤亡的，应视其情节由相应的建设主管部门和抗震防灾主管部门给予必要的处罚，触犯刑律的，依法追究刑事责任。

第十二条　各省、自治区、直辖市和国务院有关部、委、局的抗震防灾主管部门，可结合本地区、本部门的具体情况，制定实施细则，并报建设部抗震办公室备案。

第十三条　本规定由建设部负责解释。

第十四条　本规定自颁布之日起执行。

建设部　财政部

关于国营勘察设计单位征收国营企业所得税后若干问题的通知

(一九八九年十二月二十四日)

全国勘察设计单位实行技术经济责任制以来，国家曾给予了暂免所得税的优惠政策，使绝大多数勘察设计单位实现了自收自支，并有了一些盈余。为了平衡各单位之间的税收负担，财政部颁发了(89)财税字第016号《关于对勘察设计单位恢复征收国营企业所得税的通知》。现将征税后的有关问题通知如下:

一、调整盈余上交比例

由于国家对勘察设计单位恢复征收国营企业所得税和近几年勘察设计单位任务不足，收入下降等原因，决定对国家计委、财政部、劳动人事部联合颁发的计设(1986)2562号《关于勘察设计单位实行技术经济责任制若干问题的补充通知》中所规定的盈余分成比例做以下调整：盈余部分的15%交纳所得税，其余部分的15%交纳能源交通重点建设基金，10%交纳国家预算调节基金。交纳上述税金和基金后，盈余部分不再上交主管部门，全部留给勘察设计单位。

二、内部分配

设计单位留用的盈余，应建立事业发展基金、职工福利基金和职工奖励基金。其中事业发展基金不得低于留成的50%，用于职工集体福利和职工奖金的比例，按国家计委、财政部、劳动人事部计设(1983)1022号文规定，由国务院各有关部委勘察设计主管部门或地方主管勘察设计的基建综合部门会同财政部门决定。

三、技术开发费

国家计委、财政部、劳动人事部联合颁发的计设(1983)1022号《关于勘察设计单位试行技术经济责任制的通知》中规定：勘察设计单位可从总收入中提10%作为技术开发费，并按实际支出计入勘察设计单位费用。技术开发费的10%，按隶属关系分别由国务院各有关部委勘察设计主管部门或地方主管勘察设计的基建综合部门集中使用，主要用于行业管理、基础工作以及评选和奖励优秀勘察、优秀设计等；其余部分由勘察设计单位自行安排使用，可用于开展科研，进行技术开发、购置技术装备和人才培训等。

四、严格执行财务制度

勘察设计单位要加强财务管理，健全内部核算体系和会计制度，正确贯彻执行国家财税政策、财务制度和财经纪律，加强费用(成本)核算，如实反映经营成果。勘察设计单位应自觉服从当地财税部门的监督与检查，严禁滥发奖金、津贴、实物和滥摊费用等违法乱纪行为。

五、加强对勘察设计单位的管理

勘察设计单位征收国营企业所得税后，仍为事业单位企业化管理，事业单位性质不变，隶属关系也不变。因此，各部门、各地区勘察设计主管部门要继续加强领导，对勘察设计单位的小型基建、设备购置要继续给予支持，以促进勘察设计单位的技术进步和勘察设计事业的发展。上述规定，各部门、各地区要认真执行，除本通知规定的上交比例外，不得以任何名义向勘察设计单位收费。

凡与本规定不符合的，以本规定为准。

中华人民共和国建设部令

第6号

《国家优质工程奖评选与管理办法》，已于一九八九年十二月三十日经建设部部务会议审议通过，现予发布，自一九九〇年一月一日起施行。

部　长　林汉雄

一九八九年十二月三十一日

国家优质工程奖评选与管理办法

第一章　总　　则

第一条　为鼓励施工企业、勘察设计和建设单位加强科学管理，提高工程质量，创建更多优质工程，以适应社会主义现代化建设的需要，制定本办法。

第二条　国家优质工程奖是我国工程建设国家级质量奖。获奖工程的质量应达到国内先进水平，并具有较好的经济效益和社会效益。

第三条　国家优质工程奖分金质奖与银质奖，每年评选一次。

第四条　国家优质工程奖的评选是在已获得省、自治区、直辖市和国务院各部门授予的优质工程奖的基础上进行。

第五条　国家优质工程奖评选工作由建设部负责，并组成国家工程建设质量奖审定委员会具体实施。

第二章　评 选 范 围

第六条　评选国家优质工程奖的项目，必须列入国家或省、自治区、直辖市及计划单列城市的固定资产投资计划，并具有独立生产和使用功能。主要包括：

一、新建的大中型工业、交通、农林水利、民用和国防军工等建设项目；

二、五万平米以上设施配套的住宅小区；

三、二万平方米以上设施配套的村镇；

四、具有显著经济效益和社会效益的大中型改建、扩建和技术改造工程；

五、对发展国民经济具有重大意义的其他工程。

第七条　下列工程不列入评选范围：

一、国内外使、领馆工程；

二、由我国勘察设计与施工的对外经济援助工程；

三、外国独资工程。

第三章　评 选 条 件

第八条　评选国家优质工程金质奖的项目，一般应获得国家级优秀设计奖，评选国家优质工程银质奖的项目，一般应获得国家级优秀设计奖或省、部级优秀设计奖。

从国外引进技术装置的工程项目和中外合资建设的工程项目，其国外设计部分，需经项目主管部门（国务院工交各部门、省、自治区、直辖市的主管部门）审定，确认达到了国际先进水平。

第九条　评选国家优质工程奖的项目，必须按照国家颁发的标准，验评和核定工程质量。国家尚未颁发标准的可按行业标准进行验评和核定。

评选国家优质工程奖的项目，如系一个单位工程项目，工程质量必须优良；如系多个单位工程组成，单位工程质量必须全部合格，主体工程必须达到优良。其中评选金质奖的项目，优良率达到90%以上，评选银质奖的项目，优良率达到80%以上。

工程质量等级必须经过工程质量监督机构核定：

一、国务院各部门主管的工业交通项目，质量等级由其授权或委托的工程质量监督站核验和鉴定；

二、其他工程项目，质量等级由地方工程质量监督站核验和鉴定。

第十条 评选国家优质工程奖的项目，不得超出概算（包括修正概算）和建设标准，在建设中没有发生过三级（含三级）以上重大事故。

第十一条 评选国家优质工程奖的项目，必须按规定通过竣工验收，并经过一年的考验期。

第十二条 评选国家优质工程奖的项目，自竣工验收至申报评选的时限，大中型建设项目不得超过五年，其他工程项目不得超过三年。

第四章 申报办法

第十三条 申报国家优质工程奖程序如下：

一、地方主管的项目，由省、自治区、直辖市或计划单列城市的建设主管部门审查，并按工程项目的专业性质征求同级有关部门的意见后上报；

二、国务院各部门主管的项目，由国务院各部门审查并征求工程项目所在地建设主管部门的意见后上报；

三、国务院各部门与省、自治区、直辖市合建的项目，由投资各方共同审查后上报。

第十四条 申报国家优质工程奖的单位，要如实填写《国家优质工程奖申请表》，并附交项目简介、优秀设计证书、优质工程证书、竣工验收证书、项目主体工程录相带或照片，于申报年度五月三十一日前报国家工程建设质量奖审定委员会。

《国家优质工程奖申请表》由建设部统一制定。

第五章 评审组织和程序

第十五条 国家工程建设质量奖审定委员会下设办公室和原材料、能源、交通、农林水利、化轻、民用与市政、机电与国防等专业工程初评组。

专业工程初评组成员由国家工程建设质量奖审定委员会聘请。

第十六条 国家优质工程奖的评审工作，按下列程序进行：

一、国家工程建设质量奖审定委员会办公室负责审查《国家优质工程奖申请表》，对符合申报评选条件的交专业工程初评组进行初评；

二、各专业工程初评组对所负责的专业工程项目，逐个到现场进行核验和评定，并写出初评报告，提出初评意见。

第十七条 国家工程建设质量奖审定委员会根据申请表及初评组的报告，进行综合评议，以无记名投票方式评出国家优质工程，报国家质量奖审定委员会核定。

第六章 评审纪律

第十八条 申报单位要实事求是，不得弄虚作假，不得行贿送礼，不得超标准接待。对违反者，视其情节轻重，给予批评警告，直至撤消申报和获奖资格。

第十九条 评审人员要秉公办事，严守纪律，自觉抵制不正之风。对违反者，视其情节轻重，给予批评警告或撤消其评审资格，直至建议所在单位给予行政处分。

第七章 奖 励

第二十条 获国家优质工程奖项目的主要施工单位由国家质量奖审定委员会授予奖牌；建设单位和主要设计单位，以及参与建设的其它施工单位（完成工作量一般不少于该项目的建筑安装工作量总和的20%）由国家授予奖状，并在报刊上公布表彰。

第二十一条 获国家优质工程奖的项目，在工程的适当部位镶嵌国家优质工程奖标志。

第二十二条 获国家优质工程奖项目的施工、设计和建设单位，对在获奖工程项目建设中做出突出贡献的职工，根据一九八二年国务院颁布的《企业职工奖励条例》有关规定，给予一次性的物质奖励。

第二十三条 获国家优质工程奖的项目，各地区、各部门应加强管理，建立档案，以备复查。

第八章 附 则

第二十四条 本办法由建设部负责解释。

第二十五条 本办法自一九九〇年一月一日起施行。

财　政　部

关于对勘察设计单位恢复征收国营企业所得税的通知

（一九八九年九月八日）

国家计委、财政部、劳动人事部计设〔1983〕1022号《关于勘察设计单位试行技术经济责任制的通知》下发后，勘察设计单位实行了收取勘察设计费办法，为照顾其在改革初期的困难，财政部（85）财税字第337号文曾规定暂免征所得税。该办法执行几年来，随着探察设计事业的发展，情况已发生了很大变化，勘察设计单位绝大多数实现了经费自主，盈余逐年增多。根据党中央、国务院治理经济环境，整顿经济秩序方针的要求，为了平衡各单位之间的税收负担，加强对勘察设计单位的税收管理，促进勘察设计体制改革的健康发展，经研究，决定对勘察设计单位恢复征收国营企业所得税，具体规定如下：

一、勘察设计单位的勘察设计所得及其他经营所得盈余，从1989年起至1991年三年内，暂减按15%的税率征收国营企业所得税。

二、对年人均盈余不足1,200元的勘察设计单位，纳税确有困难的，按照税收管理体制，经税务部门审核批准后，可在1991年以前，按年免征国营企业所得税。

本通知从1989年10月1日起执行。

（一九八九年度，按全年盈余的四分之一征收所得税）

建　设　部

全民所有制施工企业机械设备管理规定

（一九八九年二月二十日）

第一章　总　　则

第一条　为贯彻国务院《全民所有制工业交通企业设备管理条例》，加强机械设备管理，结合施工企业的具体情况，特制定本规定。

第二条　企业机械设备管理应遵循依靠技术进步，促进生产发展和预防为主的方针，坚持设计、制造与使用相结合，维护与计划检修相结合，修理、改造与更新相结合，专业管理与群众管理相结合，技术管理与经济管理相结合的原则。

第三条　企业机械设备管理的基本任务是：对机械设备进行综合管理。做到合理装备、择优选购、正确使用、精心维护、科学检修、适时更新，不断改善企业的技术装备素质，充分发挥设备效能，确保施工任务的完成。

企业应根据机械设备的使用分散、流动、露天作业、工况差、磨损快等特点，健全设备管理机构、完善设备管理体系，加强机械设备的维护、检修工作。

第四条　企业的机械设备属国家所有。企业领导应认真管好、用好、维修好机械设备，维护和发展企业生产能力，并在任期责任目标内，列入设备管理的主要经济、技术考核指标。

第二章　各级组织的职责

第五条　各省、自治区、直辖市和国务院各部的建设主管部门（包括各级企业管理部门）应按分级管理的原则，负责对企业的设备管理工作进行业务指导和监督、检查。其主要职责：

1.贯彻执行国家有关设备管理的方针、政策、法规和规定，制定本地区、本部门的机械设备管理的规章、制度、规程、定额等；

2.负责本地区、本部门的设备管理的组织领导，监督、检查和协调服务，指导企业合理装备；

3.组织地区或部门的专业化协作。发展机械租赁业务，组织专业维修、检测网点和配件供应社会化工作；

4.组织本地区、本部门机械设备管理经验交流和职工的业务、技术培训，为企业的机械设备管理提供信息服务；

5.组织协调并实施本地区、本部门的施工机械安全检查、监督工作。对易发生安全事故的机械设备的拆装、检修，建立必要的资质审查制度和管理办法。组织或指定单位负责审批。

第六条　企业经理（厂长）在设备管理方面的主要职责：

1.贯彻执行政府和主管部门有关机械设备管理的方针、政策、条例、规定，负责审定企业设备管理规章制度、管理办法；

2.对企业技术装备资产价值、技术状况和设备生产能力负直接责任；

3.对设备管理部门提出经营管理目标、工作要求，并督促实施；

4.负责设备资产经营决策，管好、用好企业设备更新改造资金；

5.协调好施工生产和设备维修的关系，防止拼设备和重大设备事故的发生；

6.组织机务职工的业务、技术培训。组织开展群众性的爱机活动。

第三章　前 期 管 理

第七条　企业要建立机械设备前期管理工作责任制度。从装备规划、选型、购置、点收、安装、调试和验收投产都要有人负责，严格办理登记和交接手续。

主要机械设备购置前，必须进行技术、经济论证，讲究设备投资效益。

大型机械设备和进口机械设备的购置，由各地区、各部门的建设主管部门制定管理办法，防止盲目购置、重复设置。

新型机械设备到货前，应事先做好机务职工的技术培训工作，使用前应向有关人员进行技术交底。

进口设备及其技术资料到货后，要认真清点、验收、登记，并及早投入使用，发现问题应及时在索赔期内提出索赔。

第八条　企业自制非标准机械设备时，应事先提出报告和设计图纸，经总工程师审批后，方可制造。自制的机械设备经试用、检测，证明其质量、性能合格后，方可纳入企业固定资产。

第四章　使用与维护保养

第九条　企业要建立健全机械设备操作、使用、保养规程和管理制度。主要机械设备要严格执行定人、定机、定岗位的责任制。所有机械设备都要有人负责。多班作业时，必须执行交接班制度。

第十条　企业要严格执行机械设备的日常保养和定期保养制度。季节变化时要执行换季保养。新机械和经过大修理的机械，在使用初期要执行走合期保养。

大型机械设备要实行日常点检和定期点检，并作好技术记录，总结磨损规律。

企业要重视燃料、润滑油料等的正确管理和机械设备的合理用油工作。

第十一条　在施工生产中使用的机械设备，应保持技术性能良好，运转正常，各安全装置灵敏、可靠。失修、失保或“带病”的机械设备不得投入生产。

第十二条　实行机械设备经济承包责任的，必须把机械设备的技术状况、维修保养、安全运行、消耗费用等列入承包内容，与生产任务完成情况一起考核，对因拼设备、违章作业、失修、失保造成机况严重劣化，费用超支者，应按承包合同进行经济处罚。

第十三条　机械设备操作人员和维修人员，必须经过专业培训，考核合格后，由有关主管部门发给操作证，持证上岗，操作证应每年复查一次。无操作证者，不得上机操作或进行维修。

第十四条　企业应按国家有关规定，加强对锅炉、动力、压力容器、仪器仪表等设备的维护、检查和测试工作。

第五章　检　　修

第十五条　企业应建立、健全机械设备的定期检查、按需修理的检修制度（简称定检维修制）。各类机械设备的检查周期、检查内容，由企业主管部门自行制定。企业要有专人负责组织机械设备的定期检测工作。按照机械设备的实际技术状况，结合施工生产，编制机械设备的修理计划，并纳入企业的年（季）度生产计划，严格执行。

第十六条 修理单位要完善机械设备修理工艺，建立、健全修理质量保证体系，严格执行机械修理技术标准，保证修理质量，缩短修理工期，降低修理成本。要面向施工，服务到现场。

机械设备送修时，双方应签订修理合同。并共同遵守合同规定的责任和义务。

承担外单位修理任务的企业，必须具备修理资质。送修单位一般不得将机械设备委托给无修理资质的企业去修理。

企业要做好配件的合理贮备和管理工作。

第六章 改造、更新、报废

第十七条 企业应根据生产经营目标，制定机械设备的改造、更新规划。大型机械设备的改造、更新，必须经过技术、经济论证。

第十八条 机械设备具有下列条件之一者应当报废:

1.磨损严重，基础件已损坏，再进行大修已不能达到使用和安全要求的。

2.技术性能落后，耗能高，效率低，无改造价值的。

3.修理费用高，在经济上不如更新合算的。

4.属于淘汰机型，又无配件来源的。

机械设备报废时，应事先组织技术鉴定，并按规定办理报废手续。设备报废时未提足折旧的，应予补提。已达到报废条件的机械设备，应及时报废。

淘汰的机械设备不得向外租赁或转让。

第七章 安全生产

第十九条 新的以及经过大修理、改造和重新安装的机械设备，在投入使用前，都应进行技术试验和安全装置的检验，合格后方能投入使用。

第二十条 企业要建立、健全机械设备管理、使用、监督、检查制度。设置机械设备安全员，负责机械设备的正确使用和安全监督，并定期对机械设备进行检查，消除事故隐患，确保机械设备和操作者的安全。

第二十一条 机械设备操作人员要严格遵守使用安全操作规程。对违章指挥、违章作业或工作条件危及机械或人身安全时，操作人员有权拒绝操作。现场指挥人员和机械管理人员有权制止使用。

第二十二条 企业应重视起重机械的安全使用管理。对起重机械的安装、使用、拆卸、运输、轨道铺设等都要严格遵守有关规定。塔式起重机的拆装、运输，应由拆装的专业班组负责进行。

第二十三条 由于使用、维修、管理不当等原因造成机械设备的非正常性损坏者属机械设备事故。

机械设备事故分一般事故、大事故、重大事故。

一般事故：机械设备直接损失价值在1000−5000元者。

大事故：机械设备直接损失价值在5000−20000元者。

重大事故：机械设备直接损失价值在20000元以上者。

直接损失价值的计算，按机械设备损坏后修复至原正常状态时所需的工、料费用。

第二十四条 所有机械设备事故都要查清事故原因和责任，并按照“三不放过”（事故原因分析不清不放过、事故责任者与群众未受到教育不放过、没有防范措施的不放过）的原则，严肃处理。

一般事故、大事故由企业负责处理，重大事故应报企业主管部门并按有关规定处理。

企业应将机械设备事故情况，定期上报企业主管部门。重大设备事故信息应在24小时内报出。各地区、各部门建设主管部门每半年应汇总重大设备事故情况，报建设部施工管理司。

第八章 机械设备的基础管理

第二十五条 凡属固定资产的机械设备都要统一编号并建帐立卡，每年至少要对照实物清查盘点一次，保持帐、卡、物相符。

第二十六条 大型机械设备要建立技术档案。内容包括：原始技术资料和交接验收凭证；历次大修理、改造记录；运转时间记录；事故记录及其他有关资料。技术档案要有人负责保管。

第二十七条 由于生产任务不足等原因而停用的机械设备应妥善保管。并按库存机械设备管理规则进行维护、管理。对长期不需用的机械设备要积极进行转让、外调处理。

第二十八条 企业应建立机械设备定额管理制度和单机或班组核算制度。

第二十九条 企业要健全机械设备统计制度，按规定编报各项统计报表，并定期组织统计分析，提出改进机械设备管理、使用、经营、维修的分析报告。

第三十条 企业应按国家有关规定正确提取和合理使用机械设备的折旧基金和大修理基金。

第三十一条 企业机械设备管理的主要经济、技术考核指标有：主要机械设备完好率、主要机械设备利用率、装备生产率、净产值设备维修费用率、设备固定资金利税率。

第三十二条 企业要积极创造条件，逐步实现设备微机管理，提高信息、数据处理能力，促进机械设备管理现代化。

第九章 机械设备租赁

第三十三条 企业应积极发展机械租赁经营业务。可采取对内、对外或任务承包等租赁形式，提高机械设备的经营效益。

租赁双方要密切配合，为设备租赁创造条件：

出租单位要做到：按时提供完好机械设备，面向施工现场，服务周到。

租用单位要做到：为机械设备创造作业条件，指派经过技术培训，取得操作证的人员操作机械，安排好机械的维修、保养工作。

第三十四条 企业向外单位出租机械设备时，双方应签订机械设备租赁合同，并按国家经济合同法有关规定执行。

机械设备的租赁费用，可按当地社会租赁费收取，也可双方协商确定。

第十章 教育与培训

第三十五条 各地区、各部门的建设主管部门应协调安排机械技工和机务干部的培训工作，提高在职机务职工的技术、业务水平。

企业机械设备管理部门的负责人，一般应具有中专以上文化水平或经专业培训并具有一定管理、实践经验的人员担任。

机械设备的操作和维修工人，一般应具有初中以上文化程度并经专业技术培训合格的人员担任。

大型、贵重机械设备的操作和维修工人，一般应是专业的技工学校的毕业生担任。

对达不到上述要求的机务职工，企业应制定规划，通过定期轮训或岗位练兵，提高其基本技能，限期达到上岗要求。

企业对机务职工应提倡一专多能。

第十一章 奖励与惩罚

第三十六条 企业和主管部门可根据需要组织开展机械设备管理评优活动。对获得各级设备管理优秀单位称号的企业设备管理部门和有关机务职工，应给予表彰和奖励。

第三十七条 企业应组织机务职工开展机械设备操作、维修的岗位练兵、比武和红旗设备、先进集体、先进个人的评比活动，树立标兵，表彰先进。

第三十八条 对于因设备管理混乱，设备严重失修或设备资产遭受严重损失的企业，企业主管部门应委派审计部门予以审计，并追究企业领导人员的责任。

对玩忽职守、违章指挥、违反机械设备操作、使用、维修规程或管理不当造成机械设备损坏和经济损失的人员，企业应根据其情节轻重，分别给予经济处罚或行政处分。严重的要追究法律责任。

第十二章 附　　则

第三十九条 各省、自治区、直辖市和国务院有关部门的建设主管部门可根据本地区、本部门的具体情况，制定实施办法。

第四十条 本规定适用于全民所有制的土木、建筑、安装、机施企业，构配件生产企业、施工机械修理企业。集体所有制建筑施工企业可参照执行。

第四十一条 本规定的解释权属建设部施工管理司。

第四十二条 本规定自公布之日起实行。原城乡建设部颁发的《建筑机械设备管理暂行条例》即行废止。

机械设备管理的主要经济、技术考核指标的计算方法

一、主要机械设备完好率＝

$$\frac{\text{全年机械设备完好总台日数}}{\text{全年机械设备制度总台日数}}\times 100\%$$

二、主要机械设备利用率＝

$$\frac{\text{全年机械设备实作总台日数}}{\text{全年机械设备制度总台日数}}\times 100\%$$

三、装备生产率＝

$$\frac{\text{全年施工（生产）总产值}}{\text{年末自有机械设备净值}}\times 100\%$$

四、净产值设备维修费用率＝

$$\frac{\text{全年设备维修费用}+\text{全年设备大修费用}}{\text{全年净产值总和}}\times 100\%$$

五、设备固定资金利税率＝

$$\frac{\text{全年实现利税总额}}{\text{自有设备固定资产平均原值}}\times 100\%$$

注：设备固定资产平均原值＝（年初设备原值+年末设备原值）÷2

建　设　部

工程设计计算机软件转让暂行办法

(一九九〇年一月十二日)

第一条　为了促进工程设计计算机软件的社会化、商品化，减少重复劳动，保障软件所有者和用户的合法权益，调动广大工程设计人员的积极性，推动技术进步，根据《国务院关于技术转让的暂行规定》，结合工程设计实际情况，特制定本办法。

第二条　本办法适用于按《工程设计计算机软件管理暂行办法》开发的各类工程设计计算机软件(以下简称软件)。

第三条　软件转让的出让方和受让方都应该发扬社会主义协作精神，按照自愿平等、互惠互利、协商一致的原则进行转让。

第四条　转让范围

1.由设计单位自己组织审定（或鉴定）合格的软件，可在本单位内部使用。

2.通过国务院和各省（市、区）主管部门的“工程设计计算机软件审定小组”组织审定合格的软件，有权在本部门内（或省内）实行有偿转让。

3.通过“全国工程设计计算机软件审定委员会”组织审定合格的工程设计通用软件，有权在全国工程设计行业内进行有偿转让。该委员会将审定合格的软件，定期向全国工程设计单位发布。

第五条　转让合同

1.进行软件的转让，必须签订转让合同。转让合同应符合《中华人民共和国经济合同法》和其它有关法律的规定。

2.软件转让合同一般应包括以下主要条款:

(1) 项目名称;

(2) 转让的功能、质量指标及经济效益要求;

(3) 双方交付的办法、方式及新版本的继续交付问题;

(4) 成果归属、有效时间及其保密要求;

(5) 是否允许将其转给第三方;

(6) 转让费及支付方式;

(7) 双方义务和权利;

(8) 需要在合同中签定的其它内容。

第六条　转让双方要求对合同进行鉴证或公证的，可向所在地区的工商行政管理部门或公证机关申请鉴证或公证。

第七条　转让合同签定后，双方必须严格遵守，全面履行，任何一方不得擅自变更或解除。如有变更或解除，应在不违反国家政策和法律的前提下，经双方同意。

第八条　发生合同纠纷时，双方应及时协商解决。协商解决无效时，任何一方均可向合同管理机关申请调解或仲裁，也可向人民法院起诉。

第九条　权益

1.属于国家或上级计划下达的软件开发项目并给予投资的，其成果归任务下达部门。承担开发的单位，同下达部门鉴订合同，按本办法在工程设计行业中转让，其收入按合同条款执行，但必需留足作为版本更新和再开发的资金。

2.谁投资开发的软件谁拥有软件的版权。

3.受其它单位委托开发的软件，其转让权益应按照合同的条款执行。

4.软件转让后，对直接从事开发的人员应给予奖励。其奖励费在转让费中支出。

第十条　转让费的支付

软件转让费的支付，参照《国务院关于技术转让的暂行规定》第五条“全民所有制企业单位和集体所有制单位支付的技术转让费，一次总算的，在管理费中列支，数额较大时，可以分期摊销；按照新增销售额或利润提成的，在实施该项技术后的新增利润中税前列支。全民所有制事业单位，在事业费包干结余或预算外收入中列支；没有事业费包干结余和预算外收入的，在事业费中列支”的规定执行。也可根据建设部、财政部（89）建设字第608号《关于国营勘察设计单位征收国营企业所得税后若干问题的通知》第三条，在总收入的10%的技术开发费中列支。

第十一条　转让收入的使用

软件转让收入的使用，参照《国务院关于技术转让的暂行规定》第七条“单位留用的技术转让收入的使用，由单位自行确定，上级领导机关或其它有关部门不得抽调和限制。转让技术的单位应当从留用的技术转让净收入中，提取5-10%作为奖励费用，由课题负责人主持分配，本单位或其它有关部门不要干预。此项费用不计人本单位的奖金总

建　设　部

关于整顿建设市场的情况及下一步安排

（一九九〇年三月三日）

遵照党的十三届三中全会关于治理经济环境、整顿经济秩序、全面深化改革的指导方针，建设部在一九八八年十二月召开的全国建设工作会议上，对建设领域的治理整顿工作做了全面部署，并专门发出了《关于整顿建设市场秩序的通知》。整顿的重点是整“倒”治贿，清查违法经营，解决危害改革和社会生活、严重干扰建设市场秩序的问题。各地区、各部门对这项工作都很重视，整顿工作在全国逐步展开。党的十三届四中全会以后，根据中央继续搞好治理整顿，惩治腐败，加强廉政建设的精神，一九八九年九月五日我部与国家计委、监察部、审计署、国家工商行政管理局、建设银行等部门联合召开了全国整顿建设市场电话会议，对整顿工作进一步作了部署。这项工作更迅速地在全国展开。据不完全统计，一年来共揭露并查处了15,600多起经济犯罪和违法经营案件，涉及金额3100多万元。其中行贿受贿案件630起，倒手转包案件779起，无证设计、无证施工等违法经营案件8692起，偷工减料、粗制滥造造成重大质量事故177起；清理了一批不合格的设计、施工队伍，行业不正之风开始得到遏制，建设市场秩序有所好转。这次整顿中查出的主要问题及下步安排如下。

一

这几年，由于全社会固定资产投资规模过大，宏观调控工作没有跟上，一些单位和个人受资产阶级自由化思潮的影响，片面追求市场经济，建设市场出现了许多混乱现象。经过近一年来的初步整顿，发现的主要问题是：

（一）利用工程发包权索贿受贿。设计及施工队伍的急剧膨胀，形成了买方市场，一些建设单位及其主管部门利用工程发包权索贿受贿，收取“回扣”，不给好处就不发包给工程；一些设计、施工单位则采取行贿手段承揽工程。据上海市对建设市场查处案件情况分析，领导干部以各种名目索贿受贿的占受贿总人数的35.8%。山西省孝（义）柳（林）铁路工程建设总指挥孙孟喜，一九八七年以来利用职务之便索贿近10万元。受贿案件多数采取内外勾结手段，通过贿赂，或者高估冒算，多提工程款；或者使一些不合格的队伍获得承包权，造成工程质量低劣；或者采用向行贿单位泄露标底等手段，破坏了公正、合理的竞争。太钢钢城企业公司民建公司，为承建太钢宿舍的拆建工程，向八名干部（其中：一名副厅级、二名处级）和两个单位行贿6万元，使原来60万元的拆建费提高到96万元。南海油田房地产公司预算科科长通过透露标底，一次收受施工队贿赂11,950元。深圳市近期检查了24个有行贿行为的工程队的工程质量，因偷工减料、以次充好等造成质量不合格的竟达75%。

（二）倒手转包或居间介绍工程，非法牟利。随着建设领域商品经济的发展，新旧两种管理体制交替，必要的管理法规没有及时建立，在工程承发包方面缺乏严密的管理，一些单位和个人乘机钻了空子。有些施工企业利用资格等级和营业范围的优势，超能力承接任务，转包给小企业和农建队，以取管理费名义谋利，却不负任何经济、技术责任。还有一些单位和个人专以介绍工程为手段，充当掮客，从建设、施工单位收取高额佣金。有些工程几经转手，层层剥皮，到了施工企业已所剩无几。深圳市一项预算122万元的装饰工程，经四次转

额”的规定执行。

第十二条　转让的税收

软件的转让隶属技术转让，税收问题，参照《国务院关于技术转让的暂行规定》第六条“全民所有制企业单位和集体所有制单位的技术转让年净收入总计没有超过十万元，免征所得税，全部留给单位；超过十万元的，其超过部分依法征收所得税。大专院校、科研单位和其它全民所有制事业单位的技术转让收入，三年内免征所得税，全部留给单位，用于发展科研事业。”的规定执行。

包，仅剩73万元，中间仅过三次手，便获利49万元。浙江省第二建筑工程公司有三名职工，在两年时间内通过转包工程或以介绍工程充当中间人共获利6.8万元。还有的人打着介绍工程的名义，进行诈骗活动。广州第四海洋调查大队穗港四海装饰工程公司负责人以介绍带资承建南海大沥开发区为名，骗取白云区二建公司工程款100万元。

(三) 弄虚作假，违法经营。一些设计、施工单位无证、借证或一证多用搞设计、施工，越级承揽工程，出卖证照和银行帐号谋取私利，损害国家或用户利益。虽然对这类问题早已明文禁止，并经过几次整顿，但由于市场过大，又缺乏必要的执法力量和手段，未能及时查处和纠正，在这次整顿中，这类问题仍占查处问题的50%以上。大连市金州区杏树屯建筑公司出卖营业执照和银行帐号，为一包工队代签合同，该包工队施工中粗制滥造、偷工减料，致使房屋倒塌。宁波市海曙区钢木制品厂翻修工程，无证设计、私人承包，发生檐沟塌落，造成两人死亡，一人受伤。

(四) 利用职权敲诈勒索。一些管理部门及其工作人员，利用手中掌握的建设项目开工权、工程发包权和资金、物资分配权等，索贿受贿，执法不公。甘肃省工商局局长伙同两名处级干部利用一块土地使用权向建筑队索取钱物达13万元；广州市一干部利用审批工程报建的权力，一次索贿6.5万元；建设银行沈阳市分行城建支行办公室一副主任，利用审批基建开支的权力，一年多受贿1.6万元；河南省漯河市建筑工程质量监督站副站长，利用检查工程质量的权力，从十多个单位索贿1.8万元。这样的人虽是极少数，但危害极大，严重地破坏了党和政府的声誉，损害了国家和人民的利益。

这些违法违纪行为和腐败现象的存在，毒化了社会风气，干扰了建设市场秩序，不仅冲击了那些奉公守法的设计、施工单位的正当经营，使他们步履维艰，而且造成了国家建设资金的严重损失和浪费，影响了建设事业的发展。对这些案件的查处，特别是对一些情节严重的案件的查处，得到了广大群众的支持和拥护。

二

根据《中共中央关于进一步治理整顿和深化改革的决定》精神，建设市场整顿工作还需要广泛深入地开展下去。一九九〇年，要在深入清查的基础上，建立市场规则，规范交易行为，加强管理部门的廉政建设，为在三年治理整顿期间，改变建设市场的严重混乱状况，完善招标投标制度，杜绝私下交易，使工程建设逐步纳入计划指导与市场调节相结合的轨道，建立起平等竞争、公正交易和严格监督管理的社会主义建设市场新秩序打下基础。为此，要抓好以下工作:

(一) 继续深入清查违法违纪行为。重点清查一九八七年以来在建制市（含工矿区）工程承发包中发生的行贿受贿、收受“回扣”，倒手转包；管理机构和工作人员中利用职权索贿受贿；设计、施工单位无证照经营、越级承包、偷工减料；指定产品或设计、施工单位而谋取私利等问题。凡有上述违法违纪行为的，不管涉及什么单位、什么人，都必须坚决查处。在此前发生而未经查处、问题又特别严重的，以及县镇中建设任务大、市场秩序乱的也要进行整顿。对大案要案的查处结果要公布于众，使广大干部、群众受到遵纪守法的教育。

(二) 强化设计、施工和房地产开发、经营企业的资质管理。对那些至今还在搞无证设计、无证施工的单位，一经发现，立即令其停工停业，接受审查，处理完经济问题后，坚决予以取缔。对那些没有资金、没有技术管理人员、没有承包工程或开发经营能力的单位，一经查实，即予撤销。对那些设计质量、构配件加工质量或施工质量一贯低劣、管理混乱的单位，要限期整改，视其情节轻重予以降低资质等级，直至吊销营业执照。在治理整顿期间，一律不再成立新的设计、施工、房地产开发等企事业单位。

(三) 切实推行招投标制，加强承发包管理。随着治理整顿的深入发展，所有建设工程都要纳入管理范围，不准私下承发包。开工要经过批准，具备招标条件的工程要实行招标投标。要认真审查承发包单位的资质，没有相应的经济、技术管理能力的建设单位，要委托监理、咨询单位代理组织建设；没有相应承包资格的设计、施工单位不得承包工程。对预算定额比较完整的工程，承包价不应有较大幅度的波动，要采取措施，防止任意压价，影响工程质量。

(四) 在整顿中要注意掌握政策，依法办事。整顿建设市场涉及的范围大、单位多、问题的性质类别错综复杂、要特别注意划清政策界限。对那些贪污受贿、敲诈勒索等触犯刑律的案件，要按法定程序及时移交司法机关处理。对违法经营、偷工减料、质量低劣、边整边犯的，要区别不同情况认真处理，决不姑息迁就。对于一般性问题和一些因政策界限不清而发生的问题，只要主动交待了，教育后要及时给予解脱，使有关单位和人员集中精力，安心搞好工作和生产。今后，在建设市场交易中，任何单位均不得以任何名义或方式给单位或个人“回扣”；任何单位和个人均不得以任何名义或方式索取、收受“回扣”。同时，也不允许存在经纪人，以介绍工程任务的名义索要和收取佣金。对一九八

建 设 部

关于加强危旧房屋及设施管理防止恶性事故发生的通知

(一九九〇年三月八日)

近几年，各地区、各部门为防止重大工程事故的发生，采取了一系列措施，事故逐年减少，但重大恶性事故，仍时有发生。今年二月十六日，大连重型机械厂计量楼四层会议室屋盖突然塌落，正在开会的308人被压在里面，其中42人死亡，130人受伤。二月十二日，盘锦驻军某部办公楼，塑料煤气管道泄漏，引起爆炸，造成大楼坍塌，砸死24人，砸伤17人，直接经济损失上百万元。一九八九年五月十三日，正在施工的大连兄弟石材有限公司花岗石车间墙体倒塌，当场砸死施工人员8人，伤6人。同年六月二十日，山西省阳泉市自来水公司的一万立方米高位水池崩塌，造成39人死亡。七月十九日，河北省藁城县某乡水泥厂立窑锻烧车间，刚投产使用40天，钢筋混凝土框架倒塌，致使7人死亡，2人重伤，直接经济损失48万元。一九八八年四月十六日，河南省灵宝县电影院正在放映电影时，屋盖突然塌落，造成16人死亡，4人重伤，此外，还有一些工程结构隐患严重，甚至刚建成就成了危房。天津市长征医院综合楼，六层钢筋混凝土框架结构，一九八七年刚建成，混凝土大梁就多处出现裂缝。经检测混凝土强度普遍低于设计强度的要求，工程至今无法使用。一九八八年陕西、贵州两省对中小学校舍进行了结构质量检查，发现危房竟高达20%和30%。

造成上述事故，除近几年来由于建设规模失控，宏观管理跟不上以外，主要原因有以下几个方面：一是前几年建筑市场管理混乱，无证设计、无证施工和越级设计、越级施工，工程层层转包等现象比较普遍。一九八六年至一九八九年发生的145起房屋倒塌事故中，属无证设计、施工的就有96起，占66.2%。二是严重违反基本建设程序。一些建设单位对小型的改、扩建工程，不向建设主管部门申报，不按规定委托有证单位承担设计与施工，建设中缺乏必要的管理与监督。三是设计、施工单位不按规范设计和施工。设计文件审查不严格，管理松弛。施工中偷工减料，粗制滥造。特别是一些乡、镇施工企业，技术素质差，管理水平低，问题更加严重。四是对危房、旧房缺乏经常的检查和维修，对陈旧、老化的设施不能及时更新，以致漏电、漏气，引起火灾，甚至爆炸。

这些事故的发生，不但给人民生命和国家财产造成重大损失，而且在社会上造成极其恶劣的影响。对此，各地区、各部门必须引起高度重视，以对党对人民高度负责的精神，采取切实可行的措施，防止重大恶性事故的发生。为此，要认真做好如下几项工作：

一、立即组织力量对工程隐患进行一次检查。范围是近五年竣工交用的无证设计、无证施工或层层转包的工程；由建设单位自行设计或组织施工的各类改、扩建工程、特别是加层的工程；设计、施工单位超越资质等级承建的高层建筑；结构隐患严重，已加固补强的工程以及一些年久失修易发生事故的危旧房屋和设施等。检查的重点是礼堂、会议室、商店、医院、影剧院、学校等人员比较集中的

八年建设部《关于整顿建设市场秩序的通知》下发以后发生的“回扣”和索取佣金问题，要严肃处理，此前发生的情节严重的也要认真查处。

(五) 建设市场要实行统一领导，分级管理。建设市场是一个不可分割的统一整体，对建设市场负有监督管理责任的各级建设主管部门，要在当地人民政府统一领导下，会同计划、监察、审计、税务、工商行政管理、建设银行等部门共同搞好建设市场的整顿工作。各有关部门要大力支持，积极配合。整顿中，要注意总结经验，理顺各有关方面的关系，抓紧制订规范市场行为的管理规则，加强监督管理部门的廉政建设，公开办事制度和结果，接受群众监督。各级领导干部及工作人员不得随意干扰建设市场的正常交易活动。要教育干部廉洁奉公，严守纪律，自觉抵制不正之风。

建　设　部

关于一九八九年国家监督抽查商品住宅工程质量结果的通报

(一九九〇年三月九日)

为确保商品住宅工程质量，推动房地产开发部门和设计、施工单位加强质量管理，根据国家监督抽查产品质量计划，由国家建筑工程质量监督检验测试中心负责，于一九八九年第四季度对北京、天津、上海、南京、武汉、广州、哈尔滨、沈阳八个城市40个商品住宅开发公司的80幢商品住宅进行了抽查。每个公司随机抽取2幢一九八八年以后竣工的住宅工程。

这次抽查的结果是：达到合格标准的工程41幢，合格率51.3%，其中达到优良标准的2幢，优良率为2.5%。在40个商品住宅开发公司中，2个受检工程都合格的有11个公司，占27.5%；1幢合格1幢不合格的有19个公司，占47.5%；2幢全不合格的有10个公司，占25%。受检城市工程合格率分别为：天津市70%；沈阳、哈尔滨、北京、南京市60%；上海市40%；广州、武汉市30%。

从这次抽查结果看，商品住宅工程质量虽较一九八八年有所提高，但仍有48.7%的住宅工程质量达不到合格标准，有10个开发公司经营的住宅工程质量全部不合格。有的工程质量问题相当严重。如北京市城市建设开发总公司第二开发公司经营的知春里9号楼质量十分低劣。这种情况，应引起各地建设主管部门和房地产开发公司以及设计、施工单位的高度重视，要切实加强管理，严格监督检查，并认真做好以下几项工作：

一、各有关省、自治区、直辖市建委（建设厅），对这次抽查工程质量全部合格的11家开发公司，应予表扬；对抽查工程质量全部不合格的10家开发公司，限期整顿，改进管理。到期复查没有明显改进的，停止其经营开发业务。

二、各开发公司要端正经营思想，把确保工程质量放到十分突出的地位。健全质量管理制度，严格把好质量关，对达不到合格标准的住宅工程，不

公共建筑和大开间、大跨度、悬挑结构的房屋，以及易燃、易爆、易造成灾害的设施。

工业交通和市政等专业工程检查的范围和重点，由各主管部门自行确定。

检查中发现结构隐患及险情，必须及时处理。对危房要立即停止使用，然后加固，不加固的不能使用。在地震设防地区，加固还要考虑抗震的要求。对一些加固后仍不能保证安全使用的房屋及设施，一定要拆除重建。

二、要加强对危旧房屋和陈旧的电气、煤气、消防等设施的检查和维修。要健全有关制度，定期进行检查，及时消除隐患。

三、各级建设主管部门必须加强建筑市场管理。在建筑市场整顿中，严格设计、施工单位的资质审查，对技术素质差、管理水平低，不能保证工程质量的设计、施工单位坚决予以清理整顿。坚决制止无证设计、无证施工和越级承担任务的行为。

四、严格按基建程序办事。对以往管理薄弱的小型、技措、改扩建工程和县城、村镇公共建筑，大跨度、大开间、悬挑结构建筑，要加强管理，严格开工审查和竣工验收制度。不论资金来源如何，建设单位都必须向建设主管部门报建审批，工程的设计、施工必须委托有相应资格的单位承担。

五、充分发挥各级质量监督机构的作用。监督站要创造条件，不断扩大监督覆盖面。对一些技措、改扩建工程也要进行监督。严格按规范、标准检查核验工程。对达不到合格标准的工程，不准交付使用。

六、严格查处房屋倒塌事故。各地区、各部门对发生的重大质量事故，要按建设部《工程建设重大事故报告和调查程序规定》的要求及时报告，并进行认真调查。对事故的责任者一定要严肃处理，触及刑律的要移交司法部门处理。

请各地区、各部门将落实本通知的情况随时告我部建设监理司，并于今年十月底前写出检查总结报部。

建　设　部

建设工程质量监督管理规定

(一九九〇年四月九日)

第一章　总　　则

第一条　为加强政府对建设工程质量的监督，确保工程质量，维护国家和人民生命财产安全，根据《中华人民共和国标准化法》和国家有关行政法规，特制订本规定。

第二条　建设工程质量监督是指由政府授权的专门机构对建设工程质量实施的监督。其主要依据是国家颁发的有关法律、法规、技术标准及设计文件。

第三条　各类新建、改建和扩建的工业、交通和民用、市政公用工程及建筑构件，均应按照本规定接受建设工程质量监督机构的监督。其中，国务院工业、交通各部门委托监理单位实施监理的大中型建设项目，可暂不实行质量监督。

第四条　建设工程质量监督工作的主管部门，在国家为建设部，在地方为各级人民政府的建设主管部门。国务院工业、交通主管部门负责所属的和相应的国家专业投资公司投资的大中型建设工程项目的质量监督工作。

第二章　机构与职责

第五条　建设部对质量监督管理工作的主要职责是：

(一) 贯彻国家有关建设工程质量方面的方针、政策和法律、法规，制订建设工程质量监督、检测工作的有关规定和办法。

(二) 负责全国建设工程质量监督和检测工作的规划及管理。

(三) 掌握全国建设工程质量动态，组织交流质量监督工作经验。

(四) 负责协调解决跨地区、跨部门重大工程质量问题的争端。

第六条　省、自治区、直辖市建委（建设厅）和国务院工业、交通各部门对质量监督管理工作的主要职责是：

(一) 贯彻国家有关建设工程质量监督方面的方针、政策和法律、法规，制订本地区、本部门建设工程质量监督、检测工作的实施细则。

(二) 负责本地区、本部门建设工程质量监督和检测工作的规划及管理，审查工程质量监督机构的资质，考核监督人员的业务水平，核发监督员证书。

(三) 掌握本地区、本部门建设工程质量动态，组织交流工作经验，组织对监督人员的培训。

(四) 组织、协调和督促处理本地区或本部门重大工程质量问题争端。

第七条　市、县建委（建设局）应负的工程质量监督管理职责，由省、自治区、直辖市建委（建设厅）规定。

第八条　省、自治区、直辖市建委（建设厅）和国务院工业、交通各部门根据实际需要，可设置从事管理工作的工程质量监督总站。

第九条　市、县建设工程质量监督站和国务院各工业交通部门所设的专业建设工程质量监督站（以下均简称监督站）为建设工程质量监督的实施机构。其主要职责是：

(一) 核查受监工程的勘察、设计、施工单位和建筑构件厂的资质等级和营业范围。

(二) 监督勘察、设计、施工单位和建筑构件厂严格执行技术标准，检查其工程（产品）质量。

(三) 核验工程的质量等级和建筑构件质量，

准出售，要坚持质量第一，对用户负责的经营作风。

三、各设计、施工单位要提高质量意识，加强质量管理，严格执行标准、规范，采取有效措施，消除质量通病，确保工程质量。凡达不到合格标准的工程，不准交工。

四、各地区建筑工程质量监督机构，要加强对商品住宅工程质量的监督，严格按照国家施工验收规范、标准进行检查与监督，不准降低标准。

附件：一九八九年国家监督抽查商品住宅工程质量结果。(见行业综述)。

参与评定本地区、本部门的优质工程。

(四) 参与重大工程质量事故的处理。

(五) 总结质量监督工作经验，掌握工程质量状况，定期向主管部门报告。

第十条 大中型工业、交通项目质量的监督，按隶属关系由其建设主管部门或由它授权的工程质量监督机构负责；其它建设工程质量的监督，由工程所在地质量监督站负责。

第三章 监督站的管理及人员资质

第十一条 监督站实行站长负责制，站长对监督站的工作全面负责。监督员对受监工程负责。

监督站的人员专业结构要合理、配套，其中，技术人员不得少于该站人员总数的百分之七十。

第十二条 监督站站长、监督员资质条件。

(一) 监督站站长应由取得建筑类工程师以上职称的技术人员担任。其中，特大城市和负责大中型工业、交通项目监督的监督站站长应由高级工程师担任；技术力量薄弱的县监督站站长可以由助理工程师担任。

(二) 监督员应由具备相应建筑类中专以上学历并从事设计或施工五年以上的技术人员担任；技术力量薄弱的县也可以由具备相当于高中毕业文化程度且具有五年以上施工经验的人员担任。

第十三条 监督员必须经过省、自治区、直辖市建委（建设厅)，国务院工业、交通各部门的建设司考核合格并领得证书后，方可从事质量监督工作。

第十四条 监督站的监督人员数量按监督工作量配备。房屋建筑工程按施工面积每三至五万平方米配备一人；工业、交通及市政公用工程监督人员的配备由有关建设主管部门根据各自的特点确定。

第十五条 为保证监督工作的公正性、科学性、权威性，监督员必须做到:

(一) 认真学习、贯彻执行国家有关建设工程质量的政策和法规，严格按国家技术标准监督、检测工程质量。

(二) 坚持原则，秉公办事，实事求是地反映质量情况，及时妥善地处理质量问题。

(三) 努力提高业务水平，虚心听取有关单位意见，公开接受社会监督，认真改进监督工作。

(四) 遵守监督、检测人员守则。

第四章 监督工作程序与内容

第十六条 建设单位在工程开工前一个月，应到监督站办理监督手续，提交勘察设计资料等有关文件。监督站应在接到文件、资料的二周内，确定该工程的监督员，通知建设、勘察、设计、施工单位，并提出监督计划。

第十七条 监督工作的内容:

(一) 工程开工前，监督员应对受监工程的勘察、设计和施工单位的资质等级及营业范围进行核查，凡不符合规定要求的不得开工。

施工图设计质量监督，主要审查建筑结构、安全、防火和卫生等，使之符合相应标准的要求。

(二) 工程施工中，监督员必须按照监督计划对工程质量进行抽查。房屋建筑和构筑物工程的抽查重点是地基基础、主体结构和决定使用功能、安全性能的重要部位；其它工程的监督重点视工程性质确定。

建筑构件质量的监督，重点是核查生产许可证、检测手段和构件质量。

(三) 工程完工后，监督站在施工单位验收的基础上对工程质量等级进行核验。

第十八条 对委托监理的工程，当地建设主管部门或由它授权的质量监督站主要是核查其勘察设计、施工单位的资质和核定工程质量等级。

第五章 权限与责任

第十九条 监督站有以下权限:

(一) 对工程质量优良的单位，提请当地建设主管部门给予奖励。

(二) 对不按技术标准和有关文件要求设计和施工的单位，给予警告或通报批评。

(三) 对发生严重工程质量问题的单位令其及时妥善处理，对情节严重的，按有关规定进行罚款，在施工程应令其停工整顿。

(四) 对于核验不合格的工程，作出返修加固的决定，直至达到合格方准交付使用。

(五) 对造成重大质量事故的单位，按建设部颁发的《工程建设重大事故报告和调查程序规定》办理。

第二十条 监督站及其监督员对受监工程承担监督责任。出现下列情况之一的应由其主管部门追究监督责任:

(一) 监督站只收费不监督的；

(二) 监督员在监督工作中，因不坚持技术标准或严重失职而出现重大质量事故的；

(三) 监督员核验工程质量弄虚作假的。

第二十一条 监督站只收费不监督的，要退还收取的监督费。监督人员因失职、失误、渎职发生第二十条（二)、(三）款所述情况，主管部门应视情节轻重，给予批评、警告、记过直至撤职处分，触及刑律的由司法机关追究法律责任。

第二十二条 监督站及监督员在工程质量监督中作出突出成绩的，主管部门应视情况给予表扬、嘉奖等奖励。

第六章　费用与管理

第二十三条　建设单位和建筑构件生产厂应按有关规定向监督站交纳监督费。

第二十四条　监督站收取的监督费应在当地建设银行开户，并单独立帐。

第二十五条　监督费主要用于监督工作的正常经费支出（如：办公费、职工工资、财政部文件规定的有关开支等），购置检测仪器、设备及交通工具等。

任何单位不得挪用监督费。

第二十六条　工程质量监督人员的工作岗位主要在施工现场，其劳保福利待遇由省、自治区、直辖市建委（建设厅）参照当地施工现场质量检查人员的标准确定。

第七章　附　　则

第二十七条　本规定原则适用于外资、中外合资和国外贷款以及香港、澳门和台湾地区的商人或社团组织在大陆投资建设的工程。

第二十八条　有关部门颁发的工程质量监督文件，凡内容与本规定不一致的，均以本规定为准。

第二十九条　本规定由建设部负责解释。

第三十条　本规定自颁发之日起施行。

附：建设工程质量监督机构及人员考核办法

附件

建设工程质量监督机构及人员考核办法

一、考核内容

（一）监督站

1.机构、人员和经济，与建设、勘察、设计、施工、材料设备供应单位无隶属关系。

2.人员专业结构要合理配套。其中，技术人员（不含兼职人员）不少于全站工作人员的百分之七十。

3.站长应由取得工程师以上职称的相应工程类的技术人员担任。其中，特大城市和国务院工业、交通各部的监督站站长应由高级工程师担任，技术力量薄弱县的监督站站长可由助理工程师担任。

4.必须具有下列制度：

(1) 岗位责任制和技术责任制度；

(2) 监督员工作手册制度（包括记录、保管和检查）；

(3) 原始记录、检验报告、图纸和其它技术资料的存档制度；

(4) 质量事故的报告、处理制度；

(5) 检测仪器设备的管理、使用和维修制度；

(6) 财务管理制度。

5.具备必要的检测手段。

（二）监督员

1.监督员应具有相应工程类中专以上学历并有从事设计或施工五年以上工作经历；技术力量薄弱县的监督员亦应具备相当于高中毕业文化程度或具有五年以上施工经验。

2.具有质量管理、质量监督、标准和计量工作的基本知识。

3.经过岗位培训、考试，取得合格证书。

二、考核等级划分

（一）监督站

1.合格：有关考核内容全部合格，即上述所列一项（一）款中1至5条全部合格。

2.基本合格：有关考核内容的主要方面合格，即上述所列一项（一）款中1至3条合格，4至5条基本合格。

（二）监督员

监督员符合上述一项（二）款中1至3条为合格。

三、考核及程序

（一）所有建设工程质量监督站和监督员均按本办法进行考核。

（二）考核工作由省、自治区、直辖市建委（建设厅）和国务院工业、交通各部建设司（基建司）负责，并制订考核实施计划。

四、考核结果处理

（一）经考核合格的监督站和监督员，颁发按建设部统一格式印制的证件。基本合格的监督站限三至六个月整改复查；不合格的监督站要停止工作，进行改组或重建；不合格的监督员要调离。

（二）考核结果报建设部建设监理司备案（表式附后）。

附表一：建设工程质量监督站登记表

附表二：建设工程质量监督站人员登记表

建　设　部

关于认真开展资质大检查，坚决清理不合格勘察设计单位的通知

（一九九〇年四月十四日）

自一九八八年整顿建设市场秩序以来，各部门、各地区对工程勘察设计单位陆续进行了清理整顿，并对一批资质不符和严重违法乱纪的单位进行了处理。我部也派出了十二个工作组到各地抽查，抽查的情况见（89）建设字第407号文和本文附件。当前，全国的清理整顿工作已取得了初步成效，但是发展还很不平衡，有的部门和地区进展缓慢，查处不力，致使一批管理混乱、质量低劣、违法乱纪严重的单位仍未受到查处；以小挤大，以劣顶优的现象尚未扭转；因设计原因造成房屋倒塌的重大事故仍有发生。今年二月二十六日，大连重型机器厂计量楼加层会议室屋面塌落，造成42人死亡，173人受伤的恶性事故，其主要原因是由于设计中屋架选型不合理，结构计算错误，设计图纸未经校对和审核，以及施工中加大了屋面荷载造成的。为了确保国家财产和人民生命安全，切实提高工程效益，我们要进一步搞好清理整顿工作，坚决清理不合格勘察设计单位，取缔无证勘察设计，现就有关问题通知如下：

一、各部门、各地区要严格按照国家有关资质管理的具体规定和清理整顿的各项政策，对丙、丁级勘察设计单位和一九八四年以后成立的勘察设计单位的资格、质量、经营、管理和财务等方面，逐个进行清理整顿，重新核定其资格等级。丙、丁级单位以地方为主，隶属于各部门的，部门应密切配合。一九八四年以后成立的甲、乙级单位按隶属关系进行清理整顿。

二、要彻底清理一批不合格的勘察设计单位，凡有下列情况之一的单位，要坚决吊销其资格证书：

1.人员构成不符合国家的有关规定，以兼职人员或离退休人员为主体的单位；主要技术人员和骨干在单位组建前未从事过勘察设计的单位；没有固定建筑师的建筑设计单位；专业基本不配套的单位。

2.技术、质量管理混乱，在清查中，有50%以上的勘察设计文件质量低劣的单位。

3.没有长远打算，没有必要的技术装备和一定的积累，自成立以来基本上没有新增固定资产的单位。

对查出的其他问题，甲、乙级单位按隶属关系，丙、丁级单位由所在省、自治区、直辖市勘察设计主管部门根据国家有关规定，结合本部门、本地区的实际情况，制定具体的处理办法，进行处理。该降的降，该停的停，决不能姑息迁就。

三、要按原国家建委（78）建发设字第410号文《关于设计文件的编制和审批办法的通知》的有关规定，严格设计文件审批制度。在设计审查中，要把建筑结构的安全、适用和节约作为一项重要的内容。对重要项目的勘察报告，要由项目主管部门组织审批，不合格的要重新勘察。施工图设计仍由设计单位负责审查，并承担相应的法律责任，主管部门和建设单位一般不再组织审批。

四、要充分发挥国家骨干勘察设计单位，特别是甲级勘察设计单位在我国建设事业中的作用，各部门和各地区对他们要采取倾斜政策。重点建设项目、国家预算内以及列入国家计划的大、中型项目，要优先安排他们承担或在他们中组织招投标。对于其他重要工程或有特殊要求的工程，亦应优先考虑级别高、信誉好的勘察设计单位承担。

五、勘察设计单位必须严格按照国家和证书规定的范围承担勘察设计任务，不得越级或超范围承担任务。丙、丁级单位只限于承担本地区、本行业的任务。施工单位或企业所属勘察设计单位（大型联合企业所属单位除外）只能承担本单位内部的任务，不能进入勘察设计市场。

六、对有固定人员、场所、装备，经济上实行独立核算的外地分支机构，应按资格认证条件，单独核定资格等级。不合格的，不得以分支机构的名义独立对外从事经营活动，只能从事联络工作。

七、各级勘察设计主管部门要加强对清理整顿工作的领导，组织精干的专家队伍，抓紧时间进行

国务院清理"三角债"领导小组
建设部　中国人民建设银行

关于抓紧清理拖欠工程款的通知

（一九九〇年四月二十五日）

为了贯彻落实国务院关于在全国范围内开展清理"三角债"工作的决定，认真抓紧做好清理拖欠工程款的工作，现将有关事项通知如下：

一、拖欠工程款必须认真抓紧清理。

近几年来，基本建设单位拖欠施工企业工程款大量增加，而且边清边欠、前清后欠的情况十分严重。截止到一九八九年底，全国国营和城镇集体施工企业被拖欠的工程款总额达99.9亿元，占基本建设单位拖欠设备材料款和工程款总数的50%，占全国范围"三角债"总数的10%以上，人均被拖欠1000元以上。大量的拖欠工程款，不仅挤占了施工企业50%以上的流动资金，使企业经营极度困难，而且影响国家重点工程建设和银行资金周转，同时也使施工企业欠材料设备生产供应等单位的货款不断增加。这种由于投资引起的债务链只有通过清理拖欠工程款，才能解开施工企业与材料设备生产供应等单位之间的债务链，也才能解开一些工交生产企业间的"三角债"。为此，各地区、各部门要抓住当前全国清理"三角债"的有利时机，集中力量对拖欠工程款进行一次全面清理和回收，力争在今年七月底以前抓出成效。

二、清理的范围和重点。

凡是竣工项目的拖欠工程款和时间超过一个月以上的在建项目应付工程款，都属本次清理的范围。清理的重点是拖欠金额在30万元以上的工程项目和大中型施工企业被拖欠的工程款。

三、清理的方法和步骤。

首先要摸清底数。由施工企业申报被拖欠工程款的情况，列出主要拖欠款工程的名单，由各地政府负责清理"三角债"工作的部门核实，区别不同情况，按有关规定处理。对属于工程质量、结算有争议的拖欠工程款，要抓紧进行协调仲裁处理；属于建设单位概算超支、投资缺口、资金不足的，应由原批准部门调整概算和安排投资计划，落实资金来源；属于停缓建工程的拖欠款，应根据具体情况提出处理办法，由建设单位上报主管部门和有关部门解决。对于施工企业跨地区施工发生的拖欠工程款，属于地方的工程项目，由当地政府清理拖欠部门负责清理；属于中央的项目，中央各有关部门负责清理。建设单位的拖欠工程款，短期内能够归还的，由施工企业与拖欠单位协商签订还款合同，双方有争议的，由政府负责清理拖欠工程款的部门仲裁解决。

四、归还欠款的原则。

归还拖欠工程款总的原则是谁欠谁还、先还款后建设。对建设单位确认的拖欠工程款，仍按原国家计委、国家经委、中国人民建设银行、中国工商银行《关于认真清理、回收拖欠工程款的通知》（计施〔1987〕1222号文）规定的原则还款。现就执行中的有关问题明确如下：

1.已竣工交付使用的工程，由建设单位用自有资金和基建节余资金归还；无资金的建设单位，由项目主管部门安排投资归还。

2.在建项目的拖欠工程款，从一九九〇年的投资中归还。按照先还款后建设的原则，建设单位在没有还清工程拖欠款或与施工企业签订延期还款合同以前，各地建设主管部门根据核实的拖欠工程款名单，对其新开工项目停止发放施工许可证。

3.延期归还拖欠工程款的，按照国务院国发〔1990〕19号文件确定的原则，从签订延期归还合同之日起，由建设单位向施工企业支付日息3‰的滞纳金。

4.对拒不归还拖欠工程款，又不签订延期还款合同的单位，由各地清理拖欠工程款的部门提出处

工作。各级主管部门要以身作则，首先把直属单位的清理整顿工作搞好，争取在今明两年内，切实把勘察设计市场整顿好，为实现国民经济持续、稳定、协调发展做出贡献。各地区、各部门请将清理整顿情况及时告我部设计管理司。

附件：关于部分单位工程勘察资质检查情况及处理意见的通报。（略）

建　设　部

关于工程建设标准设计编制与管理的若干规定

（一九九〇年五月三日）

工程建设标准设计（以下简称标准设计）是工程建设标准化的重要组成部分，它对提高工程建设质量节约工程建设投资，缩短设计和建设周期，节约材料和能耗，提高工程综合经济效益和劳动生产率都具有重要作用。为进一步推动标准设计工作，特规定如下：

一、标准设计的编制和修订

1.标准设计编制和修订的程序，一般先下达标准设计计划任务书，然后按技术条件、初步设计阶段和施工图设计三个阶段进行。计划任务书应包括编制、修订的内容，适用范围，功能和技术、经济指标，以及完成日期等。

2.标准设计应体现技术先进、切实可行、质量保证、经济效益好。当前要特别重视采用节能、节水、节材、节地等技术。标准设计的编制和修订既要结合当前建设的需要，又要考虑国家、部门及地方建设长远规划的要求，尽量采用新技术、新材料、新工艺。为了保持标准设计的先进性，要加快标准设计图集的编制和更新。标准设计一般每五年复查一次，对现行标准设计图集分别予以延用、修订或废止。新的标准、规范颁发后，应对现行标准设计中不符合新标准、规范的部分及时组织修订。

3.标准设计工作要把质量放在首位，要建立标准设计质量保证体系。在采用新的科学技术成果时要慎重，要通过试验工作。标准设计文件的编制深度，应符合《建筑工程设计文件编制深度的规定》和各部门的规定。

4.在标准设计编制和修订过程中要积极推广和采用计算机辅助设计（CAD）技术。当前要抓好两件事：(1) 对标准设计工作人员普及教育CAD技术知识；(2) 开发CAD应用软件，特别要重视基础工作，建立标准设计图库和数据库。为了防止软件开发过程中出现低水平重复，开发工作由建设部设计管理司统一规划，统一组织。

二、标准设计的管理机构及其职责

1、标准设计实行分级管理

国家标准设计是指在全国范围内通用的工程建设标准设计图集，由建设部统一组织编制和管理。

行业标准设计是指在本行业内通用的工程建设标准设计图集，由国务院各部门负责组织编制和管理。

地方标准设计是指在本地区内通用的工程建设标准设计图集，由各省、自治区、直辖市建委（建设厅）负责组织编制和管理。

理意见，上报当地人民政府清理“三角债”领导小组解决。

五、严格管理，防止发生新的拖欠工程款。

各地区、各部门要严格执行国家有关工程建设的规定，新开工程项目，资金不落实的，要坚决停建或缓建；自筹资金项目必须在银行存有足够的建设资金，各地计委、建设主管部门根据开户银行的资金证明安排计划和发放施工许可证。今后，施工企业不得带资承包工程，否则，建设主管部门不发或收回施工许可证，银行收回部分或全部流动资金贷款，发生的问题由施工企业自行负责。

六、加强对清理工作的领导。

根据国务院部署，清欠工作要在今年七月底以前基本结束。为此，各地区、各部门要加强对清理拖欠工程款工作的领导，已经成立了清理拖欠工程款领导小组的地区，要进一步充实力量；没有成立的地区，计委、建委（建设厅）、建设银行要确定一名领导同志负责清理拖欠工程款的工作。请各地区、各部门及时通报清理工作进展情况，并在今年八月份写出清理拖欠工程款工作总结，分别报建设部、建设银行总行汇总，然后上报国务院清理“三角债”领导小组办公室。此外，为了尽快掌握拖欠大户名单，请尚未按建设部（90）建施经字第9号文通知要求报送工程拖欠款情况的地区和部门，尽速补报。

2、各级管理机构的主要职责

建设部负统一管理全国工程建设标准设计工作。其主要职责是:

(1) 制定和颁发全国工程建设标准设计管理办法和有关规定;

(2) 制定和下达国家标准设计的规划和计划;

(3) 审批和颁发国家通用标准设计图集;

(4) 指导和协调国务院有关部门和省、自治区、直辖市建委(建设厅)的标准设计工作;

(5) 组织国家标准设计的技术审查;

(6) 组织标准设计工作的经验交流及优秀标准设计的评选;

(7) 组织标准设计队伍建设和人才培训。

中国建筑标准设计研究所是全国标准设计的研究中心和技术归口单位。其主要任务是:

(1) 在建设部设计管理司的指导下承担部分全国标准设计的研究和设计任务;

(2) 协助政府主管部门制定全国标准设计的规划、计划;

(3) 协调全国标准设计技术条件和图集的技术审查工作;

(4) 组织标准设计技术交流和对地方标准设计进行技术指导;

(5) 负责制订标准设计的统一技术规定;

(6) 负责国内外有关标准设计的情报收集和交流工作;

(7) 负责全国标准设计图集的推广使用。

国务院有关部门和省、自治区、直辖市建委(建设厅)负责管理本部门、本地区的标准设计工作。各省、自治区、直辖市建筑标准设计办公室(站、所)协助主管部门进行具体实施。其主要任务是:

(1) 承担国家标准设计的编制和研究工作;

(2) 制订、下达行业标准设计和地方标准设计的规划和计划;

(3) 组织交流本部门、本地区标准设计工作经验及评选优秀标准设计项目和个人;

(4) 组织本部门、本地区标准设计队伍的建设。

大区建筑标准设计协作办公室是大区内各省、自治区、直辖市建筑标准设计的协作组织,在建设部和大区建筑标准设计协作领导小组的领导下进行工作。其主要任务是:

(1) 承担国家标准设计的编制和研究任务;

(2) 协调大区内各省、自治区、直辖市工程建设标准设计项目;

(3) 编制和管理大区建筑标准设计协作项目;

(4) 组织标准设计经验和情报交流;

(5) 了解和反映标准设计使用情况以及存在的问题。

三、标准设计任务的下达

下达标准设计任务,原则上采用指令性计划和经济补贴相结合的办法。国家标准设计计划由建设部组织制订并下达任务。行业标准设计和地方标准设计计划由国务院有关部门和地区标准设计主管部门组织制订并下达任务。甲、乙级设计单位有义务承担国家、行业和地方的标准设计任务,并须努力完成各项指令性计划,为工程建设标准化作贡献。设计单位在承接标准设计编制任务时,提倡实行合同制。

四、经济来源与支出。

标准设计的经费采取多渠道解决:

(1) 国家和地方财政拨给的专项费用;

(2) 计设〔1983〕1022号文和建设〔1989〕608号文中规定的百分之十技术开发基金中抽一定比例用于标准设计;

(3) 标准设计单位应努力提高标准图销售经济效益,逐步实现自负盈亏和以图养图的最终目标;

(4) 标准设计图集的售价由建设部统一制定。现有标准设计图集的售价按底图每平米1.00元计算;

(5) 销售标准图的收入应单独建帐在扣除设计费、补贴、稿酬等成本和正常开支后的盈余,均作为从事标准设计的研究、编制、修订和管理之用。任何单位不得挪作他用。

五、税收

根据财政部〔1982〕财企字41号文和财政部〔1987〕财税261号文的精神,标准设计图发售的收入,除按规定交纳营业税、能源交通基金税外,免交其他一切税收。

六、版权和出版发行

标准设计图集的版权属管理部门所有,各级标准设计图集的出版、发行工作由国家、省(部)标准设计主管部门指定专门单位负责。未经标准设计批准机关和出版发行部门同意,任何单位和个人不得翻印和复制,违者按版权法的规定追究责任。

七、加强各地标准图供应站的管理工作。标准图供应站归各地标准设计办公室管理。标准图供应站要逐步实行经济承包责任制,并建立健全标准图发行有关财务管理制度。

八、说明

本规定自颁发之日起实行,过去有关标准设计方面的“办法”“意见”等,凡与本规定相抵触的,一律以本规定为准。本规定由建设部负责解释。

建　设　部

关于勘察设计单位巩固深化全面质量管理的意见

（一九九〇年六月二日）

为使全面质量管理在勘察设计单位坚持下去，形成制度，并不断充实完善，取得实效，现对达标验收后巩固深化全面质量管理提出以下几点意见：

一、继续加强质量教育，增强质量意识。

推行全面质量管理要始终坚持质量意识的教育，采取各种有效方式，反复宣传勘察设计单位推行全面质量管理的重要意义，把质量教育纳入职工的培训计划，形成制度。通过教育，努力实现从"传统质量管理"到"全面质量管理"的观念转变和从"要我推行全面质量管理"到"我要推行全面质量管理"的思想转变。

质量教育应自上而下有重点分层次地进行。各部、各地主管部门要定期对院级领导进行推行全面质量管理的考核；对新担任的第一管理者要及时组织培训。各勘察设计单位每年要有重点分层次地对全员进行一次培训和考核，全员的教育面要达到95%。各单位还应紧密结合生产、工作过程中发生的质量问题，定期举行质量剖析活动，以实例教育增强职工的质量意识。牢固地树立起"质量第一"的思想。

二、开展评选优秀质量管理奖活动。

已达标验收的单位，要按照国家计委计设（1987）1231号文件规定，定期开展评选优秀质量管理奖活动。各部、各地主管部门应按照国家质量管理奖的条件，结合本部、本地区的特点，组织制定省、部级优秀质量管理奖标准和评选办法。要把制定好标准作为重点工作，使其成为各单位巩固深化全面质量管理的目标和具体工作内容。1991年可先在甲级勘察设计单位试行。1992年再全面展开。在获省、部级质量管理奖二年后，可申报国家工程建设优秀质量管理奖，获上列双奖的单位可推荐到中国质协参加国家质量管理奖的评选。

三、坚持深入开展QC小组活动。

要继续广泛发动群众，积极开展QC小组活动，不断提高QC小组普及率、活动率和成果率。抓好科学选题，鼓励敢于攻关；完善小组活动，探索有效方法；做好成果发表，不断总结经验。

各部、各地主管部门每年要认真组织好优秀QC小组的评选活动，在部门和地方评选推荐的基础上，国家每年组织一次工程建设优秀QC小组的评选活动，对其中有突出贡献者推荐为全国优秀QC小组，接受中国质协的表彰。对国家工程建设优秀QC小组，本单位可从总收入提取的10%技术开发费中，根据成果的效益情况，对QC小组成员给予适当经济奖励。

四、健全、完善质量保证体系。

质量保证体系正常有效运转，是全面质量管理深入发展的重要标志。巩固深化要着重抓好以下几点：

1、强化质量管理组织体系。通过修订制度和标准，进一步落实本单位各部门的质量管理职能和岗位质量责任。专职机构和人员是巩固深化全面质量管理的组织保证，达标验收后，原有的机构和人员不能削弱，更不能撤消。要有效地发挥其组织、协调、督促、检查和考核各部门全面质量管理工作的职能。

2、深化目标管理。要在现有的基础上实现目标制定、分解、推进和总结评价四个步骤的规范化和标准化。制定目标要围绕进一步提高勘察设计质量、水平、效益的突出问题，提出解决问题的长远目标和年度目标。目标内容既要先进合理，又要切实可行。要分阶段编制实施目标的措施计划，在目标的推进过程中做好经常性的检查、协调工作，加强动态管理。年终要搞好全面考核、总结工作，并为"目标管理"的下一个循环提供课题和经验。

3、强化工序管理。要加强以工程项目设计为单元的质量管理活动，根据各项勘察设计项目的不同特点，抓住"事先指导、中间检查、成果评定"三个环节，全面、认真地实施工序管理，提高工序质量，实现对勘察设计全过程的质量动态控制。要不断加强工序管理的基础工作，优化工序流程。保证勘察设计的优良品率达到95%以上。各行业要建立标准工序管理规程和办法。

4、加强质量信息反馈。要通过完善质量信息反馈制度，保证内部外部质量信息的流通，落实信息处理和应用工作，使质量信息流的运动真正成为质量保证的源泉。

5、继续贯彻“全面、全员、全过程”的三全观点，努力提高决策质量、人员质量、工作质量和服务质量，克服发展不平衡的现象。进一步将全面质量管理的理论、观点和方法普及运用于各项管理工作，使行政管理、后勤服务、辅助生产部门的职工和全体设计人员都能牢固树立“产品质量人人有责”的思想。

6、坚持依靠技术进步，不断提高技术水平。在巩固深化阶段，仍要把依靠技术进步、提高技术水平放在重要位置。要把创优秀工程设计扎扎实实地深入开展起来，工程设计创优必须事先制订创优计划和实施措施。要增强技术储备，提高勘察设计单位的应变能力。当前要把推广和应用CAD技术列为技术进步的一项重要内容，有计划地付诸实施。

五、学习、研究国家技术监督局发布的《质量管理与质量保证》系列国家标准。

国家标准GB/T10300《质量管理与质量保证》系列是在等效采用IS09000系列国际标准基础上制定的。推行这套标准对深化全面质量管理，完善质量保证体系，提高单位的质量管理水平和发展对外业务，开拓国际市场都具有重要意义。目前要为采用实施这套标准做好准备。已达标验收且管理基础和技术基础较强的勘察设计单位，可先组织各级管理人员学习研究这套标准，并结合本单位的实际和专业特点，提出具体实施方案。待条件成熟时再进行试点。

六、继续加强领导和督促检查

全面质量管理达标验收后，能否巩固深化，关键仍在于第一管理者的重视。各单位的第一管理者要继续坚持“质量第一”的方针，亲自动手，抓好全面质量管理工作，要坚持以质量管理为中心，应用全面质量管理的理论和方法，推动本单位的各项管理工作。

各部、各地要按隶属关系加强巩固深化工作的领导和督促检查。要制定规划，提出措施，交流经验，解决前进中遇到的问题。巩固深化工作着重于狠抓制度运转，讲究实际效果，促使勘察设计单位逐步形成能持续、稳定提高勘察设计质量、水平和效益的内部机制。

各部、各地按隶属关系，对已达标验收的勘察设计单位，在适当时候发给由国家统一印制的达标验收合格证书。主管部门要建立抽查制度。根据本部门的具体情况对已取得达标验收合格证书的单位，按隶属关系每年要重点进行抽查，抽查的重点内容：一是全面质量管理的各项规定、制度和标准的执行情况及完善程度；二是QC小组活动的成果是否得到推广运用，列入了标准化措施，并有新的发展；三是抽查三个工程项目设计，重点是各专业的工序管理是否按规定执行，在保证质量方面是否收到实效，在抽查和检查中，如发现严重忽视质量，或有一个工程项目工序管理不合格以及有重大质量事故造成不良影响者，要收回达标验收合格证书，并分析原因，限期改正。限期满后，再进行检查，如仍不合格，则要降低勘察设计资格证书等级。

在巩固深化阶段，各勘察设计单位要继续执行已制定的质量奖惩制度，体现“质量第一”的方针，认真做到用于质量奖励的奖金高于其它奖励，并有否决权。

当前，甲级勘察设计单位推行全面质量管理已进入一个关键时刻、各部、各地主管部门必须紧紧抓住国民经济治理整顿这一有利良机，认真总结经验，突出重点，狠抓运转，讲究实效，把推行全面质量管理工作长期坚持下去。

建　设　部

关于加强建设监理培训工作的意见

(一九九〇年八月二十七日)

近两年来，我国建设监理工作有了很大发展，一些地区和部门已组建了政府监理机构，并组建了一批独立的或相对独立的社会监理单位，建设监理队伍初具规模并在进一步发展。但其中绝大多数人尚未经过系统的建设监理基本理论和业务的培训，开展工作有一定难度；广大建设、设计和施工单位对建设监理制的内涵和实行这项制度的必要性也需要增进了解。为了提高建设监理队伍的素质，奠定建设监理制的牢固基础，逐步向国际水平靠近，并使广大建设、设计和施工单位适应这项制度，加强建设监理的培训和普及建设监理知识，特提出如下意见：

一、培训的分类和分工

(一) 建设监理培训分为如下四类：

1.监理工程师岗位资格培训，参训人员限在社会监理单位从事工程建设管理的中级（含中级）以上职称的工程师、建筑师和经济师。

2.建设监理领导干部培训，参训人员为在政府建设管理部门和大型建设单位从事建设管理工作的处级（含副处级）以上领导干部，以及高级工程师、经济师。

3.工程建设监理业务培训，参训人员为社会监理单位从事工程监理业务的人员。

4.建设监理知识普及教育，参训人员为政府机关的有关工作人员，建设、设计和施工单位的管理人员。

(二) 建设监理培训的组织分工如下：

1.监理工程师岗位资格培训，由建设部负责设置培训点分期分批组织进行。每期培训时间为三个月，统一讲授的主要内容为：建设监理概论；招标和合同管理；建设项目投资控制；网络计划方法；工程质量控制；电子计算机辅助监理等。学员学完规定课程，考试合格，发给建设部统一印制的培训结业证书，并由培训单位将学习成绩通知原单位，作为申请监理工程师岗位考核和注册的条件之一。

我部已决定委托同济大学、天津大学和重庆建工学院为监理工程师岗位资格培训点。各省、自治区，直辖市的社会监理单位的上述人员，就近参加上述三个点的培训。国务院各专业部所属的社会监理单位的上述人员也可就近参加上述三个点的培训。这三个培训点拟每年各举办两期，各社会监理单位自今年下半年开始，可将中级以上职称的人员进行适当安排，届时按我部的通知，申报参训人员名单及其证件，经审查同意后，由培训点通知入学。

国务院各专业部确有条件的，可自行设置一个监理工程师岗位资格培训点，对所属社会监理单位的上述人员进行培训，但其师资条件应事先与建设部共同评估认定，并讲授统一规定的培训内容。被培训人员经考试合格的，建设部发给统一印制的培训结业证书，作为申请监理工程师考核和注册的条件之一。

2.建设监理领导干部培训，由建设部和各地区、各部门建设主管部门分层次不定期地组织进行，时间为3～5天。讲授的内容一般为：建设监理概论；建设监理方针、政策与法规；工程合同管理。必要时，同时研讨开展监理工作的有关问题。这类培训不颁发培训结业证书。

3.工程建设监理业务培训，由各地区、各部门建设主管部门统一安排，培训工作也可由各社会监理单位或建设单位的监理机构自行组织进行。讲授的内容，可参照临理工程师岗位培训统一安排，可适当精减，时间也可短些，但应增授或研讨一些监理程序和方法等。

4.建设监理知识普及教育，由各地区、各部门建设主管部门统一安排，培训方式也可由各建设单位、设计单位和施工单位举办建设监理和合同管理知识的讲座、报告会等。

二、加强培训工作的规划和领导

建设监理培训是一项新的工作，应当有领导有计划有准备地进行，要力争尽快起步。各建设主管部门要制订培训规划，加强对培训工作的组织领

建设部　国家计划委员会

关于贯彻执行《国务院关于严格控制城镇住宅标准的规定》补充意见的通知

（一九九〇年九月六日）

一九八三年《国务院关于严格控制城镇住宅标准的规定》（以下简称“规定”）下发后，各地区、各部门普遍加强了对住宅建设的领导，大多数单位较好地执行了城镇住宅标准，检查并纠正了一些超过国家规定的住宅标准的问题，对贯彻国务院的“规定”起了积极的作用。但近几年来，部分地区和单位又出现了擅自提高住宅建设标准的现象，突出的表现是：兴建的各类住宅的每套建筑面积越来越大，住宅装修和设备标准越来越高。这种趋势，脱离国情、超越国力，必须坚决制止。为此，特就贯彻执行国务院的“规定”提出补充意见，通知如下：

一、各地区、各部门必须继续严格执行国务院的“规定”以及国家计委、原城乡建设环境保护部《关于贯彻执行〈国务院关于严格控制城镇住宅标准的规定〉的若干意见》（以下简称“若干意见”），不得以任何借口或变通办法，突破住宅建设标准。凡突破标准的，计划部门不得予以立项，设计单位不得予以设计，建设管理部门不得批准施工。

二、住宅建设的面积标准，“八五”期间，乃至今后一段时间内，仍应以中小型户为主，平均每套建筑面积控制在50平方米以内。

三、住宅的装修和设备标准，住宅建筑应采用普通等级的装修，不得使用铝合金门窗，不得使用国家的投资或单位的资金购置壁纸、瓷砖、塑料地板、马赛克等高级建筑材料装修内墙面和楼地面，也不得购置高级灯具、高级灶具、除油（烟）设备、淋浴加热设备、浴盆，更不得购置空调设备。

四、住宅的层数，应以建多层为主，不宜建低层，要控制高层住宅的建设；只有在大城市的特定地点，当建造高层住宅节约用地效果显著，而且具备相应的技术、经济及设备条件时，方可建高层住宅。

五、住宅建设要十分注意节约土地，各地要因地制宜地制定合理的建筑密度指标。

六、住宅建设要注重提高工程质量和使用功能，做到适用、安全、卫生、经济。

七、当前住宅建设的重点，应放在解决困难户，尤其是无房户和严重拥挤户的居住问题上。

八、各地区建设管理部门要在人民政府的领导下，把严格控制住宅建设标准作为一件大事来抓，建立经常性的监督、检查制度，从规划、设计、施工各个环节上，切实保证住宅建设标准的贯彻实施。凡发现违反国家规定，任意突破住宅建设标准的，要及时纠正，并视情节轻重，按国家有关规定，予以严肃处理。

各地区应根据国务院的“规定”以及国家计委、原城乡建设环境保护部的“若干意见”和本通知的精神，结合本地区的实际情况，制定具体实施办法，已制定的实施办法中与本通知精神不符的内容，应予修改，分别报送国家计委、建设部备案。

附件：

一、国务院关于严格控制城镇住宅标准的规定。

二、国家计委、城乡建设环境保护部关于贯彻执行《国务院关于严格控制城镇住宅标准的规定》的若干意见。

附件一

国务院关于严格控制城镇住宅标准的规定

（一九八三年十二月十五日）

各省、市、自治区人民政府，国务院各部委、各直

导；要注重师资素质、培训内容和培训质量；培训收费要合理；要坚持正确的政治方向，做好各方面的思想工作。要防止举办一些名不符实的建设监理培训班，以及以培训为名滥收培训费的不正之风。注意总结培训经验，切实把这项工作做好。

属机构:

党的十一届三中全会以来，全国城镇建设了大批住宅，住房紧张状况有所缓和。但近两年来，许多地区和部门擅自制订住宅标准，任意突破国家有关规定，为领导干部新建的住宅面积越来越大，标准越来越高，脱离了我国国情，脱离了群众。为了加强对住宅标准的管理，特作如下规定:

一、严格控制住宅建筑面积标准。要认真贯彻“一要吃饭，二要建设”和在发展生产的基础上逐步改善人民生活的方针。从我国经济能力和严重缺房的实际情况出发，在近期内，我国城镇住房只能是低标准的。全国城镇和各工矿区住宅均应以中小型户（一至二居室一套）为主，平均每套建筑面积应控制在50平方米以内。一类住宅，平均每套建筑面积42～45平方米；二类住宅，平均每套建筑面积45～50平方米，这两类住宅适用于一般职工。三类住宅，平均每套建筑面积60～70平方米，适用于县、处级干部及相当于这一级的知识分子。四类住宅，平均每套建筑面积80～90平方米，适用于厅、局、地委一级干部和相当于这一级的高级知识分子。以建一、二类住宅为主。在住宅紧张的城市和单位，应暂缓建设三、四类住宅。在全国住房分配标准未颁发之前，上述标准可暂作为分配控制标准。

二、为了能够以相同数量的住宅建设投资，适当解决较多群众的住房问题，各地区、各部门、各单位都要严格执行国家统一标准，不得另行制订超过国家统一规定的住宅建筑面积标准。今后，凡发现任意突破住宅建筑面积标准的，要及时纠正。情节严重的，要严肃处理，并追究批准者的责任。要严格控制住宅装修和设备标准，防止提高建筑造价。

三、今后衡量住宅建设量，既要以建筑面积为计量单位，又要以住宅套数为计量单位。各单位申请建造住宅和有关部门审批住宅建设计划，都要填报和审核建筑面积和套数，两者缺一不可。这是一项改革，各级计划、统计、计量、城建部门要紧密配合、协调一致，把这项工作做好。

四、各地计划和城建部门要加强城市住宅建设的管理，建立审批制度，严格把关。今后，各单位需要建造三、四类住宅的，要报当地计委（建委）和城建部门批准。对近几年住宅建设较多的机关、单位要从严掌握。凡超过标准或未按规定程序报批的住宅一律不准建设。

五、各级人民政府要加强对住宅建设的领导，坚决纠正任意提高住宅建筑面积标准的现象。各地要对一九八一年以来住宅建筑面积标准进行一次检查，并将检查结果报国家计委和城乡建设环境保护部。

各级领导机关要带头严格执行国家住宅建筑面积标准和设备标准，不准搞特殊化。要严格控制县、处级和地、厅级干部住宅建设。要把解决无房户、严重拥挤户的住房问题放在首位，作出规划，分期分批解决。

过去，各地区、各部门制定的住宅设计、分配标准与本规定不符的，一律停止执行。

附件二

国家计划委员会城乡
建设环境保护部
关于贯彻执行《国务院关于严格控制城镇住宅标准的规定》的若干意见

一九八四年四月二十五日

各省、自治区、直辖市人民政府，国务院各部委、各直属机构:

国务院国发〔1983〕193号《国务院关于严格控制城镇住宅标准的规定》颁发后，各地区和各部门在执行中提出了一些具体问题，要求加以明确。根据国务院领导指示，提出以下意见，请参照执行。

一、国务院国发〔1983〕193号《国务院关于严格控制城镇住宅标准的规定》（以下简称《规定》）中的一、二类住宅建筑面积标准为平均控制指标。在一个单位或一个工矿企业内，同一类标准的住宅中，在不超过总控制指标的前提下，可适当设计和建造不同户型的住宅，但应以一、二室户为主。一室户可考虑有适当面积的过厅；并可设少量的三室户，以照顾某些家庭人口较多的实际情况。

《规定》中的三、四类住宅建筑面积标准为最高指标，即同一类标准的住宅中，各户的建筑面积均不得超过规定的指标。

二、关于知识分子住房标准问题。由于各地区的情况和条件不同，不宜作全国统一规定，请各省、自治区、直辖市人民政府结合具体情况，做出规定。

三、《规定》中对各类住宅建筑面积标准的规定，均按墙厚24厘米计算，北方严寒地区由于墙厚增加，其建筑面积可相应增加。

住宅层高按2.8米计算，如采用2.8米以下（不含2.8米）层高时，其所节约的投资，可作为增加建筑面积之用，但每户增加数最多不超过3平

建　设　部

关于在全国确认一批监理工程师岗位资格的通知

（一九九〇年九月十九日）

近几年来，我国一批具有高级职称的工程技术和管理人员，相继投入了建设监理工作。他们通过学习国内外建设监理的理论与实务，具体参加组织建设项目的监理工作，已具备了较高的监理业务能力，有的被国内外公认为达到了国际监理水平。为了使他们的监理水平得到正式确认，逐步改变我国"三资"工程主要由外国人监理和我国监理人员不能监理国外工程的局面，现决定：在监理工程师岗位资格认证办法制订与颁发实施前，在全国有条件的地区和部门，对一些监理水平较高的监理人员确认监理工程师岗位资格，以适应建设监理工作发展的需要。现将有关事项通知如下：

一、推荐的条件

（一）同时具备下列条件者：

1.取得高级职称的工程师、建筑师和经济师；

2.担任大中型建设项目监理负责人两年以上，在监理上取得卓越成绩，被监理的工程取得应有的效果；

3.有较深厚的工程技术与管理的理论与实践基础，了解国际工程管理惯例。

（二）独立执业的建设监理公司中具体指导管理监理工作的正副总监理工程师，同时具备上款1、3项条件者。

二、监理工程师岗位资格的审批程序

1.各省、自治区、直辖市和国务院各有关部门的建设主管部门分别从本地区、本部门的建设监理单位中选拔，向建设部推荐；

2.建设部组织审定；

3.建设部领导批准予以确认，签发监理工程师岗位资格证书，并公布名单。

三、时间要求

推荐监理工程师表（一式五份）于一九九〇年十一月十五日前报到我部建设监理司。

各地区、各部门在推荐中要切实加强领导，严肃认真，做到高标准，严要求，宁缺勿滥。被确认的监理工程师，各地区、各部门不再审批其资格。今后，监理工程师岗位资格的确认工作，将按颁发的具体办法进行。

附：推荐监理工程师表

方米。

对于必须设置电梯的高层住宅，由于增加了电梯间及通道，可适当增加平均建筑面积，但每户不得超过6平方米。

一、二、三类住宅，每户可设一个阳台；四类住宅每户可设两个阳台（包括凹阳台、挑阳台以及严寒地区的封闭阳台）。但每个阳台的水平投影面积不得超过4平方米。符合上述规定的阳台，其面积可不计入《规定》中所定的各类住宅建筑面积之内。

四、住宅的必要设施。每户应装电表、水表（有煤气的地方还要安装煤气表），厨房可设固定碗柜（架）或格板；厕所内可考虑设置淋浴或预留面积。楼房每一单元底层设投报箱。高层、大板建筑可设置公用电视天线。

五、严寒边远和因有特殊情况需要调高住宅标准的地区和中央各部门，必须报国家计委和城乡建设环境保护部批准。

六、国务院各部门的直属单位，应执行所在地区的住宅标准。

七、《规定》指出：在全国住房分配标准未颁发之前，《规定》中的各类住宅建筑标准，可暂作为分配住宅控制标准。鉴于目前缺房严重，分配住房要从实际情况出发，既要考虑级别和职务，又要考虑可能。这个控制标准，不是分配住宅的必达标准，不一定到了那一级职务就要分配到那一类住房。

八、《规定》下达以前，已经开工的项目，可仍按原设计继续建设，不宜更改，以免造成新的浪费。

九、对各地区目前使用的住宅标准图，应按《规定》重新进行审查，修改后，才可继续使用。

建设部　国家体改委

关于继续在部分城市建筑业进行行业管理试点的意见

(一九九〇年十月十六日)

根据《中共中央关于经济体制改革的决定》和《国务院关于改革建筑业和基本建设管理体制若干问题的暂行规定》的精神，自一九八五年以来，在国家体改委和原城乡建设部的指导下，南京、沈阳、重庆、南昌四个城市试行建筑业行业管理。主要是改变条块分割、政企不分的状况，由政府行业管理部门对全行业实施管理。试点经验表明，实行行业管理有利于发挥建筑业的整体优势，提高建筑业的经济效益；有利于强化建筑市场管理，建立平等竞争、公正交易的秩序；有利于加强政府对建筑业的宏观调控，从方针政策、法规制度、规划协调、检查监督方面指导建筑业的改革与发展。目前这一经验已在济南、昆明、武汉、合肥、上海、郑州、苏州、襄樊、包头等城市推开，取得了较好的效果。为了把这项改革试点工作继续推向前进，根据全国经济体制改革工作会议精神和全国建设工作座谈会提出的要求，现就部分城市建筑业试行行业管理的有关问题，提出如下意见:

一、实行行业管理是建筑业管理体制的一项重大改革

行业管理是组织社会化大生产和发展社会主义有计划商品经济的客观要求，也是实现计划经济和市场调节相结合运行机制的需要。对建筑业来说，由于其产品的固定性、分散性，施工队伍的流动性，以及企业隶属关系的复杂性，实行行业管理更为必要。各试点城市都应按照中央关于进一步治理整顿和深化改革的决定要求，在认真总结试点经验的基础上，因地制宜、实事求是地深化和完善有关改革措施，妥善解决试点中出现的问题，使这项改革更加健康地向前发展。

二、建筑行业管理的性质和主要目标

建筑业的行业管理，是政府行业主管部门运用法律的、行政的、经济的和思想教育等手段，对建筑业全行业进行的管理，是介于国民经济管理与企业管理之间的一个管理层次。行业管理的主要目标是：建立起计划经济和市场调节相结合的运行机制，为加强宏观调控和搞活企业创造良好的环境；充分调动企业和职工的积极性、创造性，努力做到建筑产品质量优、工期短、投资省、效益高；在实现企业经济效益与社会效益相统一的基础上，促进建筑业持续、稳定、协调地发展，使其逐步成为国民经济的支柱产业。试点期间，行业管理的范围和内容可根据各城市的具体情况确定。

三、行业管理机构与职能

实施行业管理要有能够履行行业管理职能的机构。机构的设置应当按照政企职责分开和精简、统一、效能的原则，由城市政府根据实际情况决定。目前，全国城市政府主管建筑行业的机构大致有两种形式：一种是由城市建设委员会直接行使行业管理职能；一种是在建委综合、协调下，另设建筑管理局或建筑工程管理局行使行业管理职能。从试点实践看，两种形式都是可行的，不宜强求统一。如果采取后一种形式，则应注意理顺委、局之间的关系，力求避免出现政出多门、职能交叉、业务重复等矛盾。城市建委要作行业管理局的后盾，协助与支持行业管理局搞好与其他经济综合部门的协调工作。行业管理局要积极主动地取得建委的指导和帮助。委、局要互相支持，密切配合，共同搞好行业管理工作。

城市建筑业主管机构的职能主要有以下几方面:

1.贯彻执行国家和省、自治区制定的方针、政策，结合实际，研究制订本市建筑行业改革和发展的方针、政策;

2.根据国家和省、自治区的长远发展规划，研究和制订本市建筑行业的发展战略和发展规划;

3.根据国家和省、自治区制定的技术政策，研究和制订本市建筑行业的技术政策，包括技术发展、技术改造政策等;

4.贯彻执行国家发布的法律、行政法规、部门规章、地方性法规和规章、技术标准和经济定额等，按照法定程序研究和制订本市建筑行业的实施

建设部　国家计委　劳动部　建设银行

国家工商行政管理局

关于进一步做好推广鲁布革工程管理经验创建工程总承包企业进行综合改革试点工作的通知

(一九九〇年十月二十三日)

自一九八七年十月发出《关于批准第一批推广鲁布革工程管理经验试点企业有关问题的通知》(计施〔1987〕2002号，以下简称《通知》后，试点企业按照《通知》要求，在有关部门的指导、帮助下，边研究、边探索、边总结、边改进，逐步深化了为创建工程总承包企业而进行的综合改革试点工作，尤其在改变传统的施工管理方式、推行项目法施工方面取得了突破性进展。同时在调整原有组织结构，进行管理层与作业层的分离与建设；在实行施工图设计与施工组织设计相结合；在建设多功能后方基地，实行精兵强将上前线等方面都迈出了步子。实践证明，试点工作的方向是正确的，发展是健康的，对国营大中型骨干施工企业的综合改革起到了示范作用，同时也推动了整个施工管理体制的改革和发展。

为了进一步做好推广鲁布革工程管理经验，创建工程总承包企业，进行综合改革的试点工作，现决定将全国试点企业由十八家调整为五十家(名单附后)。各地区、各部门和各试点企业要把试点工作重点放在搞好对已出台改革措施的稳定、充实、调整、完善上，以保证改革的连续性和稳定性。为此，要继续按照《通知》中提出的十项要求，抓住"资质转换"这个中心，进一步统一认识，坚定信心，勇于开拓，积极进取，以实现创建智力密集型

办法，并组织实施。

5.建立本市行业的信息系统，组织信息的收集、分析、处理和传递；

6.协调和监督本市施工计划和施工项目的实施；

7.对全市建筑施工企业实行资质管理、工程质量和安全生产的监督，管理建筑市场；

8.协调行业内企业之间的经济关系和对外工程承包业务；

9.组织本市建筑行业职工的培训和人才开发工作；

10.指导和支持行业协会工作，充分发挥其作用。

四、试点工作要注意的几个问题

1.城市建筑业行业管理的方向必须坚持，但步子要稳妥、扎实。由于现行经济管理体制和外部配套改革措施的制约，加上各城市建筑业的具体情况不尽相同，因此在行业管理的范围和内容上不要求一步到位，要随着整个经济体制改革的深化，在实践中不断总结经验，逐步向前推进。

2.要注意采取一些必要的过渡措施和暂行办法，妥善处理好行业管理与部门管理的关系，以保证各项工作正常运转，避免出现管理的"真空"。

3.当前行业管理的重点要放在治理整顿上，从稳定大局出发，正确处理全局与局部的关系。各试点城市都应遵照上级行业管理部门提出的治理整顿的目标、任务和政策措施，扎扎实实地做好治理整顿、深化改革工作，为建筑业持续、稳定、协调发展奠定良好的基础。

4.加强对试点工作的领导。根据近几年试点工作的进展情况，并征得试点城市及其所在省(区)建设行政主管部门的同意，确定南京、沈阳、重庆、南昌、昆明、济南、武汉、合肥、郑州、上海、成都、哈尔滨、杭州、苏州、襄樊、包头、蚌埠、马鞍山、安庆等十九个城市继续进行建筑业行业管理试点。请各试点城市加强对试点工作的领导，了解试点中的新情况，帮助解决试点中的问题，以便把试点工作搞得更好，更有成效。

工程总承包企业的最终目标。为全面推进试点工作，特提出如下要求：

一、要把项目法施工推向高质量、高效益的发展阶段。各试点企业要在认真总结初始阶段推行项目法施工的基本经验的基础上，抓好三个重点：一是加强项目的经济核算，努力提高工程项目的社会效益和经济效益。以“核算”为核心，全面强化工程施工的全过程管理，材料、设备、劳动、资金、技术等要素的投入产出管理，以此带动项目法施工水平的提高。二是当前要突出强化项目法施工的质量管理，充分发挥和运用全面质量管理等有效手段，大力提高工程质量水平，以进一步树立以项目法施工为中心内容的改革试点工作的信誉。三是抓好项目法施工的制度化建设，建立项目承包责任制，包括项目经理、管理班子及作业队伍的管理规章等，进一步强化项目法施工的各项基础工作。总之，努力创造一批工期短、质量高、效益好的按项目法组织施工的项目，使其成为企业成本的中心、信誉的中心，成为推动企业内部机制改革的突破口。这不仅是试点企业改善管理、提高信誉的需要，更是巩固试点成果、增强试点信心、全面深化改革的需要。为此，要把创造项目法施工的新水平作为当前深化试点工作的主要内容，切实抓出成效。

二、试点企业要为实现“资质转换”打基础创条件，全面提高企业现有素质。这项工作是多方面的，当前要突出四个内容：一要总结施工技术和科学管理相结合的经验，实行工法管理制度，结合承担的工程项目和企业的发展目标，制订开发和应用工法的中长期规划和年度实施计划。国家从今年开始评审、公布各等级工法，以推动企业技术进步，大力增强技术积累，全面提高技术和管理素质。二要抓好人才培训工作。通过各种方式，着重进行适合项目管理需要的复合型人才的培训，努力造就一批既懂技术又懂经济，既精于施工管理，又善于经营决策的高层次、高智力的项目管理人员。三要采取多种方式，充实科研开发和工程设计力量，积极创造由劳务型向智力密集型发展的条件。四要全面加强作业层队伍建设。在两层分开管理的过程中，加强作业层的政治、技术和管理力量，调整作业层的劳动力结构，提高专业化施工水平，培养独立经营、独立作战、独立核算、独立发展的能力。

三、要重点抓好一批试点工程项目。各地区各部门要在保证试点企业基本任务的基础上，确定一批按项目法组织施工的试点工程项目。试点项目实行分级管理，既要有试点企业自定的试点项目，又要有作为试点企业主管部门的试点项目，还要确定一批国家试点项目。每个试点企业要有1～2个项目作为国家试点项目。各级试点项目都要实行计划制度，在开工前下达计划，施工中进行检查，竣工后实行评价，以总结经验，完善提高。各试点企业要将拟列为国家试点的项目，通过其主管部门上报建设部施工管理司，由建设部正式下达试点项目计划。

四、各地区、各部门要在政策上支持试点企业的试点工作。一要支持试点企业进行工程总承包试点。在总承包企业资质标准发布前，所有试点企业都可开展总承包业务。二要帮助解决试点企业兴办多种经营、进行基地建设所需资金、场地等有关问题。三要在核定外包作业队伍的数量和施工任务限量上优惠于非试点企业。四要把从机关科室选派到项目管理班子的人员列为直接生产人员。五要支持试点企业采取的与设计、科研及其他企业的联合、合并工作。六要对所有试点企业视同本地区、本部门同等级企业，在生产、生活诸方面积极给予支持，提供方便。七要针对不同类别的试点企业，加强分类指导，及时了解情况，总结经验，反映问题。

由于每个试点企业代表着不同类型的企业，既有省市级建筑总公司和国务院有关部门的工程建设总公司，又有一般施工企业；既有工程承包公司，又有科研先导型企业等。为此，各试点企业一定要从本单位的实际情况出发，按上述要求调整、完善本单位试点方案，并认真组织实施。为推动试点工作的深化，推进项目法施工的全面展开，我们决定在明年表彰一批项目法施工的优秀项目和优秀项目经理。请各地区、各部门、各试点企业从现在起抓紧做好有关准备工作。具体事宜另行通知。

附件：1.试点企业名单

2.计施．〔1987〕2002号文“关于批准第一批推广鲁布革工程管理经验试点企业有关问题的通知”中的十项要求

附件一：

试点企业名单(50家)

中国建筑第一工程局
中国建筑第二工程局
中国建筑第三工程局
中国建筑第六工程局
中国建筑第八工程局
冶金部第三冶金建设公司
冶金部第十七冶金建设公司
京冶建设工程承包公司
中国有色金属工业总公司华深工程承包公司
中国统配煤矿总公司第一建设工程公司
中国统配煤矿总公司淮北煤矿建设公司

东北煤矿工程公司
中国石油天然气总公司第六建设公司
大庆石油管理局油田建设公司
中国化学工程总公司
中国石油化工总公司工程建设公司
中国石油化工总公司第四建设公司
水电第十二工程局
水电第十四工程局
东北电力局第一建设公司
山东核电建设公司
长江葛洲坝工程局
中国建筑材料工业建设总公司
铁道部第一工程局
铁道部第三工程局
铁道部第十二工程局
铁道部第十八工程局
中国港湾建设总公司第一航务工程局
中国港湾建设总公司第二航务工程局
中国港湾建设总公司第四航务工程局
中国建筑技术开发总公司
北京市建筑工程总公司
北京市住宅建设总公司
北京市第一城市建设工程公司
天津市第三建筑工程公司
天津市第六建筑工程公司
沈阳市第三建筑工程公司
吉林化学工业总公司建设公司
上海市住宅建设总公司
上海市第一建筑工程公司
浙江省建筑工程总公司
济南市第四建筑工程公司
河南省第六建筑工程公司
武汉市建筑工程总公司
广州市建筑工程总公司
四川省建筑工程总公司
成都市建筑工程总公司
云南省建筑工程总公司
陕西省建筑工程总公司
新疆第三建筑工程公司

附件二:

国家计委、国家体改委、劳动人事部、中国人民建设银行、国家工商行政管理局《关于批准第一批推广鲁布革工程管理经验试点企业有关问题的通知》(计施〔1987〕2002号)中的十项要求

一、全国施工工作会议提出，推广鲁布革工程管理经验的根本途径在于深化施工管理体制改革，同时确立了施工管理体制改革的总目标，即有步骤地调整改组施工企业，逐步建立以智力密集型的工程总承包公司（集团）为“龙头”，以专业施工企业和农村建筑队为依托，全民与集体、总包与分包、前方与后方分工协作，互为补充，具有中国特色的工程建设企业组织结构。

试点企业推广鲁布革工程管理经验的最终目标，就是要成为上述企业组织结构中的智力密集型工程总承包公司。

二、试点工作当前要以精干队伍为主要内容。试点企业应根据各自的特点和优势，因地制宜，采取自行或联合兴办社会急需的生产性事业，大力发展立足企业、面向社会的第三产业等多种有效途径，安置富余人员。

三、试点企业要普遍推行经营承包责任制，积极培养以工程项目为对象的各类管理人材，摸索按管理层和作业层方式组织施工的经验。近期要求试点企业所承建的工程全部按“项目法”组织施工，改变“拖家带口”的旧有施工方式；百分之八十的单位工程实行工地主任、工程经理或项目长等多种形式的承包经营责任制，其中百分之五十按管理层和作业层相结合的组织方式进行试点，并有一定比例的单位工程采用外部劳务作业层。

四、试点企业可对工程项目实行设计、采购、施工全过程的总承包。对于设计能力不适应所承包工程需要的，可采取与设计单位联合或委托设计的方式，共同完成总承包任务。对一般建筑工程（住宅和公共建筑，包括住宅开发小区），可积极实行“交钥匙”承包方式。

五、试点企业应采取与设计、科研单位联合、合并或社会招聘等方式，充实设计、科研及工程技术和经营管理人员。并入试点企业的设计单位，由试点企业实动统一经营管理，对外仍以原设计单位的名义和管理办法开展工作。以建筑科研单位为基础的试点企业，要根据进一步推进科技体制改革的精神，积极探索以科研为先导的设计、施工一体化，对工程进行总承包的新路子，促进科研成果尽快转化为生产力。

六、试点企业应积极创造条件，提高在国际建筑市场上的竞争能力。对在试点过程中达到应有水平的企业，经国务院主管部门审批后，可直接在国外开展工程承包业务。

七、试点企业要按照批准的试点方案开展试点工作，并根据试点过程中的实际情况，不断加以充实、完善。

八、未办理登记注册的试点企业，应按照国家有关规定，向工商行政管理机关申请办理登记，经

建　设　部

关于试行《建筑工程装饰设计单位资格分级标准》和确保建筑工程设计整体性的通知

(一九九〇年十一月十七日)

一、近几年来，随着各类大型公共建筑的建设及人们对建筑物室内外环境质量要求的提高，促进了建筑装饰设计专业化发展的进程。与此同时，专门从事建筑装饰设计的各类单位也得到迅速发展。为进一步加强对此类设计单位的资质管理，我部制订了《建筑工程装饰设计单位资格分级标准》。现印发试行，在试行中遇到的问题请及时告我部设计管理司。

二、建筑工程设计是一项系统工程。在建筑工程设计全过程中，各专业各工种只有进行密切的协调、配合，才能保证整个工程设计工作的顺利完成。但目前发现一些部门将建筑工程设计的专业工种及其设计内容割裂出来，单独发放专业设计许可证，有的利用行业特权垄断设计任务。这种作法不仅严重地破坏了建筑工程设计的整体性，使国家建设造成损失，助长了行业的不正之风，也给工程设计管理工作带来了混乱。为此，要求：

(一) 各级建设主管部门要切实加强管理，坚决制止利用行业特权割裂、垄断建筑工程设计任务的行为，严格工程勘察设计单位的资格管理，除建筑装饰资格按本通知附件规定审定外，其它专业不得单独进行资格认证。

(二) 建筑工程设计一般包括：建筑、结构、给排水、暖通、电气、动力、经济概预算等专业。建筑规划红线范围以内的各类管网管线、道路、绿化、构筑物以及室内外环境装饰、电视电讯，消防系统以及居住区、厂前区总体设计等内容，均属于建筑工程设计范畴。凡具有建筑工程综合设计资格的单位，即可承担其资格等级内规定的建筑工程项目的全部设计内容。

(三) 承揽建筑工程设计任务的单位，必须持有原国家计委统一印制的工程设计证书，并按相应建筑工程设计资格承担任务。各地区各部门印发的设计证书或设计专业许可证一律无效。

附件：建筑工程装饰设计单位资格分级标准

附件

建筑装饰设计单位资格分级标准

一、建筑装饰设计是建筑工程设计的一个有机组成部分，是建筑、室内设计专业技术人员根据建筑物的功能及其环境的需要，为使建筑物室内、外空间达到一定的环境质量要求，运用建筑工程学、人体工程学、环境美学、材料学等知识而从事的一种综合性的设计活动。建筑装饰设计的内容主要包括：建筑物室内空间布局，材料选择、色彩、家

核准登记取得企业法人资格。在体制改革进程中，这些企业需改变名称的，还应申请办理变更登记，经核准登记确定适应政企分开原则的企业名称。

九、各地区、各部门应继续做好本地区、本部门推广鲁布革工程管理经验的工作，坚持学用结合，能学什么就学什么，能改什么就改什么，联系实际，学中有创，使这项工作点面结合，不断向深度和广度发展。

十、试点企业的试点过程是向新型企业转化的过程。是一项较长期而艰巨的任务，肩负着探索整个施工管理体制改革的重任。对此，各地区、各部门要给予大力支持和指导，并及时帮助他们解决实际问题。各试点企业要统一认识、增强信心、克服困难、勇于探索。试点企业的主管部门要把试点工作摆到重要的位置上，指定专人负责，一抓到底，不断总结经验，及时了解、定期反映试点情况，共同为加快施工管理体制改革的步伐做出贡献。

一九八七年十月二十八日

建　设　部

关于印发《一九八九年建设工程质量检查总结》的通知

（一九九〇年元月六日）

一九八九年，各地区、各部门根据我部通知精神，普遍进行了建设工程质量检查。在此基础上，我部对部分大中型工业、交通建设项目和一般工业与民用建筑的工程质量状况进行了复查。现将检查总结印发给你们，请结合各自的实际情况，针对存在的问题，制订有效措施，使工程质量在一九九〇年再提高一步。

对工程质量不好的施工企业，要给予必要的处

俱、灯俱、陈设的设计或选型以及与之相关的室外环境设计及经济概预算等。

二、建筑装饰设计资格分为甲、乙、丙三级，各级资格标准如下：

（一）甲级单位：

1.单位具有5年以上从事建筑装饰设计的经历，独立承担过5项特、一级建筑工程项目的建筑装饰设计，并已建成使用，工程质量优良。

2.单位中技术人员总数不少于25人，建筑、室内设计专业人员不少于15人，其中5名具有高级职称从事建筑装饰设计实践5年以上资历并主持过5项特、一级建筑工程的建筑装饰设计的技术骨干。结构、水、暖、电气、通风、经济等配套专业至少各有1名工程师。

3.单位内部建立了一套有效的全面质量管理体系，有比较先进的技术装备和固定的工作场所。

（二）乙级单位

1.单位具有3年以上从事建筑装饰设计的经历，独立承担过5项二级建筑工程的建筑装饰设计，并已建成使用，工程质量良好。

2.单位中技术人员总数不少于15人，建筑、室内设计专业人员10人，其中2名具有高级职称从事建筑装饰设计实践3年以上资历并主持过2项二级建筑工程的建筑装饰设计的技术骨干。

3.有健全的技术、质量、财务等管理制度，有良好的技术装备和固定的工作场所。

（三）丙级单位

1.单位具有2年以上从事建筑装饰设计的经历，独立承担过5项三级建筑工程的是建筑装饰设计，并已建成使用，工程质量合格。

2.单位中技术人员总数不少于10人，建筑和室内设计专业技术人员6人，其中2名具有中级职称从事建筑装饰设计2年以上资历，并主持过两项三级建筑工程的建筑装饰设计的技术骨干。

3.有比较健全的技术、质量、财务等管理制度，有必要的技术装备和固定的工作场所。

三、承担任务范围

（一）取得甲级建筑装饰设计资格的单位，承担建筑装饰设计任务范围不受限制。

（二）取得乙级建筑装饰设计资格的单位，可以承担综合建筑设计乙级单位承担任务范围内的建筑工程项目的建筑装饰设计任务。

（三）取得丙级建筑装饰设计资格的单位，可以承担综合建筑设计丙级单位承担任务范围内的建筑工程项目的建筑装饰设计任务。

四、建筑装饰设计是建筑工程设计的一部分，建筑装饰设计的资格认证按《全国工程勘察、设计单位资格认证管理暂行办法》执行，其证书统一使用原国家计委印制的《工程设计设证书》，证书及副本中的证书等级和证书编号统一按“建筑装饰×级”和“××省（简称）装饰设证字×××号填写。建筑装饰设计甲级资格由建设部审批，乙、丙级由各省、自治区、直辖市建筑设计主管部门审批。

五、持有综合建筑工程设计证书的单位，即可承担相同级别的建筑装饰设计任务，不需另外申请建筑装饰设计资格。其它承揽建筑装饰设计任务的单位，均按本标准进行资格认证。

六、本标准自印发之日起执行。凡以往规定与本标准不相符的，以本标准为准。

分，以促使其尽快把工程质量搞上去。

附件：一九八九年建设工程质量检查总结

附件

一九八九年建设工程质量检查总结

为了摸清全国的工程质量状况，促进建筑企业认真治理工程质量，一九八九年三月，建设部发出《关于开展建设工程质量检查的通知》，要求各地区、各部门对一九八八年以来竣工和在建的单位工程，普遍进行一次质量抽查，按照国家标准（没有国家标准时用部颁标准）评出质量等级，写出检查报告。各地区、各部门接此通知后，及时进行了部署，并按通知要求，组织了质量检查。十一月，建设部组织了4个有地区和部门同志参加的复查组，对9个地区和6个部门的部分工程，进行了复查。整个工作于十二月结束。现将检查、复查情况总结如下。

一、基本情况

据28个省、自治区、直辖市和国务院12个部门报的材料统计，这次质量大检查，共检查民用建筑工程3967个，市政工程238个，大中型工业交通建设项目63个。抽查和复查的结果表明：一九八九年我国工程质量比上一年又有提高，主要表现在：

1.一般工业与民用建筑工程质量的合格率有提高。这次检查的3967个工程，核验合格的2708个，合格率为68.3%，其中质量优良的工程324个，优良率为8.2%，按同口径相比，比去年有较大的提高。

2.一些大中型工业、交通建设项目的工程质量达到较高水平。上海宝钢二期工程，大秦铁路二期工程、山东翟镇煤矿竖井及主体巷道工程、扬州电厂冷却塔工程、葛上直流输电线路工程、青海钾肥厂工程、浙江宁波十字路水库土坝工程等的质量都比较好。

3.公共建筑、高层建筑的质量比较稳定。这次复查9个省、市的72项公用和高层建筑，合格率达79.2%，这些工程的装饰质量也有明显改善。

4.住宅工程质量有较大改进。继济南燕子山和天津川府里小区之后，一些地区又建成了一批质量水平比较高的住宅工程，并且从重视单位工程的设计与施工质量发展到同时重视小区的规划与环境质量。受到广大群众的欢迎。

一九八九年我国工程质量虽有了一定程度的提高，但步子迈得不大，总水平仍然不高。前几年发现的一些如水泥地面开裂、门窗加工粗糙、屋面渗漏等主要质量通病，仍没有得到根治，以致有30%的一般工业与民用建筑工程质量达不到合格标准；一些在建工程仍存在结构隐患，个别地区甚至出现砌砖、混凝土、钢筋工程等质量下降的现象；大中型工业、交通工程重视主体质量，忽视配套和民用工程质量的现象还比较普遍地存在，地区间的发展也不平衡。上海、辽宁这两年工程质量稳步上升，而湖北、江西等省则进步不大。企业间工程质量相差更是悬殊，有的企业检查3项工程，全部优良，有的则全部不合格。

从各地区、各部门上报的质量检查总结和建设部复查的情况看，各地区、各部门对组织一九八九年质量检查，态度是积极的，工作是认真的。把它作为治理整顿的一项重要内容，制订方案，迅速部署，具体落实。江苏、广东、内蒙、宁夏、新疆等省、自治区建委及中国核工业总公司计划部的领导，亲自担任检查组组长，深入一线检查。各地区、各部门严格按标准检查，质量等级评定准确。多数单位在检查结束后，公布了检查结果，对质量好的工程，组织观摩学习，扩大影响；对质量差的工程，召开现场会，吸取教训，并对有关企业进行表彰或惩处。上海市共检查100个建筑施工企业的工程质量，其中表扬了13个质量好的企业；15个企业因质量不好受到警告处分；2个企业降低一级资质等级；7个外埠施工企业被吊销在沪施工许可证。这样做震动很大。

在这次检查中，我们还注意了廉政建设。检查之前，明确纪律，要求检查人员不吃请、不收礼、不讲排场，不给受检单位增加负担。检查人员辛勤工作，遵守纪律，受到好评。

总的看，这次检查进行得比较顺利。只有湖北省没有进行抽查工作，陕西、福建两省没有按通知要求及时上报总结材料。

二、初步分析

近几年工程质量有了稳步提高，原因是多方面的，从这次检查情况分析，主要有以下几条：

1.领导的质量意识强，重视质量工作，是搞好工程质量的关键。辽宁省丹东市近两年工程质量进步较快，主要原因是主管市长和委局领导亲自抓质量工作。他们在整顿建筑市场、招投标、企业资质审查、企业考核等工作中，都把工程质量放在突出的地位。其结果使企业领导重视质量，把工程质量作为企业生存发展的大事来抓。这次建设部复查组到丹东时，各施工企业的经理都主动要求检查他们的工程。中国有色金属总公司为确保工程质量，十分注重提高企业职工的质量意识。他们把质量列入承包的主要内容，使质量和承包责任制挂钩，从加强质量教育入手，落实相应的管理措施。班组填报完成工程量表，必须有质量部门验收签证，达不到合格的不签证。质量部门有权对质量不好的工程下令停工和返修。今年检查的9个建设项目，工程质量均达到较好水平。

2.认真学习规范、标准，严格按规范标准要求施工，是搞好工程质量的基础。上海宝钢工程质量所以好，其基本原因是严格按照建设程序和施工规范进行施工。他们认真编制施工组织设计和作业设计，并严格实施，做到了预测、预控、操作规范化。天津川府里住宅小区组织参建人员学规范、学标准，先学后干，坚持规范、标准和严格的工艺纪律，认真操作，创出大面积的优良工程群。

3.强化质量监督，完善检测手段，是确保工程质量的重要措施。近年来，一些地区和部门在抓企业内部质量管理的同时，注意抓工程质量监督，做到企业检查，政府监督齐抓共管。多数监督机构按照上级要求认真监督工程，采取专人负责和集体验收相结合的方法，对施工企业进行监、帮、促。同时，许多监督机构还配备检测手段，以保证监督工作的科学性。事实证明，监督站在维护建筑市场秩序，促进企业加强管理，确保规范、标准的有效实施，起到了重要的作用。从这次质量复查中看到，经过监督的工程，一般质量都比较好。

4.实行按质论价，奖优罚劣的经济政策，有效地调动了施工企业创优良工程的积极性。山东、辽宁、湖南、新疆等省、区以及一些城市的人民政府规定，凡经质量监督机构核验为优良的工程，每平方米奖5～10元。天津市建立了优质工程奖励基金。年初每个企业按承包工程面积，每平方米上缴一元作为奖励基金，集中使用。凡工程质量经监督站核定达到优良的，每平方米奖7元。上海市、辽宁省丹东市规定，对创出市级优良工程的施工企业，在投标中可以优先中标。这些扶优限劣的措施，对促进工程质量的提高发挥了积极作用。

从检查情况看，目前工程质量的总水平仍然比较低。分析起来，原因比较复杂，主要有如下几个方面：

1.以质量为主要竞争内容的建设市场没有形成。目前，还有约70%的建设项目，没有实行招标，由建设单位自己选择施工队伍。相当一部分建设单位盲目追求低造价，没有把工程质量作为一项硬指标列入中标条件。一些素质低、管理差、质量不好的企业压价承揽任务，直接影响了工程质量。

2.部分企业短期行为严重，经营思想不端正，重进度、轻质量。有的把工程层层转包或分包出去，包而不管或以包代管。没有把质量管理作为承包的重要内容。为了本企业的眼前利益，忽视质量管理。

3.部分施工企业队伍素质不高，施工员及操作工人不熟悉标准、规范，企业技术和质量管理不严格。

4、一些建设单位把一个单位工程发包给几个施工单位施工；有的地区一些煤气、电气、管道、电梯以及装饰等管理单位或生产厂家以不给气、不给电等来要挟建设单位，要求自己承包施工任务。以致多家施工，无人协调，现场管理混乱，成品损坏严重，影响了工程质量。

5.原材料、构配件质量不好影响工程质量。建设单位供给构配件，设计单位指定使用某厂家的产品，这些材料、构配件往往是质次价高，给工程质量带来了严重影响。

这次工程质量检查，是近几年规模最大的一次。检查的范围广，数量多，收获比较大。基本摸清了当前我国建设工程质量的实际状况，为下一步的治理整顿和制订“八·五”期间的质量工作规划提供了依据。同时，对提高各级主管部门和企业质量意识，推动企业学标准、用标准，加强地区和部门的互相学习，都发挥了积极的促进作用。

一九九〇年，我们要坚决贯彻党的十三届五中全会提出的“进一步治理整顿和深化改革”的方针，认真抓好工程质量。同时要针对这次大检查中发现的问题，提出相应的治理措施。目前，我们正在起草一九九〇年工程建设质量工作安排，争取早日印发各地区、各部门，请认真贯彻落实。

建　设　部

一九九〇年建设工作要点

（一九九〇年二月二十二日）

一九八九年建设领域的广大干部职工，遵循党的十三届三中全会、四中全会、五中全会精神，按照全国建设工作会议的部署，团结奋斗，开拓进取，克服种种困难，在治理建设环境、整顿建设秩序、推进建设事业改革等方面，做了大量的工作，取得了明显的成效。这说明我们的建设队伍是一支经得起政治风波和艰难困苦考验的坚强的队伍。

一九九〇年是九十年代的第一年，又是治理整顿、深化改革的关键一年，建设领域面临的任务十分繁重艰巨。努力做好今年的各项工作，对于胜利完成治理整顿任务，促进国民经济持续、稳定、协调发展具有重要的意义。我们务必在认真总结以往经验教训的基础上，深入贯彻五中全会的决定，从稳定社会全局出发，正确处理全局与局部的关系、困难与机遇的关系、治理整顿与深化改革的关系，团结奋进，共渡难关，加强管理，提高素质，在治理整顿中求进步，在深化改革中求发展，使建设领域各方面的工作再向前迈进一步，为社会主义现代化事业做出新的贡献。

今年的主要工作任务是：

一、努力完成国家计划确定的建设任务，特别是直接关系国民经济发展后劲和与人民生活息息相关的各项工程建设任务。

按照国家计划安排，从设计、施工、建设监理、质量监督方面，切实保障农业、能源、交通运输、原材料、邮电通讯、教育、基础设施等重点建设。这既是调整投资结构、增强国民经济发展后劲的需要，又是增加有效供给、稳定经济全局的需要。对于这类建设项目，各有关部门和地区一定要投入精兵强将，切实抓好，努力做到质量优、工期短、投资省，提前或按期交付使用。

认真落实国家制定的产业倾斜政策，继续搞好市政公用基础设施建设。基础设施落后，不仅制约城市经济的发展，而且影响人民生活的改善。各地区要对城市市政公用基础设施建设作出妥善安排，多方筹措资金，确保基础设施建设稳定发展。对现已列入计划的项目，要加强督促检查，保证按期完成。对现有设施要加强维护管理，充分发挥其能力。同时要做好“八五”期间准备新上项目的前期准备工作，以利相互衔接。

继续发挥中央、地方、企业和个人建房的积极性，保持城镇住宅建设的合理规模。住房短缺仍是目前社会生活中一个突出问题，各地政府对住宅建设要视同农业、能源、交通等重点建设，给予高度重视，作出统筹安排，防止继续滑坡。要进一步抓好住宅小区建设和管理的试点工作，不断提高住宅小区的规划、设计和施工水平，加强小区的管理。现阶段，要重点解决住房困难户、尤其是特困户的居住问题，今明两年要在这方面做出明显成效。

二、综合运用行政、法律、经济手段，积极推进各方面的治理整顿工作。

继续抓好建设市场和房地产市场的整顿。对建设市场，主要是整顿工程承发包秩序和工程招投标秩序，纠正和克服各种违法违纪行为以及不正之风，同时要加强设计、施工单位的资质管理。要结合对综合开发的管理，认真加强对房地产市场的整顿，主要是整顿各类开发公司、经营公司和交易价格，使房地产市场活动逐步正规化。

以宣传贯彻《城市规划法》为中心，强化城市规划管理。各个城市都要按照《城市规划法》的要求。认真清查和处理违法用地和违法建设行为，坚决纠正乱拆乱建现象。要健全规划管理机构并建立有效的监督机制，以保证城市规划得以严格实施。

按照加强管理的原则，认真治理城市公交、供水、煤气、热力、园林绿化、环境卫生等公用事业秩序。要广泛开展优质服务活动，努力提高服务质量和服务水平。继续推动文明城市竞赛活动，努力改善市容市貌，为人民创造整洁的工作环境和生活环境。

严格控制施工队伍规模，妥善处理队伍窝工问题。这是关系职工切身利益和社会安定的一件大事。各地区、各有关部门务必按照建设部《通知》的要求，切实抓紧抓好。对于确有困难的企业，要把工作做在前面，按照国家有关规定，妥善解决待工职工的生活费问题。

加强质量管理，努力提高工程质量。所有设

计、施工单位都要增强质量意识，强化质量观念，建立健全质量保证体系，严格把好质量关。建筑材料和建筑制品厂家要努力保证产品质量，并积极开拓新型优质的建筑设备和建筑制品。今年要特别注意在消除质量通病，提高竣工项目合格率上下功夫，切实做到"对国家负责，为用户着想"。质量监督机构要严格履行职责，加强监督检查，对不合格的工程要按有关规定予以处理。

三、按照"稳定、充实、调整、改善"的原则，继续深化各项改革措施。

继续完善招投标制、建设监理制、工程质量监督制、勘察设计单位的技术经济责任制和施工企业的承包经营责任制、百元产值工资含量包干制以及多种用工制度等改革措施。同时要继续搞好由设计单位进行工程总承包的试点工作、施工企业推广鲁布革经验的综合改革试点工作和在部分城市进行建筑业行业管理的试点工作。

进一步推行以"统一规划、合理布局、综合开发、配套建设"为主要内容的城市建设体制改革，不断提高综合开发率。继续推进市政基础设施有偿使用、有偿服务和公用事业合理计价的改革，为建立合理的价格体系和收费标准创造条件。继续深化市政公用企事业单位经营管理体制的改革，强化企事业单位的自我约束机制。

按照治理整顿和农村经济发展的要求，进一步调整和完善村镇规划和村镇建房审批办法。改革村镇建设方式，逐步实行"统一组织、综合建设"的办法，并认真抓好一批村镇综合建设的试点。

推进房地产方面的改革，努力搞活城市房地产业。要继续组织好商品住宅的综合开发，鼓励和支持合作建房与有组织的个人建房。继续完善房地产交易市场和房地产评估制度。基本完成房地产登记发证工作。同时，要在有条件的城市进行吸引外资开发房地产的试点工作。要在国务院统一领导下，继续坚定不移、坚持不懈、积极稳妥、因地制宜地推进住房制度改革。

四、继续加强建设立法工作，开展对执法工作的检查。

继续完成《建设法律体系规划方案》，争取今年上半年内报国务院法制局核准后发布实施，以加强立法工作的计划性。

抓紧当前急需的法律、法规和部门规章的拟定工作。按照国务院法制局下达的今年的立法计划，重点做好《市政管理法》的报批工作，并进一步做好《住宅法》、《城市房地产法》的论证工作。对列人计划的各项行政法规，亦应抓紧进行论证，争取尽早上报审批。同时要抓好部门规章的起草、论证和发布工作。

大力推进地方的建设立法工作。加快建设领域的立法步伐，必须两条腿走路，一方面部里要抓紧，另一方面要靠地方。各地要根据实际情况，抓紧制定立法规划，本着急用先立的原则，尽快拟定和发布一批急需的地方性法规和规章，以适应治理整顿和深化改革工作的需要。

加强执法和对执法工作的检查。对已经发布的有关法规的执行情况，今年要进行一次全面检查，切实做到"有法必依，执法必严，违法必究"。

各级建设行政主管部门要认真做好行政诉讼法的实施及其准备工作，并建立和健全法制工作机构。

在加强行政法规建设的同时，要继续抓好技术经济方面的立法工作，加快工程建设标准、定额和部管产品标准的编制步伐。

五、抓好科技成果的推广应用，积极开展有关课题和项目的研究，促进技术进步。

要以节能、节水、节地、节材为重点，以提高质量、提高水平、提高效益为目标，推广应用十个方面对建设事业发展有较大影响的科技成果，加快建设领域科技进步的步伐。今年要抓好这方面的实施计划并抓好试点。

制定有关技术经济政策，调动地方、行业、企业主动推广应用新技术的积极性。

审定、发布首批一百项科技成果目录，并建立成果和产品认证制度。

加强对科研工作的领导，积极开展有关课题和项目研究。

要尽快确定抗震防灾重点防御区，建立区域综合防御体系，并制定减轻地震灾害的综合对策和措施。

六、加强人才开发和培训工作，大力提高队伍素质。

这既是当前治理整顿的一项重要任务，又是长远发展的需要。各级建设主管部门和各企事业单位，一定要有战略眼光，花力量抓好这件事。要进一步建立健全岗位培训和关键岗位持证上岗制度，继续抓好各级领导干部的岗位性培训。部里也将举办不同类型的培训班，为各级领导干部和有关业务人员提供学习机会。

要继续抓好学校教育，提高教学质量，调整人才培养方向，为建设事业输送坚持社会主义方向，德智体全面发展的专业技术人才。要逐步建立学历教育和岗位培训的评估制度，整顿专业证书教育。

认真抓好正在进行的全国建设事业人才现状调查和需求预测，制定好"八五"规划，把人才开发工作指标纳入企业承包经营责任制和领导任期目标责任制。

七、按照国家统一部署，认真编制好建设事业“八五”计划。

“八五”计划要对工程建设、城市建筑、村镇建设、建筑业、房地产业、市政公用事业的发展做出统筹安排。其重点是：制定城市供排水、公共交通、道路桥梁以及与城市环境保护密切相关的城市燃气、集中供热、城市环卫等国家重点支持的市政公用事业的发展规划和具体政策；制定城市住宅和房地产业的发展规划及其具体政策；制定施工队伍的发展规划，并使之与固定资产投资计划相衔接，克服和避免队伍发展的盲目性。教育和科技发展是一个战略问题，要在“八五”计划中充分体现出来。

编好“八五”计划是一件大事，除部里组织力量研究论证外，各地建设主管部门亦应组织力量，在调查研究的基础上，提出本地区的发展规划，于今年四月底前送部汇总平衡。建设事业“八五”计划纲要要力争在今年下半年内定稿。

八、大力加强社会主义精神文明建设。

要加强坚持四项基本原则、反对资产阶级自由化的教育，使广大干部职工保持坚定正确的政治方向。要通过多种方式，把思想政治工作渗透到业务工作中去，教育广大干部职工正确认识形势，增强信心，克服困难，完成治理整顿任务。同时要弘扬行业精神，即锐意改革、开拓前进的进取精神，勤奋学习、刻苦钻研的攀登精神，严于律己、廉洁奉公的无私精神，脚踏实地、艰苦奋斗的务实精神，相互支持、团结奋斗的协作精神，进一步树立质量第一、服务第一、信誉第一的职业道德，努力改善服务态度，提高服务质量。建设部今年要召开思想政治工作会议，并表彰劳模。

抓好领导班子的廉政建设，认真实行廉政、勤政。各级领导要深入基层、深入实际、深入群众，研究新情况，解决新问题，以自己的模范行动，带动和团结广大职工群众，奋发图强，开拓工作的新局面。

建设部机关要继续搞好职能转变，面向基层，为基层服务。提倡讲实话、办实事、见实效，努力开拓进取，在新的一年里，力求有所进步、有所创新、有所发展。在工作中要紧紧依靠地方各级建设主管部门，依靠国务院各有关部门，依靠城市政府，同心协力，把工作做好。

今年市长协会召开成立大会，要积极做好大会的筹备工作，进一步密切同市长的联系，为市长们服好务。

建　设　部

建设领域治理整顿和深化改革三年工作纲要

（一九九〇年二月二十二日）

（一）

党的十三届五中全会作出的关于进一步治理整顿和深化改革的决定，对于巩固和发展全国的稳定局面，克服经济方面的暂时困难，保证社会主义建设事业和社会主义改革事业的健康发展，具有重要的意义。建设领域的各级领导干部和广大职工，要认真学习全会精神，坚决贯彻全会决定，在一九八九年治理整顿取得初步成效的基础上，抓紧今后两三年时间，进一步搞好治理整顿和深化改革，使建设领域各方面的工作大大向前迈进一步，为整个国民经济长期持续、稳定、协调发展作出新的贡献。

推进建设领域治理整顿和深化改革工作，在指导思想上要着眼于稳定全局，化困难为机遇，振奋精神，迎难而上，在治理整顿中求进步，在深化改革中求发展。要注意处理好三个关系：

——正确处理全局与局部的关系。坚持和发扬全局观念，自觉地使自己的工作服从于、服务于全国政治稳定和经济稳定的需要，做到局部利益服从全局利益，眼前利益服从长远利益。

——正确处理困难与机遇的关系。当前遇到的困难是前进中的困难，暂时的困难。困难是一种压力，要变压力为动力，把治理整顿的过程变成既是度过难关，又是促进工作的过程，使建设领域的各项工作迈上一个新的台阶。

——正确处理治理整顿与深化改革的关系。在治理整顿期间，改革要围绕着治理整顿来进行，并为它服务；治理整顿将为改革的深入和健康进行创造必要的条件，两者相辅相成，紧密结合，目的都在于促使建设事业持续、稳定、协调的发展。

建设领域的治理整顿和深化改革，要着重在抓管理、抓素质、抓技术进步、保质量、上水平、求效益上下功夫。通过三年治理整顿，实现以下主要目标:

——按照压缩投资规模、调整投资结构、保证基础产业建设的要求，积极协同有关部门把过大的建设规模压下来，并从设计、施工、建设监理等方面采取有效措施，切实搞好国家确定的农业、能源、交通运输、原材料以及邮电通信等方面的重点建设，努力做到质量优、工期短、投资省，按期交付使用，为增强国民经济发展后劲创造物质条件。

——按照整顿经济秩序的要求，综合运用行政、法律、经济手段，继续搞好建设市场和房地产市场的整顿工作，逐步建立起在国家计划指导下的平等竞争、公正交易、管理有序的市场新秩序。

——适应压缩固定资产投资规模的需要，妥善解决队伍窝工问题，严格控制施工队伍规模，并从宏观调控上采取措施，使队伍规模、地区布局、企业结构能够灵活地适应今后建设任务的需求，力求在队伍的发展和建设上走出一条新路子。

——以宣传贯彻《城市规划法》为中心，进一步完善城市总体规划、分区规划和详细规划，强化城市规划、建设与管理，使城市功能、环境质量和市容市貌有进一步的改观。

——按照国家确定的产业倾斜政策，多方筹措资金，切实保障城市市政公用基础设施建设和城市住宅建设，使之能够得到稳定的发展，以逐步缓解基础设施和居民住房的紧张状况。

——按照治理整顿和农村经济发展的要求，进一步调整和完善村镇规划，改进农民住宅设计，适当控制村镇建设规模和农民住宅建筑面积，强化村镇建设管理，使村镇建设水平有明显提高。

——按照计划经济和市场调节相结合的原则，进一步深化和完善现已出台的各项改革措施，力争使之相互配套。同时要逐步理顺建设管理体制，充分发挥各级建设行政主管部门的综合职能作用。

(二)

建设领域治理整顿、深化改革的任务相当繁重，涉及诸多方面。各级建设主管部门务必精心组织、精心指导，充分发挥广大职工的积极性、主动性和创造性，扎扎实实地抓好以下几个方面的工作:

一、工程建设与建筑业

1.坚决贯彻国务院关于压缩固定资产投资规模、调整投资结构的有关规定，积极协同有关部门做好清理在建项目工作，切实保证国家重点建设。对确定停建和缓建的项目，施工单位要配合建设单位认真搞好善后工作，尽量减少和避免损失。对国家确定续建和新建的项目，特别是国家重点建设项目，要精心设计，精心施工，积极采用各种适用的先进技术，努力做到质量优、工期短、投资省，确保按期交付使用，发挥投资效益。

2.认真抓好建设市场整顿工作，维护市场正常秩序。要认真整顿工程承发包秩序，严格依照经济合同法办事。所有工程都应按照法定程序签定承发包合同，合同一经签定，必须严格履行，不得随意变更或废止。要加强招投标管理，抓紧制定《工程建设招标投标管理条例》及其实施细则，使招投标工作纳入法制轨道，依法维护招投标双方的合法权益。在招投标活动中，要坚持社会主义方向，严禁私下交易和收受回扣。要严格企业资质管理、队伍管理和质量监督，纠正无证设计、无证施工和倒手转包等不法行为。对于整顿中发现的各类违法违纪问题，不管涉及到什么单位、什么人，都必须坚决处查。凡构成犯罪的，必须依法追究刑事责任。通过整顿，要建立和健全有关的规章制度，彻底扭转秩序混乱状况。

3.积极稳妥地搞好建设监理试点工作，逐步完善建设监理制度。首批试点单位的工作要继续抓紧抓好，其他地区和部门也可选定一些工程项目开展监理试点，以便在更广泛的范围内摸索经验。抓好《建设监理试行规定》的实施，尽快制定《社会监理单位管理试行办法》和《监理工程师注册试行办法》，使建设监理工作做到有章可循。各地区、各部门要注意抓好监理队伍建设，力争两三年内初步形成我国建设监理体系。

4.继续加强工程建设标准定额管理工作，合理控制工程造价。要抓紧拟定与《标准化法》相配套的工程建设标准化方面的行政法规和部门规章，以维护标准的严肃性。要进一步完善建设项目经济评价方法和各类参数，加快各类工程项目的建设标准、建设工期定额、建设用地指标和投资估算指标的编制步伐，为提高项目决策的科学化水平提供依据。与此同时，着手拟定《建设工程造价管理条例》，建立健全工程造价资料积累制度，以利合理确定和有效控制工程造价。

5.进一步深化勘察设计体制改革，大力提高设计质量。在完善现行的技术经济责任制的基础上，继续推行以"三保两包一挂"为主要内容的承包经营责任制。研究制定勘察设计单位企业化的有关政策，加快国营勘察设计单位企业化的步伐。同时要改革现行的设计收费办法，把按实物量取费，改为按工日定额计费。为适应现代设计管理的需要，要按照国际通用模式组合设计机构。继续抓好由设计单位进行工程总承包的试点工作，拓宽营业范围，扩大经营收益。要进一步完善和改进勘察设计单位资格认证管理办法，制定新的资质管理规定。甲、乙级设计单位要普遍推行全面质量管理，并认真组织检查验收，验收不合格者要降低资质等级，成效显著者可以升级。丙、丁级设计单位的设计质量，可由主管部门采取抽查的办法进行监督，对质量低劣者降低资质等级直至吊销证书。

6.严格控制施工队伍规模，妥善解决队伍窝工问题。今后两三年内一律不得批准成立新的施工企业。按照《施工企业资质管理规定》重新核定企业的资质等级，对不符合资质标准的，该降级的降级，该撤销的撤销。继续合理清退进城的农村建筑队和国营施工企业使用的外包工。坚持一业为主，多种经营的方针，力求通过开展多种经营，在国营施工企业中消化和转移百分之八至百分之十的人员。各地可根据具体情况，安排一部分工程任务或“生产自救”和“以工代赈”项目，定向组织那些窝工严重的企业承担。对于经过努力仍然确有困难的施工企业，按照国家有关规定，在政策上给予扶持。

7.实行施工队伍计划管理制度，克服队伍发展的盲目性。按照国家中长期固定资产投资计划和生产力布局，研究制定施工队伍的发展规划，使队伍的地区布局、专业结构大体平衡，避免结构性窝工。抓紧建立一批能工能农的国家建筑劳务基地，并按“双向选择”的原则，搞好劳务基地与大型骨干施工企业的劳务协作关系。通过规划和调整，使骨干队伍与劳务队伍逐步做到比例合理、相互配套、灵活机动、协调发展，以适应施工生产的特点。

8.认真搞好施工企业资质管理，继续深化施工体制改革。

——在完成施工企业资质审查、定级就位的基础上，一九九〇年和一九九一年进行施工企业对外承包资质管理、工程建设联合集团资质管理、工程总承包企业资质管理和混凝土构件生产企业资质管理工作，以初步形成全国性的资质管理体系。

——改进和完善施工企业的承包经营责任制：任务较多，经济效益较好的企业，可按原承包形式执行；任务不足，但不亏损的企业，可采取定额包干、一年一定的形式；亏损企业，可采取减亏包干的形式。

——改进和完善百元产值工资含量包干办法和用工制度，促使施工企业进一步提高劳动生产率。

——继续进行施工企业综合改革试点。在总结十八家试点企业经验的基础上，扩大试点面，争取在两、三年内，试点企业发展到五十至八十个。继续推行和完善以“项目法”施工为主要内容的施工企业改革，调整企业组织结构，探索管理层和作业层分离以及科研、设计、施工、采购一体化的途径。通过试点，带动国营大中型施工企业的发展，更好地发挥国营骨干企业的优势和主导作用。

9.加强工程质量综合治理，切实搞好安全生产。“百年大计，质量第一”。每个施工企业都应建立和健全质量保证体系，加强质量管理，确保工程质量。要继续抓好工程质量监督站的建设，今明两年着重在健全机构，完善规章，配备手段，严格执法，搞好站风等方面下功夫。要采取措施，以技术标准控制质量，力争从技术上消除质量通病。实行“扶优限劣，按质论价”的政策，调动企业提高工程质量的积极性。通过综合治理，要使工程质量有明显提高。建立国家安全监察和行业安全监理并举的制度，进一步完善企业内部及承包经营中的安全生产责任制，扭转建设领域职工伤亡事故严重的局面。

10.继续搞好部分城市建筑业行业管理试点工作，逐步扩大试点面。治理整顿期间行业管理的重点要放在加强施工队伍和建筑市场的管理上，放在加强质量监督上，放在建立良好的安全生产环境和秩序上，放在帮助企业，特别是国营大中型企业度过难关上。要充分发挥行业协会在行业管理中的作用。

11.采取有效措施，切实加强抗震防灾和人防工作。当前要充实和加强抗震防灾重点地区和有震情背景地区的地、县两级抗震管理机构，建立健全从中央到地方各级抗震防灾管理体系。要认真抓好在建和新建工程的抗震设防，加快抗震加固工程进度，确保地震时城市生命线工程的安全，防止地震可能造成的次生灾害。各地要尽快确定抗震防灾重点防御区，建立区域综合防御体系，并着眼于整个区域制定减轻地震灾害的综合对策和措施。从实际情况出发，本着有偿投资，因地制宜，注重实效的原则，严格按照国家有关规定，切实抓好民用建筑修建防空地下室的工作。

二、城市规划建设与市政公用事业

1.认真贯彻执行《城市规划法》，强化城市规划管理。建设部将拟订《城市规划法》的有关实施细则和配套的部门规章，各地区亦应根据实际情况，制定相应的地方性法规和规章，以保证《城市规划法》的贯彻实施。要广泛宣传《城市规划法》的意义、作用和有关规定，力争做到家喻户晓，深入人心。各城市都应按照《规划法》的要求，健全城市规划行政主管机构，建立科学的城市规划管理审批程序和工作制度，依法清查处理各类违法用地和违法建设行为，形成有效的监督机制。要加强城市规划的集中统一管理，坚决制止和纠正乱拆乱建、盲目建设以及不顾全局的短期行为，发挥城市规划应有的作用。

2.进一步深化城市规划工作的改革，加强对城市规划设计和城市勘测的行业管理。要认真总结城市规划工作经验，更新城市规划观念和内容，改进城市规划的方法和手段，适时地完善和深化城市总体规划。根据城市经济、社会发展的新形势，有计划地对原有的城市总体规划进行必要的调整或修订，划定城市规划区的范围。要从研究市域、县域规划着手，搞好城镇体系的布局，调整和优化市区的经济结构和空间布局结构。同时，抓紧搞好分区规划、详细规划，充实必要的专业规划，以适应发展有计划的商品经济和城市综合开发的需要。要切实加强城市规划设计和城市勘测的市场管理，按照国家的有关规定，严格资格审查、验证制度，制止无证或越级承担规划设计和勘测任务。进一步完善城市勘测、规划设计单位的技术经济责任制，认真执行全面质量管理，健全规章制度，建立质量保证体系，积极采用新技术，努力提高城市规划设计和勘测成果质量。

3.根据国务院确定的产业政策，千方百计保证市政公用基础设施建设的稳定发展。城市政府应根据人民城市人民建的方针，因地制宜地多方开辟城建资金来源。城建主管部门要按照国务院(1987) 47号文件的要求，用好管好城市维护建设资金，严防漏收、欠收、挤占、挪用，把有限的资金用于最急需的项目上，并切实搞好现有设施的维修养护。要积极利用一部分外资，包括赠款和贷款，以加强市政公用基础设施的建设。有条件的城市，可以进行建立城市建设基金会管理制度的试点，对城建资金实行统一管理。

4.继续深化以“统一规划，合理布局，综合开发，配套建设”为主要内容的城市建设体制改革。实行综合开发，是关系到城市建设的指导思想、建设体制、建设方式的一项根本性的改革，要坚定不移地推广开来。城市新区建设应当一律实行综合开发；在旧城区，对零星建设要尽量压缩，住宅、商业服务设施、办公楼以及能够纳入综合开发的工业建筑，都要力求纳入综合开发轨道。各个城市都应根据实际情况制定综合开发指标，不断提高综合开发率。

5.逐步推进市政基础设施有偿使用、有偿服务和公用事业合理计价的改革。各地现已出台的各项有偿使用和有偿服务的改革措施要继续稳定和完善，并逐步扩大推广面。与此同时，要选定少数有条件的城市，进行城市公用事业（包括自来水、公共交通票价、公园票价等）价格改革的试点，摸索经验，为逐步建立合理的价格体系或收费标准创造条件。要认真贯彻《城市节约用水管理规定》，普遍开展计划用水和节约用水活动。

6.继续深化城市市政公用企事业单位经营管理体制的改革。公用事业企业内部继续推行经营承包责任制，划小核算单位，实行销售量（收入）与职工工资挂钩。园林、环卫等事业单位继续推行和完善按任务量计算经费，定额包干，增收节支自留、超支不补的核算办法，内部实行企业化管理。在有条件的城市，对公交、园林、道桥建设维修等少数行业，可进行以全民所有制为主体，建立集体、个体市政公用事业经营组织的试点。

7.城市政府要把规划好、建设好、管理好城市作为主要职责，实行依法治城。除《城市规划法》业已发布外，建设部正在拟定《市政管理法》和《城市市容和环境卫生管理条例》、《城市园林绿化管理条例》等行政法规，争取尽快报请人大常委会和国务院发布施行。各城市都应建立健全城市规划、建设、管理的规章制度，并建立市容管理的监督、检查队伍，以加强监督检查工作。

三、房地产业与住房制度改革

1.城市住宅建设要在压缩固定资产投资总规模的前提下，保持合理的建设规模。目前全国城市住房困难户约占25%左右，其中人均两平方米以下的特别困难户达到55万户，住房紧缺仍是社会生活中的一个突出问题。治理整顿期间，应继续发挥中央、地方、企业、个人建房的积极性，多方筹措资金，使城市住宅建设保持合理的规模，防止大的滑坡。要按国家的规定，严格控制住宅建设标准。在现阶段，住宅建设的重点，要放在解决住房困难户，尤其是特困户的居住问题上。各个城市都应根据实际情况，做出具体安排，有计划、有步骤地逐步加以解决。

2.继续抓好城市住宅小区的规划、建设和管理。无锡、济南、天津三个住宅实验小区的建设，从规划、设计、施工，到新技术、新材料的应用，都是搞得比较好的。要认真推广这三个小区的建设经验，并在严格执行国家规定的住宅建设标准的前提下，继续扩大试点。建设部准备再抓十至十五个小区建设试点。各地区也可抓一些试点，以点带面，努力把城市住宅小区建设提高到一个新水平。与此同时，要认真加强住宅小区的管理。建设部已经确定在六个住宅小区进行试点，摸索如何管好住宅小区的经验。

3.逐步建立房地产业的计划管理制度。根据计划经济和市场调节相结合的原则，各个城市都应编制中期的和年度的房地产综合开发计划、住宅发展计划和商品房建设计划，以指导房地产业的发展。在城市建设中要逐步提高综合开发的比重，提倡用房地产开发经营的办法来改造旧城区；在住宅建设中要提高综合开发商品房的比重；在商品房销售中要提高向个人出售的比重，以便在投资规模进笼子的情况下，继续促进房地产业的振兴和发展。这项工作拟先选定若干城市进行试点，取得经验后再全面推开。

4.继续清理和整顿房地产开发公司。各地区、各有关部门要按照建设部《关于颁布城市综合开发公司资质等级标准的通知》，认真进行一次清理和整顿。总的原则是：房地产开发公司的数量必须和开发任务相适应；各类城市建设、房地产开发公司都必须符合规定的资质标准；房地产开发公司必须直接从事房地产开发建设活动，不能是转手倒卖的皮包公司；房地产开发公司的经营收入应当主要用于房地产的扩大再生产和城市建设，不能造成资金分流。所有房地产开发公司都必须经过建设行政主管部门审批，并由工商行政管理部门核准，办理注册登记。

5.加强房地产交易市场管理，逐步开展房地产金融业务。要认真总结近年来房地产交易活动的经验，尽快研究制定有关的规章制度和管理办法，建立固定的房地产交易场所和评估制度，将房地产市场活动纳入正规化。抓紧建立评估师队伍，以适应房地产市场发展的需要。推广沈阳、武汉等市房地产交易价格管理经验，保证国家在交易中的收益。房地产开发和住宅建设，都需要有金融机构作后盾，以加速资金的周转。目前应采取三项措施：一是在有条件的城市建立住房储蓄银行；二是推动房地产抵押贷款业务的开展；三是建立三级住房基金制度，即城市政府的住房基金，企业的住房基金，个人的住房基金。

6.积极稳妥地推进住房制度改革。住房制度改革经过前几年的试验，已经取得了可喜的进展和成效，方向是对头的。应当坚定不移，坚持不懈，积极稳妥地推进这项改革。由于各地情况有所不同，改革的模式不必强求一律。总的要求是，在国家方针政策指导下，从实际出发，租售并举，因地制宜，多种模式推进，可以继续提租发券，以租促售，也可以实行以售为主，逐步提租，不搞一刀切。条件允许的地方，步子可以迈大点。条件暂时不那么具备的地方，步子可以迈小点。

四、村镇建设

1.按照治理整顿和农村经济发展的要求，适当控制村镇建设规模。近十年来，村镇建设发展很快，但存在的问题也不少，必须采取有效措施加以引导，使之合理发展。今后村镇建房必须严格履行审批手续，按村镇规划和年度用地计划进行批建，未经批准不得自行兴建。农民住宅建筑面积也要适当控制。要改进农民住宅设计，把农民住宅建设引导到改善使用功能上，提倡紧凑、合理、适用、卫生和安全，以节约土地。要管好用好村镇建设资金，把建设资金引导到基础设施建设上来。

2.继续调整和完善村镇规划，大力提高村镇建设水平。村镇规划必须符合我国国情，与生产力发展水平相适应，防止大而不当，华而不实，做到合理布局，节约用地，有利生产，方便生活。各地要对建制镇规划和集镇规划进行一次检查，该调整的予以调整，不完善的加以完善。要制定有关经济政策，鼓励城市里的规划设计人员下乡，帮助提高村镇规划水平和培训村镇建设管理人员。

3.改革村镇建设方式，逐步实行“统一组织，综合建设”的办法。分散建设的办法，不仅浪费土地，质量也难以保证，要逐步引导到有领导、有组织、有计划、按规划建设的轨道。今后两三年内，一方面要对“七五”期间试点集镇进行验收，总结经验，另一方面要组织好“八五”期间的试点工作，着力抓好一批综合建设的试点，摸索经验，树立样板，以典型引路，逐步推开。

4.认真贯彻执行建设部、财政部、国家物价局《关于整顿村镇规划建设管理收费的通知》，管好用好村镇规划建设管理费。一是要按《通知》的规定，把应该收取的费用全部收上来，不得随意减免；二是管理费必须专款专用，严格按使用范围使用，任何单位和个人都不得挤占和挪用。

5.加强对村镇建设的领导，尽快建立村镇建设管理机构。村镇建设量大面广，与农村经济的发展和农民生活的改善息息相关，省、市（地）、县、镇（乡）各级政府都应建立村镇建设管理机构或村镇建设专职管理人员，加强对村镇建设的领导，抓好法制建设，及时研究和解决村镇建设中的有关问题。建设部拟在一九九〇年召开全国村镇建设工作会议，总结交流村镇建设的经验，研究拟定村镇建设的方针政策和有关法规。

五、国际合作与对外工程承包

1.继续加强与各国政府之间的合作交往。在过去的一年多里，我们先后与西德、荷兰、法国、瑞士、美国、苏联、加拿大以及东欧、中东、东南亚有关国家的对口部门建立了联系，打开了相互合作与交往的局面。今后要继续巩固这种联系，就双边合作和共同打入国际建筑市场等问题进行商讨，力求取得更积极的成果。

2.坚持积极进取、多方位开拓国际建筑市场的方针，大力发展对外工程承包和劳务合作事业。在进一步发展中东和北非市场的同时，积极开拓东南亚市场、港澳市场、北美市场，大力开辟苏联、东欧市场，争取在工程承包、劳务合作和合资生产等方面取得新的成绩。

3.深化对外工程承包管理体制改革，增强竞争能力。要理顺公司、驻外经理部、项目组三者的责、权、利关系，明确各自的职责和任务。以签订合同的形式实行从上到下层层承包。严格按承包合同办事，并以各级负责人的年收入作抵押，项目结算后，达到目标的重奖，达不到目标的重罚。同时要改进工资奖励制度，实行外派职工的收入与效益挂钩，推行计件工资。

4.抓好以设计为龙头，带动设备、材料出口的工作。要广泛收集国外设计规范，通过各大设计院与国外大承包公司搞合作设计为渠道，积极参与设计咨询，培养一批熟练掌握各国设计规范的设计人才，并根据需要有选择地组织编译出版我国工程建设标准规范和产品标准，力求独立承包设计任务，以带动国产设备、材料的出口，为国家多创汇。

5.提倡一业为主、多种经营。国际工程承包和劳务合作应以不断扩大市场为基础，以盈利为目的。在市场行情变化较大的情况下，业务范围不能局限在单一的承包工程上，要因地制宜、灵活多样，既可以搞劳务承包、房地产开发和各种贸易活动，也可以和第三国的公司搞联营，利用外国公司的市场渠道、经营管理经验等优势，扩大业务范围。

六、科技进步与人才开发

1.制定促进企业科技进步的政策和制度。在企业承包、企业升级、企业评奖等活动中，增加有关技术进步和人才开发的指标和要求。制定有效的技术经济政策，鼓励企业积极采用和开发新技术、新工艺，限制并逐步淘汰落后的设备、技术和产品。对企业用于科技开发的经费，实行减、免税政策；对企业从事具有较好经济效益和社会效益的科技开发项目，给予优惠贷款。开辟多种渠道，逐步建立行业科技教育发展基金。

2.加强技术市场管理和新技术的推广应用工作。建立适用科技成果的筛选、评定与发布制度，严格科技成果管理。今后两三年内有重点地推广二百至三百项应用广泛、能降低物耗、提高质量和效率，或能出口换汇、替代进口的科技成果，并从设计、标准、质量管理等方面，促使科技成果较快地发挥经济效益和社会效益。

3.深化科研机构管理体制改革，组织重大科研课题的联合攻关。要完善科研单位行政领导任期目标责任制和承包经营责任制。要进一步调整中央科研单位、地方科研单位以及高等院校科研工作的重点，形成合理、有效的科研与成果推广工作的体系。根据建设事业各行业的不同特点，有重点地支持和发展科研机构与生产企业相结合的、以科技为先导的专业化建设队伍，并探索多种形式，促使科研工作与生产相联系，加速技术成果向生产力的转移。对促进建设事业技术进步有重大意义的科研课题，要组织科研、设计单位联合攻关并将研究成果纳入国家的技术标准。

4.继续深化学校教育改革。按照国家教委颁布的新的专业目录，组织制订归口专业的专业教育培养目标和本科专业生的基本规格要求，拓宽专业面，调整人才培养方向。通过建筑学专业评估试点，逐步建立起能得到国际承认的第一职业性学位的评估制度。各类高、中等专业学校、技工学校，要全面贯彻教育方针，并认真调整层次结构、专业结构，继续深化教学内容、方法的改革，提高质量和教育投入的效益。成人学校要改革管理体制，扩大服务面。部属院校要切实控制和稳定规模，优化结构，改善条件，改革招生和毕业生分配制度，调整专业设置，努力提高教学质量和办学效益。

5.加快建立岗位培训制度和试行先培训后上岗的制度。第一批试点的建筑施工企业和房地产业的16个基层管理岗位，要分别在一九九一年和一九九三年持岗位合格证书上岗。要抓紧开展市政、公用等行业部分关键岗位的岗位培训工作，进一步抓好工人技术等级培训，推动工人技师评聘工作的开展。继续抓好各级领导干部的岗位性培训。要抓紧制订有关持证上岗和技术工人考核办法，逐步实行先培训后上岗的制度。与此同时，要逐步建立岗位培训评估制度，在培训中要重视对职工政治思想、职业道德的考核，以保证岗位合格证书的发放质量。要对专业证书班进行质量检查，办学质量达不到要求的要整顿停办。

6.逐步建立能动的人才开发机制。建立人才预测和规划的决策支持系统，制定合理的人才开发规划和相应的政策、措施，把人才开发工作纳入企业承包经营责任制和领导干部任期目标责任制。通过监理工程师等注册考试考核试点，试行重要人才岗位的资格考试考核制度，建立人才优选制度和人才库。

七、法制建设与审计监督

1.加强立法计划性，提高立法质量。从两方面入手：一是研究制定《建设法律体系规划方案》，争取1990年上半年内定稿下达；二是制定年度立法计划，并认真落实。1990年计划上报三项法律和十一项行政法规草案。主要是《市政管理法》、《住宅法》、《城市房地产法》、《村镇建设条例》、《工程建设招标投标管理条例》、《全国工程建设标准化管理规定》、《工程建设抗御地震灾害条例》等。此外，还计划发布一批部门规章。

2.加快地方的建设立法工作。加快建设领域的立法步伐，必须两条腿走路。一方面部里要抓紧，另一方面要靠地方。而且，后一方面更重要。近年来，各地建设行政主管部门在立法和执法检查方面做了大量的工作，发挥了很好的作用，要继续坚持不懈地抓下去。建设部拟建立省、市、区和计划单列市建委法制处长联系会议制度，一年开一次，交流立法经验和有关资料，沟通信息。

3.加强法制宣传和执法检查。要配合《城市规划法》的出台，通过多种宣传媒介扩大宣传，力争做到家喻户晓。以后，每一项法律、行政法规的发布都要力争做到"报上有文，电台有声"。部门规章的发布，要在部主管的《建设报》、《中国市容报》和《城乡建设》、《建筑》杂志上全文发表，并配有言论。各地地方法规和规章的发布，也应采取多种形式广泛进行宣传。与此同时，要加强执法检查工作，使之制度化、经常化，切实做到"有法必依，执法必严，违法必究"。

4.逐步健全建设系统的法制机构，充实法制工作人员。各地建委、建设厅担负的立法任务很繁重，没有专门的法制机构是难以胜任的。现在不少省、市、区建委已建立了这样的机构，起了很好的作用。尚未建立的应当设法建立起来。确实难以单独设处的，也可和政策研究放在一起，但必须有一定数量的人员专门从事法制工作。总之，要经过两三年的努力，把建设系统的法制工作机构健全起来，形成上下贯通、左右协调配合的法制网络系统。

5.加强审计监督工作，重视和发挥审计机构的作用。要抓紧建立健全内部审计机构，从组织上加强内部审计工作。审计机构要配合有关业务部门整顿建设市场秩序，对倒买倒卖、乱涨价乱收费、偷税漏税等违法违纪行为进行查处。要加强对企事业单位的审计监督，查处成本不实、漏缴税费、滥发奖金实物等违纪问题，搞好施工企业的年度财务决算的审计工作。要开展承包经营责任审计，将承包审计作为承包经营的必经程序，搞好年终兑现审计和离任审计，促使企业端正经营方向，克服经营短期化行为。要开展经济效益审计，围绕"双增双节"运动，通过审计调查，帮助企业特别是亏损企业，找出亏损原因，挖掘内部潜力，渡过难关。

（三）

实现建设领域治理整顿和深化改革任务，最根本的是要加强领导，深入细致地做好思想政治工作，团结建设领域广大干部职工，同心同德，努力奋斗。

——要充实和加强各级建设行政主管部门，强化行政管理。当前有些地区主管建设工作的机构不够健全，管理体制不顺，职责不清，影响治理整顿和深化改革工作的顺利开展。建议各有关地方政府采取措施，充实和加强综合性的建设主管机构，划清其工作范围和工作职责，帮助理顺同相关部门的关系。各级建设行政主管部门要在各级政府的统一领导下，认真履行自己的职责，加强行政管理，切实搞好治理整顿和深化改革工作。

——要大力加强思想政治工作，弘扬行业精神。各级建设主管部门和各企事业单位，必须切实改变"一手硬，一手软"的状况，切实加强社会主义精神文明建设。要深入进行形势教育和国情教育，进行爱国主义、集体主义、社会主义的思想教育，理直气壮地把坚持四项基本原则、反对资产阶级自由化的教育和斗争长期进行下去，使广大干部职工保持坚定正确的政治方向。面对当前暂时困难，要在广大干部职工中牢固树立全国一盘棋、局部服从全局的思想，树立艰苦奋斗、勤俭建国、过几年紧日子的思想，树立奋发图强、勇往直前、迎难而上的思想。同时，要认真加强职业道德和行业风尚的教育，继承和发扬建设战线在长期实践中培育形成的锐意改革、开拓奋进的进取精神，勤奋学习、刻苦钻研的攀登精神，勇于吃苦、为民造福的奉献精神，脚踏实地、埋头苦干的务实精神，相互支持、团结奋斗的协作精神，遵守质量第一、服务第一、信誉第一的职业道德。

——要转变领导作风，加强廉政建设。各级领导干部要面向实际，深入基层，加强调查研究，及时研究新情况，解决新问题，多为人民办实事。要搞好廉政建设，克服各种不正之风和官僚主义作风，凡是要求群众做到的，领导干部首先要做到，以自己的模范行动团结带领广大职工投身于治理整顿和深化改革中去。

我们坚信，在党中央、国务院的正确领导下，只要我们充分调动广大干部职工的积极性，就一定能够克服目前的暂时困难，胜利完成治理整顿、深化改革的任务，把建设领域各方面的工作提高到一个新水平。

2

建筑实录

工业·交通

1-1

1 飞机疲劳强度试验室

北京市

1440m^2

航空工业规划设计研究院

沈荫太、李桂荣、温沪潮等设计

空军直属建筑工程处施工

1987年12月建成

1-2

2

3

2 MD–82 飞机喷漆厂房

上海市

5120m^2

航空工业规划设计研究院

朱笑男、马祖雄、张汉生等设计

湖南省第四工程公司施工

1988 年 5 月建成

3 波音 747 飞机检修厂房

广州市

13900m^2

航空工业规划设计研究院

朱笑男、刘树屯、倪建中等设计

华西企业公司施工

1989 年 7 月建成

4

4 中国包装总公司华东制罐总厂

江苏、镇江市
年产铝制二片易拉罐 2.5 亿只
机电部第七设计研究院
秦昌炽设计
镇江市第四建筑工程公司施工
1987～1988

5

5 上海益民啤酒厂

上海市梅龙镇
年产啤酒 6 万 t
轻工部上海轻工业设计院
陆尚宾、徐锦德、薛元龙设计
上海第七建筑公司施工
1988 年 10 月建成

7 石洞口电厂

上海市　宝山
汽机　　4×300MW
锅炉　　4×1000t／h
华东电力设计院
董蕙、冯文捷、西学昌设计
上海电力建筑工程公司施工
1985～1989

6

6 本溪钢铁公司大型干式煤气柜工程

辽宁、本溪市
气柜公称容积 165000m^3
冶金部北京钢铁设计研究总院
宋中原、周新媛、薄占秀等设计
上海中华造船厂施工
1988 年 12 月建成

7

8 沈阳机器人示范中心实验楼

辽宁省沈阳市

$1072m^2$

中国建筑东北设计院

任焕辛、黄良平、李波

设计

辽宁省第二建筑公司施

工

1988 年 12 月建成

8

9-1

9 BZ34-2／4 油田开发工程

渤海中部水域
年产原油 40 万 t
渤海工程设计公司
高国权、曲人宣、郭同玲等设计
沪东船厂施工
1989 年 4 月建成

10 BZ28-1 油田开发工程

渤海中部水域
年产原油 40 万 t
渤海工程设计公司
曾恒一、翟贵山、耿福东等设计
沪东船厂施工
1989 年 5 月建成

9-2

10−1

10−2

11-1

11-2

11 鞍钢烧结总厂球团车间技术改造工程

辽宁、鞍山市

氧化镁酸性球团矿 200 万 t/年

鞍山黑色冶金矿山设计研究院

田作光、俞大伟、雷任时等设计

冶金部第三冶金建设公司施工

1989 年 7 月建成

11-1 全景

11-2 焙烧炉

12-1

12-2

12 鞍钢烧结总厂易地改造三烧车间工程

辽宁、鞍山市

500 万 t / 年

鞍山黑色冶金矿山设计研究院

郭天祥、田作光、雷任时等设计

鞍钢建设公司施工

1990 年 6 月建成

12-1 全景

12-2 280m² 鼓风式环冷机

12-3 265m² 烧结机

12-3

13-1

13 攀枝花钢铁公司4号高炉

四川.攀枝花市

年产生铁83万t

冶金部重庆钢铁设计研究院

许玉章、郭庆弟、张锦春等设计

冶金部第十九冶金建设公司施工

1989年9月建成

13-2

14 三山岛金矿

山东、莱州市

采选 1500t／日 （矿石），年49.5万t矿石

北京有色冶金设计研究总院

江霄思、谢纪元、燕洪波等设计

武警金十七支队施工

1989年8月建成

14

15 乌拉嘎金矿团结沟二期改扩建工程

黑龙江、伊春市

采选 700t/日、年产成品金 734.5kg

国家黄金局长春黄金设计院

朴东光、李晓峰、曹益富设计

铁道部第十九工程局施工

1991 年 7 月建成

15

16-1

16-2

16 哈尔滨锅炉厂
重型冷作车间

黑龙江、哈尔滨市

300MW／年

机电部第二设计研究院

陈绍元、陈汉明、王慕英等设计

机电部郑州机械化施工公司施工

1990年6月建成

17–1

17–2

17 石家庄焦化厂

河北、石家庄

年产焦炭 100 万 t

鞍山焦化耐火材料设计研究院

钟英飞、曹光铸、陆锋等设计

冶金部第二十二冶金建设总公司施工

1990 年 9 月建成

17–1 6m 大容积焦炉侧景

17–2 焦炉出焦情景

18

18 大秦铁路一期工程

大同至大石庄，途经山西、河北、北京、天津

全长410km

铁道部第三勘测设计院

吴松樁、江绍祖、缪耀珊等设计

铁道部第一、三、十六、十七、十八隧道、电化工程局施工

1990年10月建成

19 京广铁路衡阳至广州复线工程

湖南、广东省境内

全长526km

铁道部第四勘测设计院

陈经武、郭柏洪、王光洲等设计

铁道部第五、二隧道、大桥、电化工程局施工

1989年12月建成

19

20 沈阳北站

辽宁省沈阳市

58000m^2

中国建筑东北设计院

徐方、郭旭辉、刘晓林设计

沈阳市第三建筑公司施工

1990 年 12 建成

20

21-1

21 潍坊纯碱厂

山东，潍坊市

纯碱 60 万 t／年

化工部第一设计院

吴耀梓、许钟亮、王楚等设计

中国化学工程总公司第二建设公司施工

1990 年 2 月建成

21-2

22-1　22-2

22-3

22 中原化肥厂

河南、濮阳市

合成氨 30 万 t／年，尿素 52 万 t／年

化工部环球化工设计院

伍宏业、袁世隆、池树增等设计

中国化学工程总公司第十一、十二建设公司施工

1990 年 5 月建成

23

23 全箭振动试验塔

北京市

7310.98m^2

航空航天部第七设计研究院

王书培、董祖新、龙淑芳等设计

中国冶金建设公司施工

1990 年 10 月建成

24–1

24–2

24 无锡微电子工程双极电路扩建工程

江苏省无锡市
年产集成电路 2352 万块
机械电子工业部电子第十一设计研究院
陈建中、姜士兰、刘竹新、蒋云琴等设计
无锡市建筑工程公司施工
1990 年 11 月建成

25 青海钾肥厂

青海、格尔木
年产氯化钾 20 万 t
化工部化工矿山设计研究院
杜庆堂、张自勤、戴芳发等设计
青海省建筑公司施工
1990 年 12 月建成
25-1 自备电厂外景
25-2 浮选车间
25-3 脱卤车间

25-1

25-2

25-3

26-1

26 东北制药总厂1000t／年维生素C工程

辽宁省、沈阳市

年产1000t维生素C

上海医药设计院

俞雍增、张启锡、赵继权等设计

沈阳市第三建筑公司施工

1988年5月建成

26-1 维生素C生产车间

26-2 种子罐

26-2

28−1

28−2

28 阿尔善油田 100× 10^4t／a 地面建设工程

内蒙、锡林浩特市

年产原油 100 万吨

中国石油天然气总公司华北设计院

李玉贞、廖思训、王钜仁等设计

华北石油管理局油建公司施工

1989 年 9 月建成

28−1 阿尔善联合站

28−2 计配站

27

27 沈阳高凝油田地面建设工程

辽宁、沈阳市

年产高凝原油 300 万 t

中国石油天然气总公司辽河设计院

马立山、关德兴、王新庆等设计

辽河石油勘探局油田建设一公司施工

1988 年 10 月建成

29 贵州省广播电视卫星地球站

贵州省贵阳市
1634m²
贵州省建筑设计院
李素荣、王炳俊、王文凡设计
贵州省建筑一公司施工
1990 年 1 月建成

30 福建省广播电视中心

福州市五一广场
23100m²
福建省建筑设计院
周以文、李金锁
广播电影电视部设计院
杨从理、许鸿业
福建省第六建筑工程公司
福建省工业设备安装公司
1990 年 12 月主楼土建基本建成

29

30

31 哈尔滨市综合乳品加工厂

$7000m^2$

哈尔滨市政工商建筑工程公司施工

1990 年建成

31

32-1

32 合肥变压器厂改扩建工程

安徽省、合肥市

年产变压器 500 万 kVA

机电部第七设计研究院

周友尃

安徽省第一建筑公司

1990 年 8 月建成

32-1 合肥变压器厂鸟瞰图

32-2 工厂首批生产的大型变压器正在进行装配

32-2

33

34

33 贵州黔南博物馆

贵州省都匀市
4453m^2
贵州省建筑设计院
郭福庆、胡旭波、付昆山设计
贵州省黔南州建筑公司施工
1986 年 12 月建成

34 上海交道大学二部第 1、2 号教学楼

上海市
14041m^2
上海市民用建筑设计院
戴正雄、陈筱鹤、李双庆设计
前中建五局四公司施工
1987 年 3 月建成

35 阿拉伯埃及共和国开罗国际会议中心

埃及开罗市
58415m^2
上海民用建筑设计院
魏敦山、滕典、严庆征设计
中建总公司上海分公司施工
1986 年 3 月建成
35-1 模型
35-2 800 席会议厅

35−1

35−2

36 四川省体育馆

四川成都市

24900m^2，10000 座

黄国英、黎佗芬、朱思荣设计

四川省建三公司施工

1985 年 5 月建成

37 法门寺

陕西扶风县

4118m^2

中建西北设计院

张锦秋、王天星、郝克谱设计

宝鸡市第一建筑工程公司施工

1988 年 11 月建成

36

37

38

38 新虹桥大厦

上海市
27119m^2
上海市民用建筑设计院
杨雄楚设计
上海市第八建筑工程公司施工
1988年12月建成

39 浙江肖山体育馆

浙江肖山市
5800m^2，3000座
浙江省建筑设计院
景政治、方孔熊、吴申设计
1989年1月建成

39

40

40 首都宾馆

北京市

56940m^2

北京市建筑设计研究院

张德沛、吴观张、何玉如设计

北京市第一建筑工程公司施工

1989 年 2 月建成

41

41 绍兴鲁迅电影院

浙江绍兴市

2600m^2，1012 座

杭州市建筑设计院

梅钧安、高裕江、毛卫雷设计

绍兴市第一建筑工程公司施工

1989 年 1 月建成

42

42 济南燕子山实验住宅小区

山东济南市

21.9 万 m^2

山东省建筑设计院

张振邦、任为欣、丁齐菁设计

1989 年 4 月建成

43-1

43-2

43 天津川府新村

天津市

15.78 万 m^2

天津市规划设计管理局主持设计

天津市建筑工程局承包施工

1989 年 6 月建成

43-1 川府新村全景

43-2 园川里中心绿地

44 华东电力大楼

上海市

23000m^2

华东建筑设计院

秦壅、罗新杨、吕毓丕设计

上海市第四建筑工程公司施工

1989年4月建成

45 云南大学图书馆

云南昆明市

15745m^2，150万册

云南省设计院、清华大学

曹瑞燕、韦纯德、孙国伟设计

云南省建五公司施工

1989年5月建成

44

45

46

46 长乐渡假村海蚌塔

福建长乐县
150m^2
东南大学建筑研究所
齐康、张宏设计
长乐县建筑施工队施工
1989年6月建成

47 上海市教育会堂

上海市
同济大学建筑设计院
顾如珍设计
甘肃八建施工
1989年9月建成

47

48

49

48 中国工艺美术馆

北京市

4300m²

广东省建筑设计院

郭怡昌、廖志贤、黄志伟设计

北京市第六建筑工程公司施工

1989 年 10 月建成

49 中国水稻研究所

浙江杭州市

34228m²

浙江省建筑设计院

沈济黄、沈济弘、林翰设计

浙江省第一建筑工程公司施工

1989 年 10 月建成

50 苏州五交化大楼

江苏苏州市
13600m^2
浙江省建筑设计院
张细榜、程耀、刘恒谦设计
苏州市建筑二公司施工
1989年10月建成

51 同济新村幼儿园

上海市
同济大学建筑设计院
黄向明设计
崇明施工队施工
1989年10月建成

50

51

52

52 安阳北大街商业街

河南安阳市

$27600m^2$

天津大学建筑系.

胡德君、杨永祥设计

安阳市第一建筑工程公司施工

1989 年 11 月建成

53

53 浙江师范大学邵逸夫图书馆

浙江金华市

$10000m^2$，140 万册

浙江省建筑设计院

王亦民、张泽祥、朱德明设计

浙江省第一建筑工程公司施工

1989 年 11 月建成

54

54 西南经济区协作大厦

四川省重庆市

$47726m^2$

贵州省建筑设计院

章曼霓、冯国祥、刘国栋设计

重庆市第一建筑公司施工

1989 年底建成

55

55 金陵渡假村主楼

海南三亚市

$10036m^2$，302床

东南大学建筑设计研究院，建筑系

钟训正、孙钟阳、王文卿设计

南京市建二公司施工

1989年12月建成

56 北京体育学院体育馆

北京市

$10633m^2$ 2800座

清华大学 林爱梅、李孝美、王余生设计

河南省第一建筑工程公司施工

1990年1月建成

56

57

57-1-1

57-1-2

57 国家奥林匹克体育中心

北京市

66 公顷

北京市建筑设计研究院设计

北京市第三城市建设工程公司、北京市第三建筑工程公司施工

57-1 田径场

30653m^2 (2 万座)

北京市建筑设计研究院设计

北京市城建三公司施工

1990 年 4 月建成

57-2 英东游泳馆

37500m^2 (6000 座)

北京市建筑设计研究院设计

北京市第一建筑工程公司施工

1989 年 12 月建成

57-2-1

57-2-2

57–3–1

57–3–2

57–3 体育馆

25300m^2（6000 座）

北京市建筑设计研究院设计

北京市第三建筑工程公司施工

1989 年 12 月建成

58

59–1

59–2

58 第十一届亚运会运动员村

北京市

54 万 m^2，31.5 公顷

北京市建筑设计研究院

宋融、刘益蓉等设计

北京市住宅建设总公司，第六、第二建筑工程公司等施工

1990 年 5 月建成

59 北京康乐宫

北京市

21400m^2

北京市建筑设计研究院、荷兰海根斯公司合作设计

北京市住宅建筑工程总公司施工

1990 年 5 月建成

60

61

60 南京梅园纪念馆

江苏南京市
2200m^2
东南大学建筑研究所
齐康、许以立、曹斌设计
南京市房地产综合开发公司施工
1990 年 1 月建成

61 西双版纳机场航站楼

云南景洪市
3560m^2
云南省设计院
赵永升、仲平、杨锦设计
云南省建六公司施工
1990 年 1 月建成

62 绍兴饭店（扩建）

浙江绍兴市
9200m^2,
浙江省建筑设计院
陈静观、龚学超、蒋家芝设计
新昌园林建筑公司施工
1990 年 4 月建成

63 中国人民银行金融中心

北京市
39860m^2
建设部建筑设计院
周儒、陈孝堃、朱锦珠等设计
北京市第六建筑工程公司施工
1990 年 5 月建成

64 甘肃画院

甘肃兰州市
3014m^2
东南大学建筑设计研究院，建筑系仲训正、孙仲阳、王文卿设计
1990 年 5 月建成

62

63

64

65

66

65 泰山华侨大厦

山东泰安市

16000m^2

建设部建筑设计院

沈三陵、张益铓、陈才堡等设计

泰安市第一建筑公司施工

1990年5月建成

66 菊儿胡同类四合院（一期）

北京市

2760m^2，46户

清华大学吴良镛、卢连生、刘文杰设计

北京市东城区景山建筑施工公司施工

1990年7月建成

67

67 北京小后仓胡同危房改建

北京市
1.7 万 m^2 (350 户)
北京市建筑设计研究院
黄汇、关长存设计
北京市西城区房地产管理局修建二队施工
1990 年 9 月建成

68 颐和园苏州街（重建）

北京市
3500m^2
清华大学徐伯安设计
北京市园林古建公司施工
1990 年 8 月建成

68

69

69 华山医院病房大楼

上海市

16454m^2，600 床

上海市民用建筑设计院

邢同和设计

上海市第四建筑工程公司施工

1990 年 10 月建成

70 重庆江北机场航站楼

四川重庆市

14000m^2

中国民航机场设计院

布正卫、刘锦铸、杨海宇设计

重庆市第八建筑公司施工

1990 年 10 月建成

70

71 上海商城

上海市

18.5 万 m^2

美国 J·波特曼设计事务所，中国华东建筑设计院

凌本立、恽宝雨设计

上海市第一建筑工程公司施工

1990 年建成

72 缅甸国家剧场

缅甸仰光市

10335m^2，1500 座

广西建委综合设计院

陈璜、蒋炎、蒋伯宁设计

中建总公司浙江分公司施工

1990 年 12 月建成

71

73 天津大学建筑系馆

天津市

6800m^2

天津大学建筑设计院

彭一刚、邹德农、朱长青设计

天津市第六建筑公司施工

1990 年 12 月建成

72

73

74

74 沈阳市和平商场

辽宁省沈阳市

9541m^2

中国建筑东北设计院

尹旭东、赵春生设计

沈阳市第四建筑公司施工

1990年12月建成

76

76 闾山山门

辽宁北镇市

清华大学建筑学院

吴焕加设计

1990年建成

(闾山辽代历史文化风景区大门)

78 台北车站

台湾省台北市

沈祖海建筑师事务所设计

1989年建成

78

75

77

75 中国医科大学第一医院病房楼

辽宁省沈阳市
720 病床，25000m²
中国建筑东北设计院
候瑞华、乌云夫、谭永夫设计
沈空天北建筑公司施工
1990 年 12 月建成

77 浙江省工商银行大楼

浙江省杭州市
13848m²
杭州市建筑设计院
庄逸苏、赵伊正、苏晓河设计
浙建四公司施工
1991 年 1 月建成

79

79 台北市立忠孝医院

台湾省台北市

600 病床

许常吉建筑师事务所设计

海陆营造公司施工

1988 年 12 月建成

中国建筑年鉴

3

行业综述

建筑业发展概况

张青林　李礼平

〔**概要**〕　1989年和1990年是治理整顿的头两年，也是“七五”计划的最后两年。在这两年中，建筑业贯彻治理整顿、深化改革的方针，克服了基建规模压缩、工程任务减少、资金紧张等种种困难，较好地完成了各项建设任务，取得了在治理整顿中求稳定、在深化改革中求发展的阶段性成果。这个阶段性成果的标志是：全行业实现了基本稳定的局面；队伍盲目发展的势头得到控制并有所回落；建筑市场秩序有所好转；工程质量稳中有升，骨干企业的主导作用进一步得到发挥；提高整体素质的战略转变正在成为全行业建设与发展的主导方面。但由于近几年企业外部环境变化较大，再加上一些企业内部管理不善，致使建筑业经济效益逐年下降，尤其是1989年和1990年下降较多，行业进一步治理整顿、深化改革和提高整体素质及经济效益的任务还十分繁重。

〔**全面完成“七五”建设任务**〕　“七五”计划时期（1986～1990年）建筑业累计完成总产值13305亿元，比“六五”时期增加7674亿元，增长1.36倍；完成净产值3536亿元，比“六五”时期增加2163亿元，增长1.6倍，在国民收入中所占的比重由“六五”时期的5.4%上升到6.3%，在五大物质生产部门中位居第三，仅次于工业和农业。五年共建成投产基本建设大中型项目532个，限额以上更新改造项目354个，小型基建项目和技改项目各20多万个，建成城乡住宅49.7亿平方米。五年全社会新增固定资产16400亿元，新增加的主要生产能力有：煤炭开采12374万吨，发电装机容量4628万千瓦，石油开采7752万吨，炼铁665万吨，炼钢512万吨，铁矿开采2342万吨，化肥124万吨，塑料87万吨，水泥1862万吨，机制纸28万吨，机制糖58万砘，新建铁路交付运营里程2307公里，新建公路18092公里，沿海港口吞吐能力13740万吨。

建筑业在完成国内建设任务的同时，还积极发展了对外承包工程和劳务合作，参与国际建筑市场竞争。五年累计完成营业额72亿美元，相当于“六五”时期的3倍，对外经营区域已遍及世界6大洲的133个国家和地区。

〔**重点工程建设**〕　“七五”时期，国家安排重点建设项目306个，主要是能源、交通、邮电、原材料工业和一些重大科研文化设施工程，总投资额2955亿元。已建成投产项目121个，主要有：山西大同、古交、河北开滦和山东兖州矿区的4对年产原煤400万吨的矿井，总装机容量271.5万千瓦的湖北葛洲坝水电站，建成投产4台32万千瓦机组的青海龙羊峡水电站，装机总容量120万千瓦的山西大同第二电厂一期工程和上海石洞口一电厂，6条50万伏超高压输变电线路工程，年产纯碱60万吨的唐山碱厂，扬子、齐鲁、大庆、上海四大乙烯工程，上海宝山钢铁总厂一期工程，年吞吐量3000万吨的秦皇岛煤码头三期工程，中英合资上海耀华玻璃公司的浮法玻璃生产线，大同至秦皇岛双线电气化铁路一期工程。此外，北京亚运会工程、北京图书馆新馆、中央电视台彩电中心、北京正负电子对撞机工程、中国科技情报中心、气象卫星资料接受处理系统等一批科学文化设施项目也相继建成交付使用。

〔**建筑队伍在困难中保持稳定局面**〕　自1988年下半年国家采取压缩投资规模、调整经济结构、抑制通货膨胀等紧缩方针以后，全国建筑企业普遍面临任务不足、停工待工的局面。

为了保持建筑队伍的稳定，根据国务院有关文件精神，建设部于1989年底成立了“解决停工待工人员有关问题领导小组”，由干志坚副部长任组长，办公室设在施工管理司。1990年1月建设部发出了《关于妥善解决部分全民所有制施工企业停工待工问题的通知》，明确了从维护全社会稳定出发，保持全国建筑队伍特别是大中型骨干队伍稳定的指导思想，提出了下达“温饱”工程等八项具有政策导向性的意见和要求。各地区、各部门根据这个通知的精神，都结合实际情况制定了一些政策和措施。主要是：(1) 通过清理整顿各类公司、开展企业资质审查、合理清退进城的农村建筑队等，严格控制和压缩建筑队伍规模；(2) 在坚持和完善招标投标竞争机制的同时，采取适度倾斜的措施，使资质等级高的大中型骨干企业能够凭借技术和管理优势承揽到工程；(3) 调整有关经济政策，减轻企业的负担，如湖北等地降低了国营建筑企业的所得税率；(4) 支持企业发展多种经营，转移和安置一部分富余人员；(5) 对特困企业实行扶持政策，如通过筹集资金、发放贷款、下达“温饱”工程、让优势企业分带等办法，以维持特困企业职工的基本生活需要。这些政策措施对缓解建筑业企业停工待工困难，从总体上保持建筑队伍特别是大中型骨干队伍的稳定和发展，起到了积极作用，为保持全行业的稳定做出了贡献。

〔企业资质管理〕 对建筑业企业实行资质管理，是适应国家对建筑业施工企业从微观管理向宏观管理转变、从直接管理向间接管理转变的需要而提出的。近年来，在总结历史经验的基础上，提出了对建筑业企业实行资质管理的办法。资质管理包括三个部分：(1) 制定资质等级标准；(2) 认证企业资质等级；(3) 按资质等级划定企业营业范围。这三个部分相互衔接，形成一个完整的资质管理体系。资质等级标准由建设部统一制定，主要包括：企业的资历，经理和技术、管理人员的资格、数量、比例，拥有固定资产和专业设备的数量以及生产能力等，体现了国家对建筑企业在能力和素质方面的要求。资质认证是由各级建设行政主管部门依据资质标准，给每个企业核定资质等级。目前资质认证实行分级管理，一级企业由建设部审批，二级以下企业按企业隶属关系分别由省级建设行政主管部门和中央各专业部基建主管部门审批。营业范围管理与企业的资质等级相联系，只有具备了较高的资质等级，才能有较大的工程承包范围。实行资质管理，不直接干预企业的经营活动，而是通过制定资质等级标准，通过企业等级与营业范围的相互制约，促进企业不断提高自身的素质和能力。这是国家对建筑业由粗放管理向集约管理转变、由直接管理向间接管理转变的一个重要的调控手段，也是建筑业治理整顿的一项重要措施。

从1989年开始，全国建筑业企业资质管理工作全面铺开，到1990年已基本结束。共制订了房屋建筑、冶金、化工、煤炭、电力、水利、铁道、交通等20个大类、41个专业的资质等级标准，对全国66458个建筑业企业进行了资质审查认证，核定了资质等级和相应的营业范围，其中一级企业1289个，二级企业2314个，三级企业10387个，四级企业18283个，非等级企业34185个。

两年来这项工作起到了四个方面的作用。(1) 控制队伍规模。实行资质审查后，按同口径计算，建筑业企业个数由90532个减少到66458个，减少26%；职工人数由2435万人减少到2072万人，下降了14.9%。建筑业队伍盲目发展的势头得以控制，队伍总规模过大的状况得到初步改变，在一定程度上缓解了施工力量与施工任务失衡的矛盾。(2) 调整企业组织结构。经资质认证，大、中、小企业的规模结构和比例更趋合理，一至四级企业占企业总数的比重分别为1.9%、3.5%、15.6%和27.5%，非等级企业占51.5%，呈金字塔形结构。同时，也促进了施工队伍专业结构的变化，除了已经按全国统一的20个大类、41个专业等级标准就位外，上海、江苏、山东、山西、宁夏等地还根据本地区的实际情况，分别补充制订了防水、防腐、保温、工程爆破、地基基础等地区的专业标准，促进了建筑业企业专业化的发展。(3) 提高企业素质。资质审查后，三总师普遍设立，企业的工程技术人员和管理人员普遍有所增加，企业更加重视工程业绩的积累和突出自己的专业特色。(4) 强化行业管理。通过资质管理，把建筑业企业行业管理的职能集中到建设行政主管部门，促进了建筑业企业由部门管理向行业管理的转变。在建筑市场管理上，多年来存在的无证施工、越级承包、盲目流动等混乱现象，随着资质管理的实施也大为好转，企业按级承包工程、按专业范围施工、按级确定施工区域的正常市场秩序正在形成。

〔施工企业对外承包工程资质管理工作开始起步〕 近几年来，在对外工程承包和劳务合作过程中，出现了对外承包权力与能力相脱节的现象，一些有对外承包权的公司，使用了一些素质差的企业，以致产生工程质量低劣，承包亏损，少数企业和人员违反外事纪律等现象，影响了我国对外工程承包和劳务合作的信誉。为了改变这种状况，建设部于1989年9月发出了《关于加强施工企业对外承包工程资质管理的通知》，把资质管理的内容扩展到建筑业企业对外工程方面。到1990年底已经对23个省、自治区、直辖市和10个中央专业部的350个企业进行了对外承包工程和劳务合作的资质审查。这项工作的开展，有利于保证资质高、信誉好的企业优先进入国际建筑市场，形成以国内保国外、以国外促国内的良性循环。

〔调整企业组织结构〕 企业组织结构调整的最终目标是，形成以工程总承包企业为龙头，以施工承包企业为主体，以专业分包和劳务企业为依托，全民与集体、总包与分包分工协作、互为补充，具有中国特色的建筑业企业组织结构。这项改革在1987年全国施工工作会议上提出。随后国家五部委联合发文确定了有代表性的18个国营大型企业推广鲁布格工程管理经验、进行工程总承包企业的试点。试点的主要内容是：实行项目法施工，组织精兵强将上工程第一线；实行管理层与作业层适当分开管理，调整企业内部组织结构；建立企业内部生产要素模拟市场；发展企业的工程总承包能力；建设稳定的多功能后方基地等。1989年第四季度建设部会同国家体改委、劳动部、建设银行、工商管理局和试点企业主管部门，组成五个联合检查组，对18个试点企业进行了联合检查，总结了这些企业在试点工作中取得的成绩、积累的经验和存在的问题。1990年10月建设部等五部委发出了《关于进一步做好推广鲁布革工程管理经验，创建工程总承包企业，进行综合改革试点工作的通知》，明确了下一步试点工作的指导思想和工作重点，并审批了32家第二批试点企业，使试点企业总数达到50家。试点的实践证明，这项改革的方向正确，发展健康，对国营大中型骨干建筑业企业的综合改革起到了示范作用，在行业内部产生了较大的影响。

〔改革建筑企业生产方式，推行项目法施工〕 长期以来，我国建筑业企业在工程建设的施工方式上，不是采取生产要素流动的方式，而是采取了企业整体大搬家的做法，使工地变成一个小社会，临建工程很多，国家投资浪费很大，企业负担也很重。为了改变这种状况，在1987年全国施工工作会议上提出了推行项目法施工的要求。即：(1)企业要以工程项目为基点来组织生产，而不是以行政单位为基点；(2)企业要建立以项目经理部或承包班子为主要组织形式的施工生产经营系统，实行项目经理负责制；(3)企业的组织结构要按照项目法施工的要求进行调整，使企业的各种生产要素在工程现场得到最佳的组合；(4)企业要建立以工程项目核算为主的经营核算体系。(5)企业要建立多功能的稳定的后方基地，发展多种经营，转移安置富余人员，以便精兵强将上前线。近两年，各地区各部门特别是各试点企业在工程建设施工和企业内部体制改革中，对项目法施工作了探索。1990年8月建设部施工管理司召开了全国首次“项目法施工研讨会“，交流了60多篇论文和项目法施工实例，深入研讨了项目法施工的概念、内涵、特征、作用和意义，以及现阶段推行项目法施工的目标和基本要求，使这项改革在理论与实践的结合上向前发展了一步。现在，项目法施工是深化施工体制改革的突破口的观点，已经被广大企业所接受。

〔调整劳动力结构，实行建筑劳务基地化〕 这几年建筑业实行了固定工、合同工、临时工相结合的用工制度之后，国营企业负担过重的状况有所缓解，只能进人不能出人的刚性劳动力结构有所改变，企业有了自我调节劳动力余缺的能力。在基建规模压缩、停工待工的严重情况下，全行业能够保持基本稳定，与这种用工制度的改革有很大关系。但是，一些新的矛盾也显露出来，主要是农村劳务队伍组织松散、人员流动多、技术素质差、管理无章法，使建筑劳务队伍的素质处在较低的层次上，影响了全行业整体素质的提高。新的建设部成立以后，针对这一问题，提出了一般建筑劳务走社会基地化的路子，即建立多层次的建筑劳务基地按照定点定向、专业配套、双向选择、长期合作的方针，建立“基地”和大中型建筑业企业之间的劳务协作关系。1989年10月，建设部会同农业部和国务院贫困地区经济开发领导小组发出了《关于建立第一批国家建筑劳务基地问题的通知》，将河北、江苏等13个省（自治区）的30个县确定为国家建筑劳务基地。目前，这30个劳务基地在培训、输出、管理等项工作方面开始走上轨道，显示出优势。同时，一些省、自治区也已着手建立了本地区的建筑劳务基地。

〔改善企业经营机制，实行承包经营责任制〕 建筑业企业实行承包经营责任制是1987年下半年开始陆续起步的，以后推行面逐步扩大，据国家统计局统计，1989年全国实行承包经营的国营建筑企业达2926个，占国营企业总数的74.5%；1990年实行承包的企业为3302个，占总数的77.2%。承包方式都是按照“包死基数，确保上交，超收多留，欠收自补”的原则，结合各个企业的实际情况，实行不同的承包办法，主要有四种形式：(1)上交利润基数包干；(2)上交利润基数加递增率包干；(3)“两包一挂”，既包上交利润、包固定资产增值、工资总额与经济效益挂钩；(4)减方包干。承包期限多数在三年以上。到1990年底，大部分企业第一轮承包到期。实行承包经营后，扩大了企业的经营管理自主权，调动了经营者和劳动者的积极性，对促进企业改善经营机制起到了很好的作用。但是由于后两年企业的外部环境发生了较大变化，致使一些企业没有完成承包的指标。同时，在一些企业中出现了顾当前多，考虑发展后劲少的短期行为，以及在企业内部发生了不适当的层层承包、个人承包和以包代管等现象。对如何搞好新的一轮承包经营责任制，建设部施工管理司研究提出了一个初步意见：在新一轮承包中，坚持从实际出发，除少数任务比较稳定、效益好的企业外，一般不再实行上缴利润递增包干；不再实行单一的利润承包，而是建立包括工程质量、安全施工、合同履约、资产增值、技术进步等多指标的综合承包制；承包期可以一定三年，也可以一年一定；提倡企业领导班子集体承包，不再提倡个人承包。许多地区和部门都在认真总结第一轮承包经验的基础上，提出了完善、改进新一轮承包的措施。

〔完善百元产值工资含量包干办法〕 实践证明，由于工资含量包干办法改变了过去按职工人头核定工资总额的平均主义办法，搞活了工资分配制度，调动了企业和职工的积极性，促进了建筑业生产的发展，特别是自1986年国务院批转了原国家计委等五个部门制定的《国营建筑施工企业百元产

值工资含量包干试行办法》以来，强化了国家对“百含”工作的宏观指导和对“百含”系数的宏观控制。但重产值、轻效益，硬挂钩、软考核等问题又逐步显露出来。为此，有关部门采取了完善、改进的措施。建设部、劳动部和建设银行先后发出了《关于1989年百元产值工资含量包干有关事项的通知》和《关于做好一九九0年国营建筑施工企业百元产值工资含量包干工作的通知》，其主要内容有：强化工资含量与工程质量、利润等经济效益指标的挂钩考核工作，增大质量、利润等指标在决定分配上的比重；实行工资含理系数和工资发放计划双控制，引导企业控制工资发放，增加工资含量节余，用于以丰补歉；规范计提含量工资的产值计算口径和外包工工资计算办法；对企业中从事多种经营人员的工资，经批准可单独核定，不纳入“百含”，以鼓励企业发展多种经营，拓宽经营领域。

〔**推进建筑业施工技术进步**〕，这两年国家建设主管部门注重抓“三个转变”，即：在思想认识上，把工程建筑施工水平和全行业总体素质的提高转到依靠技术进步的轨道上来；在技术政策上，把调动广大企业和职工推广应用新技术的积极性转到建立企业自觉推进技术进步的动力机制上来；在工作方法上，把推进技术进步工作转到建立起国家、行业、企业几个层次相互配套的有效管理制度上来。

为建立起推动建筑业企业技术进步的动力机制，建设部施工管理司制订了《施工企业技术进步考核暂行办法》，要求把技术进步的指标纳入企业的经营承包合同，并与企业资质管理和企业升级工作挂钩。

〔**推行施工工法制度**〕 施工工法制度的实质是把施工技术的事前开发与事后积累结合起来，把单项技术与配套技术结合起来，把工艺技术与科学管理结合起来。这项工作1989年首先在北京市建筑总公司和铁道部第一工程局等18个企业中进行了试点，形成了包括工程特点、技术标准、操作规程、机具配套、劳动组织和费用估算等内容的64个各具特色的工法实例，取得了经验。1990年开始在全行业推行。

〔**全国施工新技术成果展览和表彰先进**〕 为推动科研成果尽快转化为生产力，调动广大工程技术人员的积极性，1990年11月建设部在北京举办了全国施工新技术成果展览会，展示了地基基础和地下工程施工、混凝土施工、设备安装等一批先进技术成果。同时召开了施工技术进步表彰会，表彰了55个“全国施工技术进步先进企业”，80个“全国施工技术进步先进个人”，88个“全国施工技术进步优秀项目”。余秋里、张百发等领导同志到会祝贺并参观了展览。

〔**青工技术大赛**〕 为推动全行业的技术练兵活动，提高青工队伍的技术素质，1990年建设部会同共青团中央、全国总工会组织了首届全国青工技术大赛建筑系统竞赛。这次大赛从年初开始部署，历时十个月，各省进行层层预赛选拔，共有400万青年工人参赛，最后由各地选拔的百余名参赛选手汇集在北京进行决赛，比出了瓦工前10名和抹灰工前10名，由建设部、团中央和全国总工会分别命名为技术能手和新长征突击手。李瑞环、倪志福等中央领导同志亲临现场看望青工选手，并分别为大赛题词。

〔**企业升级与评优活动**〕 1989和1990年又有112个建筑业企业进入国家二级企业行列，到1990年底全国累计共有134家建筑业企业晋升为国家二级企业，占全国国营建筑业企业总数的3.4%。在评优创优方面，自1980年以来的十年间，全国共有12家建筑业企业获国家质量管理奖，创国家级优秀质量管理（QC）小组417个，参加QC小组的职工约占职工总数的30%。此外，这两年还开展了“设备管理优秀单位”评选活动，1990年共评出国家级设备管理优秀单位5家，部级87家。

〔**工程质量稳中有升**〕 这两年各级建设主管部门采取了一系列治理工程质量的措施。1989年全国28个省、自治区、直辖市和12个工业交通部门进行了工程质量检查。1990年8月在哈尔滨市召开了全国工程质量监督工作会议，研究部署了“八五”质量工作，与此同时重点抓了住宅工程质量。首先是在全国推广济南市燕子山住宅小区创优良工程群体的经验，其次是对房屋开发公司统建的商品住宅工程质量进行监督抽查。两年共抽查了80个房屋开发企业的160栋住宅工程。

经过这两年的治理整顿，工程质量水平总体上稳中有升。大中型工业交通建设项目的工程质量较好，有的已接近或达到了国际先进水平。公共建筑和高层建筑的质量比较稳定，优质工程不断涌现，住宅工程质量有较大改进，房屋倒塌事故明显减少。

但是工程质量仍然存在着较大的问题，有些房屋建筑功能有严重缺陷，屋面渗漏等质量通病还没有得到根本消除。在工程质量较高的大中型工业交通建设项目中，其配套工程、辅助工程低劣的现象仍然存在。

〔**拖欠工程款的清理工作**〕 近年来，建筑业企业被建设单位拖欠的工程款大量增加，到1989年底全国国营和城镇集体建筑业企业被拖欠的工程款总额达100亿元，占基本建设单位拖欠设备材

机械电子工业建筑

逯　环　张逸梅

一、机械工业建筑

〔**建设概况**〕　机械工业“七五”期间固定资产投资重点是为能源、交通、原材料工业提供重大成套设备以及加强基础机械、基础元器件，加强科研检测能力等，努力扩大出口，挡住进口。1989和1990年，国家共安排固定资产投资44.73亿元，其中技术改造投资31.57亿元，基本建设投资13.16亿元（其中经营性项目10.23亿元，非经营性项目2.93亿元）。两年来完成大中型项目27项(其中新建6项、技改21项)。

〔**火力发电设备建设项目**〕　黑龙江、上海、四川三大发电设备制造基地自1985年、1986年和1987年起先后进行建设和技术改造。其中，黑龙江的哈尔滨发电设备项目已于1990年建成投产。

哈尔滨发电设备项目，包括哈尔滨电机厂、哈尔滨汽轮机厂及哈尔滨锅炉厂。这三个厂“六五”期间从国外引进30万千瓦和60万千瓦火电机组制造技术，通过培训，具备了消化吸收、移植和发展引进技术的能力。在此基础上，为适应生产大型火力发电机组的要求，扩大产量，形成300万千瓦生产能力，“七五”期间再次对三个厂进行建设和技术改造，扩建了必要的厂房、购置国际先进水平的加工设备和检测仪器。“七五”期间国家批准投资3.05亿元，建筑面积61291m^2，购置设设备565台(套)，其中国外进口设备68台（套)。

哈尔滨电机厂，投资7093万元，新建焊接厂

料款与工程款总数的50%，占全国范围“三角债”总数的10%左右，人均被拖欠1000元以上。大量的拖欠工程款，不仅挤占了建筑业企业大量的流动资金，而且影响国家重点工程建设和银行资金周转，同时也使建筑业企业拖欠材料设备生产供应等单位的货款不断增加，形成了互相制约的债务链。根据国务院关于清理“三角债”的精神，1990年4月建设部会同国务院清理“三角债”领导小组和建设银行发出了《关于抓紧清理拖欠工程款的通知》，要求各地抓住这次有利时机，集中力量全面清欠，把清理拖欠工程款工作及时纳入到全国清理“三角债”的总体部署中。随后，建设部还公布了240家被拖欠款在1000万元以上的被拖欠大户名单，要求各地区各部门把它们列为这次清欠的重点，这240家被拖欠大户都是一级资质的国营骨干企业。经过各地区各部门的努力，清欠工作取得了一定成效。据北京、天津、山东、湖北、广西、甘肃、黑龙江等七个地区的初步统计，1990年1至11月共清理回收拖欠工程款14.33亿元，为年初拖欠款总额34.65亿元的41.4%，11月末的拖欠款为32.41亿元，比年初减少了6.5%，呈现下降的势头。但前清后欠、边清边欠的问题依然存在。

〔**企业经济效益严重下降**〕　近几年来，受到建筑产品价格不合理、工程预算定额单价偏低、招标投标压价、拖欠工程款严重、企业政策性负担加重，特别是投资规模压缩、施工任务不足等因素影响，加上企业内部管理不善、经营粗放，建筑业企业经济效益连年下降。

据国家统计局资料，全国国营建筑业企业1985年实现利润为31.6亿元，1989年降为26.4亿元，1990年又降为16.6亿元。90年利润约是85年的一半，下降47%，五年平均每年递减12.1%。如考虑1988年以后将技术装备费并入利润的计算口径变化因素，则利润下降幅度更大。特别是1989和1990年，利润分别比上一年减少17%和37%。

1985年全国国营建筑业企业亏损单位为131个，亏损面为3.9%，亏损额为0.45亿元。而1989年亏损企业达505个，亏损面扩大到12.9%，亏损额增加到6亿元；1990年亏损企业个数增加到845个，亏损面扩大到19.8%，亏损额猛增到12.4亿元，1989年、1990年亏损额均比上一年增加了一倍多，分别是1985年的13倍和27倍。

建筑业是微利行业，企业实现利润主要靠降低工程成本取得。自1985年以来，工程成本降低额和降低率逐年减少。1989年全国国营企业工程成本降低额为13.2亿元，比1985年的26.2亿元减少了一半；成本降低率为1.8%，比1985年的6.5%减少4.7个百分点。1990年工程成本降低额减少为3.4亿元，比1985年减少22.8亿元；工程成本降低率仅为0.4%，比1989年的1.8%又下降了1.4个百分点，比1985年下降了6.1个百分点。

房16251m²，购置设备81台（套），进口数控转子槽铣床、500吨全自动冲床和VPI浸渍设备，建设和完善了生产大型汽轮发电机的四条主要生产线：机座加工与定子装配生产线、转子加工中心及装配生产线、定子矽钢片自动冲制和刷漆生产线，定子和线圈生产线。

哈尔滨汽轮机厂，投资10733万元，购置设备51台（套），进口先进的大型数控加工设备：数控落地镗铣床、数控龙门铣床、轮转铣床、转子车床及围带车床等，形成了批量制造汽轮机大型关键零部件的生产能力，建成了产品和材料试验基地，新建面积17444m²，增加了试验和检测手段。

哈尔滨锅炉厂，投资12752万元，购置设备333台（套），进口8000吨油压机、三轴深孔钻等，装备MPM管屏生产线、计算机控制系统弯管生产线，使膜式壁和蛇形管生产跨入世界先进水平。

这三个厂的建设和改造使生产能力由1985年的140万千瓦扩大到300万千瓦，火力发电机组最大单机容量从21万千瓦上升到60万千瓦。第一台引进技术生产的60万千瓦火力发电机组已安装在安徽平圩电厂运行并网发电，国产化率达50%。第二台60万千瓦机组国产化率达78.4%，正在安装调试。30万千瓦和60万千瓦火电机组荣获国家重大技术装备表彰项目特等奖。

上海发电设备建设项目（包括上海电机厂、上海汽轮机厂、上海锅炉厂及上海电站辅机厂，批准总投资21242万元）和四川发电设备建设项目（包括东方电机厂、东方汽轮机厂及东方锅炉厂，批准总投资12138万元）正在紧张建设，将于1991年建成投产。

〔高压输变电设备建设项目〕 东北输变电设备建设项目（包括沈阳变压器厂、沈阳高压开关厂及沈阳变压器研究所），建设总投资6020万元，建筑面积75305m²，购置设备531台（套），其中进口18台（套），自1986年开工建设，1990年建成投产。

沈阳变压器厂，为我国最大的变压器专业制造厂，经过"六五"的建设和改造，已具备了生产50万伏产品能力。"七五"建设和改造采用了新技术、新工艺和先进的装备，新建和翻建了部分厂房，形成了年配发电设备装机400万千瓦的综合生产能力，年产110至500千伏变压器2210万千伏安。建设投资2820万元，建筑面积45533m²，其中新建6250m²，翻建39283m²，通过建设和改造，工厂的主要生产工艺装备水平已经达到七十年代末八十年代初国际同行业水平。

沈阳高压开关厂，建设投资1300万元，购置设备48台（套），建筑面积17251m²，其中翻建2251m²，新建15000m²，建成了SF6电器装配厂房6472m²罐体制造车间8510m²等，使工厂转向以批量生产500千伏安SF6断路器和隔离开关为主，产品性能达到国际IEC标准。

沈阳变压器研究所，建设投资1900万元，补充完善检测设备仪器89台，其中进口8台关键试验设备仪器，建设科研楼12621m²，满足了变压器，互感器类产品国际IEC标准的测试要求，测试手段达到了国际七十年代末八十年代初的水平。

〔光纤光缆建设项目〕 经国家计委批准，我国第一个生产光纤光缆合资项目，由西安电力机械制造公司的西安电缆厂与日本古河电气工业株式会社共同投资兴建，即西古光纤光缆有限公司（简称西古公司）厂址在西安市西郊桃园路，占地12990m²，设计生产能力为年产光纤20000公里，光缆2400公里，投资4696万元，建筑面积8742m²。该项目系从日本引进全套最新设备和工艺，共购置各类设备仪器253台（套）。1986年11月动工兴建，1988年10月建成，1990年12月正式验收。

〔重型机械建设项目〕 近两年重型机械行业建设和改造完成了大连重型机器厂、大连起重机厂、天津重型机器厂和太原重型机器厂等四个项目。此外，第一重型机器厂及第二重型机器厂的建设和技术改造工程正在建设中。

重型机械工厂的建设和技术改造，重点在于通过装备大型、精密、高效、先进的加工设备，建立我国生产大型精密设备的加工技术。

大连起重机厂，建设投资4432万元，购置设备187台，其中进口12台，建筑面积14320m²，新建大件车间6421m²，进口ϕ16m单柱立车及ϕ250mm落地铣镗床；新建了大型预装场地，占地面积11000m²，使部分产品可在厂内进行总装和试车。新建工具车间3776m²，设有恒温间和立体仓库。同时为结构车间、机械车间、大型加工车间等增加进口关键设备和测试仪器12台，使生产大功率中硬、硬齿面减速器达到了先进水平。新建了理化计量楼3518m²，强化了测试手段，成为国家一级计量单位。

该厂通过技术改造，生产能力由3.2万吨增加到4万吨，1990年出口创汇809万美元，是1985年的5.2倍。

太原重型机器厂，消化吸收引进技术，结合技术改造，建成了年产1500吨的酚醛树脂砂铸造生产线和年产3500吨的呋喃树脂砂铸造生产线，安装了进口的7.5吨AOD精炼炉，具备了生产耐磨铸钢件的能力。

为满足生产30万千瓦、60万千瓦机组火力发电设备所需的汽轮发电机、汽轮机转子的大型铸锻件，第一重型机器厂投资4040万元，扩建了炼钢车间7900m^2，进口一台80吨先进电弧炼钢炉，该电炉不但能生产低硫、低磷、低氢氧等优质合金钢，同时还节电15%。第二重型机器厂投资6700万元，充分利用现有金工（粗加工）车间，扩建6480m^2，安装300吨吊车及4台大型精密机床，新建计算机房2000m^2，进口一台大型计算机。同时上述两个重型机器厂还从美国进口九兆伏射线加速器，可对厚壁铸、锻件、焊件进行探伤，为制造高压容器、核锻件创造了条件。

〔**基础机械建设项目**〕　在“七五”机械工业技术改造项目中，机床工业企业占有较大比重，限额以上70个技术改造项目中机床为16个，到1990年底建成验收21个限额以上项目，其中机床9项：即北京第一机床厂、沈阳第一机床厂、中捷友谊厂、沈阳第三机床厂、大连机床厂、齐齐哈尔机床项目（包括齐齐哈尔第一机床厂、第二机床厂）、济南第二机床厂、武汉重型机床厂及哈尔滨第一工具厂。这几个厂的基建、技术改造共投资3.93亿元，新建面积53579m^2，改建面积13744m^2，购置设备596台（套），其中进口140台（套），工程内容除了改扩建厂房，增加生产作业面积，建设恒温、空调车间外，重点是提高工艺水平、完善检测手段，提高产品质量。为此，各厂购置了一批精密、高效加工设备及检测仪器，同时用微机，数显等技术改造了一些老设备。如沈阳第三机床厂增加了精密蜗杆砂轮磨齿机，使齿轮精度从6—7级提高到4—5级，效率提高3—5倍；中捷友谊厂、北京第一机床厂、沈阳第一机床厂购置了进口导轨磨，使导轨直线度由0.01／米提高到0.005／米。

通过改扩建及技术改造，为基础机械工业消化引进技术、开发新产品，调整产品结构等提供了较好的条件，特别是大型精密机床、数控机床及加工中心等有较大的发展，一些低水平的产品升级换代，转向精密、多功能、高效率的发展方向。“七五”期间这几个项目共发展新产品273种，其中70%以上的产品达到70年代末80年代初水平，部分达到80年代水平。

此外，由于技术改造的结果，使基础机械工业创汇成倍增长，节汇效果显著。这几个厂1985年合计出口创汇409万美元，到1989年出口创汇已达3719万美元，1990年出口创汇继续增长，是1985年的10倍多。沈阳第一机床厂、中捷友谊厂1990年，出口创汇超过1000万美元；连续几年出口创汇超过500万美元的有沈阳第三机床厂、哈尔滨第一工具厂。几年来由于产品水平提高，减少了进口，节省了外汇。济南第二机床厂大型精密机械压力机替代进口产品“七五”期间累计节汇7702万美元。大连机床厂为一汽、二汽、上海大众等企业提供了精密、复杂、可调组合机床311台，其中替代进口173台，节汇6800万美元。

沈阳第一机床厂 MOC200MS 车削柔性加工单元

〔**科研项目建设**〕　为适应生产需要，1989年和1990年先后改建、扩建了下述科研单位：洛阳拖拉机研究所，上海光学仪器研究所（二期工程），西安电炉研究所，苏州电加工机床研究所，兰州电源车研究所，北京电影机研究所等。增强了试验研究能力，填补了国内空白。洛阳拖拉机研究所建成了噪声高低温试验室，为研究分析拖拉机、发动机及其各运动部件、附件产生的噪音及降低噪声提供了重要手段。上海光学研究所二期工程建成了“光栅研究与质量评定中心楼”，为光学仪器产品质量认证、等级评定、从事产品质量测试技术提供了较好的条件。

〔**优秀建筑工程**〕　机械电子工业部第三设计研究院综合大楼，被评为重庆市十大优秀建筑之一，1990年9月荣获机电部优秀工程设计一等奖，承建大楼的施工单位重庆市第一建筑工程公司，获四川省建筑协会鲁班奖。

该综合大楼位于重庆市石桥铺转盘以北，西临城市主干道——渝州路，建筑面积15579m^2，22层（不含地下层），高75米，总投资977万元，平均单位造价627元／m^2。

〔**东方电机厂技术改造**〕　四川发电设备建设项目的东方电机厂，在原有150吨吊车的厂房内加装250吨桥吊，取得成功。

东方电机厂技术改造设计纲领年产30万千瓦火力发电设备4台，其30万千瓦汽轮发电机定子净重169吨，运输重量170吨，定子装配试验工序在原有厂房36米跨内进行。由于出厂铁路布置在厂房西端，两台桥吊并吊中心与铁路中心偏心达三米左右，30万千瓦定子装配无法上车。电工设备总公司咨询设计部与工厂参照瑞士BBC公司在不改变原有厂房结构的前提下，把吊车的小车行走范围加以限制的措施，成功地在原有150吨桥吊的厂房增装了250吨桥吊。经过275吨和312吨的动静载荷试车测试，厂房吊车梁及钢结构柱子的应变均在设计允许范围之内，并制订了使用规范。

二、电子工业建筑

〔建设概况〕 1988年7月机械电子部成立以来，电子工业三年共完成固定资产投资52.9亿元(含国家基本建设15.63亿元；技术改造投资37.27亿元)。三年共建成投产验收183个项目，其中大中型5项（基本建设3项，技术改造2项），小型项目178项（基本建设21项，技术改造157项)。

〔陕西彩色显象管扩建工程〕 座落在咸阳古都的陕西彩色显象管总厂是国家“六五”期间的重点工程，于1979年4月开工，1982年12月正式验收投产，是我国通过成套引进工艺设备和技术的第一个生产彩色显象管的综合性企业，总投资7.53亿元。投产几年来经济效益和社会效益显著，已于1988年3月回收全部投资，至1990年底累计向国家上缴利税9.66亿元。随着彩色电视机生产的迅速增长，要求彩管工业相应发展，本着不搞成套引进，主要工艺设备采取联合设计，合作制造的方针，进行了陕西彩管总厂扩建工程的建设。该扩建工程，是国家“七五”期间重点项目。工程的重要技术装备部分和国外厂家联合制造，部分国内配套。工程设计以中国电子工程设计研究院（即机电部第十设计研究院）为主，国外配合。总投资7.5亿元，年产彩管160万只（其中18″彩管100万只，21″FS彩管60万只）。工程由机电部中国电子工程建设开发公司联合机电部江南电子工程公司和陕西彩色显象管总厂共同组织承包机构——扩建工程建设总部，向国家总承包，同时充分发挥各自优势，实行包投资、包工期、包质量、包验收投产。扩建工程于1988年1月开工，1989年4月进入设备安装，年底完成安装调试，1990年元月22日18英寸生产线生产出第一批合格的彩管，3月9日21英寸平面直角屏新型彩管一次试生产成功，10月17日至23日通过合同考核试车，生产18″彩管24478只，21″（FS）彩管13620只，平均日产超过合同验收值15.4%，各项指标平均超过合同验收指标。随着这两条生产线的投产，陕西彩色显象管总厂的彩管年生产能力提高到290万只。建设工期比计划缩短十个月；投资总概算为7.5亿元，比建设新厂节约投资1/4，技术上达到八十年代中期水平。

陕西彩管扩建工程的总装厂房

〔无锡微电子工程〕 该工程是开发、生产大规模和超大规模集成电路的建设项目，是国家“七五”计划的重点建设项目。整个项目由科研和生产两部分组成，科研部分主要研究开发通信电路、消费类电路和定制半定制电路；具有电路、版图独立设计和软件开发能力。生产部分在江南无线电器材厂扩建，建设一条MOS集成电路大生产线；扩大公司现有双极型集成电路生产能力，达到集成电路年总产量为一亿块。该工程的总投资为9.13亿元，其中科研部分为4.17亿元，生产部分为4.95亿元，科研部分建筑面积50000平方米（其中科研区30000平方米，生活区20000平方米），于1987年底先行开工建设，至1990年已开工34899平方米，竣工24036平方米。主要单项工程已基本竣工，科研综合楼、动力厂房、外延厂房等已交付使用，科研厂房采用分区安装，其中计算机房已投入使用，其余土建安装已完成，配套的动力增容、室外工程、管道均已完成。科研部分已是初具规模。生产部分双极扩建部分于1989年6月开工建设，1990年11月建成投入生产。生产扩建部分，即MOS集成电路生产线于1990年11月开工建设。

〔科研基地建设〕 1989、1990年两年建成研究所八个，其中大中型项目两个，小型项目六个。1989年建成的华北光电技术研究所，可以承担锑化铟，锌镉汞红外材料和器件的研制，并具备中间试制能力。上海微电机研究所建成搬迁，可研制彩色录象机与磁鼓组件及微特电机。锦州无源干扰、光电对抗技术研究所，可提高无源干扰技术的科研试制能力。1990年建成验收的南京电子器件研究所可以承担微波集成电路装备技术和微波器件国产化试制和小批量生产。天津电子材料研究所扩建后可为电子材料制定部标、国标，并为新型电子材料的研究提供技术手段和技术依据。上海微波设备研究所及上海微波技术研究所的建成，可研制电子微波仪器及遥感设备。

三、勘察、设计、建筑安装队伍

〔勘察队伍〕 机械电子工业部直属勘察单位五个，其中机械系统四个，电子系统一个，分布在西安、成都、武汉、洛阳等城市，共有职工 1746 人，配有较先进的勘察机具、仪器，能承担大型复杂工程的勘察、岩土工程和桩基施工，水文凿井，降水设计与施工，工程城市测量，地籍测量等工作，特别对山区、黄土地区、沿海软土地区的勘察具有一定的水平。

近两年来，勘察研究院在黄土性质研究、计算机辅助制图方面都取得了实用的研究成果。第二勘察研究院通过成都东郊三级台地贫水地区地下水资源的研究，首次在该地区 300 米深以下白垩系红层中打出了可用水井。第三勘察研究院新开了高等级公路护栏施工安装业务，并通过开展 QC 小组活动，提高了施工安装质量。综合勘察研究院开展静压桩施工，第四勘察研究院开展了扩底墩桩基施工，质量受到好评。

〔设计研究队伍〕 机械电子工业部直属设计研究院共有 15 个（其中机械 13 个，电子 2 个），共有职工 9810 人（其中机械 7983 人，电子 1827 人）这些研究院大部分是“七五”时期建立起来的，具有雄厚的技术力量，绝大多数是机械和电子工艺，公用、土建和新开发的有关边缘技术方面具有丰富经验和技术专长的设计人员，不但能承担大中型工业厂房和高层民用建筑设计，而且具有从事规划、可行性研究、项目评估等前期工作的综合优势。同时开展了工程建设总承包工作，其中设计研究院、第三、四、七、十设计研究院、深圳设计研究院及电子第十一设计研究院等七个单位，获国家有关部门批准为工程建设总承包试点单位，其他设计研究院均获机电部批准为工程建设总承包试点单位。

近几年各设计研究院相继配置了微机和图形工作站，工程设计 CAD 软件，并在工程招标投标和工程设计中都普遍应用了 CAD 技术，各设计院的计算机绘图率已达到 10%以上。这期间各院还自行开发了不少 CAD 软件，仅工艺总图等九个共性专业就开发软件几十项。

在 1990 年建设部公布的全国 21 个行业百名设计大师和二十名勘察大师中，有机电行业部所属设计研究院 9 名设计大师和 2 名勘察大师。1989 和 1990 年各勘察、设计、科研单位共有 141 项成果获国家或部级奖励。

机电部第三设计院综合设计大楼

〔工程标准、定额〕 机械电子工业部下设两个标准定额站，即机械安装工程标准定额站和电子工程标准定额站，负责机电行业全国统一安装工程预算定额及安装工程施工及验收规范的编制、修订和管理工作。1989、1990 年机械安装工程标准定额站组织完成八项规范的报批稿，已报建设部待批。同时组织编制完成征求意见稿两项，即起重设备和连续输送设备安装工程施工及验收规范。电子工程标准定额站自 1988 年以来完成并颁布的工程预算定额十二项，即雷达、计算机、工业电视、卫星地面站、移动通信、数字微波通信、半导体器件及集成电路、电真空器件、电子文件、电线电缆和钨钼生产，力学与环境试验、环境、水、气处理等工艺设备安装工程预算定额，以及《间接费及其他直接费定额》。

〔建筑安装队伍〕 机械电子工业部有两个部属大型安装企业，即中国机械工业安装总公司和中国电子系统工程公司。他们均始建于“一五”计划初期，技术实力雄厚，有较先进的技术装备。

中国机械工业安装总公司，下辖八个公司，一所中等专业学校、现有职工近万人，其中专业技术人员 1300 人，技师近 200 人，技术工人 4000 余人，工种齐全，技术装备先进。近年来除机械行业外，还承担了其他行业的大型设备及钢结构吊装工程的安装任务，如北京国际贸易中心的 154 米高的钢结构塔楼、惠州熊猫汽车厂 16 万平方米钢结构厂房、高 415 米的天津电视塔水电工程、年产 129 万吨的广州珠江水泥厂全套设备、以及电厂、公路大桥、架空索道、港口煤码头等工程的安装工

轻 工 业 建 筑

范 震 明

〔北京电冰箱压缩机厂扩建工程竣工〕 压缩机是电冰箱的心脏，在"七五"初期我国主要依靠从国外进口解决。为了摆脱被动局面，国家批准了该扩建工程并列为国家重点建设项目。工程从意大利引进成套设备和技术，包括：冲压焊接、机械加工、电机生产、成品组装等生产线和关键工装、模具、必要的检测、实验仪器和设备。年生产能力100万台（双班），可以生产65W～200W的L系列7种规格的全封闭连杆式压缩机，可为380立升以下的电冰箱和冷冻箱配套使用。项目的水、电、汽、丙烷、煤气、冷冻、机修、通风、通讯、污水处理等辅助公用工程设施由国内配套。工程由轻工业部上海轻工业设计院设计，北京市建筑工程总公司第一建筑工程公司、设备安装公司施工。工程批准概算投资14，802万元，实际完成投资额13，155万元。工程于1985年8月破土动工，1988年10月投入试生产，1989年3月通过国家验收委员会的竣工验收。1989年国家质量奖审定委员会授予该工程为"国家优质工程银质奖"。

〔广州电冰箱压缩机厂工程竣工〕 该工程是和北京电冰箱压缩机厂扩建工程同期由国家批准建设的国家重点建设项目。工程全套引进日本松下公司80年代先进技术和设备，由压缩机和铸造两部分组成。引进的机械加工、冲压焊接、电机、铸造、装配和测试等生产线，工艺技术先进，设备自动化程度高。年产100万台电冰箱压缩机（双班），能生产1／10HP～1／4HP18种规格的往复式电冰箱压缩机，具有低噪声，寿命长，起动性能好的特点。

工程由轻工业部上海轻工业设计院、广州设计院设计，由广州工程承包总公司、广东省石油化工建设二公司等单位施工。工程批准概算投资20，653万元。工程1985年7月破土动工，1987年7月投入试生产，1989年1月通过国家验收委员会的竣工验收。

〔抚顺洗涤剂化学厂工程开工〕 建国以来轻工业的最大建设项目——抚顺洗涤剂化学厂工程于1990年3月正式开工建设。该工程是"七五"期间国家重点建设项目，工程总投资102600万元，年产5万吨脂肪醇和7.2万吨烷基苯。工艺采用美国UOP公司、英荷壳牌公司的专有技术，基础设计分别由美国、日本、西德、荷兰各有关公司提供，生产装置的工程设计和关键设备由西班牙联合技术公司提供。轻工业部规划设计院负责全厂总体设计和国外引进装置的配套设计。中建一局和中建八局担任工程的主体装置施工。

程。还先后派出七个拆卸团赴法国、德国、美国，承担了引进八个工厂全套二手设备的拆迁和国内安装任务。

中国电子系统工程公司，下辖四个安装公司，现有职工2591人，其中高中级技术及经营管理人员600余人。改革开放以来，该公司在全国各地承建了多项机电设备安装工程，其中有国家重点工程、引进工程及援外工程。近年来为江南天线电器材厂安装的大规模集成电路引进生产线获国家优质工程银质奖；承担的邮电部514厂全塑市话电缆引进生产线工程被评为国家优质工程，另外为合资企业华瑞制药厂、石家庄第一制药厂安装的工程均受到部和市的嘉奖。该公司为成都红光电子管厂安装的300万只显象管玻壳生产线获1989年优质工程银质奖。

〔勘察设计协会〕 机械电子系统勘察设计协会成立于一九八九年九月，包括机械、电子、兵器、船舶、汽车五大行业306个勘察设计单位，职工两万多人，其中事业单位90个，企业216个。第一批发展以甲、乙级为主的勘察设计单位84个，职工26461人。协会成立以来，在推动勘察设计深化改革、促进CAD为主的技术进步，推动TQC全面提高科学管理水平，组织教育培训，开展调查研究、交流经验和沟通信息等方面，取得了一定的成绩。

有色金属工业建筑

张文镇

〔四项国家重点建设项目通过国家验收〕 1989～1990年通过国家验收的国家重点建设项目4个，即1989年4月验收的年产氧化铝20万吨的山西铝厂一期工程、11月验收的年产铝锭4.47万吨的包头铝厂扩建工程、12月验收的年产镍1万吨、铜5000吨、硫酸18万吨的金川有色金属公司一期扩建工程和1990年7月验收的年产铝锭10万吨的青海铝厂一期工程。

〔白银铝厂一期工程建成投产〕 白银铝厂位于甘肃省白银市，有专用线与白银站相接。建设规模年产铝锭10万吨，其中一期工程5万吨，是"七五"国家重点建设项目之一。由贵阳铝镁设计研究院设计。勘察由有色西安勘察院负责。施工除总降压、整流由有色第十一建设公司承包外，其余均由有色第一建设公司和第八建设公司分别承包。批准修正概算5.48亿元，其中甘肃省投资40%。工程采用155千伏中间下料为主的预焙阳极电解槽，主要设备是从日本购买二手设备和从西德引进直降整流机组。1986年9月开工，1989年8月第一批电解槽通电投产，1990年末一期全部建成。共完成工业建筑面积11.2万平米，安装设备1.95万吨。

白银铝厂鸟瞰

〔山西铝厂二期工程烧结法部分基本建成〕 该工程是国家重点建设项目之一。位于山西省河津县西龙门山下，侯马——西安铁路从厂区西侧通过；铝矿位于山西省孝义县。建设规模年产氧化铝100万吨及相应的铝矿、石灰石和热电站，氧化铝采用联合法生产，分两步建设各50万吨。引进拜耳法高压溶出器两组和流态闪速焙烧炉两套。设计由沈阳铝镁设计研究院负责，并参与控制投资，勘察由有色西安勘察院负责。施工由有色第二建设公司、第三建设公司、山西铝厂建设公司和山西省建筑安装总公司、冶金建设公司等分别承包。批准修正总概算28.87亿元。1986年12月开工，到1990年底止，累计完成投资12.25亿元，二期一步工程烧结法部分基本建成。

建设中的山西铝厂二期工程一角

〔德兴铜矿三期前期工程选厂投料试车〕 德兴铜矿是国家的重点建设项目，位于江西省德兴县，有44公里的专用线与皖赣铁路乐平站相接。三期工程设计由北京有色冶金设计研究总院负责，并参与控制投资。勘察由有色长沙勘察院负责。施工由有色第四建设公司、第五建设公司、第三建设公司和江西有色冶金属建设公司分别承包。建设规模为年采选矿石2000万吨、精矿含铜8万吨；批准修正概算16.76亿元，引进或合作制造大型采、选、运设备或技术。工程分前后两期各建设年采选矿石1000万吨，其中前期工程1986年11月开工，到1990年底止，累计完成投资9.14亿元和设计剥离总量的50%，选厂负荷试车，打通流程。

〔西北铅锌冶炼厂粗铅部分投料试车〕 该工程是国家重点建设项目之一。位于甘肃省白银市，隶属白银有色金属公司。设计由北京有色冶金设计研究总院负责。勘察由有色西安勘察院负责。施工由有色第八建设公司和第一建设公司分别承包。建设规模年产精铅5万吨、电锌10万吨和硫酸19万吨，批准修正概算9.4亿元。粗铅采用西德氧气底吹。回转炉直接炼铅法；锌系统引进湿法和黄钾铁矾法处理浸出渣工艺和有关设备。1986 年 9 月开工，到 1990 年底止，累计完成投资 5.73 亿元，基本建成铅系统，其中粗铅部分投料试车；锌系统由于压缩基建规模，只基本完成土建工程。

〔贵州铝厂三期电解工程进入全面安装〕 贵州铝厂是国家的重点建设项目。位于贵州省贵阳市白云区，东距川黔铁路都拉营站 8.4 公里，有专用线与其相通。三期电解工程设计由贵阳铝镁设计研究院负责。勘察由有色昆明勘察院负责。施工由有色第七建设公司和第三建设公司分别承包。建设规模为年产铝锭 8 万吨，批准修正概算 7.35 亿元，其中贵州省投资 30%。工程引进部分单机。1987 年 10 月开工，由于压缩基建规模，到 1990 年底，累计完成投资 3.23 亿元，开始进入全面设备安装阶段。

建设中的贵州铝厂三期电解工程阳极熔烧炉

〔中州铝厂一期氧化铝工程土建收尾〕 该工程是国家重点建设项目之一。位于河南省焦作市修礼县，拟建专用线 18 公里与新乡——焦作铁路狮子营站相接。由沈阳铝镁设计研究院负责设计并参与控制投资。勘察由有色西安勘察院负责。设备供应和施工分别由有色西北设备供应公司和第六建设公司、第五建设公司、华昌工程承包公司等分别承包。建设规模为年产氧化铝 20 万吨及相应的矿山、热电站。修正总概算 13.43 亿元，其中河南省投资占 10%。氧化铝生产采用烧结法，引进流态闪速焙烧炉一套。1987 年 11 月开工，由于压缩基建规模，到 1990 年底累计完成投资 4.76 亿元，原料准备、烧成、溶出和分解土建收尾，设备开始安装。

〔西南铝加工厂改扩建工程〕 该工程是国家重点建设项目之一。位于四川省重庆市巴县西彭镇，南距成渝铁路黄矸站 3.5 公里，有专用线与其相通。设计由洛阳有色金属加工设计研究院负责。勘察由成都冶金勘察公司负责。施工由有色第十一建设公司、第六建设公司和第十九冶金建设公司分别承包。建设规模年产铝材 14.2 万吨，其中除更新改造部分新建扁锭熔铸车间和改造 2800 毫米冷、热轧机已先后于 1990 年 5 月和 7 月投产外；新建年产板带材 13.1 万吨的薄板车间和年产铝箔 9000 吨的铝箔车间，引进 1850 毫米高速轧机和 1700 毫米铝箔轧机等关键设备，分别于 1989 年 6 月和 1990 年 3 月开工，批准修正概算 7.82 亿元。到 1990 年底累计完成投资 1.89 亿元和薄板车间土建、铝箔厂房结构，计划 1994 年底前陆续建成投产。

〔金川有色金属公司二期扩建工程井巷掘进创历史最好水平〕 该工程是国家重点建设项目之一。位于甘肃省金昌市，西南距重新铁路河西堡站 22 公里，有专用线与其相通。设计由北京有色冶金设计研究总院负责。勘察由有色西安勘察院负责。施工由有色第八建设公司、第一建设公司、第十一建设公司、金川井巷公司和铁道部隧道工程局、中国人民解放军 84874 部队分别承包。建设规模年采选矿石 165 万吨，产镍 2 万吨、铜 1 万吨、硫酸 22 万吨以及相应的钴和贵金属，批准修正概算 19.7 亿元。重点开发二矿区西部，引进大型无轨高效采运设备、高效自动压滤和闪速熔炼等先进技术和装备。1986 年 10 月正式开工，到 1990 年底累计完成投资 6.61 亿元。其中井巷掘进工程，月进尺最高达 1.12 万立米，1990 年超过 11 万立米，累计完成设计总量的 66.7%，为按期建成整个工程打下初步基础。

金川二期工程现场一角

〔有色建设监理开始试点〕 根据建设部有关建设监理开展试点的通知，有色于 1989 年 11 月成立了建设监理公司，1990 年 5 月又组建了山西铝厂建筑监理工程师室，由有色建设监理公司和山西铝厂双重领导，对山西铝厂二期工程的第二焙烧、精液降温和煤气站三个子项进行施工阶段的建设监理试点，协助山西铝厂建设指挥部初步控制了投资，保证了质量和工期。

煤炭工业建筑

杜 淑 钧

〔**煤炭基本建设管理改革的发展**〕 1989和1990年煤炭基本建设管理改革又有新的进展。一是积极稳妥地推进以承包为中心的配套改革，实行项目包建和工程总承包，设计单位实行企业化管理，施工单位实行百元产值工资含量包干。二是结合煤炭基本建设特点，开展了以设计为主体的工程项目总承包试点，学习鲁布革工程管理经验，精简机构，实行项目法管理。三是进行工程建设管理体制改革的试点，在河南汞城和内蒙古准格尔两个新矿区进行试点，设立了项目管理委员会，全面实行施工、设计招投标制，委托有相应资格的咨询公司或熟悉基本建设专业管理业务的单位对工程项目进行监理，加强了建设项目的投资、工期和质量的控制。四是改革投资管理体制，成立国家投资公司。

为了加快投资管理体制改革，国务院于1988年6月批准成立了国家能源投资公司，能源投资公司为国家企业，由国家计委归口领导，投资公司同建设单位的关系是经济合同关系，不具体负责组织工程施工，而是对工程全过程进行监督检查和管理。投资公司与有关部门在固定资产投资方面互相制约，取长补短，有利于实行项目决策科学化，提高投资效益。

〔**利用日本能源贷款建矿**〕 从1979年开始，我国使用日本第一、二批能源贷款用于煤矿建设，总投资为19.4亿美元，到1990年，已先后建成和即将建成东滩、钱家营、蒋庄、四台沟、西曲、镇城底、马兰和东曲等9对大型矿井，形成年产2500万吨的原煤生产能力。过去我国特大型矿井的建井工期一般在八年以上，而使用日本能源贷款建成的西曲、镇城底、马兰和东曲矿井的建井工期为六年。

〔**伊敏煤电联营工程正式立项**〕 伊敏煤电联营工程于1990年6月经国务院批准立项。伊敏煤电联营项目一期工程为年产煤500万吨，50万千瓦发电机组两台；50万伏输电线路900多公里。一期工程将于一九九一年开工，投资29.5亿元。二期工程增至年产煤1000万吨，发电达到50万千瓦机组四台。此项目将实行紧密型经营管理，即煤炭、发电、输电三方合建一个企业，设一个法人，统一经营管理，最终产品以电为主。这是我国紧密型煤电联营的第一个试点企业。

〔**灵武矿区总体设计通过审查**〕 1990年9月国家计委批准了宁夏回族自治区灵武矿区总体设计。该矿区是“七五”基本建设前期工作计划重点项目，也是“八五”期间重点开发建设的矿区。这次批准的总体设计确定矿区统配矿建设总规模为1040万吨（灵新矿240万吨／年、羊场湾300万吨／年、枣泉500万吨／年），以1989年为基价年，矿区总投资为255607万元。灵武矿区的建设，对解决西北地区动力和电力用煤，促进工农业发展将起到重要作用。西安煤矿设计院承担了灵武矿区的总体设计工作。

〔**《PDCAD选煤绘图软件》获国家金质奖**〕 由平顶山选煤设计研究院谢昌纲主持研制的《PDCAD选煤绘图软件》荣获九〇年度国家优秀软件评比金质奖。该软件解决了选煤厂工艺可行性研究、初步设计及施工图设计中主厂房、筛分破碎车间和压滤车间的工艺布置图，以及工艺、设备流程的绘制，可提高工效3～5倍，绘图质量高，软件首次用于七台河矿务局铁东矿选煤厂主厂房布置图的绘制，受到了专家和同行的高度好评。

〔**永城矿区陈四楼矿井开工**〕 位于河南东部永城县境内，年设计原煤生产能力240万吨，1990年7月26日正式开工。该井是国家“七五”期间开发的重点矿区之一的永城矿区的第一对大型矿井，也是国家计委进行基本建设管理体制改革的试点项目。该矿井由湖南煤矿设计院承担设计，由淮北煤矿建设公司、湖南矿建三公司、五公司、两淮煤矿特凿公司、中统总公司建安公司分别中标承担施工任务。

〔**兖州矿务局济宁二号井开工**〕 这个井是年设计生产原煤400万吨的特大型现代化矿井，于1989年12月正式开工。该井是兖州矿务局所属年产原煤1200万吨的济宁东部矿区的第一对矿井。经拉开，国家计委要求把该矿区建成一个技术先进，机械化水平高，经济效益好的中国式的现代化新型矿区。承担该井设计的单位是兖州煤矿设计院，由兖州七十处、三十七处等单位负责施工。

〔**晋城矿务局成庄矿井开工**〕 年设计生产原煤400万吨的特大型矿井，——成庄矿井于1989年12月正式开工。该井建设将给以“效率特高”著称的全国唯一的一级大型煤矿企业——晋城矿务局，注入新的活力。设计单位：邯郸煤矿设计院。施工单位：中国统配煤矿总公司一建公司三十一处、川煤九处，中国统配煤矿总公司建安公司七十三处、九十二处。

〔兖州矿务局东滩矿井投产〕 东滩矿井是国家重点建设项目之一，年产原煤 400 万吨，于 1989 年 12 月 22 日正式投产。至此，兖州煤田 1285 万吨的设计规模基本建成。该井提前一个月建成，工程质量达到甲级矿井标准。设计单位：兖州煤矿设计研究院。施工单位：兖州一处、七十处、三十七处、二处、中国统配煤矿总公司建安公司六十八处。

〔淮南潘集二号井建成投产〕 潘集二号井年产原煤 210 万吨为淮南矿区第二对大型矿井。在极为复杂地质条件下，施工中采用了深井冻结、复合井壁、伞型钻架、软岩复合支护等先进工艺，1989 年 12 月 2 日正式移交生产。该井的建成，为在特厚冲积层条件下施工积累了经验。设计单位：合肥煤矿设计研究院、平顶山选煤设计院等。施工单位、淮南四十二处、九十六处、九十七处，安装处、铁运处、建井工程处，特凿公司一处，中建总公司四局六公司、五局四公司。

〔甘肃靖远魏家地矿井投产〕 魏家地矿井位于甘肃靖远境内，是一座年产原煤 150 万吨的大型矿井，也是现今甘肃省境内最大的矿井，在非常艰苦的条件下，该矿井于 1989 年 12 月 15 日正式建成投产。该矿井投产后，对于解决甘肃省缺煤问题起到很大作用。设计单位：兰州煤矿设计院。施工单位：甘肃煤炭第一工程处。

〔铁法大兴煤矿投产〕 1990 年 12 月 25 日，国家重点工程铁法矿务局大兴煤矿正式建成投产。该矿为年产 300 万吨的特大型矿井，采用综合机械化采煤，一对竖井提升。设计单位：沈阳煤矿设计研究院。施工单位：铁法矿务局第一工程处、沈阳矿务局第五工程处。

〔铁法三台子一矿投产〕 1990 年 11 月 1 日，国家“七五”重点工程铁法矿务局三台子一矿正式建成投产。三台子一井是国家计委与原煤炭工业部直接抓的“缩短工期、加快建井速度，提高工程质量”的典型。三台子一井为年产 150 万吨的大型矿井，生产工艺全部为现代化的综采机械化，其全部建井工期为 40 个月。设计单位：沈阳煤矿设计研究院。施工单位：铁法矿务局二处、四处。

〔开滦钱家营选煤厂竣工〕 1989 年 11 月 17 日，目前我国最大的选煤厂——开滦钱家营矿全重介炼焦煤选煤厂竣工，并通过国家验收。该厂于 1985 年 11 月破土动工，年设计能力入洗原煤 400 万吨，洗选方法采用块煤重介、末煤重介旋流、煤泥浮选的联合工艺。它的建成对我国肥煤、肥焦煤煤种的有效利用和扩大煤炭出口有重要作用。设计单位：平顶山选煤设计院、波兰卡托雅茨选煤设计院。施工单位：开滦矿务局基建公司。

〔兖州矿务局鲍店矿选煤厂建成投产〕 鲍店选煤厂是一座年入洗原煤 300 万吨的大型矿井选

钱家营矿选煤厂全景

铁道工程建筑

刘新科　田恒山　齐瑞桐

〔**衡广铁路复线工程通过国家验收**〕　该工程北起衡阳，南至广州，全长 526 公里，线路穿越湘南丘陵和粤北山区，地形地质复杂，工程十分艰巨。全线路基土石方 6113 万 m^3，大中桥 139 座 34.17 单线公里，隧道 61 座 100 单线公里，其中大瑶山隧道长 14.295 公里，是我国目前最长的双线隧道，在世界同类隧道中居第十位，正站线铺轨 1269 单线公里，设运营站 52 个，概算投资 33.19 亿元。由铁道部第四设计院设计，铁道部第二、五、大桥、隧道、电气化工程局等单位参加施工，高峰人数达 5 万多人。1978 年上马，至 1985 年，因种种原因，工程进展较慢，累计仅完成投资 12.78 亿元，开通复线 50.07 公里。1985 年 12 月，国务院决定加快衡广复线建设，要求 1988 年底全线开通，并成立了衡广复线建设领导小组，铁道部成立了衡广复线建设指挥部。建设、设计、施工单位加强现场组织指挥，集中人力、物力、财力，加快建设进度，于 1988 年 11 月 26 日提前实现复线开通。1989 年，建设者们在全线开通后，连续作战，加快配套完善，于 1989 年 12 月 27 日正式通过国家验收，设计和施工质量总评均为优良。在衡广复线建设中，坚持边建设、边投产、边受益的原则，在 1986 年至 1988 年三年决战阶段，取得了连续几年递增运量 100 万吨以上的好成绩，为大规模改造运输繁忙干线创造了成功范例。衡广复线建成后，输送能力已达 3000 万吨以上，使我国纵贯南北的运输大动脉——京广线南段的运输紧张状况得到缓解。

〔**大秦铁路一期工程通过国家验收**〕　横穿华北大地的大秦铁路，是我国第一条重载（开行万吨列车）双线电气化铁路，也是我国第一条可以和国外八十年代先进水平相媲美的铁路。在工程方面采用一级重载路基，铺设重型钢轨，在运营方面采用 83 项重大技术装备研制攻关和引进项目，它的建设是增加晋煤外运通道作出的重大战略决策。线路西起煤都大同，东至海港秦皇岛，途经山西、河北、北京、天津四省市，全长 653 公里，分两期建设。一期工程从大同至大石庄，长 410.8 公里，工程浩大艰巨，地质复杂多变，主要工程数量有路基土石方 3788 万 m^3，桥梁 286 座 37 双线公里，隧道 45 座 55.86 公里、正站线铺轨 990 公里，房屋 43.9 万 m^2，电气化接触网导线 2870 条公里，以及大石庄与京秦铁路段甲岭站相连接的联络线等，总投资 42.36 亿元。由铁道部第三设计院负责总体设计，铁道部电气化工程局设计院负责电气化设计。1985 年 1 月正式开工。为确保按期建成，铁道部调集第一、三、十六、十七、十八、隧道、电气化工程局等施工单位约 7 万名职工，精心组织，昼夜奋战，仅用 4 年时间于 1988 年底胜利开通，投入运营，投产后第一年就运出晋煤 2015 万吨。1988 年底开通投产后，边运营，边配套完善，1990 年 5 月进行万吨重载列车试验，获得成功，1990 年 10 月 25 日正式通过国家验收，设计和施工质量总评均为优良。

煤厂。经 36 个月的紧张施工于 1990 年 10 月 1 日建成投产。

该项工程是国家计委和中国统配煤矿总公司进行基建体制改革的试点工程，由兖州设计工程公司承担建设。设计单位：兖州煤矿设计研究院。施工单位：兖州六处、中统总公司六十八处。

〔**太原晋阳选煤厂建成投产**〕　该厂为年设计入洗能力 180 万吨的炼焦煤选煤厂，1990 年 10 月 20 日建成投产。

该选煤厂系中苏合作设计，主厂房主要工艺设备从苏联引进，采用三产品重介旋流器加浮选的洗煤工艺流程。设计单位：太原煤矿设计研究院、苏联哈尔科夫南方煤矿设计院。施工单位：中国统配煤矿总公司七处、九十二处、山西五建公司四处。

〔**淮北临涣选煤厂投产**〕　1990 年 6 月 26 日，国家“七五”重点工程淮北临涣选煤厂正式投产。临涣选煤厂是上海宝山钢铁厂二期工程配套项目之一，位于安徽省淮北市濉溪县境内，入洗临涣、海孜、童亭三座煤矿的主焦煤和肥煤，设计年入洗原煤 300 万吨，是目前华东地区最大的中央型洗煤厂。洗选主要采用较先进的跳汰、重介旋流、浮选联合的选煤方法，工艺系统完善合理。主要设备分别从日本、西德、美国引进。设计单位：兖州煤矿设计研究院。施工单位：淮北煤矿建设公司三十三处、安装处。

大秦铁路妫水河特大桥　　晨亮　摄

〔**第二座亚欧大陆桥胜利贯通**〕　被称作第二座亚欧大陆桥的铁路干线，东起我国的连云港，西至荷兰的鹿特丹，全长10800公里，横跨中国、苏联、波兰、德国、荷兰等国，连接太平洋西岸与大西洋东岸。这条干线在我国经陇海、兰新、北疆铁路，全长4108公里，横贯江苏、河南、陕西、甘肃、新疆等五省区。北疆铁路作为兰新铁路的西段，自乌鲁木齐至中苏边境阿拉山口，全长479公里，早在50年代中期即开始勘测设计，1958年全面开工，1961年5月停建。1985年5月复工续建，1990年8月9日铺轨至阿拉山口，使北疆铁路历经30余年终于建成，9月1日举行通车典礼，正在新疆视察工作的中共中央总书记江泽民同志为首趟列车剪彩。9月12日北疆铁路与苏联铁路在中国阿拉山口站与苏联德鲁日巴站之间的临时接轨点接轨，至此，第二座亚欧大陆桥胜利贯通。

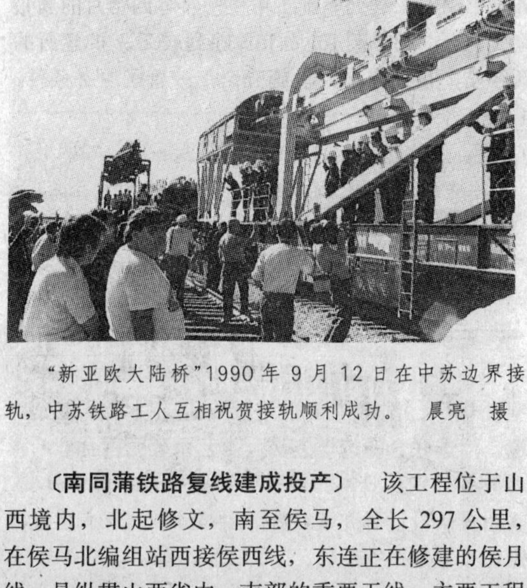

"新亚欧大陆桥"1990年9月12日在中苏边界接轨，中苏铁路工人互相祝贺接轨顺利成功。　晨亮　摄

〔**南同蒲铁路复线建成投产**〕　该工程位于山西境内，北起修文，南至侯马，全长297公里，在侯马北编组站西接侯西线，东连正在修建的侯月线，是纵贯山西省中、南部的重要干线。主要工程数量包括路基土石方1068万m^3，大中桥梁30座3.42公里，隧道3座3.15公里，正站线铺轨419公里，房屋14.33万m^2，投资8.7396亿元。由铁道部第一、三设计院设计，铁道部十二、十五、十七工程局承担施工，1981年上马，经过八年艰苦奋战，于1989年8月全线开通，尔后进行收尾配套，1990年底全线建成。复线建成后，列车通过能力可从每天24对提高到49对。

〔**北同蒲铁路技改及电气化工程建成投产**〕　北同蒲铁路，北起大同，南至太原，全长326公里，是晋煤外运北通道的主要干线。为提高晋煤外运能力，1981年国家批准对其进行技术改造及电气化。主要工程包括修建复线165.6公里，架设接触网导线2130.4条公里，新建牵引变电所9处，敷设小同轴大综合干线电缆363.5公里，投资8.2亿元。由铁道部第三设计院负责总体设计，铁道部电气化工程局设计院负责电气化设计，铁道部第十二工程局、电气化工程局、北京铁路局等单位承担施工。技改工程于1981年开工，1986年全部复线区间开通。电气化工程分南、中、北三段建设，南段太原北至原平117公里，中段原平至大新97公里，北段大新至平旺112公里。1985年开工，1988年6月、7月北南两段相继开通投入运营；中段于1989年7月31日开通，至此，北同蒲全线电气化建成投产。全线电气化后，年输送能力由500万吨提高到1400万吨以上，1989年实际运量已达2100万吨。

〔**贵昆铁路电气化建成**〕　贵昆铁路东起贵阳，西至昆明，全长635公里，是贵州煤炭和云南磷矿石外运的重要通道。1966年正式通车以来，对加速西南建设，开发云、贵两省的丰富矿产资源发挥了巨大作用。随着云、贵两省工农业生产迅猛发展，既有贵昆铁路越来越难以适应运输需要。1980年国家批准该线进行电气化改造。主要工程包括架设接触网导线1103.97条公里，修建牵引变电所14个，通信站8个，供电段2个，机务段2个，以及全线土建技改工程等，总投资6.3亿元。由铁道部第二设计院设计，铁道部第二工程局、电气化工程局、成都铁路局等单位施工。1982年底开工。贵阳至水城西、水城至宣威两段于1985年12月、1989年12月先后开通。宣威至昆明段1990年7月15日开通。至此，贵昆铁路电气化全线建成，投入运营。全线电化后，牵引定数由1050吨提高到3500吨，年输送能力由690万吨提高到1900万吨。

〔**北京枢纽丰西下行系统改造工程建成**〕　北京枢纽丰西编组站，是京山、京秦、京广、丰沙四大干线和北京枢纽环线的交汇处，原为三级四场混合式半自动化驼峰路网性编组站，共70股道，每天出入车2万多辆，运输十分繁忙，运力明显不足。为满足运输需要，国家批准对其进行技术改造，并列为国家重点建设项目。该工程主要包括拆除原有下行到发场改为交接场，新建下行到达场、编组场、出发场、内燃和电力折返段，以及相应的电气化工程等，主要工程量有路基土石方324万m^3，桥涵36座，铺轨107公里，铺道岔216组，架设电气化接触网72条公里，房屋9.2万m^2，信号大站集中10站和相应的通讯设备、3个2000m^3储油罐等，总投资3.62亿元。由铁道部第三设计院负责总体设计，铁道部电气化工程局负责电气化设计。北京铁路局北京工程处等单位承担施工。1984年底开始前期工作，1986年基本完成征地拆迁任务，1989年大秦一期工程开通分流后，工程进度加快，为1991年调整运行图创造了条件。

宽阔的北京枢纽丰西下行系统调车场。 焦小江 摄

〔**徐州北编组站扩建工程开通投产**〕 徐州枢纽位于津浦、陇海两大干线的交汇点，系东北、华东、华北铁路运输的咽喉，是以中转作业为主的路网性枢纽，中转车流占枢纽总车流的90%以上，有调中转车数居全国第二位。扩建工程主要是将既有单向二级四场编组站扩建为双向三级六场、半自动化驼峰编组站。由铁道部第四设计院设计，济南局工程总公司、铁道部第一、三、四工程局等单位承担施工任务。1986年下半年开工，建设、设计、施工单位团结协作，努力克服运营与施工干扰等矛盾，经四年紧张的施工，于1990年9月26日三级六场全部开通，投入运营使用。

〔**沈阳北新客站开通使用**〕 该工程总占地面积1545亩，总建筑面积15.1万m^2，建有高架候车室、售票处、行包房、出站厅、生产办公楼以及旅馆、餐厅、商店、文化娱乐厅等综合服务设施，是一个具备多功能服务的新客站。其中，主站房由铁道部与沈阳市合建。由铁道部第三设计院负责总体设计。1986年11月6日李鹏总理为工程奠基，

沈阳北站新客站主站房雄姿 赵继利 摄

沈阳铁路局沈阳工程处、沈阳市第三建筑工程公司等单位施工，于1990年12月22日开通，投入使用。沈阳北新客站是我国“七五”期间继上海、天津新客站之后，又一个大型客站，由铁路部门同地方合资修建。

〔**哈尔滨客站扩建工程竣工**〕 该工程占地面积9.6万m^2，总建筑面积3.5万m^2，包括新建中央主楼、第二候车室、2座高架天桥、地下通道等，总投资4854万元。由黑龙江省建筑设计院负责总体设计，哈尔滨铁路局承担通讯设计。哈尔滨站始建于上世纪末。新中国成立后，原有车站难以满足需要，1959年决定重建。由于当时国家经济困难，站房只建了两翼，即于1962年停建。1984年，国家批准哈枢纽扩建工程，包括扩建哈尔滨客站。客站扩建工程于1988年6月7日破土动工，经黑龙江省第一建筑工程公司、哈尔滨铁路局、齐齐哈尔第一工程处等施工单位一年零四个月的紧张施工，于1989年10月1日胜利竣工。扩建后的新客站，设计先进，设施齐全，改善了服务条件，增大了客运能力。

哈尔滨客站旧貌换新颜 赵刚 摄

核 工 业 建 筑

程 荃

〔秦山核电厂即将建成〕 秦山核电厂工程，至1990年底已进入最后调试阶段。不久可望并网发电。参加该工程施工的有中国核工业总公司二二建设公司二公司、二三建设公司三公司和浙江省火电建设公司。1989年4月经国际原子能机构运行前安全评审团对秦山核电工程运行前安全、质量、生产等情况进行了全面检查评审，认为中国具有发展核电的能力。同年5月2日和7月6日秦山核电厂第一台和第二台蒸汽发生器相继吊装就位成功。8月5日400MVA变压器又顺利安装就位，这是我国第一台容量最大的220kV等级的升压变压器。主变压器的安装就位，使核电厂220kV升压站的GIS，OF电缆，三变三大部分至此全部就位。10月11日由我国自行制造的两台汽水分离器安全运抵秦山核电工地，至此，核电厂所需重60吨以上或超长、超重、超高的特大型设备的运输任务已胜利完成。12月7日，我国自行设计和制造的秦山三十万千瓦核电站燃料组件和相关组件，通过国家级出厂验收，这是我国自已能够建造核电站的主要标志之一。1990年秦山现场各单位相继完成了一、二四路管道冲洗，电仪控调试开通，单机试车，设备和系统功能试验，各子项工程收尾等工作，1990年11月5日主系统水压试验一次成功，使秦山核电工程进入全面调试阶段，主系统水压试验进展顺利，核电厂的工作系统，各个接口和主要设备的设计、制造和安装的质量良好。

〔大亚湾核电站工程进展顺利〕 由我国与国外合资建设的广东大亚湾核电站工程进展顺利，按合同规定，在1992年第一台九十万千瓦的机组投产运行。该核电站建设一切按合同和规程行事，不仅有科学的管理机构，而且有明确的岗位职责，工程在规范化、程序化和电脑化中进行。到1990年底止，工程设计、设备制造和现场施工进度，基本上按原订建设进度计划执行。一号反应堆厂房穹顶吊装就位和二号核岛封顶均提前完成，质量和进度都达到要求。1990年11月26日至12月14日国际原子能机构（IAEA）组织的国际安全评审团，对大亚湾核电站进行运行前的安全评审。对工程建设的总印象是好的，但也指出了个别不足之处，并对安装和调试提出了一些中肯的建议。

〔核工业总公司施工企业在治理整顿中前进〕 核工业施工企业在治理整顿中不断强化企业管理。1989年完成产值比上年增加1.9亿元，超过年度计划34%，实现利润2300万元，超额完成年计划指标。

中国核工业总公司第五安装公司和二四建设公司已首批步入国家二级企业的行列，华兴建设公司和四七一厂也相继于1990年被命名为国家二级企业。1989年华兴建设公司承建的江苏仪征华纤涤纶一期工程荣获国家优质工程银质奖。1990年第五安装公司承建的上海石化总厂涤纶二厂工程荣获金质奖、涤纶厂长丝装置工程、海运码头工程荣获银质奖；二二建设公司与钱塘江工程局承建的秦山核电厂海堤工程荣获银质奖。此外，还涌现出许多优秀QC小组，并得到中国核工业总公司和能源部的表彰，QC小组成果率达60%，取得直接经济效益65万元。核工业施工企业承担的核电重点工程建设，基本保证了质量和工期。秦山核电站工程得到了良好控制，主要设备均一次就位安装成功，主管道焊接一次合格率达99%以上，焊接收缩和管道位移、变形均在控制范围以内。二三建设公司施工的核岛反应堆两台大型蒸发器顺利安装就位，主回路焊接缩短工期38天。

核工业施工企业的多种经营和技术进步工作也有了进一步发展。已开发多种经营项目70多个，从开始的生活安置型向广开生产门路，提高经济效益的方向发展，经营形式也从单一的自我经营、自成体系、发展到中外合资，内联合作，有的企业出现了工贸结合、多业并举的势头。二三建设公司承担的秦山核电站反应堆压力壳、蒸发器吊装技术及安全壳钢衬里施工技术获中国核工业总公司科技成果二等奖；二二建设公司混凝土搅拌楼“双掺”装置技术获中国核工业总公司科技成果三等奖，第五安装公司30mm厚铝合金板焊接技术取得了突破。

林　业　建　筑

苏玉璋　程孝敏

〔**木材采运工程**〕　1990年完成总投资1.48亿元，新增木材生产能力24万立方米，完成实物工程量：公路整体396.4公里，房屋建筑面积10.7万平方米，其中住宅6.8万平方米。竣工验收的大中型项目有：内蒙古自治区大兴安岭林业管理局莫尔道嘎林业局激流河公路干线87公里和山东省德洲木材贮运中心，完成投资分别为3280万元和1971万元。

〔**林产工业工程**〕　1990年新开工的大中型项目有黑龙江省方正林业局年产3万吨纸厂，国家7月18日批准开工，概算总投资14736万元，年末已完成投资额2436万元。预验收的项目有：吉林省露水河刨花板厂，年产刨花板5万立方米，总投资9038万元；黑龙江省牡丹江木材综合加工厂刨花板车间，年产刨花板5万立方米，总投资7452万元；黑龙江省东方红刨切单板厂，年产刨切单板700万平方米，总投资2397万元。竣工验收的项目有：广东省韶关胶合板厂，年产胶合板1万立方米，总投资3780万元；广东省华林林产工业联合开发公司松香、松节油再加工工程，年产松香1.2万吨，萜烯树脂1000吨、压敏胶粘带800—1200万平方米，总建筑面积16426平方米，完成投资3483万元。

〔**国家重点营林建设**〕　"三北"防护林体系工程是闻名世界的"绿色万里长城"，从1986年起实施第二期工程。建设规模为：人工造林9550万亩，封山（沙、滩）育林2318万亩，飞机播种造林257万亩。其中毛乌素沙地防风固沙林，科尔沁沙地防风固沙林和京包——包兰铁路两侧防护林等三项骨干工程，人工造林1427万亩，1990年国家共安排资金6080万元，完成人工造林1475万亩，封山育林878万亩，抚育中幼林575万亩，以及配套的基础建设。

长江中上游防护林体系工程是"七五"期间国家新批准的一项大型骨干生态林业建设项目。这项工程的总体目标是针对长江流域存在的水土流失等问题而进行的生态综合治理，涵养水源，保持水土，改善生态环境，促进长江流域的经济发展。1989年批准第一期工程总体规划，造林总规模为1亿亩，1990年国家安排专项资金3000万元，当年实际在145个县造林4862万亩，封山育林317万亩。

沿海防护林体系是继"三北"防护林体系和长江中上游防护林体系之后第三大生态工程。1988年正式列入国家规划，整个工程包括11个省、市和自治区的195个县，总建设工程量为356万公顷，分两期实施，1988至2000年为一期工程，"七五"期间为24.91万公顷，"八五"期间为124.57万公顷，"九五"期间为99.65万公顷，一期工程总工程量为249万公顷，占整个规划的70%。到1990年底共营造沿海基干林带1.06万公里，农田林网控制耕地面积3700万亩，沿海地区有林地面积近1亿亩，部分地方已初步建成林种、树种结构合理，生态效益、经济效益、社会效益显著的防护林体系。

〔**利用世界银行贷款造林项目**〕　为缓解我国木材供需矛盾，1990年6月，我国与世界银行签约贷款2.3亿个特别提款权（相当于3亿美元），用于16个省（广东、广西、湖南、湖北、浙江、安徽、福建、江西、四川、山东，河北、辽宁、贵州、云南、河南、海南）的国营林场和集体林场建设，共98.5万公顷，生产的木材主要用于建筑、造纸、胶合板和矿柱材。

〔**重点科研教育工程**〕　科研工程有：①桉树科研中心，总建筑面积11059平方米，概算投资为1498万元，目前正在建设，预计1991年竣工验收；②泡桐研究中心，总建筑面积11322平方米，投资999万元，该工程于1990年11月正式竣工验收，交付使用。

教育工程有：①西南林学院迁建工程教学主楼总建筑面积为21250平方米，投资660万元，1990年已竣工验收、交付使用；②北京林业管理干部学院教学主楼，建筑面积11700平方米，投资945万元，1990年上半年验收，交付使用；③西北林学院新建实验楼，建筑面积19879平方米，投资931万元，已于1990年上半年竣工验收，交付使用。

〔**林业工程勘察设计**〕　1990年末林业系统有全民所有制勘察设计院37个，职工15305人，其中甲级设计院11个，职工6038人，是林业勘察设计的骨干力量：

1990年林业系统有勘察人员4759人，完成工程测量7866平方公里；工程地质勘探70964标准米；水文地质勘探 31316 标准米；物理勘探 778 个标准点。1990 年林业系统有设计人员 3061 人，完成初步设计 184 项，建筑面积 241310 平方米；施工图设计 619 项，建筑面积 760454 平方米。

截至 1990 年底，林业系统 11 个甲级勘察设计单位全部通过了全面质量管理达标验收。按建设部要求，甲级设计院的资质复查是结合推行 TQC 验收进行的。林业部 TQC 验收委员会于 1990 年 12 月，对林产工业设计院推行 TQC 达标验收后一年的工作进行了复查，复查合格后颁发了证书。随后对部调规划设计院推行 TQC 通过了正式达标验收。林业部直属乙级设计单位的清理整顿工作，由部组成检查组，对其资格等级、经营范围、规章制度、编制等进行了严格审查。

1990 年 12 月林业部勘察设计单位推行 TQC 验收委员会召开了“林业工程勘察设计首届优秀 QC 小组成果发布会”，评选出部级优秀 QC 小组 18 个，其中一等奖 2 个，二等奖 5 个。

1990 年获全国 100 名设计大师称号的有林业系统 2 人，他们是：黑龙江省林业设计研究院杨宝德和林业部林产工业设计院韩师休。

〔**优秀勘察设计奖**〕 林业部 1989 年度林业工程优秀勘察设计获奖项目如表一所示。

1989 年度林业工程优秀勘察设计获奖项目 **表 1**

序号	项　目　名　称	获奖等级	勘　察　设　计　单　位
	一、勘察奖（4 项）		
1	黑龙江省漠河县西林吉镇工程地质勘察	2	黑龙江省林业设计研究院
2	湖南人造板厂工程地质勘察	2	湖南省农林工业勘察设计研究院
3	内蒙古大兴安岭绰源林业局局址水文		
	工程地质普查	3	内蒙古大兴安岭林业设计院
4	福州人造板厂工程地质勘察	3	福建省林业勘察设计院
	二、设计奖（12 项）		
1	黑龙江省鹤北林业局总体设计	2	黑龙江省林业设计研究院
2	湖南省资兴市天鹅山大桥	2	湖南省农林工业勘察设计研究院
3	湖南人造板厂锅炉房工程	3	湖南省农林工业勘察设计研究院
4	黑龙江省南岔木材水解厂中密度纤维板分厂	3	林产工业设计院
5	吉林省三岔子林业局制材厂	3	吉林省林业勘察设计院
6	内蒙古赤峰有机化工厂糠醛技术改造工程	3	林产工业设计院
7	黑龙江省东方红林业局小佳河——支线公路	3	黑龙江省牡丹江林业勘察设计院
8	内蒙古大兴安岭满归林业局伊克萨玛大桥	3	内蒙古大兴安岭林业设计院
9	内蒙古大兴安岭满归林业局满伊公路干线中后段	3	内蒙古大兴安岭林业设计院
10	黑龙江省汤源林业局金河至腰营林场营林公路	3	黑龙江省林业设计研究院
11	湖南省资兴市游垅桥	3	湖南省农林工业勘察设计研究院
12	部颁重力式混凝土桥台标准图（肋型埋置式）	3	内蒙古大兴安岭林业设计院

〔**林业工程施工安装**〕 林业系统有施工队伍 10 万余人，其中专业施工企业 20 个，职工 34499 人。有国家一级资质等级的企业 7 个，职工 22739 人，其中高级工程师 86 人，工程师 281 人，助理工程师 578 人，技术员 504 人。

1990年林业系统20个专业施工企业完成房屋施工面积47.5万平方米，竣工房屋23.9万平方米；完成公路整体工程401公里，路基279公里，路面157公里，土石方1081万立方米；完成总产值33751万元，施工产值31512万元，净产值12506万元，全员劳动生产率按总产值计算为9546元／人·年，按净产值计算为3537元／人·年。

〔林区建筑市场整顿〕 1990年林业系统清理整顿在1989年工作的基础上，着重完善了各种规章制度，尤其是严格了队伍注册审批手续，控制了进入林区的施工企业，与此同时，对系统内的施工企业采取了倾斜政策，初步建立了稳定的林区建筑市场。

林业部1990年对本系统内部施工企业的资质等级进行了全面复查。在20个林业专业施工企业中，资质等级为一级的有7个，二级的有11个，三级的有2个。

1990年林业部下发了开展林业在建工程质量大检查的通知。7至8月各重点林区省、自治区组织抽查了142个大中型项目，优良品率为15.78%，比1989年有所提高，同时杜绝了重大质量事故，一般工程质量事故也比往年减少，工程质量出现了稳中有升的势头。

〔林业部优质工程项目〕 林业部1989年度优质工程项目获奖名单如表二所示。

林业部1989年度优质工程项目获奖名单 **表2**

序号	项目名称	获奖等级	施工单位
1	四川省珙县速生丰产林造林工程	1	四川省珙县林业局
2	黑龙江省南岔木材水解厂中密度纤维板分厂工程	2	南岔水解厂建筑安装工程公司
3	内蒙古大兴安岭满归林业局满伊干线运材公路工程	3	内蒙古大兴安岭林业建筑工程局二处
4	黑龙江省东方红林业局小佳河一支线公路工程	3	东方红林业局第二工程处
5	黑龙江省鹤北林业局局址工程	3	鹤北林业局基建指挥部
6	黑龙江省大海林林业局公用建筑群工程	3	大海林林业局基建公司
7	黑龙江省东京城林业局拖拉机站商品住宅楼群工程	3	东京城林业局工程公司
8	黑龙江省海林林业局局址建筑群工程	3	海林林业局基建工程处
9	黑龙江省伊春市伊东大桥工程	3	伊春林业工程公司
10	黑龙江省带岭林业实验局电厂低真空运行循环水供热工程	3	带岭林业实验局供热工程指挥部
11	内蒙古大兴安岭满归林业局伊克萨玛大桥工程	3	内蒙古大兴安岭林业建筑工程局二处
12	内蒙古大兴安岭林管局院内整体工程	3	内蒙古大兴安岭林业建筑工程局四处
13	内蒙古大兴安岭林业木材加工栲胶联合厂自备电站工程	3	内蒙古大兴安岭林业建筑工程局四处

〔林业工程标准化工作〕 “七五”期间林业工程标准化工作按国家计委批准的《林业工程建设标准规范体系表》组织了全面的编制、修订工作，1988年根据先易后难、急用先编等原则，对体系表进行了调整，增加了为决策阶段服务的建设标准及用地指标；在标准、规范的修订编制方面，已完成并颁布执行的21项，完成报批稿的10项，完成征求意见稿的2项、完成调研工作的3项；在投资估算指标编制方面，已完成送审稿1项，完成初稿的2项；在概预算定额方面，完成初稿4项，完成前期工作的2项；在工期定额方面，已完成了8个分册，并颁布执行；在建设标准方面，正在编制送审稿的7项；在工程项目建设用地指标方面，正在编制送审稿的7项。

商 业 建 筑

黄 瑞 鸿

"七五"期间，商业部部管基本建设工程项目，一是商业仓库、粮食仓库、棉麻仓库、肉类冷库、果品冷库、食用油库等商业仓储建筑；二是面粉厂、油脂工厂、饲料厂、农副产品加工厂等商业加工工业建筑；三是农副产品批发市场、商业饮食服务和商业院校、科研所等其他商业建筑。新增生产能力情况见表1。

表 1

建 设 项 目	新 增 生 产 能 力
商业仓库	21.5万平方米
粮食仓库	177亿市斤
棉花仓库	112.17万吨
麻类仓库	1.2万平方米
肉类冷库	16.21万吨
果品冷库	22.20万吨
食用油库	5.44万吨
供销商品仓库	6.37万平方米
茶叶仓库	4.53万平方米
面粉厂	1425吨/日
油脂工厂	800吨/日
饲料厂	21.8万吨/年
农副产品加工厂	14.40万平方米
农副产品批发市场	11.65万平方米
商业饮食服务建筑	10.60万平方米

一、商业仓储建筑

〔**商业仓库**〕 "七五"期间，为适应商业体制改革和多渠道商品流通的储运需要，在上海、天津、北京等地建成了比较现代化的储运中心和配送中心。(一) 上海商业储运联营公司铁路储运部改造工程：包括站台库16885m^2、二线库5400m^2、管理楼1900m^2、铁路专用线690m。站台库与二线库之间的道路宽25m，考虑大型集装箱车辆进出。(二) 天津商业储运中心工程：总建筑面积120490m^2，铁路专用线总长度5855m，货场面积80000m^2，汽车停车场5000m^2。(三) 北京市食品配送中心工程：该工程主要是为保证亚运会期间食品供应和食品检验的需要。总建筑面积4600m^2，从荷兰引进自动分拣装置，分拣能力每小时3000件。此外，在一些交通枢纽建成了一些较大规模的中转仓库，如在郑州的河南省商业仓库总建筑面积14800m^2。

在此期间建设的商业仓库，其工程项目一般包括四部分：(一) 库房及其他生产设施。库房是仓库的主体建筑，其他生产设施是指直接为商品储运服务的设施，包括专用码头、铁路专用线、货场、站台等。(二) 辅助生产建筑：指间接为商品储运服务的建筑，包括变配电间、车库、消防间、修理间等。(三) 办公和生活建筑：包括办公用房、食堂、浴室、职工宿舍等。(四) 外围设施：包括道路、围墙、照明、给排水以及绿化工程等。其建设规模，是按库房总建筑面积分为三类 (见表2)。

商业仓库建设规模划分标准　　表 2

大型仓库	库房总建筑面积 > 30000m^2
中型仓库	库房总建筑面积 10000～30000m^2
小型仓库	库房总建筑面积 < 10000m^2

库房建筑面积利用系数 (各仓间实际面积之和与库房总建筑面积之比)，一般单层库房不低于90%，多层库房不低于75%。大、中城市的商业仓库，为节约用地以建多层库房为主。库区建筑覆盖率，一般控制在表3范围内。

表 3

全部多层库房	30～35%
全部单层库房	40～45%
部分单层库房和部分多层库房	35～40%

〔**粮食仓库**〕 "七五"期间，粮食仓库建设项目主要分两部分：一是商业部直接投资 (即部管直供项目)；二是商业部与各省、市合资建设的项目。在部管直供项目中，建成了一批规模较大的粮库，如北京马连道4480万斤、大连8000万斤、河南许昌3000万斤、哈尔滨香坊5200万斤、安徽凤阳8900万斤、天津大直沽6000万斤等粮库。

河南省商业仓库

在此期间，粮食仓库的建设规模，一般按库房仓容划分为四类（见表4）。

表4

第一类粮库	仓容 ＞ 75000t
第二类粮库	仓容 50000～75000t
第三类粮库	仓容 25000～50000t
第四类粮库	仓容 ＜ 25000t

各种粮食容重和包装仓单层包每平方米堆包重见表5。

表5

粮食种类	容重(kg／m³)	单层每平方米粮包重(kg／m²)
小　麦	750	175
稻　谷	550	130
玉　米	730	170
大　豆	710	165
大　米	790	185
面　粉	550	100

粮食仓库的工程项目，一般包括三部分：(一) 主要生产设施：库房。(二) 辅助生产设施：麻袋库及麻袋清理间、烘干间、车库、铁路专用线、码头、货场、晒场、器材库、化验室、道路、水电消防设施等。(三) 办公生活设施：办公用房、食堂、锅炉房、浴室、工人休息室、职工宿舍等。库区内场地实际利用系数，一般不低于80%；库区内建筑密度，一般不低于35%。

〔棉麻仓库〕　“七五”期间，在主要棉花产区建成了一批棉花储备库，如河北秦皇岛10000m²、正定 5000m²，江苏连云港 22306m²、南通 5000m²，山东巨野 5000m²、马尚 6000m²、荷泽 10000m²，浙江肖山 5000m²、镇海 5000m²，江西彭泽 3000m²、九江 3000m²，四川德阳 9300m² 和山西侯马 5000m² 等棉花储备仓库。在湖南岳阳建成了一座 5000m² 麻储备库和在广东塞坝口建成了一座 5300m² 麻种。黄红麻储备库。

模麻仓库以长期储存为主的储备库，按公称储存量分为 5000t、10000t、20000t 三种。以中转为主储存时间较短的中转库，按公称储存量分为 10000t、20000t、30000t 三种。一般棉花容重为 0.35t／m³，麻类容重为 0.3t／m³；棉花库堆垛高度按 6.8m 计算，麻类库堆垛高度按 4.8m 计算；库房建筑面积堆垛利用率均按 68%计算。

棉麻仓库的工程项目，一般包括四部分：(一) 主要生产项目:包括库房、货场、铁路专用线、码头等（储备库不设铁路专用线和码头）。(二) 辅助生产项目：包括汽车库、油库、机修间、地磅间等。(三) 公用设施项目：包括变配电间、发电机房、给水泵房、消防泵房、消防水池等。(四) 办公及生活福利项目：包括办公用房、职工宿舍、食堂、浴室、锅炉房、门卫室等。棉麻仓库的库房等主要生产设施，要考虑到棉麻货物的可堆垛性和耐压性适宜于半机械装卸作业。库房建筑要注意防水、防潮、防火和不宜日晒。棉麻仓库的库房，一般宜采用单层建筑，跨度不小于 15m (宜采用 18～24m)，净高不小于 8m。

〔肉类冷库〕　“七五”期间，在生猪产区建成了一批生产性冷库，如北京通县 5000t 冷库、四川眉山 5000t 冷库、山西太原 9000t 冷库、湖北宜昌 5000t 冷库、江苏连云港 5000t 和常州、黄桥 2000t 冷库等；在牛、羊产区建成了一批牛、羊肉冷库，如贵州贵阳 5000t 和河南郑州 3000t 牛、羊肉冷库；在工矿和城区建成了一批分配性冷库，如鞍山 5000t、长春 6000t 和青岛 7200t 冷库等。此外，在上海市建成了一座 3000t 综合性冷库和一座 7200t 禽类冷库。

在此期间建设的肉类冷库，其工程项目一般包括三部分：（一）库房及主要生产设施：库房包括冻结物冷藏间、冷却物冷藏间、储冰间、冷却间、冻结间、穿堂及楼电梯间、铁路公路站台等。主要生产设施包括机器间、设备间、变配电室、水泵房以及有关构筑物等。（二）附属生产设施：包括铁路专用线、专用码头、给水排水设施、道路及回车场地，以及车库、物料库、修理间等。（三）行政生活设施：包括办公用房、食堂、浴室、职工宿舍等。其建设规模，一般分为三类（见表6）。

表6

一类冷库	库房冷间公称容积 ＞ 40000m^3
二类冷库	库房冷间公称容积 20000～40000m^3
三类冷库	库房冷间公称容积 4500～20000m^3
四类冷库	库房冷间公称容积 ＜ 4500m^3

上海市7200t禽类冷库

肉类冷库的冷藏吨位可按下式计算：

$$G=\frac{\sum v\cdot\gamma\cdot\eta}{1000}$$

式中　G＝肉类冷库的冷藏吨位(t)；

v＝库房冷藏间公称容积之和(m^3)；

γ＝冷藏肉食品的计算重度(kg/m^3)；

η＝冷藏间的容积利用系数；

1000＝吨位与千克的换算值。

肉类冷库库房建筑面积利用系数（库房各冷间建筑面积之和与库房总建筑面积之比），一般单层库房不低于90%，多层库房不低于75%。为节约用地，二类以上冷库的库房，以采用多层建筑为主，一般不少于三层。库区建筑覆盖率，一般分配性和中转性冷库不低于40%，生产性冷库不低于35%。

〔果品冷库〕　为促进水果生产和改善市场供应，"七五"期间，在部分水果产区和销区，建成了一批水果冷库。如重庆5000t、天津5600t、西营门9300t、无锡3000t、抚顺3000t、萍乡2000t、盖梁2000t、本溪2000t、辽阳2000t、水城1500t、湛江1000t、滁县1000t、淮南1000t、峰峰1000t、朔县1000t、襄樊1000t等果品冷库。

在此期间建设的果品冷库，其工程项目一般包括四部分：（一）库房：包括冷藏间、楼电梯间、穿堂、挑选间、铁路公路站台等。（二）机房及变配电间：包括机器间、设备间、水泵房、变配电间等。（三）办公及附属用房：包括办公室、食堂、浴室、锅炉房、职工宿舍、汽车库、物料库、检验间等。（四）室外工程：包括道路、回车场、围墙、水电照明、铁路专用线等。其建设规模，分为三类（见表7）。

表7

一类冷库	库房冷藏间公称容量 3000～5000t
二类冷库	库房冷藏间公称容量 1000～3000t
三类冷库	库房冷藏间公称容量 500～1000t

重庆5000t果品库

多数果品冷库是与果品加工厂、果品批发市场、果品生产基地和果品集散地结合，同时，考虑合理的货源流向和综合发展的可能性。果品冷库库房的建筑面积利用系数（库房各冷藏间建筑面积之和与库房总建筑面积之比），多层库房一般为75～78%，单层库房一般为85～90%。多层库房宜采用现浇钢筋混凝土无梁楼板结构，单层库房宜采用钢筋混凝土或混合结构。果品冷库库房冷藏间的设计温度为±0℃，相对湿度为85～90%。

〔食用油库〕 "七五"期间，建成了一批规模较大的食用油库，如天津西营16000t、重庆九龙坡5000t、新疆奎屯4000t等食用油库。这些油库的建成，对调节食用油供应起一定作用。

食用油库的建设规模，分为四个级别(见表8)

表8

等　　级	容量系列 (m^3)
一	40000
	30000
二	25000
	20000
三	15000
	10000
四	5000

食用油库的工程项目，一般包括四部分：(一) 装卸区：包括码头、铁路专用线、装卸站台等。(二) 储油区：包括油罐区、油桶堆场、融油房等。(三) 生产区：包括精炼车间、灌油房、机修间、锅炉房、水泵房、变配电间、油泵房等。(四) 辅助生产和生活管理区：包括化验室、汽车库、道路、管网、办公及生活用房等。

食用油库的进出油基本流程如下：

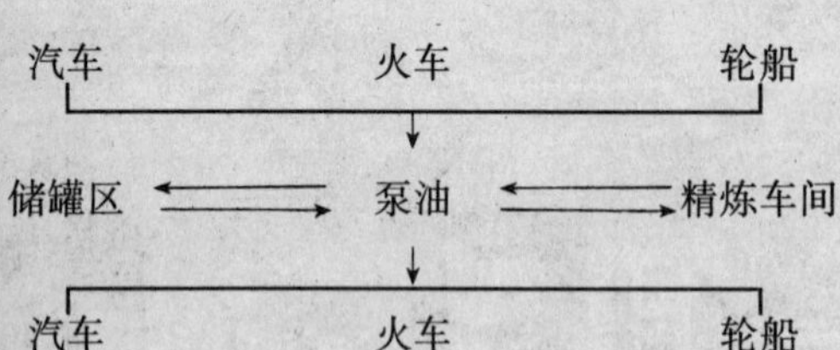

二、商业加工工业建筑

〔面粉厂〕 "七五"期间，建成了一批规模较大的面粉厂，如河南平顶山第一面粉厂年产5.85万吨、浙江宁波面粉厂年产5万吨、云南面粉厂年产6.2万吨、陕西咸阳面粉厂年产6万吨、以及浙江杭州东南面粉厂日产250吨。这些面粉厂的建成，对改善粮食供应起到良好作用。

在此期间建设的面粉厂，其建设规模一般分为四类（见表9）。

表9

特大型	加工净麦量 ＞ 400t／24小时
大型	加工净麦量 250～400t／24小时
中型	加工净麦量 140～250t／24小时
小型	加工净麦量 ＜ 140t／24小时

多数面粉厂是建在靠近产粮基地和城市供应集中点或粮食集散枢纽，有的同现有粮食仓库相结合。清理间毛麦仓的容量要满足磨粉间不少于24小时正常生产的需要。净麦仓的容量，按磨粉间的30分钟生产量计算确定。面粉的成品必须经过计量才能打包。包装面粉仓的仓容，一般不超过一星期生产面粉的储存量。包装面粉堆垛高度一般为20包。散装面粉的仓容，要满足配粉工艺的要求，一般宜有2～3天生产面粉的储存量。

面粉厂的主厂房大都采用多层建筑。厂房的层高见表10。

表10

楼层名称	安装主要设备	层高(m)
顶　层	斗式提升机头或气力输送的卸料器等	3.6～4.5
	吸入式布筒滤尘器	4.5～5.1
平筛层	高方平筛	4.2～4.5
	挑担式平筛	3.9～4.2
清粉机层	清粉机	3.9～4.5
溜管层		3.6～4.2
仓下层	无吊挂仓斗	3.9～4.2
	有吊挂仓斗	4.2～4.5
磨粉机层	磨粉机	3.9～4.2
底层		3.6～4.2

杭州东南面粉厂

〔**油脂工厂**〕 油脂工厂的生产建筑，主要由原料库、预处理压榨车间、浸出车间、精炼车间、储油罐、储粕库等组成。“七五”期间，建成了一批油脂厂，如大连油脂总厂年产10000吨、伊梨油厂年产3000吨、陕西安康油厂日处理40吨、山东费县油厂日处理50吨、郑州油厂日处理50吨等。这些油脂厂的建成，对改善食用油供应起到良好作用。

油脂厂的建筑形式和平面布置，可以考虑分开建设，用通廊、地道、栈档和管线等连接，也可以考虑组合建设，以缩短运距和减少能耗。各生产车间的建筑结构，根据工艺流程要求，可以分别采用单跨单层、单跨多层、多跨单层等几种形式。

清理剥壳工序要与蒸煮压榨工序分隔，以避免污染。油料进库与饼粕输送最好有单独的运输通道。油库的储存容量，成品为2个月产量，原料为3个月产量。饼粕库的储存容量为30天产量。除带绒棉籽可露天堆垛储存外，其他油料宜采用房式仓或立筒仓储存。

〔**饲料厂**〕 “七五”期间，建成了一批比较现代化的饲料厂，如河北秦皇岛年产20000吨、吉林洮南年产10000吨、山东临沂年产10000吨、新疆伊犁年产10000吨，以及广东浓缩预混年产24000吨饲料厂等。这些饲料厂的建成，对促进商业生产发展起一定作用。

在此期间建设的饲料厂，其建设规模可分三类(见表11)。

表11

大 型	年生产能力＞50000t
中 型	年生产能力10000～20000t
小 型	年生产能力＜5000t

饲料厂按使用功能和生产流程要求，一般划分为厂前区、装卸作业区、生产区和生活福利区。饲料厂的生产建筑，一般包括进料房、原料房、副料房、成品库及生产车间。原料库容量一般为生产车间15～30天的生产用量。副料库容量一般为30～60天的生产用量。成品库容量一般为7～10天的产量。仓容在400t以上的宜采用钢筋混凝土立筒仓，仓容在400t以下的宜采用钢板立筒仓。

〔**农副产品加工厂**〕 “七五”期间，在农副产品加工方面，主要是建设果品加工厂，如兰州2000t／年、平邑3000t／年、青岛4000t／年、西安3500t／年、乌鲁木齐3560t／年、延安1200t／年、宝鸡2000t／年等果品综合加工厂等。此外，还建成了一批其他加工厂，如梨树2000t／年植物油加工厂、兰州5260m^{2}畜产加工厂、蒙阴100万条／年麻袋加工厂和广东东莞9174m^{2}副食品加工厂等。这些加工厂的建成，对农副产品生产起很大的促进作用。

在此期间建设的果品加工厂，一般有干果、蜜饯、罐头果品加工等，包括北方的桃、梨、杏和南方的瓜类果品，以及大宗的平果和柑桔等。有的果品加工厂建在产区，有的建在销区，也有与果品冷库结合建设的。

农副产品加工厂的工程项目，一般包括四部分：(一）生产设施：生产厂房。(二）辅助设施：包括仓库、车库、货场、停车场、锅炉房、变配电室等。(二）行政生活设施：包括办公用房、食堂、浴室、职工宿舍等。(四）总体设施：包括道路、围墙、给水、排水、照明、管网，以及绿化工程等。

农副产品加工厂主厂房的建筑形式一般采用单层建筑较多，也有采用多层的，一般是二至三层。生产规模较大的主厂房，多数采用钢筋混凝土结构，生产规模较小的有的采用混合结构。

三、其他商业建筑

〔**农副产品批发市场**〕 为适应流通体制改革，促进农副产品开放式流通的发展，“七五”期间，在农副产品集散地区，建成了一批农副产品批发市场。如石家庄市22800m^2、长沙市12500m^2、贵阳市11336m^2、天津市7600m^2、吉林市9480m^2、哈尔滨市香坊9000m^2、益阳市7500m^2、常州市5562m^{2}等农副产品综合批发市场。这些批发市场，是集交易、信息、运输于一体有组织、多功能的农副产品现货交易场所。

在此期间建设的农副产品批发市场，其建设规模，一般分为三类（见表12)。

表12

一 类	年经营量100000～200000t
二 类	年经营量50000～100000t
三 类	年经营量20000～50000t

化 学 工 业 建 筑

包 秀 成

我国化工施工队伍始建于1950年，四十年来在党的正确领导下，通过全行业职工的艰苦奋斗，队伍的思想政治素质、技术业务素质和企业管理水平，都有了较大提高，目前共有施工企业39个、职工109000人，遍布全国25个省、自治区、直辖市，其中，直属企业十三个，65000人，地方企业26个，44000人。40年来，化工施工能力由最初的化工建筑安装扩展到承揽化工、石油化工、石油、建筑、电力、轻纺、医药等多种行业的大中小型各类工程项目的施工任务。先后承担了吉林、太原、兰州、南京、大连、锦西、燕山、齐鲁、衢州、岳阳、广州、安庆等十二个大型化工基地和十三套引进大化肥工程的建设。七、八十年代又完成了北京、大庆、齐鲁、扬子、吉林等乙烯生产基地和五套引进大型化肥装置的建设，累计建成4229个化工企业，其中大中型企业705个，形成固定资产659亿元。"七五"期间，认真贯彻党中央、国务院的一系列方针、政策，发扬艰苦奋斗的优良传

农副产品批发市场的工程项目，一般包括五部分：(一) 经营设施：交易厅、棚。(二) 辅助设施：包括库房、汽车房、地磅房、露天货场、停车场、垃圾堆场、锅炉房及煤场、变配电室、门卫室等。(三) 服务设施：招待所、营业食堂。(四) 办公生活设施：包括办公用房和生活福利用房。(五) 总体设施：道路、围墙、绿化，以及室外管线等。一般应具有能适应交易活动所必需的综合服务设施。农副产品批发市场的建筑密度要求：一类农副产品批发市场不低于55%，二类不低于50%，三类不低于45%。

〔**商业旅馆及饮食服务建筑**〕 "七五"期间，在石家庄、郑州、汉口、长沙、哈尔滨、乌鲁木齐、长春、沈阳、福州、南宁、兰州、合肥、贵阳等城市，建设了一批商业服务楼，包括旅馆和饮食服务，个别的还附设商店，主要是为接待国内旅客和满足国内一般性会议提供食宿条件。这批项目属于中档标准，采取中等建筑、装饰、陈设和设备标准。每项工程总建筑面积为15000～20000m^2。旅馆部分的面积指标，即客房的综合平均建筑面积总建筑面积与客房总间数之比)，按客房自然间为计算单位，一般控制在50～60m^2／间。客房标准层有效面积利用率（客房单元建筑面积与标准层建筑面积之比)，一般控制在70%左右。客房标准间的净面积，一般控制在14～16m^2／间。卫生间的净面积，一般控制在3～3.5m^2／间。餐厅座位数与客房床位数之比，一般控制在1～1.3∶1。厨房建筑面积（包括加工、仓储、服务、管理等用房）与餐厅建筑面积之比，一般控制在0.8～1.0∶1。对于严寒地区（Ⅰ区），主要是考虑冬季采暖，不考虑夏季防热；寒冷区（Ⅱ区）和温暖区（Ⅲ区），可以考虑冬季采暖和夏季防热；炎热区（Ⅳ区），主要是考虑夏季防热，不考虑冬季采暖。冬季采暖和夏季空调的设计参数见表13。

表13

地　　点	冬季采暖室内温度	夏季空调室内温度
客　房	18～20℃	26～30℃
餐　厅	15℃	26～30℃
门厅、走廊	13～15℃	28～30℃

长春市商业服务楼

统，团结一致，开拓进取，取得了很大的成绩。

〔**全面推行改革**〕 “七五”期间在化工基本建设领域引进了竞争机制，把过去靠行政手段分配施工任务改为通过招标投标承揽施工任务，对保证建设项目按合理工期组织建设，对保证工程质量起到一定的促进作用，提高了建设项目的经济效益和社会效益；贯彻落实《企业法》，坚持和完善经理负责制，坚持和完善经营承包责任制；实行百元产值工资含量包干制度，制订挂钩指标考核办法，起到奖勤罚懒，推动生产力发展的作用；坚持用工制度改革。实行固定工、合同工和临时工相结合的用工制度，增进竞争机制，加强管理层和作业层建设，改变吃大锅饭的状况。改革促进了生产。五年来，全行业共完成大中型建设项目 170 余项，完成建设总投资 500 亿元，建安工作量 60 亿元。胜利完成了三大碱厂、四个磷铵的建设任务。

〔**开展企业资质审查**〕 按照建设部的安排，制订了化工建设施工企业资质等级标准，全面开展了对化工施工企业的资质审查工作，重新核定了施工企业的资质等级。化工行业共有三十九个施工企业，其中有十九个企业取得一级施工企业资质等级证书。对调整队伍结构、开拓经营范围、深化施工体制改革的企业给予了扶持，在政策上作了适度倾斜。两个单位取得了地矿建设一级施工企业的资质证书，一个单位取得兼营建筑装饰工程施工资质，一个机械化施工企业取得兼营建筑安装工程施工资质。对兼有工程设计、工程施工能力，具备工程总承包能力的单位，从优确立了资质等级。为扩大对外工程承包和劳务合作，完成了第一批六个单位国外劳务资质审查和颁发证书工作。

〔**加强经营管理，经济效益明显提高。**〕 化工建设行业在经营管理中，逐步注重宏观经营决策，调整经营结构，拓宽经营领域，实行各种形式的承包经营责任制，建立健全指标考核体系，加强企业内部的经济核算，加强劳力、资金、材料、设备的管理，降低了消耗，减少了浪费，提高了经济效益。全行业年完成建安工作量从一九八五年的 8.5 亿元增加到一九九零年的 15.5 亿元，五年中增加 82%；劳动生产率从一九八五年的人均 8000 元增加到一九九零年的 13000 元，提高 63%；利润从一九八五年的 5500 万元增加到一九九零年的 9300 万元，增加 69%。随着生产的发展，职工生活也有了明显改善，全行业年人均收入已由一九八五年的 1600 元增加到 2500 元，增加 56%。

在拓宽国内经营领域的同时，积极稳妥地开拓国际建筑市场，大力发展外向型经济，在对外工程承包和劳务合作方面有了突破。化工施工行业已经从承担国外引进工程施工发展到对外劳务合作，从对外劳务合作发展到对外工程承包或工程分包。还有一些工程，按照国际工程承包惯例，按国外工程总承包商的要求，组织施工。有些单位已经消化吸收了国际工程管理经验，进行了国内工程试点，取得良好的效果。目前，化工施工行业已有九个企业打入孟加拉、伊拉克、尼泊尔、巴基斯坦、菲律宾、阿尔巴尼亚、苏联等国际建筑市场，完成营业额 3500 万美元，创汇 1700 万美元，已经签约和正在签约的营业额达 2500 万美元。

〔**确保国家重点工程建设**〕 “七五”期间化工系统共完成固定资产投资 500 亿元，建成投产 43 个大中型基建项目。有些项目如铜陵磷铵、大化磷铵、南化磷铵和青海钾肥等大型化学肥料生产装置，对改变我国化肥结构、调整氮磷钾肥比例起了重要作用；维坊纯碱厂和天津、大化、青岛、自贡、应城五个老厂纯碱扩建及一批年产 4 万吨联碱项目，改变了我国纯碱连续 15 年进口的局面。哈尔滨苯酐、杭州磁带厂等一批精细化工项目；云浮、荆襄王集等大型化学矿山工程均已建成投产。唐山碱厂、连云港碱厂、中原化肥厂、中阿化肥有限公司、盘锦天然气化工厂、龙新化工厂等一批项目已经建成，正在试生产。四川化工总厂 20 万吨合成氨、济南化肥厂 15 万吨硝酸磷肥均已试车出了合格产品。化工施工队伍五年来，共有 63 项工程获部优秀施工项目奖，有 5 项工程获化工部优质工程奖，有 9 项工程获国家级优质工程奖。

〔**大力推进技术进步**〕 根据八十年代化工建设的实际和行业发展的需要，在完成重点工程建设的同时，狠抓了技术进步工作，坚持以技术进步促进工程建设。抓住承建具有八十年代水平的国外引进装置和国家重点工程的机会，带动各项施工与管理技术的发展，形成了一批在同行业中属领先地位的新技术、新工艺。超大件吊装技术，大型压缩机组的安装技术，特种材料的焊接技术，具有当代先进水平的 DCS 集散型仪表的安装调试技术，各种介质的贮罐容器的橡胶衬里技术，特种防腐技术，超大超重设备的运输技术，沿海软弱地基的处理技术，混凝土施工技术、检测技术等均有了新的进展。各企业在抓技术进步中，普遍重视了电子计算机技术的推广运用。目前全行业拥有各种微机 170 余台，并开发出一大批应用软件，有的企业已经开始局域联网。五年来，全行业共有二十五项成果获化工部科技进步奖，一项成果获国家级科技进步奖。

〔**加强基础工作，强化管理**〕 遵照国务院关于“抓管理、上等级、提高管理水平”等一系列指示精神，各企业都加强了标准化、计量、定额、信息、基础教育、班组建设等管理基础工作，不断提

邮 电 通 信 建 筑

王 道 焕

1989～1990 年，全国邮电部门共完成固定资产投资 110.2 亿元（其中基本建设投资 48.5 亿元，重新改造措施和其他投资 61.7 亿元）。在邮电部直属项目中完成基本建设投资共 30 亿元。两年竣工的房屋建筑面积共计 473.6 万平方米，其中业务用房（包括各种通信机房）277 万平方米。两年列入国家大中型项目和国家重点建设项目共 12 个，列入邮电部重要项目共 28 个，其中邮政枢纽楼 18 个，电信枢纽楼 11 个，其余为光缆干线、微波干线、卫星地球站以及市内电话工程等。已竣工投产的国家大中型项目或邮电部重点建设项目共 13 个。

〔中比合营数字电话交换系统工程通过国家验收〕 该工程位于上海虬江路上海电话设备厂内，利用该厂原有部分厂房改扩建而成，这是我国与比利时合营引进的数字电话交换设备制造生产线的高技术项目，为国家重点建设项目。1984 年 4 月开工，1988 年 12 月竣工。邮电部受国家计委委托于 1989 年 4 月 1 日至 3 日组织竣工验收。工程的建筑规模为改建厂房 9257 平方米，新建厂房 7224 平方米。工程总体设计单位为邮电部 1240 工程建设局设计室，土建设计单位为上海华东建筑设计院与上海邮电设计所，工艺设计单位为比利时贝尔公司，土建施工单位为上海市第四建筑公司、上海工业设备安装公司，工艺设备安装施工单位为上海贝尔公司和有关厂商。

〔呼和浩特电信枢纽工程竣工投产〕 该工程座落在市中心电信局院内，主楼建筑面积 16994 平方米，地下 2 层地上 14 层，总高度为 76.5 米，主楼为钢筋混凝土框剪结构。工程于 1986 年 6 月开工，1988 年 12 月土建工程竣工，1989 年 8 月通信设备安装工程竣工，邮电部于 1989 年 9 月 19 日组织全工程的竣工验收。该工程土建设计单位为邮电部北京设计所与北京邮政设计所。通信工艺设计单位为邮电部北京设计所、呼市电信局设计室、呼市供电局设计室。土建施工单位为内蒙第一建筑工程公司。通信设备安装单位为邮电部第一工程公司、呼市供电局。

〔上海邮件转运站工程竣工投产〕 该工程与上海铁路新车站同步建设，于 1986 年 3 月开工，1989 年 9 月竣工，其中转运楼地下室和邮政专用地道，于 1987 年 12 月与上海新车站同期投入使

高管理水平和企业经济效益，并结合工程建设和企业管理实际，有重点地推行全面质量管理、方针目标管理、量本利分析、网络技术、决策技术、滚动计划、电子计算机辅助管理等现代的管理方法，取得了可喜的成果。与此同时，全行业还广泛扎实地开展了学吉化活动。五年来，全行业三十九个企业中，有 8 个企业获学吉化先进单位、2 个企业获学吉化优秀单位称号；有七个单位获化工六好企业称号；有十八个单位进入省级先进企业、九个单位进入国家二级企业行列；有九个单位先后被授予优秀施工企业管理奖；有 232 个 QC 小组被评为部级优秀 QC 小组，25 个小组被评为国家级优秀 QC 小组；有一个管理成果获省软技术成果奖，并获首届国家级企业现代化管理创新成果奖；有五个企业获得部级质量管理奖，四个单位被建设部公布为全国推进全面质量管理“排头兵”企业，二个企业获国家级质量管理奖。

〔推行鲁布革经验的试点〕 推行鲁布革管理经验，按项目法组织施工，是对施工管理体制与方法的重大改革。“七五”期间，化工施工行业以积极的态度研究探索工程项目建设的内在规律与特点，开展推行鲁布革管理经验的试点工作，经过几年的实践，取得一定的经验和收效，涌现出一批组织较好、收效显著的项目经理部，如：濮阳大化肥、盘锦乙烯、天津蛋胺酸、维坊纯碱、唐山纯碱、南化磷铵、大化磷铵、铜陵磷铵、贵溪磷铵、秦皇岛磷铵、岳化改造、816 大化肥、天津染化三厂四厂、南化锦纶、龙新有机玻璃等项目经理部。

“七五”期间，还发展了一批集团性工程公司，先后组建了中国化学工程总公司和吉林、南京、云南、河南、上海等六大集团工程公司。同时，还进行了多种形式的工程总承包的试点工作，认真探索设计、施工到竣工交“钥匙”一条龙的总承包的方式，取得一定的经验。

呼和浩特电信枢纽楼外景

用，邮电综合营业厅，于1989年8月正式营业。邮电部于1989年11月15日至17日组织了工程竣工验收。工程的建筑规模为23507平方米，其中转运楼建筑面积为19951平方米；综合楼营业厅建筑面积1766平方米。土建设计单位为华东建筑设计院；工艺设计单位为邮电部第三研究所；邮政专用地道设计单位为上海铁路勘测设计院；土建施工单位为上海市第五建筑工程公司、上海市基础工程公司和上海市工业设备安装公司；邮政专用地道施工单位为上海铁路局第三工程公司；邮政通信设备安装单位为鞍山悬挂设备厂、四川487厂、上海液压气动研究所、上海工程咨询中心等。

〔**福州邮政枢纽工程竣工投产**〕 该枢纽楼位于福州市华林路福州火车站以南约700米处，工程总建筑面积为19675平方米，其中生产主楼为15307平方米，附属建筑为4368平方米，占地面积41.73亩，院内地坪和道路为6785平方米。1985年12月13日开工，1989年8月30日竣工，邮电部于1989年12月6日至8日对该工程组织竣工验收。主楼施工质量评为优良，单方造价为438元/平方米，是当时同类建筑中造价较低的。土建设计单位：福建省建筑设计院；邮政工艺设计单位：邮电部设计院；土建施工单位：福建省第五建筑工程公司、福州市第三建筑工程公司和福州港口公司；邮政工艺安装单位：贵阳通信机械厂、鞍山悬挂输送成套设备厂、上海邮政研究所、福建省电子技术研究所和南通电视机厂等。

〔**大连邮运码头及集装箱场地工程竣工验收**〕

为发展海上邮运事业，经邮电部批准于大连港建设邮运码头及集装箱场地。这是继烟台邮运码头之后，我国第二个邮运码头。该工程于1987年8月开工，于1990年1月竣工验收。码头岸线总长度213米，其中3000T级泊位长123米，1000T级泊位长74米，过渡段16米。航道长400米，宽52米，水深4.5米至6米。港池：3000T级泊位宽30米，水深6.5米；1000T级泊位宽25米，水深5米，护岸长130米。码头设岸吊一座，起重量10T。填海造地总面积24500平方米，陆域土建总面积3000平方米，集装箱场地和道路10000平方米。该工程总体布局和水工工程由交通部第一航务工程局设计所设计；陆域土建工程由大连市建筑设计院设计、大连第四建筑公司施工；水工工程由第一航务工程局三公司施工；海域测量由大连海军舰艇学院测绘大队承担；海域地质勘测由第一航务工程局钻探队承担。

〔**南京邮政枢纽工程竣工投产**〕 该枢纽楼与南京火车站毗邻。土建工程于1985年3月开工，1988年12月竣工。经过一年时间的设备安装，于1989年12月24日全部邮政机械设备及配套设施均安装、调试完毕，邮电部于1990年3月1日至3日对该工程组织了竣工验收后，转入正式运营生产。工程占地面积23.13亩，主楼建筑面积为18248平方米。江苏省建筑设计院承担土建设计；邮电部设计院承担邮政通信工艺设计；中国建筑总公司第八工程局三公司承担土建施工；南京航空学院、鞍山悬挂输送成套设备厂、邮电部贵阳通信机械厂等单位承担工艺设备安装。

〔**天津邮政枢纽工程竣工验收**〕 天津邮政枢纽是国内大型邮政枢纽之一，是国家大中型建设项目。本工程与天津铁路枢纽改造工程同步进行建设，于1987年4月15日开工，1988年7月20日土建竣工，邮政通信工艺单项工程于1989年12月竣工，邮电部于1990年4月25日至27日组织竣工验收。该工程的施工质量好，建设速度快。工程的占地面积27901平方米，总建筑面积42300平方米，其中主楼26648平方米；邮电支局楼9073平方米；综合楼6579平方米。安装邮政通信设备398台（套）；胶带传输机总长1083米。土建设计单位为天津市建筑设计院；邮政通信工艺设计单位为邮电部设计院；土建施工单位为天津市第三建筑工程公司；邮政通信设备安装单位为天津邮

天津邮政枢纽全景

政研究所及相关设备的生产厂家。

〔北京邮政枢纽工程中西楼通过初验〕　该工程是国家“七五”重点建设项目，中西楼土建工程于1988年6月竣工验收，1990年9月邮政工艺设备安装并调试完毕，于1990年10月通过初验。西楼建筑面积5014平方米，地下1层地上3层，主要用于辅助生产及生活设施。中楼为枢纽工程的主要生产车间，建筑面积27754平方米，地下1层地上2层，主要用于进、出口包裹、刷印分拣、干线邮件转运及市内邮件转运、总调度、电话机房、维修车间等。共设邮件分拣封发流水作业线7条，安装各种重件邮件处理设备1260台套，除引进1套国外设备外，其余均为国产设备。本工程由北京建筑设计院承担土建扩初设计；机电部设计总院承担土建施工图设计；北京市第一建筑工程公司承担土建施工；北京市安装公司承担土建设备安装；北京邮政设计所承担邮政工艺设计；鞍山悬挂输送设备厂、苏州轻工机械总厂等三十多个厂家承担邮政工艺设备及仪表的生产和安装。

〔石家庄长途电信枢纽工程峻工验收〕　该工程是京汉广中同轴电缆载波工程的组成部分，也是河北省的通信枢纽。该枢纽大楼座落在石家庄市解放路中段马路北侧，占地15476平方米，工程总建筑面积26218平方米，其中主楼17854平方米，综合楼6011平方米，营业厅及其他附属建筑2353平方米，主楼地下1层，地上12层，框剪结构，层高5.2米。土建工程于1985年3月开工，1989年2月土建单项竣工，1990年通信工艺设备安装竣工，邮电部于1990年4月17日至19日组织工程竣工验收。该枢纽大楼是一座安装有无线通信设备、报话终端交换设备、市话程控交换设备的综合通信枢纽。该工程土建设计单位：河北省建筑设计院；工艺设计单位；邮电部设计院；土建施工单位：石家庄市建筑二公司、一公司、市设备安装公司、市装饰公司。工艺安装单位：邮电部第二工程公司及河北省邮电工程公司、石家庄电信局工程队等。

〔津沪穗改扩建电话网工程通过国家验收〕　津沪穗改扩建电话网工程，是一项旨在缓解市话紧张状况的国家重点建设项目，系邮电部利用外资建设的通信项目，总投资额11.57亿元其中利用外资折合人民币8.32亿元，国内配套人民币3.25亿元。1985年开始机房与管道建设，1987年进人通信设备安装阶段，1990年8月竣工，1990年11月14日至24日分别在三市进行验收。经过5年紧张施工，新建市话机房20处，共计90000平方米，改建机房35处。建成市话局间光缆600多公里，安装140Mb光端设备700多端，新建用户电缆180万对公里，管道5500多孔公里。三市共安装30万门程控电话交换设备及相应的汇接设备，分别安装在三市的55个电话局内，比三市三十年市内电话发展的总和还多一倍。现在广州的电话普及率已由过去的0.8部／百人提高到10部／百人，天津由过去的1.03部／百人提高到4.17部／百人。本工程的工艺设计与施工分别由各市邮电部门的设计与施工单位承担。土建设计与施工分别由各市的建筑设计与施工单位承担。

扩建的电话设备在安装中

〔兰武光缆工程竣工投产〕　该工程系甘肃境内的明线改光缆通信工程，起自兰州电信大楼，经永登至武威电信楼，全程共290公里，敷设10芯和8芯光缆，设终端站转接站3处，无人中继站4处，安装2个34mb／s光通信系统，共开通2×480条电路。

该工程由邮电部设计院承担设计，由邮电部第四工程公司与第一工程公司承担光缆与设备的安装施工。土建工程的设计和施工由当地设计、施工单位承担。工程于1988年10月开工至1990年10

月竣工投产。

〔宁汉光缆通信工程通过国家验收〕 该工程是国家“七五”期间的重点建设项目。工程所用光缆及光通信数字设备均系引进。本工程由南京电信枢纽大楼出发，途经马鞍山、芜湖、铜陵、池州、安庆、九江、南昌、黄石、鄂州而至武汉电信枢纽大楼。全程敷设光缆 979 公里，设置终端站 3 个，数字转接站 2 个，分路站 6 个，中继站 12 个，无人中继站 7 个，水线房 2 个，段房 8 处。该工程于 1987 年 10 月开工，1990 年 8 月全程调测完毕，并组织初验和试运转。邮电部受国家计委的委托，于 1991 年 1 月 11 日至 13 日在安徽马鞍山召开了工程竣工验收会议。工程的各项光电性能均达到设计要求，电路质量稳定可靠。工程投产后，近期可提供终端电路 2340 条，转接电路 4500 条。该工程批准总投资为一亿四千万元。设计单位为邮电部设计院，施工单位为中国通信建设总公司及所属一、三、四公司和北京电信工程公司。

〔京沪数字微波工程通过国家验收〕 该工程是国家“七五”期间重点建设项目，是目前我国距离最长、容量最大、技术最先进的微波通信干线工程。本工程起自北京国际电信局，经天津、河北、山东、安徽、江苏而至上海电信枢纽大楼，全长 1718.6 公里，共跨越七个省市。沿途共设 46 个微波站，其中新建 30 个站，改造利用原有机房 16 个站。全程共设自立铁塔 29 座，楼顶加设铁塔 4 座，钢筋混凝土塔 3 座。本工程于 1986 年 10 月开工，1990 年 7 月全程调测完毕，经过初验和试运转后，邮电部受国家计委的委托，于 1991 年 1 月 16 日至 18 日在江苏无锡召开了工程竣工验收会议，并正式开通使用。本工程主要设备系从国外引进具有八十年代先进水平的数据传输设备，北京至上海间可开通二个微波波道（即可开通 2×1920 条干线业务电话）和一个备用微波波道，另开 2×30 条电路作区间业务电话。本工程主要设计单位为邮电部设计院。通信设备安装单位为邮电部第二工程公司，土建施工由相关省市地方施工单位承担。

〔长沙电信枢纽工程土建竣工〕 该枢纽楼位于长沙市韶山路长沙市电信局院内，与老电信楼平行。本工程于 1987 年 12 月开工，1990 年 8 月土建竣工验收，随后即投人工艺设备的安装。枢纽楼的建筑面积为 10771 平方米，地下 2 层、地上 10 层，框剪结构，楼顶设置钢筋混凝土微波天线塔，可放四层微波天线。塔顶高 96.5 米。设计单位：邮电部设计院，施工单位：中国建筑五局第三建筑工程公司。

〔哈尔滨长途电信枢纽大楼土建工程竣工验收〕 该工程位于哈市中山路东侧文昌街南侧，是一座长约 100 米高 50 余米（10 层）的板式建筑，紧靠主楼西端设一高为 105 米的钢筋混凝土微波天线塔，塔与楼分设，本工程于 1986 年 7 月开工，1990 年 12 月土建竣工验收。工程总建筑面积为 25032 平方米，其中主楼建筑面积 22832 平方米（含 700 平方米营业厅），附属建筑 2200 平方米。本工程由黑龙江省建筑设计院承担土建设计；邮电部北京设计院承担工艺设计；黑龙江省第一建筑工程公司承担土建施工；中国通信建设总公司总包工艺安装施工。

〔太原电信枢纽大楼工程土建初验〕 该枢纽大楼位于太原市迎泽大道与解放路交义路口太原市电信局院内，由主楼及营业厅等裙房建筑组成，总建筑面积为 27336 平方米，其中主楼建筑面积 24425 平方米，裙房建筑面积 2911 平方米，主楼地下 2 层，地上 17 层，标准层层高 5.1 米，建筑总高度为 94.2 米，主楼采用钢筋混凝土框筒结构，主楼平面为东西长 43 米，南北宽 33 米，机房采用 12 米大跨度结构适于通信设备的布局。本工程于 1986 年 11 月开工，1990 年 12 月土建基本竣工，并组织了初验。该工程的设计单位为邮电部北京设计院，土建施工单位为山西省第四建筑工程公司。

太原电信枢纽大楼外景

冶金工业建筑

罗碧云

"七五"是钢铁工业建设竣工投产项目最多、增加生产能力最多的五年。特别是上海宝钢二期和攀钢、重钢、唐钢、宣钢四座高炉系统工程等一大批重点工程的建成投产，为钢铁工业打下了更坚实的基础。这五年间，钢铁产量分别净增 1925 万吨和 1803 万吨，平均每年分别净增 385 万吨和 360.6 万吨，并改善了品种结构，提高了产品质量。建设、勘察、设计单位和施工企业的素质也有了较大的提高。

〔钢铁工业基本建设任务全面完成〕 "七五"期间，共完成基本建设投资 310 亿元。竣工投产工程 144 项，为钢铁工业发展增加了一大批生产能力，其中：采矿工程 28 项，新增生产能力 2276 万吨；选矿工程 25 项，新增生产能力 1020 万吨；烧结工程 11 项，新增生产能力 116 万吨；炼焦工程 5 项，新增生产能力 330 万吨；炼铁工程 12 项，新增生产能力 567 万吨；炼钢工程 15 项，新增生产能力 623 万吨；连铸工程 3 项，新增生产能力 485 万吨；初轧工程 7 项，新增生产能力 573 万吨；轧材工程 8 项，新增生产能力 857 万吨；铁合金工程 9 项，新增生产能力 15 万吨；锰矿工程 14 项，新增生产能力 81 万吨；耐火材料

〔成都卫星通信地球站建成投入试运转〕 位于四川都江堰市郊的成都卫星通信地球站，是继北京、上海、乌鲁木齐、拉萨、呼和浩特等国内卫星通信地球站之后的第六个卫星通信地球站。该工程于 1988 年 5 月动工兴建，1990 年 10 月土建竣工验收，1991 年 2 月工艺设备安装完毕并投入试运转，并经国际卫星组织验证合格同意入网。工程占地面积为 11.6 亩，总建筑面积 1321 平方米，其中主机房 1092 平方米。成都卫星地球站的建成将为成都与四川的通信打开新的局面，它将与全国已经建成和拟建的 18 个卫星地球站，构成国内卫星通信网路。承担本工程土建与工艺的设计单位为邮电部北京设计院；土建施工单位为四川省第三建筑公司；工艺设备安装施工单位为邮电部第二工程公司。

成都卫星地球站外景

〔威海电信枢纽被评为优质工程〕 该工程位于山东省威海市青岛北路，建筑面积 6367 平方米，1988 年 6 月开工，1989 年 11 月竣工，由山东省邮电设计院设计，威海市建筑公司负责施工。该工程设计新颖，被山东省邮电管理局评为一等优秀设计，施工质量被评为优良工程。

威海电信大楼外景

工程7项，新增生产能力11万吨。

〔钢铁工业技术改造成效显著〕 “七五”期间，共完成技术改造投资360亿元，超过基本建设投资额。其中重点钢铁企业210亿元；地方中小钢铁企业150亿元。新增生产能力：烧结矿（含球团）118万吨，炼铁697万吨，炼钢881万吨，连铸812万吨，耐火材料38万吨。各大钢铁企业通过“七五”的技术改造，有效地提高了技术装备水平，增加了生产能力，改善了产品结构，提高了产品质量。鞍钢经过技术改造，实力大增，固定资产增加55.4亿元，形成700—750万吨铁、800万吨钢、600万吨材的生产规模。首钢在技术改造中，从比利时引进炼钢二手设备，经过修配改造，达到80年代水平，只用了22个月时间就建成一个现代化的炼钢厂，并将两座210吨转炉与瑞士引进的两台八流方坯连铸机配套，创造了经验。太钢经过“七五”的不断改造，不锈钢生产实现了现代化，成为我国最大的不锈钢生产基地，五年中为国家提供了不锈钢材27万吨，占全国不锈钢材总量的三分之一。马钢在“七五”的技术改造中，从西德引进高速线材和板坯连铸设备，年产40万吨优质线材、35万吨船板、桥梁、锅炉结构和压力容器所需的优质坯料。齐齐哈尔特殊钢厂“七五”技术改造投资3亿元，建成了轴承钢、冷拔材和合金钢锻件三个基地，形成了年产60～65万吨特殊钢的生产能力。

〔地方钢铁工业建设发展较快〕 “七五”是我国地方钢铁企业历史上生产能力、品种、质量发展最快的时期。各省、自治区、直辖市政府对发展钢铁工业十分重视，把钢铁工业作为振兴地方经济的主导产业和依托力量，给予了很多优惠扶持政策，为地方钢铁工业建设创造了良好的条件。各地坚持走挖潜、改造、配套、扩建、滚动发展等以内涵扩大再生产为主的道路，立足现有基础，利用有限的资金，增强现有装备的“造血”功能，先搞一批“短、平、快”项目，逐步上台阶。在自身滚动发展的同时，积极筹措资金，采用国内外先进适用技术，进行技术改造，推进企业的技术进步，改进企业的装备水平，有效地推动了地方钢铁工业的发展。1990年地方钢铁企业钢产量达到1762万吨，比1985年增加755万吨，平均每年增长151万吨；铁产量达到2150万吨，比1985年增加了831万吨，平均每年增长166万吨；钢材产量达到1720万吨，比1985年增加490万吨，平均每年增长98万吨。年产钢20万吨以上的钢铁企业由1985年的19个增加到28个，其中50万吨级以上的钢铁企业由两个增加到12个。安阳钢铁公司和邯郸钢铁总厂已进入100万吨级的大型钢铁企的行列；济南和昆明钢铁厂已达到80万吨钢规模；涟源、江西、通化、莱芜、南京、韶关、杭州、青岛等八个钢铁企业1990年钢产量超过50万吨。“六五”末期，只有山东、河北两省钢产量超过100万吨，经过五年建设和改造，又有江苏、河南、江西、广东、辽宁五省钢产量超过100万吨，山东钢产量已超过200万吨。

〔上海宝钢二期工程〕 该项目主体工程有：二号高炉系统，包括4063m^3高炉一座，45m^2烧结机一台，50孔焦炉四座；2030毫米冷连轧机一套；2050毫米热连轧机一套；1900毫米连铸机两台。概算投资：外汇20亿元，人民币68亿元，由宝钢工程指挥部负责包干建设。高炉、焦炉、烧结工程，主要立足于国内，国内设计，国内制造设备，引进部分单机和小成套设备，机械设备总重量11.4万吨，国内制造9.28万吨，占设备总重量的87%。连铸（从日本日立造船引进）、热连轧和冷连轧机（从西德引进）采用合作设计、合作制造设备的方式，国内供货占设备总重量的40—60%。其中：

2030毫米冷轧工程，投资31，7亿元，共44个机组（含16条自动化生产线），规模为多种冷轧板210万吨，集中了世界冷轧最新技术，尤其是五机架全连续轧机，采用了板型控制技术和CVC等技术，供冷轧板厚度公差控制在5μm之内。建设规模宏大，施工难度高，是目前国际一流先进水平的大型现代化工厂。武汉钢铁设计院参与合作设计，第二十冶金建设公司负责组织施工。工程于1984年10月开始破土动工，1988年9月建成，开始负荷试车，考核设备。在建设过程中，采用了一系列综合成套施工新技术，使工程建设按国家计划提前十五天建成，并一次负荷试车成功，施工质量优良，评为冶金部优质工程，经过一年半的设备功能和生产考核，主要技术经济指标和产品质量，均已达到设计要求。

2050热轧工程，投资24.76亿元，设计规模为年产热轧板卷400万吨，是当今世界一流水平的大型现代化工厂。全厂通过四级计算机、大量的可编程序控制装置、遍及全厂的自动化仪表以及工业电视，实施对生产的控制管理。重庆钢铁设计院参与合作设计，宝钢冶金建设公司负责组织施工。工程于1986年6月18日破土动工，1989年10月建成，比国家要求的建设期提前三个月。在建设过程中创造了一系列施工新工艺，形成了成套的施工新技术。经质量监督部门检查，分项工程优良率达95.7%，分部工程优良率达97.7%，单位工程优良率达98.9%，在285项单位工程中，评为宝钢工程指挥部级全优工程28项，冶金部级全优工程13

项。

1900毫米连铸工程，投资11.16亿元，设计规模为年产连铸板坯400万吨。技术装备先进，采用的两套双流垂直多段弯曲式板坯连铸机，是八十年代世界一流水平的装备，由5台计算机通过遍布全厂的，可编程序控制装置来控制连续铸坯的全部生产和管理过程，高度机械化、自动化和计测化。北京钢铁设计院参与合作设计，第十三冶金建设公司负责组织施工。工程于1986年9月25日破土动工，两台连铸机分别于1989年6月14日和12月10日建成交付生产，经过设备考核，分别于1990年3月和7月达到设计水平。

二号高炉系统的高炉、焦炉、烧结工程，设计规模和一期工程一样，所不同的是由国内设计和国内为主制造设备。分别由重庆钢铁设计院、鞍山焦耐设计院和长沙矿山设计院设计，由宝钢冶金建设公司、第五冶金建设公司和第十三冶金建设公司负责组织施工。

〔攀钢高炉系统工程〕 包括1350m^{3}高炉一座，130m^{2}烧结机两台，50孔×6m大容积焦炉两座，以及与其相配套的动力、运输等辅助设施和生活设施，概算投资11.5亿元，分别由重庆钢铁设计院、长沙矿山设计院和鞍山焦耐设计院负责高炉，烧结和焦炉设计，由第十九冶金建设公司负责组织施工。工程于1987年4月25日正式开工，1989年6月30日基本建成，1989年9月25日出铁。经检查评定，单位工程优良率达92%，分部工程优良率达95.8%，分项工程优良率达90.4%。

〔重钢高炉系统工程〕 该项目包括1260m^{3}高炉一座，105m^{2}烧结机两台，42孔焦炉两座，综合原料一座，太和铁矿等，共14个单项工程，概算投资8.4亿元。设计规模为每年新增铁矿70万吨，钒钛精矿35万吨，烧结矿182万吨，冶金焦56万吨，生铁76万吨，原料场受料能力374万吨。由重庆钢铁设计院、长沙矿山设计院和鞍山焦耐设计院分别负责高炉、烧结和焦炉设计，主体工程由第十八冶金建设公司负责组织施工工程于1987年1月20开工，1984年4月20日高炉出铁，工期22个月。共完成实物工作量：挖填土石方593万m^3，混凝土57.58m^3，金属结构25542吨，电缆1280km工业管道75.6km，铁路24.5km，公路134km，建筑面积23.4万m^2，拆迁工业建筑18.6万m^2。工程质量经过质量检查部门检查、验收，四大主体280个单位工程，有244项评为优良，单位工程优良率达87.1%。

〔唐钢高炉系统工程〕 包括1260m^{3}高炉一座，180m^{2}烧结机一台，75吨锅炉两台，大型综合原料场一座，以及相应的生产公用和辅助设施。概算投资82322万元。高炉、动力、综合原料场由北京钢铁设计院设计；烧结由鞍山黑色矿山设计院设计。主体工程由第二十二冶金建设公司负责组织施工。工程于1986年10月15日破土动工，1989年9月26日出铁。共完成土方180万m^3，建筑面积18万m^2，设备安装调试2.8吨，钢结构制作安装1.3万吨，钢筋混凝土31万m^3，综合管网82.7km，厂区道路50km，各种电缆1300km以及大量的外部配套设施工程。经过质量检查部门检查，539项事项工程，合格率达99.6%，优良率达75%，其中12个分项工程被评为优质工程。

〔宣钢高炉系统工程〕 包括1260^{3}高炉一座；43孔焦炉一座，并引进一套全负压回收净化系统，单体工程278项，工程总投资5.6亿元。高炉、焦炉分别由北京钢铁设计院和鞍山焦耐院设计，主体工程由第二冶金建设公司负责组织施工，工程分别于1986年3月29日和8月15日破土动工，1989年8月20日出焦，1989年12月9日出铁。

〔改革工程建设管理体制〕 全面推广了以建设单位为主体的建设项目管理模式。建设单位、设计单位和施工企业共同组成联合指挥部，以工程总进度为中心，共同编制工程总体网络计划，各单位按照总体网络计划的要求各自编制自己的工作网络计划，保证总体网络计划的实现。建设单位积极发挥主体作用，努力做好各项建设准备工作和内外部条件的协调工作；勘察、设计单位和施工企业努力克服各种困难，确保工程进度，确保工程质量。

〔完善和发展勘察、设计单位技术经济责任制〕 在“六五”试点的基础上，经过“七五”的全面推广，勘察、设计单位的技术经济责任制得到了完善和发展，由勘察、设计收费发展到各种不同形式的承包，并把技术经济责任制与全面质量管理紧密结合起来，调动了广大职工的积极性，促进了职工工作效率和单位经济效益的提高，冶金部属九个重点设计院“七五”完成的设计工程投资额和施工图与“六五”相比，分别提高90%和70%，职工年平均收入比1985年提高45%。

〔改革施工企业经营机制〕 在总结经验的基础上，改进和完善了百元产值工资含量包干办法，实行了产值、利润“双挂钩”和多种指标综合考核的办法，既保持了百元产值工资含量包干对调动广大职工积极性的作用，又克服了只按产值核定工资总额带来的重进度、轻质量、忽视企业效益的负效应，从机制上把进度与质量，效率与节约，产值与效益有机地统一起来。在实行各种不同形式的经营承包基础上，实行了风险抵押承包，使职工和企业形成一个效益共创，风险同担，利益共享的共同体。建立了企业之间、部门之间、行业之间的资金融通关系和“内部银行”，对筹措和用活资金，缓解企业资金紧缺的困难发挥了重要作用。改革单一的用工制度，形成了固定工、合同工、劳务工、输换工、代培工、季节工等多种用工形式同时并存的新格局，增强了职工的竞争意识，促进了职工学技术和工作积极性的提高。学习推广鲁布革管理经验，试行项目法施工，实行项目经理负责制，加强了项目管理和项目核算。

〔调整经营结构，积极发展多元化经营〕 与“六五”相比，勘察、设计单位和施工企业“七五”期间多元化经营有四个特点：第一，在思想观念上有一个飞跃，从“六五”被动性安排子女就业、解决队伍窝工的权宜之计，提高到改革经营结构、搞活企业的战略高度；第二，在工作部署上，从“六五”的临时性措施，提高到生产经营的一个重要组成部分，纳入单位、企业发展规划；第三，增加了投入，发展了一批具有一定规模和技术装备水平的项目；第四，与港商、侨商、外商的合资企业有一定发展。据不完全统计，各设计院从1987年以来，投入多元化经营资金达2000多万元，产值达8000多万元，获税后利润2000多万元；十三个冶金建设公司从事多元化经营的人数已达50000多人，产值达5.48亿元。多元化经营给勘察，设计单位和施工企业带来了光明的前景和希望。

〔技术开发取得显著成绩〕 通过上海宝钢和一大批引进工程的建设，特别是通过“七五”期间对国外先进技术的消化移植、技术攻关和革新，使我们的勘察、设计和施工技术提高到了一个新的水平，缩短了与国外先进水平的差距。

勘察新技术不断开发，工程地质开拓了岩土工程和检测技术，水文地质开发了大口径钻探和环境水文地质技术等，都取得了显著成绩。“七五”期间，获部级科技进步奖5项，省、市级科技进步奖和发明奖6项。

设计技术发展快。“七五”期间，新建的攀钢、重钢、唐钢和宝钢四座高炉，在设计上不仅消化移植了上海宝钢一号高炉的引进技术，而且还采用其他一些新技术。上海宝钢二号高炉，规模和一号高炉一样，技术比一号高炉先进；武钢新三号高炉，也是当今世界上技术先进的大型高炉，除三电和少量软件外，基本上丢掉了“洋拐棍”。过去只能依靠国外引进的干式煤气柜、高连线材轧机、方坯连铸和板坯连铸等，现在都能自己设计，有的还输出国外。各设计院逐步形成了自己的技术特长和优势，并与国外建立了联系，输出技术，共同承包工程。“七五”期间，冶金部属九个重点设计院平均每年取得科研成果149项，比“六五”最好的1985年增长22%。

施工技术进步突出。“七五”期间，在软土地基处理、地下连续墙深基施工、混凝土输送，“双掺”节约水泥和大体积混凝土控温检测，钢筋连接，设备安装，厚板和高炉焊接，液压管道清洗，自动化调试，老厂技术改造等方面，都有重大的技术突破。上海宝钢二期工程已竣工的冷轧、热轧、连铸三大工程，实现了八大技术创新，达到了目前国际同类工程施工技术先进水平。地基施工开发应用了在饱和淤泥地层中施行斜锚加固地基基础的新工艺；高炉建设全面推广了自动横焊技术，结束了高炉横焊只能用手工焊的历史；成功地研制出无水氨罐整体热处理技术和施工工艺。“七五”期间，有158项施工科研成果通过部级鉴定，获国家技术进步奖13项，获部级科技进步奖85项。

〔勘察、设计单位和施工企业管理水平上了一个新台阶〕 勘察、设计单位实行技术经济责任制以后，逐步建立起了一层适应企业化经营，企业化管理的组织机构，1987年实行全面质量管理以后，突出了目标管理，建立了目标保证体系，加强了单位、部门和岗位责任制考核，促进了工作质量和工程质量的提高。“七五”期间，冶金部属五个勘察院创国家级优质勘察工程12项，部级优质勘察工程42项；九个重点设计院创国家级优秀设计20项，部级优秀设计72项。各勘察、设计院全面质量管理工作于1989年经部省联合检查验收，全部达标。

施工企业从1986年开始开展了“抓管理，上等级，全面提高素质”的企业升级工作。十三个冶金建设公司已有9个先后晋升为国家二级企业，两个进入省级先进企业的行列。企业升级工作促进了施工企业管理水平的提高。与“六五”相比，工程质量、物资消耗、经济效益等各项经济技术指标都有很大的改进。工程质量优良率稳定在90%左右；有12项工程获国家优质工程金质奖，5项工程获国家优质工程银质奖；创部级优质工程17项，全优工程614项，优质产品28项；获国家质量管理奖单位1个，部级质量管理奖单位17个。物资消耗全部达到了国家二级企业的标准。全员劳动生产率比“六五”增长了一倍，五年上交国家所得税1亿元，交纳能源、交通基金1.6亿元。

工　程　勘　察　设　计

卢延玲　杨天举

〔全国工程勘察设计管理工作和机构归属〕根据国务院机构改革方案决定，新组建的建设部主管工程勘察设计的基本职能是：统筹规划全国各行业勘察设计队伍的发展规划，指导和管理全国勘察设计工作，制订有关政策、法规、条例、改革方案和收费标准；负责全国勘察设计单位和以设计为主的工程公司、咨询公司的认证管理；制订中外合作设计法规，开展国际合作；研究制订勘察设计技术政策，组织开发和管理综合性的设计软件，协调技术装备的引进工作，组织编制标准设计；指导勘察设计单位开展全面质量管理；评定和奖励国家优秀设计，推动设计优化，代管全国抗震工作和人防工作。

〔勘察设计市场的治理和整顿工作〕1988年11月，建设部颁发了《关于整顿建设市场秩序的通知》。整顿主要是："针对无证、借证或一证多用搞设计和建设单位出卖资格证书、图签、银行帐号，以及私自拉人搞设计，私分设计费等现象进行整顿，在调查研究的基础上，区别不同情况，进行严肃处理。

1988年10月，建设部和财政部联合颁发了《关于严禁将勘察设计收费转为科技咨询费或其它费用分给个人的通知》。《通知》规定：各勘察设计单位要严格执行国家有关文件的规定收费，坚决制止乱收费和采取不正当手段套取现金发给个人。各勘察设计单位不得将承担工程勘察设计任务收取的费用借"技术咨询"、"技术服务"的名义或通过科协盖章转作咨询收入提取现金发给个人。

1988年11月，建设部和财政部联合颁发了关于《工程勘察设计人员业余兼职有关问题的规定》，指出："在完成本职工作的前提下，可以到其它单位业余兼职从事技术开发、技术转让、技术咨询和技术服务等工作，为经济建设服务"。《规定》重申："建设工程勘察设计涉及人身安全和重大技术经济责任，不属于个人业余兼职范围。搞业余工程勘察设计只能由经过资格认证获得国家工程勘察设计证书的单位，按照证书规定的范围，组织本单位的职工利用业余时间进行"。

1990年各部门、各地区继续对84年以后新成立单位和丙、丁级单位的资格、质量、经营、管理、财务逐个进行清查、处理。目前，已清查了4000多个单位，占应清查单位总数的70%，部分省、市的清查工作已接近尾声。据不完全统计，已处理了1000多个单位，其中吊销证书500多个，停业整顿100多个，降低资格等级近400个。甲、乙级单位结合全面质量管理达标验收进行清理整顿，全国近600个甲级单位，绝大部分验收合格，部分乙级单位也通过了达标验收。为了进一步搞好治理整顿工作，针对清理整顿中出现的问题，建设部下发了（90）建设字第162号《关于认真开展资质大检查，坚决清理不合格勘察设计单位的通知》，《通知》还对部分单位工程勘察资质检查情况及处理意见进行了通报。1990年5月，建设部设计管理司以（90）建设资字第34号文，下发了《关于清理整顿勘察设计单位后有关资格证书问题的通知》，明确了有关政策界限。随着治理整顿工作的逐步深入，勘察设计市场秩序有了明显好转。

〔深化工程勘察设计改革〕1988年建设部提出，深化设计体制改革的重点是进一步引入竞争机制，实行政企分开，推行承包经营责任制。主要内容是"三保两包一挂"，即保质量、保技术、保进度、包收入、包上交，工资总额或奖励基金与经济效益挂钩。实行承包经营责任制是按照所有权与经营权分离的原则，以承包合同形式，按照"包死基数、确保上交、超收多留、欠收自补"的原则，确定国家与设计单位的责权利的关系。同时，通过改革，把勘察设计单位推向国内外建设市场，实现设计技术商品化、设计机构企业化、设计行业社会化，使设计单位真正成为自主经营、自负盈亏、自创信誉、自我发展的企业。

自1987年国家计委、财政部、中国人民建设银行、国家物资局联合颁发《关于设计单位进行工程建设总承包试点有关问题的通知》以来，设计单位进行工程总承包工作又有了新的发展。从试点的情况看，设计单位负责管理整个工程项目的建设，普遍收到了缩短工期，保证质量、控制和节约投资的效果、各部门、各地区都要求扩大试点范围。

广泛开展横向经济联合，发展各种形式的集团公司，为设计行业社会化、进入国际市场创造条件。1988年由建设部批准成立了"中国华西工程设计建设（集团）公司"、"中国远东国际工程承包公司”、“中国华龙工程咨询设计（集团）公司”。设计集团公司集各成员单位所长、发挥其综合优势，求得最佳经济效益。

1990年4月，建设部设计管理司在丹东召开了部分设计处长和院长座谈会，专题研究了深化改革的思路和设想，肯定了在勘察设计单位实行承包责任制的改革方向，并在广泛征求意见和反复修改的基础上，起草了《工程设计单位试行技术经济承包责任制办法》。技术经济承包责任制是按照所有权与经营权分离的原则，以承包合同形式，确定国家与勘察设计单位的责、权、利关系，使勘察设计单位真正做到自主经营、自负盈亏的经营管理。它的主要内容是实行保质量、保水平、保工程效益，包收入、包上交，工资总额与保包指标完成情况挂钩的“三保两包一挂”，这一办法已印发全国勘察设计工作暨表彰会议的各位代表征求意见，准备修改并征得有关部门同意后发文，在有条件的单位经自愿申请，主管部门同意后试行。

设计单位实行企业化后，对现行的事业单位收费标准必须进行改进。新的设计收费标准总的原则是：设计收费由技术专利费、专有技术和软件转让费以及定额工日费三部分组成。专利费按国家规定收取，转让费由各主管部门制定，定额工日费是常规技术的设计收费，由工日定额、工日成本、物价系数、地区系数和设计阶段系数等部分组成。新的设计收费标准比较好地考虑了优质优价，有利于提高技术水平和设计质量。预计新的设计收费标准将于1989年下半年完成。

〔在勘察设计单位进一步推行全面质量管理〕 根据原国家计委《关于勘察设计单位推行全面质量管理有关问题的补充通知》的要求，勘察设计单位的全面质量管理要在1988年初进行中间检查，8月底以前对第一批试点的勘察设计单位达到基本标志的进行验收。铁道部对这项工作抓得比较紧，第一批试点中间检查已经全部完成。大部分部门和省、市已经制定了验收细则和办法。

到90年底，全国已有90%的甲级勘察设计单位实现了全面质量管理达标验收。为了及时总结经验，90年3月，建设部设计管理司在福州市召开了“全面质量管理座谈会”。会后，建设部印发了(90)建设字第268号《关于勘察设计单位推行全面质量管理工作有关问题的通知》，对已达标的甲级单位提出了继续巩固、深化的要求，对于乙级勘察设计单位推行全面质量管理提出了更具体的措施。90年度国家工程建设优秀QC小组评选活动，在建设部设计管理司组织下共评选出33个工程建设优秀QC小组，并推荐出10个小组为全国优秀QC小组。

〔大力促进勘察设计单位的技术进步〕 为了促进工程设计计算机软件的社会化、商品化，1990年1月，建设部颁发了(90)建设字第24号《工程设计计算机软件转让暂行办法》，《办法》对软件的转让范围、转让合同管理以及开发软件单位应有的权益等都做出具体规定。在国家计委的支持下，1990年，建设部为勘察设计单位引进了一批技术装备和软件，并组织有关单位进行2次开发和推广应用。为了提高工程设计生产效率，加快工程设计现代化的步伐，使设计单位的技术装备和应用水平与设计资格等级挂钩，建设部起草了《工程设计单位技术装备与应用水平达标标准》，拟在修改完善后颁发执行。同时，建设部以(90)建设字第593号文颁发了《关于全国勘察设计单位开展创“四优”活动的通知》，制定了《优秀工程设计奖评选办法》、《优秀工程勘察奖评选办法》、《工程设计计算机优秀软件评选办法》和《工程建设优秀标准设计评选办法》，《通知》要求，在全行业内深入开展创优秀工程设计、优秀工程勘察、优秀软件和优秀标准设计活动。

〔召开全国勘察设计工作暨表彰会议〕 经国务院批准，建设部于90年12月13日至15日在北京召开了全国勘察设计工作暨大师表彰会议。主要内容是：总结10年工程勘察设计改革的经验，研究继续搞好清理整顿和深化改革，推动技术进步、提高投资效益的措施，向首批120名全国设计大师和勘察大师，以及获得优秀工程勘察、优秀工程设计金质奖的单位颁发奖状和奖牌。国务委员宋健等领导同志出席会议。建设部部长林汉雄在开幕式上作了题为“坚持改革、勇于创新、把勘察设计工作提高到一个新水平”的报告，叶如棠副部长在闭幕式上作了总结发言。为了开好这次会议，建设部从90年初开始筹备，元月召开了“在京三十位院长座谈会”，三、四、五月按地区分四片召开了地方设计处长和部分院长座谈会，之后在北京又召开了国务院各有关部设计处长会议，在广泛调查研究，听取各方面意见的基础上，起草了“关于工程勘察设计行业进一步治理整顿和深化改革的若干意见”和“工程设计单位试行技术经济承包责任制办法”、“全国工程勘察设计资格认证管理办法”、“关于设计单位进行工程建设项目总承包的暂行办法”、“关于工程勘察设计单位实行收费许可证的管理办法”、“工程勘察设计单位登记管理暂行办法”、“关于晋升国家级设计院暂行办法”、“关于制订工程勘察设计队伍“八五”和十年规划的规定”、“关于试行注册建筑师若干规定”、“工程设计单位技术装备和应用水平达标标准”等九个待议文件，印发全国会议讨论。与会代表一致反映，这些待议文件基本可行，对深化勘察设计体制改革，加强行业法制建设将起到积极的作用。这些文件正在进一步修改。全国会议期间，建设部组织28个部门，举办了“全国工程设计高科技展览”，共展出355项优秀勘察设计成果，参观人数达8000多人次，受到好评。

〔**勘察设计行业管理**〕 1990年，建设部印刷出版了“全国优秀工程设计大型画册”和“工程勘察设计大师名人录”；组织部分院长赴美参加“高级项目经理培训班”；颁发了（90）建设字第204号文《关于工程建设标准设计编制与管理的若干规定》；成立了全国工程勘察设计资格审定委员会，并印发了建设部（90）建设字第421号《关于成立全国工程勘察设计资格审定委员会的通知；安排了1990年建设项目（勘察设计单位）前期工作费等工作。

建设部设计管理司于89年开始着手对建筑工程设计单位资格分级标准进行了修改，进一步胆确了单位承担任务范围，并对单位的技术装备，全面质量管理方面作出了详细规定。为加强对建筑装饰设计单位的管理，制止人为割裂建筑工程设计的不正常状况，建设部颁发了（90）建设字第610号关于试行《建筑工程装饰设计单位资格分级标准》和确保建筑工程设计整体性的通知》，《通知》要求，“各级建设主管部门要切实加强管理，坚持制止利用行业特权割裂、垄断建筑工程设计任务的行为，严格工程勘察设计单位的资格管理，除建筑装饰资格按本通知附件规定审定外，其它专业不得单独进行资格认证”。为了严格建筑工程设计审批制度，克服当前的某些混乱现象，建设部设计管理司于90年12月召开了建筑工程设计施工图质量监督试点城市座谈会，会后建设部颁发了建设〔1991〕64号《关于建筑工程设计施工图质量审查问题的通知》，《通知》提出：“施工图设计由设计单位自行负责，未经原设计单位同意，任何单位和个人都不得变动施工图设计”。“各级建筑设计主管部门可以组织甲级建筑设计院，对丙、丁级设计单位的设计质量进行不定期的检查，以促进设计质量水平的不断提高。其它机构不再对设计施工图质量进行监督”。建设部设计管理司于90年9月在安徽省马鞍山市召开了全国部分建筑设计院院长暨中国建筑设计协会常务理事会会议，会上讨论了建筑设计单位技术经济承包责任制办法、建筑设计收费标准等待议文件，同时交流了各设计院在工程总承包、工程监理、开拓国际市场、开展多种经营等方面的经验，并对建筑设计单位下一步如何深化改革，实行企业化等方面问题进行了广泛地讨论。

“七五”时期城镇住宅建设投资完成情况 **计算单位：亿元**

	合计	基本建设投资	%	更新改造资金	%	集体所有制集资	%	个人建房（城镇非农业人口）	%	住宅基建投资占基建投资总额%
“七五”时期	1624.9	928.42	57.1	348.36	21.4	105.2	6.5	242.92	14.9	12.9
其中：1986年	291.09	189.4	65.1	53.45	18.4	18.84	6.5	29.4	10.1	16.1
1987年	320.5	181.2	56.5	75.8	23.7	21.3	6.6	42.2	13.2	13.4
1988年	385.4	198.1	51.4	94.2	24.4	26.2	6.8	66.9	17.4	12.8
1989年	330.87	189.39	57.2	64.09	19.4	21.05	6.4	56.34	17.0	12.2
1990年	297.04	170.33	57.3	60.82	20.5	17.81	6.0	48.08	16.2	10

“七五”时期城镇住宅建设竣工面积 **计算单位：万平方米**

	合计	基本建设投资	更新改造资金	集体所有制集资	个人建房（城镇非农业人口）	每平方米建筑造价（元）
“七五”时期	64964.16	32273.06	12559.61	4266.63	15864.86	
其中：1986年	14841.8	8915.47	2178.08	973.65	2774.6	196
1987年	14512	6890	3175	953	3494	213
1988年	14935.6	6578.6	3320	1002	4035	241
1989年	10955.76	5064.21	2049.13	701.81	3140.61	290
1990年	9719	4824.78	1837.4	636.17	2420.65	316

住　宅　建　筑

郭　俊　英

〔**“七五”成绩**〕　“七五”期间，我国城镇住宅建设继续贯彻发挥中央、地方、企业、个人四个积极性解决住房问题的指导方针，取得了很大成绩。建设总投资达1624.9亿元，建筑面积6.5亿平方米。住宅建设投资中的基本建设投资为928.42亿元，占“七五”期间住宅建设总投资的57.1%。在发挥个人建房积极性方面，通过组织住宅合作社、自建公助等个人集资方式，城镇个人建房投资的比重上升很快，从“六五”时期的6.5%增长到14.9%。目前，我国城镇人均居住面积已达7.1平方米。

我国城镇住宅建设在“统一规划、合理布局、综合开发、配套建设”的方针指导下，住宅建筑质量不断提高，设计合理，成套率高，平均每套住宅建筑面积50平方米左右。住宅小区建设符合城市规划的要求，小区公共设施、生活服务设施较齐全，同时注意了环境绿化，改善了居住环境。在国家优质工程评选中，全国有8个住宅小区获得国家优质工程银质奖，即：上海市上南新村居住小区一、二街坊住宅工程，无锡市清扬新村住宅小区工程，苏州市彩香居住小区工程，常州市清潭三村工程，天津市体院北住宅区，唐山市铁道机车车辆厂第三住宅小区，济南市燕子山住宅小区，天津市川府里住宅小区。

〔**“七五”后两年概况**〕　“七五”后期，由于国民经济实行治理整顿，投资规模压缩，加上住宅造价上涨，使得城镇住宅建设规模下降。

1989年全国城镇住宅建设共完成投资额330.87亿元，比1988年减少14%；住宅施工面积14916.65万平方米，比1988年减少16%；住宅竣工面积10956万平方米，比1988年下降26.6%。用基本建设投资建造住宅的建筑造价平均每平方米290元，比1988年的241元上涨20.3%。

1990年全国城镇住宅建设投资完成额为297.04亿元（含城镇非农业人口建房投资），与1989年相比，又下降10.2%；住宅施工面积13820.35万平方米，比1989年又下降7.3%；住宅竣工面积9719万平方米，比1989年下降11.3%；建成成套住宅108.55万套（不含城镇个人建房套数），比1988年的120.4万套减少了9.8%。1990年建筑用基本建设投资建造住宅的建筑造价平均每平方米316元，比1989年又上涨9%。

在1990年城镇住宅建设投资完成额中，基本建设投资额为170.33亿元，比1989年下降10.1%；用于住宅建设的基本建设投资占1990年全国基本建设投资总额的比重为10%，比1989年下降2.2个百分点；更新改造资金的住宅建设投资为58.97亿元，比1989年下降6%；城镇集体所有制单位完成住宅建设投资17.81亿元，比1989年下降15.4%；全民单位其它资金建设住宅投资1.85亿元；个人投资48.08亿元，比1989年下降14.7%。上述各项投资占住宅建设总投资的比重为：基本建设投资57.3%，更新改造资金19.9%，城镇集体所有制单位投资6%，其它资金0.6%，个人集资16.2%。

在1990年城镇住宅竣工面积中，基本建设投资竣工面积4824.78万平方米，比1989年下降4.7%，建成住宅699683套；更新改造资金竣工面积1771.7万平方米，比1989年下降11.2%，建成住宅286542套；集体所有制单位投资竣工面积636.17万平方米，比1989年下降9.4%，建成住宅99300套；全民单位其它资金竣工面积65.7万平方米；城镇个人建设住宅2420.65万平方米，比1989年下降22.9%。

各项投资的住宅建设造价是：基本建设316元／平方米；更新改造322元／平方米；集体所有制单位279元／平方米；个人199元／平方米。

建　设　监　理

建设部建设监理司

〔**建立建设监理制度**〕　新组建的建设部根据国务院批准的"三定"方案，负责实施一项新的建设体制改革措施，即参照国外工程建设管理经验，建立具有中国特色的建设监理制度。并成立了建设监理司，负责这项改革措施的实施。

推行建设监理制度的根本目的是：完善我国工程建设管理体制，提高投资效益和工程建设水平，逐步建立建设领域社会主义有计划商品经济新体制。过去，我们的工程建设一直采用临时筹建机构或工程指挥部等方式进行建设管理，难以积累建设经验，而筹建人员难于是有经验的专业人员，机构多造成人力物力财力的巨大浪费，随着我国有计划商品经济的发展，基建投资来源向多渠道发展，承建方式向总承包为主转换，客观需要一种横向制约监督机制。同时适应改革开放和与国际建筑市场衔接的要求。世界银行及其他金融组织发放贷款，以及外商在华投资兴建工程，均把实行建设监理作为重要条件，我国没有建设监理制度，适应不了这方面的要求。因此有必要建立起适合我国国情的建设监理制度。推行有中国特色的建设监理制度包括一个体系、两个层次和多种方式等内容。一个体系是指在工程建设的实施阶段，把建设单位自行组织建设活动的封闭式体制，改变为建设单位委托专业化、社会化、独立的建设监理单位组织建设的开放式体制，监理单位不作为建筑产品的直接生产者和经营者，在工程建设中自成体系，而是按建设单位与承包单位签订的工程合同及国家法律、行政法规、技术规范替建设单位管理工程建设，既不受工程发包单位的随意限制，也不受工程承包单位的干扰。两个层次是指在建设监理体制中有政府监理，还有社会监理，工程建设既实行政府监理，同时也接受社会监理。多种方式是指建设单位可以委托专业化、社会化的社会监理单位实施监理，也可派出相对独立的建设监理职能部门，或项目主管部门派出相对独立的监理班子，对工程实施监理。

新的工程建设管理方式的核心，是充分确立建设监理单位参与项目管理的核心地位。监理单位是智力密集型企业，它受聘于建设单位组织项目招标投标、进行合同管理、工期控制、质量控制、成本控制及信息管理等工作。监理单位在行使监督管理职能的同时，为工程建设提供资询服务，同时取得监理酬金。建设单位、监理单位、承包单位三方相互协作、互相制约，形成三元管理的格局。建设单位委托监理单位，双方签订监理委托合同，明确双方的责、权、利。监理单位依据工程承包合同，公正地维护承发包双方的合法权益。

〔**建设监理试点工作**〕　1988年建设部向全国发出了《关于开展建设监理工作的通知》，这是开展建设监理工作第一份指导性文件。《通知》中明确规定了开展建设监理工作的目的、意义，建设监理的对象、范围，建设监理的性质和职能及建设监理的内容和依据。提出开展建设监理工作"试点开路、法规先导、谨慎起步、逐步铺开"的指导思想，在方法和步骤上提出头一年准备、第二年试点、第三年逐步推开，大致用5年或稍多一点时间，把我国开展建设监理工作的方法、政策法规、相应的组织机构以及队伍建立起来，形成体系，投入运行，使建设监理工作有法可依，有人承办，做到大中型建设项目和主要民用建筑工程都能纳入建设监理的轨道。同年11月，建设部发出《关于开展建设监理试点工作的若干意见》，分别确定开展建设监理试点工作基础较好的北京、上海、天津、沈阳、哈尔滨、南京、宁波、深圳八市及交通部、能源部的公路和水电系统作为全国首批试点单位。这些试点单位立即着手建设监理试点工作，他们采取措施、明确机构、制订实施办法，落实试点项目，指定监理单位，迅速开展了试点工作。北京、天津两市由市建委带头，成立有计委、工商、财政、建行等部门参加的试点领导小组。沈阳、哈尔滨市建设行政主管部门调整了职能机构，成立建设监理处，加强对试点工作的组织和管理，其它试点单位也分别指定专门处室负责试点工作。据统计，八市两部试点期间试点的项目近50项。

除八市两部外，其它一些省市有的指定机构，有的成立专门的监理单位，落实试点项目，纷纷进行各种形式的试点。到目前为止，全国先后有25个省、市、自治区和国务院15个工业交通部门，结合各自的实际情况，开展了试点工作。实施监理试点的工程200多项，这些试点工程包括公路、港口、桥梁、铁路、电站、水利、矿山建设及大批民用建筑工程。试点城市上海，对地铁工程、黄浦江大桥和合流污水处理等五项大型工程进行了监理试点，总投资30多亿元。交通部对京津塘高速公路等9条高等级公路建设工程全部实行监理。

1989年10月，为总结一年多建设监理试点工作经验，建设部在上海召开第三次建设监理试点工作会议，肯定了各地建设监理工作取得的成绩，研究部署了如何进一步推进建设监理工作。

〔**建设监理法规建设**〕　建设部制定的《关于开展建设监理工作的通知》及《关于开展建设监理试点工作的若干意见》，对开展建设监理工作起到了一定的指导作用。1989年7月，建设部颁布了《建设监理试行规定》，规定了地方政府和国务院工业交通部门建设监理职责、社会监理单位审批程序、监理业务内容和范围及监理取费等，并在试行这个法规的基础上，制定出《建设监理暂行规定》。建设部还组织专门力量起草了《建设监理单位资质管理办法》和《监理工程师注册办法》。近几年，大部分地区和部门结合自己的实际，分别制定了《建设监理实施办法》和《建设监理实施细则》等地方法规。北京、天津、上海、河北、山西、江苏、河南、吉林、辽宁、湖北、青海等十一个省、直辖市，以及沈阳、南京、合肥等城市，交通、邮电、水利、机械电子、经贸等部门先后制定颁发了地区、部门规章，对建设监理工作范围、内容、监理单位和人员资质管理，以及监理取费等方面都作了规定。交通部于1989年上半年发出《公路工程施工监理暂行规定》、《公路工程施工监理试点意见》。建设部还会同国家工商行政管理局制定了《建设工程施工合同示范文本》，已颁布实施。

〔**建设监理队伍建设**〕　据统计，目前全国有100多个监理单位近3000人从事建设监理工作。随着监理工作的深入开展和监理面逐步扩大，各地区各部门不断成立新的建设监理单位，监理的人员不断增加。开展建设监理工作的地区和部门通过各种形式的培训班、学习班和研讨会普及建设监理知识，有的还派到国外学习。建设部委托同济大学、天津大学、重庆建工学院三所院校作为建设部监理工程师培训点，有计划地对从事建设监理工作具有中级以上职称的人员进行为期三个月脱产培训，主要讲授《建设监理概论》、《建设工程合同管理》、《投资控制》、《工程质量控制》、《网络计划基础》、《信息处理》等六门课程。已先后举办8期，培训监理人员700多人。

1991年3月28日，建设部通过认真细致的评估、筛选，会同人事部对全国100名具有高级职称、丰富管理经验和从事监理实践两年以上的同志，进行了监理工程师资格确认。5月6日，建设部、人事部联合隆重召开"建设监理工程师证书颁发大会"，对100名监理工程师颁发了证书。这次确认100名监理工程师，在全国产生积极影响，它改变了我国没有监理工程师，不能承担国内外工程特别是三资工程监理的局面。

〔**建设监理工作交流与宣传**〕　1990年底，在京津塘高速公路建设监理经验现场会上，建设部宣布成立全国建设监理民间组织——建设监理联络网。建设监理联络网的主要职责是：交流经验，研究问题，宣传普及建设监理知识，提供和传播信息，开展咨询服务及调查研究，协助有关部门进行培训等业务。目前，联络网已委托上海公开出版发行全国性《建设监理》杂志双月刊共四期。建设监理司组织编印不定期内部宣传材料《建设监理研究参考资料》共17辑，主要宣传建设监理方针政策、法规文件、领导讲话及各地开展建设监理典型经验等，起到较好的效果。为了借鉴学习发达国家和地区建设监理和项目管理经验，建设部先后组团赴新加坡、法国、香港等进行短期考察，同时请西德、香港、美国等专家来华讲授建设监理有关经验和做法。

〔**推行建设监理取得的实际效果**〕　从建设监理实践情况看,受监工程取得了好、快、省的效果。

1、项目管理得到加强，实行建设监理制，建设单位的职能发生了变化，大量的技术、组织、协调等项目管理工作移交给监理单位，建设单位可以集中力量做好征地、拆迁等筹建和生产准备工作，不仅精减了管理人员，提高了项目管理水平，而且节约了管理费支出。装机120万千瓦的广州从化蓄能电站工程，建设单位总共只有40人，派现场仅6人，主要负责建设前期准备工作，建设过程中的技术、组织、协调工作全部由54名监理人员承担，京津塘高速公路天津段6亿多元投资，建设单位仅有工作人员30名。年产240万吨煤的河南永城矿区陈四楼矿井，筹建人员只有10名，高峰期不过20人，按传统做法则需60人以上。实行监理后，建设单位反映，把复杂且技术要求高的内务交由专人管理，施工质量有了保证。施工单位反映，由于监理的作用，强化了内部约束机制，提高了严格管理的自觉性；建设主管部门反映，由于实行监理加强了执行合同的严肃性，有效地解决了工程建设多年存在的诸如投资无底洞、工期"马拉松"，工程质量难控、拖欠工程款和扯皮纠纷多等一系列问题，抑制了工程建设的随意性。

2、工程质量提高。监理工程师现场跟踪检查，详细审查施工方案，对材料设备件件核验，对施工工序道道把关，预防了工程隐患，避免了工程事故，工程质量普遍得以提高。深圳地盘管理公司监理的7项工程个个评为优良；京津塘高速公路按

（下接122页）

附件

一九八九年国家监督抽查商品住宅工程质量结果汇总表

序号	被查企业名称	企业地址	工程名称	结构类型	层数	竣工日期	检测项目：质量保证资料	检测项目：观感质量：得分率%	检测项目：观感质量：等级	单位工程质量等级
1	沈阳市和平区房屋土地开发公司	沈阳市	矽阳小区 28#楼	砖混	7	1988.11	基本齐全	85.15	优良	优良
			桂阳小区 38#楼	砖混 框架	7 9	1988.7	基本齐全	70.05	合格	合格
2	哈尔滨市城市建设综合开发公司	哈尔滨市	宣威小区 3#住宅楼	砖混	7	1989.9	基本齐全	81.64	合格	合格
			花园小区 6#住宅楼	砖混	7	1988.12	基本齐全	74.18	合格	合格
3	沈阳市第一建筑公司房屋开发公司	沈阳市	滨河小区 18#楼	砖混	7	1988.8	基本齐全	74.11	合格	合格
			滨河小区 17#楼	砖混	7	1988.8	基本齐全	72.63	合格	合格
4	北京市朝阳区城市建设开发公司	北京市	红庙(北)小庄小区 32#楼	砖混	7	1988.11	基本齐全	74.54	合格	合格
			六里屯小区 5#楼	装配	16	1989.8	基本齐全	70.91	合格	合格
5	天津市市政建设开发总公司	天津市	西湖村Ⅲ区 10 组团 1 号楼	砖混	6	1989.11	基本齐全	74.90	合格	合格
			西湖村Ⅲ区住宅 13 号楼	砖混	5	1988.8	基本齐全	70.00	合格	合格
6	南京市城镇建设开发公司第五开发公司	南京市	南湖 205 栋	砖混	6	1989.1	基本齐全	74.36	合格	合格
			南湖 209 栋	砖混	5	1989.1	基本齐全	70.54	合格	合格
7	南京市秦淮区城镇建设综合开发公司	南京市	白鹭小区 28 栋	砖混	6	1988.2	基本齐全	73.54	合格	合格
			白鹭小区 42 栋	砖混	4	1989.4	基本齐全	70.00	合格	合格
8	中国房地产开发总公司北京公司	北京市	翠微小区西里 8#楼	砖混	6	1988.12	基本齐全	71.33	合格	合格
			翠微小区西里 3#楼	现浇	20	1988.7	基本齐全	70.55	合格	合格
9	天津市房地产开发公司经营集团塘沽总公司	天津市	海防里 1 号楼	砖混	5	1988.12	基本齐全	71.24	合格	合格
			光辉里 1 号楼	砖混	5	1988.6	基本齐全	70.05	合格	合格

续表

序号	被查企业名称	企业地址	工程名称	结构类型	层数	竣工日期	检测项目			单位工程质量等级
							质量保证资料	观感质量		
								得分率 %	等级	
10	北京市大成房地产综合开发公司	北京市	后八里庄一期 5#楼	装配	18	1989.7	基本齐全	71.12	合格	合格
			麦子店小区北 4#楼	装配	6	1989.9	基本齐全	70.00	合格	合格
11	武汉市城市综合开总发公司	武汉市	琢家墩 12#住宅	砖混	8	1989.6	基本齐全	71.10	合格	合格
			七里庙 102#住宅	砖混	8	1989.3	基本齐全	70.00	合格	合格
12	天津市河东区建设开发公司	天津市	唐口三段 18～19 楼	砖混	6	1989.10	基本齐全	85.35	优良	优良
			春华里住宅 2 号楼	砖混	6	1989.5	基本齐全	49.78	不合格	不合格
13	广州市城市建设开发总公司	广州市	天河北 4～9 栋	框架	8	1988.12	基本齐全	67.20	不合格	不合格
			江南新村 4～3 栋	框架	8	1989.6	基本齐全	79.30	合格	合格
14	广州市番禺县房地产联合开发公司	广州市	康乐园 4–3 座	砖混	7	1988.9	基本齐全	78.46	合格	合格
			禺华园 5–1 座	砖混	7	1989.5	不齐全	66.78	不合格	不合格
15	广州市城建开发总公司白云分公司	广州市	寺右东 5 栋	框架	9	1988.12	基本齐全	76.78	合格	合格
			周门 A 区 4 栋	框架	9	1989.4	不齐全	61.34	不合格	不合格
16	沈阳市第一住宅建筑公司房屋开发经营处	沈阳市	群芳 1#	砖混	5	1988.12	基本齐全	70.60	合格	合格
			群芳 3#	砖混	4	1989.7	基本齐全	65.10	不合格	不合格
17	上海黄浦房屋开发经营公司	上海市	竹园 K 块 7#	砖混	6	1988.8	基本齐全	72.80	合格	合格
			竹园 K 块 9#	砖混	6	1988.6	基本齐全	58.50	不合格	不合格
18	哈尔滨市道里区城市建设综合开发公司	哈尔滨市	正义小区 2#住宅楼	砖混	7	1988.10	基本齐全	70.00	合格	合格
			安德小区 3#住宅楼	砖混	8	1988.11	不齐全	60.00	不合格	不合格
19	南京市房产经营公司	南京市	工人新村Ⅳ–02	砖混	6	1989.4	基本齐全	71.44	合格	合格
			工人新村 J–01	砖混	6	1988.12	不齐全	56.50	不合格	不合格
20	辽宁省第二建筑公司房屋开发公司	沈阳市	顺通小区 6 区 5#	砖混	4	1988.3	基本齐全	70.96	合格	合格
			浑河居住区Ⅱ区 7#	砖混	5	1988.16	基本齐全	56.34	不合格	不合格
21	哈尔滨市城乡房屋建设综合开发公司	哈尔滨市	河西区综合楼	砖混	9	1988.10	基本齐全	72.30	合格	合格
			牛房屯小区 1#住宅	砖混	8	1988.10	基本齐全	54.70	不合格	不合格

续表

序号	被查企业名称	企业地址	工程名称	结构类型	层数	竣工日期	检测项目			单位工程质量等级
							质量保证资料	观感质量		
								得分率 %	等级	
22	中国房地产开发总公司哈尔滨公司	哈尔滨市	正阳西区 4–1#住宅	砖混	6	1988.10	基本齐全	71.00	合格	合格
			商学院高层住宅	内装外砌	12	1988.11	基本齐全	54.54	不合格	不合格
23	天津市房地产开发公司	天津市	吴家窑 1–4 段 2 号楼	砖混	4	1988.10	基本齐全	70.65	合格	合格
			吴家窑 1–4 段 10#楼	砖混	6	1988.10	不齐全	54.81	不合格	不合格
24	上海市长宁区住宅建设经营公司	上海市	仙霞基地六街坊 6#	砖混	6	1989.8	基本齐全	71.82	合格	合格
			仙霞基地四街坊 6#	砖混	6	1988.12	基本齐全	51.60	不合格	不合格
25	哈尔滨市房地产开发公司	哈尔滨市	外环北路 4 街区 6 栋	砖混	8	1989.10	基本齐全	77.00	合格	合格
			新地小区Ⅱ期 A 栋	砖混	6	1988.12	不齐全	45.12	不合格	不合格
26	南京市栖霞区城镇建设综合开发公司	南京市	黄家圩 01 栋	砖混	7	1988.10	基本齐全	70.38	合格	合格
			黄家圩 13 栋	砖混	4	1988.12	基本齐全	50.49	不合格	不合格
27	天津市房地产开发经营集团	天津市	民权门二区 1 号楼	砖混	6	1988.12	基本齐全	72.22	合格	合格
			王顶堤六区 14 号楼	砖混	6	1989.9	不齐全	48.54	不合格	不合格
28	中国农业银行上海市分行房地产业务部	上海市	彭浦七期三街坊	砖混	6	1988.4	基本齐全	77.74	合格	合格
			杨思南街(振兴中路 19 弄 7–10 号)	砖混	6	1989.4	不齐全	39.10	不合格	不合格
29	武汉市房地产开发公司	武汉市	荣华东村 5#住宅	砖混	8	1989.6	基本齐全	71.80	合格	合格
			常码头 8#住宅	砖混	7	1988.1	不齐全	37.89	不合格	不合格
30	中国房地产开总公司上海公司	上海市	康健花苑村玉兰园 27#	砖混	6	1988.12	基本齐全	71.15	合格	合格
			松江荣乐新村#	砖混	6	1989.6	不齐全	36.16	不合格	不合格
31	沈阳市大东区房屋土地开发公司	沈阳市	金星小区 10#楼	砖混	7	1988.11	不齐全	62.52	不合格	不合格
			金星小区 3#楼	砖混	7	1988.1	不齐全	61.73	不合格	不合格
32	广州东华实亚股份有限公司	广州市	五羊屯 H14 栋	框架	9	1989.4	基本齐全	63.73	不合格	不合格
			湖滨苑 22 栋	框架	9	1989.7	不齐全	52.50	不合格	不合格

续表

序号	被查企业名称	企业地址	工程名称	结构类型	层数	竣工日期	检测项目			单位工程质量等级
							质量保证资料	观感质量		
								得分率%	等级	
33	广州市住宅建设公司房产开发分公司	广州市	东风西路126B栋	框架	8	1988.9	不齐全	64.64	不合格	不合格
			南园新村 A_1、A_2 栋	框架	8	1989.6	不齐全	41.67	不合格	不合格
34	武汉市住宅统建办公室	武汉市	蔡家田 $15^{\#}$ 住宅	砖混	8	1988.12	不齐全	58.3	不合格	不合格
			二桥头南加 $1^{\#}$ 住宅	砖混	6	1988.7	基本齐全	46.9	不合格	不合格
35	上海市房产经营公司	上海市	虹桥路996弄 $1^{\#}$	砖混	6	1989.3	不齐全	53.59	不合格	不合格
			虹桥路996弄 $2^{\#}$	砖混	6	1989.3	不齐全	47.24	不合格	不合格
36	武汉市武昌区城市综合开发公司	武汉市	柴林头 $23^{\#}$ 住宅	砖混	8	1988.5	不齐全	53.20	不合格	不合格
			柴林头 $26^{\#}$ 住宅	砖混	8	1988.5	不齐全	44.56	不合格	不合格
37	中国房地产开发总公司武汉市江岸公司	武汉市	球延东 $7\text{–}8^{\#}$ 住宅	砖混	8	1988.4	不齐全	50.64	不合格	不合格
			黄石路住宅	框架	9	1989.9	不齐全	46.80	不合格	不合格
38	南京市城镇基础设施开发公司	南京市	小营12栋	砖混	5	1987.12	不齐全	52.91	不合格	不合格
			小营16栋	砖混	7	1988.1	不齐全	43.83	不合格	不合格
39	北京市大兴县城镇建设综合开发公司	北京市	富强西里小区1–1号楼	砖混	4	1988.3	不齐全	52.30	不合格	不合格
			富强西里小区1–2号楼	砖混	6	1988.3	不齐全	44.44	不合格	不合格
40	北京市城镇建设开发总公司第二开发公司	北京市	双榆树小区小泥湾 $6^{\#}$ 楼	砖混	6	1988.9	不齐全	32.76	不合格	不合格
			黄庄南住宅区知春里 $9^{\#}$ 楼	内浇外挂	18	1988.12	不齐全	25.27	不合格	不合格

建 筑 市 场 管 理

王秉桐　江　华

〔**招标投标承包制的发展**〕　工程建设领域实行招标投标承包制是1984年在全国逐步推开的。近几年得到了进一步发展。1989年实行招投标的单位工程和建筑面积分别达到47651个和9743万平方米，分别占当年全部单位工程和建筑面积的13.3%及24%。1990年推行招投标的单位工程和建筑面积达62，922个及11，185万平方米，占当年全部单位工程和建筑面积的18%和29.5%，比上年增长了4.7和5.5个百分点。从实行招标投标的区域看，到目前为止全国30个省、自治区、直辖市，程度不同地推行了招投标。其中江苏、浙江、海南等省实行招投标的工程已达50%以上。从部门看，国务院工业、交通等部门也普遍推行了招标投标，交通部所属的水运工程全部实行了招标投标，公路工程的80%实行了招投标。铁道部把招投标列入了基建程序，凡符合条件的工程都实行了招投标。实行招投标的范围，已从施工招投标发展到设计、设备采购及工程总承包的招标投标。

与此同时，概算或施工图预算加系数包干、住宅平方米造价包干、小区综合造价包干、按单位生产能力造价包干等承包形式，也在稳步发展1990年实行这几种包干形式的单位工程共20.2万个，建筑面积20810.5万平方米，占全部单位工程和建筑面积的57.9%及54.9%。也就是说，实行招标投标和各种包干责任制的工程，已占全部建筑面积的84.4%，在建筑市场中占居主导地位。

招标投标的推行，在我国虽然只有七年时间，推行面仅占全部工程的三分之一，但它为建设领域发展有计划商品经济开了头，使建筑业和基本建设管理体制发生了深刻变化。打破了长期以来部门分割、地区封锁的局面，形成开放型的建筑市场。二是促进了企业经营管理素质的提高，增加了市场观

(上接117页)

国际惯例，根据“菲迪克”条款实行建设监理，路面平整度偏差仅为0.2mm～0.6mm，远远小于国际允许偏差，工程质量达到国内历史上公路建设最好水平，也达到国际一流水平。1990年12月，建设部在天津召开“京津塘高速公路建设监理经验现场会”，认真总结了该工程监理经验，并加以推广。由于监理工程师牢牢把握工程验收这一关，促使施工单位加强内部管理，完善质量保证体系，强化了质量意识。

3、工程进度加快。实行监理的工程基本上能够按合同工期或提前实现工程计划。监理工程师认真审查施工进度计划，实行例会或定期工作会制度，协调解决施工中扯皮纠纷，避免由于人为因素造成的工期延误。装机121万千瓦的广西岩滩水电站工程，采取碾压混凝土施工技术，围堰截流提前一年，整个电站工期提前一年，且工程质量全部优良；葛州坝二期工程实行监理，一年安装6台机组，创3项全国纪录；隔河岩、漫湾水电站等实施监理的工程，均可提前一年截流；上海国贸中心工程钢结构制作与安装，实施监理前，由于业主、钢结构制作和加工单位之间的种种矛盾，相互扯皮，工期拖了两个月，监理单位进点后，制定章法，理顺关系，严格按监理程序办事，明显加快了进度，每节柱子的吊装工期由原来的37天缩短为16天，最快的只用了8天，结果按原计划工期交付下道工序。实行监理的工程，参建单位普遍反映，监理工程师是行家，同他们打交道，技术问题可以沟通，施工中的难题可以相互协商，解决问题快了。

4、工程投资改到控制监理工程师认真审核工程用款计划，执行计量支付，严格把握工程款的支出，有效控制了工程投资。沈阳市五幢教学楼工程，监理人员发现设计问题90多处，经过修改，不仅保障了工程安全，而且节约投资10万元。西安三原高级公路工程，经监理人员现场踏勘，减少了设计中的桥梁、涵洞和管道多处，节约投资100万元。合肥市建筑管理处实施政府监理的职能，审查2000多项工程施工图设计，发现严重错误和浪费140项，修改后节约投资2000多万元。通过监理，工程概算高估或漏项的现象得到纠正。中日合资项目青岛华钟制药厂建厂工程，委托监理后节约投资230万元。渤海铝厂铝箔车间工程，经监理人员建设压缩建筑面积和核减高估概算，节约投资620万元；通过调整工程计划，减少资金占用节约贷款利息400多万元。广西岩滩水电站工程，通过监理工程师严格投资管理和监督，以及建设采用新技术措施，到1989年底节约投资5000万元。

(储修琦执笔)

工　程　质　量

吴　松　勤

〔**工程质量稳步提高**〕　1989年到1990年期间，大中型工业交通建设项目的工程质量提高较快，逐步向高水平发展，有的已接近或达到了国际先进水平。近两年，先后建成了一批工期短、质量好、效果高的能源、原材料、工业交通以及大型公共民用建筑等工程。如上海宝钢二期工程、金山石化总厂、大秦电气化铁路、葛洲坝至上海五十万伏直流输变电线路、北京图书馆新馆、上海华亭宾馆、天津新客站等工程。建国以来规模最宏大的亚运会群体建筑技术复杂、设计新颖、功能齐全、质量优良，表明了我国的设计、施工能力和工程质量水平。

公共建筑、高层建筑的质量比较稳定，1989年全国抽查合格率达到79.2%。

念、竞争观念、信息观念、时间观念和效益观念。控制了投资规模，缩短了建设工期。

〔**建立建筑市场的管理机构**〕　经国务院批准的建设部“三定”方案规定，建设部是综合管理全国建设事业的职能部门，负责组织制定工程建设招标投标法规，指导与监督设计、施工招投标活动，维护招投标双方的合法权益；负责建筑市场管理，建立和健全工程的行业质量监督、检测体系等有关管理建筑市场的职责。

随着建筑业和基本建设管理体制的改革，从中央到地方逐步建立健全了建筑市场管理机构。包括：

(1) 标准定额预算站。在改革开放前就已在各省、自治区、直辖市及大中城市普遍建立。随着管理体制的改革，标准预算定额，变为管理建筑产品价格的市场管理部门。有的省、市已将标准定额站改为工程造价管理处，负责对本地区和本系统预算价格的管理，组织编制和修订定额，调整有关费用，保护建设单位与施工企业的合法利益。

(2) 建筑管理处（站）。这几年许多大中城市建立了建筑管理处（或站），主要负责外来设计、施工队伍的注册登记、核查资质等级、发放施工许可证、管理小型建设项目的市场调节，查处建筑市场的违章违纪行为。

(3) 工程质量监督站。目前全国26个省、467城市、90%的县城和9个部门共建立了2425个工程质量监督站。

(4) 建设工程招标投标管理办公室（简称招标办）。目前全国已有13省、自治区、直辖市一级成立招标办，其他省由某个部门负责。全国地级以上140多个城市都成立了招标办公室。招标办负责招投标双方的资质审查、招标工作的审批，监督招投标活动，有的招标办还负责监督管理合同的履行，从而保证了建筑市场的公平交易、平等竞争。

此外，还有工商行政管理部门、税务部门、建设银行等单位，对建筑市场从各自的职能出发进行管理。

〔**治理整顿建筑市场**〕　建设部于1988年11月发出了《关于整顿建设市场秩序的通知》。整顿的重点是整“倒”治“贿”，清查违法经营，解决危害改革和社会生活、严重干扰建设市场秩序的问题。整顿的主要内容是：以权经商，官商不分；兼职设计、施工承发包活动，捞取好处，中饱私囊；行贿受贿，非法交易；倒手转包，非法牟利；偷工减料，坑害国家；弄虚作假，违法经营；倒卖材料，哄抬物价；设梗刁难，勒索用户；吃拿卡要，执法不公；封闭市场，阻碍开放等10项内容。各地根据这个《通知》要求，开展了建设市场整顿工作。1989年9月5日，建设部会同国家计委、监察部、审计署、国家工商行政管理局和建设银行，召开了整顿建设市场电话会议，进一步推动了建设市场整顿工作的开展。1990年1月建设部向国务院上报了《关于整顿建设市场的情况报告》，国务院领导同志作了批示：“建设市场的整顿，去年已做了许多工作，开始取得成效，今年请建设部进一步作出部署”。经过1989年和1990年的整顿，共查处各类案件39531件，其中行贿受贿2384件，4456万元；倒手转包工程2458项，转包渔利2207万元；出卖转借各种证件814件，非法所得1209万元；无证和越级设计4753项，非法所得155万元；无证和越级施工11193项，非法所得2411万元；倒卖材料159件，非法所得115万元。通过整顿，狠煞了不正之风，打击了各种违法违纪行为，市场秩序有了明显好转。

一般工业与民用建筑工程质量持续稳步上升。1988年全国抽查合格率48.7%，1989年上升为68.3%，1990年又有了明显提高。住宅工程质量提高较为显著，1988年合格率为42.7%，1989年上升为51.3%，1990年达到60%。使用功能有了改善，质量通病有所治理。建成了一批如济南燕子山和天津川府里住宅小区那样功能齐全、质量良好、环境优美的住宅群。对住宅工程质量的评价，已从单一的施工质量逐步发展到同时注意规划、设计、功能与环境质量。

国家工程建设质量奖逐年增加，水平不断提高。到1990年底，共评选出施工企业国家质量管理奖12个，国家优质工程奖246个（含金质奖9个），国家优秀质量管理小组奖417个。

工程质量事故逐年减少，“七五”期间平均每年为37起，其中1988年为29起，1989年为22起，1990年为11起。

但从总体观察，目前我国工程质量的总体水平仍然较低，和发达国家相比差距较大。一般民用建筑中还有严重缺陷，如屋面、地下室渗漏，上下水管道渗漏堵塞，电气绝缘不好，门窗开启不灵、关闭不严，装饰粗糙、影响观感质量，如地面起砂、开裂，顶棚开裂掉落等。本文前面所述工程质量较高的大中型工业交通建设项目，其配套工程、辅助工程质量低劣的现象仍然存在。

〔治理工程质量的主要措施〕 1989年到1990年采取的主要措施，一是开展全国工程质量检查。1989年全国28个省、自治区、直辖市和12个工业交通部门共检查民用建筑工程3967个，检验合格2703个，合格率68.3%，其中优良324个，优良率8.2%，同时抽检市政工程238项，大中型工业交通建设项目63个。二是加强工程质量监督管理。1990年8月在哈尔滨市召开了全国工程质量监督工作会议，总结“七·五”质量工作，研究布署“八·五”质量工作。在会上有17个单位交流了经验；表彰了45个先进质量监督站、105个优秀质量监督员。为保证监督工作的公正性、科学性、权威性，对监督站及人员的资质做了规定，制订了考核办法，限期考核完毕。到1990年底，全国有467个城市全部建成了监督站，90%的县城建立了监督站，共达2530个。三是重点抓了住宅工程质量。建设部提出各级领导要重点抓好这项工作，消除质量通病，改善使用功能。首先对济南燕子山、天津川府里、无锡沁园新村三个住宅建设试点小区进行质量评比。评比结果，燕子山小区工程质量全部合格，优良率为60%；川府里小区全部合格，优良率为40%；无锡沁园小区合格率70%，优良率为10%。在全国推广燕子山小区创优良工程群体经验的工作，已在全国不少城市开展，在山东省各城市收到了良好的效果。对由房屋建设开发公司统建的商品住宅工程质量进行了监督抽查，1989年抽查北京、天津、上海、哈尔滨、沈阳、南京、武汉、广州8个大城市，每个城市抽取5个开发企业，每个企业抽取两栋住宅工程，计40个企业80栋工程。合格率为51.3%，优良工程2栋，优良率为2.5%。1990年抽查大连、秦皇岛、青岛、连云港、厦门、深圳、汕头、宁波等8个沿海开放城市，同样抽查了40个房屋开发企业的80栋住宅，达到合格标准的48%，合格率60%，其中达到优良标准的3栋，优良率为3.75%。

安 全 施 工

秦春芳 姚 亮

〔安全监督机构〕 1989年1990年两年间，各级建设主管部门，把加强行业安全工作作为治理整顿的重要内容，从职能转变入手，对安全生产加强了监督检查。福建、黑龙江、上海、安徽、哈尔滨等地先后设置了安全生产监督机构，对在本地区施工的队伍实施全行业的安全生产监督管理。通过广大建筑职工和各级管理人员的共同努力，建筑施工伤亡事故连续四年上升的局面得到控制，并出现了连续两年大幅度下降的好形势。1989年和1990年全国建筑职工因工死亡分别下降14.57%和20.49%，重伤分别下降21.13%和15.17%。

〔逐步建立安全技术法规体系〕 自1986年以来，建设部组织编制了高处作业、施工用电、机械施工等三个系列的十五本安全技术标准与规范。其中，1989年已颁发执行了《建筑施工安全检查评分标准》、《施工现场临时用电安全技术规范》。《建筑施工安全检查评分标准》是建国以来第一部以定量方法，综合评价施工现场安全生产状况的技

企 业 资 质 管 理

肖 凤 翔

〔**实行施工企业资质管理**〕 建设部于1988年12月，组织有关方面对全国施工企业资质管理进行研商，在广泛征求意见的基础上，于1989年上半年先后发布了有关资质标准和管理规定，下半年开始在全国范围内进行施工企业全面资质审查，并于1990年完成。目前，整个行业资质管理机制正在按计划运行，全行业宏观调节、控制能力得到加强。

过去，施工企业的资质管理条块分割，缺乏必要的统一。各部门专业系统施工企业执行原国家计委制定的《国营施工企业资格等级标准》，实行部门管理；建工城建系统执行原城乡建设环境保护部制订的《建筑企业营业管理条例》，以地方管理为主。国务院各有关部门和地方各级管理部门都有权随时审批企业，这种法出多门的做法，无论对宏观调控还是微观管理都很不利。从1989年初开始，以建设部施工管理司为主，协同各有关方面，对各种施工企业进行了定量测算，通过反复研讨，以较完整的体系把施工企业的各经济、技术、管理等资质条件统一起来，并于1989年5月30日以(89)建施字第224号文发布了《施工企业资质等级标准》，同年6月29日以建设部令第二号发布了《施工企业资质管理规定》，为全国施工企业的资质管理提供了法规依据。《施工企业资质等级标

术法规，自1989年颁发后，天津、湖北、北京、浙江、安徽、福建等地陆续制订了实施细则，举办了培训班，为贯彻标准做了大量工作。有些地区开展了贯彻落实标准的安全达标活动，改变了施工现场的脏、乱、差的面貌，减少了不安全因素，提高了安全防护水平。该标准及一系列配套的安全技术规范的颁布实施，标志着我国建筑施工安全管理进入了一个新的阶段。与此同时，建设部于1989年起草了《建筑行业安全生产监督管理规定》，经广泛征求各方面意见后，进行了修改和补充，于1990年形成了征求意见稿。

〔**开展全国建筑施工安全大检查**〕 为贯彻落实安全技术标准，提高安全防护水平，按照全国建设工作会议的部署，1989年3月，建设部组织开展了全国建筑施工安全大检查。首先由企业领导负责组织专门力量，进行自检，在此基础上，各地区和部门进行了抽检。当年11月，建设部在各地区抽查工作基本完成的情况下，组织了六个复查组对十四个省、市的部分地区的施工现场进行了复查。这次检查，重点是施工现场安全生产情况，首次按照建设部颁发的《建筑施工安全检查评分标准》进行了评分，共抽查了923个企业的1274个施工现场，其中有841个达到合格标准，合格率为66.01%；312个达到优良标准，优良率为24.49%。

〔**开展安全培训**〕 两年来各级建设主管部门和企业对新工人（包括农民工）、特殊工种、企业经理及各级管理人员，开展了多层次的安全培训工作，特别是组织了《建筑施工安全检查评分标准》和《施工现场临时用电安全技术规范》等新标准的培训。建设部在山东、浙江、河南、广西等地开办了学习班，受训人员达1500人左右。

〔**加强建筑安全生产的宣传**〕 1986年，建设部委托四川省建筑总公司创办了《建筑安全》杂志。创刊五年来，《建筑安全》本着“宣传党和国家的安全生产方针，贯彻安全生产的法规、标准，加强管理，提高技术，交流信息，促进生产”的宗旨，在各级领导的关怀和指导下，不断改进，不断创新，不断成长壮大。现已在全国建立51个通讯组，聘任700多名通讯员和特邀通讯员；该刊是目前建筑行业唯一的安全生产方面的杂志，深受建筑行业安全员、施工员及领导者等的欢迎，发行量为两万份左右，平均1000名建设职工拥有一份。

〔**建筑业安全工作的国际交往**〕 1989年7月，建设部先后派员参加了两期国际劳工组织亚太地区组织在泰国曼谷举办的“亚太地区建筑安全、健康及福利师资培训班”。培训安全师资人员，是国际劳工组织和联合国开发署资助亚洲太平洋地区发展中国家改善建筑安全生产状况项目的一个重要内容，为进一步落实这一内容，加强国内建筑安全师资培训，在国际劳工组织的支持下，建设部于1989年9月和1990年12月，分别在青岛和桂林举办了“建筑安全研讨会”，国际劳工组织派官员和专家前来指导和讲课，并介绍了国际建筑安全概况和先进国家的经验。并提出希望加强交往，扩大合作范围。

准》包括一般建筑、冶金、有色金属、机械电子、化工、石油、石化、核工业、火电及送变电、煤炭、建材、林业、水利水电、海洋石油、铁路、交通、邮电、地矿、市政、装饰园林古建等 21 种专业、42 个企业类别，实行按行业、分专业综合平衡确定标准，既根据企业的同一性，提出统一的资质条件，又依据不同专业的特殊性保持不同的资质要求。《施工企业资质管理规定》明确“建设部归口管理全国施工企业的资质；国务院各有关部门管理所属施工企业的资质，业务上接受归口管理部门的指导；省、自治区、直辖市建设行政主管部门对本辖区内的施工企业的资质进行归口管理。”这就把必要的集中和适当的分散有机地结合了起来。

〔**适度提高标准，全面审查企业**〕 施工企业资质等级标准的制订，重视了开放搞活以来企业素质增强的积极因素，因而较之原有标准资质水平普遍有较大的提高，特别突出反映在对企业的法人代表和技术、经济、经营负责人的资历，对有职称工程、经济、会计、统计等专业技术业务人员在企业全员所占比例均提高了一定幅度。由于近些年企业在职工培训方面有很大发展，在此基础上，新的资质等级标准对企业所有上岗的施工、预算、材料、安全和质量检查等“五大员”，规定了资格要求。把企业的培训成果纳入企业资质管理范畴尚属首次。为适应改革发展的要求，企业资质条件，取消了过去列在首位的企业固定职工人数的条件，代之以企业应具备的资产、资金设备和应达到的总产值或工程量，以企业的经济技术实力和生产能力为主要依据。从促进企业总体素质出发，在资质管理中强调了四点，一是施工业绩。作为检验企业综合能力和素质的实践标准，行业主管部门在审定企业申报时，以此为前提，促进企业努力完成技术要求高，难度大的工程，使企业得到充分的实际锻炼，提高实际水平。二是经理的实践资历。作为企业法人代表的经理，在企业中处于中心地位，对企业的物质文明建设和精神文明建设负责全面责任。资质管理结合施工企业的特点，要求经理不仅在理论上，而且必须在实践上具有丰富的经营管理和组织领导经验。不具备这一条件的，企业的主管部门进行了调整。三是配齐“三总师”。改革开放以来，“三总师”在企业中的地位和作用越来越显示其重要性。资质管理对一、二级施工企业要求在建立生产技术、成本控制、经营开拓等管理体系中，必须配齐“三总师”；三级以下的企业也要配备技术负责人。四是有职称经济技术管理人员占全员的比例。资质管理要求企业按等级必须达到一定的比例，这是施工企业基本素质条件之一，达不到标准要求的则应继续充实，并限期解决。

全国施工企业全面资质审查于 1989 年下半年开始，所有施工企业按标准重新确定资质等级，换发资质证书。由于这项任务适应全国治理整顿、深化改革和调整投资规模、稳定施工队伍的大气候，深受各部门、各地区及广大施工企业的普遍重视。有些地方，如广东、辽宁等省建委副主任亲自带领工作组到下面调查、蹲点，以点带面抓好这项工作。

全面资质审查把适当压缩多余队伍作为一项重要任务，通过控制总量，稳定骨干队伍，精减流动队伍，使施工力量与施工任务渐趋平衡。据统计，资审前的 1988 年，全国原有施工企业 90532 个，职工 2435 万人，经过全面资审，现有企业 66464 个，职工 2072 万人，分别减少 26.5%和 14.9%；如果扣除由事业变企业、由部队变企业的新增因素，减少企业 28%，职工 16.1%。其中：中央企业人数平均减 4.05%，地方企业人数平均减 16.2%；河北、内蒙古、山西、辽宁、江苏、安徽、河南、湖北、广西、四川、贵州、陕西、宁夏、甘肃、青海、新疆等省、自治区施工队伍人数减少都在 15%以上，大大减轻了队伍与任务失衡的压力。经过全面资审，施工队伍结构更趋合理。现有全部施工企业的资质等级结构如下：

等　级	企业数	占全部企业%	人　数	占全部人数%
一　级	1289	1.94	4586305	22.17
二　级	2139	3.48	2808870	13.55
三　级	10387	15.63	5176970	24.98
四　级	18283	27.51	4707962	22.72
非等级	34185	51.44	3442959	16.62

企 业 基 础 工 作

方 学 良

〔**基本状况与特点**〕 “七五”期间，建筑企业内部管理是以适应有计划的商品经济为中心展开的。企业外部经营环境的变化，企业经营机制的调整，使企业内部管理问题比以往任何时期都更加突出。眼睛向内“练内功”，多方挖潜增效益，成为这一时期内部管理的中心任务。这一时期，国家颁发了《中华人民共和国全民所有制工业企业法》、国务院颁发了《关于加强工业企业管理的决定》、国家经委颁发了《企业管理现代化纲要》、国家计委颁发了《“七五”期间施工企业推进全面质量管理工作规划纲要》，这些文件是建筑企业加强内部管理的主要依据。1988年建设部组建后，提出了建筑企业要从粗放经营向集约经营转变，从速度型向效益型转变，从劳务密集型向劳务密集与技术密集结合型转变，从量的扩大转向质的提高的战略性任务。这一时期的特点是，内部管理与企业改革紧密结合，保证各项改革的实施；内部管理与推进企业技术进步紧密结合，发挥科技进步的作用；传统管理方法与现代化管理方法紧密结合，取长补短，提高了建筑企业的整体管理水平。

〔**经理和三总师领导体制基本形成**〕 《中华人民共和国全民所有制工业企业法》颁发后，建筑企业普遍实行了经理负责制，确立了经理在企业的中心地位，明确了党委的监督保证作用，形成了以总工程师为首的生产指挥系统，以总经济师为首的经营管理系统和以总会计师为首的经济核算系统，实行了职工代表大会制，建立了企业管理委员会，以及从班组、工程处、公司几个层次的民主管理组织，形成了企业内部的民主管理网络。这个领导体制，使企业在生产、经营方面指挥灵活，运转有序，效率提高，较好地适应了市场变化、竞争激烈的大环境。

〔**抓管理，上等级，提高企业素质**〕 自1987年国务院发出《关于加强工业企业管理的决定》以来，到1990年，全国各地区、各部门共创出国家二级建筑企业134个（见表1），创出省级先进建筑企业300多个。

企业升级工作，促进了内部管理，成为全面提高企业素质的有效机制。从纵向看，形成了从班组、工程处到公司的企业内部和省、市直至国家，一种梯次的升级结构，随着级次的变化，标准逐步

国家二级建筑企业数量表 表1

地 区	88年	89年	90年	总 计
总 计	22	58	54	134
北京市	3	3	2	8
天津市	1	1	2	4
河北省		2	1	3
山西省		1		1
内蒙古			1	1
辽宁省	1	3	2	6
吉林省		2	1	3
黑龙江	1	2	2	5
上海市	3	2	3	8
江苏省		1	1	2
浙江省			1	1
山东省		1	2	3
广西			1	1
四川省			1	1
云南省		1		1
甘肃省		1		1
新疆		1		1
中建总公司		2	2	4
能源部	1	14	11	26
铁道部	2	7	9	18
交通部	2	3	3	8
冶金部	5	5		10
化工部	2	4	3	9
水利部			3	3
有色总公司		1	1	2
石化总公司	1		1	2
建材总公司		1	1	2

升高，使企业不断朝更高的目标攀登。从横向看，围绕质量、消耗、经济效益和安全生产这些基本要求，开展了计量、标准化、档案、会计、统计、机械设备管理等一系列的专项达标升级活动，使企业升级形成网络，出现一个以企业内部升级为基础，上下衔接，左右相联，以“内”保“外”，以“下”促“上”的局面，把企业整体素质的提高建立在札札实实的基础工作上。

在计量方面，自1988年建设部与国家计量局联合颁发了《建筑安装企业计量工作定级升级实施办法》以来，建筑企业普遍建立了计量管理制度，设立了计量专门管理机构，配备了人员，健全了计量器具和检测点的原始记录，计量器具配备率，周期送检率、送检合格率大为提高。

在标准化方面，开展了多层次的达标升级活动，多数建筑企业逐步形成了以技术标准为主体、以管理标准和工作标准为保证的标准化体系。冶金部第三建设公司自1987年以来，共举办各级各类标准化培训班89次，培训人员3127人次，提高了全员的标准化意识。三冶坚持在编制施工组织设计时，必须写明采取何种标准，并由总工程师签字认定；施工中严格按标准进行工序质量检查；完工后对照标准进行全面的对标检查。年返工损失率仅为0.0036‰。全国各建筑企业在财务管理上，初步形成了由固定资产、资金、成本、费用、会计核算等5类20项财会标准体系，统一了原始记录格式和传递程序，统一了会计科目的使用范围，统一了会计原始凭证和会计档案管理。标准体系形成后，克服了工作中的随意性，减少了差错，使各项工作逐步走上了规范化和程序化。

在定额管理方面，重点是补充制定了企业内部定额和严格了对定额执行的考核。中国建筑工程总公司第六工程局第三工程公司编制了与国家统一劳动定额常用项目配套的材料消耗定额2000多项，材料限额领料单的执行面达到95%。还补充编制了水电消耗定额、钢模板和脚手架消耗与维修定额、主要材料储备定额，以及资金占用控制指标和各类管理费分口包干指标，从而加大了定额管理的覆盖面，发挥了定额在降低物质消耗，提高劳动效率方面的作用。

在信息管理方面，许多建筑企业健全了信息管理机构，公司设立信息管理中心、工程处和科室设立分中心，工地和股室设信息员，初步形成了信息管理网络。建立综合数据库，对信息按A、B、C分类进行分层次的传递反馈。注重对企业外部信息的搜集、存储、分析和利用。运用计算机对信息进行加工、整理和分析。

班组建设在“七五”期间受到普遍重视，吉林省建设厅开展的抓“双基”建设，福建省建委开展的创合格班组、信得过班组、先进班组升级竞赛，中国铁道建筑总公司开展的“巩固基础管理工作治本达标”活动，中国石油天然气总公司组织本系统766个一线施工队开展的“金、银、铜”牌竞赛等都各具特色的加强班组建设的活动。

在强化施工现场管理方面，各地区、各部门建设行政主管部门做了大量的工作。上海市建管局在全市建筑企业中推广施工现场标准化管理，要求企业把标准化工地达标率列为年度主要考核指标，使许多施工现场做到了材料堆放齐整，道路畅通，雨天不泞，实现了文明施工。中国有色金属工业总公司在建筑企业中，开展了从现场文明施工入手，以控制工程成本为突破口的双增双节活动。重点强调了施工现场材料的验收、保管、发放，检查发放有无漏洞、耗用有无依据、回收利用是否配套、材料摊销和库存是否合理、账物是否相符等多项内容，使1990年全年节约钢材4000吨、水泥11000吨、木材1500立方米，折合价值700多万元。

在职工培训教育方面，以提高人的素质为中心，开展了多层次、多形式、全方位的培训工作，从厂长经理统考到干部持证上岗培训，从工人技术等级培训到学历证书教育都取得了一定成绩。宁夏自治区建设厅从1987年开始至1990年底，在全民所有制建筑企业中举办施工、预算、安全、质检、材料等“五大员”上岗培训班28期、培训3020人，培训发证工作已经结束。山东省建工系统共培训各类初级专业管理人员3万多人，初级人员的上岗培训工作也基本结束。

〔全面质量管理逐步普及〕 “七五”期间，全国建筑企业贯彻国家计委《“七五”期间施工企业推进全面质量管理工作规划纲要（草案）》，建筑企业全面质量管理从引进、消化、吸收，过渡到普及、应用、深化阶段，逐步形成了一套适合我国情况的应用模式。这个模式大致可以概括为：以全员参加、全过程应用为特点，以全员培训、不断增强质量意识为基础，以方针目标管理为导向，以质量保证体系为中心，以质量管理小组为主要活动方式，以达标创奖为推动手段的完整系统。从1980年到1990年的十年间，有冶金部二十冶金属结构安装工程公司、五冶三公司，中国石化总公司第四建设公司、吉化建设公司，中国石油天然气总公司胜利油田第一建设公司、大庆油田建设公司，上海市第一建筑工程公司、第四建筑工程公司、电力安装第二工程公司、北京市第一建筑工程公司、第三建筑工程公司，化工部中化总公司第三建设公司等12个建筑企业获得了国家质量管理奖的殊荣，占同时期各行业获国家质量管理奖企业总数的

建 筑 施 工 技 术

郑 念 中

〔**建立技术进步考核制度**〕 为增强企业的技术进步意识，建设部施工管理司在总结有关部门和地区推进企业技术进步经验的基础上，制订了《施工企业技术进步考核暂行办法》，在全行业施行。《办法》规定施工企业主管部门与企业签订承包合同、下达经理任期目标时，必须有企业技术进步考核指标。考核指标由"企业年技术进步效益率"和"企业技术进步工作综合评价值"两部分组成。企业年技术进步效益率是指企业年技术进步取得的直接经济效益与企业年施工产值的比值。用百分数表示；企业技术进步工作综合评价值是按《施工企业技术进步综合评价标准》的评价项目、评价内容和标准分值，对企业的技术进步工作进行综合评价后所得的分值。各地区、各部门按照文件规定，先在条件较好的部分一级施工企业中试点，待取得经验后再逐步推开；有些部门已颁布了实施细则。

〔**增加资金投入**〕 长期以来，我国施工技术方面的资金投入数量太少，不足以支持施工企业的技术进步。近几年经过各级建设主管部门的努力，在计划、财政、银行和税务等部门的支持下，形成了多层次、多渠道的施工技术进步资金来源，主要有:

11%。十年间创国家优秀质量管理小组 417 个，参加质量管理小组的职工占职工总数 30%左右。

建筑企业全面质量管理的逐步深化表现在三个方面。

第一，质量意识普遍增强。企业的主要领导把质量管理摆到重要议事日程，亲自过问，成立了 TQC 领导小组或推进委员会，把全面质量管理纳入目标管理体系，落实了质量责任制，形成了一支质量推进队伍。北京市建筑总公司在公司、工区、厂、处落实了全面质量管理的工作职能，并形成了一支 303 名专职和 171 名兼职人员组成的全面质量管理推进队伍。同时，还通过电教等多种途径培训了 50680 名职工。

第二，质量保证体系进一步完善。大庆油田建设公司在质量保证体系中突出了施工现场的质保体系，重点实施了"三点制"，即：在重点部位设管理点、在关键部位设控制点、在薄弱部位设检查点。通过编制和实施"操作要领书"和"业务指导书"以及 QC 小组活动，使三点制落到实处，提高了工程质量的一次合格率。中建一局四公司在完善质量保证体系上，重点抓了质保体系的运行，政治思想保证作用的发挥，技术质量责任制的落实，与体系之间的协调，质量信息的畅通，质量否决权的实行等六个环节，发挥了质量体系保证工程质量增进效益的作用。

第三，广泛开展 QC 小组活动。许多建筑企业及其主管部门制定了 QC 小组管理制度，逐级举行 QC 成果发布会，实行了成果奖励制度，推动了 QC 小组活动的开展。同时，QC 小组活动紧密地与班组建设、自主管理、合理化建议、"五小"活动相结合，充分发挥了 QC 小组的作用。

〔**企业管理现代化发展**〕 在"以我为主，博采众长，融合提炼，自成一家"方针的指导下，"七五"期间建筑企业管理现代化的发展，表现在有计划商品经济的观念，竞争的意识，质量的意识，开拓的意识，多元经营的意识大为增强，以人为本，以优取胜，开拓进取的经营思想逐步确立起来。随着一些大型建筑企业向工程总承包企业转变和"项目法"施工的推行，企业内部组织形式发生了多种变化，出现了事业部制、矩阵结构等多种形式。现代化管理方法的应用，除网络技术、目标管理、价值工程、A、B、C 分类法、量本利分析法的应用广度和深度上有所进展之外，一些建筑企业还制造了具有自己特色的管理方法。如中国化学工程总公司创造的"全优工作法"，化工部第三建设公司创造的项目动态管理法"等。其中"项目动态管理法"获得了国家科技进步三等奖。建筑企业微机应用的进展更为显著。据中国施工企业微机应用开发服务中心 1990 年对全国 26 个省、自治区、直辖市和国务院 10 个部委的 600 个建筑企业应用微机情况的调查，96%的企业配备了计算机，平均每个企业拥有计算机 6 台，每千名职工拥有 1.3 台，比 1985 年只有 70%的企业配备了计算机和每个企业平均拥有 1.3 台的水平，分别提高了 37%和 4.6 倍。目前建筑企业计算机应用的范围已扩大到工程预算、投标报价、合同管理、计划、统计、工程项目管理、网络计划、劳动定额、人事、设备材料等十几项管理业务领域。

(1) 按施工产值或产品销售收入的一定比例提取企业技术发展基金，用于推进企业的技术进步。如上海市参照工业企业的作法，对实行承包经营责任制的国营施工企业，在完成财政上缴任务、不调整承包基数的前提下，从工程价款收入中提取不超过1%的技术开发费。北京、辽宁、福建、四川等省市及冶金部等也从各自的情况出发，征得有关部门的同意，建立了相应的技术发展基金。

(2) 从城市建设维护费等收入中，切出一块用于建筑行业科技发展基金。

(3) 从工程建设项目概算中列支一定比例的费用作为该项目采用新技术、新工艺、新材料、新设备的验证费用，供科研、设计、施工单位使用。

〔实行施工工法制度〕 近几年来，我国施工技术在不少方面取得了举世瞩目的成就，但还不善于认真总结经验，加强技术成果的积累。为此，建设部1989年首先在北京建筑工程总公司、中国化学工程总公司等18家施工企业，进行施工工法编制、管理和应用的试点，取得了初步经验。同时又组织编印了包括工艺原理（或特点）、工艺流程、操作要点、机具设备、质量标准、劳动组织及安全、效益分析和工程应用实例等内容的《土木建筑工法实例选编》，精选了国内外土木建筑工法57例，作为施工企业了解工法、编写工法的参考。同年11月，建设部印发了《施工企业实行工法制度的试行管理办法》。《办法》中明确我国工法的含义是："以工程为对象，以工艺为核心，运用系统工程原理，把先进技术和科学管理结合起来，经过工程实践形成的综合配套的施工方法。"同时还规定工法是企业标准化的重要文件，应具有新颖性、适用性。工法分三个等级，分别由建设部、省市或部门、企业负责评审与管理。目前，有不少省市或部门正积极组织贯彻工法管理办法，开发、编制高水平的工法，有的在推广应用中见到了成效。工法管理制度的逐步建立，对提高施工企业的技术素质和管理水平具有重要意义。

〔施工新技术展览与表彰〕 为展示改革开放十年来我国施工技术取得的主要成绩，表彰在技术进步方面有突出贡献的企业、个人和优秀项目，建设部于1990年11月在北京展览馆举办了全国施工新技术成果展览会，并召开了表彰先进大会。全国23个省、市、自治区和国务院10个部门，600多家施工企业与厂家参加了展出。党和国家领导人薄一波、余秋里、韩光等分别为展览会题词，余秋里同志还亲临参观展览、出席表彰大会并讲了话。在表彰会上，由建设部授予铁道部隧道工程局等55个企业为"全国施工技术进步先进企业"；授予上海宝钢工程指挥部陆兆琦等80位同志为"全国施工技术进步先进个人"；授予上海市特种基础工程研究所"钢管在软土中长距离顶进技术"等88个项目为"全国施工新技术优秀项目"。

〔推广应用新技术〕 目前推广量大面广、效益显著的新技术项目主要有：

〈1〉商品混凝土技术。混凝土生产多采用集中搅拌、商品化供应，有利于应用"双掺"等新技术，是实现建筑工业化的重要环节。1989年全国已有35个城市建立了商品混凝土搅拌站近100座，商品混凝土年产能力900万立米，实际产量达450万立米，占现浇混凝土总量的10%，其中常州、上海、北京发展较快，已分别占该城市现浇混凝土总量的30～50%。商品混凝土的发展对保证混凝土工程质量、节约原材料、改善劳动条件、提高施工效率都有很好的作用。1990年由于受工程任务减少的影响，实际产量稍有下降，但主要生产设备已立足国内，前景仍较乐观。

〈2〉预应力混凝土技术。采用高强钢丝、钢铰线及大吨位张拉锚固设备的预应力混凝土技术，已广泛地用于大跨度建筑、桥梁、核电站安全壳、贮仓、电视塔及水工构筑物，为取得改善混凝土结构性能、节约钢材的目的。无粘结预应力混凝土已在现浇钢筋混凝土楼板上推广了50万平米，取得了有效降低楼层高度、简化施工的作用。

〈3〉新型模板与支模技术。随着现浇混凝土的比重增加，工具式组合钢模与普通大模板已难以满足需要。在新型模板中，钢框胶合模板、SP-70钢木组合模板与利建模板具有设计合理、重量较轻、便于拆装等优点，是当前较好的工业化模板体系。支模技术比较突出的有滑模、爬模、飞模、升模、隧道模、台模、筒子模等，此外，还有混凝土或金属的永久性模板以及带脚手的支模技术等。模板技术的发展有利于加快施工速度，加速模板周转，提高工效与取得较好的经济效益。

〈4〉粗钢筋联接技术。新近开发的粗钢筋冷压接、气压焊、电渣焊等联接技术，具有连接可靠、节约钢材等优点，已在高层建筑、构筑物中广泛应用。

〈5〉土层锚杆技术。利用锚杆机穿透土层，放置预应力筋、灌浆、张拉，把土层拉结成一气，用于边坡加固、滑坡整治、结构抗浮和深基坑支挡等，已在北京、上海、四川、山西等地采用，效果很好。土层锚杆设备有端部扩大型、二次高压灌浆型和螺旋干作业锚固三种工艺及设备。

〔粉煤灰利用〕 粉煤灰是燃煤电厂排出的工业废料。我国目前堆存的粉煤灰累计高达5亿多吨，占用土地18万亩，若不抓紧利用，将会占用更多的土地，污染大气、水流和环境。研究开发粉

建筑施工机械设备管理

张文和　贾立才

〔**机械设备拥有情况**〕　据国家统计局统计，到1990年底，全国建筑施工企业拥有机械设备243万台，固定资产原值380亿元，净值249亿元，机械设备总功率为3999万千瓦，全员技术装备率为2467元／人，全员动力装备率为4.0千瓦／人。其中，全民所有制施工企业拥有机械设备147万台，原值为314亿元，净值为203亿元，总功率为3061万千瓦，全员技术装备率为3277元／人，全员动力装备率为4.9千瓦／人；拥有的主要机械设备有：挖掘机5632台，推土机12868台，起重机26119台，混凝土搅拌机60704台，汽车99030台，打桩机2159台。与1980年相比，机械设备原值增长109%，净值增长75%，总功率增长53%，全员技术装备率增长40.5%，全员动力装备率增长22.5%。

目前施工企业拥有的机械设备机种和数量基本可满足施工生产需要。但是，由于机械折旧年限过长，机械台班取费定额偏低，致使30%的机械设备老化、破旧，本应淘汰或报废的，因无力更新而超期服役，甚至带病运转。天津市建工局1990年4590台主要施工机械中有49.4%属国家规定应淘汰的；铁道建筑总公司1990年有47.5%的机械需要淘汰更新。

〔**施工机械化程度**〕　1990年全国施工综合机

煤灰的综合利用，拓宽使用领域，化废为利，为工程建设提供更多的原料、材料、这是当前十分迫切而又艰巨的工作。“七五”期间，我国利用粉煤灰工作取得了很大进展。1990年利用粉煤灰1990万吨，比1985年的800万吨提高了2.4倍，利用率也由1985年占排放量的21.6%提高到28%。其中，上海市1988年粉煤灰的利用率达到了71.8%，接近发达国家的水平。粉煤灰利用的几个主要方面有：

①用于生产建筑材料及制品。作水泥的混合材，烧制粉煤灰砖、粉煤灰陶粒，蒸养粉煤灰砖、粉煤灰硅酸盐砌块、粉煤灰加气混凝土制品等，年利用量594万吨，占利用总量的41.8%。

②用于工程材料，掺入混凝土和砂浆中使用。作为胶结料或细骨料掺入混凝土中制成商品混凝土、振动碾压混凝土、泵送混凝土；掺入砂浆或制成双灰粉，也用于压力灌浆材料。年用量66万吨，占利用总量的4.6%。

〈3〉用于筑路方面。应用粉煤灰、石灰、碎石拌合成三渣，或用粉煤灰、石灰拌合成二灰土作路面基层材料，可降低工程成本10～20%。随着高速公路的发展，用于修筑路堤的粉煤灰数量日益增加，年用量达215万吨，占利用总量的15.1%。

〈4〉用于回填。如工程回填、港口回填、煤矿塌陷区的回填等，年用量已达425.6万吨，占利用总量的29.9%。

〈5〉用于农业。粉煤灰可用于改良土壤，增加肥力，以利于植物生长。年用量达61.3万吨，占总使用量的4.3%。

〔**电子计算机应用**〕　这几年，随着微型计算机的推广普及，施工企业应用微机进入了全面发展的新阶段，促进了企业管理现代化和技术进步。据中国施工企业微机应用开发服务中心1990年7～9月对全国26个省、市、自治区和10个国务院直属部门的600家施工企业调查，近五年来，企业拥有的微机数量增长很快，性能明显提高。现已有96%的企业拥有微机、总装机数量3640台，平均每个企业6台，每千人1.46台，比1985年增加了4.3倍；从事计算机工作的人员已增加到4959人，平均每千名职工中有2人专门从事计算机工作，其中大专以上学历的占一半。

计算机的应用范围日益扩大，已涉及施工企业经营管理的各个方面，如工程预算、投标报价、合同管理、计划统计、工程项目管理、网络计划、施工技术、质量安全控制、劳动工资、人事管理、材料管理、机械设备管理、财务会计、行政管理和综合信息处理等。其中工程预算、财务会计、劳动工资、人事管理、网络计划和机械设备管理的应用最为普遍。但与工业发达国家相比，我国多数施工企业的计算机应用尚处在初级阶段。调查表明，应用计算机于企业管理的项目在六个以上的企业只有80个，占总数的13.3%，而82.7%的企业应用计算机范围小，处理方法简单，仅代替手工处理之类的工作。

械化程度达60%以上，一些专业施工队伍和重点工程的机械化程度达75%以上。其中土方工程达70%以上，石方工程达90%以上，桩基工程达100%，垂直运输与起重吊装工程达95%以上，混凝土工程达96%，抹灰工程为16%左右，比1980年都有不同程度的提高。随着施工机械化水平的提高和新型、大型、专用机械的使用，机械化施工新技术、新工艺得到进一步发展。如上海宝钢工程，长江葛洲坝工程等多次采用大型机械围海造地、围堤筑坝、围堰施工，速度快、工期短、质量好。又如，我国第一条重载、单元、双线电气化铁路——大秦铁路，采用大型振动压路机，较好地解决了重载路基压实问题。上海黄浦江越江隧道使用ϕ11.3米网格半挤压盾构，集支护、开挖、推进、出渣、衬砌、浇筑于一体，在工期、质量、成本和经济效益方面充分体现了施工机械化的优越性。

〔**建立健全规章制度**〕 1989年2月建设部制订颁发了《全民所有制施工企业机械设备管理规定》，根据施工机械设备使用分散、流动、露天作业等行业特点，规范了设备管理的各项制度、办法。各地区、各部门和各建筑施工企业也都制订完善了设备管理的各项规章制度。化工部制订了《化工施工企业机械设备管理规定》；中国水利水电工程总公司制订了《机械设备管理达标升级标准》；中国铁道建筑总公司制订了《项目经理部设备管理暂行办法》，并把设备管理列入工程验收的评分内容；黑龙江省建委制订了《施工机械修理技术经济定额》；甘肃省建筑工程总公司制订了《建筑机械技术保养规程》；北京建筑工程总公司制订了《大修质量抽检制度和标准》；江苏省建工局制订了《集体企业设备管理办法》等。上海市工业设备安装公司、常州市二建公司等单位修订完善了机械设备管理制度，并制订了一套设备管理体系工作标准和设备管理工作岗位责任制；北京五建公司等制订了《设备前期管理制度》，以加强机械设备的全过程管理；邯郸市建筑工程总公司、云南省六建公司等还制订了防止拼设备的若干措施。

另外，档案、现场、润滑、备件等管理制度、办法以及设备管理的奖惩办法也都进一步完善。设备管理正在向标准化、规范化、制度化方向发展。

〔**开展设备管理评优活动**〕 为了推动设备管理工作，提高设备管理水平，从1984年始，原国家经委组织开展了设备管理优秀单位评选活动。建设部也制订了施工企业设备管理的评选办法，每两年组织一次评优工作，各省市每年评优一次。

第三届（1988—1989年）设备管理评优，上海宝钢冶金建设公司、铁道部第十六工程局二处、交通部上海航道局、天津市排水管理处、上海市工业设备安装公司、北京市五建公司、常州市二建公司、沈阳市三建公司荣获全国设备管理优秀单位称号；还有87个建筑企业荣获建设部设备管理优秀单位称号。

此外，还开展了“红旗设备”竞赛活动。近几年来，许多建筑施工企业把“红旗设备”竞赛这一群众性的爱机活动同设备管理评优活动结合起来，并作为设备管理评优的基础，设立了“红旗设备奖”，把“红旗设备”率作为考核企业设备管理的一项重要指标；有的省市还开展了机械操作工、修理工的岗位练兵和技术比武活动，评选和树立“技术能手”、“爱机标兵”。

〔**实行机械设备租赁与承包**〕 近几年企业内部的机械租赁发展较快，全国国营施工企业实行企业内部机械设备租赁面已达65%以上；煤矿基建系统已组建24个机械租赁站，拥有11866台租赁设备。企业内部机械设备租赁，在做法上经历了从企业内部划小核算单位，实行单机或机组核算，到实行内部租赁，变无偿占用为有偿使用，并逐步发展到管、用、养、修、租、算一体化，对内、对外租赁、承包，独立核算、自负盈亏的过程。有的企业在实行机械设备内部租赁时，坚持“双定一挂”，即以产值定工资，以利润定奖金，与机械完好状况挂勾；有的企业还以机械设备租赁为契机，层层签订承包合同，实行“一包二定”（包利润，定服务质量和租赁收入），并按承包指标完成情况进行奖罚。与此同时，机械设备的社会租赁也得到了发展。北京、天津、山东、湖南、江西、吉林等地相继成立了机械租赁公司（站），实行了以融资租赁为主的社会租赁，收到了不同程度的效果，机械租赁经营成交金额超亿元。

机械设备的租赁经营大大提高了机械设备的利用率，提高了设备的使用效益，同时也增强了租、用双方的责任感，抑制了盲目购置和使用上存在的多要少用、早要晚用的现象，推动了设备管理走上一条体现建筑行业特点的管、用、养、修、租、算为一体的专业化发展的新路子。但由于管理体制和经济政策不配套，机械设备的社会租赁进展较慢。

〔**加强停工闲置设备的管理**〕 这两年由于基建规模压缩，施工任务减少，全国建筑机械设备面临严重的停工闲置问题。为此，1990年2月，建设部施工管理司发出了《关于加强施工企业停置待工设备管理的通知》，要求各单位采取有效措施，加强对闲置设备的管理，以避免或减少损失。现在全国多数国营施工企业都对闲置设备进行了检查，强化了管理和维修保养。北京建筑工程总公司在亚运工程接近尾声、大量施工机械将闲置的情况下，

标 准 定 额

杨 力 群

〔标准定额法规建设工作进一步加强〕 为贯彻《中华人民共和国标准化法》，根据《标准化法实施条例》的有关规定，建设部标准定额司草拟了《工程建设标准化管理规定》。与此同时，还草拟了工程建设国家标准、行业标准、地方标准管理办法等部门规章的讨论稿。另外，为了使工程项目建设标准和建设用地指标的编制工作形成制度化、规范化，保证编制质量，由建设部会同国家计委、国家土地管理局联合印发了《工程项目建设标准编制工作暂行办法》和《工程项目用地指标编制工作暂行办法》。

建设部标准定额司会同有关单位，邀请有关专家召开了研讨会，对制定建设工程造价管理条例的可行性、必要性、目的、指导思想、工程造价的含义、范围、任务等进行了深入研究和讨论，为草拟工作作了准备。

〔建设项目经济评价方法和参数体系不断完善〕 1990 年在项目可行性研究及经济评价方面开展了五方面的工作。一是推动和协助各部门制定本部门，本行业项目评价方法实施细则。目前，煤炭、机械、邮电、公路、水运、水电、火电、石油天然气、农业等部门已制定出本部的建设项目评价方法细则；二是修正和调整了现有经济评价参数。建设部会同国家计委发布了《建设项目经济评价参数（1990 年调整版）》；三是组织各部门补充测定了各行业财务基准收益率和基准投资回收期等参数。轻工、有色、纺织、水电、火电、石油天然气等部门已上报了测算结果。四是组织有关人员开展了“通货膨胀在经济项目评价中的处理方法”，“改扩建与更新改造项目评价原则与指标”等 8 个专题的研究，其中“建设项目综合评价方法”，“非工业项目评价”两个课题已通过鉴定；五是组织开展了“社会

及时制订了《主要施工生产设备封存技术标准》，主管设备的副总经理亲自召开了全公司范围的机械封存现场会，落实场地，落实经费、落实责任人员，从而保证闲下来的机械设备始终保持完好状况。

〔采用现代化设备管理方法〕 近几年来，建筑施工企业在设备管理工作中采用的现代化管理方法有：(1) 方针目标管理，指标层层分解，责任落实到人，实行双向考核，使设备管理各项工作都能落到实处。(2) ABC 分类管理。应用 ABC 分类原理，对重点设备、重点备件实行重点管理，并坚持定人、定机、定岗、定责。(3) 网络技术、价值工程在机械设备的修理、工程建设项目施工机械的选型配套上得到了应用。计算机辅助设备管理已走出各自开发、低水平重复劳动的初级阶段，逐步向全行业使用统一软件、实现信息交流、数据共享的方向发展。由建设部施工管理司组织的，上海机施公司、北京六建公司、天津二建公司联合研制开发的《建筑机械设备管理综合信息系统》软件已通过部级鉴定，1990 年 10 月被评为建设部科技成果二等奖，该软件已在全国基建行业近 200 家施工企业中正式使用。(5) 设备状态检测和故障诊断技术。不少企业结合自身特点，应用简单仪器加技术经验，开展设备技术状态判断、检测，指导机械设备的技术保养、检修。北京市机施公司等单位实行油料化验，变按时换油为按质换油，降低了油耗；上海市工业设备安装公司、上海宝冶建设公司采用了汽车运行检测作业线和发动机运行状态检测设备，保证了车辆和机械的安全运行；铁道基建系统开发了工程机械检测车和十多种施工机械检测软件，建立了油样光谱分析室，定期为施工现场进口施工机械液压油、发动机润滑油油质的分析进行跟踪服务。

〔设备维修制度的改革〕 机械设备的维修体制，逐步改变了以时间周期为基础的按时维修制度，实行以设备的实际技术状态为基础的按需检修制度，通过科学周密的设备综合管理，记录和掌握机械设备运行状况，并通过先进的检测仪器，定期对机械设备进行状态监测和不解体检测（机械振动、噪音、油样化验、废气分析等检测），以及操作人员对机械设备运行状态变化的敏感来掌握和判断机械设备的“病变”征兆和故障隐患及其发生规律，从而判断出机械引发性故障和需要修理的部位，进行有针对性的维修。南京市第二建筑公司实行的弹性维修制，北京市机施公司实行的定期检查、化验的维修制，在实现按需维修制度方面均起了示范作用。

折现率"、"影子汇率"、"建筑物影子价格"等12个课题的研究和测算工作，现已由国家计委与建设部印发，在全国项目评价中正式运用。另外，还编写出版了《建设项目经济评价方法与参数实用手册》，供广大项目评价人员使用。

〔建设项目决策阶段标准定额制订工作〕 1990年，已有14项建设标准和3个部门的建设用地指标完成了报批稿，25项建设标准和8个部门的建设用地指标完成了送审稿，还有61项建设标准和4个部门的建设用地指标完成了征求意见稿。投资估算指标和建设工期定额的编制工作进展较快，交通、水利等10个部门的23项投资估算指标已发布施行，煤炭、林业等5个行业的10项指标已完成送审稿，还有10个部门的36项指标正在编制，可望在1991年内全部完成。铁道、石化、市政等部门的建设工期定额，1990年已将列入计划内的全部项目编制完毕，发布施行。

〔建设项目实施阶段标准定额数量增多，质量提高〕 1990年建设部批准发布了《水位观测标准》、《工业厂房可靠性鉴定标准》等29本工程建设国家标准，这是历年来发布标准最多的一年。同年还发布了工程建设行业标准120多项，地方标准近30项，推荐性标准14项。截止1900年底，全国工程建设标准规范数量已突破1500项。此外，建设部管理的工程产品标准到1990年底，共发布了371本，其中国家标准225本，行业标准146本。1990年在标准数量不断增加的同时，标准质量有了很大的提高。标准定额司和标准定额研究所共同推荐了4个工程标准和1个产品标准参加建设部科技进步奖的评选，获一等奖1个，二等奖1个，三等奖3个。

1990年，经济定额方面制定了《工程建设设备与材料划分的原则与实例》，对建设过程投资的控制和管理，扭转施工图预算编制的混乱局面将起到一定的作用。草拟了《工程建设概、预算定额编制与管理办法》。委托北京市房修工程管理处研究制定《房屋修缮工程（包括古建维修）定额编制统一性规定》，从定额的编制原则、适用范围、数据取定及耗量计算等方面作出了规定。组织编制、发布了包括机械设备、送电线路、通信设备与线路、工艺管道、通讯、刷油、热力设备与施工机械，炉窑砌筑等工程的1200个子目的《全国统一安装工程预算补充定额汇编》（33.5万字），《市政工程预算定额》的第十册，《市政工程预算定额》和《仿古建筑及园林工程预算定额》的编制说明（共74.5万字）。还组织有关省市编制《施工机械技术经济定额》、《市政工程定额与预算手册》等。为了便于各地区编制地区单位估价表，分别在郑州和九江市召开了市政、仿古建筑及园林工程预算定额交底会，有30个省市的定额管理部门、设计、施工单位及建设银行派员共380人参加。会同中国建设工程造价管理协会开展了"人工费单价"、"定额体系"、"概预算人员认证考核"等三个课题的调查研究。

〔工程造价管理工作〕 为了进一步落实《关于改进建安工程费用项目划分的若干规定》，建设部标准定额司研究了在修订费用定额的工作中可能出现的一些共性问题，在调查、分析、测算的基础上，考虑国家、企业双方的承受能力，对影响定额水平较大的几个原则性问题和具体人工单价数据的取定，提出了具体意见并召开会议，统一认识，防止部门、行业之间定额水平出现不合理的差距。从一些部门和地区已修订发布的费用定额来看，其水平基本控制在要求的范围之内。1990年7月建设部在贵阳召开工程造价管理应用计算机开发软件授奖大会，向42项获奖软件和44项优秀软件授了奖。

〔标准定额方面的国际交流与合作〕 1990年建设部与英国海外开发署达成了"建筑项目优选方法与技术研究"课题（包括5个分课题）的合作研究协议，先后派人去苏联、法国、奥地利、英国、美国、德国进行考察、培训和学习。在北京举办了3次中外专家研讨会以及接待联合国和英、法等国的专家。与此同时，还参加了国际标准化活动，出席了坦桑尼亚ISO／TC179／SC2国际会议；1990年在北京组织召开了ISO／TC178（电梯）国际标准工作会议，有14个国家35个代表出席会议；接待德国标准化协会（DIN）代表团来访。还参加了康复国际亚太地区第11届年会组织委员会工作，并以"发展无障碍设计，保障残废人平等参与社会生活"为题在大会上发言。

1990年10月建设部组团考察了日本的造价管理工作。

法　制　建　设

郭　家　汉

〔**概况**〕　建设法制工作是我国社会主义法制工作的重要组成部分。据统计，在1949年至1988年，由国务院和国务院建设行政主管部门发布的以及国务院建设行政主管部门会同有关部门联合发布的关于建设方面的行政法规和规章共291项；在1989年至1990年，由全国人大常委会、国务院和国务院建设行政主管部门发布的以及国务院建设行政主管部门同有关部门联合发布的关于建设方面的法律、行政法规和规章共110项。在勘察设计、工程抗震、施工、建设监理、标准定额、城市规划、市政工程、公用事业、风景园林、村镇建设、房地产、住房制度改革以及劳资财务、科研教育、建设机械等方面，都有相应的法律规范。这些建设法规的颁布施行，促进了建设事业的健康发展。

〔**健全机构，制定程序**〕　1982年，城乡建设环境保护部成立时，在政策研究室（后改为政策法规局）设立了法规处，负责组织和协调建设立法工作。1988年，新的建设部成立了体改法规司，作为建设部的体制改革和政策法规等的归口职能部门。现体改法规司下设有法规一处、二处，编制由原来的3人增至10人，其主要职责是：（一）负责编制建设法律、行政法规和部门规章的立法规划和年度立法计划；（二）负责组织各项法稿的草拟和审查，并办理上报工作；（三）负责对草拟的法稿在部内和向部外征求意见，并组织协调；（四）负责办理建设部与全国人大法制工作委员会、国务院法制局等机构的日常工作联系；（五）组织办理部外有关部门送建设部征求意见的法稿的答复；（六）负责建设法规汇编和法规清理；（七）会同各司（厅、局）检查建设系统内法规执行情况；（八）负责承办建设部发布的部门规章和授权建设部解释的有关行政法规的解释事宜；（九）配合有关部门开展法制宣传和法制干部培训工作等。

为建立立法工作秩序，建设部于1988年9月制定了《建设部立法工作程序和分工的规定》，使建设立法的组织工作纳入了法制的轨道。

〔**加强立法工作**〕　1988年4月建设部组建以来，建设立法工作得到了明显加强。1988年4月至1990年底，共制定建设方面的法律、行政法规、部门规章132项。1989年12月26日，七届全国人大常委会第十一次会议通过了《中华人民共和国城市规划法》，并决定从1990年4月1日起开始施行。这是建设领域第一部法律，标志着建设法制工作进入了一个新阶段。自1988年至1990年，经国务院批准，由建设部发布的行政法规一项，即：《城市节约用水管理规定》；由建设部以部长令的形式发布的部门规章八项，即：《施工企业资质管理规定》、《工程建设重大事故报告和调查程序规定》、《城市危险房屋管理规定》、《城市异产毗连房屋管理规定》、《国家优质工程奖评选与管理办法》、《城市房屋产权产籍管理暂行办法》、《城市客运车辆保养修理单位管理办法》、《城市公厕管理办法》。各省、自治区、直辖市和国务院有关主管部门，根据国家建设法律、法规的基本原则，结合本地区、本部门的实际情况，也制定了一批地方性建设法规、规章和法规性文件。

《中华人民共和国市政法（草案）》正在讨论、论证。《中华人民共和国住宅法（初稿）》正在修改。《城市市容和环境卫生管理条例》、《村庄和集镇建设管理条例》、《城市绿化条例》完成了调研论证和起草工作，已报请国务院审议。《城市规划法实施条例》、《工程建设标准化管理规定》、《工程建设招标投标管理条例》、《城市供水管理条例》等行政法规的调研、论证和修改工作正在积极展开。《建设监理暂行规定》、《建设监理单位资质管理试行办法》、《监理工程师注册试行办法》、《建筑市场管理规定》、《建筑安全生产行业管理规定》、《施工现场管理规定》等部门规章也在制定之中。

〔**编制规划、制定计划**〕　1989年初，建设部部务会议决定把研究和编制《建设法律体系规划方案》作为部的重点工作之一，成立了以一位副部长为组长、各业务司负责同志参加的编制领导小组。同时，从部政策研究中心等单位抽调人员组成专门工作班子，具体承担《建设法律体系规划方案》的编制工作。两年来，在国务院法制局的指导下，编制领导小组和工作班子进行了大量的调查研究工作，收集了国内外的有关资料，并组团到日本进行了专题考察。1989年10月形成了《建设法律体系规划方案》初稿。随后印发各地和有关部门征求意见，并召开了法律专家、建设专家和实际工作者参加的论证会，最后完成了《建设法律体系规划方

国　际　合　作

章之骧　陈玉贵

〔概况〕　1989年以来，共派出各类出国团组648个，接待国外团组600多个。其中属于经济技术合作和洽谈工程合作的团组占一半以上。在国际合作中，一是引进国外的先进技术、资金和智力；另一方面是派出劳务、出口产品和技术。近两年与西欧，北美国家政府间的交流合作有所减少，而与这些国家的企业、民间的交流合作继续进行；同东南亚国家和地区的交流合作明显增加，并从一般性的交往逐步发展为实质性的合作，在合作中注重实质性的项目，如利用外资、工程承包、联合设计、合资办企业等。

〔从建设事业实际出发，开展双边及多边合作〕　两年来，组织部长级团组出访和接待国外部长级团组来访，以及落实对口部门之间的协议是国际合作中的重要任务。在组团出访方面：先后有叶如棠、于志坚、谭庆琏、周干峙副部长分赴日本、朝鲜、意大利、埃及、西班牙、加拿大、马来西亚、巴西等国访问和参加国际会议，还有戴念慈总建筑师、许溶烈总工程师组团出访商谈建筑领域的合作等。建设部领导率团出访，一般都有部属单位及地方上的有关负责同志和专家参加。在同对口部门之间会谈合作项目时，都注重从我国建设事业当前要解决的迫切问题出发；参加国际会议，除交流学术成果外，还广泛结识新朋友，了解信息，为我借鉴。在来访方面，两年来，先后有马来西亚住房与地方政府部长，印度尼西亚住房国务部长、苏联东部地区建设部副部长，捷克林业水利木材加工部副部长、波兰国土规划和建设部部长、博茨瓦纳地土部副部长、联合国副秘书长兼人居中心主任等率团来访，还有新加坡国家发展部长和莫桑比克部长拜访建设部，并进行会谈。两年来，除了检查落实与国外对口政府部门之间所签订的协议之外，又与国外新签订了一些协议和纪要，主要有：建设部与苏联东部地区建设部《关于建立和发展科学技术、经济合作的会谈纪要》，建设部与捷克斯洛伐克林业水利木材加工部的会谈纪要，《建设部与波兰国土规划和建设部的合作协议》等。此外，建设部领导同志还多次会见了前来我国考察访问的国外大企业集团的领导人和著名人士，商谈加强合作问题。

〔发展与国际组织的合作〕　在1989年以前已经参加了15个国际组织，这两年与这些国际组织的合作交往密切，特别是世界银行和联合国开发署的项目，都在积极落实。1990年以来，建设部又参加了3个国际组织，一是经国务院批准已正式派出常驻联合国人居中心代表，成立常驻联合国人居中心代表处，并在国内的支持配合下开展了评估

案》研究报告。该报告分为五部分，即：研究《建设法律体系规划方案》的必要性和迫切性、编制《建设法律体系规划方案》的指导思想和基本原则、建设法律体系的基本框架、拟设置的几项法律的立法目的和调整范围、实施《建设法律体系规划方案》的基本设想及对策。报告作为建设立法的基本依据，指导建设立法工作的开展。1990年底，制定了建设部"八五"立法计划。

〔清理、汇编法规〕　在国务院法制局的统一部署下，1988年建设部对建国以来到1988年底颁布的有关建设方面的行政法规、规章进行了清理，整理、编辑、出版了《中华人民共和国建设法规汇编（1949—1988）》。1990年，建设部又对1989年到1990年颁布施行的建设方面的法律、行政法规、规章进行了整理，编辑成《中华人民共和国建设法规汇编（1989—1990）》，已经交付出版。

〔建设行政复议工作〕　随着《行政诉讼法》和《行政复议条例》的颁布施行，建设行政复议工作开始起步。1990年，建设部设立了建设行政复议办公室，编制3人，挂靠在体改法规司。1990年12月，建设部制定了《建设部机关行政复议和行政应诉工作暂行规定》。1990年，建设部举办了多次行政诉讼与行政复议培训班，并组织部机关负责行政复议与应诉的人员到人民法院旁听行政案件的审理等，提高了建设行政机关工作人员依法行政、依法执法的水平，为行政复议与行政应诉工作的开展创造了良好的条件。

〔搞好法规实施检查〕　为了对《城市节约用水管理规定》、《城市规划法》的实施情况进行检查，建设部先后要求各地建设行政主管部门对上述法规的实施情况进行一次全面的检查，并把检查的情况、存在的问题以及改进措施报建设部。建设部还同国务院法制局联合组成检查组到东北、华北、华东等地对上述法规的实施情况进行了实地检查。

山西平遥、四川宜宾古城改建等开发项目。二是中国建筑学会作为中华人民共和国的唯一合法代表参加了亚洲建筑师协会。三是中国供水协会参加了国际供水协会，这也是以国家会员的身份参加国际供水组织。

在发展国际合作和交流中，既注意借鉴学习国外先进技术和管理，同时也向国外介绍我们的成功经验。1990年，苏联东部地区建设部副部长穆其坎托夫率团第二次来华考察，第一次来访，他对中国各项改革都很感兴趣。这次重点在东北考察，建设部干志坚副部长专程到东北向客人介绍我国施工、监理等方面的经验。他们到南方考察，陪同人员组织地方同志介绍情况，对方很受感动，说五十年代中国向我们学习，现在我们要向中国同志学习。今年5月5日，印度尼西亚住房国务部长西斯沃诺·尤多胡索多率团来访，除正式代表团8人外，企业界住宅管理部门随行就有16人，他们奉苏哈托总统指示，来中国学习解决住房问题、政策、管理方面的经验。建设部侯捷部长及房地产司和有关专家向客人介绍了我国住房制度改革、建房办法、资金筹集以及分配等方面的情况，客人感到很有收获。印尼客人到深圳特区实地考察，对那里发生的变化感到吃惊，一致赞扬中国特区政策和建设发展是世界第一流的。

〔积极开拓国际建筑市场〕 推进工程承包和劳务合作，发展海外房地产业务，开展多元化经营，这是建设部领导十分重视的业务。近年来，中建总公司在海外的建筑公司开发房地产业出现了前所未有的成就，仅1990年一年就签订合同218项，成交额5.6亿美元，营业额4.3亿美元，其中在香港的中国海外建筑工程有限公司经营开发房地产取得的效益更为突出。中国房地产开发集团公司，作为建设部直属的专业集团公司，已在美国、加拿大、澳大利亚、日本、关岛等国家和地区开发经营1500万美元的项目，1990年完成合同额500多万美元。中国园林工程公司专门对外承包园林工程，近年来，在美国、日本、德国、英国先后完成了20多个园林工程。1990年日本大阪花与绿国际博览会中国馆的江南园林——同乐园，就是由中国设计、施工的，在博览会期间倍受称赞。在此期间，李铁映国务委员、叶如棠副部长还应日本政府邀请专程赴日访问。建设部科研设计单位通过对外技术合作，采取通过有关单位签订合同办法进行联合设计。建设部建筑设计院在香港的华森建筑设计顾问有限公司承担了当地许多设计项目，并同美国、澳大利亚、苏联、日本等国家签订20项合作设计项目。中国建筑科学研究院与德国燕莎公司合作，在北京燕莎中心工程中应用新技术，在香港搞基础工程，在泰国联合开发住宅建设等。黑龙江省、辽宁省积极开拓苏联建筑市场。先后与苏联签订合同100多项，派出劳务9000多人；辽宁省与苏签订合作协议30项，派出劳务2500多人。

过去因日本有关规定限制，每年派出研修生500名左右到企业工作。近年来，通过协商派出人数有所增加，承包工程也有突破，近两年来，在日本承包了大阪花与绿国际博览会中国庭院、日本奈良中国文化村和日本长崎市凑公园等项工程。其中尤以奈良中国文化村引人注目。这是与日日新闻社合作兴建的中国仿唐建筑群，占地35公顷，主题建筑含元殿，由我国古建筑专家傅熹年设计。

〔开展经济技术和科技合作〕 在中国机械进出口总公司的大力支持下，多次组织技术人员出国考察引进新技术，如挖掘机、压路机等产品，经过各厂家结合自己产品特点，悉心研究，不断改进工艺，使建筑机械产品上水平、上质量。目前每年出口营业额达7000万美元。前两年引进美国空心砌块生产线，进行试生产，改革墙体，取得了好的经济效益。中国建设机械总公司与瑞士迅达合资的中迅电梯有限公司，外销营业额、创汇年年增加，连续三年被评为全国十佳合资企业，产品在东南亚、西欧市场上颇受用户欢迎。

结合我国正在进行的建筑抗震、旧城改造和住房制度改革，建设部及其所属单位有针对性的组团出国考察和参加国际学术会议，或开展合作研究。其中包括由世界银行支持的联合调查、正在商定关于我国住房改革项目和建筑业改革的项目；与世行及联合国开发署正在进行的中小城市给水项目；与联合国区域开发中心合作进行的保定遥感及城市规划项目；与联合国工发组织合作进行的煤气合作、抗灾建筑技术与材料研究；与联合国亚太经社会共同组织的低造价建筑住宅等。

利用国外低息贷款发展我国基础较薄弱的市政公用设施建设，是国际经济合作中的重点之一。第二批200多亿日元贷款，用于四城市供水、煤气工程建设项目，正按合同顺利进行。从1990年开始第三批300多亿日元贷款，用于七个城市的供水和一个城市的煤气改造工程项目，正积极创造条件。世界银行贷款1.45亿美元，用于上海污水处理工程，2890万美元用于南昌大桥建设工程。利用奥地利贷款1.1亿美元，分别用于南通、泰安、青岛、淄博、济南、南京、徐州、石家庄八个大中城市的污水处理工程和烟台、潍坊、苏州、无锡、南通特区、哈尔滨、汕头七个大中城市的供水工程。利用加拿大1400万美元，用于福州、十堰市的供水工程和昆明的煤气配套工程。

在利用国外赠款方面也有发展。一是联邦德国赠款 500 万马克，建立的城市规划建设遥感测试中心，在德国专家与我技术人员紧密合作下，已完成第一期设备安装调试，并投入使用。通过遥感绘制的规划图不但清晰，而且精度很高。第二批设备也将引进安装，该项目已列为建设部“八五”期间重点项目之一。二是日本赠款 2 亿日元开展的中国城市小康住宅合作研究。日方派专家与我专家密切合作，在广泛调查研究的基础上，制定规划和实施方案，并选择试点，进行城市小区住宅开发建设。三是利用美国赠款在清华大学开展木结构建筑的研究项目，经过双方考察，正在商谈实施。

〔多渠道组织国外考察培训〕 1989 年 5 月，组织各小城市市长及管理人员 10 人到菲律宾进行为期半个月城市管理考察；同月组织各地负责城市规划的 23 位同志赴香港进行为期一周的培训；1990 年 1 月，再次组织各地负责城市规划的 15 人赴香港进行为期半个月的培训和考察；同年 12 月组织各地小城市市长 15 人赴新加坡进行为期一周的考察；1990 年 11 月，组织各地公用局长 23 人赴德国进行为期两个月的专业培训，同年 10 月，还组织地方给排水 10 名技术人员赴德国进行为期一年的专业培训，许多同志反映收获较大。在国家教委统一规划下，组织建设系统大专院校的优秀教师和直属事业单位的工程技术人员，分别到英国、荷兰、南斯拉夫、加拿大等国家进行三个月、半年和一年的进修培训或访问讲学活动。与德国国际发展基金会签有合作协议，每年组织 26—28 名市长赴德国参加为期三周的城市规划研讨会。到目前为止，已有 200 多名中等城市的市长、副市长赴德国学习借鉴城市管理建设的经验。

〔支持中外合资企业的发展〕 建研院与香港怡和合资的怡建技术服务公司，在培训国内技术人员方面下功夫，使经营技术服务有很大改观。彭培根先生与国内建筑师合作的大地建筑事务所，按照国家有关政策进行协调，理顺关系，除了承担设计业务外，还发展了帮助农村建设的发展基金业务，帮助支持边远山区建设。

经上级主管部门批准，1990 年又成立了两个合资企业：一是中国建筑机械总公司与香港合资的现代电梯装饰有限公司，作为中迅电梯有限公司电梯产品综合服务的企业，经营一年来颇为景气；二是中国建筑技术开发总公司与日本新世纪株式会社合资的建新乐器有限公司，专修旧钢琴，重点返销国外，经营效益显著。

〔清理整顿驻港澳公司，健全外事工作程序〕

在清理整顿驻港澳公司方面，首先对建设系统派驻香港、澳门公司的状况进行调查摸底，按照上级规定的条件和标准逐一审查，提出了撤并留方案，据 1990 年港清组字 8 号文批复，结果如下：建设部（含中建总公司）驻港澳地区共有公司（母公司和子公司）35 家，经过清理整顿，同意保留的公司 5 个，原则保留但需补办报批手续的公司 15 个，予以撤销合并的公司 15 个。保留的 5 家公司是：中国海外建筑工程有限公司、中国建筑工程（澳门）有限公司、华森建筑设计顾问有限公司、中国华艺雕壁艺术有限公司和基翔土力工程有限公司。原则保留但需补办报批手续的 15 家公司是：中国海外地产有限公司、中国海外房屋工程有限公司、中国海外土木工程有限公司、香港海富有限公司、香港海天贸易有限公司、华夏建筑装饰有限公司、华艺设计顾问有限公司、中建京维有限公司、新建华置业有限公司、香港综合实验室有限公司、澳门泊车有限公司、中硕发展有限公司、中国机电有限公司、中联实业有限公司和中娱大型工程有限公司。这 15 家公司补办的报批手续已经经贸部批复认可。属于撤并的公司已按要求予以注销，不再经营，个别需执行完合同再撤销的也已商定。

在加强外事管理方面；这两年按照中央有关规定，在项目安排上，控制某些一般性的和缺乏效益的项目、重复考察的项目；支持经济、科技开发性的项目，攻关项目和开拓国际建筑市场的项目，对于贷赠款的使用，选择急需的地方建设。在项目计划管理方面进一步明确规定，凡列入年度计划的项目，各单位详细报表，由建设部国际合作司汇总初审，然后提交部务会议审定后执行；计划外项目，由主管外事的副部长召开由国际合作司负责人参加的办公会议审定。

对外承包与经援

程应鍠　齐　方

〔**概述**〕　“七五”期间，各承包公司在对外经营实践中积累经验，适应对外经营多层次、多样化市场经济机制，注重市场调查，实施正确的经营策略和竞争策略，及时调整经营布局，扩大经营领域，不断加强自身建设，使对外承包的经营规模、经营能力、经营领域不断扩大。1986至1990年，对外承包成交额100多亿美元，年均增长率达17%。

截止1990年，我国对外承包公司已发展到117家，经营区域扩大到了138个国家和地区，对外签订合同一万五千多项，年均在国外执行合同人员7万余人，合同成交额累计154亿美元，累计完成营业额96亿美元。其中，1989年成交额22.12亿美元，比上年增长1.9%；完成营业额16.86亿美元，比上年增长18%。1990年成交额26.1亿美元，比上年增长18%；完成营业额18.6亿美元，比上年增长10.3%。

我国各对外承包公司在竞争激烈的国际承包市场上，经营管理水平逐步提高，涌现出一批具有竞争实力的对外承包骨干公司。继1984年中国建筑工程总公司（以下简称中建总公司）以当年合同成交额8.2亿美元，率先被美国《工程新闻纪要》列为世界250家国际大承包公司以来，1985年又有中国公路桥梁工程公司，1988年有中国冶金建设公司，1989年有中国水利电力对外公司，共四家公司进入世界250家国际大承包公司行列。

中建总公司自1979年进入国际承包市场，实行勘察、设计、施工、物资一体化和国内外一体化经营。截止1990年累计对外签订合同1500多项，合同成交额37.5亿美元，占全国同期的25%；完成营业额30.26亿美元，占全国同期的32.13%。其中，1989年成交额3.17亿美元，完成营业额4.26亿美元；1990年成交额5.65亿美元，比上年增长78%，完成营业额4.25亿美元，比上年增长4%；年均在外人员一万余人。中建总公司发展对外经营，本着“平等互利、联合对外”的宗旨与各省市建筑总公司和专业公司组建了对外经营联合体。参加联合体的企业以中建总公司分公司名称开展经营，已由初建时期的十多家发展到40家，形成了建工系统对外经营的联合优势，既带动地方建筑企业开展对外承包业务，又具有调动行业人力和技术力量的有利条件。迄今中建总公司在伊拉克、科威特、香港、美国、日本、苏联、索马里等40多个国家和地区设立驻外经营机构46个，并在新加坡与外商组建了联合公司。

〔**对外承包的经营策略和主要措施**〕　国际承包市场1982年以来经过了一个逐年收缩到回升的历程。世界250家国际大承包公司的海外合同额，1982年为1232亿美元，以后逐年下降，1987年降至739亿美元，五年减少了40%，其中中东市场由于两伊战争等原因，市场急骤收缩，成交额由1982年的472亿美元降至1987年的134亿美元，减少72%，成为国际承包市场收缩的主要因素。1988年国际企业市场开始回升，世界250家国际大承包公司的合同成交额涨至941亿美元，比上年增长27%；1989年仍保持升势，增长19.65%，达1126亿美元，1990年增长趋缓，合同成交额为1203亿美元，比上年增长6.8%。国际承包市场的变化，形成了一些新的特点：竞争激烈，条件苛刻，盈利微薄；带资承包、延期付款、实物支付盛行；限制外国公司承包范围和劳务输入的保护主义愈演愈烈。针对市场变化，我国各对外承包公司采取了相应的对策与措施。

(1)，以亚太地区为经营重点，巩固老市场，开拓新市场。

我国对外承包公司针对中东市场萎缩，亚太地区经济繁荣，市场兴旺的趋势，采取“发展亚太、巩固中东、开拓苏联市场”的发展战略，形成了有较大回旋余地的经营布局。在中东站稳了脚跟；在港澳、菲律宾、泰国、巴基斯坦等亚太地区的合同成交额有较大增长；与苏联的承包与劳务合作取得了突破性进展。

开展对外承包经营以来，我国在亚太地区的累计成交额约占总额的35%，1989年发展到52%，1990年进一步发展到73%。各承包公司还利用地理和劳务优势积极开拓苏联市场，1989年在苏联的累计合同额已达2.5亿美元，在苏的技术及劳务人员超过万人；1990年各对外承包公司同苏、蒙、朝等国共签订承包工程和劳务合作合同200多项，合同总金额5亿多美元，合同用工人数2.6万多人，工程对象包括住宅、学校、医院等民用建筑和少量工业项目，工程地点多分布在中苏边境，逐步向欧洲部分推移。承包方式90%以上为提供劳务和劳务承包，少数工程包工包料和包设计包施工。

中建总公司在亚太地区经营的比重不断提高，1990年的合同成交额达4亿多美元，占中建总公司当年成交总额的73%。其中中建总公司在香港的子公司——中国海外建筑公司1979年进入香港，十一年来累计成交额超过90亿港元，所建房屋为1／35的港人提供了住房；填海造地650万平方米。以中国建筑广东水利联营公司承建的木湖至大榄涌输水管线，每天可向港输水91万立方米，为全香港淡水耗用量的40%，在香港树立了良好的形象和声誉。该公司1989年的成交额为1.22亿美元，占当年中建总公司成交额的51%；1990年成交额猛增至3.65亿美元，比上年增长二倍占当年中建总公司成交额的65%。

(2)，承包工程向工业、高技术、大型项目转移。

近几年，我国对外承包公司针对国际承包市场一般房屋建筑、道路类项目减少，电站、石油、化工、大型水利等工业、高技术和大型项目增多的变化，积极承揽工业及大型项目。如承揽了蓄水量100多亿立方米，造价16亿美元的伊朗卡尔赫河水坝的设计；为伊拉克5个现代化大型水泥厂提供劳务；承包巴基斯坦贾姆肖罗电站的设计、施工和提供成套设备等。承揽这方面的项目，有利于发挥我方技术、劳务、成套设备相结合的优势，获得较好效益。

中建总公司在向大型项目转移方面，已由提供劳务、分包工程发展到独立总包，建成了一批在当地有影响的大型工程。其驻香港的中国海外公司承建的"屯门市广场"工程，被认为是最具挑战性的大项目。工程总建筑面积16.6万平方米，包括住宅、商场、停车场三部分。住宅为五座27层塔楼，6.4万平方米；商场共六层5.8万平方米，是远东最大的购物中心，工程合同总价2.97亿港元。这项工程的建筑群要跨越四条双向八线行车道和两条总宽40米的高速公路、三条绿化带，合同工期15个月而且要求必须时时保证交通安全畅通，不得中断，施工难度极大。中建海外公司使工程按期园满完成，在香港同业中引起很大反响。他们承建的项目还有合同价2.2亿港元，全长19.3公里，穿山越谷，需建4座较大隧道、铺设三段钢管的，输水管线工程；合同成交额1.5亿港元的远东最大仓库之一的华润集团长沙湾仓库；合同价3.4亿港元的天水围发展造地工程；合同价3.69亿港元的翠屏村四期大型配套居屋工程；小西湾二期大型配套居屋工程等。

大型项目在对外经营中起着基石的作用，基础打好了整个对外经营就可以比较快地发展。

(3)，扩大经营领域，增强企业活力。

我国各承包公司根据自身的能力和特长，以提高经济效益为中心，努力扩大经营领域，如承包工程与房屋开发相结合，建安工程与成套设备相结合，开展与工程有关的多种经营等，有的公司还发挥专业优势参与项目可行性研究，结合自身优势提出项目建议，促进国际融资，帮助业主筹措资金，从而获得项目；或采取适当参股、成套机电产品出口信贷、合资经营等方式取得承揽项目的优先权。

〔勘察设计业务的开拓〕 已在澳门、香港、伊拉克、阿尔及利亚、也门等地派出设计人员，承揽勘察设计业务。承揽的阿尔及利亚布革古尔新城总体规划设计和捷克法市扩展规划设计，获得阿方"工作出色，规划更出色"的评价；在阿设计的2500立方米钢筋混凝土球形水罐、倒锥形水塔，以设计新颖，美观实用得到阿方称赞。由中建总公司驻香港的华艺设计顾问有限公司联合日本奈良工程技术顾问公司合作设计的日本奈良"中国文化村"，是一组具有中国古代文化特色的建筑群，其中包括唐代建筑风格的含元殿博物馆、市场、各类餐厅、表演厅、少数民族民居、长城等建筑，占地八公顷，建筑面积1.6万平方米。这个项目受到日本朝野各界的重视和支持，已批准初步设计，正在进行施工图设计。由中建总公司西南勘察院承担的伊拉克北佳齐拉灌溉工程控制测量与地形测量，为满足工程需要，仅用两个月时间完成了180公里导线测量、190公里水准测量和120平方公里地形测量，工作速度和质量受到业主好评。

〔承包园林、雕塑工程〕 利用中国园林独树一帜，没有竞争对手的绝对优势，将中国园林承包打入国际承包市场，受到许多国家的欢迎，市场前景广阔。中建总公司园林建设公司广州分公司为联邦德国慕尼黑第四届国际园艺展览会设计施工的"芳华园"被誉为慕尼黑国际园艺展的"一颗明珠"，获得了大金奖。北京园林分公司为英国承建的"燕秀园"，获英国利物浦国际园林节大奖，最佳亭子奖和最佳艺术造型永久保留奖。我国园林工程承包不仅打入北美和欧洲发达国家，也进入了一些亚非国家，如中国江苏国际经济技术合作公司承包的新加坡新的旅游胜地——"唐城古建筑群"，正在兴建中；在非洲，一座中国传统御花园"恩塞莱庄园"，1989年已在札伊尔首都金沙萨落成，园内有中国古式殿堂、游廊、亭塔等。

中建总公司雕塑壁画艺术公司已在日本、伊拉克、吉布提等国承揽完成了艺术雕塑工程。

〔积极慎重开展房地产开发业务〕 近几年中

建总公司已在美国、泰国、香港、澳门等国家和地区开展房屋开发业务。1990年港澳泰驻外机构投入房地产资金达1.94亿美元，香港海外公司在建房地产项目16项，澳门有限公司发展储备的土地有6.4万平方米，泰国经理部与当地公司合作，储备了相当数量的开发用地。其中，香港海外公司本着既为国家创汇盈利，又为当地繁荣作贡献的宗旨，房地产经营由小到大，由香港发展到深圳，积累了经验和资本。在香港投资房地产开发累计已有36项，投资额4亿多美元，在香港开发的房屋有很高的信誉。1988年海外公司发售的“海祥大厦”住宅楼，一些香港居民在不知楼价的情况下，闻风而动，不顾盛夏炎热，在发售前一个星期就开始排队争购，正式发售时仅半天就基本售罄。对此，香港报纸报道：“在香港排队轮候购楼并非罕见，但为了争购中国海外公司的楼宇竟在发售前七天就开始排队，这在本港地产售楼史上是史无前例的”。中建澳门有限公司截止1990年累计发展房地产项目共18项，为开发房地产建立合营公司10个，投入资金1400多万美元，1990年承包工程中来自自营或合营的房地产项目10个，合同额达3700多万美元，占当年在签合同额的55%。中建广州分公司与澳门羊城企业有限公司等合资开发的澳门函仔花城一期工程，牡丹花园商住楼已于1990年破土开工。函仔花城将建成澳门卫星城，总发展规划六年完成，占地7万多平方米，规划建造22幢8至21层商住楼，总建筑面积32万平方米，房屋开发业务有很好前景。

〔积极发展多种经营〕 中建总公司结合当地市场需求采取独资或合资等多种方式扩大经营门路。经营内容包括：建筑制品加工、材料设备经销、停车管理、贸易代理以及饭店、餐厅等多种行业。截止1990年已创办独资、合资企业八十个，其中独资企业6个、合资企业71个、合作经营企业3个。合资企业协议总投资3亿多美元，中建总公司投资占37%。与外商的合资企业还发展到了国内，如与日本江本公司在大连合资开办了中江金属结构公司，与日本大成公司在北京合资开办了中大实业有限公司。

多种经营的发展为企业拓宽了经营领域，扩大了商务信息来源，增加了经营回旋余地，支持和促进了主业的发展。其中起步早，发展比较快的中建澳门有限公司效果最为突出。中建澳门有限公司针对澳门地区建筑承包市场小，外来公司与当地公司竞争矛盾突出的情况，实施建筑业为主、多元化经营的方针，截止1990年已开办合资企业27个，投入资金800多万美元，其中通过利润分红已收回投资的有7家。多种经营的发展，为增加项目来源扩大承包工程制造了条件；跨行业经营，有利于熟悉当地税收法制，掌握市场信息，为企业进一步发展积累了经验，还能涉足上市股份公司，开拓向社会筹措资金的路子；同时提高了企业的知名度，有利于企业经营的发展。

〔对外经援取得新成果〕 我国对外经援工作，认真贯彻执行中央的援外方针政策，坚持改革，注重总结经验，不断取得新的成果。1989年我国为70个友好国家安排实施经援项目280个，其中施工项目82个，结转收尾项目198个，有32个项目竣工，如：苏丹恩图曼职业培训中心、约旦的巴勒斯坦难民小学、埃及开罗国际会议中心、尼泊尔甘蔗糖厂、毛里求斯机动车修理厂、加纳碾米厂、孟加拉国布里刚戈河公路大桥、肯尼亚体育馆等。

中建总公司是我国组织实施对外经援项目的主要力量之一，截止1990年共在50多个国家建成援外项目57个，完成营业额8.8亿元，其中1989年承担在施经援项目20个，当年竣工项目有埃及开罗国际会议中心、扎伊尔人民宫、佛得角议会会堂等，完成营业额8359万元，派出援外职工586人；1990年承担在施经援项目24个，建筑总面积10万多平方米，完成营业额1.09亿元，在外专家组17个，派出援外职工759人，当年竣工的项目有缅甸文化剧场、毛里求斯体育场、冈比亚麦卡锡广场等。中建总公司先后在亚洲、非洲国家建成了人民宫、议会会堂、国际会议大厦，体育场馆等项目30多个，建在受援国首都或大城市，成为受援国的政治、文化活动中心，受到受援国的赞扬，产生了深远的影响。1989年建成的埃及开罗国际会议中心，是我国对外援建最大的公共建筑项目，也是目前西亚非洲地区最大的国际会议大厦，由中建上海分公司施工、上海市民用建筑设计院设计，大厦座落在埃及首都开罗，占地25.67公顷，总建筑面积5.8万平方米，包括2500座多功能会议厅兼影剧场，800座、600座的可分割会议厅，1250座宴会厅、展览厅以及代表团办公用房、新闻发布中心等。主要设施有自控空调系统、自控消防系统、无线同声传译、表决系统、闭路电视、电视转播、电传电话、内部通讯联络、升降乐池、旋转舞台、灯火控制、电影放映等，是一座可供召开大型会议、举办文化艺术展览、大型宴会的多功能现代化建筑。埃及总统穆巴拉克在移交仪式上说：“中国文明始终是富于科学和智慧的文明。今天，中国人民又为这永恒的成就增添了一座大厦。这座宏伟大厦如此完美地建成，是中埃两国人民合作的良好成果，是中埃友谊的象征。”运动员和国际体育组织领导人纷纷表示感谢中国政府提供了设施齐全、技术

建筑业内部审计

杨兰茹 张洪复

〔**建筑企业审计成果**〕 1989年至1990年，建设系统的内部审计工作主要围绕中共中央和国务院关于治理经济环境、整顿经济秩序和深化改革的中心，进行了财务收支审计、财务决算审计、承包经营责任审计、经济效益审计调查等审计工作。据审计署内部审计情况报表反映，1989年和1990年，建筑安装企业和城市公用企业共对12，920个单位进行了审计，促进增收节支金额8，426万元，查出损失浪费金额5，214万元，已纠正违纪金额26，732万元，查出万元以上贪污贿赂案件48起金额618万元。

建筑安装企业，已审单位由1989年的3，668个增加到1990年的5，044个，促进增收节支金额由2，237万元增加到4，811万元，查出损失浪费金额89年和90年分别为2，487万元和2，317万元，已纠正违纪金额分别为11，828万元和10，130万元，查出万元以上贪污贿赂案案件35件，金额601万元。黑龙江省建委1990年共对43个单位进行了审计，完成审计项目68个，审计总金额4.5亿元，纠正违纪金额1，030万元。青海省建设厅1990年对51个单位进行了审计，查出有问题金额368万元。陕西省建筑工程总公司1990年审计总金额4.6亿元，查出各类有问题资金3，392.6万元，其中违纪金额693.23万元。

1989年以来，继黑龙江省等8个省市建设主管部门成立审计处后，内蒙、陕西、新疆、湖北、湖南、山东、浙江、云南、贵州等省、自治区及哈尔滨市、成都市、青岛市、武汉市等计划单列城市建设主管部门也成立了审计处。建筑安装及城市公用企业1989年已建内审机构1，452个，配备审计干部3，747人（其中专职人员1，812人）；1990年内审机构发展到1，819个，审计人员发展到5，011人（其中专职人员2，460人）。其中，建筑安装企业1989年已建内审机构961个，配备审计人员2，688人（其中专职人员1，273人）；1990年内审机构达到1，135个，审计人员达到3，445人（其中专职人员1，681人）。

建筑业内部审计工作是从以监督财务收支的合法性、真实性、正确性为目的的财务收支审计起步的。几年来，经过各地建筑企业审计人员的探索和实践，在财务收支审计的基础上，又开拓了年度财务决算审计（即对企业年度财务决算的合法性、真实性、正确性进行的审计监督）、承包经营责任审计（即对承包经营者的经营责任进行的审计评价，包括承包合同的审计评价、年度承包指标完成情况的审计评价和经营者承包期间经营情况的审计评价）、经济效益审计（即对经济活动的经济性、效率性、效果性进行的审计评价，包括对一个单位经营情况的全面审计评价和仅仅针对诸如经济合同、技术改造项目、固定资产投资、对外联营投资、举办第三产业等单项经济业务的经济效益评价）、财经法纪审计（即对审计对象执行国家财经法令、法规及财务制度情况进行的经济审计，重点对贪污、

先进、质量优良的比赛场所。特别是近几年建成的贝宁、布基纳法索等体育设施誉满非洲，国际奥委会主席萨马兰奇曾赞扬说："要看中国的体育场，请到非洲来！"

随着各种经援项目相继建成，使我国的建筑艺术和施工水平在当地享有较高的声誉。不少受援国的官员和厂商在我援建工程施工的同时，要求为他们承包工程。中建总公司遵照"平等互利、讲求实效、形式多样、共同发展"的原则，利用经援的基础和有利条件，开展对外承包业务，迄今已在非洲地区设立驻外机构26个，1990年对外承包工程365项，合同额3千多万美元。

〔**第七次对外经理会议**〕 我国开展对外承包事业走过了11年的历程，但对我国来说仍然是一项新兴事业。中建总公司经过11年的实践，对市场经济，对国际承包的规律，逐步加深了认识，有了一定的人才、经验和实力的积累。1990年，中建总公司以党的十三届五中全会《关于进一步治理整顿和深化改革的决定》为指针，召开了第七次驻外经理会，认真总结经验，作出了《关于治理、改善和发展对外经营的决定》，将从1990年开始，继续坚持以盈利创汇为经营宗旨，用三年的时间对对外经营进行综合治理改善，通过坚持改革，完善经营机制，强化管理，使对外经营进入持续、稳定、协调发展的轨道，跨上一个新的台阶。

贿赂及重大损失浪费案件的审计）等一系列审计种类，并形成了开展这些审计工作的程序和方法，对于维护国家财经法纪，加强企业经营管理，提高经济效益，起了积极作用。

为贯彻落实国务院领导同志关于审计工作要逐步实现法制化、制度化、规范化的指示精神，建筑企业审计人员认真总结审计工作的经验，着手制定适合建筑行业特点的审计工作制度。如审计机构的职责范围、审计人员守则等基本工作制度；财务决算审计、承包经营责任审计、财务收支审计、经济合同审签、固定资产投资审签等专业性审计制度；审计项目计划管理、审计工作考核评比、审计文书档案管理等综合类业务管理制度。这些内部审计规章制度既使各项审计工作实现制度化，也规范了各项审计业务的程序、技术和方法，促进了审计工作开展。

〔表彰审计先进集体和先进个人〕 建设部组织了一九九〇年度建设系统审计先进集体和先进个人的评比表彰活动。经过基层初评，省市建设主管部门推荐和部级审定等程序，评选出审计先进集体47个，先进个人30名。这项评选活动1990年开始进行，1991年4月12日在湖南长沙进行表彰。

一九九〇年度建设系统审计先进集体名单如下：

北京市建筑工程总公司审计处
北京市城市建设工程总公司审计处
北京市环境卫生管理局审计处
天津市第二建筑工程公司审计科
唐山市建委审计科
山西省建设厅审计处
山西省建筑工程总公司审计处
呼和浩特市建筑工程公司审计室
沈阳市市政建设工程公司审计处
沈阳市房产经理公司审计处
大连市建筑构件工程公司审计处
吉林省第二建筑工程公司审计处
黑龙江省建委审计处
齐齐哈尔市建委审计处
哈尔滨市市政公用建设管理局审计处
上海市市政工程管理局审计处
上海市建筑工程材料公司审计科
常州市建委审计组
浙江省工业设备安装公司审计科
安徽省第一建筑工程公司审计科
永安市建委审计室
福建省第四建筑工程公司审计室
吉安市城乡建设局审计科
烟台市建委审计科
聊城地区建筑工程公司审计科
青岛市公共交通公司审计科
新乡市建委审计科
老河口市建委审计科
长沙市自来水公司审计科
湖南省第七建筑工程公司审计科
广东省第一建筑工程公司审计科
广州市建筑总公司审计处
广西壮族自治区第一建筑工程公司审计科
重庆市建委审计处
成都市建筑工程总公司审计处
万县市建委审计科
自贡市第一建筑工程公司审计科
贵州省第一建筑工程公司审计室
云南省建筑工程总公司审计处
陕西省建筑工程总公司审计处
陕西省综合勘察设计院审计科
陕西省第二建筑工程公司审计室
甘肃省建筑工程总公司审计处
青海省第二建筑工程公司审计室
新疆维吾尔自治区建筑工程总公司审计处
重庆建筑工程学院审计处
中国建筑技术发展研究中心审计部门

一九九〇年度建设系统审计先进个人名单

尹自强　北京市公共交通总公司审计处副处长
邹积纲　天津市房地产管理局审计处处长
齐锡龙　天津市第三建筑公司审计科副科长
郭柱花　山西省第二建筑公司审计科科长
张立功　晋城市建设局审计科科长
吴中熙　内蒙古自治区第一建筑公司审计室副主任
叶学才　丹东市建设局审计室科长
马荣福　吉林省建筑总公司审计室处长
刘金生　长春市公交总公司审计处处长
王海明　黑龙江省建委审计处副主任科员
莫连成　牡丹江市建委审计科干部
王震明　上海市公用事业管理局审计室副处长
谈祖卿　上海市住宅建设总公司审计室科级审计员
阚凤生　苏州市建工局专职审计员
王剑影　杭州市公交公司审计室主任
黄光泰　福州市建委审计科负责人
陈建蓉　江西省建设厅审计处干部
刘裔酒　济宁市建委审计科副科长
邹尧文　河南省第四建筑公司审计处处长
鲁辉忠　黄石市建委审计室副主任
胡华甫　武汉市房地产管理局审计处副处长
吴利君　广东省安装公司审计科副科长

建筑行业监察工作

张恒修　吴明坤

〔监察机构的建立〕　1988年5月19日，国务院批复同意监察部在国家计委、建设部等46个部门设置派出机构。派驻建设部的机构名称为"中华人民共和国监察部驻建设部监察局"。其主要任务是：(1) 对建设部机关各行政职能部门及其工作人员和由建设部任命的直属企事业单位的领导干部（以下简称"监察对象"）贯彻执行国家法律法规、方针政策、国民经济和社会发展计划以及执行国务院决议、命令的情况进行监督检查；(2) 对建设部下属单位执行国家方针政策及建设部的决定、决议和规章制度的情况进行监督检查；(3) 调查处理监察对象违反政策、法律、法规和政纪的行为；(4) 依照国家的有关政策、法律和法规，保护监察对象依法行使职权；(5) 受理对监察对象的检举、控告以及监察对象不服纪律处分的申诉；(6) 配合有关部门教育监察对象忠于职守、秉公办事，保持廉洁，对忠于职守、廉洁奉公，敢于同违法违纪行为作斗争的单位和个人，提出表彰和奖励的建议；(7) 按照监察部的工作部署和要求，结合建设部的工作性质和业务特点，对政纪、政风情况进行调查研究，注意发现和研究带有倾向性的问题，并及时向监察部和建设部报告；(8) 可建议建设部归口管理单位和直属单位设立监察机构，对下属监察机构的设立、合并、撤销及主要干部的任免提出意见，并定期检查了解其履行职责的情况；(9) 对建设部的直属、归口管理和挂靠单位的监察机构进行业务指导，对地方对口系统监察机构的业务工作进行必要的指导。

国家行政监察体制恢复以来，全国已有25个省、自治区、直辖市和7个计划单列市建委、建设厅设立了监察机构，其中20个是省市监察厅(局) 派驻和单独设立监察机构的，一部分已经明确了编制。建筑企业绝大多数建立了监察机构，由建设部归口管理的中国建筑工程总公司设立了监察室，总公司直属系统已配备专职监察人员139名，兼职监察人员165名，基本上形成了监察工作体系。北京、天津、四川、云南、甘肃、新疆、广东、海南、陕西、安徽、福建、浙江、江西等13个省市建筑工程总公司及所属二级公司设立了监察机构或配备了专（兼）职监察人员，现已配备专职监察干部313人，兼职监察干部171人。

〔开展反腐败斗争，查处了一批案件和问题〕在反腐败斗争中，各级监察机构集中查处了一批违法违纪案件和群众反响强烈的"热点"问题。一是利用职权贪污受贿、敲诈勒索、投机倒把、违法经营等谋取非法利益的案件；二是截留利润、挪用公款、私设小金库等严重违反财经纪律的案件；三是严重官僚主义、失职渎职造成重大经济损失、重大质量、人身丧亡事故的案件；四是群众反响强烈的多占公房、用公款超标准装修住房和违纪建私房、招生招工、吃请受礼、公费旅游等问题。通过查办案件，惩治了腐败分子，严肃了政纪，教育了干部，增强了反腐败的信心，为国家和企业挽回了大量经济损失。

〔加强廉政建设，促进建筑行业廉洁〕　近两年来，各级监察部门积极配合有关部门开展了廉政建设工作。

(1) 采取多种形式开展了廉政教育。许多企业利用报刊、广播、黑板报、声像教材等形式，大力宣传党中央、国务院关于廉政工作的指示精神，有计划、有组织地进行反腐倡廉教育，宣传有关廉政的制度、规定，表扬廉洁奉公的好人好事，通报违法违纪案件，增强了广大职工的廉政意识。各级监察部门注意抓了廉政制度建设，结合本单位的实际，制定或参与制定了廉政的规定和措施。黑龙江省建委制定了建委机关干部廉政的规定、下基层用餐的规定等廉政建设方面的10多个制度和廉政建设责任制，把委机关15个方面"两公开一监督"制度具体化为27个处室、122个方面、227条规定措施。北京市建筑工程总公司制定了领导干部保持

何松东　广西壮族自治区第二安装公司审计科科长
邹文权　四川省建筑总公司审计处处长
朱　伟　重庆市第二安装公司审计科科长
黄榜恒　贵州省第三建筑公司审计科科长
何承国　甘肃省第九建筑公司审计室主任
邢淑桃　青海省第一安装公司审计室主任
王自华　长沙建筑机械研究所专职审计员
郎一华　陕西省测绘局专职审计员

廉洁的若干规定，强调在经济和业务交往中，领导干部和个人不得收取手续费、回扣等；不得利用职务之便，收取业务、技术咨询费等酬金；不准私揽工程，私分工程款；不准借介绍施工任务，收取好处费；不准倒卖建筑材料，从中谋利。广东省建筑工程总公司廉政建设规定，要求领导干部全心全意为人民服务，不谋取个人或小团体的私利；在子女、亲属、知已朋友的升职、晋级、调动、入学深造、出国劳务等问题上，按正常渠道办理，本人应主动回避，不循私情。云南省建筑工程总公司作出保持廉洁的规定，禁止用公款请客送礼、大吃大喝，干部到基层工作一律吃客餐，不得接受宴请，不准招待烟、酒、饮料，并按规定交伙食费。建设部建筑设计院要求各级领导干部，在经营管理、洽谈业务、签订合同和工程设计等过程中，不得利用工作之便收受钱物和向双方提出不合理的要求；严格按照国家制定的勘察设计收费标准收取设计费，不得故意压低收费标准以套取现金或收受回扣。

2.对廉政规定和措施执行情况进行监督检查。监督检查的重点是领导干部。许多单位把廉洁从政作为领导班子民主生活会和干部考核的一项重要内容，对领导干部廉政建设提出了目标管理的实施意见，有的企业还建立了“领导干部廉政考察表”、“廉政建设征求意见表”，每年检查一次，并将落实情况公布于众，接受群众评议和监督。绝大多数领导干部以身作则，起表率作用，促进了企业和行业的廉洁。

〔纠正行业不正之风〕 建设系统纠正行业不正之风，有些单位是由监察部门主抓，有些单位是监察部门配合有关部门进行。1990 年 8 月，国务院召开电话会议对纠正行业不正之风作了具体部署之后，各单位把纠正行业不正之风的工作列入了重要议事日程，结合行业特点提出了贯彻落实的措施，取得了初步成效。

第一，开展正面教育，提高思想认识。监察部门协助单位领导、配合有关部门组织广大干部职工学习了党中央、国务院和地方党委、政府关于纠正行业不正之风的指示精神，抓了全心全意为人民服务的根本宗旨、职业道德、职业纪律和政策法规的教育，联系本行业、本单位的实际，摆行业不正之风的表现，议行业不正之风的危害，提高了纠正行业不正之风的自觉性。通过调查研究和群众摆议，找出了不正之风的主要表现，初步分析了发生的原因，对发现的问题，向本单位领导和上级监察部门作了反映。

第二，建立健全制度，强化了监督制约机制。许多监察部门配合业务部门制定了有关纠正行业不正之风的规定，在权力制约、办事公开、内外监督、加强予防等方面，采取了一些行之有效的措施，对招投标管理、工程质量和材料采购等重点部门、重点问题，加强了监督制约。

第三，加强监督检查，查处了违纪案件。对本部门、本系统贯彻执行党中央、国务院和地方党委、政府关于纠正行业不正之风的部署以及有关制度规定的执行情况，进行了监督检查，重点了解了各级领导干部在纠正行业不正之风中的表现；对在纠风中涌现出的秉公执法，严于律己，吃请不到，送礼不要的先进单位和个人，进行了表彰；对发现的严重违法违纪问题，进行了查处。

(四) 结合生产经营活动，开展执法监察

各级监察部门围绕建设领域治理整顿、深化改革，紧密结合生产经营活动，进行了监督检查：一是针对违反规定签订经济合同、擅自处理废旧物资和企业管理混乱等经济活动中的突出问题进行了检查；二是对采供、基建、财会、联营等容易发生问题的部门和环节进行了重点检查；三是参加了税收、财务、物价大检查，整顿建筑市场，清理整顿公司等项工作，针对查出的问题，及时向领导提出改进建议，协助有关部门制定和完善规章制度，严肃处理违纪典型案件，从而加强了企业管理，堵塞了漏洞，维护了企业的生产秩序，促进了经济效益的提高。

〔行业监察工作指导〕 1990 年 11 月，监察部驻建设部监察局在北京召开了河南、湖北、湖南、黑龙江、吉林、辽宁、上海、天津等部分省市建委（建设厅）监察工作座谈会，交流了监察工作情况，研究了加强行业监察工作指导的意见。建设部办公厅向各省、自治区、直辖市建委（建设厅）转发了座谈会纪要，一些省市已经把行业监查指导工作摆到了日程。行业监察工作指导，主要抓了五件事：

(一) 开展监察工作信息和经验交流。通过会议、文件、简报等形式，传达上级监察部门的精神，沟通信息，交流加强监督检查、廉政建设、纠正行业不正之风和查处违法违纪案件等方面的经验。

(二) 调查行业监察工作情况。围绕监察工作的中心任务进行调查研究，了解情况，督促检查，发现和总结好的典型，提出指导性的意见。

(三) 研讨带有政策性和倾向性问题。从监察工作角度出发，对带有行业特点的政策性、倾向性和群众关心的“热点”问题，组织研讨，提出解决的意见和建议。

(四) 组织监察干部培训。为提高各级监察干部监察理论和业务知识水平，许多单位举办了短期培训班，有的选送干部参加上级或地方监察机关组

全国青工技术大赛

于文藻

〔**发起与举办经过**〕 1990年，由共青团中央、劳动部、全国总工会、机械电子工业部、纺织工业部、建设部、商业部联合举办了首届全国青工技术大赛。

举办这次大赛的指导思想和目的是：落实中共中央《关于进一步治理整顿和深化改革的决定》中提出的：在治理整顿期间，必须全面提高职工素质和企业素质，充分发挥广大职工的积极性，提高劳动生产率，抓好“双增双节”为主要内容的劳动竞赛。由于全国青工占整个职工队伍的60%左右(其中生产一线高达80%以上)，已成为企业中的主力军。组织广大青工大力开展群众性的岗位培训、操作练兵、技术比武活动，弘扬雷锋同志干一行、爱一行、专一行的钉子精神，进一步激发青工钻研技术、岗位成才的热情，并在实践中教育青工热爱岗位、争先创优、艰苦奋斗，努力争当新一代能工巧匠；同时展示工人阶级年轻一代学技练艺的优秀成果和奋发向上的精神风貌，提高青工的社会地位，从而使广大青工振奋精神，积极为治理整顿、深化改革做出贡献。

江泽民、李瑞环等党和国家的领导同志为首届全国青工技术大赛题了词。

首届全国青工技术大赛组织委员会顾问是国务委员兼国家计委主任邹家华。共青团中央书记处第一书记宋德福和各有关部部长任主任委员。

〔**全国青工技术大赛的部署**〕 这次大赛共有九个工种：车工、钳工、焊工、细纱挡车工、织布挡车工、瓦工、抹灰工、烹调、理发。建设部负责组织瓦工、抹灰工大赛。各工种比赛均按国家有关部委颁发的《工人技术等级标准》规定的高级工应知应会范围命题。

大赛于1990年十一月份在北京举行。参赛选手都是由各省（自治区、直辖市）主办部门经过分区比赛选拔产生的，全国各地约有4000多万青工参加了上述九个工种的群众性技术练兵比武活动，约有8000多名青工参加了省级选拔赛。经过技能竞赛层层选拔，产生出500多名各个行业九个工种的优秀青年选手，进入决赛。

〔**建设系统首届全国青工技术大赛的准备工作**〕 2月27日，建设部决定由施工管理司负责组织瓦工和抹灰工两个工种的比赛，3月15日，施工管理司提出了“关于组织全国建筑系统青工技术大赛的方案”，并经部务会议批准，组织了由部长任组长的竞赛领导小组。

7月15日至17日，建筑系统竞赛领导小组办公室在烟台召开了建筑系统竞赛筹备工作会议。参加会议的有各省、自治区、直辖市建委（建设厅）和国务院有关部门及部分裁判人员共59人。部署竞赛准备工作；讨论修改大赛的实施“办法”和竞赛“细则”。

会后各省、自治区、直辖市建委（建设厅）成立了建筑系统青工竞赛领导小组和竞赛组织，充实了人员，制订了方案，落实了比赛工程现场。内蒙、黑龙江、辽宁、吉林、浙江、安徽、福建、江西、山东、湖北、贵州、宁夏、陕西等十三个省、自治区建委（建设厅）主任（厅长）亲自担任竞赛领导小组的组长。其他省市也都有分管建筑业的领导担任竞赛领导小组组长。河南省副省长刘源，湖北省副省长李大强还分别担任了本省建筑系统竞赛领导小组顾问。各地大赛一般分成三个阶段进行。一是首先在企业内部开展青工技术竞赛，选拔优秀选手参加地市竞赛；二是各地市选拔优秀技术能手参加全省青工大赛；三是全省竞赛筛选技术尖子组成参加全国决赛的代表队，进行强化训练。各省、自治区、直辖市大赛于九月下旬全部结束。

北京市建委受建设部委托承办大赛现场组织工作，并成立了大赛现场指挥领导小组，由建委副主任王宗礼同志任组长，具体组织工作由北京市建筑工程总公司负责。瓦工比赛现场在亚运村的大屯住宅小区进行，抹灰工比赛现场在北京西郊曹家坟工地进行。

〔**大赛开幕**〕 决赛于10月18日在北京西山

织的业务培训。

（五）推动监察机构建立和编制、人员配备问题的解决。针对有些单位监察机构没有建立，编制不落实的情况，上级监察部门主动向有关方面提出建议。

宾馆开幕。出席开幕式的有建设部部长林汉雄、劳动部副部长李沛瑶、全国总工会副主席于洪恩、建设部副部长干志坚、共青团中央书记处书记张宝顺以及建设部、北京市建委有关负责同志。建设部部长林汉雄作了动员报告。大赛从 10 月 18 日开始至 27 日结束，历时九天。大赛期间，中共中央政治局常委李瑞环、全国总工会主席倪志福、共青团中央第一书记宋德福、劳动部部长阮崇武、北京市常务副市长张百发、建设部部长林汉雄等领导同志先后到竞赛现场看望选手，予以鼓励。

〔技术大赛结果〕 经过九天紧张的竞赛，顾振林、于建友等 20 位同志分别夺得首届全国青工技术大赛建筑系统竞赛瓦工、抹灰工前十名的优异成绩。建设部、中国城建建材工会决定授予顾振林等十人为全国青年瓦工技术能手称号；授予于建友等十人为全国青年抹灰工技术能手称号。此外，还评出 12 个大赛组织工作先进单位，它们是：

北京市城乡建设委员会、北京市建筑工程总公司、辽宁省建设委员会、天津市第三建筑工程公司、上海市第二建筑工程公司、黑龙江省建设委员会、湖南省建设委员会、江苏省建筑工程总公司(建工局)、浙江省建筑工程总公司、四川省建设委员会、山东省建筑工程管理局、新疆维吾尔自治区建筑工程总公司。

〔全国青工技术大赛总结、表彰大会〕 共青团中央、劳动部、全国总工会、机械电子工业部、纺织工业部、建设部、商业部于 11 月 20 日在北京人民大会堂召开了首届全国青工技术大赛总结、表彰大会。李瑞环、丁关根、余秋里、康世恩、倪志福、邹家华等中央领导同志出席大会。会上宣读了“关于表彰首届全国青工技术大赛优胜个人和先进单位的决定”。分别授予首届全国青工技术大赛九个工种决赛的第一名至第十名选手为全国青工技术能手称号，并颁发奖品和证书，符合技师任职条件的获奖选手，按有关规定由所在单位聘用为工人技师；同时共青团中央决定：命名全国青年技术能手为“全国新长征突击手”。大会号召：全国广大青年职工要向青工技术能手学习，发扬工人阶级的优良传统，珍惜青春年华，苦练过硬本领，争创一流成绩，努力为现代化建设多做贡献。

4

地方概况

北 京 市

重 要 纪 事

李燕秋、胡世德

〔北京北辰实业集团公司成立〕 为加强第11届亚运会运动员村的经营管理，北京市政府于1990年2月决定，成立北京北辰实业集团公司。该公司为独立核算、自负盈亏的全民所有制大型企业，实行董事长负责制，行政归口北京市城乡建设委员会，业务指导归口北京市旅游事业管理局。该公司是旅游、商业服务、房地产开发经营相结合的大型综合性涉外服务经济实体。其设施是为迎接第11届亚运会，适应首都国际交往的需要而开发建设的。其中部分设施在第11届亚运会期间作为运动员和记者的住地及新闻中心和第11届亚运会组委会的办事处。所以，在第11届亚运会期间，北京北辰实业集团公司亦称第11届亚运会运动员服务中心。该公司位于北京市安立路与四环路交汇处，占地31.5公顷，方圆内，所属会议中心、写字楼、酒店、公寓和康乐购物、餐馆等设施呈环状排列，总建筑面积达50多万平方米。是一座具有会议、展览、办公、居住、康乐、美食、购物等多功能的"旅游之城"。

〔北京市第一批危旧房改造工作全面展开〕 1990年4月北京市政府做出加快危旧房改造步伐的决定，同时确定了一个转移、一个为主、四个结合的危旧房改造的方针。一个转移是各区、县政府各有关单位的领导要把握时机，把工作的重心从开发新区转移到开发新区与危旧房改造并重上来；一个为主是危旧房改造工作由各区政府负责，市政府各综合部门积极给予支持和扶持；四个结合是危旧房改造必须与新区开发相结合，与住房制度改革相结合，与房地产经营相结合，与保护古都风貌相结合。

面对北京市城镇800余万平方米危破房屋，市领导提出危旧房改造的四条指导思想：(1)改造从最危最破旧区入手；(2)统一规划、分步实施、适度规模建设；(3)调动各方，搞好经济平衡，形成危改资金的良性循环；(4)集中兵力，速见成效。

1990年7月19日成立了以常务副市长张百发同志为首的危旧房改造领导小组及领导小组办公室，此后各区、县也建立了相应的机构。

截至1990年12月31日，确定了全市第一批危旧房改造共37片，其中：城区22片，近郊11片，远郊4片。

37片危旧房区占地340公顷，危破旧房屋160万平方米，约5万户。拟规划建房530万平方米，其中住宅约340万平方米。

第一批危旧房改造区中的15片已于1990年底前相继开工，其中：城区13片，近郊2片。

15片开工危房区占地105公顷，危破房屋50万平方米，约1.6万户。规划建房193万平方米。其中：住宅约123万平方米。

〔整顿建筑施工企业〕 北京市于1989年和1990年连续两年对建筑施工企业进行整顿，到1990年底全市共有建筑施工企业1227家，比整顿前的1892家减少了665家。总人数达72万余人。在1227家企业中有全民企业214家，集体企业1013家。其中一级企业42家，二级企业119家，三级企业297家，四级企业343家，五级企业426家，取消了等外级企业。除上述建筑施工企业外还有专业施工队553家，其中：供电用电施工企业196家，电信施工企业38家，建筑构件厂157家，市政构件厂101家，商品混凝土搅拌站17家，电梯安装企业29家，塔吊安装企业30家，承发包公司23家。

〔北京市建筑行业企业升级评定〕 北京市建筑行业企业升级工作连续三年，共评出国家二级企业和市级先进企业各11家。名单如下：

〔北京市外资建筑企业〕 1990年共有53家外国建筑企业在北京承包了建筑安装工程，并颁发了在京承包工程许可证。其中香港公司45家、西德公司4家、日本公司2家、芬兰公司1家、泰国公司1家。共承接32个项目的工程，其中较大的项目有：日本大成建设株式会社与北京市第二建筑工程公司联合承包的北纬饭店；芬兰坡立马卡有限公司与中国铁道建筑工程总公司北京公司联合承包的北京华侨大厦；西德菲力普·霍尔兹曼公司、贝尔芬格·伯格公司与中建总公司联合承包的北京燕莎中心。

1990年北京市共有中外合资建筑施工企业18家。其中与日本合资3家，与新加坡合资2家，与台湾合资1家，与香港合资12家。在这18家合资企业中有从事建筑施工的4家，从事建筑装饰的10家，从事设备安装的2家，从事劳务出口的1家。

1988 年至 1989 年北京市国家二级企业和市级先进企业名单

	国家二级企业	北京市先进企业
一九八八年度	北京市设备安装工程公司	北京市第四市政工程公司
	北京市第三市政工程公司	北京市榆树庄构件厂
	北京市第三建筑工程公司	北京市第一建筑构件厂
一九八九年度	北京市机械施工工程公司	北京市第五建筑工程公司
	北京市第一建筑工程公司	北京市建筑磨石厂
	北京市第一市政工程公司	北京市城市建设机械施工公司
	北京市建工总公司建筑机械厂	中国铁道建设总公司北京工程公司
	中建一局第四工程公司	

〔加强外地进京施工队伍的管理〕 1990 年北京市建委会同河北、湖北、山东等省市建委、建设厅商定相对固定的劳务基地。第一批已在六省确立了 21 个劳务基地，同时进一步加强对已进京的外地队伍的管理，先后对 3000 多支外地建筑施工队伍进行两次整顿筛选，合并保留了 120 家企业。1990 年评出 8 家先进劳务企业和 7 家劳务企业财务考核先进单位。

〔建筑装饰业管理〕 1990 年北京地区建筑装饰工作量为 6.77 亿元人民币。为加强建筑装饰市场的管理，1990 年北京市建委专门组织了装饰专家调研组，通过历时 4 个月的调查，初步摸清了全市装饰市场的现状。在此基础上，市建委和首都规划委员会办公室联合成立了市装饰工作指导小组，下设协调办公室，制定了《北京市建筑装饰工程管理暂行办法》。并于当年 12 月 17 日首次召开了全市装饰工作会议，提出了五项任务：一是把发展装饰专业放在议事日程上，加强领导；二是认真整顿装饰市场，加强建筑装饰企业的资质管理；三是大力发展建筑装饰材料，努力提高材料品种质量；四是调整装饰专业经济政策，实现合理竞争；五是协调好各有关专业工作关系，开拓建筑装饰专业工作新局面。大会期间还推出一批建筑装饰设计、材料和用品组织展览，并对 18 个市级优秀建筑装饰设计和 38 个建筑装饰优质工程给予了表彰和奖励；举办了北京市首届家庭装饰设计竞赛和家庭装饰样板间展示。

〔施工现场管理成效显著〕 1990 年市建委为使施工现场管理有章可循，先后颁发了《北京市建筑施工企业安全生产责任制》、《关于加强施工现场场容管理的通知》、《亚运会期间施工现场环境保护的若干规定》和《对施工现场消防保卫工作的几点要求》，对专业管理人员（安全员等）进行业务培训，并对 102 条大街和 266 个施工现场组织 4 次检查，推动全市施工现场面貌明显改观。

安全事故明显下降：

全年建委系统直属企业因工死亡 39 人，比上年度下降 48%。

文明施工水平进一步提高：

经检验评定，全市有 175 个工地被批准命名为“北京市文明安全工地。”

环境保护工作取得长足进步：

共投资 2000 万元，更新改造 420 台锅炉、茶炉、87 个食堂大灶，并在重点地区施工现场实行了洒水降尘，添设了封闭式垃圾道，推广使用了新型消烟节能沥青锅，对优化城市环境起了重要作用。

防火安全工地明显加强：

全市施工现场和厂、站未发生重大火灾事故，一般火灾由上年的 9 起降为 5 起，火灾损失由上年的 112 万元，下降到 7 万元，市建委被评为全市防火安全先进单位。

〔北京 JDSG 建筑工程概算系统软件获全国工程造价管理优秀应用软件一等奖〕 北京市建设工程造价管理处组织科研、设计、施工等单位研制的 JDSG 概算系统软件（以下称系统程序），参加了 1990 年建设部组织的全国工程造价管理优秀应用软件评选，被评为第一名。该系统程序具有较强的实用性，目前在北京市已开发用户 186 个单位。

〔北市建筑机械进入东南亚市场〕 1990 年北京市建筑工程机械厂、城建工程机械厂、市政工程机械厂、安装工程机械厂和施工机械厂共向东南亚地区出口各型塔吊、大直径螺旋钻孔机、混凝土搅拌车、施工升降机、小型振动压路机、装载机等 132 台（套），创汇 833 万美元。其中，各型塔吊 49 台，居各类机械之首。

〔双钢筋技术研究开发〕 北京市住宅建设总公司从 1978 年末起，组织科研、设计、生产、施工单位协同攻关，进行双钢筋成套技术的研究开发，经过十年努力，完成了自动平焊机的定型和多种产品的应用。双钢筋长向圆孔大楼板，最大跨度

6米，用于6.3和6.6米开间框架，每开间两块。双向实心大楼板最大板面3.9×5.1米，可与预应力大楼板通用。双钢筋薄板厚6.3厘米，最大单板3.9×7.2米，已组拼的最大房间尺寸达7.3×10.4米。已形成的年生产能力为双钢筋2500吨、混凝土构件2万立方米，已使用于100多万平方米建筑面积。该成果获北京市1989年度科技进步一等奖。

〔**提高沥青路面质量成套技术**〕 为解决沥青路面出现拥包、车辙、早期开裂等问题，北京市市政工程局通过对道路结构、材料和工艺、设备的综合研究，1990年完成了该项成套技术，关键技术是：选用级配规格好、表面粗糙、棱角突出的多面体矿料；运用正交试验法设计矿料配合比；采用树脂和橡胶粉复合改性剂改善沥青的高低温性能。四年来应用该成果平均每年铺路230万平方米，每年可节约处治费用20万元，获北京市1990年科技进步二等奖。

重 点 工 程

李燕秋

〔**新华社业务楼**〕 位于宣武门西大街北侧，该工程建筑面积52051平方米，其中主楼27234平方米。主楼地下4层，直壁挖土，用直径1米混凝土护坡桩加一道锚杆；地上28层，高117米，采用现浇框架一筒体结构，中间筒体滑升，四周现浇柱用无柱箍角钢框多层板模板；外墙南北中间为玻璃幕墙到顶，其它为铝合金窗、混凝土栏板喷凹凸花纹涂料。除主楼外，其余均为3～5层现浇框架，外墙为磨光花岗石墙面和喷涂。

新华社技术业务楼

设计单位为北京市建筑设计研究院，施工总包为北京市第一建筑工程公司。1986年6月开工，1989年9月竣工。土建水电造价为每平方米1782元。

〔**中日青年交流中心**〕 位于东北郊亮马桥路南侧，由中日合作建设，面向21世纪，集文化艺术、教育培训、体育娱乐、住宿接待等为一体的大型综合建筑群体。总建筑面积71575平方米，占地5.5公顷，有9个栋号。圆形剧场有1713座位，5层，采用悬挑预应力大梁和竖向预应力柱。圆柱形宾馆有408间客房，27层，采用框架一筒体结构，外挂饰面预制板。椭圆形游泳馆的曲面屋顶采用不锈钢波纹保温板。该工程由日本黑川纪章设计事务所与北京市建筑设计研究院共同设计，北京市第三建筑工程公司施工总包。1987年3月开工，1990年9月竣工。土建水电造价为每平方米2438元。

〔**中国工艺美术展览馆**〕 位于复兴门立交桥东北角，总建筑面积47072平方米，由展销馆、序厅和办公楼三部分组成，建筑安装工程造价为8978万元。地上3～9层，最高40.8米，采用现浇框架-剪力墙结构，楼板用压型钢模等。桩基础，浮筏，埋深13.7米，外墙面为干挂花岗石。由广东省建筑设计院设计，北京市第六建筑工程公司施工总包。1986年9月开工，1989年10月竣工，获1990年度建筑工程鲁班奖。

〔**北京发展大厦**〕位于东三环北路西侧，是以外国企业为出租对象的智能型办公大楼。总建筑面积52091平方米，总投资6717万美元，建筑安装造价为人民币1.55亿元。主楼呈直角三角形，地下2层，埋深11.4米，箱基下还有8米长预应力桩；地上22层（含屋顶2层），高87米，为现浇框架一筒体结构；外墙为玻璃幕墙和涂料。主楼北侧为地下3层热力点，采用开口沉箱施工方法。由北京市建筑设计研究院、日本野村不动产株式会社和大林组共同设计，北京市第五建筑工程公司负责总包施工。1987年6月开工，1989年9月竣工。获1990年度建筑工程鲁班奖。

〔**港澳中心**〕位于东二环路东侧，为港澳事务提供活动场所，集酒店、办公楼、公寓为一体。总投资7500万美元，总建筑面积78000平方米，其中主楼69500平方米，按无障碍设计。主楼正面呈圆弧形，地下3层箱基，深14.55米；地上20层，高64.85米，采用现浇框架剪力墙结构；外

中日青年交流中心

墙面为玻璃幕墙和喷涂。由北京中京建筑事务所设计，北京市第二城市建设工程公司为施工总包。1988年1月开工，1990年9月竣工。

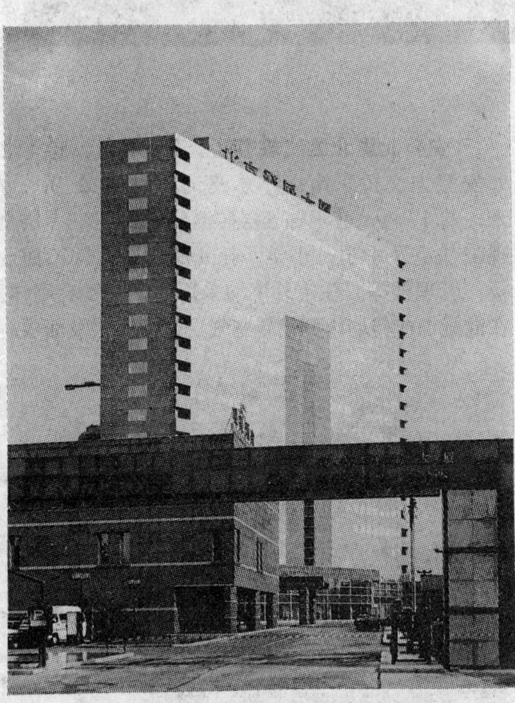

北京发展大厦

〔**北京亚太大厦**〕 位于东二环路东侧，总建筑面积46562平方米，由办公和公寓两栋14～16层建筑组成，地下3层和地上3层相连，深11米，筏基；采用现浇框架-剪力墙结构，地上最高57米，外墙用面砖饰面外墙板。由新加坡境艺特许绘测所和北京市建筑工程设计公司共同设计，北京市第五建筑工程公司施工总包。总投资2300万美元，土建造价每平方米人民币1308元，1987年11月开工，1990年6月竣工。

〔**京信大厦**〕 位于东三环北路东侧，为办公用房，总建筑面积86800平方米，其中主楼面积51056平方米，主楼平面呈削角正三角形，地下3层，深13.4米，灌注桩；地上32层，现浇筒中筒结构，高109米，采用墙、柱、梁整体同步滑模工艺，一次滑升标准层面积为1590平方米，设置保证整体刚度的超大滑模平台，做到5天一层。外墙饰面为面砖和喷涂。设计单位为北京市城市建设工程设计院，施工总包为北京市第四城市建设工程公司。1986年12月开工，1990年9月竣工。土建水电造价为每平方米1300元。

〔**北京饭店贵宾楼**〕位于东长安街老北京饭店西翼，有高级客房218间，总建筑面积42500平方米。地下3层，地上11层（含1层设备层），高39米，采用现浇板柱剪力墙体系，楼板为无粘结预应力平板。楼内有6层高的室内花园，外墙面为茶色玻璃幕墙和花岗石。由北京市建筑设计研究院设计，北京市第五建筑工程公司施工总承包。1985年6月开工，1989年9月竣工。土建水电造价为每平方米2669元。

〔**西厢工程**〕 北京市西部交通枢纽工程的总称。西厢工程北起复兴门立交桥南端，向南经西便门、天宁寺、广安门、菜户营，折向东至右安门，道路全长11公里，新建4座互通式立交桥和5座简易立交桥，敷设各种管线约60公里，同时疏浚、整治西南护城河，使河水澄清。建成后，成为城区西部第一条贯穿南北的交通大动脉。该工程分两段进行，1989年9月至12月沿西护城河先建成附线。1990年折除沿线民房7000多间，搬迁单

北京亚太大厦

位300多个，干线1990年8月11日正式开工。

由北京市市政设计院承担设计，北京市市政工程局承担施工。

〔**昆明湖清淤工程**〕　这是位于颐和园的昆明湖240年来第一次全面清淤，共分三步进行。从1990年11月28日至12月14日，基本排净湖中约100万立方米湖水。从12月16日至28日，北京市人民政府组织10万义务劳动大军清除湖面上积存的8万立方米坚冰。1991年1月6日至2月5日，由运输总公司和城市建设总公司进行机械化作业，共清除淤泥65万立方米，平均挖深54厘米；同时将5700米长青石湖岸修整一新。1991年3月10日通过竣工验收，开闸放水。

玉蜓立交桥

〔**安苑北里北区建筑节能示范工程**〕　位于北郊安慧立交桥东南侧，总建筑面积13.2万平方米，共17栋，有1栋6层砖混住宅、7栋25层全现浇住宅及中学、小学、托儿所、幼儿园、商业楼、管理楼等。住宅外墙均采用内保温复合墙体，在混凝土或砖墙内侧设置空气层、保温层及面层。

安慧立交桥

朝西朝北方向的门窗首次试用单框双玻空腹钢窗及钢塑单框双玻窗。小区热力管网采用氰聚塑保温管直埋技术。共采用27种节能措施，1990年8月全部竣工，通过鉴定。与传统建筑对比，节能

34.1%，增加工程投资不超过 4%，节能投资回收期不超过 6 年。该工程由北京市建筑设计研究院设计，北京市第五住宅建筑工程公司施工。

〔**大开间灵活住宅**〕 1988 年以来，北京市建筑工程总公司与中国建筑科学研究院、清华大学等单位协作，研究开发大开间少内纵墙灵活住宅体系，在户内取消或基本联消承重的横墙和纵墙，开间和进深两个方向均有较大的灵活性，可按住户的需要灵活隔断。开间尺寸为 5.1−7.2 米，按 30 厘米进位，形成系列，以适应不同面积标准和户型的多样化要求；进深在 11 米左右。多层住宅采用外砖内模体系，一梯二户、三户和四户。已确定在华威小区、航天部五院、大屯住宅区和槐柏树危旧房改造等处试点，1990 年下半年已在三处开工 6 栋，1991−1992 年建成。均由北京市建筑工程设计公司设计，北京市一建公司、三建公司等施工。

北京市 1989 年—1990 年施工企业技术装备情况

企业类别	年末自有机械设备台数(台)		年末自有机械设备价值(万元)			
			原值		净值	
	1989 年	1990 年	1989 年	1990 年	1989 年	1990 年
全市合计	96,735	104,846	197,683	197,531	123,787	118,962
一.全民所有制	73,761	71,353	164,562	162,592	100,491	95,327
1.中央部直属	20,074	17,402	52,826	48,466	31,913	28,778
2.地方所属	53,687	53,951	111,736	114,126	68,578	66,549
二.城镇集体所有制	22,974	33,493	33,121	34,939	23,296	23,635
三.农村建筑队	9,081	—	—	—	—	—

企业类别	年末自有机械设备总功率(千瓦)		技术装备率(元／人)		动力装备率(千瓦／人)	
	1989 年	1990 年	1989 年	1990 年	1989 年	1990 年
全市合计	1,771,283	1,767,768	2,062.7	1,975.7	3.0	2.9
一.全民所有制	1,503,922	1,419,688	2,594.8	2,605.8	3.9	3.9
1.中央部直属	490,389	423,700	3,758.3	3,406.6	5.8	5.0
2.地方所属	1,013,533	995,988	2,268.1	2,365.4	3.4	3.5
二.城镇集体所有制	267,361	348,080	1,094.5	1,000.2	1.3	1.5
三.农村建筑队	105,015	—	—	—	—	—

北京市1989年—1990年建筑施工企业基本情况(一)

企业类别	企业个数(个)		年末全部职工人数(万人)		工程技术人员		全部职工平均人数(人)		建筑业总产值(亿元)		施工产值		全员劳动生产率(按施产值计算)(元)		房屋竣工面积(万平方米)		人均房屋竣工面积(平方米)		房屋竣工率(%)	
	1989年	1990年	1989年	1990年	1989年	1990年	1989年	1990年	1989年	1990年	1989年	1990年	1989年	1990年	1989年	1990年	1989年	1990年	1989年	1990年
全市合计	1,545	1266	60.0	60.2	—	—	61.2	61.4	94.9	100.3	89.0	94.7	14,539.0	15,431.6	1,046.9	1,236.3	20.5	20.1	43.0	46.0
一.全民所有制	124	250	38.7	36.6	—	—	39.5	38.6	67.0	68.9	63.1	64.9	15,967.5	16,823.2	425.9	654.4	17.3	17.0	37.6	39.5
1.中央部直属	37	46	8.5	8.4	—	—	9.1	8.7	16.0	16.1	14.9	15.1	16,372.7	17,283.1	565.8	119.9	15.8	13.7	36.9	39.8
2.地方所属	87	204	30.2	28.1	—	—	30.4	29.8	51.0	52.8	48.2	50.0	15,845.9	16,688.7	481.1	534.5	17.7	17.9	37.8	39.4
二.城镇集体所有制	1,421	1016	21.3	23.6	—	—	21.7	22.8	27.9	31.4	25.9	29.8	11,936.5	13,080.1	55.2	581.9	26.3	25.5	52.0	56.5
三.农村建筑队	1,102		11.3	—	—	—	—	—	14.7	—	12.9	—	—	—	—	—	—	—	—	—

注：1990年的企业个数为北京市建筑行业管理办公室提供。

北京市1989年—1990年建筑施工企业基本情况(二)

企业类别	年末固定资产(万元) 原值		年末固定资产(万元) 净值		定额流动资金平均占有额(万元)		利润总额(万元)		工程成本降低额		税后利润(万元)		上缴税金(万元)		工程成本降低率(%)		工程质量优良品率(%) 按单位工程个数计算		按房屋面积计算		产值利润率(%)	
	1989年	1990年	1989年	1990年	1989年	1990年	1989年	1990年	1989年	1990年	1989年	1990年	1989年	1990年	1989年	1990年	1989年	1990年	1989年	1990年	1989年	1990年
全市合计	311,432	324,967	210,825	214,522	271,521	308,387	38,189	25,279	29,562	9,730	21,099	19,669	34,654	37,647	3.4	1.2	53.8	54.5	31.8	36.2	4.0	3.4
一.全民所有制	268,527	274,994	181,296	181,164	197,375	221,534	24,856	14,607	17,442	779	13,770	11,699	21,336	23,737	2.9	0.1	75.1	78.1	38.9	42.7	3.7	2.7
1.中央部直属	88,714	87,083	60,938	58,613	46,402	45,849	6,638	3,921	3,566	1,069	4,452	3,676	5,698	5,307	2.8	0.9	56.4	60.5	50.1	56.7	4.1	3.1
2.地方所属	179,813	187,911	120,358	122,551	150,973	175,685	18,218	10,686	13,876	−290	9,318	8,023	15,638	18,430	3.0	−0.1	77.6	80.3	36.0	39.6	3.6	2.6
二.城镇集体所有制	42,905	49,973	29,529	33,388	74,146	86,853	13,333	10,672	12,120	8,951	7,329	7,970	13,318	13,910	4.7	3.2	15.0	14.6	23.2	29.0	4.8	4.7

特　辑

第十一届亚运会工程

为保证第十一届亚运会如期顺利地进行，1986年2月亚运会工程指挥部成立。经过广大工程建设者三年零七个月艰苦奋战，亚运会建设工程如期交付使用。亚运会工程主要包括体育场馆工程、亚运会配套使用工程、北郊亚运村工程、北郊住宅区及拆迁周转房工程、北郊市政工程等，房屋建筑总面积达248.7万平方米。

一、体育场馆：总建筑面积49.1万平方米。共新建、改建、扩建了33个比赛场馆，其中新建20个、改扩建6个、维修6个、利用原有1个（见表一）；训练场馆8个（见表二），若把比赛场馆中的练习场馆包括在内，共计46个。

二、亚运会配套使用工程：共计16项，建筑面积25.3万平方米。（见表三）

三、北郊亚运村工程：是一座现代化、多功能的建筑群，总建筑面积55万平方米。（见表四）

四、北郊居住区及拆迁周转房：包括东、南小区及北小条和木栖园住宅小区在内建筑面积118.7万平方米。

其中：

1.住宅：塔式住宅47栋、高层住宅6栋、多层住宅25栋，共计78栋，建筑面积88.3万平方米；

2.公用服务设施建筑55栋，建筑面积25.08万平方米；

3.公用配套设施工程37栋，建筑面积5.32万平方米，其中主要包括：

供热厂2.59万平方米／14栋；

11万伏变电站0.55万平方米／1栋；

邮电中心1.56万平方米／3栋；

各小区热力、煤气站、变电房及垃圾站等0.62万平方米／19栋。

五、北郊市政工程：主要包括"五路"、"五桥"、"一厂"。

"五路"：北四环路（学院路—机场路段）
北辰路(北二环—北四环路段)
安立路(北二环—成府路段)
成府路(北辰左路—北苑路段)
北辰左路(北四环—成府路段)

上述五条道路路段合计约20.1公里，道路路面82.4万平方米。

"五桥"：安慧立交桥、安华立交桥、健翔立交桥、来广营立交桥和北护城河桥。桥体和引桥路面约27.4万平方米。桥梁道路地下各种管沟、管线约10.1万延米（101公里）。

"一厂"：即北小河污水处理厂，日处理污水量四万吨（二级标准），大小构筑建筑28个，房屋建筑面积0.65万平方米，各种管线8400米。

亚运会工程建设的胜利完成，不仅保证了具有重大意义和深远影响的亚运会顺利地召开，而且也在中国建筑史上树起了一座历史性的丰碑。

（马世昌、张晶、李燕秋、丁小明、程平）

第十一届亚运会新、改、扩建33个体育场馆简表

体育场馆名称	总建筑面积(平方米)	类别	座席(个)	施工单位	设计单位	开竣工时间
1.大学生体育馆	12,252	新建	4,100	城建四公司	市建筑设计院	86.11—88.9
2.月坛体育馆	10,583	新建	3,000	市建二公司	市工业设计院	86.11—88.9
3.体育学院体育馆	10,633	新建	3,000	河北一建公司	清华建筑设计院、中科院建筑院	86.11—88.11
4.海淀体育馆	11,831	新建	3,000	河北四建公司	机电部十院	87.1—88.12
5.石景山体育馆	10,764	新建	3,000	市六建公司	哈工院建筑系、机电部设计研究院	87.2—88.9
6.光彩体育馆	12,531	新建	3,000	中建二局一公司	市建筑设计院	87.4—89.9
7.朝阳体育馆	9.519	新建	3,400	中建一局五公司	哈工院建筑系、机电部设计研究院	86.12—89.5
8.地坛体育馆	13,362	新建	3,000	城建三公司	建设部设计院	87.4—89.9

体育场馆名称	总建筑面积(平方米)	类别	座席(个)	施工单位	设计单位	开竣工时间
9.北京国际网球中心馆	16.577	新建	1,000	市一建公司	市建筑设计院	87.4—88.12
国家奥林匹克体育中心	102,043	新建				
10.游泳馆	(37,741)	新建	6,100	市建三公司	市建筑设计院	87.6—89.12
11.综合体育馆	(25,338)	新建	6,000	市建三公司	市建筑设计院	87.7—89.12
12.田径场	(19,377)	新建	20,000	市建三公司	市建筑设计院	87.11—89.12
13.曲棍球场	(3,389)	新建	2,000	市建三公司	市建筑设计院	88.9—89.12
丰台体育中心	54,333	新建				
14.体育馆	(10,209)	新建	3,000	总后总队二大队	市工业设计院	88.6—90.4
15.体育场	(38,805)	新建	40,000	总后总队二大队	市工业设计院	88.4—90.4
16.棒垒球场	(2,403)	新建	3,200	丰台区房管工程队	市工业设计院	87.12—88.12
17.昌平自行车场	10,317	新建	6,000	城建一公司	山西建筑设计院	87.4—89.4
18.北京射箭场	420	新建	600			89.3—89.5
19.金海湖水上运动场	陆地 4,399	新建	1,200	平谷县东高村工程队	市政设计院	87.6—89.6
20.秦皇岛海上运动场	陆地 4,135	新建	2,000	秦皇岛市二建、交通部一航局五公司	秦皇岛玻璃工业设计院、一航局设计室	88.4—89.5
21.工人体育场	89,440	改建	72,000	市建五公司	市建筑设计院	87.1—89.6
22.先农坛体育场	17,520	改建	30,000	中建二局一公司	市建筑设计院	86.11—88.9
23.训练局水球馆	6,433	改建	—	中建二局三公司	航天部第四设计院	88.12—90.6
24.北京射击场	12,555	扩建	1,000	市建六公司	机电部工程设计院	86.5—87.8
25.海淀体育场	4,069	扩建	—	海淀海丰建筑公司	海淀区建筑设计室	89.10—90.6
26.北体师院卡巴迪场	468	扩建	—	海淀华城建筑公司	市建筑设计院	90.4—90.8
27.工人体育馆		维修	13,346	市建五公司	市建筑设计院	90.3—90.6
28.北京体育馆		维修	5,427	中建二局三公司	市建筑设计院	89.10—90.4
29.首都体育馆		维修	18,000	筹建处维修办公室	市建筑设计院	90.3—90.6
30.石景山体育场		维修	18,000	石景山体委筹建处组织		90.3—90.6
31.公路（怀柔至密云）		维修路面				90.3—90.5
32.公路（昌平至蟹子口）		维修路面				90.3—90.5
33.北京高尔夫球俱乐部		原有利用				

第十一届亚运会新建8个练习场馆简表

工程项目名称	总建筑面积(平方米)	类别	座席(个)	施工单位	设计单位	开竣工时间
1.奥林匹克体育中心练习馆	(3,170)	新建	—	市建三公司	市建筑设计院	88.1—90.4
2.首体综合练习馆	38,701	新建	1,500	市建二公司	市建筑设计院	88.8— 90.8 交用
3.训练局羽排球练习馆	10,413	新建	—	中建二局三公司	市建筑设计院	87.3—88.12
4."二炮"清河练习馆	9,731	新建	1,000	市建三公司	建设部设计院	88.5—90.5
5."八一"红山口体训馆	3,658	新建	—	空军建安总队	空军建安总队设计室	88.8—90.3
6.煤炭干部学院体训馆	4,167	新建	1,700	东城景山建筑公司	煤炭部规划设计院	87.11—89.12
7.北体师院田径练习馆	9,700	新建	—	城建四公司	市建筑设计院	86.12—88.7
8.老山自行车练习场	附属 311	新建	—	城建一公司	航天部第四设计院	88.8—89.9
	(跑道 1,900)	新建	—			

北郊亚运村主要项目表

工程项目名称	总建筑面积(平方米)	类别	施工单位	设计单位	开竣工时间
	550,550				
1.五栋塔式公寓	99,641	新建	住宅三公司	市建筑设计院	87.5—89.6
九栋运动员公寓	200,634	新建	住宅三、五、六公司	市建筑设计院	88.4—90.3
2.五州大酒店	88,308	新建	市建二公司	市建筑设计院	87.6—89.12
3.国际会议中心	45,137	新建	市建六公司	市建筑设计院	88.4—90.5
4.康乐宫	20,800	新建	住宅二公司	市建筑设计院	88.5—90.7
5.写字楼	39,409	新建	住宅二公司	市建筑设计院	88.3—90.5
6.运动员餐厅	12,859	新建	住宅二公司	市建筑设计院	89.4—90.3
7.国际小学	2,968	新建	住宅三公司	市建筑设计院	88.10—89.8
8.购物中心	19,136	新建	住宅三公司	市建筑设计院	88.11—90.6
9.汇珍酒楼	8,988	新建	住宅二公司	市建筑设计院	89.3—90.7
10.注册中心楼	3,100	新建	城区八建公司	市建筑设计院	90.3—90.7
11.热力、变电、煤气站	7,031	新建	住宅二、三公司	市建筑设计院	88.9—89.12
12.其他零星建筑	2,539	新建	住宅二、三、五公司	市建筑设计院	89.6—90.4

第十一届亚运会工程主要配套、服务项目简表

工程项目名称	总建筑面积(平方米)	类别	施工单位	设计单位	开竣工时间
	258,118				
1.中央电视发射塔	15,000	新建	市建六公司	广播电视部设计院	87.3—90.0 交用
2.电视转播中心	39,698	新建	市建六公司	广播电视部设计院、建设部设计院	89.2—90.8
3.北京电视台	21,690	新建	城建一公司	市建筑设计院	88.5—90.9 交用
4.海关大楼	46.128	新建	住宅四公司	市建筑设计院	87.7—90.6
5.首都机场	10,204	新建	中建一局四公司	市建筑设计院	88.6—89.5
6.食品配送中心	5,958	新建	市建一公司	二商局设计室	88.6—89.5
7.北医三院(中知)病房楼	9,650	新建	市建三公司	市建筑设计院	89.2—90.7
8.消安大队“823”工程	16,268	新建	市建一公司	公安局设计所、煤炭部设计院	89.4—90.7
9.华表服装加工楼	11,441	新建	城区八建公司	市建筑设计院	87.12—89.12
10.市体委运动员服务楼	4,988	新建	中建二局一公司	市建筑设计院	88.7—89.10
11.大熊猫馆	1,452	新建	园林古建公司	市建筑设计院	89.8—90.7
12.国安宾馆	10,175	新建	林业局建筑公司	市城建设计院	87.5—89.6
13.京滨饭店	15.133	新建	河北定州四建公司	市建筑设计院	88.1—90.6
14.华水大厦	13,385	新建	北协建筑公司	电子部第十设计院	87.12—90.4
15.华北饭店	38,200	新建	市建三公司	航天部第七设计院	86.10—90.8
16.北郊武术馆	7,899	新建	农建二公司	广播电视部设计院、华美设计所	88.9—90.8
17.体育博物馆	6,175	新建	农建二公司		88.9—90.6

天津市

重要纪事

李祥、张国琛、赵恩元、杜忠晓

〔狠抓工程质量，奋斗三年，成效显著〕 前几年，天津市建委针对工程质量水平普遍不高，质量事故时有发生的问题，与中共天津市委城建工委一起，于1986年提出“全党动手，综合治理，争创全国一流施工质量水平”的目标，至1989年已经三年。三年来，城建系统广大职工紧紧瞄准这个目标，自觉坚持百年大计、质量第一的方针，不断提高质量意识，开展了多种形式的提高工程质量竞赛活动。质量保证和质量监督体系不断完善，健全了机构，形成了网络，纠正了近万个质量问题。全市每年都要组织较大范围的工程质量大检查，对施工质量低劣的企业挂“黄牌”警告，同时向社会公布，并要求限期整改。经过三年不懈的努力，全市工程质量稳步上升，一次验收合格率逐年提高。1988年7月建设部按新标准对全国28个省、市、自治区工程质量随机抽查，天津市的建设工程一次验收合格率为62.5%，优良率为12.5%，得分数居全国第四位。创出了一批以天津铁路枢纽改造工程、川府里住宅试验小区等为代表的国优工程。市级优质工程由1986年的8项、2.51万平方米，至1988年提高到30项、32.2万平方米，为全市竣工面积的6.5%。工程勘察设计质量水平普遍提高，三年中评出的优秀设计达到全部建筑设计项目的3%，有53项获市级优秀勘察设计奖，其中有8项分别获国家级优秀勘察设计金奖和银奖。全市的建设工程质量实现了三年的奋斗目标、为今后继续提高工程质量，奠定了坚实的基础。

〔廉价商品房建设〕 为解决住房紧张状况，在平房改造的基础上又进行廉价商品房建设，从1989年至1990年共建成60万平方米，探索出缓解住房难问题一条新途径。进行廉价商品房建设是原天津市长李瑞环同志倡导的。他认为，根据中国的实际情况，如果按现行主要靠国家投资建房的路子走，要彻底解决住房紧张状况是不可能的。必须在总结经验的基础上，以对人民高度负责的精神，积极探索城市住宅建设的新路子。根据这一指导思想，为降低商品房的造价，采取了政府扶植、企业资助、个人出资的办法。即大配套由政府承担，小配套由企业承担（每平米在150～212元之间），建房费由个人承担（每平方米在200～260元之间）。在政策上实行免建筑税、建筑材料的二分之一供应平价材等优惠政策。还组织各行各业参加义务劳动。这样，个人花上六千多元就可买到一套住宅。在商品房的规划设计上，地点选在中环线以外，外环线以内，配合大量的绿化，房子都在绿树之中，改变天津绿化景观。同时也解决了工作在郊区的职工上下班路途远问题。在设计上既有平房、又有二层楼房，每套住宅有一间卧室、一间厨房、一个小院，实用方便。两年来，在双环村、新立村、鲁山道、三水道片共建21000多套廉价商品房，回笼人民币1.2亿多元。既解决了职工的住房困难，又推进了住宅商品化的进程。

〔解决人均居住面积低于2.5平方米住房困难户〕 在资金紧张的情况下，天津市从1990年起，用三年时间，解决人均居住面积在2.5平方米以下住房最困难户问题。这一决定在社会上引起强烈反响，得到广大群众的拥护。住房解困的具体措施是：1.在三年解困期间拿出行政事业建房的70%以上房源，解决行政事业单位最困难户的住房问题。2.各单位为职工建造的住房和购置的住房，应首先给最困难户解决，困难较多的单位必须拿出不低于70%的住房，作为解决最困难户的专用房。3.少数微利、亏损企业确属无力自行解决的，由主管区、局统筹解决。4.城市建设安置拆迁户时，必须将拆迁范围内原住房中最困难户的住房问题全部解决。5.每年从各房屋建设开发部门建房中拿出不少于10%的住房，按优惠价格出售，作为全市统筹解决最困难户的专项房源。同时对微利、亏损企业及一般中、小企业合作建房实行免交配套费的扶持政策。经过努力，1990年已解决6895户，一年完成三年任务的52%。

〔建成川府新村试验小区〕 天津川府新村住宅小区是国家三个实验小区之一，是建设部确定的“七五”期间重点技术科研项目的北方实验点。小区位于天津市区西部，距市中心区5公里。总用地面积12.83公顷，建筑面积15.5万平方米，其中住宅13.7万平方米，公建1.8万平方米。由田川里、园川里、易川里、貌川里四个居住组团和两个公共服务组团组成。1989年6月完成土建工程，1990年5月完成了煤气、暖气、上下水道、供电和绿化等工程。小区规划从合理、经济入手，既提高了环境功能，又节约了土地。单体设计打破了兵营式、火柴盒式的旧模式，力求做到功能全、式样多、造型美。新设计的建筑有蝶式、蟹式、金字塔形和庭院式等。田川里三幢坡屋顶住宅借鉴了中外住宅建筑将屋顶建为阁楼的办法，丰富了屋顶立面造型。园川里 21 幢退台花园式住宅首尾相连环抱小区，每幢小楼从一层到六层层层退台，使每户都有一个户外平台。易川里六座蟹型楼耸立中间，13 座 V 型楼环抱四周，形成半开敞式院落，是居民休息，儿童游戏的好场所。貌川里规划采用 13 个"麻花型"单体住宅由大联廊连在一起的布局形式，为居民创造了上下、内外立体交往活动场所，空间构图别具一格。川府新村住宅小区室内结构种类繁多，设计合理。如易川里采用大卧室小方厅，具有浓厚的中国北方住宅特点。貌川里以小居室大客厅为主，方厅一般都在 13 平方米左右，融汇了西方住宅的特点。小区在提高住宅使用功能上进行了新的探索。厨房有排烟通道，可安装抽油烟机，并设有饭厨。卫生设备有盆浴或淋浴，节水便器、面盆。住宅内还安装了洗衣机、电冰箱及各式家用电器的插座，还考虑了洗衣机水源及排放方式。为改进保温性能，住宅采用木窗及水泥聚苯保温板作屋面保温，并设有煤气、暖气装置。小区公建配套齐全方便，绿化层次丰富，工程质量上乘，荣获建设部"优秀实验住宅小区"称号，为天津增添了一座花园式住宅小区。

〔大邱庄住宅小区成为全国村镇建设的"样板田"〕 大邱庄原是天津静海县蔡公庄乡的一个贫穷的自然村。党的十一届三中全会以后，成立了大邱庄农工商联合总公司，全面调整了产业结构，农工商一体化发展，农民生活富裕。为搞好农民住宅建设，在建设部的关心和指导下，市建委组织规划局和规划设计院于 1989 年 2 月至 10 月编制了"住宅小区建设规划"，规划密切结合大邱庄的自然、地理条件，融社会、经济、环境效益为一体，使人均住宅用地由 33.43 平米，降低到 25.5 平方米，可节约土地 200 亩，从而提高了土地利用率。在建筑设计上百花齐放，从 80 多个参加设计竞赛方案中择优选用。建筑造型朴素、新颖、美观，建筑功能方便实用，结构安全可靠，切合我国农村实际。建筑组团楼房高低错落，绿荫环绕，曲径通幽，融城市和田原风光为一体，为农民提供了整洁、文明、舒适的居住环境，显示了农村城市化发展的方向。第一期工程于 1989 年 10 月动工兴建，经过一年奋战，22 幢、3.4 万平方米住宅楼和配套项目竣工。工程质量总优良率达 90% 以上，实现了优秀规划、优秀设计、优秀施工，达到了全国村镇建设一流水平，成为全国村镇建设的样板。

〔京津塘高速公路天津段监理工作成效显著〕 京津塘高速公路是我国利用世界银行贷款，并实行国际招标施工的国家重点工程建设项目，也是我国第一条具有综合现代化功能的高速公路，人称"中国第一路"。天津道路桥梁监理公司承担三个合同天津段（即天津西段、天津东段和天津北高架桥）的监理共计 100.8 公里，占全线的 71%。该工程的监理以国际通用的"菲迪克"土木工程合同为基础，开创了我国新的工程建设管理方式。在监理体制上分三层管理，第一层为高级驻地监理工程师办公室（设在公司)；第二层为合同号驻地监理工程师办公室（分别设在二、三、四合同号的经理部)，第三层为工地监理办公室（设在工地现场)。并明确了三个层次的监理职责。在监理过程中重点抓了三个方面：1.控制工程质量。首先对准备进行的工程由承包商填写《开工申请单》，每道工序完成后填报《质量验收通知单》，监理工程师检查后填写《质量验收单》，单项工程完成后，签认《中间交工证书》。对出现质量问题"六亲不认"，严格管理。2.控制投资。主要从加强计量支付管理入手。一种是监理与承包商共同计量，另一种是监理独立计量。无论哪一种都必须经过双方签字才有效。3.保证工程计划进度。首先承包商编制施工进度计划，经监理工程师批准实施。其次，每月召开工地办公会，解决影响计划进度的各种问题。1989 年至 1990 年监理公司通过自身的努力，不仅确保了重点工程按期完成，而且在质量上也达到国际一流水平，受到国内外专家的好评。

〔采用"全逆施工作业法"获成功〕 中原公司改建工程是天津市重点工程之一，工程地处市区最繁华的商业区段，周围建筑物稠密，环境、地质情况复杂，施工场地窄小，工期紧，采用传统工艺施工无法实施。建工局六建公司针对具体情况决定采用"全逆施工作业法"这一国内尚属首创的新的施工工艺，并经过了市建委、技改办和建筑业协会组织专家进行论证，得到肯定。

六建公司在全逆施工作业法施工中，利用地下连续墙、工具桩、零层板，构成一套完整的支撑体系，从而满足了地上、地下同时立体交叉施工。地下连续墙采用分段施工，联锁接头法，从而保证了连续墙的质量。中间支撑柱采用桩包蕊成桩的方法，采用四面"V"字支模法来保证接磋处的强度。经检验，质量全部达到优质。该工程于 1989 年动工，1990 年 10 月竣工。由于采用全逆施工法，取得了显著的经济和社会效益，灌注排桩节约 15.1 万元，排水费节约 10.8 万元，节约换土费 21 万元，工期提前 60 天，节约管理费 35.5 万元。建设单位提前受益，可实现利税 300 万元，并增加了地下室使用面积 443.17 平方米。对相邻建筑物无影响，饭店可照常营业。全逆施工法具有国内领先水平，有独到之处。

重 点 工 程

李祥　张国琛　赵恩元　杜忠晓

〔天津国际大厦〕　天津国际大厦位于天津市和平区南京路与新华路、洛阳道交口处，基地面积5950.70平方米，建筑占地面积3128.98平方米，总建筑面积51145.3平方米。它由主楼、商场、停车场、变电室4部分组成，其中主楼建筑面积45874.17平方米，其余部分建筑面积5271.13平方米。主楼地面上38层，包括公寓10层，办公部分21层，地下3层。该楼层面标高132.30米，基础埋深10.50米。主楼平面形状为切角的正方形。

该建筑主楼是目前天津市最高建筑，外墙采用铝合金墙板装饰，内填保温材料，其结构设计采用筒中筒方案。它也是国内8度地震区中最高的钢筋混凝土建筑，其箱形基础也是目前天津地区最深的。该楼内设有空调、采暖、给水排水、热水以及电力、照明、程控电话及办公自动化系统、中央监测系统、闭路电视等设施。另外，还有经改进的可靠的消火栓消防系统和自动喷水灭火系统以及相应的火灾报警及控制系统。

该工程由天津市建筑设计院、香港蔡高建筑设计事务所和香港曾洪光机电顾问工程公司联合设计，天津市第一建筑工程公司和香港美基工程有限公司等单位施工。

天津国际大厦　　苏振涛　摄

〔天津图书馆〕　天津图书馆位于天津市南开区复康路南侧文教科研规划区内，是一座大型多功能的公共图书馆，共藏书500万册，设有阅览座位3000个，场区占地面积40000平方米，总建筑面积29405平方米。

该馆主楼地上18层，地下2层，裙房3～4层。七层以下主要为阅览区，八层以上为藏书区，其设计采用低阅览高书库方案。楼内设有自然科学、社会科学、中外文报刊、期刊、科技检索工具书、社科参考工具书、外文参考工具书、专刊、中文内部资料、专科研究、古籍善本、地方文献、外籍人员阅览、缩微资料、视听资料……等阅览室和书库，并设有目录厅、报告厅、展览厅、接待室、休息室、采编部、电子计算机房、复制、缩微、照相、印刷装订和其它附属用房。

该馆平面布局紧凑、灵活、方便，采用单元组合式综合布局手法，有利于分科管理、开架阅览、藏阅结合。立面造型呈山字形，既庄重又大方，加之细部处理和色彩、建筑材料的合理运用，充分体现出图书馆建筑独特的文化素质和内涵。

该工程1987年5月开工，1991年4月竣工，由天津市建筑设计院设计，天津市第一建筑工程公司施工。

天津图书馆　　苏振涛　摄

〔新建航站楼〕　天津机场新建航站楼，座落于天津市张贵庄机场原有候机楼北侧，总建筑面积2万平方米，最大客运量为1000人次／小时，可同时停靠大中型客机6架。

航站楼设计充分体现了现代交通建筑特点，平面呈一字形，长172米、宽56米，登机廊桥连廊长276米。新楼与老楼用连廊连成一体，功能上起到互补作用，并为将来发展留出余地，较好地解决了新老楼的关系。候机厅设计采用外廊式布局形式，避免了进出港人流、各航班间人流之间的交叉和干扰，创造了安静舒适的候机环境和现代化机

天津机场航站楼　　苏振涛　摄

场气氛。航站楼的室内设计为旅客和迎送亲友间的感情交流提供了便利的条件，在送客大厅和候机厅之间设40米长的通透玻璃隔断，迎送亲友可目送飞机起飞。

航站楼内部使用功能齐全，设备现代化，设有中西餐厅、咖啡厅、免税商店和银行、邮政、电话等业务，各大厅设有导向标志，电视监控、时钟系统、航班显示、广播通讯报警消防、空调通风等设备。交运和提取行李设有行李转盘，大大方便了旅客，提高了工作效率。

航站楼立面造型似双翼舒展，给人以腾空欲飞之感，在广阔无垠天空为背景的映衬下，形象生动。檐口下大面积玻璃幕墙映照出四周原野和蓝天白云，形成了强烈的虚实对比，给人以腾飞的深刻印象。幕墙中央“机头”部分的设计，运用了恰当的比拟和联想手法，将功能和装饰融为一体，设计成旋转的灯光设施，成为航站楼突出的装饰性标志。

该工程1989年10月开工，1990年8月竣工，由天津市建筑设计院设计，天津市第三建筑工程公司施工。

〔华联商厦（中原公司）〕　华联商厦位于天津市商业繁华区和平区滨汇道一侧，占地面积2550平方米，总建筑面积19052平方米，地上6层，局部8层，地下1层。

设计中充分考虑周围环境和利用地形，平面布局合理，功能分区明确。考虑老楼改造后的合理性，自动扶梯放在新老楼的结合部，利于人流分散，减少人流交叉。结构设计采用现浇全框架体系，楼板为模壳双向密肋板。为减小与相邻建筑间距（最小距离8000毫米）又不影响相邻建筑安全，地下室外墙采用混凝土连续墙，地下室施工采用逆施工法，利用柱子下长桩和连续墙支承，将地下室顶板做为施工作业场地，由±0.00向上施工主体框架，向下施工挖土，上下同时施工，缩短了施工周期。

消防设计采用预作用自动喷水灭火系统、火灾报警和消防联动系统，从而保证了大楼的安全和人员的疏散。空调设计采用全空气系统，利用吊顶棚为静压箱回风，采用侧送顶回的气流方案，节约投资，较好地解决了商场设计和使用上的矛盾。

主立面2～5层采用单反中空玻璃幕墙，造型新颖。室内装修局部采用镜面玻璃顶棚，增加了室内空间的高度感，各层吊棚造型各异，丰富了室内空间。

该工程1988年10月开工，1990年7月竣工，由天津市建筑设计院设计，天津市第六建筑工程公司施工。

〔天津中医学院第一附属医院〕　天津中医学院第一附属医院位于天津市南开区崇明路以东，鞍山西道以北，北邻中医学院，东临市高级人民法院。基地面积 3.8 公顷，总建筑面积 39478 平方米。该建筑分为门诊部和住院部两部分，其中门诊部和教学实习用房为 4 层，建筑面积 10795 平方米，住院部地下 1 层，地上 15 层，建筑面积 20037 平方米，其中 1～3 层为医技科室，与门诊部相连，4 层为管理科室，5～14 层为病房，15 层为电梯机房、水箱间。

天津中医学院第一附属医院是卫生部“七五”期间全国七所重点中医医院之一，设有内科、外科、针灸科、按摩科、骨科、妇科、儿科、皮肤科、眼科和急症科，同时还有为临床服务的放射、检验、电生理、心功能、心电、微循环、超声心动等诊断检查科室；还有病理、血液病实验、中药制剂，科研试验等 4 个临床基础检查室和手术、供应、病案、营养、传统的中医制剂等 7 个辅助技术科室。

分科候诊、各科自成独立的门诊单元，门诊各科候诊自成体系，既便于病人就诊和科室管理，又可减少病人的相互感染和人流穿行。门诊部平面采用内天井平行双走道形式，既方便了各科室之间的联系，又可以对各科室不均衡的门诊量进行调整。护理单元采用全朝南、大进深、小病房的平面布置，缩短了护理路线，减少了病人之间的相互干扰。

该医院主楼与后勤供应部分的联系采用后勤供应部分中枢走廊与主楼垂直水平交通枢纽相联的设计方案。利用这条 3 米宽的中枢走廊把职工餐厅、浴室、理发室、营养厨房、后勤库房、供应室、洗衣房、锅炉房、变电室、车库等连结起来。后勤中枢走廊地下一层，地上两层，半地下层为污衣、被服、脏敷料器械、尸体运送层，地上一层为洁衣被服、消毒后的器械、敷料传送层，地上二层为患者供应食品的传送层。这种布局便于将变电室、锅炉房安排在建筑群的负荷中心位置。各种管线均敷设在半地下后勤走廊的底板下，而穿墙部分均在室外地平以上，便于检修管线，防止地下室漏水，并可延长管线的使用年限。由于各类附属建筑均沿后勤中枢走廊两侧布置，减少了建筑物外墙面积，有利于建筑节能，降低材料消耗，节约投资，同时又可便于医院统一管理，节约用地。

为了降低医院病房的菌荷数和 CO 浓度，每个病房按每位患者 15 立方米／时的新风量设置统一排风系统。为了排除卫生间的污浊空气，每个坑位按 40 立方米／时的风量由屋顶集中选用风机，造成卫生间空气负压，从而大大改善了室内空气质量。

该工程于 1987 年 5 月开工，1990 年 5 月竣工。由天津市建筑设计院设计，天津市第二建筑工程公司施工。

〔天津医学院附属医院 5 号住院楼〕 天津医学院附属医院位于天津市和平区鞍山西道，是天津的重点综合医院，5 号住院楼是该医院的主楼，设计规模为 670 张病床。该楼地上 14 层，地下 1 层，标准层层高 3.5 米，建筑面积 25700 平方米，另有锅炉房、变电室和室外工程等配套项目。

住院楼内设有同位素病房、内科病房、外科病房、骨科病房、皮肤科病、妇产科病房、儿科病房、口腔科病房、烧伤科病房、中医科病房等。第十四层为手术层，包括大小手术室 11 间，各科室布局合理，管理方便。楼内设有 4 部病床电梯和 1 部乘客电梯，层顶平台设计了可停落直升飞机的停机坪。主楼南侧有三层教室楼与主楼连通，形成一体，教室楼屋顶设屋顶花园，可由主楼四层中厅直通屋顶花园，是病人室外休息活动的好场所。

该楼抗震按 8 度设防，采用现浇钢筋混凝土框架剪力墙体系。场地土质Ⅲ类，采用灌注桩基。地下室全长近 100 米，上部结构两道抗震缝，为确保地下室不漏水，参照有关资料和其他工程的实践经验，地下室全长不设缝，而设两条后浇带，效果良好。

该楼二层和三层设有同位素病房，这部分污水单独系统排出进行处理，化验合格后再排入污水处理站。

消防设施完善，设有火灾报警系统，有消防控制室，烟感报警探头布置均匀，有自动喷洒设施和消火栓。

采暖根据不同科室要求，采暖期不同，分手术室和妇产科、婴儿室、烧伤病房和一般病房三个采暖系统。

该工程 1986 年 3 月开工，1989 年 10 月竣工，由天津市建筑设计院设计，天津市第三建筑工程公司施工。

天津医学院附属医院 5 号住院楼　苏振涛　摄

天津市1989年～1990年建筑施工企业基本情况(一)

企业类别	企业个数(个)		年末全部职工人数(人)		全部职工平均人数(人)		建筑业总产值(万元)				全员劳动生产率(按施工产值计算)(元)		房屋竣工面积(万平方米)		人均房屋竣工面积(平方米)		房屋竣工率(%)	
									施工产值									
	1989年	1990年	1989年	1990年	1989年	1990年	1989年	1990年	1989年	1990年	1989年	1990年	1989年	1990年	1989年	1990年	1989年	1990年
全市合计	81	82	197,000	187,100	215,200	199,600	335,501	327,857	322,856	317,009	15,003	15,882	399.1	333.6	18.5	16.7	51.5	49.4
一.全民所有制	64	64	183,900	173,300	201,700	186,000	316,818	308,749	305,425	298,404	15,143	16,043	348.7	291.5	17.3	15.7	49.8	53.8
1.中央部直属	26	25	106,600	74,800	73,400	72,600	130,955	138,016	123,788	131,032	16,865	18,048	67.0	59.4	9.1	8.2	41.4	43.0
2.地方所属	38	39	77,300	98,500	128,300	113,400	185,863	170,733	181,637	167,372	14,157	14,759	281.7	232.1	22.0	20.5	52.4	57.4
二.城镇集体所有制	17	18	13,100	13,800	13,500	13,600	18,683	19,108	17,431	18,605	12,912	13,680	50.4	42.1	37.3	31.0	67.5	31.6

天津市1989年～1990年建筑施工企业基本情况(二)

企业类别	年末固定资产(万元)				定额流动资金平均占有额(万元)		利润总额(万元)				税后利润(万元)		上缴税金(万元)		工程成本降低率(%)		工程质量优良品率(%)				产值利润率(%)	
	原值		净值						工程成本降低额								按单位工程个数计算		按房屋面积计算			
	1989年	1990年	1989年	1990年	1989年	1990年	1989年	1990年	1989年	1990年	1989年	1990年	1989年	1990年	1989年	1990年	1989年	1990年	1989年	1990年	1989年	1990年
全市合计	250,841	255,073	172,594	178,187	118,803	123,598	2,132	−1,029	−614	−3,815	5,070	−	9,216	9,568	−0.2	−1.3	31.8	38.3	30.7	37.0	0.6	−0.3
一.全民所有制	246,148	249,751	169,908	175,022	113,365	115,729	1,935	−1,103	−565	−3,838	4,901	−	8,649	9,007	−0.2	−1.4	35.4	42.0	32.4	39.2	0.6	−0.4
1.中央部直属	145,550	143,500	91,743	937,56	36,381	38,018	4,886	3,831	4,604	2,175	3,330	−	4,115	5,066	3.9	1.8	62.7	64.6	43.5	47.1	3.7	2.8
2.地方所属	100,598	106,251	78,165	81,266	76,984	77,711	−2,951	−4,934	−5,169	−6,013	1,571	−	4,534	3,941	−3.2	−4.0	18.5	22.8	30.0	37.2	−1.6	−2.9
二.城镇集体所有制	4,693	5,322	2,686	3,165	5,438	7,869	197	74	−49	23	169	−	567	561	−0.3	0.1	9.7	13.1	18.8	21.1	−1.1	0.4

天津市 1989 年～1990 年施工企业技术装备情况

项目 / 年度 / 单位	年末自有机械设备台数(台)		年末自有机械设备价值(万元) 原值		年末自有机械设备价值(万元) 净值		年末自有机械设备总功率(千瓦)		技术装备率(元／人)		动力装备率(千瓦／人)	
	1989 年	1990 年	1989 年	1990 年	1989 年	1990 年	1989 年	1990 年	1989 年	1990 年	1989 年	1990 年
全市合计	49,122	49,309	132,873	135,574	80,086	79,168	944,000	925,000	4,065	4,231	4.8	4.9
一.全民所有制	44,929	45,243	129,603	132,723	78,496	77,633	897,000	870,000	4,270	4,480	4.9	5.0
1.中央部直属	18,354	18,595	85,550	86,443	51,080	49,140	460,000	453,000	6,609	6,578	6.0	6.0
2.地方所属	26,575	26,648	44,053	46,280	27,416	28,493	437,000	417,000	2,573	2,893	4.1	4.0
二.城镇集体所有制	4,193	4,066	3,270	2,851	1,590	1,535	47,000	55,000	1,213	1,112	3.6	4.0

天津市 1989 年～1990 年勘察设计单位情况

项目 / 年度	勘察设计单位个数	集体	年末全部职工人数	工程技术人员	具有高级职称的工程师	具有中级职称的工程师	施工图设计面积(万平方米)	工程测量面积(万平方米)	地质勘察量尺(万米)
1989 年	116	8	7476	5710	749	1549	410	939 标准平方公里	18658 标准米
1990 年	98	7	7092	5384	726	1402	274	934 标准平方公里	180478 标准米

河 北 省

重 要 纪 事

韩光灿、孙雁北

〔**建筑企业晋级评奖活动**〕 1989 年晋升为国家二级企业的有邯郸市第二建筑工程公司和秦皇岛市安装公司。1990 年获全国施工企业管理优秀奖的是河北省安装公司。获得全国首届优秀建筑企业家的有邯郸市建筑总公司经理樊玉良、河北省安装公司经理贾桂华。1990 年有 11 个建筑企业被批准为省级先进企业。

〔**获鲁班奖工程**〕 河北省获得中国建筑业联合会 1990 年特别鲁班奖的工程有三项，即河北省第一建筑工程公司承建的北京体育学院体育馆、河北省第四建筑工程公司承建的北京海淀体育馆、秦皇岛市第二建筑工程公司承建的秦皇岛海上运动场陆域工程。获 1990 年鲁班奖的是江苏省南通市第七建筑公司承建位于兴隆的北京天文台 2.16 米望远镜观测室工程。

〔**省优质工程**〕 1989 年河北省优质工程有：

张家口市煤机厂工程（张家口市第一建筑公司施工）；

张家口市工业供销公司工业供销大厦（张家口市第一建筑公司施工）；

北京天文台 2.16 米望远镜观测室（位于兴隆），（江苏省南通市第七建筑公司施工）；

唐山市金属公司办公楼（唐山市第一建筑公司施工）；

唐山市保险公司办公楼（唐山市第一建筑公司施工）；

唐山市残疾人培训中心教学楼（唐山市第一建筑公司施工）；

唐山机车车辆厂机车联合厂房（铁道部建厂工程局第三工程处施工）；

第十一届亚运会秦皇岛海上运动场（秦皇岛第二建筑公司和交通部航务工程局第五建筑公司施工）；

秦皇岛市大世界商场（秦皇岛市海港区第三建筑公司施工）；

中国石油公司海洋测井公司生产管理资料处理综合楼（江苏省南通市第三建筑安装公司施工）；

保定市电力技工学校食堂（河北省第一建筑公司施工）；

河北省政协办公楼（河北省第四建筑公司施工）。

〔**优秀设计**〕 在全国第四次优秀工程设计、第二次优秀工程勘察评比中，河北省有四项获奖：石家庄地区交通勘察设计处、沧州地区公路管理处设计室设计的京福公路沧州至吴桥、德州界段汽车专用二级公路获金质奖、能源部华北电力设计院设计的唐山新区热电厂（3×25mw）、河北电力勘察设计院设计的港沧衡线工程（220kV）、石家庄煤炭设计研究院设计的蔚县煤矿西细庄矿井分别获银质奖。获 1990 年度河北省优质工程勘察设计一等奖的有：省建筑设计院设计的石家庄长途电信枢纽工程和河北省儿童医院、秦皇岛耀华玻璃厂设计所设计的浮法生产线工程、省商业建筑设计院设计的滦县山洞冷库、石家庄地区交通勘察设计处、河北省交通规划设计院设计的京深线石家庄至保定段高速公路（半幅）获二等奖 21 项、三等奖 36 项、表扬奖 31 项。

河北省政协办公楼 韩光灿 摄

〔**建筑施工企业停工待工人数增多**〕 1989 年建筑企业亏损的有 2 家、1990 年增为 10 家。全省实现利润下降 67%。1990 年 8 月份对全省 64 个地方建筑施工企业和 10 个驻河北省的部属企业调查，因任务不足，上半年停工待工人数达 1.98 万人，占被调查企业职工总数的 9.17%。

〔**压缩建筑施工队伍**〕 1989～1990 年，全省建筑队伍进行了资质复查，登记注册的有等级施工企业 1851 个，全省建筑企业职工 95 万人，比复查前减少了 30 万人。

〔**清理建设工程拖欠款**〕 据不完全统计，全省拖欠建设工程款总额达 7.3 亿元。截止 1990 年

12月已收回3.5亿元，占拖欠总额的47.95%。清欠工作抓得比较好的是邯郸市、张家口市、保定市、石家庄市。

〔阳原地震后恢复重建工作基本完成〕 1989年10月19日，阳原县遭受地震灾害。为恢复建设，震后对县城和五个乡镇的房屋、学校、医院、商业、粮油加工厂、农田水利工程进行了重建和修复，总投资为3449万元，其中世界银行贷款2230万元，省财政补助140万元，部门投资110万元，群众自筹969万元。到1990年9月底，新建民房2189间，维修民房25402间，新打机井40眼，修防渗渠70000米，修复灌渠21000米，新建校舍268间，修复校舍561间，新建医院4287平方米，用于企业修建2867平方米。

〔房屋所有权登记发证基本完成〕 1990年全省城镇房屋建筑面积2.543亿平方米，上半年基本完成房屋所有权登记发证工作，已登记建筑面积22638万平方米，已发证建筑面积19585万平方米，分别占应发证建筑面积的89%和77%。

〔房地产交易〕 1989年交易8643起，交易面积189.53万平方米，交易金额24005.65万元，交易收入241.96万元。1990年交易6875起，交易面积72.04万平方米，交易金额19226.98万元，交易收入448.63万元。

〔河北城乡建设学校建成〕 该校于1989年基本建成，并开始招生。规模为在校学生1280名，总建筑面积36000平方米，总投资2700万元，教职工291人，设工民建、市政工程、环境卫生、城市规划等专业。1989年、1990年各招生160人。

〔职业培训〕 全省成立了6个建筑培训中心，健全了高校和中等教育体系，5所高等建筑院校及1所职工中专举办了土建类“专业证书”发证培训试点工作，3所院校开办了函授教育。全省建筑行业总共培训在岗人员19957名，占在岗人员总数的50%，经考试合格发给岗位证书的有16644名。1989年举办了4期建筑统计培训班，有300名县以上建筑安装企业的统计人员经过培训考试合格，由河北省统计局颁发了证书。

重点工程

韩光灿 孙雁北

〔唐山碱厂〕 由化学工业部和河北省共同筹资建设，设计规模为年产纯碱60万吨，概算总投资7.59亿元。总占地面积189.5公顷，其中生产区61.33公顷、生活区21.62公顷。总建筑面积245093平方米，其中生产用133830平方米，生活用111260平方米。由中国成都化工工程公司负责生产工程设计，项目主持人为高级工程师徐荣华。由唐山市建筑设计院搞生活区工程设计，主持人为高级工程师白玉生。化工部第十三化学工程建设公司做生产区安装施工，技术负责人张伟，邯郸市建筑工程公司做土建工程施工，技术负责人为张文元。由河北省安装公司承担自备电站设备安装，技术负责人为赵寅生。该工程1986年9月开工，1989年9月投料试车成功，已全部工程竣工。

唐山碱厂　　韩光灿 摄

〔钱家营矿及洗煤厂〕 设计规模年采煤400万吨，总建筑面积277313平米，概算总投资为7.87亿元。由中国煤炭工业总公司石家庄煤矿设计研究院设计，项目主持人田广丰。洗煤厂设计规模年洗煤400万吨，总建筑面积29149平方米，概算总投资2.03亿元，由中国煤炭工业总公司平顶山选煤设计研究院设计，项目负责人潘鹤年。开滦矿务局基本建设公司施工，技术负责人总工程师查世权。1986年5月开工，1989年11月全部建成。

钱家营矿　　孙雁北 摄

〔唐山机车车辆工厂重建工程〕 铁道部唐山机车车辆工厂震后重建系国家“七五”期间第一批按合理工期组织建设的重点工程。一期工程以客车系统及其配套工程和住宅生活设施为主。规模年造客车100辆，检修客车600辆。建筑面积47.4万平方米，概算总投资1.954亿元。二期工程以机车、热工系统为主，规模年检修内燃机车150台，建筑面积13.85万平方米，总投资1.55亿元。铁道部建厂局设计院北京分院和该厂设计室设计，总体设计负责人张令勋。铁道部建厂局三处、中建二局三公司、冶金部二十二冶建材公司施工。机车、机械两个车间的大联合厂房获省优质工程奖。

〔石家庄显像管厂玻壳生产线〕 该厂始建于1970年，占地6.53公顷，生产建筑面积3.1万平方米，固定资产2600万元。1986年电子工业部440工厂同该厂合并，全厂职工达1560人。1986年10月12日同美国康宁玻璃公司签订合同，由康宁公司负责生产线工艺技术设计，电子工业部第十设计院副总工程师王墨耕负责土建设计、中建七局二公司施工。总建筑面积54650平方米，总投资1.82亿元。1987年5月10日开工，1989年4月12日点火试车，已竣工验收。

〔河北胜利客车厂扩建工程〕 该工程年产轻型汽车10000辆，总建筑面积73060平方米，安装设备493台，总投资3534万元。由河北省石油化工规划设计院负责设计生产区，河北省建筑设计院负责设计生活区，河北省国防工业建筑工程公司负责施工（总工程师赵汉良）。1984年底动工，1987年9月1日试产，1989年1月正式验收。

〔保定钞票纸厂扩建工程〕 保定钞票纸厂是专业生产高级机制纸的造纸企业。1986年6月28日扩建工程开工，1990年5月竣工。该工程从联邦德国G+D公司引进两条钞票纸生产线，由国家轻工业部设计院同德国公司联合设计，河北省第四建筑工程公司六分公司土建施工，山东省工业设备安装公司二公司负责设备安装。1990年12月29日竣工投产。

〔唐山钢铁公司扩建炼铁一期工程〕 该工程设计规模为1260立米高炉一座，年产铁水75万吨。总投资计划为4.9992亿元。由北京钢铁设计院刘从模主持，鞍山黑色冶金设计院、北京铁道设计院、唐山市市政设计院分别承担了烧结工程、工业站、上下水工程的设计任务。冶金部二十二冶金建设公司施工，总负责人是吕双成。参加这项工程施工的还有唐山市第一建筑工程公司、唐山市市政工程公司、铁道部第十六工程局等单位。1987年5月正式开工，1989年9月24日点火投产，全部工程已完工。

〔秦皇岛港煤码头三期工程〕 煤码头三期工程于1984年4月开工，1989年12月建成投产，新增港口吞吐能力3000万吨。秦皇岛港用了十几年时间，煤炭输出能力增加了6000万吨，进入了世界大型能源输出港口的行列。

〔石家庄电信枢纽楼〕 该项工程系北京至广州的中同轴电缆工程配套项目，建筑面积2.58万平米，投资4051万元。1985年3月开工，1990年2月竣工。

〔石家庄兽药厂扩建工程〕 该工程设计规模为兽用青霉素121吨。主要厂房建筑面积19404平米，总投资2993万元，已建成。

河北省对外承包和劳务合作

年份	已签订合同的国家、地区数(个)	当年签定合同 合同数(份)			当年签定合同 合同额(万美元)			完成营业额(万美元)			年末在国外人数(人)		
			承包	劳务		承包	劳务		承包	劳务		承包	劳务
1989年	2	3	1	2	285.05	188.11	96.84	268.24	188.11	80.13	249	99	150
1990年	2	3	1	2	841.43	280.00	561.43	208.49	118.40	90.09	60	60	0

河北省1989年—1990年建筑施工企业基本情况(一)

企业类别	企业个数(个)		年末全部职工人数(人)		工程技术人员		全部职工平均人数(人)		建筑业总产值(万元)		施工产值		全员劳动生产率(按施工产值计算)(元)		房屋竣工面积(万平方米)		人均房屋竣工面积(平方米)		房屋竣工率(%)	
	1989年	1990年	1989年	1990年	1989年	1990年	1989年	1990年	1989年	1990年	1989年	1990年	1989年	1990年	1989年	1990年	1989年	1990年	1989年	1990年
全省合计	490	527	537332	554391			560497	593129	694233	733888	647815	697294	23348	11756	1111.41	1046.74	19.82	17.65	50.86	54.58
一.全民所有制	220	237	379678	388053			394983	428680	529817	561413	487918	528702	13414	12333	580.48	547.45	14.70	12.77		47.93
1.中央部直属	50	66	202478	215235			202975	212785	289191	327127	261089	304290	14248	14300	160.13	160.69	7.89	7.55		39.62
2.地方所属	170	171	177200	172818			192008	215895	240626	234286	226829	224412	12532	10394	420.35	386.76	21.89	17.91		52.51
二.城镇集体所有制	270	290	157654	166338			165514	164449	164416	172475	159897	168592	9934	10252	530.93	499.29	32.07	30.36		64.38

河北省1989年—1990年建筑施工企业基本情况(二)

企业类别	年末固定资产(万元) 原值		净值		定额流动资金平均占有额(万元)		利润总额(万元)		工程成本降低额		税后利润(万元)		上缴税金(万元)		工程成本降低率(%)		工程质量优良品率(%) 按单位工程个数计算		按房屋面积计算		产值利润率(%)	
	1989年	1990年	1989年	1990年	1989年	1990年	1989年	1990年	1989年	1990年	1989年	1990年	1989年	1990年	1989年	1990年	1989年	1990年	1989年	1990年	1989年	1990年
全省合计															1.72	0.87	40.14	34.18	2689	32.25	3.16	2.30
一.全民所有制	312731	357965	228335	255040	162064	192375	18392	13142	7831	2486	13395	12670	12351	15298	1.75	0.52	50.34	42.07	2887	34.54	3.47	2.34
1.中央部直属	217289	257234	158684	182874	88210	110421	11330	3643	7746		8248	8876	6182	8836	3.10		77.69	54.71	51.85	55.22	3.92	2.95
2.地方所属	95442	100731	69654	72166	73854	81954	7062	3499	85	−1627	5147	3794	6169	6462	0.04	−0.82	30.93	30.88	20.93	25.86	2.93	1.49
二.城镇集体所有制	40683	49015	31165	38587	33419	33135	3541	3746	2281	3022	1808	2335	5486	5917	1.60	1.95	21.25	20.22	24.64	29.68	2.15	2.17

河北省1989年—1990年施工企业技术装备情况

项目/年度/单位	年末自有机械设备台数(台)		年末自有机械设备价值 原值		年末自有机械设备价值 净值		年末自有机械设备总功率(千瓦)		技术装备率(元／人)		动力装备率(千瓦／人)	
	1989年	1990年	1989年	1990年	1989年	1990年	1989年	1990年	1989年	1990年	1989年	1990年
全省合计	147549	167684	229642	229452	138713	149343	2254097	2598288				
一.全民所有制	94588	107554	205539	199414	119709	126236	1842106	2042288	3153	3253	4.85	5.26
1.中央部直属	50670	57766	147362	141823	82410	89431	1223013	1366644	4070	4155	6.04	6.35
2.地方所属	43918	43788	58177	57581	37299	36805	619093	675644	2105	2130	3.49	3.91
二.城镇集体所有制	52861	60130	24103	30038	19004	23107	411991	556000	1205	1389	2.61	3.34

河北省1989年—1990年勘察设计单位情况

项目/年度	勘察设计单位个数	私营	年末全部职工人数	工程技术人员	具有高级职称的工程师	具有中级职称的工程师	施工图设计面积(万平方米)	工程测量面积(万平方米)	地质勘察量尺(万米)
1989年	196		9094	6594	713	2097	223.62	1312.88	17.274
1990年	189		9076	6531	660	2101	268.58	1077.11	33.185

山 西 省

重要纪事

李树森、于世伟、介德义

〔**省建设厅召开安全生产先进单位表彰会**〕 1989年3月30日至31日，省建设厅召开了1988年度建筑施工企业安全生产先进单位表彰会，会上表彰了16个安全生产先进单位，部署了1989年的安全生产工作。

〔**汪长风获省科技进步理论一等奖**〕 1989年4月8日，山西省公布了1987年科技进步奖项目，建设系统高级工程师汪长风的Ω概率法荣获科技进步理论一等奖。

〔**召开优秀工程设计评选会议**〕 省建设厅1989年4月召开了全省优秀工程设计评选会议，对各地市推荐的14个工程设计项目进行了评选，评出优秀工程设计项目一等奖2项、二等奖3项，表扬奖2项。获一、二等奖的项目，被推荐参加全国优秀工程设计评选。

〔**山西铝厂一期工程通过国家验收**〕 山西铝厂一期工程1989年4月10日通过国家验收委员会正式验收。该工程包括7个项目，其中20万吨氧化铝、铝矿、石灰石矿、水源、电站等已建成，正式投入生产。

〔**建筑安装企业开展厂际竞赛**〕 1988年省建设厅在全省建筑安装企业开展了厂际竞赛活动，1989年4月25日评选揭晓。晋中地区建筑总公司、省第三建筑工程公司、太原市第一建筑工程公司、吕梁地区建筑公司、运城地区建筑总公司、山西省机械施工公司、省工业设备安装公司、太原市安装公司、大同市安装公司等9个建筑安装企业，荣获厂际竞赛先进企业称号。

〔**开展住宅设计方案评选**〕 1989年7月省建设厅对各地市报送的住宅设计方案，进行初评、复评，评出优秀住宅设计二等奖1个，三等奖8个，推荐奖6个。

〔**华北五省、区、市建委主任、建设厅长座谈会在太原召开**〕 1989年9月5日，北京、天津、河北、内蒙古、山西五省市建委主任在晋召开座谈会。交流建设经验，探讨建筑业如何渡难关等问题。陕西省建设厅负责同志也应邀参加了会议。

〔**抗震救灾，重建家园**〕 1989年10月18日，雁北地区大同、阳高、浑源、广灵4县交界地带连续发生多次中强地震，其中6.1级1次，5～5.9级6次，4～4.9级18次，3～3.9级81次。这次地震波及4个县的69个乡镇、808个自然村，倒塌房屋3.14万间，有7.33万间房屋受到不同程度的破坏，造成17人死亡，145人受伤，死亡禽畜11306头（只）。

地震发生后，在国务院、山西省和当地政府统一组织指挥下，开展了恢复生产，重建家园的工作，搭起过冬暖棚3.2万个，修复了36个村庄的人畜饮水工程，加固维修小字房屋500多间，等。国家民政部、山西省人民政府拨款900万元，加上地区、县自筹、银行贷款和世界银行贷款，共1.23亿元人民币，重建和维修住房近5万间，被震坏的公共设施也得到了修复。

〔**燕子山矿特大型洗煤厂建成投产**〕 该厂为年入洗能力为450万吨的特大型现代化洗煤厂，1989年12月25日在大同矿务局燕子山矿正式建成投产，并通过国家验收。

〔**开展工程质量抽查评比**〕 为提高工程质量，8、9月份省建设厅抽查了59个施工企业，151个竣工单位工程，计建筑面积61.8万平方米。经检查核验合格的工程有106个，建筑面积47万平方米，其中优良工程11项。12月25日公布了抽查评比的工程质量先进单位，它们是：山西省第三建筑工程公司、忻州地区建筑总公司、忻州市建筑工程公司、定襄县建筑工程公司、五台县建筑工程公司。对抽查工程质量不合格的榆次市建二公司、晋中地建二公司、太钢民用建筑公司等3家企业降低一级资质等级。

〔**建筑科研工作**〕 1989年山西省建筑科研成绩显著，经省级鉴定的科研项目有：组合钢模板、钢筋冷轧扭机、增钙渣小组空心砌砖及砖的研究、“氰聚塑”直埋供热管道、室内下水管道堵塞原因分析及新型铸铁管件、空心钢球、低热微膨胀水泥研究、振动挤压混凝土强度检查方法的研究等13项。

〔**全省房地产开发企业经验交流会**〕 1990年3月在太原召开，会上交流了房地产开发经验，研究部署了工作，表彰了近年来在房地产开发中做出显著成绩的太原市综合开发公司等4个先进企业，太原市南城区城建开发公司等18个先进集体和芦新民、施振儒等49名先进工作者。

〔**山西建设系统思想政治工作会议暨山西建设职工思想政治工作研究会首届年会**〕 1990年4月在运城市召开，会上研究讨论了加强建设系统思想政治工作的意见，交流了经验，表彰了大同市自来水公司等13个思想政治工作优秀企业和宁梦罴等20名优秀政治工作干部。

〔**工程建设优秀质量管理小组代表会**〕 在1990年4月召开的山西工程建设质量管理小组代表会上，来自全省建工、铁道、冶金、煤炭、电力、有色金属等部门的87个质量管理小组代表发表了工作成果，有30个质量管理小组获奖，其中一等优秀QC成果奖5个，二等优秀QC成果奖10个，三等优秀QC成果奖15个。

〔**省安装公司等企业获全国工程建设先进质量管理小组称号**〕 在太原市召开的全国工程建设质量管理小组代表会上，山西省工业设备安装公司、省机械施工公司、省第五建筑公司、铁三局、铁十二局、化二建等6个企业获全国工程建设先进质量管理小组称号。

〔**开展优秀工程设计、优秀工程勘察评选**〕 省建设厅组织有关专家，对各地市推荐的53个设计勘察项目进行了评选，评出一等奖4项，二等奖17项，三等奖11项，表扬奖3项。

〔**开展施工企业安全生产大检查**〕 1990年，省建设厅在地市建设主管部门和施工企业自查自检的基础上，组成三个安全生产检查组，对全省建筑施工企业的安全生产进行了全面检查，先后检查了75个施工企业的113个工地，工程建筑面积39.8万平方米。按照建设部《建筑施工安全检查评分标准》，对每个工地进行了考核评分。经评定达到合格标准的工地32个，达到优良标准的11个，有81个工地没有达到合格标准。

〔**候月铁路开工建设**〕 侯月铁路西起山西南同蒲线候马车站，东至河南省太焦线月山编组站，全长253公里，总投资19.6亿元，1990年6月全线开工，预计1994年建成运营，它是晋煤外运的又一条重要通道，年设计运量为5000～7000万吨。由铁道部第三工程局、第十七工程局承建。

〔**神头电厂烟囱建成**〕 我国目前最高的270米同心双筒钢筋混凝土烟囱，1990年7月19日在神头建成。这个烟囱是国家“七五”重点建设项目神头第二发电厂两台50万千瓦机组工程的配套工程。整个烟囱混凝土工程量17680立方米，钢材用量1413吨。下口外径32.56米，上口9.5米，坡度为8.9%。该烟囱由山西省第二电力建设工程处承建的。

〔**举办首届建筑青工技术竞赛**〕 省建设厅1990年9月26日至29日在太原市举办了全省建筑青工技术竞赛，在各地市选拔的39名瓦工、抹灰工中进行，阳泉矿务局工程处的王惠荣、省第一建筑工程公司的张建江，分获瓦工、抹灰工的第一名，并被推荐参加首届全国青工技术大赛。

〔**山西参建的亚运工程多项获奖**〕 山西省汾阳建筑金属结构公司参建了北京大学体育馆、朝阳体育馆、石景山体育馆、月坛体育馆、海淀体育馆、国家体委武术馆等大型网架屋顶工程，和首都机场国际候机大厅、亚运村康乐宫游乐大厅等配套工程的网架屋顶，总覆盖面积3万多平方米。其中月坛体育馆、海淀体育馆和国家体委武术馆等3项获亚运工程特别鲁班奖。该公司经理王育钊获“亚运工程建设优秀工作者”金质奖牌。山西省第五建筑工程公司参建的北京国际网球中心、北京光彩体育馆获“亚运工程特别鲁班奖”。山西省第三建筑工程公司承建的北京亚运村运动员14号公寓，获亚运工程优秀质量荣誉奖。

〔**抽查住宅工程质量**〕 1990年11月，省建设厅、省标准局联合组织检查组，对太原、大同两市的商品住宅工程质量进行了抽检，共抽检商品住宅工程28个，抽查合格率为42.9%，其中1988年的合格率为11.1%；1989年合格率为57.9%；1990年在建工程21个分项的合格率为85.7%。

〔**表彰先进科技集体和个人**〕 省建设厅1990年12月4日至5日召开了建设科技工作会议，交流了经验，表彰了开发推广应用新技术成绩显著的山西省建筑设计院等10个先进集体和董宏智等19名先进科技工作者。

〔**大同水泥厂扩建工程破土动工**〕 大同水泥厂扩建年产55万吨水泥回转窑生产线工程1990年12月12日开工兴建。该扩建工程总投资1.45亿元，建设规模为两台413.514×150米湿法窑生产线，年产熟料49万吨，年产水泥55万吨，其中525号快硬水泥27.5万吨。建设工期为30个月，将于1993年投人生产。

〔**建设领域治理整顿初见成效**〕 1990年全省继续进行建筑市场整顿工作，共查出经济犯罪案件725起，涉及金额2600多万元，其中万元以上案件217起，拘审逮捕犯罪分子86人，投案自首36人。整顿中还查出无证设计、无照施工、转包工程、出卖证明帐号等违章违纪问题4700余件，查出偷漏税金额550万元。

在治理整顿中认真调整了施工队伍。通过资质复查，撤销合并施工企业702家，压缩施工队伍13.7万人。撤销不合格的勘察设计单位19个。在此基础上，各地先后制订颁发了规章制度，加强防范，堵塞漏洞。

〔**省委办公楼获“建筑工程鲁班奖”**〕 山西省委办公大楼是1989年竣工的，建筑面积3.4万平方米，由北京建筑设计院设计，山西省第二建筑工程公司施工，经竣工验收，10项分部工程9项优良，优良率为90%，观感质量评定得分94.38%，被评为1990年度建筑工程鲁班奖。

〔固定资产投资〕 1990年山西省全社会固定资产投资122.6亿元，比1989年增长13.5%，扣除商品房统计不可比因素，增长10.9%。其中全民所有制单位固定资产投资91.6亿元，增长14.0%；集体所有制投资11.8亿元，增长16.7%；城乡个人投资19.2亿元，增长9.6%。其中全民所有制单位基本建设和更新改造施工项目3020个，比1989年减少598个。全年建成和交付使用项目1399个，建成项目投产率为46.3%。

全省施工的44个大中型建设项目完成投资38.4亿元，占全省完成投资总额的63.5%。其中国家重点项目9个，完成投资28.0亿元；地方重点项目13个，完成投资6.5亿元。1990年全民所有制单位共完成更新改造投资25亿元，比1989年增长1.9%。全年施工项目1381个，全部投产的720个，新增固定资产20亿元。

重点工程

李树林　于世伟　介德义

〔"七五"期间重点工程建设成效好〕 "七五"期间，全省有19项国家重点建设项目，26项省重点建设项目，全部或部分建成投产。

五年中，建成的国家重点项目有：大同矿区的燕子山矿、王村矿；平朔矿区；古交矿区的镇城底矿、马兰矿；潞安矿区的王庄矿；晋城矿区的王台铺矿；大同二电厂；太原一电厂扩建；神头电厂；漳泽电厂扩建；神（头）大（同）房（山）50万伏输电线路工程；北同蒲铁路复线及电气化；南同蒲铁路复线；大秦铁路（山西段）；太焦铁路复线及电气化；山西化肥厂；山西铝厂一期工程；太原平板玻璃厂浮法生产线。省重点项目有：落里湾煤炭集运站、鹊儿山煤炭集运站、南窑煤炭集运站、阳方口煤炭集运站、神河铁路（二期）、大同一运城二级公路、临钢炼钢工程、解州冶炼厂、大同一倍家皂公路、倍家皂一孙启张公路、太原一晋祠公路、阳泉白一地公路、和顺一董坪沟公路、左权一清权公路、长治一下浣公路、晋城一张路口公路、晋城一大口公路、杏花村汾酒厂扩建、山西涤纶厂、大同煤气工程、神头一太原输变电工程、长治辛安引水工程、临汾龙祠引水工程、省图书馆工程、省医学院第一附属医院工程、省社科院科研楼。

〔太原平板玻璃厂浮法生产线正式投产〕 该项目在全国首次采用焦炉煤气为燃料、由秦皇岛玻璃工业设计院设计，设计生产规模为日溶化玻璃液450吨，年生产优质浮法玻璃239万重量箱，由国家和山西省合资建设，总投资为18392万元。1985年开工建设，1990年12月18日通过国家验收，正式投入生产。

〔马兰矿建成投产〕 山西古交矿区特大型矿井马兰矿由太原煤矿设计研究院设计，年产煤炭400万吨，概算投资4.96亿元。1983年11月动工兴建，井巷工程由古交矿建工程处、核工业二十五公司三处、四川煤炭公司九处和煤炭建安公司三十一处承建。地局工程由西山矿务局古交工程处等单位承建。井巷工程总量6.04万立方米，总建筑面积31.16万平方米。，1990年6月27日正式建成投产。

〔大运公路建成通车〕 该工程为"七五"期间国家重点建设的27条公路之一，1986年6月开工，1990年9月28日建成通车。大运公路，北起大同市，南至运城市，全长737公里，总投资6.9亿元，为二级公路，路基宽度12～15米，路面宽度9米至12米，纵坡不超过4%，平整度不超过0.3毫米，转弯半径不小于40米，桥涵荷载为汽-20、挂-100，行车平均时速60公里以上。大运公路向社会公开招标，集中了47个工程队伍，数万人施工，共完成土方1400万立方米，石方200万立方米，大桥12座（2378延米），中桥29座（2145延米），小桥160座（2959延米），立交桥8座，涵洞2366个、隧道3处共613米。

〔落里湾煤炭集运站建成使用〕 落里湾煤炭集运站位于大同市南郊，建设总投资4500万元，年发运煤炭450万吨，1987年开工，1990年4月26日建成使用。

落里湾煤炭集运站是为大秦铁路开行重载单元列车而配套的晋北地区13个地方煤炭集运站之一，生产过程全部为机电化作业，具有装备先进、自动化程度高、计量误差小、装车速度快，发运能力大的特点，万吨列车装车时间2～2.5小时，各辆车吨装时间36秒，

〔漳泽电厂四号机组建成发电〕 漳泽电厂二期扩建工程是国家"七五"期间重点建设项目，共安装4台机组，由山西省电力建设三公司承包建设。首台3号机组于1989年12月25日建成发电。之后，仅用9个多月时间就完成了另一机组的施工安装任务，施工质量单项优良品率达95%。4号机组的投产发电，使漳泽电厂总装机达到62万千瓦，成为山西省第二座大型电厂。

〔太原长途电讯枢纽〕 位于太原市迎泽大街中段和解放路交叉路口，总投资4078万元，建筑面积25176平方米，主楼17层，结构呈方形。1986年11月开工建设，1990年12月竣工验收。

山西省 1989～1990 年建筑施工企业基本情况(一)

企业类别	企业个数(个)		年末全部职工人数(人)		工程技术人员		全部职工平均人数(人)		建筑业总产值(万元)		施工产值		全员劳动生产率(按施工产值计算)(元)		房屋竣工面积(万平方米)		人均房屋竣工面积(平方米)		房屋竣工率(%)	
	1989年	1990年	1989年	1990年	1989年	1990年	1989年	1990年	1989年	1990年	1989年	1990年	1989年	1990年	1989年	1990年	1989年	1990年	1989年	1990年
全省合计	294	293	330784	323300			342992	352000	386515	443224	342264	430738	10828	122369	484.9	376.8	11.39	11.65	49.74	43.0
一.全民所有制	126	135	278186	277900			286792	304700	342497	396904	330288	386139	11516	12672.8	364.00	268.00	13.08	9.64	49.59	40.3
1.中央部直属	36	39	148002	153500			156656	170800	192027	230125	187563	225490	11973	13201.9	174.00	81.8	11.75	4.79	48.64	38.7
2.地方所属	90	96	130184	124400			130136	133900	150470	166779	142720	160649	11814	11997.7	190.00	186.9	14.6	13.96	50.43	41.0
二.城镇集体所有制	168	158	52562	45400			56200	47300	44018	46320	11976	44599	7313	9428.9	120.9	108.8	23.0	23.96	56.7	51.6

山西省 1989～1990 年建筑施工企业基本情况(二)

企业类别	年末固定资产(万元) 原值		净值		定额流动资金平均占有额(万元)		利润总额(万元)		工程成本降低额		税后利润(万元)		上缴税金(万元)		工程成本降低率(%)		工程质量优良品率(%) 按单位工程个数计算		按房屋面积计算		产值利润率(%)	
	1989年	1990年	1989年	1990年	1989年	1990年	1989年	1990年	1989年	1990年	1989年	1990年	1989年	1990年	1989年	1990年	1989年	1990年	1989年	1990年	1989年	1990年
全省合计	219600	258577	155174	190100		254186	11409	9248	126	3315	8969		10092	15537	……	0.8	45.27	39.5	29.2	27.5	2.9	2.1
一.全民所有制	211412	244288	149289	180082	129171	236608	10640	8597	3107	2329	8575		8785	14234	1.0	0.7	45.3	47.6	29.3	31.8	3.1	2.2
1.中央部直属	125880	157914	94535	118935	68780	133749	7885	7863	3598	4645	5909		4890	8689	2.2	2.3	61.2	66.7	56.8	49.3	4.1	3.4
2.地方所属	85532	86374	61651	61147	60391	102859	2761	734	−491	−1316	2666		3895	5545	−0.4	−1.5	26.1	29.8	16.8	25.8	1.8	0.4
二.城镇集体所有制	8188	14289	5885	10018		17578	763	651	−2981	986	394		1307	1303	−1.8	2.4	12.6	15.4	17.4	17.3	1.7	1.4

山西省1989～1990年建筑施工企业技术装备情况

项目 / 年度 / 单位	年末自有机械设备台数(台)		年末自有机械设备价值(万元)				年末自有机械设备总功率(千瓦)		技术装备率(元／人)		动力装备率(千瓦／人)	
			原值		净值							
	1989年	1990年	1989年	1990年	1989年	1990年	1989年	1990年	1989年	1990年	1989年	1990年
全省合计	81151	77900		136680	85130	92938	1615000	1470000	2573	2872	4.9	4.5
一.全民所有制	65667	64038	114158	128459	79245	87207	1478000	1337000	2849	3138	5.3	5.0
1.中央部直属	33067	31954	68218	83956	48313	58410	947212	787000	3264	3805	6.4	5.1
2.地方所属	32600	32084	45940	32084	30932	44503	530788	550000	2376	2315	4.1	4.4
二.城镇集体所有制	15484	13862		8221	5885	5731	137000	133000	1120	1262	2.6	3.0

山西省1989～1990年勘察设计单位情况

项目 / 年度	勘察设计单位个数	私营	年末全部职工人数	工程技术人员	具有高级职称的工程师	具有中级职称的工程师	施工图设计面积(万平方米)	工程测量面积(万平方米)	地质勘探进尺(万米)
1989年	230		10321	6499	813	1828	470.2	1057.9	4.1
1990年	266		11831	7108	972	2163	581.9	762.6	2.6

山西省对外承包和劳务合作

年份	已签订合同的国家、地区数(个)	当年签定合同						完成营业额(万美元)			年末在国外人数(人)		
		合同数(份)			合同额(万美元)				承包	劳务		承包	劳务
			承包	劳务		承包	劳务						
1989年	1	1	1		667	667							
1990年	1	2	1	1	69	62	7	69	62	7	280	80	200

山西省体育中心体育场　　祝明华　摄

晋阳选煤厂封闭式主厂房　　王起志　摄

中共山西省委办公楼　　崔英慧　摄

长途电讯枢纽安装电话 5000 路，自动转报 256 路，双功电传 22 席和传真数据通讯、图像通讯等现代化设备。该工程由北京建筑设计院设计，山西省第四建筑工程公司承建的。

〔**山西省体育中心体育场**〕　位于太原市大营盘，建设规模为 3 万座位，1987 年 1 月开工，1990 年 12 月建成简易使用。该工程由山西省建筑设计院设计，山西省第四建筑工程公司、山西省安装公司等单位承建。

新建成的体育场，占地 14 万平方米，上部结构采用焊接空心球节点的挑棚网架结构，覆盖面积 10207 平方米，是国内悬挑最长的网架结构。主场地南北轴长 209 米，东西轴宽 141.26 米，设有 8 条塑胶跑道的 400 米标准田径场。场地中央为 105 米×68 米的草坪体育场。

内蒙古自治区

重要纪事

郝振铎　张浩明　肖治安　李建民

〔**资质管理**〕　建设厅根据 1989 年建设部令第 2 号《施工企业资质管理规定》，重新修订了施工企业资质管理的有关法规，并对全区施工企业进行了资质复查。截至 1990 年底，全区经资质审查的施工企业 1213 个，其中等级以上的企业 668 个，非等级企业 545 个，基本上按新的资质等级就位，职工总数 36.7 万人。

〔**职工培训**〕　自治区集体建筑企业协会，连续数年对全区集体建设企业的经理、施工员、预算员、财务会计员和质量安全员进行了培训，截至 1990 年已培训 13000 多人。经全区统考合格、取得岗位合格证书的有 7500 余人。

自治区建委于 1990 年 9 月在呼和浩特举行了建筑系统青工技术比赛。其内容是瓦工和抹灰工的理论和实际操作。参赛选手共 30 名。比赛结果评出"自治区青年瓦工技术能手"5 名；"自治区青年抹灰技术能手"5 名，并分别授予了荣誉证书。

〔**先进企业和优质产品**〕　自治区哲里木盟第一建筑安装工程承包公司晋升为国家二级企业，成为我区建筑业首家国家二级企业。

1990 年晋升为自治区级先进企业的有海拉尔钢窗厂、赤峰市五金工具厂。

建设部优质产品：1989 年度有包头市水暖器材厂灰铸铁散热器。

自治区优质产品：1989年度有海拉尔市、包头市、通辽市钢窗厂、赤峰市动力机配件厂的25A型空腹钢窗。1990年度有呼和浩特市新生铸造厂、扎兰屯钢铁厂的灰铸铁翼型散热器、巴彦淖尔盟水泵厂的铸铁柱型散热器、赤峰实业联合公司的MKⅡ型空腹钢门。

〔建设科技成果〕 1989年至1990年全系统共取得科研及新产品试制成果27项，其中7项获得建设部及自治区级科技进步奖。1990年由呼和浩特市市政排水处承担完成的“内蒙古地区氧化塘的研究”，经国家鉴定，达到国内先进水平。内蒙古建筑科学研究所承担的“火山渣砼空心砌块及砌块建筑技术”通过了建设部及内蒙古科委组织的鉴定。住宅节能科研工作取得突破性进展，开发研究多种节能保温技术措施，现已进入工程试验阶段，并向住宅小区系统综合节能方向发展。全区第一座节能住宅小区试验工程“伊盟羊绒衫厂住宅小区”已初具规模。内蒙古建设厅城建处承担完成的“管道保温直埋浅埋技术”科研项目，在内蒙古严寒地区被广泛推广应用，降低工程造价1千多万元，1990年荣获自治区科技进步二等奖。内蒙古建筑设计院引进开发的“振动灌注桩技术”，在国家重点工程准格尔煤矿及自治区重点工程呼市炼油厂、化肥厂地基基础工程中大量应用，创经济效益6百多万元，1990年获自治区科技进步三等奖。赤峰市煤气热力公司，在全国城建企业中率先开发了“城市集中供热网微机管理系统”，年创造经济效益百多万元。

〔1989年全国冬期施工会议〕 于1989年9月17日至23日在呼和浩特市举行。黑龙江、辽宁、河北、吉林、陕西、山西、甘肃、宁夏、新疆、北京、天津、山东、内蒙古十三个省市自治区和建设、冶金、能源、交通等四个系统的127位代表参加了会议。会议交流了各类论文50篇，研讨了冬期施工管理和冬期施工外加剂的应用，并对1990年全国冬期施工进行了部署。

〔质量管理监督和检测〕 自治区的质量管理监督网和质量检测网基本形成，12个盟市、13个计划单列市和县级市及71个旗县建立了质量管理监督机构，7个盟市建立了质量检测中心。

工程质量管理：全区建筑工程质量大检查4次，其中包括建筑构（配）件检查。举办全区性较大规模的质监员和质检员培训班4期，共培训382人。处理重大质量事故3起。

优质工程奖和优秀施工奖评选：共评审申报工程30项，评选出优质工程7项，同时还在全区建筑行业推行全面质量管理，评选出自治区级优秀质量管理小组2名，推荐国家级优秀质量管理小组1名。

砼构件审查：共审查砼建筑构（配）件生产企业221家，发放预制砼空心板和大型屋面板生产许可证341个品种。

重 点 工 程

郝振铎 张浩明 消治安 李建民

〔丰镇电厂〕 厂址位于丰镇市城西南3公里，距京包线南侧2公里。厂区占地面积40.58公顷，建设规模为4×20万千瓦，总投资5.98亿元。4台机组分两段建设，全部采用国产设备。前两台20万千瓦机组建成后，并入呼包电网。后两台20万千瓦机组建成后，并入华北电网。

该电厂年耗煤270万吨，建厂初期燃用乌达、海勃湾煤，待准格尔煤田投产后，燃用准格尔煤。

该工程于1986年7月正式开工兴建，前两台机组分别于1989年和1990年建成发电，已并入呼包电网。后两台机组计划1992年和1993年陆续建成投产。

该电厂由内蒙古电力设计院设计，主要施工单位有内蒙古电建二公司、内蒙古电建一公司、内蒙古第二建筑公司。

〔通辽发电厂〕 厂址位于哲里木盟境内，一期工程的2×20万千瓦机组已于1985年投产发电。

通辽电厂二期工程建设规模2×20万千瓦，总投资54667万元，建筑面积56953平方米。工程于1986年开始，1990年10月两台20万千瓦机组建成投产，并入东北电网。现在，通辽发电厂总装机容量已增至80万千瓦，年发电量70亿度。

该期工程由东北电力设计院设计，东电四公司承担主要施工任务。

通辽发电厂是霍林河露天煤矿同步建设的配套项目。

〔准格尔煤田一期工程〕 准格尔项目是煤、电、路同步建设的综合集团项目，位于自治区伊克昭盟准格尔旗境内，北距呼和浩特市110公里，东邻黄河，南与山西河曲县隔岸相望。

该煤田储量丰富，浅层储量为229亿吨，易露天开采。煤质优良，低硫化磷，发热6000至7000大卡／公斤，是较好的动力用煤。一期工程是准格尔煤田开发的第一步，该期工程批准总投资39.92亿元；总建筑面积82万平方米，共28项单项工程。其中主要有：

黑岱沟露天矿，年产原煤1200万吨，投资16亿元，储量20亿吨，境界约46.5平方公里。露天开采地质平均剥采比为 3.1：1。

选煤厂：年处理能力 1200 万吨，实际入厂毛煤达 1340 万吨；计划投资 2 亿元；建筑面积 5 万平方米。精选煤除供丰镇电厂、少岭子电厂及坑口电厂用煤外，主要通过大秦铁路通往秦皇岛港对外出口。

坑口电厂：位于该旗薛家湾居住区东侧。一期工程规模 2×10 万千瓦，计划总投资 3.3 亿元。

〔丰镇——准格尔铁路〕 由薛家湾至丰镇车站，正线 215.67 公里。丰准线为 1 级单线电气化铁路，初期年输送能力为 1500 万吨，计划投资 12 亿元。

水源工程：总投资 2 亿元。工业用水由小沙湾黄河取之，能力为 1.5 立方米／秒。生活用水由陈家沟门地下水源供应，能力为 3 万吨／日。

准格尔项目一期工程由以沈阳煤矿设计院为主等 5 个设计单位承担设计。

1990 年 7 月 17 日丰准铁路破土动工，标志着准格尔项目一期工程全面开始建设。

承担建设任务的施工单位：铁道部第一、第十一、第十三、第十九工程局、第二冶金建设公司、内蒙第二建筑公司、内蒙古机械施工公司、内蒙电力建设一公司、呼和浩特铁路局和黄河工程局等。

〔呼和浩特炼油厂〕 位于呼和浩特市南郊大黑河南岸是自治区唯一的石油采、运、加工一条龙配套建设项目。该厂的总投资 4.5 亿元，建筑规模为年加工原油能力 100 万吨。前 4 套装置建成后，年生产汽油 29.27 万吨，柴油 30.07 万吨，道路沥清 3.28 万吨，油沥清 4.6 万吨，燃料气 2.04 万吨，液化气 6.32 万吨。1990 年 7 月 29 日正式开工兴建。中国石油天然气总公司将该工程确定为 1992 年 9 月 29 日前将前四套装置建成投产。

该工程由洛阳煤油设计院设计，主要单项工程实行招投标，由中国石油天燃气总公司直属一、七公司、内蒙第一、三建筑公司、呼市建筑公司、呼和浩特安装公司等承建。目前，煤油厂土建工程已全面展开，部分安装工程已开始。

〔伊盟羊绒衫节能住宅小区试验工程〕 该工程是 1990 年内蒙古科委和建设厅共同立项研究的自治区重点科研项目，是寒冷地区开展的第三座住宅小区节能试验小区。建筑面积 14470 平方米，为砖混结构，1990 年 6 月破土动工。工程节能研究包括：住宅耗动单元节能、供热网系统节能、锅炉运行节能等三部分，形成供热、管道、耗能单元三位一体的节能系统工程。用于节能投资不超过总造价的 1%；以节能标煤计算，预计 4 年可收回节能投资。一期工程完工后，进行了一个采暖期测试和经济分析表明，住宅室温平均为 19—20℃高于当地平均室温，住宅单元节能 45%以上，管网节能 2%，综合节能 47%。项目的设计单位是内蒙古建筑勘察设计研究院。

内蒙古自治区 1989 年～1990 年施工企业技术装备情况

企业类别	年末自有机械设备台数(台)		年末自有机械设备价值(万元) 原值		净值	
	1989 年	1990 年	1989 年	1990 年	1989 年	1990 年
全省合计	52119	51869	68333	68814	60550	46793
一.全民所有制	30907	29648	51602	50093	48777	33752
1.中央直属	9097	7350	190.3	12739	12768	7909
2.地方所属	21810	22298	32589	37354	36009	25843
二.城镇集体所有制	21212	22221	16731	18721	11773	13041

企业类别	年末自有机械设备总功率(千瓦)		技术装备率(元／人)		动力装备率(千瓦／人)	
	1989 年	1990 年	1989 年	1990 年	1989 年	1990 年
全省合计	91.1	89.95	2074	1883.2	3.8	3.8
一.全民所有制	61.8	59.45	2599	2324.9	4.4	4.3
1.中央直属	21.1	16.74	2849	2085.1	4.7	4.4
2.地方所属	40.7	42.71	2349	2564.6	4.1	4.2
二.城镇集体所有制	29.3	30.5	1024	1000	2.5	2.7

内蒙古自治区 1989 年～1990 年建筑施工企业基本情况(一)

企业类别	企业个数(个)		年末全部职工人数(万人)		工程技术人员		全部职工平均人数(万人)		建筑业总产值(万元)		施工产值		全员劳动生产率(按施工产值计算)(元)		房屋竣工面积(万平方米)		人均房屋竣工面积(平方米)		房屋竣工率(%)	
	1989 年	1990 年	1989 年	1990 年	1989 年	1990 年	1989 年	1990 年	1989 年	1990 年	1989 年	1990 年	1989 年	1990 年	1989 年	1990 年	1989 年	1990 年	1989 年	1990 年
全省合计	10927	10837	40.64	40.37					381992	382985			10217	10462	772.3	907.2	12.87	13.47	46.83	51.13
一.全民所有制	123	133	14.37	13.87			14.95	14.61	168926	165969	161168	160183	11120	11230	164.7	173.2	9.25	9.75	40.7	43
1.中央部直属	12	10	4.48	3.79	—	—	4.17	3.58	53264	45064	49565	42072	11886	11752	22.1	21	5.3	5.7	33	36
2.地方所属	111	123	9.89	10.08	—	—	10.78	11.03	115662	120905	111603	118111	10353	10708	142.6	152.2	13.2	13.8	48.4	50
二.城镇集体所有制	462	477	11.50	11.50	—	—	12.51	12.42	107056	112928	105231	110855	8412	8926	251.6	260.0	20.1	20.9	59.1	67.4
三.农村建筑队	10342	10227	14.77	15.00	—	—	—	—	106010	104088	—	—	—	—	356	474	—	—	—	—

内蒙古自治区 1989 年～1990 年建筑施工企业基本情况(二)

企业类别	年末固定资产(万元) 原值		年末固定资产(万元) 净值		定额流动资金平均占有额(万元)		利润总额(万元)		工程成本降低额		税后利润(万元)		上缴税金(万元)		工程成本降低率(%)		工程质量优良品率(%) 按单位工程个数计算		工程质量优良品率(%) 按房屋面积计算		产值利润率(%)	
	1989 年	1990 年	1989 年	1990 年	1989 年	1990 年	1989 年	1990 年	1989 年	1990 年	1989 年	1990 年	1989 年	1990 年	1989 年	1990 年	1989 年	1990 年	1989 年	1990 年	1989 年	1990 年
全省合计	148089	151702	106727	108942			7175	4529					8403	9577							2.06	1.09
一.全民所有制	106008	104783	75871	74974	66334	69123	3624	1364					4302	5023	1.35	0.26	48.5	45.7	46.2	43.75	2.46	0.72
1.中央部直属	42339	35412	29290	24135	18729	17632	1771	221	1332		1412		1454	1206	2.90	0.63	66.6	61.6	60.2	57.9	3.32	0.49
2.地方所属	63669	69371	46581	50839	47605	51491	1853	1143	−201		2454		2848	3817	−0.20	−0.12	30.4	29.7	32.1	29.6	1.60	0.95
二.城镇集体所有制	31813	35325	22801	25138	—	—	2001	1709	1029		1395		3198	3590	1	1	22.9	23.4	26.8	31.1	1.87	1.51
三.农村建筑队	10268	11594	8055	8830	4208	4598	1550	1456	—	—	1191	1033	903	964	—	—	—	—	—	—	1.46	1.40
					(乡村二级)	(乡村二级)	(乡村二级)															

辽 宁 省

重 要 纪 事

张有忠、宿德景

〔辽宁省成立建设委员会〕 1988年5月21日辽宁省政府常务会议决定：撤销辽宁省城乡建设厅、建筑工程局，组建辽宁省建设委员会，主管全省建设工作。省建委从1988年10月在原建设厅、建工局和计经委有关处室的基础上开始筹建，1989年1月7日正式成立。新建委是省政府主管全省建设工作的综合职能部门，其基本职能是：综合管理全省基本建设和技术改造的计划实施、勘察设计、建筑施工和重点工程建设；组织指导全省城市和村镇的规划、建设和管理；归口管理全省建筑业和房地产业、市政公用事业和建设机械业；组织开拓国外建筑市场，归口管理全省对外工程承包和建筑劳务合作业务。

〔扶持国营施工企业摆脱困难〕 辽宁省建委于1989年5月、12月两次由领导亲自带队组成的调研组深入到省内12个市、85个建筑施工企业进行调查研究，针对施工企业存在的问题和困难，于1989年7月、1990年1月经省政府批准下发了《关于治理整顿建设市场的通知》和《批转辽宁省建委建筑业治理整顿，深化改革意见的通知》。省建委与省建行、工商、税务等部门在1990年又先后下发了《辽宁省建设市场管理规定》、《关于调整建设工程预算定额人工费等问题的通知》和《关于扶持国营施工企业摆脱困境的若干规定》。这些规定和办法为施工企业克服困难，走出低谷创造了条件。全省建工系统54个县以上国营施工企业，1990年共完成施工产值24亿元，与上年持平；竣工房屋建筑面积361.4万平方米，比上年增长5.8%；全员劳动生产率达到15130元，比上年增长1.3%。

〔加强建筑市场整顿，认真搞好资质审查〕 1989年以来经过对建筑市场不断整顿，查处违法经营，打击经济犯罪，非法经营活动明显减少，建筑市场秩序有所好转。1990年全省普遍开展对施工现场、施工企业、建设单位进行全面的检查，共检查了8955项工程，涉及786个施工企业和2145个建设单位，查出问题491件，违法经营416件，吊销施工企业执照1513家；还吊销设计证书128家、降低设计等级17家，限期整顿的设计单位91家。

全省从1989年7月25日至1990年7月31日对省内施工企业的资质进行了复查，复查后的施工企业人数为122万，比复查前压缩26%，压缩了43万人。经过复查整顿施工企业由6919家压缩为3708家，压缩了46%。复查后的一级企业50个，20万人；二级企业155个，20万人；三级企业858个，40万人；四级企业914个，27万人；非等级企业1731个，15万人。

〔沈阳市建筑业发展多种经营〕 1989年初，沈阳市建筑工程管理局提出“一业为主、多业并举”的方针，大力发展多种经营。到1990年从事多种经营独立核算的企业296家，涉及机械加工、建材、房产经营、轻纺、废旧物回收等20多个门类，形成124个产品系列。从事多种经营的人员近万人，占职工总数的20%。多种经营实现收入1300万元，占全局实现利润总额的30%。

〔加强政策导向，促进科技事业发展〕 1990年是辽宁省科技进步年，省建委制订了建设事业科技发展基金的规定和重点推广30项科技成果的技术经济政策，使科学研究、技术开发和科技成果推广应用紧密地结合起来，逐步建立起建设事业依靠科技进步，发展生产力的机制。据1989、1990年统计，全省建筑系统取得重大科技成果600多项，其中有40项分别获得国家科委、建设部和辽宁省科技进步奖，有3项成果在国际发明博览会上获奖，科技成果应用率达到70%，产生直接经济效益近2亿元。特别是在冷轧螺纹钢筋的研究和推广应用及高层建筑应用高强混凝土等方面，取得了显著的效果。

〔动员全社会开展工程质量大检查〕 省建委从1990年5月开始动员和组织各建设、施工和设计单位，开展了全省工程质量安全生产大检查。重点检查1985年丙级和丁级设计单位设计的工程；由厂矿、乡镇企业自行设计或施工的工程等。全省有6803个单位自查工程60083项，查出质量问题1866件；各市专查各类工程842项，查出问题352件；在各单位自查和各市专查的基础上，省建委又组织了三个检查组由三位正副主任带队深入各市重点抽查，登门走访670多户，接受群众来信来电话450余件（次），共抽查各类工程1083项，面积183万平方米，查出工程隐患和有较严重质量问题的工程114项，提出整改意见272条，责令停工或限期整改的工程81项。

〔辽宁省建筑行业青工技术大赛〕 根据共青

团中央、建设部第七个单位关于举办首届全国青工技术大赛的通知，共青团辽宁省委、省总工会、省建委等部门，于1990年8月30日至9月5日在鞍山市组织由各市选拔出来的20名瓦工、20名抹灰工，开展技术表演赛。最后评选出锦州市房屋建筑公司瓦工秦宝成、丹东市第四建筑公司抹灰工李世斌等12名同志为"辽宁省建筑行业青工技术能手"。同时又选拔出瓦工秦宝成、王晓梅，抹灰工李世斌、王英海四名同志参加全国青工技术大赛。在全国大赛中，秦宝成同志取得全国瓦工比赛第八名，被授予"全国青年瓦工技术能手"称号，辽宁省被评为"组织工作先进单位"。

〔辽宁省有三项工程获1990年鲁班奖〕 这三项工程是：(1)中国科学院沈阳机器人示范中心试验楼（辽宁省第二建筑工程公司承建）；(2)丹东中医院病房楼（丹东市第二建筑工程公司承建）；(3)辽宁广播电视塔（中国建筑第三工程局第一建筑安装工程公司等单位承建）。

〔盘锦建成15所太阳能校舍〕 盘锦市从1984年开始控太阳能采暖，到1990年底已建成太阳能采暖校舍15所（包括楼房4所，平房11所），建筑面积24200平方米。其中直接受益式5所，综合式10所。在设计和施工中，对校舍的窗、墙、地面、房顶四个部位采用新技术、新工艺。窗：太阳能玻璃窗占前立面的比例，最小60%，最大100%；墙：墙体厚度500－600mm，墙体中间保温层120mm；地面保温：一是煤渣，二是封闭珍珠岩地基，三是铺聚胺脂板；房顶：采用现浇楼板，扩大热容量。利用太阳能采暖年平均节省费用楼房33.90元／m^2，平房7.69元／m^2。太阳能采暖校舍经测试室内平均温度14℃，其中最高温度17℃，最低温度8℃，比对照房高3.3℃，比室外温度高23.1℃。国家教委和辽宁省政府于1991年2月5日在盘锦市召开太阳能采暖校舍现场会，推广盘锦的经验。

〔大连推广商品混凝土〕 大连市建筑工程总公司从1984年开始到1990年底，先后投资1400万元，建成五座商品混凝土搅拌站，共生产商品混凝土70万立方米。目前商品混凝土已占全市现浇混凝土的一半多，其中泵送率达90%以上，创产值8000余万元，实现利润640多万元。

〔开展城镇节能住宅设计方案竞赛〕 为了推动辽宁省节能住宅建筑的发展，省建委于1990年4月发出了关于开展辽宁省城镇节能住宅设计方案竞赛的通知，9月组织全省96个参赛单位，对124个方案进行了评比，最后评出二等奖四项，其中有东北建筑设计院的小砌块大开间节能住宅、抚顺市建筑设计院小开间核心卫生间节能住宅、抚顺市房产公用设计研究院的承重空心砖住宅、抚顺市建筑科研所的内复合墙体节能住宅等，三等奖8项，表扬奖18项。

〔VEA膨胀混凝土结构自防水技术的应用〕 V型混凝土膨胀剂（VEA）由大连建筑科学研究所与中国建筑材料科学研究院签订了联合开发VEA混凝土结构自防水的协议书。到1990年底已建成30多项试验工程。房屋类型从小型工程逐渐发展到5000－6000立方米的大型地下工程，从一般地下室发展到水池、冷库、地下仓库等结构的应用。大连海港基地楼地下停车场历经三年，不裂不湾，内部干燥。三年来，共使用1700吨VEA膨胀剂，折合3.4万立方米抗渗混凝土，为国家节省资金316万元。VEA膨胀混凝土防水费用平均6.20元／m^2，比三毡四油低9.65／m^2，比聚氨酯低39.14元／m^2。这项技术,于1990年12月27日由省建委组织通过专家鉴定,决定全省推广。

重 点 工 程

张有忠　宿德景

〔辽沈战役纪念馆〕 辽沈战役纪念馆位于锦州市烈士陵园北侧，投资2695万元，建筑面积8500平方米，是一座钢筋混凝土结构的堡垒式建筑。正门上方是中国式的牌楼，两侧各矗立着18米高的圆柱。馆内跨度42.24米，高28米，沿楼梯盘旋而上，直径14米的圆形看台，沿顺时针方向行走一周，可饱览整个辽沈战役的全景壁画，由著名设计大师戴念慈主持设计，锦州市第一建筑工程公司施工，1989年动工，1989年初建成并正式对外开放展出。

辽沈战役纪念馆　　刘宝琛　摄

〔辽宁省体育运动训练中心〕 该工程是集训练、表演、比赛为一体的"体育城"。总建筑面积3.1万平方米，占地15万平方米。按功能划分为3个区，即场馆区：包括自行车赛场、举重馆、摔跤馆、武术馆、手球馆、击剑馆和艺术体操馆等；管理区：包括办公楼、卫生所、身体测试楼等；后勤服务区设有食堂、浴池、锅炉房等。由辽宁省建筑设计院张国才等设计，朝阳市第三建筑工程公司施工，1987年7月动工兴建，1989年6月竣工，荣获1990年辽宁省优秀设计一等奖第一名。

辽宁省体育运动训练中心正门　李金池　摄

〔银帆宾馆〕　位于大连市经济技术开发区，是中美合资的三星级宾馆。该工程为钢筋混凝土框架结构，建筑面积33265平方米，投资2042.94万元，1985年6月1日开工，1989年6月20日竣工，黑龙江省建筑设计院徐勤等设计，大连第一建筑工程公司施工。银帆宾馆由主楼80辅房两大部分组成。主楼分为A、B、C、D4个区，A区13层，B区20层，CD区为主楼裙房，C区有大厅、商场及西餐厅，D区为中餐厅。

大连银帆宾馆　李惠君　摄

〔辽宁广播电视塔〕　位于沈阳市和平区，建筑面积10，657平方米（包括附属建筑物），投资5236万元，由广播电影电视部设计院设计，中国建筑第三工程局一公司等施工。1984年8月8日破土动工，1989年9月建成投入使用。该塔是综合广播、游览的多功能电视塔，具有发射6套电视节目、6套调频广播节目和10个方面的微波开口功能。发射覆盖面积的半径扩大到60公里。电视塔高305.5米，由塔基、塔身、塔楼及天线桅杆四部分组成。塔楼建在187米至215.5米之间，共6层，设有旋转餐厅、游览厅等。塔楼最大直径为43.9米，附设有综合办公室、调频、微波机房等。该项工程被评定为辽宁省甲级优良工程并获得1990年鲁班奖。

〔沈阳邮政通信枢纽分拣中心大楼〕　该工程位于沈阳市沈河区，建筑面积21516平方米，地上四层，地下一层，现浇钢筋混凝土框架结构，总投资1080.8万元，于1988年4月23日动工，1989年12月20日竣工，由辽宁省建筑设计院设计，沈阳市第二建筑工程公司施工。

〔锦西化工总厂环氧丙烷改造工程〕　该工程位于锦西化工总厂北侧，是“七五”期间锦西化工总厂实施总体技术改造的重点工程。由2万吨环氧丙烷装置、5千吨丙二醇装置、2万吨聚醚装置及其它辅助生产装置组成。工程投资1.8亿元，1988年3月开工，1989年9月竣工，1990年2月投产。由化学工业部第一设计院设计，化工部九化建施工。

锦西化工总厂环氧丙烷厂　单连德　摄

〔鞍钢大型板坯连铸配套改造工程竣工投产〕　新建鞍钢第三炼钢厂板坯连铸配套改造工程由中国与日本联合设计和施工，第一期工程设计生产能力为年产板坯200万吨，建设投资9.5亿元，建筑面积35，960平方米。承建该工程的第三冶金建设公司，在施工中采用和研制板坯连铸机导辊对弧等百余项新技术、新工艺。该工程1986年12月破土动工，1990年7月30日一次试车成功，荣获冶金工业部全优工程奖。

〔盘锦天然气化工厂〕　该厂位于双台子区西郊，占地57公顷，总投资14.1亿元。该厂以轻烃为主要原料，年产乙烯13万吨、聚乙烯12.5吨、聚丙烯4万吨、副产品加氢裂解汽油2～4万吨的大型石油化工联合企业。生产技术和设备分别从日本、英国、意大利、美国引进。由化工部第三、第九化建公司、中国建筑二局四公司、江苏建湖工程公司等单位承建，1987年7月1日开工，1990年7月31日竣工。

盘锦天然气化工厂

〔**沈阳——大连高速公路**〕 沈大高速公路全线贯穿辽东半岛，连接沈阳、辽阳、鞍山、营口、大连五大工业城市，沟通大连港、营口港、鲅鱼圈港，是东北地区重要的交通运输大动脉。沈大高速公路1984年6月27日开工，1990年9月1日建成全线通车。施工中共完成土石方3500万立方米，沥青混凝土路面930万平方米，总投资22亿元。全路长为375公里，路基宽26米，中央分隔带为3米，上下行共4股车道，沥青混凝土高级路面。路两侧设封闭网，路中间分隔带和路肩有安全护拦。设计行车时速为100至120公里。全线有跨越海湾的特大桥1座、大桥15座、互通式立交桥26座、跨线桥75座。桥梁设计载重标准为汽车——超20级，挂车——120，并可通行重450吨的平板车，通行净高6.1米。沿线设有微波通讯站13处、服务区6处、停车场6处、管理所7处、收费站25处。该路设计日通车能力为5万辆。这项工程由辽宁省沈大公路改扩建工程总指挥部组织建设，辽宁省交通勘测设计院主持设计，省公路工程局机械处、沈阳和大连市公路工程公司承担路面施工任务。

〔**海城——岫岩地方铁路建成通车**〕 该线路1986年10月22日开工，1990年10月27日全线通车。海岫铁路全长90.3公里，线路为单线。沿线有3座隧道，39座桥梁，291个涵洞，施工中挖填土石方574万立方米，总投资1.8亿元。设计近期年运量100万吨，远期468万吨。由沈阳铁路局设计院卢碧辉等设计，海城市、岫岩县承担建设任务。

〔**锦州港起步工程建成**〕 该工程于1986年10月30日动工兴建，投资额1.48亿元。由交通部第一航务工程设计院设计，天津航务局第五工程局施工，1990年11月完工。共建成两个5千吨级泊位，一个是杂货泊位，另一个是成品油泊位。年吞吐能力158万吨。引堤长为3131米，陆域的房建、道路、供水、供电、通讯工程均已交付使用，为港口配套的7大联检机构和11个附属机构已经开班工作。该港口从1990年12月1日起对外开放，成为全国第49个对外开放的港口。

〔**沈阳北站第一期工程竣工**〕 该站位于沈阳市惠工广场北侧，占地总面积1545亩，建筑面积15.1万平方米。到1990年底已完成第一期工程。新建成的沈阳北站由站房、客车到发场、客车机车折返段、客车技术作业站、区间线路疏解和专用改接五部分组成。沈阳北站站房，包括主楼（综合楼）、高架候车室、行李房、售票处、出站厅和生产办公楼等建筑物。综合楼为弧型，高60米，共18层（地下2层），36000平方米，现浇钢筋混凝土框架结构。从综合楼正门进去便是高17.2米、建筑面积4700平方米的进站大厅，两侧是6个高架候车室。综合楼两则建有对称的两个出站厅，与站内两座旅客地道相连。这些建筑物前面用一条长510米的顶部可供人行走的“风雨长廊”连接，是一座方便、完美的建筑群。该站投资近3亿元，1988年4月1日开工，1990年12月22日建成第一期工程交付使用，日均停发列车35对，乘降旅客7万人。由铁道部第六设计院和东北建筑设计院共同设计，沈阳铁路局沈阳工程处和沈阳市第三建筑工程公司共同施工。

沈阳北站

〔**牛庄获全国村镇建设先进镇**〕 牛庄位于辽东半岛，隶属海城市。是1858年开辟的通商口岸。为改变古城面貌，1982年起编制总体规划和详细规划并依此建镇，现古镇换新貌。1990年，镇区2.6万人，建成区面积4.6平方公里。经1989、1990年建设，古镇又有新变化。两年集资719万元。统建开发住宅8800平方米，生产建筑12636平方米。新修道路6条，长10.6公里（其中黑色路面8.6公里）。新发展自来水2800户，普及率达77%。新修明暗排水渠1650米。1990年

辽宁省1989年—1990年建筑施工企业基本情况(一)

企业类别	企业个数		年末全部职工人数(人)		全部职工平均人数(人)		建筑业总产值(万元)		施工产值(万元)		全员劳动生产率(按施工产值算)(元/人)		房屋竣工面积(m^2)		人均房屋竣工面积(m^2)		房屋竣工率(%)(按个数)	
	1989年	1990年	1989年	1990年	1989年	1990年	1989年	1990年	1989年	1990年	1989年	1990年	1989年	1990年	1989年	1990年	1989年	1990年
全省合计	3176	2578	1110436	1073905	1239024	1134835	1405418	1380596	1355816	1336923	10519	11781	21029050	18621000	–	–	–	–
一.全民所有制	278	294	432036	448105	472924	482035	723622	776000	690464	745000	14610	15455	6928080	7368000	14.6	15.2	44.6	62.5
1.中央部直属	43	50	120518	144881	125564	152411	196617	266000	185283	255000	15370	16731	781225	1074000	6.2	19	37.5	65.3
2.地方所属	235	244	311518	303224	347360	329624	527005	510000	505181	490000	14560	14865	6146855	6294000	17.6	7.0	45.7	61.3
二.城镇集体所有制	2002	1764	559400	536200	629400	554900	577756	534637	561826	522585	8926	9418	11152000	9401000	17.7	16.9	–	–
三.农村建筑队	896	520	119000	89600	136700	97900	104040	69959	103526	69338	7315	7048	2949000	1852000	21.6	18.9	—	—

辽宁省1989年—1990年建筑施工企业基本情况(二)

企业类别	年末固定资产(万元) 原值		年末固定资产(万元) 净值		定额流动资金平均占有额(万元)		利润总额(万元)		利润总额 工程成本降低额		税后利润(万元)		上缴税金(万元)		工程成本降低率(%)		工程质量优良品率(%) 按单位工程个数计算		工程质量优良品率(%) 按房屋面积计算		产值利润率(%)	
	1989年	1990年	1989年	1990年	1989年	1990年	1989年	1990年	1989年	1990年	1989年	1990年	1989年	1990年	1989年	1990年	1989年	1990年	1989年	1990年	1989年	1990年
全省合计	447347	584261	327411	414668	238283	277253	64008	40025	19099	17693	43301	36987	48657	52311								
一.全民所有制	363517	409859	263469	290511	222001	277253	35859	19296	15693	5405	25735	22513	19604	23486	2.6	0.8		43.2		39.2		2.4
1.中央部直属	128404	183895	95377	130168	55132	78249	10740	9317	4335	6157	6206	8740	5393	8730	2.6	2.7	60.5	33.1	50.2	58.4	5.5	3.5
2.地方所属	235113	225964	168092	160343	166869	199004	25119	9979	11358	−752	19529	13773	14211	14756	2.54	−0.1	35.7	64.8	29.7	35.9	4.8	1.9
二.城镇集体所有制	56465	174402	42249	124157			24669	18210		10665	15289	14474	24960	26088		2.2	24	43.2		39.2	4.3	3.4
三.农村建筑队	27365		21693		16282		3480	2519	3406	1623	2277		4093	2737	3.4	2.4	10.3	9	18.6	19	3.3	3.6

辽宁省 1989 年—1990 年施工企业技术装备情况

项目 \ 年度 \ 单位	年末自有机械设备台数(台)		年末自有机械设备价值(万元)				年末自有机械设备总功率(千瓦)		技术装备率(元／人)		动力设备率(千瓦／人)	
			原值		净值							
	1989 年	1990 年	1989 年	1990 年	1989 年	1990 年	1989 年	1990 年	1989 年	1990 年	1989 年	1990 年
全省合计	210969	215,903	330425	346356	229110	231755	4143522	3958716	2063	2158	3.73	3.69
一.全民所有制	93368	98837	200733	222385	133837	143349	2302656	2215865	3097	3210	5.3	4.9
1.中央部直属	26704	32991	75300	99033	52125	64120	889386	958834	4325	4425	7.3	6.6
2.地方所属	66,664	65846	125433	123352	81,712	79229	1413270	1257031	2623	2629	4.5	4.1
二.城镇集体所有制	94754	96586	112430	107803	81808	76049	1581000	1518851	1508	1455	2.9	2.9
三.农村建筑队	22847	20480	17262	16168	13465	12357	259866	224,000	1132	1379	2.2	2.5

辽宁省 1989 年—1990 年勘察设计单位情况

项目 \ 年度	勘察设计单位数		年末全部职工人数	工程技术人员数			施工图设计面积(万 m^2)	工程测量面积(平方公里)	地质勘察进尺(万 m)
		集体所有制			具有高级职称的工程师	具有中级职称的工程师			
1989 年	601	54	24982	17671	2684	5970	1784.19	3045	40.17
1990 年	634	43	38581	26799	4362	9189	1879.81	4244	79.29

说明：1989 年不包括中央驻辽宁的各勘察设计单位，1990 年开始列入辽宁省数内。

辽宁省对外承包和劳务合作

年份	已签订合同的国家、地区数(个)	当年签订合同						完成营业额(万美元)			年末在国外人数(人)		
		合同数(份)			合同额(万美元)			合计	承包	劳务	合计	承包	劳务
			承包	劳务		承包	劳务						
1989 年	3	31	10	21	6551	5223	1328	5821	3982	1839	4017	285	3732
1990 年	10	17	9	8	8619	7889	730	8450	7182	1268	3832	560	3272

底已有路灯105盏，自动电话400门。由于城镇建设的发展，使全镇社会总收入由1988年的3亿元提高到1990年的3.8亿元，人均收入由950元升至1100元，人均住房由17平方米增到18平方米，住房质量明显改善。1990年11月，建设部命名牛庄为“全国村镇建设先进镇”，并定为全国村镇建设试点镇。(刘克东)

〔铁岭电厂开工〕 铁岭电厂是辽宁省大型坑口火力发电厂，第一期工程4台机组120万千瓦小时，1990年9月15日开工，现正紧张建设。

〔锦西大化肥工程开工〕 该工程利用天然气作原料，年产30万吨合成氨、52万吨尿素，1989年4月开工兴建，总投资8.12亿元，计划1992年7月竣工。

〔抚顺洗涤剂化学厂开工〕 该厂年产合成脂肪醇5万吨、直链烷基苯7.2万吨，1990年3月30日开工兴建，总投资10.26亿元，计划1992年4月建成。

吉林省

重要纪事

金玉辉、郑华、庞庆秀

〔省政府办公厅印发《全省建设工程施工招标投标经验交流会纪要》〕 文件规定，1989年凡列入国家、省、市和部门固定资产投资计划，投资为50万元以上或建筑面积为2000平方米以上的新开工程，其设计、施工都要推行招标投标承包制。未经批准免标的工程，不经招投标，一律不发开工执照，不拨付工程款，不准开工。文件是1989年1月由省政府办公厅发出的。

〔吉林省获五项全国优秀工程设计软件奖〕 1989年2月，建设部发布全国第一次优秀工程设计软件评选结果。吉林省参加评选的东北电力设计院设计的管道自动设计软件包获金质奖；长春铁塔厂和东北电力设计院设计的铁塔自动设计软件包和东北电力设计院设计的物资管理信息系统获银质奖；东北电力设计院设计的钢筋混凝土框架优化设计计算程序和财务会计核算管理系统获铜质奖。

〔认真清理、回收拖欠工程款〕 1989年3月，省政府办公厅发出《关于认真清理、回收拖欠工程款的通知》。文件指出，截止1988年底，全省拖欠工程款已达2.53亿元，严重影响企业正常生产经营。为此，省政府要求采取措施，尽快清理、偿还拖欠工程款。今后，凡投资不落实的，不准开工。否则，发生工程款拖欠，由批准开工者承担责任。

〔关于解决窝工问题的意见〕 1989年4月，省政府批转建设厅《关于解决基建规模压缩后施工队伍窝工问题意见的报告》。文件指出，1989年全省固定资产投资规模按可比口径下达的计划，比1988年下降23。5%，预计全省施工队伍将有13万人左右窝工。为此，提出了10条解决窝工问题的意见。

〔召开思想政治工作会议〕 1989年4月，建设厅在吉林市召开全省城乡建设系统思想政治工作会议及职工思想政治工作研究会第二届年会。会议表彰了15个思想政治工作优秀单位、10个优秀思想政治工作研究会、18名优秀政工研究会干部、16名政工研究会先进干部和10篇优秀论文。

〔检查工程勘察质量〕 1989年5月，建设厅印发了《吉林省工程勘察质量检查总结》。文件指出，从1988年10月起，建设厅对全省勘察单位的工程地质、工程测量、水文地质等工程质量进行了检查，共检查了90个勘察单位的177个项目。其中，工程地质项目共检查了128项，优级品11项，良级品25项，优良品率28.1%；工程测量项目共检查了35项，优级品2项良级品5项，优良品率为20%；水文地质项目共检查了142项，优级品1项，良级品1项，优良品率为14.2%。

〔颁布《吉林省民用建筑标准》〕 1989年7月，建设厅和省标准计量局联合批准颁布《吉林省民用建筑标准》，编号DB／2200P33001-89为吉林省标准，自1989年9月1日起实施。

〔召开继续教育工作会议〕 1989年8月，建设厅在长春市召开全省建设系统继续教育工作会议，主要布置落实《吉林省城乡建设系统继续教育暂行规定》和《吉林省城乡建设系统1989～1991年主要专业继续教育计划》。

〔调整施工费用定额〕 1989年8月，建设厅、省建设银行联合发出《关于调整施工费用定额几项费用的规定》，主要调整了施工管理费、劳保费用、计划内流动资金贷款利息。该规定自1989年1月1日起实行。

〔住宅小区应编制初步设计〕 1989年10月，建设厅发出了《关于开发建设城市住宅小区应编制初步设计的通知》。

〔施工企业资质复查〕 1989年10月，建设厅根据建设部《施工企业资质管理规定》和《施工企业资质等级标准》，结合本省情况，制定了《关于对施工企业按新标准进行复查、重新确定资质等级的审查办法》，并规定全省所有施工企业均应指此标准立即进行全面复查。

〔制定修缮费用定额〕 1989年10月，建设厅颁发《吉林省房屋修缮工程施工费用定额》。

〔制定综合开发管理条例〕 1989年12月28日，吉林省第七届人大常委会第13次会议通过《吉林省城市房屋建设综合开发管理条例》，自1990年1月3日起公布实施。

〔制定解决停工、待工问题的措施〕 1990年2月，建设厅发出了《关于解决部分施工企业停工、待工问题的通知》，提出了8项具体措施。该文件对缓解企业困难，保持队伍稳定起到了积极的作用。

〔制定工程管理制度〕 为了充分发挥投资效益，使建设、施工单位对国家高度负责，交付合格产品，建设厅于1990年4月研究制度了《吉林省工程建设管理制度》，自1990年7月1日起实行。

〔清理拖欠工程款〕 为解决施工企业面临的资金困难，建设厅与省计经委、财政厅、人民银行、建设银行于1990年6月联合颁发了《清理拖欠工程款实施办法》

重点工程

金玉辉　郑华　庞庆秀

〔长春第一汽车制造厂扩建工程〕 1986年9月新上年产10万辆的中轻型车；1988年5月新上年产3万辆的中高级轿车；1990年10月新上年产15万辆中外合资轿车。由第一汽车厂第九设计院设计，由水电部第一工程局、吉林省第一建筑工程公司、汽车厂建维公司施工。

该工程正在建设中，其中中轻型车已达到年产10万辆的生产能力。中高级轿车一期工程基本结束，轿车总装、油化、焊装三条生产线已建成；第二铸造厂两条生产线已投入生产。电站六期扩建工程、三台炉、三台机已全部投入使用。

〔长春热电厂〕 该工程位于长春市二道河子区东部、一期总装机容量为40万千瓦（2×20万千瓦）。1988年开工，1号机组装机容量为20万千瓦，于1990年12月投入运行；2号机组（20万千瓦），目前正在进入紧张的安装阶段、预计在1992年一季度建成。

〔珲春矿区〕 该工程位于吉林省延边地区珲春市境内，系坑口电厂珲春电厂配套工程、一期建设规模为150万吨／年，分为英安斜井和城西立井两个矿区。英安斜井年产75万吨于1977年开始建设于1988年投产；城西立井年产75万吨，于1990年7月移交生产。

该工程由东煤公司长春煤矿设计院设计，珲春矿区自营施工。

〔通化矿区松树镇二井〕 该工程位于吉林省浑江地区松树镇境内，原年产能力为75万吨，1988年开始改扩建，于1990年12月投产，新增能力45万吨／年。

该工程由东煤公司长春煤矿设计院设计、通化矿区自营施工。

〔前郭炼油厂〕 该工程位于吉林省白城地区前郭县，年炼油80万吨。由兰州化工设计院、吉林省石化设计院设计，吉林化建公司、吉林省白城地区建筑公司施工。1987年6月开工、1990年8月竣工，达到年炼油80万吨能力。

〔双辽电厂〕 该工程位于吉林省四平地区双辽县境内，总装机容量为240万千瓦、整个工程为两期建设、一期工程装机容量为120万千瓦，设计为4台30万千瓦机组，1990年7月开工，现已完成一期工程的土地征用及铁路专用线辅轨、预计“八五”计划期间1号、2号机组（30万千瓦）将先后投入运行。

承担设计的是东北电力设计院、吉林省火电一、二、三公司承担施工。

〔双阳水泥厂〕 该工程位于吉林省双阳县境内，年生产水泥66.07万吨、土建、工艺由天津水泥工业研究设计院设计。于1990年9月1日开工、预计1993年10月竣工、吉林省第二建筑公司、长春市第二建筑工程公司、吉林省矿山建筑公司、吉林铁路基建处施工。

〔吉林新源玉米有限公司〕 该工程位于吉林省吉林市内，年产淀粉7.8万吨；变性淀粉3万吨；蛋白粉0.9万吨。吉林省化工设计院设计，吉林省安装公司、吉林市一建、二建、吉林化建、吉林矿建公司施工。于1989年开工，预计1992年竣工。

吉林省1989年—1990年施工企业技术装备情况

单位	年末自有机械设备台数(台)		年末自有机械设备价格(万元)			
			原值		净值	
	1989年	1990年	1989年	1990年	1989年	1990年
全省合计	69184	72625	117609	114814	80211	76022
一.全民所有制	49105	53793	95860	94722	63713	61968
1.中央部直属	16104	18344	36971	35382	25860	23362
2.地方所属	33001	35449	58889	59340	37853	38606
二.城镇集体所有制	20079	18832	21749	20092	16498	14054

单位	年末自有机械设备总功率(万千瓦)		技术装备率(元/人)		动力装备率(千瓦/人)	
	1989年	1990年	1989年	1990年	1989年	1990年
全省合计	136.7	143.6	4513	4398	7.9	8.33
一.全民所有制	104.0	116.6	3038	2988	5.0	5.62
1.中央部直属	37.6	46.4	4575	4221	6.7	8.38
2.地方所属	66.4	70.2	2471	2540	4.3	4.62
二.城镇集体所有制	32.7	27.0	1475	1410	2.9	2.71

吉林省1989年—1990年勘察设计单位情况

年度	勘察设计单位人数		年末全部职工人数				施工图设计面积(万平方米)	工程测量面积(万平方米)	地质勘察量尺(万米)
			合计	小计	其中工程技术人员				
	合计	其中私营			高工	中级			
1989年	112	—	3365	2625	204	730	391.10	28646.30	10.61
1990年	109	—	3405	2659	204	730	338.89	25000.00	10.01

注：此表反映数字指全省系统内

吉林省1989年—1990年建筑施工企业基本情况(一)

企业类别	企业个数(个)		年末全部职工人数(人)		全部职工平均人数(人)		建筑业总产值(万元)				房屋竣工面积(万平方米)		人均房屋竣工面积(万平方米)		房屋竣工率(%)	
									施工产值							
	1989年	1990年	1989年	1990年	1989年	1990年	1989年	1990年	1989年	1990年	1989年	1990年	1989年	1990年	1989年	1990年
全省合计	615	576	257461	307009	280738	329667	334664	397151	316779	386030	4395839	5462199	–	–	49	60
一.全民所有制	242	247	145561	207363	158338	225986	218501	296646	206549	287061	2087839	3564668	–	–	44	55
1.中央部直属	24	22	48764	55343	47810	54851	59312	73466	55133	72153	282960	446001	–	–	52	67
2.地方所属	218	225	96797	152020	110528	171135	159189	223180	151416	214908	1804879	3118667	–	–	42	54
二.城镇集体所有制	373	329	111900	99646	122400	103681	116163	100505	110230	98969	2308000	1897531	–	–	66	71

(注：此表未包括农村建筑队)

吉林省1989年—1990年建筑施工企业基本情况(二)

企业类别	年末固定资产(万元)				定额流动资金平均占有额(万元)		利润总额(万元)				上缴税金(万元)		工程成本降低率(%)		工程质量优良品率(%)			
	原值		净值						工程成本降低额						按单位工程个数计算		按房屋面积计算	
	1989年	1990年	1989年	1990年	1989年	1990年	1989年	1990年	1989年	1990年	1989年	1990年	1989年	1990年	1989年	1990年	1989年	1990年
全省合计	160734	209058	117601	148702	102689	139126	10616	7571	4500	3151	9698	12888	2.7	1.3	20.1	28.4	19.8	25.7
一.全民所有制	129750	176818	93875	125160	75360	117154	7694	6402	3876	2226	5863	9158	1.5	0.69	30.0	42.5	25.7	29.8
1.中央部直属	49648	59878	37359	43143	22765	30365	−265	−651	−994	−1073	1366	1678	−1.8	−1.91	57.8	48.4	45.1	45.2
2.地方所属	80102	116940	56516	82017	52595	86789	7959	7053	4870	3299	4497	7480	2.8	1.84	24.0	40.0	22.3	22.1
二.城镇集体所有制	30984	32240	23726	23542	27329	21972	2922	1169	624	925	3835	3730	4.2	3.77	11.7	21.5	13.9	23.1

(注：本表未包括农村建筑队)

黑龙江省

重要纪事

邹英杰　等

〔**建筑业在渡难关中实现“两保一提高”**〕1990年，建筑业根据省政府办公厅转发省建委“关于全省建设系统振奋精神渡过难关，全面完成治理整顿深化改革任务指导意见报告”的要求，实现建筑业保生存、保骨干队伍，在提高水平上狠下功夫。采取的主要措施：一是严格资质审查。对全省2864个施工企业进行了治理性资质复查，撤销了735个低资质企业，职工总数由76.8万人减少到70.1万人。二是加强对建筑市场的计划指导。对各类施工项目选择队伍分别由各级建设行政主管部门实行统管，实行额定工作量制度，优先安排省内高资质骨干企业。各市地县分别制定了向骨干企业倾斜政策，初步扭转了市场竞争无序的混乱局面。三是大力开拓省内外市场。组织三个市地的九家骨干企业进入大庆承担了5.4万平方米的施工任务；引导乡镇施工企业面向农村，减轻了城镇建筑市场的压力；鼓励本省队伍出省施工。对苏联工程承包与合作回货率由上年不足20%上升到60%。四是大力发展多种经营，全系统多种经营单位已达880个，拥有固定资产1.06亿元，流动资金7454万元，从业人员2.9万人，年产值2.8亿元，创利3000万元以上。五是开展“学大庆严格管理，学江苏优质服务”的双学活动。六是从外部条件上为企业渡难关予以扶持。经有关部门批准，施工企业所得税率由原来的40%下调到35%。(邹英杰)

〔**全省施工企业资质复查结束**〕　自1989年7月份开始，省建委对全省从事建筑、冶金、有色金属工业、机械电子工业设备安装、化学工业、石油化工、火电及送变电、林业、水利水电、铁路工程、交通、邮电、地矿、市政、建筑装饰、园林古建筑等17类专业的各类施工企业的资质等级进行复查，至1990年3月末全部结束。

经复查施工企业个数由2864个减少到2294个，压缩率为20%。职工平均人数由76.8万人，减少到70.1万人，压缩率为8.7%。复查后一级企业为33个、二级企业114个、三级企业343个、四级企业841个、非等级企业963个。确定为一、二、三、四级的施工企业，自1990年3月15日起使用建设部统一制定的《施工企业资质等级证书》。(魏振琦)

〔**整顿市场**〕　1989年，在整顿建筑市场秩序中，全省共查处各种问题1106件，其中：无证设计、越级设计11起，无证施工、越级施工166起；贪污和行贿受贿33起，金额5.7万元；非法转包工程28起；出卖营业执照、资质证书、银行帐号6起；未按规定办理注册登记手续，工程未签订合同，施工无开工报告，转手倒卖建筑材料、设备等其他问题585起；因使用劣质材料或偷工减料造成工程质量事故5起，直接经济损失8.1万元。属于重大问题，进行立案审查的29起，其中万元以上的18起。已结算处理的23起。共查处收缴各类赃款和非法所得29.12万元；各种罚款39.56万元。清退外省违章违纪施工队伍33个，吊销、撤销企业营业执照、资质证书、设计证书239个。有17人受到党纪、政纪、法纪处分。(于世暖)

〔**建立“建筑业发展基金”**〕　“建筑业发展基金”是根据1989年省财政厅和省建委主要领导商定的原则而建立的。其基金来源是每年从大庆市上交财政的外省施工队伍管理费中划出30%。1989年至1990年两年共使用基金375万元，其中：用于支持“提质、节能、降耗”的技术改造项目170万元；用于部分企业现代化管理试点50万元；用于扶持企业开辟第三产业，改善生产经营结构60万元；其余95万元主要用于其他急需的临时性借款。使用这项基金对促进行建设取得显著的效益。(秦玉文)

〔**建筑节能工作**〕　1988年组织编制了《黑龙江省民用建筑节能设计标准（采暖居住部分）实施细则》，业经省政府批准颁发试行。1989年下发了《黑龙江省浮石混凝土小型空心砌块建筑设计与施工技术规定》。节能工作有章可循，有法可依。哈尔滨建筑工程学院、哈尔滨市建筑设计院承担《节能复合墙体屋盖在严寒地区应用技术研究》专题，1990年通过部级鉴定。同时还编制了《岩棉复合外墙体构造图》省标通用图集。哈尔滨、齐齐哈尔、牡丹江、佳木斯、大庆等城市，根据各自的特点和资源情况，进行多种节能建筑的试点。哈尔滨和牡丹江市还在工程试点的基础上，分别抓了嵩山小区和兴隆镇节能住宅实验小区建设，使节能住宅由单位试点建设过渡到小区综合开发建设。（于德滋）

〔**哈尔滨市确定近现代保护性建筑**〕　哈尔滨建城初期，在城市建设中大量引入了西方建筑技术和艺术，形成了具有哈尔滨地方特色的建筑艺术。

早期的哈尔滨建筑以近代西方建筑为主，建筑形式主要受古典的俄罗斯建筑风格的直接影响，同时吸收了希腊罗马等西方建筑形成了哈尔滨建筑特色。

为了保持和发扬哈尔滨的建筑风格，哈尔滨市政府根据建筑质量、艺术价值、造型特色等，确定了75座保护性建筑，划分为三类，采取不同措施实施保护。

一类保护建筑35座。被列为一类保护的建筑不允许拆除，不允许改动建筑本身的平面格局和立面造型。

二类保护建筑21座。被列为二类保护的建筑不允许拆除，不允许改动本身的立面造型，但内部平面格局可作适当调整。

三类保护建筑19座。被列为三类保护的建筑不允许拆除，但经规划部门批准，可以根据情况，局部改动立面造型及内部平面格局。

同时还确定了保护性街道、广场、街坊。被确定的保护性街道是：道里区中央大街、南岗区红军街；被确定的保护性广场是：南岗区博物馆广场；被确定的保护性街坊是：南岗区公司街以东、北京街以西、花园街以南、河沟街以北的街坊和海关街以东、交通街以西、花园街以南、河沟街以北的街坊。

确定为保护性街坊、广场的地段，不允许随意拆除或插建建筑物。在保护性街道新建建筑要严格按照规划控制层数、体量、立面造型，使新建建筑与原有街道建筑的风格和谐一致。哈尔滨市人民政府已对全市保护性建筑按照确定的保护等级镶嵌了保护性标志。(江克东)

〔30项适用新技术得到推广应用〕 1990年全省建设系统重点推广了轻板框架建筑体系、砌块建筑体系、节能建筑技术与保温建筑材料、硬质聚氯乙烯塑料管材、各种新型防水材料、混凝土防冻剂以及各种桩基础等30项适用新技术。电动振拔灌注桩基础在哈尔滨市道外区荟芳里小区7万平方米改造工程中应用，获直接经济效益223万元。浮石混凝土、陶粒混凝土大板、空心楼板、小型空心砌块等在牡丹江市、黑河地区、鹤岗市、五大连池市、嫩江县等推广应用80万平方米，砌块建筑体系推广241万平方米。(杨东娴)

〔41项科技成果获奖〕 1989年至1990年全省建设系统有41项科技成果（含新产品）获奖，其中1989年23项，1990年18项。

在1989年获奖成果中，获国家建设部科技进步奖的3项，其中二等奖1项、三等奖2项；获省城乡建设科技进步奖的18项，其中一等奖1项、二等奖4项、三等奖13项；有2项专利技术分别获八十届巴黎国际发明展览会银牌奖、中国专利发明创造优秀奖和第四届全国发明展览会银牌奖。

在1990年获奖成果中，获省科技进步奖的5项，其中二等奖1项、三等奖1项、四等奖3项；省城乡建设科技进步奖的13项，其中一等奖4项、二等奖4项、三等奖5项。

获1989年省城乡建设科技进步奖一等奖的火焰水冷煨弯机，由黑龙江省第一建筑工程公司水电安装分公司研制。该机与焦炭地炉煨弯机比，具有效率高，操作简单，劳动强度小，有明显经济效果等优点，其成本是焦炭地炉煨弯机成本的40%，是大型煨弯机成本的10%，是压制弯头成本的25%。据该公司施工实用量统计，每年可节约资金20万元左右。(杨东娴)

〔建筑企业劳动保险费用实行社会统筹行业管理〕 1989年1月省政府办公厅批转了省建委、体改委、劳动局、建行制定的《黑龙江省建筑企业劳动保险费用实行社会统筹行业管理办法》。为了贯彻此办法，省建委、建行、财政厅等联合下发了《黑龙江省建筑企业劳动保险费用实行行业管理统一收费的办法》、《黑龙江省建筑企业劳动保险费用行业管理的财务管理试行办法》和《黑龙江省建筑企业劳动保险行业管理会计制度试行办法》等。同年4月经省编委批准成立了黑龙江省建筑业劳动保险费用管理总站。哈尔滨、齐齐哈尔、牡丹江、佳木斯、双鸭山、鸡西、大庆等市和绥化地区、松花江地区等9个市地亦相继成立行管站（办），并进入实体立转，至1990年末参加统筹管理的建筑企业573户，离退休职工37625人，劳保费用收缴率达89.3%。(王军)

〔对苏工程承包及劳务输出〕 1989年至1990年，两年合同收入总额2.32亿瑞士法郎，劳务输出人数17850人。其中1989年合同收入额为1.1亿瑞士法郎，劳务人员9700人，1990年合同收入额为1.22亿瑞士法郎，劳务人员8150人，完成单项工程90项。

对苏工程承包主要有三个特点：一是承包项目分布面广，除黑龙江省边境的滨海边区、伯力边区、阿木尔州等地外，在苏联欧洲部分地区，如列宁格勒、乌克兰、黑海、伏龙芝等地也承包了一部分工程项目。二是承建的工程项目由开始的以零散民用建筑为主，转向工业与民用建筑并重。三是承包的形式趋于多样化，既有总体承包，也有提供劳务。(于子林)

〔黑龙江省建设工程间接费用定额〕 1990年我省颁布了《黑龙江省建设工程间接费用定额》。这一定额的颁布改变了建国四十多年来一直实行的按施工企业隶属关系、性质（国营或集体）和等级，分级计算间接费的办法，改行按工程类别计算间接费。把建设工程分为一、二、三、四类，间接费也相应的分为四个档次。如一栋六层的住宅工程，不论是省建筑公司施工，还是县建筑公司施工，间接费一样，即同类工程同一取费标准。这是我省建设工程造价管理工作的重大改革，是实现建筑产品商品化的重要步骤。(周广印)

〔创建全国第一个“对苏工程承包劳务人员培训基地”〕 根据建设部《关于对黑龙江建立国家对苏承包工程管理人员培训基地的请示》的批复，我省于 1990 年 5 月 31 日创建全国第一个“对苏工程承包劳务人员培训基地”。其主要任务是对出国从事建筑施工的工程技术人员、管理人员和作业人员进行资质培训。1990 年 9 月为全国十一个省市培养出第一批对苏工程谈判报价人员。(李志)

〔实施工程招标投标定量管理〕 1990 年，哈尔滨市政府针对基建规模大幅度压缩，施工任务严重不足的实际情况，及时制定了《关于对建设工程招标投标实行定量管理的规定》，对建设工程任务流向进行宏观控制，向大中型施工企业重点倾斜。1990 年，市招标办共办理招标 280 项、117 万平方米，占当年新开工程项目的 79.5%，去掉 1，000 平方米以下区管的招投标项目，建设工程招投标覆盖率达到了 82.4%。(江克东)

〔评选优质建设工程〕 1989 年至 1990 年全省共评选出省级优质建设工程 277 项，其中：甲级（金牌）108 项，乙级（银牌）169 项。(宋钦福)

重 点 工 程

张俊英　江克东

〔佳木斯松花江公路大桥〕 全部工程由大桥、引道、调治三部分组成。大桥全长 1396.82 米，载重等级为汽——超 20，挂——120，航道等级为Ⅱ级。两岸引道全长 4.4 公里。调治工程由截水坝、犁型坝、江南堤防加高、江北堤防加高等四项工程组成。主孔桥采用大跨径预应力 T 型

佳木斯松花江公路大桥　　鲍哲　摄

刚构，下部采用沉井基础，实体式墩；边孔桥采用预应力 T 型简支梁，下部为分体墩身，钻孔桩基础。

大桥、引道、调治等工程由黑龙江省公路勘察设计院设计，桥头堡、收费站两项工程由黑龙江省建筑设计院设计。省公路桥梁公司第一工程处、佳木斯市公路管理处路桥队、佳木斯市交通局一建公司等承包施工。该项目为“七五”计划期间省重点建设项目之一。1986 年 7 月 1 日开工，1989 年 10 月 1 日竣工。全部工程投资 10312.9 万元。工程质量评定为优良。(张俊英)

〔桦林橡胶厂子午胎工程建成投产〕 该工程位于牡丹江市郊区桦林，是国营桦林橡胶厂扩建工程，从意大利引进年产十万条全钢丝载重子午胎制造技术和关键设备。工厂建筑面积 26481 平方米，其中主厂房建筑面积 23803 平方米。1986 年 6 月开工，1989 年 12 月竣工验收投入生产。北京橡胶工业研究设计院设计，牡丹江市第三和第六建筑安装工程公司承担土建施工。工程总耗资 13490 万元。

生产线投入生产后，经有关部门对车间工业卫生监测和安全措施检查表明，该生产线达到了设计要求，粉尘、毒物、噪音均在国家控制标准之下。工程管理获部、省 QC 管理成果一等奖和现代科技管理一等奖，工程建设被省政府评为优质工程先进单位，土建工程获省建筑工程金牌奖。(张俊英)

〔三棵树火车站扩建工程竣工〕 该工程 1988 年 6 月破土动工，1989 年 10 月 1 日竣工。新建候车室 4，890 平方米，可容纳 1，5000 人。现有货运线路 23 条，专用线 180 条，年发货量 175 万吨，日装卸 90 车。现有 3 个站台，5 条客运线，每日发往全国各地的客车 38 对，客流量 2，500 人。

三棵树火车站始建于 1932 年。后随着经济发展和客运量的增加，原有车站已不敷需用。这次改造中，拆迁临时商服占道网点 61 处，3，672 平方米；动迁居民 69 户，拆除住房、棚厦 2，000 多平方米。改造后的站前广场总面积 29，100 平方米，约为改建前的 10 倍。全部工程投资 400 万元。(江克东)

〔哈尔滨火车站扩建工程竣工〕 该工程 1988 年 6 月 1 日破土动工，于 1989 年 10 月 1 日竣工。新建的哈尔滨站，包括中央主楼、改造东西两翼、新建第二候车室等 3 大部分以及新建旅客天桥 2 座等，总建筑面积 27，998 平方米，共投资 4，700 万元。

扩建后的旅客候车室，按旅客流向分别设第一、二、三、四、五候车厅和母婴、军人、贵宾软席候车室。中央主楼大厅内设 4 部自动扶梯。中央

三棵树火车站站前新貌　　郑学清　摄

哈尔滨火车站　　郑学清　摄

主楼和第二候车厅各设1座进站高架天桥，旅客进站上车通过天桥，下车出站通过原有2条地道，形成分流互不干扰。室内还设有各种指示牌、电视问讯、磁碑引导等设备。(江克东)

〔哈尔滨市 1989 年“37143”城市重点工程〕

1989年，哈尔滨市为改善群众居住条件，以解决危棚房、供水、供气、供热为重点，确定实施“37143”工程，共投资24，660万元。

“3”是3项供水工程。包括二水厂改扩建工程，共形成日取水50万吨能力；全部完成三水厂年度工程形象进度；完成平房供水加压站主体工程和1，000平方米清水池工程，铺设供水管线1，900米。

“7”是7片危棚房改造工程。上年结转继续改造的新地、新发、新乐、外环北路、埃德蒙顿路、小北屯、牛房屯等7片棚户区，新开工21.3万平方米，在建规模42.2万平方米。

“1”是1个煤气工程(哈依煤气厂)。年内进行了气化厂净化车间、空分车间、电站部分基础打桩和配套工程，完成4727平方米仓库4栋，铺设市区管网

10公里，完成长输管线3处门站的征地工作。

“4”是新建改造4座桥梁工程。新建了公滨路立交桥、龙江闸口桥、安阳桥和信义桥。

“3”是新建改建3条道路工程。新建改建了公滨路东段、京哈路支线和幸福路。同时，改造了前进路、松浦路、军民路、文景街道路工程，全年铺装柏油路面24.4万平方米。（江克东）

〔哈尔滨市1990年“31153”城市重点工程〕 1990年，实施了“31153”工程，完成投资28，982万元。“3”是三项供水工程，即完成了第二水厂泵房土建、排水沟和道路等工程，第三水厂滤池、沉淀池等工程；平房供水加压站1号、2号和3号清水池土建工程完工，嵩山供水加压站的清水库、泵房等工程完工。“1”是一项哈依煤气工程。该工程的气化厂土建设备安装工程按期完成了工程形象进度计划，铺设长输管线62公里，铺设市区管网63.7公里。“1”是一项南岗热网工程。该工程新建热力点三处、补水点二处，铺设供热管网1，175米，新增供热面积40万平方米。“5”是改造危房棚户区工程。继续改造“荟芳里”、新发、新乐、埃德蒙顿路小区，新建嵩山建筑节能小区。“3”是拓宽改造化工路、哈城路、和友谊路部分地段三项道路工程。化工路拓宽改造工程，全长1，450米，1990年8月竣工通车；哈城路拓宽改造工程，全长2.19公里，1990年9月竣工通车；友谊路部分地段拓宽改造工程，全长2519米，1990年5月竣工通车。（江克东）

哈尔滨市正阳新村住宅小区　　郑学清　摄

〔外环北路居民区改造工程〕 外环北路三街区，占地面积0.82公顷，建筑面积25，106平方米，该街区1988年6月1日开工，1989年7月竣工，配套的供水、排水、供电、供热、供气等配套工程也同时交付使用。该街区共动迁592户居民，其中原地安置330户，易地安置262户。

外环北路九街区原来都是三十年代建造的简易住宅，这次改造工程，占地面积0.81公顷，建筑面积4万平方米，投资2，500万元。1989年末，完成5栋楼房，34，265平方米。这次共动迁428户（含企业及个体户），动迁人口1，220余人。原地安置357户，易地安置13户。改造后街区，配套设施齐全。铺装了街区内道路，设置了自行车棚和邮政信箱，并进行了庭院绿化。楼内有供水、排水、供电、暖气、煤气管道等设施，同时安装了室外共用电视天线。

外环北路十四街区占地面积1.57公里，建筑面积22，025平方米，总投资1，200万元，1988年5月开工，1989年10月竣工。该街区改造前，大部分是解放前的旧建筑，年久失修，破损严重，排水设施陈旧，是道外区雨后积水严重地区之一。改建中动迁居民475户，其中，137户易地安置到南岗先锋路华山小区，原地安置338户。小区内给排水、供电、供热、煤气等配套设施齐全。

外环北路二十五街区建筑面积17，011平方米。该街区改造前的房屋，大部分为土坯、板夹泥或木结构，年久失修，低矮潮湿，居室狭窄，雨天道路泥泞，防火等级低。改建中共动迁居民595户，其中原地安置260户，易地安置335户。改建后的街区面貌一新，供水、排水、供电、供热、煤气等配套设施齐全。(江克东)

黑龙江省1989年—1990年施工企业技术装备情况

单位＼项目＼年度	年末自有机械设备台数(台)		年末自有机械设备价值(万元)			
			原值		净值	
	1989年	1990年	1989年	1990年	1989年	1990年
全省合计	108135	110459	169299	181451	115032	121931
一.全民所有制	65513	69130	127648	137154	84702	90479
1.中央部直属	23738	25227	62844	66929	41262	44191
2.地方所属	41775	43903	64804	70225	43440	46288
二.城镇集体所有制	42622	41329	41651	44297	30330	31452

单位＼项目＼年度	年末自有机械设备总功率(千瓦)		技术装备率(元／人)		动力装备率(千瓦／人)	
	1989年	1990年	1989年	1990年	1989年	1990年
全省合计	2259692	2288000	1914	2092	3.8	3.9
一.全民所有制	1654190	1688000	2453	2635	4.8	4.9
1.中央部直属	781473	789000	3742	4080	7.1	7.3
2.地方所属	872717	899000	1849	1969	3.8	3.8
二.城镇集体所有制	605502	600000	1187	1314	2.4	2.5

黑龙江省1989年—1990年勘察设计单位情况表

年度＼项目	勘察设计单位个数	私营	年末全部职工人数	工程技术人员	具有高级职称的工程师	具有中级职称的工程师	施工图设计面积(万平方米)	工程测量面积(标准平方公里)	工程勘察量尺(万米)	水文地质(万米)
1989年	328	－	14167	9325	1236	3095	602	5272	17.8	4
1990年	256	－	12947	8707	1083	2774	423.8	1794	54.2	5.8

(张俊英)

黑龙江省1989年—1990年建筑施工企业基本情况表(一)

企业类别	企业个数(个)		年末全部职工人数(万人)		全部职工平均人数(万人)		建筑业总产值(万元)				全员劳动生产率(按施工产值计算)(元)		房屋竣工面积(万平方米)		人均房屋竣工面积(平方米)		房屋竣工率(%)	
									施工产值									
	1989	1990	1989	1990	1989	1990	1989	1990	1989	1990	1989	1990	1989	1990	1989	1990	1989	1990
全省合计	1493	1521	60.09	58.28	65.06	61.51	728425	708774	706942	689965	10866	11217	988.9	895.5	15.2	14.56	56.1	66.1
一.全民所有制	484	503	34.53	34.34	37.54	36.65	467338	478924	452116	463324	12045	12642	430.1	433.1	11.45	11.82	52.7	60.3
1.中央部直属	67	88	11.03	10.83	11.50	11.33	171882	196112	167475	190043	14569	16773	63	67.7	5.48	5.8	52.1	58.6
2.地方所属	417	415	23.50	23.51	26.04	25.32	295456	282812	284641	273281	10931	10793	367.5	367.4	14.11	14.51	52.8	60.6
二.城镇集体所有制	1009	1018	25.56	23.94	27.52	24.86	261087	229850	254826	226641	9259	9117	558.8	462.4	20.3	18.6	59.1	72.6

黑龙江省1989年—1990年建筑施工企业基本情况(二)

企业类别	年末固定资产(万元)				定额流动资金平均占有额(万元)		利润总额(万元)				税后利润(万元)		上缴税金(万元)		工程成本降低率(%)		工程质量优良品率(%)				产值利润率(%)	
	原值		净值						工程成本降低额								按单位工程个数计算		按房屋面积计算			
	1989年	1990年	1989年	1990年	1989年	1990年	1989年	1990年	1989年	1990年	1989年	1990年	1989年	1990年	1989年	1990年	1989年	1990年	1989年	1990年	1989年	1990年
全省合计	324167	349753	235336	251509	201050		24039	18021	12997	7598	18177	18536	19966	17455	1.97	1.2	30.5	29	28.9	33.3	3.3	2.5
一.全民所有制	251942	271546	181178	194437	131558	135206	18762	14994	10219	7962	14207	14994	11478	10162	2.43	1.9	34	34.4	36.6	35.9	4	3.1
1.中央部直属	122762	132588	88422	95168	42151	44519	10063	9899	7067	6711	7904	9899	3573	3343	4.42	3.8	54.4	57.7	45.7	52.9	5.9	5
2.地方所属	129180	138958	92756	99269	89407	90687	8699	5095	3152	1251	6303	5095	7905	6819	1.21	0.5		24.9		33	2.9	1.8
二.城镇集体所有制	72225	78207	54158	57072	69492		5277	3027	2778	−364	3970	3542	8488	7293	1.17	−0.2	26.8	22.7	23	31	2	1.3

上 海 市

重 要 纪 事

李官月

〔**两项工程获鲁班奖**〕 1989年1月上海市建四公司施工的雁荡大厦和市建三公司施工的耀华皮尔金顿浮法玻璃主体工程，经中国建筑业联合会审定，被授予1988年度鲁班奖。

〔**上海市优质工程评选**〕 1989年1月，1988年度上海市优质工程评选揭晓，耀华皮尔金顿玻璃有限公司浮法主线工程、市政协办公楼、宝钢科技文化宫、华东师大文科北楼、曲阳图书馆、上海交大二部1号教学楼、内江路停车场双层车库、临江泵站沉井及虹吸调压池、黄浦江上游引水过江顶管、西郊宾馆睦如居和恒丰北路竣桥工程，被评为上海市优质工程。华亭宾馆荣获国家优质工程银质奖。

〔**上海市成立重点工程办公室**〕 1989年2月，上海市人民政府决定，成立上海市重大工程建设办公室，负责协调上海市重大工程和重点工程建设中的有关问题。

〔**曲阳居住区**〕 曲阳居住区位于上海虹口区东北角，于1979年8月开工，1989年9月建成。由上海市民用建筑设计院等单位设计，由上海市第一建筑工程公司、上海市住宅建设总公司等单位施工。

曲阳居住区占地60.22公顷，总建筑面积783586平方米，其中住宅657344平方米，13695套，可居住5万人；公共建筑面积为113488平方米，人防工程为12754平方米。建筑体型为点幢、条幢结合，高层、低层错落。

居住区以市政道路为界，分成六个街坊，三级公建配套服务网点。居住区东部为文化商业中心，有文化馆、多功能剧场、图书馆、少年之家、商场、浴室和区级医院各一座。居住区中心、西部为行政管理中心，设立了街道办事处、房管所，粮管所、派出所、工商所、邮电所、工商银行和合作联社等。以街坊为服务半径设立的二级服务网点有菜场、百货店、饭食店、粮油店等。以居委会为组团的三级服务网点，主要满足居民"开门七件事"的需求，另外，区内还设立了中小学、幼托18所。总投资约2.21亿元。

曲阳居住区

〔**59项近代建筑列为文物保护单位**〕 1989年10月，上海市人民政府决定将汇丰银行大楼（现市人民政府大楼）及大世界游乐中心等59处优秀近代建筑列为上海市文物保护单位。

〔**上海十佳建筑**〕 1989年12月，上海十佳建筑（1949～1985）评选揭晓，曲阳新村、上海体育馆、上海游泳馆、上海展览馆、淀山湖大观园、华亭宾馆、静安希尔顿酒店、上海铁路站、华东电力大楼、延安东路隧道，被评为上海十佳建筑。

〔**颁布公有房屋管理等三个条例**〕 1990年3月，上海市人大常委会第16次会议审议通过并施行《上海市城镇公有房屋管理条例》、《上海市城镇房屋纠纷仲裁条例》。

1990年4月，上海市人大常委会第17次会议审议通过《上海市漕河行新兴技术开发区暂引条例》。

〔**上海市政管委会成立**〕 1990年4月，市人民政府决定成立上海市市政管理委员会，其主要职责是：主管全市交通、市容卫生的综合管理机构，统一领导、统筹规划全市的交通、市容卫生工作。

〔**国务院决定加快浦东开发**〕 1990年4月14日，中央政治局常委、国务院总理李鹏在上海视察工作时，宣布党中央、国务院决定加快浦东地区开发，在浦东实行经济开发区和某些经济特区的政策。4月30日，上海市政府决定成立上海市浦东开发领导小组，黄菊任组长、副市长顾传训、倪天增任副组长。5月3日，浦东开发办公室和浦东规划设计院正式成立对外办公。

〔**上海石洞口电厂**〕 由上海电力安装第一、二工程公司、上海电力建筑工程公司、冶金部第二十冶金建设公司、铁道部第三工程局、上海市隧道工程公司施工，由华东电力设计院、交通部第三航务工程局设计院等设计，于1985年3月开工，1990年5月建成。

该工程占地46.8公顷，建筑面积15.4万平方米。主厂房内4台30万千瓦汽轮发电机组纵向顺列布置，每台机组配置一个机、电、炉集控室，为工程配套的220千伏户内升压站，循环泵房沉井、3.5万吨专用煤码头、两座高250米钢筋混凝土烟囱以及占地2.8公顷的中转煤场。该工程总装机容量为120万千瓦，约占上海地区总发电量的三分之一，是目前上海最大的火力发电厂。该工程总投资为15.7818亿元，单位造价为每千瓦1283.33元。

〔大众汽车厂一期技改工程全部完成〕 1990年11月，上海大众汽车厂技术改造一期工程的最后一个项目——新冲压车间的第二条压机生产线通过验收。至此，历时6年，总投资10亿元，年产桑塔纳桥车6万辆、发动机10万台的上海大众汽车厂技术改造一期工程全部建成。整个改造工程由汽车厂和发动机厂组成，总建筑面积164566平方米，总投资9.85亿元。该工程由上海市机电设计研究院、中国船舶工业总公司第九设计院、华东建筑设计院设计，由上海钢结构建筑联合公司、冶金部第五冶金建设公司、上海市第五建筑公司施工。

〔塘川公路拓宽工程竣工通车〕 1990年11月，全长20公里的浦东塘川公路改建拓宽工程竣工通车。该公路东连川南奉公路，西接沪南公路。改建后的车行道宽15米，为混凝土高级路面，总投资为1.2亿元。

〔崇明岛围垦〕 1990年11月崇明岛东滩开始围垦。崇明岛东滩前已围垦7333公顷，本次围垦全部面积为6333公顷，围垦后的耕地面积为4133公顷。整个东滩将于1995年全部开发。

〔亭枫公路拓宽工程竣工〕 1990年11月，上海至昆明的320国道组成部分亭枫公路改建拓宽工程竣工通车。该公路东起宝山县亭材镇东亭公路，西至枫泾镇界河桥，与浙江省杭枫公路相连接，全长30公里，东行道宽15米，时速60公里。

〔管弄居住区〕 管弄居住区位于上海普陀区东北角，于1985年12月开工，1990年11月竣工。该居住区由中国房地产开发总公司上海公司建筑设计院设计，由上海市第五建筑工程公司、上海市第一住宅建筑工程公司施工。

该居住区占地28.41公顷，总建筑面积315322平方米，其中住宅271596平方米，5800套，可供2.12万人居住；公共建筑36693平方米；人防工程7033平方米；人均公共绿地2.17平方米，绿地覆盖率为39.72%。

管弄居住区

居住区一级公建配套设施有综合商场、分菜场、银行分理处、照相馆、街道办事处、房管所、派出所、粮管所和街道医院。以街坊为服务半径的二级服务网点除居民“开门七件事”所需设施外，还设有中餐厅、西餐厅、家具店、书店、邮电营业所以及中小学、幼儿园、托儿所。为方便居民出行，居住区内新建了两座公交汽车站点和一座四级出租汽车站。

〔莘松高速公路竣工〕 该公路由莘庄至松江，为上海市区通往上海、松江、金山县的重要交通公路，也是上海至昆明320国道的起始段，全长20.59公里，路宽28.5米，近期为四车道，远期为六车道，设计时速120公里。全线建有公路立交5处，铁路立交1处，跨河桥梁23座，桥梁宽32.6米。其中百米以上桥梁6座，18座行人、拖拉机穿行孔，1座跨公路天桥。公路为全封闭、全立交、分道分向，由闭路电视监控。

该工程于1985年5月开工，1990年10月建成，由上海市政工程设计院设计，由松江高速公路工程承包公司、上海县市政工程承包建设公司施工。

〔住房制度改革〕 1990年12月，上海市第9届人大常委会第21次会议决定，将上海市住房制度改革实施方案，全文在报纸上公布，发动全体市民讨论。在此之前，曾在17个试点单位进行讨论，并吸收讨论意见作了修改。上海市房改的基本原则是：逐步实现住房商品化和自助其力，改变低租金，无偿分配住房的制度；建立国家、集体、个人三结合筹资建设住宅的机制，改变由国家、集体包下来的建房办法；建立公正、权威的住房管理机构，纠正分房方面的不正之风。具体方案包括：推行公积金，提租发补贴、配房买债券、买房给优惠、建立住房委员会等。方案公布后，受到市民的普遍关注，各行各业讨论热烈，出现了街头巷尾议房改的局面。

重 点 工 程

李官月

〔**上海生物制品研究所血液制剂生产线**〕 位于上海市中山西路。由江苏南通第二建筑工程公司、江苏省工业设备安装公司、苏州净化设备厂、上海冷冻食品机械厂施工。上海民用建筑设计院、华东建筑设计院、上海生物制品研究所、日本脏器制药株式会社设计。1988年5月开工，1990年10月建成。

建筑面积15032平方米，其中净化工作室1765平方米，低温工作室1400平方米，冷库1450平方米，配套设施2762平方米。主要从国外引进大型冷冻干燥机、低温离心机、CIP系统、纯水系统、酒精调制和回收系统、不锈钢反应罐、消毒变菌器、控制框等233台件，国内配套设备有冷冻机组、不锈钢泵、不锈钢罐等70台件。工程总投资为1.359亿元。其中：引进工艺设备8090万元，厂房建筑4500万元，国内配套设施及设备1000万元。

设计能力为年投入30万升健康人血浆，生产人血白蛋白7500公斤，人血丙种球蛋白1600公斤，Ⅷ因子浓制剂6000万国际单位。

〔**延安东路隧道建成**〕 隧道西起延安东路福建路口，穿越黄浦江水底至浦东陆家嘴路杨家宅。由上海市隧道工程公司、上海市第三建筑工程公司、上海市海星军工技术开发总公司、上海市市政工程管理处施工。上海市隧道工程设计院、上海市民用建筑设计院、上海市城市建设设计院设计。1984年12月开工。1989年5月建成。

上海延安东路隧道是一条穿越黄浦江的水底公路隧道、是连接浦西和浦东的交通枢纽。隧道占地73.4亩，其中工程用地35.4亩，隧道管理单位及设施用地19.7亩，城市绿化用地18.3亩。隧道全长2261米，其中穿越黄浦江的圆形隧道长1476米。两端矩形隧道浦东段长70米，浦西双车道段长140米，浦东段敞开式引道303.5米，浦西段206.44米。过江段圆形隧道外径11米，内径9.9米，用8块钢筋混凝土管井拼装成圆形，用盾构法施工。隧道主线设置三座通风井，由地下竖井和地面风塔组成，其中一号风塔高67米，2号风塔高52米，3号风塔高16米。

该隧道为双车道，路面宽7.5米，东道净高4.5米。隧道以客运为主，货运为辅，并通行无轨电车，设计每小时混合交通量1000辆，最大行车速度每小时40公里，.最小限速为每小时20公里，最大客运量每小时5万人次。

隧道的运营设备包括电力、照明、给排水、消防、通风、火灾报警和交通监控等系统，由中央控制室集中监视和指挥。

〔**上海地铁一号线开工建设**〕 上海新龙华至上海火车站段地铁工程1990年1月开工。由上海市隧道工程公司、上海市第一市政工程公司、铁道部隧道工程局、冶金部宝钢集团、上海市第四建筑工程公司、铁道部第三工程局、上海市基础工程公司施工。由上海市隧道工程设计院、北京市城建工程设计院、上海城市规划设计院、铁道部隧道勘测设计院、上海地下建筑设计院等单位设计。

上海地铁一号线全长14.57万里，设12个车站，平均站距为1.21公里。工程总概算为25.43亿元，整个工程包括车站、区间隧道、车辆段、机电设备。

〔**废弃物老港处置场**〕 由上海水利工程承包公司、上海市农垦建筑工程公司、宝钢第五冶金建设公司施工。由上海市政工程设计院设计。

1986年6月开工，1990年7月建成。

废弃物老港处置场设计能力为日处理垃圾3000吨，使用年限15～20年。该处置场系围海而成，围堤长11145米，其中外堤长6600米，内堤长4545米。处置场内有六级航道4500米，宽45米，有桥梁8座，码头岸线780米，卸料泊位10个。该处置场采用分块条状堆放填埋法，在钢质路基箱组成的临时便道及卸料平台上倾倒，推土机均匀布料，分层碾压，堆至8米标高，用凉晒后的泥土或陈垃圾覆盖表面，最后植树种草或作它用。对垃圾的浸洒液、冲淋水采用引流并沉淀氧化后再排放入东海，以减少对内陆地表水体的渗透和污染。工程总投资10914万元。

〔**上海市第六人民医院**〕 由上海市第八建筑工程公司、上海市工业设备安装公司施工。中国建筑西南设计院设计，1987年2月开工，1990年底建成。医院占地154.96亩，总建筑面积89705平方米，由23个单位组成，其中病房楼35822平方米（地上15层、地下2层）、医技楼6851平方米，急诊楼14605平方米，制剂楼3340平方米，传染病房1434平方米，放射治疗楼1455平方米，教学实验楼5474平方米和相应的辅助用房和生活用房。

工程总投资为11194万元，其中国家拨款7000万元，市财政安排3800万元，医院自筹394万元。该院除具备一定数量的常规设备外，还拥有一些目前国际上最先进的医疗器械，如磁共振仪，计算机断层扫描仪，单光子发射计算机断层扫描仪、直线加速器、数字减影血管造影等。

上海市 1989 年～1990 年建筑施工企业基本情况(一)

企业类别	企业个数(个)		年末全部职工人数(人)		全部职工平均人数(人)		建筑业总产值(万元)				全员劳动生产率(按施工产值计算)(元)		房屋竣工面积(万平方米)		人均房屋竣工面积(平方米)		房屋竣工率(%)	
									施工产值									
全市合计	356	360	344313	340076	384881	373700	747473	756187	694811	693936	18053	18569	758.34	747.87	22.0	22.0	41.8	45.6
一、全民所有制	80	79	226050	226078	268506	262479	568659	582596	527099	528313	19631	20128	465.90	483.17	20.6	21.4	35.4	40.2
1.中央部直属	23	22	83386	84017	86878	85403	191326	210658	171961	183640	19793	21503	67.70	47.16	8.1	5.6	46.7	39.0
2.地方所属	57	57	142664	142061	181628	177076	377333	371938	355138	344673	19553	19465	398.20	436.01	27.9	30.7	34.0	40.3
二、城镇集体所有制	276	281	118263	113998	116375	111221	178814	173591	167712	165623	14411	14891	292.44	264.71	24.7	23.2	58.7	37.7
其中：农村建筑队	238	246	101661	99653	99498	95561	158092	154650	148728	148766	14948	15568	284.20	260.08	27.9	26.1	58.7	61.3

上海市 1989～1990 年建筑施工企业基本情况(二)

企业类别	年末固定资产(万元)				定额流动资金平均占有额(万元)		利润总额(万元)				税后利润(万元)		上缴税金(万元)		工程成本降低率(%)		工程质量优良品率(%)				产值利润率(%)	
	原值		净值						工程成本降低额								按单位工程个数计算		按房屋面积计算			
	1989年	1990年	1989年	1990年	1989年	1990年	1989年	1990年	1989年	1990年	1989年	1990年	1989年	1990年	1989年	1990年	1989年	1990年	1989年	1990年	1989年	1990年
全市合计	314297	340032	203934	214907	234018	274870	37209	20844	22042	9869	22716	14739	21602	29672	3.7	1.7	44.6	39.9	32.3	33.1	5.0	2.8
一、全民所有制	146260	303255	182081	190724	163538	180059	29461	14374	16075	4244	18187	10720	16646	21510	3.7	1.0	61.6	56.8	39.0	36.6	5.2	2.5
1.中央部直属	56426	170475	97393	101636	43421	48642	10310	8004	7363	5005	6903	6530	5019	7376	4.7	3.1	83.6	77.4	65.2	41.9	5.4	3.8
2.地方所属	89834	132780	84688	89038	120117	131417	19151	6370	8712	−769	11284	4190	11627	14134	3.1	−0.3	53.2	50.0	35.1	36.1	5.1	1.7
二、城镇集体所有制	49070	36777	21853	24183	70480	94811	7748	6470	5967	5625	4529	4019	4956	8162	3.8	3.7	16.3	16.7	20.8	26.8	4.3	3.7
其中：农村建筑队	43488	30530	18470	20207	62506	84946	6896	5856	5754	6482	3550	3084	4345	6263	4.1	4.7	11.4	16.8	21.1	27.0	4.4	3.8

上海市1989～1990年施工企业技术装备情况

项目 / 单位 / 年度	年末自有机械设备台数(台)		年末自有机械设备价值(万元) 原值		净值		年末自有机械设备总功率(千瓦)		技术装备率(元／人)		动力装备率(千瓦／人)	
	1989	1990	1989	1990	1989	1990	1989	1990	1989	1990	1989	1990
全市合计	100160	99292	244822	256035	153028	153775	1580167	1620889	4444	4522	4.6	4.8
一、全民所有制	69505	69563	224119	233096	139876	139124	1348303	1386836	6188	6154	6.0	6.1
1.中央部直属	23398	23851	137159	143423	82724	82061	675931	708640	9921	9767	8.1	8.4
2.地方所属	46107	45712	86960	89673	57152	57063	672372	678196	4006	4017	4.7	4.8
二、城镇集体所有制	30655	29729	20703	22939	13152	14651	231864	234053	1112	1285	2.0	2.1
其中：农村建筑队	26641	25863	16295	18334	10514	11811	172605	176820	1034	1185	1.7	1.8

上海市1989～1990年勘察设计单位情况

项目 / 年度	勘察设计单位个数	私营	年末全部职工人数	工程技术人员	具有高级职称的工程师	具有中级职称的工程师	施工图设计面积(万平方米)	工程测量面积(万平方米)	地质勘察量尺(万米)
1989年	254	—	14651	9671	—	—	724	—	—
1990年	252	—	14554	9821	1392	3569	744.57	227644	—

上海市对外承包和劳务合作情况

年份	当年签定合同 合同数(份)	承包	劳务	合同额(万美元)	承包	劳务	完成营业额(万美元)	承包	劳务	年末在国外人数(人)
1989年	14	14	—	8630	8630	—	4499	4499	—	174
1990年	13	4	9	390.85	272.9	117.95	2980.49	2882.1	98.39	311

上海市第六人民医院

〔**上海永新彩色显象管有限公司**〕 由上海市第八建筑工程公司、上海市工业设备安装公司施工，中国电子工程设计院设计，1988年6月开工，1989年12月建成。

该工程占地面积120899平方米，总建筑面积83116.7平方米，由35个建筑物、28个构筑物组成。工程总投资51504.5万元。

该工程共有工艺设备984台，动力设备233台（套）。设计年产47厘米"上永牌"细管颈彩色显像管100万只。工艺设备由五大类组成，其中涂屏机、抑制环焊接机、封口机、静特性测试台、防爆带成型机等关键设备从日本东芝公司引进。

〔**上海感光胶片总厂"彩色感光材料生产线"**〕 由冶金部第十三冶金建设公司、上海工业设备安装公司、江苏省宜兴市、溧阳县工业设备安装公司施工，由轻工业部上海轻工业设计院设计，1986年6月开工，1990年12月建成。

该工程总建筑面积24979平方米，由主生产楼、动力楼、成色剂车间、银回收等辅助设施组成。设计能力为年产彩色胶卷3500万卷、彩色相纸104万筒、彩色正片6000万米。工程总投资12549万元。

〔**上海商城**〕 位于上海南京西路由日本鹿岛建设株式会社、上海市第一建筑工程公司施工，由美国约翰、博文建筑师事务所设计，1986年4月开工，1990年10月建成。

占地面积16770平方米，建筑面积185000平方米，由三幢高楼和八层裙房组成，主楼高度为165米，是目前上海最高的建筑。该建筑以钢筋混凝土结构为主，辅以局部钢结构工程。整个建筑包括旅馆（标准客房628套），公寓（472套）、办公楼（23800平方米）、商场（6400平方米）、剧场（1001座），展览厅（3800平方米）和可停车400辆的地下车库。这七部分功能互相连接、反映出"城中之城"的特色。总投资2.05亿美元。

江苏省

重要纪事

张则华 陆章南等

〔**建筑业管理法规建设**〕 1989年3月，由江苏省建工局制订的《江苏省全民建筑企业固定资产价值评估的暂行意见》在全省实施。

〔**施工企业资质复审**〕 江苏省建委于1989年9月5日印发地基基础、古典建筑、建筑设备防腐等专业施工企业资质等级标准和非等级施工企业资质标准，并对全省各类施工企业进行了资质复查，重新确定等级换发新的资历证书。截止1990年8月底，全省资质复查换证的施工企业共3243个，其中一级企业45个、二级企业263个、三级企业742个、四级企业1142个、非等级企业1051个。压缩后的施工队伍总人数1,251,100人，共压缩326500人，压缩20.7%。到1990年底止，除非等级施工企业复查尚未结束外，四级以上施工企业的资质复查换证工作基本结束。

〔**拉萨饭店工程获鲁班奖**〕 1989年元月，由江苏省承建的拉萨饭店工程，继1988年设计获国家金质奖之后，又被中国建筑业联合会评为1988年度建筑工程鲁班奖。

〔**颁布三个村镇规划文件**〕 1989年7月至1990年12月，江苏省先后制定了《江苏省编制乡（镇）域规划技术要点》、《江苏省编制集镇规划深度要求》、《江苏省编制行政村规划技术要点》。对编制乡（镇）域规划、集镇建设规划、行政村建设规划提出了明确要求。

〔**抗震措施**〕 1990年2月10日01时57分，在江苏省常熟市和太仓县交界地区发生5.1级地震，共损坏房屋10.66万间，其中农房占97%，直接经济损失1.33亿元。

房屋损坏严重的主要原因是：地震区农村房屋未经设计，采用了抗震性能较差的空斗墙，没有采取抗震措施，砂浆标号低，门窗洞过大，施工质量差。针对这一情况，江苏省建委于1990年9月15日印发文件，确定南通市及常熟等10个县（市）按六度进行抗震设防，要求广泛宣传和提高农民抗震防灾意识的知识；加强地震区村镇建设抗震技术指导和管理；制定村镇建设抗震法规、技术标准；农民建房要采用抗震通用图，并大力推广抗震样板房屋等。

〔**发布合理化建议和技术改进奖励办法**〕 为鼓励工程建设采用新技术，江苏省建委会同省计经委等5个部门于1990年4月24日联合印发文件，要求认真执行国务院《关于合理化建议和技术改进奖励条例》，规定对在工程建设中采用新技术降低工程造价者，可以从节约金额中提取25%作为奖励；因采用新技术而修改图纸增加的设计工作量，可从节约金额中提取10%作为补偿；同时规定，为了确保工程质量，由质量监督部门审查认定，并提取5%的金额作为增加工作量的补偿。

〔**省编委批准省建工局在山西等地设办事处**〕 1990年3月6日，江苏省编制委员会以(1990)53号文件，同意江苏省建工局设立山西办事处；同时同意原驻大庆、新疆、上海、北京办事处，分别更名为江苏省建工局驻大庆、新疆、上海、北京办事处。

〔**加强施工招投标管理**〕 江苏省建委与中国人民建设银行江苏省分行于1990年6月6日联合印发了《江苏省建设工程施工招投标管理办法》、江苏省建设工程施工招标开评标定标管理办法》和《江苏省建设工程决算中分岐意见的仲裁办法》等三个文件。这三个文件是针对建筑工程实行招标投标以来存在的问题，而制定的完善措施。

〔**对材料价差实行动态管理**〕 根据我国实行计划经济和市场调节相结合的原则和重要生产资料实行双轨制管理的实际情况，为适应建筑工程材料价格经常变化需要，实现宏观有效调控，江苏省建委于1990年8月4日制定了《建筑工程材料价差调整办法》，采取测算综合系数调整或单项材料价格调整的方式，以利各地材料价差调整的口径取得一致。办法规定，原则上每年年底调价一次，下一年度起执行，如果材料价差变动较大时，则调价的时间可以缩短。

〔**建筑行业管理机构相继建立**〕 1990年1月8日，徐州市建筑管理局成立。其基本职能是：统一管理建筑队伍，统一管理建设工程招标投标，统一管理建筑工程质量监督和安全监督，统一管理建筑安装工程定额，统一制定和施行行业法规、政策，统一管理建筑市场，指导学会、协会工作。

1990年9月15日，省政府办公厅以苏政办发〔1990〕52号文《关于我省建筑业管理问题的通知》进一步确定了省建委与省建工局的工作原则及职能范围。通知说，省建委是综合部门，负责总抓。省建筑总公司（建工局）主管建工系统的建筑企业、队伍和各项工作，责任和权限一致。

1990年9月，江苏省人民政府办公厅以苏政办函〔1990〕64号函复扬州市人民政府，同意扬州市建筑安装工程总公司增挂“扬州市建筑工程局”牌子。

1990年11月19日，常州市人民政府以常政办发（1990）16号文通知常州市建筑工程总公司启用“常州市建筑工程局”印章。

〔**对全民骨干建筑企业实行扶持政策**〕 为帮助全民所有制建筑企业深化改革，渡过难关，江苏省建委与财政厅等5个单位，1990年10月20日联合印发了《关于对全民骨干建筑企业实行扶持政策》的通知。

〔**建筑业实行行业统筹**〕 1989年10月31日，江苏省建工局、省建委、省建行、省建设工会联合颁布《关于江苏建筑行业企业劳保基金统筹管理办法》，并于1990年元月起实行。

〔**表彰“建筑之乡”**〕 1990年12月4日～6日，为纪念邓小平同志关于建筑业是支柱产业的重要指示发表十周年，由中国建筑业联合会、《建筑经济》编辑部、江苏省建委、江苏省建工局、江苏省建筑业联合会五单位共同发起，在扬州召开了“江苏省建筑业发展及其支柱作用研讨会”。会议总结交流了江苏省建筑业改革发展经验，研究探讨了建筑业成为国民经济支柱产生的政策措施和进一步发展问题。江苏省副省长季允石到会讲话，江苏省人民政府授予泰兴、江都、泰县、启东、海门、南通六个县（市）“建筑之乡”称号。《建筑经济》杂志主编杨慎同志在会上作产业形势报告。

北京、上海、山东、山西、河北、黑龙江、辽宁及厦门等二十个省市建筑主管部门负责同志应邀出席会议。

〔**施工企业实行工法制度**〕 为提高施工企业的技术素质和管理水平，江苏省建委1990年12月29日印发《江苏省施工企业实行工法制度的暂行管理办法》，决定在全省施工企业中逐步实行工法制度，要求各市建委抓好试点，1991年上半年先在一级企业中推行工法管理制度和组织省级工法的评定，下半年将试点范围扩大至二、三级施工企业，并组织经验交流。

〔**新技术成果展览暨受表彰的先进企业、项目、个人**〕 江苏省建委于1990年10月30日至31日组织了省内预展后，赴京参加了建设部举办的全国新技术成果展览，并组织了21人代表团赴京参加全国展览暨表彰先进大会。

我省荣获“全国施工技术进步先进企业”称号的有2个：徐州网架公司、江苏省交通工程公司；获“全国施工技术进步先进个人”称号的有3人：竹志扬、王汀、袁慰祖；获“全国施工新技术优秀项目”

称号的有2个：省送变电公司60米旋转多臂浮抢杆（后又获国家科技进步三等奖）、徐州网架公司网架与网壳螺栓球节点的应用。

重 点 工 程

张则华　等

〔**京杭运河徐扬段续建工程**〕　本期工程，比起微山湖南口的徐州市蔺家坝，南迄长江，全长404公里，纵贯徐州、淮阴、扬州三市境内的15个县（市）区。沿途共征用土地11203亩。工程在1958年第一期整治的基础上按国家二级航道的标准续建。主要项目有：疏竣开挖航道4项，建大型复线船闸8座，中型船闸1座，建内河大中型煤港3处，由南向北兴建大中型补水站8座，建跨运河桥梁3座，铁路工程、长途通讯工程、造船厂各1项，共计30个单项工程，总投资62278万元。

工程主要由江苏省交通规划设计院、省水利勘测设计院、交通部水运规划设计院等单位设计。江苏省交通工程公司第三工程处、省水利建筑工程公司二处等单位施工。工程于1984年11月动工，1990年3月全部竣工，并通过国家验收。工程质量获交通部优质工程。(张则华)

〔**南京华飞彩色显像系统建设工程**〕　该工程位于南京市中央门外过街村，是“七五”期间国家重点建设项目，被列为全国四大彩色显像管生产线之一。由南京国营华东电子管厂、荷兰飞利浦股份有限公司和香港永新技术开发公司三方联合投资建设，荷兰飞利浦设计院与机电部第十设计院联合设计、南京市城镇建设综合开发公司总承包。1988年7月开工，1989年8月基本建成交付安装试生产，1990年11月经国家验收正式投入生产。工程占地23.3万平方米，建筑面积5.2万平方米，建筑投资1.19亿元。厂房共32个单体工程，最大的1号厂房16682平方米。厂外配套工程有水、电、通讯、道路、排污、桥涵等项目；厂房净光度高，施工质量好，建设速度比定额工期30个月提前12个月。

〔**南京汽车制造厂技改工程**〕　该工程投资1.5亿元、土建工程共48个项目，建筑面积合计15.5万平方米，引进国外设备3500台（套），工程设计由机电部第七设计院和南京规划设计院联合承担，建筑施工由华兴建设公司和南京市建三公司等单位承担。19888年11月开工，1990年5月竣工。(宋懋昌)

〔**数字微波通讯工程**〕　系省邮电部门“七五”期间骨干项目，是江苏省自行建设的一条大容量长途数字传输干线，途径南京、六合、扬州、镇江、胥浦、泰州、泰县、东台、大牛、盐城、如皋、南通、张家港、无锡等14个市（县），共建14个微波站，新建铁塔5座（高度为17～93米）、钢筋混凝土微波塔5座（高度为50～84米），改造、加固铁塔2座（高度为72和75米），新建机房2座，以及配套建设扬州塔楼和无锡通信综合楼12000平方米，工程总投资2100万元。

南京华飞彩色显示系统建设工程　　周朴　摄

土建工程于1988年完成，安装工程于1989年7月26日完成。1990年5月，经日方专家来现场确认测试结果，现已全线正式开通投产使用。

该工程设计由邮电设计院承担，获邮电部“设计三等奖”。设备安装由省长途电信传输总站为主体组成的施工队伍与各有关邮电局密切配合完成。

〔无锡大饭店工程〕 该工程座落于无锡市梁溪大桥桥堍西南侧，为原无锡饭店迁移工程。中日合资无锡大饭店工程，由无锡市旅游总公司、中国国际信托投资公司与日本东京急行电铁株式会社合资建造经营。该工程由无锡市建筑设计院设计，无锡市建筑工程公司承包土建施工。

工程主大楼高22层（含二层地下室），总高度69.2米，内设客房376间。工程群体建筑面积33217平方米，造价1594万元，无梁板柱结构。1984年3月开工，1988年6月竣工，1989年2月正式交付使用。

该工程先后被评为1988年度市级明星工程，1988年度省建工系统优质工程。(金平青)

〔华能南通电厂一期工程〕 位于南通市天生港镇，占地35.47公顷，工程总建筑面积60966平方米。总投资12.5亿元，每千瓦造价1785.7元。规划总容量140万千瓦，其中一期工程为新建2×35万千瓦引进燃煤机组。

该工程主厂房采用钢结构。主厂房等建筑封闭采用彩塑复合钢板，设备自动化程度高，采用N-90微机分散控制系统。1986年10月8日开工，1990年3月26日竣工。由华能总公司组织工程竣工验收。(张则华)

华能南通电厂主厂房

〔南京东方化工有限公司已内酰胺工程〕 位于南京市北郊大厂镇南化（集团）公司氮肥厂内。占地面积21.69公顷，其中：生产区18.09公顷、生活区3公顷，建筑总面积90448平方米，投资72281万元。

本项目由荷兰斯达米卡朋公司提供工艺软件包，德国工程公司和奥地利奥钢联公司组成的联合集团（承包商）完成基础设计和详细设计并提供成套设备的项目，国内配套工程由南化（集团）公司设计院承担土建和分交设备的设计和制造，整体生产技术达到国际上八十年代末期水平。由南化（集团）公司建设公司和化工部第十四化建公司施工。1990年7月2日开工，合同规定建设工期为36个月。(张则华)

〔南京电视塔〕 位于南京古林公园西侧王家山，占地面积4万平方米。总投资4100万元。主要建筑为高303米的钢筋混凝土电视发射塔，及相应的发射机房和冷冻发电水泵机房，总建筑面积6352平方米。塔身采用三片矩形变截面结构形式，在170米至200米高处有7层塔楼，200米以上为安装电视和调频广播发射天线的桅杆。

工程建设规模为发射6套电视节目、6套调频广播节目，设立1座微波中继站，并结合旅游、消防、公安、环保、气象等综合利用功能。

工程总体设计单位为广播电影电视部设计院，主体施工单位为四川省建筑工程总公司。1989年3月15日开工，现正紧张建设中。(张则华)

〔连云港碱厂〕 系国家重点项目之一。建设规模为年产60万吨纯碱的大型化工企业，是全国三大碱厂之一。位于连云港市东25公里滤沟盐滩地带，占地168公顷，工程总建筑面积22.4万平方米，其中厂区13.10万平方米、生活区9.3万平方米。总投资7.5亿元。。

主体工程由化工部第八设计院设计，主要施工单位为化工部第十一和十三化建公司。1986年9月26日开工，1989年10月25日投料一次成功生产出合格产品。(张则华)

〔犊山口防洪控制工程〕 位于无锡市郊西五里湖中，是太湖流域综合治理骨干工程环湖大堤的重要组成部分，也是武澄锡低洼片治理的重要建设项目，对无锡市区及武澄锡低洼片的防洪、排涝有重要作用。

犊山口防洪控制工程由梁溪河枢纽、五里湖节制闸、五里河公路桥、七号桥节制闸及防洪大堤组成。总投资3300万元。枢纽有单孔20米孔径节制闸和净宽16米、闸室长135米船闸各一座，闸门采用弧形定轮下卧式无臂杆钢闸门，配套2×25吨电轴同步变速绳鼓启闭机，系为国内首创。枢纽地处太湖风景区，地面以上为古典园林建筑具有防洪和景点双重功能。

该工程由江苏省水利勘测设计院苏南分院设计，无锡市水利工程承包公司负责实施，公开招标选定省水建公司施工。1989年初正式开工，计划

于1991年竣工。(张则华)

〔**宁镇公路**〕 系"七五"计划期间重点公路工程之一。起于南京市韶山路新庄转盘中心，跨越宁芜铁路，经唐驾庄到终点镇江市时界山，全长59.37公里。其中：一级公路23.82公里，设计行车速度为每小时100公里；二级公路35.54公里，设计行车速度为每小时80公里。桥梁设计荷载为汽-20，挂-100。工程总投资1.5亿元。

宁镇公路分两期修建，第一期先解决宁、镇两市出入口13.87公里的"卡脖子"路段，于1989年11月建成通车；第二期工程1990年7月底全部建成。经省、市有关部门组织验收，路面工程达到优良。

该工程由江苏省交通规划设计院和交通部第二公路勘察设计院设计，由南京市交通工程公司、上海市政二公司、镇江市政工程公司等20多家单位施工。(张则华)

〔**常熟发电厂**〕 住于常熟市吴市乡徐六泾河口以东，占地面积46.316公顷，工程总面积16.06万平方米，是国家重点项目。工程总投资19亿元，其中：国家投资50%，江苏省集资25%，苏州市及所属6个县市集资25%。建设规模，规划总容量240万千瓦，第一期工程为4×30万千瓦国产燃煤火力发电机组及相应的配套设施，并留有扩建2×60万千瓦机组的场地。电厂汽机房北临长江，平行水域布置，水泵房距江边近，直线距离约100米，可节约投资和方便运行。厂区地下水位高，增加对沟和隧道等防水的要求。

工程主要设计单位为西北电力设计院，主要施工单位为江苏电力建设一公司和安徽电力建设一公司承建。工程于1990年9月2日开工。(张则华)

〔**南京上元门水厂10万吨/日扩建工程**〕 位于南京市上元里6号，占地28.83亩，总建筑面积近10000平方米，均为生产设施，生活设施依托老厂，建设规模为10万吨/日，批准投资5100万元，其中，法国政府混合贷款为2799万法郎。由上海市政工程设计院和法国德里满公司联合设计，由南京建一公司、中建八局安装公司、上海基础公司施工。1989年9月1日开工，1990年12月18日建成通水达到设计能力。(张则华)

〔**高层建筑群**〕 江苏省农业银行、江苏省供销合作社、江苏省乡镇企业大厦等高层建筑群位于南京市中心的张府园小区。该建筑群集办公、商场、宾馆、娱乐于一体。总投资11000万元。由铁道部第一勘测设计院设计，由中建八局三公司承建施工。工程于1987年6月15日开工，1990年7月20日竣工。(张则华)

〔**南通狼山水厂工程**〕 该工程位于南通市东郊风景区狼山脚下，设计生产能力为日供水量30

南京电视塔

万立方米，总投资420万美元，配套工程人民币3000万元。工程由南京市市政设计院设计，南通县建筑工程总公司承担土建施工，南通市自来水公司承担设备安装。该工程园林式的厂区与狼山风景交相辉映。全套引进设备、全自动生产流程。工程于1987年12月10日开工，1990年10月15日竣工投产。(马建明)

〔南通钢厂〕 位于南通市重要工业卫星城——唐闸镇北首，年产十万吨再生钢材，总投资7600多万元。江苏省冶金设计院设计，南通市第四建筑安装公司承建。该工程由17个单位工程组成，总建筑面积45000平方米，其中主厂房建筑面积15500平方米，共7跨，最大跨度27米，最重构件双支柱58吨，吊装最高高度34米。该工程于1987年9月15日开工，1989年6月竣工投产。(马建明)

〔常州良茂大厦工程〕 该工程是常州市东西大街改造的重点配套项目，是目前江苏地区规模较大的综合性粮食贸易中心大楼。座落在常州市中心延陵西路上，建筑面积10718平方米，其中主楼

常州良茂大厦　　江荣进　摄

7921平方米，辅房2797平方米，总高度49.71米，钢筋混凝土结构。主楼共14层，1—2层为商场，3—4层为办公用房，5—11层为客房，13层机房，14层观光厅。工程于1987年12月开工，1990年12月全面竣工。常州市第二建筑工程公司施工，天津大学建筑研究设计室设计。(许元俊)

〔苏州竹辉饭店〕 该工程是中外合作三星级宾馆。建筑面积38466平方米，工程总造价为2600万美元，其中土建造价为人民币1726万元。于1989年10月开工，竣工于1990年1月。该工程由客房楼、综合楼、服务楼、附属工程四大部分组成。设有标准客房409套，并拥有豪华型客房和总统套房，内部设有客用电梯三台，货用电梯二台。综合楼及展览廊，建筑面积为11769平方米，设有商场部、中餐厅、西餐厅、宴会厅及健康中心等。

苏州竹辉饭店　　吴万一　摄

该工程由香港建筑师设计，苏州市第二建筑工程公司施工。(项颉溪)

〔苏州市第四水厂工程〕 该工程位于苏州市吴县保安乡运河村，建设规模为日供水15万吨，总投资4048万元。省、市重点工程。该工程由澄清池、快滤池、水塔和配套设施四大部分组成。其中四个直径28米的澄清池是工程的心脏，形如四只巨大的碗平放在地面上，每个澄清池日加工水量可达37500吨，施工难度大；快滤池占地2064平方米，日生产能力150000吨；该工程于1988年1月1日开工，1989年7月30日竣工。由苏州市第一建筑工程公司施工，上海市市政工程设计室设计(孙沛平)。

〔江苏展览馆〕 位于南京市中央路和玄武路交义口，占地2.3公顷，工程总投资5300万元。

展览馆分4层，地上3层，半地下1层，建筑面积25000平方米。总体设计与周围环境协调，平面布置合理，使用功能完善，体现了现代展览馆建筑的时代气息。

该工程由江苏省建筑设计院设计，被评为省级

优秀工程设计一等奖，施工由南京市建一公司总承包。1987年6月20日开工，1989年12月30日竣工。

江苏展览馆正门

江苏展览馆内景

〔**梅园周恩来纪念馆**〕 位于南京梅园新村18号南侧。总建筑面积2116平方米，工程内容包括：纪念广场、铜像、展览陈列厅、映视室、珍品室等。投资概算141万元。

建筑设计构思以体现周恩来等革命家在梅园的那段峥嵘岁月和平易近人的风格为基点，从现存的城市历史环境出发，建筑设计与处理紧密结合周围环境，较好地保留了原有环境的历史价值。

陈列馆由东南大学建筑研究所和南京市建筑设计院联合设计（被评为省级优秀工程设计一等奖），由南京市建一公司施工。1988年7月1日开工，1989年11月25日验收，1990年1月对外开放。(张则华)

梅园周恩来纪念馆

〔**莫愁新寓（小区）**〕 位于南京汉中门外，距市中心约2公里处，环境优美，交通方便。小区用地16.7公顷，总建筑面积23万平方米，其中：住宅21.4万平方米，可居住3286户；公共建筑1.6万平方米，水、电、煤气等设施齐全。总投资1.037亿元。

南京莫愁新寓

新寓规划与设计富有特色，全区分为4个组团，住宅布置以4幢房屋围成一个防卫空间，为老人、儿童提供了休息活动场所。交付使用以来得到居民和社会各界的好评。

该小区由南京市建筑设计院设计（获省优秀工程设计一等奖），由邗江、海门等20多个建筑公司施工。1987年底开工，1989年12月竣工。(张则华)

江苏省1989—1990年建筑施工企业基本情况(一)

企业类别	企业个数(人)		年末全部职工人数(人)		工程技术人员		全部职工平均人数(人)		建筑业总产值(万元)		施工产值		全员劳动生产率(按施工产值计算)(元)		房屋竣工面积(万平方米)		人均房屋竣工面积(平方米)		房屋竣工率(%)	
	1989年	1990年	1989年	1990年	1989年	1990年	1989年	1990年	1989年	1990年	1989年	1990年	1989年	1990年	1989年	1990年	1989年	1990年	1989年	1990年
全省合计	2498	2284	1284991	1258519	—	—	1271335	1206705	1420518	1472266	1347130	1407180	10596	11661	3446.47	3307.93	27.1	27.4	63	63
一、全民所有制	175	162	215900	216000	—	—	220800	215300	309432	319993	289495	302475	13111	14049	284.5	354.4	12.9	16.46	45	51
1.中央部直属	31	24	69600	64100	—	—	69800	62900	114183	105087	109228	100506	15649	15978	38.1	52.2	5.5	8.30	30	44
2.地方所属	144	138	146400	151900	—	—	151000	152400	195249	214906	180267	201969	11938	13253	246.4	302.2	16.3	19.83	45	52
二、城镇集体所有制	294	201	207400	254100	—	—	203000	239400	239715	297614	220845	276684	10879	11557	502.1	617.0	24.7	25.77	54	58
三、农村建筑队	2029	1921	861691	788419	—	—	847535	752005	871371	854659	836790	828021	9873	11011	2659.87	2336.53	31.4	31.1	69.1	67.3

江苏省1989—1990年建筑施工企业基本情况(二)

企业类别	年末固定资产(万元) 原值		净值		定额流动资金平均占有额(万元)		利润总额(万元)		工程成本降低额		税后利润(万元)		上缴税金(万元)		工程成本降低率(%)		工程质量优良品率(%) 按单位工程个数计算		按房屋面积计算		产值利润率(%)	
	1989年	1990年	1989年	1990年	1989年	1990年	1989年	1990年	1989年	1990年	1989年	1990年	1989年	1990年	1989年	1990年	1989年	1990年	1989年	1990年	1989年	1990年
全省合计	417207	531170	295344	304450	494395	497157	34353	26213	11264	9716	19082	—	31076	41924	1.43	0.8	47	36.2	44.3	38.1	2.4	1.8
一、全民所有制	211516	298011	137920	133634	108001	145126	14063	8277	2213	−309	8201	—	8171	10327	0.8	−0.1	60	46.5	45.6	42.5	4.5	2.6
1.中央部直属	102678	184834	56929	52313	34636	35103	5368	3219	1250	−590	3590	—	2751	3197	1.3	−0.7	83	79.6	66	54.3	3.1	3.1
2.地方所属	108838	113177	80911	81321	73365	110023	8695	5058	963	281	4611	—	5420	7130	0.6	0.16	50	37.5	41	40	4.5	2.4
二、城镇集体所有制	72047	78406	56337	56301	117093	83956	6835	5312	−3071	−4009	3532	—	6187	9279	−1.6	−1.7	37	80	40	36.1	1.5	1.8
三、农村建筑队	133644	154753	101087	114515	269301	268075	13455	12624	12122	14034	7349	—	16718	22318	1.73	1.97	37	24.9	45	38.6	1.54	1.48

江苏省 1989—1990 年建筑施工企业技术装备情况

单位 \ 项目 \ 年度	年末自有机械设备台数(台)		年末自有机械设备价值(万元) 原值		净值		年末自有机械设备总功率(千瓦)		技术装备率(元/人)		动力装备率(千瓦/人)	
	1989 年	1990 年	1989 年	1990 年	1989 年	1990 年	1989 年	1990 年	1989 年	1990 年	1989 年	1990 年
全省合计	311844	307122	240280	238213	171921	164222	2679815	2611817	1338	1305	2.09	2.08
一、全民所有制	63660	61978	110955	106285	74837	69328	1058000	1016000	3466	3210	4.9	5
1.中央部直属	19882	18499	49829	45655	32850	28923	433000	407000	4723	4512	6.2	6
2.地方所属	43478	43479	61126	60630	41987	40405	625000	608000	2868	2660	4.3	4
二、城镇集体所有制	64441	65518	36815	39985	27483	28673	493000	482000	1325	1128	2.4	2
三、农村建筑队	183743	179626	92510	91943	69601	66221	1128815	113817	808	890	1.31	1.49

江苏省对外承包和劳务合作

年份	已签定合同的国家地区数(个)	当年签订合同 合同数(份)	承包	劳务	合同额(万美元)	承包	劳务	完成营业额(万美元)	承包	劳务	年末在国外人数(人)	承包	劳务
1989 年	—	55	17	38	3664.1	2081.2	1582.9	7734.1	1765.4	5968.7	7368	—	—
1990 年	—	77	32	45	4046.0	3570.9	475.1	8389.4	3521.3	4868.1	2965	—	—

江苏省 1989—1990 年勘察设计单位情况

年度 \ 项目	勘察设计单位个数	私营	年末全部职工人数	工程技术人员	具有高级职称的工程师	具有中级职称的工程师	施工图设计面积(万平方米)	工程测量面积(万平方米)	地质勘察量尺(万米)
1989 年	290	—	16679	12124	1588	4007	1199.62	1527.83	80.165
1990 年	248	—	15107	11159	1393	3406	1209.35	1509.2	67.059

(上述 5 张表均由张则华提供，其中农村建筑队数字由陆章南提供)

江苏省建工系统内各级企业技经人员情况统计表

1991年4月10日整理

地区	合计				一级企业				二级企业				三级企业				四级企业			
	企业数(个)	职工数(人)	技经人员(人)	技经人员(%)	企业数(个)	职工数(人)	技经人员(人)	技经人员(%)	企业数(个)	职工数(人)	技经人员(人)	技经人员(%)	企业数(个)	职工数(人)	技经人员(人)	技经人员(%)	企业数(个)	职工数(人)	技经人员(人)	技经人员(%)
总计	1514	947610	70323	7.42	23	80731	8177	10.13	138	290689	27249	9.37	492	302047	23913	7.92	861	274143	10984	4.01
1 省属企业	3	10391	1200	11.55	3	10391	1200	11.55	—	—	—	—	—	—	—	—	—	—	—	—
2 南京市	118	69291	4708	6.79	4	16688	1804	10.81	8	11658	969	8.31	40	23620	1430	6.05	66	17325	505	2.91
3 镇江市	87	47012	3254	6.92	3	7117	582	8.18	7	16586	1309	7.89	20	11320	760	6.71	57	11989	603	5.03
4 常州市	157	67852	5237	7.72	3	6206	568	9.15	17	18485	1831	9.91	56	25312	1896	7.49	81	17849	942	5.28
5 无锡市	120	72053	5015	6.96	1	2244	206	9.18	16	22980	2224	9.68	62	30011	1945	6.48	41	16878	640	3.81
6 苏州市	169	84033	4970	5.91	2	7697	652	8.47	12	19241	1437	7.47	56	25653	1910	7.45	99	31442	971	3.09
7 扬州市	250	173598	10024	5.77	2	7580	566	7.47	26	58845	4374	7.43	62	48981	3121	6.37	160	58192	1963	3.37
8 南通市	194	180787	20774	11.49	1	5933	846	14.26	19	66079	9169	13.88	70	67843	8124	11.97	104	40932	2635	6.44
9 淮阴市	88	49143	2929	5.96	1	3708	385	10.38	5	12238	864	7.06	32	18176	1181	6.50	50	15021	499	3.32
10 盐城市	103	61761	3425	5.55	1	3567	304	8.52	10	22114	1547	7	20	13621	818	6.01	72	22459	756	3.37
11 连云港市	68	39783	2695	6.77	1	5209	425	8.16	5	9707	709	7.30	28	16413	1206	7.35	34	8454	355	4.20
12 徐州市	157	91906	6092	6.63	1	4391	639	14.55	13	32756	2816	8.60	46	21097	1522	7.21	97	33662	1115	3.31
其中：一、二、三级企业	653	673467	59339	8.81	—	—	—	—	—	—	—	—	—	—	—	—	—	—	—	—

说明：1.按1990.6《江苏省建筑施工企业资质情况汇编》计算；

2.上表中不包括非等级企业。

（上述4张表均由陆章南提供）

江苏省建工系统“六五”、“七五”期间主要经济指标（一）

年份	房屋竣工面积(万 m^2)				其中:住宅竣工面积(万 m^2)			
	合计	全民企业	县以上集体企业	乡镇集体	合计	全民企业	县以上集体	乡镇集体
1981	2194.06	189.48	333.66	1670.92	1194.29	84.43	164.32	945.54
1982	2439.90	194.09	335.79	1910.02	1234.28	63.86	167.96	1002.46
1983	2623.26	207.85	335.46	2079.95	1338.55	72.62	151.13	1114.80
1984	2945.05	209.99	339.74	2395.32	1350.22	72.00	130.69	1147.53
1985	3437.58	197.37	368.50	2871.71	1519.39	43.12	114.68	1361.59
1986	3808.07	208.45	382.84	3216.78	1742.46	42.84	131.02	1568.60
1987	3930.19	202.64	388.75	3338.8	1740.97	42.41	122.10	1576.46
1988	3747.41	180.68	402.99	3163.74	1711.53	25.48	98.00	1588.05
1989	3415.45	206.18	549.40	2659.87	1538.67	31.99	238.61	1268.07
1990	3133.28	199.58	597.20	2336.50	1447.34	43.74	261.20	1142.40
“六五”小计	13639.85	998.78	1713.15	10927.92	6636.73	336.03	728.78	5571.92
“七五”小计	18034.40	997.53	2321.18	14715.69	8180.97	186.46	850.93	7143.58
十年合计	31674.25	1996.31	4034.33	25643.61	14817.70	522.49	1579.71	12715.50
“七五”“六五”对比（%）	132.22	99.87	135.49	134.66	123.27	55.49	116.76	128.21

江苏省建工系统“六五”、“七五”期间主要经济指标（二）

年份	施工产值(亿元)				全员劳动生产率(元／人)			
	合计	全民企业	县以上集体	乡镇集体	合计	全民企业	县以上集体	乡镇集体
1981	26.68	3.05	4.37	21.26	4368	4973	4241	4319
1982	35.09	3.60	4.88	26.61	4698	5581	4632	4611
1983	43.09	3.91	5.84	33.34	5071	5820	5205	4973
1984	53.36	4.65	6.64	42.07	5542	6967	5685	5400
1985	72.66	6.15	8.99	57.52	6426	8302	6798	6223
1986	84.68	7.72	10.48	66.48	6955	9518	7489	6671
1987	102.01	8.33	13.35	80.33	7856	9814	8589	7591
1988	118.55	9.71	15.94	92.90	9247	11528	10007	8945
1989	119.90	12.91	23.31	83.68	10373	14714	10567	9873
1990	121.43	12.79	25.84	82.80	11415	14838	11454	11011
“六五”小计	230.88	21.36	30.72	180.80				
“七五”小计	546.57	51.46	88.92	406.19				
十年合计	777.45	72.82	119.64	586.99				
“七五”“六五”对比（%）	236.73	240.92	289.45	224.66				

江苏省建工系统"六五"、"七五"期间主要经济指标（三）

年份	利润总额(万元)				平均人数(万人)			
	合计	全民企业	县以上集体	乡镇集体	合计	全民企业	县以上集体	乡镇集体
1981	14326	3219	2570	8537	65.64	6.13	10.30	49.21
1982	17748	4513	2706	10529	74.68	6.45	10.53	57.70
1983	23185	6303	3664	13218	84.98	6.72	11.22	67.04
1984	22674	4505	3558	14611	96.28	6.68	11.67	77.93
1985	29784	4594	5276	19914	113.07	7.40	13.23	92.44
1986	30184	5073	4031	21080	121.76	8.11	13.99	99.66
1987	34564	5342	4541	24681	129.84	8.49	15.54	105.81
1988	30456	5977	5330	19149	128.21	8.42	15.93	103.86
1989	24100	5300	5300	13500	115.59	8.78	22.06	84.75
1990	19100	2400	4100	12600	106.38	8.62	22.56	75.20
"六五"小计	107717	23134	17774	66809				
"七五"小计	138404	24092	23302	91010				
十年合计	246121	47226	41076	157819				
"七五""六五"对比（%）	128.49	104.14	131.10	136.22				

附载

"七五"期间江苏建筑业取得新成绩

盛超　张炳根　陆章南

改革、开放，开创了江苏建筑业发展的新局面。"七五"期间，江苏建筑队伍，征战南北，成绩斐然，探索了一条适合国情、省情，富有特色的队伍建设和行业发展的新路。陈焕友省长在江苏省七届人大四次会议的政府工作报告中，对江苏省建筑业给予了高度评价。他说："建筑业发展较快。我省拥有一支宏大而且素质较高的建筑队伍，整体配套能力较强。目前全省建筑队伍达 110 万人，其中出省施工的有 36 万人，在国内建筑市场占有优势，并进入国际市场，一批优质工程在当地享有较好的声誉"。

"七五"以来，江苏建筑业遵循省委、省政府提出的"立足本省、服务全国、走向世界"的战略方针，积极参与省外和国外建筑市场的竞争，并在竞争中经受了锻炼。特别在"七五"期间，这支建筑队伍经受了国家投资"膨胀"与"压缩"的考验，从量的发展转向质的提高，因而保持了全行业持续、稳定、协调发展的势头，取得了较好的成绩。

（一）主要经济指标实绩比"六五"期间有较大增长。

"七五"期间，江苏建筑业总产值累计完成 545 亿元，比"六五"增长 1.34 倍。建筑业总产值在社会总产值中的比重，由"六五"期间的 4.45%，增长到 6%；建成房屋 1.77 亿平方米，比"六五"增长 30%；实现利润 13.84 亿元，比"六五"增长 28.49%。五年来，出省、出国 191 万人次，完成施工产值 213 亿元，为外省市建成各类房屋 6403 万平方米，拿回江苏的经济总收入近 80 亿元，创汇 1.33 亿美元。其中 1990 年完成施工产值 121.43 亿元，房屋竣工面积 3133 万平方米，人均劳动生产率达到 11415 元，实现利润 19100 万元（内全民和县以上集体 6500 万元，乡镇集体 12600 万元）。全省有 36 万建筑职工出省施工，8000 多人出国，完成施工产值 51.37 亿元，为省外建成各类房屋 1210 万平方米，拿回江苏的经济收入 13.8 亿元，比1989年增长1.2亿元。

（二）省外建筑市场在竞争中“稳中有升”，“信誉”提高。

江苏省的建筑业是外向型的。全省建筑施工队伍的30%以上在省外施工。目前在全国建筑市场上，东至上海、厦门、西至新疆、西藏，南至深圳、海南，北至大庆、内蒙古，遍布全国28个省、市、自治区，承建各类施工任务。为了增强在省外市场的竞争能力，加强了对省外建筑施工队伍的管理。省建工局继“六五”期间在大庆、新疆、上海设立三个建筑管理处之后，“七五”期间又增设了北京、山西两个建筑管理处。设立建筑管理处的五大建筑市场，占江苏在外省、市建筑施工队伍总数的75%以上。

“七五”期间，江苏建筑业在省外市场有以下几个方面的特点：

一是竞争激烈。随着国家“治理、整顿”的深化和基建投资的压缩，江苏建筑队伍为了在省外求得立足之地，同当地建筑队伍之间竞争激烈。如在大庆，黑龙江省建筑施工队伍连续五年同江苏建筑队伍进行了五次竞赛。尤其在1990年的第五次竞赛中，江苏建筑队伍实现了“四个提高”、“二个稳定”。“四个提高”即：（1）速度提高，是江苏支援大庆建设工程速度有史以来最快的一年；（2）工程质量比往年提高，是质量上升幅度最大的一年；（3）文明程度提高，生活基地、文明施工、场容改观，是最明显的一年；（4）知名度提高，江苏队伍优质服务的良好信誉，影响幅射，是最好的一年。“两个稳定”是，企业的经济效益稳定在中上水平；队伍比往年稳定，流走比往年减少。总之，五次竞赛活动都是由于江苏各级领导的重视和省、市、县三级办事处以及施工企业的精心组织，精心施工，取得了优异成绩，因而使江苏建筑队伍在当地建筑市场上站住了脚跟。

二是“信誉”上升。一些地区和企业，他们对江苏建筑队伍的认识加深了，从观望、疑虑到坚持要用江苏建筑队伍。1986年，江苏建筑队伍在北京市场上只有8000多人，而今已发展到3万多人，增长了2.75倍。在大庆，江苏建筑队伍被誉为在“铁人故乡的‘铁军’”，是大庆“很好的合作伙伴”。在深圳被誉为来自“建筑之乡”的“神兵”，是一支“信得过的队伍”。

三是出省队伍实现了“稳中有升”。这几年，出省建筑施工队伍虽有波动，但总的来说，波动不大。1990年，是国家“治理、整顿”最关键的一年，但江苏的出省施工队伍仍然达到36万人。其中上海、大庆、新疆、东北、华中和深圳市场基本稳定，北京、海南和华北等建筑市场略有增加。全省出省队伍完成产值51.37亿元，占全省建筑业总产值的40.9%，比1989年上升四点六个百分点。

（三）队伍素质有了较大提高。

“七五”期间，江苏建筑业所以有较多的优势和较强的竞争能力。最根本的一条是：十分重视建筑队伍的整体素质的提高，并取得了可喜的成效。

一是人才培养取得了可喜的成效。全行业在“六五”的基础上，建立并巩固了省、市、县、乡四级教育体系，基本上形成了大专、中专、技工、职业技校等人才培养配套能力。五年来，向建筑企业输送了大专生5883名，中专生6302名，技校（职业学校）生3738名。同时，还对经济、技术业务管理人员进行了岗位培训。通过考核，已发放了各种岗位合格证书70000多个。其中，发放施工员岗位证书24333个，质量安全员岗位证书4978个，预算员岗位证书8947个，财会员岗位证书4963个，企业经理通过岗位培训发放的4662个，其他各类的岗位证书22000多个。

为了适应大面积职业教育事业的需要，省建工局组织有关专家、教授、工程技术人员，为电大土木工程科和建筑施工企业技术业务人员规范化岗位培训，编写了《高层建筑》、《建筑力学》等18门教材，共印刷12万余册，摄制教学录相磁带568个课时，复制录像磁带6772课时。这些教材，除满足本省需要外，还在全国18个省市发行。

1990年，江苏建工系统，还结合全国青工技术大赛，在全省进一步掀起了技术练兵活动，青工中学习技术理论和若练操作基本功蔚然成风，进一步提高了江苏建筑职工的技术操作水平。在全国建工系统青年瓦工、抹灰工技术大赛中，我省四名选手分别荣获瓦工第一、第三名，抹灰工第二、第四名，为我省建筑业争了光。

二是提高了技术装备，适应高级高层建筑施工的需要。“七五”期间，全省建工系统建筑机械装备值迅速增长。从1988年的13.76亿元（净值10亿元）上升到1990年的15.5亿元（净值10.79亿元），仅三年时间，增长12.65%。目前已拥有各类机械设备26万台。其中，地方全民建筑企业拥有机械设备达1.96万台，县以上集体建筑企业6.13万台，乡镇建筑企业17.96万台。技术装备率，地方全民建筑企业1887元，县以上集体建筑企业1067元，乡镇建筑企业890元。动力装备率全省平均达到1.95千瓦／人。全省拥有高层塔吊150多台，移动式和固定式泵车、高层井架、高层施工电梯等适应高层建筑施工需要的特种设备近200台。由于拥有了这些设备，为江苏建筑队伍在省外建造高、难、新建筑创造了条件。据统计，截止1990年，江苏建筑队伍在省外建造的各种高层建筑累计有500余栋，计600万平方米。

三是队伍整体素质得到进一步提高。通过整顿建筑市场，强化了企业资质管理，清退了劣质队伍，控制了队伍规模。目前全省一级施工企业已由原来的11个上升到23个，职工由原来的6万多人上升到8万多人，占职工总数的7.6%；二级企业由原来的56个上升到138个，职工由23万人上升到29万人，占职工总数的28%；三级企业由原来的227个，上升到492个，职工由原来的42万人，压缩到30万人，占职工总数的28.2%；四级企业，由原来的976个，压缩到861个，职工人数由40万人压缩到27万人，占职工总数的26%。三、四级企业合计占54.2%。同时压缩了大量非等级企业，目前非等级企业职工人数，仅占职工总数的10%。通过整顿建筑市场，加强资质管理等一系列工作，压缩施工企业674个，压缩施工队伍34万人，分别占原企业总量的21%和队伍总量的25%。通过上述一系列措施，全省施工企业的素质明显提高，管理力量、管理水平向前跨了一大步。以有职称的技术经济人员在职工中的比例为例：1987年，技经人员比例仅为2.15%，到1990年，已上升到7.42%，增长了2.5倍。其中一级企业技经人员比例由6.27%，上升到10.13%；二级企业由3.04%，上升到9.37%；三级企业由1.73%，上升到7.92%；四组企业由1.37%，上升到4.01%。特别可喜的是，我省一级施工企业的技经人员比例水平，已同在我省的四个部属企业的比例水平大体相当。

（四）工程质量稳步上升，科技成果结出可喜果实。

五年来，各级建筑主管部门由于强化了工程质量的监督管理，建立了质监、质保体系。采取了省优目标计划管理和实行质量跟踪检查等一系列措施，全省建筑工程质量明显好转。据统计，全省共评选出省、市级优质工程2400多个。其中，被评为省级优质工程的工程项目254个。1990年，全省评出省优质工程72项，其中金奖9项。南通华新公司施工的南京水利学院综合楼，被中国建筑业联合会评为1990年度“鲁班”奖。

在省外施工的江苏建筑队伍，坚持以质量求信誉，以质量求生存，以质量打开市场的指导思想，始终把质量放在首位。在几个主要建筑市场，创出了一批工期短、质量好的工程。在大庆，我省建筑队伍施工的工程质量连续13年受到建设单位的好评。去年，海安县承建的龙岗两栋18层高层建筑，创出了高层住宅建筑“三当年”的记录，并获得优质工程“金杯奖”。

为此，大庆特地召开了总结庆功祝捷大会。在北京，无论是承包工程还是提供劳务，质量始终保持稳定。亚运工程中获得特别“鲁班奖”的不少工程，都有江苏建筑队伍的汗水和心血。南通市第七建筑公司承建的北京天文台2.16米望远镜观察室工程，获1990年“鲁班奖”。在深圳，江苏建筑队伍施工的工程质量，一直受到当地政府和建设单位的好评。江苏建筑队伍自1982年进入深圳施工，截止1990年，累计交付工程213项，竣工98万平方米，创优质样板工程11项，占深圳样板工程的四分之一强。其中1990年，深圳评出8项优质工程，江苏独得3项。

江苏建筑队伍不但创出了一大批优质工程，而且还涌现出了一批省级质量管理先进单位。这些单位在质量管理上具有四个方面的特色：一是国营和大集体企业普遍建立了质量保证体系；二是在企业内部普遍实行了质量与经济效益挂钩奖优罚劣的制度；三是普遍建立了检查制度；四是普遍建立了各种类型的“标准”培训班和利用冬闲时间组织冬训。此外，无锡、常州、苏州等市，以及江阴、泰兴、泰县等县内企业还开展了QC小组活动，在提高工程质量方面，起了明显的推动作用。

按照省委、省政府提出的“科技兴省”的方针，五年来全省建工系统完成重大科研项目70多项，获国家和部省级科技进步奖21项。其中获得国家技术进步三等奖一个，国家设计金奖一个，建设部二等奖两个，尤里卡发明金奖一个。防水材料、饰面涂料、塑料制品，以钢代木，混凝土外加剂、钢筋焊接等新材料、新工艺的应用推广不断扩大；高层附墙吊、施工电梯、静力压桩设备等普遍使用；微机在工程预算、钢筋翻样、材料管理、统计报表、财务工作等方面正在逐步推广应用。目前全省建工系统大中型国营施工企业和省市建筑主管部门、设计部门，已拥有微机200多台，并开发了近百种软件。建筑业传统的管理手段，正在被现代化管理手段所代替。

综上所述，江苏建筑业确实在“七五”期间经受了锻炼，提高了素质，做出了成绩。展望“八五”期间，江苏建筑业也一定会在党中央、国务院关于“积极发展建筑业”方针指引下，在省委、省政府的正确领导下，进一步提高队伍素质，坚持质量第一，提高技术水平和管理水平，增强竞争能力，为国家经济建设作出更大贡献。

浙 江 省

重要纪事

张石光　闵宗理

《建筑业管理职能调整》经省政府同意，省计经委、建设厅于1989年7月24日联合发文，将省计经委主管的勘察设计和施工管理方面的管理职能，交给省建设厅管理。由省建设厅统一行使全省勘察设计和施工管理职能，并会同省计经委审定颁发全省工程建设概预算定额、取费标准和材料预算价格。适应上述职能调整需要，省建设厅撤销原设计建筑管理处，分设施工管理处、设计管理处、定额处。

《省政府召开进沪建筑队伍座谈会》浙江历史上是建筑队伍输出省，每年出省队伍约占四分之一，其中一半在上海市。1989年1月26日，省政府在上海召开浙江进沪建筑队伍座谈会，针对基建压缩的形势，提出联（联合）、靠（挂靠）、并（兼并）、转（转产转行）的对策，控制队伍盲目发展，把工作重点转向提高企业素质。

《整顿建筑市场》1989年3月6日，成立浙江省整顿建设市场领导小组，柴松岳副省长任组长，并在全省范围开展了以"整倒治贿"为重点的建筑市场整顿工作。据不完全统计，共查处违法、违纪、违章案件1225起，其中立案审查105件；配合工商部门，清查了4000多个建设单位与施工企业签订的4840份承包合同，查出违章违法合同550份，其中立案审查72件，涉及金额1387万元。

《开展资质复查，强化行业管理》从1989年下半年起，分别进行了设计、施工单位和工程试验室的资质调查、复查和颁发资格等级证书工作，进行了混凝土预制板生产许可证审查发证工作。到1990年底止，全省共有勘察设计单位456个，18540人，其中甲级和乙级设计单位70个。各类施工企业2870个，职工人数71.3万人，其中一、二级企业87个，14万人。预制构件厂5249家，已完成复审发证的有1156家。全省还有189个工程试验室、90个县以上质量监督站。

《先进操作技术在青工比武中显示优势》"2381"砌砖法是墙体砌筑中的一项新技术，与传统的操作方法相比，不仅劳动强度低，工效高，而且砂浆饱满，质量好。1990年在全省建筑青工技术大赛中，这项技术优势明显。经层层选拔参加比武的14名选手中，"2381"砌砖法选手占一半，其中比赛产生的前两名，都是"2381"操作能手。

《增收节支内部挖潜》基建压缩后，许多施工企业在努力争取任务的同时，积极挖掘内部潜力。一是坚持一业为主，发展多种经营。诸暨一建公司兴办10个附属企业，安排职工400多人，占公司职工的20%，全年创产值和利润分别占全公司的35%和50%。二是强化管理，减少浪费。据对5个国营施工企业调查分析，每年报废钢模约8500平方米，回形销135万只，钢管437吨，扣件9万只，价值170万元，加上大宗砖瓦砂石材料亏吨缺方，浪费惊人。省建三公司在加强钢模管理后，仅回形销少损失12万只，节约资金5万元。

《一批设计、施工项目获奖》两年中，有4项工程设计获建设部优秀设计奖，5项获省级优秀勘察设计二等奖、15项获三等奖、15项获表扬奖。有2项标准设计分别获浙江省和华东地区优秀标准设计一、二等奖，杭州京杭运河钱塘江沟通工程等14项工程获省优质工程。

重点工程

张石光　闵宗理

〔**秦山核电厂**〕　1981年在海盐县秦山定点筹建。一期工程建设规模为30万千瓦核电机组，是我国第一座自己设计、自制主要设备的核电站。该工程由上海核工业设计院、原核工业部第22、23建设公司和浙江省火电建设公司承建。自1985年正式开工，1988年核岛主厂房等陆续结顶，反应堆压力容器顺利吊装成功，至1990年，经过设备单机试车，系统功能试验，以及水压试验，证明主要设备制造质量、安装质量都是好的，目前正进入热态调试阶段。

秦山核电厂主厂房

〔镇海发电厂三期工程〕　为二台20万千瓦机组，三期工程的建设，使镇海电厂总容量达到105万千瓦。三期工程总投资44360万元，1987年4月开工，第一台机组于1989年6月28日建成投产。第二台机组1989年底实现了受电、汽机扣缸、锅炉试压三大目标，1990年上半年投产。

〔北仑电厂〕　位于浙江省宁波市北仑区，规划总容量为240万千瓦（4×60万千瓦），分两期建设。一期工程为2×60万千瓦，输出电压为50万伏，投资约24亿多元（包括配套输变电工程）。该项目由华东电力设计院设计，浙江省火电公司、浙江省第二建筑公司和交通部第三航务局等单位承担施工。1990年底已实现锅炉点火等目标，目前正在调试中，预计1991年下半年投产发电。

建设中的北仑电厂

〔温州电厂一期工程〕　地处乐清县盘石镇，首期工程为两台12.5万千瓦凝汽式汽轮发电机组，总投资4亿多元，1989年动工兴建，一号机组于1990年12月建成投产。该工程由浙江省电力设计院设计，水电部及工程局、安徽省火电公司及温州市建筑公司等承担施工。

《石圹水电厂》位于浙江省云和县境内，紧水滩水电厂下游，为梯级开发电厂。装机容量为7.8万千瓦（3×2.6万千瓦），总投资1.85亿元。由华东水电勘测设计院设计，水电部12局土建安装。该工程自1985年7月开工，1990年三台机组先后并网发电。

〔杭州笕桥机场整修工程〕　为迎接11届亚运会，数千名建设者自1990年5月1日起，对机场跑道进行了基础灌浆加固、道面加厚，以及排水设施和助航灯光的改造，共用86天时间完成了整修任务，工程质量全部达到设计要求和国家验收标准。该工程由南京空军设计所设计，铁道部14局、宝钢建设公司、攀枝花路桥公司、杭州市政公司、水电部12局参加抢建。共耗资2850万元。整修后的跑道和助航灯光达到国内一级机场标准。

〔宁波栎社机场〕　民用二级机场，跑道长2500米，宽45米，站坪2万平方米，满足MP-82机型全重起降要求。同时按一次规划，分期实施的建设方针，对航站区、候机楼、航管楼以及其他配套工程进行建设。总投资12600万元，主体工程于1987年开工，1990年6月正式通航。该工程由民航总局设计院设计，宝钢冶金建设公司、攀枝花路桥公司、宁波市一建公司等单位施工。

〔温州机场〕　按国家二级标准设计，跑道长2500米、宽45米，站坪2万平方米。总投资13250万元，1987年开工，1990年6月正式通航。该工程由空后设计局设计，铁道部14局和温州市建公司承建。

〔镇海石化总厂第二套常减压装置〕　主要用于轻质油、混合油的加工生产，是镇化炼油二期七套装置的龙头工程。总投资5370万元。1987年4月动工，1989年7月建成，1990年4月通过国家验收。这套装置的建成，使该厂年炼油能力从250万吨增加到500万吨以上。该工程由镇海石化总厂设计院设计，石化三公司和浙建二公司施工。

〔杭州磁带厂〕　从日本引进聚脂薄膜生产线、磁带生产线、纸管生产线及音像复录设备，是我国磁记录骨干工程。总投资4.2亿元，分带基、磁带两期建设。1987年投产的带基工程使该厂成为国内首家生产带基企业。磁带工程采用TPK设备和技术，1988年12月动工，1990年4月投产。

该工程分别由化工部六院、机电部二院设计，核工业部华兴公司、浙江省第四建筑公司、浙江省工业设备安装公司施工。

〔中国水稻研究所〕　于1981年经国务院批准建在杭州，总投资6991万元，总建筑面积34228平方米。1986年1月开工，1989年10月落成。设有农艺、育种、种质生物工程等12个系，配备有人工气候箱等具有80年代国际先进水平的科研设备。由浙江省建筑设计院设计，浙江省第一建筑公司、浙江省工业设备安装公司施工。

《临海牛头山水库》坝址在临海市大田区坦头村，控制流域面积254平方公里，坝高49.3米，库容3.03亿立方米，装机二台，共6400千瓦，总投资10222万元。由浙江省水利设计院设计，浙江省第一水电工程处施工。1980年开工，1989年5月下闸蓄水。该水库的建成可减轻下游10万亩农田洪涝灾害和36万亩农田的灌溉，并为临海市提供生活水源。

〔杭州市中河路立交桥〕　是连接市区南北交

浙江省1989年～1990年建筑施工企业基本情况(一)

企业类别	企业个数(个)		年末职工人数(万人)		全部职工平均人数(万人)		建筑业总产值(亿元)		施工产值(亿/元)		全员劳动生产率(按施工产值计算)(元)		房屋竣工面积(万平方米)		人均房屋竣工面积(平方米)		房屋竣工率(%)	
	1989年	1990年	1989年	1990年	1989年	1990年	1989年	1990年	1989年	1990年	1989年	1990年	1989年	1990年	1989年	1990年	1989年	1990年
全省合计	2398	2561	69.34	69.33	68.41	67.18	76.61	78.94	73.74	76.37	10779	11368	2122.15	1867.64	31	27.8	56.8	60.94
一、全民所有制	64	109	10.26	10.96	10.15	10.79	17.35	20.10	16.39	19.11	16156	17711	177.82	209.3	17.53	19.40	42.20	56.14
中央部属	9	10	2.88	2.44	2.87	2.44	4.63	5.16	4.40	4.89	15371	20041	9.7	16.3	3.38	6.68	24.5	70.56
地方所属	55	99	7.38	8.52	7.28	8.35	12.72	14.94	11.99	14.22	16465	17030	168.12	193	23.09	23.11	44	55.21
二、城镇集体	394	423	18.30	19.00	17.77	18.42	20.59	22.41	19.53	21.46	10990	11653	603.27	582.3	33.95	31.61	51.06	55.94
三、乡村集体	1939	2029	40.76	39.37	40.49	37.97	38.65	36.43	37.81	35.80	9338	9428	1341.06	1076.04	33.12	28.34	62.78	63.44

浙江省1989年～1990年建筑施工企业基本情况(二)

企业类别	年末固定资产(万元) 原值		年末固定资产(万元) 净值		定额流动资金平均占有额(万元)		利润总额(万元)		工程成本降低额		税后利润(万元)		上交税金(万元)		工程成本降低率(%)		工程质量优良品率(%) 按单位工程个数计算		工程质量优良品率(%) 按房屋面积计算		产值利润率(%)	
	1989	1990	1989	1990	1989	1990	1989	1990	1989	1990	1989	1990	1989	1990	1989	1990	1989	1990	1989	1990	1989	1990
全省合计	270826	244155	203858	180377	330028	101150	20131	25221	12185	14322	13113	19456	21283	29831	—	—	9.12	—	13.96	18.69	2.63	3.19
一、全民所有制	71376	98566	52857	73443	37419	75880	6148	8676	3835	4349	4438	2195	2736	6481	3.48	2.6	41.65	39.94	21.88	29.38	3.75	4.32
中央部属	32666	30653	24604	22849	10563	16148	1863	2584	1333	1774	1667	673	1729	1911	3.39	3.79	75.48	63.15	31.50	39.29	4.23	5
地方所属	38710	67913	28253	50594	26856	59732	4285	6092	2502	2475	2771	1522	1007	4570	3.55	2.13	1248	34.34	16.51	28.74	3.58	4.08
二、城镇集体	49700	70801	38100	53392	154579	11977	3484	6613	2817	2117	2148	5839	5178	7873	1.85	1.17	7.44	18.33	13.12	19.96	1.69	2.95
三、乡村集体	78374	74788	60044	53942	138030	13293	10499	10536	5533	7856	6527	11422	13369	15474	2.2	2.88	10.24	12.73	13.95	19.63	2.72	2.89

浙江省 1989 年～1990 年施工企业技术装备情况

企业类别	年末自有机械设备台数(台)		年末自有机械设备价值(万元)				年末自有机械设备总功率(千瓦)		技术装备率(元／人)		动力装备率(千瓦／人)	
			原值		净值							
	1989	1990	1989	1990	1989	1990	1989	1990	1989	1990	1989	1990
一、全民所有制	28855	33195	56328	59809	39192	40916	491841	524000	4004	3733	5.0	5.0
中央部属	5275	4470	23756	20465	16876	14543	173475	143000	5854	5960	6.0	6.0
地方所属	23580	28725	32572	39344	22316	26373	318366	381000	3232	3095	4.6	4.0
二、城镇集体	51992	59026	49685.5	33388	38088.5	24415	289720	397000	2796	1285	1.6	2.0

浙江省 1989 年～1990 年勘察设计单位情况

项目 年度	勘察设计单位个数	年末全部职工人数	工程技术人员			施工图设计面积(万平方米)	工程测量面积(万平方米)	地质勘察量尺(万米)
				具有高级职称的工程师	具有中级职称的工程师			
1989 年	368	16132	11136	1499	3572	1049.5	2090.75km^2	64.6
1990 年	383	17359	12166	1781	3860	1006.18	1891.06km^2	54.36

浙江省 1989 年～1990 年对外承包和劳务合作情况

年份	当年签订合同						完成营业额(万美元)			年末在国外人数
	合同数(份)			合同额(万美元)						
		承包	劳务		承包	劳务		承包	劳务	
1989 年	48	12	36	813	71	742	1946	52	1894	567
1990 年	13	10	3	682	679	3	1035	978	57	81

通干线的枢纽工程，为三层立体交叉，底层为贯通环城北路的机动车道，顶层为沟通京杭大运河的南北机动车道，中层为非机动车环道，形成非机动车全互通立体交叉，顶层与低层间用5条转向匝道相连。工程分两期实施，一期工程于1988年7月1日开工，1989年11月10日竣工，耗资4698万元。

杭州中河路立交桥

安徽省

重要纪事

李增堂 等

〔**合肥旧城改造**〕80年代初，合肥旧城区沿街房屋破旧，棚户危房多，政府虽想改造，因经济承受能力有限，难以实施。1983年9月开始，合肥成立旧城改造指挥部，开创了“运用经营方式，吸引社会资金，综合改造旧城”的新路。截止90年底，旧城改造吸收社会资金3.9亿元，拆迁旧危房5254户，面积25.1万平方米；新竣工房屋227幢，68万平方米，其中住宅7744套，41.5万平方米，商服、办公及配套用房26.5万平方米。改建完成的5条路、8个居住小区、12片，基本达到布局合理，配套设施齐全，还为政府大市政配套建设提供资金842万元。合肥旧城改造改变了旧城区面貌，改善了居民的居住条件。

合肥旧城改造　　张友华　摄

〔**治理整顿建筑业**〕　在全国压缩基本建设规模的形势下，全省建筑业在治理整顿中求发展，并取得了明显效果。1990年，全省城乡建设系统国营与集体施工企业共完成总产值为150788万元，比89年增长了5.9%；房屋竣工面积为400.63万平方米，比89年增长4.1%；全员劳动生产率为9075元／人·年，比89年增长4.3%。具体做法是:

（一）按照省政府“面向农村，面向社会，面向国内国际建设市场”的原则，引导部分乡镇企业回村镇承接工程；清退企业的临时工、农民合同工；回农村近101万人，引导部分企业赴内蒙、新疆、黑龙江等边远地区承揽任务，解决了部分企业出路。

（二）清理整顿公司，严格资质审查。全省1036家国营、集体、乡镇企业，压缩到852家，队伍由56万人压到41万人，保证了建筑市场力量与任务的大体平衡。

（三）各地、市建设主管部门，根据本地区基建投资情况，核定施工企业年承包能力，确定工程量，确保骨干企业的“温饱工程”。

（四）克服原材料涨价市场环境差等困难，千方百计保能源交通等重点项目建设。90年国家重点项目如芜湖港朱家桥外贸码头、风台淮河公路大桥等按期完成。

（五）整倒治贿，清查违章经营，整顿建筑市场。据15个地市设计，清查处理了无证设计、无照施工，越级承包，转手倒包工程467起，查处行贿受贿、收授回扣，共收缴非法所得1303.92万元。

（六）通过质量检查，促进了工程质量的不断提高。90年，全省一、二级施工业工程质量合格率达70%左右，比89年提高4.37%。

（七）继续深化建筑业改革。对1984年以来出台改革措施，继续保持不变，保证了政策的稳定性、连续性。治理整顿期间，本着兴利除弊的原则，对各项改革措施不断充实和完善。

（八）在企业内部深入开展增产节约运动，强化管理，提高素质，挖掘潜力，共渡难关。省建三公司、省工业设备安装公司、淮北市第二建筑安装公司被评为安徽省“创最佳经济效益”先进单位。90

年，举办了企业经理学习班3期250余人，工期质量验标准学习班3期，300余人。

(九) 完善经营承包责任制，加快施工管理体制的改革。90年全省已有70%的建筑施工企业同国家签订了承包经营责任制合同，企业同步推行了项目治理，工区、班、组承包。鲁布革工程管理经验，在十七冶试点后进行了推广。

〔勘察设计〕 1990年，通过治理整顿安徽省共有勘察设计单位396个（包括部属单位），其中甲级勘察设计单位17个，乙级单位63个，丙级单位176个，丁级单位34个。共有工程技术人员和职工19415人。其中高级工程师1611人。完成勘察设计总收入近7000万元，比去年增长40%。

推行了勘察设计单位全面质量管理。省5个甲级设计单位（省建筑设计院、合肥、马鞍山、芜湖、蚌埠市建筑设计院）已全面达标，乙级设计院也陆续展开，预计1990年全部达标。质保体系已基本形成，勘察设计优良品率在90%以上。

组织了商品化住宅、幼儿园等建筑设计方案的竞赛，共评出一等奖3项，二等奖5项，三奖16项。省建筑设计院设计的斯里兰卡高等法院大楼工程，受到我国和斯里兰卡政府领导人的赞誉，1990年获省优秀建筑设计一等奖。

进行了以设计为主体的工程总承包试点。省建筑设计院、马鞍山、芜湖、蚌埠市建筑设计院和安庆市第一建筑设计院开展这项工作后，年工程总承包额达1845万元，建筑面积3930平方米，节约投资113万元，获利95万元。

〔科技进展〕 自1984年起，安徽省在建设系统推广65个科技项目，产生了较为显著的综合效益。滁州钙塑厂生产的硬PVC下水管，在100多万平方米的建筑上应用。获省科技进步四等奖的宿县祁县化工厂生产的KH-02型冷胶料，在省内外80多万平方米建筑工程上应用，都得到了较好效益。获省科技进步奖的省建二公司研制的钢筋气压焊接工艺，仅在四项建筑工程上应用就为国家节约资金达19292元。省建筑科研所研制的非煅烧粉煤灰轻骨料生产的各种制品已在10多万平方米建筑工程上应用，已创综合经济效益达290多万元。省建筑科研所研制的明矾石膨胀剂获国家发明三等奖，在国内二十多省市推广应用，并远销斯里兰卡、新加坡和我国台湾省，应用建筑面积达150多平方米，创效益达2000多万元。省建筑科研所研制的非砂结普通砂砖已建成了6个厂家年产5000万块的生产线，每年创产值475万元，获纯利118.8万元。

〔建筑教育与人才开发〕 大学教育。1986年底经国家教委批准成立了安徽建筑工业学院，至1990年止省建设厅共投入了301万元。该院现有《工业与民用建筑》等七个专业，在校生1200人，1989至1990年合计毕业本、专科生670人。

中专教育。按建设部"七五"教育规划要求，经省教委批准筹建安徽省城市建设学校，至1990年已投入328万元。1987年开始招生，现有在校生207人。

经省教委批准创办的安庆市建筑工程学校、巢湖建筑工程学校、滁州建筑工程学校，现已初具规模，至1990年计毕业中专生607人，总规模达1100人。

中技教育。1980年经省政府批准兴建的安徽省建筑工程技工学校，现已开设瓦工、木工等十二个工种专业，共招生1505人，已毕业技工794人。

此外，先后建立了皖西建设技工学校、马鞍山建筑技校、安庆建筑技校、阜阳建筑技校等。其中皖西建设技工学校已拥有固定资产150万元，500人规模的职业技术学校。走出了一条在大别山贫困老区靠集资和创收相结合的办学新路。

成人教育。1990年建筑企业"十一大员"岗位培训3874人，房地产业"六大员"岗位培训544人。经省教委批准举办的干部中专专业证书班，1988-1990年共招生2757人，大专证书教学班共招生592人。电视职工中专房地职工中专、蚌埠城建职工中专、省建职工中专等成人中专校，到1990年已毕业2200人，现在校生仍有408人。省建总公司、蚌埠市建委举办继续教育16期学习班，培训了688人。

〔村镇建设〕 1989年全省共建村镇住宅2950万平方米，公共建筑217万平方米，生产建筑291万平方米，1990年度，全省共建村镇住宅2950.89万平方米，公共建筑295.30万平方米，生产性建筑299.33万平方米，到1990年底止，全省村镇共拥有住宅7.76亿平方米，其中砖瓦平房5.35亿平方米，占68.89%，楼房0.77亿平方米，

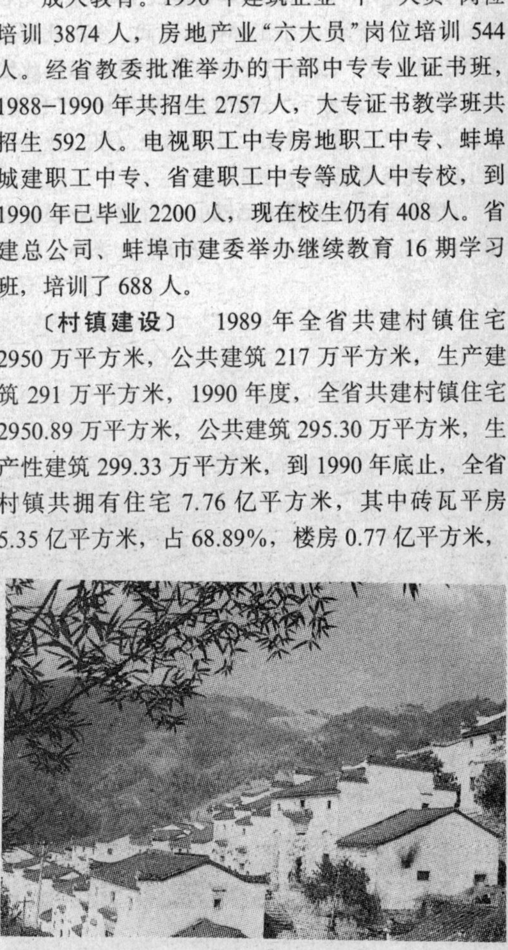

翁见县新杨村新貌

占总面积的 9.97%，公共建筑 6441.36 万平方米。生产性建筑 6489.69 万平方米。

1990 年度村镇规划工作的重点是继续编制新规划和调整完善已有规划。全年共编制村镇建设规划 11443 个，调整完善规划 8568 个。到 1990 年底累计编制建设规划 219437 个。其中建制镇 406 个、集镇 2663 个、村庄 216368 个。

现在全省村镇建设已由自由发展逐步走上有领导按规划建设的轨道。例如滁州市村镇建设工作在各级都有专门的管理机构和人员，每个村庄和集镇都编制了规划，并且按规划建设，通过迁村并点和调整改造，全市共腾出基地 500 多亩，扣除建房占地 100 多亩，净增耕地 400 多亩。村镇建设管理机构得到加强，全省现有各级村镇建设管理人员 2211 人。

〔建筑工会 1990 年重大活动〕 深入开展了以“双增双节”为主要内容的竞赛活动，全省建设系统共评比表彰先进单位 62 个，模范班组织 56 个，先进集体 29 个，劳动模范 54 名，积极开展合理化建议、岗位练兵、技术比武活动。据全省 12 个地市统计，职工提合理化建议 9664 条。先后组织全省五个行业七个工种技术比武，参加比赛选手 29942 人次。成立了安徽省建设职工思想政治工作研究会，创办了“安徽省建设职工研究”刊物。评比表彰 13 个思想政治工作优秀企（事）业单位和 14 名优秀思想政治工作者。

〔建筑业联合会重大活动〕 省建筑业联合会和省施工企业管理协会，于 1990 年合署办公，现有一个评审委员会，五部一室和九个专业分会；一个评审委员会是安徽省施工优质工程和质量管理奖评审委员会；五部一室是经营管理研究部、质量技术部、人才培训部、信息交流部、组织联络部、办公室。

九个专业协会是集体建筑企业协会、劳动定额研究会、安装协会、材料协会、混凝土协会、勘察设计研究会、安全技术协会、装饰协会、质量监督研究会。目前，合肥、芜湖、马鞍山、铜陵、黄山市、阜阳、滁县、六安、宿县地区相继成立了联合会和工作组。

重 点 工 程

李增堂　等

〔总后汽车综合性能试验工程〕 位于安徽定远县境内，是国内第一个军民用汽车各项性能试验及产品定型与开发的科研基地。总投资 2285 万元。工程主要包括 4000 米高速环行跑道和 2212 米综合性能试验路。由上海市政工程设计院设计，铁道部第四工程局机械筑路工程处承建。于 1986 年 10 月 31 日开工，1989 年 12 月 15 日竣工。1990 年元月，被解放军总后勤部车船部评为优良工程。此项工程，90 年被中国建筑业联合评为鲁班奖工程。施工中，采用的膨胀土加固措施、高环曲线路面测量与控制方法、混凝土真空吸水新工艺、混凝土板块传力杆定位器、曲线高陡坡混凝土路面浇灌与整平活动盖模等先进的技术，较好地保

总后汽车试验场

七桂塘市场　　徐闻季　摄

证了施工进度与质量，特别是混凝土板块传力杆定位器，获国家发明专利。

〔**安徽省儿童医院**〕　拥有病床300多张，能接纳2500人就医。安徽省建筑设计院设计，安徽省三建公司负责土建部分施工，安徽省设备安装公司负责水电安装，1985年3月开工，1988年10月竣工。占地97亩，高为53.9米，建筑面积13264平方米，主楼16层，现浇框架剪力墙结构。该工程经公司申报安徽省建筑业联合会推荐，省政府批准为1990年度省优质工程。

〔**合肥七桂塘市场**〕　市场位于三孝口商业中心地带，是一座集商业、住宅、办公、教育、娱乐为一体的第三代步行街区。工程拆迁危旧房364户，面积20590平方米；新建房屋64660平方米，投资5046万元。工程分两期于84年3月至85年12月和87年12月至91年5月建成交付使用。一期工程利用东西地形高差，主街建有长63米的7个叠泉水池，植7棵桂花树，给七桂塘赋予了新的内涵；二期工程以4个层层向外退台建筑群，围合成下沉式广场，中心设置了绿化、喷泉和大型雕塑，丰富了购物、游憩空间。该工程由安徽省建筑设计院设计，安徽省建一公司、合肥市建一公司施工，合肥市城改指挥部实施综合开发。

〔**凤台淮河公路大桥**〕　在安徽省凤台县境内，位于淮河中游，对沟通蒙城、颖上、利辛、寿县的交通起着重要作用。该桥是1982年决定兴建的安徽省“七、五”重点工程。煤炭部、交通部和地方共投资2005万元，由安徽省公路勘测设计院设计，安徽省公路桥梁工程公司承建，于1985年10月开工，1990年5月1日竣工。桥全长757米，计15孔，为连续预应力混凝土斜拉桥。桥面宽20

凤台淮河公路大桥

米，其中行车道宽15米，两边人行道宽各2.5米。主桥5孔分别为38米、76米、224米、76米、38米。索塔为钢筋混凝土门式框架，高89.92米。引桥计10孔均为垮径30米的预应力T型梁，设计荷载汽—超20吨，挂—120吨，通航净高8米，地震裂度按8级设防。

〔**芜湖港朱家桥外贸码头工程**〕　位于长江南岸的芜湖市长江路朱家桥新港区。由于芜湖港地处长江三角洲，是长江溯江而上的最后一个深水港，地理条件优越，经济腹地广阔，所以此项工程对安徽省和芜湖市的改革开放和外贸运输起着重要作用。该工程由交通部第二航务工程局第四工程公司、芜湖市第一、三建筑工程公司等单位于1986年9月18日开工，1990年10月31日竣工。工程初步概算为7244.29万元。调整概算为8007.72万元。其规模为三个五千吨级海轮泊位及配套设施。设计年吞吐量为90万吨，年最大通过能力为152万吨。其主要特点是：水工工程为总长402米，总宽30米高桩梁板式结构；6座引桥平均长130

安徽省1989年～1990年建筑业基本情况(一)

企业类别	企业个数(人)		年末全部职工人数(人)		固定职工		全部职工平均人数(人)		建筑业总产值(万元)		施工产值		全员劳动生产率(元／人)		房屋竣工面积(万平方米)		人均房屋竣工面积(平方米)		房屋竣工率(%)	
	1989年	1990年	1989年	1990年	1989年	1990年	1989年	1990年	1989年	1990年	1989年	1990年	1989年	1990年	1989年	1990年	1989年	1990年	1989年	1990年
一、全民所有制	121	125	240939	243011	—	—	239634	236283	255484	283162	241345	269692	10071	11414	264	261	12.2	—	40.4	43.4
二、集体所有制	229	213	115165	111304	—	—	109541	104750	86784	85286	79989	80768	7302	7711	273.2	251.6	24.9	24.0	52.2	53.2

说明：1.全民所有制企业包括中央部属企业；

2.集体所有制企业是指城镇集体企业；

安徽省1989年～1990年建筑业基本情况(二)

企业类别	年末固定资产(万元) 原值		净值		定额流动资金平均占有额(万元)		利润总额(万元)		工程成本降低额		税后利润(万元)		上缴税金(万元)		工程成本降低率(%)		工程质量优良品率(%) 按单位工程个数		按房屋面积计算		产值利润率(%)	
	1989年	1990年	1989年	1990年	1989年	1990年	1989年	1990年	1989年	1990年	1989年	1990年	1989年	1990年	1989年	1990年	1989年	1990年	1989年	1990年	1989年	1990年
一、全民所有制	175472	189013	122383	128450	107189	109335	5241	3761	−1435	−2667	4713	—	7022	7057	−0.7	−1.1	44.2	42.9	26.1	25.4	2.3	1.3
二、集体所有制	25356	26146	17592	18770	48137	57791	1337	392	1242	163	—	—	2220	2324	−2.0	0.2	—	7.4	—	8.6	1.7	0.5

米，宽9米，上部结构为30米跨后张预应力T型梁；防汛墙为钢筋混凝土⊥型结构，深498米；后方堆场及道路为混凝土面层，共87411平方米；堆场桥吊基长1276米；1号、2号仓库共25868平方米；生产辅助设施共12265平方米；生产福利设施共18551平方米；主要装卸设备共92台；供电及照明、给排水工程等配套齐全。

安徽省1989年～1990年建筑业基本情况(三)

企业类别	年末自有机械设备台数(台)		年末自有机械设备价值(万元)				年末自有机械设备总功率(千瓦)		技术装备率(元/人)		动力装备率(千瓦/人)	
			原值		净值							
	1989年	1990年	1989年	1990年	1989年	1990年	1989年	1990年	1989年	1990年	1989年	1990年
一、全民所有制	52615	53779	102020	110149	67965	70868	1215092	1159511	2821	2916	5.	5.
二、集体所有制	23934	27083		11501		8265	177871	173606		743		1.6

福 建 省

重 要 纪 事

宋杰　李雄

〔**推行全面质量管理，组织质量大检查**〕　1989年和1990年，全省积极开展TQC小组活动和质量教育。据不完全统计，坚持经常性QC成果活动的QC小组有568个。1989年，获全省建设系统优秀QC小组24个（其中施工18个，设计6个），获国家优秀QC小组3个。1990年，全省工程建设系统评选出优秀QC小组18个，先进QC小组14个。其中有2个获得国家优秀QC小组称号。

1989年和1990年分别对全省一、二级施工企业和部分三级施工企业进行工程质量年检。1989年工程质量的总合格率为59.8%，比1989年提高20.1%。1990年抽查45个竣工工程，合格工程31个，合格率为68.9%，同1989年随机抽查的15个竣工工程相比，合格率提高2.2百分点。但工程质量的总体水平仍然较低，质量通病还远未消除。

〔**加强建设工程造价管理**〕　1989年和1990年，省建委先后颁发了《福建省抗震加固工程预算定额》、《福建省房屋修缮工程预算定额》、《全国统一安装工程预算定额福建省单位估价汇总表》、《福建省建筑工程直接费价格指数管理办法（试行)》、《福建省安装工程直接费价格指数管理办法(试行)》、《福建省建筑工程综合预算定额》(修订本)、《全国统一施工机械台班定额福建省台班单价表》、《福建省建筑安装工程费用定额》和安装工程补充单位估价表，同时对建筑工程、安装工程和市政工程实行直接费价格指数管理，每半年发布一次价格指数，既有效地控制了工程造价，又加强了对工程造价的动态管理。

〔**建筑安全监察网初步形成**〕　全省建筑业自1983年推广三明市建筑施工安全监察工作经验以来，至1990年止，福州、厦门、三明、泉州、漳州、莆田、宁德等7个地（市）和20多个市、县（区）陆续建立了安全监察机构，配备了105名安全监察员；初步形成了专业监察、行政管理、群众监督三结合的安全生产监察网。1990年职工因死亡人数和重伤人数比1989年有明显下降。1990年度全省建筑施工安全大检查，抽查了9个地（市）的45个施工企业、48个单位工程。其中：达到优良标准的有9个，达到合格标准的有29个，职工的人身安全进一步得到保障。

〔**1990年全省建设工作会议**〕　省人民政府于1990年5月4日至6日在福州召开全省建设工作会议，传达全国建设工作会议和全国重点建设工作会议精神；表彰1989年度全省重点工程建设先进集体和个人以及国家级、省级优秀工程、优秀QC小组，部署1990年全省重点项目和建设工作任

务。省委、省人大、省政府、省政协领导及全省建设系统代表250人出席了会议。

〔**集体建筑企业重视人材培训**〕 全省有四级以上集体建筑企业558家，19万多人，近两年来，以厦门建筑职工中专和省集体建筑培训中心为龙头，先后开办各种技术培训班193期，参加人数17298人，其中培训经理735人，预算员663人，施工员13088人，财会员1375人，质安员919人，统计员518人。已评定为中级工程技术、经济职称的有211人，初级工程技术、经济职称的有10838人。与此同时，还发展了成人教育，先后挑选思想好、文化高的职工900多人送入成人中等专业学校深造，同1989年以前相比，职工队伍素质有了明显提高。

〔**整顿建筑市场取得成效**〕 1989年，以全省12个城市的建筑市场（含设计、施工、房地产等）作为主要整顿对象，开展整治工作。先后查出违章违纪项目502项。其中转包渔利41项、越级承包工程25项、无照施工240项、联合串标2项、出卖资质证书4项、设计单位指定购卖劣质材料或施工单位偷工减料造成工程质量低劣的35项、无证设计121项、越级设计4项、出卖设计证书和营业执照、银行帐号的27项。1990年继续开展以非法转包和挂靠施工为重点进行整顿工作，对厦门、漳州、泉州、福州四市随机抽查38个施工企业、87个建设项目、96个单位工程，其中转包或变相转包和挂靠施工的有16项，建筑市场管理混乱现象开始好转。

〔**加强科研成果推广**〕 1989年，全省建设系统开展科研课题共33项，其中通过技术鉴定的19项。获得国家科委科技进步一等奖的1项、获省科委科技进步奖的4项。推广了粘土空心砖、硬聚乙烯塑料排水管、钢筋气压焊接、混凝土减水剂、预应力迭合板、锚杆静压等10余项新材料、新技术、新结构。1990年，省水利水电工程局承担的大田坑口水库碾压混凝土施工工艺、省一建公司承担的福州火电厂80.7米跨干煤棚装吊技术、省公路二公司承担的福州洪塘大桥120米跨索道安装施工技术等，获得建设部颁发的全国施工技术进步优秀项目奖。

〔**村镇建设继续发展**〕 1990年全省共有村庄84502个，集镇908个，其中建制镇227个（不含56个县城关镇）。村镇总人口2513万人，占全省总人口的84%。这一年有13.47万户居民建了住宅，占村镇总户数的2.53%。新建住宅1560万平方米，其中楼房占61.8%。全省村镇人均住宅建筑面积为24平方米。公路、自来水等村镇基础设施也比过去改善。

1990年，全省村镇还新建公共建筑239万平方米。大部分为乡镇企业和公益事业单位。全年用于村镇建设的投资为30.2亿元，与1989年的29.8亿元基本持平。

南安县官桥镇华侨新村

南安县官桥镇南丰纺织有限公司生产车间

重 点 工 程

薛昭凯

〔**福马一级公路建成通车**〕 福州至马尾一级公路全长19公里。其中市区六一路口至下院段6.3公里已于1985年建成通车；工程艰巨的下院至马尾段12.7公里，投资8444万元，于1985年3月开工，1989年8月全线建成通车。扩建工程由省交通规划设计院测设，省公路局主持建设，32343部队和省公路二公司负责施工。古山、马尾隧道（单洞总长5073米），是全国第一条公路双洞隧道，被评为国家优质工程银质奖。

〔**福州洪塘大桥建成通车**〕 洪塘大桥位于闽江下游福州市西郊，横跨闽江南港。全桥48孔，长1849.5米，最大跨径120米，桥面引车道9米，两侧人行道各1.5米，接线长度8.08公里。该工程投资5134万元，由省公路局主持建设，省交通规划设计院设计，省公路二公司施工，1987年3月开工，1990年12月建成通车。该大桥下部

福建省 1989 年～1990 年建筑施工企业基本情况(一)

企业类别	企业个数(个)		全部职工平均人数(人)		年末全部职工人数(人)		建筑业总产值(万元)		施工产值		全员劳动生产率(按施工产值计算)(元)		房屋竣工面积(万平方米)		人均房屋竣工面积(平方米)		房屋竣工率(%)	
		1990 年	1989 年	1990 年	1989 年	1990 年	1989 年	1990 年	1989 年	1990 年	1989 年	1990 年	1989 年	1990 年	1989 年	1990 年	1989 年	1990 年
全省合计	1001	1008	292571	290036	298708	302598	298706	326090	289647	317675	10210	10953	744.7	737.2	25.5	25.4	51	
一、全民所有制	48	49	84411	82545	84411	87544	123237	133931	116641	128436	14602	15560	134.4	139.94	15.9	17.0	39.4	
1.中央部直属	6	6	19250	17493	19250	18646	34171	34468	31846	32812	17797	18757	12	10.13	6.3	5.8	31.8	
2.地方所属	42	43	65161	65052	65161	68898	89066	99463	84795	95624	13660	14700	122.4	129.81	18.8	20	40.3	
二、城镇集体所有制	307	307	104076	106683	104076	105085	99526	113413	96913	110493	9563	10357	368.3	359.33	35.4	33.7	53.2	54.3
三、农村建筑队	646	652	104084	100808	110221	109969	75943	78746	75943	78746	7296	7811	242	237.93	23.3	23.6	57	63.4

福建省 1989 年～1990 年建筑施工企业基本情况(二)

企业类别	年末固定资产(万元) 原值		净值		定额流动资金平均占有额(万元)		利润总额(万元)		工程成本降低额		税后利润(万元)	上缴税金(万元)		工程成本降低率(%)		工程质量优良品率(%) 按单位工程个数计算	按房屋面积计算	产值利润率(%)	
	1989 年	1990 年	1989 年	1990 年	1989 年	1990 年	1989 年	1990 年	1989 年	1990 年	1989 年	1989 年	1990 年	1989 年	1990 年	1989 年	1989 年	1989 年	1990 年
全省合计	94662	101889	70254	73915	91496	132656	4753	5014	3563	3970	2982	5624	8500	1.9		28.8	16.5	1.6	1.5
一、全民所有制	69035	73065	51418	52966	40597	43120	3003	3263	1596	885	1939	3440	4796	1.5	1	48.2	25.4	2.4	2.4
1.中央部直属	25961	27930	19973	20771	8689	9453	1016	416	458	367	816	471	991	1.5	1.2	85.5	54.2	2.9	1.2
2.地方所属	43074	45135	31445	32195	31908	33667	1987	2847	1138	518	1023	2969	3805	1.5	0.9	29.8	22.6	2.2	2.9
二、城镇集体所有制	25627	28824	18836	20949	50899	89536	1750	1751	1967	2250	1043	2184	3704	2.3	2.28	9.9	13.2	1.8	1.5

福建省1989年～1990年施工企业技术装备情况

项目 / 年度 / 单位	年末自有机械设备台数(台)		年末自有机械设备价值(万元) 原值		年末自有机械设备价值(万元) 净值	
	1989年	1990年	1989年	1990年	1989年	1990年
全省合计	52646	40347	45532	56779	33403	38563
一、全民所有制	18964	6222	37606	43722	25943	29768
1.中央部直属	2741	1166	14750	20011	10893	14323
2.地方所属	16223	5056	22856	23711	15061	15445
二、城镇集体所有制	33682	34125	7926	13057	7460	8795

项目 / 年度 / 单位	年末自有机械设备总功率(千瓦)		技术装备率(元／人)		动力装备率(千瓦／人)	
	1989年	1990年	1989年	1990年	1989年	1990年
全省合计	627411	637266	1141.7	1329.6	2.1	2.1
一、全民所有制	383294	395523	3061	3400	4.5	4.5
1.中央部直属	118194	131476	5187	7682	5.6	7.1
2.地方所属	265100	264047	2361	2242	4.2	3.8
二、城镇集体所有制	244117	241743	668	840	2.2	2.3

基础全部为钢筋混凝土钻孔灌注桩，上部采用预应力钢筋混凝土结构，主孔由两个下承式预应力三角桁架T构组成，其他孔主要采用体外索连续箱梁和T型筒支梁。

〔**沙溪口水电站全部建成投产**〕　该项目是国家“七五”期间重点建设项目。为日调节低水头发电站，水库容量1.64亿立方米，拦河大坝为混凝土实体重力坝，最大坝高45米，装机容量30万千瓦（4×7.5万千瓦），年发电量10.24亿千瓦时，并兼有航运、过木等综合效益，总投资7.05亿元。该电站由华东水电勘察设计院设计、水电部闽江工程局主持建设，主体工程于1984年7月正式开工，1987年后每年建成投产一个机组，到1990年底止四台机组全部建成投产。

沙溪口水电站

〔**福州至南平长途光缆数字通信工程建成开通**〕　通信线路全程202.4公里，8芯光缆和140兆比／秒数字通信设备从德国西门子公司引进，终期容量为4个系统7680路长途话路，总投资1540万元。本工程由省邮电勘察设计院设计，省邮电工程公司等负责施工，1988年12月开工，1989年9月竣工交付使用。

〔**福建省第一座专用煤码头建成投产**〕　该码头位于福州亭江乡松门村，是国家北煤南调系统工程的卸煤码头之一。码头工程一次建成，上部配套设施分期建设，第一期年接卸能力为80万吨，年吞吐能力110万吨。工程内容主要有万吨级卸船泊位一个，500吨级装船泊位二个，均为高桩梁板结构，工作船码头一座，煤堆场3.34万平方米，总投资8272万元。该工程由交通部三航院、省交通规划设计院测设，交通部三航局、省建工总公司总承包施工，1987年10月正式开工，1990年7月建成投入试生产，1990年12月通过竣工验收。

煤码头　　　　程钟康　摄

〔**厦门东渡港二期工程开工建设**〕　二期工程有四个深水泊位，年吞吐能力350万吨，其中3.5万吨级集装箱泊位一个，2万吨级杂货泊位二个，2.5万吨级煤炭泊位一个，总投资2.70亿元，其中世界银行投资1.4亿元，是我省第一个利用外资建设的港口项目。1989年11月开工建设。

福州粉磨站

〔**顺昌水泥厂福州粉磨站建成投产**〕　福州粉磨站是顺昌水泥厂的配套项目，年粉磨水泥熟料30万吨，水泥磨等主机设备是顺昌水泥厂成套引进的，总投资5047万元。该工程由武汉水泥制品设计研究院设计，省建筑总公司总承包施工，1988年4月开工，1990年2月建成投入试生产。产品一半散装，一半袋装。

〔**福建炼油厂全面开工建设**〕　该厂位于湄洲湾南岸的惠安县肖厝地区，为年加工原油250万吨的燃料型化工厂。总投资10.33亿元，1990年6月正式开工，土建工程已全面展开，厂区第一批常减压、蒸馏、重油催化裂化、气体脱硫、催化氧化脱硫醇和硫磺回收等五套装置已逐步转入设备安装。

〔**三明化工厂扩建电石工程建成投产**〕　四号电石炉，年产电石4万吨，总投资3876万元，由省化工设计院设计，省一建、省工业设备安装公司施工，1987年6月开工，1989年12月建成投产。

〔**福州煤气工程加紧建设**〕　福州煤气工程建设规模日供气30万立方米，可供10万户居民和部分工厂用气，关键设备由西德引进。总投资1.43亿元，1987年12月开工，已列为全省重点项目，加紧建设。

〔**省广播电视中心基本建成**〕　该中心位于福州市五一广场附近，是我省广播电视的枢纽工程，建筑面积2.31万平方米，总投资5082万元。建成后可播出两套彩色综合电视节目、三套语言和一套立体声调频广播节目。主楼2.16万平方米，九层，高47.4米。1985年8月开工，主楼已进入设备安装调试扫尾阶段。

〔**福州建成第一条骑楼街**〕　茶亭街是福州市区南北交通中心扭带地区，全长1100米，住有商居1211户、8106人，建筑面积450万平方米。由于道路狭小、房屋破旧危屋多，给群众交通、生活带来不方便。1990年初，由台江区政府组织改造茶亭建骑楼式街道。共投资3100万元，道路从15米拓宽到24米，建成福州第一条骑楼街。建筑面积8.76万平方米，其中：商业网点2.5万平方米，住宅6.26万平方米，居民人均居住面积从原来的2.9平方米提高到10平方米，住房条件明显改善。

江　西　省

重　要　纪　事

朱子湘

〔**召开全省建设局长会议**〕　1989年3月1日～4日，经省人民政府批准，江西省建设厅召开全省地、市建设局长会议，主题是“振奋精神，开拓前进”，贯彻落实全国建设会议精神，总结和安排全省建设工作。

1988年江西省建设系统的工作取得明显成绩，全省40个国营施工企业完成产值比上年增长20.7%，住房制度改革按计划进展顺利，城市公用事业增加新的生产能力。但是，建筑业和整个建设系统面临严峻形势：压缩基本建设规模，全省约有7万建筑工人处于停工、半停工状态，企业处境困难；建筑业利润低微，缺乏自我积累、自我改造、自我发展能力；建筑市场发育不健全，经济秩序混乱的状况依然存在。

这次会议就是针对这些存在的问题，为巩固和发展大好形势而召开的。

〔**工程建设监理已有一个好的开端**〕　1989年7月开始对两项工程实行建设监理。一是南（昌）——九（江）汽车专用公路工程。全长112.82公里，合同造价1.44亿元人民币（其中世界银行投资占55%）。业主是江西省交通厅。监理是江西交通建设咨询公司，丹麦金硕国际有限公司。承包商为中国冶金建设公司、南斯拉夫英格拉公司联合体。二是南昌大桥工程。全长8982.53米，其中跨越赣江桥长2780米。世界银行贷款2980万美元。业主是南昌市城市建设局。监理是南昌大桥监理工程师办公室。承包商是铁道部大桥工程局五处和中国路桥公司福建分公司。两个建设项目部分工程实行国际上通用的“菲迪克”（FIDIC）条款管理。

经过一年多监理实践，监理部门严格按合同工期要求组织施工，严格按质量标准监督核验，严格按计量支付价款，已取得良好效果。监理部门既依据合同（FIDIC）、技术规范严格监理，又协助承建单位探求保证工程质量、降低成本、加速进度的方法。

全省建筑工程建设监理试点地区为南昌市。该市建筑管理局已成立工程监理科，原则同意江西省建筑设计院和南昌飞机制造公司组建建筑工程监理事务所，草拟了《南昌市建设监理试行办法》，已选定监理试点工程10个。

〔**临川、广丰、瑞金三县成为第一批国家建筑劳务基地**〕　经建设部、农业部、国务院贫困地区经济开发领导小组批准，江西省临川、广丰、瑞金三县列为第一批由国家重点指导的建筑劳务基地。

在优选国家建筑劳务基地过程中，江西省建设厅会同省老革命根据地建设委员会、省乡镇企业管理局，对符合条件的县（市）作调查研究，反复对比条件，最后上报批准。

〔**省直七单位联合召开工程建设技术进步会议**〕　1990年3月22——24日，经省政府批准，江西省计委、省建设厅、省科委、省经委、省建材局、省建设银行、省建筑工程总公司联合召开全省工程建设技术进步会议。全省11个地、市，各有关部门及设计、施工、教学、科研单位的领导和技术负责180余人出席。会议形成主要文件有：《江西省工程建设技术进步近期实施意见》、《江西省工程建设适用技术推荐项目》等。

〔**全省重点工程建设进展顺利**〕　1989～1990年江西省共安排重点建设工程48项，计划投资29.7亿元，占全省同期全民所有制投资的34.4%。其特点：一是能源、交通、原材料等基础工业和支农工业得到加强；二是加强了与人民生活密切关系的工程建设。三是设计、施工单位在建设中优化设计，运用新技术。两年获全国优秀设计奖2项，全国科技进步奖1项。

江西省在贯彻中央治理整顿方针中，认真调整投资结构，加快了重点工程的建设。48项重点工程，两年建成投产17项，部分建成投产6项，基本建成联动试车2项，主要行业及新增生产能力有：新增发电装机容量24.02万千瓦；为鹰厦铁路电气化配套的输变电工程3.15仟伏安变电站及110kV240公里输电线路建成投产；南昌煤气工程气源厂建成联动试车（日产煤气437万立方米）。新增原煤生产能力75万吨；南昌——高坊一级公路15.4公里；昌江渠化工程通航300吨级；浙赣铁路江西境内75.1公里复线投人运营；德兴铜矿三期工程日采、选矿石6万吨（前3万吨）建成联动试车；啤酒3万吨；棉纺锭2万枚，毛纺锭4800枚；单镜头反光照相机10万架。

〔**推行以设计为主体的工程总承包**〕　1989年11月，江西省计划委员会等四家联合制订了《江西省设计单位推行工程建设总承包试点工作的暂行办法》，1990年9月省计委批准14家设计单位为江西省工程总承包试点单位。两年试行结果表明，各试点工程在优化设计方案、缩短工期、保证施工质量、控制工程投资等方面均起到了很好的作用，同时为设计单位实行企业化开辟了新的途径。

江西省电力设计院从1988年2月起先后承接6个工程总承包项目，总投资达8000万元。在完成工程总承包中，实行了投资、质量、工期三控制，取得了良好的经济、社会效益。其中白沙至吉安220千伏输电线路，全长71.4公里，工程总投资1370万元，1988年年初设计、施工，当年建成，1989年元月27日送电一次投运成功，创江西省同类工程建设速度之冠，工程质量好，优良品率达99.88%，工程总造价降低4.8%。景德镇市建筑设计院先后总承包了仿古建筑“龙珠阁”、省陶瓷研究所艺术楼等10多项工程。累计完成资金额710万元，施工面积5200平方米，收入32万元。

〔对骨干施工企业实行倾斜政策〕 1990年12月24日，经省人民政府批准，江西省为帮助全省一、二级施工企业解决目前施工任务不足的问题，特作如下规定：

国家和省基建、技改重点项目，由省重点工程建设办公室负责管理，会同有关部门在全省一、二级施工企业中实行计划分配和招标投标（或议标）相结合的原则，确定施工单位。

非重点建设项目，总投资一千万元以上生产性项目及四百万以上的非生产性项目，六百万元以上的技改项目，由省建设厅负责管理，会同有关部门实行计划分配和招标投标（或议标）相结合的原则，确定施工单位。

除上述以外的建设项目，由项目所在地的建筑业主管部门会同当地有关部门，实行招标投标或议标。省属施工企业在全省范围内参加建设项目的招标或议标。在同等条件下决标，执行优先国营、优先高资质等级、优先信誉好、优先城市的施工企业的原则。禁止任意压低标价的作法，凡标价上下浮动超过5%的均为废标。

〔南昌被列为建筑业行业管理试点城市〕 南昌市政府在国家体改委和原城乡建设部指导下，1985年2月成立建筑管理局，负责实施对全市建筑业的行业管理。五年来该局按照统筹、协调、监督、服务的方针，做到了政府职能上的三个转变：管理内容由微观管理转向宏观管理；管理方法由直接管理转向间接管理；管理范围由部门管理转向行业管理。

行业管理实现了六统一：统一管理建筑队伍，统一管理工程招标投标和建筑市场，统一管理工程质量和安全生产，统一管理、实施行业法规和建筑经济政策，统一管理对外工程承包和劳务输出，统一搞好行业规划和宏观调控。

改革实践表明：全市建筑业行业管理局面已经打开，管理体制和工作关系基本理顺，建筑市场总量调控取得平衡，市场秩序基本良好，企业在深化改革中活力增强并得到发展，工程质量稳定提高。

建设部和国家体改委为了把城市建筑业行业管理试点工作推向前进，1990年9月18日确定，南昌市被列为全国继续进行建筑业行业管理的19个中心城市之一。

重点建设

朱子湘

〔滕王阁重建工程〕 滕王阁系唐太宗之弟滕

滕王阁

王李元婴创建，后因初唐四杰之一王勃作《滕王阁序》而声名大振，与黄鹤楼、岳阳楼并称江南三大名楼。1300余年来，屡毁屡建，盛誉不衰。此次重建系第29次重建，座落在南昌市沿江大道中段，赣江与抚河的交汇处。

重建的滕王阁台高12米，主阁净高57.5米，"明五暗四"共九层，南北配有回廊连接的两个辅亭，建筑面积1.3万平方米，占地4.3公顷。工程总造价约3000万元。整个建筑按宋式营造，钢筋混凝土仿木结构。

1983年，南昌市人民政府成立重建滕王阁筹备委员会并奠基。1985年10月破土动工。1989年10月隆重举行主阁竣工开放大典。1990年10月全阁竣工，全面对外开放。

〔江西省体育馆〕 总建筑面积18620平方米，设有观众座位8000席，建筑平面呈长八边形，东西长84.32米，南北宽74.6米，比赛场地为32×48米，拉出活动座位后可变为24×40米。工程总投资4600万元，其中土建2135万元。按国际体育比赛要求设计，可供多种运动和球类比赛使用，同时也可作为影剧演出、杂技表演和大型集会使用，是一个现代化的多功能体育建筑。

该工程采用大型空间曲线钢筋混凝土变截面拱(空腹式)悬吊二块平板网架结构方案。拱矢高51米，跨度88米。围护墙体采用钢支架悬挂钢丝网水泥斜墙等做法。为了提高拱架的刚度、减小施工期间的变形，在施工中采用了"锚索假截"施工法，荣获建设部1989年度科技进步三等奖，江西省1989年度科技二等奖。

江西省体育馆内景

本工程1986年8月开工，1990年5月竣工投用。

设计单位：南昌有色冶金设计研究院。主要勘察设计人员：工程总设计师张维杰。建筑设计：王伟元，姚坚，杨四明。结构设计：姚裕昌，吴东，李亚昌、程懋方。

施工单位：江西省建筑工程总公司所属省第一建筑工程公司、省工业设备安装公司、省机械施工公司。

〔江西省人大常委会办公楼〕 位于南昌市北京西路北侧省政府大院内，主楼建筑面积6800平方米，共12层。最高标高45米，主楼前有供停车和绿化用的广场。附属设施（锅炉房、冷冻机房）位于主楼北侧。

江西省人大常委会办公楼

1985年6月开工，1989年元月建成交付使用。工程造价303.8万元。

设计单位:江西省建筑设计院.主要设计人员：建筑：关恕初、黎小清、贺志平。结构：陈汉明、王书源。

施工单位：江西省第一建筑工程公司。

〔江西省建设银行综合楼〕 位于南昌市井冈山大道和建设路延长线的交汇处，建筑面积7837平方米。总造价438.87万元。

主楼高15层（含地下一层），为南北向一字形建筑。底层为营业大厅、二层为计算机房，三层以上为办公用房。裙房两层，底层为厨房和餐厅，二层为多功能厅，可供300人开会使用。

1987年12月开工，1989年6月竣工。

设计单位：江西省建筑设计院。主要设计人员：建筑：许志航、金洪、周里。结构：万腊如、谭希平。

施工单位：江西省第一建筑工程公司。

〔南昌工人体育馆〕 位于南昌市工人文化宫内，东临广场北路，西邻科技大楼，建筑面积3943平方米，高14米。

1985年3月开工建设，1989年1月建成。总造价171万元。

设计单位：江西省建筑设计院。主要勘察设计人员：建筑：朱英昊、李永华、王运水。结构：赖家纲、肖毅强。

施工单位：江西省第二建筑工程公司。

〔**南昌电厂扩建更新改造工程**〕 位于南昌市郊七里街，北临赣江。原八台机组总容量为98兆瓦（MW），机组小、煤耗高，满足不了南昌市用电的需要。1985年江西省人民政府把在该电厂扩建两台125MW高温高压发电机组定为省重点建设项目，总投资27963.65万元。由省电力工业局负责实施，省电力设计院设计。土建施工分别由省火电建设公司和省水电工程局承担；安装工程由省火电建设公司承担。电厂扩建占地4.5公顷，总建筑面积47077平方米，其中主厂房14315平方米。烟囱高210米，钢筋混凝土结构，安装有静电除尘设备扩建工程于1985年7月动工，两台机组分别于1988年9月和1989年9月竣工投产。

〔**景德镇市旅游宾馆**〕 位于江西省景德镇市中心莲花塘风景区，占地面积1.28公顷，建筑面积12000平方米，主楼六层，二跨钢筋混凝土框架结构，总投资460万美元（与香港合资兴建），拥有157套客房，300张床位。

本工程设计紧密结合地形和自然环境，与周围的荷塘、小径、园林、亭台互相映衬，融为一体。平面布置采用丫型内廊式，中心位置为竖向与水平交通联系点，满足了标准层服务半径最小和设备管道经济的要求。1987年3月开工，1989年5月建成交付使用。工程总造价2100万元。

设计单位：景德镇市建筑设计院。协作单位：景德镇市陶瓷工业设计院。施工单位：江西省第二建筑工程公司，省水电安装工程公司。主要勘察设计人员：黄浩，周淞，余方同，张怡轩，江亲谊。

〔**江西省良茂大厦**〕 位于南昌市火车南站广场南隅，占地面积11040平方米，主楼有办公、旅馆两大部分，裙房为餐厅、茶室和商店。

主楼建筑平面呈Z形，主体13层，局部14层，高50米，总建筑面积10134平方米，152间住房，316个床位。

本工程为一综合性建筑，集旅馆、办公、业务洽谈、会议、商店、餐厅、娱乐于一体。建筑造型采用平面切角处理手法，富有雕塑感。建筑结构为全框架一柱一桩体系。1987年10月开工，1990年3月竣工。总造价480万元。

设计单位：江西省环球建筑设计事务所。主要设计人员：蔡希熊、方奋，恽同庆。施工单位：江西省第一建筑工程公司。

〔**南昌中西医结合医院门诊综合楼**〕 位于南昌市老福山。建筑面积12000平方米，地下一层，地上12层。框架剪力墙结构。平面呈折线性，中部为公共活动空间，两翼为各种医疗科研用房。工程投资450万元。1985年12月开工，1990年部分使用。

设计单位：南昌市建筑设计院。主要设计人员：周佩启、曹文锋、朱春芳、林江、文柏英。

施工单位：南昌市第一建筑工程公司。

〔**南昌煤气工程**〕 由气源厂和输配工程组成。气源厂建设42孔焦炉一座和九台煤气发生炉，日产混合煤气437万立方米，可供11万居民户和部分公共福利及工业用户。总概算为2.5亿元。工程分两期建设：第一期工程外供焦炉煤气17万立方米，供应居民5万户。1985年10月动工，1990年底初步建成，投资1.68亿元。

工程设计单位：冶金工业部鞍山焦化耐火材料设计研究院，南昌有色冶金设计研究院。施工单位：冶金部第一建筑公司、江西省第二建筑工程公司、江西省工业设备安装公司。

〔**抚州造纸厂工程**〕 位于江西省抚州市城北，系国家“八五”期间投产的重点新建工程。建设规模为牛皮箱板纸3.4万吨。批准概算为15878万元，其中土建预算造价933.3万元。建筑面积10.4万平方米，其中生产性建筑面积7.7万平方米。

本工程造纸工艺以竹为主要原料。制浆的关键设备从英国引进。工程施工项目多、结构复杂。1988年9月开工，1990年生产系统土建工程已完工，进入设备安装阶段。其中制浆、造纸等主要车间，设备安装已结束，进入单机试车、局部联动；热电、碱回收等正在安装设备。

设计单位：上海轻工设计院。

施工单位：江西省第一建筑工程公司承担土建。省工业设备安装公司承建制浆、造纸系统。中国有色金属工业总公司第五建设公司承建热电站、碱收回系统。

〔**南昌大桥**〕 南昌大桥是利用世界银行贷款并实行国际招标选定承包的交通发展项目。总投资约1.85亿人民币，为国家“七五”计划重点工程之一。桥址位于南昌市八一大桥上游四公里处，全长8982.53米。建设项目共分五个工程段。已经开工的第二段即国际招标第二合同段为线路工程，长2100米，道路宽31～38米，其间建三座小桥。第三段即国际招标第一合同段为主桥工程，跨越赣江，长2780米。主桥为双层单箱预应力钢筋混凝土连续梁。其中正桥992米（56+11×80+56），上层桥面为机动车道，宽22.5米（六车道），下层两侧为非机动车道，各宽3.5米，人行道各宽1.5米。采用挂篮法施工。西引桥长748米（跨径48米），采用顶推法施工，顶推总重量达4万吨。东引桥长241米，东西引道为路堤。

南昌大桥工程第一合同段及第二合同段1989

江西省 1989～1990 年建筑施工企业基本情况(一)

企业类别	企业个数(个)		年末全部职工人数(人)		工程技术人员		全部职工平均人数(人)		建筑业总产值(万元)		施工产值		全员劳动生产率(按施工产值计算)(元)		房屋竣工面积(万平方米)		人均房屋竣工面积(平方米)		房屋竣工率(%)	
	1989 年	1990 年	1989 年	1990 年	1989 年	1990 年	1989 年	1990 年	1989 年	1990 年	1989 年	1990 年	1989 年	1990 年	1989 年	1990 年	1989 年	1990 年	1989 年	1990 年
全省合计	2893	2772	400799	393406	—	—	388889	381411	315050	344513	253324	277461	6514	7275	1274.7	2239.2	32.8	58.63	—	—
一、全民所有制	128	131	124200	125800	6299	—	116600	119800	124227	142737	117297	137644	10060	11489.5	170.1	192.5	14.6	16.1	40.6	—
1.中央部直属	14	13	46000	44800	—	—	41800	42300	46533	56800	44008	54794	9954	12954	17	36.2	4.06	15.2	23.3	43.7
2.地方所属	114	118	78200	81000	—	—	74800	77500	77694	85937	73289	82850	9798	10690	153.1	156.3	20.5	20.2	42.0	38.6
二、城镇集体所有制	410	393	101100	100900	—	—	96790	94905	78450	79909	72123	77661	7451	8183	282.5	275.7	29.2	29.1	54.6	54.1
三、农村建筑队	2355	2248	175499	166706	8132	9925	175499	166706	112373	121867	63895	62156	3640.8	3728.5	822.1	1771	46.84	106.2	—	—

注：1.全民所有制及城镇集体所有制施工企业包括各个部门所属施工企业。资料来源：江西省统计局编《江西省统计年鉴》。

2.农村建筑队包括乡办和村办两部分。江西省乡镇企业局提供资料。

3.据江西省建设厅 1990 年核发“施工企业资质证书”统计，农村建筑队中只有 1060 家有资质证书。

江西省 1989 年～1990 年建筑施工企业基本情况

企业类别	年末固定资产(万元) 原值		年末固定资产(万元) 净值		定额流动资金平均占有额(万元)		利润总额(万元)		工程成本降低额		税后利润(万元)		上缴税金(万元)		工程成本降低率(%)		工程质量优良品率(%) 按单位工程个数计算		工程质量优良品率(%) 按房屋面积计算		产值利润率(%)	
	1989 年	1990 年	1989 年	1990 年	1989 年	1990 年	1989 年	1990 年	1989 年	1990 年	1989 年	1990 年	1989 年	1990 年	1989 年	1990 年	1989 年	1990 年	1989 年	1990 年	1989 年	1990 年
全省合计	104326	117152	73891	82139	—	—	7476	7254	—	—	—	—	7169	9136	—	—	—	—	—	—	—	—
一、全民所有制	68457	74965	47822	52086	52502	59136	2324	2273	1393	—	3001	3139	2746	3640	1.3	—	—	—	—	—	—	—
1.中央部直属	35588	38142	25045	26163	16632	17966	106	1048	491	—	1210	1073	660	882	1.3	2.9	79.3	67.8	59.4	40.9	2.83	1.8
2.地方所属	32869	36823	22777	25923	35870	41170	2218	1225	902	—	1791	2066	2086	2758	1.4	0.9	12.3	21.8	18.8	23.2	2.9	1.4
二、城镇集体所有制	21107	25693	14718	17734	16145	—	1171	630	333	828	—	—	2068	2503	0.5	1.2	7.02	14.73	—	16.83	1.5	0.8
三、农村建筑队	14762	16494	11351	12319	16145	17550	3981	4351	—	—	3511	3791	2355	2993	—	—	—	—	—	—	3.54	3.57

江西省 1989 年～1990 年施工企业技术装备情况

单位 \ 项目 / 年度	年末自有机械设备台数(台)		年末自有机械设备价值(万元)				年末自有机械设备总功率(万千瓦)		技术装备率(元／人)		动力装备率(千瓦／人)	
			原值		净值							
	1989 年	1990 年	1989 年	1990 年	1989 年	1990 年	1989 年	1990 年	1989 年	1990 年	1989 年	1990 年
全省合计	–	–	–	–	–	–	–	–	–	–	–	–
一、全民所有制	27725	21896	42052	36919	27879	23535.5	49.3	44.21	–	–	3.13	3.69
1.中央部直属	11813	12039	26410	26970	17722	17322	24.8	32.15	3852	3867	5.4	7.6
2.地方所属	15912	9857	15642	9949	10157	6213.5	24.5	12.06	1128.2	1209	3.1	3.1
二、城镇集体所有制	21224	19239	21107	25693	14718	17734	20.5	17.7	764	722	2.0	1.8

江西省 1989 年～1990 年勘察设计单位情况

年度 \ 项目	勘察设计单位个数	私营	年末全部职工人数	工程技术人员	具有高级职称的工程师	具有中级职称的工程师	施工图设计面积(万 m^2)	工程测量面积(万米^2)	地质勘察进尺(万 m)
1989 年	306	–	9061	6553	610	1941	567.18	60511	13.85
1990 年	306	–	9006	7783	778	1864	625.52	182722.5	0.305

注：本表资料包括各部门所属勘察设计单位，由江西省计委和建设厅提供资料。

江西省对外承包和劳务合作

年份	已签订合同的国家、地区数(个)	当年签订合同						完成营业额(万美元)			年末在国外人数(人)		
		合同数(份)	承包	劳务	合同额(万美元)	承包	劳务		承包	劳务		承包	劳务
1989 年	6	9	1	8	431	240.8	190.2	1848	1017.4	830.6	1802	305	1497
1990 年	7	10	2	8	5391.6	4798.6	593	1071.6	699	377.6	1039	222	817

注：表内资料为江西省对外经济贸易厅、省国际经济技术合作公司和中建总公司江西分公司提供。

年9月30日开工。

设计单位：上海市政工程设计院、南昌市规划设计院。

施工单位：铁道部大桥工程局五处，中国路桥公司福建分公司。

〔九江化纤厂〕 位于九江市东郊的鄱阳湖畔。建设规模为年产粘胶短丝2万吨，概算2.67亿元。建筑总面积50399平方米，其中生产性建筑面积36037平方米。该项目系利用瑞士政府混合贷款，引进瑞士毛雷尔工程公司技术和成套专用设备。1990年7月开工建设。

本工程由江西省纺织科学研究设计院与瑞士毛雷尔工程公司联合设计。

施工单位：江西省第二建筑工程公司、九江市第一建筑工程公司、省工业设备安装公司。

〔南昌裕丰大厦〕 位于南昌市八一大桥桥头，建筑面积16500平方米，主楼19层，附房6层，工程造价900万元。

本工程集商业、办公、客房于一体。平面呈六边形，框筒结构，全空调。屋顶设瞭望层，供游客登高远眺。1987年经南昌市政府批准建设。1988年8月开工，1990年结构封顶。

设计单位：南昌市建筑设计院。主要设计人员：曹文锋、艾云辉、龙羿、吴振南、邱凌、唐国强。施工单位：南昌市第三建筑工程公司。

〔贵溪化肥厂工程〕 位于贵溪县雄石镇东北约6公里，旁靠信江。该工程是国家“七五”重点建设项目之一，总投资4.75亿元，由中央和地方合资兴建。一期工程年产12万吨磷酸，24万吨磷铵和6000吨氟化铝。占地面积227.35公顷，建筑面积124557平方米，主要设备1600余台（套）。1988年10月开工，目前正在紧张建设中。

贵溪化肥厂磷酸和磷铵生产装置一角

该工程实行从设计到土建、安装一条龙的总承包。由江西省化工设计院承担总体设计，中国武汉化工工程公司承担磷酸、氟化铝装置的设计。化工部第六建设公司承担施工。南京化学工业公司设计院负责磷铵装置的设计，中国有色总公司第五建设公司承担施工。配套工程、辅助工程和公用工程由江西省建筑总公司等单位施工。

〔南昌物资贸易大厦〕 位于南昌市八一大道洛阳路口、老福山街心花园之北，地处新的交通商业中心。建筑面积30280平方米，主楼31层，总高113米，地下一层。投资1.5亿元。1988年5月动工兴建，1990年裙房竣工并投入使用。

该大厦是江西省目前最高的建筑。设计单位：南昌市建筑设计院。主要设计人员：曹文锋、方留淇、万春安、熊晓明。

施工单位：南昌市第一建筑工程公司。

〔南昌青云水厂工程〕 位于南昌市西南郊象湖。设计规模为日供水量40万立方米。工程分两期建筑。一期为日供水量20万立方米，主要工程项目有取水工程和净水厂工程。工程总概算为6605万元，1990年10月开工。

设计单位：中国市政工程中南设计院；施工单位：南昌市第一建筑工程公司等。

〔永丰县制药二厂制剂楼〕 位于江西吉安地区永丰县城东湖区制药二厂厂区内，系重点技术改造项目。建筑面积3500平方米，投资970万元。1989年11月开工，1990年10月竣工。

设计单位：上海市药物研究设计院。

施工单位：江西省第三建筑工程公司。

〔宜春程控电话工程〕 该工程1988年6月批准立项，1990年底基本建成。工程包括新建南门程控电话独立局主楼，2875平方米配套建筑，引进加拿大8000门数字程控交换设备。

设计单位：江西省邮电设计院、宜春地区综合设计院。

施工单位：宜春地区建筑工程公司。

〔花鼓山煤矿山南井竣工投产〕 该井位距新余市北东端14公里的马洪乡，设计年产原煤30万吨。系省重点工程建设项目。江西省煤矿设计院优化设计，投资6255万元。江西省煤建公司施工。1990年南采区建成投产。

花鼓山煤矿生活区

山 东 省

重 要 纪 事

徐崇斌　戴　栋

〔**省政府发文加强行业管理**〕 1989年7月13日和12月21日，山东省人民政府分别下达了《批转省建委省建筑工程总公司关于加强我省建筑业管理的意见的通知》(鲁政发〔1989〕84号）和《关于进一步搞好我省建筑业治理整顿深化改革的通知》(鲁政发〔1989〕154号)，这两个文件针对建筑业施工任务不足、窝工情况严重、企业资金紧缺等问题，从稳定建筑业的大局出发，分别提出了十条对策和六条措施。对企业渡过难关起了重要作用。

〔**建设部在燕子山住宅实验小区召开现场会**〕 1989年8月18日，建设部作出了《关于表彰无锡、济南、天津三个优秀实验住宅小区的决定》，并授予三个实验住宅小区技术开发部级奖。

8月22日至26日，建设部在济南召开了全国城市住宅小区建设现场会。建设部和山东省济南市领导同志和全国各省（市)、自治区和计划单列市的建委主任，以及特邀的部分市长等500余人参加了会议。这次现场会通过总结交流济南燕子山、天津川府新村和无锡沁园新村三个实验住宅小区的建设经验，研究探讨如何搞好住宅小区规划、建设和管理，把城市住宅小区建设提高到一个新水平。

〔**推广科技成果**〕 1989年，山东省建工系统共完成29项成果鉴定。其中，省建筑科研院和莱州市建筑机械厂共同研制的“SF1500施工电梯”，在天津电视塔施工中获好评。山东省建筑设计院承担的“单层球面网壳在大跨度空间结构中的应用研究”，已完成了网壳模型试验，其结构计算方法引起了学术界的重视。

1989年，山东省建工系统有6项成果获省科委技术进步奖。其中，“省体育中心柱上斜放式灯塔设计”，获得二等奖。1989年，山东省建筑总公司还组织了首次全省建工行业建筑科技进步奖的评选，有42项获省建筑科技进步奖。其中，二等奖16项，三等奖26项。

〔**省建委制定外省建筑企业进鲁施工管理暂行办法**〕 1989年7月27日，山东省建委、省建筑总公司颁布了《山东省对省外建筑企业进鲁施工管理暂行办法》。办法的主要内容有：省外建筑企业进鲁参加大中型项目和国家、省定重点工程的投标，需经山东省建委招标办和省建筑总公司审查投标资格同意后，方可参加投标。经审核批准进鲁的省外建筑企业，需由当地主管部门重新核定该企业进鲁施工单位的资质等级，发给《工程项目施工许可证》。所需配属队伍和劳务，由工程所在地城乡建设主管部门提供。

〔汶上、沂水两县确定为第一批国家建筑劳务基地〕 1989年10月1日，建设部、农业部和国务院贫困地区经济开发领导小组下达了《关于建立第一批国家建筑劳务基地问题的通知》，山东省的汶上县和沂水县被确定为第一批劳务基地。根据三个部门的要求，沂水县、汶上县筹建了领导班子，成立了乡镇建筑劳务管理站，加强了同外市地及大型企业的劳务协作关系，同时积极筹集资金建立劳务培训中心，省地有关部门也多次到点上指导帮助。

〔全省建工系统技术比武〕 1989年6月和8月，山东省建筑总公司和省建筑工会联合组织了全省建工系统两个工种的技术比武。6月19日至23日，电焊工技术比武在淄博市张化供水工程工地进行。参加比赛的有来自全省14个市地和中建八局、省安装公司及其第一公司的17个代表队，共51名选手。获得团体前六名的队是：省安装公司一公司、淄博市、省安装公司、临沂地区、惠民地区和烟台市；夺得个人前六名的是：省安装一公司的王丙杰、淄博市的耿佃兴、省安装公司的李登岱、淄博市的闫才章、省安装一公司的许秀宝和刘长银。8月19日至26日，抹灰工技术比武在淄博市新华药厂东厂综合办公楼工地进行。参加比赛的有来自全省13个市地的14个代表队，共42名选手。获得团体前六名的队是：烟台市、潍坊市、济宁市、淄博市、青岛市和临沂地区；夺得个人前六名的是：烟台市的牛世范、济宁市的刘广明、临沂地区的庄建国、青岛市的耿玉忠、潍坊市的王焕仁和房志剑。

〔山东省评选施工工程优质奖〕 1989年12月24日，山东省建筑业联合会公布了荣获1989年山东省施工工程优秀奖获奖工程的名单。它们是：省交通工程公司承建的山东省东营胜利黄河公路大桥、济宁市建筑公司施工的济宁市外贸局办公楼、烟台市第二建筑公司施工的国家计委烟台计划干部培训中心和青岛市第一市政工程公司施工的青岛市人民路立交桥等四项工程。

〔山东省建设工程招标投标管理办公室成立〕 经山东省编委批准，山东省建设工程招标投标管理办公室于1989年7月正式成立。该办公室主要负责全省建设工程招标投标的组织、管理、监理、协调和服务，同时负责具体组织山东省大中型项目和省定重点工程的招标投标工作。9月12日，山东省城乡建设委员会以鲁建综发（1989）40号文颁发了《山东省大中型项目和省定重点工程施工招标投标管理办法》。

〔召开全省建筑科技大会〕 1990年1月13日至16日，山东省建筑总公司在济南召开了全省建筑科技大会。全省建工系统80多个单位的200余名代表出席了会议。会议回顾了建国以来特别是党的十一届三中全会以来全省建筑科技进步的成就；表彰奖励我省建工系统10年来在科技领域中取得的成果；研究探讨我省建筑科技发展的目标和措施。会议还向山东省首次评选的建筑业42项科技进步奖颁发了获奖证书。

〔山东省建筑总公司增挂省建工局的牌子〕 1990年2月9日，山东省人民政府第47次常务会议确定：山东省建筑工程总公司增挂省建筑工程管理局的牌子，以加强对建筑业的行业管理。3月27日，山东省人民政府办公厅鲁政办发（90）32号文件正式通知：山东省建筑工程总公司增挂省建筑工程管理局的牌子，行使省政府授予的行业管理职能，其建制级别、编制性质、经费渠道不变。

〔全省建筑业开展夺杯竞赛活动〕 1990年6月5日，山东省建工局和省建筑工会联合下达了《关于山东省建工系统施工企业开展夺杯竞赛活动的决定》。这次竞赛的指导思想是：以“齐鲁杯”为龙头，以提高工程质量、增产节约为中心，将夺杯竞赛与企业管理目标紧密结合起来，调动企业和广大职工的积极性和创造性，把企业各项管理工作提高到一个新水平。

这次夺杯竞赛项目分工程质量、经济效益、技术进步、合同信誉、材料管理、设备管理、文明施工现场、多种经营、安全生产、精神文明等十个单项杯和综合优胜杯、竞赛组织管理创优杯两个杯。各杯均设金、银、铜三杯。此外，再评选200个先进个人、50个先进班组和20个先进项目经理。竞赛分国营建安企业和县属以上集体施工企业两个组进行。1991年5月召开总结表彰大会。

〔于建友在全国青工技术大赛上夺魁〕 根据团中央、全国总工会、建设部等七部门联合举办全国首届青工技术比赛的要求，山东省团委、省总工会和省建工局先后于1990年8月下旬在烟台市举行了全省首届青年抹灰工技术大赛，于9月上旬在济南举行了全省首届青年瓦工技术大赛。烟台市建筑公司抹灰工于建友作为山东省代表参加了全国的技术大赛（在北京举行），1990年10月27日，全国建筑系统瓦工、抹灰工决赛结束，于建友以优异成绩夺得第一名，获得团中央和建设部授予的“新长征突击手”、“技术能手”、“劳动模范”光荣称号。

〔全省施工企业资质复查工作结束〕　山东省建工局从1989年8月至1990年7月进行施工企业资质复查工作，经复查审定，撤消合同并施工企业805家，占复查前总数的17.4%，压缩减少23万人，占复查前队伍总数的15.8%。复查后的队伍专业结构也较前合理，主要是土建队伍比例下降，装饰、防腐和设备安装等专业较前增加。

〔12项成果获山东省科技进步奖〕　1990年10月17日，山东省科技进步奖评审委员会批准全省建筑业12项成果获得省科技进步奖。其中，二等奖2项、三等奖10项。获二等奖的项目是：泰山客运索道安装工程和悬挂薄壳型悬索屋面结构设计方法。获三等奖的有塑料排水管在民用建筑中的扩大应用等。

〔山东两项工程获国家优质工程奖〕　1990年8月14日至16日，国家工程建设质量奖审定委员会评出27项工程为1990年度国家优质工程。其

济南军区“八一”礼堂

烟台工商银行

中，山东省有两项工程获得银质奖。它们是：济南燕子山实验住宅小区工程和胜利油田孤东500万吨产能建设二期工程。

〔三项工程获鲁班奖〕　每年一度的全国建筑工程最高奖评审工作，1990年共评出23项获奖工程，其中济南第四建筑公司承建的济南军区“八一”礼堂，烟台市建筑公司承建的“烟台工商银行”营业楼和胜利石油管理局油建一公司承建的胜利油田“孤东1号”联合站获1990年度建筑工程鲁班奖。

重　点　工　程

徐崇斌　戴　栋

〔兖州、枣滕矿区4对矿井正式验收投产〕　1989年12月，国家计委、中国统配煤矿总公司等组成的验收委员会，分别对兖州矿区的东滩矿、杨村矿和枣滕矿区的蒋庄矿、田陈矿，进行了正式验收。

东滩矿设计能力年产原煤400万吨，服务年限79年。土建工程面积19.23万平方米，单位工程440项，全部合格，优良品率59.7%。

杨村矿设计能力年产原煤60万吨，服务年限71年。土建工程面积6.98万平方米，单位工程272项，全部合格，优良品率58.5%。

田陈矿设计能力年产原煤120万吨，服务年限86年。土建工程面积11.69万平方米，单位工程294项，全部合格，优良品率52.1%。

蒋庄矿设计能力年产原煤150万吨，服务年限70年。土建工程面积12.9万平方米，单位工程328项，全部合格，优良品率36.4%。

以上四矿分别由兖州矿务局设计室、兖州煤矿设计研究院设计，由兖州矿务局六个工程处和中煤建设总公司第32、68工程处承担施工。

〔邹县电厂二期工程建成发电〕　邹县电厂二期工程设计规模为2×30万千瓦发电机组。由西北电力院设计，山东省电力一公司承担施工。于1986年9月底开工，两台机组分别于1988年12月13日和1989年12月11日建成并网发电，建设工期38.4个月。

〔济南涤纶工程〕　设计规模为年产精对苯二甲酸7.5万吨、聚脂6.6万吨、涤纶短丝1.5万吨、涤纶长丝1万吨。该厂总建筑面积18万平方米，概算总投资8.74亿元（含外汇1亿美元）。主要生产装置从日本引进，1988年开工。

〔斯太尔重型汽车项目基本建成〕　该项目于1985年正式开工建设，引进奥地利斯太尔“91”系列重型汽车产品技术和工艺，主要零部件分布在全国5个省的12家大中企业。在山东省的建设项目有济南汽车总厂、潍坊柴油机厂、明水汽车配件厂、张店弹簧厂、重汽公司技术中心、培训中心等。重汽集团总部设在济南。

整个斯太尔项目概算投资7.1亿元，新建面积

山东省 1989 年～1990 年建筑施工企业基本情况(一)

企业类别	企业个数(个)		年末全部职工人数(人)		工程技术人员		全部职工平均人数(人)		建筑业总产值(万元)		施工产值		全员劳动生产率(按施工产值计算)(元)		房屋竣工面积(万平方米)		人均房屋竣工面积(平方米)		房屋竣工率(%)	
	1989 年	1990 年	1989 年	1990 年	1989 年	1990 年	1989 年	1990 年	1989 年	1990 年	1989 年	1990 年	1989 年	1990 年	1989 年	1990 年	1989 年	1990 年	1989 年	1990 年
全省合计	288	284	383390	376700	–	–	389155	381500	552425	588863	524892	561804	13488	14726	804.0724	753.2	20.66	19.75	51.9	48.74
一、全民所有制	103	100	236370	225100	–	–	244253	232800	379433	405994	360758	387864	14800	16660	359.2529	328.5	14.71	14.11	46.6	44.6
1.中央部直属	42	36	132348	123600	–	–	136487	125600	223651	242697	212803	232076	15591	18477	806168	98.4	5.91	7.84	–	40.2
2.地方所属	61	64	104022	101500	–	–	107766	107200	55782	163297	147955	155788	13729	14532	2786361	230.1	25.86	21.47	–	46.8
二、城镇集体所有制	185	184	147020	151600	–	–	144902	148700	172992	182869	164134	173940	11327	11697	444.8195	424.7	30.7	28.6	57.16	52.48
三、农村建筑队	10164	9581	1066407	970215	49191	57766	–	–	–	–	–	–	–	–	–	–	–	–	–	–

注：表 1、表 2 中农村建筑队指乡镇和村办两部分。所列数字未包括在全省合计中。

山东省 1989 年～1990 年建筑施工企业基本情况(二)

企业类别	年末固定资产(万元) 原值		净值		定额流动资金平均占有额(万元)		利润总额(万元)		工程成本降低额		税后利润(万元)		上缴税金(万元)		工程成本降低率(%)		工程质量优良品率(%) 按单位工程个数计算		按房屋面积计算		产值利润率(%)	
	89 年	90 年	89 年	90 年	89 年	90 年	89 年	90 年	89 年	90 年	89 年	90 年	89 年	90 年	89 年	90 年	89 年	90 年	89 年	90 年	89 年	90 年
全省合计	338870	331691	259885	244934	185814	219849	27653	24512	9388	11376	15051	18168	18853	21771	2	2.24	35.27	42.0	25.3	32.8	5.01	4.17
一、全民所有制	282234	267504	220031	200357	111199	127170	20601	18502	10164	6568	11767	14070	12815	14791	3.08	1.96	54.3	60.9	34.1	41.1	5.43	4.56
1.中央部直属	201168	180633	157983	134818	57977	61019	10265	11744	5105	6051	5885	9621	5545	7811	2.59	2.82	76.9	80.1	53.7	54.7	4.59	4.84
2.地方所属	81066	86871	62048	65539	53222	66151	10336	6758	5059	517	5882	4449	7270	6980	3.8	0.37	18.0	30.2	28.4	35.5	6.64	4.14
二、城镇集体所有制	56636	64187	39854	44577	74615	92679	7052	6010	776	4808	3284	4098	6038	7715	–0.56	3.13	14.8	19.8	17.84	26.6	4.08	3.29
三、农村建筑队	199875	–	149946	–	216868	–	61482	–	–	–	48351	–	23260	–	–	–	–	–	–	–	6.987	–

注：表 1、表 2 中农村建筑队指乡镇和村办两部分，所列数字未包括在全省合计中。

山东省1989年～1990年勘察设计单位情况

项目 年度	勘察设计单位个数	私营	年末全部职工人数	工程技术人员	具有高级职称的工程师	具有中级职称的工程师	施工图设计面积(万平方米)	工程测量面积(平方公里)	地质勘察量尺(万米)
1989年	386	—	15295	11519	1226	2929	319.39	273775	37.43
1990年	317	—	17358	12598	1206	3161	1370.8	20580	56.75

山东省对外承包和劳务合作

年份	已签订合同的国家、地区数(个)	当年签订合同						完成营业额(万美元)			年末在国外人数(人)		
		合同数(份)	承包	劳务	合同额(万美元)	承包	劳务		承包	劳务		承包	劳务
1989年	5	18	6	12	673.45	572.14	101.31	431.72	295.35	136.37	450	133	317
1990年	6	21	13	8	2261.06	2167.65	93.41	868.79	761.70	107.09	265	209	56

山东省1989年～1990年施工企业技术装备情况

项目 单位　年度	年末自有机械设备台数(台)		年末自有机械设备价值(万元)				年末自有机械设备总功率(千瓦)		技术装备率(元／人)		动力装备率(千瓦／人)	
			原值		净值							
	1989年	1990年	1989年	1990年	1989年	1990年	1989年	1990年	1989年	1990年	1989年	1990年
全省合计	99765	98446	171371	180080	118963	122606	1827872	1892000	3057	3254	4.7	5.03
一、全民所有制	60676	56204	140922	148241	98670	101938	1445588	1436000	4040	4529	5.92	6
1.中央部直属	37523	31371	101522	106249	70963	72622	1051360	977000	5199	5876	7.71	8
2.地方所属	23153	24833	39400	41992	27707	29316	394228	459000	2571	2888	3.66	5
二、城镇集体所有制	39089	42242	30449	31839	20293	20668	382284	456000	1400	1363	2.64	3

16.2万平方米，新增设备5244台。其中，山东省的六个单项分别占51%、67%、53%。1989年底，潍坊柴油机厂、张店弹簧厂和公司培训中心分别通过国家和集团公司的正式验收。整个项目建成后，将形成年产重型汽车1万辆、发动机1.5万台的能力。

淄博市海关大楼

青岛市体育馆

〔**潍坊纯碱厂建成投产**〕 潍坊纯碱厂是由化工部、山东省和潍坊市三家合资建设的项目，总投资7.3亿元，建设规模为年产纯碱60万吨。其中轻质纯碱40万吨，重质纯碱20万吨，采用索尔法制碱工艺。1986年4月开工，1990年8月建成交付使用。

〔**山东水泥厂二期工程竣工验收**〕 该厂二期扩建工程是1977年11月经国家计委批准建设的。设计规模为年产500号普通水泥31万吨，工程概算2836万元。1978年5月正式开工，1989年10月下旬通过验收。

〔**鲁南水泥厂建成试生产**〕 鲁南水泥厂位于山东省滕州市，于1987年7月正式开工，总投资5.7亿元，施工任务由河北省四建公司、国家建材局安装公司和矿山公司承担。年产525号硅酸盐水泥130万吨，是国家"七五"重点工程之一。

〔**烟台港西港池一期工程建成投用**〕 该港池设计能力为年吞吐量390万吨，总投资4.2亿元，建设内容包括6个万吨级深水码头、防波堤及其他辅助设施。由交通部第一航务工程勘察设计院设计，一航局二公司、天津市航道局第二疏浚公司和烟台市建筑公司等单位施工。1985年4月开工建设，1990年9月正式交付使用。

〔**齐鲁三十万吨乙烯工程基本建成**〕 齐鲁30万吨乙烯工程位于淄博市临淄区。于1984年1月开工建设。该项目包括16套大型生产装置和一座20万千瓦的自备热电站，共有配套工程101个，总投资63亿元，占地1.7万亩。全部建成投产后，每年可生产塑料50万吨、合成橡胶8万吨、烧碱20万吨和其他有机化工产品36.3万吨。

齐鲁30万吨乙烯工程分二期进行。一期69个单项工程于1987年5月建成投产，二期工程1990年底基本建成。

河 南 省

重 要 纪 事

刘 炎 孟宪亭

〔**整顿建设市场**〕 1989年，省政府成立了以副省长刘源为组长、城乡建设、计划、工商、建设银行、监察等部门领导同志参加的全省建设市场整顿工作领导小组。通过一年多的整顿，市场混乱局面有所好转。如城市综合开发企业，通过对省内152家开发公司的资质复查，撤销52家，取缔无证开业32家。施工企业通过对全省2926个企业的资质审查，有30%的企业受到不同程度、不同形式的处理，共清退外省施工队伍11381人，清退计划外用工7.3万人。约有半数左右的勘察设计单位受到了吊销证书、限期停业整顿等处理。与此同时，全省有25个城市和70个县建立了房地产交易处（所），房地产交易开始纳入政府管理的轨道。

〔**开展建设监理工作**〕 河南省从1989年起，建立了政府监理管理部门。审批确定了承担监理任务的社会监理单位；拟订并颁发了《河南省开展建设监理工作的若干意见》；在永城煤矿陈四楼矿井、鹤壁市3万吨磷氨厂、124厂迁郑工程、省燃料公司综合服务楼等9项工程上进行建设监理试点。

〔加强建筑工程质量管理与监督〕 1990年，河南省多方采取措施，加强建筑工程质量管理，全省竣工工程质量合格率超过80%，其中基础和主体结构的合格率达到100%。竣工工程优良品率比1989年提高2.3个百分点，创出优良工程150多项，其中4项获省级优良工程奖，2项获国家优质工程银质奖。为加强质量管理的基础工作，1988年制订颁发了《河南省建筑工程试验室管理办法》，并分期分批对各地试验室进行资质审查，至1990年底，为全省143个试验室核发了资质证书，其中一级21家、二级40家、三级70家。工程质量监督站已形成网络，1990年监督覆盖率达到了80%，受监工程质量合格率达到100%。

根据国家有关要求，1990年发动全省建设部门开展了危旧房屋及设施的检查，在此基础上，省建设厅派出10名工程技术人员对全省九个市、地进行了抽查，共抽查工程3500多个，发现隐患255项，并分别作了处理。1990年4月，省建设厅召开了全省全面质量管理成果发布会，发布优秀成果56项，评为一等奖的6项，二等奖的10项，三等奖的22项，优秀奖的20项。先后两次组织46个施工企业的管理人员和职工参加全国举办的全面质量管理知识统考。参加考试30882人，有30779人取得合格证书。

〔加强施工企业管理〕 为了贯彻落实国务院和省政府《关于解决部分施工企业停工待工问题的通知》，河南省建设主管部门1990年加强与改进施工任务的宏观调控。在建设工程招标投标中，实行先骨干企业、后一般企业，先城镇、后乡村，先本省、后外地的方针，优先保证大中型施工企业的施工任务，规定建筑面积在4000平方米以上或投资在100万元以上的工程项目，主要在一、二级国营施工企业内采取计划安排与议标、招标相结合的办法进行承包；建筑面积在2000平方米以上或投资在500万元以上的工程项目，由三级以上施工企业投标承包，对保证施工企业渡过暂时难关起了积极作用。

同一时期，结合整顿建筑市场，严格资质审查，复查前，全省有1～4级施工企业4099个，从业人员118万人，复查后减少到2230个、84.5万人。

〔劳务输出与对外承包〕 河南省劳动资源丰富，过去多以省内承包工程为主，改革开放以来外出人数逐年增多，1989年，外出施工人员达到269064人，分布于北京、天津、山西等20多个省、市、自治区，年创经济收入5.7亿元。1990年，基建规模进一步压缩，仍然承接了24个省、市、自治区的施工任务，外出人员201000人，经济收入3.4亿元。

在对外承包方面，两年来，先后在利比亚、马里、几内亚、塞内加尔、阿联酋、泰国、尼泊尔、香港等国家和地区承接了工程任务。全省建设系统派往国外的施工人员270人，成交的项目计有马里西非银行大楼、卡伊调频台和莫善提调频台、泰国打井工程、香港上海街、浣沙街房地产开发工程等14项，成交额3284万美元，完成营业额2923万美元。

〔河南近代建筑史研究取得进展〕 1989年11月，河南省建筑史研究会在郑州召开了第一次河南省近代建筑史研讨会。到会代表40多人，发表论文22篇，主要有：《鸡公山近代建筑艺术初探》、《河南近代建筑史研究概论》、《河南近代民居建筑构造方法浅析》、《河南近代建筑的成因及特征初探》、《豫南近代建筑工具、匠语、习俗考》等，从不同角度、不同层次论证了河南近代建筑发展的历史进程、建筑风格、艺术特色、结构与材料变化、保护近代优秀建筑的意义等问题。

为了把河南近代建筑史研究向前推近一步，河南省建设厅与省建筑史研究会于1990年8月在信阳市召开了"河南省近代建筑史编辑工作会议"，要求各市、地、县建设主管部门会后开展一次全面的近代建筑普查，广泛收集近代建筑史料。目前，鸡公山、开封市、郑州市、商丘地区、新乡市等地区已着手进行调查研究。

〔河南省为优良工程勘察、优秀工程设计颁奖〕 从1988年开始的河南省第二次优秀工程勘察、第四次优秀设计评选活动，于1989年3月结束。通过层层选拔，共评出省级优秀工程勘察项目10个，其中一等奖6个，二等奖4个；省级优秀工程设计项目28个，其中一等奖10个，二等奖28个。同时评出省工程勘察表扬奖项目6个、工程设计表扬奖项目28个。

这次获优秀工程勘察一等奖的项目有：郑州黄河公路大桥工程测量、郑州尖岗水库抗震加固工程地质勘察、开封市规划区万分之一现状图、重建郑州市区三、四等三角控制网、焦作沁北电厂水源地供水水文地质详查、洛阳市工程地质编图等。

获优秀工程设计一等奖的项目有：少林武术馆、洛阳民用机场工程、省实验小学电化教学楼、洛阳古墓博物馆、鲁山瓦房kv小型化变电站、郑州市2、3分区规划、陆浑灌区铁窑河渡槽工程、信阳化工厂年产2000吨（40%）水胺硫磷乳剂工程、郑州市近期规划、尖岗水库抗震加固工程等。

此外，还推荐了郑州黄河公路大桥工程测量、洛阳市工程地质编图等4个工程勘察项目和少林武术馆、洛阳民用机场等8个工程设计项目参加全国优秀工程勘察设计的评选。其中，郑州黄河公路大桥工程测量已获国家优秀工程勘察奖，洛阳民用机场工程已获国家优秀工程设计奖。

〔开展民用建筑工程设计质量检查〕 河南省建设系统为了改进民用建筑工程的设计质量，1989年对1988年设计的民用建筑工程质量进行了检查。

检查以建设部颁发的《民用建筑工程设计质量评定标准》为依据，自下而上逐级进行，即先由各设计单位自查，在自查基础上组织地、市建设主管部门互查，然后由省组织检查团对全省甲、乙级建筑设计单位推荐项目和省点报项目进行抽查，共抽查了15个地、市的19个设计单位完成的37个工程项目。

检查结果表明，河南民用建筑设计已有很大进步，创作了一批立意新、效益好的设计，设计文件质量和图面质量基本符合设计要求，初步扭转了重产值、轻质量、盲目追求高标准等倾向，并能正确执行各专业的规范。存在的问题主要是：

1.综合评分质量差，优良品率低。省抽查的37项工程中，良品20项，合格品14项，不合格3项。

2.制度不健全。有的设计项目在地质报告未出来前，就匆忙作结构设计，造成工程基础与上部结构不安全隐患多处；有的设计单位图纸不经校审就出图；有些设计单位超级别、超范围承担任务，安阳市一个丁级设计单位承担了一个5层全框架工业厂房任务，因技术水平低造成严重事故。

3.设计队伍素质差，专业技术人员不配套。有的专业分工不清，有的私招乱雇外单位人员联合设计，图纸碰撞现象很多；有的设计单位图纸审核制度不严，问题很多。

4.不按计划文件设计。受检的37项中有34项超过计划规定的投资额和建筑面积，最多的超过面积的40%，超过投资额的95.8%。再就是构造筋以大代小、断面尺寸随意增大、多设伸缩缝、加大保险系数等，造成了浪费。

5.设计文件不全，缺项很多。有的缺项目批准文件；有的缺勘察报告；有的计算书不全、无概预算书、无质量评分表等。

〔首次召开县属设计单位会议〕 河南省建设厅于1990年11月在新县召开了全省第一次县属设计单位会议，到会县属设计单位130多个，新县等10个县（市）属设计单位在会上介绍了经验。

八十年代以来，河南绝大部分县（市）陆续建立了设计单位。据调查，全省130个县（市），已有117个成立了设计院（室），共有县属设计单位130个，职工1300多人，约占全省勘察设计单位总数的四分之一。这批县属设计单位成立后，为量大、面广的县城、集镇、农村建设服务，设计了一大批中小型工程，发挥了重要的补充作用。但存在的问题也很多，如政企不分、技术经济责任制不健全、工程技术人员少、专业不配套、装备差、成品质量低劣、收费过低等。有些设计单位因压价承包，收费只达到标准的30%左右，最高的达到80%。会议针对存在的问题研究和提出了解决的办法。

〔评选县镇及农村中小学建筑方案〕 1989年12月，河南省教育委员会与省建设厅联合开展了县、镇及农村中小学建筑方案的评选活动。至1990年底，17个市、地共报送优秀中小学建筑方案26个。经有关专家组成的省评选委员会评审，有14个建筑方案获奖。其中机械工业部第六设计研究院张华设计的“15班小学”2号方案、省建筑设计研究院时慧设计的“10班小学”13号方案、机械工业部第六设计研究院任志刚设计的“18班中学”16号方案获二等奖，另有三等奖3个，鼓励奖7个。这次入选的14个优秀方案，已由原设计单位制成通用图，向县镇及农村中小学推广。

〔郑州市评选十佳建筑〕 为反映郑州建设成就及各类公共建筑的规划设计水平，郑州市规划管理局会同省、市建筑学会，于1989年举办了郑州市“中原不动产杯”十佳建筑评选活动。

这项活动从1989年8月开始，通过6515张选票统计，评出下列十项为郑州市十佳建筑：亚细亚商场、黄和平大厦、河南人民会堂、二七纪念堂、河南国际饭店、少林武术馆、郑州海关业务楼、中原油田驻郑综合楼、省体育场、紫荆山百货大楼等。同时评出反映郑州市建筑理论与建筑经验的十佳论文。

重 点 工 程

刘 炎 孟宪亭

〔河南中原化肥厂〕 位于濮阳市西郊，占地33.5万平方米，以天然气为原料，年产30万吨合成氨、52万吨尿素。由河南自筹投资9.2亿元，分别引进德国、意大利合成氨、尿素装置新工艺。该项目由中国化学环球工程公司、河南省化工设计院、第一机械工业部第六设计院分别承担生产区、

河南中原化肥厂

辅助区、生活区设计任务；中建二局二公司承担土建施工；化工部第十一化建公司承担合成氨装置安装；化工部第十二化建公司承担尿素装置和公用工程安装。厂房为钢筋混凝土框架结构，散装仓库为网架结构。1987年9月30日开工，1989年1月30日建成投产；竣工面积1.57万平方米，安装设备732台、仪表2580台（件），埋设安装各种管道165公里、电缆619公里。

〔河南省安阳彩色显像管玻壳厂〕 占地40万平方米，由中外合资兴建，总投资7.08亿元，其中外资3200万美元。主要生产技术、关键设备由日本引进。年产玻壳460万套，占全国总需要量的60%以上，年产值7亿元，利税近3亿元。该工程由日本电气硝公司实行技术总承包；原电子工业部第十设计院负责设计总承包；河南省建设总公司负责建筑安装施工总承包，由河南省第五建筑工程公司、河南省第七建筑工程公司、河南省工业设备安装公司、安阳市建设总公司分别进行土建和安装施工。1987年11月开工，1990年5月和6月锥、屏炉分别建成投产。竣工建筑面积12万平方米，完成土方49万立方米，现浇、预制混凝土14万立方米，安装各种设备1781台（套）、管道269公里、电缆676公里。

安阳彩色显像管玻壳厂

〔中原制药厂〕 位于郑州市西郊10公里处，占地66万平方米，系国家“七五”计划重点建设项目；采用我国自行开发的二步发酵法工艺，以玉米为原料，以生产VC为主的大型制药厂。总投资7.23亿元，其中国家和地方各投资1.29亿元，余为国外贷款。总建筑面积13.8万平方米，其中厂房10万平方米，其余为附属辅助设施。该厂建成投产后将使我国VC年产量翻一番，可缓解供需矛盾。预期年产值4.82亿元，利税2.38亿元。此项工程由国家医药总局上海医药设计院设计；河南省建设总公司负责施工管理总承包；河南省第一建筑工程公司、河南省第五建筑工程公司承担土建施工，河南省工业设备安装公司、河南省火电二公司承担设备安装施工。1990年6月28日开工，计划1991年年底竣工投产。

〔新乡火电厂三期工程〕 占地7.18万平方米；一、二期工程已安装10万千瓦和5万千瓦机组，分别于1966年、1969年建成投产。三期工程在原址增建2×20万千瓦发电机组，国家和省市三方总投资5.41亿元。工程建筑面积4.82万平方米，主厂房为钢筋混凝土预制框架结构。由中南电力设计院设计，河南省第二建筑工程公司、河南省第二火电建设公司分别承担土建和安装施工。1986年12月动工，1989年12月、1990年12月两个机组先后竣工并网发电。共建成单位工程54个，设备安装2450余台（件）。

〔平顶山焦化厂扩建工程〕 占地58万平方米，1966年建成投产炼焦炉10座，年产冶金焦18万吨。其扩建工程是在原址增建2×42孔80型焦炉和洗煤、化工产品回收等配套工程设施。总投资1.75亿元，年产冶金焦56万吨、入洗原煤70万吨，日供城市煤气33万立方米，年创利税3000万元。该项工程由河南省冶金建材规划设计院、辽宁化工设计院、平顶山选煤设计院设计，中国有色金属工业公司第六建设公司、中国第三冶金建设公司、平顶山矿务局土建处施工、1986年6月开工，1989年7月、1990年底新增建焦炉分别建成投产。

河南省 1989 年～1990 年建筑企业施工基本情况(一)

企业类别	企业个数(个)		年末全部职工人数(人)		其中：工程技术人员		全部职工平均人数(人)		建筑业总产值(万元)		其中：施工产值		全员劳动生产率(按施工产值计算)(元)		房屋竣工面积(万平方米)		人均房屋竣工面积(平方米)		房屋竣工率(%)	
	1989 年	1990 年	1989 年	1990 年	1989 年	1990 年	1989 年	1990 年	1989 年	1990 年	1989 年	1990 年	1989 年	1990 年	1989 年	1990 年	1989 年	1990 年	1989 年	1990 年
全省合计	403	393	364900	354900	–	–	364900	342600	392592	410527	366252	390075	10038	11385	594.6	609.7	16.30	17.80	43.90	48.22
一、全民所有制	170	172	254800	255100	–	–	258800	249000	308825	334881	288893	317818	11163	12764	310.5	345.2	12.00	13.86	38.0	43.39
1.中央部直属	48	53	116000	121900	–	–	118300	120100	157326	187856	148053	177368	12515	14768	73.0	68.6	6.17	5.71	37.1	34.93
2.地方所属	122	119	138800	133100	–	–	140500	128800	151499	147025	140840	140450	10024	10905	237.5	276.6	16.87	21.48	38.3	46.17
二、城镇集体所有制	233	221	110100	99800	–	–	106100	93600	83767	75646	77359	72257	7295	7720	284.1	264.5	26.76	28.23	52.8	56.40

河南省 1989 年～1990 年建筑企业施工基本情况(二)

企业类别	年末固定资产(万元) 原值		年末固定资产(万元) 净值		定额流动资金平均占有额(万元)		利润总额(万元)		其中：工程成本降低额(万元)		税后利润(万元)		上缴税金(万元)		工程成本降低率(%)		工程质量优良品率(%) 按单位工程个数计算		工程质量优良品率(%) 按房屋面积计算		产值利润率(%)	
	1989 年	1990 年	1989 年	1990 年	1989 年	1990 年	1989 年	1990 年	1989 年	1990 年	1989 年	1990 年	1989 年	1990 年	1989 年	1990 年	1989 年	1990 年	1989 年	1990 年	1989 年	1990 年
全省合计	220914	225996	160126	158009	109200	121513	6430	10140	2860	4928	6142	–	9493	11499	0.9	1.43	46.10	42.65	22.3	23.31	1.60	2.47
一、全民所有制	193580	198290	142540	139384	109200	121513	5500	9074	2460	3350	4518	–	7137	9138	1.0	1.20	52.70	52.39	25.5	27.17	1.80	2.71
1.中央部直属	119801	124908	87812	86363	52200	60494	5060	8328	4300	4643	2816	–	3820	5436	3.23	2.96	77.10	77.48	56.3	40.90	3.18	4.43
2.地方所属	73779	73382	54728	53021	57000	61019	440	746	–1840	–1293	1702	–	3317	3702	1.54	–	26.30	22.25	17.5	23.78	0.26	0.51
二、城镇集体所有制	27334	27706	17586	18625	–	–	930	1066	400	1578	1624	–	2356	2361	0.6	2.43	33.20	16.70	18.9	18.35	1.10	1.41

河南省 1989 年～1990 年施工企业技术装备情况

企业类别	年末自有机械设备数(台)		年末自有机械设备原值(万元)		年末自有机械设备净值(万元)		年末自有机械设备总功率(千瓦)		技术装备率(元／人)		动力装备率(千瓦／人)	
	1989 年	1990 年	1989 年	1990 年	1989 年	1990 年	1989 年	1990 年	1989 年	1990 年	1989 年	1990 年
全省合计	92552	96215	118300	124959	80517	80707	1120000	1399000	2206	2274	3.63	4.08
一、全民所有制	63788	67793	104300	110987	70783	71103	1104000	1184000	2778	2787	4.30	4.75
1.中央部直属	26791	30252	64230	70407	42179	43114	661000	753000	3635	3537	5.58	6.27
2.地方所属	36997	37541	40070	40580	28604	27989	443000	431000	2061	2103	3.15	3.35
二、城镇集体所有制	28764	28422	14000	13972	9734	9604	16000	21500	884	962	1.51	2.30

河南省 1989 年～1990 年勘察设计单位情况

项目／年度	勘察设计单位个数	其中：私营	年末全部职工人数	其中			施工图设计面积(万平方米)	工程测量面积(万平方米)	地质勘察进尺(万米)
				工程技术人员	其中				
					高级工程师	工程师			
1989 年	376	–	14080	10334	1201	3989	96639.07	230.62	2756.72
1990 年	382	–	16014	10912	1215	3291	88251.65	555.15	5267.67

河南省对外承包与劳务合作

年份	已签订合同国家、地区(个)	当年签订合同						完成营业额(万美元)			年末在国外人数(人)		
		合同数(个)			合同额(万美元)								
		合计	承包	劳务	合计	承包	劳务	合计	承包	劳务	合计	承包	劳务
1989 年	12	35	23	12	2306	2214	92	2535	2485	50	1098	798	300
1990 年	9	38	24	14	2466	2207	259	2467	2427	40	1266	866	400

平顶山焦化厂扩建工程

〔郑州轻型汽车制造厂〕　位于中牟县城，占地53.28万平方米；是与"二汽"集团合资项目。总投资1.63亿元，年产EQD131轻型载重汽车1万辆。由机械工业部第四设计研究院、"二汽"工厂设计院设计，河南省第一建筑工程公司、中国机械工程总公司第一安装公司分别承包土建和安装任务。总建筑面积9.11万平方米。1988年8月动工，1989年12月部分车间建成投产。首批生产的EQD131车底盘已于1990年底按供货合同开始出口，新研制出的ZQ5060特种警车，已于1990年3月通过国家公安部、武警总部、中汽总公司联合评审，开始批量生产。

〔河南省七里岗水泥厂〕　位于密县七里岗。采用窑外分解工艺，国产化设备，总投资8900万元，年产425号、525号硅酸盐水泥21.6万吨。该工程由天津水泥工业设计研究院设计，中建七局一公司、安装公司分别承担土建和安装施工。总建筑面积5.14万平方米。1987年7月8日开工，1989年9月30日建成投产，共建成51个单项工程，完成土石方24.4万立方米，安装各类设备2895台。

湖　北　省

重　要　纪　事

傅梦飞　等

〔施工企业统计基础工作规范化〕　为了加强企业基础管理工作，湖北省于1988年5月下发了《湖北省建筑企业统计基础工作规范化实施细则及验收标准》。该文件在统计机构建设、统计人员岗位责任制、统计报表、原始记录、统计台帐等方面提出了明确要求和验收标准。1989年和1990年两年内全省经验收达到统计基础工作规范化合格的施工企业共181家。(傅梦飞)

〔施工企业资质复查〕　1989年2月至1990年底，按照建设部2号令要求，对全省施工企业进行了资质复查并实行了年检制度。通过资质复查和年检，施工队伍由1987年的3233个、105.67万人，压缩到2485个、88.4万人；等级企业由1628个、88.4万人，减少到1344个，72.83万人；促进了企业素质和管理水平的提高，强化了政府对企业的动态管理。通过1990年年检，全省施工企业规模进一步得到控制，企业个数减少194个，人数减少2.2万人。(傅梦飞)

〔修订建筑工程预标定额和费用定额〕　1989年8月2日湖北省计委、建设厅、建行以鄂计基管字（89）第479号文发出《关于修订湖北省建筑工程预标定额、费用定额有关事项的通知》，至1990年底已编完建筑工程预标定额13个分部的初稿。费用定额编制工作已完成直接费和间接费两大部分的初稿。(余幼荪)

〔勘察设计全面质量管理试点单位验收达标〕　1989年9月至12月，省全面质量管理验收组对中南建筑设计院、中南勘察设计院、湖北省水利勘察设计院、湖北纺织设计院、湖北省交通规划设计院、武汉市建筑设计院、武汉市市政工程设计研究院、武汉市勘察院等八个全面质量管理试点单位进行了达标验收。经验收组综合考评，八个试点单位全部达到国家规定的全面质量管理标准。1990省全面质量管理复查组对它们进行了复查，并以他们的经验为基础，制定了乙级勘察设计单位质量管理细则。(谢学长)

〔调整国营施工企业所得税率〕　1989年12月8日湖北省财政厅针对固定资产投资规模压缩，施工企业任务严重不足，经济效益滑坡的实际状况，以鄂财预字（89）886号文发出了《关于调减我省地方国营施工企业所得税率的通知》，将地方国营施工企业所得税率征收由35%减至25%。从1989年元月份开始执行。(徐武建)

〔建筑劳务基地建设〕　建立建筑劳务基地，是实行建筑劳务集约化管理的重要途径。根据两部一组（89）建施字第502号文精神，孝感市、黄冈地区和麻城市分别于1989年12月、1990年2月和6月，分别经当地政府批准成立了国家建筑劳务基地管理处，组建了培训中心，乡镇劳务管理办事处。为适应建筑劳务市场管理的需要，孝感、麻城市于1990年8月和12月分别成立了建筑劳务公司，负责建筑劳务的管理和输出工作。1990年劳务基地培训400多人，输出劳务8500余人，对提高劳务素质、支持扶贫工作起了积极作用。(肖仁春)

〔清理拖欠工程款〕 1990年3月3日，湖北省成立了以副省长徐鹏航为组长，建设厅、计委、经委、建行、工商行等组成的湖北省清理回收拖欠工程款领导小组，并于1990年5月下达了《关于清理回收建设工程款、设备材料款的意见》。各地也相继成立了领导小组。截至90年底，全省共勾对签认拖欠工程款2.8亿元，占年初拖欠总额的52%，其中收回1.273亿元。由于边清边欠的问题没有根本解决，到1990年底，全省拖欠工程款仍达4.77亿元。(徐武建)

〔建设监理开展试点工作〕 1990年6月，经湖北省编委批准，将城乡建设厅"基建调度处"更名为"基建调度监理处"，负责全省的工程建设监理工作。同年7月31日省建设厅印发了《湖北省建设监理试点方案》，规定1990年试点起步，1991年逐步扩大试点面，1992年各地、市、州、县要为在全省推行建设监理制度积极做好准备。按照《试点方案》要求，1990年10月23日省建设厅决定成立《湖北建设监理公司》，同时确定省重点建设项目省博物馆扩建工程为湖北省第一个建设监理试点工程。该项目在建设监理试点过程中，建设进度、质量和投资三大目标都得到了较好的控制。武汉市亦在汉口新火车站工程实行建设监理的试点。(朱良铂)

〔省优质工程〕 经湖北省优质产品、优质工程评审委员会评审，1989年获省优工程的有：宁汉渝干线光缆数字通信工程武汉—黄石先建段、500kV葛双二回输电工程、五峰土家族自治县洞河水电站、宜昌县沙坪水电工程。1990年获省优工程的有：江汉石油管理局钻头厂改造工程、下陆变调相机工程、霍河水库及电站工程。(汪海)

〔15家施工企业晋升省级先进企业〕 经湖北省企业管理升级领导小组审批，1989年获省级先进企业的是：中国第三建筑工程局第二建筑安装工程公司、江汉石油管理局油田建设公司、武汉市第一建筑工程公司、江陵县第一建筑公司、枣阳市建筑公司、湖北省预制构件厂。1990年获省级先进企业的是：铁道部第十一工程局、省建筑总公司第二建筑公司、省建筑总公司第六建筑公司、省工业建筑总公司工业设备安装公司、随州市第一建筑公司、随州市第三建筑公司、老河口市第一建筑公司、天门市第一建筑公司、武汉市第一预制构件厂。(徐武建)

重 点 工 程

王国建 等

〔华中华能武汉阳逻电厂〕 该电厂位于武汉市新洲县阳逻镇以北约4公里的香炉山。电厂近期规模为120万千瓦，分两期建设。第一期建设规模为2×30万千瓦，1990年12月18日开工。该工程由中南电力设计院设计，设计总工程师黄洪池。由湖北省电力建设公司第二安装公司、中国第三建筑工程局第二建筑公司分别负责设备安装和土建施工。(胡锦全)

〔宁汉光缆工程〕 宁汉光缆数字通信工程，横贯苏、皖、赣、鄂，全长1000余公里。该工程敷设12芯单模长波长光纤光缆，每二芯光纤可组成一个可供开通1920话路的通信系统，工作波长1300毫微米，传输速率为140兆比/秒。工程所需的光缆、光电端机设备均从美、意、德等国引进，工程总投资1.4亿元，1987年10月20日正式动工，1990年底竣工。该工程由邮电部设计院设计，邮电部第三工程公司等单位施工。(王广运)

〔武黄一级公路〕 武黄一级公路是宜（昌）—黄（石）公路首期工程，是湖北省第一条全封闭、全立交连接大中城市的高等级公路。全长70公里，路基宽24米，中央隔离带1.5米，四车道上下分向行驶，设计桥梁载重标准汽—超20，挂车——120，行车时速100公里，通过能力每昼夜2.5万辆。全线工程土石方646万立方米，水泥路面52公里，软基段沥青过渡路面18公里，大桥2座，互通式立交6处，中小桥涵及分离式立交共424道（座），总投资3.5亿元。工程于1987年4月开工，1990年底竣工，1991年2月全线通车。该工程由湖北省交通规划设计院尹其潜主持设计，湖北省路桥公司、铁道部第十一工程局，葛州坝工程局施工。(张泽林)

〔武汉天河机场〕 场址在汉口北郊黄陂县天河镇，距武汉长江大桥直线距离为24公里。一期工程于1990年12月破土动工。工程主要内容有：新建长3000米、宽45米跑道一条及平行滑道，客机坪12个机位，停机坪10个机位；航站楼建筑面积25000平方米，高峰小时可通过旅客1700人次；航站楼前停车场20000平方米，工程占地面积近4000亩，概算总投资3.8亿元。

该机场由国家民航总局设计院设计，武汉天河机场建设指挥部组织建设。(王国建)

〔武汉长江公路桥〕 该桥位于汉口黄浦路至武昌徐家棚下游约300米处之间，正桥长1877

武汉长江公路桥（建筑画）

米，桥面宽 26.5 米，主跨采用 400 米跨预应力钢筋混凝土斜拉桥型，拉索型式为双面密索扇形。主塔为“H”型，塔高 90 米。汉口岸引桥长 435 米，引道为三层立交；武昌岸引桥长 935.4 米，与和平大道相交设置两翼道。概算总投资 5.37 亿元，由铁道部大桥工程局负责设计、施工，1990 年 10 月已完成 12 号、9 号桥墩双壁钢围堰的浮运下沉。

该工程投资中有日本贷款 3000 万美元，1990 年 11 月 2 日签订了第一批实施项目的协议，年底完成了大桥工程所需“三材”的招标工作。（王国建）

〔汉口新火车站〕 该站位于汉口城区北缘，建设项目包括铁路主站房、综合楼和商业大楼以及邮政、电信、公交和市政配套设施，总投资约 3 亿多元，建筑面积 20 万平方米。其中铁路主站房建筑面积 2 万平方米。1989 年 3 月 10 日动工，1991 年 4 月竣工。站前广场有 5.5 万平方米的地下商业城。该站由武汉市建筑设计院设计，武汉市建筑总公司负责施工。(王国建)

〔王集磷矿〕 该矿位于湖北省钟祥县胡集镇，为大型海相沉积磷矿床，工业储量 5845 万吨。整个矿区由 13 个单项工程组成，建设规模为年采、选矿 150 万吨，精矿粉 66 万吨，钙镁磷肥 10 万吨，自备热电厂装机容量 1.2 万千瓦，总投资 36995 万元。该矿由化工部矿山设计研究院等

汉口新火车站　　余克武　摄

单位设计，化工部矿山建设公司等单位负责施工。于 1974 年 3 月开工，1990 年 12 月经国家验收，正式建成投产。(张泽林)

〔黄麦岭矿肥结合项目〕 黄麦岭矿肥结合项目，位于湖北省孝感地区大悟县阳平镇，是我国引进国外先进技术和设备、利用世界银行贷款建设的大型矿肥结合项目之一。计划总投资 68457 万元，其中：利用世界银行贷款 4285 万美元，国家和地方配套、自筹资金 48185 万元。该项目采选结合，酸肥配套，矿化兼备。项目建成后，年生产能力为：采矿 100 万吨，选矿 100 万吨，硫酸 26 万吨，磷酸 9 万吨，磷酸一铵 18 万吨，氟硅酸钠 6 千吨，合成氨 3.5 万吨，年产值 2 亿元。1990 年 7 月开工，计划 1994 年建成投产。(刘自海、肖又松)

〔第二汽车制造厂汽车试验厂〕 二汽汽车试验场，位于湖北省襄樊市北郊，占地 2514.7 亩，内设高速环形道、综合性能路、石块路、二号环道、标准坡道等多种试验路面，是一个性能齐全，具有国际先进水平的综合试验场。其中高速环长 5.27 公里，含三种车道，最高时速可达 210 公里。该工程于 1985 年 11 月开工，1990 年 9 月竣工，投资 5700 万元。工程由交通部规划设计院设计，英国麦纳公司咨询。主要设计负责人沈子粱。由铁道部第十一工程局第四工程处负责施工。(汪芳彦)

〔湖北省 7-066 工程〕 该工程系一轻型面包车生产基地，位于湖北省孝感市。建筑面积 47000 平方米，总投资 2500 万元。工程建成后年产轻型面包车 6 万辆，将成为湖北省生产轻型汽车的大型企业。1989 年元月开工建设。该工程由航空航天部第七设计院设计，主要设计负责人刘世杰，由湖北省第六建筑工程公司负责施工。(顾凌)

〔武汉大学人文科学馆〕 位于东湖之滨，珞珈山麓。该馆由香港知名人士邵逸夫先生捐赠港币 1000 万元、国家教委投资人民币 335 万元共同资建，由东南大学建筑设计院设计，中建三局三公司施工，1988 年 9 月 10 日动土开工，1990 年 11 月 20 日落成。(王忠勤)

〔华中理工大学图书馆〕 座落在武汉市喻家山下。由香港知名人士邵逸夫先生捐赠 1000 万港币及国家教委拨款 400 万人民币资建，建筑面积 15230 平方米。可藏书 30 万册，能同时接纳 2100 位读者。该馆由华中理工大学设计院设计，中建三局第二建筑公司施工。1988 年 7 月开工，1990 年 5 月竣工。(葛权)

〔华中师范大学科学会堂〕 位于武昌风景秀

华中理工大学图书馆　　宋炳权　摄

中南财经大学会堂　　鲁文焕　摄

武汉大学人文科学馆　　何一恩　摄

湖北省博物馆编钟馆　　邓希宾　摄

湖北省1989年～1990年建筑施工企业基本情况(一)

企业类别	企业个数(个)		年末全部职工人数(万人)		全部职工平均人数(万人)		建筑业总产值(万元)		其中：施工产值		全员劳动生产率(按施工产值计算)(元)		房屋竣工面积(万平方米)		人均房屋竣工面积(平方米)		房屋竣工率(%)	
	1989年	1990年	1989年	1990年	1989年	1990年	1989年	1990年	1989年	1990年	1989年	1990年	1989年	1990年	1989年	1990年	1989年	1990年
全省合计	566	570	46.3	45.71	45.85	45.16	495699	525547	457294	493026	9974	10917	817.3	785.9	17.8	17.4	44.3	46.6
一、全民所有制	168	174	33.59	32.89	33.28	32.62	394045	416170	362169	389221	10882	11931	433.5	455.9	13.0	13.97	37.1	42.9
1.中央部直属	36	42	18.3	17.88	17.91	17.63	228273	242594	206087	225812	11507	12808	99.1	104.3	5.5	5.91	28.6	33.1
2.地方所属	132	132	15.29	15.01	15.37	14.99	165772	173576	156082	163409	10155	10901	334.4	351.6	21.8	23.46	40.7	47.1
二、城镇集体所有制	398	396	12.72	12.82	12.57	12.54	101654	109377	95125	103805	7568	8278	383.8	330.0	30.5	26.32	56.6	52.9

湖北省1989年～1990年建筑施工企业基本情况(二)

企业类别	年末固定资产(万元) 原值		年末固定资产(万元) 净值		定额流动资金平均占有额(万元)		利润总额(万元)		其中：工程成本降低额		税后利润(万元)		上交税金(万元)		工程成本降低率(%)		工程质量优良品率(%) 按单位工程个数计算		工程质量优良品率(%) 按房屋面积计算		产值利润率(%)	
	1989年	1990年	1989年	1990年	1989年	1990年	1989年	1990年	1989年	1990年	1989年	1990年	1989年	1990年	1989年	1990年	1989年	1990年	1989年	1990年	1989年	1990年
全省合计	327301	329448	228876	229986	152663	185161	5230	−1202	781	−4967	7667	7330	11553	12201	0.19	−1.13	30.7	32.4	19.8	22.8	1.05	−0.23
一、全民所有制	288075	293593	203370	204202	152663	185161	3025	−3292	−348	−6224	6463	5261	8741	9210	−0.11	−1.78	40.8	44.4	22	27.2	0.76	−0.79
1.中央部直属	205862	207584	142990	142645	82104	96494	3337	145	389	−2730	4289	4076	5658	6366	0.2	−1.34	71.9	75.6	54.6	50.9	1.46	0.06
2.地方所属	82213	86009	60380	61557	70559	88666	−312	−3437	−737	−3494	2174	1185	3083	2844	−0.51	−2.39	15.2	17.5	14.2	20.5	−0.19	−1.98
二、城镇集体所有制	39226	35885	25506	25784	—	—	2205	2090	1129	1257	1204	2069	2812	2991	1.35	1.4	17.7	17.2	17.1	16.6	2.17	1.91

湖北省1989～1990年施工企业技术装备情况

项目 / 年度 / 单位	年末自有机械设备台数(台)		年末自有机械设备价值				年末自有机械设备总功率(万千瓦)		技术装备率(元/人)		动力装备率(千瓦/人)	
			原值		净值							
	1989年	1990年	1989年	1990年	1989年	1990年	1989年	1990年	1989年	1990年	1989年	1990年
全省合计	116292	116541	206112	215068	136087	139297	196.7	206.3	2939	3047	4.2	4.51
一、全民所有制	79963	79074	187591	197465	124140	127295	168.8	175.6	3696	3870	5	6
1.中央部直属	44191	44774	139957	148118	91720	94960	115.8	125.3	5011	5311	6.3	8
2.地方所属	35772	34300	47634	49347	32420	32335	53	50.3	2121	2153	3.5	3
二、城镇集体所有制	36329	37467	18521	17603	11947	12002	27.9	30.7	939	936	2.2	2

(付梦飞提供)

湖北省1989年～1990年勘察设计单位情况

项目 / 年度	勘察设计单位个数	年末职工人数	工程技术人员			施工图设计面积(万平方米)	工程测量面积(万平方米)	地质勘察量尺(万米)
				高级工程师	工程师			
1989年	406	16222	11544	1230	3738	1165.83	269383	31.85
1990年	–	–	–	–	–	–	–	–

(谢学长提供)

湖北省对外承包和劳务合作

年份	已签订合同的国家、地区数(个)	当年签订合同						完成营业额(万美元)			年末在国外人数(人)		
		合同数(份)			合同额(万美元)				承包	劳务		承包	劳务
			承包	劳务		承包	劳务						
1989	10	5	3	2	1069.20	851.40	217.8	1519.66	1519.66	–	1142	959	183
1990	–	–	–	–	–	–	–	–	–	–	–	–	–

注：本表仅限建设部系统地方国营施工企业对外承包统计数。

(外经处提供)

丽的桂子山。由香港知名人士邵逸夫先生捐赠兴建。该工程由科学会堂、图书馆、研究所三部分构成。建筑面积 9563m^2，总投资 1000 万元。1987 年 11 月破土动工，1989 年 10 月竣工。由南京工学院建筑设计研究院设计，湖北省第二建筑工程公司施工。(赵吉庆)

〔**中南财经大学会堂**〕 建筑面积 5830 平方米，总投资 321 万元，由学术报告厅和学生食堂组成。报告厅可容 1600 人，三层；学生食堂，可容 2000 人就餐，二层。由湖北省冶金设计院设计，主要设计负责人魏尧，湖北省第六建筑公司施工，1990 年元月开工，11 月竣工。(顾凌)

〔**湖北省博物馆编钟馆**〕 位于武汉市东湖风景区。建筑面积 4470 平方米，概算投资 890 万元。编钟馆分展厅、演奏厅、副房三部分组成。展厅面积为 42m×42m，高 18m。演奏厅为 30m×30m，高 11m，内设 200 个特制座位，供参观者欣赏古编钟演奏。1990 年 9 月开工。由中南建筑设计院设计，主要设计负责人向欣然、雷令雄。湖北省第二建筑公司施工，湖北工程承包公司负责该工程建设的监督管理。(郭守玉)

〔**湖北丽江饭店**〕 位于武汉市武昌区体育馆路，设有客房 126 套，总建筑面积 13109 平方米，总投资 542.2 万元。饭店主楼为钢筋混凝土框架结构，高 45 米，共 12 层。是由中南建筑设计院设计，主要设计负责人李术飞，湖北省第六建筑工程公司负责施工。1987 年 3 月开工，1990 年 8 月竣工。(顾凌)

湖 南 省

重 要 纪 事

严建荣 等

〔**全省建筑业在治理整顿中发展**〕 1989 年末，全省建筑施工企业共 2569 个，比上年减少 7.2%；职工 69.6 万人，减少 13.5%。全年完成总产值 61.98 亿元，增长 0.5%；完成施工产值 60.33 亿元，增长 3%；全员人均劳动生产率 8668 元；增长 11.53%；利润总额 12686 万元，下降 21.95%；上缴利税 18659 万元，增长 16.59%。采取的措施是：

一、加强宏观指导，促进行业发展。年初，省政府颁发《关于妥善安置施工队伍若干政策问题意见的通知》，要求严格按资质就位，控制施工队伍盲目增加。通过资审复核，共核减和撤并不符合资质等级的施工企业 134 家，减少 6.3 万人，清退农民合同工、临时工 7 万人。同时整顿建筑市场，查处违反建设市场管理规定的 1193 起，各种行贿、受贿、贪污、诈骗等经济犯罪案件 44 起，促进市场秩序好转。

二、加强计划平衡，对大、中型骨干企业采取倾斜政策。省建委规定，实行施工企业承包工程管理手册制度，按企业技术、装备、管理水平核定承担工程任务最高限额，杜绝倒手转包或粗制滥造。新开项目实行施工许可证制度，加强招标投标管理，对没有实行招投标承包的工程项目，实行建设单位委托申请审批制度，严禁私下交易和无证、越级承担工程任务。

三、支持施工企业开拓新的生产领域，共组织 10 余万人出省、出国承建工程和提供劳务。同时，积极开展多种经营，全年共创产值 4074.27 万元，比上年增长 60.6%。

四、认真抓好安全生产，提高工程质量。全省建筑施工生产安全事故比上年下降 35%，工程质量合格率和优良率均有较大幅度的提高。全年评出优质施工项目 19 个，有 14 个施工单位获奖。有四个公司跨入省级先进企业行列。(严建荣)

〔**建设经济合同仲裁工作**〕 1988 年 12 月，湖南省建委与省工商局联合行文，决定建立湖南省经济合同仲裁委员会省建委仲裁庭。省经济合同仲裁委员会聘请省建委工程技术、经济、法律专业人员 12 人担任兼职仲裁员，组成省建委仲裁庭。

该庭受理基本建设投资包干、建设工程勘察设计、建筑安装工程承包等合同中争议金额在 500 万元至 1000 万元的合同纠纷案。必要时也受理 500 万元以下的合同纠纷案件和省经济合同仲裁委员会交办的案件。该庭成立后，已受理和审理有关质量、工期和经济纠纷案件多起。受到了各方面的好评。(左星源)

〔**湖南省建筑志问世**〕 该志书共 80 万字，经过三年半的努力于 1988 年底付印出书。该书详细记述了湖南省建筑行业的起源及其发展历史，对全省各地不同类型的工程及其建筑结构、施工特征、建筑法规的颁布及实施效果，经营管理的发展变化等均有详细记述。特别是配有湖南古代建筑、近代建筑、富有地方特色和民族风格的少数民族建筑的彩色照片 120 幅，黑白照片 60 幅，并有湖南省建筑勘测、设计、科研单位和施工企业名录及其科研

成果，建筑代表作的选介等已发行 3000 多册。(陈亚平)

1989 年湖南省优质工程、优质施工项目一览表

工程名称	获奖单位
常德—株洲 500 千伏送变电工程	省送变电建设公司 省电力勘测设计院
长岭炼油化工厂 150 万吨/年常压蒸馏装置	长岭炼油化工厂建筑安装工程公司、湖南省建三公司
浙江钢铁公司 10 万立方米干式高炉煤气柜制作安装工程	浙江钢铁公司建筑安装工程公司
省建筑陶瓷厂 65 米隧道窑安装工程	湖南省工业设备安装公司
株洲冶炼厂铅改造 60 平方米烧结车间安装工程	中国有色金属工业第三建设公司二公司
株洲市庆云大厦	同上
湖南制药厂污水处理工程曝气深井	中国有色金属工业第三建设公司三公司
中南工业大学科技楼	湖南省建五公司
株洲市邮电局邮件转运大楼	同上
株洲电力机车工厂体育场	同上
耒阳电厂 210 米钢筋混凝土烟囱	湖南省建四公司
耒阳电厂江边循环水泵房	同上
郴州地区面粉厂立筒库及工作塔	同上
衡阳湘江公路大桥	湖南省公路桥梁建设公司
长沙贺龙体育场	中建五局三公司
索溪峪财政培训中心	湖南省建六公司
岳阳化工总厂信息楼	岳阳工程公司
株洲市电焊条厂涩拉车间	株洲市建筑工程公司
长岭炼油化工厂加氢、制氢联合装置土建工程	湖南省建三公司

注：除常德—株洲 500 千伏送变电工程为省优质工程奖外，其余项目均为省优质施工项目奖。

〔湖南省成立城市建设管理监察协会〕 经湖南省建委 1989 年 5 月批准，成立湖南省城市建设管理监察协会，并于 7 月 14～16 日在长沙召开了全省第一次城市建设管理监察工作暨省城建管理监察协会成立大会。研讨了城建管理监察体制、工作职责、队伍管理等问题，并选举产生了协会领导机构。(符新民)

〔修订湖南省工程建设费用定额〕 1989 年，省建委会同省建设银行修订了《湖南省工程建设其他费用定额》。自 1989 年 10 月 1 日起实行。原省建委颁发的《湖南省建筑安装工程其他费用定额》同时废止。(熊缘根)

〔湖南省进行城市雕塑普查〕 1989 年，湖南省建委对全省城市雕塑进行了普查，共调查 300 多个单位 410 余座城雕作品，其中纪念性城雕 43 座，主题性城雕 70 余座，园林装饰性城雕 300 余座。在全部雕塑中有 10 米以上大型城雕 8 座，中型城雕（5 米以上）50 余座。其建设材料有不锈钢、铸铜、玻璃钢、石质、水泥等，对进行革命传统教育和美化城市景观起了积极作用。(何小兵)

〔建筑技校培养出上千名技工〕 湖南省建筑技工学校自 1979 年复办以来，有较大的发展，1989 年在校生比 1979 年增加 3 倍，达 1154 人；新建教学楼、综合楼、食堂 1 万多平方米及蓝球场、田径场，已形成教学和生产实习设施配套、专业齐全的大型建筑技工学校。复校 10 年来，为全省建筑企业输送了 1260 余名合格的技工，培训 400 名施工、劳资人员。1985 年 3 月起，又增设《湖南省建筑职工中等专业学校》，开设工民建、劳动工资、施工管理、工程预决算等专业，输送了 300 多名毕业生。(关翔麟)

〔修编《湖南省建筑工程预算定额》〕 1989 年省建设工程定额管理站会同有关单位组织修编了《湖南省建筑工程预算定额》，从 1990 年 1 月 1 日起在全省执行。

新定额适用于一般工业与民用建筑新建，表现形式以人工，材料机械台班消耗量和单位基价表现，新定额与原预算定额比较有以下几个特点：

定额分部由原来的 14 个减少到 13 个，定额子目由原来的 2329 个合并减少到 1479 个。成熟的新材料、新工艺、新技术在定额中得到体现。根据运用微机编制预算的需要，新定额均用紧密输出的 5 位数表示，前两位数为分部代号，后三位数为分部顺号，人工、材料、机械均用统一代号列出。

新定额以省会长沙的建安材料预算价格为基准冠以了各子目的基价，并以该基价作为全省施工企业计取间接费取费的基础，避免了取费时“水涨船高”现象。

据综合测算，新定额水平比原定额提高了 1.92%。但由于部分生产性费用划归直接费部分，

湖南桑植贺龙塑像

各类工程的综合费率和过去基本持平。(王德良)

〔**1990 年发展概要**〕 在 1989 年取得进展基础上，全省继续治理整顿，确保行业稳定。年内对全省建筑施工企业进行资质复查，共计压缩和撤并施工企业 400 余家，减少职工 11.5 万人。同时继续严格控制队伍的增长，停止审批新成立企业，清退计划外用工、合同工 15 万余人。

为了帮助企业渡好难关，规定凡建安工作量 100 万元以上的工程，优先安排省内骨干企业投标或委托施工，继续实行承包工程管理手册制度，同时由省建委会同省计委、建行、审计等部门制定具体措施，帮助企业收回欠款 8000 万元。在开拓省外建筑市场方面，全省出省、出国施工队伍约 10 万人，与上年基本持平。

为了深化完善改革，省建委在调查研究的基础上，印发了《关于加强建筑企业承包经营管理的若干意见》，对企业新一轮承包提出了二十条政策措施，并通过抓好企业管理升级，又审查批准了三家省级先进企业。

在提高企业素质方面，按照国家七部门的要求，开展了青工技术竞赛，共评出 26 名优胜选手，并授予全省建筑青工技术操作能手光荣称号。在 10 月份举行的全国建筑系统决赛中，获得瓦工第 11、12 名，抹灰工第 13 名的较好成绩。省建委还被评为首届全国青工技术大赛组织工作先进单位。1990 年共评出省优质建设项目 1 个，优质工程 16 个。和安全生产均好于上年。(严建荣)

1990 年获省优质工程、优质施工项目奖工程

工程名称	获奖单位
岳阳铁山灌区大坝工程	岳阳铁山灌区工程总指挥部、省水利水电勘测设计院、省水利水电施工管理局（原省水利水电工程公司)
省电子进出口公司综合业务楼	省第六工程公司
省工商银行营业办公大楼主楼	省第六工程公司
长沙卷烟厂生活综合服务楼	长沙市郊区洞井建筑公司
长沙交易市场	中国建筑第五工程局第三建筑安装公司
黄花机场供油工程	省工业设备安装公司
长岭炼油厂 100 万吨／年重油催化裂化联合装置土建工程	省第三工程公司
长岭炼油厂 100 万吨／年重油催化裂化联合装置安装工程	中国化学工程总公司第十一建设公司长岭工程指挥部
岳阳石油化工总厂油改煤工程干煤棚系统	省第五工程公司
岳阳石化总厂热电厂 180／3.5—407 钢筋混凝土烟囱	省第四工程公司
岳阳市电磁铁厂焊接车间	岳阳工程公司
长岭炼油厂加氢制氢联合装置安装工程	中国化学工程总公司第十一建设公司长岭工程指挥部
常德五交化交电大楼	常德工程公司
衡阳市制药厂新仓库	衡阳市第四建筑工程公司
衡阳啤酒厂制麦车间立仓工程	衡阳市第三建筑工程公司
株洲市化肥厂保险粉工程(安装)	省工业设备安装公司
湘潭市无线电二厂彩电大楼	湘潭市西湖区建筑工程公司

注：除岳阳铁山灌区大坝工程为省优质工程奖外，其余项目均为省优质施工项目奖。

(严建荣)

〔**加强工程质量管理**〕 1990 年，全省共有

126个建筑工程质量监督站（以下简称质监站），在册人数达771人，其中具有中级以上技术职称的165人。已组建析测试验室（站）75个，有专职检测试验人员193名。其中有技术职称的160人。另外，还有大、中型工业交通建设项目质监站8个、专职质监人员及技术人员56人。各级质监站（不包括大、中型项目质监站）全年共完成受监工程6204个，建筑面积691万平方米。

各级质监站全年组织和参加工程质量析查65次、共查处无证、越级设计60起，无照、越级施工70起，重大工程质量故事隐患1000多起，对严重违章造成危及结构安全的事故责任单位及个人罚款205次。(曹友英)

〔建筑工程安全管理〕 1990年，全省各级建设主管部门和施工企业认真贯彻执行建设部颁发的《建筑施工安全检查评分标准》，努力实现安全检查工作的标准化、规范化。

1990年因公死亡44人，重伤71人，分别比1989年下降17%和39%。死亡事故主要发生在高处坠落（占38.6%）、触电（占11.3%）、物体打击（占15.9%）、机械伤害（占15.9%）、坍塌（占15.9%）。这五类事故占死亡总人数的97.6%。

按照省建委的统一部署，有14个地、州、市均召开了安全大检查，共抽检在建工程586个，安全合格率为58%。(曹友英)

〔开展基本建设项目后评价工作〕 建设项目后评价是近年学习借鉴国外管理经验推行的一项新工作，国家计委已将其正式纳入基本建设程序。建国40年来，全省共建成大中型项目509个，其中大型133个，中型376个，形成固定资产163亿多元。但对这些建设项目的后评价工作不够。据此，我省1990年10月召开首次项目后评价研讨会，接着，其它30个重点工程和大中型项目也开始了后评价工作，并着手起草《湖南省建设项目后评价暂行规定》。(邓应成　谭秉生)

〔省建六公司外脚手架实行全封闭防护〕 经长沙市有关部门和专家鉴定，湖南省第六工程公司对传统的钢管外脚手架搭设进行改革，实行全封闭的防护方法得到认可。1990年11月，长沙市建筑工程管理处向全市建安企业发出了推广应用该方法的通知。

这种搭设方法由省第六工程公司总工程师彭达义同志设计，熊晓游、游焕新、周友森等同志参与研制试点而成。已由湖南省建六公司制定出生产标准，并由长沙市劳动局颁发了生产许可证。(王承东)

〔桩基静载试验电测控制系统投产使用〕 由湖南省机械化施工公司自行设计制造的“桩基静载试验电测控制系统”于1990年2月正式投入使用。该系统可适用各类预制桩、灌注桩的静载测试，它由测量数据自动采集，数据处理与试验资料整理绘图、自动稳压荷载、自动化计算机软件等部分组成。它的投产使用有利于提高测量精度，保证测量数据的准确性与可靠性，并能改善测试人员的劳动强度和测试人员的人身安全。(李文达)

〔湖南省建筑总公司完成三年承包指标〕 湖南省建筑工程总公司作为湖南骨干大型建筑联合企业，自1988年代表所属九个大中型省属建筑施工、机械制造企业向省政府实行承包经营责，到1990年，完成了三年承包指标，实现利税2516.06万元，比承包前的1987年增长26.8%。

该公司实行承包以后，为确保国家财政收入，

湖南省建筑总公司承包三年指标完成情况

年　份	上交所得税	质量优良率	百元产值工资含量	固定资产增值率
1988年	承包指标为370万元 实际完成396.06万元	指标为10% 实际为16.08%	均未 超过	指标为5.5% 实完6.5%
1989年	承包指标为250万元 实际完成252.3万元	指标为12% 实完24.58%	上级 核定	指标为3% 实完7.33%
1990年	承包指标为250万元 实际完成252.2万元	指标为15% 实完26.6%	的标 准	指标为3% 实完6.71%
合计	实际完成900.56万元			(资金加实物)

确立了“立足本省，面向全国，积极开拓国外建筑市场”的经营方针，先后在上海、海南、江西、湖北、贵州、深圳、珠海、厦门等地承接了大量施工和设计任务，1990年总产值达4.96亿元，创历史最高水平。并做到了在资金紧张，政策性增支因素大量增加的情况下，确保国家财政收入。承包期间年人均上交国家税利比承包前增长69.25%，质量、安全、工资含量、固定资产增值等指标也都完成。(陈亚平)

重点工程

黎梦玉　等

〔长沙黄花国际机场建成通航〕　1989年8月31日正式通航该机场占地3500亩，按一级机场分近期和远期进行规划，近期又分两期进行建设。第一期工程概算投资12410万元，1986年6月开工，1989年8月15日全面竣工，通过了国家级验收。机场跑道宽45米，长2600米，可供波音757等大中型飞机起降。停机坪为3.3万平方米，可同时停靠4架波音757型飞机或6架安24型飞机。候机楼为6600平方米，客流量最高时可容纳400人。(陈亚平)

〔湖南大东江水电站建成发电〕　大东江水电站设计装机4台，容量50万千瓦，年发电量13.2亿千瓦小时，概算投资107920万元，系国家重点工程。1978年8月开工，1983年11月大坝开始浇筑混凝土。1号机组于1987年11月、2号机组于1988年6月、3号机组于1988年12月、4号机组于1989年8月先后并网发电。

长沙黄花国际机场

湖南郴州大东江水电站

在建设过程中，负责总承建的水电八局和中南水电勘测设计院密切配合，首创国内花岗岩岩基三向预裂爆破先进工艺和综合温控措施，保证了大坝工程质量。经过蓄水试验和多方面的科学测试证明，大坝混凝土浇筑合格率达100%，优良率达部颁标准。(黎梦玉)

〔长沙五水厂一期工程〕　位于城北区新河哑，占地面积89亩，是国家“七五”期间批准建设的大中型项目，省重点工程之一。设计规模日供水30万吨，分两期建设。第一期工程日供水15万吨。概算投资4400万元，由省建六公司、省建安装公司施工，1987年10月正式开工，1990年7月1日，完成一期工程的建设任务。(黎梦玉)

〔长沙锦纶厂工程〕　位于长沙市河西石岭圹，第一期工程规模为年产锦纶长丝2000吨，概算投资1.1亿多元，主要工艺设备和技术由中联国际租赁有限公司以租赁的方式从瑞士伊文达公司和法国巴马格公司引进。工厂建筑面积 4.4 万平方米，其中生产性建筑 2.5 万多平方米。1987 年 12 月开工，1990 年 8 月 18 日聚合车间正式投料试车，8 月 24 日生产出合格锦纶切片；纺丝车间两条生产线分别于 9 月 2 日、9 月 26 日投产，10 月 3 日加弹丝试车成功，至此，该厂已全部建成投产。(黎梦玉)

长沙锦纶厂

〔**郴州市东江给水工程**〕　工程规模为日供水 20 万吨，第一期工程日供水 10 万吨，总投资 5500 万元。

该工程在资兴市东江水库取水，输水管道经资兴市将原水送至郴县雅市坪加压后，至香山坪净化场进行净化处理，再送往市内高位水池，由高位水池经配水管网送到市内各用户，整个输水管线全长 34 公里，配水管线长 14 公里，分别采用 1.2～0.5 米钢筋混凝土预应力水泥管。该工程由省建四公司、有色三建二公司承包施工，工期两年零三个月，1990 年 12 月 28 日建成投产。(乔国林)

〔**五强溪水电站工程**〕　位于湖南省西北部，总装机容量 120 万千瓦，系国家重点建设项目，1986 年 6 月复工兴建，现正紧张建设中。(廖援村)

〔**长沙湘江北大桥**〕　主跨 210 米，是我国目前跨径最大的双塔单索面斜拉桥。位于五一路湘江大桥下游 3.5 公里处，东起伍家岭，西至长沙船舶厂。

大桥全长 3616.66 米，正桥的东引桥、主桥及西引桥组成，共长 2355.94 米。其中：主桥长 1026.26 米，共 15 孔。东引桥长 1049.66 米，共 60 孔。西引桥长 281.02 米，共 17 孔。匝道在东引桥一端，西侧机动车道长 369.78 米，非机动车道长 608.84 米。3 孔斜拉桥设在 9 号、10 号、11 号、12 号桥墩之间。

大桥的主要技术设计标准为：荷载标准汽—20，挂—100，并以两车道用汽超—20 验算，人群荷载为 350 公斤／平方米；设计洪水频率为 1／300；按 7 度地震设防。

长沙湘江北大桥(一)

长沙湘江北大桥(二)

该大桥由湖南省交通勘察设计院设计，湖南省公路桥梁建设公司施工。从 1987 年 10 月 1 日开工，1990 年低建成试通车。投资总概算为 12480 万元。该桥建设中共创造和采用 20 多项设计、施工科研成果，对丰富和提高我国公路桥梁建设水平作出了贡献。(祁玉芝　龙云麟)

〔**长沙高果糖厂工程**〕　位于长沙市南郊暮云市，系从比利时 ABAY 公司和美国 AMP 公司成套引进工艺技术和关键设备，在原长沙磷肥厂旧址上建设的。建设规模为日处理清洁玉米 200 吨，年产 F-42 果糖 2～4 万吨，F-55 果糖 1.85 万吨，商品淀粉 1～2 万吨和玉米系列产品 2 万吨，总投资 13148 万元。该工程国内设计由湖南省轻工设计院承担，土建、安装工程分别由湖南省建五公司和石化总公司第四建设公司负责施工。主车间土建于 1987 年 12 月开工，1990 年底淀粉生产线建成投产，果糖生产线基本建成。(黎梦玉)

湖南省1989年～1990年建筑施工企业基本情况(一)

企业类别	企业个数		年末全部职工人数(万人)		全部职工平均人数(万人)		建筑业总产值(万元)				全员劳动生产率(按施工产值计算)(元/人)		房屋竣工面积(万平方米)		人均房屋竣工面积(平方米)	
							合计		其中：施工产值							
	1989年	1990年	1989年	1990年	1989年	1990年	1989年	1990年	1989年	1990年	1989年	1990年	1989年	1990年	1989年	1990年
全省合计	2569	2445	69.71	68.77	69.59	65.83	619789	588760	603299	574366	8669	8725	1523.3	1272.5	21.9	19.3
一、全民所有制	123	122	18.21	19.25	18.45	17.11	227310	237405	215881	227077	11701	13272	237.1	233.5	12.9	13.6
1.中央部直属	38	38	8.2	7.88	8.05	7.83	115872	117550	110465	112905	13722	14420	67.3	54.2	8.4	6.9
2.地方所属	85	84	10.01	11.37	10.4	9.28	111438	119855	105416	114172	10136	12303	169.8	179.3	16.3	19.3
二、城镇集体所有制	319	319	12.54	12.22	11.94	11.52	108666	108112	103605	104046	8993	9032	355.8	319.4	30.9	27.7
三、农村建筑队	2127	2004	38.96	37.3	39.2	37.2	283813	243243	283813	243243	7240	6539	930.4	719.6	25	19.3

(姚建湖)

湖南省1989年～1990年建筑施工企业基本情况(二)

企业类别	年末固定资产(万元)				定额流动资金平均占有额(万元)		利润总额(万元)				税后利润(万元)		上缴税金(万元)		工程成本降低率(%)		工程质量优良品率(%)				产值利润率(%)	
	原值		净值						工程成本降低额								按单位工程个数计算		按房屋竣工面积计算			
	1989年	1990年	1989年	1990年	1989年	1990年	1989年	1990年	1989年	1990年	1989年	1990年	1989年	1990年	1989年	1990年	1989年	1990年	1989年	1990年	1989年	1990年
全省合计	248179	247471	170104	174812	132306	154969	12686	10070.4	–	–	–	–	18658.5	19493.6	–	–	–	–	–	–	–	–
一、全民所有制	144186	139685	93773	97097	83930	100990	4065	1203	–	–	–	–	5746	6844	–	–	–	–	–	–	–	–
1.中央部直属	73306	76977	52741	54207	40514	49700	3040	727	–	–	–	–	2789	3198	–	0.13	–	68.6	–	41.1	–	–
2.地方所属	70880	62708	41032	42890	43416	51290	1025	476	–	267.5	–	–	2957	3646	0.6	0.4	17.7	27.4	20.3	21.5	0.9	0.6
二、城镇集体所有制	33003	36681	21340	22815	48376	53979	851.8	939.3	152.5	607	–	–	3482.5	3662.6	0.2	0.6	5.4	6.9	7.8	11.1	0.8	0.9
三、农村建筑队	70990	71105	54991	54900	–	–	7769.2	7928.1	–	–	–	–	9430	8987	–	–	–	–	–	–	2.7	3.3

(姚建湖)

湖南省1989年～1990年施工企业技术装备情况

企业类别	年末自有机械设备台数(台)		年末自有机械设备价值(万元)			
			原值		净值	
	1989年	1990年	1989年	1990年	1989年	1990年
全省合计	–	–	–	–	–	–
一、全民所有制	–	–	–	–	–	–
1.中央部直属	–	–	–	–	–	–
2.地方所属	16605	17174	17406	18990	10788	11606
3.省直务厅局	–	–	–	–	–	–
二、城镇集体所有制	37330	37082	15303	15860	9589	9499
三、农村建筑队	–	–	33939	36040	26296	27625

项目 / 年度 / 单位	年末自有机械设备总功率(千瓦)		技术装备率(元/人)		动力装备率(千瓦/人)	
	1989年	1990年	1989年	1990年	1989年	1990年
全省合计	–	–	–	–	–	–
一、全民所有制	–	–	–	–	–	–
1.中央部直属	–	–	–	–	–	–
2.地方所属	19627	204675	1412	1503	2.57	2.65
3.省直务厅局	–	–	–	–	–	–
二、城镇集体所有制	262733	269128	765	777	2.1	2.2
三、农村建筑队	762176	606985	671	741	1.96	1.63

注：装备率是以期末人数计算的。

(姚建湖　黎铎)

湖南省1989年～1990年勘察设计单位情况

项目 / 年度	勘察设计单位个数	私营	年末全部职工人数	工程技术人员	具有高级职称的工程师	具有中级职称的工程师	施工图设计面积(万平方米)	工程测量面积(平方公里)	地质勘察进尺(万米)
1989	366	15	28106	8844	2602	6242	1136.95	17685.12	68.04
1990	358	10	27399	8691	2541	6150	915.45	4863.52	142.88

(湖南省建委冯斌、何玲)

广 东 省

重 要 纪 事

梁志华　等

〔施工企业资质复查〕　1989年9月，省建委部署施工企业资质复查工作，要求认真清理整顿公司，禁止挂靠经营，把同国营、集体建筑企业混岗的个体建筑户和私营建筑队划分出来，严格分清企业所有制性质。对于划分出来的个体建筑户和私营建筑队，规定原则上只能在本县（区）范围内流动，按核定的经营范围承接工程，或为国营及集体企业提供劳务。

〔企业管理升级活动〕　同一时期，在施工企业进行资质复查的同时，开展了企业管理升级活动，先后制订了建筑施工、设备安装、机械施工、建设工程总承包、门窗及卷闸生产等十个类型企业的省级先进企业标准，到1990年底已有9家施工企业被评为省级先进企业。

〔首届建筑系统青工选拔赛〕　这次大赛1990年8月17日至21日在广州举行，比赛分两个阶段进行，先由省建筑工程总公司，在广州、佛山、湛江、汕头等市进行预赛，共选出瓦工、抹灰工各16名选手参加省的选拔赛。省的选拔赛通过理论考试、手工操作比赛决出两个工种的前五名优胜者。省团委授于优胜者"新长征突击手"的光荣称号，劳动局为8名优胜者颁发了工人技师证书。

〔开展施工企业技术业务岗位培训〕　经省建委与高教局协商，中级岗位培训与中等专业专修证书培训结合进行，经理论考试与实际能力考核合格者，发给岗位合格证和中等专业证书。到1990年底，经省高教局批准承办这项培训业务的建筑中专7年，已毕业学员3200人。

〔建设监理试点〕　经广东省编委批准，省建委建设监理处于1990年1月成立。广州、深圳、珠海、汕头、惠州、佛山、江门等市和省交通、电力、港务等部门被定为首批试点城市和单位。随后，省政府批准成立了广东工程建设监理公司。在深圳市，九家社会监理机构经市建设局批准成立。

〔六项工程获奖〕　1989年，由广东省开平县三建公司施工的万宝冰箱三厂主厂房、由广州市二建和广州市机电安装公司施工的"中国人民银行广东省分行"及"中国人民建设银行广州市分行"营业楼，获国家建筑工程鲁班奖。省公路工程处施工的广东105国道及洛溪大桥获国家优质工程银质奖。1990年，由广州市四建施工的江南大酒店、由省电力局第一工程局施工的沙角电厂A厂获国家建筑工程鲁班奖。

〔设计单位开展全面质量管理〕　从1988年开始，经国家计委批准，确定广东省5个甲级勘察设计单位作为推行全面质量管理试点单位。省建委于1989年组织了由专家组成的验收组，对广东省建筑设计研究院、广东省水电勘察设计院、广东省轻工业设计院、广州市设计院、深圳市建筑设计院等进行达标验收，并获得通过。

〔加快商品住宅建设〕　改革开放以来，广东省由房地产开发公司自筹资金和银行贷款建造的住宅数量日益增多。1990年全省房地产开发公司竣工商品住宅491万平方米，销售商品住宅393.24万平方米，销售收入45.15亿元，其中向个人出售达226.2万平方米，占销售住宅总面积的57.5%，回收购房款23.4亿元。

〔颁布四项标准〕　从1987年开始，广东省建委组织有关单位和专家，先后编制发布了《建筑气象参数标准》、《建筑结构荷载规定》、《建筑地基基础设计规范》和《建筑地基基础施工及验收规程》。

(梁志华、方益深、刘瑞萍、黄源、徐伟硕)

重 点 工 程

李绍达　刘简珍

〔广州抽水蓄能电站〕　位于广东省从化县吕田镇境内，距广州直线距离90公里。是广东大亚湾核电站配套项目。电站枢纽由上、下水库拦河坝、引水系统和地下厂房等组成。电站第一期工程装机容量为1200Mw，装机4台每台300Mw抽水蓄能机组，转速每分钟500转，最大水头535米，电站综合效率0.76。电站建成后通过两回500kV出线并入广东电网。

电站由广东省和能源部合资兴建，计划总投资为147300万元。工程设计由广东省水力电力勘测设计院负责，并与中南公司（中南勘测设计院和水电部葛洲坝工程局联合体）共同负责工程监理。

本工程于一九八八年七月开工，现正紧张建设中。

〔黄埔发电厂煤代油工程〕　黄埔发电厂位于广州市黄埔区，煤代油工程是在黄埔电厂扩建两台30万千瓦烧煤机组，以顶替原有50万千瓦烧油机组。工程于1986年2月28日破土动工，1989年

12 月 5 日第一台 30 万千瓦机组整组试运投产发电；第二台机组 1990 年 10 月 15 日完成试运转交付生产。黄埔发电厂装机总容量为 110 万千瓦，建厂工期历时 4 年零 8 个月。

该工程由华能集团公司与广东省合资建设，总投资达 89374 万元。工程由广东省电力勘测设计院设计，广东省电力局火电安装公司、广东省电力局第一工程局、广东省第二建筑工程公司等单位共同施工。

〔**三茂铁路**〕 三茂铁路是广东省自三水县至茂名市的铁路干线，全长 357 公里。铁路第一段自三水县至云浮县腰古 126 公里铁路，于 1987 年建成投入营运。同年建设第二段自云浮腰古至茂名段 231 公里（简称腰茂铁路），1990 年 12 月实现全线接轨贯通。

本工程由铁道部第四勘测设计院设计，修改后的设计概算为 11 亿元，线路为国家二级标准干线。施工任务由铁道部 10 个工程局以及省内外 36 个施工企业共同承担。主要工程量有：征地 1.3 万亩，拆迁房屋 17 万平方米，路基土石方 1745 万立方米，桥梁 106 座 7435 米，隧道 27 座 8753 米，涵渠 1140 座 19360 米，房屋建筑 29.8 万平方米，车站 20 个。设计运量近期为 500 万吨，远期 1000 万吨。沿线 30 多个车站，各有特色。

三茂铁路那霍车站　　骆金穗　摄

〔**西江航道整治**〕 西江，发源于云南省马雄山，流经云南、贵州、广西、广东四省（区），经磨刀门、虎跳门、崖门流入南海，全长 2216 公里，流域面积 353120 平方公里。为开发流域内丰富的资源，广东、广西两省（区）计委于 1978 年 8 月联合向国家计委上报了西江航运建设计划任务书。国家计委于 1983 年 12 月批准了广东段航道整治工程初步设计，同意两省联合整治建设能通航一千吨级的国家三级航道工程。

航道整治的主要内容为：西江干深 2.3 米，航宽 60 米，弯曲半径 500 米；东平水道水深 2.5 米，航宽登洲头至大刀湾及蔬浚河段为 60 米，其余为 80 米。弯曲半径除大刀湾为 400 米外，其余河段均为 500 米。

东平水道新沙洲段整治，在右岸建丁坝，在洲头建顺坝加格坝，限制右槽流量，增大左槽通航岔道的流速，冲深航槽.

工程总投资 5136.52 万元，由广东省包干建设。工程设计由广东省航道勘测设计科研所负责；广东省肇庆西江航务工程公司，广东省珠江三角洲航务工程公司，广西梧洲航务工程处共同承担施工。

整治工程于 1985 年初开工，1990 年底全线竣工，1990 年 12 月 22 日通过国家正式验收，工程质量优良。整治后航道改善了通航条件，特别是从广州经东平水道入西江段比原水道缩短航程 110 公里。

〔**广州华侨大厦扩建工程**〕 该工程由广东省中国旅行社和新加坡中华总商会梁庆经先生等为首的华侨企业（香港）有限公司合作兴建。整个工程由主楼及附楼组成，建筑面积为 71371 平方米，总投资为 3500 万美元。该工程为钢筋混凝土结构，主体建筑为 41 层（地下室二层），附接 8 层（地下室二层）。1987 年 6 月开工，1990 年 5 月 30 日结构封顶。

华侨大厦扩建工程整座大楼设有地下室二层。地下室基底埋深均为−12 米。由于工程接近珠江

广东省1989年～1990年建筑施工企业基本情况(一)

企业类别	企业个数(个)		年末全部职工人数(万人)		全部职工平均人数(万人)		建筑业总产值(亿元)		施工产值		全员劳动生产率(按施工产值计算)(元)		房屋竣工面积(万平方米)		人均房屋竣工面积(平方米)		房屋竣工率(%)	
	1989年	1990年	1989年	1990年	1989年	1990年	1989年	1990年	1989年	1990年	1989年	1990年	1989年	1990年	1989年	1990年	1989年	1990年
全省合计	810	805	73.54	67.63	75.29	68.01	125.65	111.29	117.34	110.19	15585	16202	2511.8	2345.4	33.4	34.5	48	52
一、全民所有制	179	176	29.18	26.38	29.88	28.62	65.27	56.53	60.41	56.23	20218	19647	765.9	701.8	25.6	24.5	45	49
1.中央部直属	38	35	6.26	5.07	6.19	4.82	13.65	11.69	13.04	11.39	21066	23631	82	63.7	13.2	13.2	40	49
2.地方所属	141	141	22.92	21.31	23.69	23.80	51.62	44.84	47.37	44.84	20515	18840	683.9	638.1	29.6	26.8	48	49
二、城镇集体所有制	631	629	44.36	41.25	45.31	39.29	60.38	54.76	56.93	53.96	12564	13734	1745.9	1643.6	38.5	41.8	49	54

广东省1989年～1990年建筑施工企业基本情况(二)

企业类别	年末固定资产(万元) 原值		年末固定资产(万元) 净值		定额流动资金平均占有额(万元)		利润总额(万元)		利润总额 工程成本降低额		税后利润(万元)		上缴税金(万元)		工程成本降低率(%)		工程质量优良品率(%) 按单位工程个数计算		工程质量优良品率(%) 按房屋面积计算		产值利润率(%)	
	1989年	1990年	1989年	1990年	1989年	1990年	1989年	1990年	1989年	1990年	1989年	1990年	1989年	1990年	1989年	1990年	1989年	1990年	1989年	1990年	1989年	1990年
全省合计	423764	423200	294865	292093	262603	292302	39976	31237	19202	29084	19982	–	32802	27835	2.00	2.5	50.2	34.6	54.5	39.4	3.2	2.00
一、全民所有制	291186	263900	197197	181700	204917	184300	22245	19225	14556	19554	12989	–	14078	18287	2.8	2.6	66.3	63	59.4	–	3.4	3.4
1.中央部直属	154415	125000	98133	82200	30240	37300	6883	5262	6087	5986	3546	–	2499	3842	2.2	3.8	87.3	78.7	86.3	48.5	5.1	4.5
2.地方所属	136771	138900	99064	99500	174677	147000	15362	13963	8469	13568	9443	–	11579	14445	2.1	2.4	56.6	60.7	55.2	45.2	3.00	3.1
二、城镇集体所有制	132578	159300	97668	110393	57686	108002	17731	12012	4646	9530	6993	–	18724	19548	1.00	2.2	43.2	32.4	45.1	36	2.9	2.2

广东省对外承包和劳务合作

年份	已签订合同的国家、地区数(个)	当年签定合同						完成营业额(万美元)			年末在国外人数(人)		
		合同数(份)	承包	劳务	合同额(万美元)	承包	劳务		承包	劳务		承包	劳务
1989年	7	36	33	3	1452	1420	32	903	895	8	192	155	37
1990年	7	20	15	5	2280.26	2270	10.26	1116.26	1108	8.26	165	146	19

广东省1989年～1990年勘察设计单位情况

年度 \ 项目	勘察设计单位个数	年末全部职工人数	工程技术人员	具有高级职称的工程师	具有中级职称的工程师	施工图设计面积(平方米)	工程测量面积(平方公里)	地质勘察进尺(标准米)
1989年	409	19666	13043	1592	4289	26738144	1884	1096926
1990年	406	19297	13438	1475	4034	22570787	1777	945320

广东省1989年～1990年施工企业技术装备情况

企业类别	年末自有机械设备台数(台)		年末自有机械设备价值(万元)				年末自有机械设备总功率(万千瓦)		技术装备率(元／人)		动力装备率(千瓦／人)	
			原值		净值							
	1989年	1990年	1989年	1990年	1989年	1990年	1989年	1990年	1989年	1990年	1989年	1990年
全省合计	188120	195320	212973	247726	137653	160201	234.2	197	1828	2356	3.1	2.9
一、全民所有制	59893	59676	133563	162800	82438	101500	130.1	96.1	2759	3546	4.35	3.4
1.中央部直属	13915	12903	51930	81500	30542	48900	42.2	37.4	4934	10145	6.82	7.8
2.地方所属	45978	46773	81633	81300	51896	52600	87.9	58.7	2248	2210	3.81	2.5
二、城镇集体所有制	128227	135644	79410	84926	55215	58701	104.1	101.9	1219	1494	2.3	2.6

边，地下水位高，在防水处理上采用防渗墙，用连续壁加土层锚杆进行坑壁支护的施工方法进行。

扩建改造后的广州华桥大厦拥有 869 间标准客房，10 个各种类型的餐厅，其中有可容纳 1000 人的宴会厅和楼顶观景餐厅，旅游服务设施齐全，并有现代化的国际通讯设备等。

华侨大厦扩建工程由广州市设计院设计，广东省第三建筑工程公司总承包施工。(李绍达、刘简珍)

广州华侨大厦扩建工程

海南省

重要纪事

黄亚、甘立、史贵友

〔基础设施建设快，投资环境明显改善〕 1989 年—1990 年，省委、省政府提出“用政策、打基础、抓落实、求效益”的指导方针，加强以能源、交通、通讯为重点的基础设施建设的投资和管理。1989 年全社会固定资产投资完成 28.8 亿元，其中基本建设投资 20.0 亿元，分别比上年增加 43.1%和 84.7%。当年全省列为重点建设项目的有 17 项（含续建项目 8 项），完成投资额 5.7 亿元，占基本建设投资的 28.5%。1990 年全社会固定资产投资完成 35.5 亿元，其中基本建设投资 22.1 亿元，分别比上年增加 12.8%和 10.5%。当年列为重点建设项目的有 16 项（含续建项目 12 项），完成投资额 6.9 亿元，占基本建设投资的 31.2%。建省三年来，共完成固定资产投资 84.5 亿元，其中基本建设投资 52.9 亿元，比建省前 35 年投资总和还多。

截至 1990 年止，已经完成交付使用或部份交付使用的项目有：海口火电厂二期工程、马永输变电工程、洋浦港起步工程、八所港防坡堤改造工程、清澜港扩建工程、海口市程控电话扩容工程、海口市地面水厂、三亚市二期供水工程、海南大学、海南烟厂扩建工程。正在加紧施工的项目有：大广坝水利水电枢纽工程、三亚凤凰民用机场、海口港两个万吨级泊位扩建工程、环岛东线公路工程、海南汽车冲压厂、海南彩电中心工程。正在进行前期工作的项目有：海南昌江水泥厂、海南电脑显示管厂、海南冷轧薄板厂等。电力已由建省前的总装机容量 38.8 万千瓦增加到 80 万千瓦，发电量自给有余。空运从过去 3 条航线发展到 20 条，已与东北、西北、华北、中南、西南等重要城市及香港、曼谷、新加坡通航。港口吞吐能力由建省前的 740 万吨增加到 1010 万吨，运力从不到 4 万吨增加到 21 万吨。电话由建省前的 1.4 万门发展到 6.9 万门，省会海口市可与全国 500 多个城市和世界上 100 多个国家和地区直接通话。

〔整顿建筑市场〕 1990 年，全省 19 个市、县先后成立了由建委、计委、工商、审计、监察等部门组成的整顿工作领导小组，由分管建设工作的市、县长任组长，在建委设办公室抓日常工作。主要任务是：（一）进行队伍资质审查，清理无人员、无资金、无办公场所的“三无”企业。截至 1990 年底止，全省原注册勘察设计单位 208 家，保留 144 家；建筑施工企业 600 多家，保留 493 家；房地产企业 344 家，保留 199 家。（二）抓工程质量和安全生产，清查无证设计与施工、非法转包、出卖证照、偷工减料及造成质量安全事故等违法违章行为。有七家设计、施工单位受到了处分。（三）抓招标投标管理，纠正承包中的不正之风。有 12 家建筑施工企业在工程招标中有违法违纪行为，被取消投标资格，共清查出 100 项未办理报建的工程，已有 80 项补办了手续。

〔**深化管理体制改革**〕 1989—1990年，主要是在企业内部继续推行各种形式的承包经营责任制。据1989年对施工的1431个工程统计，实行投标承包的265个，占总数的18.5%；实行平方米，造价包干的259个，占总数的18%；实行概算或施工图预算加系数包干的880个，占总数的61.5%；其它形式还有小区综合造价包干、按单位能力造价包干等。1990年施工的2556个工程，全部推行了各种形式的承包经营。根据省委、省政府〔1989〕103号文和省政府〔1989〕90号文的规定，对投资10万元以上的工程一律实行招标发包。

此外，还实行了工程建设监理。1990年8月，经省编委批准在建设厅设立建设监理处，当年，由广西电力工业局勘测设计院、海南安信监理公司分别对大广坝水利水电枢纽工程、海口国际商业大厦实行了建设监理。

〔**加强法规建设**〕 1989—1990年，海南省建筑业先后出台8项法规。其中，以省政府名义颁发的有:《海南省建筑市场管理若干规定》、《海南省建设工程招标投标管理办法》、《关于收缴建设标准定额经费的若干规定》。以海南省建设厅名义颁发的有:《海南省勘察设计市场管理规定》、《海南省城市建筑间距的技术规定》。由省建设厅、省经济计划厅、中国人民银行海南省分行联合颁发的有《海南省建设工程概预算专业人员资格证书管理暂行办法》；由省建设厅、省人防办联合颁发的有《海南省结合民用建筑修建防空地下室实施办法》。此外，省建设标准定额站还制定颁发了《海南省建筑工程预算定额》和《海口地区建设工程材料预算价格》。

〔**加强工程质量管理**〕 1990年，在省属建筑施工企业中，确定15家为推行全面质量管理的排头兵企业，实行经营承包、资质管理、工资分配与质量好坏挂钩的方法，在18个乙级以上勘察设计单位开展全面质量管理活动，有90%以上的职工参加了全面质量管理知识培训和考试。至1990年底，全省已建立建筑工程质量监督站20个，工程试验检测站8个，有工程质量监督人员114人，工程试验人员86人。工程质量覆盖率达80%。1990年，先后组织各市、县建委检查了竣工工程和在建工程499项，其中合格工程有483项，合格率为97%，对于检查中发现的不合格工程，均分别作了处理。施工现场伤亡事故有所减少。

〔**提高建筑设计水平**〕 1989年，海南省首次开展了优秀勘察、优秀设计评选活动，举办了城镇商品住宅设计方案竞赛。1990年在评优中选送的36个勘察设计项目中，共评选出优秀勘察项目4个，优秀设计项目6个。

〔**培训队伍**〕 1989—1990年，海南建筑业企业先后参加省建设厅组织的各种岗位培训、并获得合格证书的人员共有949人。其中，建筑企业经理129人，施工技术员187人，统计员22人，质安员136人。

重 点 工 程

黄亚甘 立 史贵友

〔**海口火电厂二期工程**〕 工程规模为两台12.5万千瓦火电机组，装机容量25万千瓦。由港澳国际投资有限公司和海南省电力公司合作建设，计划总投资为8400万美元和3000万元人民币由合作双方各自承担一半。采取总承包办法，由上海对外电力工程承包总公司承包建设。1988年1月20日开工，1989年7月第一台机组安装调试完

海口火电厂及专用煤码头 电力公司 提供

毕，1990年3月第二台机组安装完毕，进入调试阶段，1990年5月正式验收交付使用。该工程由能源部华东电力设计院设计，由海南电力公司负责管理。

〔**马永输变电工程**〕 澄迈县马村至海口市永庄输变电工程，由海南省自筹资金建设。规模为220kV变电站及30公里的220kV输电线路。1989年1月开工，1990年10月正式验收交付使用。投资5143万元。该工程由能源部中南电力设计院设计，由湖北省输变电工程公司承包施工，由海南省海口供电公司负责管理。

〔**大广坝水利水电枢纽工程**〕 该工程位于海南岛西部东方黎族自治县境内昌化江中游，具有发电、灌溉、工业和生活供水等综合效益，是海南省最大的水电工程。工程正常蓄水位标高140米，总库容17.1亿立方米，水电站装机容量24万千瓦，年平均发电量5.2亿度，灌溉面积99.5万亩。第一期枢纽工程，完成大广坝水库、发电站装机容量24万千瓦，年平均发电量5.2亿度，灌溉面积99.5万亩。第一期枢纽工程，完成大广坝水库、发电厂及高干渠等工程，计划总投资7亿元，其中国家投资1.6亿元，利用世界银行贷款6700万美元，海南省自筹2.9亿元。

该工程于1988年12月开始移民安置工作，1989年2月进场进行施工准备，1990年6月26日正式开工，至1990年12月底止累计完成投资10189万元，占计划总投资的14%。该工程由水电部中南勘测设计院设计，枢纽土建工程由长江葛洲坝工程局海南工程公司承包施工，由海南大广坝水利水电工程指挥部负责管理。

洋浦港码头　　　陈德雄　摄

〔**洋浦港第一期起步工程**〕 建设规模为：兴建一个两万吨级多用泊位（长250米），一个两万吨级通用泊位（长194米），一个3000吨级工作船泊位（长100米），年吞吐能力为100万吨，初步设计批复总投资为1.5亿元。

该工程于1987年1月8日正式开工，1988年8月10日3000吨级工作船码头完工投入使用，11月疏港公路（59.2公里）竣工通车，1989年9月28日两个2万吨级泊位水工主体工程完工，1990年6月20日陆域配套工程基本完工，1990年11月26日整个工程通过初步验收，1991年1月15日通过正式验收。

该工程发包单位为海南港务局，主要设计单位为交通部第二航务工程勘察设计院，主要施工单位为交通部第四航务工程局，使用单位为洋浦港务局。

〔**海口港两个万吨级泊位扩建工程**〕 该工程位于海口市秀英，计划总投资9984万元，由国家交通投资公司投资兴建。建设两个万吨级泊位，年吞吐能力为80万吨，1990年2月开工。至1990年12月底止，累计完成投资额3500万元，占计划总投资的35%。

〔**清澜港扩建工程**〕 该工程位于海南岛东部文昌县清澜镇。新建一个5000吨级泊位、两个500吨级泊位及配套工程。由交通部及广东省投资建设，计划总投资1220万元。1986年12月动工，1989年底完成投入使用。该工程由广东航运设计院设计，由交通部四航局施工。

〔**三亚凤凰民用机场**〕 该机场位于三亚市西北11公里处的羊栏镇凤凰村。按国际机场（一级）标准，一次规划，分期建设。一期工程建设规模为：按波音747-200型起降要求，跑道长3400米，宽45米及其配套设施。一期工程计划总投资19900万元，资金来源为国家投资3000万元，其他由本省自筹和利用国外资金解决。该工程于1990年5月动工，至1990年底止，累计完成投资4000万元，占计划总投资的20%。

该工程由华南建筑设计院为主设计，土石方工程由广东建筑总公司施工，三亚凤凰民用机场建设指挥部负责管理。

海口市程控电话载波系统　　黄克歆　摄

海南省 1989 年～1990 年建筑施工企业基本情况(一)

企业类别	企业个数(个)		年末全部职工人数(人)		工程技术人员		全部职工平均人数(人)		建筑业总产值(万元)		施工产值		全员劳动生产率(按施工产值计算)(元)		房屋竣工面积(万平方米)		人均房屋竣工面积(平方米)		房屋竣工率(%)	
	1989 年	1990 年	1989 年	1990 年	1989 年	1990 年	1989 年	1990 年	1989 年	1990 年	1989 年	1990 年	1989 年	1990 年	1989 年	1990 年	1989 年	1990 年	1989 年	1990 年
全省合计	83	178	53383	68527	–	–	48906	66326	52233	67068	51448	66090	10519	9964	94.4	133.6	19.3	20.1	49.6	64.1
一、全民所有制	25	50	22395	27592	–	–	20903	30161	23740	33500	23133	32801	11066	10875	41.0	55.3	19.6	18.3	41.4	56.4
1.中央部直属	–	–	–	–	–	–	–	–	–	–	–	–	–	–	–	–	–	–	–	–
2.地方所属	25	50	22395	27592	–	–	20903	30161	23740	33500	23133	32801	11066	10875	41.0	55.3	19.6	18.3	41.4	56.4
二、城镇集体所有制	58	74	30988	33261	–	–	28003	29984	28493	29930	28315	29773	10111	9930	53.4	64.4	19.1	21.5	58.4	63.9
三、农村建筑队	–	54	–	7674	–	–	–	6181	–	3638	–	3516	–	5688	–	13.9	–	22.5	–	85.9

海南省 1989 年～1990 年建筑施工企业基本情况(二)

企业类别	年末固定资产(万元) 原值		净值		定额流动资金平均占有额(万元)		利润总额(万元)		工程成本降低额		税后利润(万元)		上缴税金(万元)		工程成本降低率(%)		工程质量优良品率(%) 按单位工程个数计算		按房屋面积计算		产值利润率(%)	
	1989 年	1990 年	1989 年	1990 年	1989 年	1990 年	1989 年	1990 年	1989 年	1990 年	1989 年	1990 年	1989 年	1990 年	1989 年	1990 年	1989 年	1990 年	1989 年	1990 年	1989 年	1990 年
全省合计	19651	26600	15398	21053	8265	11747	1735	1282	1338	861	547	–	1260	1527	–	1.3	35	36	44	43	1	1.9
一、全民所有制	8496	13700	6158	10581	8265	11747	595	684	484	122	152	–	489	461	–	0.4	23	32	37	34	0.6	2
1.中央部直属	–	–	–	–	–	–	–	–	–	–	–	–	–	–	–	–	–	–	–	–	–	–
2.地方所属	8496	13700	6158	10581	8265	11747	595	684	484	122	152	–	489	461	–	0.4	23	32	37	34	0.6	2
二、城镇集体所有制	11155	11342	9240	9241	–	–	1140	421	854	517	395	–	771	943	–	1.8	45	44	50	49	1.4	1.4
三、农村建筑队	–	1558	–	1231	–	–	–	177	–	222	–	–	–	123	–	1.8	–	34	–	54	–	4.9

海口市一角　　陈得胜　陈德雄　摄

〔**海口市 2.7 万门程控电话扩容工程**〕　该工程计划总投资 9127 万元，其中自筹资金 4377 万元，贷款 4550 万元，建设 2.7 万门程控电话及其配套工程。

该工程于 1989 年 11 月动工，至 1990 年 12 月累计完成投资 5144 万元，占计划投资的 56%。海口市邮电局解放西路西门交换机 7000 门程控电话，于 1990 年 11 月 18 日开通。其他部分至 1990 年 12 月底已完成工程总量的 95%以上，1991 年 3 月 3 日全部开通。该工程由邮电部北京设计院设计，由海南省邮电部门自行施工。

〔**三亚市二期供水工程**〕　工程规模由一个库容量 1492 万立方米水库、日供水 5 万吨水厂及 8 公里输水管道组成。计划总投资 2786 万元，由中央、广东省及海南、原自治州和三亚市投资建设。该工程自 1986 年 2 月开工，整个工程于 1990 年上半年完成。

〔**海南卷烟厂扩建工程**〕　该厂地点位于琼山县府城镇甘蔗园。工程建设规模为年产卷烟 30 万箱，第一期扩建工程建设年产卷烟 10 万箱，计划总投资 1.6 亿元，由海南烟草公司贷款投资。主要设备情况：卷接机组从法国德古费勒公司引进，切丝机从西德豪尼公司引进，制丝辅联设备从香港保德公司进货，制丝生产线主机及 GDR-S 包装机从意大利 COMAS 公司进货。该工程于 1989 年 6 月动工扩建，到 1990 年 12 月底止，累计完成投资 1.18 亿元，占计划总投资的 74%。

〔**海南大学**〕　是我省唯一的一所综合性大学，位于海口市。计划新建校舍建筑面积 14.72 万平方米，总投资 6000 万元，1983 年 10 月动工，1989 年底建成。

海南省 1989 年～1990 年施工企业技术装备情况

项目 / 年度 / 单位	年末自有机械设备台数（台）		年末自有机械设备价值（万元）			
			原值		净值	
	1989 年	1990 年	1989 年	1990 年	1989 年	1990 年
全省合计	8212	10095	10440	15516	7730	11842
一、全民所有制	3246	3982	4982	8726	3342	6471
1.中央部直属						
2.地方所属	3246	3982	4982	8726	3342	6471
二、城镇集体所有制	4966	5099	5458	5892	4388	4706
三、农村建筑队		987		898		665

海南省1989年～1990年施工企业技术装备情况

企业类别	年末自有机械设备总功率(千瓦)		技术装备率(元／人)		动力装备率(千瓦／人)	
	1989年	1990年	1989年	1990年	1989年	1990年
全省合计	116717	153844	1448	1743	2.4	2.3
一、全民所有制	64522	82323	1492	2346	2.88	3
1.中央部直属	—	—	—	—	—	—
2.地方所属	64522	82323	1492	2346	2.88	3
二、城镇集体所有制	52195	57375	1420	1415	1.68	1.7
三、农村建筑队	—	14146	—	1029	—	1.8

海南省1989年～1990年勘察设计单位情况

项目 年度	勘察设计单位个数	私营	年末全部职工人数	工程技术人员	具有高级职称的工程师	具有中级职称的工程师	施工图设计面积(万平方米)	工程测量面积(万平方米)	地质勘察量尺(万米)
1989年	44	—	2205	919	87	275	151.8	25417	3.4
1990年	47	—	2268	1016	110	292	97.8	21285	3.0

广西壮族自治区

重要纪事

汤寿年　等

〔**建设工作会议部署治理整顿**〕　1989年1月17日至22日，自治区人民政府在南宁召开建设工作会议。参加会议的有各地、市、县的专员、市长、县长、建委主任，自治区有关委、办、厅、局，柳铁以及企事业单位的负责同志，自治区人大、政府、建设部领导同志等共260人出席会议。会议主要任务是贯彻党的十三届三中全会和全国建设工作会议精神，分析压缩固定资产投资规模，实行"双紧"方针后面临的新形势，安排部署建设系统治理整顿和深化改革的任务，统一思想，共渡难关，进一步搞好城市建设，加快住房制度改革，促进商品房的发展。会上印发并讨论了区建委代自治区人民政府拟的《关于治理建设环境、整顿建设秩序的若干决定》讨论稿。

〔**开展工程质量评优**〕　1989年，自治区建委组织有关厅局对南宁、柳州、桂林、北海和钦州、玉林等地区申报的17项房屋建筑工程进行了检查与评定。共评出"广西科学技术馆天象馆"等10项工程为自治区1988年度优良工程。"岩滩水电站碾压混凝土围堰工程"、"来宾220kV新变电站"、"中国人民银行广西分行办公楼"和"广西广播电视中心主楼"等4个项目被评为1987—1988年度广西优质工程项目。"柳钢焦化新建42孔焦炉"和"广西粮食局办公楼"等72项工程为广西优质施工项目。(汤寿年)

〔**发挥政府调控职能，落实治理整顿和深化改革措施**〕　广西自治区政府于3月15日至18日召开全区建设工作会议，深入学习贯彻党的十三届五中全会精神，传达全国建设工作座谈会精神，围绕加强政府宏观调控职能，部署1990年工作，会议讨论了《关于治理整顿建设市场的若干规定》，《关于加强建设市场施工管理的若干规定》、《勘察设计市场管理办法》、《关于加强建筑业管理站、建设工程招投标管理站和工程质量监督站管理的暂行规定》、《关于调整建设项目初步设计审批权限的通知》等文件，自治区政府和建设部领导及各地、市、县专员、市长、县长，建委主任及企事业单位负责人共285人参加了会议。(汤寿年)

〔广西建筑系统青工技术选拔赛〕 1990年7月和9月，自治区团委、劳动厅、区工会、区建委联合举办广西建筑系统青工技术选拔赛。选拔赛分两阶段进行，第一阶段1990年7月先由建筑施工力量比较集中的南宁、桂林、柳州三市选拔、然后组队参加全区选拔赛。全区选拔赛于9月19日在南宁举行，经过三天角逐和应知闭卷考试，选拔出林秀南、劳达良、骆庆彪、叶迅云四名作为我区参加全国青工技术大赛的选手。这次选拔赛深受青年职工的欢迎和支持。(汤寿年)

〔实行经营承包　推进职工教育〕 广西区建一公司、二公司，供鉴企业经营合同承包的经验，对职工教育工作实行合同承包，积极开展岗位达标培训，参加培训的职工占总职工人数40%以上。基本做法是，先制订年度培训计划，并将计划分解到各工程处，然后以合同形式，由公司与工程处签约，进行承包签约内容包括指导思想、培训指标、考核办法和奖惩条例四个部分。实行这种办法旨在把提高职工队伍素质的工作落实到基层，使企业领导负起生产经营和育人双重任务。(区建总公司)

〔整顿建筑市场〕 1989年2月4日，自治区人民政府以“桂政发〈1989〉24号“文件通知成立以政府副主席为组长、政府秘书长、建委主任为付组长、计委、财政厅、公安厅、监察厅、工商局、物资厅、审计署、税务局和建行等部门领导同志参加的整顿建设市场秩序领导小组。随后各地、市和83个县相继成立了领导小组。同年5月11日，自治区人民政府以桂政发〔1989〕57号文批转自治区建委关于治理建设环境、整顿建设秩序若干问题的意见。1990年6月6日至7日又召开了治理整顿建设市场暨清理拖欠工程款工作会议。取得的效果是：(1) 统一管理建设市场和建设项目，统一管理设计和施工队伍问题基本上得到解决；(2) 整“倒”治贿，查处行贿受贿，收受回扣案件55件，倒手转包工程11项，无证设计48项、无证施工296项、出卖证件48项，共吊销营业执照378个，立案审查87件。(3) 完成了施工企业资质审查，共审批施工企业841家，压缩210家。(4) 会同建行调整修订施工企业贷款利率、费率和定额，保障企业合法利益。(5) 清理回收拖欠工程款14539万元。(汤寿年)

〔加强城镇房地产开发市场管理〕 1990年，区建委根据自治区人民政府 (1990) 五号令及国家有关规定，先后对110家房地产综合开发公司进行资质审查和重新登记，有9家评为国家二级开发公司，有8家列为国家三级开发公司，56家被评为四级开发公司。资审后的公司普遍提高了开发能力，1990年共竣工商品房50.42万平方米，为社会提供商品房5400套，实现利润2146.81万元。(曾旻涛)

〔强化村镇建设管理〕 1989年以来，广西在抓好村镇建设规划编制的基础上，从立法，建立健全基层村镇建设管理机构入手，加强村镇建设管理。1989年12月，广西建委在合浦县召开全区村镇建设管理工作座谈会，总结推广了合浦县在乡镇一级建立村镇建设管理所，强化村镇建设管理的经验。1990年12月8日，广西壮族自治区人民政府主席成克杰签署第16号令，发布《广西壮族自治区村镇建设管理办法》。到1990年底，广西农村各乡、镇人民政府都配备有村镇建设环保助理员，有50%的乡、镇还建立了村镇建设管理站 (所)，共配备管理人员1643人。(姚鸿业)

〔对外承包和劳务合作取得新进展〕 1989年至1990年，广西对外工程承包部门，在竞争十分激烈的情况下，积极开拓，业务范围不断扩大。到1990年止，已在国外先后建立了多家对外承包经营机构：有美国塞斑的太平洋合作股份公司、索马里、冈比亚、乍得的经理部、安哥拉的代表处，几内亚和美国关岛的经营点。这些机构除在当地开展承包业务外，还分别开辟了建材、房地产、家禽饲养等业务。(王良成)

〔开发新型锚固体系〕 鉴于目前国内锚固技术水平与国外存在较大的差距，柳州建筑机械总厂与同济大学、广东公路工程处合作，开发成功OVM钢铰线锚固体系，这项成套技术包括以下内容：(1) OVM锚固体系的锚具研究；(2) 锚固体系配套设备的研制；(3) 锚固体系系列产品的生产工艺、质量管理；(4) 相关技术 (锚下局部应力和端块设计研究、工程使用技术总结等)。产品研制成功后，深受用户欢迎，目前国内每年使用的锚具约有50%为该厂产品。(赵越)

〔开展优秀工程勘察设计奖评选〕 1990年，广西有32个勘察设计单位的83个项目获自治区优秀工程勘察设计奖；其中优秀工程勘察一等奖3项、二等奖12项、三等奖13项；优秀工程设计一等奖6项、二等奖20项、三等奖29项。(陆孟略)

重 点 工 程

汤寿年

〔**南宁至北海二级公路**〕 南宁至北海二级公路全长204公里，其中新建169公里，概算投资2.7亿元。1986年9月开工，1990年11月全线竣工，累计完成土石方1062.2万立方米，大桥九座共长1646.6米，中型桥15座共长801.2米，小型桥45座共长1058.6米，涵洞864道共21344.2米，隧道一座长105米，砼路面178573平方米，沥青路面1588074平方米。全线工程经验收评定，单位工程质量优良品率达91.4%，整个工程评为优良。

南宁—北海二级公路　　苏会春　摄

〔**南防铁路**〕 南防铁路起自南宁，终点站为防城港，设计全长173.3公里，概算投资4.5亿元，由广西壮族自治区与铁道部合建，全线共有车站17个（初期开站10个）；正站线土石方1588万立方米，大中小桥116座；隧道21座；涵渠532座；铺轨正线170.5公里，站线38.9公里。

南防铁路于1978年开工，1979年列为停缓建项目，1982年复建，由柳州铁路局发包，铁道部第二工程局总承包，1987年5月1日全线临营运行，1987年至1990年完成货运量491万吨，1991年元月1日交广西南防铁路公司经营，客运尚未开通。

〔**梧州地区中胜电厂**〕 位于滕县东北3.5公里的中胜村，设计总装机容量2×2.5万千瓦，分两期建设，第一期工程1×2.5万千瓦，总投资4121万元，厂区占地面积100亩，建筑面积约一万平方米。1988年9月开工，1990年11月并网发电。

该工程由广西电力设计院负责设计，广西火电建筑公司，广西火电安装公司，广西火电工程局二处，广西冶建公司，梧州地区电业公司等单位施工。

〔**桂林地区兴安火电厂**〕 位于广西兴安县城附近，设计总装机容量2×2.5万千瓦，分两期建设，第一期工程1×2.5万千瓦，总投资5764万元，占地面积278亩，建筑面积2万平方米。1988年10月，主厂房破土动工，不久因基建调整压缩一度停工，全面开工时间为1988年12月，1990年10月并网发电。

该工程由机械电子工业部第二设计院负责设计，由宝钢十三冶电力工程处，广西火电安装公司负责施工。

〔**贺县微粒板厂**〕 位于广西贺县八步镇，该厂系与香港桂江贸易有限公司补偿贸易项目，引进西德辛比康普公司微粒板生产线，年产微粒板1.68万立方米。工程总投资3642.4万元，其中外汇625.15万美元，人民币1317万元（实际投资3896.4万元）。工厂占地面积89亩，建筑面积13820平方米，1989年7月14日开工，1990年10月27日建成压出第一块微粒板。

该工程由广西林业勘测设计院设计，广西第三建筑工程公司、第二安装工程公司负责施工。

〔**南宁电信枢纽工程**〕 位于南宁市民族大道南侧，概算投资4910万元，建筑面积16221平方米，主楼高79.1米，地下3层，地面以上15层。

南宁电信枢纽工程大楼　　曾锦添　摄

该工程1988年12月破土动工，后因遇到承压水层，基础施工十分困难，经过7个月的奋战，将2.24万立方米的土方挖运出基坑，完成3层地下室结构工程。地面主体工程1989年7月开工，1990年5月初封顶。经初步验收，15层主体中，有13层优良，2层合格，总评优良。

该工程由邮电部北京设计所设计，土建由广西第二建筑公司第三工程处施工，安装由自治区邮电局自营。

西江大桥　　梧州市建委　供稿

〔**南宁机场跑道修复工程**〕　南宁机场扩建工程规模为修复原跑道2400米（旧道面加厚）和新建延长跑道300米，以及南近台搬迁、助航灯光、围界等，工程量为混凝土跑道面积21.54万平方米，浇注混凝土5.2万立方米，概算投资2200万元，1989年11月进场施工，1990年7月完工。1990年8月18日试飞成功，8月28日验收，正式恢复通航。

该工程由广西建筑工程承包公司负责总承包组织实施，国家民航局场设计院，广西综合设计院，天津港湾工程研究所，广西水电科研所负责设计，广西第一、二、五建筑工程公司，民航南宁站，空军南宁场站负责施工。

〔**梧州西江大桥**〕　位于梧州市郊苍梧县经西江主河，汊河至梧州岸；新建主河桥长732.70米，桥面净宽15+2×1.5米，汊河桥长547.9米，桥面净宽15+2×2米，新建引道全长5.327公里（路基宽12～19米，路面宽7～15米），改建引道长0.97公里，设计荷载：汽—超20，挂—120。桥下通航净空按二级航道标准，汊河桥不考虑通航。工程概算投资5249.85万元，实际造价4978.92万元，1986年11月12日开工，1990年5月14日通过国家峻工验收正式交付使用。

该工程由广西交通规划勘察设计院负责设计，由广西交通建设开发公司、交通部二局一处，广西市政工程联合公司、梧州公路总段负责施工。

〔**宁明县宁明糖厂**〕　位于广西壮族自治区宁

天生桥水电站大坝　　黄振武　摄

广西壮族自治区 1989 年～1990 年建筑施工企业基本情况(一)

企业类型	企业个数(个)		年末全部职工人数(人)		全部职工平均人数(人)		建筑业总产值(万元)		其中:施工产值(万元)		全员劳动生产率(按施工产值计算)(元／人)		房屋竣工面积(万平方米)		人均房屋竣工面积(平方米)		房屋竣工率(%)	
	1989 年	1990 年	1989 年	1990 年	1989 年	1990 年	1989 年	1990 年	1989 年	1990 年	1989 年	1990 年	1989 年	1990 年	1989 年	1990 年	1989 年	1990 年
全区合计	18092	17693	425174	422776	150900	152200	318430	334871	195659	222746	12966	14635	369.3	375	24.5	24.6	48.6	50.4
一、全民所有制	65	65	124300	130700	99800	98800	158254	181903	145292	170232	14558	17230	189.5	193.5	19.0	19.6	43.6	46.4
1.中央部属	8	9	34500	41800	27000	28700	47944	64880	43743	60554	16201	21099	15.2	12.5	5.6	4.4	28.3	26
2.地方所属	57	56	89800	88900	72800	70000	110310	117023	101549	109678	13949	15668	174.3	181	23.9	25.9	45.8	49.1
二、城镇集体所有制	148	152	58800	60800	51100	53400	52463	54523	50367	52514	9857	9834	179.8	181.5	35.2	34	55.1	55.4
三、农村建筑队	17879	17476	242074	231276	—	—	107713	98445	—	—	—	—	—	—	—	—	—	—

(覃章会)

广西壮族自治区 1989 年～1990 年建筑施工企业基本情况(二)

企业类别	年末固定资产(万元) 原值		年末固定资产(万元) 净值		定额流动资金平均占用额(万元)		利润总额(万元)		利润总额 工程成本降低额		税后利润(万元)		上缴税金(万元)		工程成本降低率(%)		工程质量优良品率(%) 按单位工程个数计算		工程质量优良品率(%) 按房屋面积计算		产值利润率(%)	
	1989 年	1990 年	1989 年	1990 年	1989 年	1990 年	1989 年	1990 年	1989 年	1990 年	1989 年	1990 年	1989 年	1990 年	1989 年	1990 年	1989 年	1990 年	1989 年	1990 年	1989 年	1990 年
全区合计	96863	129296	69358	94178	51053	81204	8489	7673	4390	3510	6520	5929	5534	10360	3.0	1.9	24.8	21.4	16	19.2	2.7	2.3
一、全民所有制	80086	111558	57322	81499	51053	59499	7176	6457	3609	2872	5853	5158	3625	8119	3.4	2.1	40.5	34.1	22.9	24.9	4.5	3.5
1.中央部属	31614	56647	23578	42529	17002	19522	2952	1950	1724	1536	2277	1474	1209	4176	4.3	3.2	87.3	81.7	65.8	32.0	6.2	3.0
2.地方所属	48472	54911	33744	38970	34051	39977	4251	4507	1885	1004	3576	3684	2416	3943	2.8	1.1	16.9	20.6	19.2	24.4	3.9	3.9
二、城镇集体所有制	16777	17738	12036	12679	—	21705	1313	1216	781	638	667	771	1909	2241	1.9	1.4	5.9	8.2	8.7	13.1	2.5	2.2

(覃章会)

广西壮族自治区1989年～1990年施工企业技术装备情况

项目 / 年度	年末自有机械设备台数(台)		年末自有机械设备价值(万元)				年末自有机械设备总功率(千瓦)		技术装备率(元／人)		动力装备率(千瓦／人)	
			原值		净值							
单位	1989年	1990年	1989年	1990年	1989年	1990年	1989年	1990年	1989年	1990年	1989年	1990年
全省合计	44885	49177	55215	79930	37172	57377	761000	995000	2030	2996	4.2	5.2
一、全民所有制	28539	32202	47694	71767	32036	51864	607000	866000	2578	3968	4.9	7
1.中央部直属	10145	11888	20156	40607	14090	31128	254000	487000	4090	7447	7.4	12
2.地方所属	18394	20314	27538	31160	17946	20736	352000	377000	1998	2333	3.9	4
二、城镇集体所有制	16346	16975	7521	8163	5136	5513	154000	129000	874	907	2.6	2

(覃章会)

广西壮族自治区1989年～1990年勘察设计单位情况

项目 / 年度	勘察设计单位个数	私营	年末全部职工人数	工程技术人员	具有高级职称的工程师	具有中级职称的工程师	施工图设计面积(万平方米)	工程测量面积(万平方米)	地质勘察量尺(万米)
1989	243	1	9154	6529	846	2082	493.21	0.10	34.93
1990	229	1	8914	6518	1142	2070	532.72	0.53	21.59

(覃章会)

广西壮族自治区对外承包和劳务合作

项目 / 年份	已签订合同的国家、地区数(个)	当年签订合同						当年完成营业额			年末在国外人数(人)
		合同数(份)	承包	劳务	合同额(万美元)	承包	劳务	完成营业额(万美元)	承包	劳务	
1989	5	42	36	6	4251.10	4146.70	104.40	1900.10	1799.50	100.60	490
1990	8	39	39	–	7541.70	7542.70	–	3352.36	3315.36	37	518

(王良成)

明县驮龙乡，设计规模为日处理甘蔗1700吨，工艺采用亚硫酸法，建筑面积27540平方米，占地面积10.2公顷，概算总投资4497万元。1990年5月30日主体工程开工，1991年2月20日建成投产。

该工程由轻工部南宁设计院负责设计，广西第三、五建筑工程公司，广西机械施工公司，有色第十一建设公司负责土建施工，广西第一工业建筑设备安装工程公司负责设备安装。

〔桂林市东区排水工程〕 东区排水工程设计日处理污水4万吨，总投资2635万元，占地面积92.88亩，工程包括一座污水净化厂，一座厂外中途提升泵站和20公里污水干管。1987年9月开始土建施工，1989年9月建成通水并转入试运转阶段。采用生化处理工艺。

该工程由中国市政中南设计院负责设计，由桂林市建筑安装工程公司、广西第二建筑工程公司等负责施工。

〔天生桥二级(坝索)水电站〕 位于广西壮族自治区隆林各族自治县与贵州省兴义县相连的南基江上，设计总装机容量132万千瓦，第一期装机容量4×22万千瓦，概算总投资15.87亿元，目前拦河坝工程1号～25号坝段已全部按设计要求达到规定高程，控制发电的Ⅰ号主洞尚未打通。

该工程由水利电力部贵阳勘测设计院负责设计，由武警水电第一总队负责组织施工。

〔广西来宾电厂第一期工程〕 位于广西壮族自治区中部来宾县境内，占地面积3217.88亩，设计总装机85万千瓦，分两期建设，第一期工程2×12.5万千瓦，概算投资3.5亿元。1987年1月6日开工，1989年1月一号机组投产发电，同年12月二号机组建成投产。

该电厂由中南电力设计院（生产设施)、广西城乡规划设计院（生活区)、柳州铁路局设计所(铁路专用线）负责设计；由广西火电建筑公司，火电安装公司、水电工程局火电工程处，柳州铁路局工程处，广西送变电公司负责施工。

〔西江航运建设工程（广西段)〕 第一期工程包括桂平航运枢纽，桂平至梧州界首航道整治，贵港市中转港和通讯工程等四个项目。建设要求是将贵港市至梧州市原来只能通行250吨船的航道改造为能通千吨驳船的三级航道，使驳船能从广州直通贵港市。

桂平航运枢纽工程是西江一期的主干项目，它包括15孔拦河闸坝；年通过能力为1000万吨、可一次通航2×1000吨顶推船队的船闸；一座装机容量为4.65万千瓦的发电站；三座大、中型公路桥和7公里二级公路。是一座以航运为主兼备发电、水产、水利等效益的综合水利枢纽。

1986年8月13日，桂平航运枢纽船闸破土动工，1989年2月3日船闸一次通航成功。到1990年底桂平航运枢纽累计完成投资2.71亿元，完成土石方420万立方米，浇筑砼37.83万立方米。目前已有部分工程建成投入运行。

西江航运建设工程　　梁健勇　摄

〔南昆铁路〕 由南宁至昆明，全长592公里，计划总投资35.3亿元，南宁至平果段于1990年12月30日开工。

该段工程由铁道部贵阳一分院负责设计，铁道部第二工程局，铁道部第五工程局，柳州铁路局工程处负责施工。

〔南宁至梧州二级公路〕 南宁至梧州二级公路，全长400.16公里，1990年11月全线开工，计划总投资4.6亿元。由广西交通规划勘察设计院负责设计，自治区政府按区段组成，8个分指挥部负责施工。

四川省

重要纪事

冯锡荣、陈泉根、彭国民

〔压缩基建规模　清理在建项目〕　1989年，贯彻国务院和省政府压缩基本建设规模，清理固定资产在建项目，切实做好压缩基建规模和停缓建工程的善后工作。建设项目由1988年的6574个，降为1989年的6026个，减少548个，下降率8.3%，压缩的大部分是非生产性建设项目。从完成投资情况看，生产性投资1989年比1988年增长22.7%，非生产性投资1989年比1988年下降2%。房屋施工面积1989年为1976.6万平方米，比1988年的2259.91万平方米减少283.31万平方米，下降12.5%。对全省确定的停、缓建项目，本着把损失减少到最低限度的原则，按实际情况，使绝大部分项目做到比较科学合理地确定停工部位，明确各方的经济责任和义务，切实做好现场的安全、防火、防盗、工程技术档案资料和拆迁居民住宅建设等工作。

〔治理整顿建设市场〕　为治理整顿建设市场，1989年省和成、渝等市、地、州均成立了以政府领导为组长的整顿建设市场领导小组和办公室，清查违纪案件，查处不法行为，，据11个市地统计，共查出违纪项目1134件，违纪金额470万元。其中，行贿受贿199件，金额29万元；倒手转包45件，金额38.8万元；出卖证件44件，金额3.5万元；无证设计204件，无证施工338件；使用劣质材料或偷工减料造成质量事故35项，损失金额57.65万元。同时还对476个建设项目的费用进行了审计，查出违纪金额987万元。纠正不合理开支，堵塞漏洞，促进增收节支。另外，为减轻企业负担，对建设系统收费项目进行了清理，把各种名目的83种收费项目，减少为26项。后又经调查研究，调正标准，只保留11项收费项目。对外省入川建筑施工队伍加强了管理和工程监督及注册等工作，到1990年底，外省在川施工队伍共34家，10988人。

〔强化招投标管理〕　为保证政府对建筑市场的宏观调控，兼顾招投标双方的合法权益，根据计划经济与市场调节相结合的原则，重庆市建立了建委、重点办、建管局、招标办每月一次的联合办公制度，按不同的工程对象，从宏观上加强平衡。1990年共办理招标工程项目778个，建筑面积226.8万平方米，中标造价7.5亿元，造价平均下浮2.4%，工期缩短4.5%。市招标办在运用行政手段方面，继续配合市工商行政管理局管好建筑安装工程经济合同，全年鉴证经济合同56份，行政协调合同纠纷24件，对维护合同的严肃性，提高合同履约率起了推进作用。

〔做好资质复查，加强资质管理〕　前两年，由于投资规模膨胀，队伍发展过快，到1989年，全省建筑队伍达到230万人。压缩基本建设规模后，任务与力量的矛盾日益突出。1990年初，全民企业窝工人数占在册职工的21.62%。为使队伍规模与投资规模相适应，专业结构与产业结构相适应。结合整顿好建筑市场，全面开展了施工企业资质复查工作。到90年底，施工企业总数由复查前的5799个，减少到4824个，下降16.8%；职工平均人数由复查前的230万减少到195万，压缩15.2%。

四川省施工企业资质审查统计表

级别		复查前	复查后	减少数
总数	企业数(个)	5799	4824	975
	职工平均人数(万人)	230	195	35
一级企业	企业数(个)	85	76	9
	职工平均人数(万人)	42	47	5(增加)
二级企业	企业数(个)	149	142	7
	职工平均人数(万人)	24	19	5
三级企业	企业数(个)	1531	1252	279
	职工平均人数(万人)	74	60	14
四级企业	企业数(个)	2508	1654	854
	职工平均人数(万人)	60	40	20
非等级企业	企业数(个)	1526	1700	174(增加)
	职工平均人数(万人)	30	28	2

〔加速工业产品许可证发放工作〕 按国家工业产品办公室规定和建设部的具体安排，对预应力空心板和大型屋面板许可证的发放工作，经过对全省混凝土预制构件企业的调查、摸底、排队，针对各企业不同情况，加强了县、市、省三级的帮促工作。各市、地、州对400多个企业的600余人进行了业务培训。省混凝土协会还举办了三期三、四级企业的经理、技术人员共500余人的学习班，学习有关政策和技术法规，制定了生产许可证复审检测方法统一规定。省里还先后派出10个检测组，对15个地、市、州889个企业的926个品种进行了复审。省里已评审通过660个企业，759个品种，经建设部和国家检测中心查审，1990年初已有44个企业105个品种取得了生产许可证。

〔发展对外承包和劳务合作〕 适应形势需要，省人民政府重新调整和加强了以副省长马麟为首的省对外承包和劳务合作领导小组，省建委新组建了对外劳务工程合作管理处。建立了四个国家级、16个省级建筑劳务基地。对外承包工程和劳务合作的国家和地区，由1989年的40个发展到1990年的45个。签订合同由67份增加到的110份；合同额16018万美元；1990年末在国外人数为5375人。

在发展对外承包和劳务合作中，中国四川国际经济技术合作公司参加国际投标，承担了由世界银行、非洲发展银行、亚洲开发银行、阿拉伯基金会等国际货币组织贷款的198个工程承包和劳务项目。到1990年，累计承包劳务合同额达4.5亿美元，完成营业额3.07亿美元。建成各类房屋建筑面积77万多平方米，修建各种公路28条，总长度1800多公里，先后派出各类出国人员12000人次。四川省建筑工程总公司的对外承包和劳务合作也有较大发展。整个《七·五》期间，扩大了地区性市场和产业性市场的覆盖面。继中国华西公司开拓深圳、珠海、海南后，又开辟上海、厦门等建筑市场。总公司"七·五"期间在省外完成产值12.5亿元，占同期企业总产值的28%；省外利润6454万元，为同期总公司利润的49%；国外完成营业额15876万美元，创汇1533万美元。1990年被评为全省对外承包和劳务合作先进单位。

〔四川泸县定为第一批国家建筑劳务基地县〕 1989年10月6日，建设部、农业部、国务院贫困地区经济开发领导小组把四川省泸县定为第一批国家建筑劳务基地县。该县地处川南长江、沱江汇合处，劳动力资源丰富。1989年，拥有建筑队伍近6万人，占全县劳力总数的8%，有固定资产3938万元，队伍活跃在全国18个省、市、自治区的159个县、市。年竣工面积80万平方米，完成产值1.3亿元以上，成为泸县的重要经济支柱。早在1983年，泸县就与省内大型建筑企业以及中国华西企业公司、中国四川国际经济技术合作公司、中建四局、铁道部第二工程局等建立劳务合作关系。提供劳务2000多人，近万人出国约旦、埃及、阿联酋等国家。

〔搞好抗震加固 加强抗震防灾工作〕 四川是我国多震省份之一。基本烈度在七度和七度以上的地区达27.14万平方公里，占全省总面积的47.6%。有70个县、市为七度和七度以上的地震区，为提高抗御震害能力，近两年共完成抗震加固面积36万平方米。其中重点工程（包括国家和省、部重点在内）完成抗震加固面积22万平方米。同时，进一步组织推动14个市、县抗震防灾规划的编制工作。

四川省89—90年抗震加固工程经费及工程量完成情况

类别	全年计划				全年实际完成			
	投资(万元)		加固面积(万平方米)		投资(万元)		加固房屋建筑(万平方米)	
	89年	90年	89年	90年	89年	90年	89年	90年
全省总计	610	690	20.58	16.08	837	800	18.26	16.40
一、重点抗震城市	452	540	18.00	13.08	679	709	17.35	14.75
其中：成都市	240	280	8.00	7.00	240	315	8.47	8.50
自贡市	199	249	8.00	6.00	282	362	8.13	6.06
西昌市	11	11	2.00	0.08	155	32	0.75	0.19
攀枝花市	2	—	—	—	2	—	—	—
二、其他地区小计	158	150	2.58	3.00	158	91	0.91	1.65

重庆江北机场

重点工程

冯锡荣　陈泉根　彭国民

〔**西昌卫星发射中心**〕　这是为发射国外卫星及国内大吨位卫星而新建的发射工位。建筑面积5430平方米。整个工程包括活动工作塔、固定脐带塔、发射控制室、加注系统、空调、消防、液压、供气、电气、电控系统及与之相配套的其他系统，共60个单项工程。1989年1月开工，1990年4月交付合练，6月完工，并在同年发射通讯卫星成功。

〔**成都热电厂扩建工程**〕　扩建规模为一台装机容量20万千瓦燃煤发电机组。采用华能公司联合地方集资办电的新模式，华能公司出资60%，成都市集资40%。批准概算为24961万元（1989年12月调整为31509万元）。该工程由西南电力设计院设计，东方电气成套设备公司总承包，四川省第三建筑公司、省电建二公司建筑安装，配套输出工程由四川送变电公司、成都供电厂等承担。1988年2月26日开工，1990年3月31日并网，同年9月12日投入商业运行。

〔**成都自来水六厂一期工程**〕　该工程设计生产能力为60万吨／日。分三期建设，每期20万吨／日。一期工程总投资6307万元，由中国市政工程西南设计院设计，厂区土建由成都市建一公司承担，市工业设备公司安装，输出干管由市自来水公司负责，取水枢纽由水电部第十工程局施工。

厂址选在郫县三道堰，距成都市区25公里。水源取自都江堰水系的徐堰河和柏条河，采用重力取水和输水方式，每期工程用一根ϕ1600钢筋混凝土管将水送至成都。由于无取水、送水泵房，一、二期投产后，每年可节约电力3300万度以上。

一期工程于1987年6月12日破土动工，1990年6月24日建成通水。

〔**西南经济区协作大厦**〕　这是个由四川、云南、贵州、广西、西安、重庆、成都五省（区）七方联合集资兴建的综合性、多功能大型建筑群体，座落在重庆经济技术开发区。大厦建设分二期建设，一期建筑面积47726平方米，由旅馆楼、写字楼、展销厅、综合商场、多功能会议厅、大西南餐厅、南宫大酒楼、楼面花园、屋顶观景台、露天

重庆电信局微波通讯大楼。　伍超富　摄

四川省 1989—1990 年建筑施工企业基本情况(一)

企业类别	企业个数(个)		年末全部职工人数(万人)		全部职工平均人数(万人)		建筑业总产值(万元)		施工产值(万元)		全员劳动生产率(按施工产值算)元/人		房屋竣工面积(万平方米)		人均房屋竣工面积(平方米)		房屋竣工率(%)	
	89年	90年	89年	90年	89年	90年	89年	90年	89年	90年	89年	90年	89年	90年	89年	90年	89年	90年
全省合计	6838	6247	164.57	165.75	161.37	164.68	1315777	1481603	1237865	1411578	8154	8.997	4402.2	3722	27.3	22.6	66.1	65.3
一、全民所有制	195	380	44.87	52.73	42.58	52.9	515085	647357	487600	618013	12097	12237	526.6	715	12.4	14.0	36.9	45.3
1.中央部直属	45	65	18.52	21.72	18.73	22.2	245724	289383	231433	274235	13119	13035	144.1	139	7.7	6.3	33.9	43.4
2.地方所属	150	315	26.35	31.01	23.85	30.7	269361	357974	256167	343778	11294	11660	382.5	576	16.0	18.8	38.2	45.8
二、城镇集体所有制	894	904	30.7	29.87	29.79	28.63	234946	240792	224121	229584	7887	8410	837.6	818	28.1	28.6	55.5	57.8
三、农村建筑队	5749	4963	89.0	83.15	89.0	83.15	565746	593454	526144	563981	6357	7137	3038	2189	34.1	26.0	81.5	80.9

四川省 1989—1990 年建筑施工企业基本情况(二)

企业类别	年末固定资产(万元)				定额流动资金平均占有额(万元)		利润总额(万元)				税后利润(万元)		上缴税金(万元)		工程成本降低率(%)		工程质量优良品率(%)				产值利润率(%)	
	原值		净值						工程成本降低额								按单位工程个数计		按房屋面积计算			
	89年	90年	89年	90年	89年	90年	89年	90年	89年	90年	89年	90年	89年	90年	89年	90年	89年	90年	89年	90年	89年	90年
全省合计	448738	543089	325865	388022	237692	297507	17411	13573	17377	4197	14563	–	22632	33478	2.8	0.6	43.7	35.1	33.4	32.9	1.32	0.92
一、全民所有制	314993	395592	229165	284143	158251	223821	8111	4756	19689	5457	12466	90年统	15152	16858	4.6	1.0	58.9	44.6	36.9	35.1	1.67	0.73
1.中央部直属	197254	236061	150679	174628	74915	97368	5443	2953	20324	7431	5088	计年报	5717	7583	9.7	3.0	75.1	66.6	48.3	53.2	2.21	1.02
2.地方所属	117739	159531	78486	109515	83336	126453	2668	1803	-635	-1974	7378	取消此	9435	9275	-0.3	-0.6	38.2	32.8	33.2	31.1	0.99	0.50
二、城镇集体所有制	68092	73588	50289	52067	18066	6823	2401	1639	-2312	-1260	2097	项指标	6302	7079	-1.2	-0.7	27.1	25.4	31.3	31.0	1.02	0.68
三、农村建筑队	65653	73909	46411	51812	61375	66863	6899	7178	–	–	–	–	1178	9541	–	–	–	–	–	–	1.22	1.27

四川省 1989—1990 年施工企业技术装备情况

项目 / 年度 / 单位	年末自有机械设备台数(台)		年末自有机械设备价值(万元) 原值		净值		年末自有机械总功率(万千瓦)		技术装备率(元/人)		动力装备率(千瓦/人)	
	89年	90年	89年	90年	89年	90年	89年	90年	89年	90年	89年	90年
全省合计	143893	173144	217824	271348	148295	183123	219.8	276.1	1962	2217	2.9	3.3
一、全民所有制	77491	105601	179859	229541	121384	154576	166.9	219.0	2705	2931	3.7	4.0
1.中央部直属	34897	47337	116296	140171	79866	95951	91.5	105.5	4314	4418	4.9	6.0
2.地方所属	42594	58264	63563	89370	41518	58625	75.4	92.7	1575	1891	2.9	3.0
二、城镇集体所有制	66402	67543	37965	41807	26911	28547	52.9	57.1	877	956	1.7	2.0

四川省 1989 年—1990 年勘察设计单位情况

项目 / 年度	勘察设计单位个数	私营	年末全部职工人数	工程技术人员	具有高级职称的工程师	具有中级职称的工程师	施工图设计面积(万平方米)	工程测量面积标准(万平方公里)	地质勘察(标准万米)
1989年	752	—	40581	13040	4002	9985	2167.64	0.40	91.96
1990年	—	—	—	—	—	—	—	—	—

四川省对外承包和劳务合作

年份	已签订合同的国家、地区数(个)	当年签订合同 合同数(份)			合同额(万美元)			完成营业额(万美元)			年末在国外人数(人)		
			承包	劳务		承包	劳务		承包	劳务		承包	劳务
1989年	40	67	24	43	16571	14841	1730	10819	9658	1161	4377	2811	1566
1990年	45	110	44	66	22885	21628	1257	16018	14599	1419	5375	4832	543

展场、立体停车场等部分组成。主体分别为28、21、19层。拥有客房302套，604张床位。二期工程建筑面积27800平方米，内设大展厅15840平方米，多功能厅和娱乐设施4580平方米。车库4470平方米，可停小车102辆。

大厦由贵州省建筑设计院设计，重庆市第一建筑公司施工，重庆市第二设备安装公司安装。1990年12月全部竣工。

西南经济区协作大厦

重庆工商银行　　黄宽忠　摄

〔**蜀都大厦工程**〕　座落在成都市中区，是一座综合性的经贸大楼。总投资1.7亿元，建筑面积6.9万平方米，主楼34层，高116米，楼顶安有高度为146米的电视发射塔。

大厦设计新颖。东楼为主体，拥有高中档写字间380间，客房160套，320个床位。楼顶有观光娱乐设施天台歌午厅、旋转餐厅。南北楼分别设有贸易商场、国际商场、经济技术中心、会议中心及中、西餐厅等。南北楼之间有中庭，玻璃屋顶，有自动扶梯通至两楼各层。大厦玻璃幕墙采用特制褚色无釉陶土砖陪衬，使整个建筑更加挺拔、俊秀。

该工程由四川省建筑设计院设计、四川省第十二建筑工程公司施工，四川省工业设备安装公司五分公司安装。1986年破土动工，1989年封顶，1990年2月投入营运。

贵　州　省

重　要　纪　事

刘建中、童印佩、刘正修

〔**整顿建设市场**〕　1989年，省政府批转了建设厅拟定的《贵州省建设工程招标投标管理暂行办法》和省计委、省经委、省建行、省工商行、省建设厅《关于回收拖欠工程款若干问题的处理意见》，省建设厅制定了对施工企业资质审查（复查）和审批外省建筑队伍入黔施工实行“两公开、一监督”（办事制度公开、结果公开和接受监督）办事制度的规定。省政府于12月1日成立了整顿建设市场领导小组，下设三个办公室，分别承办有关业务。1989年全省共查处官商不分的公司7个，查处行贿受贿和收受回扣案件40件，倒手转包工程23项，倒卖材料4起，出卖证件5起，无证设计32项，无证施工115项，越级承包31项，通过整顿吊销企业证书32个；清退质量低、经营作风差的队伍158个，6388人。同时先后检查200多个勘察设计单位，吊销21个单位的勘察设计证书。1990年，全省继续进行建设市场的整顿，重新审批一级施工企业14个，比原来减少26%；审批二级至四级施工企业508个，比原来减少20%，企业职工总数压缩了15%。全省勘察设计行业也强化了资质管理，审定甲级单位4个，乙级单位37个，丙、丁级单位231个；有33个单位降级，38个单位吊销设计资质证书，4个单位限期整顿，1个单位停业整顿。

〔扶持施工企业渡难关〕 1988年至1990年，由于国家压缩基建规模和实行产业结构调整，建筑施工企业处于任务不足、停工待工、资金短缺、亏损增大的困境中。各级人民政府和企业积极采取措施加强内部管理，完善经营机制，着力改变外部环境，创造渡难关的条件。1989年收回拖欠工程款2300万元，1990年收回4000万元。1990年省建设厅调查组对施工企业的情况进行了重点调查研究，并专题向省政府办公会及有关部门作了汇报，提出了帮助施工企业渡难关的措施。对全省13个停工待工严重的企业减免了税金。给处境困难的省建总公司、毕节地区建筑公司、遵义市建筑公司等施工企业发放了380万元的无息贷款。

〔调整建设项目管理分工〕 1990年9月10日，省政府以黔府（1990）61号文件通知，对省计委、省建设厅原来的分工作适当调整。调整后的分工如下：

省计委负责建设项目的规划和前期工作计划安排，项目建议书、可行性研究报告和设计任务书的审批，工程设计、概算（包括超概算）的审批，批准开工报告，建设过程中资金、物资、计划等方面的协调工作，检查、监督项目招标投标活动负责省管重点项目的决策、建设实施、竣工验收和后评优等。

省建设厅负责建筑施工、设计队伍的管理，省管项目的招标投标，项目的施工组织和调度，施工质量监督，施工安全管理，设计、施工部门之间有关问题的协调，参予工程预算、概算和工程设计的审批。

工程建设标准定额的分工，参照国家计委、建设部计投资（1990）442号文关于标准定额工作分工意见精神办理。宏观调控和项目决策服务的建设项目经济评价方法、评价参数以及各行业建设项目的建设标准、建设工期定额、投资估算指标和建设工程造价的有关制度、办法等问题，由省计委委托建设厅负责组织制定，省计委、省建设厅联合发文施行。属于投资项目实施的技术标准和经济定额，由建设厅负责管理，其中主要的技术标准经济定额需经省计委同意，共同下达。

〔加强安全生产管理〕 鉴于1989年以来连续发生的三起重大伤亡事故，省政府于1990年12月24日发出“关于加强建筑业和公路桥梁建设安全生产的紧急通知”。要求各级政府、有关部门和施工单位，把保证质量和安全生产作为一项重要任务，明确责任，健全制度，狠抓落实，坚决制止违章作业和违章指挥。同时组织力量对近五年来竣工交用和正在施工的工程，进行认真检查，检查的重点是桥梁、礼堂、会议室、商店、医院、影剧院、学校等人员比较集中的公共建筑和大开间、大跨度、悬挑结构的房屋和设施。

〔评选省级优质工程〕 1989年全省优质建筑工程评选中，下述4项工程被评为省优质工程：中国人民银行贵阳市分行营业办公大楼（湛江市住宅建筑工程公司施工），贵州省供销车场供销大厦（贵州省建筑工程第二公司施工），安顺酒厂招待所（安顺市建筑公司施工），贵阳市农校综合楼（贵阳市第三建筑工程处施工）。在1990年全省优质建筑施工工程评选中，下述3项工程被评为省优质工程：贵州省保险公司业务楼主楼（贵阳市建筑工程第一公司施工）。贵州省茅台酒厂科研综合楼（中建四局三公司施工），贵阳海关大楼（贵州省第四建筑工程公司施工）。

〔贵阳龙洞堡机场批准立项修建〕 该机场为大型民用机场，1990年12月5日经国务院批准立项修建，总投资3.1亿元，其中国家投资1.5亿元，其余由贵州省自筹解决。

重 点 工 程

刘建中　童印佩　刘正修

〔瓮福磷矿工程〕 位于瓮安、福泉两县境内。为“七五”国家重点建设项目，第一期工程，投资71853万元，其中利用外资6270万美元。建成后将形成每年原矿采选250万吨的生产能力。

承担瓮福磷矿工程初步设计和施工图设计的是：化工部化学矿山设计研究院，贵州省建筑设计院，贵州省电力设计院，昆明铁路设计所，都匀邮电局以及美国、德国公司等。化工部化学矿山研究院为主体设计单位。该项目于1990年11月11日正式开工建设，承担施工的有中建四局、贵州省建总公司、铁五局、铁二局、中国有色金属总公司第七冶建公司、水电九局、省化建公司等单位。

〔贵州省老干部活动中心〕 贵州省老干部活动中心位于贵阳市北郊宅吉坝，由综合服务楼、现代化教学楼、游乐场、露天茶座、游泳池、网球场、职工住宅等建筑组成，占地面积4万平方米，建筑面积7.02万平方米，工程总投资1500万元。

该工程由贵州省建筑设计院设计，贵州省第三建筑工程公司承建。于1986年六月开工，1989年1月全部竣工交付使用。

〔清镇电厂三期工程〕 位于贵州清镇县境内，三期工程扩建2台20万千瓦机组，建成后使该厂装机容量达65.8万千瓦。

贵阳海关大楼

贵州饭店

都匀水泥厂

该工程由西南电力设计院设计，贵州省电建二公司施工。1986年5月30日开工，1988年10月24日第一台机组并网发电，第二台机组于1989年9月26日并网发电。工程占地面积22万平方米，总投资47923万元。

〔**水城那罗寨煤矿建设工程**〕　水城矿务局那罗寨煤矿，位于贵州六盘水市钟山区，是一座年产原煤90万吨的中型矿井，原煤经一条长6.8公里的隧道运至汪家寨选煤厂洗选后外运。矿井占地面积59.94公顷。

该工程1966年9月由水城煤矿设计研究院（贵州省煤矿设计研究院前身）设计，1967年9月动工修建，因文化大革命影响，1973年停缓建，1984年3月恢复建设，1988年12月建成并移交第一、二采区，1990年建成第三采区，并形成年生产原煤90万吨的能力。矿井共362项单位工程，总投资17500万元，井苍工程量27251米，建筑工程量123180平方米，其中非生产性建筑103885平方米。矿井全部采用机械化采煤，设计全员工效1.56吨／小时，劳动定员2737人。矿井工程由水城矿务局六十四工程处和建安工程处、六枝矿务局六十六工程处施工。

〔**贵阳海关大楼**〕　位于贵阳市人民广场右侧。建筑面积7411平方米，总投资460万元（不包括装饰工程）。1988年7月开工，1990年7月建成。主楼17层，高70.5米，由贵阳银河设

贵州省 1989 年—1990 年建筑施工企业基本情况(一)

企业类别	企业个数(个)		年末全部职工人数(万人)		全部职工平均人数(万人)		建筑业总产值(万元)		施工产值(万元)		全员劳动生产率(按施工产值算)		房屋竣工面积(万平方米)		人均房屋竣工面积(万平米)		房屋竣工率(%)	
	89 年	90 年	89 年	90 年	89 年	90 年	89 年	90 年	89 年	90 年	89 年	90 年	89 年	90 年	89 年	90 年	89 年	90 年
全省合计	354	392	19.31	19.63	18.77	18.66	159913	173463	155721	169846	8296	9102	305.0	327.8	16.2	17.6	39.3	45.0
一、全民所有制	69	71	11.49	11.20	11.51	10.92	114251	121290	110734	118452	9621	10847	135.3	134.5	11.8	12.3	35.5	38.4
1.中央在省	20	18	6.33	6.05	6.26	5.99	68783	69987	66464	68144	10617	11376	60.8	59.3	9.7	9.9	35.6	38.5
2.地方所属	49	53	5.15	5.15	5.25	4.92	45468	51303	44270	50308	8432	10225	74.5	75.3	14.2	15.3	35.4	38.3
二、城镇集体	285	321	7.82	8.43	7.26	7.74	45662	52173	44987	51394	6197	6640	169.7	193.3	23.4	25.0	44.2	55.5

贵州省 1989～1990 年建筑施工企业基本情况(二)

企业类别	年末固定资产(万元)				定额流动资金平均占用额(万元)		利润总额(万元)		工程成本降低额(万元)		税后利润(万元)		上交税金(万元)		工程成本降低率(%)		工程质量优良品率(%)				产值利润率(%)	
	原值		净值														按工程个数算		按面积算			
	89 年	90 年	89 年	90 年	89 年	90 年	89 年	90 年	89 年	90 年	89 年	90 年	89 年	90 年	89 年	90 年	89 年	90 年	89 年	90 年	89 年	90 年
全省合计	83049	90745	61526	66354	–	42298	2517	–2361	789	–2090	2267	–	4100	4126	0.6	–2.7	20.8	17.6	17.2	14.2	1.6	–1.4
一、全民所有制	71550	76728	52795	55535	38044	41843	1906	–2721	542	–3180	1829	–	2616	2427	0.5	–2.9	32.3	29.3	25.3	16.3	1.7	–2.2
1.中央在省	48805	52129	36289	37988	22155	25479	1355	–1596	706	–1859	1466	–	1605	1561	1.1	–2.9	41.3	43.5	28.5	18.5	2.0	–2.3
2.地方所属	22745	24599	16506	17547	15889	16364	551	–1125	–164	–1321	363	–	1011	866	–0.4	–2.9	16.3	12.6	22.6	15.0	1.2	–2.2
二、城镇集体	11499	14017	8731	10819	–	455	611	360	247	1090	438	–	1484	169	1.6	–2.2	9.3	7.9	9.0	12.7	1.3	0.7

计所覃士杰担任主要设计，贵州省第四建筑工程公司施工。

〔都匀水泥厂扩建工程〕 该厂扩建前年产水泥为12万吨，1985年3月经国家计委、省计委批准扩建，扩建规模为年产水泥28万吨，其中525号普通硅酸盐水泥23万吨，625号硅酸盐水泥5万吨，扩建后年产能力达到40万吨。1986年5月5日开工，1989年11月15日竣工。扩建工程总投资7821万元。工程生产区和辅助生产区的设计由贵州省建筑设计院负责；铁路专用线由贵阳铁路分局设计。由中建四局五公司、铁五局等单位施工。

〔三线调迁工程〕 根据生产需要，贵州航空工业总公司所属八个辅机厂和专业化厂分别从黔西、清镇、修文、安顺、镇宁五县陆续搬迁到贵阳市郊。计划总投资3.27亿元，建筑面积68.2万平方米。迁建后，产品结构转为军民结合，以民品为主。主要生产汽车零配件，工程机械液压基础件和出口工具。厂区工程由航空航天部规划设计研究院负责设计。生活区由贵阳市规划局规划，华夏建筑设计所、一四三厂建筑设计所、清山建筑设计室、华峰建筑设计所、一八三厂建筑设计所、一五四厂建筑设计所等单位设计。部分公共福利设施由贵州省建筑设计院负责设计。

调迁工程于1987年开工，截至1990年底累计完成投资2.18亿元，开工面积59万平方米，竣工34.3万平方米。一四三厂生产中心已迁入新厂，其余各厂尚在建设中。

贵州省1989年—1990年施工企业技术装备情况

企业类别	年末自有机械设备总台数(台)		年末自有机械设备价值(万元)			
			原值		净值	
	89年	90年	89年	90年	89年	90年
全省合计	30156	31999	50143	53454	36455	38350
一、全民所有制	21637	22329	43826	47308	31739	33780
1.中央在省	3094	31648	30646	33315	22657	24300
2.地方所属	8543	8681	13180	13993	9082	9480
二、城镇集体	8519	9670	6317	6146	4716	4570

企业类别	年末自有机械设备总功率(万千瓦)		技术装备率(元／人)		动力装备率(千瓦／人)	
	89年	90年	89年	90年	89年	90年
全省合计	54.5	55.3	1888	1954	2.8	2.8
一、全民所有制	44.5	44.1	2763	3016	3.9	4
1.中央在省	27.1	27.3	3577	4017	4.3	5
2.地方所属	17.4	16.9	1763	1841	3.4	3
二、城镇集体	10.0	11.2	603	542	1.3	1

云南省

重要纪事

孙寿、施维勤

〔**云南省基本建设工作会议**〕 1989年3月14日至17日，云南省基本建设工作会议在昆明召开。各地、州、市建委、计（经委）负责人，省有关厅局分管基建的负责人，部分施工企业和设计单位负责人参加了会议。云南省、建设部领导同志到会作了讲话。会议根据1988年下半年开始压缩基建规模，云南省在停缓建196个项目、压缩建设投资4.64亿元的形势下，研究如何集中财力、物力加强重点建设，提高投资效益；研究如何开展建筑业的治理、整顿，如何进一步深化改革，摆脱困境，搞活企业等问题。会上交流了鲁奎山铁矿、云南省设计院和云南省建筑工程总公司等单位关于把开发资源和发展地方民族经济相结合，促进民族地区经济发展以及深化企业改革和实行承包经营的经验。

〔**工程招标承包取得明显效益**〕 1989年以来，云南省重点工程和多数大中型项目普遍实行招标承包制，并且从单一的建筑施工招标发展到地质勘探、规划、设计、材料设备采购等在内的招标承包。1989年，省建委组织并参予了49项工程的招标，标底价为12985.78万元，中标价为12623.206万元，中标价比标底价减少362.575万元，降低率为2.79%；1990年，省建委组织并参予42个工程58个项目的招标工作，标底价为76359万元，中标价为73268万元，中标价比标底价减少3090万元，降低率为4.05%。如何使招标投标做到公平、合理、规范，仍是一个有待进一步完善的课题。

〔**设立工程建设质量奖奖励基金**〕 为推动创全优工程活动，表彰创全优工程的勘察设计、施工单位，1989年，经省政府批准，决定由云南省计委、省建行、省建委等部门共同筹集20万元基金，滚动使用，作为审评、奖励的开支。

〔**五个勘察设计单位达标验收**〕 1989年以来，云南省在17个甲、乙级勘察设计单位开展全面质量管理试点。到1990年，已有云南省设计院、云南省水利水电勘测设计院和昆明市建筑设计院、省公路设计院、省化工设计院等5个单位通过验收达标。

〔**整顿设计、建筑市场**〕 1989年以来，云南省全面开展设计和建筑市场整顿，成立了由省领导参加的整顿建筑市场领导小组和整顿勘察设计市场办公室。各勘察设计单位开展了以查资格、查质量、查管理为主要内容的活动。在自查的基础上，由省建委派出检查组，先后到12个地、州、45个市、县131个勘察设计单位，进行全面审定和验证。对12个有各种问题的勘察设计单位进行了处理。计取缔1个，吊销证书6个，限期整顿2个、注销资质3个。

对建筑市场的整顿，重点是打击和处理违章、违纪、违法行为，到1990年底，共查出行贿受贿、收受回扣、倒手转包、出卖证书、偷漏税金等案件163起，金额105万元；无证施工、越极施工346件，使用劣质材料或偷工减料造成严重质量事故27件。对资质条件不符、犯有各种违纪行为的72个企业作了严肃处理，经过资质审查，减少企业111个，缩减施工人员9.5万人。

〔**重点工程建设取得重大进展**〕 1989年以来，云南省在压缩建设规模的基础上，进一步集中财力、物力，加强农业、水利、电力、煤炭、交通和原材料工业的建设。两年来，共投人重点项目的建设投资共26亿多元（含中央投资），建成投产和交付使用的重点工程达23项。新增生产能力主要有：发电装机55万千瓦、采煤210万吨／年、洗煤90万吨／年、炼钢20万吨／年、电解铝1.2万吨／年、磷矿石采选60万吨／年、铝板带5350吨／年、铁矿开采50万吨／年、纯碱4万吨／年、自来水日供水量20万吨、水库库容1700万立方米、机场跑道3条，总长7800米等，此外，还建成一、二级公路120公里。

〔**澜沧、耿马等地震灾区重建家园进展顺利**〕 1988年11月6日澜沧、耿马发生7.6级和7.2级地震。在党中央、国务院和省委、省政府的关心指导下，省建委先后组织了600多名工程技术人员和行政领导到灾区帮助工作。对受损的厂房、设备进行技术鉴定、帮助企业迅速恢复生产。省设计院先后对6个县的8座糖厂进行了技术鉴定，并提出修复方案，确保1988年和1989年榨季生产。省建委还会同教委、卫生厅组织中小学校和县乡医院的复建定型图设计方案，帮助做好灾区恢复重建家园的前期工作。到1990年7月，耿马、澜沧、沧源、孟连等县城的规划和18个重灾乡镇建设的总体规划全部编制完成。1989年，组织力量修复加固工程418项，面积23.2万平方米；1990年又建成房屋 43 万平方米。

〔颁发工程概预算资格证书〕 1989 年，省建委和昆明市以及部分地区对工程概预算编制人员进行了培训。在此基础上，对近万名从事建设工程概预算工作的人员分别进行了土建、安装、公路等专业统考，并对其中 6000 多名成绩合格者颁发了资格证书。同时，由省建委、省建行和省有关厅、局组成的概预算资格认证委员会发出通知，决定从 1990 年 5 月起，未取得资格证书的现职人员编审的概预算，须经持证人员复核签证，否则为无效概算，不得作为招标工程的标底。

〔评选优质工程〕 1989 年，全省评出优质工程 19 项，其中获一等奖的 4 项，二等奖 8 项，表扬奖 7 项。1990 年，评出优质工程 4 项，其中获一等奖的 1 项、二等奖 1 项、三等奖 2 项。

〔评选优秀勘察设计〕 1989 年，全省共评选出优秀建筑工程勘察设计 26 项，其中获一等奖的 3 项、二等奖 6 项、三等奖 8 项、表扬奖 9 项。

〔城市建设综合开发发展迅速〕 到 1990 年，云南省已有城市建设综合开发公司 89 家，从 1983 年以来，全省已建成商品住宅 200 多万平方米，对缓解住房紧张状况起了重要作用。1990 年，全省综合开发公司完成工作量 2.5 亿元，城市建设综合开发率为 22%。

〔加快边境口岸集镇建设〕 1990 年 3 月 3 日至 6 日，省建委在路西县召开了全省边境口岸集镇建设座谈会，确定在今后五年内边境口岸集镇方针。要求做到各口岸集镇要编制规划，建设水厂、建盖集贸市场，修筑镇内道路。并确定片马、章凤、姐告等 13 个集镇作为第一批建设的重点。

重 点 工 程

孙 寿 施维勤

〔云南省外贸大楼〕 位于昆明市南北主干道上，建设投资 2000 万元，建筑面积 25695 平方米，主楼高度 70 米。1984 年开工，1988 年全部建成投入使用。工程由云南省设计院为主设计单位，云南省建工设计院参与设计，云南省第三建筑工程公司承担施工。工程被评为 1989 年云南省优质工程一等奖。同年，被中国建筑业联合会授予鲁班奖。还荣获省优秀设计二等奖。

〔云南大学图书馆〕 云南大学图书馆是香港爱国人士邵逸夫先生赠款建设的项目之一。投资 860 万元（包括国内部分投资），建筑面积为 17374.69 平方米；总藏书量为 150 万册。1987 年开工，1989 年竣工交付使用。工程以清华大学建筑系的方案为设计基础，由云南省设计院设计。云南省第五建筑工程公司负责施工。评为省优良工程。

云南省外贸大楼　　于冰　摄

云南大学图书馆　　于冰　摄

〔景洪机场〕 景洪机场是可起降中型以下客机的全天候民用二级机场。工程投资 4300 万元，跑道长 2200 米、宽 45 米。于 1987 年开工，1990 年建成通航。机场飞行区由空军设计研究局设计，

景洪机场　　于冰　摄

济南空军部队、民航西南管理局电信安装队施工。航站区由云南省设计院设计，云南省第六建筑公

云南省 1989 年—1990 年建筑施工企业基本情况(一)

企业类别	企业个数(个)		年末全部职工人数(人)		全部职工平均人数(人)		建筑业总产值(万元)				全员劳动生产率(按施工产值计算)(元)		房屋竣工面积(万平方米)		人均房屋竣工面积(平方米)		房屋竣工率(%)	
									施工产值									
	1989 年	1990 年	1989 年	1990 年	1989 年	1990 年	1989 年	1990 年	1989 年	1990 年	1989 年	1990 年	1989 年	1990 年	1989 年	1990 年	1989 年	1990 年
全省合计	3825	3010	506119	476111	–	–	1	–	–	–	–	–	–	–	–	–	–	–
一、全民所有制	124	123	161000	160500	159000	161700	177870	197082	166964	185895	10501	11496	235.2	247.9	14.79	15.33	48.66	51.27
1.中央部直属	9	9	52000	51000	54400	53100	58634	62603	52811	56892	9708	10741	35.4	36.6	6.51	6.84	44.25	52.29
2.地方所属	115	114	109000	109500	104600	108600	119236	134479	144153	129003	10913	11879	199.8	211.3	19.10	19.46	49.53	51.10
二、城镇集体所有制	254	243	48200	45400	44900	43200	38751	40873	37039	39598	8249	9116	120.5	129.1	46.18	29.88	57.24	60.41
三、农村建筑队	3447	2644	296919	270211	–	–	–	–	–	–	–	–	–	–	–	–	–	–

云南省 1989 年—1990 年建筑施工企业基本情况(二)

企业类别	年末固定资产(万元)				定额流动资金平均占有额(万元)		利润总额(万元)				税后利润(万元)	上缴税金(万元)		工程成本降低率(%)		工程质量优良品率(%)				产值利润率(%)	
	原值		净值						工程成本降低额							按单位工程个数		按房屋面积计算			
	1989 年	1990 年	1989 年	1990 年	1989 年	1990 年	1989 年	1990 年	1989 年	1990 年	1989 年	1989 年	1990 年	1989 年	1990 年	1989 年	1990 年	1989 年	1990 年	1989 年	1990 年
全省合计	126994	135325	88889	92980	65992	–	3146	–	–	–	–	–	–	–	–	–	–	–	–	–	–
一、全民所有制	115867	122511	81391	84514	53148	60631	2480	−1488	2085	772	2534	4258	5061	1.40	0.46	46.77	42.34	36.97	30.86	1.39	−0.76
1.中央部直属	52442	54686	38756	39371	19549	22970	690	−59	1953	1856	720	1342	1059	0.13	−0.94	55.02	50.25	35.21	34.54	1.18	−0.09
2.地方所属	63425	67825	42635	45143	33599	37661	1790	−1429	132	−1084	1814	2916	4002	3.96	3.53	37.23	40.24	36.97	30.37	1.50	−1.06
二、城镇集体所有制	11127	12814	7498	8466	12844	–	666	416	−287	67	666	1166	1354	−0.88	0.20	14.54	15.26	18.19	22.92	1.72	1.02

司、云南省第二建筑安装公司施工。航站区建筑面积为12615平方米。

〔昆明第五自来水厂〕 位于昆明市南郊滇池湖畔。建设投资6368万元，可供水量20万吨。1987年开工，1990年建成投产。工程由西南市政设计院设计，云南省建筑工程总公司施工。

〔石安公路〕 石林至安宁一、二级公路，是云南省第一条高等级公路。总投资约3.8亿元，全长120公里。其中：安宁经碧鸡关至小石坝为一级公路，长42.22公里；小石坝经汤池至石林为二级公路，长77.87公里。1986年动工，1990年全线建成通车。工程由云南省公路规划设计院、铁道部第二勘察设计院三分院设计，云南省公路局等单位施工。

〔鲁奎山铁矿〕 位于云南新平县扬武镇，是云南省"七·五"期间的重点建设项目。建设投资5373万元，设计年采矿能力50万吨。于1987年开工、1989年建成投产，由冶金部长沙黑色冶金矿山设计研究院负责设计，冶金部攀枝花矿山公司和玉溪市建筑公司等负责施工。该项目是昆明钢铁公司改扩建项目的配套工程，由昆明钢铁公司投资，新平县负责铁矿的建设和生产管理，建成后用产品归还贷款。

〔红建铝箔工程〕 位于昆明东郊，建设投资1.3亿元，设计年产铸轧铝卷9466吨，铝板铝带5353吨，衬纸铝泊4000吨，其主要生产设备从法国、意大利、西德和荷兰引进。1988年开工，1990年建成。工程由洛阳有色金属设计研究院设计，云南省建筑工程总公司、有色第九建筑公司、云锡建安公司施工。

〔德宏机场〕 德宏州芒市机场是可以起降中型以下客机的民用二级机场。建设投资3300万元，跑道长2200米、宽45米。1988年开工，1990年竣工通航。工程由民航设计院、民航西南设计所和德宏州设计室设计，成都军区空防八处和云南省第二建筑公司施工。

〔昆明市西站立交桥〕 是云南省第一座城市大型立交桥。总投资2100万元。桥面分3层设置，第一层（低层）为环形慢车道；第二层（中间层）为半径21.5米、路面宽16米的环形转盘；第三层（高层）为长523米、宽11.5米的东西向高架跨线连续梁桥。工程于1989年开工，1990年建成通车。由西南市政设计院设计，云南省第六建筑工程公司施工。

德宏机场 于冰 摄

昆明西站立交桥 吴颜非 摄

〔昆明医学院第一附属医院门诊楼〕 投资723万元，建筑面积1.49万平方米，高度37米，主楼高8层，附楼高9层。1986年开工，1990年竣工交付使用。工程由云南省设计院设计，云南省第五建筑工程公司施工。

云南省1989年—1990年施工企业技术装备情况

项目 / 年度	年末自有机械设备台数(台)		年末自有机械设备价值(万元) 原值		净值	
单位	1989年	1990年	1989年	1990年	1989年	1990年
全省合计	47668	50038	73561	75909	48671	48408
一、全民所有制	36638	37457	62434	69762	41173	44441
1.中央部直属	14183	13799	30355	33492	21731	23840
2.地方所属	22455	23658	32079	36270	19442	20601
二、城镇集体所有制	11030	12581	11127	6147	7498	3967

云南省 1989 年—1990 年施工企业技术装备情况

项目 / 年度	年末自有机械设备总功率(千瓦)		技术装备率(元／人)		动力装备率(千瓦／人)	
单位	1989 年	1990 年	1989 年	1990 年	1989 年	1990 年
全省合计	87.5	94.1	—	—	—	—
一、全民所有制	79.5	84.3	2557	2769	4.9	5
1.中央部直属	38.4	39.3	4181	4675	7.4	8
2.地方所属	41.1	45.0	1783	1881	3.8	4
二、城镇集体所有制	8.0	9.8	720	874	1.7	2

西藏自治区

重点工程

熊德明

〔**布达拉宫维修工程**〕 举世闻名的布达拉宫位于西藏自治区拉萨市中区，为使其灿烂的建筑文化世代相传，1987 年 9 月，自治区人民政府向国务院报送了维修布达拉宫的紧急请示。随后，国务院立即派了联合考察组赴藏进行了考察，1988 年 10 月国务院下文批复，决定维修布达拉宫。维修工程从 1989 年 1 月开始筹备和勘测，10 月 1 日正式开工，维修项目 77 个，总修缮面积近 3 万平方米，投资 3500 万元。由拉萨市城关区古艺建筑美术公司承担维修任务，自治区文化厅副厅长甲央任维修工程办公室主任，工程技术总负责人姜怀英(国家文物局)、彭措郎杰。维修期间，全国 10 多个省、市自治区及中央有关部门 15 个单位，共派出近百人次支援维修工程。到 1990 年底，已完成 15 个维修项目，修缮面积 3417 平方米，并通过国家文物局验收。

〔**拉萨市雪居民点搬迁工程**〕 该居民点位于拉萨市北京中路，布达拉宫南侧，共有居民 402 户，根据国务院批准的拉萨城市总体规划，为恢复布达拉宫周围面貌，雪居民点必须搬迁。1989 年初，自治区和拉萨市人民政府把搬迁这个居民点列为维修布达拉宫的配套工程，投资 470 万元，由拉萨市城关区城建房产局组织实施。截止 1990 年底，已有 102 户搬进新房，“雪新村”建在拉萨市林廓北路南面，住宅以二层为主，建筑面积 8435 平方米，商业服务网点 467 平方米，上下水、供电、道路、商店等基础设施配套。

〔**拉萨市旧城改造**〕 拉萨市旧城八角街方圆约 3 平方公里，据 1986 年调查，旧城区居住人口 36740 人，8686 户，建筑面积 388334 平方米，特级危房 13 万余平方米，一般危房 5 万余平方米。自 1959 年以来，国家及地方人民政府相继投资进行改造。1987 年自治区和拉萨市人民政府把旧城改造列为城市建设重点，自 1987 年至 1990 年四年间，自治区、拉萨市和城关区人民政府累计投资 3700 万元，改造危房 13 万平方米，安置居民 2019 户，改造工程由拉萨市城关区城建房产局组织实施。至 1990 年底，危房改造面积 80250 平方米，安置 1231 户，平均每户建筑面积 59 平方米，铺设给水管道 8247 米，排水管道 6362 米，块石路面 28848 平方米，商业服务设施配套齐全。

〔**林芝地区人民医院门诊楼**〕 该工程位于西藏自治区林芝地区八一镇，占地面积 88000 平方米，1989 年破土动工；预算投资 185 万元，整个建筑由挂号、注射、外科、化验等部分组成，大厅采用框架结构，其余部分采用砖混结构，1990 年 6 月竣工，由自治区建筑勘察设计院设计，自治区第二建筑工程公司承担施工任务。建成后的门诊楼建筑面积 2800 平方米，解决了当地人民群众看病难问题。

西藏自治区 1989 年—1990 年建筑施工企业基本情况（一）

企业类别	企业个数（个）		年末全部职工人数（人）				全部职工平均人数（人）		建筑业总产值（万元）				全员劳动生产率（按施工产值计算）(元)		房屋竣工面积（万平方米）		房屋竣工率（%）	
					工程技术人员						施工产值							
	1989 年	1990 年	1989 年	1990 年	1989 年	1990 年	1989 年	1990 年	1989 年	1990 年	1989 年	1990 年	1989 年	1990 年	1989 年	1990 年	1989 年	1990 年
全省合计	34	33	10900	11792	3500	3189	13100	11178	15149	16843	14623	16290	11163	—	23.98	25.17	74	76.3
地方所属	16	15	7600	9185	2000	2085	10300	8866	12965	15004	12490	14496	12126	15782	15.50	18.11	65.6	71.3
城镇集体所有制	18	18	3300	2607	1500	1104	2800	2312	2184	1839	2133	1794	7618	6881	8.48	7.06	94.4	93.4

西藏自治区 1989 年—1990 年建筑施工企业基本情况(二)

企业类别	年末固定资产（万元）				定额流动资金平均占有额（万元）		利润总额（万元）				税后利润（万元）		上缴税金（万元）		工程成本降低率（%）		工程质量优良品率（%）				产值利润率（%）	
	原值		净值						工程成本降低额								按单位工程个数计算		按房屋面积计算			
	1989 年	1990 年	1989 年	1990 年	1989 年	1990 年	1989 年	1990 年	1989 年	1990 年	1989 年	1990 年	1989 年	1990 年	1989 年	1990 年	1989 年	1990 年	1989 年	1990 年	1989 年	1990 年
全省合计	10946	10953	7098	7159	4117	3670	−154	59	−1	−275	204	—	198	210	−0.01	—	37	—	—	—	−1.02	—
地方所属	10058	10213	6469	6656	4011	3560	−301	−157	−40	−368	103	—	150	166	−0.36	—	43	33.3	45.1	37.2	−2.33	—
城镇集体所有制	888	740	629	503	106	110	147	98	39	93	101	—	48	44	2	—	28	16.8	18.8	8.5	6.74	—

西藏自治区1989年—1990年施工企业技术装备情况

项目 / 年度	年末自有机械设备台数(台)		年末自有机械设备价值(万元) 原值		年末自有机械设备价值(万元) 净值	
单位	1989年	1990年	1989年	1990年	1989年	1990年
全省合计	1978	1823	715	5205	3341	3372
地方所属	1883	1746	499	4988	3174	3207
城镇集体所有制	85	77	216	217	167	165

项目 / 年度	年末自有机械设备总功率(千瓦)		技术装备率(元/人)		劳动装备率(千瓦/人)	
单位	1989年	1990年	1989年	1990年	1989年	1990年
全省合计	73700	83643	3066	—	7	—
地方所属	69000	78841	4177	635	9	2
城镇集体所有制	4700	4802	507	635	1	2

西藏自治区1989年—1990年勘察设计情况

项目 / 年度	勘察设计单位个数	私营	年末全部职工人数	工程技术人员	具有高级职称的工程师	具有中级职称的工程师	施工图设计面积(万平方米)	工程测量面积(万平方米)	地质勘察尺寸(万平方米)
1989年	11	—	588	261	28	83	3.29	14.15 标准km^2	4837.3 标准米

陕 西 省

重 要 纪 事

曹占泉　苏晓芳

〔推行全面质量管理〕　从1986年开始在全省甲级勘察设计单位推行全面质量管理，省建设厅共举办4期领导干部培训班，毕业学员179人；举行6次QC小组成果发布会，发布成果146项；截止1990年12月，全省25个甲级勘察设计单位全部通过了全面质量管理达标验收。有122个QC小组获得省级优秀成果奖，有60个QC小组获部级优秀成果奖；有7个QC小组获国家级优秀成果奖。

〔陕西十大建筑〕　1989年2月至10月，陕西省建设厅、陕西日报社、西安晚报社、陕西科技报社和建设报驻陕记者站等单位联合开展了陕西八十年代十大建筑评选活动。评委会名誉主任由副省长王双锡、省人大副主任孙克华担任，主任由省建设厅厅长张继韬担任。推荐项目共50个，经评委会审定，确定27个项目为初评项目并在陕西日报上作了介绍，这次评选活动得到省内外广大群众热情支持，共收到选票8万余张。最后评出陕西省八十年代十大建筑是：1.陕西省体育馆；2.陕西省政府统建办公大楼；3.陕西电视塔；4.秦俑1号馆；5.西安火车站；6.金花饭店；7.西安环城建设工程；8.唐城宾馆；9.西安石油学院教学楼；10.法门寺重建工程。

〔渭南经济开发区开始建设〕　渭南经济开发区是陕西省政府批准设立的以发展工业为主的地方性经济"特区"，主要发展方向是石油化学和有色金属工业。从1989年10月开始，前期建设工作已在顺利进行。经济开发区的分区规划已制定；省政府颁布的《渭南经济开发区优惠政策》已于1989年10月19日正式实施；道路、给排水、供电及电讯等"四通一平"工程建设已有显著成绩。截止1990年底，修筑道路7公里，给排水管道7.5公里，架设高压输电线5公里，通讯线路5.5公里，安装电话23部。基本投资环境和条件已经具备。渭河化肥厂于1990年初破土动工建设，其它方面的配套和辅助建设项目也已陆续开工建设。

〔评选村镇建设先进单位〕　1990年元月，在建设部村镇建设司，建设报和农民日报联合举办的全国文明村镇建设评比活动中，陕西省三原县鲁桥镇、澄城县韦庄镇、汉中市五乡镇、大荔县雷北村、礼泉县烽火村、凤翔县水沟村、咸阳市边方村和长安县小居安村等8个村镇，荣获"全国村镇建设文明村镇"的称号。

另外，在全国村镇建设工作会议上，咸阳市建委、三原县鲁桥镇、大荔县雷北村、西安市未央区刘南村被建设部授予全国村镇建设先进单位称号。

〔评选优秀工程〕　1990年4月，陕西省建设厅组织有关方面的专家对各地申报省级优质工程项目进行评审。经评选，法门寺重建工程和"三唐工程"被评为一等奖，西京饭店和金花饭店被评为二等奖。其中法门寺重建工程还被推荐参加国家优质奖评选，并荣获"国家银质奖"和1990年度建筑工程"鲁班奖"。

〔整顿建筑市场〕　1990年陕西省各级建设管理部门继续整顿建筑市场，据10个地市统计，共查处各类违法违章案件996件，涉及金额1315万元，其中行贿受贿金额和非法所得752万元；偷税漏税102件，金额405万元。经资质审查，全省各类施工企业由原来的4202个，减少到1578个，压缩62.4%；职工人数由原来的722，944人，减少到567，430人，压缩21.5%。其中四级以上企业由原来的1402个，减少到878个，压缩37.4%；职工人数由原来的602944人，减少到532，430人，压缩11.7%。同时还清退了一大批资质等级低或有违法经营行为的外地施工企业。

通过资质审查和清理整顿，建筑市场秩序有了明显好转。

〔皇帝陵重修规划设计工作〕　1990年4月，经国家批准，重修皇帝陵工程的规划设计工作开始进行。陕西省政府于6月和7月两次邀请以原建设部副部长、中国建筑学会理事长戴念慈为组长的全国著名建筑、规划、文博等方面的专家组和以建设部副部长周干峙为组长的专家、学者，来陕西赴皇帝陵进行实地考察。他们就皇帝陵重修工程的规划设计指导思想和有关具体问题，提出了重要意见。

皇帝陵规划设计按照"雄伟、庄严、古朴、肃穆，给人以圣地感"的原则构思。具体布局以桥山为主体，以皇帝庙和陵园为重点，将周围的山、水、县城及其它景观通盘考虑，使其形成一个协调的整体。在建筑风格上，以粗犷、雄伟、简洁的汉风为主，把各朝代的建筑特点融汇于汉风之中，形成一种新的风格。规划设计既体现中华民族历史文化，源远流长和博大精深，激励人们奋发向上的精神，还考虑到原有的文物保护和环境质量的改善。

根据这一规划和要求，在不断征求意见的基础上，形成了5个较成熟的初步建议方案。在陕西省土木建筑学会召开的“重修皇帝陵规划设计方案研讨会”上，对5个方案进行了深入的探讨，并形成了指导综合方案规划设计大纲，由陕西省建筑设计院和西安冶金建筑学院建筑系进行综合，完成了皇帝陵重修规划设计综合方案。

〔表彰优秀勘察设计大师〕 1990年9月，在国庆41周年前夕，建设部主持评选出我国首批100名设计大师和20名勘察大师。陕西省被命名的勘察设计大师有7名。他们是：西北电力设计院总工程师李学纪，机电部第七设计研究院副总工程师黄乃良，交通部第一公路勘察设计院副院长刘济源，中国建筑西北设计院总建筑师张锦秋，陕西省综合勘察设计院总工程师林在贯，机电部勘察研究院总工程师张苏民和高级工程师张旷成。

陕西省召开大会隆重表彰荣获全国勘察设计大师称号的省内7位大师。由省人大副主任孙克华、副省长刘春茂、省政协副主席董继昌等领导同志向大师们颁了奖。

〔陕西省建设系统青工技术大赛〕 陕西省建设系统首届青工技术大赛，经过层层选拔赛，于1990年9月17日至24日在渭南市举行决赛。参加决赛的有8个地市，7个中央在陕单位的95名青年选手。对决赛评选出的前20名选手，分别授予“全省青年抹灰工、瓦工技术能手”的光荣称号。还推荐了4名参加全国比赛，其中1名选手荣获建设部表彰。

〔杨陵后稷居住小区建设〕 为了改善杨陵农科城科技人员的居住条件，1990年11月陕西省政府决定，在咸阳市杨陵区开发建设“后稷居住小区”。11月20日，省建设厅厅长张继韬同有关同志在杨陵进行了实地考察，确定了选址、命名、建设规模和分期实施等原则。11月底，完成了小区建设可行性研究报告。12月底，省计委批准了小区建设的计划立项，并成立了以厅长张继韬为组长的“杨陵居住小区建设领导小组”，统一领导和协调小区的建设工作。根据规划，整个居住小区安置1万人，住宅、公用设施建筑面积20万平方米，用地约16公顷。分两期实施完成。第一期工程从1991年起开始实施。

截止1990年底，在各有关单位的密切配合下，后稷居住小区建设前期工作进展顺利。地形图测量工作已完成，提出了小区建设的规划设计技术条件和竞赛办法，组织开展小区规划设计竞赛，为小区的建设奠定了基础。

〔咸阳机场候机楼〕 咸阳机场位于咸阳市东北方向15公里处，距西安市中心40公里。是国家“七五”计划重点工程项目之一。建设规模终期按国家一级机场规划，分期建设，第一期建筑面积21300平方米按国内航线及国际包机使用考虑。航站区通过能力，按高峰小时1000人设计。停机坪可停靠波音747等大中型客机15架。

候机楼采用一层半前列式设计方案，楼内设有较完整的现代化设施。投资额约4200万元，开、竣工日期1988年10月开工，1991年6月竣工，设计单位：中国建筑西北设计院，项目负责人严关龙，建筑工种负责人严关龙设计人曹曼华、王熙远、钱学雷，结构工种负责人管楚清，给排水负责人郭广庆、熊中元，暖通工种负责人宋阿幸，电气工种负责人樊文奎，动力工种负责人秦国文，总图工种负责人曹硕，施工单位：陕西省建筑总公司总承包，参加的有：陕西省第七建筑工程公司，陕西省建筑装饰公司，陕西省建筑工程安装公司，广州市南方工艺装饰工程公司。

〔陕西历史博物馆〕 位于西安市，东与大雁塔游览区毗邻，是根据周恩来生前指示所建一座大型现代化的国家级博物馆，占地7万平方米，建筑面积5.6万平方米，其规模相当于原碑林博物馆的近10倍。被列入国家“七五”工程，1987年7月1日开工，投资1.44亿元。该馆建筑吸取了唐代建筑雄浑博大、洗炼洒脱的特色，借鉴传统建筑“轴线对称，主从有序，中央殿堂，四隅崇楼”的特点，采用现代技术和建筑材料，色调淡雅明朗，古朴庄重。室内环境和文物安全保护均采用电脑、电子等先进技术手段，是一座既有唐代建筑风韵，又有现代设施功能的公共建筑。博物馆展室面积11000平方米，由三部分组成，可藏文物30万件，基本陈列部分展览史前和周、秦、汉、唐的历史文物；专题陈列部分陈列具有三秦特色的文物；临时陈列部分主要接待国内外的文化展览。博物馆建成后，中华民族灿烂的古代文明和稀世精品将对外展出，成为进行爱国主义教育和对外开放的窗口。

该馆由中国建筑西北设计院设计，项目及方案设计负责人为张锦秋（设计大师）。建筑工种负责人王天星，结构工种负责人王庆祥，给排水工种负责人徐文球，暖通工种负责人赵汉文，电气工种负责人潘维民，动力工种负责人牛海峰，总图工种负责人曹硕。

施工单位为陕西省第三建筑工程公司，项目负责人为张伯诚。

该项目于1991年5月建成，6月20日正式对外开放。

（文简）

陕西历史博物馆陈列大厅

重点工程

曹占泉　苏晓芳

〔西（安）—三（原）一级公路〕　是利用世界银行贷款，采用国际竞争性招标形式修建的公路项目。工程由陕西省公路勘察设计院设计，中国路桥公司陕西省分公司中标承建。1986 年 12 月 16 日开工；1989 年 11 月 15 日初验；1990 年 5 月通过国家验收。西三一级公路全长 34.46 公里，包括跨越渭河、泾河、清峪河的三座特大桥和大桥。路基宽度 23 米，设计车速 100 公里／小时，沥青混凝土路面，桥梁荷载为汽-20，挂-100，设计交通量 16000 辆／昼夜，总投资额 147.38 万元。主要设计人员：李培坤、王自勉、程洋潮、王佑、杨延明、叶树青、李俊杰、周瑞华、李建民、焦方群、李文德、唐延莲、庞宝琴。

〔西（安）—临（潼）高速公路〕　是国家“七五”重点建设项目，由陕西省公路勘察设计院设计，铁道部二十个工程局、交通部第二公路工程局、陕西省路桥公司总队、西安市第一市政工程公司承建。1987 年 10 月 31 日开工，1991 年 5 月 29 日初验。西临高速公路全长 23.888 公里，其中 7.377 公里为单幅，路基宽度 26 米，设计车速 120 公里／小时，沥青混凝土里面，桥梁荷载为汽-超 20，挂-120，设计交通量 25000 辆／昼夜，总投资 2.38 亿元。主要设计人员：程潮洋、王自勉、叶树青、王佑、何国琪、贾富荣、周瑞华、杨文玺、张富有、齐文山、于钧善、李刚、郭宏运、施玉昌、江若陵、寇纯福、庞宝琴。

〔秦始皇兵马俑博物馆三号坑展厅〕　三号坑展厅位于原一号坑展厅之西北角、据考古确认是秦兵马俑三军指挥机构所在地。建筑物复盖遗址坑并在四周设置参观廊。主要入口设在东侧，与遗址的主要朝向相一致并和参观序列密切结合。建筑物造型采取覆斗形、全部用花岩贴面、入口采用汉阙形式。

室内四角安排了辅助用房，即有功能需要也突出了遗址坑的轮廓。窗的造型和灯具外罩均采用覆斗性。

结构采用钢筋混凝土框架，屋面 36×36 米焊接球节点钢管网架。

秦俑博物馆 3 号坑展厅

建筑面积：1714m²
投资额：3900000元
开工日期：1987年6月
竣工日期：1988年11月
设计单位：陕西省建筑设计院
设计人：王铮、杨东海、陈禹
施工单位：陕西省第三建筑工程公司
施工单位负责人：张百诚

〔耀县水泥厂五号窑扩建工程〕 耀县水泥厂五号窑扩建工程，是"七·五"期间国家在我省安排的按照合理工期组织施工的重点工程。1986年国家计委批准设计任务书，同年10月批准初步设计，1987年12月30日破土动工，概算总投资33700万元，建设规模为年产425号、525号普通硅酸盐水泥70万吨。生产工艺采用我国自己设计和开发的$\phi 4\times 60$米回转窑，窑尾带、双系列五级悬浮予热器和从国外引进的日产2000吨熟料的D–D分解炉新型干法生产线。该生产线包括从日本、丹麦等国部分设备和先进技术，与国产设备配套，并采用电子计算机、自动化控制管理系统。

耀县水泥厂

〔渭河电厂二期（2×30万千瓦）工程〕 二期工程安装3号和4号两台30万千瓦国产燃煤机组。1990年3月列入国家重点建设项目，概算71512万元。由上海锅炉厂、上海汽轮机厂、上海电机厂提供主要设备。由西北电力设计院负责主要设计，陕西电力建设总公司承包。参加施工的单位有：西北电建三公司、西北电建四公司、陕西送变电公司、省建十一公司、中建三局三公司、有色二建、西安铁路分局线桥公司和渭城区交通局等八家。

渭河电厂

〔华清宫唐代御汤遗址博物馆〕 工程规模：1200m²

地点：临潼县华清池风景旅游区
投资额：300万元
开、竣工日期：1990年5月16日开工
1990年9月20日开馆
设计单位：中国建筑西北设计院
施工单位：西安市古建公司（负责人张建德、乔继洲）
主要设计人：项目负责人　张锦秋
方案设计人　张锦秋　姜恩凯
建筑工种负责人　姜恩凯
结构工种负责人　王庆祥
总图工种负责人　曹硕
给排水工种负责人　王淑琴
电气工种负责人　胡燕

陕西省 1989～1990 年建筑施工企业基本情况(一)

类别	企业个数(个)		年末全部职工人数(人)		其中:工程技术人员		全部职工平均人数(人)		建筑业总产值(万元)		其中:施工产值		全员劳动生产率(按施工产值计算)(元／人)		房屋竣工面积(万平方米)		人均房屋竣工面积(平方米／人)		房屋竣工率(%)	
	1989 年	1990 年	1989 年	1990 年	1989 年	1990 年	1989 年	1990 年	1989 年	1990 年	1989 年	1990 年	1989 年	1990 年	1989 年	1990 年	1989 年	1990 年	1989 年	1990 年
全省合计	—	—	—	—	—	—	—	—	—	—	—	—	—	—	—	—	—	—	—	—
一、全民所有制	81	81	221165	225098	10376	10136	222553	226161	244477	291810	230069	278358	10338	12308	193.2	213.9	8.7	9.5	33.5	37.5
1.中央部直属	22	22	120063	126715	5130	5155	117625	106507	134745	174510	129137	169194	10978	13374	55.5	54.5	4.7	4.3	31.8	33.1
2.地方所属	59	59	101102	98383	5246	4981	104928	99654	109732	117300	100932	109164	9619	10954	137.7	159.4	13.1	16.0	34.2	39.2
二、城镇集体所有制	142	142	55948	55013	1103	1063	55176	53196	44717	47641	43485	46676	7881	8774	134.2	144.2	23.3	27.1	48.6	51.6
三、农村建筑队	30417	29882	520230	507584	9775	8359	237861	212430	251973	295806	—	—	—	—	1787	1724	75.1	81.2	—	—

陕西省 1989 年～1990 年建筑施工企业基本情况(二)

类别	年末固定资产(万元) 原值		年末固定资产(万元) 净值		定额流动资金平均占用额(万元)		利润总额(万元)		其中:工程成本降低额		税后利润(万元)		上缴税金(万元)		工程成本降低率(%)		工程质量优良品率(%) 按单位工程个数计算		工程质量优良品率(%) 按房屋面积计算		产值利润率(%)	
	1989 年	1990 年	1989 年	1990 年	1989 年	1990 年	1989 年	1990 年	1989 年	1990 年	1989 年	1990 年	1989 年	1990 年	1989 年	1990 年	1989 年	1990 年	1989 年	1990 年	1989 年	1990 年
全省合计	—	—	—	—	—	—	—	—	—	—	—	—	—	—	—	—	—	—	—	—	—	—
一、全民所有制	188744	198466	139359	143945	101097	114414	749	−4325	287	−1894	6003	—	5074	6744	0.1	−0.8	59.8	68.1	50.1	47.7	0.3	−1.5
1.中央部直属	129453	136308	98949	102554	54849	59844	1084	273	1197	1048	1875	—	1923	3672	1.0	0.7	72.8	83.2	55.5	42.5	0.8	0.2
2.地方所属	59291	62158	40410	41391	46248	54570	−335	−4598	−910	−2942	4128	—	3151	3072	−1.0	−32	37.3	41.9	48.4	49.2	−0.3	−3.9
二、城镇集体所有制	16693	17237	11553	11959	—	578	−869	−1040	−1151	−930	—	—	1245	1518	−30	−2.3	22.4	23.4	—	33.4	−1.9	−2.2
三、农村建筑队	25931	25410	19744	17804	—	—	6499	6553	—	—	—	—	3278	3131	—	—	—	—	—	—	2.5	2.2

陕西省 89～90 年施工企业技术装备情况

类别	年末自有机械设备台数(台)		年末自有机械设备价值(万元)				年末自有机械设备总功率(千瓦)		技术装备率(元／人)		动力装备率(千瓦／人)	
			原值		净值							
	1989 年	1990 年	1989 年	1990 年	1989 年	1990 年	1989 年	1990 年	1989 年	1990 年	1989 年	1990 年
全省	—	—	—	—	—	—	—	—	—	—	—	—
一、全民所有制	52999	53314	108462	117280	74271	78489	1101397	1183789	3358	3487	5.0	5.3
1.中央部直属	29203	29106	75677	83910	53309	58705	718692	799717	4440	4633	6.0	6.3
2.地方所属	23796	24208	32785	33370	20962	19784	382705	384072	2073	2011	3.8	3.9
二、城镇集体所有制	17962	17813	—	9015	—	6041	150153	166734	—	1098	2.7	3.0

陕西省 1990 年勘察设计情况

项目 年度	勘察设计单位个数	年末全部职工人数	其中			施工图设计面积(万平方米)	工程测量面积(标准平方公里)	地质勘察尺寸(标准米)
			工程技术人员	高级工程师	工程师			
1990 年	256	25837	15570	2276	5498	451.5919	8424.897	1774358.77

陕西省对外承包和劳务合作

年份	已签订合同的国家、地区数(个)	当年签定合同						完成营业额(万美元)			年末在国外人数(人)		
		合同数(份)			合同额(万美元)				承包	劳务		承包、	劳务
			承包	劳务		承包	劳务						
1989 年	—	—	—	—	246.36	246.36	—	1229	1037	192	704	514	190
1990 年	—	—	—	—	3445.64	3371.24	74.4	978.72	691.2	287.52	659	458	201

(汪元刚　王一良)

华清宫唐代御汤遗址博物馆

甘肃省

重要纪事

姜明哲　冯康茂

〔全省建设工作会议〕　1989年3月29日至4月1日，召开全省建设工作会议，贯彻十三届三中全会精神，结合甘肃实际，研究治理整顿建设环境、整顿建设秩序措施，包括压缩基建规模、提高投资效益、搞好城乡建设、解决设计施工队伍窝工等问题。副省长闫海旺出席会议并作了重要讲话。

1990年4月9日至12日，召开全省建设工作会议。贯彻全国建设会议和计划会议精神，衔接落实全省重点建设项目，部署治理整顿和深化改革，研究提高工程质量和加强建筑市场管理，安排本年建设工作。省政协主席葛士英、副省长张吾乐出席会议并作了重要讲话。

1989年4月24日至27日省建委召开全省村镇建设经验交流会会上34个单位交流了五年来村镇建设的经验。

〔省委、省府领导同志深入企业调查研究〕　1990年1月13日，省委书记李子奇、副书记闫海旺深入甘肃省建总公司及所属二公司地毯厂工地，调查了解行业状况和当前存在的问题，听取基层单位的意见和解决困难的办法，研究渡过难关的措施。同日，省长贾志杰深入兰州煤制气工程现场。春节期间，李子奇书记和李萍副省长参加慰问环卫工人座谈会。

2月17日，张吾乐副省长到省建委现场办公。

〔建筑立法〕　1989年5月23日，省人民政府发布《甘肃省综合开发管理暂行规定》、《甘肃省房地产综合开发公司管理暂行办法》、《甘肃省商品房价格管理暂行办法》。

6月19日，省人民政府发布《甘肃省建筑工程施工招标投标管理办法》。

1990年10月27日，省人民政府发布《甘肃省建筑施工企业资质审查管理办法》。

1990年5月，省建委制定《甘肃省治理工程质量三年规划》、《甘肃省治理工程质量通病若干规定》。

〔表彰优秀设计、优质工程、先进单位〕　1989年5月18日，省建委表彰优秀勘察设计和优秀城市化规划。受表彰的优秀设计33项（一等2项，二等11项，三等20项），优秀城市规划6项。

1990年3月5日省建委作出决定，表彰1987年至1988年度省优质工程。其中，一等奖2项，二等奖12项。

3月16日省建委公布1989年全省城镇商品住宅设计竞赛获奖名单：优秀设计方案7个，佳作方案4个。其中有一个获全国竞赛三等奖，3个获表扬奖，一个获优秀论文奖。

3月31日省建委作出决定，表彰1979年度全省重点建设先进单位，兰州炭素厂扩建工程等9个项目和两个建设主管单位受到表彰。

1990年12月10日省建委作出决定，表彰1989年度省优质工程，靖远电厂1号汽轮发电机组等41项被评为省优质工程。其中，一等奖10项，二等奖31项。

〔西北五省区整顿建筑市场工作座谈会〕 1989年5月23日至25日，建设部在兰州召开西北五省区整顿建筑市场工作座谈会，交流经验，研究深入整顿的措施。

〔全省工程质量大检查〕 1989年6月19日至8月13日，省建委组织全省工程质量大检查。在各地自查基础上严格按照新的验评标准进行，共抽查87个施工企业，295项施工工程，建筑面积达83.5万平方米，合格工程171项，合格率57.97%；优良工程6项，优良率2.1%，抽检3000平方米以上竣工工程30项，合格率100%。对受检项目全不合格的企业，分别给予降低资质等级和限期整顿的处理。

1990年7月6日至8月3日，省建委组织五个检查组，对省内86家（四级以上施工企业的工程质量进行抽查。抽查单项工程377项，建筑面积112.28万平方米。同时对兰州、天水、西峰市的25个城市建设开发公司开发的80幢商品住宅质量也进行检查。检查结果表明，全省工程质量与上年相比，竣工工程合格率由58%上升到70.3%，优良率从2.1%上升到6.4%，优良工程个数翻了一番多。对受检工程不合格的二家施工企业和二家房地产开发公司责令限期整顿，对一家开发公司吊销资质证书，对一家外省施工队予以清退。

〔全省优质工程现场会〕 1990年6月26日至28日，省建委在天水市召开全省优质工程现场会。会上省建五公司、八公司，天水市建一公司、二公司等单位的11名代表，交流了创优经验，参观了省建五公司施工的永红厂2号、3号及庆华厂1号、2号家属楼等九项工程。

〔加强城市建设管理〕 1990年9月11日至14日，召开全省城市建设工作会议，总结交流各地城建部门治理整顿，深化改革，实行“人民城市人民建”的经验，研究进一步推动全省城市规划、建设和管理的问题。

〔纠正行业不正之风〕 1990年10月12日，省建委发出纠正行业不正之风的通知，要求全省建设系统各级领导深刻认识纠正行业不正之风的紧迫性和重大意义，提高自觉性，认真发动群众，揭发问题，摆表现，查危害，把纠正建设行业不正之风作为搞好党的建设和政权建设的重要内容，当作关系党和国家兴衰的大事，抓紧、抓好、抓出成效。

〔酒钢一号高炉修复工程竣工〕 1990年12月17日酒钢一号高炉修复，生产出第一炉合格铁水。一号高炉始建于1958年，1990年3月12日凌晨崩塌。事故发生后，在各方面的大力支援下，酒钢建设者仅用50天即将高炉残体全部拆除清理完毕，又用218天时间完成了土建、安装、等整个修复工程，受到了省建委与省计委的表彰奖励。

重点工程

姜明哲　冯康茂

〔概述〕 1989年全省安排28个重点项目，其中国家重点4个，省列重点20个。全年完成投资140570万元，占年度调整计划的100.4%，靖远电厂、白银铝厂、景电二期等17个重点项目建成或部分建成。

1990年全省安排24个重点项目，共完成投资13.71亿元，为调整计划的101.4%。其中5个国家重点完成投资7.28亿元。靖远电厂、兰州二热、白银铝厂、景电二期、金昌毛纺厂、兰州窑街水泥厂、甘棉二万锭、兰州煤气工程等十四个项目全部或部分建成投产。新增生产能力：发电装机30万千瓦，黄金312.5公斤，集成电路1000万块，水泥42万吨，毛精纺4800锭，有效灌地面积10万亩，棉纺2万锭，照相机30万架。新增产值4.14亿元，新增利税1.09亿元。“七五”期间，全省共安排重点建设项目75个（包括重点技措项目），其中国家重点9个，计划总投资55.87亿元。1990年底已建成或部分建成62个，完成投资55亿元，为计划总投资的98.44%。新增生产能力主要有：原煤270万吨、发电装机69万千瓦、灌溉面积66.3万亩、磷肥43万吨、镍1万吨、钢45万吨、铝5万吨、TDI2万吨、黄金625公斤、高速线材45万吨、大窑水泥61万吨、啤酒4万吨、白糖2.34万吨、照相机30万架、电极1.8万吨、硅铁3万吨、粗绒2500锭、长丝2670吨、铝材加工能力1.8万吨、容纳6000人的体育馆一座、扩大大学招生能力 1500 人、扩大旅游床位 516 张、增加图书馆藏书能力 250 万册、增加种鸡育种能力 7.1 万只。新增产值 20.3 亿元，新增利税 6.46 亿元。

〔靖远电厂工程〕 是“七五”期间国家和甘肃省合资兴建的大型火力发电工程。一期工程装设 20 万千瓦机组 4 台，设计年发电量 44 亿千瓦时，用 22 万伏和 33 万伏两级电压与甘、宁、青、陕电网连接。一期总投资 106228 万元。

电厂位于白银市平川区，距兰州市 183 公里，厂区地势平坦，近临黄河和靖远煤矿，是理想的大型坑口电厂。燃用王家山矿区煤，补给水取自黄河干流，灰渣就近排放于山谷。

本工程主要生产设施由西北电力设计院设计。主要设备由四川东方电机厂、汽轮机厂、锅炉厂制造。甘肃省第一建筑工程公司、甘肃水电工程公司等单位承担建筑、安装工作。1986 年 8 月正式开工，一号机于 1989 年 9 月投产，二号机于 1990 年 8 月投产。

〔兰州中心广场统建三号楼〕 位于兰州市中心广场东南角，与先期建成的一、二号楼高低错落，造型各异，共处于广场南侧，形成建筑群体，为中心广场增色添辉。本楼是省统建办公室为省水利厅、水利科研所等十余个省级单位统建的综合办公楼，建筑面积 30212m^2，主楼 27 层，地下 2 层，地面高度 96.2m，为目前兰州市最高的建筑物。外围二层小区与主楼有机地联成一体。西侧与裙房相连的二层小区食堂，可同时提供 500 人就餐，食堂下为地下停车库，可停 56 部小车。整个建筑物平面设计紧凑合理，造型简洁，装修素雅大方，水、暖、电、电讯及消防功能俱全，能满足办公及科研业务的需要。总造价含征地拆迁在内为 3819 万元，单方综合造价 1264 元。该楼由兰州有色冶金设计研究院总设计师潘存俊和贺友双、潘仲廉、孙富荣、张晓亚、宿秀明等共同设计，甘肃省第六建筑工程公司施工。1986 年 12 月破土，计划 1991 年交付使用。

〔甘肃农业大学迁建工程〕 位于兰州市安宁区迎门滩，近期按现迁在校学生 1500 人的规模建设，分十个专业安排。总建筑面积 81000 平方米，投资 5373 万元。该工程由十二层实验、行政办公楼（框剪结构）、六层电教楼、三层理化楼、二层阶梯教室楼和一层讲堂群组成的建筑群为中心，五层牧医草教学实验楼、二层临床楼和五层林学教学实验楼围绕四周，形成集团式建筑群的教学中心区，全部为框架结构，有点式砖混结构为主体的学生宿舍楼及二层框架结构的食堂兼礼堂（1500 座位）。生活区由教职工住宅楼及多功能的综合服务楼组成。校园南端沿黄河一带为试验场、站区。工程由甘肃省建筑勘察设计院陈从恩、项燕飞、王明桓等设计，铁道部第一设计院与西北市政设计院作水塔、水箱等供水构筑物设计，甘肃省第二建筑工程公司、兰州军区后勤工程总队施工。

〔飞天大酒店〕 位于兰州市盘旋路西南角。总建筑面积 3200m^2，地面 22 层，地下 2 层，主楼剪力墙结构体系，裙房为框架结构。投资 2000 万美元（中外合资）。酒店主体与裙房多处采用从敦煌石窟形象中提炼的倒壁龛符号，上下呼应，将现代建筑与地方特色紧密结合，配合环境，构成有机整体，形成中国西部建筑的独特风格。飞天大酒店为国际三星级酒店，设客房 405 套，配套中西式餐厅、迪斯科舞厅、桑纳浴、商场、咖啡厅等，是集住、食、购物、娱乐为一体的综合性酒店。设计：甘肃省建筑勘察设计院陈从恩、蒋韶华、宋曦、冯志涛、毛华业、黄贵良、韩盛昭、倪克让、徐树声、段新民、芦海忠。施工单位：中国有色第八建设公司、甘肃省第七建筑工程公司。1988 年 9 月开工，1990 年底土建工程基本完成，正进行内部装修。

〔七道梁隧道〕 位于兰州市南 20 余公里处，是兰州通往南郊的咽喉要道。隧道全长 1560 米，洞内行车道净宽 9+2×0.75 米，净高 5 米，最大纵坡 2.8%，设计车流量为昼夜 5000 辆，有通风、通讯、供水、供电、消防等设施。施工采用先进的“新奥法”。1986 年 10 月 25 日开工，1989 年 7 月正式通车使用。设计单位：甘肃省交通规划设计院。施工单位：铁道部第一工程局。

〔酒泉宾馆〕 位于酒泉市南关广场西侧，有 156 间客房，302 个床位，具备 2—3 星级接待外宾内容的装备和多种经营条件。结构为砖混和局部框架，总建筑面积 12050.2 平方米，决算总投资 1688.6 万元。由酒泉地区建筑设计院周子寿、齐钰、马明、李树义、朱德生、刘惠转、茹作森等设计，地区建安公司施工，江门嘉宝装璜公司饰面。1986 年底动工，1989 年 3 月竣工。设计获 1990 年度酒泉地区科技进步一等奖，1990 年度省优秀工程设计一等奖。酒泉是塞上历史文化名城，八十年代来外宾内客络绎于丝绸古道访古问今，“塞上迎宾”是设计构思的主题。外貌具有高雅的现代古典造型，突出热烈气氛和时代气质，以表达古朴、典雅、憨厚、热情的地方性格。主入口借鉴地方土围子形式，构成内向活动中心的中国式四季厅的特色。西庭园突出泉水以联想酒泉之得名。

〔宁卧庄高层住宅〕 由三幢 17 层大楼组成，位于兰州市滨河东路雁滩桥头，北临黄河及南湖公园，东与省图书馆相望，环境优美，交通方便。建

酒泉宾馆

筑面积 29656m^2，其中主楼 26043m^2，282 套住宅，另配有锅炉房、配电室及沿街三层付偻。整个楼区水、暖、电、通讯等功能与服务设施周全。总投资 1818 万元，单方综合造价 613 元。该楼区由省统建办公室统建，省建筑勘察设计院规划设计，由叶国崑、吕远光、倪凤英、吴爱芳、蒋金魁等工程师完成。施工单位：甘肃省第六建筑工程公司。1984 年集资筹建，1990 年交付使用。

〔大教梁高层住宅〕 位于兰州市滨河路东端，楼区总建筑面积 38843 平方米，除三幢十八层主楼外，附属有配电室及沿街商店，楼下为五级人防地下室。三幢楼共计住宅 432 套，设有电炊。总造价 2381 万元，每建筑平米造价 613 元。由甘肃省建筑勘察设计院吴品甲、陆长德、李金瑞、陈黔、吕文耀等设计，省统建办公室于 1984 年开始筹建，省建七公司施工，1990 年交付使用。

大教梁高层住宅

〔长城宾馆〕 位于嘉峪关市西南角，300 张床位的涉外宾馆，总建筑面积 11460 平方米，占地 3.75 公顷。一次设计，分二期建设，一期工程投资 651 万元。主楼建筑面积为 10316 平方米。主楼设计具有中国民族风格和嘉峪关地方特色。平面布置采用直角围闭的平面组合，由单层、二层、三层、五层楼房构成错落有序的主楼群体。大堂、多功能厅及餐厅屋面采用了焊接球节点钢网架。大堂内一层的水池、小桥和凌空式主楼梯构成了动态景观。外立面采用土黄色墙面，正门前做仿古门楼及车道，屋顶设置古色格调的亭子。粗犷古朴的外形与现代化的内部设施有机地结合，颇具地方特色。

长城宾馆

宾馆于 1987 年夏破土动工，1990 年初主楼内部装修完毕，3 月份开始试营业。兰州煤矿设计研究院王汨春、何民、马嗣昭、刘胜、孙惠玲、苑仲谟等设计，嘉峪关市建筑公司承担主体施工，江苏省港宁建筑装璜有限公司承担主楼内装修。

〔甘肃省工商银行综合楼〕 甘肃省工商银行综合楼是一幢综合性的营业办公楼。建筑面积为 9310m^2 主楼为两个长六边形组合成的多边形平面，结构层数地上十五层，地下一层（为五级人防），主楼高 51.85 米，长 47.50 米，宽 24.00 米，投资约 900 万元，该工程于 1988 年 10 月动工兴建。

该工程位于兰州市静宁路北端东侧，北临滨河东路，地处黄河新大桥南端与儿童公园相对应，成为桥头一独立景观。一层裙房为门厅、营业厅、医务室及配电室，裙房宽敞明亮，南侧为小车库。二层为电子计算机房，三～十二层为办公用房，上部十三～十四层为资料室，十五层为机房及水箱间。内设主楼梯及疏散楼梯各一部，电梯二部。该楼供 600 人营业及办公，为兰州地区金融界功能齐全、规模较大的建筑工程。

本工程为现浇钢筋砼框架剪力墙结构体系，箱型基础，楼层除二、八层及屋盖为现浇外，其余均为予应力混凝土叠合板。

设计单位：兰州市城市建设设计院、清华大学建筑系。主要设计人：清华大学建筑系（方案设计）：冯钟平、粟德祥。兰州市城市建设设计院：王殿良、张开明、高炳宝、鞠学义。施工单位：甘肃省第六建筑公司一处。

〔兰州东岗立交桥工程〕 位于兰州市东端，是连接市区和国道兰西公路的纽带，上跨陇每铁路和包兰铁路。

该工程由主桥、引桥、引道、挡墙、桥下环路、雨水管道等项目组成。其中主桥为 14 跨 30

甘肃省 1989 年—1990 年建筑施工企业基本情况(一)

企业类别	企业个数(个)		年末全部职工人数(万人)		工程技术人员		全部职工平均人数(万人)		建筑业总产值(万元)		施工产值		全员劳动生产率(施工产值计算)(元)		房屋竣工面积(万平方米)		人均房屋竣工面积(平方米)		房屋竣工率(%)	
	1989	1990	1989	1990	1989	1990	1989	1990	1989	1990	1989	1990	1989	1990	1989	1990	1989	1990	1989	1990
全省合计	7718	—	53.59	—	—	—	53.59	—	366169	—	—	—	6833	—	—	—	—	—	—	—
一、全民所有	75	77	13.57	13.95	—	—	14.61	14.62	186373	198359	176656	191759	12757	13116	201.98	192.5	13.82	13.17	40.51	41.98
1.中央部直属	16	17	5.27	5.26	—	—	5.56	5.65	80329	89221	74912	85310	14448	15099	48.9	29.8	8.80	5.27	40.58	26.65
2.地方所属	59	60	8.31	8.69	—	—	9.05	8.97	106044	109138	101744	106449	11718	11867	153.0	162.7	16.91	18.14	40.45	46.91
二、城镇集体所有	165	144	4.64	4.35	—	—	4.78	4.19	38733	36539	37003	35586	8103	8493	103.42	90.3	21.64	21.55	51.18	49.86
三、农村建筑队	7478	—	35.38	—	—	—	35.39	—	141063	—	—	—	3987	—	—	—	—	—	—	—

甘肃省 1989 年—1990 年建筑施工企业基本情况(二)

企业类别	年末固定资产(万元) 原值		净值		定额流动资金平均占有额(万元)		利润总额(万元)		工程成本降低额		税后利润(万元)		上缴税金(万元)		工程成本降低率(%)		工程质量优良品率(%) 按单位工程个数计算		按房屋面积计算		产值利润率(%)	
	1989	1990	1989	1990	1989	1990	1989	1990	1989	1990	1989	1990	1989	1990	1989	1990	1989	1990	1989	1990	1989	1990
全省合计	141670	—	—	—	—	—	—	—	—	—	—	—	—	—	—	—	—	—	—	—	—	—
一、全民所有制	106304	111536	75227	78173	72676	82501	2634	1726	741	−2631	3649	2916	4001	5010	0.46	−1.62	35.2	30.9	28.6	23.8	1.41	0.87
1.中央部直属	52099	52782	36848	36889	31191	35728	1936	2092	2195	705	1615	1578	1920	2024	3.16	1.01	59.2	52.5	58.1	58.6	2.41	2.34
2.地方所属	54205	58754	38379	41284	41485	46773	698	−366	−1454	−3336	2034	1338	2081	2986	−1.58	−3.62	25.4	20.5	23.7	18.7	0.66	−0.34
二、城镇集体所有制	12579	11735	9160	8191	1538	9011	406	305	511	369	513	397	884	1269	1.5	1.14	13.1	9.9	17.1	22.0	1.05	0.83
三、农村建筑队	22787	—	—	—	—	—	—	—	—	—	—	—	—	—	—	—	—	—	—	—	—	—

甘肃省 1989—1990 年施工企业技术装备情况

企业类别	年末自有机械设备台数（台）		年末自有机械设备价值(万元) 原值		净值		年末自有机械设备总功率（万千瓦）		技术装备率（元／人）		动力装备率（千瓦／人）	
	1989 年	1990 年	1989 年	1990 年	1989 年	1990 年	1989 年	1990 年	1989 年	1990 年	1989 年	1990 年
全省合计	44942	43297	59815	65122	39995	42466	74.7	80.3	2196	2321	4.1	4.4
一、全民所有制	33247	32929	52575	58149	34920	37697	60.3	66.8	2573	2704	4.4	5
1.中央部直属	12953	12727	26876	30040	17918	19191	25.5	28.6	2403	3648	4.8	5
2.地方所属	20294	20202	25699	28109	17002	18506	34.8	38.2	2047	2130	4.2	4
二、城镇集体所有制	11695	10368	7240	6973	5075	4769	14.4	13.5	1093	1096	3.1	3

甘肃省 1989—1990 年勘察设计单位情况

项目／年度	勘察设计单位个数	私营	年末全部职工人数	工程技术人员	具有高级职称的工程师	具有中级职称的工程师	施工图设计面积（万平方米）	工程测量面积（万平方米）	地质勘察量尺（万米）
1989 年	147	—	7186	4163	416	1365	265	42430	44.22
1990 年	142	—	7881	4322	446	1443	262.75	40830	34.69

甘肃省对外承包和劳务合作

年份	已签订合同的国家、地区数(个)	当年签定合同 合同数(份)	承包	劳务	合同额(万美元)	承包	劳务	完成营业额(万美元)	承包	劳务	年末在国外人数(人)	承包	劳务
1989 年	4	5	5	—	7218.81	7218.81	—	2505.44	2427.94	77.5	373	257	116
1990 年	6	7	6	1	658.95	54795	110.5	2523.52	2348.48	175.04	413	235	178

米预应力钢筋混凝土简支梁，全长为421.19米，引桥为6跨16米钢筋混凝土简支梁，全长96米；东西引道622.81米，桥下环路1900米，挡墙660米，雨水管道2091米，人行天桥二座。工程总投资为1391.78万元。

工程由兰州市城乡建设委员会主建，设计由兰州市城市建设设计院承担，主要设计人有张培轩、穆钧、王乃学、王野涛、李建本等人，施工单位为兰州市政工程公司。本工程于一九八六年八月开工，一九八八年九月竣工，经竣工验收，现已投入使用。

〔兰州大厦〕 位于兰州市天水路与平凉路交汇尖端，面对火车站广场，建筑面积24690m^2，高76.5m，23层，为全现浇剪力墙结构，工程总投资2302万元。按照所处地理位置，主楼设计成V型，裙楼的矩形高三层，局部四层，框架结构。设客房798床位，服务设施齐备。甘肃省建筑勘察设计院设计，设计总负责人高凤熙，结构赵信忠。甘肃省第六建筑工程公司施工。1987年6月1日开工，1990年元月竣工。

兰州大厦

青 海 省

重 要 纪 事

史国贤　殷乐天　杨峰林

〔全省农村集镇文化中心设计方案竞赛〕

1989年元月在民和县川口镇召开评审会议。参加这次竞赛的有13个单位27名青年设计人员，参赛方案27个，有9个方案获奖，其中二等奖3个，佳作奖6个。从参赛的方案在建筑平面布局、室内空间利用、外观造型等方面保持了地方民族特色，又体现了高原建筑风格，多数都有所创新。

〔建设厅系统总结表彰大会〕 省建设厅和建筑工会于1989年3月4日召开总结表彰大会。受到表彰的劳动模范10人，先进生产（工作）者49人，先进班组45个，四好后勤单位24个，模范职工之家2个，先进职工之家7个，优秀班组长34人，优秀工会干部50人，工会积极分子57人。

〔召开全省建设工作会议〕 1989年5月23日在西宁市召开了全省建设工作会议暨全省建筑业改革工作会议。会议主要内容是贯彻党的十三届三中全会和全国建设工作会议精神，安排1989年和1990年的工作。参加这次会议的有各州、地、市、县及省直有关部门的负责同志150多人。省委书记尹克升、省人大主任宦爵才郎、副省长吴承志、省政协副主席官却等出席会议并做了重要讲话。张堤夫厅长作了“整顿环境，深化改革，振奋精神，迎接挑战，促进我省建设事业稳步健康发展”的工作报告。

〔青海省建设工会成立〕 为进一步加强对建设行业工会工作的领导，适应行业管理的需要，经青海省总工会批准，自1989年7月7日起，省建筑工会改名为“青海建设工会”。

〔基建规模得到控制〕 经过一年治理整顿，1989年11月份，全省全民所有制基建投资比88年同期压缩29.1%，其中地方项目压缩34.4%。此间全省施工项目减少199个，其中新开项目减少192个，下降48.1%；项目竣工率和固定资产交付使用率分别提高2.9和5.4个百分点。

〔颁发两项规定〕 1990年1月12日，青海省人民政府办公厅印发了青海省整顿建设市场的若干规定，1月13日，青海省人民政府颁发了关于颁发青海省建设工程设计、施工招标投标管理暂行办法。这两个文件对治理建设市场，制止违法行为，建立和完善市场规则，监督管理市场秩序，以及加强建设工程设计：施工招投标管理，都作了明确规定。

〔抗震救灾〕 1990年4月26日海南藏族自治州塘格木地区发生了6.9级地震。地震发生后，建设厅领导带领有关处室负责同志及工作人员，赴地震灾区进行了实地考察，协助民政部门安排抗震救灾工作，并根据省政府的指示，组织进行塘格木农场灾区重建家园的测绘、规划，设计工作，协助塘格木农场抢救炼油厂机械设备，帮助灾区重建家园。

〔青海铝厂预验收〕 1990年5月，根据省人民政府决定，由建设厅牵头，会同有关部门和单位组成“青海铝厂一期工程验收委员会”，按照国家大中型建设项目验收程序和有色总公司验收要求开展工作，1990年5月16日—18日，在青海铝厂召开一期工程预验收会议，听取建设指挥部关于工程建设情况的汇报和试生产情况汇报，进行现场检查、查阅技术经济资料。预验收委员会认为，该工程从可行性研究至建成投产，符合基本建设程序，前期准备工作充分，建设速度快，工程质量好，建议国家组织正式验收。

〔进一步加强市场整顿〕 省建设厅于1990年8月发出了进一步加强建设市场治理整顿的通知，对有关问题提出了明确规定和要求：施工企业经资质审查，一、二、三、四级企业可称谓公司，非等级企业不得称谓公司；严禁施工企业超越承包工程，盲目扩大队伍，接受“挂靠”单位或收编无证、无照个体建筑户。凡投资或建设规模在省政府颁发的规定范围内的工程，都必须按所规定程序，严格实行设计或施工招标，优选设计、施工单位。

〔西北区村镇建设协作中心第五次会议〕 于1990年9月4日至11日在西宁召开。参加会议的有陕西、甘肃、青海、新疆、宁夏五省区和西安市村镇建设主管部门的负责同志。会议的主题是村镇建设规划、设计、建设、管理方面的经验交流和政策理论探讨。会议共收到规划实例12个，论文18篇，经验交流材料12篇，有19人在大会上发了言。

重 点 工 程

史国贤　殷乐天　杨峰林

〔青海铝厂〕 该工程位于西宁市以北宁张公路28公里处，海拔2403米，占地面积2825亩。国家计委1982年12月4日批复青海铝厂设计任务书，确定建设规模为年产普通铝锭20万吨，分两期建设。

一期工程建设规模为年产普通铝锭10万吨，共有子项工程127项，建筑面积为34万平方米，设备安装总量为2.34万吨，挖填土方316万立方米，敷设管网375公里、电缆及电线1226公里、修筑铁路专用线11.22公里，投资总额为71239万元。整个工程由生产设施、辅助设施、公用生产设施和生活福利设施四部分组成。沈阳铝镁设计研究院设计。1985年4月5日开工，1987年10月11日生产出第一块阳极块；1987年12月10日第一批电解槽通电试生产，12月17日出铝。1990年5月青海省政府受中国有色金属工业总公司委托，对青铝一期工程进行全面检查和预验收。同年7月受国家计委委托，由中国有色金属工业总公司、青海省政府联合组成国家验收委员会对青铝一期工程正式验收。参加青海铝厂建设的施工单位有中国有色第十一建设公司，第八建设公司等。

青海铝厂厂房　　窦文秀　摄

〔西宁曹家堡飞机场〕 位于西宁市湟水河北岸，占地2647亩。属4D级（二级）机场，飞行区平整宽度为300米，结构宽度45米，两边道肩各7.5米，总有效宽度为60米，跑道长3公里(加上安全道共长3.4公里)，跑道海拔高程为2161～2179米。机场总体工程包括候机楼、航管楼及站区配套工程、进场公路、自来水、有线通讯、无线通讯导航、夜航灯光、气象观测设施、专用供电系统，售票服务中心及生活设施区、机务及供油系统和铁路专用线等，设施比较齐全，计划总投资为1.85亿元。

机场总体设计单位是国家民航设计院；由青海省路桥公司（总承包单位)、铁道部第一工程局机筑工程处、甘肃省机械化施工处、青海省机械化工程公司、青海省第三建筑工程公司等承担施工。

〔工商银行营业大楼〕 省、市联合兴建的工商银行大楼，座落在西宁市城西区五叉路口，占地

1210平方米，建筑面积13455平方米，最高14层（另有地下人防层），总建筑高度为53.3米，采用箱式基础、上部为框架剪力墙、现浇、板、柱结构。大楼平面呈扇形。

该工程由甘肃省建筑勘察设计院设计；由青海省第一建筑工程公司中标施工，于1987年3月20日开工，1989年9月30日竣工交付使用，被青海省建设厅评为优良工程。

工商银行　冯岐、莫福功　摄

〔**西宁供电局电调大楼**〕　西宁供电局生产调度大楼，是为配合龙羊峡水电站发电、加强电网调度管理，按能源部要求标准修建的自动化电力调度大楼之一。

该项工程位于西宁市小桥大街东侧，占地面积795平方米，建筑面积9361平方米，主体14层（不含地下两层）高46.8米，加塔楼总高为56.6米，是以生产调度为主的综合性设施，其主要功能有：电力调度中心、计算机用房、载波微波用房、程控电话系统等。总投资核定为597万元，资金来源为单位自筹。由青海省建筑勘察设计院设计，青海省第二建筑工程公司四处承包土建工程，电梯安装由青海省第一安装工程公司承担，外层铝合金门窗由石家庄飞机制造厂生产并安装。室内铝合金门窗由华港装璜公司生产并安装。工程于1987年12月10日正式开工，1989年12月5日交付使用。工期640天，被青海省建设厅评为省级优秀设计二等奖。

电调大楼　刘天顺　摄

青海省1989—1990年建筑施工企业基本情况(一)

企业类别	企业个数(个)		全部职工平均人数(人)		建筑业总产值(万元)		施工产值		全员劳动生产率(按施工产值计算)(元)		房屋竣工面积(万平方米)		人均房屋竣工面积(平方米)		房屋竣工率(%)	
	1989年	1990年	1989年	1990年	1989年	1990年	1989年	1990年	1989年	1990年	1989年	1990年	1989年	1990年	1989年	1990年
全省合计	560	523	118947	117021	91119	103580	—	—	—	—	141.1	165	11.9	14.1	—	—
一、全民所有制	45	43	62600	61100	64606	75539	62294	73904	9951.1	12095.6	68.3	89.2	10.9	14.6	42.4	56.7
1.中央部直属	3	3	19900	20500	19810	24558	19808	24142	9953.8	11776.6	2.3	9.5	1.2	4.6	13.4	54.6
2.地方所属	42	40	42700	40600	44796	50981	42486	49762	9949.9	12256.7	66	79.7	15.5	19.6	45.9	57
二、城镇集体所有制	84	88	19020	17900	14063	14511	13855	14263	7284.4	7968.2	39.4	38.8	20.7	21.7	63.1	68.1
三、农村建筑队	431	392	37327	38021	12450	13530	—	—	—	—	33.4	37	8.9	9.7	—	—

青海省1989—1990年建筑施工企业基本情况(二)

企业类别	年末固定资产(万元) 原值		净值		定额流动资金平均占用额(万元)		利润总额(万元)		工程成本降低额		税后利润(万元)		上缴税金(万元)		工程成本降低率(%)		工程质量优良品率(%) 按单位工程个数计算		按房屋面积计算		产值利润率(%)	
	1989年	1990年	1989年	1990年	1989年	1990年	1989年	1990年	1989年	1990年	1989年	1990年	1989年	1990年	1989年	1990年	1989年	1990年	1989年	1990年	1989年	1990年
全省合计	68732	69388	46931	46680	—	45331	−137	470	—	—	992	1408	2011	2385	—	—	—	—	—	—	−0.2	0.5
一、全民所有制	60568	60978	40786	40972	40950	42777	−360	218	−586	−589	552	902	1380	1578	−1.1	−1	24.9	35.2	26.1	36.9	−0.6	0.3
1.中央部直属	32926	33085	21691	21737	16575	15531	−191	353	74	399	57	261	139	273	0.5	2.3	66.7	60	17.4	86.3	−1	1.4
2.地方所属	27642	27893	19095	19235	24375	27246	−169	−135	−660	−988	495	641	1241	1305	−1.8	−2.5	20.4	34.4	26.4	31	−0.4	−0.3
二、城镇集体所有制	5462	5505	3968	3691	—	1697	−178	−185	27	−1153	60	111	398	503	0.2	−10	15.3	15.7	17	15.1	−1.3	−1.3
三、农村建筑队	2702	2905	2177	2017	742	857	401	437	—	—	380	395	233	304	—	—	—	—	—	—	3.2	3.2

青海省1989—1990年施工企业技术装备情况

项目 / 年度	年末自有机械设备台数(台)		年末自有机械设备价值(万元)			
			原值		净值	
单位	1989年	1990年	1989年	1990年	1989年	1990年
全省合计	27981	26797	41569	43229	29626	26668
一、全民所有制	21787	21150	39171	40626	27914	24887
1.中央部直属	10114	10265	26518	27059	19842	16394
2.地方所属	11673	10885	12653	13567	8072	8493
二、城镇集体所有制	6194	5647	2398	2603	1712	1781

项目 / 年度	年末自有机械设备总功率(千瓦)		技术装备率(元/人)		动力装备率(千瓦/人)	
单位	1989年	1990年	1989年	1990年	1989年	1990年
全省合计	388327	382000	4388	4046	5.8	5.8
一、全民所有制	341000	333000	5465	4977	6.7	7
1.中央部直属	161000	158000	9855	8076	8	8
2.地方所属	180000	175000	2609	2860	5.8	6
二、城镇集体所有制	47327	49000	1043	1120	2.9	3

青海省1989—1990年勘察设计单位情况

项目 / 年度	勘察设计单位个数	私营	年末全部职工人数	工程技术人员	具有高级职称工程师	具有中级职称工程师	施工图设计面积(万平方米)	工程测量面积(万平方米)	地质勘察量尺(万米)
1989年	67	—	3021	1657	186	551	108.3	71780	12.4
1990年	67	—	3145	1700	159	560	170.6	27356	22.6

宁夏回族自治区

重要纪事

马维邦、马创业、苟耀川

〔**重要会议**〕 1989年3月4日至7日，自治区人民政府在银川召开了全区建设工作会议。会议主要议题是：传达贯彻全国建设工作会议精神，研究部署自治区1989、1990两年的建设工作。自治区人民政府副主席任启兴向会议做了“振奋精神，脚踏实地，努力做好今明两年的建设工作”的报告。提出了1989、1990两年的主要任务和主要措施。主要任务是：治理整顿、深化改革，理顺关系，改善机制。主要措施是：理顺全区建设管理体制；加强全区施工队伍的宏观管理；全面整顿建设市场，逐步建立市场新秩序；积极稳妥地推进住房制度改革；狠抓质量管理，推进科技进步，建立建设监理制度；加快建设立法，健全建设法制；加强和改进城乡规划建设管理工作；继续开拓国际建筑市场，发展对外工程承包。

1989年9月22日至23日，全区勘测设计工作会议在银川召开。这是从1983年7月撤销自治区基本建设委员会后，第一次由自治区城乡建设厅主持召开的勘测设计行业会议。其主要任务是传达“全国设计处长会议”精神，研究整顿全区设计市场，提出深化改革的措施。

1990年7月11日至13日，自治区城乡建设厅在银川召开全区施工暨安全工作会议。会议内容：一是传达全国施工工作座谈会精神，讨论研究施工企业流动和资质管理规定及清退外省施工队伍的具体办法；二是传达自治区安全工作会议精神，讨论全区施工企业安全生产“八五”规划要点。

全国建筑职工思想政治工作研究会西北五省（区）片会于1990年9月22日至25日在银川举行。会议针对建筑行业特点抓好政治思想工作、调动职工积极性、处理党政关系和提高领导素质、开展合理化建议等问题进行了研讨。

〔**机构调整**〕 1989年4月1日，自治区人民政府发出了《关于调整自治区计划委员会、城乡建设厅部分职能机构的通知》，撤销自治区计委设计管理处、施工管理处和建设厅建筑管理处。建设厅设立施工管理处、设计管理处、建设监理处，负责全区专业部门和外地来宁的勘察设计、施工队伍的管理工作；组织制订工程建设招标投标法规，指导和监督全区工程建设项目招标投标活动以及建设监理工作。这次机构微调，初步理顺了全区建设管理体制。

〔**重要任命**〕 1990年6月11日，中共宁夏回族自治区委员会任命韩云文同志为宁夏回族自治区城乡建设厅党组书记，黄超雄同志为党组副书记。

1990年6月29日，自治区人大常委会第六届第十三次会议讨论通过，任命黄超雄同志为城乡建设厅厅长。

〔**法规建设**〕 1989年9月13日，自治区人民政府发布了《宁夏回族自治区区外施工企业来宁施工管理规定》、《宁夏回族自治区工程设计管理暂行规定》

〔**设计管理**〕 1989年11月3日至1990年3月7日，自治区城乡建设厅会同自治区工商局、审计局和建设银行，组成勘察设计资格复查组，对全区16个勘察设计单位进行了全面复查。主要查勘察设计资格，查经营作风，查勘察设计质量，查财务管理。复查结果：对10个单位吊销设计资格证书，2个单位降低资质等级，7个单位限期整改。

1990年9月17日，自治区城乡建设厅颁发了《全区甲、乙级勘察设计单位推行全面质量管理达标验收细则》，并于1990年11月1日至12日，圆满完成了对自治区建筑设计院、自治区水利水电勘测设计院和银川市规划建筑设计院三个甲级单位的达标验收工作。

〔**施工管理**〕 1989年3月25日，自治区城乡建设厅等五个部门联合发出《关于发放预制混凝土空心板和大型屋面板生产许可证的通知。从1989年7月3日开始，至1990年12月22日结束。全区共有102个厂取得了生产混凝土空心板和大型屋面板的生产许可证。

1989年8月9日，自治区城乡建设厅等六个（委、局、行）联合发出了《关于对施工企业进行资质复查的通知》经过半年工作，对全区施工企业重新确定了资质等级，换发资质证书，重新核定了各施工企业的取费类别。

1989年10月6日，自治区城乡建设厅发出了《对全区建工试验室资质进行复查的通知》，从1989年10月开始，至1990年12月结束，对全区42个建工试验进行了资质复查、定级和发证工作。为加强对建工试验室的管理，1990年8月自治区城乡建设厅又颁布了《宁夏回族自治区建设工程试验室管理规定（试行）》。

1989年10月12日，自治区经济委员会、自治区城乡建设厅，制定了宁夏回族自治区土木工程建筑、混凝土建筑构件等两个行业企业等级标准，并已颁布实施。

1990年元月12日，自治区城乡建设厅，制定颁发了《宁夏回族自治区建筑企业升级实施办法(试行)》。

1990年6月26日，自治区人民政府办公厅批转自治区城乡建设厅等六部门《关于妥善解决部分全民所有制施工企业停工待工问题的意见》，要求各行署、各市、县（区）人民政府、自治区政府各部门、各直属机构按此执行。《意见》主要内容是：按照投资额度划定招投标范围；实行施工任务量限额制；实行建筑工程项目施工许可证制度；加强对外省施工队伍承包工程的统一管理等十个方面。1990年11月15日，自治区城乡建设厅等八个部门，联合制定并颁发了《宁夏回族自治区建设工程施工任务管理暂行规定》，加强了建设工程任务的宏观调控，解决了部分全民所有制施工企业停工待工问题。

1990年11月10日，自治区城乡建设厅组织召开了银川地区建设工程施工质量现场观摩座谈会。与会同志实地参观了银川电讯楼、轻纺展销厅、区外事办公楼、唐徕小区63号住宅楼等四项工程的施工质量；由分别承担这四项工程的银川市第一建筑公司、自治区区第一建筑公司、自治区第二建筑公司、银川市第二建筑公司的施工负责人介绍了各自的经验。这次观摩会以后，唐徕小区63号住宅楼被自治区城乡建设厅树为"住宅样板工程"，并通报全区，要求各施工企业认真学习他们的好经验，把全区工程质量提高到一个新的水平。

1990年8月16日，自治区城乡建设厅、计划委员会、工商行政管理局、建设银行联合成立自治区施工企业资质年检小组，对全区16种24个类别的440个施工企业进行资质年检。经过半年工作，年检结果：保级企业298个，升级企业70个，降级企业61个，注销资质质等级11个。宁夏现有施工企业429个，其中一级施工企业8个，二级施工企业12个，三级施工企业55个，四级施工企业130个，专业队级施工企业224个。

〔村镇建设〕 1989年7月31日至8月3日，全国第三次村镇建设学术讨论会在银川市召开。在这次会上，宁夏建设厅王辛武同志的论文《村镇规划要以县域规划为依据》被评为优秀奖；青铜峡翟靖镇党委书记蔡生保同志和固原县张易乡党委书记李儒学同志被授予全国村镇建设优秀乡长的称号。

1990年10月25日至30日，自治区城乡建设厅受建设部和宁夏科委委托，主持召开了"宁夏生土农房抗震改造试验研究"成果鉴定会。该成果所研制的整体式夯土墙模具，具有便于生产、价格便宜、经久耐用、操作简便和提高工效的优点，可以在类似地区推广应用。

〔科技进步〕 1990年，宁夏建筑设计开始推行CAD辅助设计技术，颁布施行了《宁夏民用建筑节能设计标准》；施工方面完成了10项科技研究成果，其中：电动提模原理在210米的钢筋混凝土烟囱施工中的应用研究，获1990年自治区科技进步二等奖。该课题由宁夏第二建筑公司完成，在国家"七五"重点工程——大坝电厂烟囱施工中应用成功；大跨度预应力钢桁架施工阶段试验研究，获自治区1990科技进步三等奖。该成果由宁夏第二建筑公司在宁夏大武口电厂输煤栈桥施工中试验应用成功。

〔建筑职工技术培训〕 宁夏自治区城乡建设厅从1987年9月起对宁夏集体建筑企业"五员"组织了培训。

1989年6月19日、1990年10月28日分别对宁夏区集体企业"五员"进行了两次统考，成绩及格者发给岗位合格证书。全区共有765人参加了统考，及格人数为355人，及格率为46.4%。截止1990年底，宁夏全区已核发"五员"岗位合格证书3020人（包括免培、免考人数）其中：经理129人，施工员2128人，预算员324人，财会员204人，质安员235人。

1990年7月12日，自治区城乡建设厅按照共青团中央、劳动部、全国总工会、建设部等七个部门举办首届全国青工技术大赛的要求，在瓦工、抹灰工中组织开展青工竞赛活动。通过自下而上层层选拔，有15名选手（瓦工7名，抹灰工8名）参加了自治区选拔赛。竞赛结果：瓦工第一名陈洪明(宁夏煤炭基建公司)，第二名马成荣（宁夏第三建筑公司)，第三名梁廷全（银川市郊区第二建筑公司)；抹灰工第一名李福（宁夏煤炭基建公司)，第二名高福昌（宁夏第三建筑公司）第三名马志刚（宁夏第一建筑公司)。陈洪明、李福两同志代表宁夏于10月份在北京参加了首届全国建筑系统青工技术大赛。

重点工程

马维邦、马创业、苟耀川

〔宁夏大坝电厂一期工程〕 位于青铜峡市，建设总规模为240万千瓦，计划分三期建成，是远近结合的燃煤坑口电厂。1989年该工程列为国家重点建设项目。

该厂一期工程为2×30万千瓦机组，由国家自治区合资建设，总投资9.5亿元，占地60公顷，均属荒山沙坡地。主要工程项目有：主厂房高58米，占地面积为7930平方米，设计为7度抗震设防的框排架结构；钢筋混凝土烟囱，高210米；双曲线钢筋混凝土冷却塔两座，高93米，堆灰场占地面积8平方公里，还有容量16万立方米的工业蓄水池及黄河取水工程等。

该工程由能源部西北电力设计院设计，土建工程的主厂房、烟囱、冷却塔等由宁夏第二建筑工程公司施工，设备安装工程由东北第三火电安装公司安装，1988年9月9日正式开工，1990年12月24日第一台机组并网发电。

建设中的宁夏大坝电厂　程全有　摄

建设中的宁夏炼油厂　方海　摄

〔**宁夏炼油厂**〕　该厂位于银川市西郊，全厂占地面积80万平方米，建设总投资28，276万元，是自治区"七五"期间重点建设项目。

该厂生产规模是年处理原油75万吨。主要生产装置有：75万吨／年常减压蒸馏，20万吨／年催化裂化，15万吨／年催化重整，5万吨／年氧化沥青。建成投产后，基本上能满足宁夏城镇居民的液化气供应。

宁夏炼油厂由中国石化总公司北京设计院总体设计，土建工程由宁夏第三建筑公司和宁夏石油化工建设公司施工；安装工程主要由中国化学总公司第十三建设公司承担。1988年正式建设，至1990年底累计完成投资23，127万元，工程已进入单机和联动试车阶段。

〔**青铜峡黄河公路大桥**〕　位于青铜峡市的青铜峡镇，是吴忠至青铜峡公路跨越黄河的重要桥梁。

大桥全长735.52米。主桥上部为90米预应力钢筋混凝土T型梁板，下部为钢筋混凝土空心桥墩、灌注桩承台基础。全桥共17孔，桥跨布置为：20米+4×30米+60米+3×90米+60米+6×30米+20米。桥面宽13米，其中行车道11米，两侧各设1米人行道。桥梁载重标准为汽超20、挂一20。引道全长5.17km，路基宽12米，路面宽10米，中桥一座，小桥4座，涵洞34道。

该工程为自治区重点建设项目，总投资2632万元，由宁夏公路勘测设计院、交通部第一公路勘察设计院联合设计，宁夏公路工程局桥梁工程队施工，于1989年7月14日动工兴建，将于1991年建成。

〔**王洼煤矿**〕　王洼煤矿地处固原地区彭阳县境内。该矿设计年生产原煤21万吨，于1984年

10月12日开工建设，1990年12月12日竣工投产，建设总投资3，303万元。

该项目由宁夏煤矿设计院设计，灵武矿务局王洼煤矿筹建处自营施工。井巷完成5232米，构成了完整的开拓开采系统；地面办公楼、职工宿舍、学校等项目完成19，648平方米，建成了较齐全的工业及生活设施；矿井的提升、通风、排水系统健全。该矿经自治区验收委员会验收，质量合格，系统健全，批准投产。

〔宁夏发酵厂〕 位于银川市新城区，是自治区利用奥地利政府贷款兴建的重点工程。设计年生产能力为3000吨柠檬酸，投资4，947万元。建筑工程面积13，329平方米，主要项目有：发酵车间3，613平方米，提取车间3，847平方米。总体设计由宁夏工业设计院承担，土建工程由宁夏第五建筑公司施工，设备及工艺管道安装由冶金工业部第二冶金建设安装公司承担。工程于1989年11月开工，至1990年底土建与安装正在紧张交叉施工。

〔宁夏工学院〕 位于银川市新市区，1984年开始建设，1989年列为自治区重点建设项目，一期工程总投资为1438万元，总建筑面积为27578平方米。至1990年底，已相继建成了教学楼、电算中心、学生宿舍、教师住宅等项目。电算中心全部装置是意大利援赠引进设备，价值约95万美元，1989年建成投入使用。

〔陕甘宁盐环定杨黄工程〕 经国务院批准于1988年7月动工兴建，列为自治区"七五"期间重点建设项目。

该工程西起宁夏同心县韦州乡，南至甘肃环县的山城堡洪海城，东到陕西定边县安边镇，北至盐池县城西滩。工程取水于黄河流经宁夏的东干渠向东南延伸经八级泵站进入盐池县境内，在老盐池处建分水闸，下分三条支渠，分别向甘肃环县陕西、定边和宁夏同心、盐池四县供水。

该工程三省区共用部分总计11座泵站，最大扬水高度为304米，电力总负荷51790千瓦，支干渠12条，全长104公里，设计扬水流量为11立方米／秒。

该工程主要任务是解决人畜饮水，在条件好的地方结合发展灌溉，可解决四县20.39万人、32万头大牲畜、32.8万只羊的饮水问题，灌溉粮田、林草面积29万亩，其中宁夏20万亩。

工程总投资为1.69亿元，三省区按分配流量分摊投资。1990年是盐环定扬黄工程进入全面施工的一年，一至八泵站全面开展建设，全年完成计划投资4000万元，已累计完成投资8600万元，为工程总概算1.69亿元的50.9%。一至四泵站和干渠工程基本建成，初步具备试水条件；五至八泵站的主厂房基本建成，并完成部份干渠工程。

〔青铜峡糖厂工程〕 1985年四月批准扩初设计，设计能力为日处理甜菜1500吨，年加工甜菜20万吨，年产白糖2万多吨，酒精1785吨。设计总投资为5397万元，后工程概算调整为6838万元。主要车间1986年动工建设，土建工程由自治区第一建筑工程公司施工，设备由黑龙江省轻工安装公司安装。1989年10月建成投产。

为解决制糖生产废丝处理问题，经自治区计划委员会批准，1989年又建设颗粒粕车间，该车间设计能力为日产颗粒粕60吨，总投资548万元，于1989年12月投产。89／90榨期和90／91榨期共生产颗粒粕2864吨，产品全部销往国外。

青铜峡糖厂　　王卫平　摄

〔石咀山三号井煤矿〕 石咀山三号井煤矿工程，位于石咀山矿区西北翼。井田批准地质储量7347万吨，矿井可采煤层八层，可采煤层厚度为29.09米，煤种为气煤。

1980年由煤炭部批准计划任务书，同年审查批准了由宁夏煤炭设计院提出的初步设计，设计能力为每年90万吨／年，总投资为19，028万元。

1983年列入国家基本建设项目，同年12月10日开工建设，为自治区重点建设项目。井巷工程由石咀山矿务局建井处施工，土建及设备安装工程由宁夏煤炭基建公司、石咀山矿务局综合工程处施工。至1990年年底，除部份井巷及安装工程外，大部份工程已竣工并投入使用。

此稿经黄超雄审阅

宁夏回族自治区1989年—1990年建筑施工企业基本情况(一)

企业类别	企业数(个)		年末全部职工人数(万人)		工程技术人员(人)		全部职工平均人数(万人)		建筑业总产值(万元)		施工产值		全员劳动生产率(按施工产值计算)(元)		房屋竣工面积(万平方米)		人均房屋竣工面积(平方米)		房屋竣工率(按面积计算)(%)	
	1989	1990	1989	1990	1989	1990	1989	1990	1989	1990	1989	1990	1989	1990	1989	1990	1989	1990	1989	1990
全省合计	2,582	2,568	10.07	10.62	—	7336	10.08	10.62	84,530	98,000	83147	96973	8,098	9,131	225.5	243.8	22.4	23.0	73.5	77.8
一、全民所有制	46	67	3.57	3.88	—	4807	3.43	4.2	43,709	53,326	42700	52,612	11,804	12,527	59.2	61.2	17.3	14.6	55.7	59.5
1.中央部直属	—	7	—	0.03	—	0	—	0.04	—	1.065	—	1.065	—	26.625	—	1.1	—	27.5	—	100
2.地方所属	46	60	3.57	3.85	—	4807	3.43	4.17	43,709	52,261	42,700	51,547	11,804	12,391	59.2	60.1	17.3	14.5	55.7	59.1
二、城镇集体所有制	39	75	1.33	1.54	—	1448	1.48	1.89	14,925	19,284	14,551	18,971	9,848	10,037	43.0	52.8	29.1	27.9	63.0	74.1
三、农村建筑队	2,497	2,426	5.17	4.53	—	1070	5.17	4.53	25,896	25,390	25,896	25,390	5,006	5,605	123.3	129.8	23.8	28.6	93.1	93.4

宁夏回族自治区1989年—1990年建筑施工企业基本情况(二)

企业类别	年末固定资产(万元) 原值		净值		定额流动资金平均占有额(万元)		利润总额(万元)		工程成本降低额		税后利润(万元)		上缴税金(万元)		工程成本降低率(%)		工程质量优良品率(%) 按单位工程个数计算		按房屋面积计算		产值利润率(%)	
	1989	1990	1989	1990	1989	1990	1989	1990	1989	1990	1989	1990	1989	1990	1989	1990	1989	1990	1989	1990	1989	1990
全省合计	34.347	41,222	25,950	30,234	22,340	31,322	2,420	2.367	639	−802	2,644	2,970	1,693	2,510	1.3	−1.3	9.2	10.9	11.0	12.4	2.9	2.4
一、全民所有制	25,620	30,124	18,982	22,123	16,769	22,687	237	−130	70	−1101	736	885	1,142	1,654	0.2	−2.3	13.3	11.7	14.5	16.2	0.5	0.2
1.中央部直属	—	114	—	106	—	109	—	123	—	9	—	80	—	30	—	1.0	—	25.0	—	36.4	—	11.5
2.地方所属	25,620	30,010	18,982	22,017	16,769	22,578	237	258	70	−1110	736	805	1,142	1,624	0.2	−2.4	12.3	11.2	14.5	15.9	0.5	−0.5
二、城镇集体所有制	3,982	5,503	2,961	4,051	4,069	6,283	265	519	569	299	116	234	425	729	4.7	1.8	4.9	9.8	6.3	7.9	1.8	2.7
三、农村建筑队	4,745	5,595	4,007	4,060	1,502	2,352	,1918	1,978	—	—	1,792	1,851	126	127	—	—	—	—	—	—	7.4	7.8

宁夏回族自治区1989年—1990年施工企业技术装备情况

企业类别	年末自有机械设备台数(台)		年末自有机械设备价值(万元) 原值		净值		年末自有机械设备总功率(千瓦)		技术装备率(元/人)		动力装备率(千瓦/人)	
	1989年	1990年	1989年	1990年	1989年	1990年	1989年	1990年	1989年	1990年	1989年	1990年
全省合计	13,134	15,199	13,023	14,414	8,749	7929	180,000	217,000	1,726	1,795	3.6	4
一、全民所有制	9,445	10,604	10,499	12,053	7,088	8,122	149,000	161,000	1,888	2,093	4	4
1.中央部直属	—	53	—	62	—	56	—	2,000	—	1,867	—	7
2.地方所属	9,445	10,551	10,499	11,991	7,088	8,066	149,000	159,000	1,888	2,095	4	4
二、城镇集体所有制	3,689	4,595	2,524	2,361	1,661	1,607	31,000	56,000	1,255	1,044	2.3	4
三、农村建筑队	—	—	—	—	—	—	—	—	—	—	—	—

宁夏回族自治区1989年—1990年勘察设计单位情况

项目／年度	勘察设计单位个数	私营	年末全部职工人数	工程技术人员	具有高级职称的工程师	具有中级职称的工程师	施工图设计面积(万平方米)	工程测量面积(万平方米)	地质勘察进尺(万米)
1989年	61	3	2737	1642	163	454	88.36	2800	3.9416
1990年	54	—	2520	1573	152	419	102,76	417	4.6326

宁夏回族自治区对外承包和劳务合作

年份	已签订合同的国家、地区数(个)	当年签定合同 合同数(份)	承包	劳务	合同额(万美元)	承包	劳务	完成营业额(万美元)	承包	劳务	年末在国外人数(人)	承包	劳务
1989	—	—	—	—	—	—	—	705.01	700.41	4.60	447	414	33
1990	—	—	—	—	—	—	—	550,35	550.35	—	356	338	18

新疆维吾尔自治区

重要纪事

刘戈青

〔**第二座亚欧大陆桥贯通**〕　随着兰新铁路西段（乌鲁木齐西站——阿拉山口）建成通车，沟通了又一座亚欧大陆桥。1990年9月12日，我国兰新铁路与苏联土西铁路在阿拉山口接轨，从而使这条横跨亚欧的铁路大动脉最终贯通。这座新的亚欧大陆桥以连云港为东部桥头堡，沿陇海——兰新铁路横穿中国，连接了我国苏、鲁、豫、皖、陕、甘、晋、川、宁、青、新11个省区，穿越欧洲国家的许多重要城市和地区，到达荷兰的鹿特丹港。据专家测算，把西太平洋经济圈的货物从连云港经大陆桥运到欧洲各国，比绕道印度洋海运，运费和时间分别节省20%和70%左右；比经西伯利亚大陆桥运输，费用节省三分之一左右。

〔**海峡两岸建筑师首次聚会乌鲁木齐**〕　1990年10月14日下午，来自台湾的建筑师与新疆的建筑师在乌鲁木齐首次聚会。这个由台湾建筑工会组织的20人的丝绸之路参观考察团，是应中国建筑学会的邀请到大陆参观访问的。在访问了桂林、西安、兰州、敦煌之后，考察团于10月11日到达新疆并游览了吐鲁番和乌鲁木齐南山、天池风景区，参观了新疆人民会堂、迎宾馆、伊斯兰教经文学院等近年来落成的富有民族风格和地方特色的新建筑。考察团在这里受到了新疆土木建筑学会的热情接待，并与新疆建筑师欢聚一堂，交流经验，座谈气氛热烈。座谈会结束时，海峡两岸建筑师依依惜别，新疆土木建筑学会负责人向台湾同胞赠送了《新疆建设》大型画册。台湾建筑师对新疆建筑师取得的成就表示高度赞赏。

〔**劳保费用实行行业统筹**〕　自治区人民政府于1989年底批准自治区建设厅、计委、建设银行制定的建筑企业劳保费用行业统筹办法。从而为搞活企业，创造平等竞争条件，改革社会保障制度进行了有益的探索。按照统筹办法规定，建筑企业承建的各类工程，由建设单位按工程造价的3.36%或按施工图预算直接费的4.2%缴纳劳保统筹费用，由劳保费用统筹部门向各建筑企业按期进行拨付，经过一年实践证明，这一办法基本可行，虽然统筹收入与实际需要还有一定差额（相差20%以上），但对稳定施工队伍，保障社会安定起了明显作用。目前自治区各地、州、市都建立了建筑业行业劳保统筹机构，自治区编委还为各级统筹机构专项下达384个编制。

〔**优秀建筑设计评选**〕　1991年初，自治区建设厅组织对近几年新建成的建筑的设计进行了评选。在对送审的69项建筑设计进行公开展出，广泛听取群众和专业设计人员意见的基础上，由专家组成的评委会进行评议和无记名投票，共评选出优秀建筑设计项目一等奖2个，二等奖2个，三等奖11个，表扬奖13个。

〔**优质工程评选**〕　1991年初，自治区计委会同建设厅等部门组成评委会，对各地各系统申报的

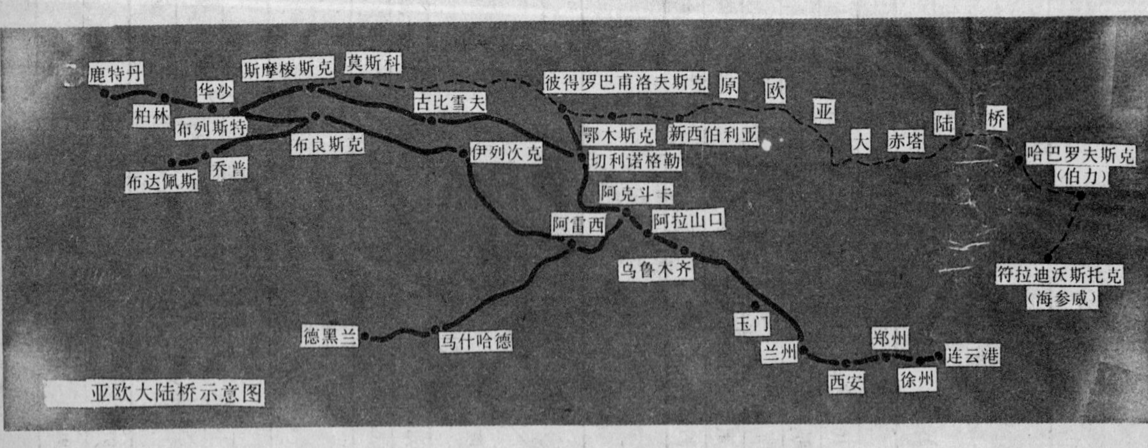

亚欧大陆桥示意图

优质工程进行评选。经评审并经自治区人民政府批准，确定1990年度优质工程13项，其中金质奖1项，银质奖10项，铜质奖2项。

〔**抗震防灾演练**〕 1989年9月15日，由自治区建设厅组织（抗震办主办）在独山子矿区举行抗震防灾演练，这是我国工矿企业首次抗震防灾综合演练。独山子矿区处于北天山阿尔泰——贝加尔地震构造带，属于北天山地震亚带，列为新疆抗震重点设防地段之一。这次演习共进行了13个项目，包括地震监测、抢险救灾、医疗救护、通讯联络、供电供水、消防灭火、瓦斯溢毒等。演习规模宏大，组织严密，取得了圆满的成功。自治区和建设部领导，自治区各部门负责人全国20多个省市的代表近200人观看了演习。这次演练是对抗震技术措施和组织工作的一次实际检验，对进一步完善抗震规定，提高抗震防灾能力起到了积极作用，也为全国工矿区抗震防灾演习积累了经验。

1990年10月14日，又在乌苏县举行了以县城为对象的抗震防灾演习，这次演习举行了群众疏散、震时指挥、地震监测、无线通信、桥梁抢修、有线通讯、治安保卫、医疗救护、供水管抢修、消防灭火、防疫消毒等11个项目。参加演习的共有20多个单位，800多人。

〔**整顿建设市场**〕 为贯彻中央治理整顿和深化改革的精神，1989年元月自治区人民政府批转了自治区建设厅、计委、工商局等七部门“关于整顿建设市场秩序的报告”。各地根据自治区统一部署，建立了整顿建设市场工作机构，积极开展工作，到1990年底，共查处违章违纪违法案件939起，罚款和没收非法所得567万元。查处万元以上大案91起，通过整顿建设市场混乱的局面初步得到扭转。

〔**建筑企业资质复查**〕 自治区建设厅从1989年10月至1990年6月对全疆建筑施工企业进行了清理整顿和资质复查。原有各类建筑企业1231户，保留1117户，占90.7%；撤销64户，占5.2%，撤并50户，占4.1%。保留的1117户建筑企业中，核定一级企业18户，从业人员5.7万人；二级企业32户，从业人员4.7万人；三级企业74户，从业人员4.1万人；四级企业304户，从业人员6.8万人；非等级企业686户，从业人员4.9万人；另外还有工程承包公司2户。全部1117户建筑企业固定从业人员为26.2万人。其中，全民企业368户，从业人员17.2万人；集体企业749户，从业人员8.9万人。与1986年相比，建筑企业总户数减少136户，减少10.6%；从业人员总数减少4.8万人，降低率为15.5%。在全部建筑企业中，三级以上（含三级）建筑企业占11.1%，四级企业占27.4%，非等级企业占61.5%。

〔**设计单位资格复查**〕 1989年10月至1990年8月，自治区计委、建设厅对全区107个丙丁级设计单位进行了五查，即查设计人员素质，查设计管理，查经营思想作风，查财务管理，查设计质量。通过复查取消了12个单位的设计资格，降低了10多个设计单位的资格等级。

〔**新疆土木建筑学会第四届理事会改选**〕 1990年6月底，新疆土木建筑学会召开第四次会员代表大会，选举产生第四届理事会。共选出理事78名，常务理事23名，自治区副主席金云辉任名誉理事长，，季肇祚任理事长，阿不来提·柯士铣、王申正、王小东、罗炳芬任副理事长、严大椿任秘书长。

〔**新疆建设厅与苏联乌孜别克加盟共和国建设部建立合作交流关系**〕 应苏联乌孜别克加盟共和国建设部的邀请，以新疆建设厅副厅长李振生为团长的新疆建筑代表团于1990年6月22日至7月1日对苏联乌孜别克加盟共和国进行考察访问。双方签署了建立合作交流关系的协议书。按照协议，双方将在建筑业、城市建设、国际工程承包和劳务合作等方面进行合作与交流。

〔**制定住宅改革与发展“八五”计划和十年规划**〕 根据中央十三届七中全会精神，自治区建设厅在深入调查研究的基础上，编制了自治区住宅改革与发展“八五”计划和十年规划。规划的指导方针是：以解决城镇居民住房难为重点，住房制度改革与住宅建设并举，新建住宅与改造危房、改造旧城相结合，增加住房数量与提高住房质量、完善使用功能相结合，充分发挥国家、企业、个人的积极性，加快城镇住宅建设和城市建设的步伐，使各族人民居住条件得到明显改善。

重点工程

刘戈青

〔**北疆铁路**〕 北疆铁路早于1955年就开始勘测，1957年曾编制了施工设计并部分交付施工，1961年停工。1984年北疆铁路一期工程乌鲁木齐西站至乌苏段恢复勘测设计，1985年5月1日复工建设。由铁道部和新疆维吾尔自治区联合兴建。该段铁路全长236公里，为Ⅰ级铁路干线，计划投资3.5亿元。1986年9月27日铺轨到石河子站，1987年9月6日铺轨到乌苏站。北疆铁路二期工程乌苏到阿拉山口段1988年开工兴建，正线全长224公里，为Ⅱ级铁路（线路工程为Ⅰ级），计划投资5.15亿元。1990年9月1日建成通车。正在新疆视察工作的中共中央总书记江泽民为乌鲁木齐西站开往阿拉山口的第一趟列车剪彩。至此，经过近万名建设者5年多的艰苦奋战，全长460公里的北疆铁路全线贯通。北疆铁路全线建设完成的主要工程量为：路基土石方1192万立方米；桥涵1191座，19065米；铺轨553.84公里；电站两座，供电线路483公里；信号站21个，车站35个，各类房屋30万平方米。北疆铁路由铁道部第一勘测设计院勘测设计。先后参加铁路建设施工的有：新疆生产建设兵团工一师、铁道部第十五工程局、第一工程局、乌鲁木齐铁路局及沿线有关单位和驻军指战员。

建设中的阿拉山口火车站　　王卫军　摄

〔泽普石化三项工程〕　泽普石油化工总厂炼油、化肥、液化气三项工程1986年5月破土动工，到1989年5月1日全面建成，1990年通过国家验收。泽普石化投产后，每年可生产11万吨尿素、6万吨合成氨、15万吨炼油、1万吨液化气。泽普石化总投资5亿元，厂区占地8.9平方公里，各类建筑20多万平方米。泽普石化厂由化工部第七化工建设公司和新疆生产建设兵团工一师三团施工。

泽普石化厂一角　　于举华　摄

〔新疆玛纳斯电厂〕　玛纳斯电厂是国家“七五”重点建设项目之一，为新疆第二电源。规划总装机容量120万千瓦。一期工程为4台10万千瓦的凝汽汽轮发电机，总投资57488万元。1987年5月开工，1989年一号、二号机组投产，1990年底三号机组投产，累计完成投资40552万元。该厂施工、安装质量和建设速度均达到国内先进水平，高180米钢筋混凝土烟囱，采用无井架电动爬升倒模施工工艺、获1988年北京首届国际发明展铜牌奖，自治区第三届发明展金奖，1990年建设部新技术成果奖。电厂水冷却系统设计采用直流冷却方案，即利用邻近的玛纳斯车大渠水经沉淀滤砂后直接引入凝汽汽轮机作冷却水，节省了冷却水机械循环所需耗费的大量电力，属全国火力发电厂中的首例。玛纳斯电厂由西北电力设计院设计，新疆电力安装公司承担安装，新疆自治区第三建筑公司承担土建工程，兵团工一师五团承建水工建筑和铁路专用线。

玛纳斯电厂　　范浩　摄

〔**乌鲁木齐石化总厂聚酯工程**〕　聚酯工程计划总投资14亿元，由中国石油化工总公司和新疆维吾尔自治区联合投资兴建。包括年产5.5万吨二甲苯、7.5万吨苯二甲酸、4.2万吨聚酯、1.5万吨涤纶短纤维、0.5万吨涤纶长丝的5套装置和1个电厂。聚酯工程1990年9月7日破土动工，整个工程分两期进行，目前第一期工程正在紧张建设中。聚酯工程由化工部第七化工建设公司、第十一化工建设公司承担安装，由自治区第三、第四、第五建筑公司、兵团工一师五团等单位承担土建施工。

〔**大山口水电站**〕　位于新疆巴音郭楞蒙古自治州和静县境内的开都河上游。装机容量4×2万千瓦，总投资20661万元。水电站大坝采用混凝土重力拱坝，设计高度72米，混凝土总浇筑量为22.6万立方米。1985年开工建设，到1990年底已累计完成投资16965万元。该工程由自治区水电设计院设计，武警交通五支队和新疆生产建设兵团农二师工二团施工。

〔**新疆水泥厂扩建四号窑工程**〕　该工程位于乌鲁木齐市南郊，总投资24432万元，其中国家补助20000万元。除建设生产能力为70万吨的4号窑外，还有32万吨级页岩矿和6万吨级石膏矿等。生产设备分别从美国、联邦德国、瑞士引进，扩建工程完成后可增加70万吨高标号水泥的生产能力。1989年11月开工，预计1991年土建收尾，设备安装调试。该工程由天津水泥工业设计院设计，土建由自治区第一、第二建筑公司和冶金建设公司承担，安装由冶金部和二冶建公司、机电部安装公司、国家建材局中国建材总公司邯郸分公司承担。

〔**克孜尔水库**〕　位于新疆阿克苏地区拜城县，是渭干河流域的控制性水利工程。设计库容6.4亿立方米，调洪库容3.2亿立方米，发电装机2.6万千瓦。计划总投资29100万元。1984年动工兴建，1990年2月水库大坝截流成功，到1990年底已完成投资22680万元。克孜尔水库由新疆水利水电设计院设计，新疆水利厅工程二处、兵团工一师三团、陕西水电工程局施工。

〔**国道北屯——大黄山段改建工程**〕　国道216线改建工程1989年开始，总投资32179万元，到1990年底完成投资15549万元。该段公路全长490公里，其中二级公路94公里，三级公路396公里。自治区公路设计院设计，自治区路桥公司、武警交通四支队施工。

〔**乌鲁木齐马市小区旧城改造**〕　位于乌鲁木齐市中心，房屋密度大，破旧不堪，少数民族集中。1987年，乌鲁木齐市政府决定对马市小区进行改造，并由乌鲁木齐市房地产开发公司以综合开发方式进行改造。1988年正式开工，计划分五期逐步改造完。规划小区占地20.94公顷，总户数4237户，人口1.7万人，建筑面积27.8万平方米。其中住宅21.8万平方米，公共建筑6万平方米，各类建筑58幢，总投资2亿元。1990年一期工程完工，已建成各类房屋4万平方米。

〔**新疆县镇供水一期工程**〕　新疆县镇供水工程从1984年开始，到1990年基本完成一期工程，各县县城陆续建成了水源地、水厂、输水管网，自来水可通到千家万户，结束了县镇居民世代饮用沟渠水、涝坝水、土井水的历史。截止1990年底，全区共投资6137万元，其中中央补助920万元，自治区投资2585万元，少数民族地区发展资金650万元，城市维护建设资金1981万元。全疆69个县城供水工程基本建成投产使用。形成日供水能力 19.76 万吨，用水人口 93 万人，供水普及率 69%，全区县镇供水管道总长 1243 公里。

自治区优秀建筑设计获奖项目表

获奖项目	项目名称	设计单位	获奖专业负责人					备注
			主持人	建筑	结构	设备	电气	
一等	新疆建筑勘察设计院业务楼	新疆建筑勘察设计院	孙秀山	罗传浩	潘士人	—	梁秀英	—
	乌鲁木齐友好商场	新疆建筑勘察设计院	王子康	王子康	王祖荣	程菽华	梁秀英	李新洲
二等	新疆财经学院综合教学楼	新疆煤矿设计院	韩宝鑫	朱艳芳	张 波	童膺路	古 力	—
	准东石油基地采油厂寄宿小学	新疆建筑勘察设计院	余立明	胡 竣	—	钱云木	李玉成	—
三等	伊犁地区友谊宾馆	伊犁州建筑勘察设计院	王金成	徐学毅	梁 涛	李永革	鲁定明	—
	库尔勒市人民商场营业楼	新疆城乡规划设计院	齐云江	葛康继	李俊杰	—	—	马永莉、徐奇志
	乌鲁木齐儿童福利院	乌鲁木齐市建筑设计院	段建军	段建军	克依木	田继伟	包光黎	—
	伊犁州邮政枢纽楼	伊犁州建筑勘察设计院	王金成	张 健	张新柱	刘 鹏	鲁定明	—
	库尔勒供销社综合楼	新疆军区后勤营房设计院	马存良	邢贵阳	刘志芳	—	马瑞林	—
	自治区公安厅计算中心大楼	新疆军区后勤营房设计院	李荣治	徐希英	夏宗金	梁子瑞	马瑞林	—
	乌鲁木齐长途通讯枢纽楼	新疆建筑勘察设计院	王仁尧	王仁尧	茅晓峰	光国华	史美龙	—
	英吉沙县商场	喀什地区建筑勘察设计院	李立新	艾尔肯	马塔尔	—	—	—
	塔城地区运输公司综合楼	昌吉州建筑勘察设计院	诸国京	张劲松	陆 凌	杨德林	—	—
	石河子市妇幼保健站	兵团设计院建筑分院	王家生	吕学文	王郁荣	梁维萍	—	—
	石河子市实验幼儿园	石河子市建筑规划设计院	李鸿保	冯 辉	鲁开新	王 宇	—	—

自治区优质工程获奖项目表

获奖等级	项目名称	获奖单位
金质奖	阿克苏西大桥电站工程	兵团工一师三团、新疆水利水电勘察设计院、阿克苏西大桥电站工程指挥部
银质奖	石河子八一棉纺厂第二纺织厂	石河子市建筑公司、航空航天工业部第四规划设计研究院、石河子八一棉纺厂
	八一钢铁厂42孔焦炉主体工程	新疆冶金建设公司、冶金部第二冶金建设公司
	克拉玛依油田八区110kV输变电工程	新疆水力发电设备安装公司、新疆水利水电勘察设计院，新疆石油局克拉玛依电厂
	玛纳斯电厂1号冷却塔	兵团工一师五团
	乌苏县四棵树平硐	乌鲁木齐矿务局六道湾煤矿劳动服务公司，新疆煤矿设计院、四棵树平硐建设指挥部
	石河子市政府办公大楼	石河子建筑安装公司
	奎屯市团结南路道路	兵团工一师六团
	奎屯棉麻化肥中转储备库——铁路专用线	铁道部第一勘测设计院乌鲁木齐工程承包公司，铁道部第十五工程局六处
	兵团农一师医院门诊楼	兵团农一师工程团
	克拉玛依油田九区2号供热站	新疆石油管理局油田建设公司、中国石油天然气总公司新疆设计院、新疆石油管理局重油公司
铜质奖	奎屯铬矿中转站一级铁路专用线	铁道部第一勘测设计院乌鲁木齐工程承包公司、铁道部十五工程局六处
	伊犁地区水电勘测设计院办公楼	兵团农四师第二建筑公司

新疆1989年～1990年建筑施工企业基本情况(一)

企业类别	企业个数(个)		年末全部职工人数(人)				全部职工平均人数(人)		建筑业总产值(万元)				全员劳动生产率(按施工产值计算)(元)(扣后)		房屋竣工面积(平方米)		人均房屋竣工面积(平方米)		房屋竣工率(%)	
					工程技术人员						施工产值									
	1989年	1990年	1989年	1990年	1989年	1990年	1989年	1990年	1989年	1990年	1989年	1990年	1989年	1990年	1989年	1990年	1989年	1990年	1989年	1990年
全区合计	391	424	233463	255967	—	—	260692	279879	252686.5	303133.8	239151.0	291108.4	9173	10401	4696714	4966724	18	17.7	55.4	57.9
一、全民所有制	181	195	171487	186535	—	—	192823	204010	188287.2	224597.1	177042.9	9215337.8	9181	10555	2922857	3042094	15.1	14.9	50.8	53.6
1.中央部直属及专业厅局系统	39	55	28247	42787	—	—	33096	46271	48981	75968.8	47763.5	73112.8	15653	18285	419747	335751	12.6	7.2	57.4	58.6
2.建设系统及地方所属(含兵因)	142	140	143240	143748	—	—	159727	157739	139306.2	148628.3	129279.4	142225.0	9350	10751	2503110	2706343	15.7	17.2	49.8	53.1
二、城镇集体所有制	210	229	61976	69432	—	—	67869	75869	64399.3	78536.7	62108.1	75770.6	10588	10868	1773857	1924630	26.1	25.3	65.0	66.2

注：①工程技术人员未统计

②城镇集体所有制与农村建筑队合并统计

新疆1989年～1990年建筑施工企业基本情况(二)

企业类别	年末固定资产(万元)				定额流动资金平均占用额(万元)		利润总额(万元)				税后利润(万元)		上缴税金(万元)		工程成本降低率(%)		工程质量优良品率(%)				产值利润率(%)	
	原值		净值						工程成本降低额								按单位工程个数计算		按房屋面积计算			
	1989年	1990年	1989年	1990年	1989年	1990年	1989年	1990年	1989年	1990年	1989年	1990年	1989年	1990年	1989年	1990年	1989年	1990年	1989年	1990年	1989年	1990年
全区合计	126304.0	172511.9	68274.4	122345.3	91473.2	106033.4	641.5	-5787.3	-1663.8	-14479.00	-1921.00	—	6453.4	7670.7	-0.1	-0.5	9.6	12.1	8.1	12.6	0.2	-1.9
一、全民所有制	109505.9	148127.5	55867.7	104652.3	81841.9	93537.2	-692.00	-7766.9	-2696.5	-16081.5	-2560.00	—	4397.6	4892.4	-1.7	-0.8	12.9	14.00	8.0	14.4	-0.3	-3.4
1.中央部直属及专业厅局系统	33429.7	64850.4	25162.8	49365.00	14430.4	23285.7	998.00	562.6	219.5	324.5	131.00	—	900.8	975.0	0.01	0.01	38.6	35.1	8.8	25.7	2.0	0.7
2.建设部系统及地方所属(含兵团)	76076.2	83277.1	30704.9	55287.3	67411.5	70251.5	-1690.1	-8329.5	-2916.0	-16406.0	-2691.0	—	3496.8	3917.4	-2.5	-13.3	6.7	8.4	7.9	13.0	-1.2	-5.6
二、城镇集体所有制	16798.1	24384.4	12406.7	17693.0	9631.3	12496.2	1333.5	1979.6	1032.7	1602.5	639.0	—	2055.8	2778.3	2.1	2.2	5.6	9.0	8.4	9.8	2.1	2.5

注：①1990年税后利润未统计②城镇集体所有制与农村建筑队合并统计

新疆 1989 年—1990 年施工企业技术装备情况

单位 \ 项目 / 年度	年末自有机械设备台数(台)		年末自有机械设备价值(万元) 原值		净值		年末自有机械设备总功率(千瓦)		技术装备率全员(元／人)		动力装备率全员(千瓦／人)	
	1989 年	1990 年	1989 年	1990 年	1989 年	1990 年	1989 年	1990 年	1989 年	1990 年	1989 年	1990 年
全区合计	29057	46281	64533.5	85820.4	44256.2	57232.7	845536	1162602	1895	2235	3.6	4.5
一、全民所有制	23208	36589	52407.1	71016.7	34952.5	46501.2	670438	921796	2038	2492	3.9	4.9
1.中央部直属及专业厅局系统	4581	13515	18343.1	34249.2	14108.7	24608.6	207549	426060	4995	5751	7.3	9.9
2.建设系统及地方所属(含兵团)	18627	23074	34064.0	36767.5	20843.8	21892.6	462889	495736	1454	1523	3.2	3.4
二、集体所有制	5849	9692	12126.4	14803.7	9303.7	10731.5	175098	240806	1501	1546	2.6	3.5

注：城镇集体所有制与农村建筑队合并统计

1989 年—1990 年勘察设计单位情况

年度 \ 项目	勘察设计单位个数	集体	年末全部职工人数	工程技术人员	具有高级职称的工程师	具有中级职称的工程师	施工图设计面积(万平方米)	工程测量面积(万平方米)	地质勘察量尺(万米)
1989 年	116	5	7194	4259	627	1194	31.2	2916.59	36.79
1990 年	109	3	6853	3973	605	1123	72.6	18715889	57.47

注：1989 年持证设计单位 122 个，其中甲级 5 个，乙级 29 个，丙级 52 个，丁级 36 个，实际报表单位 116 个，缺报单位 6 个。

1990 年持证设计单位 122 个，经资质复查，清理整顿，吊销证书单位 8 个，合并 1 个，1990 年应报年报单位 113 个，其中甲级 5 个，乙级 29 个，丙级 47 个，丁级 32 个，实报单位 109 个，缺报单位 4 个。

新疆维吾尔自治区对外工程承包和劳务合作

年份	已签订合同的国家、地区数(个)	当年签定合同 合同数(份)			合同额(万美元)			完成营业额(万美元)			年末在国外人数(人)		
		合同数	承包	劳务	合同额	承包	劳务	完成营业额	承包	劳务	年末在国外人数	承包	劳务
1989 年	2(苏联加拿大)	3	2	1	219.15	218.55	0.6	57	57	—	—	—	—
1990 年	1(苏联)	7	3	4	803.92	697.03	106.89	359.55	358.95	0.6	270	269	1

附　载

香港建筑纪略

李文玉

〔**调整中的香港建筑市场**〕　香港建筑市场1988年的直线上升，预示着调整期的临近。香港最大的金融企业汇丰银行1988年3月底向地产业及有关行业的贷款已占贷款总额的30%，住宅抵押贷款由1985年的15%升至19%，抵押贷款利率由年初6.5厘升至年底11.25厘。年底各类楼价已比4年前升高130～150%，租金升高100～120%，超过1981年的历史最高水平。在新住宅群的出售中，投机购买占50%以上，正在建造中的公寓经常在未竣工前已转手买卖多次。对于每月收入15000港元的人家，居住600平方英尺（合55平方米）中等住宅，房租支付要占月薪的60%以上。不断上升的楼价和利率，大大削弱了用户和炒家的买房兴趣，楼价与购买力脱节，使房地产市场出现下调的趋势。

据有关资料统计，香港1989年建成投入市场的写字楼、私人住宅、商业大厦和分层工业大厦分别为26.9万平方米、370万平方米、19.7万平方米和86.4万平方米，合计503万平方米。其中写字楼、私人住宅比1988年增长9%和5%，商业大厦和分层工业大厦比1988年下降17%和22%。但各类楼宇1989年底空置率均比1988年底增加，分别为110%、50%、4%和18%。上半年各类楼价出现10%升幅，6月后买卖双方均持观望态度，楼价一般下跌1～3成不等，其中中小型楼房价格平均下跌20～30%，房地产市场提前进入调整期，7月底又开始回升。作为建筑市场兴衰重要标志的投资方面回升较快，7月下旬港府拍卖一块地皮，比人们估计的售价下跌了40—46%，而年终拍卖三块地时，房地产商踊跃竞

香港屯门市街场

购，均以高开价成交，其中一块10.65亿港元，高于开价77.5%。

1990年房地产市场继续调整，除中小型住宅楼宇需求稳定，供应充足，价格平均上升约20%外，其它楼宇供过于求，尤其是写字楼空置率上升，平均租金下跌14%，工业楼宇及货仓向下调整，租售价也出现10%的跌幅。1990年1至11月，各类房地产交易335620宗，总成交额2963.94亿港元，前者比上年同期增加4.6%，但总成交额减少6.3%。全年香港政府售地36块，收益29.26亿港元，这同1989年售地10块，收益高达85亿元相比，大为减少。建筑市场下半年已有迹象出现复苏，通货膨胀率6月份已下降为9%，比前两月的9.3%和9.4%。已出现回稳，7月份掀起融资热，仅三项大的融资即32亿港元。但后来海湾局势的变化，延缓了香港建筑市场的复苏。

〔基础设施建设使建筑业具有长远发展潜力〕 香港拥有世界第一流的基础设施，港口码头、机场、铁路、公路的运载能力均居世界前列。1989年9月又建成东区海底隧道，全长2300米，连接九龙的观塘和港岛的鲗鱼涌，是世界上最长的沉管式隧道。1989年7月动工兴建耗资13.6亿港元的亚洲货柜大厦扩建工程，建成后可提供29.9万平方米的出租面积，预期1992年底完工。正在建设的有耗资105亿港元的第七号码头及一个货物集散中心；启德机场增加停机位及改善地面供应系统；耗资75亿港元的第二条过海铁路；西北九龙污水处理设施；西区海底隧道，等等。1990香港政府预算案公营部门综合开支中，基础建设占152亿港元，房屋占135亿港元。

1989年10月，香港政府施政报告拟议中的新机场建设，耗资350亿港元，建成后年旅客量可达8000万人次，比现机场高出3倍多。为配合机场建设，还将兴建一条高速铁路系统和一条六车道的公路以及连接大屿山、青衣岛、九龙和香港的桥梁和海底隧道。动用500亿港元建设包括八号、九号货柜码头在内的海港新设施，建成后港口的吞吐量将比现在增加5倍。筹划耗资80—100亿港元兴建三号干线公路，这条连接边境落马州和港岛的公路干线将通过西区海底隧道与北部的道路网接驳，成为香港运输网络的大动脉。同时，计划投资110亿港元，在西九龙湾、红湾、中环湾仔、青州四个地方进行庞大的填海工程，预期提供500公顷土地，以缓解商业用地的供求矛盾。

香港政府计划兴建8个市镇，已动用260亿港元，还需动用420亿港元。据测算香港现有590多万人口、160万个家庭，只有半数家庭自有住宅。总起来看，香港建筑业具有长远发展潜力。

〔香港房地产的国际化促进了建筑地产业发展〕 在香港地产业的投资回报率达10%～12%（日本只2.3%，美国也只5%～6%），高于存款利率，而风险则小于金融资产的投资，因此吸引海外投资者争相投资香港地产业。特别是1984年后，澳大利亚、东南亚、日本、台湾等地资金大量涌入香港。近几年海外投资者参与交易的地产业的金额计已占到总额的4成以上，1987年香港地产市场的外资投资额为：日资50亿港元，台资10亿港元，澳大利亚和新西兰资金20亿港元，中资10亿港元。1989年日资在香港购地增到112亿港元，占香港当年购地总额（150亿港元）的74.6%，1988年台资集团在香港投资地产业为30亿港元，到1990年上半年，台资在香港地产业的投资总额已超过150亿港元，大有超过长期居首位的日资的趋势。中资机构在香港的活动日益向纵深发展，触及行业越来越广，总投资额到1989年下半年已达780亿港元，在货仓、酒店及住宅物业等方面非常活跃，其中有中信集团参与蓝田地铁站发展，华润集团参与大老山隧道工程、出售忠信宾馆及背后一地盘，三湘公司出资5.7亿元购九龙湾货仓，其它公司也多参与蓝田住宅区建设、东区海底隧道的兴建等。1990年香港中资建筑业合同额和营业额分别为44亿港元和33亿港元。在香港数千家建筑企业中，持有C牌可参与巨额工程投标的公司共58家，其中中资企业占8家。我国较早进入香港承包工程的中国建筑工程总公司及其所属“中国海外建筑工程有限公司”，累计营业额已达90亿港元，1990年总产值27亿港元，年营业额超过18亿港元。这家公司在香港11年来填海造地650万平方米，相当于港岛面积的1／13，建成和在建的各种住宅村、商业中心、别墅区等，为1／35的香港人提供了住房和服务，工程质量也颇受称赞。此外，业绩突出的还有振华工程有限公司，在香港8年，累计营业额20亿港元，1990年新签合同7.92亿港元，营业额4.3亿港元。

随着香港经济国际化日益加深，香港本地地产集团纷纷向海外发展，走上国际化道路。1987年至1988年香港上市公司进行海外投资的国际化行动约有10宗，涉及资金约185亿港元，其中亿元以上的15宗，不少是地产交易。如新世界酒店发展公司收购温哥华假日酒店；卫利行购入澳大利亚南太平洋集团等。1989年仅1～4月份，就有10宗国际化行动，新世界系投资6～8亿港元收购菲律宾2家酒店，世纪城市集团的富豪以4亿港元购美国最大独立酒店管理公司AIRCOA等。1989年香港共有43家上市公司迁册海外，其中地产建筑公司14家。

〔**建筑业劳工短缺，当局实行“弹性”输入劳工政策**〕 香港经济的发展、经济结构的调整和移民潮，造成劳工短缺并日趋严重。香港的失业率1985年上半年为4%～5%，1987年1月为1.3%，1989年首季为1.39%、就业率不足为0.8%。到1988年底，各行业职务空缺估计为13万人（九工商团体调查报告为20万人），1990年当局估计空缺14万以上，总劳动力约缺5%。劳工成本上升，1988年成本上升超过两成，达到22%，其中建筑业增长43%，1990年公营单位职工工资上调15%，私营公司职工工资上调17%；经济增长率因受劳工市场紧缺影响而相应下调。建筑公司也深受影响，建筑工程项目由于劳工紧缺而受拖延的项目由1986年的8%增长到1988年的37.5%。一些主要建设工程如机场、货柜码头等也受到影响。面对劳动力严重短缺给社会带来的一连串不良影响，过去香港当局只单纯强调从市场调节、工业转型或工序北移来解决，但于事无补。1989年4月4日当局放宽了招收外地熟练工人的规定，决定实行“弹性”输入劳工的政策，即放入部分劳工以解燃眉之急，“弹性”处理，可放可收，主动权掌握在政府手中。其次，只对技工开放，不批准大量的非技术工人进入，并着手研究多个行业的缺员情况，也难以为计。1989年8月3日宣布批准2323名外地技术劳工入港，其中从事建筑业的846名，占36.4%；1990年11月又批准1.2万名劳工入境。仍不能满足实际需求，预计不少行业将会发生困难，其中以建筑业为最。香港近几年各类楼宇及公共土木工程发展蓬勃，对劳工需求一直十分殷切，而1990年代将建设新机场、西部港口、庞大的公路铁路网以及城市重建等多项计划，建筑劳工需求至少需增添万名以上，再加上私人地产物业随之兴旺，建筑劳工短缺、工资增幅的情况将难以避免。

澳门建筑纪略

程应鎧

澳门建筑地产业在1986年复苏后，持续兴旺，1989年进入旺期，楼宇落成及成交均创历史最高纪录，是历史上最兴旺的一年（见附表）。1989年各类楼宇落成总面积达115.8万平方米，较1988年增长41.8%，各种楼宇成交总值21.78亿元（澳门元，以下同），较1988年增长27.6%，其中住宅楼宇的落成面积达82.19万平方米，成交总值达11.3亿元，分别比1988年增长65%和13.8%。

进入1990年由于炒卖活动增加，楼价趋升。据有关资料，1989年澳门普通住宅楼宇的成交价每平方米约3500至4000澳元，比香港住宅楼宇成交价约低四分之一左右，因而吸引部分港、台地产商到澳门炒卖楼宇，造成房地产市场的价格波动，房地产发展商出售的楼宇多为转手者购入，并非实际使用者所有，致使落成楼宇价格上扬，空置率高，影响地产物业稳定，落成楼宇面积随之减少。据澳门当局统计资料，1990年上半年落成楼宇面积为56.5万平方米，比1989年同期减9%，在楼宇成交方面，上半年成交总额为10.51亿元，比1989年同期减少0.2%。居民对住宅楼宇的需求，旅游服务业的兴旺，本地及外来商业机构对商业楼宇的潜在需求，特别是多项大型基础设施建设的开发，均为建筑地产业回升和发展提供了条件。1990年，澳门当局财政预算拨款10亿元用作公共投资发展经费，包括码头、机场、隧道、大桥、道路以及学校、文化娱乐设施等，加上香港楼市上升的刺激和外资的进入，使得澳门建筑地产业具有不可忽视的发展潜力。不过发展速度因受整体经济影响，将保持平稳和渐进式的格局。

澳门旅游博彩业持续旺盛，是带动建筑地产业发展的重要条件，1990年有17家酒店申请兴建，这些酒店包括豪华的渡假中心、五星级酒店及高尔夫球场。另一方面，澳门工业尚处于低技术阶段，生产资财可转移性强，投资风险小，而在出口市场优惠税率以及土地和工资方面有独特优惠条件，对外来投资有较强吸引力，近两年来台资、葡资、港资在澳工业投入明显增多。澳门当局经过10年的酝酿，终于在1989年全面开展多项大型基础工程建设。这些大型项目的如期建成将大大加强澳门经济的吸引和辐射能力，进一步带动建筑地产业兴旺。拟议中的大型工程项目有：

柏惠花园高级公寓

澳门警官宿舍

〔澳门国际机场〕　澳门国际机场的构思，早于1981年提出，1989年1月由澳门当局、中联实业有限公司及澳门娱乐有限公司共同组成澳门国际机场专营公司，着手投资兴建。1989年9月正式动工，预期在1993年底完成。

〔九澳深水港码头〕　此货柜码头，位于路环岛之最东面，投资额达4亿元，占地约8公顷，由澳门娱乐有限公司、华光航运有限公司、澳门当局及中资共同发展。一期工程耗资1.5亿元，于1989年1月动工，1990年9月局部开始使用，第一期工程将于1991年完成，届时将建成一个40米长的货柜码头及面积为4公顷的货柜存放库，有利于拓展货物进出口能力。

〔第二条澳凼大桥〕　位于旧桥东面，全长4700米，耗资3.7亿元，连接澳门新口岸及凼仔北安填海区，疏导来往新货柜码头的重型车辆。大桥采用吊桥形式，用钢索吊塔加高桥面，桥面离平均水面30米高。在大桥中段使用的桩柱有两种，中段为圆形桩柱，直径1.25米，桥面旁为方形，桩柱规格为60×60厘米。大桥桩柱、钢索及其他组成部分正在地盘以外地方剩造，1990年开工，预计1991年7月完成打桩工程，整个工程将于1992年下半年完成。

〔新客运码头〕　新码头位于目前新口岸港澳码头200米处，主体建筑物面积为6.5万平方米，有两个互相垂直的码头，分别长200米和300米，可供12艘快船及其他大船停泊，每年可运送来往港澳旅客3000万人次；最繁忙时每小时可运送进出境旅客3600人次。工程造价2亿多元，于1989年7月开工，9月开始建上盖，预计整个工程在1991年底落成启用。

〔路凼工业村〕　位于凼仔及路环岛之间，由中资、葡资、机场专营公司及澳门旅游娱乐有限公司组成联营公司共同发展，投资10亿元，填海造地330公顷，兴建一个工业卫星城。联营公司于1989年7月正式成立，工程业已开展。工业村建成后，将提供工业、商业及住宅楼宇，以及文化、娱乐、医疗卫生等配套设施，可容纳40万人。这些工程估计需耗资近百亿元。工业村的建设，可吸引台资、港资以及外资到澳门设厂投资，将使澳门进一步突破畸重纺织及成衣工业的局限，进入多元化的工业生产模式。

〔松山隧道工程〕　投资2500万元，1989年初动工，于1989年下半年建成，并作临时使用，正加紧进行有关防渗工程。

〔加思栏行车天桥〕　加思栏双线行车天桥为澳门首座行车天桥，建筑费用1300多万元，全长300多米，主桥长234米，引桥长78米，桥宽8米，最高点18.25米。该桥1990年动工，至9月整项工程难度最大的基础工程，包括地下水道、电缆、电话线搬迁、沉箱工程等均已完成并开始地面工程，于1990年底完工交付使用。

〔鸭涌河郊野公园〕　由澳门市政厅耗资1000多万元兴建的鸭涌河郊野公园，于1990年7月建成开幕。公园占地7公顷，园内设有长廊、人工湖、温室、文化中心、儿童游乐场，是澳门最大的市民康乐活动场地。

随着澳门多项巨额投资的大型建设工程的建成和投入使用，澳门的基础设施及投资环境将有改善，必将加强澳门居民及外来投资者的信心，对活跃澳门经济，吸引外资，带动建筑地产业发展会起到积极作用。

落成楼宇面积、单位及成交统计表

年　份	落成楼宇总面积(m^2)	落成楼宇单位(个)	成交总值(千元)	成交单位(个)
1985	401317	4231	576947	4282
1986	669344	5369	944320	5671
1987	659893	7338	1137401	6466
1988	816863	10954	1706540	7434
1989	1158214	16703	2178506	7952

注：资料摘自澳门政府统计暨普查司1989年12月统计月刊。

台湾省建筑纪略

张钦楠

1989～1990年台湾省建筑发展纪略，见附图。

1. 台中市“家天下”住宅工程

设计：刘峻彰建筑师事务所等

施工：安厚营造股份有限公司

基地面积：$12880m^2$

建筑总面积：$34508m^2$

建筑类型　（1）二层别墅住宅

　　　　　（2）八层店铺、集合住宅

完工日期　1988年12月

2. 台北市凯悦大饭店

设计：沈祖海建筑事务所、美国林同棪国际工程顾问公司等联合设计

施工：华熊营造

基地面积：80，$720m^2$

建筑总面积：110，$000m^2$

建筑层数：26层

完工日期：1989年10月

3. 板桥市电信训练及电信局综合大楼

设计：罗兴华、曹祖明建筑师事务所等

施工：信助营造工程股份有限公司

基地面积：$5182.50m^2$

建筑总面积：$19867.93m^2$

完工日期：1989年12月

4. 吴山乡图书馆

设计：黄建兴建筑师事务所

施工：全德营造有限公司

基地面积：$2160m^2$

建筑总面积：$728.2m^2$

建筑层数：地下一层，地上一层

完工日期：1980年5月

中国建筑年鉴

5

村镇建设

村镇建设的发展与成就

杨　鲁　豫

〔“七五”期间村镇建设的发展〕　这一时期，全国用于村镇建设的总投资达3957亿元，其中用于住宅建设的投资为2861亿元。全国村镇新建农民住宅31.38亿平方米，有3973万户农民迁入新居，占全国总农户的17.58%；全国村镇新建公共建筑和生产建筑7.24亿平方米。农村住宅建设基本保持了“六五”时期的速度和规模，公共和生产建筑比“六五”时期增长45%。同时，建设质量有了明显的提高。1990年砖木结构和混合结构的房屋已占当年新建住房面积的92.8%，新建楼房已占当年新建住房面积的40.9%。1989年、1990年及“七五”期间全国村镇建房情况见表一，村镇建设投资及建筑材料投入情况见表二。

1989、1990年及“七·五”期间全国村镇建房情况　　表1

年　度	本年建房户		本年住宅建筑面积		人均住宅建筑面积(平方米)	本年公共建筑面积		本年生产建筑面积	
	户　数(万户)	占总户数的　%	总　计(万平方米)	其中楼房(%)		总　计(万平方米)	其中混合结构(%)	总　计(万平方米)	其中混合结构(%)
1989	659.52	3.02	52,752.80	37.44	19.59	5,447.50	73.05	5,127.05	71.17
1990	687.26	3.04	58,243.66	40.85	20.19	7,181.75	74.44	5,451.19	70.53
“七·五”合计	3973.1	17.58	313,883.48	34.25	20.19	36,475.06	68.21	35,885.03	69.44

1989、1990年及“七·五”期间全国村镇建设投资及建筑材料投入情况　　表2

年　度	建设投资(万元)		钢　材(万吨)	木　材(万立方米)	水　泥(万吨)	玻　璃(万标箱)
	总　额	其中住宅建设				
1989	7,885,232	5,909,841.26	322.91	1,447.02	2,508.22	585.49
1990	9,392,454.53	6,813,081.70	407.68	1,729.76	3,335.13	702.04
“七五”合计	39,570,818	28,610,059	1,697.27	9,506.59	13,681.53	3,405.64

〔1981-1990年村镇建设的成就〕　十年来，全国农村投入住宅建设的资金达4034亿元，新建住宅63.9亿平方米，相当于前30年建房总量的2倍，平均每年建房量超过6亿平方米。全国约有8600万户农民迁入新居，占全国总农户的41%。农民人均住房建筑面积由1980年的11。6平方米，增加到20.2平方米。

1981——1990年，新建公共建筑6.53亿平方米、生产建筑6.78亿平方米，年均建设量超过1980年前的一倍以上。

到1990年已建成乡村道路285万多公里，其中铺装路面89.9万公里，占乡村道路总长的31.5%；已有2.48万个集镇、37万个村庄用上了自来水，各占集镇和村庄总数的49.3%和9.9%，自来水受益人口已达2.15亿人，占村镇总人口的23.3%；已有4.58万个集镇、254万个村庄通了电，各占全国总数的91%和67%。

到1990年底，全国集镇（含县城以下建制镇）已发展到50，278个，仅建制镇就由1980年的2000多个发展到10，126个，初步形成了农村的经济、商品加工、服务、文化、教育和科技中心。

集镇的发展，为从农业中分离出来的农民从事工商业和服务业创造了条件，促进乡镇企业和农村商品经济蓬勃发展。到1990年，全国乡镇企业已发展到1800多万家，容纳农村劳动力近1亿人，总产值达9500亿元，其中工业产值7000亿元，约占全国工业总产值的30%。全国农村新建集贸市场6万多个，每年交易额达1200多亿元。

〔加强村镇建设基础管理工作〕　1989年6月24日，中国科协、建设部联合颁发了《村镇建设技术人员职称评定和晋升试行通则》，规定：村镇建设技术人员的技术职称定为：村镇建设助理技术员、技术员、助理工程师、工程师。凡在村镇建设工作岗位上，从事村镇规划、设计、施工、科研、勘测和管理等方面工作的技术人员，均可通过考核评定和晋升村镇建设技术人员技术职称。这个文件的颁发执行有利于逐步建立起一支稳定的村镇建设技术队伍。

1989年9月29日，建设部、财政部、国家物价局联合发出（89）建村字第455号文《关于整顿村镇规划建设管理收费的通知》，通知对全国村镇规划建设管理费的收费范围、收费标准、收费服务内容和使用、管理办法作出统一规定，一方面要解决村镇规划建设管理收费标准不一和乱收费问题；另一方面，通过有偿服务明确了村镇建设事业费的来源渠道，为村镇建设长期稳定发展创造了条件。89年10月中旬，在郑州召开了"全国村镇建设处长座谈会"，专题研究有关这个通知的实施办法。到1990年底，除西藏、湖南外，各省、自治区、直辖市和计划单列市都已陆续开展了这项工作。

长期以来村镇建设管理薄弱，基层管理机构不健全、管理力量不足，许多地方没有编制，人员不稳定甚至无人管理。1990年10月10日，建设部、劳动部联合发出（90）建村字第505号文《关于招收县以上大集体合同制工人解决村镇建设基层管理问题的通知》，通知为补充村镇建设基层人员开辟了一条新的渠道。1990年12月下旬，在郑州召开了"全国村镇建设处长和劳动计划处长座谈会"共同研究贯彻"两部通知"。

1990年11月10日，建设部、国家土地管理局以（90）建村字第553号文联合发出了《关于协作搞好当前调整完善村镇规划与划定基本农田保护区工作的通知》。要求调整完善村镇规划与划定基本农田保护区工作应统一考虑、统筹安排，进一步明确了村镇建设管理部门和土地管理部门的职责。

上述工作，推动了村镇建设管理工作逐步向融管理、经营、服务为一体，寓管理于服务之中的方向发展，对于健全机构、稳定队伍、加强管理起到了积极作用。

到1990年底，全国各级村镇建设管理机构为25，954个，共配置人员75，701人，其中工程师以上技术干部1，048人；全国各级村镇建设企事业机构2，499个，共配备专业技术干部3，346人，其中工程师以上技术干部664人。

1990年村镇建设管理机构及人员情况表 **表3**

省级			地(市)级			县级			乡(镇)级		
数量	%	人员	数量	%	人员	数量	%	人员	数量	%	人员
30	100	157	302	95.27	949	2310	98.97	8529	23,312	46.37	66.066

〔全国村镇建设工作会议〕 1990年11月下旬在天津召开了全国村镇建设工作会议，各省、自治区、直辖市和计划单列市建委（建设厅）的负责同志、村镇建设处处长、地方代表以及建设部、农业部、卫生部、国土局、山东省、天津市的领导共300多人出席了会议。全议回顾了过去十年村镇建设的发展历程、取得的成就和存在的问题；提出了"八五"和今后十年村镇建设的发展目标、方针政策和任务。

会议交流了村镇建设工作的经验，并对在村镇规划建设管理工作中取得显著成绩的72个村、镇和28个市（地），县建设部门进行了表彰。

这些先进村、镇和先进市（地）县的特点，一是各级领导重视村镇建设工作；二是狠抓了规划，使规划切实起到了指导建设的作用；三是注重村镇的基础设施建设，积极探索统一组织、综合建设的建设方式；四是建立了规章制度，形成了良好的建设管理工作秩序；五是在物质文明建设的同时重视社会主义精神文明建设。

〔开展全国村镇建设"双百文明"评选活动〕

1989年由建设部村镇建设司、农民日报社、建设报社共同发起和举办了"评选全国村镇建设文明

成都市农民新居

集镇、文明村庄活动”，各地认真组织开展这项工作。经过乡、县、地、省层层评议选拔，全国有100个集镇、99个村庄获得了村镇建设文明集镇、文明村庄的光荣称号。这些文明村镇充分反映了党的十一届三中全会以来，我国农村发生的深刻变化，反映了我国村镇建设的基本面貌和水平，反映了广大农村物质文明和精神文明建设的成就。在这些文明村镇中，既有60年代末期注意家园建设的老典型，又有80年代按照科学规划进行建设的新秀；既有发达地区初具现代气息的沿海集镇，又有仍保持着古朴风格的内地村寨。

〔开展村镇建设技术市场活动〕 89年开始组织了村镇建设技术市场活动，主要内容有：宣传、推广各地“统一规划、综合开发、配套建设”的技术经验，开展村镇建设有关技术问题的研究，讨论起草“村镇综合开发、配套建设管理办法”；组织农民住宅通用设计的编制、推广应用工作等。到1989年，全国29个省、自治区、直辖市和9个计划单列市共计组织编制完成村镇建筑通用设计4，184套，其中在省区通用的1576套，在地（市）通用的1582套，在县内通用的1，026套，总共印刷通用图167万册。

1989年，组织完成了“村镇居住区生活用水量及室内给水定额指标的研究”、“村镇道路交通系统规划和指标体系的研究”、“村镇住宅设计标准化探讨”等项科研工作，并联系国家科委、科协、农业部等单位，为组织村镇建设适用技术如：农村建筑节能技术、两小建筑体系、火山渣空心砌块等的推广、应用工作做了准备。

1990年，把《农村节能建筑墙体新材料》、《两小农房体系》列为国家“八五”重点推广项目；《农村建筑太阳能技术》、《农村饮用水BZ系列一体化净水器》列为建设部重点推广项目，并组织有关省、市完成了选点、定点和申请立项的前期准备工作。

〔村镇规划的编制与完善〕 1989、1990年继续开展了村镇规划的编制和完善工作。这两年，新编镇（乡）域总体规划2，189个、集镇规划2，035个、村庄规划51。901个；调整完善集镇规划5，316个、村庄规划111，417个。“七五”期间，新编镇（乡）域总体规划7204个、集镇规划8，445个、村庄规划578，650个，调整完善集镇规划18，212个、村庄规划291，350个，经调整完善的村镇规划质量明显提高。

从1982年开始在全国范围内组织编制村镇规划，到1990年底，完成集镇规划4.73万个，占集镇总数的94%；完成村庄规划278万个，占村庄总数的74%。为了使村镇规划更好地适应农村经济和社会的发展，本着合理布局、节约用地、有利生产、方便生活的原则，安排好生产性建筑和住宅、道路、供水、排水、供电、通信、文教、卫生、商业、服务业等各项设施的建设用地，从1987年开始，对原有村镇规划进行调整完善。到1990年底，已调整完善集镇规划17，964个，占集镇总数的35.7%，其中建制镇6，972个，占建制镇总数的69.4%；村庄295，968个，占村庄总数的7.8%。通过规划实施，达到合理布局，有效地控制了村镇建设中乱占乱建问题，节地效果明显。如：河南省、山东省、江苏省的村镇建设按规划实施后，与原有占地面积标准相比，都可节约土地100多万亩，四川省十年来已节约土地29.6万亩，甘肃省节约土地21万亩；据16个省、市的统计，共节约土地2000万亩。

1989、1990年村镇数量及用地情况 表4

年度	村镇(个)				村镇用地面积(公顷)		
	集镇		村庄		合计	集镇用地	村庄用地
	合计	其中：建制镇	合计	其中：中心村			
1989	45,644	10,012	3,819,090	656,048	14,213,000	1,952,074	12,260,926
1990	50,278	10,126	3,773,162	734,805	13,326,663	1,925,647	11,401,016

注：90年统计数字，不包括城市规划区内的集镇和村庄。

1989、1990年村镇规划情况 表5

年度	编制镇(乡)域总体规划(个)	建制镇		其它集镇		村庄	
		新编数	调整完善数	新编数	调整完善数	新编数	调整完善数
1989	1,528	260	1,261	764	1,729	28,516	51,436
1990	661	236	841	775	1,485	23,385	59,981

《中华人民共和国城市规划法》颁布以后，为加强县城以下建制镇的规划与管理，建设部以(90)建材字第168号文发出通知，指出我国建制镇属于城市范畴，应按《城市规划法》的规定进行规划和建设，依法使用统一的建设用地规划许可证和建设工程规划许可证，健全审批程序。

〔试点集镇规划评议和部级优秀设计评比〕 继1988年第一批沿海6省、市19个试点集镇规划评议工作之后，1989年又组织了第二批12个省、区、市35个试点集镇规划评议工作。12月在上海嘉定会议上进行了评议，有22个方案分别获得优秀奖、佳作奖和单项奖，它们是：河北省大蒲河镇、四川省龙潭坝镇、云南省官渡镇、内蒙古区榆林镇、黑龙江省昌五镇获优秀奖；北京市小汤山乡、河北省侉子庄镇、吉林省龙泉镇、江西省新祺周场、甘肃省总寨镇、河南省荆紫关镇、吉林省开山屯镇、河南省明港镇、黑龙江省西城镇、云南省贺派镇、湖北省郝穴镇获得佳作奖；四川省马踏镇、宁夏区洪广镇、湖北省簰州镇、北京市康庄镇、黑龙江省喇嘛甸镇、云南省五龙镇获得单项奖。

这次活动有以下三个特点：一是试点集镇选点广泛、类型齐全，几乎代表了我国集镇的各种类型，对全国有较好的示范作用；二是参加活动的有15家省、市规划设计院（所）和3所高等院校，体现了城市支援农村的指导思想，也反映出村镇规划工作已逐步引起社会的重视；三是参赛试点集镇的规划都是根据“村镇规划编制要点”重新进行编制或调整完善的，质量普遍较高。

1990年又布置了第三批12个省、自治区、直辖市的试点集镇规划的评议工作。

1989年，建设部开展了部级优秀设计评比工作，村镇组共收到参评项目75个。1989年6月组织初审，7月份成立评委会评比，8月份报部审定。共评出二等奖5项、三等奖11项，表扬项目8个，并有两项申报了国家级铜质奖。

二等奖：(共5项)

湖南省永顺县王村镇规划

湘西自治州建委　湖南大学建筑系

浙江省湖州市南浔镇规划

南浔镇城建办公室

宁波市镇海区庄市镇中兴中学设计

镇海区建筑设计处

山西省汾阳县杏花村镇规划

汾阳县建设局城乡规划设计组

江苏省常熟市碧溪镇规划

常熟市城乡规划管理处

三等奖：(共11项)

湖南省临澧县合口镇规划

湖南省建筑设计院　合口镇建设领导小组

安徽省合肥市七里塘镇规划

合肥市规划设计研究院　合肥市郊区建设局

江苏省靖江县新桥镇规划

靖江县城建局规划办公室　同济大学

浙江省绍兴县东浦镇规划

浙江省城乡规划设计研究院

山东县邹县张庄镇规划

邹县建委村镇办公室　邹县建委设计所

陕西省三原县鲁桥镇规划

陕西省城乡规划设计院

云南省耿马县孟定镇规划

云南省城乡规划设计研究院

湖南省新型一体化净水池(石湾水厂)设计

衡阳市自来水公司

山西省祁县东观镇规划

祁县建设局

吉林省长白县十二道沟乡规划

吉林省城乡规划设计研究院

湖南省宁乡县花明楼镇规划

长沙市规划设计院

表扬项目：(共8项)

浙江省萧山市长河乡农民住宅设计

萧山市建设局乡村科　萧山市建筑设计院

哈尔滨市南岗区王岗镇规划

哈尔滨市城市规划设计院　南岗区建委

广西区三江县林溪镇规划

柳州地区地县建委联合规划组

甘肃省酒泉市银达村规划

酒泉市建设局　酒泉市建筑规划设计院

河北省承德市狮子沟镇规划

中国城市规划设计研究院名城所　承德市规划设计处

黑龙江省肇东市昌五镇规划

肇东市建委　哈尔滨市城市规划设计院　昌五镇政府内蒙区乌拉特中旗川井苏木规划

乌拉特中旗建设局

河南省郑州市陈寨村小学被动式太阳能教学楼设计

郑州市城乡建设建筑设计事务所

〔村镇建设试点工作〕 到1990年底，全国各级共计抓村镇建设试点7，334个，其中：建制镇试点2，575个，集镇建设试点1，665个，村庄建设试点3，094个，建设部直接抓的村镇建设试点21个。这些试点不仅涉及到村镇规划、设计、施工和管理各个环节，还涉及到农林牧渔业、乡镇企业、商业服务、能源科技、文化教育、生态环境、村容镇貌、精神文明和社会发展等各个方面，在试点中探索搞好村镇综合建设的各种方式和途径。

1989年5月，在河北新城召开了"试点集镇建设工作经验交流会"，会上总结了村镇建设试点工作中的经验和问题，提出村镇建设试点工作要按照建设新型集镇和村庄的要求，从规划编制开始，到建筑设计、施工、综合开发及管理的全过程进行综合试点，抓紧、抓实、抓出经验，指导全国的村镇建设。这次会议之后，为了探索搞好农村住宅小区建设的方法和经验，建设部把天津大邱庄、北京窦店镇、河南留福镇列为全国村镇建设试点。其中：北京窦店是建设部、国家计委、科委、体改委、农业部、民政部、国务院农研室、全国爱卫会办公室、国家工商局、土地局联合确定的综合建设试点；河南留福镇是建设部、农业部和国家科委共同组织的试点。

为了扩大试点，90年建设部成立了村镇建设领导小组，下设办公室，具体组织村镇建设试点，办公地点设在中国建筑技术发展中心。

〔**边境地区村镇建设**〕　我国边境地区曾是村镇建设管理的薄弱环节，为了适应对外开放和边境地区经济发展的需要，1990年7月22日至26日在吉林省延边朝鲜族自治州召开了"全国边境口岸集镇建设经验交流会"。我国有陆地边界的黑龙江、吉林、辽宁、内蒙、新疆、西藏和广西9省、自治区村镇建设管理部门的负责同志及边境口岸地区的代表参加了会议，会议交流了我国边境口岸集镇建设工作的经验。代表们对吉林省政府制定的《吉林省"七五"期间边境建设规划》以及取得的经验和云南省在"发挥边境口岸优势，以贸易为先导，农业为基础，工业为依托，贸工农全面发展"的方针指导下，发展边境贸易，充分利用好国内、国外两个市场和两个原料基地的做法给予了较高的评价。

广东珠海市农民新居

上海青浦县沈巷乡商品房

〔**人才培养及开发**〕　1989、1990年采取多途径、多形式、多层次培养村镇建设技术人员66，129人次，其中、短期培训62，478人次，中专毕业生2620人，大专毕业生1031人。1989、1990年及"七五"期间村镇建设人员培训情况见下表。

1989、1990年及"七五"期间培训情况　　**表6**

年　度	总　　数(人次)	短期培训(人次)	中专毕业(人)	大专毕业(人)
1989	26,784	25,357	927	500
1990	39,345	37,121	1,693	531
"七五"合计	165,157	157,390	5,582	2,185

到1990年底，累计培训初级村镇建设人才55.2万人次，中专毕业生8059人，大专毕业生2233人。

为了编制和完善村镇建设基层人员的培训教材，探索搞好村镇建设基层干部的途径和经验，1990年6月中旬到8月中旬，建设部村镇建设司和建筑学会在北京举办了四期村镇建设基层干部研讨班，参加研讨班的近600名基层干部来自全国二十个省、自治区、直辖市，其中一半是乡、镇长。

山东威海市黄泥沟新海村

吴家山镇农民住宅和集贸市场

〔吴家山镇农房开发小区〕 武汉市吴家山镇位于汉口西北，是东西湖区政府和武汉市农场管理局所在地。该镇现有25000多人，其中农工17000多人，1989年人均收入967元。

1989年初，东西湖区政府为解决群众住房难的问题决定在吴家山镇以代建方式进行农房综合开发、配套建设，探索农房建设的新途径，这项任务由该区房地产开发公司承担。代建方式就是将经过审批的用户建房指标、资金交由代建单位统一按总体规划的要求组织小区规划、设计、施工，代建单位按合同要求为用户提供居住环境好、工程质量合格的建筑产品。为了支持这项工作，区政府规定代建单位享受农民个人建房的有关优惠政策。该区房地产开发公司于1989年3月成立了农房开发部，选定闵家湖南村一片荒地为代建开发小区，占地54.5亩，其中道路用地11.5亩。仅用了一个多月的时间完成了小区规划、征地、勘察设计、三道一平和工程发包等工作，5月5日正式破土动工。当年建成8栋3层住宅楼，共124套住宅，建筑面积15060平方米；90年建成5栋3层住宅楼、3栋5、6层单元式住宅楼，建筑面积14304平方米，其中商业门面2814平方米；建成综合市场900平方米，修建干道5720平方米，小区内混凝土道路3720平方米，绿化面积2856平方米，供排水干管4000多米。

吴家山农房小区的开发建设获得了明显的社会效益、环境效益和经济效益。过去当地农民自建房屋时，户均占地179平方米，小区内户均占地仅60多平方米，土地利用率提高了近2倍；由于统一设计和施工，小区内水、电、路、绿化及商业设施与住宅建设同步进行，既提高了工程质量和使用功能，又大大改善了环境。这与过去每家每户分散建设相比形成鲜明的对照，小区内配套设施的建设也不再由政府负担；房地产开发公司努力向内挖潜，尽量把房价压下来。1989年开发的农民住宅，每平方米售价仅为225.50元，深受购房户欢迎，不少农户踊跃登记代建、预交定金，使开发的住宅供不应求。

（杨鲁豫　供稿）

〔大邱庄村镇建设试点第一期工程〕 天津市静海县大邱庄，是建设部和天津市的村镇建设试点单位之一。第一期试点工程结合改造四号街坊进行。占地6.79公顷，原有住户178户，各类房屋11360平方米（住房全部为平房），平均每户建筑面积60.9平方米，设施不完善，建筑质量一般。

1989年大邱庄投资2100万元，用于旧房改造，当年10月开工，1990年10月竣工，只用了一年的时间，新建低层和多层楼房住宅22幢，附有电管站、信用社、银行等配套设施，建筑面积3.4万平方米。四号街坊住宅建设规划，是由大邱庄村镇建设试点领导小组组织天津市规划设计人员参加的规划竞赛，以获得一等奖的方案为基础，吸取其他获奖方案的优点而产生的，规划质量好。为了提高住宅小区单体设计水平，试点领导小组又组织了有20多个设计院和大专院校参加的住宅设计方案竞赛，从85个参赛方案中评选出一等奖1个，二等奖2个，然后由天津市建筑设计院进行住宅单体设计。房屋类型有2层别墅式人才楼、3～4层联排式和5～6层单元式住宅楼，设施齐全，功能完善，建筑形式多样，具有地方特色。在施工中，选择优秀建筑队伍，实行工程监理制和优质优价管理办法，采取各种措施严把质量关，小区建设施工质量达到群体优良。

〔徐素君　供稿〕

〔河南省留福镇新村住宅试验小区〕 留福镇新村是建设部确定的村镇建设试点之一。该村建设开始就明确提出，要合理布局，治理环境，完善设施，提高建设的整体水平。1990年7月，新村的住宅试验小区开工。小区样板楼共8个设计方案，系从全国17个高等院校和设计院征集的260多个方案中选定。8栋住宅楼造型新颖，各有特色，打破了单调呆板的建筑形式。不同户型的住宅楼在严格控制建筑面积的前提下，客厅、居室、厨房、餐厅、卫生间、贮藏室一应俱全，使用功能合理。其中按被动式太阳房设计的住宅楼，采用了太阳能热水器。在建设中选用了自行生产的水泥炉渣空心砌块，降低了建筑造价。并严格选用施工队伍，建成的样板楼达到较高的质量标准。

（徐素君　供稿）

留福镇农民住宅

大邱庄小区6层农民住宅

大邱庄小区4层农民住宅

〔罗庄镇村镇建设〕 罗庄镇位于沂蒙山区临沂市南，他们在经济发展的同时，十分重视集镇基础设施和配套设施的建设。近年来公共建筑和生产建筑总投资达2.2亿元，新增建筑面积75万平方米，连同原有房屋在内镇区住房建筑面积已达102万平方米。1986年以来，投资864万元，建设了通往五大经济片中心村的主干道和镇区内南北8条路，东西7条街，全长94公里。投资310万元建自来水厂两座，日供水量达3.15万吨，满足了本镇生产生活用水的需要。同时分三期建成发电厂一座，安装自动电话1000门，电传机2台。建起3000平方米的塑料大棚商场和500米长的商业街，建成商店、商场14个，商业网点504个。新建影剧院一座，利用废墟荒坡建成占地130亩的公园和180亩的动物园；还建有旱冰场、图书馆、阅览室、乒乓球室和各种类型的文化中心多处。他们还全部改造了农村小学，村村建起了幼儿园。镇上设有高级中学、中专各一所。镇内有医院和卫生院，共有病床270张。从1988年开始建设龙潭住宅小区，该小区占地23公顷，总住户1200户，建筑面积13万平方米，住宅建筑面积7.5万平方米，总造价3600万元。

〔徐素君　供稿〕

〔邱隘镇集镇建设〕 地处宁波市郊的邱隘镇，从1980年开始，按照“统一规划，分期实施”的原则，开展了集镇环境设施的建设。1985年调整完善了建设规划，先后改造和新建5条水泥道路，沿街栽种了香樟、龙柏、广玉兰等花木，街面整齐有序。新建桥梁10座，铺设下水道8300米，新建公共厕所36个。1982年9月，镇上800门自动电话交换机投入使用，1991年5月，又开通程控电话4000门。镇上建有日供水量7000吨的自来水厂一座，自来水受益率达100%。1985年建造了变电所，更新了全部输电线路，使镇区供电实行了分区输流。1990年，在原农贸市场的基础上改建封闭式市场一个，面积8216平方米。镇内文化中心、中学、医院、幼儿园等文化卫生设施齐全。

〔徐素君　供稿〕

中国建筑年鉴

6

科技进展

科 技 进 步

唐美淑

根据“经济建设必须依靠科学技术，科学技术必须面向经济建设”的方针，建设系统各级领导进一步增长了依靠科技进步的意识，积极开辟多种渠道，努力增加科技投入，注重成果推广应用，取得了一批重大成果，新技术在建设工程中推广应用得到加强。

（一）建设事业科技工作的改革与发展

〔建设部召开科技工作会议〕 1990年10月6日—10日建设部在郑州召开了建设科技工作会议，邀请了各省区的建委（建设厅）主管领导及有关部委250人参加，会议内容：①总结交流各地推动建设事业科技进步的做法和经验；②研究如何加速建设科技进步，搞好科技成果转化工作；③讨论“建设科技进步“八五”计划和十年规划纲要”、“推进建设事业科技进步的几点意见”、“建设部“八五”科技研究项目计划”、“建设部“八五”科技成果推广项目计划”。叶如棠副部长作了《明确目标，知难而上，大力推进建设事业科技进步》的报告，对建设科技进步工作进行了基本估价，进一步阐述了建设科技进步工作的重要性迫切性和自觉性，提出要大力推动科技进步，促进建设事业持续、稳定、协调发展的意见。干志坚副部长作了《齐心协力，抓住重点，大力提高建设行业的科学技术水平》报告，指出：科技进步要以提高经济效益为目的，要以企业为重点，要肯定成绩，总结经验，调动各方面积极性，为推进建设行业的科技进步而奋斗。总工程师许溶烈就建设科技工作特点，抓住机会筹划未来，注重“组织工作”等问题作了报告。部科技发展司、设计管理司、建设管理司、城建司、施工管理司等领导分别就以科技进步促进行业发展作了大会发言。会上还向荣获89年科技进步奖的单位颁发了奖状。

〔编制建设科技进步“八五”计划和十年规划纲要〕 在总结改革十年来科技进步与科技工作进展和问题基础上，1990年编制了《建设科技进步“八五”计划和十年规划纲要》，纲要提出“八五”科技进步的指导思想是：认真贯彻执行”经济建设必须依靠科学技术，科学技术必须面向经济建设促进科学技术与经济、社会的协调发展”的方针，继续深化科技体制改革，切实抓住和利用治理整顿的有利时机，逐步建立一套有效的科技管理运行机制，大力推动企业技术进步，逐步使建设事业的发展走上依靠科技进步，不断提高劳动生产率和综合效益的轨道上来。“八五”期间对建筑节能、混凝土技术、预应力技术、地基工程、粉煤灰利用、防水技术、农村建筑、水净化及节水、建筑新机械及计算机应用技术等11个方面提出了推广内容和具体目标。突出抓好改善城市基础设施、提高住宅功能质量、加强城市综合防灾、解决工程建设共性技术、研究建筑机械、城市车辆的更新技术、开发电子计算机应用软件和针对行业发展中重大技术经济政策的软科学研究等七个方面的研究开发，还提出了新产品及企业技术开发、国际科技合作方面的任务和目标。并对建立企业技术进步考核制度、建设产品（材料、制品、设备）认证与评定制度、成果推广应用的组织管理、建立科技发展基金和深化科技体制改革等问题提出了相应的政策措施。

〔发布《推进建设事业科技进步政策要点》〕 为了推动行业的整体技术进步，完善与之配套的技术经济政策，促进科技进步工作的正常开展，建设部发布了《推进建设事业科技进步政策要点》。要求：“继续认真总结‘经济建设必须依靠科学技术，科学技术必须面向经济建设’的指导方针，全面深化科技体制改革，逐步建立起充满活力、能动、高效的科技管理体制和科技运行机制，以工程建设和产品开发为依托，以科技成果转化为关键，以企业技术进步为重点，以提高质量和效率为目标，大力推进建设技术整体进步，使建设事业逐步走上依靠科技进步，真正从粗放经营为主转向以集约经营为主的轨道上来，并得到稳定发展”。提出当前建设科技进步的目标和工作重点是：节能、节材、节水、节地和提高产品和工程质量、提高生产效率、提高经济效益。围绕上述指导思想和目标，对加强科技进步工作组织领导；调动企事业单位依靠科技进步积极性；加强企事业单位内部技术管理；积极增加科技投入；促进科技成果转化为生产力；限制淘汰落后技术和产品；改善标准化管理工作；继续深化科技体制改革及提高人材素质等十个方面，提出必须采取的政策措施。各地区、各部门要根据政策要点进一步制订各项具体政策和实施细则，以理顺关系，促进改革、推进建设事业的科技进步。

〔公布建设部“八五”第一批科技成果推广计划〕 为加快建设各行业技术进步，在各省、（市、区）建委、有关部委建设司以及直属科研单位申报的基础上，经过专家逐项评审，提出了《建设部“八五”（第一批）科技成果推广计划》，共推荐推广项目140项，其中重点推广项目20项，列入国家科委推广计划14项。

“八五”期间科技成果推广的总目标是：重点围绕提高劳动生产率、提高经济效益、提高工程质量和节约原材料、节约能源、节约用地、节约用水、大力组织科技成果的推广。经过五年努力，力争在城市建设、建筑工程和工程建设、村镇建设的各行业的面貌有较大的改变。并根据建设事业现状、生产建设需要、提出了11个推广重点方面的具体目标。要求各级主管部门加强领导、运用行政、经济、法律手段，从管理、政策、资金、措施上给予支持，有计划、有步骤地建立推广工作的正常秩序。建设部将每年定期公布推广项目，各地、各部门应予以推荐，并将制定管理办法和政策措施，不断提高科技成果推广工作的管理水平。

1990年科技成果重点推广计划（建设部项目）

编号	项目	主管部门	单位
Ⅰ3-1-1-1	钢筋冷挤压连接技术	建设部	冶金部建筑科学研究院 中国建筑科学研究院 上海钢铁工艺研究所 北京市建筑工程研究所
Ⅰ3-1-1-2	粘土标准砖砌砖作业法 (“2381”砌砖法)	建设部 浙江省科委	浙江省建筑安装第一技工学校
Ⅰ3-1-1-4	无粘接预应力混凝土技术	建设部	中国建筑科学研究院 北京建工科研所
Ⅰ3-1-1-5	大吨位预应力锚固技术	建设部	中国建筑科学研究院 河南省交通厅
Ⅰ4-1-1-2	钢框人造板组合模板及支撑体系	建设部	中国建筑科学研究院 青岛瑞达模板系列公司 北京施工技术研究所
Ⅰ4-1-1-1	混凝土搅拌、喷射、成型机械	建设部	中国建筑机械总公司 上海砌块建筑应用开发中心
Ⅰ4-2-1-5	农村节能建筑墙体新材料	建设部	黑龙江省低温建筑科学研究所 新疆建筑科学研究所
Ⅰ4-2-1-1	新型防水材料取代传统沥青纸基油毡	建设部	北京建筑工程研究所
Ⅰ4-2-1-4	民用建筑硬聚氯乙烯塑料室内排水管	建设部	中国建筑技术发展研究中心
Ⅰ3-1-11-3	水上水厂成套技术	建设部	中国市政工程西北设计院
Ⅰ4-2-1-6	预应力混凝土小构件、混凝土空心小砌块农房体系（简称“两小”农房体系）	建设部	四川省建筑科学研究院
Ⅰ5-1-5-2	粉煤灰在建设工程中的应用	建设部 交通部	a.中国城乡建设粉煤灰利用开开发中心上海建筑科学研究所 b.交通部公路科学研究所 c.重庆公路科学技术研究所 d.上海市政工程研究所 e.上海市墙体装饰材料厂
Ⅰ5-1-5-3	废旧沥青混合料再生利用技术	建设部	建设部城建司 上海市政工程研究所 南京市市政工程公司
Ⅰ4-2-1-3	掺F矿粉混凝土	中国建筑工程总公司	中国建筑工程总公司第二工程局建筑科学技术研究所

建设部“八五”科技成果推广计划重点项目。

1.粘土空心砖的应用
2.混凝土空心砌块建筑技术
3.商品混凝土技术
4.无粘结预应力混凝土结构成套技术
5.大吨位预应力张拉锚固技术
6.土层锚杆技术

7.工业化新型模板

8.小型混凝土构件检测设备

9.双钢筋混凝土构件生产技术

10.粗钢筋冷挤压对接技术

11.F矿粉作混凝土（砂浆）掺合料

12.新型防水卷材应用技术

13.城镇自来水厂控潜改造技术

14.农村饮用水BZ系列一体化净水器

15.硬聚氯乙烯建筑排水管应用技术

16.硬聚氯乙烯城镇给水管应用技术

17.粉煤灰利用技术

18.废旧沥青混合料再生利用技术

19.农村建筑太阳能采暖技术

20.“2381”砌砖法

〔制定《建设部“八五”科技研究项目计划》〕

1990年起，结合我国建设事业实际和当前建设科技发展趋势，编制了《建设部“八五”科技研究项目计划》，计划重点为：①根据当前建设行业发展的紧迫需要，重点安排提高行业整体技术水平、影响面大的关键技术研究项目；②对有相当基础和有单项成果的重要领域着重安排完善、配套、提高项目，为全面推广提供可靠技术保证。计划共安排25个项目126个课题，突出了1.城市基础设施研究：包括水处理技术、城市垃圾、煤气、交通等方面；2.住宅建筑体系研究：重点研究大开间建筑、结构体系、建筑节能技术以及建筑功能提高研究；3.工程建设共性技术：包括混凝土、预应力、地基、检测以及粉煤灰利用等技术；4.城市防灾技术：对综合防灾规划编制原则，震、火、风、地质灾害的防治技术；5.建筑机械研究：重点解决常用机具更新技术、机械安全性装置及元器件可靠性研究；6.软科学及计算机研究：加强预测、政策、决策及行业发展研究和计算机应用软件开发。

〔各地重视成果推广、促进企业技术进步〕 近两年来，很多省市编制了加强成果推广和企业技术进步管理规定，建立起依靠科技进步和促进企业发展的运行机制。辽宁省建委与建设银行联合发文，实施“三三三〇工程”的有关规定，即以搞好“三个节约”（节能、节材、节水）为重点，以实现“三个提高”（提高质量、水平、效益）为目标，重点推广应用“三十项科技成果”，促进全省建设事业的发展。湖南省建委制定加强科技成果推广工作的几点意见，积极推广普遍适用的科技成果，建立成果推广管理体系，以促进科技进步和经济发展。云南、四川建委也分别提出加强科技成果管理的“暂行规定”和“管理办法”，对科技成果的鉴定、登记、奖励、推广应用提出具体的管理办法，加速成果转化为生产力。江苏建委对建设系统企事业系统科技进步承包指标及奖励办法提出了暂行规定。上海建委规定：在工程建设中，设计单位要积极与建设、科研、施工等单位合作，加强采用“四新技术”（新技术、工艺、设备、材料），工程项目未体现技术进步内容的，主管部门可以不予批准，对采用四新技术而获明显效益的建设项目，可优先参加市、国家级评优活动。吉林城乡厅对建立技术进步考核制度等作了具体规定。北京市建筑总公司发布文件，对科技开发管理机构、职能、岗位责任、项目计划、成果管理、推广应用、技术市场及开发基金等都作出具体规定。

〔颁布《施工企业技术进步考核暂行办法》〕

1990年，建设部施工司颁布了《施工企业技术进步考核暂行办法》，明确了施工企业的技术进步工作主要内容是：1.健全企业技术进步工作体系和责任制；2.完善企业技术管理和工法制度；3.开发新技术和新产品；4.推广应用新技术、新工艺、新材料、新设备；5.机构设备的更新改造；6.提高工程质量和管理现代化；7.合理化建议和技术改进活动；8.人才培训。规定施工企业主管部门与企业签订承包合同，下达经理任期目标时，必须有企业技术进步考核指标，提出了“企业年技术进步效益率”和“企业技术进步工作综合评价值”两部分考核内容，和相应的计算方法及评价标准办法。企业主管部门对重视技术进步并取得显著经济效益和社会效益的企业，及对推进技术进步有重大贡献职工，要予以表彰和奖励，个人事迹要记入本人业绩考核档案，作为考核、晋升、评定技术职称和等级的重要依据。

〔开辟多种渠道，增加科技投入〕 各地根据当地实际情况，积极开辟多种科技投入渠道，主动争取当地计委、财政、税务、银行等部门的支持，增加建设科技投入。上海市建委规定：施工企业在完成财政上缴任务、不调整承包基数前提下，从工程造价款结算收入中提取不超过1%的技术开发费，在企业总留存的生产发展基金中提取一部分用作技术开发费，近年来，每年基金维持在500万元水平，市政局、房管局、建管局、住宅总公司、安装公司、隧道公司、住宅六公司等也设法筹集科技经费，取得分层次的固定科技经费。辽宁省建委与财政厅、科委：税务局联合发文，规定从城市建设维护费中提取0.5%，从计划用水超标加价款中提取5%，及从勘察设计单位盈利上交中提取技术开发费等8种渠道建立基金，目前该省已有9个市建立了科技发展基金，据不完全统计，全省已筹集科技基金在1200万元以上。江苏建委也与省科委、财政厅制订了《关于加强建设系统科技工作的意见》，提出增加科技投入的十个渠道。福建、四

1988年、1989年科研单位收入情况 单位:亿元

年	单位	总收入	事业费	横向收入
1988	建设系统	2.19124	0.38491	1.12985
	部属单位	0.56755	0.09861	0.33010
1989	建设系统	3.14795	0.37682	1.68702
	部属单位	0.65139	0.09237	0.46527

川、湖北、湖南、广西、云南等省建委也都建立了相应的科技发展基金和管理办法。

〔获得国家和部科技进步奖〕 全系统1989年获国家科技进步奖14项，获建设部科技进步奖59项；1990年获国家科技进步奖27项，获建设部科技进步奖59项。其中建筑部分的项目如附表所示。

1989～1990年建设系统(建筑部分)获国家科技进步奖项目表

序号	项 目 名 称	主要完成单位	主要完成者
	一等奖		
01	软土地区钢管长距离顶进施工技术	上海市特种基础工程研究所、上海市基础工程公司第三工程处、冶金部自动化研究所	王承德、唐澄心、丁宗义、李鸿鹤、高 强、罗一飞、范肇荣、李莲珍、陈小刚、张云台、吴维浩、邵明浩、徐祖英
02	ϕ4.35米加泥式土压平衡盾构掘进机	上海市隧道工程公司，上海船厂	王鹤林、周整浩、奚志勇、孙锁君、张闵庆、杨宏燕、戴龙森、瞿根伯、张祖德、张建生、宋夫利、赵世根
	二等奖		
03	高层建筑箱形基础加摩擦群桩的研究	中国建筑科学研究院地基所、湖北省建筑科学研究设计院、湖北工业建筑设计院	何颐华、金宝森、王秀珍、雷光木、韩义夫
04	广州天河体育中心综合设计	广州市设计院	黄扩英、林永培、郭明卓、梁大鹏、余兆宋、黄 明、陈石金、赵永权、黄 准
05	广东九江大桥	广东省公路工程处，广东省公路勘察设计院，湖南省公路桥梁建设公司，湖南省交通规划设计院，广东省交通科研所，广东省公路建设公司，广东省交通厅	牛和恩，上官兴，王保君，王锡坤，郭范围，许天锡，梁 绵，胡春波，余小年
06	爆炸处理水下软基	中国科学院力学研究所，连云港建港指挥部，连云港市锦屏磷矿，交通部第三航务工程勘测设计院	郑哲敏，金 镠，张建华，杨振声，武可贵，顾道良，赵成福，韩增寿，欧阳旭
07	50—150米高层建筑筒体结构的研究	中国建筑科学研究院，广播电影电视部设计院	张维岳、吴秀水、赵西安、孙芳垂、宦荣芬、汪祖培
08	唐山大地震震害的调查研究	国家地震局工程力学所、中国建筑标准设计研究所、煤炭部规划设计院、中国建筑科学研究院、冶金部冶研所、铁道部第一设计院、交通部交通研究院	刘恢先、吕敏申、何度心、李文俊、蒋纯获、章在墉、谢君斐、钟益村、喻纯诚
	三等奖		
09	商品混凝土生产和成套技术的开发应用	上海市建筑工程局，上海市建筑工程材料公司，常州市建筑工程总公司	秦惠民、余绵奇、吴亮之、屠盛龙、唐国金

续表

序号	项　目　名　称	主要完成单位	主要完成者
10	软土地基注浆加固	上海市隧道工程公司隧道施工技术研究所	程　骁、董秦海、冯善彪、王宝、吉永年
11	预应力钢绞线群锚张拉锚固体系(QM体系)	中国建筑科学研究院、广东省公路工程处、柳州市建筑机械总厂	裴　骕、慕朝英、张清杰、王保君、黄培德
12	深圳发展中心大厦超高层钢结构施工安装及工艺研究	中建三局第一建筑安装工程公司、中建三局建筑科学研究所	郭万全、张德像、鲍广鉴、李鸿生、梁建华
13	膨胀土地区建筑技术规范	中国建筑科学研究院、中国有色金属总公司昆明勘察院、航空部第四规划设计院、中国人民解放军总后勤部营房设计所、云南省建筑设计院	黄熙龄、陆忠伟、何信芳、穆传贤、徐祖森
14	混凝土小型空心砌块固定式生产线成套设备	中国建筑东北设计院、广州光华建材机械厂、昆明硅酸盐制品厂、中国建筑砌块技术开发中心	张　涛、马俊华、唐　练、王世茂、陈渝培
15	住宅建筑节能适用技术研究	中建一局建筑科研所、中国建筑科学研究院物理所	涂逢祥、王美君、董增福、周景德、杜文英
16	不对称建筑抗震计算方法的研究	中国建筑科学研究院抗震所、中国建筑科学研究院计算中心、福州大学土建系	魏　琏、刘　季、韦承基、朱锦心、吴晓云
17	多层大跨建筑组合网架结构应用技术	中国建筑科学研究院结构所、河南省建筑设计研究院、河南省新乡市建筑钢结构构件厂	董石麟、杨永革、苗春芳、刘清文
18	上海铁路新客站主站屋	华东建筑设计院	魏志达、阴　埌、王　时、王振雄、夏教根
19	天津市建筑地基基础设计规范	天津市规划设计管理局、天津市建筑设计院、天津市勘察院、天津市建筑科技设计研究院、天津大学土木系	费仲良、徐文忠、翁鹿年、顾晓鲁、崔竟立
20	冷弯薄壁型钢结构技术规范(GBJ 18-87)	中南建筑设计院、湖南大学、上海交通大学、同济大学、武汉水利电力学院	张中权、陈雪庭、王世纪、周国梁、沈祖炎
21	北京市长富宫中心高层钢结构施工成套技术	北京市机械施工公司、北京市第一建筑工程公司、北京市建筑机械厂、冶金部建筑研究总院、冶金部钢铁设计研究总院	王康强、钟云鹤、范懋达、贺贤娟、李　云
22	F矿粉混凝土	清华大学土木系、中建二局	冯乃谦、孙振声、陈菊花、余国粹、张淑靖
23	混凝土外加剂国家标准(GB8076—87)	中国建材科学研究院、中国建筑科学研究院、苏州混凝土水泥制品研究院、铁道部铁道科学研究院、南京水利科学研究所	黄大能、田　培、吴兆琦、陈嫣兮、吴绍章
24	砖结构房屋破坏倒塌机理与抗倒措施研究	国家地震局工程力学研究所	夏敬谦，丁世文，黄泉生，张培珍，任维平
25	YW60D型自动液压多功能弯管机	河南省工业设备安装公司弯管机厂	陈定安，陈博，陈修春，陈文，郝梦涛

（二）重要科技成果简介

〔**深圳发展中心大厦超高层钢结构施工安装及工艺研究**〕　由中建三局、一建安装公司及三局建筑科研所完成的深圳发展中心大厦高层钢结构工程是我国目前第一次自行安装的超高层钢结构，在已建钢结构中高度最高焊接钢板最厚，钢柱、钢梁截面最大，特别是我国首次对130mm超厚钢板焊接施工的成功和超高钢结构安装精度的控制，表现了整个安装施工技术和管理的高水平。该工程采用二氧化碳保护自动焊，全部焊缝5233条，折合长度354公里，均通过超声波探伤，达到美国焊接协会AWSD1.1—（34）标准，合格率100%，其中94%达到D级（最高）标准。11.2万颗高强螺栓安装质量均符合设计要求。工程柱子的层间垂直度偏差在规范允许范围之内，建筑总高度165.3m垂直偏差仅25mm，远小于美国AISC规范规定的允许值。获1989年度国家科技进步三等奖。

〔**辽宁彩色电视发射塔主体、工程成套施工技术**〕　由中建三局一公司、三局机械施工公司完成的辽宁彩色电视发射塔，由预应力钢筋混凝土正园锥壳塔基、钢筋混凝土塔身、钢结构塔楼、钢筋混凝土桅杆、钢桅杆天线、附属建筑和设施组成。塔高305.5m，建筑体积67000m^3，塔楼面积4400m^2，钢筋混凝土总量12670m^3，钢材用量3900吨，是当时亚洲第一高塔。发射塔主体工程成套施工技术包括：塔基126束钢绞线预应力环形张拉施工；塔身超高及不等高液压滑模技术；超高空塔楼长构件吊装及安装技术；超高空倒锥面大面积玻璃幕墙安装；超高空擦窗机安装等，集中了施工和安装的大量高难技术，为我国建造高塔施工闯出一条道路。成果获1989年度建设部科技进步一等奖。

〔**不对称建筑抗震计算方法研究**〕　中国建研院与福州大学共同完成的不对称建筑抗震设计方法，在理论及实用上有较大突破和独创性，从理论上解决了地震作用于不对称多高层建筑的平扭耦连振动问题，证明了不对称建筑仍可应用反应谱振型分解法，推导出完整的地震作用公式，提出了地震内力组合建议，并创造性地提出“振型刚心”的新概念，提出不对称建筑在地震作用下无扭转的条件，解决了国内外无法正确计算的多高层不对称建筑地震扭转效应问题。用本课题成果计算震后受损建筑与震害基本相符，并在上海德州新村小区25层高层建筑，北京亮马河双塔楼工程、泉州、烟台商品房住宅、体育报社、大庆医院等工程的抗震设计和加固中得到应用，取得较大社会经济效益。本项目获1989年度建设部科技进步一等奖。

〔**高层建筑超级构架结构体系**〕　以大间距竖向结构和隔若干个建筑层组成的巨型框架是国际上出现的一种新型结构体系。广东省建筑设计院利用超级框架结构原理、结合我国国情，提出一种钢筋混凝土超级结构体系，并在深圳市亚洲大酒店工程应用。亚洲大酒店主楼为丫形平面的塔式建筑，在三个翼端与中央三角区布置了钢筋混凝土筒体、每隔六层设置一个结构承重层，与筒体刚性连接，组成一个复式空间大构架，以空间作用来承受竖向及水平荷载并为建筑提供了灵活的平面布置和较大的空间。超级构架体系为施工创造了良好的场地条件，小框架的施工在大构架内部进行，不受外界气候的影响，可保证质量和安全，缩短施工工期，这种新型结构体系属国内首创，获1989年度建设部科技进步二等奖。

〔**φ4.35M加泥式土压平衡盾构掘进机**〕　盾构掘进机是在软土地层建造隧道必不可少的设备。我国设计、制造盾构掘进机始于50年代末，其机型为网格式水力机械出土盾构或挤压、半挤压盾构，在施工中对地层搅动范围大，地表沉降难以控制，不适合在市区建筑密集地区进行施工。上海市隧道公司、上海船厂研制的加泥式土压平衡盾构掘进机解决了地表沉降的难题，使我国成为世界上拥有此类技术的三个国家之一。它的原理是在头部切口环与支承环间设有密封隔板使开挖面形成密封隔舱，同时使切削下来的土变成流动性与不透水性的特殊土、盾构推进时，土室内泥土便产生压力作用于开挖面上，通过调节出土速度，保持开挖面泥土室始终充满泥土，以达到地层的稳定。这种盾构既避免了局部气压，又省略了泥水盾构中的处理设备，其主要技术指标达到刀盘切削扭矩70吨米，盾构总推力1950吨，土压控制精度0.1kgm／cm^2，推土能力73m^3／小时，掘进速度2—3cm／分钟，该机在上海市浦东到浦西的电力输送隧道（总长534m，直径3.6m）开挖中发挥了作用，在地层复杂、施工条件限制多的情况下，仅用8个月时间全线完成，实现了建筑密集区的地面沉降控制，节约了大量加固和搬迁费用，革除了恶劣的气压施工条件，改善劳动条件，实现了隧道施工科学化、电气化、自动化。获1990年度国家科技进步一等奖。

〔**粉煤灰回填土试验研究**〕　用粉煤灰作回填土具有投资少、施工简便、上马快等优点，目前已成为国际上大吨位利用粉煤灰的主要途径之一。上海建筑科研所等单位系统地研究了粉煤灰的土工物理力学性能、工程特性和工程实践应用技术，以及对环境污染的可能性提供了各项技术资料。试验研究结果表明：1.粉煤灰的化学成份、矿物组份、颗粒结构等各项性能具有良好的稳定性；2.是一种较为理想的填筑材料，即使是三级灰，经分层压实后，仍具有较高的地基承载力（当压实度＞0.9允许承载力＞14吨／m^2）；3.透水性优于一般粘土，施工时受季节性的影响较小，因此，施工简便、可缩短施工周期。成果适用于厂房填筑、港区陆域回填、机场筑路填筑，挡土坪回填等各项工程。为大量利用粉煤灰开拓了新的途径，具有明显的社会、经济和环境效益。获1989年度建设部科技进步三等奖。

〔城市工程地质系列图的组合原理和信息的空间传输暨应用研究〕 建设部综合勘察研究院在广泛研究了国内外城市工程地质图编制工作现状基础上，首次提出城市工程地质系列图，并应用信息传输理论对城市工程地质系列图作了系统研究。其主要内容：将城市工程地质系列图作为地质环境与工程建设关系信息的良好载体与通道，大大丰富了图的内容；提出了城市工程地质系列图设计方法及主题要素的选择与组合原理；提出了背景图、专题图、综合图、辅助图为体系的分类；提出了城市工程地质图信息传输转向数字信息再转向图象信息的基本方法，研究了转换中的数学模型。工程地质系列图及信息传输理论在海口和南宁市实用，将地质信息转换为地基基础适宜性，土地工程能力、土地利用控制等有突出作用的实用信息，填补了我国城市工程地质编图理论的空白、具有国际先进水平，获1989年度建设部科技进步一等奖。

〔面向微机的多层和高层建筑结构空间分析程序TBSA〕 由建研院完成的TBSA程序是面向微机的高层建筑结构空间杆系及薄壁柱体总内力分析与配筋通用程序，可在IBM-PC／XT、AT，长城0520及各种兼容机上运行，可用于各种复杂体形的高层筒体、框筒、剪力墙、框剪及框架结构的静、动力分析和配筋设计，分析能力为结构最大层数70层，每层可设120根柱、200根梁。本程序有先进的前处理能力、可对输入数据进行检测，并以高分辨率在屏幕或打印机上显示，有自动导荷载功能和较强的后处理能力。用户只需按建筑结构平面图就可以使用，不需填表，加上自动导荷功能，可减少数据准备工作80%以上；使用方便、速度快，计算结果可直接应用于工程，通过中央彩电中心主楼、解放军761工程应用表明有较好的可靠性、并取得显著经济效益，获1989年度建设部科技进步二等奖。

〔近景摄影测量技术在石窟测绘中的应用研究〕 建设部综合勘察院研究解决的石窟图件的基本类型和测图方法，是基于航空摄影测量的理论与部分仪器，利用对近距离物件的拍摄的相片所包括的信息进行模拟的或解析的处理，为研究与表达所摄对象大小，形状与时空位置，得出相应的立面、剖面、平面图和等值线图、细部大样图及要求的数据。本项目在四川大足北山、宝顶山及大同云岗三处石窟进行了大规模试验研究后，在龙门石窟做了推广应用，显示出该项技术的优越性。获1989年度建设部科技进步二等奖。

〔《混凝土结构设计规范》(GBJ10—89)〕 混凝土结构是目前我国应用最为广泛的一种结构。解放初期全盘套用苏联有关规范。70年代修订规范时，尚缺少自己的试验研究数据，对原规范未能进行实质性的改进与提高。改革开放十年来，中国建筑科学研究院、清华大学、上海城市建设学院、铁道部北京局设计院等科研、设计、高等院校，针对原设计规范存在的问题，先后组织了三批课题研究，取得了大量数据，并且广泛分析，借鉴了近10年各先进国家规范与国际标准。从而使这次我国规范的修订仅新增内容就占规范全部内容的1／3，从混凝土结构两种极限状态的设计计算体系、构造要求到有关具体内容均有实质性的大幅度提高，使本规范在深度和广度上较原规范均有重大突破和发展。本规范在总体上达到了技术先进，经济合理，安全适用和确保质量要求，某些设计理论和计算方法还达到了国际先进水平。本规范的贯彻实施，对于进一步合理利用材料资源，保障结构安全和耐久性，具有重大意义和显著的经济、社会效益。

本规范获建设部1990年度科技进步奖一等奖。

〔QTZ120塔式起重机〕 长沙建筑机械研究所等单位结合我国国情，吸取国内外塔机优点，广泛采用新技术，研制了QTZ120塔式起重机，其特点是：设计新颖、自重轻、能耗低、作业空间大、工作效率高、工作平稳、安全可靠、使用维修方便。主要新技术有：双拉杆悬挂支承吊臂，刚度大，且吊臂自重减轻22%；X型底架受力好、自重减轻25—30%；电磁换档变速起升机构，控制方便，能耗低、工作平稳；无中央集电器，整机可靠性提高；行星传动小车牵引机构效率提高20%；机械式力矩限制器可靠方便、成本低。该机最大起重量达8吨，是高层建筑、桥梁、电站、高塔等施工的重要垂直运输设备，主要技术性能和经济指标在国内处于领先地位，达到八十年代国际同类产品的先进水平。获1989年度建设部科技进步二等奖。

〔《RV—02系列立式容积式换热器〕 容积式换热器具有贮水容积大，阻力小，供水安全稳定的优点，是国内外制备生活用热水的主要设备。

由建设部建筑设计院、济南市压力容器厂共同研制的《RV—02系列立式容积式换热器》，是在吸取国内、外同类产品优点的基础上，研制了换热管束新结构，优化了热媒与被热水的动态工况，充分利用热媒的显热，尽量缩小冷水区，提高了传热系数，是一种节能产品，其热工性能与换热器结构设计居国内同类产品的领先地位，并达到国际同类产品的先进水平。

该产品设计先进，结构合理，热效率高，适应性强，操作维修方便，占地省，投资小，节省能耗，节约钢材，经济、社会效益显著。目前已有近10项工程采用，取得了很好的效果。

该产品可广泛用于旅馆、招待所、医院、高级办公楼、公寓及浴室等建筑物或公共建筑设施。既可用于新建工程，也可用于工程改造。其主要技术指标如下:

技术指标＼类型		A	B
热　媒		热　水	饱和蒸汽
设计压力P (MPa)	壳程	0.6，1.0	0.6，1.0
	管程	1.6	0.4
传热系数K(W/m^2.k)		477～680	547～747
热媒温度(℃)	进口T	70	151.1
	出口T	53	55
被热水温度(℃)	进口t	13	13
	出口t	55	60

注：表中k值为考虑结垢等因素后的设计值。

本成果获建设部1990年度科技进步奖二等奖。

〔无锡、济南、天津三个住宅实验小区建设〕 无锡沁园新村、济南燕子山小区、天津川府里小区是我部"七五"期间的三个住宅实验小区。其目的主要是在建设中组织推广应用新设计、新技术、新材料，通过技术进步来改善量大面广的住宅建筑使用功能、工程质量，改变建筑千篇一律的形式，注意节能、节地、节材，达到提高经济效益、环境效益和社会效益。

三个小区于85～86年开始规划和设计，经过多方案评选，组织专家评议，选择了新技术项目的开发应用，于87年分别开工，89年初全面建成。三个小区共采用新技术88项，小区完成后审报授奖49项，经专家评选授于规划、设计、新技术应用、管理四方面奖27项，其中一等奖三项，二等奖11项，三等奖13项，建设部为此于89年8月在济南召开"城市住宅小区建设现场会议"，重点交流了三个小区建设经验，表彰小区的优秀成果。会议确定建设部成立"城市住宅小区试点办公室"并进行全国规模较大的第二批住宅小区试点工作，把住宅小区试点，提高居住质量作为今后建设部的一项长期工作来抓。

〔广东63层钢筋混凝土超高层国际大厦工程〕 广东国际大厦主楼地面以上63层，地下4层，地面以上总高度200.18米，顶层设有直升飞机停机坪，是目前我国自行设计、施工的最高钢筋混凝土超高层建筑，该工程由广东省建筑设计院设计，广东省四公司承建，并于1989年12月结构封顶，比计划提前63天。建设部将此项工程列为综合应用新技术试点，多次组织专家推荐采用成熟、可靠、先进，适用的科技成果十多项，200米高的垂直度最大偏差仅为1.4cm，结构采用无粘结预应力楼盖体系，使每层楼盖减薄8厘米，总计节约钢材450吨，节约混凝土4660m^3，墙柱截面也相应减小，减轻结构自重达2万吨，节约投资300余万元，并在总高度不变的条件下，相当于多增加6个楼层。采用SP-70钢木组合早拆模板及支撑体系，简化了支模方式，提高了模板承受侧压能力（达6t/m^2）满足泵送混凝土和后张无粘结预应力平板施工需要，实现了只需配置一层模板、三层支撑就可施工到顶，大大节省了模板的一次投入量。采用的粗钢筋冷挤压连接技术，比搭接可节约钢材70—80%，比焊接提高工效2.5倍以上，且接头质量好，性能可靠。采用yM—84型水泥混凝土养护剂，为该工程8万m^{3}混凝土解决了高层施工用水紧张的矛盾，实现文明施工，并有利减少混凝土早期收缩裂缝。其他还有微珠粉煤灰双掺泵送混凝土，复合缓凝早强剂、地下用聚氨脂防水涂膜、一小时快速预掘混凝土强度，垂直度控制统计计算、微型施工网络等都取得较好效果。该项工程已列入世界200m以上钢筋混凝土超高层建筑第15位。

〔无粘结预应力混凝土成套技术体系〕 近几年来，无粘结预应力混凝土成套技术已在全国范围内得到推广应用，应用该技术的建筑面积已达到50万m^2。应用对象从现浇平板结构发展到框架、桥梁、箱形结构。无粘结的工艺也更趋完善，其特点是：无粘结预应力筋采用挤压涂塑工艺，质量可靠、具备商品供应的生产能力；编制了《无粘结预应力混凝土结构体系设计与施工规程》；系列锚具产品主要性能指标均达到国际预应力技术标准（FIP）、可作为“Ⅰ”类锚具使用。具有体型小，效率高，工率配套，可满足高层建筑、大跨结构的预应力工程需要。1990年广东国际大厦63层主楼的平板及扁梁均采用无粘结预应力技术，使结构每层高度减8cm，达到节约用钢450吨。中央电视发射塔塔基及塔身中采用了环向和竖向预应力技术，提高了电视塔抗御地震和风荷能力，也改善了塔体耐久性。亚运村汇宾大厦，地上20层框剪结构，由于采用无粘结预应力混凝土平板，在总高不变的情况下，净增了二层面积；北京科技活动中心27m跨的多功能大厅，是目前国内跨度最大的双向井式无粘结预应力混凝土梁。

〔塑料排水管的推广应用〕 硬聚氯乙烯建筑排水管代替传统的铸铁排水管已越来越在多层民用住宅、公用建筑及农业中得到应用，它具有内外壁光滑、水流阻力小，不易结垢、不易堵塞、不易结露、外形美观、重量轻、施工方便、耐腐蚀等特点，在不受阳光直接照射情况下，一般可使用50年左右。随着我国石化工业的发展，特别是乙烯工业的发展，为推广应用创造了条件。这几年《建筑排水用硬聚氯乙烯管材、管件》(GB5836—86) 国家标准，《建筑排水硬聚氯乙烯管道设计规程》(CJJ29—89) 以及《建筑排水硬聚氯乙烯管道施工及验收规程》(CJJ30—89) 的颁布，为推广应用奠定了技术基础。据上海、哈尔滨、福州市的工程试点，平均每平米建筑面积可节约生铁3公斤、节约标准煤2公斤、节约投资0.3—0.5元，提高工效60%，据济南市燕子山小区20万平米推广应用测算，每平方米建筑可节约投资0.65元，节约生铁3.8公斤。到1990年底，全国推广使用面积累计达7000万平方米以上。

〔粉煤灰在工程建设中的推广应用〕 我国粉煤灰年排放量已逾5000万吨，利用率已达到25%以上，而且排放量每年以10%的速度在增加。上海市1989年排放量为199万吨，利用量达到134万吨，其利用率为68.7%。近年来，在粉煤灰修筑道路路堤，进行工程结构回填和在混凝土、砂浆中的应用，又得到进一步的推广。粉煤灰修筑高等级道路路堤，具有吃灰量大，投资少，上马快的特点，具有自重轻、强度高、透水性好的优点，在沪嘉、莘松两条高速公路共长22.2公里的修筑中吃灰50余万吨，节约投资500万元，节约土地400余亩，目前在济青高速公路及第二条钱江大桥的公路引桥建设中又取得较好效果。粉煤灰结构回填可利用电厂湿排原状灰或干排调湿灰，容易获得充裕的资源，也无需特殊设备，当压实度 $K \geqslant 0.95$，其压缩模量 $E_s \geqslant 100kg/cm^2$，地基允许承载能力〔R〕$\geqslant 12$ 吨／m^2。在南通市经济技术开发区工程用地结构回填中，用灰量为23.9万吨，开发区免征农田124亩，电厂免征贮灰用地120亩，仅征地费一项，节约投资565万元。在外掺粉煤灰混凝土和砂浆中，近年来，对大体积混凝土、地下水下工程混凝土、泵送混凝土，碾压混凝土，以及盾构施工和地基加固等方面有了推广。一般在混凝土中每掺入1吨灰，可取代水泥600—700kg，细集料400—500kg，在砂浆及灌浆材料中可取代水泥20—30%，取代石灰膏40—50%。

〔钢框人造板组合模板及支撑体系〕 由钢框和人造板构成的模板及支撑体系，是我国继木模板、钢模板之后的第三代模板，近年来，发展较快，目前已在工业与民用建筑、市政工程、桥梁工程、水工及地下工程中得到推广应用。应用钢框胶合板加工的有组合模板、大模板、隧道模、筒子模、爬模、平台模、水电站用的全悬臂模、大桥模板等。钢框胶合板模板自重轻，比钢模板轻30%～50%，可加工成大型模板，实现整装整拆，减少装模拆模用工量，并可缩短工期，降低工人劳动强度。模板板面平整拼缝少，浇筑的混凝土表面质量平整光滑，可取消找平抹面湿作业，节省抹灰工料费，进一步缩短工期。覆膜胶合板表面不能与混凝土起化学作用，脱模及维护均比钢模容易。大块模板实现整装整拆，提高工效一倍左右，取消湿作业可缩短20%总工期，节省抹灰工料费至少1.4元／m^2。采用快速脱模支撑，工期又可缩短一倍左右。在相同工期情况下，模板使用量可减少一半。钢框胶合板模板保温性能好，适合冬季和大体积混凝土施工。

据统计全国钢框胶合板模板已生产30多万m^2，在国内20多个省市，300多万平方米的建筑中应用。如北京亚运会国际会议中心采用了组合模板、北京华侨大厦采用了半隧道模、青岛金融大厦采用了大模板、山东齐鲁乙烯36号高层住宅楼采用了筒子模、上海交通学校实验楼采用了爬模。此外，上海市的南浦大桥、窄埔码头、广西岩滩水电站、浙江钱塘江二桥、台湾省的地下铁道、高速公路和车库也都采用了钢框胶合板模板。

〔混凝土灌注桩的推广应用〕 混凝土灌注桩自70年代开始应用，1980年编制了《工业与民用建筑灌注桩基础设计与施工规程》，并开展了单、辟桩承载力与变形及成桩设备等研究，推动了灌注桩技术的进步和应用。目前已成为各类建筑物主要的基础形式之一，据89、90两年统计，全国采用灌注桩大约在120万根以上。灌注桩与预制桩比，可节约钢材30—50%、降低造价40%，二年合计可节约钢材3万吨左右，节约投资2.3亿元。蓟县电厂采用$\phi800\sim1200 l=20\sim32m$灌注桩2000根，解决厂区基岩起伏破碎，无法采用预制桩问题。蒲城电厂，采用扩底灌注桩解决了难以处理的深厚湿陷性黄土地基问题。北京图书馆以及沙岭子电厂、黄壁庄电厂等均采用大直径灌注桩解决了地基承载力不足问题。深圳国贸中心、北京彩电中心采用灌注桩介决了荷载大、分布不均等问题。此外，还收到了加速工程进度、缩短施工期和减少环境污染的效果。

〔**商品混凝土应用**〕 我国商品混凝土自77—78年开始生产，至今，据不完全统计，全国商品混凝土总产量已达450万m^3，约占城市现浇混凝土量的7%，其中常州市生产量9.5万m^3，占市混凝土现浇量的47.5%，上海市约为165万m^3，占35%，北京市130万m^3，占25%，从人均用量计上海属第一，为0.22m^3／人，常州为0.204m^3／人，北京为0.176m^3／人。

近几年，商品混凝土应用面在不断扩大，基础工程的钻孔灌注桩，地下连续墙，大体积混凝土基础，以及高层剪力墙、框架等都有应用，与此相应泵送混凝土技术得到开发，180m高度的楼层能达到一级泵送入模，使北京的京城大厦，京广大厦及广东63层国际大厦，实现了高层建筑结构5天一层的高速度。在大体积混凝土施工方面，可以有效地组织多站多泵联合作业，处在闹市区的上海海伦饭店的8600m^3混凝土基础采用这种方式一次连续浇捣90小时内完成。

〔**混光光源照明技术的推广应用**〕 目前全国许多设计院在高大工业建筑和体育馆建筑等照明设计中广泛应用混光光源照明。据不完全统计，已在全国27个省市的一千余工业车间的照明中应用，上海宝山钢铁厂、攀枝花钢铁厂、第二汽车制造厂、沈阳松陵机械厂等各种机械加工及其他高大工业车间都已应用。特别是已成功地应用于11个亚运会体育馆照明，满足了比赛和转播彩色电视的要求，并且一次验收合格。此外，有20余家灯具厂生产各种规格和用途的混光灯具，年稳定生产10万套，年创产值6千万元，累计四年创产值约2.4亿元，产量40万套。该项技术对于提高车间的照度水平，改善光色，节约电能，提高工作效率，改善工作条件方面均取得良好的效益。1990年10月已出版了《混光照明设计手册》，提供了完整的理论基础和大量的数据图表以及应用实例，供设计人员使用。

建设部科学技术委员会

韩 爱 兴

〔**历史沿革**〕 建筑工程部时期。1962年6月21日，建筑工程部党组作出《关于成立科学技术委员会的决定》，指出：为了贯彻党和国家科学技术的政策，促进建筑科学事业的发展，特决定成立科学技术委员会。科学技术委员会是一个咨询机构，负责对有关专业方面的科技工作提出建议。其主要任务是：

1、对科学技术的方针、政策和改善科学技术工作的重大措施提出建议；2、协助部审查长远科学技术发展规划和年度科学研究计划、新技术推广计划、新产品试制计划以及技术标准规范等计划；3、讨论鉴定重大的科学研究成果和重大的发展创造，并提出推广上述成果的建议；4、根据部的委托，负责讨论处理有关重大科学技术问题；5、承包部交办的其他任务。

科学技术委员会由建工部部长刘秀峰同志、副部长赖际发同志领导，科学技术委员会由81位委员组成，设立了建筑工程、建筑材料和城市建设三个专业组，分别由副部长杨春茂、刘裕民，陈云涛，许世平同志担任专业组组长。由吴世鹤同志担任科学技术委员会秘书长，办事机构设在科学技术局。

建筑工程总局时期。1980年，国家建工总局成立不久，为了加强建筑科技工作，成立了由29名委员（其中有10名委员系1981年3月增补的）组成的国家建工总局技术委员会。建工总局副总局长张哲民同志任技术委员会主任，冯舜华、何广乾、廉仲同志任副主任。技术委员会主要从事开展建筑技术政策的调查研究与制定工作，特别是对节能、节约木材、建筑工业化和住宅建设等技术政策，组织全行业进行了广泛地研讨并高质量地完成了任务。有许多技术政策至今仍有重要参考价值。如住宅建设技术政策是后来制定2000年小康居住水平的重要政策依据。此外，技术委员会还设立了学科学位评议组，在恢复和建立高等院校学科学位建设中完成了大量的工作。

城乡建设环境保护部时期。1982 年 5 月，城乡建设环境保护部成立，为了加强科学技术工作，促进城乡建设、建筑、环境保护、测绘事业的发展，部党组决定并于 1983 年 4 月发出了（83）城科字第 241 号《关于成立城乡建设环境保护部科学技术委员会的通知》。明确科技委为部党组领导下的科学技术参谋、咨询机构，对重大技术政策、规划、立法和重大技术攻关课题等方面，进行研究审议，为党组选择方案和提出意见。科技委由本部和本部系统在京各方面的技术业务水平较高和管理经验丰富的人员组成，由部长聘任，任期四年。

此届科技委由副部长戴念慈等 32 名专家组成，戴念慈任主任，张哲民、何广乾、郑孝燮、许溶烈、刘鸿亮任副主任。下设城建、建工、环保、测绘四个专业科技委员会。

〔**建设部科学技术委员会**〕 1988 年 6 月，新组建的建设部根据部务会议决定，成立建设部科学技术委员会（以下简称科技委）。并发出（88）建人字第 94 号《关于建设部科学技术委员会组成人员的通知》。其组成人员如下。

主　任：储传亨　建设部总规划师　研究员级高级城市规划师

副主任：许溶烈　建设部总工程师、研究员级高级工程师

委员兼办公室主任：林太珍　研究员级高级工程师

委　员：徐正忠　建设部科技发展司司长　研究员级高级工程师

林志群　研究员

张钦楠　研究员级高级工程师

何健安　研究员级高级工程师

高承增　高级工程师

赵士绮　研究员级高级城市规划师

陈俊勇　高级工程师

严仲雄①　高级城市规划师

顾　问：戴念慈　建设部顾问　研究员级高级建筑师

张哲民：前国家建工总局副局长兼技术委员会主任

何广乾　研究员级高级工程师

郑孝燮　研究员级高级城市规划师

安永瑜　研究员级高级城市规划师

罗龙元　研究员级高级工程师

技术立法与质量管理顾问：

詹姆斯·波尔（JAMS.E.BIHR,P.E.）

美国国际建筑官员组织总裁

科技委作为部党组和部长在科学技术方面的参谋和咨询机构，是部长在领导建设科技工作方面的助手，其职类和任务是：

1、审议与论证建设部科学技术方针、政策与发展战略；参与制定并负责审议建设部科学技术中长期发展规划，协助部审查科研攻关、新技术推广和新产品试制五年计划与年度计划，对重大项目组织论证与审议；并据此协助部领导协调、联络、交流各专业司的科技工作；

2、主持评议和签定重大科技成果和重大的创造发明；组织审定部级、推荐国家级科技进步奖和发明奖；评审部级科技图书、人防工程、城市车辆等有关方面的定期与不定期奖励；

3、参与评审有关高级专业技术职务的任职资格；评审部级、推荐国家级有突出贡献的专家；

4、指导建设系统有关专业领域的科学技术及有关工作；

5、接受国内外，部内外有关单位委托，对建设系统有关重大科技问题进行咨询；讨论处理并完成部领导交办的有关重大科学技术问题和其他有关事宜。

〔**审议、制定科技方针、政策与发展规划**〕完成了国家《中长期科技发展纲领》的修改和建设部编制的中长期科技发展纲要的审议工作。国家中长期科技发展纲领（以下简称纲领）是根据党的十三大精神和七届人大一次会议政策工作报告的要求，由国家科委牵头成立国务院《纲领》起草专家小组组织制定的。其目的是指导我国到 2000 年以至 2020 年科学技术的发展。内容包括形势与抉择、战略目标与方针、重点发展领域、体制与机制、政策与措施，以及国际合作与交流。建设部科技委在组织修改《纲领》过程中，深入调查研究、广泛征求意见，从国家的全局出发，提出了事关许多社会发展的重大建议，在《纲领》重点发展领域中，增加了以居住环境和住宅技术为主要内容的建设事业和内容等修改意见，并通过广泛宣传的工作得到了国务院《纲领》起草专家小组的采纳。与此同时，重点审议了《中长期科技发展纲要——建设》（以下简称《纲要》。《纲要》作为《纲领》的 19 个领域的配套文件之一，由我部组织编制。《纲要》分概述、发展总目标、重点科技任务、政策和改革措施、主要支撑条件等五部分。科技委从 1988 年 7 月开始起草《纲要》到 1989 年上半年完稿，组织有关方面专家 100 多人次审议修改。

①严仲雄为1990年8月1日建设部部务会议决定增补的科技委委员。

〔审定新技术推广项目计划和“八五”科技计划〕 根据叶如棠副部长关于加速建设系统推广应用新技术的建议，协助组织审定《推广应用科技成果项目计划》，确定了第一批推广项目140项，其中20项为重点推广项目。围绕提高劳动生产率、提高经济效益、提高工程质量和节约原材料、节约能源、节约用地、节约用水，组织科技成果推广。还参与组织、审定了建设部“八五”科技发展计划。

〔论证审议建设领域的重大科技问题〕 审议了《中国建设工程科技成就四十年》研究课题。为了迎接新中国成立40周年，收集、整理并检阅建国以来特别是近十年改革开放以来建设工程科技发展的重要成就，研究其特点和发展趋势，以便总结经验、明确目标、确立对策。决定组织编写《中国建设工程科技成就40年》。科技委负责审查编写研究提纲并进行技术审定，在突出科技成就的同时，增加了介绍历史发展进程和走过的弯路，找出差距，给后代留下情况全面、有学术价值的资料，对编写内容和一些概念作了论证和审定，对编写工作也提出了许多具体的指导建议。该研究项目已于89年10月正式出版。

讨论审议了《我国高层建筑发展的调查报告》。我国高层建筑自70年末以来发展迅速。全国已建成10层以上高层建筑总面积约两千多万平方米。已建、在建的高度超过100米的建筑有50余幢。在建筑、结构及地基基础的设计与施工、空调、设备等方面积累了不少经验。但也存在许多问题，主要有：对高层建筑缺乏总体规划，有一定的盲目性；对历史文化名城和风景旅游区的环境影响考虑不周；建筑设计的合理性考虑不够，耗能大，造价高，经济效益差；国产高级装饰材料和设备品种少，质量差，依靠大量进口；防火规范不够完善等。为了克服高层建筑建造中存在的问题，科技委高层建筑委员会在广泛调查研究的基础上，提出了建立高层建筑的审查审批制度，并从进一步发展我国高层建筑的方向、技术等向有关方面提出了政策性建议和措施。

审议了国家标准《城乡建设专业分类与代码》等一些重大科技问题。

〔开展建筑新材料开发应用与协调工作〕 为了推进新建筑材料的开发应用，建设部与国家建材局于1987年6月联合建立了新建筑材料开发应用协调组，下设水泥合理应用、墙体材料、玻璃、装饰材料、防水材料、陶瓷卫生洁具六个专业组。协调组成立以来，主要开展了：主要建材产品市场需求预测；调查推广商品混凝土和散装水泥的运输、储存、分配体制、价格、利益分配等问题；申请成立“中国水泥质量认证委员会”，制订“水泥产品质量认证章程”和“水泥产品质量认证管理办法”，开展了小水泥升级工作；围绕普及推广空心砖和开展复合墙体，编制了空心砖抗震设计施工规程，开展了空心砖规格模数化和合理规格系列的研究，积极组织哈尔滨、成都的墙体材料改革试点；对窗用玻璃合理规格问题进行了探讨，研究了钢化玻璃门及夹层玻璃门的应用问题；组织编制了中高档装饰材料产品样本，举办“第二届新型建材展销会”、修订《装饰工程施工及验收规范》；组织了卫生间最佳设计方案和样板间评比，起草了《关于改造城市房屋卫生洁具的通知》；开展了防水材料及工程应用调研工作，编辑了防水材料及施工技术教材。

〔建立了优秀建筑科技图书部级奖，积极组织参与建设系统各种奖励的评审工作〕 为了发展和繁荣建筑科技图书出版事业，提高出版物的质量，鼓励科技人员和编辑出版工作者多出书、出好书，经部领导同意，建立了优秀建筑科技图书部级奖。起草了全国优秀建筑科技图书部级奖评奖办法，并于1989年组织了首届评奖，共评出《曲阜孔庙建筑》等15种图书获一等奖，《营造法式》等32种图书获二等奖；另外对《清代内廷宫苑》等7种图书给予表扬鼓励。科技委和有关出版社对获奖图书以及作者、编辑分别发给荣誉证书和奖金。

组织参与了中国第一批城市住宅试验小区——无锡、济南、天津三个小区的总结评奖工作。

科技委还积极参与了人防工程科技成果、城市车辆优秀新产品的评奖和建设系统《0500系列微机软件》的测评等有关工作。

〔接受委托，开展技术咨询〕

(1) 对大邱庄建设规划进行咨询。成立了天津大邱庄村镇规划咨询小组。由许溶烈同志任组长，成员有林志群、高承增、赵士绮、林太珍等。咨询组多次深入大邱庄参观、考察和座谈，对大邱庄及所在静海县社会、经济发展情况进行调查研究，并确定规划的重点、内容与要求，对确定大邱庄人口发展规模、以及经济影响区域内的服务人口；调整用地布局、道路网；公共建筑配置；现有平房改造；饮用水质处理及供水设施工程规划；污水、固体废弃物收集与处理；防灾规划、环境绿化及管线配置等问题进行了咨询和论证。

(2) 对西昌卫星发射中心、中国空气动力研究与发展中心的扩建、改建及规划布局进行咨询。

西昌卫星发射中心和中国空气动力研究与发

展中心，是为发展我国航空、航天事业于60年代末、70年代初开始营建的，规模大，技术难度极高。专家们对基地建设中存在的问题进行了广泛地论证和咨询，对调整总体规划、加强环境建设以及改进工程质量等提出了许多好建议。同时在咨询建议的基础上，商定在制定基地发展规划、水资源评价与饮用水水质的保障、屋面防水技术、地基处理技术、高层建筑及住宅群优化设计选型等方面的合作内容。

〔开展科技发展合作〕

1、与联邦德国对外技术合作委员会合作，德方资助50万马克，用于发展我国新型墙体材料；

2、成立城市车辆技术专家委员会，积极支持中国城市车辆事业的科技工作；

3、为部抗震工作聘请顾问；为编纂《土木工程大词典》聘请编委；

4、组织协调《提高住宅建设效益与效能的对策研究》和《提高我国工程质量的政策与措施的研究》两项重大软课题；

5、审查国家级和建设部有突出贡献的专家资格；

6、参与评审建设部高级专业技术职务任职资格；

7、积极支持建设系统专业志编纂工作。

附：历届科学技术委员会名单

（一）建筑工程部科学技术委员会名单

科学技术委员会由刘秀峰同志、赖际发同志领导，科学技术委员会的委员分别组织在以下三个小组中。

1、建筑工程组：

组长：杨春茂　刘裕民

组员：王大钧　汪之力　徐长勋　任朴斋
郭林军　周小英　金欧卜　吴世鹤
王唐文　夏行时　施嘉干　汪受衷
蔡方荫　罗邦杰　薛绳祖　何广乾
黄　强　沈文瑜　王华彬　陶逸钟
张　镈　戴念慈　朱兆雪　许　照
林乐义　钟　森　包瑞麟　茅以升
梁思成　邓恩戴

秘书：苏　彬

2、建筑材料组：

组长：陈云涛

组员：祁　俊　张哲民　徐卓然　杨涤生
张介夫　刘　昆　丁　原　李荫蓬
王志武　赵景琦　彭望钺　吴中伟
王　裕　何欧里　王　涛　黄先修
冯修吉　刘公诚　丁士厚　胡宏泰
刘玉堂　乐伯镛　丁继光　赵庆杰
苏良赫　郑　直　金效先　游恩溥
赖其芳　田维良　文和阳

秘书：白景昌

3、城市建设组：

组长：许世平

组员：丁　秀　王　兴　过祖源　顾康乐
潘鸿飞　林志远　李延直　王兆霖
陶葆楷　王宪忱　李必兴　王业俊

秘书：周祥生

（二）建筑工程总局技术委员会名单

主　任：张哲民

副主任：冯舜华　何广乾　廉　仲

委　员：王　挺　陶逸钟　梁国荣　汪受衷
许溶烈　吴世鹤　申荟阳　党文章
戴霞辉　张　硕　张显庭　顾天训
王钟琦　陈雨孙　戴念慈　沈如松
俞佾文　张报先　董金瓯　包瑞林
龚德顺　肖绍统　张钦楠　秦兰仪
王时熙

（三）城乡建设环境保护部科学技术委员会名单

主　任：戴念慈

副主任：张哲民　何广乾　郑孝燮　许溶烈
刘鸿亮

委　员：（以姓氏笔划为序）
王　凡　王华彬　五钟琦　甘伟林
叶维钧　刘鸿亮　庄国伟　曲格平
许溶烈　何广乾　肖　岗　吴世鹤
汪受衷　杨　慎　周干峙　林乐义
林志群　陈俊勇　张钦楠　张哲民
金鉴明　孟　磊　郑孝燮　胡新六
徐正忠　夏行时　顾子聪　顾康乐
陶逸钟　龚德顺　裴　黎　戴念慈

科技委下设城建、建筑、测绘、环保四个专业委员会，组成人员如下：

1、城建专业科学技术委员会组成人员名单

主　任：叶维钧

副主任：王　凡　周干峙

委　员：于尚信　王云龙　王扬祖　王洪涛
马熙成　左德舫　刘天成　安永瑜
吴万齐　陈为邦　周兴沪　赵士绮
赵　瑾　柳尚华　俞德寅

2、建筑专业科学技术委员会组成人员名单

主　任：杨　慎

副主任：龚德顺

委　员：王训政　肖绍统　何建安　李国泮

周厚坤　孟　磊　张祥萱　赵鸿岐
夏靖华　黄国炳　曹万华　顾云昌

3、测绘专业科学技术委员会组成人员名单

主　任：喻　沧

副主任：陈永龄　王之卓　陈俊勇

委　员：王之卓　方　恒　龙宗英　卢乾坤
关大任　刘先琳　刘葆梁　纪增党
陈永龄　李庆海　李青岳　李伯衡
陈俊勇　余　植　张志新　张学良
张祖勋　张清浦　张筱荣　林天冲
周忠谟　胡明诚　胡毓钜　顾旦生
梁宜希　程友琛　曹世英　喻　沧
管坏霖

4、环境保护专业科学技术委员会组成人员名单

主　任：曲格平

副主任：焦金虎　刘鸿亮

委　员：于　麟　马梅生　王文兴　王兼洛
石　青　叶奕森　刘鸿亮　曲格平
孙鸿冰　李宪法　李金昌　杨本津
单庆云　张崇华　金鉴明　金瑞林
赵士修　焦金虎　雍永智

7

建筑教育

高 等 教 育

吴勤珍、梁俊强、温健

〔**概况**〕 1990年全国设有建筑工程类专业的高等学校共239所，这些高等院校有的只设本科，有的只设专科，有的本科和专科同时设置，其中只设置本科专业的高等学校47所，只设置专科专业的高等学校130所，本专科同时设置的有62所。此外还有2所是中专校办的大专班。其特点是：(1) 1990年设置建筑工程类专业的学校比1988年增加两所，但招生人数却比1988年下降10%，从总体看，主要的国家计划招生人数基本变化不大，而委托代培与自费生人数比前几年下降较多。(2) 由于国家教委对本科专业设置审批权限的改变——即高等学校可根据社会需求的变化自行调整专业方向并设置相近专业，因此部门学校办建筑工程类专业的增多，一些原来只能开办建筑工程类专科的高等学校也从1989年开始改招本科或本、专科同时招生，因此专科专业的招生人数下降更多。(3) 各校在招生工作方面进行了改革，如国家教委的一些直属高等学校改为按系招生，到高年级再分专业培养，也使专业招生人数的统计上发生一定变化。(4) 一些高等学校相继成立建筑学院和建筑工程学院，例如同济大学建筑系1986年扩大为同济大学建筑城规学院，清华大学建筑系1988年组建为清华大学建筑学院，1990年5月，浙江大学土木工程系、建筑学系及建筑设计研究院组成的浙江大学建筑工程学院成立。(5) 部分高等学校的建筑学专业由四年制改为五年制。(6) 各校认真贯彻治理整顿、深化改革精神，以全面提高教育质量为重点，在加强和改进学校思想政治工作方面做了大量工作，高等管理得到进一步加强。总之，这两年的特点是从量的发展转向质的提高。详见附表一 “1990年高等学校建筑工程类专业学生基本情况表”和附表二 “1990年普通高等学校建筑工程类专业设置一览表”。

〔**教学工作**〕 1989年5月16日～19日，由建设部主持的“全国高等学校建设工程类学科专业指导委员会”在京成立。指导委员会的任务是加强宏观指导，更好的进行专业建设和人才培养。其具体职责是：研究本学科专业的发展方向，组织制定专业培养目标、培养方案和毕业生的基本要求，以及有关课程、教学环节的教学基本要求；开展教学经验交流、推动教学研究活动；协助进行本学科专业的教育质量评估和教材建设等。指导委员会共设建筑学、建筑工程、供热通风空调及燃气工程、给水排水工程和建筑管理工程等五个专业，分别委托东南大学、同济大学、清华大学、哈尔滨建筑工程学院和重庆建筑工程学院为主持单位，共聘请委员86人。同时在指导委员会下设立了城市规划、风景园林、建筑施工、城市燃气等四个指导小组。1990年各指导委员会和指导小组相继召开会议，开始组织制订各专业本科教育的培养目标和本科生基本规格。全国高等学校建设工程类学科专业指导委员会名单见附表三。

〔**教育质量评估**〕 1990年6月全国高等学校建筑学专业评估委员会成立，教育评估是为了在不同高等院校之间保证基本学术水平的一致性和统一性，在主管部门支持下建立的以审查和鉴定高等学校的资格的专门机构。我国在1985年开始进行这方面的研究和实践，1988年在组织《供热通风与空调工程》专业评估试点的基础上，建设部人才开发司与中国建筑学会组织清华大学、天津大学、东南大学、同济大学、哈尔滨建筑工程学院、重庆建筑工程学院进行了各方面的准备，完成了“全国高等学校建筑学专业教育评估委员会章程”、“全国高等学校建筑学专业教育评估程序与方法”及“全国高等学校建筑学专业教育评估标准”等三个文件。

由于世界各国对建筑师的职业资格普遍重视，建筑学教育评估更有其特殊的意义。该委员会是为提高我国高等学校建筑学教育水平，向国家输送合格的专业人才并使我国与世界上发达国家的建筑教育标准相协调，专门从事建筑学专业教育评估的权威机构。委员会由建设部、国家教委、国务院学位委员会、中国建筑学会、建筑教育专家和知名建筑师组成，评估委员会每届任期四年，第一届委员会由高亦兰等15名同志组成，经评估委员会研究确定，从1991年开始进行建筑学专业教育质量评估。全国高等学校建筑学专业评估委员会组成人员名单见附表四。

〔**研究生及学位工作**〕 1989年招收建筑工程

类学科专业博士生61名，硕士生724名。1990年招建筑工程工类学科专业博士生85名，硕士生695名。1990年国务院学位委员会，国家教育委员会修改拟订了《授予博士、硕士学位和培养研究生的学科、专业目录》，按此目录属建筑工程类学科专业的有：建筑经济与管理（管理科学与工程学科）；建筑历史与理论、建筑设计及其理论、城市规划与设计、风景园林规划与设计、建筑技术科学（建筑学学科）；岩土工程、结构工程、环境工程、市政工程、供热供燃气通风及空调工程、地震工程及防护工程、建筑材料、土木水利工程施工（土木、水利学科）。

第四批博士和硕士学位授权学科、专业和博士生指导教师名单已于1990年10月5日经国务院学位委员会批准。批准建筑工程类学科硕士学位授予单位共10个，学科专业点16个，博士学位授予单位4个，学科专业点5个，博士生导师34名。由于专业目录的调整，原来一个博士点或硕士点申请调整分开为2个博士点或硕士点的，有同济大学结构工程专业博士授予点划分为结构工程和"桥梁与隧道工程"；华南理工大学的"城市规划与设计"硕士授予点划分为城市规划与设计"和"风景园林规划与设计"。

此外，根据国务院学位委员会决定，批准了一些单位有权自行审批硕士学位授权学科专业的有4个单位，这些单位批准了7个授予点。

附表五：第四批博士单位授予单位和指导教师名单（建筑工程类学科专业）

附表六：未通过博士点只通过博士导师的名单（建筑工程类学科专业）

附表七：第四批硕士学位授权学科、专业名单（建筑工程类学科专业）

附表八：国务院学位委员会授权部分学位授予单位审核批准的硕士学位授权学科、专业名单（建筑工程类学科专业）

〔教材工作〕 1989年共出版高等教材11种，421.1万字，1990年共出版高等教材7种311.5万字，1989年开始建筑工程类教材由学科专业指导委员会负责组织评选推荐。建筑工程类学科专业指导委员会对评审出适合教学需要的教材为"推荐教材"，并推荐给出版社出版，同时制订了《建筑工程学科推荐教材申报、评审工作实施细则》，将评选"优秀教材"和"推荐教材"作为专业评估的内容之一。

〔学术交流与协作〕 由中国土木工程学会教育工作委员会组织东南大学（原南京工学院）承办主持的"全国第二届高校土木系系主任工作研讨会于1990年10月31日～11月4日召开，来自各省、市自治区的145所设有"工业与民用建筑工程专业（含建筑结构工程专业）的高等学校参加了会议，这次会议就"工业与民用建筑工程专业办学现状及前景估计、拓宽专业面、能力培养、学风建设、研究生工作、师资队伍建设以及系主任工作经验等进行了交流讨论。"建筑工程"学科专业指导委员会成员也参加了会议并进行了专业情况的调查，同时为成立全国高等专科工民建专业教学指导小组问题进行了专门研究。

〔成人高等教育〕 1989年以来，对成人高等学校教学质量进行了考核验收工作，并突破单一的培养规格，实行三种证书制度，学历教育规模相应逐年缩小。1989年，全国设有建设类专业的成人高等学校158所，招生4235人；普通高等学校开办的夜大学47所，招生380人；函授57所，招生1137人。原哈尔滨市建工局工学院、房地产局工学院、市政局工程学院等三院两校合并为一所哈尔滨市建设职工大学。1990年建设系统共有32所职工大学招生，招生数为2205人。

1989年10月，建设系统职工大学在原地区协作组的基础上，成立了全国建设系统成人高等教育协会。参加协会的有39所职工大学，10所普通高等学校的成人教育部（学院），1所干部学院。协会下设华北东北分会，华东华南分会，西北西南分会，普通高等学校成人教育分会，干部高校分会等五个分会。协会第一届组织选举九名常务理事，理事长为上海业余土木建筑学院院长赵焕鑫（详见附录）。

附表一

1990年高等学校建筑工程类专业学生基本情况表

科别	项目＼专业	建筑学	城市规划	风景园林	室内设计	工业与民用建筑工程	土建结构工程	岩土工程	地下建筑工程	城镇建设	给水排水工程	环境工程（土建类）	供热通风与空调工程	城市燃气工程	交通工程	建筑材料与制品	建筑管理工程	基本建设管理	房地产经济管理	城市建设管理	市政公用事业管理	环境卫生工程	工业设备安装工程	总计
本科	设置学校数	52	13	5	2	97	12	1	3	7	30	8	24	7	5	6	11	1					1	109
	招生数	1841	385	78	49	6137	664	45	89	176	1461	373	1124	220	118	174	366	45					30	13375
	毕业生数	1520	350	142	0	5869	637	45	84	82	1093	361	935	204	116	214	381	34					28	12095
	在校生数	7445	1462	451	167	26468	3181	177	427	556	5500	1674	4590	909	482	755	1712	186					121	56263
专科	设置学校数	35	4	2	1	170	10			18	27	1	34	2	1	9	14		5	1	1	1	1	204
	招生数	529	65	72	26	5390	363			508	971	0	1118	72	33	147	696		197	0	40	30	31	10288
	毕业生数	304	134	0	0	8017	318			381	688	34	936	72	0	233	934		194	68	38	57	0	12408
	在校生数	1540	183	72	32	18884	840			1196	2555	21	2718	153	33	452	1779		599	35	115	92	63	31362

全国设有建筑工程类本专科专业的学校共239所

附表二

1990年高等学校建筑工程类专业设置一览表

序号	学校名称	邮政编码	建筑学	城市规划	风景园林	室内设计	工业与民用建筑工程	土建结构工程	岩土工程	地下建筑工程	城镇建设	给水排水工程	环境工程（土建类）	供热通风与空调工程	城市燃气工程	交通工程	建筑材料与制品	建筑管理工程	基本建设管理	房地产经济管理	城市建设管理	市政公用事业管理	环境卫生工程	工业设备安装工程
1	清华大学	100084	✓					✓△					✓	✓				✓						
2	北方交通大学	100044	✓*				✓											△						
3	北方工业大学	100041	✓				✓△*																	
4	北京工业大学	100022	✓				✓△					✓		✓△*		✓△								
5	北京建筑工程学院	100044	✓△*				✓△					✓△		✓	✓			△						
6	北京农业工程大学	100083					✓																	
7	海淀走读大学	100083	△*				△					△*		△*										
8	北京钢铁学院分院		✓*△*																					
9	北方交大分校		△																					
10	天津大学	300072	✓	✓				✓					✓	✓					✓					
11	天津城市建设学院	300151	✓△				✓△				✓	✓		✓△	✓*			✓						
12	河北工学院	300130	✓				✓																	
13	唐山工程技术学院	063000					✓△*																	
14	河北建筑工程学院	075000	△				✓					✓		✓				△						
15	华北水利水电学院	056001					✓					△												
16	河北煤炭建筑工程学院	056001	✓				✓△			✓		✓△		✓△*				△						
17	石家庄铁道学院	050041					✓△							△			△							

注：“✓”号为本科专业　“△”号为专科专业　“*”号为90年未招生

续表

序号	学校名称	邮政编码	建筑学	城市规划	风景园林	室内设计	工业与民用建筑工程	土建结构工程	岩土工程	地下建筑工程	城镇建设	给水排水工程	环境工程土建类	供热通风与空调工程	城市燃气工程	交通工程	建筑材料与制品	建筑管理工程	基本建设管理	房地产经济管理	城市建设管理	市政公用事业管理	环境卫生工程	工业设备安装工程
18	华北航天工业学院	102800					△																	
19	河北水利专科学校	061001					△																	
20	邯郸大学	056001					△																	
21	石家庄大学	050081					△*																	
22	西南交通大学唐山分校						△																	
23	太原工业大学	030024	✓△				✓△					✓		✓△	△*									
24	吕梁师范专科学校	031000						△																
25	太原大学	030009	△				△*																	
26	云中大学	037008	△				△*																	
27	太原工业大学冶金专科班						△																	
28	山西矿院阳泉煤炭专科班						△																	
29	内蒙古工学院	010062	✓				✓△							✓△			✓							
30	包头钢铁学院	014010	✓				✓					✓		✓										
31	来州联合大学	010000					△																	
32	青山大学	010030					△*																	
33	内蒙古建筑学校大专班		△*				△*							△*										

续表

序号	学校名称	邮政编码	建筑学	城市规划	风景园林	室内设计	工业与民用建筑工程	土建结构工程	岩土工程	地下建筑工程	城镇建设	给水排水工程	环境工程土建类	供热通风与空调工程	城市燃气工程	交通工程	建筑材料与制品	建筑管理工程	基本建设管理	房地产经济管理	城市建设管理	市政公用事业管理	环境卫生工程	工业设备安装工程
34	大连理工大学	116024	✓				✓																	
35	大连水产学院	116024					△																	
36	沈阳建筑工程学院	110015	✓				✓				△	✓		✓			✓							
37	锦州工学院	121001					✓																	
38	沈阳大学	110041	✓*△*				✓△*					△		△										
39	大连大学	116012	△*				✓																	
40	阜新矿业学院	123000					✓*△																	
41	鞍山大学	114044					△																	
42	抚顺大学	113006					△*																	
43	本溪大学	117022					△																	
44	丹东大学	118003					△																	
45	营口大学	115000					△*																	
46	东北工学院辽宁分院						✓*																	
47	阜新矿业学院分院						△*					△*					△*							
48	东北电力学院	132012					✓																	
49	吉林建筑工程学院	130021	✓	△			✓					✓		✓				✓△						
50	延边大学	133002					△																	
51	长春大学	130022					△*																	

续表

序号	学校名称	邮政编码	建筑学	城市规划	风景园林	室内设计	工业与民用建筑工程	土建结构工程	岩土工程	地下建筑工程	城镇建设	给水排水工程	环境工程土建类	供热通风与空调工程	城市燃气工程	交通工程	建筑材料与制品	建筑管理工程	基本建设管理	房地产经济管理	城市建设管理	市政公用事业管理	环境卫生工程	工业设备安装工程
52	长春建筑专科学校	130012	△				△					△		△										
53	东北水电专科学校	130012					△*																	
54	吉林市联合大学	132011					△																	
55	哈尔滨建筑工程学院	150006	✓	✓			✓					✓	✓	✓	✓		✓	✓		△				
56	哈尔滨工业大学	150006					✓																	
57	哈尔滨船舶工程学院	150001					✓△*																	
58	黑龙江矿业学院	158105					✓																	
59	大庆石油学院	151400					✓																	
60	东北林业大学	150040					✓																	
61	黑龙江商学院	150076					✓△*																	
62	哈尔滨大学	150020					△*							△*			△*							
63	牡丹江大学	157011					△					△*		△										
64	鸡西大学	158100															△*							
65	佳木斯大学	154007					△																	
66	黑龙江水利专科学校	150086															△							
67	同济大学	200092	✓△	✓	✓	✓	△	✓	✓	✓		✓	✓	✓	✓	✓	✓△*	✓						
68	上海交通大学	200030					✓△																	
69	上海铁道学院	200333					✓△																	
70	上海工业大学	200072					△																	

续表

序号	学校名称	邮政编码	建筑学	城市规划	风景园林	室内设计	工业与民用建筑工程	土建结构工程	岩土工程	地下建筑工程	城镇建设	给水排水工程	环境工程土建类	供热通风与空调工程	城市燃气工程	交通工程	建筑材料与制品	建筑管理工程	基本建设管理	房地产经济管理	城市建设管理	市政公用事业管理	环境卫生工程	工业设备安装工程
71	中国纺织大学	200051												✓△										
72	上海城市建设学院	200092	✓				✓△	✓*			✓	✓	✓	✓				✓△						
73	上海技术师范学院	201418					△																	
74	上海建材工业学院	200434					△																	
75	上海冶金专科学校	200233					△																	
76	东南大学	210018	✓	✓	✓		✓△*	✓△					✓			✓	✓*							
77	中国矿业大学	210024					✓							△										
78	河海大学	210024					✓																	
79	南京建筑工程学院	210009	✓				✓				△			△				△						△
80	苏州城建环保学院	215008	✓	✓	✓		✓				✓		✓△							△		△		
81	扬州工学院	225001					✓△				△	△		△				△						
82	华东工学院	210014						✓																
83	南京化工动力专科学校	210042												△										
84	南京航务工程专科学校	210018					△																	
85	盐城工业专科学校	224002					△																	
86	江苏水利工程专科学校	225001					△										△							
87	淮阴工业专科学校	223001					△																	
88	淮海工学院						✓																	

续表

序号	学校名称	邮政编码	建筑学	城市规划	风景园林	室内设计	工业与民用建筑工程	土建结构工程	岩土工程	地下建筑工程	城镇建设	给水排水工程	环境工程土建类	供热通风与空调工程	城市燃气工程	交通工程	建筑材料与制品	建筑管理工程	基本建设管理	房地产经济管理	城市建设管理	市政公用事业管理	环境卫生工程	工业设备安装工程
89	常州工业技术学院	213002					△																	
90	连云港职业大学	222001					△*																	
91	南通职业大学	226007					△																	
92	彭城职业大学	221008					△																	
93	沙州职业工学院	215500					△																	
94	金陵职业大学	210001	△*				△*	△				△												
95	扬州市职业大学	225002					△*																	
96	江南大学	214063					△*																	
97	浙江大学	310027	✓				✓△	✓			✓													
98	浙江工学院	310032	△				✓△				△													
99	宁波大学	315211						✓																
100	杭州高等专科学校	310012					△				△													
101	温州大学	325003					△																	
102	嘉兴高等专科学校	314001					△																	
103	绍兴高等专科学校	312000					△																	
104	宁波高等专科学校	315000						△																
105	浙江工学院浙西分校						△																	

续表

序号	学校名称	邮政编码	建筑学	城市规划	风景园林	室内设计	工业与民用建筑工程	土建结构工程	岩土工程	地下建筑工程	城镇建设	给水排水工程	环境工程土建类	供热通风与空调工程	城市燃气工程	交通工程	建筑材料与制品	建筑管理工程	基本建设管理	房地产经济管理	城市建设管理	市政公用事业管理	环境卫生工程	工业设备安装工程
106	合肥工业大学	230009	✓				✓	✓△				✓		△										
107	淮南矿业学院	232001					△*																	
108	安徽建筑工业学院	230022	✓△*	✓			✓△				✓△*	✓						△						
109	蚌埠高等专科学校	233040					△*					△*												
110	合肥联合大学	230022	△				△																	
111	芜湖联合大学	241000					△*																	
112	皖西联合大学	237010	△																					
113	马鞍山联合大学	243000					△*																	
114	华侨大学	362011	✓				✓△																	
115	厦门大学	361005	✓																					
116	福州大学	350002	✓				✓					△												
117	福建建筑工程专科学校	350007					△				△													
118	鹭江职业大学	361005					△																	
119	三明职业大学	365004					△																	
120	漳州职业大学	363000					△																	
121	闽西职业大学	364021					△																	
122	闽江职业大学	350000					△				△*													
123	黎明职业大学	362000					△																	

续表

序号	学校名称	邮政编码	建筑学	城市规划	风景园林	室内设计	工业与民用建筑工程	土建结构工程	岩土工程	地下建筑工程	城镇建设	给水排水工程	环境工程(土建类)	供热通风与空调工程	城市燃气工程	交通工程	建筑材料与制品	建筑管理工程	基本建设管理	房地产经济管理	城市建设管理	市政公用事业管理	环境卫生工程	工业设备安装工程
124	闽东职业大学	352100					△*																	
125	仰恩学院	362000					△																	
126	华东交通大学	330013					✓△					✓△												
127	江西工业大学	330029	✓				✓					✓												
128	南昌水利专科学校	330029					△					△												
129	南昌职业大学	330009					△*																	
130	抚州职业大学	344000					△*																	
131	青岛海洋大学	266003					△																	
132	山东矿业学院	271000					✓△							△										
133	石油大学	257062					✓△*																	
134	青岛建筑工程学院	266033	✓				✓△*					✓		✓				✓						
135	烟台大学	264005	✓					✓△																
136	山东工业大学	250014					✓																	
137	山东建筑工程学院	250014	✓	✓			✓△					✓		✓△	✓			✓*						
138	山东水利专科学校	271000					△																	
139	山东建材工业学院	250022					△																	
140	济南职业大学	250002					△																	
141	郑州工学院	450002	✓△				✓△*				△													

续表

序号	学校名称	邮政编码	建筑学	城市规划	风景园林	室内设计	工业与民用建筑工程	土建结构工程	岩土工程	地下建筑工程	城镇建设	给水排水工程	环境工程土建类	供热通风与空调工程	城市燃气工程	交通工程	建筑材料与制品	建筑管理工程	基本建设管理	房地产经济管理	城市建设管理	市政公用事业管理	环境卫生工程	工业设备安装工程
142	郑州粮食学院	450052					✓																	
143	洛阳工学院	471039					△*																	
144	黄河大学	450000	✓*				✓																	
145	郑州纺织工学院	450007												△										
146	中州大学	450052					✓*△																	
147	开封大学	475003					△*																	
148	洛阳大学	471000					△					△												
149	平原大学	453003					△										△*							
150	安阳大学	455004					△					△*												
151	焦作大学	454151					△																	
152	武汉城建学院河南分院										△	△												
153	华中理工大学	430074	✓△				✓△																	
154	江汉石油学院	434100					✓																	
155	武汉水利电力学院	430072	△*				✓△*					✓						△						
156	武汉大学	430072		✓*																				
157	武汉纺织工学院	430074												△										
158	武汉工业大学	430070	✓△*				✓△*					✓△*												
159	武汉测绘科技大学	430070					△				✓													

续表

序号	学校名称	邮政编码	建筑学	城市规划	风景园林	室内设计	工业与民用建筑工程	土建结构工程	岩土工程	地下建筑工程	城镇建设	给水排水工程	环境工程土建类	供热通风与空调工程	城市燃气工程	交通工程	建筑材料与制品	建筑管理工程	基本建设管理	房地产经济管理	城市建设管理	市政公用事业管理	环境卫生工程	工业设备安装工程
160	武汉城市建设学院	430074	✓	✓△	✓		✓					✓			✓	✓				△	△*		△	
161	湖北工学院	430068					△																	
162	武汉冶金建筑专科学校	430071					△					△		△										
163	江汉大学	430010					△																	
164	黄石职业大学	435002					△*																	
165	襄樊职业大学	441003					△																	
166	武汉工学院黄石分院						△										△							
167	湖南大学	410082	✓				✓					✓		✓										
168	中南工业大学	410012			△			△*			△													
169	湘潭矿业学院	411201	△				✓△*				✓*△*													
170	长沙铁道学院	410075					✓											✓						
171	衡阳工学院	421001					✓△					✓		✓										
172	长沙交通学院	410007					✓*																	
173	株州工学院	412000					△				△													
174	湖南城建专科学校	413000		△	△		△					△												
175	邵阳工业专科学校	422001					△																	
176	长沙职业技术专科学校 长沙师范专科学校						△*																	
177	长沙大学	410008					△																	

续表

序号	学校名称	邮政编码	建筑学	城市规划	风景园林	室内设计	工业与民用建筑工程	土建结构工程	岩土工程	地下建筑工程	城镇建设	给水排水工程	环境工程土建类	供热通风与空调工程	城市燃气工程	交通工程	建筑材料与制品	建筑管理工程	基本建设管理	房地产经济管理	城市建设管理	市政公用事业管理	环境卫生工程	工业设备安装工程
178	岳阳大学	414000					△																	
179	株洲冶金工业学校大专班						△*																	
180	湖南水利学校大专班						△																	
181	湖南大学衡阳分院						△*																	
182	华南理工大学	510641	✓△	✓			✓△																	
183	广东工学院	510090					✓△																	
184	深圳大学	518060	✓				✓																	
185	汕头大学	515000					✓																	
186	五邑大学	529024					△																	
187	中山大学	510275		△*							△*													
188	湛江水产学院	524025					△																	
189	华南农业大学	510642					✓△																	
190	广东建筑工程专科学校	510500	△				△							△										
191	广东石油化工专科学校	525000					△																	
192	广州大学	510050					△				△													
193	西江大学	526061					△*																	
194	海南大学	570001					✓△																	

续表

序号	学校名称	邮政编码	建筑学	城市规划	风景园林	室内设计	工业与民用建筑工程	土建结构工程	岩土工程	地下建筑工程	城镇建设	给水排水工程	环境工程土建类	供热通风与空调工程	城市燃气工程	交通工程	建筑材料与制品	建筑管理工程	基本建设管理	房地产经济管理	城市建设管理	市政公用事业管理	环境卫生工程	工业设备安装工程
195	广西大学	530004	✓				✓△																	
196	广西工学院	545005					✓																	
197	南宁职业大学	530000																						
198	四川大学	610064					△*					△*												
199	成都科学技术大学	610065	✓				✓△	✓*△*				✓												
200	西南交通大学	610031	✓△*				✓△	✓								✓*								
201	电子科技大学	610054					✓△*																	
202	西南石油学院	637001					△																	
203	四川建材工业学院	621002					△																	
204	重庆建筑工程学院	630030	✓△*	✓	✓	✓	✓△			✓*		✓△	✓	✓△	✓		✓	✓		△				✓
205	四川工业学院	611730	✓				✓△					△												
206	重庆建筑专科学校	630030	△				△				△			△				△						
207	成都纺织专科学校	610063												△										
208	成都大学	610081					△*																	
209	攀枝花大学	617000					△*																	
210	凉山大学	615000					△*				△													

续表

序号	学校名称	邮政编码	建筑学	城市规划	风景园林	室内设计	工业与民用建筑工程	土建结构工程	岩土工程	地下建筑工程	城镇建设	给水排水工程	环境工程土建类	供热通风与空调工程	城市燃气工程	交通工程	建筑材料与制品	建筑管理工程	基本建设管理	房地产经济管理	城市建设管理	市政公用事业管理	环境卫生工程	工业设备安装工程
211	贵州工学院	550003					✓																	
212	贵州省建筑专科学校	550003	△									△												
213	昆明工学院	650093					✓	△*																
214	云南工学院	650041	✓△				✓△*											△						
215	昆明大学	650031					△																	
216	重庆建工学院昆明分院		✓△			△	△				△	✓△						△		△				
217	西安交通大学	710049	✓				✓							✓										
218	西北工业大学	710072					✓																	
219	陕西机械学院	710048					✓*																	
220	西安工业学院	710032					△																	
221	西安冶金建筑学院	710055	✓	✓			✓△*					✓△*		✓△				✓						
222	西安矿业学院	710054					✓△																	
223	西安公路学院	710061	✓*△				✓△*									✓								
224	西北建筑工程学院	710061	✓△*	✓			✓△					✓		✓△				△						
225	陕西工学院	723003					✓△*																	
226	西北纺织工学院	710048												△										

序号	学校名称	邮政编码	建筑学	城市规划	风景园林	室内设计	工业与民用建筑工程	土建结构工程	岩土工程	地下建筑工程	城镇建设	给水排水工程	环境工程土建类	供热通风与空调工程	城市燃气工程	交通工程	建筑材料与制品	建筑管理工程	基本建设管理	房地产经济管理	城市建设管理	市政公用事业管理	环境卫生工程	工业设备安装工程
227	西安航空工业专科学校	710077												△										
228	西安大学	710002					△*																	
229	西安基础大学	710068					△																	
230	甘肃工业大学	730050					✓																	
231	兰州铁道学院	730070					✓△					✓△		△										
232	金城联合大学	730000					△*							△*										
233	甘肃联合大学	730000					△*										△*							
234	青海大学	810016					✓△*																	
235	宁夏工学院	750021					✓△*																	
236	新疆工学院	830008	△*				✓△*							△										
237	石河子农学院	832003					△					✓												
238	新疆煤炭专科学校	830000					△																	
239	乌鲁木齐职业大学	830000					△*				△													

附表三

全国高等学校建设工程类学科专业指导委员会名单

一、全国高等学校建筑学学科专业指导委员会

主持学校：东南大学
主任委员：齐　康
副主任委员：戴复东　高亦兰　鲍家声
委　　员：(共20人，按姓氏笔划为序，下同)
邓林翰　教　授　哈尔滨建筑工程学院
卢济威　教　授　同济大学
齐　康　教　授　东南大学
刘振亚　教　授　西安冶金建筑学院
李大夏　副教授　内蒙古工学院
李先逵　副教授　重庆建筑工程学院
李铮生　副教授　同济大学
汪正章　副教授　合肥工业大学
巫纪光　副教授　湖南大学
杜顺宝　副教授　东南大学
吴硕贤　副教授　浙江大学
赵炳时　副教授　清华大学
胡德君　教　授　天津大学
姜中光　副教授　北京建筑工程学院
高亦兰　教　授　清华大学
陶松龄　教　授　同济大学
彭一刚　教　授　天津大学
傅肃科　副教授　华南理工大学
鲍家声　教　授　东南大学
戴复东　教　授　同济大学
“城市规划”指导小组
组　长：陶松林　教　授　同济大学
副组长：赵炳时　副教授　清华大学
成　员：方咸孚　副教授　天津大学
　　　　黄光宇　教　授　重庆建筑工程学院
　　　　郭恩章　副教授　哈尔滨建筑工程学院
“风景园林”指导小组
组　长：李铮生　副教授　同济大学
副组长：杜顺宝　副教授　东南大学
成　员：夏义民　副教授　重庆建筑工程学院
　　　　黄树业　副教授　武汉城市建设学院

二、全国高等学校建筑工程　学科专业指导委员会

主持学校：同济大学
主任委员：沈祖炎
副主任委员：成文山　江见鲸　张　誉
委　　员：(共21人)
于庆荣　教　授　天津大学
王安生　教　授　甘肃工业大学
白绍良　教　授　重庆建筑工程学院
江见鲸　教　授　清华大学
成文山　教　授　湖南大学
孙庆文　副教授　华南理工大学
朱聘儒　教　授　苏州城市建设环境保护学院
沈世钊　教　授　哈尔滨建筑工程学院
沈祖炎　教　授　同济大学
李桂青　教　授　武汉工业大学
陈禄生　教　授　西南交通大学
张　誉　教　授　同济大学
林文虎　教　授　重庆建筑工程学院
赵志缙　教　授　同济大学
姚祖恩　副教授　浙江大学
侯学渊　教　授　同济大学
唐岱新　教　授　哈尔滨建筑工程学院
唐念慈　教　授　东南大学
蒋永生　副教授　东南大学
谢行皓　教　授　西安冶金建筑学院
滕智明　教　授　清华大学
“建筑施工”指导小组
组　长：赵志缙　教　授　同济大学
副组长：林文虎　教　授　重庆建筑工程学院
　　　　谢行皓　教　授　西安冶金建筑学院
成　员：方先和　副教授　东南大学
　　　　谢尊渊　教　授　华南理工大学

三、全国高等学校给水排水工程学科专业指导委员会

主持学校：哈尔滨建筑工程学院
主任委员：张自杰
副主任委员：王占生　许建华　李圭白
委　　员：(共15人)
王占生　教　授　清华大学
许建华　教　授　同济大学
孙厚钧　教　授　北京建筑工程学院
李圭白　教　授　哈尔滨建筑工程学院
金　锥　教　授　西北建筑工程学院
金同轨　副教授　西安冶金建筑学院
金儒霖　教　授　武汉城市建设学院
张自杰　教　授　哈尔滨建筑工程学院

林荣忱　教　授　天津大学
姜乃昌　教　授　湖南大学
姚雨霖　教　授　重庆建筑工程学院
徐鼎文　副教授　清华大学
崔玉川　副教授　太原工业大学
董辅祥　教　授　沈阳建筑工程学院
蔡不忒　副教授　同济大学

四、全国高等学校供热通风空调及燃气工程学科专业指导委员会

主持学校：清华大学
主任委员：彦启森
副主任委员：路　煜　陈在康　赵荣义
委　　员：（共17人）
马九贤　教　授　天津大学
王宜义　副教授　西安交通大学
叶　龙　教　授　西安冶金建筑学院
田胜元　教　授　重庆建筑工程学院
汪兴华　教　授　衡阳工学院
陈在康　教　授　湖南大学
陈沛霖　教　授　同济大学
郁履方　教　授　中国纺织大学
贺　平　教　授　哈尔滨建筑工程学院
姜正侯　教　授　同济大学
赵荣义　教　授　清华大学
彦启森　教　授　清华大学
郭文博　教　授　重庆建筑工程学院
钱申贤　教　授　北京建筑工程学院
盛昌源　副教授　上海城市建设学院
解鲁生　教　授　青岛建筑工程学院
路　煜　教　授　哈尔滨建筑工程学院
"燃气工程"指导小组
组　长：姜正侯　教　授　同济大学
副组长：郭文博　教　授　重庆建筑工程学院
　　　　钱申贤　教　授　北京建筑工程学院
成　员：段长贵　副教授　哈尔滨建筑工程学院
　　　　薛世达　教　授　山东建筑工程学院

五、全国高等学校建筑管理工程学科专业指导委员会

主持学校：重庆建筑工程学院
主任委员：卢忠政
副主任委员：卢　谦　何秀杰　何万钟
委　　员：（共13人）
丁士昭　教　授　同济大学
邝守仁　副教授　清华大学
卢　谦　教　授　清华大学
卢忠政　教　授　重庆建筑工程学院
关　柯　教　授　哈尔滨建筑工程学院
刘长滨　副教授　哈尔滨建筑工程学院
杜　训　教　授　东南大学
何万钟　教　授　重庆建筑工程学院
何秀杰　教　授　同济大学
张书行　副教授　西安冶金建筑学院
张维然　副教授　上海城市建设学院
赵铁生　教　授　天津大学
强益寿　教　授　湖南大学

附表四

全国高等学校建筑学专业教育评估委员会组成人员名单

主任委员　高亦兰
副主任委员　石学海　鲍家声
成员（按姓氏笔划为序）
王亚杰　国务院学位委员会办公室　国家教育委员会学位办公室副处长
石学海　建设部建筑设计院总建筑师　高级建筑师
卢济威　全国高等学校建筑学学科专业指导委员会委员　同济大学建筑系系主任　教授
田聘耕　中国建筑西南设计院顾问总建筑师　高级建筑师
余卓群　重庆建筑工程学院　教授
吴勤珍　建设部人才开发司处长　高级工程师
林　京　银川市规划建筑设计院总建筑师　高级建筑师
胡德君　全国高等学校建筑学学科专业指导委员会委员　天津大学建筑系系主任　教授
高亦兰　全国高等学校建筑学学科专业指导委员会副主任委员　清华大学建筑系系主任　教授
黄新范　中国建筑学会　高级建筑师
傅义通　北京市建筑设计研究院副总建筑师　高级建筑师
梅季魁　哈尔滨建筑工程学院　教授
鲍家声　全国高等学校建筑学学科专业指导委员会副主任委员　东南大学建筑系系主任　教授
蔡镇钰　华东建筑设计院副总建筑师　高级建筑师
蔡德道　广州市建筑设计院总建筑师　高级建筑师

秘书长　吴勤珍（兼）

附表五

第四批博士学位授予单位和指导教师名单(建筑工程类学科专业)

学位授予单位名称	学科、专业名称	指导教师	
		姓名	职务
清华大学	供热、供燃气、通风及空调工程	彦启森	教授
	建筑材料	冯乃谦	教授
	★建筑历史与理论	吴焕加	教授
	★建筑设计及其理论	关肇邺	教授
	★城市规划与设计	吕俊华	教授
	★岩土工程	濮家骝	教授
	★结构工程	刘西拉	教授
	★环境工程	钱易	教授
	★地震工程及防护工程	江见鲸	教授
天津大学	★建筑设计及其理论	聂兰生	教授
	★结构工程	刘锡良	教授
大连理工大学	★结构工程	邬瑞锋	教授
哈尔滨建筑工程学院	环境工程	王宝贞	教授
	★结构工程	樊承谋	教授
华南理工大学	★建筑历史与理论	陆元鼎	教授
	★结构工程	韩大健	教授
同济大学	建筑技术科学	王季卿	教授
	★建筑历史与理论	董鉴泓	教授
	★城市规划与设计	陶松龄	教授
	★岩土工程	赵锡宏	教授
	★结构工程	张誉	教授
	★环境工程	顾国维	教授
	★地震工程及防护工程	章在墉	教授
	★热能工程	姜正侯	教授
	★管理工程	沈荣芳	教授
东南大学	城市规划与设计	吴明伟	教授
	★建筑历史与理论	刘光觉	教授
	★建筑设计及其理论	鲍家声	教授
浙江大学	★岩土工程	吴世明	教授
湖南大学	★结构工程	沈蒲生	教授
重庆建筑工程学院	★建筑技术科学	杨光璿	教授
	★岩土工程	王钟琦	研究员
	★结构工程	白绍良	教授
西安冶金建筑学院	★结构工程	王铁萝	高级工程师

注：专业名称旁注有"★"号的，为已有博士学位授予权的学科、专业增列指导教师。

附表六

未通过博士点只通过博士导师的名单(建筑工程类学科、专业)

单位名称	通过的博士导师名单(学科、专业名称)
清华大学	蔡君馥　教授(建筑技术科学)
哈尔滨建筑工程学院	关柯　教授(建筑经济与管理)
同济大学	陈沛霖　教授　(供热、供燃气、通风及空调工程)
浙江大学	唐锦春　教授　(结构工程)
重庆建筑工程学院	黄光宇　教授(城市规划与设计) 蒲心诚　教授　(建筑材料)
湖南大学	陈在康　教授　(供热、供燃气、通风及空调工程)

附表七

第四批硕士学位授权学科、专业名单(建筑工程类学科专业)

学位授予单位名称	学科、专业名称
包头钢铁学院	结构工程
大连理工大学	建筑设计及其理论
哈尔滨建筑工程学院	建筑材料
上海交通大学	结构工程
武汉工业大学	岩土工程、建筑设计及其理论
武汉水利电力学院	土木、水利工程施工
重庆建筑工程学院	环境艺术、风景园林规划与设计、土木水利工程施工
贵州工学院	结构工程
西安公路学院	环境工程、交通工程
后勤工程学院	岩土工程、市政工程、供热供燃气通风及空调工程

附表八

国务院学位委员会授权部分单位授予单位审核批准的硕士学位授权学科、专业名单(建筑工程类学科专业)

学位授予单位名称	学科、专业名称
天津大学	土木、水利工程施工
同济大学	风景园林规划与设计、建筑材料、土木水利工程施工
东南大学	风景园林规划与设计、土木水利工程施工
华中理工大学	结构工程

附表九

全国建设系统
成人高等教育
协会第一届组织名单

理事长：赵焕鑫

副理事长：于文增　杜国城

常务理事：于文增　哈尔滨建工学院成人教育学院

杜国城　黑龙江省建筑职工大学

吴继彪　重庆建工学院成人教育部

郎惠生　建设部干部学院

张恒道　天津市建筑工程业余大学

张世钧　陕西省建筑总公司职工大学

杨联京　广州市城市建设职工大学

赵焕鑫　上海市业余土木建筑学院

戴明熹　四川省建筑职工大学

附表十

1989年全国成人高等教育专业设置及招生情况汇总表

类别	项目 \ 专业		工业与民用建筑工程	建筑结构工程	建筑学	城市规划	园林绿化	给水排水工程	供热通风与空气调节工程	城市热能供应工程	建筑材料与制品	建筑管理工程
职工大学	设置学校数		126	10	44	4	1	13	28	1	4	10
	1989年招生学校数		66	5	12	2		8	14	1	2	6
	招生数		2251	123	842	30	—	330	433	28	71	186
函授	设置学校数	本	17	—	1			3	2	1		
		专	48	3	5	1	1	6	7	3		3
	招生数	本	835	—	108			158	36			
		专	3200	262	129	20		191	237	44		166
	毕业生数	本	1057	—	—			42	43			
		专	535	37	62		5	43	42	23		
	在校生数	本	6001	—	183			825	580	13		
		专	8353	273	257			376	555	44		331
夜大学	设置学校数	本	11	1	1	1		1	4			
		专	31	4	5			6	2			3
	招生数	本	218	26	32				105			
		专	909	213	182			129	123			55
	毕业生数	本	190					38	33			
		专	729	31	12	46		17	52			
	在校生数	本	654	26	124			33	161			
		专	2845	426	210			310	123			114

中等职业技术教育

张 群　　陈 傅　　赵 琦

〔**中等职业技术教育**〕　职业技术教育是建设教育事业的重要组成部分，以中等专业学校和技工学校为骨干力量。1989年、1990年建设类职业技术教育的重点是逐步完善办学条件；深化教学改革和提高教学质量。

·普通中等专业教育·　1989年全国设有建设类专业的中等专业学校为214所，其中有86所为建筑城建中等专业学校。招生数和在校生数分别为21974人和63403人，分别比1988年增加5619人和20788人。

·技工学校教育·　1989年全国建设类技工学校共219所，设有工种（专业）99个，招生12027人，在校生28697人，毕业生9630人，与1988年相比，招生数增加1335人，在校生数减少1196人，毕业生数增加84人。每所技工学校平均在校生为132人，为解决技工学校工种（专业）名称混乱、培养目标不明确的现象，建设部人才开发司颁发了《关于建设事业技工学校工种（专业）设置的意见》，规范了土建、安装、机施三类工种（专业）共21个。

·成人中等专业学校·1989年全国建设类成人中等专业学校（含职工中专校、干部中专校、独立设置的电视函授中专校）为156所，1989年招生9498人，在校生25772人，毕业生9903人。与1988年相比招生数增加1450人，在校生持平。

·职业学校、职业高中·1990年全国设有建设类专业的学校（点）数为625所（个）。

〔**教学指导委员会**〕　为了加强建设类中等专业建设的宏观指导，推动教学改革和教学经验交流，加强教材建设，1989年建设部决定组建建设工程类专业教学指导委员会，并于同年七月在北戴河召开了成立大会，叶如棠副部长代表建设部向各指导委员会颁发了聘书。指导委员会设“工民建与村镇建设”、“建筑学与城镇规划”、“建筑企业经济管理”、“水暖通风与给水排水”、“园林绿化”、“建筑机电与设备安装”、“房地产管理”专业教学指导委员会（后二个指导委员会先为筹备组，于1991年正式建立），分别委托福建建筑工程学校、湖南省建筑学校、四川省建筑工程学校、黑龙江省建筑工程学校、北京园林学校、山西省建筑工程学校、天津市房地产管理学校为指导委员会主持学校（组成名单见表）。指导委员会的主要任务是：

(1) 研究专业的发展方向，组织制定本专业指导性教学计划、有关课程和教学环节的教学大纲。

(2) 对专业的设置、教学改革和教学工作提出建议和意见，指导教学研究活动，推动教学经验交流。

(3) 研究专业教材建设中的方针政策，制定教材建设规划，组织教材编审和评选，进行教学评优和评介工作。

(4) 广泛交流国内外有关本专业发展及建设的情况和经验。

各指导委员会成立后即积极着手开展工作。1989年、1990年各指导委员会以教材建设和教学计划、教学大纲的修订完善为主要工作内容，均召开了一至二次工作会议，安排布置了工作任务。专业教学指导工作已逐步走上了依靠专家智能并科学化、制度化、规范化的轨道上来。

建设部中等专业学校建设工程类专业教学指导委员会组成名单

一、建设部中等专业学校工民建与村镇建设专业教学指导委员会

主 持 学 校：福建建筑工程学校

主 任 委 员：林恩生

副主任委员：姚国祥　李桢祥

委　　　员：（共十六人，按姓氏笔划为序，下同）

叶长春（湖北省城市建设学校）　刘克俊（北京建筑工程学校）　汤之宇（内蒙古建筑学校）杜秉宏（上海市建筑工程学校）　李桢祥（黑龙江省建筑工程学校）　陈济煌（南方村镇建设学校）陈奕煌（湖南省建筑学校）　陈树宗（贵州省城乡建设学校）　林恩生（福建建筑工程学校）　郭

继武（北京城市建设学校） 范继昭（山西省建筑工程学校） 姚国祥（四川省建筑工程学校） 高树昆（新疆建筑工程学校） 龚伟（城乡建设电视函授中等专业学校） 章余恩（呼和浩特交通学校） 梁淦修（衡阳铁路工程学校）

二、建设部中等专业学校建筑学与城镇规划专业教学指导委员会

主 持 学 校：湖南省建筑学校

主 任 委 员：肖明贞

副主任委员：周邦建

委　　　员：（共七人）

邱志宏（内蒙古建筑学校） 肖明贞（湖南省建筑学校） 周邦建（山东省建筑工程学校） 都俊（四川省建筑工程学校） 徐友岳（江西省建筑工程学校） 骆宗岳（青海省城市建设学校） 戴惠云（黑龙江省建筑工程学校）

三、建设部中等专业学校建筑企业经济管理专业教学指导委员会

主 持 学 校：四川省建筑工程学校

主 任 委 员：谢维毅

副主任委员：孙　重

委　　　员（共五人）

孙重（福建建筑工程学校） 范仲玉（黑龙江省建筑工程学校） 张文祥（攀枝花市建筑工程学校） 段学伟（山西省建筑工程学校） 谢维毅（四川省建筑工程学校）

四、建设部中等专业学校园林绿化专业教学指导委员会

主 持 学 校：北京园林学校

主 任 委 员：周捷可

副主任委员：李　纬　蒋金贤

委　　　员：（共七人）

李伟（天津市园林学校） 李协和（广州市园林中等专业学校） 闵心晋（成都市建设学校） 余纲咸（武汉市园林职工中等专业学校） 杨玉梅（大连市城乡建设职工中等专业学校） 周捷可（北京园林学校） 蒋金贤（上海市园林学校）

五、建设部中等专业学校水暖通风与给水排水专业教学指导委员会

主 持 学 校：黑龙江省建筑工程学校

主 任 委 员：黄润甲

副主任委员：田会杰　苏福临

委　　　员：（共十人）

王涛（吉林省建筑工程学校） 田会杰（北京城市建设学校） 孙毓炘（苏州市城乡建设职工中等专业学校） 沈旭春（上海市公用事业学校） 吴赳赳（广西建筑工程学校） 李万楷（天津市市政工程学校） 苏福临（山西省建筑工程学校） 张闻民（新疆建筑工程学校） 范惠民（长春建筑专科学校） 黄润甲（黑龙江省建筑工程学校）

六、建设部中等专业学校建筑机电与设备安装专业教学指导委员会

主 持 学 校：山西省建筑工程学校

主 任 委 员：张锡璋

副主任委员：王志华　张贞森

委　　　员：（共八人）

区世强（广州市房建中等专业学校） 王志华（上海市建筑工程学校） 刘志林（黑龙江省建筑工程学校） 乐昌政（广西建筑工程学校） 何企（上海市公用事业学校） 张贞森（福建建筑工程学校） 张锡璋（山西省建筑工程学校） 谢守陶（四川省建筑工程学校）

七、建设部中等专业学校房地产管理专业教学指导委员会

主 持 学 校：天津市房地产管理学校

主 任 委 员：张怡朋

副主任委员：刘　楠

委　　　员：（共六人）

刘楠（杭州综合中专房地产管理分校） 吴廷广（上海市房地产管理学校） 李上迎（武汉市房地产职工中等专业学校） 张怡朋（天津房地产管理学校） 温小明（广州市房建中等专业学校） 靳祖喜（石家庄市城乡建设职工中等专业学校）

〔教学计划、教学大纲的建设〕

·中等专业·1989 年、1990 年建设部先后审定颁发了普通中等专业学校“电气安装”专业教学计划、“房地产经济与管理”专业教学计划。各教学指导委员会从 1989 年起先后修订了普通中等专业学校“工业与民用建筑”、“水暖通风”、“给水排水”、“建筑学”、“城镇规划”、“建筑企业经济管理”、“园林绿化”、“村镇建设”、“建筑机械”、“工业设备安装”、“电气安装”、“房地产经济管理”等 12 个专业的教学大纲，并经建设部人才开发司审定作为指导性教学大纲颁发。

·技工学校·为了适应建设事业的发展，建设部人才开发司委托建筑安装技校协作会进行土建、安装和机械施工类工种（专业）教学计划、教学大纲的修订工作，并于 1990 年颁发了《关于制定和修订建设事业技工学校教学计划的原则意见（试行)》。规定制定和修订教学计划，必须贯彻执行《中共中央关于教育体制改革的决定》精神，根据《技工学校工作条例》规定的培养目标要求，认真总结我国技工学校教育改革的经验，引进、吸收国内外先进的教育方法和培训模式，改革不适应社会主义现代化建设需要的教育思想、教学内容和教学方法，强化实践性教学环节，突出生产实习教学，

坚持以技能为中心的基本知识、基础理论和基本技能的培养，努力探索适合我国技工教育特色的中级技术工人培养模式。

〔**教材建设**〕　建设部于1989年5月制定了《建设部高中等专业技术学校教材工作规程》。指出教材是学校进行教学的基本工具，教材建设是学校教育的一项基本建设，是深入教学改革，提高教学质量的重要保证，也是各学科专业指导委员会工作的主要内容之一。建设类专业教材建设的目标是，编审出版具有中国特色，适应社会主义现代化建设和各层次各类教育事业发展需要的、反映现代科学技术水平的教材。指导委员会根据教学、教材工作的方针政策，组织规划本学科、本专业教材建设，并具体组织有关专家切实做好教材的编、审和推荐出版工作。建设类专业教材选题规划是推荐教材出版的依据，由指导委员会负责制订，经建设部人才开发司与有关出版社协调，建设部批准后下达。

建设部于1989年、1990年分别下达了第一批和第二批《一九八九至一九九三年中等专业学校建设类专业教材选题目录》，共包括十三个专业的专业课和技术基础课的教材83本。1990年10月，建设部中等专业学校工民建与村镇建设专业教学指导委员会，对参加评选的15本教材进行认真评审和无记名投票表决，首批推荐出版工民建专业教材八种共11本。

〔**教育研究协作活动**〕

·城乡建设职业技术教育研究会·至1990年底，研究会已有团体会员86个。1989年5月在济南召开了常务理事会第四次会议，决定在北京城建学校设研究会办公室，并评选出1987年、1988年优秀论文24篇。1990年4月在黄山召开了第五次常务理事会和第三次理事会议，总结了研究会和各分会的工作，交流了论文，有8篇论文先后在《城乡建设中专教育》刊物发表。

·城乡建设系统建安技校协作会·1989年协作会在昆明召开了第三次年会，交流了技工学校教育管理和教学经验以及加强德育教育的经验，并对技工学校如何发展和完善进行了研讨。1990年5月在北京召开了理事会议，为年会的召开进行了必要的准备。同年10月在乌鲁木齐市召开了第四次年会，会议讨论了建设部《关于“八五”期间加强技工学校建设的意见》等三个文件讨论稿，讨论了教学计划修订的初步方案，交流了办学经验，修改了协作会章程并改造了理事会。

附表一

全国建设类普通中等专业学校1990年基本情况表

序号	学校名称	学校占地面积(亩)	校舍建筑面积(平方米)	教职工数(人)				学生数(人)			专业设置(90年招生数)
				总计	专职教师数			毕业生	招生	在校生	
					小计	高级	中级				
1	北京市建筑工程学校	33	23369	178	81	11	27	70	160	559	工民建(83)、地下铁道工程、城市道路与桥梁、建筑装饰(35)、城镇建设(42)
2	北京城市建设学校	50	13000	185	86	6	43	232	160	680	工民建(82)、给水与排水(38)、采暖通风(40)、建筑企业管理、电气设备安装
3	北京市园林学校	22	5631	109	49	6	21	0	42	366	园林绿化(42)、植物专门化、管理专门化
4	北京市农村建设学校	49.5	8900	42	16	5	9	0	118	300	工民建(118)
5	北京钢铁学校	301	4648	84	66	5	11	36	0	85	工民建
6	北京燕山石化学校	263	5549	146	95	2	24	0	40	40	工民建(40)
7	北京水利电力学校	75	27117	118	53	2	12	0	0	76	工民建

续表

序号	学校名称	学校占地面积(亩)	校舍建筑面积(平方米)	教职工数(人)				学生数(人)			专业设置(90年招生数)
				总计	专职教师数			毕业生	招生	在校生	
					小计	高级	中级				
8	天津市建筑工程学校	35	14040	226	109	6	35	178	251	830	工民建(173)、暖通(33)、企管、建筑材料管理、建筑机械(45)
9	天津市市政工程学校	22	6870	148	57	2	17	70	188	416	给水与排水、道路与桥梁(33)、工民建(123)、市政工程(32)
10	天津市规划学校		租用	62	31	4	8	0	0	25	城市规划
11	天津市园林学校	28	13752	149	71	5	22	44	23	175	园林绿化(23)、园林规划设计
12	天津市房产管理学校	12.2	10610	163	77	3	29	28	13	26	民用建筑(1)、水暖、财务会计(8)、房地产经济与管理(4)
13	天津市公用事业中等专业学校	11	4781.6	128	62	2	15	0	45	174	工业企业供电、汽车运营与管理、城市燃气(45)
14	天津铁路工程学校	180	38886	386	154	25	74	77	40	250	工民建(40)
15	天津建材工业学校	111	37320	243	94	13	44	40	104	353	工民建(40)
16	天津纺织工业学校	11	8344	219	84	17	25	0	5	5	供热通风(5)
17	河北城乡建设学校	112	36670	86	46	3	13	0	160	320	城市规划(40)、市政工程(40)、工民建(80)
18	承德市职业建筑中专学校	12	1000	55	30	8	15	88	110	332	工民建(65)、暖通、建筑电气(45)
19	华北航天工业学校							0	0	41	工民建
20	丰宁职业中专学校	80	7461	139	58	1	4	0	20	100	工民建(20)
21	廊房管道局石油管道学校	103	24226	165	54	8	25	0	0	40	工民建
22	石家庄铁道学院中专部			91	76	8	41	0	44	141	工民建(44)
23	衡水农机化学校	60.6	12570	119	62	6	22	0	40	120	工民建(40)
24	解放军军需工业学校	525	84338	401	111	19	54	104	100	315	工民建(51)、建企经济管理、房地产经济与管理(49)
25	张家口建筑职业中等专业学校	25	8566	63	17	0	9	90	90	267	工民建(47)、水暖通风(43)
26	山西省建筑工程学校	202	51250	284	140	19	51	335	324	1131	工民建(44)、水暖与通风(47)、企业管理(48)、设备安装(45)、村镇建设、建筑机械(45)、电气安装(45)、城市规划、煤气工程、园林规划

续表

序号	学校名称	学校占地面积(亩)	校舍建筑面积(平方米)	教职工数(人)				学生数(人)			专业设置(90年招生数)
				总计	专职教师数			毕业生	招生	在校生	
					小计	高级	中级				
27	太原市城市建设学校	60	15000	83	41	4	13	0	109	380	城镇建设、道路桥梁、城市规划、城建企业经济管理、市政工程(40)、电气安装(69)
28	山西省电力学校	131	39689	312	143	12	36	47	56	102	工民建(56)
29	山西太原冶金工业学校	196	62761	367	168	27	52	49	46	98	工民建(46)
30	雁北地区煤矿学校	120	26732	132	72	6	14	50	45	95	工民建(45)
31	晋东南地区煤矿学校	81	27787	246	107	6	33	0	0	251	工民建
32	大同煤矿工业学校	423	73569	526	186	31	59	0	40	80	工民建(40)
33	内蒙建筑学校	41	24640	329	162	36	64	325	470	672	工民建(120)、采暖通风(80)、建筑企业经济管理(40)、城镇建设(40)、建筑机械与电气安装(80)、建筑装饰(30)、给水排水(40)、房地产经济管理(40)
34	包头铁路工程学校	105	42921	263	128	23	40	152	80	559	工民建(40)、环境保护(40)
35	内蒙古乌海市工业学校	23	8340	95	36	0	5	0	40	119	工民建(40)
36	呼和浩特市中山建筑工程学校	45	908	31	14	5	8	0	0	144	工民建
37	伊盟工业学校	64	13185	100	50	1	13	0	40	40	工民建(40)
38	辽宁省建筑工程学校	71	22015	128	76	4	28	0	120	479	建筑企业经济管理(40)、工民建(40)、水暖与通风(40)
39	辽宁省城市建设学校	24	14242	125	71	3	16	117	65	419	给水排水、城市道桥(35)、城镇规划(30)、公交运营管理
40	抚顺市城市建设学校	15	12800	155	74	4	20	40	105	468	工民建(35)、水暖与通风(35)、给水排水工程、建筑企业经济管理，建筑机械、电气安装(35)
41	辽宁省丹东市建筑工程学校	7	5760	60	31	1	13	0	0	261	工民建、采暖通风、村镇建设
42	阜新煤炭工业学校	94	38746	385	147	34	59	0	177	92	工民建(177)、水暖通风

续表

序号	学校名称	学校占地面积(亩)	校舍建筑面积(平方米)	教职工数(人)				学生数(人)			专业设置(90年招生数)
				总计	专职教师数			毕业生	招生	在校生	
					小计	高级	中级				
43	朝阳地区工业学校	37	9919	194	80	5	39	0	40	240	工民建(40)
44	朝阳地区农机化学校	123	6400	912	43	7	16	39	0	44	水暖通风
45	大连轻工业学校	50	6642	75	47	2	20	0	0	65	工民建
46	辽宁农业工程学校	290	35270	298	124	16	42	0	40	226	工民建、村镇规划(40)
47	吉林省建筑工程学校			33	32	2	14	112	103	213	工民建(103)
48	吉林省城市建设学校	86	6403	77	45	3	8	0	0	80	给水与排水、房屋建筑设备
49	吉林市工业学校	38	3750	82	51	5	15	180	135	645	工民建(45)、村镇建设、给水排水(45)、环境保护
50	长春市第三中专学校	33	6133	123	105	11	33	175	90	415	工民建(45)、采暖通风(45)、建筑材料
51	辽源市工业学校	37	7398	76	41		15	0	35	118	环境保护(35)
52	长春建材工业学校	275	37202		149	12	62	0	40	162	建材环保(40)
53	延边工业学校	51	6482	84	40	6	11	0	40	90	工民建(40)
54	长春市东北水利电力学校							0	0	83	工民建
55	黑龙江省建筑(城建)工程学校	73	44745	340	175	22	70	368	432	891	工民建(128)、水暖与通风(88)、电气安装(44)、建筑企业经济管理(44)、城市规划、给水与排水(44)、建筑与装饰工程(44)、道路桥梁、园林绿化(40)
56	齐齐哈尔城市建设工程学校	22	3380	68	30	2	5		82	58	工民建、道路桥梁、园林绿化、给排水
57	齐齐哈尔铁路工程学校	118	26746	259	113	18	44	151	170	680	工民建(80)、水暖通风(90)
58	宝泉岭农机化学校	255	21227	287	89	15	29	0	45	251	工民建(45)
59	牡丹江林业学校	270	37565	264	131	30	32	20	0	32	工民建
60	上海市建筑工程学校	40	24592	304	98	1	42	265	224	1037	工民建(155)、建筑机械(30)、建筑装饰(39)
61	上海市城市建设工程学校	27	17001	242	86	8	33	184	207	898	城市道路与桥梁、给水与排水、市政工程(205)、市政工程管理(2)、城市测量、城市规划

续表

序号	学校名称	学校占地面积(亩)	校舍建筑面积(平方米)	教职工数(人)				学生数(人)			专业设置(90年招生数)
				总计	专职教师数			毕业生	招生	在校生	
					小计	高级	中级				
62	上海市住宅建设学校	6	3978	155	73	2	33	230	319	733	工民建(32)、建筑企业经济与管理(231)、建筑施工与管理(56)
63	上海市建筑管理学校	10	8969	157	38	2	13	136	92	192	建筑企业经济管理(92)
64	上海市公用事业学校	29	12761	227	34	13	31	133	189	476	机械、公用电气、水分析、煤分析、水煤
65	上海市房地产管理学校	7	7039	143	66	7	24	102	80	391	房屋经营与管理(43)、房屋建筑与维修(37)
66	上海市园林学校	40	10790	156	57	5	25	146	41	192	园林设计、园林花卉、园林绿化(41)、园林管理
67	上海市环境卫生学校	32	8953	114	43	2	21	86	95	396	环卫机械与设备(50)、环卫工程与管理(45)、环卫保护
68	上海市上海县乡镇建设学校	12	3673	38	19	2	9	40	50	251	工民建(50)、给水排水、建筑企业管理、乡镇规划
69	上海市松江县建筑工程学校	52	9022	112	53	7	28	82	120	382	工民建(120)、建筑装饰
70	上海崇明县财经、建筑工程学校	48	2468	39	27	0	8	0	0	35	工民建
71	江苏省城镇建设学校	82	14052	91	54	1	6	90	248	818	城镇规划(46)、房地产经济管理(45)、环境卫生工程(40)、工民建(37)、工业会计(43)、建筑材料(37)
72	南京市建筑工程学校	12	8823	139	82	11	36	188	171	651	工民建(171)、水暖通风、水电工程、建材测试、建材管理、建筑装饰
73	南京建筑工程学校	125	13879	63	28	0	7	88	164	656	工民建(82)、建筑学、建筑企业经济管理、水暖通风(41)、建筑电气(41)
74	南京建筑职业技术教育中心		2546	73	39	3	15	52	128	357	工民建(58)、水暖通风(60)、电气安装

续表

序号	学校名称	学校占地面积(亩)	校舍建筑面积(平方米)	教职工数(人)				学生数(人)			专业设置(90年招生数)
				总计	专职教师数			毕业生	招生	在校生	
					小计	高级	中级				
75	南京建筑职工中专							82	68	316	工民建(68)、施工管理、建企经济管理
76	泰兴工业学校							0	48	148	工民建(48)
77	连云港建筑职工中专							0	85	115	工民建(40)、建筑电气(45)
78	南通职大中专部			80	60	1	13	0	137	282	工民建(137)、园林绿化
79	邗江县职业中专	28	6792	50	38	1	11	58	44	129	建筑材料(44)、水暖通风、建筑机械
80	泰兴县建筑工程学校	14.4	5049	64	34	3	9	78	283	774	工民建(46)、建筑施工与管理、机电设备安装(48)、电气安装(52)、城镇规划(47)、机械制造(40)、计量检测(50)
81	徐州煤炭建筑工程学校	430	49638	366	172	35	60	193	204	407	工民建(110)、水暖通风(83)
82	扬州市中等专业学校							0	146	634	水暖通风(42)、城镇建设(54)、环境保护(50)
83	核工业部扬州建筑工程学校	33	16531	76	38	7	11	123	110	270	工民建(75)、工业设备安装(35)
84	江都县工业学校	45	10502	84	61	3	17	73	50	150	工民建、建设装饰(50)
85	盐城建筑工程学校	40	8234	84	53	0	13	0	83	394	工民建(83)、建筑电气
86	无锡市建筑职工中专学校				30	1	16	33	107	192	工民建(23)、给水排水(30)、电气安装(54)
87	无锡县机电工业学校	48	7263	62	48	1	14	42	38	61	工民建(38)
88	苏州房地产管理职业中专							31	30	30	房地产经济与管理(30)、房屋建筑与维修
89	无锡房地产管理职业中专							33	0	38	房地产经济与管理、房屋建筑与维修
90	无锡纺织工业学校							0	0	42	供热通风
91	浙江省建筑工业学校	34	23235	237	110	12	47	250	337	960	工民建、城市建筑学、工民建(121)、建筑企业经济管理(77)、给水排水(50)、市政工程(47)

续表

序号	学校名称	学校占地面积(亩)	校舍建筑面积(平方米)	教职工数(人)				学生数(人)			专业设置(90年招生数)
				总计	专职教师数			毕业生	招生	在校生	
					小计	高级	中级				
92	杭州市城建工程学校	23	11021	85	50	1	23	73	34	233	工民建、道桥、城镇建设(34)
93	金华市城乡建设学校	25	8400	55	26		7	98	80	172	工民建(40)、建筑管理(40)
94	肖山乡镇工业学校	31.2	6841	85	34	2	11	34	32	95	工民建(32)
95	绍兴县工业学校	21	10628	81	45	1	8	40	34	109	工民建(34)
96	嘉兴市中等专业学校	30	9276	188	92	3	14	87	86	339	工民建(86)
97	湖州市中等专业学校	16	3965	64	35	4	14	75	34	72	工民建(34)
98	诸暨县中等专业学校	17	3352	27	13	0	2	73	39	150	工民建、工业设备安装(39)
99	浙江台州工业学校	63	7790	52	33	4	11	90	41	126	工民建(41)
100	安徽省巢湖建筑工程学校	37	4086	33	18		1	100	106	312	工民建(31)、建筑机械(38)、建筑经济管理(37)
101	安徽省城市建设学校	55	16700	20	12	1	2		32	147	城市建设、环境卫生
102	安徽省建筑工程学校	60	15000	54	47	4	30		183	608	工民建、建筑经济管理
103	安徽省安庆市建筑工程学校	20	7878	58	25			45	205	514	工民建(96)、建企经济管理(58)、城镇建设(51)
104	安徽铜陵有色金属工业学校	74	14720	159	65	9	26	36	38	210	工民建(38)
105	淮南化工建筑安装学校	392	45251	449	134	14	53	45	90	326	工民建(90)
106	淮北市职工中等专业学校		2394	28	17	1	3	0	40	120	工民建(40)
107	滁州建筑工程学校	15	4948	36	19		2	32	95	246	工民建(50)、给水排水(45)、环境保护
108	六安市第一高级职业中学							89	150	371	工民建、建企经济管理(40)、建筑机械(40)、会计统计
109	淮南市职业教育中心	76	11155	92	59	3	20	30	80	281	工民建(40)、建企经济管理(40)、给水排水
110	福建省南平工业学校	40	15807	146	76	4	24	0	46	223	工民建(46)
111	福建建筑工程学校	153	51125	149	72	6	22	110	180	899	建筑机械(45)、工业设备安装、工民建(90)、建筑企业经济管理(45)
112	龙岩地区工业学校	100	12520	143	80	6	27	19	47	87	工民建(47)

序号	学校名称	学校占地面积(亩)	校舍建筑面积(平方米)	教职工数(人)				学生数(人)			专业设置(90年招生数)
				总计	专职教师数			毕业生	招生	在校生	
					小计	高级	中级				
113	江西省建筑工程学校	51.2	13629	229	118	16	36	322	323	651	工民建(178)、建筑学(48)、给排水与暖通、建筑企业经济管理(52)、水电设计与安装(45)
114	南昌铁路机械学校	565	34271	234	94	2	32	75	40	164	工民建(40)
115	南昌有色金属工业学校	166	25738	173	66	6	10	48	48	104	工民建(48)
116	江西南昌城市建设学校	6	1318	21	9	0	0	0	81	81	市政工程(40)、房地产经济管理(41)
117	山东省建筑工程学校	107	26000	202	96	4	40	80	440	778	工民建(320)、建筑学、建筑装饰(40)、水暖与通风(80)、建筑企业经济管理
118	山东省济南城市建设学校	161	30000	173	85	15	31	0	211	724	工民建(45)、城镇建设(40)、城市规划(35)、园林规划设计、给水排水(45)、市政工程(45)
119	郑州建筑工程学校	110	34255	191	94	9	31	0	268	995	工民建(165)、建筑学(73)、建筑装饰(30)、城镇建设
120	河南省焦作建筑经济学校	135	11466	97	48	3	12	103	217	578	建筑工程概预算(110)、建筑施工与管理(107)、建筑企业经济管理、建筑施工与预算
121	河南省平顶山城建环保学校	130	13770	143	81	5	20	321	411	852	环境保护(93)、给水排水(93)、房屋建筑与管理(93)、城镇园林(40)、环境卫生与工程(92)
122	河南省纺织工业学校	78	23858	353	99	10	34	0	42	170	水暖通风(空调)(42)
123	焦作煤炭工业学校	185	30346	223	95	7	36	0	0	82	工民建
124	中原机械工业学校	209	62130	489	138	16	49	37	42	255	工民建(42)
125	黄河水利电力学校	159	48333	392	132	38	47	0	64	149	工民建(30)、给水排水(34)

序号	学校名称	学校占地面积(亩)	校舍建筑面积(平方米)	教职工数(人)				学生数(人)			专业设置(90年招生数)
				总计	专职教师数			毕业生	招生	在校生	
					小计	高级	中级				
126	新乡市工业学校	40	11584	131	44	3	17	0	41	199	工民建(41)
127	开封大学中专班							0	39	83	工民建(39)
128	河南驻马店地区工业学校	110	6929	145	45	5	3	0	102	102	工民建(102)
129	河南中川大学中专部							0	37	79	建筑工程概预算(37)
130	武汉城市规划学校	15	10000	34	17	2	5	35	0	0	城市规划、工程测量
131	武汉市城市建设学校	16	8863	89	35	5	7	37	129	488	市政工程(84)、给水排水(45)、城市燃气
132	武汉建筑工程学校	22	11525	112	50	6	7	38	35	110	建筑施工与管理(35)
133	湖北省宜昌城市建设学校	31.3	11833	84	34	2	6	114	160	601	工民建(80)、城市规划、燃气工程、市政工程(42)、建筑经济管理、园林绿化(38)
134	武汉市民用建筑学校	20	4742	65	33	2	10	132	171	248	工民建(76)、建筑学(95)
135	建设部南方村镇建设学校	24	10021	93	56	4	17	203	241	523	工民建(75)、村镇建设(110)、建筑经济管理、建筑装饰(56)、水工建筑
136	葛州坝水电学校	30	6794	66	62	5	9	41	0	40	工民建
137	湖北城市建设学校	53.42	14715	132	65	3	13	0	82	569	工民建(45)、给水排水、村(城)镇规划(37)
138	武汉铁路桥梁学校	33	17420	205	86	10	21	0	45	224	工民建(45)
139	武汉无线电工业学校	110.4	32611	243	99	14	32	75	47	96	工民建(47)
140	黄冈地区农机化学校	84	12143	104	49	3	6	0	0	38	工民建
141	湖北黄冈地区水利电力学校	12	7686	62	33	3	8	43	48	48	工民建(48)
142	湖北郧阳地区工业学校			159	49	3	7	46	50	103	工民建(50)
143	湖南省建筑学校	134	34151	244	124	14	43	359	389	805	工民建(127)、建筑学(31)、建筑企业经济管理(82)、村镇建设、建筑设备(79)、建筑装饰(30)、建筑机械(40)

续表

序号	学校名称	学校占地面积(亩)	校舍建筑面积(平方米)	教职工数(人)				学生数(人)			专业设置(90年招生数)
				总计	专职教师数			毕业生	招生	在校生	
					小计	高级	中级				
144	湖南郴州地区中等城建职业学校	9	3000	22	10	1		0	119	119	工民建(119)
145	湖南零陵地区中等城建职业学校	16	8800	20	13		1	47	57	57	施工与管理(57)
146	湖南常德市中等城建职业学校	11	5500	21	10		2		132	132	工民建、给排水、建设经济
147	湖南株洲市中等城建职业学校	123	5000	46	16		4	16	101	288	工民建、园林绿化
148	湖南湘西中等城建职业学校	8	4000	23	16			0	30	150	工民建(30)
149	湖南娄底地区建筑学校	4	5500	31	19	1	3	76	96	184	工民建(96)
150	湖南煤炭工业学校	281	37830	298	109	21	52	37	40	83	工民建(40)
151	株洲冶金工业学校	180	66000	468	180	29	78	68	8	95	工民建(8)
152	衡阳铁路工程学校	145.2	50841	352	126	17	39	148	168	775	工民建(40)、给水排水(128)
153	湖南长岭炼油厂石油学校	982	15739	101	43	0	13	41	0	39	工民建
154	深圳市建筑工程学校	26	12441	11	30			163	0	418	工民建、建筑装饰、建筑企业经济管理
155	广东省建筑工程学校	73	14520	174	94	5	17	252	347	963	建筑装饰(63)、工民建(137)、给水排水(45)、建企经济管理(52)、城镇规划(50)
156	广州市市政建设中专学校	16	7506	70	42	1	15	129	152	598	给水排水(52)、工民建(51)、建企经济管理(49)、城市道路桥梁
157	广州市交通运输中专学校	49	16740	170	70	7	26	76	80	161	城市燃气工程管理(80)
158	广州市建筑工程学校	31	18181	123	75	2	16	250	237	1096	工民建(237)、建筑装饰
159	广州市房建中专学校	4	6560	110	53	3	17	122	140	784	工民建(94)、建筑学、房屋建筑设备、建筑装饰、房地产开发、建筑工程概预算(46)
160	广东省茂名市建设中专学校	10	6050	50	27	2	10	80	132	352	工民建(45)、城市规划与建设(45)、建筑施工与管理(42)

序号	学校名称	学校占地面积(亩)	校舍建筑面积(平方米)	教职工数(人)				学生数(人)			专业设置(90年招生数)
				总计	专职教师数			毕业生	招生	在校生	
					小计	高级	中级				
161	广东茂名石油学校							50	0	0	工民建
162	广州环境保护学校	22	6701	43	20	3	12	81	84	251	环境保护(84)
163	广西建筑工程(城建环保)学校	162	71636	268	133	21	47	224	437	1272	工民建(177)、建筑会计(44)、建筑预算、建筑机电(45)、建筑与城规、建筑学、村镇建设(41)、给水排水(82)、建筑装饰(42)
164	广西钦州地区农机化学校	49	8459	58	34	1	11	0	0	74	工民建
165	广西玉林地区农机化学校	37	14549	85	32	3	13	33	0	0	工民建
166	广西煤炭工业学校	136	17227	120	59	3	21	5	0	5	工民建
167	重庆市城市建设工程学校	115	21310	208	87	13	36	194	136	541	工民建(40)、城市道路与桥梁(36)、园林规划与绿化、建筑工程定额与预算(50)
168	四川省建筑工程学校	108	45427	292	122	20	44	143	310	861	工民建(86)、城镇建设(49)、建筑机械、设备安装(51)、建筑企业管理(84)、建筑装饰(40)
169	攀枝花市建筑工程学校	45	16619	125	66	6	24	169	140	390	工民建(50)、建筑机械、水暖通风、给水排水(50)、建筑企业经济管理、财经(40)
170	十九冶建筑工程学校	84	24581	215	83	5	16	0	80	315	工民建(80)
171	成都市建设学校	65	17777	151	66	6	24	147	105	200	工民建(26)、市政工程(18)、园林(10)、建企经济管理(29)、城镇建设(10)、环境保护(12)
172	成都航空工业学校	120	49186	692	168	23	78	94	62	403	工民建(27)、给水排水(35)
173	成都水利发电学校	108	52929	457	163	20	71	116	40	199	工民建(40)
174	重庆石油学校	345	93338	645	270	49	128	76	120	199	工民建(80)、石油给水排水(40)
175	重庆市工业学校	155	46409	256	112	19	47	43	81	241	工民建(81)

续表

序号	学校名称	学校占地面积(亩)	校舍建筑面积(平方米)	教职工数(人)				学生数(人)			专业设置(90年招生数)
				总计	专职教师数			毕业生	招生	在校生	
					小计	高级	中级				
176	重庆建筑专科学校			204	59	3	39	181	195	430	工民建(80)、水暖通风(35)、给水排水(40)、建筑经济(40)、电气安装、财务会计
177	绵阳市水利电力学校	40	18002	120	66	8	28	44	0	25	工民建
178	内江水电学校	91	10014	73	27	9	11	0	0	18	工民建
179	阿坝州工业学校	31	11135	60	33	2	9	0	0	40	工民建
180	涪陵水利电力学校	20	12328	83	48	6	14	0	16	16	工民建(16)
181	贵州城乡建设学校	31	11741	146	57	6	22	78	91	498	工民建(46)、给水排水(45)、城镇建设
182	贵州省冶金学校	350	26920	174	91	9	28	46	0	0	工民建
183	贵州省交通学校	120	25611	177	73	7	23	0	40	40	城市道路桥梁(40)
184	贵州毕节地区工业学校	50	98333	52	31	0	6	38	0	78	工民建
185	云南省建筑工程学校	62	21136	156	64	9	26	50	308	1053	工民建(52)、建筑经济管理(53)、乡镇建设(50)、建筑装饰工程(52)、水电工程(50)、建筑质量监督与管理(51)
186	云南省大理城乡建设学校	30	4417	41	28	1	4	80	79	248	工民建(40)、建企经济管理(39)、城镇规划
187	昆明市城乡建设学校	56.3	12297	45	27	1	7	0	102	202	建筑施工管理(51)、城市道路与桥梁、城镇建设(51)
188	昆明冶金工业学校	88	18295	159	63	7	16	46	45	130	工民建(45)
189	保山地区工业学校			19	19	0	3	0	0	50	工民建
190	西安航空工业学校	181	70099	836	219	36	68	0	0	37	水暖通风
191	陕西省水力学校	220	38374	291	125	21	47	41	0	0	工民建
192	渭南铁路工程学校	129	29987	240	81	6	28	0	31	151	工民建(31)
193	甘肃省建筑工程学校	104	22039	99	35	6	14	155	130	193	工民建(130)、采暖与通风
194	兰州市城市建设学校	148	16302	113	49	3	19	120	176	301	工民建(44)、市政工程、城镇建设(89)、建筑施工与管理(43)
195	甘肃白银市建筑工程学校	11	3884	29	18	1	4	109	55	110	工民建(27)、给水排水、采暖通风(28)

序号	学校名称	学校占地面积(亩)	校舍建筑面积(平方米)	教职工数(人)				学生数(人)			专业设置(90年招生数)
				总计	专职教师数			毕业生	招生	在校生	
					小计	高级	中级				
196	天水市工业学校	25	6310	63	30	2	5	45	0	0	工民建
197	甘肃省冶金工业学校	50	12791	55	36	2	5	39	40	79	工民建(40)
198	酒泉工业学校	40	6132	69	42	2	7	0	0	66	工民建
199	兰州化学工业学校	120	38106	380	121	8	39	0	46	86	工民建(46)
200	青海省建工建材(城建)学校	64	22780	85	56	6	23	91	80	245	工民建(80)、硅酸盐工艺、建筑经济管理、城镇建设、城镇规划
201	宁夏建筑(城建)工程学校	80	15310	129	68	1	22	1221	1601	5661	工民建(32)、建筑经济管理(37)、水暖与通风(35)、建筑装饰(37)、化学分析(22)、水泥工艺(19)
202	新疆建筑工程学校	75	29601	281	143	18	50	95	205	579	工民建(85)、村镇建设、水暖与通风(40)、建筑财会、建筑物资管理、建筑工程预算(40)、房屋建筑与维修(40)
203	新疆城市建设学校	95	21348	134	68	4	13	111	150	610	园林绿化、园林工程、城镇建设、给水排水、建筑定额预算(40)、市政工程(40)、城镇规划(35)
204	博尔塔拉农机学校	18	5664	47	15	0	7	40	40	69	工民建(40)
205	新疆伊犁州建筑中专学校		3020	24	12	0	2	159	80	200	工民建(80)

附表二

建设部系统职工中等专业学校1989年基本情况表

序号	学校名称	学校占地面积(亩)	校舍建筑面积(平方米)	教职工数(人)				学生数(人)			专业设置
				总计	专任教师人数	其中高级职称	其中中级职称	毕业生	招生	在校生	
1	北京第一建筑公司职工中专学校		1517	39	7	2	4	66			建筑企业管理
2	北京第二建筑公司职工中专学校	7.5	1957	42	10		1		80	70	建筑经济与管理、建筑企业管理
3	北京市公交总公司干校中专部	50	3131	42	18		5				
4	北京机械施工公司职工中专学校	18	5060	85	16		5			22	施工技术与管理
5	北京设备安装公司职工中专学校	4.99	2907	45	7					42	劳资、材料

序号	学校名称	学校占地面积(亩)	校舍建筑面积(平方米)	教职工数(人) 总计	专任教师人数	其中高级职称	其中中级职称	学生数(人) 毕业生	招生	在校生	专业设置
6	中建一局职工建筑工程学校	36	8707	86	34	2	15	72		44	施工管理、行政管理
7	北京住宅建设公司职工中专学校	9	2000	50	22	1	13	103		32	建筑机械、工民建、企业管理
8	北京市园林职工中专学校	5	2564	45	17	1	7	91	23	128	城市供热、党政基础理论、物资管理、给水、天燃气供应
9	北京市房管局职工中专学校	5.6	5160	81	28		4	98		37	房屋建筑与修缮、房产经济与管理、水暖工程
10	北京市公用局职工中专学校	7.5	3007	91	24		14	120	70	130	供热、给排水、燃气、财会
11	北京市市政工程局职工中专学校	7.5	5986	120	42	7	25			119	市政工程施工、建筑施工与管理、财会与金融
12	北京市环卫职工中专学校		1053	48	22		11			61	机械设备
13	北京市建筑总公司职工中专学校	19	10190	109	35	2	20	114	100	205	工民建、建筑企业管理、行政管理
14	北京市市政工程局党校	9.5	3520	45	15		7			72	行政管理
15	天津市市政干部中专学校	3.4	2754	72	25	2	6		30	94	预算定额、基建财会、劳动经济管理
16	天津市建工局干部中专学校	8.5	4640	74	32		7	93	117	117	建筑物资管理、劳动经济
17	天津市建筑工程职工中专学校	6	2036	32	17	1	8	11		22	建筑机械
18	天津第二建筑公司职工中专学校	5	2831	42	15		1	52	49	63	工民建、建筑施工与管理
19	天津第三建筑公司职工中专学校	4.2	3300	38	20		4		55	51	工民建、建筑企业经济管理
20	天津市煤气公司职工中专学校	1.5	2365	50	34		4	79	33	112	煤气
21	天津市环卫管理局职工中专学校		1000	37	20	1		20	23	71	环卫管理、环卫机械
22	天津房地产管理局职工中专学校	12.2	10610	158	76	3	29	30		69	房地产经济与管理、工民建
23	中建六局职工中专学校	38.5	7700		22	4	7	41		35	建筑施工与管理、建筑机械修理与管理
24	天津市机械施工职工中专学校										
25	唐山市建筑工程职工中专学校	15	4443	38	17	2	6	60	24	114	工民建、房屋建筑设备
26	邯郸市建筑职工中专学校		1840	16	14	3	9	33	35	35	建材供应与管理、工民建

续表

序号	学校名称	学校占地面积(亩)	校舍建筑面积(平方米)	教职工数(人)				学生数(人)			专业设置
				总计	专任教师人数	其中高级职称	其中中级职称	毕业生	招生	在校生	
27	中建二局职工中专学校	26.6	7272	48	21	2	6	72	47	160	建筑施工与管理
28	石家庄市城乡建设职工中专学校	8	4662	65	38	4	19	60	15	149	工民建、市政工程、房产经济管理
29	张家口市城建职工中专学校	4.42	1678	31	17		8	76	45	84	工民建
30	河北省城市建设职工中专学校	19.6	10000	57	27	6	10	32	35	145	市政工程、工民建、城市规划
31	山西省城乡建设职工中专学校	10.7	5131	24	14	2	2		63	63	工民建
32	呼和浩特城市建设职工中专学校	14	4400	24	15	2	11		45	114	市政工程、给水工程、水暖与通风、综合统计、建筑企业经济管理
33	内蒙第二建筑公司职工中专学校	6	1825	24	16	2	7	43		93	工民建、施工与管理
34	呼和浩特市建筑职工中专学校	3	960	20	15	2	2		36	176	工民建
35	呼伦贝尔蒙城建职工中专学校	92	3326	41	24	1	7		42	187	工民建、施工管理
36	赤峰市城乡建设职工中专学校	4	1500	24	15	1	3				
37	大连市建筑总公司职工中专学校	9	4300	72	38	1	19	57		71	工民建、建筑企业经营管理
38	大连市城乡建设职工中专学校	33	3580	20	20		12	42		20	道路排水、园林绿化、企业管理
39	大连市房地产局职工中专学校	18	4400	61	23	1	12	36		97	工民建、房屋经营管理
40	大连市公用事业职工中专学校	23.4	1028	14	10					58	汽车运用工程、汽车运输管理
41	锦州市城乡建设职工中专学校	7	1695	27	14		4	50	50	73	工民建
42	抚顺市城市建设职工中专学校	15	12800	155	61	2	19	91	82	290	建筑企业经济管理、工民建、水暖通风、给水排水工程电气安装工程、建筑企业经济管理
43	鞍山房地产管理局职工中专学校	7.5	2343	52	26	2	12	75		66	工民建、采暖通风
44	沈阳市城乡建设职工中专学校	15	3100	63	29	4	11	83	29	93	汽车运用与驾驶、汽车运输企业管理

续表

序号	学校名称	学校占地面积(亩)	校舍建筑面积(平方米)	教职工数(人)				学生数(人)			专业设置
				总计	专任教师人数	其中高级职称	其中中级职称	毕业生	招生	在校生	
45	沈阳市建工局职工中专学校		1125	44	33	3	17	121	47	139	工民建、焊接、电气安装、建筑企业经济管理、水暖与通风
46	沈阳市交通局职工中专学校	15	3200	60	39	3	11	63		29	汽车运用与驾驶、汽车运行管理
47	沈阳市自来水公司职工中专学校	3.5	2157	57	16		6	45	17	52	给水工程
48	沈阳城乡规划建设职工中专学校	7.8	4305	73	36	4	15	146	48	129	城市道路与桥梁、城市排水、园林绿化、环卫
49	吉林省城建干部中专学校	50	3035	24	12	1	8	36		56	计划统计
50	长春市房产职工中专学校	8	4556	61	29		10	78	104	273	工民建、供热与通风、房产经济与管理
51	长春市建筑职工中专学校	5.2	4700	53	30		6	70	160	272	工民建、水暖通风
52	四平市城乡建设职工中专学校	6	800	27	18	1	8	28	114	114	工民建
53	通化市建筑职工中专学校	1.8	600	21	15		5	28	50	50	水暖、工民建
54	吉林市城乡建设职工中专学校	86	6403	78	43	2	8	226	54	278	工民建、给排水、道桥
55	牡丹江建设职工中专学校	5.6	4630	50	24		6	74	44	159	工民建、水暖
56	牡丹江市房地产管理局职工中专学校										
57	齐齐哈尔城市建设职工中专学校	22	3380	68	30	2	5	25		49	道路桥梁
58	齐齐哈尔市房产局职工中专学校	3	1373	25	17		8	28	139	139	民用建筑与维修、房产经济与管理
59	哈尔滨市房地产管理局职工中专学校										
60	哈尔滨市建设职工中专学校	10	400	32	27	2	11	16	30	46	工民建、房产经济管理、园林绿化
61	哈尔滨市公用事业职工中专学校			15	6		1			244	汽车运用与修理、运营调度、公用事业管理
62	哈尔滨市园林处职工学校										动物饲养
63	佳木斯市房产局职工中专学校		2100	22	14	1	7		91	173	施工技术与管理
64	佳木斯市房产局职工中专学校	11	2350	23	13	1	6		95	150	房产经济与管理、房产施工与管理

续表

序号	学校名称	学校占地面积(亩)	校舍建筑面积(平方米)	教职工数(人)				学生数(人)			专业设置
				总计	专任教师人数	其中高级职称	其中中级职称	毕业生	招生	在校生	
65	佳木斯市城建职工中专学校	45	4662	35	20	1	1		194	194	道路桥梁、给水排水、采暖通风、房屋建筑
66	鹤岗市基本建设职工中专学校		400	22	14		5		70	70	工民建
67	上海工业设备安装职工中专学校	4.6	6300	34	17	1	8			14	电气
68	上海市人民防空职工中专学校	10.5	7000	35	9		3				
69	上海市自来水公司职工中专学校	1	800	45	18		7	17	33	76	给水排水
70	上海公共交通公司职工中专学校		1969	93	39		19	148	188	302	汽车修理、运输调度、企业管理、行政管理
71	上海建筑材料公司职工中专学校	5	3700	64	26		9	28	34	34	建材管理
72	上海市建筑构件职工中专学校	2.3	3500	40	15	2	4	30	24	47	工民建、工业企业管理、建筑金属门窗
73	上海房地产管理局职工中专学校	7.2	7039	144	60	6	21	95	173	211	房屋建造与维修、房产经济与管理、绿化
74	苏州市建筑职工中专学校	28	2250	9	4	1	1	33	105	127	工民建、建筑企业财务会计、建筑施工
75	苏州市房产管理职工中专学校										房地产经济与管理、房屋建筑与维修
76	连云港市建筑职工中专学校	15	2068	41	17	1	6	54	95	211	工民建、给水排水、建筑电气、经济管理
77	镇江市建筑职工中专学校	16	8400	43	25	2	9	47	13	113	工民建、建筑机械、建筑企业管理
78	徐州市建筑职工中专学校	36	8410	85	39	1	9	227	165	466	工民建、水暖与通风
79	南通市建筑职工中专学校	29.5	6245	87	43	2	18	284	76	486	工民建、建筑企业经济管理、建筑企业财务与会计
80	南通县建筑职工中专学校	47.7	15807	94	12	2	5				
81	无锡市建筑职工中专学校	10	4184	61	23	1	10		69	234	工民建
82	无锡房管职工中专学校	11	3204	36	21	1	6			95	民用建筑与维修、房产经济管理
83	扬州市建筑职工中专学校	18	6111	55	11		4	52	103	301	工民建、经济管理、水暖

续表

序号	学校名称	学校占地面积(亩)	校舍建筑面积(平方米)	教职工数(人)				学生数(人)			专业设置
				总计	专任教师人数	其中高级职称	其中中级职称	毕业生	招生	在校生	
84	南京市城乡建设职工中专学校	5	3600	68	39	2	13	91	24	163	公交管理、给排水、园林绿化、环卫、工程造价
85	苏州市城乡建设职工中专学校	10	3043	29	15	2	5	29	29	29	给排水、道桥
86	苏州市房产管理职工中专学校	2.1	2689	24	14	4	5	25	96	71	房地产经济与管理、民用建筑、房屋维修
87	淮阴市城乡建设职工中专学校	31	8739	45	29		5	103	120	262	工民建、城乡规划、给排水工程、建筑材料
88	无锡市城乡建设职工中专学校										
89	浙江省城乡建设电视中专学校	11	3000	53	22	3	8		308	699	建筑施工与管理
90	浙江省建筑安装职工中专学校	57	14900	81	54	2	9	58	5	118	工民建
91	绍兴市城乡建设职工中专学校	5.3	3700	61	41	3	9		20	65	工民建、建筑设计
92	温州市城乡建设职工中专学校	6	2880	23	11			487	71	226	工民建、城市规划、给排水
93	安徽省城乡建设电视中专学校	12.2	2200	170	160	36	103	337	37	740	建筑施工与管理、建筑企业经济管理、乡镇建设
94	安徽省建筑工程职工中专学校	61	22069	139	71	5	18	97	200	200	工民建、经济管理、房地产
95	安徽省城乡建设环境保护干部学校										建筑施工与管理、建筑企业经济与管理、村镇建设
96	合肥市房地产职工学校										房地产经济与管理
97	蚌埠市城乡建设职工中专学校	22	2000	7	2		1	34	35	35	给水排水
98	江西省建筑工程职工中专学校	58	25500	234	109	12	36	81	59	81	工民建
99	山东省建筑工程职工中专学校	101	29340	202	102	4	34	166	44	241	工民建、建筑经济管理、水暖与通风
100	青岛市建筑工程职工中专学校		1600	22	12	1	1	206	200	200	工民建
101	青岛市房地产职工中专学校	34.8	13000	53	29		8	60	88	88	工民建
102	烟台市建筑工程职工中专学校	56.5	20000	87	51	6	25	148	33	213	工民建
103	枣庄市城乡建设职工中专学校	10.5	5040	34	21	1	5	70	50	115	工民建
104	济宁市城乡建设职工中专学校	20	8000	56	22		3	48	130	298	工民建、给排水

续表

序号	学校名称	学校占地面积(亩)	校舍建筑面积(平方米)	教职工数(人)				学生数(人)			专业设置
				总计	专任教师人数	其中高级职称	其中中级职称	毕业生	招生	在校生	
105	济南城市房产住宅职工中专学校	35	7000	64	35	4	11	145	83	268	房产经济管理、民用建筑与维修
106	济南市建筑工程职工中专学校										
107	聊城地区城乡建设职工中专学校	25	400	51	31	1	12		82	82	工民建、建筑企业管理
108	山东城乡建设职工中专学校	9.5	4730	39	13		2	429	409	1192	工民建、建筑经济管理
109	潍坊市城乡建设职工中专学校	26	1366	38	24	1	4		89	150	工民建、城镇规划
110	泰安市建设职工中专学校	20	6800	17	4				73	73	工民建、建筑经济管理
111	中建第八工程局职工中专学校	42	12492	52	23		3	39	27	97	建筑施工与管理
112	湖北建筑总公司职工中专学校	13.6	4824	97	40	1	9	91		30	工民建
113	武汉市建筑职工中专学校	5	6672	94	44	2	26	45	44	135	工民建
114	武汉市住宅建设职工中专学校	20	4142	62	35	2	7		25	188	工民建、装饰工艺、建筑企业管理、建筑经济管理、行政管理
115	武汉市园林职工中专学校	15.8	5109	69	11	4	1	55		44	园林绿化
116	武汉市公用事业职工中专学校	21.1	6379.9	55	35	1	10	117	42	215	汽车运用与维修、汽车营运管理、给排水工程
117	武汉市房地产职工中专学校	3.8	4200	50	20	4	5	43	152	119	房地产经济与管理、民用建筑与房屋维修、工民建
118	武汉市市政工程总公司职工学校										道路桥梁、综合统计
119	湖北省测绘职工中专学校	3.7	1857	29	17	5	7	40	35	121	工程测量、地图制图
120	中建五局职工中专学校	22.5	10662	83	39	1	22	78	97	241	工民建、建筑企业经济管理
121	湖南省城建房产干部中专学校	3.8	4200	25	11	1	4	105	30	30	房地产经营管理、环境卫生工程
122	湖南省建筑职工中专学校	64	25897	143	18	2	5		111	111	工民建
123	湖南省城乡建设电视中专学校	310	36536	292	144	5	45	494	1157	5015	工民建、建筑企业经济管理、房地产经济管理、给排水、汽车修理、运行工程、园林绿化、城建档案

续表

序号	学校名称	学校占地面积(亩)	校舍建筑面积(平方米)	教职工数(人)				学生数(人)			专业设置
				总计	专任教师人数	其中高级职称	其中中级职称	毕业生	招生	在校生	
124	长沙市自来水职工中专学校	4.8	2400	10	7	1	3		23	58	给排水
125	湖南省建设干部学校	3.8	4000	26	14	1	5	110	62	101	工民建、房地产经营管理、城市环卫工程
126	长沙市建委干部中专学校	1		16	10		6	34		106	工民建
127	广东第八建筑公司职工中专学校	7.5	1770	16	16	2	3	100	60	198	工民建、施工与管理
128	广州市公用事业职工中专学校	7.3		17	12			28		102	给排水、企业管理、电气自动化
129	江门市公共交通职工中专学校	30	5000	31	31	2	8				对外经济贸易管理
130	广东韶关市建筑职工中专学校	33	3000	21	10	1	2	31	89	89	工民建
131	广西建筑安装职工中专学校	2	2500	34	15	2	5		52	159	施工管理
132	广西测绘职工中专学校	5.3	1742	21	18	8	6	89	66	88	航空摄影测量、工程测量、地图制图
133	成都市公用事业职工中专学校	8	3500	36	16	1	5			121	城市公交营运管理、城市给排水工程、城市燃气工程
134	成都市房地产管理职工中专学校	8.7	3200	16	11	1	7	44	106	106	房地产经济与管理
135	重庆市建筑职工中专学校	115	21050	207	68	10	34	92	38	98	工民建、建筑施工与管理
136	重庆市公用事业职工中专学校	17	13671	37	18	2	11		168	168	城市公用企业管理、城市公共交通工程、城市供水供气工程、客车装配与修理
137	重庆市城市建设职工中专学校	115	19390	208	87	13	36	70	31	111	工民建、道路与桥梁
138	四川省城建环保干部学校	36	18000	77	38	6	14	68	81	235	城镇建设管理、工民建、经济管理、企业管理、施工管理
139	开封市建设局职工中专学校	10.8	1600	15	8		3	32	37	124	工民建
140	河南省建设职工中专学校(分校)	102	10854	180	94	5	23	669	463	1195	建筑施工与管理、建筑学、市政工程、建筑企业经济管理、工民建

序号	学校名称	学校占地面积(亩)	校舍建筑面积(平方米)	教职工数(人)				学生数(人)			专业设置
				总计	专任教师人数	其中高级职称	其中中级职称	毕业生	招生	在校生	
141	河南省测绘职工中专学校	1.5	1032	21	17	3	8	28	27	44	工程测量、地图制图
142	中建七局职工中专学校	49	8585	55	21	1	4	64	80	137	施筑施工与管理、工民建
143	贵州省建筑职工中专学校	5.3	3500	33	20	1	9	70	19	143	工民建、建经管理
144	中建第四工程局职工中专学校	66	16451	114	32	1	19	132	30	126	材料管理、施工管理、经营管理、工民建
145	陕西省建筑工程职工中专学校	62	34416	297	19		7	130	85	85	工民建、财会、材料
146	西安市建筑职工中专学校		1423	12	4		3		45	183	工民建、水暖与通风
147	西安市房地产管理职工中专学校	20.6	2500		33		10				房地产经济与管理、民用建筑与维修、建筑与装饰、房地产经营与开发、采暖与通风、工程预决算
148	宝鸡市建筑职工中专学校	3	1519	7	5	2	2	19	5	85	工民建、工业财务会计
149	福建福清县建筑职工中专学校	5.7		12	6	1	1	34	26	60	工民建
150	厦门市建筑工程职工中专学校	6	3492	65	32	1	8	173	54	218	工民建、建筑经济管理
151	甘肃省建筑工程职工中专学校	1	6076	74	35	2	14			150	工民建
152	兰州市房管局职工培训学校										建筑施工与管理
153	中国市政西北院职工中专学校	0.3	200	4	2		1		38	38	工民建、给排水
154	宁夏建筑职工中专学校	10	5400	55	21	1	9	50		50	工民建、建筑经济管理
155	青海省建筑职工中专学校							46	81	63	工民建、建筑经济管理
156	新疆建筑职工中专学校	13	3396	39	28	8	11	339	53	377	工民建、供热通风、预算、企业管理、建机管理、政治理论、测绘、护士

附表三

全国建设类中专层次学校 1989、1990 年设置专业情况表

类别	项目	序号	1	2	3	4	5	6	7	8	9	10	11	12	13	14	15	16	17	18	19	20	21	22	23	24	25	26	27	28	29	30	31	32	33	34	35	36	37
		专业	建筑学	建筑装饰	工业与民用建筑	地下铁道	建筑施工与管理	建筑企业经济管理	建筑材料管理	建筑材料	供热通风	水暖通风	给水排水	房屋建筑设备	城市道路桥梁	市政工程	城市燃气工程	建筑机械	工业设备安装工程	电气安装	(城)村镇建设	(城)村镇规划	园林绿化	环境保护	环境卫生管理	环卫机械	房地产经济与管理	房屋建筑与维修	公交运营管理	财务会计	建筑工程概预算	物质管理	动物饲养	汽车运用与管理	劳动统计	综合统计	工程造价	行政管理	党政基础理论
普通中专	专业点	1989 年	20	11	88	1	3	29	2	3	2	30	29	4	9	10	6	10	4	10	21	17	10	3	4	1	3	8	2	5	4								
		1990 年	12	15	179	1	12	36	4	3	11	22	31	2	13	11	3	18	4	10	25	17	13	14	4	1	7	4	1	9	9								
	招生数	1989 年	421	568	12152	0	76	1253	140	114	140	1070	1126	133	213	613	325	177	140	431	723	421	478	98	198	33	222	294	123	44	248								
		1990 年	247	377	8845	0	427	1349	0	81	300	752	936	0	275	588	125	653	167	305	775	279	281	603	217	50	252	77	0	274	417								
职工中专	专业点	1989 年			63		15	29	4		5	10	16	1	6	6	3	4		4	2	2	4		3	1	12	8	7	3		2	1	5	1	1	1	3	1
	招生数	1989 年			3153		542	368	59		82	141	265	24	49	84	33			21	22				23		418	204	121	30			28	83			24	79	

注：汇总时按相近原则对部分专业名称进行了合并。

附表四

全国建设类技工学校1989、1990年情况表

学校名称	学校占地面积(亩)	校舍建筑面积平方米	基本情况表						工种(专业)设置(89年招生数／90年招生数)
			教职工总人数	专任教师人数	在校生数		毕业生数		
					89年	90年	89年	90年	
北京市机械施工公司技工学校	18	5060	85	16	184		37		电气焊、汽车驾驶与修理、钢结构制作、木材加工、挖掘机驾驶与修理、机加工(38／)
北京市住宅总公司工人技术学校	5	2700	38	10			151		电工、焊工、司炉工、测量工、砖瓦工、钢筋工
北京市设备安装公司技工学校	5	2909	45	7	39	39			电梯维修工
北京市第二建筑工程公司技工学校	7.5	1957	42	10	67	30		25	水暖工(40／)、电气安装工(40／)
北京市第五建筑工程公司技工学校	7.5	2863	79	29	72	33		39	水暖工、建筑装饰(40／)
北京市第六建筑工程公司技工学校	16.5	2257	53	18	41	63	16	0	上建、电工(41／)、建筑装饰(／37)
北京市公用局技工学校	9	3070	83	33	447	366	118	223	机加工(／80)、电工(38／80)、热力运行、热工仪表工、天燃气室内设备维修安装(40／)、天燃气调试管线运营(39／)、给水管线维修安装(38／)
北京市电车公司技工学校	6.59	999	36	18	89	120	29	0	硅车维修(24／)、电汽车维修、汽车修理(／40)、配电
北京市客车驾驶学校	55	355	95	7	169	207	40	24	汽车驾驶(16／34)、汽车修理(42／41)
北京市出租汽车公司技工学校		160	12	10	50	50	50	45	汽车修理(50／50)
北京市公交总公司技工学校									
北京市环卫局技工学校		1648	37	14		178		71	汽车修理(／78)、机加工
北京市市政工程技工学校									
北京市地下铁道总公司技工学校	16.8	4546	95	45	434	491	40	125	车辆驾驶与维修(141／65)、通讯、信号、供电(／38)、管道工(／30)
中国建筑第一工程局技工学校	40	8704	34	28		37			
天津市南开区房产公司技工学校	1.2	520	21	18	73	119			水暖工(73／46)
天津市河西区房产公司技工学校	4.5	1760	25	15	125	174		37	维修电工(44／25)、房屋维修(／65)
天津市河北区房产公司技工学校	2.2	850	19	6		112		32	木工(／43)
天津市和平区房产公司技工学校	0.97	417	12	3	62	73	22	22	装饰油工(40／33)、检测
天津市河东区房产技工学校	2.38	809	11	5	75				房屋维修(42／)

学校名称	学校占地面积(亩)	校舍建筑面积平方米	基本情况表						工种(专业)设置(89年招生数/90年招生数)
			教职工总人数	专任教师人数	在校生数		毕业生数		
					89年	90年	89年	90年	
天津市第四房屋建筑公司技工学校	5	700	13	6	71	105	40	34	钢筋混凝土工、房屋维修(／69)、建筑装饰
天津市公用技工学校	100	17471	461	235	418	596	419	84	汽车驾驶(120／65)、自来水(48／)、汽车修理(150／216)
天津市建工局技工学校	26	9216	209	88	731	757	321	179	电工(86／87)、电焊工(41／43)、水暖工(84／85)、木工(117／)、钢筋工(／84)、建筑装饰(100／)、钳工(／41)、大型机械、空调检测
天津市第三建筑工程公司技工学校	4.5	3250	46	22	194	194	53	55	建筑装饰(70／37)、管道工(／33)、电工、机械
天津市第四建筑工程公司技工学校		800	43	22	64	66	47	47	水暖工(39／)、电工、砖瓦抹灰工(／41)
天津市第五建筑工程公司技工学校	0.6	380	9	7					
天津市市政工程局技工学校	6.3	3484	54	41	313	312	175	73	测量工(／24)、电工(30／50)、地铁驾驶(26／)、机加工(33／)、机修(30／)
天津市修建装配工程公司技工学校	2.4	7000	9	3	103		41		混凝土工、钢筋工、建筑装饰、砖瓦工
天津市电梯安装维修技工学校	0.6	550	18	9		49			电梯安装维修
天津市园林局技工学校									
中国建筑第六工程局技工学校	38.5	7494	86	21	230	262	104	50	铆焊(46／)、城建(40／)、钳工(40／)、木工(／28)、起重工(／35)、电工、建筑装饰(／30)
秦皇岛市建筑公司技工学校									
中国建筑第二工程局技工学校	26.6	8176	51	21					
山西省建筑安装技工学校	1.9	3240	81	30		250		173	电工(／216)管道工、板金工、汽车驾驶
太原市园林技工学校	11.6	1005	30	14	167	166	60	51	园林绿化(56／51)
山西省临汾地区建筑总公司技工学校									
内蒙古建筑工程技工学校									
包头市城市建设局技工学校	8.3	2047	50	28	195	221	98	107	电气安装工、电焊工(46／)、园林绿化、城建(／64)、市政建设(42／)、汽车修理(／34)、化工(／37)、给排水

学校名称	学校占地面积(亩)	校舍建筑面积平方米	基本情况表						工种(专业)设置(89年招生数／90年招生数)
			教职工总人数	专任教师人数	在校生数		毕业生数		
					89年	90年	89年	90年	
乌海市基本建设技工学校	22.6	854.2	53	26	271	258	39	80	土建（101／80）
巴彦淖尔盟建筑公司技工学校									
赤峰市建筑技工学校	4	2500	27	9		30			抹灰工
乌兰察布盟建筑技工学校									
海拉尔建筑工程技工学校		2500	56	12	184	203	35	45	砖瓦工（／24)、建材、核算（／41)
辽宁省第一建筑工程总公司技工学校	3.3	1440	32	12	96	101	30	29	木工（34／34)、电工、焊工
辽宁省第二建筑工程公司技工学校	1	600	23	16	135	61		70	钢筋工（36／)、水暖工(33／)、木工
辽宁省第三建筑工程公司技工学校	4.05	1500	30	19	246	356	56	75	木工（30／34)、汽车修理(46／23)、钢筋工(／29)、钳工（／24)、大型机械、电工
抚顺市第一建筑公司技工学校	0.6	2000	29	21	272		45		焊工（39／)、电工(40／)、铆工、钢筋工
抚顺市第二建筑公司技工学校									
营口市城乡建设技工学校	21	3574	53	25	376	434		136	建筑装修（／38)、管道工(46／111)、建筑经济(49／)、自来水管道、电工（／64)、环保、煤气管道
本溪市建筑技工学校	16.5	2500	67	47	385	347	40	70	钢筋混凝土工（40／)、木工（40／)、电焊工(40／)、电工（80／)水暖工（30／)、砖瓦抹灰工(150／115)、建筑装修(45／47)
阜新市建筑技工学校	11	4000	71	35	412	406	155	165	砖瓦工（79／21)、建筑装修（46／92)、电工仪表(87／49)、抹灰工(82／)、起重工（39／)、经济管理（79／)、木工
辽宁省锦西市葫芦岛区辽建技工学校									
朝阳建筑工程技工学校	8.03	2500	42	13	218		143		砖瓦工（50／)、抹灰工(18／)、钢筋工（50／)、油漆工（50／)、木工(50／)
本溪市房产技工学校	4.5	1300	32	25	209	149		67	水暖工（68／)、电工(40／)、木工（35／)、建筑装修（68／)

续表

学校名称	学校占地面积(亩)	校舍建筑面积平方米	基本情况表						工种(专业)设置(89年招生数/90年招生数)
			教职工总人数	专任教师人数	在校生数		毕业生数		
					89年	90年	89年	90年	
鞍山市城建技工学校	7.5	800	20	15	187		84		道路桥梁(45/)、园林绿化
辽宁省工业安装工程公司技工学校									
辽宁省建筑机械施工公司技工学校	4.5	325	34	13	86	102		62	汽车驾驶(86/62)、汽车修理(/40)
辽宁抚顺市挖掘机厂技工学校									
沈阳市建筑机械厂技工学校									
沈阳市公用事业技工学校	13.4	7661	109	55	331	338	129		燃气输配(31/45)、燃气化工(45/)、汽车驾驶(43/109)
沈阳市自来水总公司技工学校	3.5	2157	53	16	170	129		76	水源运行、水源绿化(49/36)
沈阳市公共汽车总公司技工学校	5.79	4969	107	17		230		90	汽车驾驶(/50)、汽车修理(/56)、站务
沈阳电车总公司技工学校	3	1590	44	11	164	133	41	71	电车驾驶(50/49)、乘务员(49/)
沈阳电梯厂技工学校									
大连第一建筑工程公司技工学校	1.55	1000	22	14	79	0	62	79	建筑电工、水暖工、测量放线工
大连第二建筑工程公司技工学校	2	1382	44	23	107	32	57	105	木装修、电工
大连第三建筑工程公司技工学校	1.8	790	9	7				20	木工
大连建筑构件工程公司技工学校	1.3	480	11	7	22			22	木构件
大连市房产技工学校	0.53	1707	42	20	217	161		120	采暖(/36)、电工、木工(/30)
大连市机电安装工程公司技工学校									
大连市自来水公司技工学校	2.25	5100	38	19	128	126	26	33	电工(40/)、管道工(/39)
大连市城市建设技工学校	30	3580	61	20	120	128	50	35	园林绿化(/37)、道路排水(18/)、动物驯养
大连市交通公司技工学校									
吉林省吉林市昌邑建筑工程技工学校									
长春市城建局技工学校	67.5	1700	65	18	272		106		园林绿化(44/)、道路(44/)
长春市公用事业技工学校	1.14	2612	83	47	650	613	230	175	汽车维修与驾驶(50/49)、给水(50/65)、电车驾驶(50/)、给水(50/65)、煤气(150/51)、供热(/83)

续表

学校名称	学校占地面积(亩)	校舍建筑面积平方米	基本情况表						工种(专业)设置(89年招生数/90年招生数)
			教职工总人数	专任教师人数	在校生数		毕业生数		
					89年	90年	89年	90年	
吉林市公共交通公司技工学校		1065	19	16	77	80	38	38	汽车驾驶与修理(40/40)
黑龙江省第一建筑工程公司技工学校	2.55	1000	19	10	350		120		抹灰工(100/)
伊春市建筑技工学校	4.5	2070	15	7	450				建筑装修(200/)、建筑电工(50/)
黑龙江省建筑安装技工学校	9.75	4500	40	23	238	320	50	45	管道工(/500)、焊接(/70)、钳工、铆焊、仪表工
哈尔滨市建筑工程局技工学校	6.7	1894	30	19	273		80		装修(38/)、钢筋工(38/)、木工(32/)
哈尔滨市公共汽车公司技工学校	13.5		44	25	320	692			汽车驾驶(51/64)、站务(269/308)
哈尔滨市园林管理技工学校									
大庆市建设技工学校		4000	41	20	249		72		焊接、铆焊(38/)、汽车驾驶(41/)、装修、木工
牡丹江市建筑管理局技工学校	7.8	4600	39	17	99				抹灰工
牡丹江市建筑安装总公司技工学校									
鸡西市第一建筑工程公司技工学校	20		13	7	50	90			砌抹工、木工(/40)、钢筋混凝土工
齐齐哈尔市城建局技工学校	18.5	3380	73	30	220		38		道路桥梁(40/)、给水排水(56/)、园林绿化
佳木斯市城乡建设委员会技工学校									
上海市建筑工程技工学校	57	20000	215	25					
上海市第一建筑工程公司技工学校	2.3	1359	32	12	155		80	37	电工(38/)、粉刷工(80/)
上海市第二建筑工程公司技工学校									
上海市第四建筑工程公司技工学校	3.1	1770	40	19	165	156	60	62	管道工(45/26)、粉刷工(/25)
上海市第五建筑工程公司技工学校	4	2156	63	13					
上海市第七建筑工程公司技工学校	11.6	4587	128	39	332	319	91	91	电工(28/)、粉刷(31/81)、木工(27/)、机械(25/)
上海市住宅第六建筑公司技工学校									
上海市市政工程管理处技工学校	3.5	2063	44	3	25		25		机械
上海市工业安装工程公司技工学校	4.58	6300	148	41	372	406	147	127	焊接(/32)、管道工(/60)、起重工、电气安装(/35)、设备、电气调试(/38)

续表

学校名称	学校占地面积（亩）	校舍建筑面积平方米	基本情况表						工种(专业)设置（89年招生数／90年招生数）
			教职工总人数	专任教师人数	在校生数		毕业生数		
					89年	90年	89年	90年	
上海市房产管理局技工学校	32	9722	329	56	329		103		砖瓦工（10／）、木工（10／）、建筑装饰、水电安装（22／）、钣金工
上海市自来水公司技工学校	1	1305	45	18	116	64	72	74	维修电工（42／）、泵站管理（42／26）
上海市公共交通总公司技工学校	3	600	31	17	105				大客车驾驶与修理（48／）
上海市出租汽车公司技工学校	8.1	3101	168	75	110		80		汽车驾驶（31／）
上海市建筑工程材料公司技工学校	2.9	2700	53	25	79		47		汽车驾驶（27／）、汽车修理（22／）
上海市城市排水管理处技工学校	7.2	3600	62	23	114	133	73	0	泵站管理（39／41）、污水处理（40／）、仪表管理（／29）、维修钳工（／29）
上海市房管局电梯技工学校	2.2	2682	65	23	93	50	35	55	电梯安装维修（／20）
上海市隧道工程公司技工学校	2.7	880	31	15	34	55	14	16	隧道机电（／40）、隧道机修
上海市公路管理处技工学校	1.7	423	49	17	111		13		道路养护（32／）
上海市园林技工学校	43.9	6848	62	25	130	110	26	54	园林绿化（43／41）
上海建筑机械制造厂技工学校									
上海市环卫局技工学校	12.3	6190	32	20	101	199	61	61	汽车驾驶（50／66）、汽车修理（48／32）
中国迅达电梯上海电梯厂技工学校		500	17	7	56	20	38	34	电梯制造安装维修（20／）
江苏省机械施工技工学校									
连云港市建筑技工学校	40	7142	71	30	291	618	108	290	水暖工（51／88）、砖瓦工（50／96）、电工（／52）、木工（／49）、电气（／45）
常州市建筑技工学校	15	5488	34	21	40	41	36	0	粉刷工（36／）、水暖工（／43）
徐州市建筑技工学校	14	3624	42	20	185	275	39	0	电气设备安装（45／45）、建筑机械安装与维修、水暖设备安装（45／45）、粉刷装饰、焊工（40／）
南京市公用事业技工学校	103	8959.4	116	17	245	285	88	55	汽车修理（43／42）、汽车钣金（44／39）、汽车驾驶
苏州市城建技工学校	7.32	4685	95	23	481	318	139	143	汽车驾驶（56／122）、汽车修理（30／）、货车驾驶（25／）、客车驾驶（25／）

学校名称	学校占地面积(亩)	校舍建筑面积平方米	基本情况表						工种(专业)设置(89年招生数/90年招生数)
			教职工总人数	专任教师人数	在校生数		毕业生数		
					89年	90年	89年	90年	
苏州市园林技工学校	19.8	8050	59	23	122	132	76	50	园林绿化（50/62)、园林花卉（39/)、测绘(33/)
苏州市建筑技工学校	5.6	4273	39	18	29	29	25	0	安装电工
无锡市建筑工程技工学校	10.2	2802	42	23	322	267	155	189	焊工（33/)、砖瓦工、木工、电工（/49)、钳工(/44)、抹灰工（/44)
无锡市园林技工学校	13.6	1600	28	16	67	61	39	31	园林绿化（36/)、园林古建（/25)
江苏省南通市建筑工程技工学校									
浙江省建筑工程技工学校	57	14900	81	54		91		20	建筑装饰（/29)
浙江省设备安装技工学校	3.17	4009	66	18	365	314		94	安装钳工（34/27)、管道工（74/)、安装仪表工(30/19)、电工（74/)铆工（/42)
浙江省舟山建筑技工学校	0.63	820	10	5					
杭州市园林技工学校	30	446	42	27	103	113	33	30	园林绿化（40/41)
安徽省建筑工程技工学校	61	22069	139	71	605	725	74	210	建筑装饰（45/)、起重工(40/)、木工、钳工(/40)、电工（45/70)、铆工（39/)、管道工(30/36)、通风工、焊工(/36)、机械（/36)、纺织（/30）商业服务(/55)、砖瓦工
阜阳地区建设技工学校									
安徽省安庆市建筑技工学校									
安徽省皖西建设技工学校	24	1250	70						
福建省建筑工程技工学校	10	3800	21	7	99	91	92	92	建筑水电（36/36）机械维修、汽车驾驶
福建省工业安装公司技工学校	3	4849	34	10	219	219	96	96	电气控制（30/40)、工业窑炉砌筑（/25)、电焊工(30/)、钳工（35/)、管道工、电工、设备制作(/30)
晋江市建筑工程技工学校									
厦门市建筑工程技工学校	20	1261	20	10	118	108	95	62	砌筑装修（/37)、安装木工（/18)、水电安装(36/)、钢筋安装

续表

学校名称	学校占地面积(亩)	校舍建筑面积平方米	基本情况表						工种(专业)设置(89年招生数／90年招生数)
			教职工总人数	专任教师人数	在校生数		毕业生数		
					89年	90年	89年	90年	
三明市建筑工程技工学校									
泉州市建筑工程技工学校									
江西省建筑工程技工学校	41	11110	150	44	688		187		粉刷C+（100／）、管道工（50／）、钢筋工、电工（50／）、机械
江西省城乡建设技工学校									
山东省建筑安装技工学校	100	29340	202	102	111	110	39	38	管道工（39／38）
山东省工业设备安装公司技工学校	3	1200	30	13	80		37	40	焊工、钳工
淄博建筑工程公司技工学校	19.5	6805	68	26	227	265	82	80	砖瓦抹灰工（67／40）、安装钳工（／38）、管道安装、电气仪表安装（／42）、建筑电工
山东省荷泽地区建筑技工学校	21	1815	34	11		221		97	砖瓦工（／100）、建筑装饰
山东省临沂地区建筑公司技工学校	1.2	4032	30	10	327	225		147	砖瓦抹灰工（30／54）
德州地区建筑技工学校	20	2068	35	16	156	206	0	0	砖瓦抹灰工（156／50）
烟台市建筑工程技工学校	1.5	860	32	14	119		57		砖瓦工（176／）
济南市公用事业技工学校	3.06	510	25	9	89	85	60	41	汽车驾驶（48／38）
青岛园林技工学校	11.1	740	33	18	64	41	40	63	园林规划设计、园林花卉、园林绿化管理（／41）
中国建筑第八工程局技工学校	42	7000	51	19					
河南省建筑工程技工学校									
河南省第二建筑工程技工学校									
河南省第三建筑工程公司技工学校	0.78	326	19	19					
河南省第四建筑工程技工学校									
河南省第五建筑工程技工学校									
河南省信阳地区建筑公司技工学校	3.8	1290	17	11	50		51		土建
河南省漯河市建筑技工学校									
河南省周口市城建局技工学校									
河南省工业设备安装公司技工学校	7.92	1656	28	21	40	38	39		通风安装工（40／）、安装钳工
郑州市城建技工学校	18.7	1672	31	16	191	202	72	84	钳工（56／29）、电工（／82）、园林花卉、管道安装、环境保护

学校名称	学校占地面积(亩)	校舍建筑面积平方米	基本情况表						工种(专业)设置(89年招生数/90年招生数)
			教职工总人数	专任教师人数	在校生数		毕业生数		
					89年	90年	89年	90年	
郑州市公用事业局技工学校									
中国建筑第七工程局技工学校	50	8800	54	23					
湖北省工业建筑总公司技工学校	20	7125	96	21		310		146	木工（/36）、电焊工(/26)、吊挖驾驶、中小型机械工、管道工、电气安装工、钢筋工、起重工
湖北省建筑工程总公司技工学校	10.1	6136	67	20	215	215	48	81	钢筋工（41/）、管道工(42/)、机械维修、电焊工（41/）、施工（/100）
湖北省沙市市建筑工程技工学校	5.54	920.8	25	15	95		28		水电及装璜（15/）、机械安装（40/）、煤气工程、水电
湖北建筑机械厂技工学校									
武汉市公用事业技工学校	10.4	5831.1	253	119	431	614	259	191	汽车驾驶（102/55）、汽车修理（74/80）、电车驾驶、管道工、水泵（71/22）、船舶轮机（37/）、煤气管道(25/)、电工、电工、管道工、焊接、冷作
武汉市园林技工学校	158	5109	69	12		53		0	薄记（/53）
黄石市城建交通技工学校	30	2600	33	19	234	148	137	99	汽车驾驶（48/40）汽车修理、施工核算、煤气、机电
黄石市建筑工程技工学校		450	14	10	173	93		28	建筑装饰（80/40）、建筑预算（40/）
武汉市建筑工程技工学校	5	6672	94	44	186	225	46	48	砖瓦工（47/43）、木工(48/44)、管道工、钢筋工(43/)
武汉市民用建筑技工学校	20	4142	65	34	115				砖瓦工（34/）、木工
中国建筑第三工程局技工学校	21.8	11525	112	50	175	299	222	0	电工（40/45）、管道安装、建筑装饰、通风工(39/39)、钳工（/41）
湖南省建筑技工学校	6.4	27530	161	40	606	831	294	194	建筑装修（40/48)、电工（40/）、管道工(41/58)、焊工（40/)、起重工（/49）、油漆(40/46)、木工（/81)、材料（/55）、机械(/45)、安装（/46)、塔吊（/38)

续表

学校名称	学校占地面积(亩)	校舍建筑面积平方米	基本情况表						工种(专业)设置(89年招生数／90年招生数)
			教职工总人数	专任教师人数	在校生数		毕业生数		
					89年	90年	89年	90年	
湖南省第四工程公司技工学校	8	5036	42	19	296	264		215	砖瓦工（72／）、钢筋工（／30）、综合工种（／135）、木工（28／）
长沙市公共交通总公司技工学校	28.5	3900	52	11	105	100	54	65	大客驾驶（40／60）
长沙市园林技工学校	91.9	6190	41	18	75				园林绿化（39／）
中国建筑第五工程局技工学校	40.5	11000	75	31		138		0	机械修理工（／46）、管道安装（／46）、建筑装饰（／46）
广东省建筑工程技工学校	75	14905	186	86	129	200	51	41	水电安装、电气安装工（50／98）
惠州市建筑安装技工学校	33.8	6355	55	16	180		121		建筑施工（40／）、建筑工程预算（40／）、施工管理、锅炉
广州市市政建设技工学校	2.23	14894	37	10	33				施工机械修理（33／）
广州市交通运输技工学校	2.5	3000	54	40	380				汽车修理（50／）、车厢工艺制造、燃气设备维修（46／）、电工、车钳工
广州市建筑工程技工学校	31	13315	48	14	246	213	119	107	水电安装（41／38）、管道安装、建筑机械维修与驾驶（40／36）、铝窗装修、测量放线工
广州市园林技工学校									
广西南宁市建筑技工学校	38	10900	76	23	375	423	219	105	砖瓦抹灰工（／62）、汽车修理（51／）、城市道路、钢筋混凝土工（36／58）、施工管理、建筑装饰（36／）、水电安装（52／）
南宁市自来水公司技工学校	16.7	2111	16	12	109	144	29	29	给水（49／64）、电工
梧州市建筑技工学校	7.34	2231	18	8	139		28		施工预算、施工管理（40／）、园艺（39／）、水工、木工
广西建筑安装技工学校第一分校	6	2700	30	15	129	167		32	仪表安装工、机电安装、钳工（／44）、焊工（／35）
广西建筑安装技工学校第二分校	7.86	6000	64	29	254	690	142	185	测量工、水电、建筑装修、木工、钢筋工、砖瓦工（／179）、预算、机械、施工管理（／50）
桂林市建筑技工学校	30	9605	44	20	107	61	118	74	施工管理、水电、工民建（29／28）

学校名称	学校占地面积(亩)	校舍建筑面积平方米	基本情况表						工程(专业)设置(89年招生数/90年招生数)
			教职工总人数	专任教师人数	在校生数		毕业生数		
					89年	90年	89年	90年	
云南省建筑技工学校	67.9	6800	122	38	501	533	94	133	砖瓦工(81/79)、施工机械(43/43)、水电安装(43/50)
云南省设备安装技工学校	4.8	3928	34	17	47	89	87	0	电工(47/)、管道工、铆工(/42)
云南省机电安装技工学校	4.4	2700	34	15		272		105	管道仪表(/41)、水电安装(/40)、钳工焊工、电工管道工起重工、建筑施工
昆明市建工技工学校	17.5	2960	9	3					
贵州省城建校技工部									
贵州省建校安顺建筑公司教学点		1699	20	11		86		40	砖粉(/50)、材料
中国建筑第四工程局技工学校									
四川省建筑技工学校	3	2142	20	9	23		86	22	钢筋工、建筑电工、油漆工
四川省第一建筑工程公司技工学校	5	2606	21	10	110	41		65	抹灰工
四川省第三建筑工程公司技工学校	2	500	12	8	31	30	26	0	钢筋工、建筑电工(31/30)
四川省第十一建筑工程公司技工学校	2.64	1383.7	15	7	39				装饰抹灰
四川省工业设备安装技工学校	6.75	1082	14	5	142	185	39	49	铆工(40/)、管道工(/43)、钳工(/36)、电工
四川建筑机械厂技工学校	3.9	3098	23	10		56		38	钳工(/30)、车工、电焊工
四川省建筑工程机械厂技工学校	2.16	371	8	5	30		18		钳工、机械修理工
四川省建筑机械化工程公司技工学校		1458	14	10	0	0	46	0	吊车驾驶
攀枝花市建筑技术工人学校	12	5453	55	28	229	282		148	砖瓦抹灰工(45/140)、焊工、电工、管道工、建筑机械(/50)
重庆市城市建设技工学校	11.2	6347	59	27	144	190	39	35	道路桥梁(35/)、城建(35/83)、水电
重庆建筑技工学校	18	1050	42	15	559	517	160	227	电气(40/)、钳工(40/)、起重工、水电(/43)、钢筋工(/83)、建筑装饰、木工(40/)、机械操作、管道工、烹调、汽车驾驶与修理
重庆交通技工学校	13	5000	76	36	316	463	77	34	汽车修理(105/180)、起制水(30/)

学校名称	学校占地面积(亩)	校舍建筑面积平方米	基本情况表 教职工总人数	专任教师人数	在校生数 89年	在校生数 90年	毕业生数 89年	毕业生数 90年	工程(专业)设置(89年招生数/90年招生数)
重庆园林技工学校	10	520	30	11	42	46	41	41	园林绿化（/46)
重庆市建筑机械化工程公司技工学校									
陕西省建筑安装技工学校	62	26841	308	79	685		197		车工（21/）、钳工(43/）管道工（141/)、钳工（43/）、电工(82/)、木工（21/)、焊工（32/)、砖瓦抹灰工(17/)、通风工、铆工(23/)、铸工（22/)
西安市房屋建筑技工学校	20.5	5000	67	23	46		40		土建（46/)、水暖电
西安市园林技工学校	9.87	1804	45	19	91	82	40	51	园林绿化（41/40)
甘肃省建筑工人技工学校	35	4868	14	7	86				建筑装饰（86/)
兰州市园林技工学校	4	200	8	5	30		60		园林绿化
兰州市煤制气技工学校									
宁夏建筑技工学校	16	5248	52	24	120	320	0	0	钢筋混凝土工（38/50)、焊工（40/50)、砖瓦抹灰工（/50)、焊工(40/50)、建筑水暖工(42/50)
青海省建筑工程技工学校	65	24170	115	59		519		39	砖瓦抹灰工（/147)、木工（/41)、管道工、测量工（/50)
新疆建筑工程技工学校	75	11714	281	143	543		274		铆焊（59/)、设备安装(34/）电焊（30/）建筑装修（44/)、电气安装、机械维修（48/)、机电、水暖工、木工、瓦工
新疆第五建筑工程公司技工学校									
新疆工业设备安装公司技工学校	30	5000	40	30	160		80		电焊工（42/)、设备安装(40/)、起重工、仪表
合计	学校数(所) 219	设置工种(专业)数 99			28697	26080	9630	8389	12027/10507

注：工种（专业）设置一栏中未注明89、90年招生数者，为该工种（专业）有在校生或毕业生。

建设部干部学院

祝自玉

〔**概况**〕 建设部干部学院是根据建设部的决定，于1989年1月在原城乡建设管理干部学院、部远距离教育中心、部科技干部培训中心的基础上合并组建而成的。是建设部培训较高层次干部的成人高等院校。

学院位于北京西郊百万庄，编制100人，建设部副部长叶如棠兼任院长，设常务副院长和副院长负责日常工作。有五所教学、研究部门及三个行政职能部门。

管理干部培训部——负责部机关干部、直属单位处以上干部及建设系统部份高、中层次领导干部的培训；组织实施部系统其它有关行政管理干部的培训。

科技干部培训部——根据部的继续教育规划和受有关司局委托，组织和承担部系统科技干部继续教育的培训任务，开展以中、高层次为主的具有导向性的科技干部培训。

函授部——负责部系统基层行政管理干部及科技干部大范围函授教育及电视函授中专教育。(附设一个城乡建设电视函授中专学校)

研究部——开展干部教育的研究，汇集与交流干部教育信息，组织编辑刊物及有关资料，负责与有关学术团体的联系及图书资料管理。

电教部——负责干部教育的各种声像教材的制作、发行。

新校址设在北京朝阳区惠忠庵，目前正在建设中。

〔《**办学方针和指导思想**》〕

1、贯彻“三个为主”的办学方针。即培训对象是领导干部与一般管理干部相结合，以领导干部为主；课程设置是宏观管理与微观管理相结合以宏观管理为主；学制是长班与短班相结合，以短班为主。

2、以岗位培训为重点，本着干什么学什么、缺什么补什么的原则开展各类干部培训，要求各种班次的设置，教学计划的制定，都要符合岗位培训的要求。

3、培训工作要更好地结合机关业务，为部的中心任务服务。部的大政方针和业务任务确定后，要做好教育和干部培训的有关工作，并把这方面内容不断纳入岗位培训的教学计划中。要不断进行调查研究，根据需求来办班。行业需要什么干部就培训什么干部，需要什么知识就补充什么知识，遇到什么课题就举办什么专题班。

4、加强协作走联合办学的路。要与省市培训单位加强协作，壮大力量，增强优势，互补不足，共同搞好建设系统干部培训。

5、采取面授、函授相结合的多种形式办学。

6、不断总结经验教训，根据实际情况，对教学方式、教学效果、课程设置等进行改革和完善，不断提高干部培训质量。

7、加强管理队伍和师资队伍建设。在抓好专职师资队伍建设的同时，要进一步发挥兼职教师的作用。充分利用学院的地理优势和所处地位、条件，把建设系统知名专家进一步组织起来，共同为培养人才多做贡献。

8、大力开展人才和干部教育研究工作。

9、积极开展对外联系与合作。

10、大力发展电化教育。

〔**干部培训工作**〕 学院根据建设部的干部教育计划和系统的需要，每年举办各类面授培训班30—40个，培训面授学员两千余人，函授学员上万人。自1985年以来，已举办的各类培训班有：

领导与管理类——厅局长研究班、局级预备干部班、处级管理干部班、机关管理干部班、房地产政策研究班、房地产开发公司经理班、城市建设管理干部班、单位自管房领导干部班、村镇开发公司经理培训班、城市建设管理监察干部培训班、职业教育管理干部讲习班、机关后勤管理干部培训班等。

党政工作类——党员干部进修班、纪检干部班、军队转业干部班、人事干部班、法制干部班等。

专业业务类——世界银行供水项目管理班、律师房地产知识讲习班、建筑安装企业质量管理进修班、建筑工程招投标培训班、房地产价格评估培训班、建筑设计新规范讲习班、混凝土结构设计新规定应用指导培训班、建筑制图标准规范讲习班、建筑设计全面质量管理培训班、建筑工程倒塌实例分析讲习班、现代建筑发展趋势研讨班、建筑安装工程质量检验评定标准研究班、电刷镀技术培训班、英语强化班等。

学历教育类——经济管理和政工专业的大专班，城镇建设函授中专班、建筑施工与管理、乡镇建设、建筑企业经济管理等专业的电视中专班，建筑施工专业中专专修班。

岗位培训类——地、市建委主任岗位培训班、城镇建设管理干部岗位培训函授班。

89—90年培训各类干部统计表

培训班名称	期数	参加学习人数	其中			培训时间
			厅局级	处级	工程师级	
▲建设厅局长研究班	2	42	36	6		两个月
▲地市建委主任岗位培训班	3	85		84		面授：一个月 函授：五个月
▲中央党校国家机关分校干部进修班	4	71		66		半年
▲管理干部培训班	3	81		56		三5个月
▲县级建委主任培训班	2	82		11		面授：一年 函授：一个月
▲世界银行供水项目培训班	3	167		10		15—20天
▲城建监察管理干部培训班	2	83		31		1—5个月
▲村镇建设开发公司经理培训班	2	123		15		1个月
▲建设系统教育干部培训班	2	79				10—14天
▲行政干部培训班	3	62		27		15天
▲人事处长研讨班	1	29		25		20天
▲单位自管房地产领导干部培训班	3	167		10		一个月
▲城市园林领导干部培训班	1	67		29		10天
▲MES讲习班	1	43				10天
▲现代建筑发展趋势研讨班	1	52			50	12天
▲建筑设计、施工、安装工程规范、质量管理等方面培训班	23	1869			689	10—15天
▲建筑施工专业中专专修班	1	5215		12		函授：1年半
▲城镇建设管理干部岗位培训班	1	9351		569		函授：一年
▲外语班	19	211				4—4.5个月
合计	71	17879	36	951	739	

〔建设系统干部培训网络〕 为扩大协作范围，89年5月在河南郑州召开的干部学院函授工作会议上，与会同志倡议建立了建设干部教育协作网，到目前止，干部教育协作网成员单位已发展到44个。1990年3月在四川成都召开的第一次协作网全体成员大会上，民主推举了网的领导机构。领导小组组长由建设部干部学院副院长社自己担任。成员有大连市、云南省、四川省、北京市、湖南省等地建设系统教育部门和重庆建工学院的同志。

协作网建立后，主办了《建设干部教育通讯》传达上级机关教育方针政策，交流工作经验，提供了建设系统各方面的干部教育信息，已出版11期，共发出8000余份。干部学院的《城镇建设管理函授班》在省、自治区、直辖市、计划单列市已建立的三十个函授站均参加了协作网。函授站与协作网两个机构，相辅相成，使建设系统初步形成了一个管理干部培训的网络。

〔师资队伍逐步加强〕 几年来，学院选调了一批业务骨干，调入了一批博士、硕士研究生、本科生、初步形成了一支既懂教学又懂管理的年轻专职师资队伍。聘请了五十多位专家、教授为学院兼职教师〔名单见附表一〕。叶如棠副部长在1989年学院庆祝教师节座谈会上，为50多位兼职教授、副教授、发了聘书。(学院专、兼职教师已开设的课程有:

政治理论课——马克思主义哲学、政治经济学、科学社会主义、中共党史、党建、社会主义经济理论、经济政策等。

公共管理课——现代管理概论、现代管理原理、公共关系学、管理心理学、社会调查方法、技术经济学、工程项目评价、系统论及系统分析、管理数学、微机应用等。

行政管理课——行政管理学、行政领导学、法学基础、行政法学、行政管理法规等。

经济管理课——宏观经济学、微观经济学、环境经济学、财会原理、城市经济学等。

行业管理课——城市规划管理、城市基础设施管理、房地产经营管理、建筑业管理、城市建设资金管理、城镇建设管理法规等。

外语课——英语、日语、俄语等。

科技干部培训部还开设了若干专业技术课程。

〔教材建设有进展〕 这两年，为适应岗位培训需要，集中抓了管理类领导干部的岗位培训教材的建设。为城镇建设管理干部岗位培训函授班编写了整套教材共九本。试用后普遍认为，这套教材理论性、适用性都较强，观点新颖，便于自学，受到建设系统一些领导干部和基层管理干部的好评。1990年，为开展对房地产业领导干部的培训，受部人才开发司和房地产业司委托又组织编写了一套全国房地产业领导干部岗位培训教材。编写教材名称见附表二。

几年来，电教部制作录象教材55种，录音教材28种，达3000余学时，去年完成了《云南民居》《青工大赛》《2381彻砖法》、《城市高层拆迁管理条例》、《建设系统劳模事迹报告》、《勘察设计技术讲座》等录象片，为各地培训干部提供了条件。

建设部干部学院名誉、兼职教授

名誉教授:

肖　桐　建设部顾问

储传亨　部总规划师　教授级高级规划师

戴念慈　部顾问　教授级高级建筑师

杨　慎　中国房地产开发集团董事长　高级经济师

许溶烈　部总工程师　教授级高级工程师

K·西蒙斯　德国石伦瑞维克技术大学教授

戴凯勒　香港戴凯勒设计公司设计师

刘绍钧　香港刘绍钧产业测量师行董事长、测量师

兼职教授:

赵士修　高级规划师

李梦白　研究员

金敏求　研究员

林森木　研究员

潭克文

傅仁章　高级经济师

何健安　教授级高级工程师

叶维钧　高级工程师

赵士绮　教授级高级规划师

徐正忠　教授级高级工程师

邵卓民　研究员

张朝贵　教授

张耀宗　研究员级高工

曲格平　教授

马梃贵　高工

张修志　高工

刘　挥　高级经济师

张毓癸　高级经济师

何广乾　教授级高工

白生翔　正高工

单寄平　正高工

职工教育

林晓冰

〔**岗位培训**〕 1989年10月，建设部颁发了《关于印发实行建筑施工企业专业管理人员岗位培训制度的补充办法和建筑施工企业专业管理人员岗位培训合格证书管理暂行办法的通知》，对建筑施工企业专业管理人员岗位培训的考核、认定、发证及持证上岗的范围、时间等作了具体规定。其中明确一、二级建筑施工企业施工员、预算员、质量检查员、安全员、材料员1991年实行持中级岗位合格证书上岗；机械管理员、计划员、统计员、财会员、劳资员、定额员1993年实行持证上岗。三、四级建筑施工企业的施工员、预算员、质量安全员1991年实行持初级岗位合格证书上岗，其中施工员、预算员1993年持中级岗位合格证书上岗。三、四级企业的质量安全员、材料员、财会员1995年持中级岗位合格证书上岗。为保证岗位培训工作质量，1990年4月，建设部人才开发司组织了华东地区建筑施工企业基层管理人员岗位培训质量评估试点，1990年下半年评估工作扩展到全国。

截至1990年底，市政施工企业施工员等五个岗位和房地产评估员等七个岗位也实行了岗位培训制度，提出了持证上岗要求。

〔**干部、工人教育和继续教育**〕 1990年，建设部所属培训中心培训了建设系统厅（局）长、建委主任21人，地市级建委主任22人，城市城建局长35人，大中型建筑企业一长三总师155人。

工人培训，据上海、北京、天津、黑龙江、江苏、湖北、四川、新疆等省、自治区、直辖市统计，累计培训近一百万人次，但也有部分省市和企业重视不够，任务完成得较差。1990年，中国建筑科学研究院培训中心和部干部学院围绕国家颁发的技术标准、规范及科技新成果的推广应用，共举办各类实用技术培训班134期，培训技术骨干18500余人次。

吴元炜　正高工
袁镜身
吴学敏　正高工
张国柱　正高工
叶耀先　正高工
汪达尊　正高工
赵冠谦　教授级高级建筑师
邹德慈　教授级高级规划师
王　弗　编审
李传家　副教授
金经元　高级规划师
吴钦照　教授级高工

1989～1990部干部学院编写教材

1、城市建设经济管理
2、城市建设资金管理
3、城镇建设法规
4、城市规划管理
5、房地产概论
6、城市基础设施管理概论
7、建筑业管理
8、社会主义经济理论
9、马克思主义哲学
10、城市经济学
11、房地产业概论
12、房地产综合开发
13、房地产政策法规
14、房地产经济学
15、房地产行政管理学
16、房地产金融
17、城市规划
18、城市房屋修缮
19、行政领导学
20、现代管理原理
21、建筑识图与房屋构造
22、系统工程在城市规划中的应用

一九八九年全国建设事业人才现状调查和预测

赵 力 勃

〔**调查和预测的范围**〕 调查和预测的范围为下列企业、事业级管理部门:

(1)施工(各地、各部门施工企业)、(2)机械施工、(3)设备安装、(4)市政工程施工(含维修)、(5)建筑装饰施工、(6)建筑构件厂、(7)建设管理(甲方)、(8)建筑机械、(9)房地产开发经营管理、(10)房屋维修、(11)市政工程(高速公路、桥梁、隧道)管理、(12)公共交通(含地铁)、(13)出租汽车、(14)煤气(含供热)、(15)自来水、(16)城市排水(含防洪、污水处理)、(17)园林绿化、(18)环境卫生、(19)勘察设计、(20)科研规划、(21)教育、(22)政府建设管理部门。

上述单位中，包括了全民所有制和城镇集体所有制单位，还包括经资质审查进入等级的乡镇建筑施工企业。对这个调查范围本文统称为建设事业。

〔**调查和预测的对象**〕 调查单位的领导干部、管理人员、专业技术人员包括在管理、技术岗位上的以工代干及退离休反聘人员。对中专以上学历或技术员以上职称人员(以下简称专门人才)的需求情况进行预测。

〔**调查的方法**〕 人才现状调查采用的是选点覆盖的方法。在各省、自治区中，特大、大、中、小城市各选一个，县选六个(经济发展水平高的、中间的、低的各二个)作为各省的普查点单位，然后分省覆盖。直辖市均为普查点。国家部委直属施工企业，由各部选点调查，按部覆盖。整个处理过程都采用了电子计算机。总共对3个直辖市和21个特大城市、18个大城市、27个中等城市、27个小城市(拉萨市在内)以及162个县的全面普查，对7个部委2个总公司的建工企业和15个省、市的勘察设计、科研规划、政府建设管理部门进行了抽样调查，总共有610万职工80余万管理人员的调查数据，基本摸清了建设事业职工队伍管理人员、专门人才的数量、职称结构、学历层次、年龄结构以及人才的分布状况。

一九八九年建设事业人才现状选点普查地区、部门名单表

地区	选点市	选点县	地区	选点市	选点县
北京	全面普查	延庆	河南	郑州、洛阳、开封、许昌	林县、获嘉、睢县、南台、平兴、鹿邑
天津	全面普查		湖北	武汉、襄樊、埔奇	宜昌、汉川、京山、蕲村、通山、红安、黄坡、汉阳
河北	唐山、邯郸、保定、辛集	正定、昌黎、冀县、怀来、临城、隆化	湖南	长沙、岳阳、湘乡	桃源、望城、衡南、柳县、道县、古文
山西	太原、大同、阳泉、榆次	襄垣、祁县、交城、怀仁、吉昌、苛岚	广东	广州、汕头、深圳、阳江	开平、廉江、南海、惠东、平远、高要
内蒙	呼和浩特、包头、通辽、临河	宁城、开鲁、清水河、土默特右旗、阿巴嘎旗、阿左旗	广西	南宁、梧州、百色	武鸣、灵山、贺县、全州、金秀、凌云
辽宁	沈阳、丹东、铁岭、兴城、大连	锦县、东沟、黑山、本溪、康平、法库、新民、新金	海南	海口、三亚	澄迈、乐东、文昌
吉林	长春、吉林、浑江、敦化	农安、柳河、永吉、东丰、抚松、镇赉	四川	成都、绵阳、万县、重庆	泸县、富顺、三台、隆昌、青川、中江、綦江、新都
黑龙江	哈尔滨、鸡西、佳木斯、安达	河村、集贤、五常、庆安、海伦、嫩江	贵州	贵阳、遵义、安顺	遵义、清镇、德江、贵定、赫章、望漠

续表

地区	选点市	选点县
上海	全面普查	上海县
江苏	南京、苏州、杨州、南通、淮安	江宁、泰兴、灌云、海门、吴江、响水、江宁
浙江	杭州、宁波、湖州、诸几市	象山、上于、富阳、平湖、天台、盘安
安徽	合肥、芜湖、阜阳	肥东、芜湖、肥西、繁昌、长牛、南陵
福建	福州、永安、厦门	惠安、将乐、福清、浦城、武平、寿宁、同安
江西	南昌、九江、上饶	进贤、星子、峡江、龙阳、宜丰、宁都
山东	济南、淄博、泰安、聊城、青岛	海阳、牟平、微山、汶上、曹县、定陶、焦南
云南	昆明、个旧、大理	宜良、通海、南华、蒙自富宁、盈江
西藏	拉萨	堆龙德庆、江孜、乃东、贡嘎、林芝、那曲
陕西	西安、咸阳、汉中	米脂、黄陵、三原、高陵、华县、石泉、三羊县
甘肃	兰州、天水、酒泉	甘谷、镇原、康乐、渭源、古浪、康县
青海	西宁、格尔木	乐都、乌兰、兴海
宁夏	银川、石嘴山、吴忠、青铜峡	中卫、海原、彭阳
新疆	乌鲁木齐、石河子、昌吉	库东、乌苏、轮台
能源部　铁道部　冶金部　交通部		
机电部　航空航天部　化工部		
中建总公司　石化总公司		

〔建立了人才预测与规划决策支持系统〕 全国建设事业人才预测与规划决策支持系统由三大部分构成。

一、现状分析系统

该系统用于对人才现状调查数据的录人、覆盖汇总与统计分析。是计算人才拥有量、了解人才结构状况，进而进行需求预测和人才规划的重要前提。

二、需求预测系统

该系统主要包括数据库管理、预测帮助（帮助用户确定相关因素，选择预测模型以及模型结果的综合等）、建模、外生变量管理和实施预测等项功能。

三、规划拟定系统

该系统包括以下三个功能：

1.差异分析：通过目标年人才需求量与人才拥有量的比较，确定各类人才的需补量；

2.能力分析：分析现行培养能力，即每年可补充输送的各层次专业人才数额；

3.规划匹配：根据人才的需补量和人才的培养能力的对比，拟定人才培养规划。

〔89年人才现状调查与83年专门人才普查的异同点〕

1.调查的范围不同

83年的范围是在建设系统内部进行的，包括建筑工程、城乡建设、环境保护和建筑机械四个方面。89年和83年比较，减少了环境保护，建筑工程从省市扩大到了各部委的工程建设。

2.调查对象不同

83年是调查各单位有中专以上学历或技术员以上职称的人员，89年则是所有在管理岗位上工作的人员包括领导干部、管理人员、专业技术人员，在管理、技术岗位上的以工代干及退离休反聘人员。

83年人才的专业划分是按所学专业确定的，89年在调查中按照工作岗位系列对调查对象进行了区分。

〔建设事业的人才现状〕 截至1989年底，建设事业职工队伍总数为1672万人，管理人员为245.5万人，专门人才数为171.6万人，占职工总数的10.3%。低于全国17%的平均水平。其中各部委所属职工队伍有186万人，管理人员为34.9万人，专门人才为25.9万人，占职工总数的13.9%；

建设系统（建设事业中除去各部委所属部门）职工队伍为1486万人，管理人员为210.6万人，专门人才为145.7万人，占职工总数的9.8%。其中县以上建设队伍与83年相比，由599.5万人增加到现在的1031万人，增加了72%，专门人才由29万人增加到125万人，增加了3.3倍，专门人才占职工的比重由83年的4.8%提高到现在的12.1%。专门人才中有中专以上学历人员84万人，与83年22.2万人相比，增加了2.8倍，有职称人员由83年的23万人增加到现在的103万人，增加了3.5倍，由占专门人才的76.8%提高到82.4%。

〔专门人才的数量、素质状况〕 在全国建设事业245.5万管理人员当中，有30%的人既没有中专以上学历又无专业技术职称。

全国建设企业管理人员与专门人才地区、部门分布状况汇总表

地区 部委	职工队伍总数(人)	管理人员		专门人才			专门人才										
							其中有职称人员					其中有学历人员					
		合计(人)	占职工队伍(%)	合计(人)	占职工队伍(%)	占管理人员(%)	合计	占人才%	高级	中级	初级	合计	占人才%	研究生	本科	专科	中专
北京	578,818	93,197	16.10	60,196	10.40	64.59	48,780	81.04	1,945	11,446	35,389	40,626	67.49	88	6,076	15,682	18,780
天津	247,629	47,931	19.36	34,157	13.79	71.26	29,502	86.37	987	5,209	23,306	21,458	62.82	17	3,253	7,690	10,489
河北	860,987	64,403	7.48	46,012	5.34	71.44	43,663	94.89	522	5,605	37,536	16,177	35.16	21	2,071	4,856	9,229
山西	229,761	25,955	11.30	18,300	7.96	70.51	15,907	86.92	540	4,210	11,157	9,603	52.48	6	1,383	2,219	5,995
内蒙古	274,149	49,289	17.98	34,330	12.52	69.65	27,576	80.33	768	5,836	20,972	21,802	63.51	25	2,786	8,245	10,746
辽宁	749,221	106,463	14.21	78,284	10.45	73.53	69,588	88.89	1,629	11,275	56,684	38,371	49.02	27	3,760	16,321	18,263
吉林	504,509	50,414	9.99	32,391	6.42	64.25	31,232	96.42	756	5,589	24,887	19,487	60.16	11	1,940	6,313	11,223
黑龙江	578,741	73,384	12.68	49,730	8.59	67.77	42,244	84.95	921	7,902	33,421	30,112	60.55	24	3,164	13,691	13,233
大连	72,035	9,517	13.21	7,522	10.44	79.04	6,330	84.15	231	1,002	5,097	4,488	59.66	23	688	2,076	1,701
上海	493,216	78,387	15.89	47,646	9.66	60.78	37,812	79.36	825	6,080	30,907	31,305	65.70	55	4,060	10,540	16,650
江苏	1,323,953	134,095	10.13	102,806	7.77	76.67	96,873	94.23	618	7,308	88,947	25,313	24.62	35	2,814	9,485	12,979
浙江	404,956	45,805	11.31	27,455	6.78	59.94	24,617	89.66	301	1,655	22,661	10,499	38.24	42	1,227	4,156	5,074
安徽	416,584	38,566	9.26	26,776	6.43	69.43	22,782	85.08	525	3,379	18,878	13,548	50.60	11	1,848	4,327	7,362
福建	256,278	41,450	16.17	23,307	9.09	56.23	19,220	82.46	401	2,661	16,158	12,655	54.30	30	1,859	3,757	7,009
江西	271,482	40,695	14.99	20,588	7.58	50.59	17,059	82.86	304	2,019	14,736	9,342	45.38	4	1,700	2,860	4,778
山东	971,089	101,218	10.42	63,546	6.54	62.78	57,330	90.22	596	7,508	49,226	23,984	37.74	5	2,120	6,773	15,086
青岛	160,514	21,775	13.57	13,457	8.38	61.80	11,942	88.74	176	1,405	10,361	4,709	34.99	4	524	1,298	2,883
河南	802,738	58,413	7.28	40,236	5.01	68.88	35,856	89.11	723	5,261	29,872	16,505	41.02	19	1,558	6,363	8,565
湖北	558,752	55,280	9.89	37,365	6.69	67.59	32,974	88.25	496	3,953	28,525	19,305	51.67	24	1,540	7,509	10,232
湖南	548,625	25,810	4.70	20,014	3.65	77.54	18,378	91.83	173	2,129	16,076	5,608	28.02	4	476	1,974	3,154
广东	713,645	81,496	11.42	51,901	7.27	63.69	50,278	96.87	1,367	7,160	41,751	28,613	55.13	194	5,384	10,591	12,444
广西	257,392	32,020	12.44	21,728	8.44	67.86	18,705	86.09	487	2,686	15,532	11,850	54.54	11	1,522	3,436	6,881
海南	74,525	3,775	5.07	2,685	3.60	71.13	2,392	89.09	74	385	1,933	1,425	53.07	3	208	534	680

续表

地区部委	职工队伍总数(人)	管理人员		专门人才			专门人才										
							其中有职称人员					其中有学历人员					
		合计(人)	占职工队伍(%)	合计(人)	占职工队伍(%)	占管理人员(%)	合计	占人才%	高级	中级	初级	合计	占人才%	研究生	本科	专科	中专
四川	1,039,069	120,910	11.64	77,009	7.41	63.69	69,046	89.66	1,297	9,506	58,243	28,300	36.75	21	3,497	8,693	16,089
贵州	103,247	8,683	8.41	5,798	5.62	66.77	5,066	87.37	126	921	4,019	3,136	54.09	0	393	835	1,908
云南	229,274	21,858	9.53	14,201	6.19	64.97	12,075	85.03	345	1,915	9,815	6,863	48.33	8	923	2,058	3,874
西藏	6,071	714	11.76	365	6.01	51.12	327	89.59	11	77	239	150	41.10	1	6	27	116
重庆	279,307	31,684	11.34	16,539	5.92	52.20	14,438	87.30	277	1,933	12,228	7,973	48.21	15	965	2,600	4,393
陕西	337,739	38,180	11.30	24,725	7.32	64.76	21,831	88.30	473	4,068	17,290	12,730	51.49	5	1,774	3,774	7,177
甘肃	277,421	25,918	9.34	17,254	6.22	66.57	14,701	85.20	390	2,950	11,361	9,043	52.41	19	1,161	2,878	4,985
青海	58,697	6,962	11.86	4,030	6.87	57.89	3,441	85.38	83	721	2,637	2,138	53.05	3	255	679	1,201
宁夏	52,092	3,169	5.99	3,091	5.84	97.54	2,641	85.44	75	398	2,168	1,741	56.32	6	225	484	1,026
新疆	259,211	28,934	11.16	23,274	8.98	80.44	19,221	82.59	399	2,511	16,311	10,997	47.25	7	958	3,137	6,895
地方合计	13,992,537	1,566,350	11.19	1,046,718	7.48	66.83	923,827	88.26	18,841	136,663	768,323	499,856	47.75	768	62,118	175,861	261,109
能源部	1,006,325	141,966	14.11	112,123	11.14	78.98	92,985	82.93	7,500	28,414	57,071	78,836	70.31	42	16,213	24,095	38,486
冶金部	197,803	33,274	16.82	24,568	12.42	73.84	21,092	85.85	1,327	4,393	15,372	19,503	79.38	51	4,320	7,422	7,710
机电部	9,250	2,249	24.31	1,986	21.47	88.31	1,604	80.77	97	521	986	1,388	69.89	0	270	388	730
化工部	94,166	13,594	14.44	13,057	13.87	96.05	12,551	96.12	1.073	4,474	7,004	8,758	67.08	0	1,834	2,922	4,002
铁道部	402,709	126,607	31.44	85,013	21.11	67.15	72,628	85.43	1,408	19,715	51,505	66,286	77.97	0	11,485	18,744	36,057
交通部	114,521	36,993	32.30	28,344	24.75	76.62	23,432	82.67	1,604	6,555	15,273	23,029	81.25	15	6,099	5,502	11,413
航空航天部	4,575	793	17.33	585	12.79	73.77	531	90.77	24	115	392	347	59.32	0	67	154	126
中建总公司	198,543	27,233	13.72	23,781	11.98	87.32	18,836	79.21	731	4,347	13,758	15,355	64.57	22	3,168	3,869	8,296
石化总公司	31,100	5,149	16.56	4,451	14.31	86.44	4,184	94.00	203	1,007	2,974	3,160	71.00	0	496	1,070	1,594
部委合计	2,058,992	387,858	18.84	293,908	14.27	75.78	247,843	84.33	13,967	69,541	164,335	216,662	73.72	130	43,952	64,166	108,414

专门人才中有中专以上学历人员占专门人才的63.7%，其中本科以上学历的占专门人才的15%，有23.2万具有中专以上学历的人员不具有专业技术职称。在146.3万有职称人员中，中级职称以上的人员仅占29%，在有职称人员中有62.3万人（占有职称人员的42.6%）不具有中专以上学历。建设系统县以上建设队伍专门人才比1983年增长96万人，其中有职称人员增长80万人。这80万人中有33万人（占有职称人员增长数的41.3%）是近几年评定职称时，从无学历人员中评上的。

〔**专门人才的分布状况**〕 专门人才按地区分布情况如上表所示。由表可见，专门人才大多数集中在大、中城市和发达地区。如北京市、上海市、天津市的专门人才共14.2万人，占三市职工总数之和的10.8%，占全国建设事业专门人才总数的8.3%。而边远地区，如贵州、宁夏、西藏的专门人才共0.9万人，占三省区职工总数的5.6%，仅占全建设事业专门人才总数的0.5%。

专门人才按行业分布情况如下表所示。可见专门人才多数集中在勘察设计、科研规划、教育、政府建设管理等部门，这些部门的职工占全建设事业职工的4%，专门人才就占专门人才总数的24%。

从人才按企业类型分布看，在大型企业和全民所有制企业人数集中。全民企业职工总数是668.8万人，占全建设事业职工的40%，而其专门人才数131.6万人，占全建设事业专门人才总数的76.5%。集体企业职工总数1003.2万人，占全建设事业职工总数的60%，而其专门人才为40.4万人，仅占全建设事业专门人才的23.5%。

全国建设事业管理人员和专门人才按岗位分布的状况如下表所示。

全国建设事业各行业人才分布状况表

	职工数(万人)	管理人员数(万人)	专门人才(人)									
			合计	其中有职称				其中有学历				
				合计	高级	中级	初级	合计	研究生	本科	专科	中专
合计	1672	245.5	1715408	1462744	73900	343928	1044916	1092304	4514	253322	355788	478680
建工企业	1417.9	157.8	1077005	932909	27356	174948	730605	574942	637	81531	187053	305721
城建	159.6	26.3	160178	118368	3394	24287	90687	109276	179	15960	40680	52457
房产管理	27.7	10.8	63698	47045	1617	10129	35299	42899	84	6155	15728	20932
勘察设计	41.6	28.3	265818	253495	32830	93503	127162	228561	1579	99736	70646	56600
教育	4.5	3.7	35398	29658	2595	11281	15782	35398	1064	19576	1118	3640
科研规划	3.9	3	25931	23658	3680	8065	11913	23902	821	11473	6620	4988
政府管理	11.9	10.7	80227	50458	2428	21745	26315	70173	150	18891	22571	28561
村镇建设	5	5	7153	7153			7153	7153			1372	5781

全国建设事业管理人员和专门人才按岗位分布状况表

岗位系列	管理人员	专门人才	有职称人员	有中专以上学历人员	无职称无中专以上学历人员	岗位系列	管理人员	专门人才	有职称人员	有中专以上学历人员	无职称无中专以上学历人员
决策领导	125273	92183	91247	51089	33090	设计系列	1878	1717	914	1546	161
行政管理	146681	54482	36136	35834	92199	产品包装	7	5	4	2	2
政工系列	122376	56351	27072	41911	66025	技术系列	69583	61621	45024	51674	7962
施工技术	209114	181397	145691	124120	27717	房屋开发	16058	11471	7841	9275	4587
施工管理	292053	196953	176838	88992	95100	房屋管理	22523	9767	6753	6117	12756
经营管理	118212	84829	72346	44220	33383	房产经营	6974	4413	3172	3012	2561
财务管理	237234	177407	166998	68656	59827	房修技术	11738	8100	6107	5840	3638
劳人管理	63857	47049	41762	20937	16808	市政监测	2388	2014	1268	1577	374
教育管理	21502	17878	14401	13364	3624	市政征费	2238	1784	1371	859	454
材料管理	140884	64619	59300	20794	76265	市政法制	1827	699	388	544	1128
机设管理	60192	42245	36129	30412	17947	物资管理	4345	1943	1532	1076	2402
质量管理	53993	34961	28742	18412	19032	营运管理	8573	3500	2911	1653	5073
安全管理	43013	20660	17933	9855	22353	规划计划	4352	3636	2784	2640	716
信息管理	8915	7355	3783	5802	1560	动物管理	812	604	404	509	208
档案管理	12672	9191	7178	5829	3481	监查系列	1687	250	97	215	1437
卫生保健	61732	57982	55476	33155	3750	环卫管理	4320	694	240	564	3626
生产组织	34826	22257	18330	14370	12569	其　它	29301	15598	11533	9569	13703
计划管理	7174	5266	4617	2693	1908	合　计	1948307	1300881	1098322	727117	647426

在施工企业71.7万专门人才中，所学专业和工作岗位所需要的专业不对口的至少有16.5万人，占专门人才的23%。

〔管理人员的学历、职称结构〕 1989年全国建设事业管理人员按学历、职称分布的状况如下：

		研究生	本科	专科	中专	无学历	合计
按学历	人数	4534	253322	355788	478880	623104	1715628
	百分比%	0.26	14.77	20.74	27.91	36.32	100
按职称		高级	中级	初级	无职称		合计
	人数	73900	343928	1044915	232298		1695042
	百分比%	4.36	20.3	61.64	13.7		100

如果以本科生为"1"，则研究生、本科、大专、中专和无学历人员之间的比例为：

0.018∶1∶1.4∶1.89∶2.46

如果以中级职称为"1"，则高级、中级、初级和无职称之间的比例为：

0.21∶1∶3.04∶0.68

建设系统县以上建设队伍管理人员按学历、按职称分布的情况如下所示：

建设系统县以上建设队伍管理人员的学历、职称比例情况分别为：

学历比：

1989年 0.02∶1∶1.33∶1.66∶1.95

1983年 0.0078∶1∶0.82∶2.01∶1.38

职称比：

1989年 0.23∶1∶2.68∶0.67

1983年 0.04∶1∶2.7∶1.13

可以看出，近几年专科以上学历人员和高级职称人员数的增长速度较快，特别是研究生的增长值是83年的8.7倍，高级职称人员数是83年的23.4倍。学历结构和职称结构与83年相比，有了较大改善，但研究生和高级职称的数量仍然很少，只占

建设系统县以上建设队伍管理人员按学历分布情况

		研究生	本科	专科	中专	无学历	合计
一九八五年	人数	4373	209278	277998	347931	408939	1248519
	百分比%	0.35	16.76	22.27	27.87	32.75	100
一九八三年	人数	451	57692	47309	116068	79419	300939
	百分比%	0.15	19.17	15.72	38.57	26.39	100
增长值	人数	3922	151586	230689	231863	329520	947580
	增长倍数	8.7	2.6	4.9	2	4	3

建设系统县以上建设队伍管理人员按职称分布情况

		高级	中级	初级	无职称	合计
一九八五年	人数	60138	262168	701581	175263	1199150
	百分比%	5	21.9	58.5	14.6	100
一九八三年	人数	2465	61928	166680	69866	300939
	百分比%	0.82	20.58	55.39	23.22	100
增长值	人数	57673	200240	534901	105397	898211
	增长倍数	23.4	3.2	3.2	1.5	3

专门人才的0.35%和5%，中级技术骨干力量不足，仅占20.58%。

〔建设事业管理人员的年龄分布〕

建设事业管理人员的年龄分布情况如下：

	61岁以上	56—60岁	51—55岁
人数	38162	129511	185119
百分比%	2	6.9	9.85
	41—50岁	31—40岁	30岁以下
人数	523494	608347	396432
百分比%	27.86	32.37	21.2

其中，有职称人员的年龄分布如下：

	61岁以上	56—60岁	51—55岁
人数	17477	69910	119574
百分比%	1.51	6.03	10.31
	41—50岁	31—40岁	30岁以下
人数	334213	380532	237878
百分比%	28.82	32.82	20.51

可以看出，管理人员是以31—40岁，41—50岁的人员为主体，以30岁以下的人员为辅构成的，分布比较合理。在有职称人员中51岁以上的高级职称人员占高级职称人员数的84%，51岁以上的中级职称人员占中级职称人员数的45.4%，说明高级技术人员和中级技术骨干力量是以51岁以上年龄为主体，已年龄老化。在既无中专以上学历又无专业技术职称的管理人员中，作为管理人员主体年龄（31—40岁，41—50岁）的人员占63.5%，在有职称无学历的人员中占71%，进一步说明了管理人员主体素质不高。十年之后，51岁以上的人员将全部退离岗位，中级职称以上人员将会骤然减少。

〔专门人才的专业构成〕　专门人才所学专业构成如下表所示，人数最多的前十个专业的总数占专门人才总数的53%。

从专门人才的专业结构可以看出，专门人才的专业是以“工业与民用建筑”专业为主，辅以财会、医学构成了专门人才的主体。相对看，城建方面、房地产业和村镇建设方面的专门人才较少。

主体专业人员与配套专业人员匹配不够合理，比较起来，水、暖、电和建筑学专业人数较少。

人才现状调查结果表明，“七五”期间人才增长幅度很大，说明教育工作成绩巨大。但是和建设事业发展需要相比，人才的整体素质仍然不高，有必要在“八五”期间，加强职工教育工作，在各级各类学校培养更多人才的同时，使在职的管理人员的素质有进一步的提高。

全国建设事业人才专业结构分布表

序号	专业名称	所占专门人才百分比
1	工业与民用建筑工程	24.64
2	财　会	8.30
3	医　科	4.77
4	管理科	3.01
5	党群管理	2.98
6	机械制造工艺与设备	2.79
7	建筑管理工程	2.63
8	机械制造工程	2.38
9	公路与城市道路工程	2.20
10	给水排水工程	2.13
11	师　范	2.00
12	机械设计及制造	1.82
13	计划与统计	1.80
14	起重运输与工程机械	1.79
15	供热通风与空调工程	1.68
16	电气技术	1.52
17	行政管理	1.49
18	政治学	1.30
19	工业电气自动化	1.17
20	汉语言文学	1.09
21	风景园林	0.93
22	农　科	0.90
23	政　法	0.85

续表

序号	专业名称	所占专门人才百分比
24	中国文学	0.80
25	化　学	0.79
26	水利水电工程建筑	0.78
27	林　科	0.71
28	中国语言文学	0.70
29	电机与电气	0.70
30	建筑材料及制品	0.69
31	桥梁工程	0.53
32	建筑学	0.52
33	物理学	0.49
34	城市燃气工程	0.46
35	数　学	0.45
36	地　质	0.41
37	农田水利工程	0.40
38	艺　术	0.37
39	计算机应用	0.34
40	自动控制	0.34
41	工程测量	0.33
42	水利水电工程施工	0.30
43	焊接工艺及设备	0.29
44	测　绘	0.26
45	英　语	0.25
46	财政金融	0.24
47	技术经济	0.22
48	体　育	0.21
49	地下工程与隧道	0.20
50	水文地质与工程地质	0.19

续表

序号	专业名称	所占专门人才百分比
51	环境工程	0.19
52	城市规划	0.18
53	城镇建设	0.17
54	图书资料管理	0.17
55	政治经济学	0.15
56	历　史	0.14
57	管理信息系统	0.13
58	港口及航道工程	0.12
59	计算机软件	0.11
60	矿井建设	0.10
61	测量学	0.10
62	哲　学	0.10
63	岩土工程	0.09
64	力　学	0.08
65	俄　语	0.07
66	日　语	0.06
67	法　语	0.03
68	系统工程	0.03
69	西班牙语	0.02
70	阿拉伯语	0.01
71	德　语	0.01
72	河流泥沙与治河工程	0.01
73	其它工科	4.63
74	其它经济学	1.08
75	其它文科	0.65
76	其它理科	0.17
77	其它专业	5.20

中国建筑年鉴

8

图书 论文选目

图 书 选 目

全国优秀建筑科技图书部级奖励制度暨首届获奖书目 建设部于1989年6月发出《关于组织评选全国优秀建筑科技图书的通知》，委托建设部科学技术委员会组织实施。

通知指出，凡公开出版的建筑类科技图书，在科学技术或学术理论上有创新；对四化建设及生产发展有重大促进作用；对总结科技成果及经验，推广新技术、新工艺、新材料等方面取得重大社会或经济效益；对整理祖国古代文化遗产、研究古建筑、古典园林及古代建筑技术有重大贡献；对普及建筑知识、培训人才有重大作用以及设计、装帧、印刷质量较好的均可以参加评选。根据通知要求，部科学技术委员会1989年底组织了首届全国优秀建筑科技图书（1978～1988年十年间出版的图书）部级奖的评审工作。按照通知规定，评选全国优秀建筑科技图书部级奖今后将每三年进行一次。

首届全国优秀建筑科技图书部级奖获奖书目如下。

首届全国优秀建筑科技图书部级奖获奖书目

一 等 奖

序　号	书　名	作　者	出版社	出版年次	责任编辑
11-01	中国美术全集 ——建筑艺术篇	编委会	中国建筑工业出版社	1987-1989 1—1	王伯扬　彭华亮 杨谷生
11-02	曲阜孔庙建筑	南京工学院曲阜文管会	中国建筑工业出版社	1987 1—1	乔匀
11-03	中国大百科全书土木工程卷	姜春芳等	中国大百科全书出版社	1983 1—2	张庆文
11-04	硅酸盐辞典	中国硅酸盐学会	中国建筑工业出版社	1984 1—1	曾镜鸿
11-05	中国古代园林分析	彭一刚	中国建筑工业出版社	1986 1—1	程里尧
11-06	江南园林志	童寯	中国建筑工业出版社	1984 2—1	王伯扬
11-07	钣金工下料基础知识	陈万里	中国建筑工业出版社	1988 2—5	强十渤
11-08	钢结构构件稳定理论	吕烈武　沈世钊 沈祖炎　胡学仁	中国建筑工业出版社	1983 1—1	黎钟
11-09	建筑设计资料集	建工部北京工业院	中国建筑工业出版社	1986 1—4	彭华亮
11-10	建筑施工手册	编写组	中国建筑工业出版社	1988 2—7	林婉华 余永桢
11-11	建筑工程质量通病防治手册	彭圣浩	中国建筑工业出版社	1987 1—3	林婉华 等

11-12	软土地基与地下工程	孙更生 郑大同	中国建筑工业出版社	1984 1—1	朱象清
11-13	净水厂设计	钟淳昌	中国建筑工业出版社	1986 1—1	俞辉群
11-14	地下水运动与水资源评价	陈雨孙	中国建筑工业出版社	1986 1—1	石振华
11-15	建筑工人技术学习丛书	孙沛平等	中国建筑工业出版社	1982 2—1	蔡秉乾等

二 等 奖

12-01	当代中国建筑业	编委会	中国社会科学 出版社	1988 1—1	李树琦
12-02	陶瓷导论	(美)W·D金格 瑞著 清华无机 材料教研室译	中国建筑工业 出版社	1987 1—2	李金龙
12-03	结构混凝土现场检测技术	吴慧敏	湖南大学出版社	1988 1—1	肖春源 李晓钟
12-04	基本建设投资与管理概论	金敏求	中国建筑工业出版社	1987 1—1	徐焰珍
12-05	施工经营管理手册(上)	张岳东	中国建筑工业出版社	1988 1—1	蔡秉乾
12-06	施工企业管理学基础	中国人民大学基建 经济教研室	中国人民大学出版社	1987 1—2	黄洪
12-07	建筑企业管理学	雷仲篪	华中理工大学出版社	1985 1—2	宋绍忠
12-08	城市它的发展衰败与未来	伊里尔·沙里宁著 顾启源译	中国建筑工业出版社	1986 1—1	吴小亚
12-09	中国园林艺术	中国建筑工业出版 社编	中国建筑工业出版社	1985 1—1	程里尧
12-10	机械设备安装手册	沈从周	中国建筑工业出版社	1983 1—3	强十渤
12-11	机械零件及建筑机械	詹承桥 刘树道	华南理工大学出版社	1988 1—1	月华 廖冠南
12-12	农村住宅设计与施工	朱保良 关天瑞 施承继	同济大学出版社	1985 1—1	黄新国
12-13	农村房屋建筑	黎　钟 仇吉昌 张以中 徐竟达	中国人民解放军出版社	1985 1—2	谢钢
12-14	建筑透视阴影	乐荷卿主编	湖南大学出版社	1981 1—1	夏艾生

12-15	钢筋混凝土结构理论	王传志 滕智明	中国建筑工业出版社	1985 1—1	夏英超
12-16	预应力混凝土结构设计	林同炎著　路湛心 黄棠　马誉美译	中国铁道出版社	1983 1—1	王能远
12-17	营造法原	姚承祖原著 张至刚增编	中国建筑工业出版社	1986 2—1	王伯扬
12-18	近百年西方建筑史	童寯	东南大学出版社	1986 1—1	晏隆余
12-19	中小学建筑设计图集	国家教委基建局南工设计院	华中理工大学出版社	1986 1—2	佟文珍
12-20	云南民居	云南省建筑设计院	中国建筑工业出版社	1986 1—1	杨谷生
12-21	火力发电厂址选择与总布置	张玉珩	水利电力出版社	1983 1—1	蒋仁民
12-22	现代建筑表现图集锦	荆其敏	天津大学出版社	1985	汪静娴
12-23	地基处理手册	地基处理委员会	中国建筑工业出版社	1988 1—1	石振华等
12-24	房屋建筑修缮工程	孙瑞虎	中国铁道出版社	1988 1—1	翁大厚
12-25	建筑物的裂缝控制	王铁梦	上海科技出版社	1987 1—1	孙繁祉
12-26	房屋建筑学	武克基 广士奎	宁夏人民出版社	1986 1—1	李宪宁
12-27	建筑施工	谢尊渊 方先和	中国建筑工业出版社	1979 1—1	曲士蕴
12-28	煤气设计手册	编写组	中国建筑工业出版社	1983 1—1	刘慈慰
12-29	供暖通风设计手册	陆耀庆主编	中国建筑工业出版社	1987 1—1	吴文侯
12-30	空气调节	清华大学 西安冶院 同济大学 重庆建院	中国建筑工业出版社	1988 1—5	姚荣华
12-31	建筑光环境	詹庆旋	清华大学出版社	1988 1—1	段传极
12-32	建筑声环境	车世光 王炳麟 秦佑国	清华大学出版社	1988 1—1	段传极

表扬鼓励奖

13-01	清代内廷宫苑	天津大学建筑系 冯建逵主笔	天津大学出版社	1986	汪静娴
13-02	建筑装饰技术手册	郑显妹	福建科技出版社	1987 1—1	陈秀庄 郑宵阳

13-03	中国古代苑囿	刘策	宁夏人民出版社	1983 2—1	王文庆
13-04	复合材料力学基础	刘锡礼 王秉权	中国建筑工业出版社	1984 1—1	刘茂榆
13-05	钢筋混凝土及砖石结构	白绍良 廉晓飞	中国广播电视大学出版社	1986 3—1	曹葆华
13-06	建筑结构常见疑难设计	邹仲康 莫沛锵	湖南大学出版社	1987 1—3	范理
13-07	广东省优秀设计选编(1980-1983)	广东省建设委员会	广东省科技出版社	1986 1—1	彭激流

建筑理论与历史

窑洞民居 侯继尧 任致远 周培南 李传泽 中国建筑工业出版社 1989年8月

本书对窑洞民居形成和发展的自然、历史条件，主要特点，类型划分，结构计算，施工方法，空间处理，细部装修及陇东、陕西、洛阳、郑州、晋中等地的实例和改造方案做了详细系统的分析，是目前唯一全面论述窑洞建筑问题的图书。

人文主义建筑学—情趣史的研究 （建筑理论译丛）〔英〕乔弗莱·司谷特 著 张钦楠 译 中国建筑工业出版社 1989年10月

本书对十九世纪以来在建筑界流行的贬低和否定文艺复兴建筑的习惯偏见，即机械性的、伦理性的和生物学的解释和论证建筑问题的错误方法进行了有力的反驳，并提出巴洛克建筑是建筑学中理想的人文主义原理的完美表达这样一种观点。作者的独特见解，对于我们重新评价文艺复兴建筑和巴洛克建筑，以及正确认识建筑界存在的某些问题具有一定的启发意义。

建筑模式语言（城镇·建筑·构造）〔美〕克里斯托弗·亚历山大 等著 王听度 周序鸿 译 李道增 高亦兰 等审校 中国建筑工业出版社 1989年12月

本书是美国著名建筑理论家亚历山大所著的理论丛书的第二本。本书从城镇、建筑、构造等三方面描述了有关城镇、邻里、住宅、花园和房间的253个详尽的模式，对建筑设计具有极大的启发性。建筑工作者可按这些模式所提供的方法，创造出新的建筑和城镇。

建筑的永恒之道 〔美〕C·亚历山大 著 赵冰 译 冯纪忠 校 中国建筑工业出版社 1989年10月

《建筑的永恒之道》是环境结构中心系列丛书的导论。书中介绍了建筑、建造和规划的新理论，他认为它们的核心有一久远的过程，每个社会中的人们总是通过这一过程使其世界具有其自己存在的秩序的。

丹下健三 （国外著名建筑师丛书） 马国馨 中国建筑工业出版社 1989年3月

丹下健三是“世界建筑大师”之一。本书作者曾受业于丹下健三事务所，本书就是作者研究丹下的成果。全书分三个部分。第一部分是作者对丹下学术思想、创作实践经验的概括性评述，颇多见地，富有启迪性；第二部分介绍了丹下最著名的51个代表作，包括400余幅照片和插图；第三部分收入了丹下的七篇论文。附录部分为丹下的简历、获奖纪录、作品年表和主要著作。

形式的探索——一条处理艺术问题的基本途径 （建筑理论译丛） 〔美〕伊利尔·沙里宁 著 顾启源 译 汪坦 主编 中国建筑工业出版社 1989年10月

本书是一部论述建筑艺术创造问题的理论专著，作者为美籍著名建筑理论家。全书分三部分，系统阐述了建筑艺术创造的基本原则，以及如何正确地探索建筑的形式诸问题，语言生动风趣。

晚期现代建筑及其他 〔美〕C·詹克斯 著 刘亚芬 邱秀文 吴持敏 窦以德 译 张似赞 校 中国建筑工业出版社 1989年10月

本书是国际著名建筑评论家C·詹克斯介绍晚现代派的第一本论著。书中用大量实例，论述了晚现代主义风格的特征：精致的技术形象，幽默和光亮表面，雕塑感，公众的想像力，比拟联想，夸张和极端化的美学规律，视觉的刺激性，浸润变形的幻影效果……表达了晚现代派对千篇一律的国际式风格所作的有力抨击。也讨论了影响当代建筑的一些基本问题，同时还辅有对日本多元论派、理性主义派、意大利超现实主义派、P.约翰逊和J.斯特林的作品分析。

世界建筑之最 向松林 中国建筑工业出版社 1989年1月

本书以优美的语言介绍了包括公共建筑、城市设施、水利工程等27类197项在某方面仍保持世界纪录的古今主要建筑物的概况和特色以及在建筑史上的地位。

旅游建筑（深圳建筑丛书） 本丛书编委会 中国建筑工业出版社

深圳建筑丛书的出版，目的在于总结深圳经济特区7年来在城市建设方面坚持开放的经验，反映参加深圳建设的广大工程技术人员和施工人员精心设计、精心施工的成果，为建筑界同行们提供一些关于深圳建筑的重要历史资料。

本书将对深圳特区10个旅游点与酒店作出较详细的介绍，希望能够总结近年来深圳旅游建筑在规划与设计方面的经验与教训，并为今后的发展提供资料与参考。

旅游饭店的建筑设置与装潢 阎长城 郭鹏 程健 编 知识出版社 1989年3月

本书详尽地介绍了饭店的建筑，客房、饮食部门的设置与装潢艺术，综合服务与更新维修，饭店的室内外绿化艺术等等；列举介绍了各国饭店的特点、规格、要求，并配有饭店内主要功能部分的关系分析图例及各式平面、立体图片。内容丰富，材料翔实，具有知识性、参考性。可供饭店企业家、管理人员、旅游工作者及中等文化水平的读者阅读、参考。

中国居住建筑简史——城市、住宅、园林（附：四川住宅建筑） 刘致平 著 王其明 增补 中国建筑工业出版社 1990年10月出版。

本书与《中国建筑类型及结构》是姊妹篇。书中主要论述了宅第、园林的发展概况，并叙述了居住建筑在城市中的区划关系，以及主要都市的规划方式和演变。同时对于建筑的布置、结构以及艺术形式等也都作了分析和阐述。本书附图近400幅，彩页16页。

后附《四川住宅建筑》一书是刘先生在四十年代对四川地区民间住宅作了大量调查之后著成的。

广东民居 陆元鼎 魏彦钧 著 中国建筑工业出版社 1990年12月出版。

本书首先介绍了广东的自然和社会条件。然后叙述了村镇布局和各种不同民居建筑形式的特点，对空间组织、营造方法、装饰手法及通风、降温、防潮、隔热等做法做了分析。最后附有广东民居地方名词解释。

桂北民间建筑 李长杰 主编 全湘 鲁愚力 副主编 中国建筑工业出版社 1990年5月出版。

本书是桂林市规划设计院的建筑师们在桂北地区进行大量调研和测绘的成果。包括侗族村寨、鼓楼、民居、廊桥、寨门、戏台等，共有各种图1100余幅，其中不同风格的钢笔透视画800余幅。本书对侗族建筑的历史传统、风格特点、构造方法等有简明系统的分析。

建筑构成 南舜薰 辛华泉 编著 中国建筑工业出版社 1990年12月出版。

本书以建筑造型为立足点，全面探讨了形态构成的基础理论与实践问题。其中第一、二章阐明了建筑造型的基本理论、规律与手段，第三、四、五、六章分别从要素、平面、空间与色彩等四个方面系统介绍了“建筑构成”的内容。

苏维埃建筑 〔苏〕A·B·利亚布申 N·B·谢什金娜 著 吕富珣 译 刘鸿滨 校 中国建筑工业出版社 1990年10月出版。

本书详尽地介绍了苏维埃建筑从它创立到八十年代初各个历史阶段的发展过程，阐述了苏维埃建筑创作方向和创作思想的演变，并对各阶段创作上的代表人物及其作品作了充分说明。本书首次对二、三十年代苏俄构成主义建筑思潮作了充分肯定。同时也指出了三十年代中至五十年代中复古主义的历史局限性，对近二十年来苏联建筑的发展也作了充分的论述。

建筑体验（建筑理论译丛）〔丹麦〕S·E·拉斯姆森 著 刘亚芬 译 王申祜 校 中国建筑工业出版社 1990年4月出版。

作者深入浅出地阐述了建筑创作中各种艺术手法的应用，诸如建筑中的虚与实、尺度与比例、韵律、质感、日光及色彩等的具体应用；并试图凭藉自己丰富的亲身经历，用语言帮助人们去体验建筑，从而帮助人们加深对建筑艺术和建筑工作者的了解。

建筑设计与人文科学（建筑理论译丛）〔英〕G·勃罗德彭特 著 张韦 译 中国建筑工业出版社 1990年3月出版。

本书主旨是论述人文科学与建筑设计的内在关系，阐明一些新兴学科对建筑设计方法的促进作用，并进一步探求就人的需求而言，建筑的物质、社会和文化意义及其评价，使建筑能协调各方面矛盾，既达到高效又合乎人情。

矶崎新（国外著名建筑师丛书） 邱秀文 等编译 中国建筑工业出版社 1990年4月出版。

当代日本建筑大师矶崎新的建筑创作理论和实践举世瞩目，在国内外有重大影响。本书编撰了有关的评论介绍著作：包括叙述分析系统全面的长篇综论，评议生动幽默深刻的短评及矶崎新本人的自注解说论文等若干篇，同时还选录了矶崎新有代表性的作品群马美术馆、筑波中心大厦、洛杉矶美术馆……等共20例。

贝聿铭（国外著名建筑师丛书） 王天锡 中国建筑工业出版社 1990年8月出版。

本书主要介绍了具有世界影响的当代华裔著名建筑师贝聿铭的建筑生涯、作品实例及其言论摘录。第一部分作者简明扼要而又全面地总结了贝氏的设计经验及其成果。第二部分精选了贝氏建筑作品实例46个，附简要说明，并辅以精美图照500余幅。第三部分收集了贝氏的讲演及国外报刊的专访和评论，最后附录了贝氏建筑师事务所的简介和作品一览表、获奖作品一览表等。

菲利浦·约翰逊（国外著名建筑师丛书） 张钦哲 朱纯华 中国建筑工业出版社 1990年12月出版。

本书介绍了世界著名建筑大师菲利浦·约翰逊的建筑思想、言论及作品实录。本书第一部分评述中，作者结合大师的名作，精辟地论述了大师的建筑哲学观；第二部分汇编了大师的41个优秀作品，附以精美图照近200幅，彩版8页，形象地展示出大师的高超设计才能和技艺；第三部分选择了大师16篇论文。文前有大师专为本书写的前言。

存在·空间·建筑（建筑师丛书） 〔挪威〕诺伯格·舒尔兹 著 尹培桐 译 中国建筑工业出版社 1990年6月出版。

本书十分详尽、系统地分析、归纳了建筑空间理论的发展源流，论述了人在世界上为自身定位所必需的基本空间概念，从而导出“存在空间”这个概念。作者通过大量实例分析，论述了空间观念各要素、各阶段的相互作用，从而有助于我们更准确地把握和丰富建筑空间的创造。

中华古建筑 中国科学院中华古建筑研究社 编 中国科学技术出版社 1990年6月出版。

本书是中华古建筑研究社编的中国古建筑研究论文集，涉及到建筑文化、建筑技术、古建筑保护与修缮、专题研究、考察报告、仿古建筑设计、历史名城名建筑等各个方面，还选登了一部分研究生论文。

维吾尔建筑艺术图案集（中国少数民族图案系列丛书之一） 刘定陵 编绘 民族出版社 1990年9月出版。

本书荟萃了维吾尔民族最具艺术特色和民族特色的建筑艺术图案。

城市建设与城乡规划

城市设计 〔美〕E·D培根 等著 黄富厢 朱琪 编译 中国建筑工业出版社 1989年2月出版。

本书以美国著名城市规划、城市设计家Edmund N·Bacon的著作《Design of Cities》为主，系统地阐述了城市设计的理论、原则、历史渊源，介绍了城市设计的典型实例，并强调了城市设计和规划管理的密切结合。全书共有插图500余幅。

城市发展史—起源、演变和前景 〔美〕刘易斯·芒福德 著 倪文彦 宋俊岭 译 中国建筑工业出版社 1989年10月出版。

本书内容包括：史前时代的城市，城市在美索不达米亚的诞生，古埃及城市，古希腊—罗马城市，中世纪的基督教、巴洛克和商业城市，近代和现代工业城市。作者从政治、经济、文化、宗教、社会、城市规划等多方面综合地研究了城市发展史，并对今后城市发展提出了战略性的意见。本书阐明了芒福德学派在城市发展理论上的学术思想。

发展·建设·管理 李梦白 著 中国建筑工业出版社 1989年6月出版。

本书是一本论述城乡发展、建设、管理的个人论文集。

作者长期从事政策、法规、理论研究，十多年来，围绕着城乡发展、建设、管理三个方面的理论与实践问题，阐述了自己的研究心得、体会、看法和见解，其中诸多颇有见的的独到之处。

城市的印象〔美〕凯文·林奇 著 项秉仁 译 中国建筑工业出版社 1990年7月出版。

作者对洛杉矶、波士顿和泽西城市民的一些体验作了研究，并依据在现场的调查和访问中取得的大量资料进行了文化、艺术、人类学和心理学等方面的分析，从而建立了一个新的标准。藉此可以开始在城市范围内处理视觉形式并提供城市设计的某些重要原则。

城市建设综合开发指南 黄重光 主编 中国建筑工业出版社 1990年7月出版。

本书分为两部分，第一部分（1～5章）着重介绍城市建设综合开发企业的经营与管理，内容包括：城市建设综合开发的历史和现状、方针政策、方法和程序；开发前期工作的城市规划管理、工程勘察与设计、征地拆迁及安置、城市基础设施建设，综合开发中的计划管理、工程项目管理、财务管理、预算管理、开发审计工作、材料设备供应与管理；住宅开发与管理及城市建设综合开发的改革等。第二部分（第6章）是名词解释，共收词条380条。

大地景观——环境规划指南〔美〕J·O·西蒙兹 著 程里尧 译 中国建筑工业出版社 1990年6月出版。

本书主要内容：环境影响因素的研究，先进的规划技术，包括簇群规划、生态决定因素分析、各种方式的交通运输设计、社区规划、城市更新、城市与区域规划的结构、露天开采、垃圾场和土地改造方法、噪声消减、水和空气的保护、动态的保护方针等，并附有大量实例分析和图解。

应用微机 BASIC 程序进行城市规划分析〔美〕J·R·奥特斯曼 著 杨明瑞 余柏椿 译 吕仁义 韩笋生 校 中国建筑工业出版社 1990年10月出版。

本文集系中国建筑学会城市规划学术委员会和《城市规划》编辑部联合举办的青年城市规划论文竞赛中获奖优秀论文，共24篇。涉及内容广泛，包括有：方针政策、历史理论、思维方法、设计手法、规划管理和新技术应用等众多领域。

城市邮电通信规划（城市规划知识小丛书之二十二） 曹永明 主编 中国建筑工业出版社 1990年10月出版。

本书主要介绍城市邮电通信的任务、作用和工作情况，着重叙述了城市邮电通信规划的原则、规划的基本知识和需要考虑的主要问题。

城镇竖向设计（城市规划知识小丛书之二十三） 李锡然 编 中国建筑工业出版社 1990年9月出版。

本书主要介绍城市规划过程中竖向设计工作的基本知识与工作方法。全书共分八部分，分别从竖向设计任务和内容、竖向设计方法、道路广场竖向设计、用地建筑竖向设计、工厂居住区竖向设计及土方量计算等方面对城镇竖向设计作了简要而系统的介绍。

城市环境艺术——景观与设施 于正伦 著 天津科学技术出版社 1990年6月出版。

本书在研究国外理论和我国实际的基础上，提出较为系统的见解。它依据城市整体环境的理论框架，深入探讨了城市景观、建筑小品和公建设施的设计手法。结合各国大量优秀的现代设计实例，从总体布局到单体功能、造型、设置等课题进行了详尽论证。

中国城市管理 夏书章 严家明 主编 知识出版社 1990年7月出版。

本书以中国城市行政管理为主要对象，从多方面探讨了中国城市的建设、规划、管理的基本理论和亟待解决的实际问题，内容涉及现代城市领导对城市工业、环境、住宅、政法、科学技术、医疗卫生、交通、通讯、财贸、人口、社会保障等方面进行管理时应注意的问题，在科学管理方面尤有新的突破。

园林绿化 建筑设计

插花艺术 潘涛 徐雪松 编著 中国建筑工业出版社 1989年10月出版。

本书是一本讲述插花艺术和技巧的入门书，内容包括花枝的采集和选购，插花器皿的选择和应用，花枝的加工和保鲜，插花造型的类别和插花技法。本书附有较多的实例分析，便于初学者学习和掌握。本书还附有彩色图14幅，可供借鉴和欣赏。

山茶花 （第二版） 汪亦萍 俞仲辂 著 中国建筑工业出版社 1989年4月出版。

本书于1981年出版后深受广大读者欢迎。此版是根据作者最新研究并吸取各地有关经验，重新增订。主要介绍山茶花栽培简史和地理分布，形态特征与生物学特征，园艺分类和栽培品种，增加了繁殖、栽培、育种及品种特征等内容，对个别误定或有争议的品种作了订正或论证。并增加了部分品种包括美国山茶花品种的描述。增加彩色品种照片87幅。

观叶花卉 姚君兆 黄玲燕 编著 中国建筑工业出版社 1990年12月出版。

本书试图从观叶花卉的形态、习性、繁殖方法、栽培技术和陈设要点等方面，进行系统地阐述，并详细介绍了100种常见的观叶花卉，附有较多的墨线图。本书有精选彩图65幅以及拉丁学名索引。

杜甫草堂 濮禾章 中国建筑工业出版社 1990年9月出版。

本书详细叙述了杜甫草堂的兴衰变迁和杜甫在草堂的交往与诗作，并对草堂景物及园林艺术特色作了饶有趣味的介绍。附编介绍了草堂寺和浣花祠的概况。

喷泉设计 毛培琳 编著 中国建筑工业出版社 1990年10月出版。

本书对喷泉发展概况和喷泉规划基本知识作了简介。着重阐述了喷泉设计的基本技术，包括自控喷泉和天然水态再现的设计。对喷头构造、水力计算、泵房、水池布置与构造等，均有简明而实用的介绍，并辑录了许多国内外喷泉实例可供读者参考。

多层厂房建筑设计 陈申源 王爱珠 郑时龄 主编 中国建筑工业出版社 1989年12月出版。

全书内容包括三部分：一、多层厂房建筑设计的一般原理和有关的建筑技术。这里主要介绍了多层厂房的厂址选择、总图设计、建筑空间组合和结构造型，并对多层厂房的定型化、工业化建筑体系及多层厂房在生产环境中遇到的一些特殊问题的建筑处理等进行了综合性叙述和总结性的探讨；二、对具有代表性的轻工类、机械类和粮食类多层厂房建筑设计和有关问题进行了研究；三，介绍了多层厂房发展趋势和国内外多层厂房的建筑实录。

计算机辅助建筑设计 王国泉 霍新民 汪琪美 吴华强 编著 中国建筑工业出版社 1989年1月出版。

本书全面而系统地介绍了计算机辅助建筑设计的理论和实践。内容力求适合建筑设计人员的需要，努力站在系统工程的高度，对该学科进行概括和介绍。

现代工厂建筑空间与环境设计 刘永德 编著 中国建筑工业出版社 1989年7月出版。

本书较全面地论述了外部建筑空间、内部建筑空间、环境色彩选择、环境绿化与庭园设计的基本理论与方法，图文并茂，理论与实际相结合。

住宅室内设计与装修 李树涛 王福川 编著 中国建筑工业出版社 1989年3月出版。

本书从使用者的需要出发，切合实际地介绍了室内设计与装修的原理、方法、步骤以及注意事项。叙述言简意赅、通俗易懂，使本书成为将设计与装修有机结合为一体的一本实用的读物。

建筑艺术与室内设计 （中意对照） 〔意〕 马里奥·贝利尼 主编 倪继淼 等译 中国建筑工业出版社 1989年7月出版。

本书原为意大利 Editoriale Domus 出版社出版，以多种文版在世界60多个国家和地区发行，现由我社出版中意文对照版。内容包括：建筑理论、建筑设计、建筑规划、建筑绘画、建筑构图、公共建筑、居住建筑、室内家俱与装饰，及国际学术活动信息等。附有多幅彩色照片，墨线插图。图文并茂，印制精美。

热带建筑 陈登鳌 著 中国建筑工业出版社 1989年9月出版。

作者以在非洲、西南亚等炎热地区进行考察和负责的几项工程设计实践为基础，又结合国内外有关资料，对湿热带与干热带建筑进行了全面总结，分析与探讨。其中包括气象特征、分布范围、自然环境、风土人情、建筑特点、设计原则以及解决措施等等。

房屋建筑设计与建筑技术 袁齐家 编著 中国建筑工业出版社 1989年12月出版。

本书包括总论、居住建筑设计、公共建筑设计、工业建筑设计、建筑结构、建筑构造与装修、建筑物理等七章，并附有常用设计资料。书中对原理讲述简明扼要，每部分都有适用的参考图表或计算实例。

工厂总布置图设计实用手册 余永龄 编著 中国建筑工业出版社 1989年11月出版。

全书包括设计准备、资料收集、总布置设计原则，平面和竖向布置要求，铁路、道路、河港码头等运输设施，管线综合，环境保护等内容，以及与总布置设计有密切关系的常用资料。编人的各项要求和数据等可在设计中直接应用。

文化馆建筑设计方案图集（上、下册） 本书编写组编 中国建筑工业出版社 1989年12月出版。

本书汇集了1987年全国文化馆建筑设计竞赛的全部获奖方案，共有105个。上册载有方案51个，下册载有方案54个。这些获奖方案是从参赛的1165个方案中遴选出来，都具有较高的设计水平。图集展示了这些方案的透视或轴测图、平、立、剖面图。每个方案都各具特色，描绘出一幅幅美好而理想的蓝图，充分展示了建筑师的艺术才华，其创作意识、设计思路及表现手法。

建筑构造图集（1） 北京市建筑设计院 天津市建筑设计院 上海市民用建筑设计院 广州市设计院情报组编 中国建筑工业出版社 1989年9月出版。

本书是从我国已建成的工程中精选出的建筑构造170例，其中包括：檐头、天窗、组合墙板、吸音墙面、玻璃隔断、门头、室内外楼梯、服务柜台、升降跳水台、围墙大门以及金鱼廊、花格等。每个实例中均有构造详图、简要说明，有些还附有照片。

高层建筑设计算例 华东建筑设计院 编著 上海翻译出版公司 1989年6月出版。

本图集共收集了国内近年来七十一幢高层建筑的电算实例.内容包括：各工程主要的平、立、剖面，几何尺寸、构件断面、墙厚、混凝土标号及整体建筑的自振周期，位移和在地震荷载作用下基底总剪力的大小，及其与建筑物总重量的比值。适用于土建设计单位、建设单位及大专院校土建师生，进行设计选型、可行性研究等参考。

为残疾人及老年人的建筑安全设计 〔日〕野村欢 编 北京市建筑设计院技术情报所 摘译 中国建筑工业出版社 1990年10月出版。

原书于1983年在日本出版。书的前一部分回顾了日本自六十年代以来为残疾人、老年人在安全使用建筑及城市环境改造方面制定的有关条例和规定；后一部分在建筑设计的基本要素、单元空间及室外庭院等方面列举了具体的技术措施和详细作法。

防火设计中的烟控 〔英〕E·G·巴舍 A·C·帕尼尔 合著 王 磊 译 中国建筑工业出版社 1990年7月出版。

本书通过大量事实详述了火灾初期火势的发展过程、规律，从而得到控制火势及毒烟蔓延的有效方法。还制定了确保烟不致进人避难通道的设计方案。并通过大量的计算图表提供了指导性的设计范例，这些资料可帮助设计师、工程师在进行建筑设计时获得更合理的安全标准，对改造现有建筑也具有重大意义。

建筑师设计手册 （上册） 建筑类型集 〔美〕J·特·希阿拉 J·卡伦德 著 建设部建筑设计院等 编译 中国建筑工业出版社 1990年4月出版。

全书分为上、中、下三册出版，本书为上册，内容包括：居住、教育、文化与交通运输建筑。书中详尽地阐述了各类建筑设计的基本原则、设施要点、功能分析、房间组成、定额标准以及平面布置、细部处理等。

中庭建筑——开发与设计 〔英〕 里查·萨克森 著 戴复东 吴庐生 王健强 田云庆 周勤 张勇 龚耕 薛求理 译 中国建筑工业出版社 1990年11月出版。

本书为两部分：第一部分讲述现代化中庭建筑的兴起及明日的发展；第二部分介绍中庭设计中有关采光、取暖、防火、结构造型、材料选用、交通流向、环境景观设计、植物绿化及经济分析等问题。

美国建筑画 司小虎 译 中国建筑工业出版社 1990年7月出版。

本书是从美国全国范围内精选出来的建筑表现图图集，所选作品全部是近年来的优秀作品。

编者对多种绘画工具和表现形式作了对比讲解，每幅图都注明了绘制者、工具纸张、原作尺寸及用时等。

大众行为与公园设计 〔美〕阿尔伯特 J·拉特利奇 著 王求是 高峰 译 中国建筑工业出版社 1990年2月出版。

本书作者把人的行为习惯作为环境设计的最重要的依据，由此提出了一些新鲜的观点和评价标准、观察与调查的方法及新型的设计程序。本书配有生动的插图。

建筑艺术与室内设计 (1990版) 〔意〕马里奥·贝利尼 主编 马贞勇 黄居正 张惠珍 董苏华 等译 中国建筑工业出版社 1990年9月出版。

本书为中、意文对照版。其内容是由意方从一年出版的12期《建筑艺术与室内设计》杂志1200页中浓缩精选出来的，主要包括：艺术理论、规划设计、雕塑、建筑设计、产品设计、绘画、灯具等。全书有彩图约120幅。

建筑师设计手册 (中册) 建筑类型集 〔美〕J·特·希阿拉 J·卡伦德 著 建设部建筑设计院 中国建筑西南设计院 华东建筑设计院 中国建筑西北设计院 中国建筑设计院 中国建筑东北设计院 编译 中国建筑工业出版社 1990年9月出版。

本手册共分为十一种建筑类型：居住、教育、文化、卫生、宗教、政府与公共、商业、交通运输、工业、文娱体育及其它建筑。每类建筑在论述中自成系统，说明各类建筑使用上的不同要求与功能的组成关系。书中详细地阐述了建筑设计的基本原则、设施要点、功能分析、房间组成、定额标准以及平面布置、细部处理等。

全书分为上、中、下三册出版，本书为中册。

城乡建筑屋面防水设计与施工 叶琳昌 沈义 朱逢生 编著 四川科学技术出版社 1989年8月出版。

本书系统地介绍了柔性和刚性屋面防水设计施工技术，包括传统的卷材(纸胎油毡)、涂膜、细石混凝土、砖块体刚性屋面，以及正在兴起的高分子卷材、蓄水屋面、倒置屋面、种植屋面和农村常用的防水技术、最后还介绍了各类屋面的技术经济分析和管理维修经验。书中结合城乡建筑的特点，总结了各类屋面的质量通病防治措施，并配有大量的设计构造图例，因此是一本内容丰富的屋面防水专业读物。本书作者叶琳昌是全国建筑防水专家委员会主任、高级工程师。

本书可供从事城乡建筑屋面防水设计、科研、施工、房管技术人员参考，也可作为屋面防水人员培训教材以及大专院校有关师生教学参考。

建筑物理 建筑结构

第五届建筑物理学术会议论文选集 中国建筑学会建筑物理学术委员会编 中国建筑工业出版社 1989年8月出版。

本选集共选录论文85篇，其中建筑声学40篇，建筑光学25篇，建筑热工19篇，建筑物理教育1篇。

建筑声学包括：各类厅堂音质设计，评价指标，实测分析，城市小区噪声治理，工业与民用建筑和建筑设备噪声控制，学校、医院等民用建筑的声学标准，声学实验设计和建声测试技术。

建筑光学包括：光气候和天然光的应用；建筑采光设计和建筑照明技术、光环境和色环境的质量评价与设计。

建筑热工包括：建筑围护结构热工性能及测试手段，建筑热环境设计、建筑节能、色彩及绿化等对建筑降温的影响，新型保温、隔热材料的性能及使用等。

建筑物·气候·能量 〔英〕T·A·马克斯 E·N·莫里斯 著 陈士骥 译 中国建筑工业出版社 1990年10月出版。

本书系统地阐述了如何把建筑物设计成既符合最佳传热舒适条件，又最经济、最节约能源的原理和方法。作者把三个因素——人对热环境的反应、气候与微小气候条件、建筑构造——结合起来论述，提出了适用于寒带、温带及热带气候地区的建筑设计原则，并说明其节能效益。书中引用了国内外大量有关资料数据和研究结论并附有实例。

现代工业照明管理指南 〔英〕斯坦利·L·莱昂斯 著 彭明元 译 中国建筑工业出版社 1990年3月出版。

本书除了介绍照明技术的基本概念和现代工业照明的基本原理外，主要叙述了如何通过照明管理以提高工厂的照明效果，从而对提高劳动生产率，提高产品质量，节约电能消耗，保护职工视力，保证安全生产，产生巨大的经济效益和社会效益。

建筑环境心理学 常怀生 编译 中国建筑工业出版社 1990年12月出版。

本书是针对我国读者的现状，在综合了国内外有关环境科学、城市规划学、建筑学、生理学、心理学和环境心理学等学科的基础上编译而成的。全书由心理学基础、宏观环境、环境与人体、视觉环境心理学、空间与人的行为和事务空间心理学等七个章节组成。

混光照明设计手册 李恭慰 张绍纲 赵建平 韩树强 张建华 编著 中国建筑工业出版社 1990年10月出版。

本书叙述混光照明技术基础知识、混光光源和混光灯具的光度和色度特性、混光照明设计与计算方法，书中提供大量数据和图表，还列举了相当多的混光照明设计实例。

钢筋混凝土结构设计原理与计算 〔美〕E·G·纳维 著 姚崇德 张长瑞 于庆荣 王维汉 倪 钰 译 中国建筑工业出版社 1989年10月出版。

本书依据美国新修订的ACI318-83规范，系统介绍了钢筋混凝土结构构件的设计原理和计算方法，手算与电算并重，附有大理设计算例。内容包括：钢筋混凝土的材料性能，结构可靠度，质量保证，梁、板、柱、深梁、牛腿、基础等的受力分析和设计，构造连接。书的最后一章详细介绍了各种构件的计算机程序、设计。

薄壁杆件的弯曲与扭转 郭在田 编 中国建筑工业出版社 1989年12月出版。

本书主要介绍薄壁杆件的弯曲和扭转强度计算问题，包括杆件的弯曲、自由扭转、约束扭转、扭转的近似分析方法和弯曲扭转的弹塑性性能；在分析中采用了不同的座标系来计算截面的几何量并以图形标明，以便形成完整而清晰的概念。此外也介绍了次翘曲及剪切滞后等深入的问题。书中附有大量例题、示例性的电算程序和必要的习题。

钢管混凝土结构的计算与应用 （土木建筑工程继续教育丛书） 蔡绍怀 编著 中国建筑工业出版社 1989年8月出版

本书主要介绍钢管混凝土基本构件的工作性能、破坏机理和计算方法，同时也收入了国内外一些新的设计和施工经验及工程实例。

钢-混凝土组合梁设计原理 朱聘儒 编著 中国建筑工业出版社 1989年11月

本书叙述混凝土板与钢梁"组合"一起的钢-混凝土组合梁的设计计算方法。全书按新规范编写。内容包括；一般设计原则、截面的弹性分析、截面的塑性分析、抗剪连接设计、板托设计、连续组合梁的设计，以及组合结构楼盖的设计与计算例题。

随机函数及其在土建中的应用 哈尔滨建筑工程学院 杨有贵 编著 中国建筑工业出版社 1989年11月

本书介绍了随机函数及其在土建方面的应用。第一、二、三章主要介绍随机函数、数字特征、均方微机分、典型分解等概念及应用；第四章重点介绍平稳过程、谱分解理论及它们在工程结构等专业问题中的应用；第五章介绍马氏过程、概率转移法在工程管理预测问题方面的应用。

井字梁结构静力计算手册 建筑结构设计手册丛书编委会 包福廷 编著 中国建筑工业出版社 1989年12月

本手册对单跨井字梁计算给出了简便的荷载分配法和等效均布荷载法；对连续井字梁给出了实用计算，可以解决荷载组合、支座弯矩考虑塑性内力重分布的调幅问题；荷载形式有面均布、线均布、集中及局部等；网格有相等或不相等情况；支承条件考虑了多种类型；同时提供了1100种井字梁内力和挠度计算图表，270种荷载分配系数图表，供结构强度、刚度计算时使用；并列有大量相应的算例；另将单跨井字梁截面选择、扭矩近似计算及井字梁结构计算程序使用说明及源程序等项内容列入书末附录中。

中国古建筑与消防 李采芹 王铭珍 著 上海科学技术出版社 1989年11月

本书作者长期从事消防工作，对我国的古建筑也颇有研究。作者在本书中将古建筑和古建筑的消防知识揉合在一起，对古建筑的特点、现状和保护古建筑的意义、古建筑火灾的危险特性，以及古建筑火灾的原因和预防对策等作了系统的阐述。同时列举了大量古今中外著名古建筑火灾案例，借以证明；火灾是古建筑的大敌。以期引起对加强古建筑消防工作的关注。

本书在写法上把知识性、趣味性和科学性融为一体，增加了可读性。书中还介绍了许多有关古建筑防火的掌故，文字流畅，兴味盎然。被专家誉为“历史文化书”、“火的文化书”。本书不仅可作为消防、文物、古建筑维修工作者的专业参考书，而且也不失为历史、旅游工作者和爱好者的一本良好读物。

工民建专业毕业设计指南 周果行 编著 中国建筑工业出版社 1990年9月出版。

本书重点叙述房屋结构设计原理与方法，书中列有大量的工程设计实例和常用的设计参考资料，为了便于设计应用，还编了一些急需的钢筋混凝土结构计算图表。

高层建筑结构的选型构造及简化计算 赵西安 徐培福 编著 中国建筑工业出版社 1990年1月出版。

本书主要介绍高层建筑结构的基本概念、结构选型及设计计算要点。对常用的基本体系；框架、剪力墙和框架-剪力墙结构的结构布置、构造措施和简化计算方法作了介绍；同时还例举了筒体结构及一些体型新颖的结构工程实例。

建筑抗震与结构选型构造 李培林 编著 中国建筑工业出版社 1990年12月出版。

本书共九章，包括：抗震概念和原则，场地与地基地震荷载和结构验算，结构选型和布置，建筑体型，以及砖混结构和单层、多层、高层钢筋混凝土结构的抗震设计和构造。

建筑结构概率极限状态设计 李继华 林忠民 邵卓民等 编著 中国建筑工业出版社 1990年10月出版。

全书分为三篇共十六章。第一篇为结构可靠度的统计数学基础，第二篇为结构可靠性理论，第三篇为概率极限状态设计。书中编有一些例题，供读者参考。

弹性薄壁杆件翘曲 李开禧 著 中国建筑工业出版社 1990年12月出版。

本书主要是对弹性薄壁杆件翘曲变形的实用计算方法作理论性的探讨。全书共分五章，第一章阐述基本概念与基本假定，第二至第五章分别对开口三板杆件、开口四板杆件、开口多板杆件、闭口薄壁杆件的翘曲变形进行讨论。

建筑结构构造资料集 (上册) 建筑结构构造资料集编委会 编 中国建筑工业出版社 1990年5月出版。

全书共六篇，分两册。上册：混凝土结构、特种结构；内容包括：单层厂房，多层建筑，高层建筑，预制构件，现浇梁、板、柱，水池，沉井，管道，贮气罐，贮仓，油罐，管道支架，水塔，烟囱等的构造措施、详图和实例。

建筑结构构造资料集 (下册) 建筑结构构造资料集编委会 编 中国建筑工业出版社 1990年12月出版。

本书是建筑结构设计必备的实用工具书。以图为主，辅以文字说明，内容囊括了各种建筑结构的常用构造措施，详图和实例，包括工业与民用、抗震与非抗震、现代与古代等的建筑结构。全书共六篇，分两册。上册：混凝土结构篇，特种结构篇；下册：砌体结构篇，钢结构篇，木结构篇及地基基础篇。

钢筋混凝土及砌体结构 (上册) 王振东 赵国藩 施岚青 李树瑶 编著 中国建筑工业出版社 1990年8月出版。

本书分上、下两册。上册包括钢筋和混凝土材料力学性能、钢筋混凝土结构设计方法、受弯构件正截面及斜截面、受扭、受压及受拉构件承载力计算、裂缝及变形验算、预应力混凝土构件的计算。

现代建筑结构 (建筑师与结构工程师用) 〔美〕W·舒勒尔 著 高伯扬 苗若愚 赵勇 牛小荣 译 夏英超 校 中国建筑工业出版社 1990年8月出版。

本书阐述了结构设计的基本概念，对建筑结构的演变、发展、应用做了系统的总结归纳。全书共九章，包括建筑结构设计所要求的基本知识；结构体系；索；骨架结构；空间构架和折板结构；曲面结构和壳。书中习题大都附有答案，认真去做更会加深对书中内容的理解。

高层建筑结构分析 (高等结构力学丛书之一) 李君如 詹肖兰 欧阳炎 人民交通出版社 1990年2月出版。

本书根据国内外高层建筑结构方面的研究成果及工程实践经验，比较系统地阐述了高层建筑结构的各种分析方法。

全书包括绪论、荷载、高层框架结构的近似计算、剪力墙结构分析、高层建筑结构考虑空间协同工作的矩阵位移法、高层建筑结构的弹塑性动力分析等九章内容。

工程勘察与地基基础

桩的动测新技术 徐攸在 刘兴满 主编 中国建筑工业出版社 1989年10月出版。

全书内容包括：静荷载作用下桩的性状，动荷载作用下桩振动的基本理论，动力参数法，其振法、锤出贯入法，机械阻抗法，水电效应法，波动方程法，动力打桩公式等。

地基处理新技术 （土木建筑工程继续教育丛书） 卢肇钧 曾国熙 叶政青 蒋国澄 编 中国建筑工业出版社 1989年8月出版。

全书共分八章，内容包括：总论，浅层处理，排水固结法、振冲法和强夯法，压力灌浆和深层搅拌，锚固技术和土工聚合物的应用，托换技术，现场测试方法。

土力学可靠性原理 高大钊 编著 中国建筑工业出版社 1989年12月出版。

本书系统地介绍了土力学中可靠性理论的基本问题及其最新发展，其中包括岩土参数的统计分析、荷载和自然条件的统计分析、概率极限状态方程、土坡稳定的概率分析、地基稳定性的概率分析、变形问题的概率分析以及系统可靠性分析与优化决策。每一主要问题都附有例题以帮助读者理解原理。

岩土塑性力学基础 郑颖人 龚晓南 编著 中国建筑工业出版社 1989年8月出版。

本书收集了国内外近年来资料和作者的研究成果，还对应变和空间塑性理论，三维空间模型，多重屈服面理论等新的理论课题作了详尽的叙述和研究。全书共分九章，前五章介绍塑性力学基本原理及其预备知识，第六章介绍了国内外有影响的实用本构模型。最后三章叙述了针对岩土材料的极限承载力的计算方法。

地下水运移模型 朱学愚 谢春红 著 中国建筑工业出版社 1990年9月出版。

本书系统地论述了多孔介质和裂隙介质中地下水、溶质、热量运移的理论和计算方法。著者综合了近年来的研究成果，并参考吸收了国际上新的文献和著作，从物理概念开始，论述了数学模型的建立、简单的解析解、数值计算的方法，直至具体的算例。书前列有主要符号与量纲、节末附有主要名词解释和大量参考文献及内容索引。

基础工程学 陈仲颐 叶书麟 主编 中国建筑工业出版社 1990年10月出版。

本书系统地叙述了基础工程学的主要内容，包括土的工程性质、场地与地基勘察、地基基础的规划设计原则、天然地基上的基础设计、箱形基础、柱基础、基坑开挖与降水、地下连续墙、锚杆技术、地基处理、特殊土地基、托换技术、地基抗震。书中附有大量例题、工程实例、习题、文献名称和专题词（中英对照）索引。

土程地质与岩土工程 〔英〕F·G·贝尔 著 汪时敏 姚天强 郭映忠 徐菊娥 李宗祥 译 石振华 校 中国建筑工业出版社 1990年10月出版。

本书内容包括：建筑场地勘察、地球物理勘探、边坡和露天开挖、地下开挖、建筑物地基、水库、坝与坝址、水文地质和地下水供水、河流工程、滨海工程、工程地震、建筑材料等。书中引用英国、美国和世界上著名的工程资料和实例，有较大的参考价值。

普通测量 （第四版） 清华大学土木工程系测量教研组 中国建筑工业出版社 1990年7月出版。

本修订本，共列14章。保留了测量学的传统内容，如测量仪器的构造，使用和误差理论的基本知识；平面控制测量及高程控制测量；大比例尺地形图的测绘，摄影测量及地形图的应用；建筑、线路、水程工程施工测量，变形观测、倾斜观测、裂缝观测等，同时介绍了电子经伟仪、精密工程水准、电子速测仪及自动成图原理、数字地面模型及其应用的知识及电磁波测距三角高程测量等新技术；增加了地籍测量、竣工测量及高层建筑施工放样等内容；在测量误差部分还介绍了最小二乘法原理及其简单的应用。

中国土木工程学会第五届土力学及基础工程学术会议论文选集 中国建筑工业出版社 1990年2月出版。

该论文选集分九个专集：一、土的工程性质及其室内外试验研究；二、地基工程以及地基土与建筑物的相互作用；三、土的动力性质；四、桩基及其动力检测；五、地基处理；六、堤坝、边坡和挡墙；七、湿陷性土、八、残积土与膨胀土；九、沿海及近海软粘土。大体上反映近几年我国土力学与基础工程的主要成就。

桩基础设计与计算　（土木建筑工程继续教育丛书）　刘金砺　编著　中国建筑工业出版社　1990年7月出版。

本书主要内容包括：桩的类型与选型，单桩竖向承载力的静力计算法、原位测试法、经验确定法，群桩承台、桩、土相互作用特性，群桩的竖向承载力，软下卧层的强度验算，单、群桩的沉降计算，横向荷载下单、群桩的承载力与变位，桩基的负摩阻力，时间效应和桩的压曲，桩基结构设计的有关问题等。

部分预应力混凝土　（土木建筑工程继续教育丛书）　杜拱辰　编著　中国建筑工业出版社　1990年5月出版。

本书内容是部分预应力混凝土的基本原理和性能、材料和工艺以及结构设计计算方法，也包括等效荷载与荷载平衡、无粘结筋的强度计算和无粘结预应力混凝土的应用等最新成果。

建筑场地与地基评价　（土木建筑工程继续教育丛书）　王锺琦　张荣祥　钟　亮　编著　中国建筑工业出版社　1990年1月出版。

本书介绍了建筑场地与地基评价的有关知识。主要内容为：概论，断裂的工程评价，地震液化，斜坡地基的稳定性，岩溶地基，地基设计的基本原则，地基承载力计算，地基变形计算。

城市污水处理新技术　（土木建筑工程继续教育丛书）　王彩霞　主编　中国建筑工业出版社　1990年10月出版。

本书主要介绍近年来研究开发的有关城市污水处理的新技术，将工作原理、设计参数、运行条件等做了实用性分析，并用实例引导技术应用。所列各项技术均已经过工程实践验证，处理效果好，运行费用低，适用于各种规模城市污水处理。

建　筑　施　工

建筑工程施工组织设计实例应用手册　彭圣浩　主编　中国建筑工业出版社　1989年7月出版。

本手册是一本实用、全面、简明、能够快速编制施工组织设计并指导施工的工具书。全书共分三部分内容：第一部分阐述了施工组织设计任务、种类及其编制的原则和方法；第二部分是这本书的主体，它列举了各类建筑体系、各种结构类型、各种使用功能的建筑工程施工组织设计通用实例54例；第三部分为编制施工组织设计的参考资料和数据。

简明施工计算手册　江正荣　朱国梁　编著　中国建筑工业出版社　1989年12月

全书十章为：土方工程、爆破工程、地基与基础工程、砌体与墙体工程、钢筋混凝土工程、结构吊装工程、防水与防腐工程、冬期施工、临时设施工程、施工管理。书中对每项计算公式，或作必要的推导，或详细说明原理和公式中每一符号的含义，并附必要的参考数据、图表资料，便于实际应用。书中还附有大量典型的计算实例，书后附有常用数据和施工常用结构计算资料。

模板支撑工程实用手册　〔日〕森　宜制　主编　余荣汉　译　潘鼐　校　中国建筑工业出版社　1989年10月出版。

本书介绍了模板的构造、性能，详细叙述了日本目前在土木建筑中广为使用的各种模板支撑的材料、结构、设计、安全操作规定和使用注意事项等；书后的附录中摘录了日本有关模板支撑方面的一些标准。

钢筋工手册　傅钟鹏　编　中国建筑工业出版社　1989年10月

本手册内容包括识图基础、钢筋材性、加工、焊接、绑扎和安装、预应力钢筋张拉等有关资料和工艺操作方法；并从应用力学入手，引出按极限状态设计法进行配筋计算的新规定；手册中还列举了钢筋工程质量检验评定标准、钢筋工技术等级标准以及有关资料的索引等。手册中附有大量图表、公式，并举出典型算例。

建筑安装工人安全技术操作图册　龚由睢　编　李木　等绘　中国建筑工业出版社　1989年5月

本图册以形象和相应的简明解说规定了建筑施工、设备安装、机械施工工人在生产过程中的主要安全技术操作要求。

按科学规律组织施工—重点工程建设经验总结　汪受衷　主编　吴世鹤　等著　中国建筑工业出版社　1989年7月

本书选集了建国以来十个有代表性的重点建设项目的建设经验总结。这些总结都出自亲身实践者、工程主持人之手，都以施工组织总设计即施工的全局性战略部署为中心，并涉及施工工艺方案等诸多方面。本书最后部分概括出科学组织施工经验三十六条。

台模施工法 （建筑与安装经验谈） 顾瑞昌 施砚华 编著 中国建筑工业出版社 1989年2月

台模亦称“飞模”。台模施工法是建筑施工技术高度发展脱颖而出的一种横向模板施工新工艺。本书较为详尽地介绍了立柱式台模、桁架与构架支撑式台模、悬架式台模和整体式台模的构造特点、构造设计及施工方法。并针对立柱式台模、悬架式台模的施工工艺，着重介绍了它们的施工实例和经验，便于读者学习和参照施工。书中对台模模具测试以及台模施工的配套机具等作了简单介绍。

现代建筑装饰构造与工艺 庞雨霖 编著 中国建筑工业出版社 1989年8月

本书主要介绍了现代建筑装饰中比较常用的几种饰面做法，如地面装饰、墙面装饰、新型装配式吊顶、油漆装饰、玻璃幕墙、铝合金门、窗和玻璃栏河等。还详细阐述了各种饰面的具体操作方法和效果，介绍了如何选用及选购装饰材料等。

建筑工程内外装饰的损坏和修补 〔日〕今泉胜吉等著 唐必豪 马俊 译 中国建筑工业出版社 1989年3月

本书针对建筑物在建设和使用期间，受到人为或自然条件的影响，使其内外装饰材料及制品出现陈旧、污染、变色、腐蚀、腐朽、裂缝、破裂、缺损、翘曲、弯曲、分离、脱落等亟待维修和改建的损坏现象，针对这些现象，根据工程实践，本书汇集了100多种不同类型的维修实用技术，例举出损坏状况、分析了损坏原因并指出行之有效的维修和改建方法。

屋面防水层修补方法 〔日〕高山武 边见仁 著 马俊 韩毓芬 译 中国建筑工业出版社 1989年8月

本书是一部屋面漏水后如何进行修补的专业技术书。书中用大量的防水层漏水实例来全面系统地介绍建筑物各个不同部位漏水的原因、修补的方法以及如何防止发生漏水的措施等，同时还介绍了沥青防水和片材防水的施工管理。

木工画线 张兴久 编著 中国建筑工业出版社 1989年8月

本书力求将画线基本理论与技能和实践相结合，在着重叙述木工画线各种方法（如直线放样法、几何投影法、数学计算法、目画法等）的同时，列举了大量的实用画线例题。

矿业和建筑工程中的控界爆破 〔捷〕IVO·布鲁唐涅克 JIRI·沃达 著 希禾 译 顾倚鳌 校 中国建筑工业出版社 1989年10月

作者将预裂爆破法、排钻法及通常所说的控制爆破法的一种方法（控界崩塌法）统称为控界爆破。书中阐述了控界爆破的原理、机制、参数确定；专门一章介绍了实例，还介绍了地震效应及技术经济方面的问题。

建筑企业管理概论 （建筑施工工程师技术丛书） 刘保策 主编 中国建筑工业出版社 1989年12月

本书包括管理原理、管理理论、经营管理和生产管理四部分。全书六章为：企业与企业管理、管理理论的发生和发展、企业管理的基本原理、日美苏建筑企业管理概况、建筑企业经营管理、生产管理。书中尽量采用图、表和解析方式，简述管理理论中抽象的定义、概念、原则等。

新型装修材料及其应用 （建筑施工工程师技术丛书） 祝永年 顾国芳 编著 中国建筑工业出版社 1989年10月

全书分为无机非金属装饰材料、金属装饰材料和塑料装饰材料三篇。介绍了石材、陶瓷、玻璃、无机胶凝材料、铝合金、不锈钢、金属压型板、塑料墙纸、塑料地板、塑料地毯、涂料和塑料门、窗等材料的品种、性能、施工方法、注意事项和在建筑中的使用效果等。书中还对各种材料的生产方法和组成等作了简要的介绍。

混凝土外加剂原理与应用 （建筑施工工程师技术丛书） 张冠伦 编著 中国建筑工业出版社 1989年8月

本书介绍了混凝土外加剂的定义、分类，论述了混凝土外加剂的发展、性能和基本作用原理，对掺减水剂混凝土的性能和应用技术作了详细阐述。为方便读者查找，书后的附录中列出了各种混凝土外加剂的技术标准和全国混凝土外加剂生产企业。

预应力混凝土工程 （建筑施工问答丛书） 陈惠玲 编著 中国建筑工业出版社 1989年10月

本书共收集预应力混凝土工程技术方面的有关问题105个，书中着重对这些问题进行了解答，阐述这些问题“为什么”要这样做的科学道理。全书除介绍了预应力混凝土工程中的基本问题之外，考虑到预应力施工与设计的关系密切，故对当前正在发展中的一些预应力新技术、新理论和新工艺也做了扼要的叙述。

建筑施工测量 （建筑施工问答丛书） 陈昌乐 编著 中国建筑工业出版社 1989年5月

本书是建筑施工问答丛书中的一本，主要介绍测量学的基本知识、测量误差的基本知识以及距离测量、水准测量、角度测量和工业与民用建筑施工测量，介绍了测量仪器的构造和使用方法及测量仪器的检校与维护。

土方与爆破工程 （建筑工程施工及验收规范讲座1） 刘奇颐 杨崇永 编著 中国建筑工业出版社 1989年10月

本书以《土方与爆破工程施工及验收规范》(GBJ201-83) 的内容为依据，对规范的关键条文、修订原因及背景、材料分别作了详细的介绍。其主要内容包括：总则、施工准备、土方工程、爆破工程、工程验收等5个部分。

地基与基础工程 （建筑工程施工及验收规范讲座2） 杨崇永 主编 中国建筑工业出版社 1989年8月

本书主要内容有地基处理、井点降水、桩基础、地下连续墙、沉井和沉箱，并列举了大量的工程实例。

屋面工程 （建筑工程施工及验收规范讲座7） 薛振东 项桦太 编著 中国建筑工业出版社 1989年3月

本书主要介绍修订《屋面工程施工及验收规范》(GBJ207-83) 所依据的基本原理，修改主要条文所参照的科学试验结果和工程实践经验。

全书共分五章：总则和一般规定，卷材屋面，油膏嵌缝涂料屋面，细石混凝土屋面，屋面保温和隔热。

地面与楼面工程 （建筑工程施工及验收规范讲座9） 熊傑民 邓学才 周礼行 编著 中国建筑工业出版社 1989年1月

本书主要对《地面与楼面工程施工及验收规范》(GBJ209-83) 中某些条文增删的原因、制定的依据以及基层铺设、面层铺设、厂区和住宅区道路工程的一些关键问题，从技术上分别作了较详细的阐述。

瓦工 （建筑安装工人考工技术问答丛书） 徐小凡 黄玉銮 编 中国建筑工业出版社 1989年1月

书中共提出了462个问题，以问答的形式介绍了瓦工新技术等级标准应知必备的知识。其中包括瓦工本工种所应掌握的识图、房屋构造、材料性能、施工工艺、质量检验、安全生产、班组管理、质量通病防治等内容。根据新的建筑工人技术等级标准分为初、中、高三级。

抹灰工 （建筑安装工人考工技术问答丛书） 胡仁山 主编 中国建筑工业出版社 1989年4月

本书比较系统地介绍了初、中、高三个级别抹灰工应了解和应掌握的房屋建筑基本知识、识图知识、抹灰和装饰材料的技术性能及配合比、抹灰及装饰操作技术、质量检验等。

油漆防水工 （建筑安装工人考工技术问答丛书） 卜一德 主编 中国建筑工业出版社 1989年3月

本书按初、中、高三级命题，共400题。内容包括：建筑识图与制图基本知识；建筑构造基本知识；建筑学一般理论知识；常用油漆和防水材料知识和工程施工工艺及机具，以及近年来国内外出现的新材料、新工艺等。

混凝土工与混凝土制品工 （建筑安装工人考工技术问答丛书） 丁学文 编 中国建筑工业出版社 1989年1月

本书是根据1988年修订颁布的《建筑工人技术等级标准》中混凝土工和混凝土制品工应知应会的具体内容编写的。编写时，根据要求所必须掌握的理论知识，按顺序把各项技术及操作要求分成若干个问题，以问答的方式进行了讲解。全部题目分初、中和高级工三部分。

木工与模具工 （建筑安装工人考工技术问答丛书） 肖善金 王宝印 编 中国建筑工业出版社 1989年8月

全书分初级工、中级工、高级工三个部分。

问答内容结合木工制作工程的施工实践，介绍了识图、制图和常用建筑材料的基本知识，木材加工与连接，木工机械和一般机具，门窗及木装修工程，模板工程以及施工中的质量要求和安全注意事项等。书中还简要介绍了房屋构造和施工管理知识，模板模具承载力和稳定性知识等。对古建筑及古建筑维修知识也作了概略的介绍。

架子起重工 （建筑安装工人考工技术问答丛书） 詹汉生 编 中国建筑工业出版社 1989年4月

本书主要内容有制图、识图的基本知识；建筑力学及其在起重作业中应用的理论知识；各种外架子、里架子、井架、门架、吊篮及吊架的基本构造、搭设方法、拆除要点及安全注意事项；一般构件吊点的选择、起重机具的构造及绳索受力负荷的基本计算知识等。并对吊装及模板新工艺的基本知识作了简要介绍。

测量放线工 （建筑安装工人考工技术问答丛书） 王广进 主编 中国建筑工业出版社 1989年6月

全书分初级工、中级工和高级工三个部分，各部分又分建筑识图、数学知识、测量仪器与工具、测量理论与方法和建筑工程测量几方面的内容。

道路施工 钱蕴 编著 测绘出版社 1989年9月

《道路施工》是道路工程中级（4～6级）技术工人理论教材全套四本中的一本。组织教学时应与其他三本，即《道路工程识图与测量》、《筑路材料》和《筑路机械基本知识》配套使用。

本书共分十章及十四个附录，以现场道路工程施工工艺为主，略及工地和班组管理。所述施工方法以一般地区为对象，特殊地区应结合当地气候、水文、地质等条件选用。

建筑工程防水施工手册 叶林标 张玉玲 蒙炳权 姚国芳 侯君伟 朱航征 编著 中国建筑工业出版社 1990年4月出版。

全书共分七章，主要内容有我国建筑防水概况及发展；各种防水卷材、防水涂料、密封材料、刚性防水材料的性能、特点、适用范围及施工工艺；地下室、屋面、厕浴卫生间、厨房、屋顶游泳池、喷水池、屋顶花园等防水构造及作法；屋面、地下室、外墙板、楼层厕浴间等的渗漏原因、修补方法及堵漏技术。

建筑工程质量通病防治手册 （第二版） 彭圣浩 主编 中国建筑工业出版社 1990年7月出版。

本手册第二版的内容，主要叙述建筑施工中的“常见病”、“多发病”，也介绍部分由于设计原因造成的质量通病及其防治方法。

第二版较第一版，篇幅略有增加，补充了振冲、旋喷、涂料类防腐蚀工程、外墙彩砂原涂料饰面、玻璃马赛克饰面等方面内容，质量通病项目由第一版的906项增加到1040项。书中数据、质量标准全部按新颁布的规范、标准修订，采用法定计量单位。

新型建筑围护材料与施工 李书田 中国建筑工业出版社 1990年10月出版。

本书介绍了众多的新型墙体材料、吊顶材料、门窗、玻璃、幕墙、活动地板、保温吸声材料以及施工工具、紧固技术、粘结剂、防潮剂等。列述了它们的概况、特点、简单生产工艺、品种、规格、性能、设计与施工要求及注意事项，施工方法以及详细的施工构造图和节点图。

建筑分项工程施工工艺标准 北京市建筑工程总公司 编 中国建筑工业出版社 1990年9月出版。

本书介绍了建筑施工中土方、地基与基础、地下防水、钢筋混凝土、砌筑、钢结构、地面与楼面、门窗、装饰、屋面等分部工程中常见、常用的102个分项工程的工艺标准；内容包括材料和施工准备，操作工艺，质量标准，成品保护及应注意的质量问题。

亚运会工程荟萃——亚运会工程建设、科技、QC成果 王慧仪 主编 高春生 副主编 中国建筑工业出版社 1990年8月出版。

本书生动地介绍第十一届亚运会新建、改建和扩建工程的情况和工程建设者们在推行全面质量管理过程中，攻克各种难关，创造性地运用新技术、新工艺、新材料所取得的成果和经验。本书还介绍了历届亚运会的概况。书中有16面彩页。

实用建筑装修手册 〔日〕吉田辰夫 等著 余荣汉 毛启豪 朱航征 译 中国建筑工业出版社 1990年10月出版。

本手册主要介绍建筑物幕墙工程、门窗工程、玻璃工程、金属工程、天棚工程、涂饰工程、油漆工程、抹灰工程、地面工程、隔热工程、耐火等工程的装修作法。具体叙述这些装修工程的材料品种、建筑构造、施工技术、安装作法和质量要求，以及一些施工实例。全书汇集了大量技术资料和数据，收集了近400幅施工安装图例，反映了日本的建筑装修水平。

球形储罐建造技术 王嘉麟 主编 中国建筑工业出版社 1990年5月出版。

全书主要内容包括：球罐的概述与设计，球罐设计条件及设计参数的选定，球罐用钢，球罐壳板的制造，施工准备，球罐组装，球罐的焊接，球罐的无损检验，球罐的焊后热处理，球罐安全评价与断裂失效分析，吉林市球罐破裂事故分析，交工验收。书中编选了一些有实用价值的资料和数据。

放线工手册 王永臣 编 中国建筑工业出版社 1990年7月出版。

本手册简明扼要地提供了测量放线工必备的理论和实践知识。内容包括建筑识图、水准仪及高程测量、经纬仪及角度测量、距离丈量和直线定线、总平面的应用及控制测量、建筑物的定位测量、抄平放线、结构安装测量、管道测量、地形测绘以及场地平整、施工沉降、倾斜、裂缝观测等。

混凝土工手册 李立权 编 中国建筑工业出版社 1990年9月出版。

本手册介绍了混凝土结构和构件制作的材料要求、施工工艺、操作要点、设备工具的使用以及质量标准和检验方法，建筑施工中实用的新技术、新材料和新工艺。其特点是以表格和插图为主要形式介绍，各种工艺参数齐全，涉及运算的章节都附有例题，便于工人学习查阅。

木工手册 王寿华 王比君 编 中国建筑工业出版社 1990年8月出版。

本手册简明扼要地提供了初、中、高级木工必备的理论和实践知识，内容包括木工基本知识(如图例、木工划线、实用作图、简易计算等)、木工常用材料、木工工具、木工机械、木作基本结合方法、木结构、模型板、门窗、装修、胶合木结构等。各部分内容均列出了质量检验评定标准，书后附有新颁发的木工技术等级标准，书中配有大量图、表。

抹灰工手册 徐化玉 编 中国建筑工业出版社 1990年3月出版。

本书内容主要包括：识图知识、建筑抹灰装饰材料、操作机具等基础知识，并详细叙述了一般抹灰、楼地面抹灰、饰面要点和传统镶贴方法及抹灰技术的新工艺、新技术、还简单介绍了花饰安装、古建技术、季节施工及质量安全技术等。

提升法施工技术 苏洪雯 编著 中国建筑工业出版社 1990年6月出版。

本书介绍以电动升板机为动力的提升法施工技术及在大跨度屋盖结构、水塔水池、冷藏库，以及超高层建筑等各类建筑物中的应用。作者根据多年来的工程实践和亲身经历，在吸收有关资料的基础上，介绍了各种提升技术的工艺原理、构造要求、稳定计算、施工技术和经济效益等成套经验，并专门列章介绍了提升法施工中应注意的质量问题和事故处理实例。

板金展开作图法 李 采 编 中国建筑工业出版社 1990年2月出版。

本书共分八章，主要内容包括：几何作图基础；投影和识图的基本知识，柱面及其构件的展开；锥面及其构件的展开；相贯线及其构件的展开；多面体及其构件的展开；过渡体及其构件的展开；螺旋面及其构件的展开。书中对咬口缝的类型及咬口步骤，厚板构件的展开及坡切，角钢制件的计算下料和切口下料也着重作了介绍。全书主要围绕生产实际中的展开实例进行叙述，每个图例均附有立体图。

喷射混凝土 程良奎 编著 中国建筑工业出版社 1990年2月出版。

本书主要论述了喷射混凝土的原材料组成、配合料设计、质量控制、喷射混凝土性能，喷射混凝土在地下工程、薄壳、折板结构、地基、船舶、堤坝和管道等各类工程中的应用、设计计算、施工方法、监控量测，还介绍了喷射混凝土在国内外的最新发展和大量工程实例，书后的附录中，介绍了喷射混凝土回弹试验和测定隧洞混凝土粉尘的技术要点等。

板金工下料基础知识 (第三版) 陈万里 编 中国建筑工业出版社 1990年1月出版。

本书系统介绍板金工作板材放样、求结合线、作展开图等下料工序的关键步骤和方法。

在第三版中，增写了常用的直线型结合线的有关内容，以及人为结合线和圆管、圆锥相交构件、等径圆管蛇形弯构件等，并合并、删减了部分复杂相交构件的展开实例，调整了第二版中的部分章节层次。

建筑施工应用数学入门 傅钟鹏 编 中国建筑工业出版社 1990年4月出版。

本书系统地介绍了建筑工程中常见的数学原理以及运算方法，主要内容有边角关系、方程、图象、几何基础、测量作业、优化处理、数理统计等，为了高级技工深造，并含有微积分初步内容，并提供有大量典型例题及练习题。

管道施工简明手册 王旭 编 上海科学技术出版社 1990年12月出版。

本书主要内容包括管道常用材料；中低压管道安装工艺；动力管道及给水排水管道系统结构形式、布置与安装要求；不锈钢、有色金属及非金属管道材料选用与安装要点。本书还收集了管道工程施工预算编制参考资料和施工管理基本知识。

《房屋建筑安装工程施工质量检查》系列电视科教片

由建设部建设监理司和中国人民解放军总后勤部营房部审定，沈阳军区后勤部基建营房部、辽宁省工程质量监督站、辽宁电影制片厂共同摄制，杨南方总编导的《房屋建筑安装工程施工质量检查》系列电视科教片，经辽宁省广播电视厅批准，于1990年3月向全国、全军建筑安装施工单位发行。全片共分10集，依次为：地基与基础工程、主体工程、地面与楼面工程、门窗工程、装饰工程、屋面工程、建筑采暖卫生与煤气工程、建筑电气安装工程、单位工程质量综合评定、检测工具使用。

该电视科教片以工程质量为主要内容，贯以全面质量管理理论，将标准、规范和控制点有机地揉成一体，对施工全过程的质量控制与检测作了全面的、深入浅出的介绍。该片结构严谨，重点突出，条理清楚，系统性强；对尚无规范的分部分项工程；补充了施工及评价原则；推出了一些较先进的施工工艺和检测手段，统一了全国施工用检测工具、检测部位和方法。

该片是建国以来第一部全面系统地贯彻“建筑安装工程施工质量检验评定标准”的很好的声像教材，对增强质量意识，提高技术水平，促进建筑工程质量的稳步提高，将起到积极作用，并收到显著的经济效益和社会效益。

为配合这一电视科教片教学用的培训读物《房屋建筑安装工程施工质量检查》，亦由中国建筑工业出版社出版发行。

沈阳军区后勤部营房部

地址：沈阳市和平区太原街南11马路21号

邮码：110005

机械电气 设备安装

工程机械保养手册 陈海泉 编 中国建筑工业出版社 1989年7月

本书较详细地介绍了各种国产和部分进口工程机械在使用中，各级技术保养计划的编制方法，保养、润滑要领、用油选择、随机工具配备标准和发动机易损配件的储备等。

推土铲运机驾驶员 （建筑安装工人考工技术问答丛书） 洛凤珉 主编 中国建筑工业出版社 1989年6月

全书分初级工、中级工、高级工三大部分，共443道问答，主要内容有：机械识图与制图，机械基础及力学知识，油料知识，推土铲运机的构造、维修、保养以及驾驶等知识。另外对施工中常见的推土机、铲运机作了比较详细的介绍。

自行式起重机驾驶员 （建筑安装工人考工技术问答丛书） 郑妙珍 主编 中国建筑工业出版社 1989年3月

本书分初级工、中级工和高级工三篇。按不同等级的要求，以问答的形式，由浅入深地阐述了机械识图、制图、计量单位及换算、常用材料、油料、工具、量具、机械零件、电工、施工管理、机械管理、班组管理等基础知识；内燃机、电器设备、液压元件及常用自行式起重机的构造、工作原理、型号规格、技术性能、零部件的修理、整机的操作、保养、维修、试车等机械专业知识；设备吊装、结构吊装的常用施工方法、安全技术、受力分析等专业施工知识。

机械修理工 （建筑安装工人考工技术问答丛书） 李贺林 编 1989年4月

本书分初级工、中级工、高级工三部分。从制图知识、常用工具、量具的种类及使用、油料、电工知识、钳工操作、机械基础知识、电子自动化及机修管理等多方面拟定题目。

塔式起重机驾驶员　（建筑安装工人考工技术问答丛书）　冯定梅　主编　中国建筑工业出版社　1989年4月

本书主要包括机械基础、识图制图、公差与配合、电工基础等知识和塔式起重机的构造、原理、使用、保养维修等内容。全书共设问答348道，其中初级工145道，中级工108道，高级工95道。

机动翻斗车驾驶员　（建筑安装工人考工技术问答丛书）　林光地　编　中国建筑工业出版社　1989年3月

本书分初级工、中级工、高级工三个部分，着重介绍了结构原理、使用维护、安全操作、管理和其它有关方面的基础知识以及机动翻斗车的发展情况等。

汽车修理工　（建筑安装工人考工技术问答丛书）　韩兆安　主编　中国建筑工业出版社　1989年6月

全书以问答形式，按汽车修理工应知应会的要求编有363个问答题。内容包括汽车的结构原理、维修作业、故障排除、修理规范、标准，零部件机械的修理方法及新工艺、新技工等方面的知识；还包括机械制图、金属材料、油料、生产管理等方面的基础知识。

空气压缩机与中小型机械操作工　（建筑安装工人考工技术问答丛书）　周双樵　贺笃志　编　中国建筑工业出版社　1989年6月

全书分初级工、中级工、高级工三部分，以问答形式系统介绍了空气压缩机、混凝土搅拌机、卷扬机、钢筋加工机械、外用施工电梯、夯实机、离心水泵、灰浆搅拌机、灰浆输送泵、磨石机、混凝土振捣器及混凝土输送泵等中小型机械的构造、工作原理、操作使用和维护保养知识，以及有关机械制图、机械基础、电工基础和机械设备管理等实用基础知识。

烧结砖瓦工业机械设备　（上、下册）　马恩普　汤伟立　主编　武汉工业大学出版社　1989年7月

本书系根据1984年编制并经同年长春会议通过的《烧结砖瓦工业机械设备教学大纲》编写的，分上、下册出版。上册内容有：物料的破碎及其破碎设备，给料设备，筛分与磁选设备，原料的脱水及烘干设备，原料的搅拌、净化和陈化设备，成型设备等。下册内容有：湿坯的切割与码放设备，除尘设备，采掘和运输机械，干燥室及窑炉附属设备等。

本书可作为中等专业学校烧结砖瓦专业的教学用书，也可供有关工程技术人员参考。

建筑、工程机械新产品开发　丁林荣　编著　天津科学技术出版社　1989年8月

本书论述建筑、工程机械新产品开发中的一些主要问题，如建筑、工程机械新产品开发的一些基本概念；新产品开发的重要性、开发程序以及应采取的政策与措施等，重点是新产品开发程序，包括选题、市场调查、开发决策、先期研究试验、样机设计、样机试制,样机试验与评价、小批试制、产品鉴定、批量生产、销售服务、综合评价、产品生产、申请生产许可证等问题。本书系根据本人从事建筑、工程机械新产品开发和管理工作的实践，同时收集和参考他人的一些著作写成。为了说明问题，还引用了国外开发新产品的有关资料。目的主要供从事建筑、工程机械新产品开发、管理、研究、试验、设计、制造、销售服务工作的干部和技术人员参考之用。也可供从事建筑、工程机械教学的师生和机械行业的科技人员从事教学及新产品开发参考之用。

高层建筑电气设计手册　陈一才　编著　中国建筑工业出版社　1990年7月出版

本手册介绍有关高层建筑电气装置的设计和计算方法。内容包括供电系统、配电网络、控制和保护设备、电气照明、电话通讯和广播音响系统、共用天线电视接收系统、电脑管理和监控、自动防火、建筑物防雷、接地与漏电保护、节能等；并附有必要的计算公式、图表和常用的参考资料。

建筑电气设计基础知识　朱庆元　商文怡　编　中国建筑工业出版社　1990年2月出版。

本书从简述建筑电气设计的基本内容开始，阐述室内外电气照明、低压供配电系统、10kV变电所、防雷、接地、电话、广播和共用天线电视系统的设计基本原理和方法，并列举设计实例。书中对高层民用建筑的电气设计作了专门的阐述，其中着重介绍消防电气的设计、自备电源、自动化管理与控制，这些内容同样适用于多层或单层民用建筑。

为配合各项设计的设备选型与系统的计算，书中还介绍了常用高低压电器、通讯广播器材等的技术数据。

建筑机械使用手册 （下册） （第二版） 《建筑机械使用手册》编写组 中国建筑工业出版社 1990年5月出版。

本手册第二版重点介绍各类建筑机械的规格性能及技术数据、故障判断与排除、技术维护、安全操作、使用管理工作要点以及台班维修经济核算等。手册总计16篇，分上、下两册。下册内容包括：钢筋机械、焊接机械、混凝土机械、路面机械、木工机械、装修机械、其它机械、建筑机械维修、建筑机械技术测试、建筑机械管理基础。

本手册附录中列出了建筑机械常用参考数据，用油技术标准及指标等。

铲运机 韩歧山 编著 中国建筑工业出版社 1990年5月出版。

本书较系统地阐述了铲运机的分类、发展概况，结构、工作原理和对结构方案的选择，试验研究、设计方法，对铲运机的选用、使用及维护保养方法等技术内容也作了专门叙述。并对国外铲运机在研制、设计、试验、选用和使用方面的先进技术和新型结构也作了较详细的介绍。

简明建筑电工手册 刘元敏 徐真 等编 上海科学技术文献出版社 1990年5月出版。

本书重点介绍了一般建筑工程常用电气设备的基本结构、工作原理、型号规格和使用维修、常见故障及处理方法等基本知识和技术数据。并以大量图表简明介绍了电工常用计算公式、电动机、变压器、高低压电器、常用电工仪表、电工材料、电气照明的选用、计算参数和使用注意事项。

通风空调工程安装手册 龚崇实 王福祥 主编 中国建筑工业出版社 1989年5月

本手册内容包括：常用资料，常用材料及附件，通风空调系统部件、设备与器件，标准风管系列，风管配件的展开下料和配件系列，通风管道与部件、设备的制作、通风、空调系统安装施工组织与工艺要点，通风设备与管道的防腐和保温，通风、空调系统无负荷试运转及试验调整，工程质量检验评定，工程验收，通风、空调安装工程安全技术。

检测控制仪表实用手册 王乐然 主编 中国建筑工业出版社 1989年10月

本书是一本实用性很强的工具书，内容包括温度、压力、流量和物位测量仪表的型式、基本参数及尺寸，组合仪表型谱，仪表盘及附件的基本尺寸及布置图的绘制，仪表的检定、选择示例和检修方法，检测和控制流程图用图形符号和方字代号，以及名词术语等，主要以图表形式编排，简明扼要，数字准确可靠。

安装工程概预算手册 周承绪 主编 中国建筑工业出版社 1989年9月

本手册是根据国家计划委员会1986年陆续发布施行的《全国统一安装工程预算定额》的规定，并参考有关资料，按工程安装专业分类，全面系统地汇集了安装工程概预算工作有关的各种常用符号与数据、施工图例、计算公式、工程量计算规划、主要材料损耗率、增加系数规定、一般通用设备及常用材料技术参数，和其它基础参考资料编写而成。

设备安装工艺 （上、下册） 杨文柱 主编 中国建筑工业出版社 1989年8月

本书分上、下册，系统阐述了工业设备安装工艺的基本理论，安装精度的检测方法及技术措施；运转设备的工作原理、主要结构、安装工艺及其安装特点、故障分析与排除方法；静置设备的设计与计算、制造工艺、现场组装与安装特点。

设备安装工程施工组织与管理 丁于钧 主编 中国建筑工业出版社 1989年6月

本书内容包括：基本建设程序、流水施工组织、网络计划技术、设备安装工程施工组织概论、典型设备安装工程施工设计、设备安装工程施工组织总设计、施工计划、管理、定额及概预算、招标、投标与工程合同等十章。并有施工设计示例及工期定额等。

怎样编制设备安装工程预算 （安装工程预算丛书） 周国藩 主编 中国建筑工业出版社 1989年10月

本书介绍的设备安装工程项目包括：通风机械设备安装；工艺金属结构与压力容器制作与安装；热力设备安装；水泥生产机械设备安装。书中还举出实例，配以插图，以便于应用。

怎样编制管道安装工程预算 （安装工程预算丛书） 郭凤臻 主编 中国建筑工业出版社 1989年10月

本书系统地介绍管道安装工程预算的作用，施工图的识读，预算定额的应用，施工图预算的

编制，工程量计算及其规则，预算取费的应用，预算的审查与管理等。

气焊工 （建筑安装工人考工技术问答丛书） 左世辉 编 中国建筑工业出版社 1989年1月

全书分为初级工、中级工和高级工三部分，采用问答形式，系统地介绍了要求气焊工所必须掌握的气焊、识图等基础知识，气焊设备及工具的构造和使用，气焊材料的性能和选用，气焊工艺的制定和气焊操作技术，焊接应力及焊接变形的产生原因和矫正措施，氧气切割的原理和操作技术，金属及塑料的焊接特点及工艺要求，相关工种的基础知识以及激光、电子束焊和氧—乙炔焰合金粉末喷焊和喷涂的新工艺、新技术。

水暖工 （建筑安装工人考工技术问答丛书） 刘金言 编 中国建筑工业出版社 1989年1月

全书共计433个问答题，包含了初、中、高三级水暖工应掌握的理论基础知识和实际操作工艺。主要内容包括水暖工的基础知识，水暖管材知识，常用阀类和卫生器具，室外给排水、采暖、煤气管道施工工艺及操作技术，给水设备及机具，锅炉和锅炉房管道施工技术等，高级工中还介绍了简单的设计及计算知识。

管道工 （建筑安装工人考工技术问答丛书） 霍发炯 主编 中国建筑工业出版社 1989年3月

本书分为初级工、中级工、高级工三部分，以问答形式由浅入深地介绍了有关管道施工的基础理论知识，施工工艺及操作技术，以及管道工应掌握的机具、设备和操作、维修知识和管道工程的新工艺、新技术等。

通风工 （建筑安装工人考工技术问答丛书） 王祖庚 编 中国建筑工业出版社 1989年1月

全书共分29章，371个问答。问答内容结合通风空调工程施工实践，分别介绍识图、放样、施工常用机具和材料，风管及配件制作安装工艺，通风空调系统试运转及故障处理方法，以及施工中的质量要求和安全注意事项等。书中还介绍了通风机和除尘滤尘设备的有关知识，通风空调基础知识，空调用制冷，空调系统自动控制，空调试调和施工管理的一般知识。

设备安装起重工 （建筑安装工人考工技术问答丛书） 褚忠 等编 中国建筑工业出版社 1989年1月

本书分初级工（一、二级）、中级工（四、五、六级）和高级工（七、八级）三部分。内容包括：设备起重工有关的识图知识、力学知识、设备运搬及吊装技术以及吊装机具、吊装工艺等基础知识，并介绍了吊装新技术和工艺。

建筑与安装电工 （建筑安装工人考工技术问答丛书） 潘光武 编 中国建筑工业出版社 1989年6月。

全书主要内容包括：电的基本知识，变配电设备的结构、安装、运行和维护，电动机的结构和工作原理，电工测量仪表的构造与原理，继电器的结构与原理，配管配线工程，电缆的安装及故障点的寻找，架空外线施工与导线选择计算，接地与防雷装置，电工安全知识，晶体管、可控硅整流电路，电梯的机构与安装，热工仪表安装，防爆电气工程，工业电子计算机基本知识及施工管理。

工业锅炉设备安装 韩效鸿 编 中国建筑工业出版社 1990年2月出版。

本书内容主要包括工业锅炉的安装设备、立式锅炉、火管锅炉、水管锅炉的安装基础知识，锅炉钢架的安装，锅筒、联箱的安装，受热面的安装，燃烧设备的安装，安全附件的安装，炉墙的砌筑，锅炉房范围内管路的安装以及烘炉、煮炉与锅炉试运行等。本书采用的技术标准、规范及一些工艺原则，均以国家现行的法规、标准、规程等为依据。

安装工程质量检验评定手册 程协瑞 主编 中国建筑工业出版社 1990年9月出版。

本手册共包括说明和九个部分、130个分项，按适用范围、项别、质量标准、检验方法、检查数量及应使用的检测工具（仪表）等以表格形式整理列出。

建筑安装工程质量检验评定标准讲座 吴松勤等 编 中国建筑工业出版社 1990年3月出版。

本书重点叙述了分项、分部和单位工程的划分、等级标准、评定程序和组织。举例说明各类分项工程、分部工程的评定方法。并结合实例说明了各分项工程的评定内容，制订了各重要分项工程的评定用表，以便使评定方法和内容更趋一致，增强了评定结果的可比性。

建筑装饰工程质量管理 吕凤举 吴松勤 编著 中国建筑工业出版社 1990年2月出版。

本书据新的《建筑工程质量检验评定标准》(GBJ301-88) 中"装饰工程"的内容而编写的。针对建筑装饰工程各分部、分项工程施工中常遇的问题及影响质量的诸因素、从质量检验评定标准、操作环境控制、材料质量控制、质量管理点和检测网络图、操作质量控制及施工安全控制这六个方面阐述了解决问题及预先控制的办法，以使装饰工程质量达到国家检验评定标准的要求。

建筑安装工程质量预控法 （第二版） 陈季春 编著 中国建筑工业出版社 1990年3月出版。

本书主要内容包括建筑工程、建筑采暖、卫生与煤气工程、建筑电气安装工程、通风与空调工程、电梯安装工程中133个分项工程的质量预控。

建筑灯具 （建筑装饰材料丛书） 陈小丰 编著 中国建筑工业出版社 1990年7月出版。

本书系统介绍了建筑灯具的分类和性能；建筑照明设计的程序、计算公式及住宅、商店、工厂、学校、图书馆、医院、博物馆、展览馆、剧场和旅馆等的照明设计；建筑灯具的安装和维护方法。简要叙述了照明灯具光与色的基本知识。附录中收集了高大建筑灯、投光灯、射灯、防潮灯、防爆灯和荧光灯等十多类百余种灯具的光、电参数。

怎样编制通风安装工程预算 （安装工程预算丛书） 郭凤臻 主编 中国建筑工业出版社 1990年1月出版。

本书系统介绍了工业与民用建筑通风安装工程预算的作用、施工图的识图要点、预算定额的应用、施工图预算的编制、工程量的计算及其规则、预算取费的应用、预算的审核与管理；书中还介绍了某通风、空调安装工程实例的预算编制步骤、方法和内容。在工程量计算规则的每个叙述小节后面都附有例题。

给水排水 城市燃气

地下水除铁除锰 （第二版） 李圭白 刘超 著 中国建筑工业出版社 1989年2月

本书比较突出地介绍了新的铁质活性滤膜接触氧化除铁的理论，接触氧化除铁速率的数学模式，水中溶解性硅酸对自然氧化除铁过程的影响；接触氧化除铁除锰的条件、接触催化剂的形态、水中铁对除锰效果的影响、我国优质天然锰砂的除锰经验；新的地层除铁除锰原理及有关技术；滤池的高效反冲洗及滤层层间混杂理论、配水系统的动态设计原理；十个地下水除铁、除锰水厂实例。

废水生物处理理论与应用 〔美〕C.P.小莱斯利.格雷迪 等著 李献文 等译 秦裕珩 林秋华 校 中国建筑工业出版社 1989年8月

本书是目前对废水生物化学处理理论和应用论述最全面、最详细的一本书。本书的特点是将化学工程中的反应器理论应用到废水生物化学处理中，详细阐述了生物化学反应器系统的工作机理和它的数学表达式，从理论上解决了许多以往需要通过科学试验来解答的问题。

本书理论部份采用大量数学模型进行分析计算。应用技术方面详细介绍了各种常用的废水生物处理装置，构筑物的构造型式，设计计算方法，设计程序等。并列举了许多实例和设计计算例题。

城市与工业废水处理固定膜法的理论与实例 龙腾锐 郝以琼 潘伯寿 编译 中国建筑工业出版社 1989年6月

本书内容包括固定生物膜膜式的发展及其求解方法；固定生物膜工艺的模拟技术及其比例放大系数；以及固定生物膜工艺在美、英、日本、联邦德国等国的城市与工业（包括纸浆造纸、制革、食品加工、饮料、制药、屠宰、啤酒等）废水处理中的应用情况和实例等。

工程流体力学 （给水排水与环境保护书） 魏亚东 闻德荪 李兆年 夏正潮 编 中国建筑工业出版社 1989年9月出版。

本书系统地阐述给水排水与环境保护等专业常用的工程流体力学，还着重考虑到配合《给水排水设计手册》的需要，纳入了较多的工程实例。书中选编了管网平差与水面曲线的电算方法和计算机程序；污染物质排水体后的紊动扩散、离散和输移；液-固或液-气两相流；管道与明渠中非恒定流；可压缩气体-维流动；渗流；边界层以及流体的量测方法等内容。

英汉给水排水辞典 王业俊 许保玖 主编 中国建筑工业出版社 1989年7月出版。

本辞典是我国给水排水第一本专业辞书，共收入专业词目8万余条，包括：水处理技术；水处理化学及药剂；水质及水质分析检验；水源工程；城镇给水工程；城镇排水工程；工业给水工程；工业废水处理；给水排水常见微生物；给水排水施工；给水排水控制、监测、仪表、自动化；给水排水立法、管理、维修、养护；室内给水排水；水环境保护；给水排水经济；给水排水系统工程；计算机应用等方面有关书刊中常见的专业词汇和词组，其中有大量从本专业近年出版的新书和杂志中选收的新词。

中小自来水厂管理维护手册 洪觉民 王乃新 王静争 编著 中国建筑工业出版社 1990 年 7 月出版。

本手册运用大量图表说明问题，内容包括：水源、水泵与水泵站、净水处理、管网、电气设备等水厂各种构筑物的基本构造、操作原理、运行管理方法、维护检修规程以及水厂的企业管理。

简明排水设计手册 北京市市政设计研究院 主编 中国建筑工业出版社 1990 年 9 月出版。

本书共四册，即《简明给水设计手册》、《简明排水设计手册》、《简明室内给水排水设计手册》、《简明水处理、机械设备、仪表手册》。

本册主要内容有：排水设计常用资料；设计规定、规程；排水管渠及附属构筑物；城市河湖；排水泵站；城市污水处理总论；一级处理；二级处理——活性污泥法；二级处理——生物膜法；三级处理；污泥处理；城市污水厂的总体布置；常用器材和设备。

城市污水稳定塘设计手册 “七五”国家重点科技攻关项目成果 李献文 主编 中国建筑工业出版社 1990 年 9 月出版。

本手册主要内容包括：稳定塘处理过程的基本原理；稳定塘的分类；各种稳定塘的工艺设计，如好氧塘、兼性塘、厌氧塘、曝气塘、深度处理塘、控制出水塘等；稳定塘的系统规划和可行性研究；各类稳定塘的组合及系统优化；计算机辅助设计；技术经济分析；国内外应用实例；运行管理和试验研究方法。

给水系统可靠性 〔苏〕H·H·阿布拉莫生 著 董辅祥 刘灿生 译 中国建筑工业出版社 1990 年 10 月出版。

本书包括给水系统可靠性的一般概念，给水工程系统功能作用过程，居民区用水工况随机过程分析，给水系统的基本组件与天然水源的可靠性指标，给水系统组件各种组合可靠性数值指标的获取方法，优化储备原则的运用及有储备系统的可靠性的评价方法等内容。

中国城市基础设施的建设与发展 中国市政工程华北设计院 中国城乡建设经济研究所 编 郭功佺 主编 华奎元 副主编 中国建筑工业出版社 1990 年 9 月出版。

本书主要内容有：不同城市基础设施等级划分与发展水平综合研究及等级划分的层次分析数量评价方法；城市基础设施与城市经济社会协调发展的研究；城市基础设施建设中的几个问题；中国城市水资源概况及预测；中国供水排水建设；城市供水排水设施的等级划分与发展水平研究；城市道路交通设施等级划分、现状及发展水平预测；城市燃气设施等级水平和天然气的应用；城市供热设施等级；城市环卫基础设施等级划分及发展水平；城市防洪设施研究；不同类型城市园林绿化 2000 年发展水平研究。

建筑卫生技术设备 萧正辉 高明远 主编 中国建筑工业出版社 1990 年 5 月出版。

本书主要介绍了室内给水系统、给水方式、给水设备、自控设备；室内热水供应系统及方式、器材与设备；室内排水及各种卫生洁具；建筑生活污水的预处理、一级处理、二级处理、污水消毒和污泥处置和利用；建筑中水道技术；室内外消防给水、自动喷水灭火系统；卤代烷灭火系统；医院给水设备、能源消耗、高压蒸汽系统及用汽设备；医用气体；燃气供应设备；气压给水和游泳池给水等。

水化学 〔美〕V.L.Snoeyink D.Jenkins 著 蒋展鹏 刘希曾 译 许保玖 校 中国建筑工业出版社 1990 年 10 月出版。

本书内容涉及天然水和受污染水的化学，给水和废水处理中的主要化学现象和化学平衡、化学动力学等应用化学。包括酸碱平衡、碳酸盐系统、水解与配合、沉淀与溶解、氧化还原、消毒、腐蚀、水质稳定、生物氧化等。本书系统归纳和整理了有关水和水处理化学中的一些研究成果，把与此有关的近代化学基本原理与专业学科知识有机地结合在一起，溶为一体，深入浅出。各章均有例题和习题，并附有许多水化学常用图表。

微生物监测新技术 沈韫芬 章宗涉等 著 中国建筑工业出版社 1990 年 7 月出版。

本书共四篇，第一篇论述微型生物的生态学原理。根据原理在第二、三篇中提出如何在废水处理厂和天然受纳水体中进行微型生物的监测。第四篇对常见的749种微型生物提供分类检索、形态生态描述和详图，还备有用计算机快速检索的磁盘。

燃气燃烧原理 钱申贤 编著 中国建筑工业出版社 1989年6月

本书主要论述了以下内容；燃气燃烧反应热效应、热平衡及物质平衡；气体的混合与传质；燃气燃烧反应机理；燃气的着火与点火；可燃混合气中的火焰传播；预混和扩散火焰；火焰的辐射与电离；燃烧过程的相似与模化。

煤气应用手册 日本煤气协会 编 李强霖 蔡玉琢 译 中国建筑工业出版社 1989年5月

本书主要内容包括：煤气燃烧及互换性；各类燃烧器、一般燃具及大型燃烧装置的性能、构造、设计和应用；燃具的连接、自动控制及安全装置；燃具及其零部件的选材和加工以及通风换气等。书中提供了大量计算数据、公式、图表和实例。

塑料管道工程设计与施工 杨绿乔 郑安涛 郑克敏 编著 中国建筑工业出版社 1990年1月出版。

本书以目前应用最广的聚氯乙烯和聚乙烯管道为主，根据它们在建筑、化工、煤气、给水排水和电力管道工程中的应用，介绍了塑料管材的种类、特性；管材及管件的制造、连接；管道系统的设计与计算和安装与计算；聚氯乙烯和聚乙烯管道工程的施工等。书中介绍了一些先进、实用和技术上成熟的塑料管与管配件的连接工艺、操作方法以及管道工程施工技术。以图表的形式提供了一些常用技术参考资料。

城市交通 暖通空调

沥青混合料的铺筑与压实 〔美〕F.T.瓦格纳 编 蔡华民 译 唐质勇 校 中国建筑工业出版社 1989年2月

本书系美国材料试验学会1984年为发展沥青混合料设备、材料、施工以及质量控制等技术而编写的。本书共分八章，阐述了沥青混合料的铺筑；沥青混凝土面层存在的十二种常见病害的防治；沥青混合料的摊铺设备、压实设备、压实温度、压实经验、压实率对混合料寿命的影响；以及原子密度仪等。本书反映了美国八十年代沥青路面施工设备、施工方法等方面的技术发展和科研水平。

城市道路美学 ——城市道路景观与环境设计 熊广忠 著 中国建筑工业出版社 1990年6月出版。

本书是我国第一本系统研究现代城市道路美学原理与道路景观、环境设计的专著。全书共分九章，包括绪论、道路美学基础、道路网美学、道路线形美学、道路与环境、街道美学、快速路与市郊道路、桥梁美学、道路交通服务设施等内容。

日英汉交通工程词典 〔日〕高速公路调查会 交通工程研究会 著 周庆桐 编译 中国建筑工业出版社 1990年1月出版。

本词典根据日本高速公路调查会、交通工学研究会1984年6月第1版发行的《交通工学用语辞典》编译。本词典共收集交通工程词目约1500条。

城市交通规划有关决策的方法 〔美〕M·D·迈耶 〔加〕E·J·米勒 著 曹锡隽等 译 金鸿畴等校 中国建筑工业出版社 1990年7月出版。

本书系统地介绍了城市交通规划的有关问题：城市出行和交通系统的特征、交通规划和决策、数据收集和管理、交通系统分析和评价、城市活动系统分析、交通需求分析、交通供给分析以及计划项目的实施；全面地阐述了这些问题的解决方法、计算和实例，并且每章都给出了习题；最可贵的是书中提供了许多数据、图表，介绍了美国和加拿大城市交通规划方面的一些经验。

城市道路规划与设计 〔日〕松下胜二 等著 万国朝 杨付成 译 杨春华 校 中国建筑工业出版社 1990年10月出版。

日本1970年出版的“道路建设讲座”（全12卷）经过10年的应用得到好评，80年代又增加了新的内容编写成新讲座“道路业务讲座”（全16卷），本书是这套丛书中的一卷。全书共分10章，系统地阐述了城市道路规划中的调查和预测，土地分区调整，市区改建、城市轻轨车和新交通系统、道路与铁路立体交叉、交通转换点、地区交通、与道路有关设施等的规划与设计。还提出了旧城改造的规划和设计、城市道路规划的原则、方法、实例及保证城市道路规划实施的法令、法律、资金来源等。

供热、锅炉房及其环保设计技术措施 陈秉林 侯辉 主编 中国建筑工业出版社 1989年8月

本《措施》根据国内技术水平及信息资料情况，各篇编写深度不同。第一篇“锅炉房”按常规措施深度；第二篇“供热”采用不同深度写法：第八章热电合产因接触机会少，且可参考火力发电厂设计规范和手册，深度近似规范；九、十章供热管网及凝结水回收利用则接近手册深度；十一章蓄热器及热管换热器中热管部分，还在附录中举例说明；第三篇“环保”（消声、减振、烟气除尘、有害气体防治及烟气扩散和稀释）因国内技术水平还较低，信息资料又较少，因此写得更深细些。

空气洁净技术应用 许钟麟 沈晋明 编著 中国建筑工业出版社 1989年8月

本书是国内第一本从实用角度出发，全面系统介绍空气洁净技术具体应用的书。1～7章是应用的基础技术，8～12章是应用的具体技术与实例，13章是运行管理和调整测试。

凝结水回收及疏水阀 张家荣 吴树成 编著 中国建筑工业出版社 1989年11月

本书详细介绍了凝结水回收系统的形式及系统的设计，凝结水管道的水力计算，绘制了计算图表，便于设计人员查阅，缩短设计周期。本书还以大量的篇幅介绍了疏水阀的工作原理、构造、性能及如何选用和维修。

空调负荷实用计算法 单寄平 主编 中国建筑工业出版社 1989年9月

全书分三部分：第一部分包括建筑物空调负荷形成原理及各种得热成分引起空调负荷的手算计算方法，并附有计算实例；第二部分为一组研究论文并给出间歇空调负荷的简化计算方法；第三部分为计算方法的两个电算软件。书中还列有结合我国国情的气象参数、设计条件、国产玻璃的光学性能和六个纬度带的冷负荷系数值。

空气调节工程 〔英〕W·P·jones 著 谭天佑 梁凤珍 译 中国建筑工业出版社 1989年4月

原书自1967年至今已修订3版，印刷8次。本书根据1985年的第三版译出，在本版中对舒适条件、太阳得热、自动控制、制冷设备等章节都作了重要补充和修改。原书是作者给英国南岸工业大学学生讲课的讲稿，并作为英国采暖通风工程师协会会员资格考试的主要参考书。用大量例题来加深对问题的理解，并有大量习题供思考和复习。

采暖系统运行、维修与管理 王哲显 编 中国建筑工业出版社 1990年6月出版。

本书简要介绍了采暖的必要的理论知识，重点介绍了采暖系统的运行、调整、检验、维修和管理。全书共分六章，内容包括：采暖系统的组成、工况及各组成部分的装置的结构与原理，采暖系统的运行、调整与调节；采暖系统的检验；采暖系统的检修与常见的故障的修理；采暖系统的科学管理。

工业锅炉微机控制 张亮明 夏桂娟 编 中国建筑工业出版社 1990年2月出版。

本书较全面地叙述了工业锅炉应用微机控制的方式和控制系统中常用的传感器和执行器，分析了工业锅炉各调节对象的动态特性，介绍了微机控制系统的设计和投运后要处理的一些问题。

空调制冷设备消声与隔振实用设计手册 项端祈 编著 中国建筑工业出版社 1990年1月出版。

本书内容包括设计程序、允许噪声和振动标准、空调系统的消声设计、风机盘管和冷却塔的噪声控制、设备隔振设计和机房的噪声控制等8个方面。本书除了简明扼要地介绍消声与隔振设计的基本原理、计算方法和相应的数据、图表以外，还提供了设计实例和施工图，以及工程设计中解决疑难问题的具体措施或途径。在附录内列出了大量常用数据。

建筑和建筑设备的节能 ——设计、管理技术的基础和应用 〔日〕中原信生 著 龙惟定 周祖毅 殷平 吴钟大 译 巢庆临 校 中国建筑工业出版社 1990年10月出版。

本书对建筑和建筑设备（包括空调、水、电各种耗能设备）的节能，从理论到实际运行管理，逐个分专题作了详细介绍，全书分基础·设计与应用·管理两篇，各罗列了100个专题。

建筑工程材料与制品

材料保管员手册 （第二版） 仇铣 丁京

孟淑敏　陶义文　王之泰　编　中国建筑工业出版社　1989 年 5 月

本书简明地阐述了金属材料、水泥、玻璃、陶瓷、木材、混凝土外加剂、砖　瓦、建筑塑料、化工材料、橡胶制品和燃料等的验收、保管、搬运等工作的基本要求和做法。此次修订再版，更换了许多已被淘汰的产品标准，增加了如新型建筑塑料、铝门窗、涂料和水泥外加剂等新材料品种，还增补了燃料产品的内容，使本书内容更全面、实用。

建筑涂料　（建筑装饰材料丛书）　苑晴峦　编　中国建筑工业出版社　1989 年 10 月

本书是建筑装饰材料丛书的一个分册。主要介绍水泥系列涂料、硅酸质系列涂料、合成树脂系列涂料、轻质涂料、纤维系列涂料等各种建筑涂料的性能、质量标准、测试方法、涂饰工艺、适用范围，还介绍了涂料的选购、设计、使用要求和施工机具等。

新材料技术及其应用　〔日〕化学技术杂志 MOL 编辑部　编　陈国权　池文俊　译　池文俊　校　中国建筑工业出版社　1989 年 10 月

全书共分三篇，第一篇介绍新型金属、陶瓷、高分子材料、电子材料及复合材料的最新成就。第二篇介绍按功能分类的新材料，如热学、磁学、光学、化学和生物、机械等功能材料，第三篇介绍新材料产业的概况，以大量的数据、应用实例和特点介绍了新材料在技术开发中的作用，剖析了新材料开发的现状及今后的课题。

混凝土　〔英〕悉尼·明德斯　〔美〕J·弗郎西斯·扬著　方秋清　杜如楼　吴科如　沈曼曼　译　陈志源　校　中国建筑工业出版社　1989 年 10 月

本书是美国“土木工程和工程力学丛书”之一。全书主要包括三个方面：1、材料的性质和组成：包括水泥、硬化水泥浆体、外加剂和集料；2、混凝土的配比和施工实践：包括拌合、输送、浇灌、凝固和养护；3、硬化水泥混凝土的性质：包括强度、断裂、毁坏、干缩、蠕变和耐久性。全书分为 22 章。

混凝土外加剂应用指南　黄大能　主编　中国建筑工业出版社　1989 年 9 月

本书总结了我国各类混凝土应用外加剂的经验，内容涉及建工、水电、铁道、冶金、交通、建材等有关部门。还重点介绍了建筑施工部门应用外加剂的经验及注意事项。

砖瓦机械的使用与维护　黄连顺　编著　中国建筑工业出版社　1990 年 6 月出版。

本书用问答的方式，简明扼要地介绍了砖瓦机械的结构，砖瓦机械的选择及其使用与维护方法；详细说明了砖瓦机械易产生的故障和排除方法，砖瓦厂常用机械传动零件的计算常识和安全用电知识。

石灰窑气的回收与利用　李文澍　井昌运　李亚铃　程志鹏　编著　中国建筑工业出版社　1990 年 12 月出版。

本书总结了国内石灰厂综合利用石灰窑气的实践经验，主要介绍如何回收利用窑气生产各类化工产品与建材产品的科学技术，如窑气的回收净化与输送的技术和设备；生产石灰碳化制品的工艺及设备；生产液体二氧化碳及化工产品（碳酸氢钠、轻质碳酸镁和氧化镁、轻质碳酸钙、碳酸钡、硼砂）的工艺技术。还具体介绍了回收利用窑气的经济效益与社会效益，以及回收窑气的基本前题和不同途径。

常用建筑材料手册　裘炽昌　主编　中国建筑工业出版社　1990 年 6 月出版。

本书较全面地介绍了常用建筑材料的基本知识，各种建筑材料的品种、规格、技术性能、质量指标、验收与保管所应注意事项以及生产厂家的有关情况。

新拌混凝土　〔美〕SANDOR POPOVICS　著　陈志源　沈　威　金容容　冯铭芬　合译　黄大能　审校　中国建筑工业出版社　1990 年 10 月出版。

本书主要叙述混凝土组成与性能的关系，汽流变学的观点，解析新拌混凝土的性质。

日英汉玻璃词汇　于国成　著　中国建筑工业出版社　1990 年 9 月出版。

本书选收玻璃专业和与其有关的科技词汇 15000 余条。收词范围包括：玻璃的基本理论、晶体结构、矿物原料和化学材料、成形工艺和机械设备、玻璃熔窑和热工设备、各种类型的玻璃和玻璃制品、玻璃性能、测试方法及测试仪表、玻璃缺陷等。书末附有英文索引。

玻璃钢应用　（全国“星火计划”丛书　玻璃钢实用技术一）　刘雄亚　周祖福　闻荻江　张　健

王云凯　赵方鸣　中国建筑工业出版社　1990年3月出版。

本书是全国"星火计划"丛书之一。玻璃钢实用技术共分七册，本书是第一分册。本书介绍了玻璃钢在建筑工业中作结构、装饰、雕塑、卫生洁具等材料，在化学工业中作耐腐蚀材料，在铁路、汽车、船舶及其他交通运输，以及在机械、电器、军工、航空、宇航、农业、渔业、食品、文体用品等方面的应用情况和生产技术。

建筑经济与企业管理

建筑企业的改革与发展　肖桐　中国建筑工业出版社　1989年3月

本书主要论述两方面的内容。一是建筑企业必须要有正确的经营思想和合理的运营机制。二是建筑企业的经营必须要有良好的外部环境。本书作者从事基本建设和建筑业的工作已有三十余年的历史，曾担任建设部副部长，作者将1987年4月至10月间写成的《建筑企业的经营之道》文稿加以修改，定名为《建筑企业的改革与发展》，并将近年来的十几篇讲话文稿附之于后，分上下两编汇为此书。

建筑企业股份制探讨　傅仁章　选编　中国建筑工业出版社　1989年5月

本辑共选文91篇，除专家、学者的论文外，较多的是经过实践的改革经验和具有创见的文章。全书共分七个部分：重要讲话；综合论述；理论探索；改革实践；讨论争鸣；国际资料；名词解释。

建筑管理实用心理学　〔美〕P·E·汤姆梅尔文　著　李　华　李绍山　译　中国建筑工业出版社　1989年6月

本书从心理学的角度讨论建筑业的管理问题。内容涉及建筑、设计、施工单位及人员的组织机构、工作程序、招标投标、建筑合同、施工管理等方面，尤其注重上述各类组织成员在实施项目中的相互关系及心理方面的阐述。

建筑工程定额原理与概预算　高　竞　主编　中国建筑工业出版社　1989年1月

本书是为编制建筑工程概预算使用的。编者从建筑工程定额原理和建筑工程概预算的编制方法两个方面，系统地加以阐述。内容包括工时消耗的研究、施工定额、预算定额、概算定额、定额管理、建筑工程费用、施工图预算、设计概算、施工预算、概预算审查、预算程序和预算示例等。

编制建筑工程预算问答　田永复　编著　中国建筑工业出版社　1989年3月

本书是以问答题形式编成的建筑工程预算人员实用参考书，旨在为预算人员解决实际工作中所经常遇到的问题提供帮助。在编排上按照建筑工程预算定额的内容依次编制。

建筑工程指标投标　本书编委会　中国建筑工业出版社　1989年7月

本书根据我国建筑工程招投标理论的发展和国际招投标惯例，结合沈阳市建筑业推行招标承包制的实践编写。本书主要用于对沈阳市建设单位、建筑施工企业以及有关部门的同志培训和工作指导。它具有沈阳特色和较高的实用价值。

建筑安装企业会计　（第三版）　饶天修　庄瑞澄　主编　中国建筑工业出版社　1989年6月

本书一九七四年第一版和一九八一年第二版时名叫《建筑安装企业财务计会》。本书第三版以国家的财经法规和会计制度为依据，结合建筑业改革的趋向和多年的会计工作经验，并吸收现代会计学可资借鉴的部分，对建筑安装企业会计的理论、原则、形式和方法进行了全面、系统地阐述。全书分为基础会计、财务会计、成本会计、管理会计四部分。对外承包企业会计和集体建筑企业会计的特点也有专章介绍，具有较完整的理论体系和方法体系。

涉外建筑会计　吴荣光　编著　中国建筑工业出版社　1989年9月

本书共三篇。第一篇为西方建筑会计，主要介绍西方建筑会计的基本原理与基本方法，并涉及票据、债券、股票、保险、审计等方面的基本知识。第二篇为对外建筑会计，分别介绍了对外建筑承包企业的投入资本、货币资金和往来款项、材料物资等以及会计报表的编制。第三篇为中外合营建筑会计，主要介绍中外合营建筑企业主要业务的核算方法以及中方投资及收入的核算方法。

建筑业财经法规选编　（上、下册）（内部发行）　建设部综合计划财务司　中国建筑工业出版社　1989年6月本书主要选编了国务院、国家计委、财政部、劳动人事部、建设部、建设银行、人民银行、外汇管理局、税务总局等公开颁发的各类基本法规、制度、细则以及补充修改规定等。选编的时序从1983年开始至1988年止，个别也选入了1981年的。本书文件分为以下八大类：1、综合管理类；2、财务管理类；3、会计管理类；4、税务类；5、贷款类；6、成本费用类；7、工资福利类；8、定额预算类。

建筑业管理　（城镇建设管理丛书）　何万钟　张树恩　编著　中国建筑工业出版社　1989年10月

本书主要从宏观角度论述了建筑业作为国民经济中的一个物质生产部门的管理问题，内容包括建筑业的概念、特点、地位和作用，建筑业运行机制与管理体制，建筑市场管理，建筑产品价格管理，工程建设监理，建筑工程质量监督与安全监督以及建筑业的产业政策等。

城市经济管理基础　（城镇建设管理丛书）　符曜伟　编著　中国建筑工业出版社　1989年10月

本书内容包括：城市经济管理概述；城市功能和城市政府的经济职能；城市经济社会发展战略；城市经济社会发展计划；城市社会经济资源的开发利用；城市经济结构；城市经济管理体制；经济责任制；组织横向的经济联合；城市经济监督；有效地调节城市经济的运行；提供良好的投资环境。

城市规划管理　（城镇建设管理丛书）　赵士绮　编著　中国建筑工业出版社　1989年10月

全书共七章，主要包括城市规划，城市规划管理、城市市容管理、城市综合开发与经营管理、城市规划管理现代化以及加强城市规划管理的几项工作等。

城市基础设施管理概论　（城镇建设管理丛书）　华奎元　编著　中国建筑工业出版社　1989年10月

本书阐述有关城市基础设施的内容、特点、作用，城市基础设施的资金筹集、经营体制、管理的原则和方法，以及城市供水、能源、交通、电讯、环保、防灾等方面的管理。

城镇建设法规　（城镇建设管理丛书）　王维民　孙玉文　张德忠　编著　中国建筑工业出版社　1989年10月

本书以通俗的文字介绍了法的基础知识，阐述了城镇建设立法的必要性，建设法规在国家法律体系中的地位和作用；比较详尽地介绍了城市规划法规、市政管理法规、城市住宅与房屋管理法规、乡村建设管理法规和建筑业法规的内容和法规的执行。

房地产管理　（城镇建设管理丛书）　潘其源　国中河　编著　中国建筑工业出版社　1989年10月

本书结合当前改革的实际，对我国的房地产管理进行了详细的论述。主要内容包括：房产的行政管理、房屋的维修管理、房产的经营管理、城市土地的管理、城市房地产综合开发、城镇住宅建设、城市房地产市场、住宅制度的改革等。

城市建设资金管理　（城镇建设管理丛书）　郑振秀　杨沛霖　编著　中国建筑工业出版社　1989年10月

本书系论述我国城市建设资金管理的专著。集理论、政策和实务为一体，全面回顾了我国城市建设资金的形成和发展，阐述了现行城建资金的构成内容，对不同国家、不同城市、不同时期的城市建设资金进行纵横比较；在此基础上，全面检验和分析了城市财政与城市维护建设税、城市土地使用费、城市建设收费和集资、城市建设资金渠道和投资政策的现状和机理；最后，对城市建设资金预测、计划、核算、分析和审计等方面提供一个新型而完整的管理模式。

中国建筑业统计资料　（1986–1987）　国家统计局固定资产投资统计司　编　中国统计出版社　1989年10月

《1986–1987中国建筑业统计资料》是一本全面反映中国建筑业成就的资料性两年刊，是《中国建筑业统计资料1952–1985》的续编。全书内容分为建筑业的发展及其在国民经济中的地位、建筑施工企业的技术装备、建筑施工企业的固定资产和流动资金、建筑施工企业的经济效益、建筑业的管理体制改革及大中型建筑施工企业基本情况等六个部分。各部分开头配有统计图表。书末附有主要指标解释与资料说明，对主要统计指标的涵义、统计范围和计算方法以及变动情况作了简要说明。

建筑施工图预算题解　张月明　罗本初　编著　上海科学技术出版社　1989年10月

本书是以前国家建工总局1981年制定的

《建筑工程预算定额》(修改稿)和《全国统一安装工程预算定额》为依据编写的一本建筑工程施工图预算题解实例书。全书共五章，第一章总论，第二章建筑工程预算定额、材料预算价格和单位估价表，第三章工程量计算规则及计算实例，第四章则以类似的实例题解套用各分项工程的预算定额；最后在第五章以四个工程施工图为例，集零为整地运用前四章所述方法内容编制出四套完整的施工图预算书。

本书以实例题解贯穿，可供建筑安装施工企业、建设单位、建设银行、设计院等单位中从事建筑工程预算工作，特别是初搞预算的人员学习参考。

建筑施工企业劳动工资人事管理实用手册 赵景贤 王胜泉 马德才 主编 孟庆远 赵延常 广琴 副主编 中国建筑工业出版社 1990 年 6 月出版。

本书论述建筑施工企业劳动工资人事管理的研究对象、目的和任务，并根据现行政策，针对工作实际，科学系统地介绍建筑施工企业的劳动生产率，劳动定额，劳动定员，劳动力计划，招收与调配，劳动组织，劳动纪律，劳动安全与保护，劳动工资，劳动保险，干部人事管理与岗位责任制等内容。

房地产开发经营与管理手册 黄重光 匡平 杨燕敏 主编 中国建筑工业出版社 1990 年 4 月出版。

本书内容包括：我国房地产业概况及其机构设置，房地产理论与政策，房地产综合开发与建设，土地管理与经营，房产管理与经营，房屋的维修管理及设备管理等。书中还附有国务院、各有关部委现行的房地产业重要的规章制度和办法，以便查用。

建筑工程预算师手册 朱志杰 主编 中国建筑工业出版社 1990 年 9 月出版。

本手册系统地介绍了工程建设阶段，工程承发包制，工程量、人工费、材料价格、设备价格和机械台班费用的计算，建筑工程定额与单价，各种概算指标，概预算的编制，工程招标与投标，建筑工程承包合同，工程结算与竣工决算等，并介绍了香港地区招投标的具体做法，同时附有大量有用的资料和参考表。

建筑企业会计审计工作手册 林见明 主编 中国建筑工业出版社 1990 年 9 月出版。

本手册共七篇 21 章。第一篇简要介绍建筑企业的经营方式和经济管理基础知识；第二至六篇详细介绍国营、集体、农村小型、中外合营和对外承包建筑企业的财务管理、成本管理、会计核算、经济活动分析、审计等方面的基本方法和实务处理；第七篇具体介绍建筑企业的银行往来(包括外汇管理)、税金、保险、股票、债券等方面的业务知识；每篇附有国家现行的重要经济法规和条例。

质量检查员手册 (建筑企业专业管理人员系列工作手册) 张学维 朱维益 编 中国建筑工业出版社 1990 年 9 月出版。

本书主要列出建筑安装工程质量检验评定标准，叙述建筑安装工程质量检验评定的方法和步骤，并对有关质量检验的技术管理工作做了简要论述。

施工经营管理手册 (中册) 专业篇(一) 中国施工企业管理协会组织编写 张岳东 主编 中国建筑工业出版社 1990 年 5 月出版。

本书中册主要阐述铁路、港口、火电、水利水电、输变电、工业设备安装、房屋维修改造等七个专业工程的施工管理和经营管理问题，包括专业概况、施工准备、施工组织设计、现场施工管理、技术管理、质量管理、安全管理等方面。书中着重介绍有关管理制度、规定、方法和经验，并附常用数据资料供查阅。

新编承包租赁股份制手册 本手册编写组 丁力 主编 中国建筑工业出版社 1990 年 11 月出版。

本书是根据 13 届 5 中全会和今年《政府工作报告》及全国体改工作会议的精神，总结前几年企业改革的经验，针对当前企业实际编写的。

手册就工业、商业、建筑业、交通运输、铁道、乡镇企业等行业特点，介绍承包、租赁、股份制的理论、应变对策、发展前景等内容。

海南岛建设投资指南 杨永生 陈金城 吴苏光 史贵友 王密 编 李喆 顾然 唐波 竹青 译 中国建筑工业出版社 1990 年 7 月出版。

本书较全面地介绍了海南的自然、地理、资源和经济发展现状，向国内外客商提供了目前海南急需合作建设的项目，又介绍了到海南岛投资的优惠政策，为投资者提供去海南的指南，是一本比较切合海南开发建设实际的书。

中国建筑业改革十年 肖 桐 主编 中国建筑工业出版社 1990年8月出版。

全书分行业改革综述、专业部门改革、地区改革和深化改革探索四个部分，共收69篇文章。作者中很多是建筑业改革的领导者、组织者或某一方面的专业人员。

工程预算师业务提高必读 唐连珏 编著 中国建筑工业出版社 1990年7月出版。

本书详细介绍民用建筑设计前期的投资估算、初步设计概算、施工图标底和国际承包工程招标投标的方法、数据和经验。全面介绍了每一单位工程和其他费用以各种不同计量单位、估量参数和经济指标进行投资估算的方法；提出了一系列提高编制概算质量的经验、数据和管理措施；系统介绍了标底的编制方法、细节与经验和外资、合资工程标底的特点；介绍了国际招投标中的招标文件、技术规范、费用组成、投标策略等的特点，国际合同条件及开办费的内容，并提供了对外投标报价的具体做法和经验。

建筑企业法及案例 宋天为 编著 中国建筑工业出版社 1990年10月出版。

本书主要内容包括建筑企业法概述、建筑企业的法律地位、建筑企业开办与关闭的法律规定、建筑企业内部领导制度的法律规定、建筑企业经营管理的法律规定、建设工程合同法律制度、建筑企业劳动法律制度、建筑企业财产管理的法律规定、建筑企业质量管理的法律规定、建筑企业经济纠纷处理的法律规定，书中附有案例。

建筑施工企业技术管理 谢建民 编著 中国建筑工业出版社 1990年10月出版。

本书着重阐述了建筑施工企业技术管理方面的基本知识与建筑施工技术管理程序，从建筑工程投标报价、签订工程施工承包合同、工程施工前各种准备工作、施工中各项具体技术管理、工程质量检查直至工程验收均作了较详细的论述，并附有参考实例。

房地产开发与经营管理 中国房地产开发总公司编著 中国建筑工业出版社 1990年5月出版。

本书主要内容包括：房地产综合开发的概念和内容；规划设计；城镇土地开发；经营决策；房地产估价；工程建设招标投标；工程监理；建筑材料设备供应；财务管理；物业管理；海外房地产开发；房地产开发机构等。

集体建筑企业经营管理 刘振汉 主编 中国建筑工业出版社 1990年8月出版。

本书系统地叙述了企业经营目标、经营决策、经营方式以及预算、招标、投标、合同、计划、统计、质量、技术、安全、防火、治安、机械、料具、财务、生活等方面的管理知识，还有如何当好经理、队长、工长等内容。

施工企业项目管理与配套改革 北京市第一城市建设工程公司 编著 中国建筑工业出版社 1990年9月出版。

本书分15章，主要内容有工程项目管理与企业内部二层分离；企业内部的市场环境；工程项目的系统管理；承包经营责任制；分配制度；工程项目的计划、成本、质量、技术、安全、合同、预算及工程项目管理中党的建设、民主管理、政治思想工作。附有具体的实施办法、规定。

质量·生存·发展——全国先进建筑施工企业全面质量管理实例分析 周惠珍 陆怡生 主编 中国建筑工业出版社 1990年9月出版。

全书共分十一章，主要包括：全面质量管理的基本原理概述、理论基础和思想方法体系；全面质量管理的基础工作、方针目标管理、质量保证体系；质量统计和质量控制、全面质量管理的统计方法工具应用；质量检验和质量否决权、质量成本和质量审核；全面质量管理小组和质量信息管理等内容。

《城市公用事业企业成本核算办法》(试行)讲解提纲 建设部综合计划财务司 中国建筑工业出版社 1990年2月出版。

本讲解提纲的主要内容与《城市公用事业企业成本核算办法》(试行) 相匹配,内容包括九个方面：总则，成本开支范围，成本核算对象与成本计算单位，成本项目、生产（营运）费用的汇集与分配，成本核算，辅助生产成本的核算，成本核算组织，附则。

中国建筑年鉴 (1988-1989) 《中国建筑年鉴》编委会 中国建筑工业出版社 1990年2月出版。

本年鉴包括文献、行业综述、地方概况、建筑实录、村镇建设、科技进展、人才开发、企业集团等14部分。本卷主要记述1987～1988年建筑业的活动，选入文献和统计数字均以这两年为主。

建筑经济 （建筑管理现代化丛书） 丁士昭 编著 中国建筑工业出版社 1990年6月出版。

本书主要内容有：建筑业的组织与建筑市场；建筑业与国民经济的关系；建筑产品的生产与交换；建筑产品的成本与价格；建筑工程的招标与投标等。

微电脑用于编制预算 （微电脑在建筑企业管理中的应用丛书） 凌崇光 主编 王在生 编著 中国建筑工业出版社 1990年1月出版。

本书主要介绍在IBM PC微电脑上应用BASIC语言编制建筑工程施工图预算程序的方法。书中系统地介绍了微电脑预算程序系统的编制步骤、程序设计原则，定额库与维护程序块、工程量计算程序块、工程量文件处理程序块、预算分析程序块、预算表格输出程序块的设计，最后给出了一个用微电脑编制预算的实例。

丛刊 画册

建筑师(32) 《建筑师》编辑部 编 中国建筑工业出版社 1989年3月

本期主要内容有论述新建筑在形成城市建筑文脉风格特征中的作用；有如何在规划中维护古城镇的风貌；有论述吸收西方现代建筑理论及运用与继承民族文化传统间的关系问题；有运用系统论方法研究传统民居的尝试；有建筑师在生活中的随感录缀成的“建筑师札记”；还有译文“建筑的理性主义与浪漫主义”这是波兰莱斯尼科夫斯基对建筑发展作的二元性分析。

建筑师（33） 《建筑师》编辑部 编 中国建筑工业出版社 1989年6月

本期为1987年8月由国家自然科学基金会委托清华大学主持召开的“建筑科学的未来”学术讨论会的专题论文集，论文涉及建筑科学的诸多领域的未来发展趋向，如城市规划、环境与住宅、声、光、热环境在未来建筑中所产生的影响以及未来社会、经济文化发展与建筑发展的密切关系，共刊出提交会议论文17篇。此外有“高层建筑平面轮廓与形体分析”等。译文连载有“道家思想和建筑”及“建筑的理性主义和浪漫主义”。

建筑师（34） 《建筑师》编辑部 编 中国建筑工业出版社 1989年8月

本期共收入论文21篇，分为九个栏目：建筑理论研究、外国建筑师介绍等。建筑理论研究有“建筑心理学散论”等五篇论文；研究生论文刊登了“立面形象价值观的更新”及“建筑环境视觉信息及其传播”；译文本期选入了著名美学家阿尔海姆《建筑形式动态》一文的节译“秩序与无秩序”以及〔美〕张一调先生运用中国传统哲学——道家思想阐释建筑空间形象的论文。在外国建筑师介绍一栏中介绍了博塔、赛弗迪两位著名建筑师的创作思想及作品分析。连载开始刊登〔意〕波罗·帕托给西的具有世界影响的“现代建筑之后”一文。

建筑师（35） 《建筑师》编辑部 编 中国建筑工业出版社 1989年8月

本期设专栏11个，共收各类论文20篇，主要论文有：建筑创造性思维初探，北京前门传统商业区历史沿革与启示，现代旅馆餐饮设施及其室内设计，美国风景建筑学的发展，当代建筑思潮1949-1964，论建筑美术教学改革，矶崎新建筑创作和建筑思想初探等。

名著《现代建筑之后》及《建筑的理性主义和浪漫主义》继续连载。

建筑师（36） 《建筑师》编辑部 编 中国建筑工业出版社 1989年12月出版

本期设专栏7个，共收各类论文13篇，主要论文有：广义建筑学导论等。

名著《现代建筑之后》及《建筑的理性主义和浪漫主义》继续连载。

建筑画（6） 《建筑画》编辑部 编 中国建筑工业出版社 1989年2月

本期的“画苑笔谈”栏目中，发表了“怀旧的80年代建筑画”、“建筑表现中的“新”“观念”、“关于建筑画的思索”、“古为今用的轴测图”等由中青年建筑师、学者撰写的文章；在“艺画漫步”栏目中，有“超越自然—环境艺术随想”、“建筑·壁画·限制”等有关环境艺术的讨论；此外，“画艺讲座”栏目中有关于喷笔技法的介绍文章，“国外画讯”栏中，用大量的彩色版面，介绍了美国《建筑师学报》建筑画评选获奖作品，并附有相应的说明和评析；同时也介绍了日本的计算机建筑画。在“摄影橱窗”、“习作园地”、“建筑画廊”、“模型展台”栏目中都有大量的彩色图版，向您介绍有关方面的动态。

建筑画（7） 《建筑画》编辑部 编 中国建筑工业出版社 1989年12月

本期以天津大学建筑系为重点，反映了当前院校建筑系师生在建筑表现理论、绘图作品方面的学术水平。本期刊出有理论文章，还有介绍国外建筑学动态的文章，以及建筑摄影、模型展台、建筑画廊、画艺讲座等栏目，内容丰富多彩、图文并茂。

建筑画（8） 《建筑画》编辑部 编 中国建筑工业出版社 1989年12月

本期侧重介绍了清华大学建筑学院在建筑表现理论的研究、建筑画教学等方面的近况及成果。在《建筑画廊》栏目中，安排了百余幅手法各异的建筑表现图；《画苑笔谈》栏目中有"建筑画教学"、"试论建筑绘画的形神兼备"等论文；《艺圃漫步》栏目中有"台湾建筑院系学生设计图介绍"等文章；并新增设《环境艺术》栏目；另外《画艺讲座》、《摄影橱窗》、《国外画讯》等栏目中都是图文并茂，丰富详实。

南京 （中国历史文化名城丛书） 杨之水 李广锜 王能伟 马伯伦 主编 中国建筑工业出版社 1989年3月

南京是中国六大古都之一，对中华民族的文化发展做出过重要贡献。本书纵览了金陵古今，向人们介绍了南京的地理变迁，历史沿革、文化传统、风流人物、名胜古迹和古城新貌。本书内容丰富，文图并茂，共收入精选图照340幅左右，具有较高的收藏价值和欣赏价值。

景德镇 （中国历史文化名城丛书） 林景梧 汪宗达 主编 中国建筑工业出版社 1989年3月

本书介绍了景德镇的历史和文化，内容包括：城市历史沿革、瓷业发展、器行九域、国之瑰宝、陶人轶事、古建风采、珠山灵秀、今日瓷都等，其中重点介绍了陶瓷艺术和明清古建筑。本书共收入精美的图片300余幅。

长沙 （中国历史文化名城丛书） 温福钰 主编 中国建筑工业出版社 1989年7月

本书图文并茂介绍长沙的历史、地理、文献、名人、名胜古迹城市发展变迁等概况。

建筑师（37） 《建筑师》编辑部 编 中国建筑工业出版社 1990年7月出版。

本期为南京召开的"中青年学者中国建筑传统与理论研讨会"论文专刊，共收入九篇优秀论文，同时又设"建筑论坛"、"新中国著名建筑师"、"建筑设计研究"及"译文连载"四大栏目。"建筑论坛"刊载了"文化决定论——论人的主体性并兼与经济决定论商榷"一文；"新中国著名建筑师"则又开始介绍张锦秋、曾坚两位建筑师；"建筑设计研究"继续连载"建筑的理性主义和浪漫主义"及"现代主义之后"两文。

建筑师（38） 《建筑师》编辑部 编 中国建筑工业出版社 1990年7月出版。

本期设专栏10个，共取各类论文17篇。主要论文有：中国传统营造意识的象征性、类型学概念及建筑类型学、我国大城市用地比例结构初探、住宅与居住环境、山水环境与风景建筑。外国建筑师介绍了阿鲁普和阿鲁普建筑事务所，另新辟台湾建筑论坛，本期载有：从台湾的商业现代化谈建筑取向；译文选取了后现代主义的两副面孔及东京——二十一世纪的构图；名著继续连载"建筑的理性主义与浪漫主义"。

建筑师（39） 《建筑师》编辑部 编 中国建筑工业出版社 1990年6月出版。

本期共分九个栏目，收入14篇论文。在建筑理论栏中，侯先生的《建筑的'软'传统和'软'继承》详细地论述了中国传统建筑的非物态化存在方式及如何继承的问题。建筑设计研究栏刊登了《旅馆类型与公共功能结构研究》，同时本期又向读者介绍了两位国内知名建筑师的建筑作品及理论著作。建筑历史与理论栏发表了《中国造园艺术在欧洲的影响》史料拾遗等文；译文的《建筑摄影12家引言》或许对爱好建筑摄影的读者有所裨益：连载新刊出了亚历山大的《秩序的性质——关于房屋艺术与宇宙性质》。

建筑画（9） 《建筑画》编辑部 编 中国建筑工业出版社 1990年9月出版。

本期继续采用原有的固定栏目。主要论文有："建筑学专业加试美术是提高教学质量的关键"、"透视图与建筑设计"、"建筑学素描与教学的思考"、"对环境雕塑的审美需求"、"平面与空间"、"建筑模型的抽象表现"、"论城市建筑、壁画、雕塑"、"基里科形而上学绘画对建筑表现的影响"、"美国建筑设计表现的体验"、"工作模型——设计教学的重要环节"、"国外建筑水彩选介"等，此外还有建筑表现图、建筑摄影、建筑绘画图百余幅。

文　摘

建　筑　设　计

建筑有艺术　街景是文化　必须高度重视　李瑞环　《建筑》1990年第1期

作者在该文中指出，建筑不只是使用功能，而且在为街景增辉，重视建筑艺术必须在提高总体观瞻上下功夫。

中国建筑之魅力　范文照　《建筑学报》1990年第11期

范文照先生是我国现代建筑的先驱者之一。原文发表于美国《人民论坛》(1933年3月)，现由张钦楠译出。

该文首先论述了建筑学能够给人们提供的若干种喜悦，并分析了中国建筑的特征。作者认为，中国建筑有规划的正规性、构造的真挚性、屋顶曲线及曲面的微妙性、比例的协调感以及中国艺术基本上是装饰性的等特征。

反传统可以等同于反封建吗?　戴念慈　《建筑学报》1990年第2期

作者从宏观的角度论述了对待传统应持的正确态度，认为以反封建为由来笼统地否定传统文化的观点是有害的。

探索面向地区实际的建筑理论:"广义建筑学"　吴良镛　《建筑学报》第2期

这是作者在"转变中的亚洲城市与建筑"国际学术研讨会上的主旨报告。该报告提出的"广义建筑学"是从地区实际出发，以全人类居住环境建设为依归的理论。要汲取多学派、多学科的成果，来丰富、深化建筑学的内涵，重视物质因素与精神力量，以建设优美的居住和工作环境。

关于广义建筑学，本文作者还另有专著《广义建筑学》，清华大学出版社1989年出版。

广义建筑学导论(上)　吴良镛　《建筑师》第36期

该文是作者在1987年清华大学召开的《建筑科学的未来》学术讨论会上的论文。这里发表的是聚居论、地区论、文化论、科技论和政法论等五篇章。

多元共存，兼容并蓄，古今中外，皆为我用——关于繁荣建筑创作的再思考　叶如棠　《建筑学报》1990年第1期

洛阳　(中国历史文化名城丛书)　黎承贤　韩忠厚　苌喜元　主编　中国建筑工业出版社　1990年4月出版。

洛阳是古都中建都朝代最多、建都时间最长的历史文化名城。本书介绍了她的悠久历史和灿烂文化，内容包括：山川形势、先民故乡、帝城春秋、文物古迹、河洛文化、名人胜迹、艺苑花絮、风物集锦、园林花卉、古都新貌。本书彩色精印，共有精美图片300余幅。

泉州　(中国历史文化名城丛书)　陈泗东　庄炳章　主编　中国建筑工业出版社　1990年12月出版。

本书介绍了泉州丰硕的历史文化与社会主义建设成果，内容包括：地理形势、刺桐春秋、宋元大港、多种宗教、著名桥乡、海峡深缘、海滨邹鲁、文物胜迹、音乐戏曲、温陵风物、古城新姿。本书为10开本、彩色精装，共有精美图片400余幅，文字12万余。

京华彩虹　本画册编委会　编　中国建筑工业出版社　1990年8月出版。

本画册精选了北京已建成的34座立交桥，通过壮观的立交桥建设形象，从一个侧面可领略首都现代化建设的雄伟步伐。

名山胜水游　曾浩然　主编　赵　俊　主审　中国建筑工业出版社　1990年10月出版。

本书选取了我国部分最负盛名的山水风景名胜，向读者介绍了它们的地理位置、交通条件、山水风光、文物古迹、园林建筑、古建艺术、趣闻轶事和民风习俗，也适当介绍了它们的旅游美学欣赏特点，是一本把科学性、知识性和趣味性融为一体的旅游读物。

该文对解放后40年的建筑创作作了基本估计，谈到了对“适用、经济、美观”的看法，回答了什么叫“繁荣建筑创作”的问题，论述了“多元并存”的观点，同时还谈了关于继承与创新的问题和提高建筑创作队伍素质问题，提出建筑创作要把改变城市面貌、改善生活环境当作重要课题的观点。

创作的哲理　齐康　《建筑学报》1990年第2期

作者概述了对建筑创作哲理的理解，以及在创作实践中探求和谐、出新、入境，以达到“自然”的境界。作者认为，和谐就是建筑与自然，建筑与人造环境，建筑与城市，与社会与人，建筑与历史文化、科技、社会经济，以至建筑与未来的和谐，是无人的感应。作者提出，世界上许多历史和现代建筑之所以感人，引人注目，都能入画，且生动并与自然环境相结合，这就是入境。而出新的含义则是和谐又有创新，使人感受而惊奇。这就要求作品具有对约定俗成的突破，时间空间概念的突破，文化交汇的突破，使之达到一种推陈出新的境界。

当代建筑思潮（1949～1964）　刘珽　《建筑师》第35期

该文以1949～1964年间中国建筑思潮的发生、发展和变化为线索，依次考察了这时期重要建筑活动和事件。文中涉及多种建筑思潮形成的主要社会历史背景、建筑思潮对建筑创作活动的规定和影响以及对各个阶段建筑思潮活动的评价。该文着重分析了这一时期困扰建筑界的三个问题——建筑的阶级性、社会性和民族性，并提出了一些见解。

历史的脚步　窦以德　《建筑师》第35期

作者把1949～1987年这一时期我国建筑创作划分为八个阶段，对各个阶段的史实加以归纳、提炼，说明各该阶段的建筑创作特征，并列举各阶段的代表性建筑。

后现代建筑三十年　曾昭奋　《世界建筑》1989年第5期

该文介绍了5本后现代建筑的代表作（文丘里的《建筑的矛盾性和复杂性》、詹克斯的《后现代建筑语言》、沃尔夫的《从包豪斯到现在》、戈德伯格的《后现代时期的建筑设计》和詹克斯的《什么是后现代主义》）和三次后建成建筑展览（1980年威尼斯第39届艺术节上的建筑展、“后现代建筑·1960—”国际巡回展览和1987年西柏林国际建筑展览会），评介了7位明星建筑师的代表性作品，分析了复古主义、装饰、重视地方特色和文脉、玩世不恭、国际化等5种倾向。

中国建筑史研究领域中的前导性突破——近年来中国建筑史研究评述　陈薇　《华中建筑》1989年第4期

该文对中国建筑史研究领域作了全方位的鸟瞰。文中对建筑空间、城市研究、古建保护等方面的可喜突破作了概述，同时论述了研究方法的变化与发展以及新的研究对象。

上海近代建筑　章明　《世界建筑导报》1990年第19／20期

该文介绍了鸦片战争以后在上海兴建的公共建筑和居住建筑、工业建筑，并附有精美的照片。

历史地回顾过去，开拓地迎接未来——重谈刘秀峰《创造中国的社会主义的建筑新风格》　张钦楠　《建筑学报》1989年第8期

该文肯定了《新风格》一文的历史地位，就《新风格》一文所涉及的种种“主义”作了评述，并对《新风格》一文提出了自己的认识。

改革开放以来四川建筑创作的发展　肖林　《四川建筑》1989年第4期

该文总结了1979～1988年间四川各地在公共建筑、医疗文化教育建筑、住宅建筑以及工业建筑等方面建筑创作的状况。

神似之路——岭南建筑学派四十年　艾定增　《建筑学报》1989年第10期

作者对40年来岭南建筑学派的主要成就作了如下八点评介：1.宁变勿仿，宁今勿古；2.追求意境，力臻神似；3.因借环境，融为一体；4.群体布局，组合空间；5.清新明快，千姿百态；6.室内设计，丰富多样；7.景园文脉，推陈出新；8.神似之路，殊途同归。

两次引进外国建筑理论的教训——从“民族形式”到“后现代建筑”　邹德侬　《建筑学报》1989年第11期

50年代引进苏联的“民族形式”和80年代引进美国的“后现代建筑”理论，都反对现代建筑，注重形式，推崇传统。前者已留下了历史教训，后者的消极影响也不可低估，否则会造成我国建

筑现代化过程的“短路”现象。

现代建筑的核心内容是以现代工业的手段和观念来解决现代社会问题；广泛研究形式科学才是真正注重形式；深入发掘传统精神才是真正推崇传统；经济问题将是长期制约我国建筑创作的关键因素。

建筑创作与文脉 熊明 《建筑师》1990年第4期

作者在文中提出了文脉是物质环境的升华、文脉存在于发展中的观点，并论述考虑文脉的创作构思的体型、符号、颜色、尺度和气质等相互交织的5种途径。

建筑创作初步形成多元格局 张祖刚 《建筑学报》1989年第10期

作者在分析建筑创作40年经历的几个阶段和反映建筑创作多元格局的三种建筑类型（具有鲜明的地方特点或民族特点的建筑，具有国际现代建筑特征的建筑和具有思想、哲理、立意明确、突出个性特点的建筑）之后，对建筑创作提出四点看法，即多元格局之初步形成；源于生活、根于思想；吸收外来建筑文化；要“新而中”、细致入微。

建筑创造性思维初探 李宋宁 《建筑师》第35期

该文从艺术创造工程学的一些基本原理出发，对作者在大学做的一些建筑设计的思维发展过程进行分析，对将艺术创造工程学中的一些基本原理运用于建筑设计，进行了探讨。

建筑文化对现代建筑的价值——试论日本建筑创作道路 郭黛姮 《建筑学报》1990年第6期

该文通过日本现代建筑设计的一些优秀实例探讨了日本建筑创作所走过的道路。

对Context作出反应——一种设计哲学 杨建觉 《建筑学报》1990年第4期

城市中的一切，包括街道、广场、建筑物、城市历史、文化背景等都包含在Context的意义之内。新建筑“介入”城市应该有责任心地去适应已有文脉要求并作出反应。文章借“介入”二字从哲学、心理学等方面阐述了介入的严重性、介入的途径、介入的新思维等，并归纳出“寻找熟悉对象”、“积极表现”、“空间融合”等具体的介入方式。

新建筑地方特色的表现 黄汉民 《建筑学报》1990年第8期

本文结合实例从以下四个方面探讨了新建筑特方特色的表现问题：一.历史地段——“场所精神”的保留与延续；二.内部空间——传统品性的继承与发展；三.外观造型——特征形象的变形与重组；四.风格特色——地方文化的顺应与认同。

建筑艺术“美”、“丑”谈 汪正章 《建筑学报》1990年第8期

该文从建筑美与丑这一基本现象、相互转化以及“丑”在建筑艺术中的作用等方面探讨了建筑美学中的这一独特问题。作者认为，美丑转化的艺术现象，大致有五种型式：外表奇特型、传统变异型、超常破格型、材料本色型和尺度夸张型。作者还认为，建筑艺术的“丑”对“美”有对比衬托作用，建筑艺术的“丑”对建筑美有增色作用，建筑艺术的“丑”对建筑有表意作用。

阳关道与独木桥——建筑创作的五种途径 曾昭奋 《建筑师》第36期

作者对近年来建成的八座建筑的建筑创作作了分析、评价，提出了当前建筑创作的五种不同的途径，即一、复古主义重新泛滥、二、对民族特色和地方特色的尊重和探索，表明了建筑创作中的新追求、新进展；三、努力与我们所处的时代协调、同步，一部分建筑师在作品中所表露出来的强烈创新意识，正在把我们的创作向前推进。

北京八十年代十大建筑带来的思考 周畅 《新建筑》1990年第4期

该文讨论了建筑师的建筑观与市民的建筑观，提出了对“群众喜闻乐见”应有正确的理解，建筑创作应保持多元化的格局，与城市形象和人民生活密切相关的建筑应多听取群众意见等。

从解构主义所想到的 汪坦 《世界建筑》1989年第3期

“解构主义”不是一种“风格”，而是一种意识形态。解构主义思潮是跨哲学所引起的。“颠倒”只是解构的一种方法而非目的，传统的对应观念依然存在，它介入新的主从关系中进行系统普遍改组。

解构主义建筑的方法和实践 薛求理 《世界建筑》1989年第3期

解构主义建筑具有的特征是：1.是构成主义在当代条件下的继续；2.具有共时性，可以不对环境、关联作出反应；3.重视推理和随机的对立统一，强调疯狂和机会也是肯定因素；4.对现有规则约定颠倒和反转，主张片断、解散、分离、缺少、不完整、无中心。一批建筑师用新技术、新材料及网格互旋、点陈、构成、衍生、增减等手法实践和发展了上述几个方面。

论古都风貌与现代化发展 赵冬日 《建筑学报》1990年第12期

该文具体分析了首都建设中的成就和失误，并对古都风貌、首都风貌、危房改建等问题提出了建议。

上海建筑风格与上海文化 罗小未 《建筑学报》1989年第10期

作者认为上海文化为上海建筑奠定了札实的风格基础。上海建筑的风格是从实际出发，精打细算；不求气派，讲求实惠；形式自由，敢于创新；潇洒开朗，朴实无华；精心设计，认真施工，并表现了对环境与生活的理解和尊重。

岭南建筑新风格的探索——分析莫伯治的建筑创作道路 林兆璋 《建筑学报》1990年第10期

该文通过对莫伯治建筑师多年来所设计的工程实例，如广州北园酒家、广州宾馆、广州泮溪酒家、广州白云宾馆等，分析了莫伯治的创作特点和风格，指出其创新突破，巧妙的庭园布局、合理的经济结构，并认为，莫伯治的每一成功之作，都是不留痕迹地将地方建筑特点及西方现代建筑溶汇在一起，形成了一种新风格。

多层次的建筑文物保护 戴念慈 《建筑学报》1990年第1期

作者在该文中提出的多层次保护是指在保护方法上的不同层次，宽严上的不同层次以及古为今用上的不同层次，从而反对采取简单化的“一刀切”的做法。作者提出多层次保护的出发点是我国文化遗产丰富，经财政、经济状况并不富裕，若方针政策不合适，古建保护就难以做到。而这个问题又不纯粹是技术问题，在很大程度上牵涉到方针政策问题。

也谈多层次的建筑文物保护——给戴念慈同志的一封信 李准 《建筑学报》1990年第1期

作者（北京市城市规划管理局）在信中谈了六个问题：法律、法规和政府文件；多层次、多序列的保护构思；科学保护，合理利用；结合实际，具体分析，多元权衡；两个值得进一步探讨的问题（在建筑文物群体内增建新建筑的形式问题和使用、保护权衡中的建筑艺术创作思想、创作水平问题）；建设成为第一流的城市。

多层次建筑文物保护——给李准同志的复信 戴念慈 《建筑学报》1990年第11期

作者在这封信中谈了三个问题，即关于等级划分问题；关于建筑文物的利用问题；关于建筑文物的改动问题。

发扬光大中国营造学社所开创的中国建筑研究事业 吴良镛 《建筑学报》1990年第12期

1989年中国营造学社成立60周年。作者在该文里论述了营造学社的建立背景，它的组织路线和研究路线，介绍了学社的成果和停顿的原因。文中对学社领导者朱启钤先生作了客观的、公正的评价。作者还概括地总结了学社的六点优良学风，即民族自尊精神、学术日新精神、学术互尊精神、艰苦治学精神、培养后进的师德和自觉的纪律。

中华民族的智慧与传统建筑的生命 王世仁 《建筑》1989年第1期

该文提出中国传统建筑的文化构架是，以无人同构的宇宙观为骨架，以情理相依的伦理观为内容，以刚柔互济的审美观为形式，以工艺合一的创作观为方法。作者认为，这一构架体系，既有非常强固的承续力量，又有相当宽容的弹性幅度。

中国传统建筑构图的特征、比例与稳定 陆元鼎 《建筑师》第39期

该文提出中国传统建筑构圈有四个主要特征，即组群构图的完整性、空间构图的连续性和含蓄性、建筑构图的稳定性和不同类型建筑构图的丰富性。而构图中的比例,作者则认为有哲理性、整数观、线性观、严谨性、稳定性等特征。该文还对达到稳定的处理手法，进行了分析。

建筑的“软”传统和“软”继承 侯幼彬 《建筑师》第39期

作者提出建筑传统中看得见的东西是“硬”传统；飘离在建筑载体之外、隐藏在建筑传统形式背后透过硬件遗产所反映的传统价值观念、思维方式、审美情趣等是“软”传统。该文分析了建筑软传统的丰富内涵、若干特性，并在此基础上提

出了建筑传统的延续方式也有硬继承和软继承之分。硬继承是指建筑传统表层形态和形式特征的延续；软继承是建筑传统的深层内涵的延续。

中国传统营造意识的象征性　薛求理　《建筑师》第38期

象征是人类生存的基本需要。前科学时代各文化社群的象征是以其特有的方式来表现的。该文将数千年的中国传统建筑及营造意识视为整体，以景观风土、城镇聚落、建筑住宅和构件尺度等几个层面上分析了表现其上的象征性及手法

传统的本质（上）——中国传统建筑的13个特点　缪朴　《建筑师》第36期

该文对中国传统的本质分为13个特点是：分隔、按人分区为主、微型宇宙、室内外合作、主从单元的串联、线型公共空间、接合而非转化、正格与多格并存、人工与自然分离、室内的两套尺度、简单的背景、二维线条构图及带故事的形式。

中国建筑理性传统与哲理的现代意义　蔡德道　《建筑师》第34期

该文从传统与当代之间的关系入手，就传统的特性，如何认识传统，中国建筑理性传统，如何在创作中运用传统，我国传统建筑哲理等问题作了论述。

中国传统复合空间观念（上）、（中）、（下）——从南方六省民居探讨传统内外空间关系及其文化基础　许亦农　《建筑师》第36、38、39期

作者把具有融合共存、复杂变易这种性质的空间称为“复合空间”。从使用功能上讲，复合空间可以满足人们生活的多种用途。从表现形态上看，它则指“内”“外”、“动”“静”空间之间的中介空间。从哲学角度来说，复合空间的实质应当是：一种融合共存的哲学的反映；在折衷调和、相互生成的过程中产生；具有多重而复杂的含义以及在融合二元性事物的同时又不失去二元各自特点的性质。

该文阐述了单一宅院建筑复合空间、复合空间的多层次及其相互转化等问题。

传统空间意识与空间美——建筑创作中的思考　张锦秋　《建筑学报》1990年第10期

作者对传统空间意识和空间美问题，阐述了四点看法，即“天人合一”、“天人感应”；“虚实相生”、“计虚当实”；“时空合一体”；“小中见大”、“以景寓情”等。

书院建筑与传统文化思想——试论文人建筑　杨慎初　《华中建筑》1990年第2期

作者提出了文人建筑的概念，认为书院严谨的建筑群体反映了“礼乐相成”的思想，书院建筑的优美环境反映了“无人合一”的理想追求，书院建筑的造型做法反映“善美同意”的思想，其意境创造是“情景交融”的思想表现。

滕王阁重建设计记略　陈星文　《建筑》1990年第2期

该文述及古阁的规模及阁址，介绍了重建设计的依据和原则，详细介绍了其建筑设计和室内陈设。

我国的住宅建筑与技术进步　许溶烈　《建筑学报》1990年第7期

作者全面地总结了住宅建筑的技术进步状况，提出了住宅建筑中的一些技术政策问题，并简述了标准化和工业化与商品化问题。

多层与高层之争——有关高密度住宅建设的争论　张开济　《建筑学报》1990年第11期

该文对高层住宅在我国从兴起到受到控制的过程作了详尽的回顾并分析了其中的原因，并提出了搞好“多层高密度”是当务之急，以“多层高密度”取代“高层高密度”，以及院落式住宅布局取代行列式布局等观点。

北京旧城居住区的整治途径——城市细胞的有机更新与“新四合院”探索　吴良镛　《建筑学报》1989年第7期

该文从学术思想的角度阐述了对旧城改建工作的反思、新探索的理论前提、研究与试验、方法论思想与期待等四个问题。

中国民居的特征及其在现代建筑中的借鉴与运用　陆元鼎　《古建园林技术》1990年第4期

该文认为中国民居特征主要表现在总体布局、平面组合，外形特征和细部特征等3个方面，并将借鉴和运用也归纳为三个方面，即以古建筑整个形式为蓝本加以借鉴和运用，采用古建中某些部件、构件或细部花纹、式样等特征为蓝本，以及借鉴传统建筑特征而加以改造运用。

论苏州民居　俞绳方　《建筑学报》1990年第1期

该文论述了苏州传统民居的典型特征。苏州民居大部分是依水而建，平面和空间以“进”与“落”相结合的形式进行组合。其庭院与厅房的组合造景，创造出融自然、艺术、意境于一体的空间环境。苏州民居通过运用文学、绘画、书法、工艺美术、雕刻等手法来美化室内外空间。在院落中前后通达的“备弄”是其独特的交通方式。

大量性住宅建设的目的和手段　鲍家声　《建筑学报》1990年第2期

该文提出，在大规模住宅建设中存在着居民主动权被否定和环境被否定的隐患，应采取动态的规划、设计和建设方式。支撑体住宅可以统一国家、地方、单位、个人四个方面的积极性。

如何加大住宅密度——住房建设的一个具有战略意义的问题　戴念慈　《建筑学报》1989年第7期

该文说明多层高密度，如处理得宜，可以节约用地，提高经济、环境和社会效益。

城市住宅红外领域空间的职能及其形成　韩耕　《建筑学报》1990年第11期

该文运用住宅社会学和环境心理学的一些理论和研究方法，探讨我国新建居住区中普遍存在的缺乏“领域空间”的问题。作者从居民的交往活动、住宅的安全防卫以及私密性要求等方面探讨了领域空间的职能，并提出了一些可供规划设计人员参考的领域空间的形成要素及方法。

室内空间形态琐谈　李宛华　《世界建筑》1989年第3期

该文从建筑空间的发展趋势、美日等国家近年来一些建筑的室内设计现状出发，归纳出现代室内空间形态所具有的通透、动态、生态和感兴等四个特点。

住宅室内空间利用率定量分析　李玉璋　《住宅科技》1990年第6期

作者选择4个住宅设计方案，进行分析，提出建立考核空间利用程度的定量分析指标。

论北京地区住宅方面的若干问题　赵冬日　翁如琳　《建筑学报》1990年第5期

该文对北京地区住宅建设中节约用地、高层、朝向、大进深小面宽、合理分室、高层塔楼效益等问题进行了分析，并提出了自己的观点和改善的意见。

广州十年住宅设计的演变　黄秀龄、吴翠红、罗如日　《住宅科技》1990年第1期

该文介绍了广州在居住环境方面的一些进展，并介绍了在平面布局多样化、立面造型多彩多姿、SAR住宅论方法应用以及室内空间构成等方面所取得的成绩。

村镇住宅设计的回顾与展望　钮薇娜　《建筑师》第34期

作者回顾了农村住宅形式的发展，阐述了由于农村社会经济的发展而导致的住宅社会性变革，如向多种类型的发展，居民点体系将发生的变化，住宅逐渐突破传统型制。该文还专门探讨了节约用地问题。

建筑环境视觉信息及其传播——建筑及室内设计的一项基础理论研究（一）、（二）、（三）　王小慧　《建筑师》第32、33、34期

该文是一篇从审美信息传播理论的角度探讨建筑及室内设计的硕士论文。

论干栏式建筑的起源与发展　李先逵　《四川建筑》1989年第2期

该文根据大量历史资料干栏式建筑的产生，并对其发展的历史划分为萌芽形成、成型发展、兴盛传播、衰落停滞等时期。

人与自然——从比较园林史看建筑发展趋势　冯纪忠　《建筑学报》1990年第5期

作者广证博引精辟地阐述了中国园林的历史发展趋势，并且把日本园林的发展与中国的进行了比照，还叙述了英国园林的发展。作者把中国园林的发展分为五个时期，并概括为形、情、理、神、意五个层面。

文士园林试论　窦武　《建筑师》第36期

作者以文士园为对象，广证博引，探讨了中国园林的美学，深入到作为园林灵魂的“意境”中去，从而提出了关于文士园林的一些不同一般的新观点。作者认为，要理解文士园林，就必须先理解士的隐逸生活，中国园林的艺术特色，是两千年来这个阶层的价值观念、社会理想、道德规范、生活追求和审美趣味的结晶。其主要特点之一就是典型地再现自然山水美。

美国风景建筑学的发展　刘忠敏　《建筑师》第35期

该文论述了美国早期的风景建筑学，其中谈

到奥姆斯特德的实践及影响，国家生态的保护。作者在美国现代风景建筑学一节内谈到区域风景规划与保护、城市环境绿化与设计、现代花园。在现代美国风景建筑学一节内谈及现代艺术思潮对风景建筑学的影响、结合生态学思想的环境设计、应用环境心理学与行为科学进行风景设计等问题。

辽宁风景资源的新探索 汪之力 《建筑学报》1989年第4期

作者对辽宁风景资源相继进行了10余次实地勘查，掌握了大量资料，并提出不论历史文化或自然方面，其风景资源在全国都应属上乘，如能充分与正确地建设、开发，会有辉煌的发展前途。该文包含了大量的历史文化资料和自然方面的资料。

光荣的使命——第十一届亚运会工程概况 周治良 《建筑学报》1990年第9期

作者在文章中介绍了建筑规模和布局、运动员村和配套工程，着重介绍了建筑设计中主要考虑的几个问题，即保安全、保比赛、保计量准确；注意环境设计和建筑多样化；多功能使用，讲究经济效益；精打细算，注意节约能源；采用新结构、新技术、新材料；设置先进的电子服务系统。

北京奥林匹克建设规划研究（五） 赵大壮 《建筑师》第32期

作者的这篇文章主要讲的是奥林匹克系统经济效益研究。作者提出，北京奥林匹克空间模式应是分散与集中相结合，以乡散为主；克服“条”与“块”分离的体制，加强科学管理，讲求经济效益，不但要重视“会后”使用，还要重视“会前”使用等等。

旅馆类型与公共功能结构研究 阎少华 《建筑师》第39期

该文特点是建立系统的旅馆分类及类型结构和旅馆功能结构体系，并在此基础上，以类型结构作为研究方法对旅馆的公共功能结构进行了系统的分析。

中低档旅馆标准及功能构成的研究 熊明、阎少华 《建筑师》第36期

该文是1987年原国家计委设计局举办的旅游旅馆研究班的成果之一，论述了中低档旅馆的标准问题、功能结构、客房设计等问题。

现代旅馆餐饮设施及其室内设计 王川 《建筑师》第35期

该文回顾了旅馆餐饮设施的发展过程，介绍了国内餐厅设计概况和趋势，阐述了餐饮设施设置的诸要素，其外部环境，内部布置，辅助空间设计并论述了如何创造餐厅的室内气氛。

商业街购销环境探讨 胡宝哲 《建筑师》第32期

该文从理论上探讨如何使商业街的购销环境适应商业经营和顾客的购物活动。作者提出，商业街不同宽度和交通状况对顾客购物行为和心理的影响，商业的不同空间形式、绿化卫生和设施状况对商业活动的影响，商店“竖向便宜度”对购物行为与心理以及商业经营的影响等观点。

休疗养建筑设计的探讨 卢济威、顾如珍 《建筑师》第32期

该文对休疗养建筑的布局、卧室、阳台、环境、半室外空间、交通休息结合空间、规划等问题，结合国内外实例进行了探讨。

公共建筑设计方案评价系统 黄己立 《新建筑》1990年第4期

该文提出评价各类公共建筑设计方案的一种通用评价系统，以求促进评价工作在科学化与规范化方面的进展。

大城市中心区的城市设计 张祖刚 《建筑学报》1990年第10期

该文论述了大城市中心区城市设计应重视的五个问题，即项目、设施要增加；交通要畅通，尽可能地发展地下铁；要提高建筑环境质量，可向综合、连接、系统发展；建筑群要有特色；绿化要尽可能地多。

论发展中的村镇建设——一门新兴的、多学科的综合性科学 查家德 《建筑学报》1989年第9期

该文对近10年来我国村镇建设的发展情况作了回顾，并就村镇的发展概况，集镇的性质、地位和作用，村镇建设的特点和对策等问题作了论述。

对中国未来建筑的构想——创造良好自然生态环境开拓人类生存空间新领域 尚廓 《建筑》1988年第4期

作者提出的构想是：一.开发地下城镇一借土不借地——新式穴居；二.开发山地城镇——

借山地不借平川——新式山城；三.开发水上城镇——借水不借地——新型水乡风貌；四.开发空中城镇——借天不借地——新式巢居；五.开发沙漠草原——变荒沙为绿洲——新型蒙古包。

建筑评论 罗小未、张晨 《建筑学报》1989 年第 8 期

作者认为，评论是建筑理论的重要组成部分，是建筑活动自律机制之一。该文论述了评论的意义、评论的标准、评论的各种模式以及繁荣我国建筑评论的必要性。

从伦敦看北京 关肇邺 《建筑学报》1990 年第 11 期

该文详细介绍了从 1984 年开始至今尚未结束的在英国建筑界发生的一场大争论。争论发生在查尔斯王子及其顾问与一些建筑师之间。详细谈及查尔斯王子提出的“建筑设计十项原则”。作者进而结合北京的实际，提出了一些令人深省的问题。

建筑创作观念的变迁——兼评同济大学建筑系几项建筑设计 莫天伟 《建筑学报》1989 年第 8 期

该文将新时期新建筑观念的变化发展，归纳为三种倾向，即功能结构的裂变——生活故事化倾向，形式结构的裂变——风格多样化倾向和创作主体的裂变——价值观念人格化倾向。

我国大城市用地比例结构初探 范耀邦 《建筑师》第 38 期

该文提出把城市建设用地分为生产工作用地、居住生活用地和基础设施用地三大部分，并对 25 个城市理状用地情况作了分析，其中生产工作用地平均占 48%（作者认为，过大），居住生活用地平均占 37%（作者认为，少），基础设施用地平均占 15%（作者认为，偏少）。作者建议我国综合性大城市三者用地比例以 2: 2: 1 左右来施行宏观控制为宜。

工业建筑环境、人、社会效益 王安邦 《工业建筑》1989 年第 2 期

该文从工业建筑与人和社会效益的相互制约而又相互促进的关系上提出了一些观点和建议。

建筑设计启蒙教育方法研究 黎志涛 《建筑学报》1990 年第 6 期

作者通过教学实践总结出过程教学法、方法教学法、因材施教法、理性教学法、参与教学法、情感教学法等建筑设计启蒙教育方法，在该文中均一一加以阐述。

论东阳明清住宅木雕装饰的文化艺术价值 洪铁城 《时代建筑》1989 年第 4 期

该文论述了东阳明清住宅木雕的若干特征，如疏密对比，给出效果；装饰目的，寓教于乐；同形同构，物我合一；文化渗透，老少皆宜等。

建筑安全系统工程问题 金磊 《世界建筑》1989 年第 6 期

该文从建筑工程设计的可建性发生，通过对建筑事故、故障、灾害等建筑“病”的评析，初步提出开展建筑安全系统工程分析、研究和评估的设想和方法。

关于调查研究方法 吴耀东 《华中建筑》1990 年第 4 期

作者论述了建筑中的调查研究方法、观察的方法，并列举了邯郸市城市基本情况调查评估问卷。

巴黎国庆工程评述 关肇邺 《世界建筑》1989 年第 5 期

为迎接法国大革命 200 周年，巴黎新建和改建了 9 项工程，计有大卢浮宫、德方斯巨门、阿拉伯世界研究所、巴士底歌剧院、财政部大楼、奥尔赛美术馆、维莱特公园、科学城和音乐城。作者全面地逐一介绍了这 9 项工程的设计，从中可以了解到法国乃至世界建筑发展的某些倾向。

香积四海——印度建筑的传统特征及其现代之路 王毅 《世界建筑》1990 年第 6 期

该文对印度建筑的历史和现状作了全面的介绍。变化多端的自然条件，五光十色的多民族文化以及多种宗教并存，使印度传统建筑具有多样性的特征。西方建筑大师曾给印度建筑带来很大影响。新一代印度建筑师在引进西方建筑文化之后，摆脱了对西方的盲从。在继承本国传统的同时，努力解决当前的问题，走出一条自己现代建筑的道路。

美国高层概述 戴复东 《世界建筑》1990 年第 4 期

该文概述了美国高层建筑产生和发展的客观条件，密集高层建筑所带来的技术、外观、城市和社会问题，并述及高层建筑性格外观的演变以

及未来的发展趋势。

美国建筑设计表现的体验 钟训正 《建筑画》第9期

作者根据在美国与红家设计公司和专业建筑画公司接触中的体会，归纳了以下七个特征，即表现完全忠实于环境；画面铺满，不讲究重点实，离重点越远愈虚的聚焦型画法；画面要求有足够的气氛，要有人的相应活动表现；透视要求严格，形象要准确；充分表现材料的质感；选择合理的视点和表达正确的朝向，不画建成后找不到的视点；在建筑画领域里信守写实，始终如一，与过去比较只有工具和相应技法上的差异。

建 筑 经 济

展望九十年代的建筑业 肖桐 《建筑经济》1990年第6期

作者对90年代的建筑市场认为将是持续、稳定、协调发展的势头，预测房地产业将重新振兴，并将稳步发展。作者在文中还认为建筑市场新秩序将不断完善，经营机制将更加灵活，企业素质将更加提高，建筑工业化、管理现代化水平将继续提高，劳动生产率也将继续上升。

以提高素质为重点实施建筑业的战略性转变 干志坚 《建筑》1990年第3期

作者指出，我国建筑业仍处于粗放型经营阶段；建筑队伍结构不合理，素质高低相差悬殊；我国建筑业总体水平与工业发达国家相比差距还很大；我国经济的发展趋势要求建筑业全面提高。作者还提出，战略转变的重点在于提高全行业的素质，即提高职工素质、技术素质、管理素质、领导素质。

坚持治理整顿深化改革 努力提高企业经济效益 杨慎 《建筑经济》1990年第12期

作者在文中首先回顾了10年的建设成就，阐明了今后发展的初步设想，并根据建设系统面临的困境尚未缓解，形势依然严峻的现实，提出提高经济效益和渡过难关的十项措施。

建筑行业试行股份制的可行性 杨慎 《建筑》1989年第2期

作者在该文中首先谈及要正确处理承包制与股份制的关系，论述了为什么要推行股份制的原由，进而提出推行股份制的条件和问题，即要具备一个环境，四个条件，并解决三个问题。一个环境是要有一个发育比较健全、运行秩序比较良好的市场。四个条件是：企业自主经营，国家税制稳定；要有发达的金融市场；货币稳定，信息灵通；企业自主权充分保证。要解决的三个问题主要是与推行股份制有关的产权归属和分帐方面的几个难点。

论建筑业在国民经济中的地位 谭刚 《建筑经济》1990年第11期

从产业性质来看，建筑业是国民经济中的独立物质产业部门，在国民经济产业结构中属于第二产业。从产业特征来看，建筑业具有劳动密集的显著特征，属于劳动密集型产业。从产业作用来看，建筑业在特定时期内具有支撑国民经济发展的功能，因此在一定条件下，建筑业在国民经济产业结构中属于支柱产业。

在治理整顿中深化施工体制改革 张青林 《建筑报》1989年4月28日

该文针对我国施工体制十年改革成就和当前存在的问题，提出了深化施工体制改革的总体设想和加强施工管理的基本思路。指出，当前施工体制改革面临的主要问题是市场规则不健全，企业包袱沉重。今后施工体制改革的总体构想是建立智力宏密型与劳务密集型相互结合、协调发展的新型产业。实现这一构想，应逐步做到企业结构合理化、建筑劳务市场化、所有制形式多样化。

该文认为，在由政府直接管理企业向间接管理企业的转换过程中，应以“资质”为核心确立国家调控市场、市场引导企业的宏观管理手段。

我国建设事业科技发展四十年回顾 建设部科技发展司 《建筑》1989年第10期

该文简要地回顾了四十年的发展历程，并指出目前已建立了一批科研开发机构，有一支较高素质的科技队伍，装备较高水平的实验手段，初步建立了新的研究开发体制，许多领域的科研和开发应用达到较高水平。

中国工程勘察设计40年 建设部设计管理司 《建筑》1989年第12期

该文简要地回顾了40年的发展历程并指出当前的勘察设计已达到的水平。

当代建筑技术发展趋势 叶耀先 《建筑技术》

1990 年第 5 期

作者将当代建筑技术发展趋势归结为以下八个方面，而发展化学合成材料，开发组合制品，根据功能要求生产材料，建造工业化，改善居住条件，改造城市设施和景观，日益广泛应用计算机，开始应用机器人。

科技进步与建设领域的五大滑坡 徐正忠 《建筑》1989 年第 5 期

作者在文中以翔实的统计数据揭示了建筑业在经济效益、工程质量、能源消耗、工业化程度和队伍素质等五个方面的滑坡。

关于建筑业的行业管理 傅仁章 《建筑》1990 年第 6 期

作者在该文中首先论证了建筑业实行行业管理是国民经济发展的客观需要，并提出了应该怎样来实行建筑业的行业管理。

对施工企业实行宏观管理的自然趋势——试论由注册管理向资质管理的转换 张青林 《建筑》1989 年第 1 期

该文简要地证明资质管理是宏观集约型的管理，论述了资质管理的背景和条件以及当前实行资质管理的主要任务。

中心城市建筑业实行行业管理势在必行 年福礼 李京 《建筑经济》1990 年第 12 期

该文首先提出城市建筑业行业管理的模式和内容，介绍了哈尔滨、沈阳、成都、昆明四个城市实行行业管理前后的变化情况，对当前行业管理工作中存在的问题作了基本的分析，并提出了加强对试点工作指导的建议。

沈阳建筑业行业管理五年实践 邱镜河 《建筑》1990 年第 11 期

该文论述了为什么中心城市建筑业要实行行业管理，怎样抓好行业管理并使其发挥作用，以及如何处理好行业管理与综合部门的关系。

围绕提高工程质量改善集体建筑企业素质 傅仁章 《建筑》1989 年第 9 期

作者在文章中提出形势要求集体建筑企业要实施战略转变，且转变的重点应是提高工程质量，并提出要在治理整顿中深化集体建筑企业的改革。

关于我国施工企业组织结构总体改革的基本思路 张青林 《建筑经济》1990 年第 6 期

该文对几十年来我国施工队伍发展的经验教训做了分析，说明了施工企业组织结构改革思路的形成过程，提出了促进组织结构调整的宏观调控措施并阐述了其理论基础。

论建筑业经济运行机制 谭刚 《建筑经济》1990 年第 1 期

该文对传统建筑业经济运行机制作了简要的分析，阐述了建筑业经济运行机制改革的三种目标模式，并提出了建筑业新的经济运行模式的特征和内容。

关于建立我国建设监理制度的探讨（三）、建设监理的组织与方法；（四）建设监理的理论与实践 丁士昭 《上海建设科技》1989 年第 2、第 3 期

这是一篇连载文章，于该刊 1988 年第 5、第 6 期曾刊其（一）、（二）部分，探讨建设监理的背景、概念和意义以及建设监理的任务与责任。

困境中的思索——部分大型施工企业经理访谈录 孙德宏、蒋维 《建设报》1990 年 3 月 2 日

该文较集中地反映了压缩固定资产投资规模以来，大型施工企业面临的具有代表性的严重困难，从宏观政策和企业自身的角度提出了大型施工企业的发展构想。指出，目前，成本和非经营性支出大增、市场竞争不平等、被拖欠工程款日益增多等是大型施工企业遇到的主要困难，而核心问题是这类企业既要受计划经济制约，又不得不在市场经济中寻求生存，难以两全，处境维艰，大型企业代表了公有制方向，是计划经济与市场经济的结合点，应参与国民经济决策，应被赋予大型工程的总承包权，组织小企业的生产，政府应保护大型企业的市场竞争地位、干预拖欠工程款问题和离退休人员的安置。大型施工企业应努力向技术密集、资金密集型发展，完善企业内部管理机制，坚持和完善承包制。

整顿建筑市场与开放搞活 王秀芬、李德全 《建设报》1989 年 7 月 28 日

该文认为：在基本建设投资规模压缩、建筑业施工力量与施工任务矛盾突出的情况下，许多地方采取行政措施对建筑市场进行宏观调控是必要的。理由是：正确的行政性措施可以减轻市场机制不健全产生的消极作用，有利于稳定形势。在施行行政性措施时，要区别适当的措施与保护

落后的界限，反对盲目的地方保护和不惜牺牲质量以降低成本，反对鼓励本地施工力量盲目流动、扰乱外地市场等。该文认为，当前的许多行政性措施是不得以而为之的仅在特定时期适用的办法，因此，应把握行政性措施的时效性，将治理整顿中的短期目标与改革发展的远期目标结合起来，尽量减少短期应急性措施的副作用。

建筑企业经济效益下降亟待扭转 邢萱 《建设报》1990年8月17日

该文指出：近几年，全国建筑业总产值上升，利税却大幅度下降，据对25个省市和3个计划单列市的90家建筑企业的调查，1989年与1988年相比，企业的总产值平均上升6%，但利润却平均减少了43.8%，人工费和施工管理费亏损分别增长了52.7%和69.8%，产值利润下降了53%。据预测，这种趋势暂时还不能改变。出现上述情况的主要原因，一是建筑市场失控，招投标压价情况严重，二是预算定额及取费标准偏低，三是工程款被拖欠情况严重，四是企业管理工作薄弱。该文认为，企业虽然可以在加强经营管理和内部配套改革上下功夫。以缓解困境，但这不能从根本上扭转经济效益下降的趋势，有关行政部门更应从加强市场管理，调整预算定额和取费标准、以经济手段制裁拖欠工程款单位等方法帮助企业渡过困境。

管理上实现智力密集，技术上发挥全面优势——对加快建筑业体制改革的一点认识 沈汝松 《建筑技术》1989年第1期

该文提出设计施工要协调发展，力求技术整体进步，要重视把科研成果形成为生产力，建筑企业要实现总包综合管理与分包专业施工两层分离，并要发展专业建筑体系的功能作用，重视成套技术的应用推广。

试论大型建筑联合企业的集团化经营 胡建文 《建筑》1990年第1期

该文论述了集团化经营的客观必然性、集团化经营的目标模式、集团化经营的现实条件以及集团化经营的对策等问题。

建立企业内部四元产业结构实施多元化发展战略 上海宝钢冶金建设公司总经理 高天赐 《建筑》1990年第7期

所谓四元产业结构即在企业内部建立建筑施工、加工生产、检修协力、多种经营（狭义）的四元产业。该文论述了实施多元化发展战略的动因及其依据，简述了其过程及实践效应，并且谈及四元产业的运行矛盾和企业多元化发展战略及其走向的思考。

建筑施工企业经济效益下滑的情况、原因及对策 建审 《建筑经济》1990年第8期

该文在对90家施工企业的经济效益进行审计调查的基础上，分析了主要经济指标的完成情况，经济效益下降的原因，从而提出了摆脱困境的措施。

如何评价、完善"百含"办法 孙尚高 《建筑》1989年第9期

该文对百元产值工资含量包干办法近年来实施情况作了分析和评价，并且提出了改进的办法，主要是改进挂钩办法，改进价格上涨因素的剔除办法，加强对外包工工资的管理。

工程总承包的概念、作法和发展的思考 肖桐 《建筑经济》1989年第7期

作者在该文中详细论述了工程总承包的概念，阐明了工程总承包企业的经营方式，并且提出具有总承包能力的大型企业应当成为建筑企业的表率。

国际工程承包理论与实践 杨慎 《建筑经济》1990年第3期

作者分析了国际工程承包的性质和特点，对当前国际工程承包六大市场（亚太、欧洲、北美、中东、非洲和拉美）的形势作了具体分析，同时还对我国如何进一步发展对外承包工程事业提出了具体的措施。

关于完善承包制的思考 高远 《建筑经济》1990年第12期

该文提出合理调整，科学确定承包基数，克服"弹力式"的盲目承包；健全法制，明确责任，克服"香火式"的不平等承包；确立长期规划，解决"以包代管"，克服"急功近利"式的短期行为；推行全员资金抵押，健全内审体系，克服"平稳式"的无风险承包；发挥两个积极性，处理好四个关系，克服"家长式"承包等观点。

北京香格里拉饭店建筑总承包管理 吴引涛 《建筑经济》1989年第2期

该文介绍了建筑承包商、业主、建筑师三方面的关系，总包与分包的关系，总包企业内部关系以及依靠管理发挥技术优势等方面的一些情况

和看法。

对招标投标的思考 余国义 《建筑经济》1989年第5期

该文分析了建筑市场的许多病态，并认为是一种畸形发育的市场。进而分析了混乱现象来自哪里，提出了进行校正的办法以及强化监督手段等问题。

中国住房发展战略与对策 郑言文 《住宅科技》1990年第7期

该文对我国住宅建设的目标、现状，以战略眼光从体制改革、金融制度、技术政策等方面作了分析与探讨。

我国城市住宅技术管理概况 王晓鸣 《住宅科技》1990年第3期

该文是建设部下达的《城市住宅技术管理现代化问题分析研究》课题成果报告的一部分。作者提出了城市房管部门技术管理的职能，阐述了当前我国城市住宅技术管理的五个特征，并分析了与现代化管理的差距。

商品房价格面面观 王宝林 《建设报》1990年9月4日

该文从商品住宅的综合成本、配套费用及开发单位成本管理等方面、论述了商品住宅价格高居不下的种种表现和原因。文章指出，1984年至1988年，北京的商品住宅每平方米价格从580元上涨到3104元，上海则从676元上涨到2012元，据对43个城市的调查，此期间商品住宅价格上涨了2倍以上。各地商品住宅价格中，除直接成本外，都摊入了大量配套设施建设和各种名目的集资费用。如北京1988年每平方米商品住宅价格的3104元中，直接成本只有不足600元，仅占五分之一。不仅如此，各项摊入房价的费用还在大幅度上涨，建材价格也涨势很猛。开发企业在成本管理上的问题也促成了商品住宅价格持续增涨，一些开发单位任意扩大成本开支范围，用于自身固定资产购置、滥发奖金，甚至将自建办公楼、宿舍、饭馆等开支也挤进商品住宅成本。该文认为，房价飞涨已影响到住房制度改革，合理控制房价具有十分重要的现实意义。

房地产项目评估漫论 吕立夫 《住宅科技》1990年第8期

该文对房地产开发项目的评估，从性质到内容、组织、实施等方面均作以较全面的阐述。

建筑经济学术研究十年回顾 陈希 《建设报》1990年3月30日

该文记述了10年来建筑经济领域在学科建设、学术研究、建筑业改革理论方面取得的成就。

该文认为：10年来，建筑经济学突破了原来用基本建设经济学代替建筑经济学、或把建筑经济学看做基本建设经济学分支学科的旧观念和传统学科体系，开始研究有计划的商品经济理论，从而建立了建筑经济学的学科地位和学科体系。在此期间，建筑经济理论工作者对符合客观经济规律的一些改革经验作了概括，明确了学科的若干重要的基本观点，学科理论研究进入了建立有中国特色的建筑经济学的新阶段。该文指出，通过对建设工程招标承包制、建筑产品价格改革等重大课题的研究，建筑经济学已经为建筑业改革起到了理顺思路、明确方向的作用。

谈建筑经济学 姚璧如 《建筑经济》1990年第2期

该文对建筑业和经济学的认识提出了看法，并对理论体系和学科体系的内容提出了自己的观点。

十年来建筑技术经济学术讨论 胡世德 《建筑经济》1989年第10期

该对建筑工业化、住宅技术经济、旅馆技术经济，现浇混凝土技术经济和高层建筑技术经济等重点课题10年来的调查研究和学术讨论的状况作了简要的介绍。

建筑业经济理论研究与体制改革实践 金敏求 《建筑经济》1990年第2期

作者在该文里回顾了建筑经济理论研究的新突破，十年改革的主要内容和进展情况，并提出了进一步深化改革的设想及主要措施。

加强劳动工资工作管理 提高企业经济效益 杨兰茹 《建筑经济》1990年第9期

文中提出加强自有施工队伍的整顿和管理，严格控制使用外包工、坚持实行计件工资制和定额工资制、加强工资基金管理等措施来提高企业的经济效益。

关于建设资金循环的探讨 陈九皋 《建设报》1990年1月26日

该文论述了建设资金在以往管理体制与经济政策规范下的不良循环表现、原因，以及推动建设资金良性循环应采取的对策。该文认为，基础设施建设投入低、建设效果差，不仅使资金搁浅，也影响了国家对建设事业的再投入；忽视价值规律使建筑产品的商品化程度低，影响了建设事业的发展；基建战线过长使施工单位被拖欠工程款现象严重，影响了资金循环。

该文认为，建设资金的良性循环对购买生产资料和劳动力、生产、出售产品三个阶段都有相应要求：建设部门在目前对生产资料购买力较弱的情况下，应在生产过程中注重技术改造，缩短战线，以较少的成本取得较高的效益，同时建立流通机制，开展有偿服务，抓住房地产开发这个财源，提高产品的商品成份。该文建议：应从财政上把基础设施建设支出列人生产性支出，开辟外资渠道，加强对资金的监督、审计管理，进而加快管理体制的改革。

我国基本建设四次大起大落的经验教训　杨振家　《建设报》1989 年 4 月 18 日

该文认为，我国基本建设有过四次较大的起落：1959 年的“大跃进”、1970 年的“备战”、1978 年的“洋跃进”和 1984 年以来的基本建设投资规模高居不下。几次起落的历史背景不同，但有共同的经验教训。首先是各级领导指导思想上的急于求成造成了盲目追求产值、速度，忽视了科技进步和经济效益、劳动生产率的提高。其次，投资规模脱离了国情，产生了投资规模膨胀。第三，历次大起大落都是国民经济综合平衡遭到破坏的结果，基本建设几次上去又下来，都是工业挤农业在先、农业拖工业后脚于后的表现。第四，大起大落的出现与预算外资金迅猛增长、缺乏产业政策的指导与宏观管理有直接关系。第五，一条重要教训是，要加强建设项目的前期工作，适当集中审批权限。第六，要加强管理，节约投资，提倡艰苦奋斗、勤俭建国的方针。

如何解决城市基础设施薄弱和超负荷运转的矛盾——出席全国计划单列市城乡建设改革协作会的代表提出 11 条意见　王更新　《建设报》1990 年 9 月 11 日

出席全国计划单列市第七次城乡建设改革协作会的代表们认为，由于历史欠账太多，加之近年来城市经济的发展和人口的高度增长，城市基础设施超负荷运转的状况越来越突出，严重制约了城市经济发展。为此，代表们提出 11 条意见。1.基础设施建设与经济建设同步发展；2.城建资金归口管理；3.提高城市建设维护税税率；4.实行基础设施有偿使用；5.综合开发、配套建设；6.调整公用事业收费标准，增强企业发展活力；7.适当减免市政公用企业的税收；8.公用企业原材料应纳人国家计划轨道；9.实行能源交通基金和养路费分成；10.实行城市土地有偿使用；11.加强城市公共绿地、水源保护地、规划预留地及公交、环卫、水气、邮电服务点的建设。

建　筑　施　工

中国建筑施工 40 年　建设部施工管理司　《建筑》1989 年第 9 期。

该文回顾了我国施工队伍的发展历程，施工管理体制和经营方式的变迁、技术进步和管理现代化的进程并前瞻施工管理体制改革。

我国建筑施工技术四十年　许溶烈　《施工技术(建筑技术通讯)》，1989 年第 5 期。

该文简述了我国施工技术原有基础，将 40 年的发展分为三个时期，分门别类地介绍了特点与成就，并说明了发展趋势和导向。

建筑机械化施工四十年成就　肖绍统　《施工技术(建筑技术通讯)》，1989 年第 5 期。

该文分别就工业建设、住宅与公共建筑、交通建设、地下水下工程施工等方面简要介绍了发展成就，并提出了今后的发展方向。

建筑工程质量现状与展望　傅仁章　《施工技术(建筑技术通讯)》，1989 年第 3 期。

作者对当时的建筑工程质量提出了综合评价，指出了存在的问题，并提出为了提高工程质量一方面需要解决认识问题，另一方面则要解决治法和技术管理问题。

我国近年的建设工程质量情况评析　何健安　《建筑》1990 年第 7 期

作者在该文中列举了当前工程质量中的问题，如合格率低，优良率更低，工程倒塌事故时有发生，质量通病未能消除，一些工程中存在严重隐患，每年都要花大量资金维修加固等等，并分析了产生这些问题的原因，如建设市场管理混乱，技术素质下降，对创优缺乏鼓励，材料质量不高，法制不健全，小生产施工方式占相当比重等等。

水泥基材料的新发展 吴中伟 《混凝土》1990年第6期

该文分别简述了高强轻集料混凝土、纤维增强混凝土、特高耐火性混凝土、膨胀混凝土以及新型高效能水泥基材料。

我国预应力混凝土发展新动向 杜拱辰 《施工技术（建筑技术通讯）》1989年第4期

我国预应力技术已进入由低强向高强、由低技术向高技术、由一般结构向现代结构发展的新阶段，其特点是表现在部分预应力理论、预应力新工艺、大跨度房屋建筑、开辟新的应用领域等四个方面。

我国商品混凝土的发展现状与存在问题 宋中南 《施工技术（建筑技术通讯）》1990年第5期

该文概述了我国近年商品混凝土的现状，总结了发展商品混凝土的经验，分析了当前存在的问题，并对今后如何发展商品混凝土提出了建议。

我国模板工程技术的新发展 糜嘉平 《施工技术（建筑技术通讯）》，1990年第3期

该文概要地介绍了组合钢模板推广应用及模板工程技术发展的情况。对近年来开发的塑料、铸铝、胶合板等模板的技术性能、适用范围等作了客观的分析，并对今后开发研究新型模板提出了建设性的意见。

十年来推广应用组合钢模板取得重大成就 糜嘉平 《工业建筑》1989年第5期

该文首先论述了钢模板的重要性，着重总结了推广应用钢模板所取得的主要成绩，并指出今后模板及脚手架工程的发展动向。

努力提高建筑防水质量 李国泮 《施工技术（建筑技术通讯）》1989年第2期

作者推算，全国每年用于屋面防水维修费用达到5亿元，提出从技术管理方面采取如下措施：一、加强防水材料的质量管理，逐步建立法定的性能质量检验测试和认定与评定制度。二、精心设计，精心施工，逐步建立专业化的防水工程队伍。三、认真抓好先进适用技术的推广应用。此外，还提出了一些有关政策措施。

我国建筑防水现状与展望 叶琳昌 《施工技术（建筑技术通讯）》，1990年第1期

该文根据1988年对全国10余省市的几百项工程的调查结果，分析了平屋面和地下室防水技术的现状、渗漏原因，并对今后采取哪些措施提出了意见。

装饰材料与施工技术的发展 陈嘉桢 《施工技术（建筑技术通讯）》，1989年第6期

该文对近年来在吊顶与隔断、壁纸与墙布、建筑涂料、饰面砖与饰面板、门窗、玻璃等方面新的装饰材料与施工技术的发展作了简明的介绍。

提高建筑装饰质量水平，创造优美舒适的生活环境 何建安 《施工技术（建筑技术通讯）》，1989年第6期

该文提出要重视装饰工程的质量，分析了当前普通的、突出的一些质量问题及其原因，并提出进一步提高质量水平的意见。

上海近年来高层建筑施工技术的发展 奚正修 《建筑施工》1990年第5期

该文从结构体系、深基础。现浇混凝土、超高层钢结构、高级装修、施工机械等方面简述了高层建筑施工技术的发展，并提出了存在问题。

10年来北京建筑工业化的发展 胡世德 《建筑技术》1989年第9期

该文综述了1979～1989年间北京市建筑工业化的发展状况，主要介绍了建筑体系的发展，钢筋混凝土现浇技术的发展，建筑制品和材料的发展，机械化的发展以及科学管理等状况。

上海国际饭店施工回顾 潘志浩、彭永和、陶仰峰 《建筑技术》1989年第5期

这几位作者都是1932年上海国际饭店工程的参加者。他们在该文中介绍了工程概况，并分别就施工班子组织、进度控制、调度和现场管理、垂直运输、工程质量等问题作了详尽的回顾，于今日仍有参考价值。

水泥基材料的新发展 吴中伟 《混凝土》1990年第6期

作者根据对现有技术资料的分析，对水泥制品工业和混凝土构件最有发展的几种水泥基材料，如高强轻集料混凝土、纤维增强混凝土、特高耐火性混凝土、膨胀混凝土以及新型高效能水

泥基材料等作了简要的讨论。

钢纤维混凝土的性能和应用 赵国藩 黄承逵 《工业建筑》1989 年第 10 期

该文根据近年国内外有关钢纤维混凝土研究和应用的学术会议文献，综合阐述了国内外研究和发展钢纤维混凝土的情况，并对我国发展钢纤维混凝土提出了具体建议。

我国高强混凝土的配制与应用 徐惠芬 《混凝土》1990 年第 3 期

该文介绍了用高标号水泥配制高强混凝土、掺高效减水剂配制高强混凝土的方法、掺加优质活性材料配制高强混凝土、掺硅灰高强混凝土的研制、掺矿渣高强混凝土的研制，以及辽宁省高强混凝土的研制和应用。

高强混凝土在高层框架柱子中的应用 黄荣辉、牛晚如 《施工技术（建筑技术通讯)》1989 年第 4 期

辽宁工业技术交流馆是我国第一幢采用 600 号高强混凝土的建筑。它的建成标志我国钢筋混凝土工程的设计施工水平又上了一个新台阶。该文主要内容是介绍其设计和施工的经验。

高层建筑新材料——火山渣混凝土 蔡佩良 林立岩 《施工技术（建筑技术通讯)》，1990 年第 6 期。

该文介绍高层建筑承重兼保温的火山渣混凝土的主要性能，施工特点 12 对节能建筑墙体改革的设想。

高效减水剂发展的历史、现状及趋势 卢璋 《工业建筑》1990 年第 4 期

该文对高效减水剂的发展过程、现有品种、掺高效减少剂混凝土的物理力学性能，以及高效减水剂今后的发展趋势等问题进行了探讨。

我国的碱活性集料与碱—集料反应 韩苏芬 吕忆农等 《混凝土》1990 年第 5 期

该文综合介绍了我国一些地区（特别是北京地区）的碱活性集料及碱—集料反应。在我国积极采取措施防止混凝土工程发生碱—集料反应的破坏作用具有重大经济意义和社会效益。

根据混凝土的早期强度预测任意龄期强度的方法 项翥行 《建筑技术》1989 年第 3 期

该文提出强度预测的计算公式和各解法，列出了试验验证材料，证明该法对于用各种常用水泥包括 R 型早强水泥拌制并在区温下养护的混凝土均适用。

混凝土结构中钢筋防锈研究 樊秀英、王足献 《混凝土》1990 年第 2 期

该文认为提高混凝土自身对钢筋的保护能力，水灰比是决定因素，处于氯离子条件下的混凝土必须控制水灰比。混凝土中掺 80% 的硅粉，其护筋能力与阻锈剂亚硝酸钠的护筋能力效果等同。亚硝酸钙的阻锈效果与亚硝酸钠相比，阻锈能力提高 60%。

混凝土防冻剂理论的一个新概念—液灰比 卢璋 周胜军 《建筑技术》1989 年第 10 期

该文根据作者的试验研究，结合其他人的理论及试验，提出液灰比这一新的概念。运用此概念可能有助于防冻剂配方、掺量的选择，能深入认识防冻剂的作用。但目前尚不够完善。

国内混凝土冬期施工工艺发展概况 马英洪 《施工技术（建筑技术通讯)》1989 年第 1 期

该文着重介绍了国内现阶段常用的混凝土冬期施工综合蓄热法，暖棚法、蒸气法和电热法的应用特点、注意事项及改进意见。

钢结构及工业设备防护涂料的选择 陈铎恩 《工业建筑》1989 年第 4 期

该文提出了对腐蚀介质进行定量分析的意见，建议采用各种腐蚀因素所综合的作用结果，即以 5 年平均腐蚀深度作为腐蚀程度的分类依据，在此基础上再按不同防护等级要求，对防护涂料进行选择。

该文还阐述了涂料选择中应注意的事项，综合列出了我国当前钢结构及工业设备常用的系列配套涂料。

地面防静电措施 李庆福 《工业建筑》1989 年第 9 期

本文在分析静电现象产生机理的基础上，对建筑物地面如何防静电，提出了行之有效的措施，并介绍了当前国内外一些常用的防静电地面构造及做法。

梁板组合式大模板 赵国和 《建筑科技情报》1990 年第 3 期

针对传统大钢模板适应性差，模板面与支撑肋损坏不同步，材料不能充分利用等缺陷，研制

出一种以木胶合板为模板面，型钢为支撑肋的组合式大模板。这种模板已在北京天坛饭店和国际艺苑皇冠假日饭店工程中使用，并获得国家专利。

矿山采动地表的大型工业建筑利用研究 颜荣贵 《岩土工程学报》1990年第6期

该文阐述了在本溪钢铁厂采空区地表建设炼钢车间、汽车厂大型工程建筑群及水泥厂运料架空索道工程的可行性和加固措施的研究成果，按随机介质理论及矿山地表移动的三维问题进行预计的地表变形值与实测结果吻合。这些成果均为工程所采用，并取得显著经济效果。

改善楼板隔声性能的施工 王云纳 《施工技术(建筑技术通讯)》，1990年第1期

该文介绍两种楼板隔声方案（砂垫层聚苯乙烯板加筋细石混凝土面层及聚苯乙烯板加筋水泥砂浆面层），施工工艺简单，工序衔接清晰，便于组织流水施工，经计算和实测证明，均可满足住宅隔声的规范要求，而造价增加不多。

北京某工程地下室混凝土质量检测与堵漏处理 龚洛书 《施工技术（建筑技术通讯)》，1989年第3期

该文总结了对某工程地下室底层混凝土质量事故进行的综合治理经验。其治理内容包括质量检测、渗漏事故处理和耐久性分析三个部分。经过一个雨季的考验，情况良好，达到了预期的目的。

主跨126米混凝土斜拉渡槽桥跨结构整体提升新型施工法 吴亮明 肖庆羽 《土木工程学报》1989年第1期

北京延庆二道河大跨度混凝土斜拉渡槽结构，横跨铁路、公路交通干线，位于两山之间，全跨长258米，主跨126米，宽跨比1：40，柔度较大。该文介绍了这种三跨连续悬浮式斜拉结构，采用地面成型，整体提升新工艺施工就位的经验。并介绍了斜缆强拉情况。

大跨度斜拉结构“整体提升法”为国际上首创，工艺新。

建 筑 结 构

复杂体型高层建筑结构的空间分析 吴秀水、张维岳 《建筑科学》1990年第1期

该文提出了复杂体型高建筑结构的空间分析方法是将高层建筑结构离散为薄壁柱元，普通柱元和梁元。根据符拉索夫理论建立薄壁柱元的单元刚度矩阵和刚度转换矩阵。考虑了截面扭转翘曲的作用，薄壁柱截面可由多肢剪力干墙构成，形状多种多样。可以分析平面和立面结构布置都很复杂的结构，适用性广。本方法的可靠性已经两个模型试验验证。所编制的程序SATS已在50多个工程中应用。

高层建筑结构考虑平移和扭转时的位移风振系数 张相庭 《建筑结构学报》1989年第5期

风荷载是高层建筑结构的主要侧向荷载。不对称结构在风荷载作用下，将引起平移和扭转的偶合运动。该文根据随机振动理论，针对高层结构的特点，导出位移风振系数公式。这样，在平均风下的静力位移或层间内力乘以导出的位移风振系数，即可很方便地得到平均风和脉动风共同作用下的响应。有关参数已制成计算图表，可供实际应用。

高层筒体结构的计算 张大名 李发国 《土木工程学报》1989年第4期

作者根据63层的广东国际大厦的模型结构的实验研究，系用杆件—上薄壁构件模型，编出了高层筒体结构计算程序。为了验证其可靠性和精度，文中给出了该模型结构及另外两个模型结构的部分计算结果和实验结果，两者的比较是令人满意的。计算程序可供工程设计使用。

高层建筑圆筒结构的整体稳定计算 刘开国 《建筑结构（建筑技术通讯)》1990年第1期

高层建筑圆筒结构的整体稳定计算，迄今尚未见有专文论文。该文导出了圆筒结构整体稳定计算公式，十分简单，还可推广应用于框筒及模数筒等高层及超高层结构的稳定计算。

多、高层钢框架结构分析与研究 丁洁民 沈祖炎 《建筑结构（建筑技术通讯)》1990年第1期

由节点的变形协调和力的平衡条件，该文导出了考虑梁柱节点域剪切变形的钢框架结构分析方法。所得的方法只需对常用的框架计算方法适当作些修正即可，且易于编电算程序。通过大量的对比计算分析，提出了不用考虑节点域剪切变形的划分条件，并对需要考虑节点域剪切变形的钢框架提出了实用的修正公式，以方便工程设计。

风车型双连住宅楼变形和受力问题的分析研究 赵西安 陈谦 《建筑结构学报》1990年第6期

此型住宅建筑布置合理，结构上采用部分异型框架柱，满足了居室无柱角突出的要求，但结构布置复杂，中间连接部分宽度小，楼板薄弱。该文采用考虑楼板变形的计算程序分析了在水平地震力作用下的内力和变形，并按串并联多质点振动体系输入地震波进行动力时程分析，研究了在地震过程中，连接部位的最大动力反应值。分析表明，只要对连接部位的楼板采取适当措施予以加强，此结构是可以满足抗震要求的。

亚运会石景山体育馆组合双曲抛物面网壳屋盖结构 沈世钊 顾年生 《建筑结构学报》1990年第1期

石景山体育馆的屋盖结构由三片四边形的双曲抛物面网壳组成，该文介绍这一新结构的设计方案、主要构造以及理论分析、模型试验等的主要结果。

大跨空间结构新技术发展问题 董石麟 《建筑结构（建筑技术通讯）》1989年第3期

该文简要综述了网架、薄壳、网壳、悬索，及充气等五种大跨空间结构在国内外应用和发展的一些情况，着重阐述这种结构在跨度、覆盖面积、几何形体、组合空间结构、网架楼层、新型节点体系，施工技术和轻型屋面材料等方面当前发展的新动向，并提出了今后需要研究解决的新课题。

大柱网双向无粘结预应力密肋楼盖结构的设计与研究 徐金声等 《土木工程学报》1990年第4期。

该文着重讨论了预应力引起结构内力的合理估算，采用混合配筋对长期变形和抗裂性的影响，预应力端头局部承压和构造措施等，并提出了设计与施工建议。

无天窗纺织厂房的研究 韩松 广士奎 《工业建筑》1990年第12期

该文着重从无天窗厂房有制于节能和对有无天窗两种不同形式比较来论证无天窗厂房对工人的生理和心理影响是利大于弊。

现代钢结构发展中的新理论新形式和新材料（上、下） 陆锡麟 《工业建筑》1990年第9期和第10期

现代钢结构的发展趋向是：材料、高效、高强化，结构大型、轻型化，工厂制造、规格化，施工装配、扩大化。该文着重介绍了近年来世界钢结构工程领域中采用的新设计思想、新结构体系和新型建筑材料。

空间钢网架在工业建筑推广应用的前景 钦方和 《工业建筑》《1990》年第8期

该文论述了空间钢网架在工业建筑屋盖上的应用问题，并对合理的结构形式及降低钢耗量、结构优化、经济性和保证质量等方面提出了建议。

组合网架的发展与应用——兼述结构形式、计算、构造及施工 董石麟 《建筑结构（建筑技术通讯）》1990年第6期

近10年来，发展了一种钢筋混凝土平板与钢网架共同工作的新结构——组合网架结构。它具有刚度大、自重轻、综合技术经济指标好等特点，可用于屋盖结构，也可用于楼层结构。该文简述了这种结构的发展史、国内外应用情况，并对其特点、形式、计算、节点设计及施工安装等问题作了综合阐述，提出了进一步推广的建议和需要研究探索的技术问题。

无粘结部分预应力混凝土受弯构件的变形计算 陈学康 王逸 杜拱辰 《建筑结构学报》1989年第1期

该文研究了影响无粘结部分预应力混凝土受弯构件在使用阶段刚度计算的主要因素。根据建研院近年的几批试验数据，采用线性回归的方法得出了本文建议的无粘接部分预应力混凝土受弯构件的刚度计算公式。该公式计算的结果与试验结果符合良好。

对无粘接预应力结构设计计算的五篇论文 潘立 《工业建筑》1989年第8期

这五篇论文是运用钢筋混凝土结构的基本原理，结合工程实际，对无粘接预应力混凝土结构设计中的一些关键变量的计算方法进行研究的成果，为这类结构的设计提供了简明实用的计算方法。

无粘结预应力筋的计算 徐金声 《建筑结构学报》1989年第3期

该文提供了无粘接预应力筋长度、强拉伸长值和预应力值分布的工程适用与精确计算公式，可供单跨及连续多跨的梁和板的设计和施工应用。文中还有例题说明和由各种公式计算所得结

果的比较。

钢筋混凝土T形、例T形、工字形截面偏心受压构件的配筋计算 刘亚平 赵国藩 《建筑结构学报》1990年第4期

该文基于新的混凝土结构设计规范的基本假定和截面内力平衡方程提出了在T形、例T形、工字形截面偏心受压构件正截面强度计算时均可按矩形截面计算的“等代矩形截面法”，从而使这些构件的各种计算情况分析以及小偏心受压时遇到的中和轴相对高度ε的三次方程的近似计算方法均与矩形截面通用。在近似求解小偏心受压构件的ε的三次方程时，以分区降阶一次逼近法为例说明了“等代矩形截面法”的具体应用。

钢管混凝土结构研究新动向 钟善桐 《哈尔滨建筑工程学院学报》1990年第1期

该文对国内外现在计算理论和公式的实质进行了分析，提出把钢管混凝土视为一种新的组合材料进行研究的新概念。形成了以本构关系为基础的一整套具有一定理论基础的计算体系，为研究钢管混凝土结构开创了一种新的途径。

砖石古塔的历史震害与抗震机制 李德虎 魏琏 《建筑科学》1990年第1期

该文在考证有关历史资料及震害调查的基础上，对砖石古塔的抗震机制进行了探讨，分析了各种砖石古塔的结构特点与震害现象的关系，提出了对现存砖石古塔进行抗震鉴定的意见。指出沿中轴线劈裂，是开洞空心砖塔震害的重要现象，以及以悬臂杆理论分析砖石古塔抗震性能的必要性和可能性。

钢筋混凝土柱在动力作用下的开裂突变强度与变形研究 吴世昌 刘振昌 《建筑科学》1990年第3期

该文介绍了作者近年来在大型振动台上进行的钢筋混凝土柱模型的动力试验以及作者根据试验提出的新的破坏概念。

在周期性动力荷载作用下，构件在开裂前，其应力—应变关系与静力基本一致。当截面混凝土的拉应力达到或超过抗拉极限值时，在反复力作用下裂缝很快贯通，刚度突然降低，原由混凝土承受的拉力突然传递给纵向受力钢筋，形成开裂突变。这种现象是既结静力或拟动力加载所没有的。影响开裂突变的因素包括主筋配筋率、钢筋种类、加载频率及模型自身的振动特性。

试验表明，多数构件在经历一系列振动作用后会产生上述突变，但最终以斜截面破坏的柱子，还会沿斜裂缝产生第二次开裂突变。

该文叙述了上述特性，展示了突变后强度与变形的关系和截面配筋条件对两次突变的影响。这一成果有力地动摇了延性抗震概念，并对新的动力抗震方法提出了试验依据。

钢筋混凝土梁斜截面疲劳强度及裂缝控制 李惠民 顾传霖 《建筑结构学报》1989年第6期

该文通过30根T形梁在重复荷载作用下的试验作用下的试验研究和全面深入的分析提出了考虑混凝土抗剪作用的斜截面疲劳强度的计算方法及腹筋疲劳破坏的判别条件。同时对多次重复荷截作用下斜裂缝的控制问题进行了初步的讨论。

劲性钢筋混凝土结构工程设计简介 程懋堃 陈琢如 毛增达 刘小琴 蔡申 《建筑结构学报》1989年第3期

该文介绍了目前在我国高层房屋建筑中应用劲性钢筋混凝土（SRC）结构的背景，并介绍了由北京市建筑设计院设计的高层钢筋混凝土房屋建筑中第一次采用SRC结构的情况，对结合工程所做的科研工作也作了简要介绍。

弯、剪、扭共同作用下钢筋混凝土构件的强度，钢筋混凝土结构抗扭专题组 《建筑结构学报》1989年第5期

该文采用变角空间桁架理论提出了钢筋混凝土构件弯—剪—扭强度相关方程，总结了国内近年来主要试验成果，对这类构件强度的计算方法作了深入的探讨。

多功能构造柱在砖混房屋中的应用与研究 汪恒在 《建筑结构（建筑技术通讯）》1990年第3期

该文介绍只用于抗震的“一用柱”发展为地震时抗震、不震时作为承重和代梁垫的多功能构造柱（亦称“三用柱”）。经多种民用建筑及多层轻工业厂房中试用，其经济技术效益较好，既可提高房屋的抗震能力，又可扩大砖混结构的使用范围，结构安全可靠，符合有关设计规范，是一种适合我国国情的结构类型。

钢纤维混凝土与变形钢筋的粘结强度 唐九如 严永成 周起敬 《建筑结构（建筑技术通讯）》1989年第6期

该文论述了34个钢纤维混凝土和普通混凝土试件在单调、重复和反复荷载下与变形SⅡ钢

筋的粘接锚固性能的部分试验结果。试验表明，钢纤维混凝土具有较高的粘结强度，并可减小钢筋的滑移。在分析的基础上，提出了钢纤维混凝土粘结强度计算公式和钢筋设计锚固长度的建议，供钢纤维混凝土结构设计参考。

超长超厚现浇混凝土结构的裂缝控制 王铁梦 《工业建筑》1990年第6期

该文主要包括块体及厚板的自束约应力，任意时间的收缩，弹性地基上梁和板的外约束应力、长度对应力的影响等内容，分别从结构、材料、地基、施工等方面阐述了综合控制裂缝的技术措施。

关于建筑物裂缝控制的若干问题 王铁梦 《建筑技术》1990年第7期

该文从理论上以及实践经验上总结了建筑物裂缝的状况，控制办法。

中国建筑结构倒塌事故分析 叶耀先 《建筑结构(建筑技术通讯)》1990年第5期

该文对1958年到1987年间国内发生的285起较大的房屋和结构构件倒塌事故进行了分析。主要分析了倒塌发生的时间、倒塌的主要原因并提出了结论与建议。

悬挑结构倒塌事故分析及预防 王赫 贺玉仙 《建筑结构（建筑技术通讯)》1990年第4期

该文首先分析了27例倒塌事故，统计事故出现在多类建筑中的情况，归纳事故的主要原因，然后分别按常见的六类原因简要地分析了12个典型实例，最后提出了预防此类事故发生的几点建议。

建筑质量与世界建筑技术发展趋势——国际建筑研究与文献协会第11届大会简介 叶耀先 《建筑结构（建筑技术通讯)》1989年第6期

1989年6月于巴黎召开了有72个国家参加的国际建筑研究与文献协会第11届大会。会议主题为建筑质量，并对技术发展问题作了专题讨论，该文对这两个问题的讨论情况作了简要介绍。

悬吊质量结构的抗震计算及减震性能分析 王玉明 魏琏 《建筑结构（建筑技术通讯)》1990年第5期

该文对具有悬吊质量的多层框架结构的抗震性能进行了研究，分析了悬吊质量结构的自振特性，在此基础上对抗震计算方法进行了改进，并通过振型分解法和直接力，法的数值计算结果，讨论了悬吊质量结构的减震性能。

改善砖混住宅功能质量，实现砖混住宅技术改造。 班焯 《建筑技术》1989年第7期

该文介绍了目前我国砖混住宅的现状，提出了体系化研究的若干任务，并指出实施体系化的两个主要环节，即模数网格、轴线定位及面积标准。

底部整体裙房上部多塔结构地震反应分析 薛彦涛 魏琏 《建筑结构学报》1989年第6期

多塔结构是一种新型结构。该文对双塔结构的平面地震反应和扭转耦连反应作了分析，提出了地震反应计算的一般方法。该文还分析了双塔结构的自振特性以及地震作用下结构的受力特性，可供抗震设计时参考。

曲线梁桥荷载横向分布理论分析 李国豪 《土木工程学报》1990年第1期

该文将曲线梁桥作为曲线梁系，应用力法分析其荷载横向分布。引进“当量竖荷载”概念，得到与直线梁桥和直线拱桥一致的应用竖荷载横向分布影响线的实用计算方法。分析表明，对于T字形和I字形主梁的曲线梁桥，基本上有两个当量荷载横向分布影响线，其一适用于主梁弯矩，另一适用于主梁扭矩和扭转角与挠度；二者的差别在于当量荷载中所含的扭矩荷载分量的多寡不同，梁轴曲率愈小，差别也愈小。

大瑶山隧道设计与施工 赵子荣 王梦恕 《土木工程学报》1989年第3期

大瑶山隧道长14。295公里，是我国最长双线铁路隧道，名列世界双线铁路隧道第10名。采用“三斜一竖”长隧矩做施工方案，全断面、半断面大型机械施工。组成开挖、锚喷、模注混凝土三条机械化作业线。施工中采用深孔光面爆破、无轨运输、复合衬砌，塑料板防水层等几十项新技术。大瑶山隧道建成，标志我国隧道建设技术已达国际先进水平。

地 基 基 础

我国地基基础施工技术的新发展 刘金砺 《施工技术（建筑技术通讯)》，1990年第2期

该文就我国近年来在地基处理、灌注桩施工技术，深基坑支挡技术等方面的新发展作了简明的回顾。

岩土工程的反思 俞调梅 《岩土工程学报》1989年第6期

该文多年来有关岩土工程的理论与计算方法有不少成就，但也有不恰当或错误之处。该文试举例说明在土压力、地基承载力及箱形基础与上部结构（框架）共同作用计算中存在的问题，并提出关于工程实践、研究与教学方面的建议。

岩土工程学报十年和建筑界岩土工程学的进展 张国霞 《岩土工程学报》1989年第6期

该文综述了1979年～～1989年间在高层建筑箱形基础的测试和研究、天然地基的极限强度、地基的沉降分析、地基与结构的共同作用等方面的科研进展。

我国西北黄土的基本性质及其工程建议 陈宗基 《岩土工程学报》1989年第6期

该文简要介绍了我国黄土的分布及其风化源，提出了一种微观构造模型，用于解释其变形崩解特性和含水量轻微变化对高孔隙黄土力学性质的影响。该文给出了有关物理-化学和矿物组成研究的结果，并利用固结三轴，流变和渗透试验确定黄土的基本力学特性。该文还对实际工程问题提出了建议。

饱和黄土碎石桩地基沉降计算 郭蔚东 钱鸿缙 《土木工程学报》1989年第2期

该文总结了采用碎石桩加固饱和黄土的效果。作者在指出国内现有桩土应力比理论计算式的不足之后，应用应力剪胀理论，提出了考虑到桩土剪胀性的桩土应力比和沉降折减系数的简明实用计算公式。本文还给出了这种复合地基的沉降计算方法，并通过实例说明是可靠的。该法也可用于其它软弱土碎石桩地基的沉降计算。

大型超深地下连续墙施工新技术 王锦成 储文敔 《建筑施工》1989年第3期

该文介绍了宝钢热轧厂铁皮坑-50.7米地下连续墙的施工经验，从施工准备，控槽到泥浆制备与处治、测试等均作了详细的介绍。

水泥土搅拌桩支挡结构新技术 俞锡桥等 《建筑施工》1990年第2期

该文介绍了水泥土搅拌桩成功地应用于上海四平路地下车库基坑开挖边坡支护的实践经验，提出了水泥土搅拌桩作为饱和软土地区基坑开挖边坡支护结构的设计算方法，阐述了水泥土的物理力学性能指标。在饱和软土地质条件下系用这种支护结构有明显的效益。

戈壁地基承载能力 何庆丰 《工业建筑》1989年第7期

该文结合工程实践和对地质地貌的调查，综合分析了地基野外荷载试验及物理性能试验结果，说明戈壁地基是一种压缩性低，变形稳定快，抗剪和抗压强度高的良好地基。戈壁土不仅有较大的内摩擦力还有较大的粘结力。

北京地区深基坑支护的现状、问题和发展趋势 余志成 施文华 《建筑技术》1988年第6期

该文对北京地区34座高层建筑深基础支护情况列表介绍，并重点介绍了京城大厦基坑的支护方法，提出了设计计算和施工上存在的问题。根据北京地区的具体情况提出今后的发展趋势在于挡土墙、地下连续墙、锚杆、桩墙合一。

砂井地基的优化设计 谢康和 曾国贤 《土木工程学报》1989年第2期

该文首次提出砂井地基的优化设计理论和方法，编制了以井距和井长为设计变量、造价为优化目标的砂井地基优化设计微机程序，分析了常规设计与优化设计的经济效果，讨论了现行细而密设计原则的合理性。

该文提供的方法不仅可降低造价，而且还可加速设计过程。按细而密原则设计非理想井并不完全合理。

多层建筑中钻（挖）孔桩设计问题的探讨 陈谦 《建筑结构（建筑技术通讯)》1990年第2期

以往在广州12层以下建筑曾广泛采用打入式灌注桩基础。由于相邻建筑贴近，限制了打入式桩基础的使用，又因对城市噪音的限制，所以在8层以下的多层建筑也日益普遍使用钻（挖）孔桩。该文根据调查资料及单桩荷载试验的成果，总结出强风化软质岩中钻（挖）孔桩计算单桩承载力应该选用的方法，提出了相应设计数据的取值公式。这些方法得到了试验和工程实例的证实。

强夯膨胀性填土地基 成士达 《建筑结构（建筑技术通讯)》1989年第1期

该文较系统地分析了干容重与膨胀压力、线

缩率、压缩系数、地基容许承载力的变化规律，研究了含水量对膨胀性填土地基的影响，提出了最佳夯击范围以及在这种地基上设计和施工应注意的事项。

环境因素对膨胀土地基变形和水分变化的影响 陈希泉 《建筑结构（建筑技术通讯）》1989年第1期

该文通过实例分别就大气降水和地温变化、地形地貌形态以及房屋覆盖等方面的环境因素对膨胀土地基中含水量和升降变形的影响进行了论述。该文着重指出，在年降水量大、雨季历时较长且分布较均匀的南方地区，膨胀土地基中的含水量和变形主要受大气降水和蒸发量的控制；而在较干旱、地温年差较大的北方地区主要受地温变化的影响。

折板基础在软土地基上的应用 佟家骧 《建筑结构（建筑技术通讯）》1989年第5期

该文论述了在软土地基上作为折板基础的天然地基的原理，并介绍其设计计算方法以及所取得的显著经济效益。

上海某20层高层住宅超短桩基础设计 冯克康 方世敏 《建筑结构学报》1990年第5期

全国高层建筑桩基已有几十万根打入土中，对桩基设计的合理性和经济性迫切需要作出客观评价。而在软土地基区域，结合工程地质条件，重视减轻建筑物自重，合理设计桩基具有重要的经济意义。

该工程根据其特定的工程和地质条件在浅砂层中采用450mm×450mm截面、长8m预制钢筋混凝土短桩，使设计合理，沉降均匀，质量可靠，收到了较好的经济效益。

高层建筑箱形基础下满堂摩擦群桩沉降计算的探讨 何颐华等 《建筑科学》1990年第2期

该文通过工程实践对高层建筑箱形基础下满堂摩擦群桩沉降变形特征的分析，提出了视基础为刚性，调整压缩层深度，考虑地基为三向应力，按均布荷载作用下刚性矩形与带形基础的沉降计算方法。其计算结果与实际工程沉降较接近。

大直径挖孔灌注桩容许乘直承载力的合理取值 陈旭能 杨捷 《建筑结构（建筑技术通讯）》1990年第2期

该文根据试验实测资料，对支承于硬土和泥岩的大直径挖孔灌注桩容许乘直承载能力进行了分析，并提出其合理取值。

振冲碎石桩在上海软土地基应用中的几点体会 谢明华 卫益飞 《上海建设科技》1989年第2期

该文是根据实践经验提出单根振冲桩承载力计算公式和复合地基允许承载力计算公式以及复合地基的沉降计算。作者还提出要做好施工组织设计、严格按施工步骤操作，确保桩体的密实程度等经验。

暖 通 空 调

关于目前我国南方冬季采暖现状及建议 刘发勤 欧森 《暖通空调（建筑技术通讯）》1989年第1期

本文分析了我国南方地区冬季采暖的几种可采用的方式。通过对可行性，人体生理特点及煤气红外线辐射采暖优点分析，指出煤气红外线辐射采暖是适合我国目前南方采暖的一种较好方式，并介绍了一种高效节能且价格低廉的新型煤气红外线采暖炉（器）。

城市集中供热采暖热指标推荐值初步研究 樊贻芳 《建筑科学》1989年第3期

该文通过对北京几大类典型建筑结构型式近百种不同组合的单幢住宅建筑，利用计算机进行采暖热指标估算，并结合有关的建筑采暖能耗实测数据作了初步归纳，整理与分析，最后初步提出了住宅建筑热指标推荐值。同时也粗略考虑了居住小区的综合平均热指标推荐值，这些数值较以往供热工程采用的热指标降低3.5～9.8%。

我国中部地带节能住宅设计技术 郎四维等 《建筑科学》1990年第2期

我国中部地带冬季湿冷，夏季酷热，一般住宅不设集中采暖装置，以致冬夏季室内热环境条件极差。该文提出的对策是从改善围护结构热工性能及合理设计着手，利用太阳能达到低水平的室内热舒适环境条件。试点建筑经冬夏季实测，证明达到预期目标，并验证了设计方法的可靠性。

广州地区住宅室内热环境研究 林其标 《南方建筑》1990年第1期

该文简述了环境、人、感觉之后，提出广州气候特征与夏季室外典型气候参数的确定问题，并提出了室内热环境的评价标准以及引起室内热环境恶化原因及其改善措施。

关于恒温空调房间出现异常湿度大的问题 郑启华 《暖通空调（建筑技术通讯）》1989年第1期

本文对恒温空调房间出现异常湿度大的问题进行了分析，究其原因除设计计算问题外，还可能由于围护结构施工中用水过多，未予排除；恒温空调系统的产冷量不敷使用；表冷器析出的凝结水排放不畅等引起。这些都是容易被忽视的。

微机在纺织厂空调系统控制与数据管理中的应用 陆宏正 盖其祥 《暖通空调（建筑技术通讯）》1989年第2期

本文分析了纺织厂空调系统的特点，提出了纺织厂空调微机控制系统的设计原则，并以某纺织厂为例研制了空调微机控制管理系统，该系统自正式投入运行后保证了控制精度，稳定了生产，节约了能源，取得了可观的经济效益。

生物洁净室内浮、落菌关系研究 汤怀鹏 范存养 吴沈钇 《暖通空调（建筑技术通讯）》1989年第3期

本文依据粒子运动机理以及实测数据统计整理两种方法，得到了浮，落菌之间关系的理论表达式和统计回归结果，为今后合理监测管理生物洁净室和制订生物洁净室的洁净标准提供了依据。

空调建筑物热工设计研究 高伟俊 《暖通空调（建筑技术通讯）》1989年第4期

本文利用热动态理论的最新成果，比较全面地分析了旅馆空调建筑物的各种热工特性参数包括外围护结构热阻及热容量、窗子面积及遮阳状况，建筑物朝向和空气渗透等等对空调负荷的影响。同时也分析了空调工作方式及房间热容量对空调能耗及房间空温稳定性的影响。基于上述分析，文章对空调建筑物的热工设计提出了一些看法和建议。

高效节能喷水室研究 殷平 严继光 《暖通空调（建筑技术通讯）》1989年第5期

本文介绍了一种高效节能防堵型喷嘴（PY-1型）及其在纺织空调中的实际运行效果。试验与实测结果表明：PY-1型喷嘴具有喷雾角度大，雾化效果好，可在较低压力下（0.6～0.8bar）成雾等特点。使用这种喷嘴的喷水室，其热质交换效率明显提高，节能效果明显，维护管理简化，经济效果和社会效益显著。

办公楼类型空调建筑物间歇空调设计负荷的简化计算法 赵志安 单寄平 《暖通空调（建筑技术通讯）》1990年第2期

本简化计算法利用现有的连续空调负荷计算方法，通过对一些有代表性房间的计算和试验验证，具体验出了半小时、一小时预冷情况下的间歇空调负荷系数。从而得到一种间歇空调实用设计方法，可供进行办公楼类型或公用建筑物空调工程设计使用。

模块化计算机房空调机 黄逊青 《暖通空调（建筑技术通讯）》1990年第2期

本文简要说明了计算机房空调机模块化基本内容，通过对几个系列模块化计算机房空调机结构方案及其特点等的介绍以及对模块化方式和改善空调系统的可靠性等问题的讨论，表明科学地进行劳动成果的重复利用，是有益的，客观上亦促进了技术进步。

DYFPL型低位余热氟喷制冷机研究成果简介 刘佳杰 刘宪英 张吉祥 孙纯武 周玉礼 《暖通空调（建筑技术通讯）》1990年第4期

本文着重介绍新研制的低位余热氟喷制冷机研究成果的特点、样机结构、设计参数以及技术性能，并简要介绍了试验方法，节能与经济效益。该机的研究成功对工业余热，太阳能，地热能的开发利用开创了一个新的途径，同量时对提高能量利用率，改善环境均有重要意义。

回收发酵消毒尾汽余热用于制冷的可行性分析 陈君燕 邵伟 王兆霖 侯凤英 《暖通空调（建筑技术通讯）》1990年第4期

本文结合抗生素生产中发酵消毒尾汽余热的回收利用，分析讨论了当余热蒸汽中混有不凝性气体等杂质以及余热品位低，排量不稳定时，如何把它回收并利用于对热源参数及数量稳定性要求较高的制冷场合。

正压防烟楼梯间加压送风的简易算法 赵国凌 《暖通空调（建筑技术通讯）》1990年第3期

本文从正压防烟楼梯间加压送风工作安全性指标入手，采用综合分析的方法，在确定了楼梯间及其前室的最不利开门工况的基础上，开展了一系列风量平衡方程式联立求解，导出了计算正

压防烟楼梯间加压送风的一套通用性较强的简便方法。

空调采暖系统水力平衡设备——平衡阀的研制 郎田维 廖传善 冯铁栓 傅涛 《暖通空调（建筑技术通讯）》1990年第1期

本文介绍一种平衡阀及其智能仪表，可用以解决管网系统的水力失调，提高供热（冷）品质，实现水力平衡，大幅度节能。该文还阐述了平衡调试原理及应用，可供有关人员设计、使用时参考。

得热中的对流和辐射比例 曹叔维 《暖通空调（建筑技术通讯）》1989年第6期

得热中的辐射成份比例是各种负荷计算方法中的一个基本参数。本文估算和给出了通常情况下房间五种主要得热（传导，日射，人员，灯光和设备）中辐射比的值，并讨论了前三种的理论公式及其简化，提供了实用公式。

风压与热压共同作用下渗透耗热量的计算 暖通规范修订组、暖通规范管理组 《暖通空调（建筑技术通讯）》1989年第6期

本文针对现行暖通规范关于渗透热量计算的有关规定，扼要地介绍了风压与热压共同作用下，通过门窗缝隙渗入室内的冷空气耗热量计算公式的建立过程和方法要点，并通过具体算例对计算步骤做了演示。

高层建筑内部隔断对空气渗透的影响 高甫生 《暖通空调（建筑技术通讯）》1989年第3期

本文通过理论分析指出，楼梯间和前室的隔断门对于空气渗透有很大的阻隔作用，其影响程度随外窗的密闭性的不同而异。外窗密闭性越差，楼梯门和前室门对空气渗透的衰减作用越明显。

本文的结论对于改进高层建筑和多层建筑的设计，正确计算渗透量和冷热负荷具有实际意义。

模糊数学在排烟器综合评价中的应用 林润泉 《暖通空调（建筑技术通讯）》1989年第5期

本文首先选定综合指标为：耗电量、噪声、排除污染物效率及外观四项，进而给出各分项指标得分。在此基础上，试用模糊数学方法求出排烟器综合评价权系数，以对各类排烟器进行综合比较与评价。

厨房，洗衣房内的热强度分析及其空调设计参数的探讨 汪训昌 张希仲 苏晓虎 《暖通空调（建筑技术通讯）》1990年第3期

随着科学的进步及国家对劳动保护的重视，要求改善厨房，洗衣房等热环境劳动条件的呼声越来越高，因此迫切需要科学合理地规定厨房等热环境的空调设计参数。本文根据热强度分析法，对此进行了一些探讨，并对厨房、洗衣房空调设计提出了一些合理的建议。

关于热水锅炉供暖节能技术推广应用情况的调查研究 刘玉堂 李德英 《暖通空调（建筑技术通讯）》1990年第6期

本文介绍了近几年推广应用小型锅炉房供暖系统节能技术与单板机监测技术的情况，根据各应用单位所取得的节能效果和现存问题，围绕供热指标的选择计算；锅炉及循环水泵容量和台数的合理匹配；原有供热管网的平衡及运行管理等问题进行了探讨，为热水供暖系统制订节能技术方案提供了具体方法。

单管热水采暖系统设计误差分析 贾信煌 《暖通空调（建筑技术通讯）》1990年第1期

采暖计算——水力计算和热力计算的精度与室内温度的精度有直接关系。本文定量地分析了供水温度，建筑物耗热量，散热器面积及传热系数等各种误差因素对单管系统室温精度的影响。对设计计算及编制电算程序都有一定的参考价值。

汽水混合加热器在空调加热系统的应用 张宝藩 《暖通空调（建筑技术通讯）》1990年第6期

蒸汽采暖改为热水采暖，空调蒸汽加热改为热水加热是节省热能的重要途径。本文从技术经济比较与实际运行中得出结论：QSH型汽水混合加热器是较为理想的节省热能的加热设备。

建设节水城市是解决城市供水问题的关键 王争鸣 《建设报》1990年9月28日

该文认为，解决城市缺水问题，开辟新水源不是可取的办法，开源工程投资巨大，且在全国水资源紧缺的情况下，不可能向城市提供充足用水。而城市在缺水的同时却存在着对水的惊人浪费，各大城市工业用水的重复利用率一般只有25%，全国每年自来水管道的漏失量达10亿多吨。因此，解决城市供水危机的关键是节流，即努力建设节水型城市。

该文指出：建设节水型城市要抓紧4个主要

环节。一是唤起全民的节水意识，二是建立科学合理的水价格体系，三是改革水资源管理体制，四是健全水资源法律体系。

给 水 排 水

试论我国城市用水由强化管理向科学管理转化的必要性 董辅祥 傅金祥 李奇 姜鸿雁 《给水排水（建筑技术通讯）》1990 年第 5 期

该文在详述节水进展并着重分析用水考核指标存在的问题的基础上，讨论了我国城市用水（节水）由强化管理向科学管理转变面临的形势及途径。

制定合理的费率结构是节水关键 曲祥瑞 迟兆春 《中国给水排水》1990 年第 4 期

为合理利用水资源，该文介绍了节约用水的一种手段——制定合理费率。作者论述了我国现行的水费体制状况，结合国内外一些资料，提出了一种适合我国消费状态的费率结构，论述了分类定价、累进计价式费率结构的制订方法。

一项系统工程——给水排水技术的行进消化 陈愉林 《给水排水（建筑技术通讯）》，1990 年第 3 期

该文介绍了引进国外给水排水装置和设备比较集中的华东地区的经验。从系统工程角度，剖析了所引进的给排水技术及其硬件和软件，分析了硬件和软件的关系，与软件在吸收消化工作中的地位关系，阐述了软件中智力行进又是关键的观点。从而对给排水技术引进消化工作中存在的问题和解决途径提出了自己的看法。

我国城市污水处理技术路线和适用技术分析 邬扬善 《给水排水（建筑技术通讯）》1989 年第 5 期

该文首先简述了我国城市污水污染及其处理技术的发展，并对目前正在形成的四条技术路线及其相应的工艺技术的可用性作了归纳和分析。它们各有适用范围，因此要因地制宜，合理选择。这四条技术路线是：对传统活性污泥法进行改造或予以取代，但基本是人工生物净化法；自然生物净化与人工生物净化相结合，但主要是自然生物净化；以深水扩散排放为主，处理为辅，以回用为目标的污水人工深度处理。

秦皇岛射流曝气污水厂工艺原理与运行 章北平 冀玉山 孟宪奎 《中国给水排水》1990 年第 2 期

秦皇岛市 4 万 m^3／d 射流曝气活性污泥法城市污水处理厂于 1987 年建成。该文基于对该厂工艺及运行效果，对射流曝气法处理城市污水的工艺原理及处理效率，射流曝气机理及工艺参数、能耗以及成本、微生物数控、存在问题等，作了较详尽的论述，可供国内污水处理厂引为借鉴。

试论我国城市污水稳定塘的技术经济性（上） 聂梅生 徐水明 《中国给水排水》1990 年第 5 期

作者通过四年来对西南地区稳定塘的中间试验、生产性试验，初步提出我国采用稳定塘的技术经济分析。

这上篇是将稳定塘与常规活性污泥法进行对比，在保证二者处理后出水水质达到同样排放标准的基础上，全面对比它们的基建投资、运行费用及占地面积等，并提出采用稳定塘技术的最佳条件，优化组合和技术经济指标。

试论我国城市污水稳定塘的技术经济性（下） 稳定系统的流程优化 周克利 蔡松柏 林联泉 聂梅生 《中国给水排水》1990 年第 6 期

该文根据对厌氧塘、兼性塘、好氧塘串联流程中试的实测数据和稳定塘系列设计的数据，对稳定塘系统的流程优化进行了初步探索。

新型导向流迷宫式斜板沉淀技术的试验研究 刘荣光 罗辉荣 李映 廖足良 《中国给水排水》1990 年第 1 期

该文着重介绍了新型迷宫斜板小型试验研究的内容和结果。

试验研究表明，新型迷宫与六角形斜管相比，前者对高浊度水的适应能力要强一些，但在原水浊度小于 3000 度时，后者的处理效果要好些（或处理能力要大些）。文章还介绍了新型迷宫斜板在若干水厂内进行生产性试验的情况。该文探讨了迷宫式斜板的固液分离机理，提出了新的论点。

略论城市给水系统优化调度与管理的研究和发展方向 王训俭 《中国给水排水》1990 年第 1 期

作者在文章中分析了城市区域给水优化，给水信息管理及优化调度方面的国内外情况，提出了相应的研究方法和发展途径，并指出了有关的

经济效益及社会效益。

城市输配水系统优化设计 曹彬 马凤仙 《给水排水（建筑技术通讯）》1989年第1期

该文从常用输配水系统的工况特点出发，以投资少、能耗低、可靠性适当为优化目标，应用优选法对常用系统在同步或异步运行时，进行优化计算和系统分析。结果表明，在各类系统中以网中（加压泵站，高地水池，水池泵站）系统的经济效益较好，尤以充分发挥各系统的主要优点，并能弥补其不足而进行组合布置的输配水系统综合效益最佳。

硫化钠助剂混凝法去除饮用水微量汞的实验研究 李圭白 张景成 《给水排水（建筑技术通讯）》1989年第4期

作者通过试验研究认为，在常规的混凝工艺中，只要向水中投入少量硫化钠即可显著提高去除水中微量汞的效率。该文提出的硫化钠助剂混凝法不改变混凝工艺流程，不需增加大型处理构筑物，成本低，简便易行，是一种去除饮用水微量汞的经济适用的方法。

水净化系统对病毒去除效果的初探 翟海峰 《给水排水（建筑技术通讯）》1990年第1期

作者通过试验研究后认为，地面水经混凝沉淀，过滤工艺或直接过滤加活性炭吸附工艺处理后，病毒去除率均可达99.8%左右；城市生活污水经活性污泥处理后，病毒去除率可达98.9%。

给水管网经济流速简捷计算的探讨 郭祥庄 《给水排水（建筑技术通讯）》1990年第6期

国内外给水管道经济流速的计算，有不少经验公式。其中，经济因素法是我国50年代从苏联引入，至今仍在使用，但受管道造价公式的系数和指数所制约，计算非常繁琐，不直观。目前虽有电算微机应用，但仍不易采用。美国较合适的流速计算公式，简单明了，唯因水力计算公式与我国现行设计规范不符，亦不能采用。作者经过分析比较推导出经济流速简捷公式于该文。经与经济因素法计算结果比较，误差很小，可满足实用需要，且简单直观。

用高锰酸钾去除饮水中微量有机污染物 李圭白 林生 曲久辉 《给水排水（建筑技术通讯）》1989年第6期

作者采取色谱—质谱—计算机联用的测试方法考察了高锰酸钾对受污染地下水的处理效果，通过对水中31种微量有机污染物的半定量分析比较，表明在含锰地下水中投入2mg／L的高锰酸钾，可将微量有机污染物去除近70%，对“三致物”和“优先污染物”可去除70%以上。

* * * * * *

建设系统专业志编纂论述

袁镜身 王弗 编 中国建筑工业出版社出版 建设部内建设系统专业志编纂指导委员会代发售（联系人：建设部科技委韩爱兴） 43万字，定价：9.50元

该书汇编了有关修地方志和建设系统专业志的文件，发表了有关专家对修建设专业志的专题探讨文章，并选编了各地编纂专业志的经验总结文章，还附有全国建设系统专业志编纂人员通讯录。该书是各地编修建设系统专业志的必备参考读物。

* * * * * *

《建筑师》丛刊，由中国建筑工业出版社《建筑师》编辑部编，杨永生、王伯扬主编，中国建筑工业出版社出版，全国各地新华书店发行。自1979年创刊以来，至1991年底共出版发行43期。

该丛刊为我国有广泛影响的建筑学学术刊物。

《建筑画》丛刊，由中国建筑工业出版社《建筑画》编辑部编，杨永生、刘玉琦主编，中国建筑工业出版社出版，全国各地新华书店发行，彩色精印，至1991年底已出版12期。

该刊受到我国建筑界和广大美术工作者以及美术爱好者欢迎。

9

学会 协会

中 国 建 筑 学 会

王国泉

〔**举行主题为"建筑与文化"的座谈会**〕 国际建筑师协会确定每年7月1日为世界建筑节。为庆祝这一节日，中国建筑学会1989年7月1日举行主题为"建筑与文化"的座谈会。会议由中国建筑学会副理事长许溶烈主持。中国建筑学会顾问、建设部部长林汉雄到会讲话，谭庆链副部长、中国建筑学会戴念慈理事长、中国建筑学会副理事长、国际建协副主席吴良镛等出席了座谈会。

林汉雄在讲话中指出中国有悠久的建筑传统，中国建筑曾对世界文化作出过重大的贡献，解放四十年来，特别是改革开放十年来，我国建筑贯彻"古为今用"、"洋为中用"的方针，取得很大的成就，近年来每年新建筑有7亿多m^2；其中有一批具有民族特色的优良建筑。但从总体上看，不少建筑在功能、质量上还存在一些问题，建筑艺术风格的多样化和创新不足，要求各级建筑主管部门的领导进一步重视建筑创作，进一步推动建筑行业的繁荣，充分发挥建筑师的创造潜力。同时要求根据不同地区、不同经济生产水平、民族特点、气候条件，建设具有社会主义特色的城市和村镇，实现规划、建筑、环境的一体化设计，并表示欢迎台、港澳和国外建筑师、建筑公司与我们进行学术、技术和经济上的合作。会上许多专家、学者均踊跃发言，气氛活跃。建筑学报89年第8期发表了与会者的发言。

〔**建设部优秀建筑设计评选**〕 建设部委托中国建筑学会主持的1989年建设部优秀建筑工程设计评选工作，于1989年7月28日圆满结束。各省、市、自治区建设厅（建委）报送的240项工程中，共评选出部级一等奖4项、二等奖23项、三等奖29项，鼓励奖29项。获奖项目约占申报项目的三分之一。参评项目的设计、建成并交付使用的日期限定为1985年9月15日至1988年7月31日，参评时均已竣工使用一年以上。根据建筑内容申报项目分为12类，采用电脑统一编码。评委以建筑师为主，并有结构、设备等工程师参加。评选工作为两个阶段进行，准备阶段，以学术部副主任王国泉为组长的工作组对申报项目按地区清点分类，然后按建筑类型分类，逐项进行资格查证、指标核对、横向比较、并由电脑建立数据库。正式评选阶段，由张镈为主任委员的15名评委采取评论和无记名投票相结合的淘汰法进行。评选的标准是实用、经济、美观，一等奖要在某些方面格外突出；重视建筑与环境的结合；重视自力更生、勤俭建设的项目，并考虑全面平衡各种类型的建筑。

评优项目中56项设计编入"1989年优秀建筑设计作品选"幻灯集，向全国发行。

〔**中国建筑创作四十年建筑评论会**〕 1989年10月23日～25日中国建筑创作四十年交流评论会暨中国建筑学会建筑师学会成立大会在杭州召开。来自全国各省、市、自治区的建筑师代表、各大设计院的技术负责人、各大专院校的教授学者，及部分建筑界的老专家100多人参加了会议。中国建筑学会戴念慈理事长、建设部叶如棠副部长到会作了专题发言。大会总结交流了四十年来我国建筑创作的经验，开展建筑评论，并共同探讨了今后繁荣建筑创作的方向。张钦楠、莫天伟、卢济威、罗小未、张锦秋等17位专家在大会发言，七大设计院介绍了各院的近期作品。会场气氛活跃。会上宣告成立中国建筑学会建筑师学会，并召开第一次代表大会，原则通过了组织细则，选举产生了理事会，确定了组织机构及活动计划。建筑师学会的成立必将对提高我国建筑创作和建筑理论的水平，改善建筑创作环境，加强中国建筑师与世界上各国建筑师的交流合作作出更大贡献。

〔**国际建筑装修设计材料、设备技术交流会**〕 会议在1989年3月2日～6日于北京香山饭店召开。来自中国、日本、美国、英国、丹麦、坦桑尼亚、香港等国家和地区的180名代表参加了会议。中国建筑学会秘书长张钦楠、日本明治大学教授向井毅、香港室内设计师戴·凯勒分别作了主题报告。随后与会代表按建筑室内设计、装修材料和防水材料、建筑节能保温三个专题小组进行交流发言和讨论。这次大会为国内外建筑师、室内设计师和建筑装修材料应用单位与生产厂家提供了一个沟通信息、交流技术的机会。国内外专家建立了广泛的联系，提高了对室内设计和装饰装修的理解和认识。

〔**“世界建筑节”纪念会**〕　中国建筑学会于1990年6月27日召开以“人居环境”为主题的学术座谈会，纪念世界建筑节。建设部谭庆琏副部长，中国建筑学会戴念慈理事长到会祝贺并讲话。八位专家就我国住宅发展的方向、居住环境、住宅地方特色和旧城中心、老住宅区的改造等问题作了专题发言，京津地区的建筑、设计、科研、高校单位代表、建设部有关司局、中国建筑学会在京常务理事等50人出席会议。座谈会后，中国建筑学会建筑师学会“人居环境”学术委员会在京成立。

“人居环境”学术委员会的成立，将对我国人居环境的改善与学术研究起到推动作用。

〔**国际体育建筑学术讨论会**〕　在国际建协、亚洲建协的赞助下，在建设部、国家体委和北京市人民政府的支持和指导下，中国建筑学会于1990年11月6日～9日在北京国际会议中心举办了“国际体育建筑学术讨论会（ISOSA—90），来自17个国家和地区的200多位专家（其中国外及港澳专家90多人）参加了讨论会，其中包括国际建协主席R·哈克尼（英）、亚洲建协主席R·坎巴塔（印）、国际薄壳和空间结构协会副主席S·梅德瓦道基（美）以及知名建筑师槙文彦（日）、P·柯克斯、G.戈列契柯夫（苏）等。会议就国际体育建筑的设计、建造及使用经验和今后发展趋势展开了交流讨论，宣读了近50篇论文。与会海外专家在参观亚运会工程后对这项工程建设成就表示高度赞赏，同时也介绍了各自的经验。会后，与会人员对会议的学术水平及融洽气氛表示满意。哈克尼赞扬会议“富有学术性、知识性和趣味性”，“到处都是友谊”，“是北京的又一次成功”，梅德瓦道斯基称“会议论文及组织的高水平为其它国际组织树立了一个不容易达到的标准。”国家体委副主任袁伟民、建设部副部长叶如棠等出席了会议。

〔**出席国际建协18次代表大会及第17次世界建筑师大会**〕　1990年5月下旬，由周干峙率领，组成了中国建筑学会代表团出席了国际建筑师协会在加拿大蒙特利尔召开的第18次代表大会及第17次世界建筑师大会。齐康等在大会上作了学术报告，周干峙当选为国际建协理事。会议期间，加拿大皇家建筑师学会主席、加拿大蒙特利尔大学以及一些加拿大建筑师先后主动邀请我代表团会晤及访问，并互相表示了发展合作的意图。

〔**出席亚洲建筑师协会第11次理事会和第4次亚洲建筑师大会**〕　1990年10月，由吴良镛副理事长率领，组成了代表团出席了亚洲建筑师协会在印度召开的亚建协第11次理事会议和第4次亚洲建筑师大会。在理事会上，我代表坚持了“一个中国”的立场，得到了理事会的理解和支持，并一致通过了1991年在北京举行第12次理事会议和题为“亚洲文脉下群众住宅的新构思”的第6次亚洲论坛。

〔**全国青少年亚运工程科技夏令营**〕　1990年7月举办了“全国青少年亚运工程夏令营”，来自全国23个省、市、自治区的120名营员参加了活动，他们都是各地选派的优秀中学生，代表着全国近3亿青少年。名誉营长、亚运会组委会副主席张百发及营长许溶烈在开营式的讲话中，勉励同学们通过这次富有深远意义的亚运工程夏令营活动，接受一次生动的爱国主义教育，将亚运精神，象火炬一样传遍神州大地。同时希望同学们了解工程建设事业，做好工程建设事业的接班人。在为期6天的活动中，营员们参观了风格多样的亚运场馆和国际会议中心，并且作为国际会议中心的首批客人，在那里举行了开营仪式。同时还参观了北京的主要古建筑。万嗣全、马国馨、高亦兰等作了专题报告。

夏令营期间，同学们写了大量心得笔记，营部举办了征文活动，编印了优秀征文选编。

〔**培训菲律宾留学生**〕　菲律宾留学生的培训为联合国多边援助项目中，中国和菲律宾政府的技术合作部分。中国建筑学会接受经贸部的委托，对菲来华人员3人安排了六周的接待和培训工作。组织了城市和区域规划方面的专家十人讲授有关规划设计的理论和实践经验，设置的课程包括“大城市的居住规划”、“村镇规划和建设”“北京城的发展规划”、“国外小城镇的规划建设”、“计算机辅助居住区规划设计”等，共授课176学时，组织参观了北京郊区四个县12个村镇规划项目。在华期间，菲留学生完成论文8.32万字（英文）。菲方人员对我方安排十分满意，表示通过两国人民的互相帮助，定能促使两国更快地发展。

〔**努力办好学术刊物**〕　学术刊物是学会与广大会员及企事业单位的重要信息纽带。建筑学会直接主办的三个刊物、《建筑学报》、《建筑知识》、《建筑结构学报》以及各专业委员会的刊物，都坚持了社会主义办刊方向，努力面向实际，面向读者，提高刊物质量，提高学术水平，报导重点转向与群众生活关系密切的建筑（如住宅、小区规划、文化、医院、体育建筑等），注意理论与实践结合，并重视提高版面质量，受到了广大读者的支持和欢迎。在办刊过程中，注意发挥了编委会与广大通讯员网的作用，及时勾通信息，吸取反馈，不断改进，全年发行118.7万册，因而既取得了较好的社会效益，也保证了一定的经济收益，取得了较好的效益。

中国土木工程学会

徐渭

1988年11月中国土木工程学会召开了第五届全国理事会议，选举产生了第五届理事会领导机构。两年来（1989至1990），在第五届理事会的领导下，学会工作以“面向经济建设、促进科技进步、探索改革方向”为指导思想，依靠分科学会、地方学会及广大会员的积极组织与参与，在学术交流、国际交往、科学普及与教育、期刊出版、咨询服务、表彰奖励和组织建设等方面开展了一系列有效的活动，取得了积极的进步。

〔组织建设〕

1.1989年11月13日召开了五届二次常务理事会议，审议并通过了《中国土木工程学会章程》并公布实施。这是继1984年之后对本会章程的又一次修改，主要是加强了理事会和常务理事会的职责，在一般情况下代行会员代表大会的职责与任务。在会员构成方面，除个人会员、团体会员、通讯会员外，增加了对本会工作和本专业领域做出突出贡献的专家授予荣誉会员称号的规定。五届二次常务理事会议还审议通过了《中国土木工程学会分科学会组织条例》，这是本会所属专业分会活动的基本规章和准则，各分科学会在换届改选中依照执行。

2.1990年3月30日召开了五届三次常务理事会议。会议通过了第五届理事会七个工作委员会会(组织、学术、科普、教育、咨询、出版、奖励)的组织名单，共聘请了78位理事和有关专家担任本届各工作委员会委员。会议还按照本会章程规定的荣誉会员的授予范围和推荐程序，审议通过了授予经分科学会提名的18位专家为我会荣誉会员。这是我会授予的第二批荣誉会员，加上第一批21位荣誉会员，我会共有40位荣誉会员。

3.中国土木工程学会五届理事会第二次会议于1990年5月3日在天津召开。李国豪理事长主持了会议，副理事长许溶烈、程庆国及理事共60人出席了会议。会议听取了李承刚秘书长受常务理事会委托做的五届理事会第二次会议工作报告，以及何广乾同志关于学会学术活动的发言、夏靖华同志关于学会科普工作的发言、何健安同志关于建筑工程质量的现状、问题和对策的发言。出席会议的全体理事分组审议了学会一年半以来的工作，并对学会工作的任务和改革提出了意见和建议。理事会议后部分理事参加了5月4～5日召开的中国土木工程学会第五届学术年会。

李国豪同志在理事会议开幕和结束的大会上讲话。过去几届理事会多数是四年召开一次会议，这次为了加强理事会对学会工作的领导，充分发挥理事的作用，研讨学会工作，根据我会章程关于两年召开一次理事会议的规定，决定召开第二次理事会议。这也是在进入九十年代本会召开的第一次理事会议。他回顾了我会自1953年创建以来的活动和作用之后指出，中国土木工程学会自1978年恢复学会工作以来的十多年里，组织建设及各项活动都有发展，进步很大。学术活动的质量和收效不断得到提高，而且这十多年里还较好地组织了一系列国际学术会议，促进了学术繁荣、增进了国际合作。

李国豪同志概括学会存在的问题一个是任务，一个是经费。根据学会宗旨，我们的任务是明确的，要密切结合国家经济建设的急需任务开展活动，学会活动要抓重点，要抓有影响的工作，包括重大问题的科学论证和学术交流，有了成绩也可得到国家更大的重视和支持。今后的活动首先要立足于国内把各项活动搞好，同时也要适当参加与组织国际活动。科普工作很重要，50年代我们都积极参加科普工作，总会可组织科普材料，发动地方学会去做。在谈到学会经费问题时，他认为基金是个好办法，请大家研究和提供基金渠道，争取九十年代能筹集一定数量的基金，为今后学会活动奠定基础。最后，李国豪同志要求大家为中国土木工程学会在90年代开创新局面而共同努力。

李承刚秘书长在“工作报告”中，回顾了第一次理事会议后一年半以来学会在开展组织建设、学术交流、国际交往、科普教育、书刊出版、技术咨询、地方学会和团体会员工作等方面的概况和成绩，指出我会要继续以“面向经济建设，促进科技进步，探索改革方向”为指导思想，努力克服困难，完成1990年的任务。

程庆国副理事长宣读授予过祖源等18位同志为中国土木工程学会荣誉会员，唐本善同志代表荣誉会员领了证书。

理事会一致选成我会五届二次常务理事会关于开展“提高土木工程质量的政策与措施”专题研究的决定，认为工程质量是关系经济建设的重大问题，抓住了要害。该课题由许溶烈副理事长牵头，组织建设、交通、铁道等各部门专家参加共同进行研究，最后政府有关部门提出研究报告和政策与措施的建议。该课题将列入中国科协计划。

理事会分两个小组进行了认真的讨论。大家认为两年召开一次理事会是必要的，增加了理事参与学会工作的意识，有机会共同交流一下学会工作是有益的，理事会与年会结合开也是一个好办法。通过这次会议，增进理事们对学会工作的了解，也听取了理事们对学会工作提出的许多有益的建议，为推动学会的改革和工作起到了积极的作用。

4.本会各分科学会根据本会章程和分科学会组织条例，1990年先后进行了换届改选工作。部分学会的挂靠单位做了调整。桥梁及结构、隧道及地下工程、混凝土及预应力混凝土、港口工程、土力学及基础、防护工程、计算机应用分科学会继续分别挂靠在同济大学、西南交大、中国建筑科学研究院、水运规划设计院、铁道科学研究院、总参工程兵部和冶金建筑研究院；城市煤气、给水排水分科学会由建设部城建司转移挂靠在中国市政工程华北设计院和北京市市政设计院；市政工程和城市公共交通分学科会将于1991年换届。

5.为了加强地方学会和团体会员工作，1990年先后在北京和长春召开了全国地方土建学会工作会议和团体会员工作会议。制定了“中国土木工程学会团体会员条例”。

6.本会五届四次常务理事会议（1990年12日）讨论通过了《中土木工程学会科学发展基金工作条例》，程庆国同志担任基金管理委员会主任。本会各常务理事所在单位为基金支持发起单位。

〔**学术活动**〕 1989年1990年，本会共组织召开62次学术会议。重点会议20次，包括主办了4次国际学术会议。共编印中外文学术论文集15本。这些学术活动的特点：一是综合性强，能逐届召开系列学术会议，具有较大的影响和吸引力，成为本专业公认的全国性学术盛会；二是专题性研讨会增多，专题研讨会和现场会，能联系实际，针对性强，收效良好；三是有些活动结合政府部门管理工作进行政策性、技术性研究等。在学术活动中普遍注意了论文的质量。有14次会议在会前编印了“论文集”。

1.1990年5月4日至6日，中国土木工程学会在天津市举行了第五届学术年会暨第二次全国城市桥梁学术会议，这是我国土木工程界从事城市交通工程建设的科技工作的一次盛会。全国各地有二百多位专家、学者和技术管理干部出席会议，我国著名桥梁专家、中国土木工程学会理事长李国豪教授出席会议并致开幕词。建设部周干峙副部长在开幕式上作了重要讲话。加拿大土木工程学会副主席鲍尔斯先生应邀出席会议并致祝词。

这次会议的主题是总结交流和研讨大中城市的交通工程建设问题，这是当前国民经济建设中的重大问题，也是我会继1986年以来就这一主题召开的第二次学术会议。会前在广泛征文的基础上，从近二百篇论文中选录了91篇汇编出版了论文集。论文集包括城市交通建设综述，城市桥梁规划、设计及施工，城市道路与交通工程三大部分，集中反映了建国以来特别是改革开放10年来城市交通工程建设的最新成就。论文中既有理论分析又有工程实践，既有经验总结又有新技术、新理论的探索与展望，内容相当丰富。

2.1989年7月11日至15日在京举办国际给水排水学术会议，有13个国家和地区的260名中外专家学者出席了会议。会议内容包括水资源开发、水质净化、污水处理及自动控制等新技术与新成果，反映了当前国际和国内给水排水的技术水平，为推动我国给水排水建设事业的发展发挥了作用。会议同时举办了国际水技术展览会，有25家厂商参展，参观这次展览的约有3000多人次，反映良好。

3.我会土力学及基础工程学会同日本土力学及基础工程学会于1989年3月4日至7日在北京联合举办了软弱地基处理研讨会，来自全国各地110名科技工作者参加了这次讨论会。有13位中日专家在会上做了专题报告，由于报告专题性、针对性较强，受到与会专家的赞赏。

4.1990年5月本会与加拿大土木工程学会和建研院在北京联合召开了“第三届发展中混凝土国际学术讨论会”。交流与研讨材料和工艺、结构设计方法、工程实践、修复与加固、质量控制与检测等内容。24位外国专家和101位中国代表出席了会议。通过交流看到，高强轻质混凝土的开发取得了可喜成果，纤维混凝土的研究与应用取得了较大的成绩，外加剂的品种不断增多。混凝土材料和工程应用技术的进步对发展中国家的建设发挥着重要作用。

5.1990年9月本会与国际隧道协会在成都联合主办“国际隧道与地下工程学术讨论会暨国际隧道协会第16届年会”。有28个国家和地区的170多位外国专家、310位中国专家出席了会议。这次会议以隧道及地下工程的现状与未来为主题，研究了铁路、公路、水工隧道与地下空间利用方面的建设经验和科技新成果。会议收到论文130余篇，编印论文集3册。我会是国际隧道协会的国家会员，这次会议是一次富有成效的合作。

6.学术交流是学会的中心任务。为了加强对学术会议的组织管理，本会于1990年10月在承德召开了“学术会议组织管理经验座谈会”。在总结经验的基础上，讨论制定了《中国土木工程学会学术会议组织管理条例》，是办会的经验总结，也是提高会议质量的管理措施。

〔国际交往〕 因受“两乱”的影响，1989年国际交往活动有所减少，有些项目被推迟或取消（如中法公共交通交流会），共接待来华团组两个（日本城市开发技术团和加拿大近海工程团），出访团组4个（建设法规赴日团等），派出工作进修生2名。由於我国政府始終坚持改革开放政策，1990年国际交流活动增多，出访团组12个（村镇建设访日团，赴加拿大和英国出席年会和结构工程国际会议等），接待来华团组3个（日本城市再开发团及加拿大混凝土代表团等）。

〔科普、教育及技术培训〕

1.本会与建设部村镇建设司合编《村镇建设知识挂图》（一套8张），1989年完成编印，由建工出版社出版，1990年发行全国各乡镇共2万5千套，对提高村镇建设质量和水平有很好的推动作用。

2.1990年7月本会与中国建筑学会联合举办了“全国青少年亚运工程科技夏令营”，来自全国23个省市的125名中学生参加了这活动。通过迎接亚运会召开，参观亚运会工程，向广大青少年进行爱国主义和普及土建科技知识。

3.1990年10月本会教育工作委员会发起召开了“第二次全国高校土木系主任工作研讨会”。全国150所院校的170位系主任参加了会议。就如何开展教学改革、加强思想建设与师资建设、以及如何做好系主任工作等问题进行了交流与研讨。大家认为学会为促进高校教育做了一件很有意义的事。这次会议受到了教委和建设部等单位的重视。

4.技术培训是继续教育的重要形式。1989年和1990年本会共举办“工程承包与项目管理”、“地基处理新技术”、“污水处理”和“建筑防水”等技术培训班8次，有800名科技人员参加。通过培训达到了更新知识，提高专业理论水平的目的。

〔书刊出版〕

1.本会会刊《土木工程学报》在编辑方针与内容上，1989年起作了较大的改进。除学术论文外，增加了应用技术性文章和技术信息。工程应用方面的论文占论文总数的三分之一。编委会和编辑部不断探索和总结，进一步提高学报质量，保持学报的声誉。1990年11月成立了第五届学报编委会，由26人组成，周镜任主任委员。

2.为满足土木工程界各部门工作需要，给广大工程技术人员提供一本内容简明、使用方便、具有专业指导性的大型工具书，本会主持编写了《中国土木工程指南》，它是一部实用性强、有较高学术权威的专业技术参考书。经过100多位作者近两年的辛勤劳动。全书共15篇，约220万字，由科学出版社出版。1990年底已基本脱稿，预1992年出版发行。

3.受全国自然科学名词审定委员会的委托，土木工程学名词将由我会组织编写和审定。1990年底成立了“土木工程名词审定分委员会”，李国豪、许溶烈、程庆国担任顾问，兰天任主任。

〔表彰奖励〕

1.根据本会在高等院校土木类年专业中开展授予“中国土木工程学会优秀毕业生奖”的决定，1990年本会教育工作委员会在23所高校工民建、结构工程专业应届毕业生进行了评选工作。首次向13名大学生颁奖。

2.经中国科协审定，我会推荐的任辉启同志获第二届全国青年科技奖。

〔茅以升逝世〕 本会第一、二、二、三届理事长，第四、五届名誉理事长，土木工程界元老、著名桥梁专家茅以升同志于1989年11月12日在北京逝世，享年94岁。茅老是中国土木工程学会的创始人，为我国土木工程建设与科技事业的进步，为学会的创建与发展做出了重大贡献。为纪念的他的业绩，中国科协振华基金会决定设立“茅以升科技教育基金，开展桥梁大奖、土力学及基础工程大奖等多项评选奖励活动。

中国建筑业联合会

张树恩　宋天合

〔**概况**〕　1989年、1990年中国建筑业联合会新增加的会员单位有：工程总承包协会、建筑防水工程技术协作网、建筑职工教育研究会、建筑节能协作网等。截至1990年底，共有专业协会、研究会19个。省级地方联合会（协会）有北京、天津、河北、河南、山西、内蒙古、辽宁、吉林、黑龙江、上海、江苏、浙江、安徽、福建、山东、湖北、湖南、广东、广西、四川、贵州、云南、陕西等23个；计划单列市建筑业联合会（协会）有沈阳、长春、哈尔滨、南京、青岛、武汉、广州、深圳、成都、重庆等10个；国务院10个有关部（总公司）建筑业协会和中国人民解放军总后营房部也都是中国建筑业联合会团体会员。

中国建筑业联合会拥有企（事）业会员单位3，500个，会员单位职工近2000万人。

1989年3月在济南召开的第二次年会，着重研究了治理整顿期间建筑业面临的形势与对策，交流了企业深化改革克服暂时困难的经验，做出了《中国建筑业联合会关于动员全行业积极投身治理整顿深化改革》的决议。

1990年4月，中国建筑业联合会和建设部干部学院，在北京联合举办了"建筑业中心城市行业管理研讨班"。沈阳、南京、济南等20个城市的建筑管理局局长参加了研讨。研讨班期间，共举办7次专题讲座，均由建设部有关负责同志主讲，研讨班讨论和修改了《关于继续在部分中心城市进行建筑业行业管理的试点的若干意见》，交流了各地建筑业渡难关的对策和各个城市行业管理的经验。

1990年7月，由国家体改委经济管理司、建设部体改法规司、中国建筑业联合会秘书处、组成联合调查组，先后到哈尔滨、沈阳、成都、昆明等四城市就建筑业实行行业管理的情况进行了调查。为国家体改委、建设部于同年11月联合发布《关于继续在部分城市试行建筑业行业管理的意见》做了准备。

1990年5月在上海召开了"发挥国营大型建筑企业骨干作用理论研讨会"。有62家国家二级建筑企业的经理、三总师或部门负责干部参加。会议期间，从50篇论文中评选出15篇优秀论文。这些论文对大中型国营企业如何适应客观环境，调整企业结构和经营战略，提高企业素质，进一步发挥国营建筑企业的骨干作用，做了精辟的论述。会上提出了《关于进一步发挥国营大中型建筑企业骨干作用的建议》，着重在改善外部经营环境方面提出了八项建议，并上报建设部和国务院有关部门和领导同志。会后还编辑出版了《发挥大型企业骨干作用研讨会论文集》。

1990年6月组织了以常务理事范政同志为首的调查组，选择江苏为典型，调查了解建筑企业的困境，历时一个月，调查了四个城市，在调查报告中反映了企业现状，并从调整经济政策、减轻企业负担等8个方面提出了建议，分送有关部门研究参考。

〔**建筑工程鲁班奖**〕　1989年评选出20项获奖工程，1990年评选出23项获奖工程。累计自设立这项奖励以来已有73项工程获奖，覆盖面达20个省、自治区、直辖市和国务院的10个专业部（局）。许多地区和有关部门把争创鲁班奖工程列为工作内容，使鲁班奖的评选活动已成为提高工程质量的重要推动力。

1990年我国成功地举办了第十一届亚运会，为表彰亚运工程建设者们创建的英雄业绩，中国建筑业联合会决定设立"亚运工程特别鲁班奖"，经过认真评选审定，共有31项亚运工程荣获亚运工程特别鲁班奖。1990年12月在北京举行了隆重的颁奖大会。万里、谷牧、李锡铭、陈希同、韩光、肖桐、张百发、叶如棠、干志坚等领导同志出席了会议并向获奖单位颁奖，向北京市工程建设质量监督总站颁发了亚运工程质量监督纪念奖；向亚运会工程总指挥部赠送亚运工程建设纪念鲁班金像。万里同志还勉励获奖单位继续弘扬亚运精神、顽强拚搏，在提高建筑技术，提高工程质量方面，努力赶超世界先进水平。

〔**设立优秀建筑企业家奖**〕　1989年1月中国建筑业联合会第一次理事会常务理事会第四次会议（扩大）通过了中国建筑业联合会关于设立优秀建筑企业家奖的决定，表彰在改革开放建设事业中做出杰出贡献的企业家。经过初评和复审，在常务理事会第五次会议上通过了表彰57名优秀建筑企业家的决定，并于1989年12月在桂林召开了颁奖大会，授予他们“全国优秀建筑企业家”称号，颁发了金质奖章。会后，将优秀建筑企业家事迹编辑出版了《全国首届优秀建筑企业家事迹汇编》。在这项活动影响下，石油、冶金、建材、铁道等部门协会，上海、黑龙江、安徽、湖北、沈阳等省市地方联合会和集体、安装等专业协会也开展了优秀企业家的评选表彰活动。

〔推广亚运工程新技术新经验〕 1990年12月，为了把亚运工程采用的新技术取得的新经验向全国建筑业推广，中国建筑业研究会和北京市建筑业联合会共同举办了亚运工程学习座谈会，组织各地建筑业生产技术的领导骨干来京学习。座谈会邀请亚运工程指挥部的三位副总指挥和奥运中心游泳馆施工的总工程师，从规划、设计、施工和组织供应等四个方面组织专题讲座，辅之以幻灯、录相，并与实地考察相结合，使代表大开眼界，收获颇丰。座谈会先后举办了11期，2千余人参加了学习。在更大范围内介绍亚运工程的经验，弘扬亚运精神，还把讲座内容编成五种录相带。

〔刊物和出版〕 中国建筑业联合会行业信息刊物《建筑业动态》，到1990年底共发行154期。从1990年起增信息量。并扩大发行全国每个大中型建筑企业。这两年编辑重点放在帮助企业治理整顿、深化改革、渡难关上。1990年编辑了各地帮助企业渡难关的措施和多种经营专辑，各地争相转载，互相参照。

1990年8月中国建筑业联合会编辑出版了《中国建筑业改革十年》，由肖桐会长主编，包括行业改革综述、专业部门改革、地区改革、深化改革探索等四个部分，全书近50万字。集全行业改革十年的经验、理论、史料的大成。第一版发行一万余册。

〔地区和国际建筑界的合作〕 1989年4月，中国建筑业联合会与台湾建筑界访问团在北京进行交流。这是我国海峡两岸建筑界首次在大陆进行接触。同年四月应联合会邀请法国建筑业联合会主席等一行3人对我国进行了一周的友好访问。在京期间，肖桐会长会见了法国客人，探讨了中法建筑业联合会开展合作的途径，两会达成合作协议。1990年4月应法国建筑业联合会的邀请，中国建筑业联合会以副秘书长宋天合为团长，组团赴法进行为期九天的访问，进一步加深了两国联合会的友好关系，并落实了两会有关协议。1990年10月联合会和集体建筑业协会共同接待了全日本建筑士会第五次访华团。在京期间，双方就协会工作交换了意见，并就城市乡村规划、建筑设计、住宅建设和施工组织管理等问题进行了广泛的交流。

〔联合会的地区组织〕 各省、自治区、直辖市建筑业联合会（协会）和国务院有关部（局）的建筑业协会是中国建筑业联合会的组成部分，1989～1990年在治理整顿中组织调查研究，完成政府委托的工作，并千方百计，帮助企业排忧解难、提高素质、渡过难点。辽宁省建筑业联合会由会长带队，对6个市的48家企业进行了调查，写出了《关于建筑业面临的几个突出问题的报告》，受到政府领导的重视，副省长林声同志专门召开会议，做出了对人均留利不足400元的建筑企业免征所得税等政策措施，使建筑企业的困境得到了缓解。湖南省施工企业联合会协助政府主管部门整顿建筑市场，清查出越级承包，倒手转包、行贿受贿等经济犯罪案件1620起，违法金额达100多万元。山东省建筑业联合会在省政府支持下，组织3600人的清理拖欠工程款队伍，仅1989年就回收拖欠款2.23亿元，签订还款合同0.9亿元，两项合计3.3亿元，占拖欠总额的63.2%。各地协会还帮助企业拓宽经营领域，开拓建筑市场。各地方联合会（协会）利用调整的时机帮助企业提高素质，开展了多种多样的培训。上海市建筑业联合会开展了管理干部、专业技术培训班和渡难关、招标投标等系列讲座，参加学习的达1.5万人次。他们为使各混凝土构件厂达到实行水泥制品产品许可证制度的要求，对所属7个县的构件厂的领导和398名技术管理人员普遍进行了培训。铁道工程企业这两年聘请专家，编写教材为21个单位培训62名企业管理咨询人才；他们组织了包括管理升级、专业技术、改组建设、计算机软件等多种学习班、培训班、研讨班数百期，参加培训人员达3万多人次，为提高企业素质，做出了显著成绩。

〔中国建筑业联合会各专业协会〕 装饰协会在配合政府主管部门制定了《装饰企业资质等级标准》的基础上，又协助主管部门对装饰企业进行了资质审查。安装协会在大连召开了安装企业开展多种经营经验交流会。机械施工协会、材料协会、产品厂商协会分别组织了机械设备、建筑材料、器械等的调剂会、展览会等，互通有无，调剂余袂，推销产品等多种形式的活动。集体建筑企业协会几年前已经开始的经理、施工员等五种人员培训和统放发证上岗，现已培训近40万人，基本上完成了初级培训任务，现已开始转人中级培训。安装协会受建设部人才开发司委托，组织编写30多种安装工种和单项设备安装技术教材，制定培训计划，建立培训基地，举办36个培训班，为安装企业培训骨干。装饰协会在深圳举办了三期装饰研修班，培训经营管理、质量管理和室内装饰设计人员145%。

中国勘察设计协会

曹善琪

〔概况〕 中国勘察设计协会是全国性的勘察设计行业社会经济团体。由从事工厂、矿山、交通运输、轻工食品、大型公共设施和房屋建筑各类勘察设计单位组成。其任务是组织会员探讨勘察设计工作和改革的理论与实践问题；交流改进勘察设计经营管理和提高勘察设计质量、水平、效益的经验；组织技术开发研讨活动；组织人员培训；编辑出版有关刊物和资料；提供咨询信息，为改善勘察设计装备服务；开展同国外有关组织的联系和国际间的经济技术合作，推动我国勘察设计事业的发展。

中国勘察设计协会成立于1985年10月，拥有团体会员380个，职工30余万人，个人会员102人。另外还有26个省一级的地方协会，14个工业、交通部门协会，以及14个直属的专业分会、委员会和教育培训中心（见附表）。

会员单位的业务能力：可以承担年产300万吨大型钢铁联合企业、30～40万吨乙烯联合装置、500万吨炼油厂、500万吨煤矿井和150万吨洗煤厂、30万吨合成氨和52万吨尿素装置、60万吨纯碱厂、100万吨氧化铝和50万吨电解铝以及有色冶金的矿山和冶炼、单机60万kW的装机240万kW火电厂和大型水电站，以及石油、建材、铁路和港口、高速公路、大型公路桥梁、国际机场、高级宾馆、现代大型公共建筑等工程的勘察设计业务。

会员单位除在中国工程建设中充分发挥了各自能力外，还积极与国外有关组织交流合作，提供各种服务，如合作开发工程设计计算机软件、与国外合作设计、工程咨询和工程总承包、工程监理或提供技术劳务服务。一部分会员单位已在国外承担了大量的工业和民用的工程设计业务。

中国勘察设计协会本着为会员服务的宗旨，对组织各项活动，提供优良服务；并接受政府部门委托的有关任务，努力当好政府部门的助手和参谋。

中国勘察设计协会的办事机构是它的秘书处。在秘书处下设办公室、培训部、编辑部、装备服务部等。各室、部根据协会的宗旨、任务和计划开展工作。

〔中国勘察设计协会1989～1990年活动〕

(1) 组织各地方和专业勘察设计协会对深化设计改革，开展多种经营，以及推动技术进步的现状和问题等进行调查研究，提出建议，为政府部门进行决策提供依据。

(2) 举办11期各种类型的培训研讨班，有针对性地讲解了近几年来国家颁布的各项设计规范和经济法规，交流了有关工程监理、工程总承包、建筑节能等具体做法和经验体会。

(3) 编辑出版12期《工程勘察设计》和15期《设计简讯》，出版了供工程总承包使用的《项目管理手册》、《住宅小区规划设计图集》、《民用建筑可行性研究与投资估算、快速报价》等专项资料，配合了政府工作，及时反映了会员单位要求。

(4) 为配合政府部门搞好市场整顿，了解全国工程勘察设计单位的概况，组织各地方协会对全国勘察设计单位进行普查，拟在清理整顿和普查的基础上编辑《全国工程勘察设计单位名录》。

(5) 1989年9～10月分批召开理事会议，秘书处向协会全体理事汇报了前一阶段工作情况和提出今后工作安排意见。会议期间，建设部副部长、协会理事长干志坚对勘察设计改革必须坚持正确的社会主义方向，要坚定不移地把建设市场整治好，协会要树立面向企业、面向会员单位，为企业服务的精神等做了重要讲话。建设部设计管理司司长、协会副理事长吴奕良做了设计改革十年回顾与展望的报告。

(6) 1990年5月在青岛召开了协会第一届第

各专业协会、研究会还在各自所联系的会员单位间组织召开了多种经验交流会、理论研讨会，如劳动研究会针对近几年大量使用合同工、临时工，以致固定工的独立作战能力削弱，在大量压缩农民工的情况下面临困难的问题，通过深入的调查研究，写出了以天津市六建为典型的提高自有队伍施工能力的经验，组织了交流。管理现代化研究会在沈阳召开了推行现代化管理经验交流会，并每年举行一次现代化管理研究成果和论文发布会。

三次常务理事会议。会议听取了协会副理事长吴奕良所作的协会工作报告及副理事长兼秘书长吴凤池作的财务决算报告。会议研究确定了换届改选原则，并决定成立筹备组，负责有关换届改选事宜。

(7) 1989 年到 1990 年召开了两次全国勘察设计协会秘书长会议。参加会议的有 21 个省市和 12 个专业勘察设计协会的秘书长。会议传达了全国设计处长会议和协会常务理事会的精神，交流工作情况和经验，研究安排 1989 年和 1990 年的工作。

(8) 为做好协会换届改选工作，1990 年下半年进行第二届理事登记工作，并于 1990 年 12 月～1991 年 1 月分四片召开理事会，选举产生第二届常务理事。1991 年 2 月召开第二届第一次常务理事会议，选举产生协会领导，任命正副秘书长(名单附后)，通过修改后的章程，原则通过《全国工程勘察设计行业公约》、《全国工程勘察设计行业先进协会组织和先进协会工作者评选办法》，确定了今后工作任务。

中国勘察设计协会第二届理事会正、副理事长名单

理事长:	干志坚	建设部副部长
常务副理事长:	吴奕良	建设部设计管理司司长
副理事长:	吴凤池	中国勘察设计协会第一届副理事长
	宣祥鎏	首都规委办公室主任
	刘松涛	天津市建委副主任
	杨帅邦	辽宁省建委副主任
	沈　恭	上海市建委副主任
	安迪光	江苏省建委副主任
	姜　萍	江西省计委副主任
	黄柏如	广东省建委副主任
	杨启厚	四川省建委副主任
	阿不来提	新疆自治区计委副主任
	海　峰	国家计委投资司副司长
	沈德琛	中国统配煤矿总公司建设局局长
	周朝伦	铁道部建设司副司长
	刘幼昌	机械电子部建设司副司长
	陈自光	中国石化总公司工程部副主任
	王定武	北京钢铁设计院院长
	余明顺	北京有色设计院院长
	何立山	寰球化学工程公司总经理
	王广鎏	纺织部设计院院长
	王　迁	机电部第十设计院院长
	齐英武	兵器工业总公司工程勘察研究院院长
	周仲仁	能源部电力规划设计总院副院长
	杨惠芳	水利水电规划设计总院副院长
	牧一征	中国建筑东北设计院院长

1991 年 2 月 27 日

中国勘察设计协会第二届理事会

正、副秘书长名单

秘 书 长：吴凤池（兼）中国勘察设计协会副理事长

副秘书长：郑春源　　建设部设计管理司体改处处长

曹善琪　　中国勘察设计协会常务理事

宋常会　　广东省勘察设计协会副理事长

赵　勇　　山东省勘察设计协会副理事长兼秘书长

姚　莹　　北京市勘察设计协会常务副秘书长

赵俊生　　中国建筑设计协会副理事长兼秘书长

省、自治区、直辖市地方勘察设计协会一览表

	名　　　称	主要负责人	办　公　地　点	邮政编码	电话
1	北京市勘察设计协会	宣祥鎏	北京市西二环甲一号	100037	8313314
2	天津市勘察设计协会	刘松涛	天津市泰安道市建委内	300040	307132
3	山西省勘察设计协会	范敬荣	太原市建设北路 50 号	030013	344781
4	内蒙古自治区勘察设计协会	辛永福	呼和浩特市新华大街区建设厅内	010050	23251
5	辽宁省勘察设计协会	纪玉英	沈阳市南五马路五段九号	110006	369541
6	吉林省勘察设计协会	朱廷士	长春市百草路 2 号	130061	825004
7	黑龙江省勘察设计协会	张宝傅	哈尔滨市东大直街 72 号	150001	30591
8	山东省勘察设计协会	游与继	济南市经五路小伟四路 46 号	250001	37300
9	安徽省勘察设计协会	戴芳华	合肥市省政府大院计委内	230001	275986
10	福建省勘察设计协会	沈继武	福州市北大路省建委 59 号	350001	554202
11	浙江省勘察设计协会	倪松年	杭州市邮电路 74 号	310006	28240
12	上海市勘察设计协会	吴祖荣	上海市武定路 476 号	200041	2569594
13	江苏省勘察设计协会	安迪光	南京市北京西路 17 号 9 楼	210024	638705
14	江西省勘察设计协会	姜　萍	南昌市新公园路 57 号	330046	64941
15	河南省勘察设计协会	郑普堂	郑州市纬二路三号楼 125 号	450003	553828
16	湖南省勘察设计协会	匡彦博	长沙市韶山路 17 号	410011	44353

续表

	名　　称	主要负责人	办　公　地　点	邮政编码	电话
17	广东省勘察设计协会	林旭初	广州市东风中路 305 号	510031	330860 −3570
18	广西壮族自治区勘察设计协会	黄菊利	南宁市民乐路区建委内	530012	26238
19	贵州省工程勘察设计协会	黄玉明	贵阳市延安西路 1 号	550003	524183
20	四川省勘察设计协会	郭兴邦	成都市西一环路三段二号	610072	668073
21	云南省勘察设计协会	米兆伦	昆明市环城西路 57 号	650032	23410
22	海南省勘察设计协会	吴俊辉	海口市海府路 59 号	570003	43591
23	陕西省勘察设计协会	白　毅	西安市北门里省建院内	710003	713384
24	甘肃省勘察设计协会	董学奎	兰州市中央广场省建委内	730030	462355
25	青海省勘察设计协会	张堤夫	西宁市五四大街 89 号	810001	45746
26	新疆维吾尔族自治区勘察设计协会	阿不来提	乌鲁木齐市光明路 10 号	830002	79194

国务院各工业部门设置的勘察设计协会一览表

	名　称	主要负责人	办公地点	邮政编码	电　话
1	中国化工勘察设计协会	王　珉	北京六铺炕化工部内	100723	4221153
2	中国纺织勘察设计协会	赵鼎勋	北京甘家口纺织部设计院内	100037	8395209
3	中国电力规划勘察设计协会	陈汉章	北京安德路 65 号	100011	4013311−317
4	轻工业勘察设计协会	蔡融生	北京白家庄轻工部设计院内	100026	5003355−3201
5	水利水电勘察设计协会	朱尔明	兰州市平凉路 182 号	730000	417121−3
6	中国核工业勘察设计协会	赵　宏	北京阜城门外八里庄马神庙一号	100037	8012211−3357
7	中国冶金建设管理协会设计分会	黄卫中	武汉市青山区冶金大道	430080	663356
8	中国有色金属工业基建管理协会设计分会	徐一龙	北京复兴路 12 号	100814	3262233−258
9	中国铁道工程企业管理协会	布　克	北京万寿路南口金寨村一号	100036	8646252
10	煤炭勘察设计协会	沈德琛	北京六铺炕北京煤炭设计院内	100011	2019922−495

续表

	名称	主要负责人	办公地点	邮政编码	电话
11	机械电子工业勘察设计协会	刘幼昌	北京三里河机电部建设协调司内	100823	868561-926
12	中国建筑设计协会	吴奕良	北京车公庄大街甲 19 号	100044	8992619
13	中国公路勘察设计协会	杨盛福	西安市友谊西路 87 号	710068	714757
14	中国石油化工勘察设计协会	赵国勋	北京安外小关街 24 号	100029	4216731-440

中国勘察设计协会直属分支机构一览表

	分支机构名称	成立时间	主要负责人	办公地点	邮政编码	电话
1	中国勘察设计协会工程勘察分会	1986.1	吴奕良	北京西便门内大街 79 号	100053	338601-253
2	中国勘察设计协会工程设计计算机应用委员会	1985.11	吴奕良	北京学院路甲 31 号	100081	2015903
3	中国勘察设计协会园林设计分会	1986.12	刘少宗	北京紫竹院公园内	100044	895884
4	中国勘察设计协会市政工程设计分会	1990.3	赵士绮	北京月坛南街乙 2 号	100045	863393
5	中国勘察设计协会工程建设标准设计委员会	1990.3	陈寿梁	北京车公庄大街 19 号	100044	8992573
6	中国勘察设计协会抗震防灾分会	1991.1	陈寿梁	北京百万庄建设部大楼	100835	8311338
7	中国勘察设计协会地下空间分会	1991.5	陈寿梁	北京百万庄建设部大楼	100835	8992007
8	中国勘察设计协会技术经济委员会	1985.12	曹善琪	北京百万庄建设部南配楼	100835	8327766-502
9	中国勘察设计协会全面质量管理委员会	1991.2	芦延玲	北京万寿路 27 号	100840	813613
10	中国勘察设计协会工程总承包委员会	1991.2	吴奕良	北京百万庄建设部大楼内	100835	8992191
11	中国勘察设计协会体制改革委员会	1991.2	郑春源	北京白广路 4 号	100053	3011177
12	中国勘察设计协会刊物编辑委员会	1991.2	干志坚	北京百万庄建设部南配楼	100835	8327766-502
13	中国勘察设计协会住宅设计委员会	1982.8	潘其源	南京升川路 289 号	210005	741389
14	中国勘察设计协会城市规划分会	1987.12	邹时萌	北京百万庄建设部大楼内	100835	8992815

附件:

中国勘察设计协会章程

（一九九一年二月二十五日通过）

第一章 总 则

第一条 名称: 中国勘察设计协会

第二条 中国勘察设计协会是全国性社会团体。由各工程勘察设计单位，各省、自治区、直辖市和国务院有关部门主管勘察设计工作的领导同志等自愿组成。

第三条 中国勘察设计协会的宗旨是，坚持四项基本原则和改革开放方针，贯彻执行国家的政策和法律，围绕提高工程投资效益，促进科技进步开展各项活动，在政府和会员单位之间发挥桥梁纽带作用，协助政府搞好行业管理，努力为会员单位服务，维护会员单位的合法权益，推动勘察设计事业的发展。

第四条 中国勘察设计协会具有社会团体法人资格。依据国家的法律、法规、可同国内外相应组织签订有关民间的经济、科技、人才等交流与合作的协议、协定和其他文件。

第五条 中国勘察设计协会会址设在北京。

第二章 任 务

第六条 中国勘察设计协会的任务

一、对勘察设计体制改革、促进技术进步和科学管理、提高投资效益等方面问题，开展调查研究，为政府决策提供建设性意见，为会员单位提供服务。

二、开展行业基本情况的调查，收集研究国内外行业基础资料，为制定行业发展规划和技术经济政策提供依据。

三、开展勘察设计人员的培训活动，举办各种技术业务培训和研讨班，协助会员单位进行人才开发。

四、编辑出版有关刊物和资料，组织信息交流，宣传党和国家有关工程建设的方针、政策。

五、交流和推广勘察设计先进经验，组织技术开发和业务建设，协助会员单位拓宽业务领域和开展多种形式的协作。

六、积极发展同国外勘察设计组织的联系，开展国际间经济技术和管理等方面的合作与交流活动。

七、分析研究勘察设计单位的技术装备状况，协助会员单位改善、提高技术装备水平。

八、协调勘察设计单位之间相互关系，宣传职业道德，严肃行规行约，协助政府监督勘察设计单位执行有关法令，维护会员单位的合法权益。

九、向政府主管部门反映会员单位和勘察设计人员的建议和意见。

十、承担政府有关部门委托的任务。

第三章 会 员

第七条 中国勘察设计协会采取团体会员和个人会员制。

第八条 凡承认协会章程的下列单位和个人自愿申请，经审查同意，均可成为协会会员。

一、持有国家正式颁发的勘察设计证书的勘察设计单位。

二、省、自治区、直辖市和国务院有关部门主管勘察设计工作的领导同志。

三、省、自治区、直辖市和有关专业勘察设计协会及其领导成员。

四、长期从事勘察设计工作，现已离退休而热心勘察设计事业的知名人士。

第九条 会员的权利

一、参加协会组织的国内外有关活动。

二、有表决权、选举权和被选举权。

三、享受协会提供的服务，优先获取协会出版的书刊、资料。

四、对协会的工作进行批评和监督。

五、有退会自由。

第十条 会员的义务

一、遵守协会章程，执行协会的决议。

二、承担并积极完成协会委托的工作。

三、遵守协会制定的行规行约。

四、关心协会工作，向协会反映情况，提出建议。

五、团体会员应按规定按时交纳会费。

第四章 组 织

第十一条 中国勘察设计协会的最高权力机关是理事会。其职责是:

一、制定和修改协会章程。

二、讨论、决定工作方针和任务。

三、审议常务理事会提出的工作报告。

四、选举协会常务理事。

五、讨论其它重要事项并做出决议。

第十二条 理事会理事由会员单位推荐产生，每届理事任期四年，可以连任。理事会由常务理事会召集，原则上每年举行一次，必要时可提前或延期召开。

第十三条 协会设常务理事会，向理事会负责并报告工作。常务理事由理事中选举产生。在理事会闭会期间，行使理事会职权，并负责审定增设直属组织机构；增补理事；接纳团体会员和个人会员；领导秘书处工作；审查协会经费收支情况的报告；讨论和决定对违反协会章程的会员处理意见。

第十四条 协会选举理事长一人，副理事长若干人，经理事长提名，常务理事会通过后任命正、副秘书长。

协会常务理事会下设秘书处，作为协会办事机构，处理日常工作。秘书处设秘书长一人，副秘书长若干人。秘书处在秘书长主持下进行工作。

第十五条 协会根据需要，可设若干专业委员会，分别从事各项专业业务活动。

第十六条 经民政部门核准登记成立的省、自治区、直辖市和有关专业勘察设计协会，接受中国勘察设计协会的业务指导。

第五章 经 费

第十七条 经费来源

一、团体会员的会费。

二、政府的资助。

三、各项有偿服务的收入。

四、国内外有关组织和个人的捐赠。

第六章 附 则

第十八条 协会的终止，须事先召集全体理事会讨论，经三分之二以上理事表决通过，并报请业务主管部门和核准登记机关批准。

第十九条 本章程经全体理事会讨论通过后实施。

第二十条 本章程由常务理事会负责解释。本章程自通过之日起生效。

全国工程勘察设计行业公约

勘察设计是工程建设的灵魂，是科研成果转化为生产力的纽带，是消化吸收先进技术的重要环节，是提高工程建设综合效益的关键。

为提高勘察设计行业职业道德水平，强化自我约束机制，建设一支政治素质好和技术水平高的勘察设计队伍，保证国家建设的顺利进行，特制定本行业公约。

一、坚持四项基本原则，坚持改革开放方针，坚持勘察设计行业为社会主义服务方向。

二、加强思想政治工作，搞好两个文明建设，进行职业道德教育，建立良好的勘察设计行业道德风尚。

三、认真贯彻国家方针政策，严格执行国家有关工程建设法规和标准，牢固树立全心全意为人民服务思想，把国家利益和社会效益放在首位。

四、坚持“质量第一”教育，增强全员质量意识，积极推进全面质量管理，建立现代化科学管理体系，确保勘察设计质量。

五、加强经营管理，推动技术进步，努力提高队伍素质和技术水平，精心勘察设计，为国家、为用户提供优质产品和优质服务。

六、加强团结协作，共同促进提高，建立平等竞争与真诚合作的新型关系，为振兴勘察设计行业做出贡献。

七、关心行业集体事业，积极参加行业活动，模范遵纪守法，维护行业信誉。

八、严守建设市场的管理规定，坚决做到“五不”：

不越级和超越业务范围承揽任务；

不用非法手段和不道德行为争抢任务；

不出卖签、图章和其他资证文件；

不私自拉人搞工程勘察设计；

不弄虚作假，谎报实情。

各勘察设计单位都应自觉恪守本公约。各级行业协会有权对不遵守行业公约的会员单位采取必要的教育和制裁措施，包括警告、通报批评、责令公开检查、开除会籍等。对情节严重坚持错误不改的和非会员单位，可建议政府主管部门对其给予相应的处罚。

中国建筑年鉴

10

先进人物 先进集体

先　进　人　物

全国勘察设计大师名单

(中华人民共和国建设部公布，
1990年12月13日)

(分行业按姓氏笔划排列)

能源

丁大中　华北电力设计院
王麟珣　西南电力设计院
叶德灿　核工业总公司第二研究院
纪金连　统配煤矿总公司选煤设计研究院
李学纪　西北电力设计院
杨育之　石油天然气总公司大庆石油管理局
吴名驹　东北电力设计院
何国伟　济南煤矿设计研究院
欧阳予　上海核工程研究院
袁世春　邯郸煤炭设计研究院
郭均生　河南省煤矿设计研究院
曾恒一　渤海石油公司
潘玉琦　河南油田规划院
潘家铮　能源部机关

机械电子

王唯国　机械电子部第十一设计研究院
李　湘　机械电子部第十设计研究院
周瑞明　机械电子部工程设计研究院
赵安仁　船舶工业总公司第七设计院
洪圣善　中国电工设备总公司
郭重庆　机械电子部第六设计研究院
聂运新　机械电子部设计总院
钱振中　机械电子部第四设计研究院
黄乃良　机械电子部第七设计研究院
潘耆芬　机械电子部第二设计研究院

航空航天

刘正惠　航空规划设计院
钟思广　航空规划设计院
钱孝虹　航空航天部第七设计院
崔　宽　航空规划设计院

冶金

何本文　鞍山焦耐设计院
陆冠伟　长沙黑色冶金矿山院
林　兴　重庆钢铁设计院
郭天祥　鞍山黑色冶金矿山院
谢逸农　上海冶金设计院

化工

伍宏业　寰球化学工程公司
吴健生　化工部第三设计院
陈鉴运　化工部技术委员会
黄鸿宁　化工部技术委员会

铁道

王序森　铁道部大桥工程局
王昌邦　铁道部第二勘测设计院
陈应先　铁道部第四勘测设计院
邵厚坤　铁道部专业设计院

交通

刘济源　交通部第一公路勘察设计院
杨仲谋　交通部第二公路勘察设计院
顾民权　交通部第一航务工程设计院
廖权懋　交通部第三航务工程设计院

水利

周君亮　江苏省水利厅
曹楚生　水利部天津勘测设计院
曹乐安　水利部长江流域规划办

石化

刘克非　兰州石化设计院
李全熙　北京石化工程公司
陈俊武　洛阳石化工程公司
除承恩　石化北京设计院

有色

杨瑞祥　沈阳铝镁设计研究院
肖传俊　南昌有色冶金院
夏　伟　洛阳有色金属加工院
喇华珮　北京有色冶金总院

城建

王业俊　中国市政华北设计院
朱有玠　南京园林设计所
任震英　兰州市人民政府
林元培　上海市市政工程局
林治远　北京市政设计院

纺织

王广鎏　纺织工业部设计院
李志方　纺织工业部设计院
戴行洲　上海市纺织院

商业

谢临深　商业部设计院

轻工

孙孝孺　上海轻工业设计院
苏　甦　轻工业部广州设计院
金效先　轻工业部设计院

邮电

邓听聪　邮电部北京设计所
张　农　邮电部设计院
徐松茂　邮电部设计院

林业

杨宝德　黑龙江省林业院
韩师休　林业部林产设计院

建材

朱祖培　天津水泥设计院
吴俊生　中国新型建材公司
邹思久　建材工业局杭州设计院

医药

张　镔　上海医药设计院
祝仲芬　上海医药设计院

广播影视

王成武　广播电影电视部设计院
金孟申　广播电影电视部设计院

建筑

齐　康　东南大学
孙芳垂　广播电影电视部设计院
孙国城　新疆区建筑勘察设计院
严星华　广播电影电视部设计院
杨先健　机械电子部第四设计研究院
佘畯南　广州市设计院
陈　植　上海市建委
陈浩荣　黑龙江省建筑设计院
陈登鳌　建设部设计院
陈民三　机械电子部设计研究院
张　镈　北京市建筑设计院
张开济　北京市建筑设计院
张锦秋　中建西北设计院
赵冬日　北京市建筑设计院
徐尚志　中建西南设计院
容柏生　广东省建筑设计院
黄耀莘　中南建筑设计院
龚德顺　建设部设计院
熊　明　北京市建筑设计院
戴念慈　建学建筑设计事务所

勘察

王步云　太原煤矿设计院
王钟琦　建设部综合勘察院
刘渭滨　东北电力设计院
吴自迪　铁道部第一勘测设计院
陈雨孙　建设部综合勘察院
陈德基　长江水利委员会
林在贯　陕西省综合勘察院
林宗元　机械电子工业部工程勘察院
林杰勋　有色金属总公司长沙勘察院
周亮臣　石油天然气管道设计院
陆学智　中南勘察设计院
袁浩清　交通部第一航务设计院
徐介民　冶金部宁波勘察院
黄志仑　航空航天部勘察院
张苏民　机电部勘察研究院
张旷成　机电部勘察设计院
张国霞　北京市勘察院
常士骠　机械电子部工程勘察院
蒋荣生　冶金部武汉勘察院
熊大阅　中国船舶总公司勘察院

1989年建设系统全国劳动模范和先进工作者名单

(国务院公布，1989年10月2日)

一、劳动模范

余孝德　男　35岁　中国建筑第一工程局　队长
贾庭让　男　57岁　北京市设备安装工程公司队长
张裕泉　男　55岁　北京市第一建筑工程公司副主任
孟继明　男　54岁　北京市住宅总公司利康服务公司　总经理
胡占一　男　41岁　北京市城建二公司　队长
张秀生　男　32岁　北京市城建四公司　保卫干事
刘宝春　男　56岁　北京市宣武区建筑工程公司瓦工班长
范淑敏　女　31岁　北京市城建开发总公司房管公司　房管员
鲁宗祥　男　53岁　北京市市政工程公司　队长
任玉琢　女　40岁　北京市电车公司二场　乘务员

王希富　男　51岁　北京市房管局职工大学　副教授
方国政　男　38岁　北京市液化石油气公司第一管理所　工人
张松年　男　40岁　天津市第二建筑工程公司施工队长
李　昆　男　39岁　天津市第六建筑工程公司瓦工组长
徐凤英　女　43岁　天津市河北区房管所　换房员
陈顺来　男　39岁　天津市自来水公司　组长
葛庆昌　男　36岁　天津市公交公司　驾驶员
范　秀　男　55岁　河北邯郸市第二建筑工程公司　班长
李玉寨　男　58岁　山西省第二建筑工程公司工人
褚连英　女　33岁　山西省大同市公汽公司　驾驶员
裴兰锁　男　39岁　内蒙区第三建筑工程公司工人
董万山　男　59岁　内蒙哲里木盟第一建筑总公司　总经理
林治家　男　62岁　本溪市房产建筑公司　经理
孙吉金　男　57岁　大连市第三建筑工程公司工程师
郝振山　男　41岁　沈阳市第四建筑工程公司抹灰工
车存文　男　40岁　阜新市公共汽车公司　驾驶员
邓凤兰　女　47岁　抚顺市公共汽车公司　乘务员
郑爱国　男　37岁　吉林市第二建筑工程公司班长
姜桂凤　女　25岁　长春市公交公司　乘务员
林继成　男　31岁　黑龙江省佳木斯市第一建筑公司　瓦工
郑纯智　男　43岁　哈尔滨正大建筑企业集团公司　总经理
孙金鼎　男　49岁　哈尔滨华兴建筑工程公司总经理
王发祥　男　39岁　黑龙江省第一建筑工程公司瓦工
钱　培　男　45岁　上海市第二建筑工程公司经理
孙伯荣　男　41岁　上海市隧道工程公司　班长
张守约　男　56岁　上海市住宅建设总公司　站长
胡福良　男　47岁　上海市工业设备安装公司班长
徐　虎　男　39岁　上海市普陀区房管局中山北路房管所　水电工
陈关通　男　44岁　上海市长宁区房管局新华房管所　沟路工
杨金海　男　54岁　上海市公交公司长途客运公司　驾驶员
陈士庆　男　61岁　江苏省徐州市国外工程开发公司　经理
徐宝大　男　55岁　常州市第二建筑工程公司队长
倪锡元　男　53岁　无锡县建筑工程公司　队长
俞学瀛　男　53岁　江苏扬州机械厂　厂长
潘信强　男　37岁　浙江省宁波市第一建筑工程公司　工号长
杨建民　男　38岁　浙江省第一建筑工程公司队长
李　英　女　25岁　宁波市公交公司第二车队乘务员
王平学　男　45岁　安徽省第三建筑工程公司班长
朱兴福　女　33岁　合肥市公交公司　车组长
邹秀兰　女　37岁　蚌埠市公交公司　乘务员
黄振川　男　47岁　福建省第五建筑工程公司班长
韩益群　女　58岁　福建省第一建筑工程公司主任
黄忠钦　男　38岁　福州市第三建筑工程公司班长
谢丽娟　女　42岁　厦门市第二建筑工程公司施工队长
张旭村　男　47岁　福州市公交公司　经理
赖双玲　女　39岁　青岛市公交公司　驾驶员
陈定安　男　54岁　河南省工业设备安装公司组长
操三咏　男　38岁　湖北省工业建筑总公司一公司　工人
林剑青　女　53岁　武汉市桥口区房地产公司站长
杨玉廷　男　48岁　山东省机械施工公司　经理
贺再奎　男　56岁　青岛市安装工程公司　班长
徐光华　男　39岁　中国建筑第八工程局　电焊工
王瑞才　男　39岁　济阳县建筑工程公司　班长
李海山　男　48岁　湖南省第三建筑工程公司架子工
秦淑兰　女　39岁　湖南省益阳市公汽公司　乘务员

李娟玲　女　45岁　长沙市公汽公司　乘务员
梁昆浩　男　45岁　广东省顺德县建筑设计三院院长
黄北雄　男　42岁　广东省第七建筑工程公司队长
黄华庭　男　61岁　广东省第二建筑工程公司经理
司徒泉　男　49岁　广东省建筑总公司工业设备安装公司　组长
邵焕暖　女　45岁　广州市第一公汽公司　司机
吴炯声　男　46岁　深圳市小汽车出租公司　经理
黄　健　男　35岁　广西第五建筑工程公司　工人
曾志明　男　44岁　广西一建设备安装工程公司班长
覃平兰　女　36岁　柳州市公汽公司　乘务员
黄祖吉　男　49岁　四川省第三建筑工程公司架子工
骆友莲　女　38岁　四川成都市公交公司　乘务员
杨德瑜　男　43岁　中建四局安装公司　班长
杨连武　男　49岁　云南省第八建筑工程公司组长
王广林　男　34岁　陕西省第六建筑工程公司工人
董继尚　男　47岁　铜川市第一建筑工程公司队长
秦宝英　女　41岁　宝鸡市公交公司　乘务员
寇录七　男　49岁　西安市市政工程处　工人
曹同维　男　54岁　甘肃省第七建筑工程公司瓦工
王铁志　男　49岁　青海省第一建筑工程公司抹灰工
李秀娟　女　42岁　西宁市公交公司　驾驶员
赵安良　男　39岁　宁夏第二建筑工程公司　吊装工
顾文平　男　40岁　新疆第一建筑工程公司　组长

二、先进工作者

刘先琳　男　50岁　国家测绘局测绘科学研究所课题组长
赵正一　男　61岁　中国建筑材料科学研究院副总工程师
毕延龄　男　62岁　北京市市政设计院　副总工程师
魏广智　男　51岁　北京市园林局颐和园管理处园长
王静文　女　31岁　北京市第四清洁车辆厂　驾驶员
任华亭　男　60岁　北京市崇文区环卫局三队清洁工
朱兆芳　女　50岁　天津市市政工程勘察设计院副总工程师
孙丽华　女　41岁　天津市河西区环卫局　清洁工
张振盘　男　56岁　石家庄市新华区卫生队　清洁工
乌力吉　男　34岁　内蒙古自治区建筑科学研究所　室主任
张新玉　女　43岁　包头市东海区清便管理所工人
梁素珍　女　43岁　鞍山市铁西区环卫队　清洁工
邵　有　男　56岁　辽源市环卫处　党支书
王之馥　女　30岁　齐齐哈尔市环卫处　工人
王淑娟　女　27岁　哈尔滨市南岗区环卫局　清洁工
庄瑞芬　女　46岁　上海川沙县城厢清洁所　班长
周桂兰　女　40岁　上海市黄浦区环卫所　班长
裘建平　女　30岁　上海市环境卫生汽车运输公司　驾驶员
王静梅　女　53岁　上海市市政工程设计院　室主任
高凤英　女　45岁　南通市环卫处　清洁工
龚素华　女　44岁　盐城市城区环卫处　清洁工
赵金香　女　45岁　连云港市新浦环卫所　工人
沈长林　男　56岁　苏州市沧浪环卫所　清洁工
刘定保　女　33岁　无锡市常安区环卫所　清洁工
廖土珠　女　37岁　浙江省衢州市环卫处　清洁工
刘必定　男　39岁　宁波市海曙区环卫处　清洁工
罗爱珍　女　24岁　杭州市环卫处　驾驶员
罗秀珍　女　49岁　芜湖市市政工程管理处　班长
韩淑芳　女　40岁　滁州市市政卫生管理所　工人
黄银莲　女　40岁　福建省龙海县石玛环卫处清洁工
秦自莲　女　47岁　江西省赣州市环卫处　清洁队长
刘延年　男　35岁　济宁市环卫队　班长
郭兰英　女　38岁　焦作市解放区环卫处　队长

祝兰琴　女　40岁　新乡市环卫局　驾驶员
董福顺　男　48岁　郑州市市政工程处　班长
汪益基　男　55岁　湖北省武汉地基处理中心主任
汤明富　男　37岁　武汉市江岸区环卫局　清洁工
林月容　女　54岁　广州市市政工程维修处　班长
余巧娥　女　39岁　汕头市安平区环卫处　工人
孙春明　男　29岁　重庆市市政养护管理处　疏浚工
胡应良　男　32岁　成都市东城区环卫处　清洁工
张凤祥　男　40岁　六盘水市环卫处　工人
朱家生　男　53岁　贵阳市汪家大井引水工程指挥部　处长
李润兰　女　47岁　甘肃省兰州市城关区环卫局　清洁工

1990年建设系统荣获“五一奖章”、“五一奖状”先进个人和先进集体名单

1990年全国“五一”劳动奖章获得者

(中华全国总工会公布，1990年4月27日)

北　京　王久来　卢建北　孙永敏　刘贵全　孙兆荣　徐凤海　张包铨　何圣昌　时纯利　宗吉祥
天　津　唐　樱　朱学柱　朱庆华　刘嘉俊　吴英群　李俊成
河　北　孙秀华　王长海　张忠勇　刘宝华　李明智
山　西　曲吉福　周信法
内蒙古　张培礼　刘顺龙
辽　宁　张长江　高　晶　吕万友　苏朋刚
吉　林　柴长清　刘　凯　李美洁
黑龙江　石　艳　庞永和　杨春友　王思钧
上　海　曾　乐　杨志芬　李　燕　徐伯昌　沈立成　朱吉云　丁文虎
江　苏　翟玉珍　沈伟林　孙良科　袁雅银　曾念瑾　杨国康　刘德芳
浙　江　李水富　戴定梅　孙召友
安　徽　韩桂英　李志发　戴大斌　张本忠
福　建　姚佳祺　章椿宝　曾英澄
江　西　徐仁花　胡良元
山　东　王荣庆　郑明海
河　南　许华培　薛隋柱　李桂云　李德备
湖　北　刘义华　杨　柱　熊贵元
湖　南　文申尧　陈柏森　邓章华
广　东　钟燕明　梁克诚　陈涌庆　刘义兴　田少畴　许茂祖　郭品弟
广　西　韦琼崇
四　川　贺光明　吴济萍　何茂恒　李臣尧
贵　州　陈三弟　杜敏强
云　南　胡以仁
陕　西　马平均
甘　肃　唐胜德
宁　夏　罗凤玲　石学贵　张宁忠
新　疆　王相堂　乐锦华
铁　路　李述祥　邵厚坤　陈良双　赵晓燕

全国先进集体

(中华全国总工会公布，1990年4月27日)

北京市第三城市建设工程公司
天津市第三建筑工程公司
山西省晋城市城区建筑安装总公司
上海市第二建筑工程公司
无锡市第二建筑工程公司
浙江省工业设备安装公司
安徽电力建设第二工程公司
铁道部第四工程局给排水处

全国先进班组

(中华全国总工会公布，1990年4月27日)

北京市液化石油气公司第一管理所呼家楼供应站
北京颐和园管理处东宫门票务班
北京市东城区环卫局王府井保洁班
北京——奥克兰建筑防水材料有限公司制毡七班
天津市河北区城建局排水管理所辛庄班
天津市公共交通公司三厂八路车队
邯郸华北矿建第二井巷工程公司马万水工程队

山西省第五建筑工程公司王兰国筑炉组
辽宁省工业安装工程公司张长江小分队
抚顺市市政设施管理处排水"三八"班
四平市第一建筑公司谭玉柱瓦工班
哈尔滨市公共汽车公司2058包车组
上海市第五建筑工程公司机械运输处李太兴机大修班
安徽省第三建筑工程公司第五工程处瓦工五班
福建省福州公交公司265车组
福建省厦门市第一民用建筑公司打桩队
中国建筑第七工程局第一建筑公司李章辉瓦工组
湖北省工业建筑总公司一公司操三咏抹灰班
湖南省水电厅第一工程公司105挖泥船
广西水电工程局第二工程处混凝土工段
水电十四工程局第六工程公司混凝土一队混凝土班
西藏交通厅公路工程公司一分公司钢筋班
甘肃省第七建筑工程公司张汉臣抹灰班
青海省第四建筑工程公司郝荣盛水暖班
新疆第一建筑工程公司顾文平瓦工组
铁道部第十六工程局二处二段六队

建设部、中国城建建材工会表彰1990年建设部系统劳动模范

(1990年7月11日)

北京市 75人

赵 仁 刘淑敏（女） 时永年 卢建北（女）
赵克义 刘忠耀 陈德胜 许树芳 胡永军
吕维国 张建忠 陶德朝 赵学明 许树迎
李秉刚 张清武 王汉青 林宝地 胡振敏
刘永富 马 琳（女） 郭同林 李梦麒
周玉和 刘振元 赵玉平 刘 桓 杨胜才
陈和昌 刘润泽 吕学军 崔永夫 芦保利
刘冠三 张万珠 赵汝生 勘来顺 刘景玲（女）
白广义 房东麟 李平平 张寿华 沈阿达
邓福成 薛红恩 齐维英（女） 孙克昌
胡连贞 阎宗清 赵彦林 王学武 王鲁锋
王玉明 张 莉（女） 张东立 张菊娣（女）
吕国森 鲁建全 唐金利 傅援助 印伟民
郭铁成 张高甫 周占国 丁红星 王守恒
徐志刚 李铭久 刘吉修 李书彬 王福成
张伯民 宋 融 潘骏寿 董光器

天津市 35人

郑太琪 林五海 朱庆华 刘庆贺 郑玉林
高光宗 樊铁柱 刘长顺 赵立勋 陈 栋
冯国惠 刘洪武 朱学柱 尹宝仓 庄敬仪
杜有亮 张君达 张大智 王咸智 王 强
张温山 宋美丽（女） 刘喜俊 吴英群
刘连贵 魏永泉 邢淑玲（女） 张德礼
李景才 赵学谦 刘笃刚 李向阳 霍本来
周桂兰 张志英（女）

河北省 66人

赵立清 吴善举 毕义之 石明卿 郜治国
祁存山 商清波 刘连生 芦洪森 褚文发
沈连第 李加来 李可奇 刘公平（女）
贾国亭 王凤娟（女） 李连仲 张永珍
孙景儒 靳淑敏（女） 赵光远 董连泉
马宪斌 黄金祥 金文英（女） 马芬成
康利民 杜淑芹（女） 张会信 韩敏会
王德建 哈冰秋（女） 李恩相 唐明如
曹诚启 王琢璞 赵中朝（女） 常宝玉
陈新平 王家清 李学周 张 平 赵连棠
武建义 赵宝占 刘立泰 王跃欣 杨党义
王希武 刘宝林 徐进瑞 牛克远 牛遇山
李光林 韩兆忠 李桃梅（女） 李丙序
陈月亭 朱庆贤 梁兰娥（女） 杜凤翔
齐光辉 王贵生 贾桂华 张遵葆 吴世昌

山西省 28人

阎本栋 任培刚 张如松 康文贵 王保同
张根龙 王 林 刘文喜 赵经国 罗 琨
万恒祥 王根喜 郭贵成 杨金华 范良义
贾应业 李志学 周传喜 张卫星 赵竹萱
饶志华 刘励勇 张树雄 李凤仙 王书元
刘才喜 侯俊英（女） 田国枝（女）

内蒙古自治区 24人

傅 廉 陈再敏（女） 刘晓红（女）
朱贯生 于桂兰（女） 黄慧兰（女）
李万信 段栾宝 唐绍平 陈志刚 白伟全
王雨廷 吕子祥 景树森 张培礼 肖书臣
王乐亭 王国斌 倪翼强 郑大成 丁建中
侯才旺 高聚勤 岳培懋

辽宁省 41人

金祥余 张维东 徐连贵 孙颜红 王泰君（女）
高美芳（女） 赵金红（女） 龚炳根
崔俊玲（女） 冯 继 王洪伟 吴玉芝（女）
褚治安 王福臣 冯国良 袁贵臣 马作君
王文美 胜万付 韩福田 王大宇 王 军
周恩普 张忠红 于振清 薛成东 朱宝祥
梁士新 宋淑琴（女） 黄志生 刘俊池

卢君璞 安海昌 王启民 陆永恩 于永顺
祁雅民 邱明盛 李广新 赵喜云 吴运芳

吉林省 25人

杨淑娥（女） 王桂琴（女） 高文明
金应华 唐玉新 何维宾 刘润东 刘庆金
黄玉波 张 芳 赵守芬（女） 宋向东
高 华 马桂芬（女） 谭玉柱 孙庚良
艾永山 毕占奎 魏松启 孙方财 辛庆才
郑淑子（女） 张有平 杜 森 赵美鹏

黑龙江省 55人

刘忠庆 陈仁浩 赵俊峰 赵发明 崔江海
单亚文（女） 刘志强 郭亚琴（女）
季锦城 刘立亚 曹会清（女） 王喜彬
王喜泉 胡桂珍（女） 孙秀成 周立柱
王经波 陈浩荣 阎循忠 陈 衍 张国臣
高美灿 王文志 彭玉宝 孙剑声 王兴福
回成才 杨伟民 陈庆余 王士忠 乔凤山
马贵锁 卢美达 曹喜成 杨立志 王思臣
吴绍元 关秀金（女） 高佐梅（女）
路良臣 徐立萍（女） 李佑伦 赵晓南（女）
刘作君 寿立文 陈志友 王成华 庞永和
张淑琴（女） 张清宇 陈贵忠 牛树发
张保兴 刘恩战 崔喜魁

上海市 44人

谈义明 王根龙 徐玮瑜 周伦祥 韩景标
罗淑鋆 王忠俊 史顺敏 程金龙 项忠明
蔡燕星 宋声望 承建云 孙明德 裴长江
黄春华（女） 汤成昌 赵洪兴 张海山
周红娣（女） 周顺标 徐启明 顾国荣
朱镇菲（女） 施成康 王 龙 顾金根
黄金兰（女） 田阿四 包任泉 李泰兴
施金华（女） 顾永良 朱春功 王玉书
吴培华（女） 秦扣虎 李荣鑫 张西庚
余宝娥（女） 章奎生 钱 怡（女）
徐大成 陆秀珠（女）

江苏省 37人

龚伯英 陈玉泉 袁雅银（女） 梁凤英（女）
毛山林 华炳元 蔡连福 杨其元 蒋永康
张景新 吴耀忠 陈有川 王良福 徐明堂
陈义华（女） 葛锟隽 戴惠兰 苏则权
孙新礼 孙网保 吉凤英（女） 周桂清
朱金凤（女） 曹正荣 戴林根 卢明礼
陆建山 吴仲芳 崔立春 苏良森 杨 迈
夏 钰 谈新华（女） 张惠平（女）
徐里生 周广西 许仁堂

浙江省 23人

叶铁力 潘官宝 巫樟球 胡芳荣 蒋民祥
毕永康 孙忠涛 陈燕忠 金荣珍 顾松林
张长生 金德照 洋炳仙（女） 陈信法
益德清 朱洪斌 张克献 章玲娣（女）
虞胜兆 陆文忠 孙国培 过伯余 胡家谋

安徽省 25人

王献彬 唐志海 戴天斌 何振山 张茂生
童国富 朱龙妹（女） 徐德茂 张淮生
陶大宏 宋珍凤（女） 许明友 周克明
陈佩君 马明富 王仰民 吴蓉珍（女）
吴启亮 孔松林 熊同杰 陈发忠 朱守志
徐重明 王继译 唐兹林

福建省 18人

杨益铨 林永诚 陈 英（女） 陈依贞（女）
郑天泉 江世富 翁长地 赵玉清 林安生
黄汉民 廖振瑞 卢建春 洪彩云（女）
林恩生 潘炳权 郑昌春 张 莉（女）
王庭章

江西省 32人

聂伟书 朱康林 殷庭佳 梁国民 方金旺
罗其昌 徐麟如 左胜恒 李铁民 李淑媛（女）
郁志清 周 勇 毕云龙 陈老土 张福生
杨仲学 刘隆浩 高真愚 宋治平 曾富根
张荣仔（女） 丁芝鑫 王景阳 鄢定芳
程海滚 吴宝生 王国荣 孙冬喜 刘炁对
王昌森 麻可夫 谭述祥

山东省 38人

颜景周 张 燕（女） 范春利 李传友
王安荣 秦兆鹏 王凤吾 商京武 牟相树
崔荣平 黄书海 朱训茂 王金平 向新志
张允刚 肖金龙 庄茂林 龙 云 周振华
张科平 宋绍东 李春阳 徐继厚 史同学
张士江 徐承森 黄俊惠 徐保林 李传仁
袁克业 付秀玲（女） 翟文敏（女）
张兴忠 吴洪慈 王延寿 赵锡福 张士娥
张宪海

河南省 36人

苏树德 陈兆林 朱和平（女） 赵海洋
赵佩君 高淑君（女） 张世清 郭永法
赵宪国 王伯晖 杨聚德 刘德润 张汝明
杨 霞（女） 李 军 刘清文 王素芳（女）
王宝林 万鸿鹏 胡铁素 陈传荣 王长松
岳朝进 马德交 薛国池 宋金钟 王海南
周明军 庞子杰 高 许 黄顺林 杨玉贵
朱振良 乔洪许 李德备 郑蒲华

湖北省 37人

王铁哲 陈鼎益 柳文语 云山洪 陈炳德
望西寿 王太东 郭锌久 罗则雄 黄立菊（女）
曹凤雷 朱远明 刘忠荣 陆远生 赵永兰（女）
王木柱 饶远清 王光锦 万可望 杨莲秀（女）

邹应生　李建湘　胡永生　陈镜全　易建新
罗汉昭　郭桃枝（女）　余少云　陈银庭
袁少雄　张建国　吴文魁　姚家珙　王忠化
邓国凯　张建华　陆炳德

湖南省　37人

曹国安　谭子明　罗建钧　吴凤英（女）
肖建文　张伯汉　罗戈东　周振武　何学群（女）
沈长发　冯铁坚　周若无　全德健　谢美玲（女）
焦凯军　谢莫根　廖淑莲（女）　谢振楚
李　斌　江正福　哈汉平　吴次焕　段南生
刘发端　唐红杭　何自生　谷务耕　彭见凤（女）
张　平　夏田仕　龙顺会　吴树林　张巨良
何长林　胡传礼　刘程称　王　榻（女）

广东省　47人

陈炳南　刘喆章　郑日彩　吴坚英　陈参天
周惠娟（女）　林旭文　赖职君　陈裕敬
黄松芝　肖尔能　陈建国　王宋真（女）
郑志明　林巧粧（女）　梁羽钧　陈观清
刘坤能　陈培邦　冯伯田　林松添　孙振明
李载宁　郭　希　赵树森　许茂祖　江木水
饶士彝　唐里饶　何　英　李　钧　冯文灶
李树强　邓华振　何荣就　谭锦泉　吴福廉
杨　奕　朱烈通　李彩卿　邹显华　朱　方
古玉怀　郑少娟（女）　罗锦翠（女）
丘湘泉　陈运强

广西壮族自治区　25人

刘如东　梁福寿　甘慈达　宁章梅　罗永双
林秀香（女）　王兰荪（女）　王大仁
吴润富　吴惠海　黄恩厚　陆文源　邓天鹏
汪日红（女）　匡乐海　文德胜　叶吟霞（女）
卢小兰（女）　梁善孟　黄春森　许多福
蒲鸿滨　张家炳　李美良（女）　黄国玲

海南省　6人

陈婵洲　吴多胜　侯照东　吴淑熙　杜家浑
林志才

四川省　50人

江莹英（女）　孙格饶登　刘瑜芝
杨朝华　全义修　陈光寿　吴培聪　陈士英（女）
冉秋林　李觉民　赵桃庄（女）　吴伯华
李心铭　赵　湘　贺立贵　罗炽方　华明铸
李清明　钟城君　龙凤鸣（女）　陈久益
刘富国　刘发贵　江秉云　陈善伦　彭应杰
卢必荣　杨洪均　徐德福　陆子祥　冯文贤
周有德　伍建民　夏启华　张光前　刘克在
李忠贵　刘兴莲（女）　刘昌碧（女）
王正海　陈德康　向一强　刘德祥　林北平
刘成玉　黄阳初（女）　陈正辉　王世荣
唐元超　吴忠琼（女）

云南省　14人

苏晓琴（女）　张述祥　陈鸿德　陈炳义
周兴同　朱继东　杨金山　周启美　张崇冕
张正德　黄世德　汪德果　张　善　年秀昌

贵州省　17人

李友珍（女）　王文珍（女）　刘王光
胡其乐　张世诚　周汉丽（女）　金明德
钟静雯（女）　罗德书　黄泽德　姚　永
孟荣贵　罗华美　鲍明远　李明奎　袁　玩
杨通谓

西藏自治区　2人

次　登　高长松

陕西省　15人

岳济生　曹莲芝（女）　王启良　孙树济
许同田　许兴平　徐宝成　于德庆　刘俊堂
吕水宝　黄启武　李秦生　沈孝维　益书堂
任智勇

甘肃省　15人

王　成　李　树　韩金清　马景春　马世瑜
费渭泉　李军财　倪丙森　张天喜　郝晓玲（女）
刘官祖　马存在　赵长生　毛宏玉　张永乾

青海省　7人

黄福根　柴育麒　单金堂　郭青臣　杨得才
张金坤　郭万顺

宁夏回族自治区　5人

马树声　丁宝善　陈祝钧　江　泳　张建忠

新疆维吾尔自治区　31人

杨森林　王小六　李德新　毕建华　陆魁君
魏山峰　苏来曼肉孜　陈国灶　艾米都拉
郭同科　颜振清　王进娥（女）　王书丽（女）
胡长亚　于西标　桑呈祥　阎雨春　梁亚辉
盖国庆　陈仕金　路好学　王明洋　刘庚尧
彭伟君　俞鹤新　王立志　唐淑芳（女）
颜士学　卜照喜　陈家俊　买买提沙吾提(维族)

计划单列市

沈阳市　21人

张长江　潘劲松　刘　秀（女）　陈兴久
金荣富　秦世禧　关宝发　王信明　孙道喜
孟庆民　杨恩贵　胡德库　杨大勇　赵庆林
杨忠田　李文儒　胡　勇　纪云华（女）
马荣芬（女）　陈晓川（女）　司桂馥（女）

大连市　11人

高　晶（女）　张宝书　毕克成　纪昭民
张福菊（女）　杨日平　孙建平　王永义
许嘉裕（女）　马进友　李传才

长春市　7人

曲致恒　陈文奇　周剑敏　王凤敏　田贤民
李　敏　刘清高

哈尔滨市 19 人

马家驹 刘衍熙 刘昌和 刘经修 李学顺 胡庆利 方贴春 丁果春 高茂林 陈士钧 李占海 鞠春华（女） 张同起 徐久庆 宋振雷 董凤文（女） 陈玉芝（女） 杜慧清（女） 王滨凤（女）

南京市 9 人

张金忠 贾连德 陈松涛 王瑞芬（女） 宋平安 王平海 杨春富 王少琴（女） 颜素珍（女）

宁波市 6 人

吴春雷 邬鹏明 朱信祥 许定松 魏孝明 梁小林

厦门市 2 人

黄绪德 邹学栋

青岛市 6 人

顾风和 李殿蓬 朱 莉（女） 胡宗礼 王志友 陶瑞珍（女）

武汉市 17 人

胡文喜 余少华 杨士杰 徐爱娥（女） 杨 方 蔡崇晓 胡少卿 吴可薇（女） 夏方寿 万家武 孙杏桃 余玉生 王文汉 徐刚珍（女） 肖文鑫 孙光文 王爱荣（女）

广州市 12 人

李广洪 周福霖 朱宏英 钟燕明（女） 杨永宽 刘卓生 肖博彦 张凤仪（女） 曾 波 石志强 卢锦培 雷锐琼（女）

深圳市 4 人

徐孝琴（女） 郭宽成 李炳坤 雷耀铭

重庆市 12 人

刘成清 谢绍章 向贤杰 肖天伟 高远鸿 贺 涛（女） 马明智 胡兴智 陈延丹（女） 茹庆生 王敏卿（女） 张 军（女）

成都市 10 人

王世全 李家松 汪其楷 苏坤芳（女） 孙冠强 李选金 林 慧（女） 李万平 陈庆宇 沈家贤（女）

西安市 7 人

郗修敏 刘振祥 朱小莉 杨淑霞（女） 王维国 王平安 李志英

中国建筑工程总公司 15 人

梅吉林 赵德昌 赵连祥 胡忠云 佟安富 杨应华 郭尚良 史醒儒 亢小邦 孙宝银 蒋和坤 李念义 张龙娣 魏忠余 刘绍周

建设部直属 8 人

吴元炜 赵冠谦 贾万新 许秉和 丁慎思 何 征 胡肇麟 韩柱亭

1988——1989 年度
建设部系统优秀
企业思想政治工作者名单

（建设部公布，1991 年 7 月 11 日）

任立森 北京市城建四公司材料库党支部书记

吴延龙 天津市自来水工程公司党委副书记

张志明 上海市公共交通总公司 67 路队党支部书记

郑玉江 中共河北省保定市城乡建设工作委员会副书记

白恩水 山东省青岛市公交公司一分公司 30 路队队长

宁梦累 山西省太原市自来水公司党委书记

耿志强 内蒙古自治区包头市公共汽车公司党委副书记

张清宇 黑龙江省佳木斯市东风房产经营公司党支部书记

曲忠珍 吉林省白城市城建局党委副书记

徐通火 辽宁省丹东市城建局党委副书记

渠时美 中共江苏省委省级机关工委建设分工委副书记

卞和玉 安徽省阜阳市公共汽车公司党支部书记

王纪洪 江西省南昌市第五建筑工程公司党总支书记

徐国桢 福建省工业设备安装公司宣传科副科长

周明军 河南省南阳地区安装公司党委书记

王玉德 湖北省襄樊市自来水公司党委书记

段南生 湖南省南县自来水公司党支部书记

张志强 广东省惠州市公用事业局副局长兼党委副书记

李志森 广西壮族自治区梧州市客轮公司党支部书记

吴兴义 云南省第三建筑工程公司第一工程处党支部书记

冯彩虹 贵州省贵阳市公共汽车公司党委书记

周治国 陕西省建筑工程总公司党委书记

郑进乾 甘肃省兰州市公共汽车公司经理兼党委书记

刘纪明 青海省测绘局党委书记

马长久 上海市建筑工程管理局党委办公室主任

杨 方 湖北省武汉市市政工程设计研究院党委书

记
李慈葆　江西省南昌市自来水公司党委副书记
李宗宏　辽宁省沈阳市煤气总公司党委宣传部副部长
祁绍君　北京市勘察院党委书记
张露菲　天津市公用局党委宣传部部长
王西北　中国建筑第七工程局安装公司党总支书记
杨济中　浙江省测绘局党委书记
李国华　上海市房管局党校副校长
王　纲　天津市市政工程局党委宣传部部长

中国建筑业联合会表彰首届优秀建筑企业家

(1989 年 12 月 6 日)

天津市
陈质枫　天津市自来水工程公司经理
河北省
樊玉良　邯郸市建筑工程总公司总经理
贾桂华　河北省安装工程公司经理
山西省
马怀瑞　山西省送变电工程公司经理
内蒙古自治区
董万山　内蒙古自治区哲里木盟第一建筑安装工程总公司总经理
李景珠　内蒙古自治区第一电力建设工程公司经理
辽宁省
孙喜利　丹东市第二建筑工程公司经理
杨家福　大连机电安装工程公司经理
吉林省
梁培栋　吉林省第一建筑公司经理
刘　凯　吉林市第一建筑工程公司经理
李　刚　吉林化学工业公司建设公司经理
黑龙江省
丁仁信　大庆石油管理局油田建设公司经理
沈阳市
王信明　沈阳市第三建筑工程公司总经理
哈尔滨市
张同起　哈尔滨市第一住宅建筑工程公司经理
上海市
查景忠　上海市第四建筑工程公司经理
钱达仁　上海市隧道工程公司经理
江苏省
徐宝声　苏州市第二建筑工程公司经理
浙江省
石　江　浙江省第三建筑工程公司经理
刘心禹　宁波市第二建筑工程公司经理
安徽省
唐志海　安徽省第三建筑工程公司经理
福建省
姚稚亦　福建省第七建筑工程公司经理
江西省
徐麟如　南昌市第一建筑工程公司经理
山东省
秦兆鹏　烟台市建筑工程公司经理
高子美　济南市第四建筑工程公司经理
河南省
王海南　河南省南阳地区建筑工程公司经理
湖北省
俞良平　武汉市第一建筑工程公司经理
刘诗连　湖北省第六建筑工程公司经理
湖南省
王化暌　湖南省工业设备安装公司经理
广东省
王汉君　广东省工业设备安装公司经理
广西壮族自治区
柴万发　广西壮族自治区冶金建设公司经理
许多福　广西壮族自治区第四建筑工程公司经理
广州市
李广洪　广州市机电安装公司经理
武汉市
张干臣　武汉市建筑工程总公司经理
四川省
杨　震　四川省第一建筑工业工程公司经理
赵　湘　攀枝花市第一建筑工程公司经理
贵州省
史醒儒　中国建筑第四工程局第一建筑公司经理
云南省
黄志先　云南省第八建筑工程公司经理
西藏自治区
高长清　西藏自治区第一建筑工程公司经理
重庆市
唐怒涛　重庆第一建筑工程公司经理
罗群锐　冶金工业部第十八冶金建设公司经理
成都市
翟守义　成都市工业设备安装公司经理
陕西省
王胤昌　陕西省设备安装公司经理
吴钢伦　郑州铁路局西安工程公司经理
宁夏回族自治区
马文相　宁夏回族自治区第二建筑工程公司经理

冶金工业部

李书臣　冶金工业部第三冶金建设公司经理

高天赐　上海宝钢冶金建设公司总经理

中国有色金属总公司

薛纪培　中国有色金属工业总公司第六建设公司经理

交通部

邹本龙　交通部第四航务工程局局长

铁道部

张健基　铁道部第四工程局局长

陈孔安　铁道部第十七工程局局长

能源部

郭　育　上海电力建筑工程公司经理

张书贵　中国核工业总公司第五安装工程公司经理

张　杰　煤炭建筑安装工程公司第六建设公司经理

秦安民　中国石油天然气总公司第六建设公司经理

涂人祥　中原石油勘探局油田建设公司经理

国家建材工业局

李俊成　天津市建材建设工程公司经理

中国建筑工程总公司

陈　汉　中国建筑第一工程局第四建筑公司经理

中国施工企业管理协会评定首届全国优秀施工企业家

(1990年12月12日)

谈国泰　北京市第一建筑工程公司

佟永贵　北京市第五城市建设工程公司

张长明　天津市第六建筑工程公司

王家瑜　天津市第三建筑工程公司

钱　培　上海市第二建筑工程公司

黄金祥　邯郸市第二建筑工程公司

高子美　济南第四建筑工程公司

秦兆鹏　烟台市建筑工程公司

孙学田　内蒙古大兴安岭林业建工局

王信明　沈阳市第三建筑工程公司

秦世禧　沈阳市第四建筑工程公司

潘劲松　辽宁省第二建筑工程公司

刘正生　吉林冶金建设公司

田凤春　大庆石油管理局油田安装工程公司

孙金鼎　哈尔滨华兴企业集团公司

李国祯　山西省机械施工公司

丁国琦　浙江省第一建筑工程公司

陈　汉　中建一局第四工程公司

李书臣　冶金部第三冶金建设公司

乔生祥　葛州坝工程局

王福祥　冶金部五冶二公司

刘合安　中国建材总公司邯郸安装工程公司

可增祥　中国建材总公司唐山安装工程公司

钟以彪　铁道部第十六工程局

郭子明　铁道部第二工程局二工程总队

牛绍田　铁法矿务局第三工程处

冯星安　大港石油管理局油建公司

杨振民　新疆石油管理局油田建设工程公司

涂秀森　中国石化总公司第四建设公司

薛纪培　中国有色金属总公司六建公司

张书贵　核工业总公司第五安装公司

李其田　交通部广州航道局

高天赐　上海宝钢冶金建设公司

李万信　内蒙古哲里木盟第二建筑公司

林应清　上海市第三建筑工程公司

邱耀坤　中国化学工程总公司十一建设公司

张书钦　广西区第二安装公司

朱志仑　机械工业总公司第四安装公司

李正言　西北电建一公司

杨同起　四川省工业设备安装公司

金长华　辽河石油勘探局油田一建公司

肖志学　交通部第二航务工程局

倪恩纯　沈阳市公路工程公司

陈伯良　金山石油化工建筑公司

陈质枫　天津市自来水工程公司

公伟清　中国化学工程公司十四建设公司

王吉安　中国化学工业总公司九建公司

张汤全　北京市第一房屋修建工程公司

钱遵培　山东电力建设第一工程公司

郝国奉　中国石油化学总公司十建公司

张志靖　山西省电力建设三公司

马建纲　南阳地区安装公司

年希文　冶金部第十三冶金属结构厂

刘振山　中国化学工业总公司六建公司

茅继成　上海市第八建筑工程公司

查景忠　上海市第四建筑工程公司

霍义棠　北京市建筑总公司

许树彦　上海市第六住宅建筑工程公司

姚建平　上海市第一建筑工程公司

全国施工技术进步先进个人名单

(建设部公布，1990 年 11 月 8 日)

姓　名	单位	职务、职称
陆兆琦	上海宝钢工程指挥部	总工、高工
于家忠	上海宝钢冶金建设公司	总工、高工
肖幼泉	上海宝钢二十冶分指挥部	总工、高工
杨　坤	上海宝钢五冶分指挥部	总工、高工
陈俊杰	上海宝钢十三冶分指挥部	总工、高工
糜嘉平	冶金部建筑研究总院	室主任、高工
程良奎	冶金部建筑研究总院	副总工、教授级高工
吴鸣冈	铁道部隧道工程局	副局长、高工
何广沂	中国铁道建筑总公司设计研究院	室主任、教授级高工
廖金福	铁道部第十八工程局中心试验室	主任、工程师
卜庆宝	铁道部第十六工程局第五工程处	总工、高工
王雪茹	铁道部第一工程局科研所	高工
黄庆平	中化总公司第三建设公司	工程师
游成培	中化总公司北京重型机械化施工公司	总工、高工
范纯一	中化总公司第十一建设公司	总工、教授级高工
程源隆	中化总公司第二建设公司	副总工、教授级高工
张敦圣	中化总公司第四建设公司	工程师
田淑珍	北京燕山石化公司建筑安装工程公司	高工
陈序秋	石化总公司第四建设公司	总工、教授级高工
王安仁	中国有色总公司三建二公司	副总工、高工
魏志良	中国有色总公司五建三公司	主任工程师、高工
赵立方	中国建筑第一工程局技术处	副处长、工程师
王文健	中国建筑第一工程局四公司	总工、高工
傅开荣	中国建筑第三工程局	局党委副书记、高工
鲍广鉴	中国建筑第三工程局一公司	项目经理、工程师
李文祥	中国建筑第六工程局安装公司	总工、高工
熊声誉	两淮煤矿特殊凿井公司	经理、教授级高工
张一心	兖州矿务局第七十工程处	主任工程师、高工
张祖甫	兖州矿务局第六工程处	总工、高工
孙法远	胜利油田管理局油建一公司	经理、高级经济师
肖如江	石油天燃气总公司一建公司金属结构厂	车间主任、技术员
田广墅	石油天燃气总公司工程技术研究所	研究组长、高工
黄伟明	辽河石油勘探局油建一公司施工技术研究所	工程师
姜桂兰	中原石油勘探局油建公司	副总工、高工
钟云鹤	北京市第一建筑工程公司	副总工、高工
林远征	北京市建筑工程研究所	室主任、高工
张家佩	北京市第六建筑工程公司	主任工程师、高工
周世才	北京市市政工程研究所	高工
王学忠	北京市住宅建筑构件厂	总工、高工
张伯湘	北京市第五建筑工程公司	副经理、高工
杨文才	北京市第一城市建设工程公司	副总工
杜有亮	天津市第一建筑工程公司	副总工、高工
舒克达	天津市第四建筑工程公司	总工、工程师
童文威	天津市第三市政工程公司	总工、高工
赵玉忠	河北省第四建筑工程公司	副经理、高工
刘　冲	河北省安装工程公司	副经理、高工
李国祯	山西省机械施工公司	经理兼总工、高工
王考业	内蒙古自治区第一建筑工程公司	总工、教授级高工
孙　源	辽宁省第三建筑工程公司	总工、高工
王达人	沈阳市第四建筑工程公司	处长、工程师
徐力仁	沈阳市第二建筑工程公司	高工
张庆林	黑龙江省第一建筑工程公司	副科级、工程师
王承德	上海市基础工程公司特种基础研究所	副所长、高工
王鹤林	上海市隧道工程公司	副科长、工程师
程　骁	上海市隧道工程公司施工技术研究所	所长、高工
兰　幼	上海市第六住宅建筑工程公司	副科长、工程师
苏洪雯	上海市第五建筑工程公司	副经理、工程师
竹志扬	江苏省送变电工程公司	总工、高工
王　汀	徐州市建筑管理局企	副主任、工程师

管科

骆锡耀　浙江省工业设备安装公司　总工、高工

郑星光　福建省第一建筑工程公司　分公司经理、工程师

颜玉明　福建省水利水电工程局　总工、高工

刘小敏　江西省地质工程公司　副总经理、副总工

厉佩英　江西省第一建筑工程公司　副经理、高工

罗大瑞　山东省烟台市建筑工程公司　副经理、高工

陈定安　河南省安装公司弯管机械厂　厂长、工程师

阎良辰　河南省平顶山市第一建筑公司　总工、高工

刘自洁　湖南省第四工程公司　机械工程师

葛毓东　广东省第四建筑工程公司　副总工、高工

何宗盛　广东省建筑构件工程公司　副总工、工程师

梁文彬　广东省交通厅公路工程处　工程师

麦万成　广州市第一建筑工程公司　科长、高工

曾绍强　广西壮族自治区第四建筑工程公司　总工、高工

周百先　四川省建筑科学研究院　高工

肖文彬　四川省第六建筑工程公司　科长、工程师

李念慈　四川省工业设备安装公司二分公司　副总工、高工

张万全　重庆市桥梁工程公司　总工、高工

郑树旌　贵州省建筑工程总公司　总工、高工

苏绍显　甘肃省第七建筑工程公司　总工、教授级高工

吴期会　宁夏回族自治区第二建筑工程公司　副总工、高工

袁慰祖　江苏省交通工程公司　总工

1989年建设部建设机械优质产品及生产厂名单

(一九九〇年二月二十二日)

飞跃牌JZ350型混凝土搅拌机　兰州建筑通用机械厂

建友牌JZ350型混凝土搅拌机　山东省建筑机械厂

通天牌JZ350C型混凝土搅拌机　南通市建筑机械厂

金石牌JZ200型混凝土搅拌机　江苏省建筑机械厂

古城牌JZ200型混凝土搅拌机　扬州机械厂

牡建牌JZ350型混凝土搅拌机　牡丹江建筑机械厂

路友牌3Y12／15压路机　徐州工程机械厂

金菱牌3Y10／12压路机　上海工程机械厂

朝工牌ZL30A轮式装载机　朝阳工程机械厂

塔牌ZN50C型插入式混凝土振动器　广东建筑机械厂

三帆牌ZN50C型插入式混凝土振动器　湖北振动器厂

XZ牌ZKQ800A型潜水钻孔机　河北新河钻机厂

历峰牌QT60塔式起重机　济南建筑机械厂

三角牌DMJ250金刚石地面水磨石机　郑州中原机械厂

三角牌DSM350单盘地面水磨石机　郑州中原机械厂

广日牌YP-15-C090交流调速客梯　广州电梯工业公司

四拉牌YL588型千斤顶　四平市建筑机械厂

四拉牌YT3138型千斤顶　四平市建筑机械厂

方圆牌QNA900.25型单排球式回转支承　马鞍山回转支承厂

方圆牌QNA1000.25型单排球式回转支承　马鞍山回转支承厂

燕山牌YSP-50液化石油气钢瓶　北京煤气用具厂

三环牌YSP-15液化石油气钢瓶　上海市工业设备安装公司压力容器厂

金柱牌DZ40振动打桩锤　浙江瑞安建机厂

飞燕牌彩板组角窗　北京市钢窗厂

三叶牌钢制板型散热器　北京散热器厂

三人牌灰铸铁柱型散热器　内蒙古包头市水暖器材厂

郑暖牌灰铸铁柱型散热器　河南郑州市下坡扬暖气片厂

宝龙牌灰铸铁柱型散热器　河北深泽县暖气片厂

摩天牌32毫米实腹钢窗　安徽省安庆市钢窗厂

旭日牌32毫米实腹钢窗　河南安阳市轧钢厂

金燕牌32毫米实腹钢窗　湖北省宜昌市钢窗厂

沔洲牌48-1型钢管脚手架扣件　湖北仙桃市玛钢厂

天环牌48-1型钢管脚手架扣件　天津唐沽玛钢厂

巨龙牌组合钢模板	山西省文水县手扶拖拉机厂
沈建牌 MK 型防火门	沈阳金属门窗制造公司(复评)
M 牌 48-1 型钢管脚手架扣件	河北省孟村机械厂(复评)
圆三角牌 48-1 型钢管脚手架扣件	北京市玛钢厂(复评)

建设部　中国城建建材工会关于授予顾振林、于建友等二十位同志全国青年瓦工、抹灰工技术能手称号的决定

(一九九〇年十月二十七日)

共青团中央、劳动部、全国总工会、建设部等七个部门联合举办的首届全国青工技术大赛建筑系统竞赛于一九九〇年十月十八日至十月二十七日在北京举行。这次全国青工技术大赛是贯彻落实中央关于治理整顿和深化改革的重大决策，大力弘扬雷锋同志干一行爱一行专一行的钉子精神的一次活动。通过这次活动，要在广大建筑职工中掀起一个学政治、学技术的热潮，振奋行业精神，进一步提高建筑业队伍的政治素质和技术素质，努力提高建设社会主义的本领。在这次青工大赛期间，各省、自治区、直辖市的参赛选手，发扬了拼搏进取、创优争先的精神，赛出了高水平，创出了好成绩。顾振林、于建友等二十位同志经过刻苦努力，取得了首届全国青工技术大赛建筑系统竞赛瓦工、抹灰工前十名的优异成绩。建设部、中国城建建材工会决定:

授予顾振林等十位同志为全国青年瓦工技术能手称号。

授予于建友等十位同志为全国青年抹灰工技术能手称号。

希望获得全国青年瓦工、抹灰工技术能手称号的同志，要珍惜荣誉，谦虚谨慎，戒骄戒燥，继续保持和发扬成绩，在生产建设中发挥先锋模范作用，为社会主义建设事业做出新贡献。

附件：获首届全国青工技术大赛建筑系统竞赛全国青年瓦工、抹灰工技术能手称号的人员名单

附件:

获首届全国青工技术大赛建筑系统竞赛瓦工、抹灰工技术能手称号的人员名单

瓦工:

顾振林	江苏省南通县建筑安装工程总公司
刘又戳	北京市第三建筑工程公司
周万能	中国核工业总公司华兴建设公司(江苏)
刘新发	北京市农村建设总公司第二建筑公司
吴林龙	上海市第二建筑工程公司
景建平	上海市第一建筑工程公司
夏克海	浙江省建筑工程总公司第三建筑工程公司
秦宝成	辽宁省锦州市房屋建筑工程公司
赖　彪	中国统配煤矿总公司建筑安装工程公司(河北)
包松永	浙江省建筑工程总公司第一建筑工程公司

抹灰工:

于建友	山东省烟台市建筑工程公司
毛法生	江苏省无锡市建筑工程公司
萧福泉	浙江省建筑工程总公司第三建筑工程公司
金　惠	江苏省常州市第二建筑工程公司
郎建兴	中国建筑第一工程局六公司(河北)
赵子文	北京市第六建筑工程公司
田瑞江	北京市第五市政工程公司
杜逸民	上海市第七建筑工程公司
瞿国明	上海市第二建筑工程公司
栾云周	山东省烟台市建筑工程公司

建　设　部关于表彰先进建设工程质量监督站和优秀建设工程质量监督员、检测员的决定

(一九九〇年八月十一日)

为激发建设工程质量监督站和广大监督、检测人员的积极性，推动工程质量监督工作的不断深入和提高，在整治工程质量方面发挥更大作用，现决定对近年来在工程建设质量监督工作中作出成绩的45 个先进集体和 105 名优秀个人予以表彰，分别

授予"全国先进建设工程质量监督站"和"全国优秀建设工程质量监督员、检测员"称号（名单附后）。

贯彻中央治理整顿、深化改革的方针，综合治理工程质量是建设领域一项重大任务。各级建设主管部门必须加强对监督工作的领导，要认真总结经验，努力提高监督工作水平。受表彰的单位和个人，要戒骄戒躁，再接再励，为工程质量监督工作作出新的贡献。

附件：全国先进建设工程质量监督站、全国优秀建设工程质量监督员、检测员名单。

全国先进建设工程质量监督站

北京市崇文区建设工程质量监督站
天津市建设工程质量监督管理总站
河北省唐山市建筑工程质量监督站
山西省太原市建筑工程质量监督站
内蒙古自治区呼和浩特市建筑工程质量监督检验站
内蒙古自治区赤峰市建设工程质量监督站
辽宁省沈阳市建筑工程质量监督站
吉林省吉林市建筑工程质量监督站
黑龙江省哈尔滨市建筑工程质量监督站
黑龙江省尚志市工程质量监督站
上海市建设工程质量监督站
江苏省南京市建筑安装工程质量安全监督站
浙江省杭州市建筑工程质量监督站
安徽省合肥市建筑工程质量监督站
福建省漳州市建筑工程质量监督站
江西省景德镇市建筑工程质量监督站
山东省济南市建筑工程质量监督站
山东省蒙阴县建筑工程质量监督站
河南省郑州市建筑工程质量监督站
湖北省武汉市建筑工程质量监督站
湖南省长沙市建筑工程质量监督站
广东省珠海市建筑工程质量监督检验站
广东省顺德县建筑工程质量安全监督站
广西壮族自治区南宁市建筑工程质量监督站
海南省建筑工程质量监督站
四川省绵阳市建筑工程质量监督站
四川省眉山县建筑工程质量监督站
四川省建筑工程质量监督检验站
贵州省贵阳市建筑工程质量监督站
贵州省瓮安县建筑工程质量监督站
云南省大理州建筑工程质量监督站
陕西省汉中建筑工程质量监督中心站
甘肃省兰州市建筑工程质量监督站
青海省西宁市建筑工程质量监督站
宁夏回族自治区银川地区建筑工程质量监督站
新疆维吾尔自治区乌鲁木齐市建筑工程质量监督站
能源部统配煤矿山西煤炭工程质量监督站
冶金工业部宝钢工程质量监督站
铁道部沈阳铁路局工程质量监督站
交通部广东省公路工程质量监督站
林业部黑龙江省牡丹江林区工程质量监督站
机械电子工业部陕西彩色显像管总厂扩建工程质量监督站
中国工程物理研究院八三九工程部质量监督处
中国人民解放军沈阳军区工程质量监督站
国家建筑工程质量监督检验测试中心

全国优秀建设工程质量监督员、检测员

刘家凯　北京市大兴县建设工程质量监督站
向学其　北京市建设工程质量监督总站
傅国瑞　北京市通县建设工程质量监督站
杨于北　北京市建筑工程质量检测中心第五检测所
于昆池　天津市建筑工程质量监督管理总站
张振祥　天津市汉沽区建设工程质量监督站
刘瑞财　天津市红桥区建筑工程质量监督站
王嗣玉　河北省衡水市建筑工程质量监督站
孙守文　河北省秦皇岛市建筑工程质量监督站
冯国发　河北省承德地区建筑工程质量监督站
杨树春　河北省唐山市工程质量监督站冶金建设分站
熊子发　山西省大同市建筑安装工程质量监督管理站
王振杰　山西省建筑工程质量检验所
秦扶喜　山西省临汾地区建筑工程质量监督站
唐尚云　辽宁省本溪市工程质量监督站
刘谟书　辽宁省鞍山市建筑工程质量监督站
张荣清　辽宁省抚顺市工程质量监督站
陈岐兴　辽宁省朝阳市工程质量监督站检测中心
苏德文　吉林省长春市建筑工程质量监督站
崔明宪　吉林省浑江市建筑工程质量监督站
张景荣　吉林省延边朝鲜族自治州建筑工程质量监督站
张松青　黑龙江省牡丹江市工程质量监督站
葛长君　黑龙江省佳木斯市工程质量监督站
昝志祥　黑龙江省齐齐哈尔市建设工程质量监督站
许万才　黑龙江省安达市工程质量监督站
刘德玉　上海市建设工程质量监督站
吴祖贤　上海市建设工程质量监督站静安分站
吴荣昌　上海市建设工程质量监督站市政分站

张元发　上海市建设工程质量检测中心
夏森桥　上海市建设工程质量监督站宝山分站
沈　骅　江苏省徐州市土木建筑工程质量监督站
倪景叶　江苏省武进县建筑工程质量监督站
纪长春　江苏省淮阴市建筑工程质量监督站
王立银　江苏省连云港市建筑工程质量监督站
童仙理　浙江省黄岩市建筑工程质量监督站
吴志强　浙江省宁波市建筑安装工程质量监督站
陈振乾　安徽省蚌埠市建筑工程质量监督站
峁胜利　安徽省宣城地区建筑工程质量监督站
张经民　安徽省芜湖市建筑工程质量监督站
杨妙在　福建省厦门市建筑工程质量监督站思明分站
俞梅霖　福建省莆田市涵江区建筑工程质量监督站
郑鸿森　福建省宁德地区建筑工程质量监督站
邓小华　江西省南昌市建筑工程质量监督站
周炳根　江西省新干县建筑质量监督站
蒋方正　山东省济南市建筑工程质量监督站
张久德　山东省潍坊市建筑工程质量监督站
尹　灿　山东省莱州市建筑工程质量监督站
宋炳勤　山东省蒙阴县建筑工程质量监督站
赵化民　河南省郑州市建筑工程质量监督站
邢宏伟　河南省平顶山市建筑工程质量监督站
浮德跃　河南省新乡市建筑工程质量监督站
刘新生　河南省建筑工程质量检验测试中心站
周雷激　湖北省武汉市建筑工程质量监督站
戴洪清　湖北省宜昌县建筑工程质量监督站
王荣昌　湖北省建筑工程质量检测中心
张应郎　湖南省长沙市建筑工程质量监督站
唐光泗　湖南省岳阳市建筑工程质量监督站
曹行达　湖南省郴县建设工程质量监督站
吴正如　广东省韶关市工程质量监督站
王运南　广东省湛江市建筑工程质量监督站
杨孟溪　广东省建筑工程质量检测中心站
李状科　广东省汕头市工程质量检测中心
刘小光　广西壮族自治区桂林市建筑工程质量监督站
吴昌维　广西壮族自治区三江侗族自治县建筑工程质量监督站
张泰春　海南省海口市建筑工程质量监督站
王绍和　海南省三亚市建筑工程质量监督站
王承庸　四川省成都市建筑工程质量监督站
邱　峰　四川省重庆市建筑工程质量监督站
张思刚　四川省绵阳市建筑工程质量监督站
刘长君　四川省建筑工程质量监督检验站
左克宁　贵州省贵阳市建筑工程质量监督站
吴国辉　贵州省遵义县建筑工程质量监督站
陈秀琦　贵州省瓮安县建筑工程质量监督站
周长生　云南省大理州建筑工程质量监督站
桂宝启　云南省曲靖市建筑工程质量监督管理站
唐永龄　云南省保山市建筑工程质量监督站
吴国志　陕西省勉县建筑工程质量监督站
秦国清　陕西省西安市建筑工程质量监督站
俞树民　甘肃省兰州市建筑工程质量监督站
陈德良　甘肃省天水市建筑工程质量监督站
李天祥　甘肃省武威地区建筑工程质量监督站
朱开欧　青海省海西自治州建筑工程质量监督站
刘鱼前　宁夏回族自治区银川地区建筑工程质量监督站
赵庆荣　宁夏回族自治区吴忠市建筑工程质量监督站
巴　岱　新疆维吾尔自治区巴州建筑工程质量监督站
张运祥　新疆维吾尔自治区昌吉回族自治州建筑工程质量监督站
李宗铎　新疆维吾尔自治区电力工程质量监督中心站
吴以聪　新疆维吾尔自治区建筑结构构件质量监督检验站
沙东英　能源部统配煤矿山东煤炭工业管理局工程质量监督中心站
王立成　冶金工业部鞍钢工程质量监督站
查有勋　冶金工业部首都钢铁公司工程质量监督站
纪旭超　铁道部乌鲁木齐铁道工程质量监督站
彭学山　铁道部沈阳铁路局工程质量监督站吉林检测中心
邢恩太　交通部黑龙江省公路工程质量监督站
李建国　交通部基本建设工程南京质量监督站
李少臣　林业部内蒙古自治区大兴安岭林业管理局工程质量监督站
徐云浮　林业部吉林省林业基本建设工程质量监督站
虞尚贤　航空航天工业部陕西航天管理局建筑工程质量监督站
葛存礼　机械电子工业部陕西彩色显像管总厂扩建工程质量监督站
鲁志良　中国工程物理研究院八三九工程部质量监督处
吴景峰　中国人民解放军沈阳军区工程质量监督站
贾仁贤　中国人民解放军济南军区工程质量监督总站
王安坤　国家建筑工程质量监督检验测试中心
陈　凡　国家建筑工程质量监督检验测试中心
李　丹　国家建筑工程质量监督检验测试中心

先 进 集 体

建设部1989年优秀设计优秀勘察获奖项目名单

（建设部公布，1989年8月16日）

民 用 建 筑

一等奖(共4项)

北京图书馆新馆工程	建设部建筑设计院　中国建筑西北设计院
北京国际饭店	建设部建筑设计院
自贡恐龙博物馆	中国建筑西南设计院
广州天河体育中心	广州市设计院

二等奖(共23项)

上海交通大学二部1#、2#教学楼	上海市民用建筑设计院
四川省肿瘤医院	中国建筑西南设计院
杭州黄龙饭店	杭州市建筑设计院
敦煌航空港站楼	甘肃省建筑勘察设计院
新疆维吾尔自治区伊斯兰经学院主楼	新疆维吾尔自治区建筑勘察设计院
上海西郊宾馆七号楼及客房和食堂改造工程	华东建筑设计院
广州国际科技贸易展览交流中心	广东省建筑设计研究院
陶行知纪念馆	上海市民用建筑设计院
南平老人活动中心	福建省建筑设计院
广州市儿童活动中心	广州珠江外资建筑设计院
天津市肿瘤医院	天津市建筑设计院
深圳科学馆	华南理工大学建筑设计研究院
湖北广播电视塔工程	广播电影电视部设计院
南京艺术学院工艺美术系教学楼	东南大学建筑设计研究院
毛里求斯普莱桑斯机场航站楼	云南省建筑设计院
石林宾馆新建餐厅	昆明市建筑设计院　云南工学院
中国大百科全书编辑楼	北京市建筑设计院
深圳市图书馆	广东省建筑设计研究院
肯尼亚国家体育综合设施体育场	中国建筑西南设计院
北京昆仑饭店	北京市建筑设计院
嵩山少林寺武术馆	郑州市建筑设计院
中国科技情报中心	北京市建筑设计院
无锡太湖饭店新楼	东南大学建筑设计研究院

三等奖(共29项)

江西省科学会堂	江西省建筑设计院
深圳外贸粮油食品进出口公司综合楼	建设部建筑设计院深圳分院
湘电山庄	长沙市规划设计院
清华大学社会科学楼	清华大学土建设计研究院
四川锦城艺术宫	中国建筑西南设计院
西安唐城宾馆	中国建筑西北设计院
重庆出版社出版编辑大楼	机械委第三设计研究院
辽宁省科技馆	中国建筑东北设计院
南京夫子庙古建群	东南大学建筑系　夫子庙工程规划设计室
抗日战争纪念馆	轻工部设计院
胥城大厦	东南大学建筑设计研究院
深圳房地产公司大厦	原核工业部第二设计研究院
天津市邮政枢纽工程	天津市建筑设计院
邵逸夫科技馆	浙江大学建筑设计研究院
成都铁路中心医院	四川省建筑设计院
岳麓书院修复	湖南大学设计研究院
洛阳古墓博物馆	中房洛阳公司设计室　机电部第四设计研究院
唐山抗震纪念建筑	河北省建筑设计研究院

同济大学西北区学生食堂浴室	同济大学建筑设计研究院
国管局北戴河会议楼	北京市建筑设计院
北京金融大楼	北京市建筑设计院
厦门中山医院病房大楼	浙江省建筑设计研究院
苏州西山招待所	建设部建筑设计院
新华社香港分社深圳贝岭居	广西综合设计院　东南大学建筑研究院
合肥天海联合商场	安徽省建筑设计院
广东大厦	广东省建筑设计研究院
东北工学院计算中心	长春建专建筑设计院
新四军建军纪念馆	盐城市建筑设计院　东南大学建筑系
福州古蝶斜阳	福建省建筑设计院

表扬项目(共 29 项略)

城　市　规　划

一等奖(共 1 项)

沈阳市环城水系及环城绿化规划设计	沈阳市规划设计院

二等奖(共 9 项)

南京市中心综合改建规划	东南大学建筑系　南京市规划设计院
银川市鼓楼——玉皇阁地段保护及改建规划	银川市规划局
鞍山市分区规划	鞍山市城乡规划设计院
常州市红梅实验小区规划	常州市规划设计院
唐山市城市总体规划	中国城市规划设计研究院
南京主城分区规划	南京市规划设计院
深圳特区华侨城一期详细规划	中国城市规划设计研究院
温州市旧城改造控制性规划	温州市规划局
天津铁路客站改造规划	天津市城乡规划设计院

三等奖(共 18 项)

上海市沪太新村居住区设计	华东建筑设计院
桂林市中心区详细规划	清华大学城市规划与设计研究所
沈阳市北新客站站前区规划	沈阳市规划设计院
黄石市城市总体规划(修编)	湖北省城市规划设计研究院　黄石市城市规划管理局
苏州寒山寺风景名胜区总体规划、详细规划	中国城市规划设计研究院
攀枝花市总体规划设计	攀枝花市规划设计研究院
常州市交通规划	同济大学城市规划与设计研究所
九华山风景区总体规划及九华街详细规划	同济大学建筑城规学院城市规划系　九华山管理处
广州市天河体育中心规划	广州市城市规划勘测设计研究院
秦皇岛市城市总体规划(侧重港区)	建设部秦皇岛市总体规划工作组
北京市望京新区总体规划	北京市城市规划设计研究院
天津市古文化街规划设计	天津市城乡规划设计院
北京市分区规划和旧城区土地使用和建筑高度控制规划	北京市城市规划设计研究院
天津市道路交通规划	天津市城乡规划设计院
成都市西区、南区规划	成都市规划设计院
北京大兴县清源中里小区规划	北京市城市规划设计研究院
宁波市城市总体规划	浙江省城乡规划设计研究院　宁波市城乡规划局
永安市旧城改建规划	中国城市规划设计研究院

表扬项目(共 14 项略)

城　市　建　设

一等奖(共 2 项)

上海恒丰北路斜拉立交桥	上海市政工程设计院
北京陶然亭公园华厦名亭园景区	北京市园林设计研究院

二等奖(共 10 项)

人民路 623 路高架路工程	广州市市政工程设计研究院　广东省建筑设计研究院

项目	单位
黄浦江上游引水工程	上海市政工程设计院
天津永和大桥	天津市市政工程勘测设计院
济南环城公园	济南市园林规划设计室　济南市政工程设计处(协作)
青岛市煤制气工程	中国市政工程华北设计院
扬子江 30 万吨乙烯水源及净水厂工程	上海市政工程设计院
京石公路(北京段)工程	北京市市政设计院
天河体育中心绿化	广州园林建筑规划设计院
天津石化公司污水处理厂	北京市市政设计院
天津市 JLZⅢ型集装箱垃圾转运站	天津市红桥区环卫工具修理厂

三等奖(共 18 项)

项目	单位
玉溪市聂耳公园规划	云南省城乡规划设计研究所　云南省玉溪市建筑设计所
唐山市丰润新区供热工程	北京市煤气热力工程设计院
草暖公园	广州市园林建筑规划设计院
青岛八号码头市政配套工程立交工程	北京市市政设计院
大连市开发区凤凰山水厂	中国市政工程东北设计院
苏州“环秀山庄”修复工程	苏州园林设计所　苏州古典园林建筑公司（协作）
天津外环线道路工程	天津市市政工程勘测设计院
重庆中梁山煤矿矿井瓦斯利用工程	冶金部重庆钢铁设计研究院
长沙市污水处理厂	中国市政工程中南设计院
杭州西湖环湖绿地镜湖厅工程	杭州园林设计院
上海中山北路交通路铁路立交桥	上海市政工程设计院
长春第一汽车制造厂加压煤气站工程	东北煤气化设计研究所
广州石门水厂	广州市自来水公司
上海双层公共汽车停车库	上海市公交公司建筑设计室
自贡市烈士堰水厂配套工程	自贡市城市规划设计院
重庆牛角沱道路立交和八一隧道	重庆市建筑勘察设计院
上海内江公园规划设计	上海园林设计院
天津市煤气化工程杨家嘴储配站	中国市政工程华北设计院

表扬项目(共 14 项略)

住　宅　建　设

一等奖(空缺)

二等奖(共 4 项)

项目	单位
北京黄村富强西里居住小区规划设计	北京市建筑设计院
大连石道街居住小区西小区规划设计	大连市建筑设计院　大连市住宅办公室
上海新沪住 5 型住宅(通用图)	华东建筑设计院
合肥西园新村居住小区规划设计	合肥市规划设计院　中房合肥公司

三等奖(共 3 项)

项目	单位
北京西坝河高层住宅	北京市建筑设计院
南昌市里州住宅建筑群	江西工业大学建筑设计研究所
上海市彭浦六期高层住宅	上海市民用建筑设计院

表扬项目：(共 5 项略)

村镇规划设计

一等奖(空缺)

二等奖：(共 5 项)

项目	单位
湖南省永顺县王村镇规划	湘西自治州建委　湖南大学建筑系
浙江省湖州市南浔镇规划	南浔镇城建办公室
宁波市镇海区庄市镇中兴中学设计	镇海区建筑设计处
山西省汾阳县杏花村镇规划	汾阳县建设局城乡规划设计组
江苏省常熟市碧溪镇规划	常熟市城乡规划管理处

三等奖：(共 11 项)

项目	单位
湖南省临澧县合口镇规划	湖南省建筑设计院　合口镇建设领导小组

项目	单位
安徽省合肥市七里塘镇规划	合肥市规划设计研究院　合肥市郊区建设局
江苏省靖江县新桥镇规划	靖江县城建局规划办公室　同济大学
浙江省绍兴县东浦镇规划	浙江省城乡规划设计研究院
山东省邹县张庄镇规划	邹县建委村镇办公室　邹县建委设计所
陕西省三原县鲁桥镇规划	陕西省城乡规划设计院
云南省耿马县孟定镇规划	云南省城乡规划设计研究院
湖南省新型一体化净水池（石湾水厂）设计	衡阳市自来水公司
山西省祁县东观镇规划	祁县建设局
吉林省长白县十二道沟乡规划	吉林省城乡规划设计研究院
湖南省宁乡县花明楼镇规划	长沙市规划设计院

表扬项目：(共 8 项略)

城市和工程勘测

一等奖：(共 1 项)

项目	单位
贵州饭店	贵州省建筑设计院

二等奖：(共 5 项)

项目	单位
国际文化交流中心	北京市勘察院
天津中环线道路工程地质	天津市市政工程勘测设计院
北京彩色电视中心工程地质勘察及扩底墩施工技术咨询	建设部综合勘察研究院
山西省长治市供水水文地质详勘凿井报告	山西省勘察院
贵阳市城区 1／500 航测成图	贵阳市城市规划局测量队（湖南省地矿局测绘队）

三等奖：(共 9 项)

项目	单位
人民中、西路城市地形测量	温州市勘察测绘院
天津永和大桥工程地质	天津市市政工程勘测设计院
北京南洋饭店基坑降水	建设部综合勘察研究院
首都宾馆	北京市勘察院
北京香格里拉国际饭店工程地质详勘与扩底墩施工	建设部综合勘察研究院
大连市香炉礁立交桥	大连市勘察测绘处
佳木斯市西部地区供水水文地质详细勘察	中国市政工程东北设计院
广州天河体育馆沉降、变形观测	广州市设计院
《北京市大兴测区航测(1／1000／2000 成图)大比例尺系列图》	北京市测绘院

表扬项目：(共 8 项略)

1989 年获国家优质工程银质奖的项目及获奖单位名单

(国家工程建设质量奖审定委员会公布，1989 年 12 月 21 日)

1.北京市东单电话局工程

北京市第五建筑工程公司
北京市设备安装工程公司
邮电部北京电信工程公司
北京市第三市政工程公司
北京市电信建设工程公司
北京市建筑设计院
邮电部北京设计所
北京市电信局东单电话分局建设工程处

2.京包线丰沙大电气化工程

铁道部电气化工程局
铁道部北京铁路局工程处
铁道部电气化工程局电气化勘测设计院
铁道部通信信号公司研究设计院
铁道部电气化工程局通信信号勘测设计院
铁道部北京铁路局

3.新乡——荷泽铁路（含长恒——东明黄河大桥）工程

铁道部第三工程局
铁道部大桥工程局第四桥梁工程处
铁道部大桥工程局第五桥梁工程处
铁道部第一勘测设计院
铁道部大桥工程局勘测设计院
郑州铁路局

4.洛阳民用机场工程

中国建筑第二工程局第二建筑工程公司
中国建筑第二工程局机械化施工公司
中国有色总公司第六建筑公司机电安装公司
民航广州管理局通信修理所
民航广州管理局中南机场设计研究所
洛阳机场设计室
机械电子工业部机械第十设计研究院
洛阳民用机场建设指挥部

5.黄浦港洪圣沙水转水码头工程
交通部第四航务工程局第二工程公司
交通部第四航务勘察设计院
广州港务局

6.福马一级公路鼓山隧道工程
中国人民解放军32343部队
福建省公路局
福建省交通规划设计院

7.平朔安太堡露天煤矿铁路专用线路工程
铁道部第十二工程局
铁道部第十二工程局建筑安装处
铁道部第三勘测设计院
煤炭工业部平朔煤炭工业公司

8.北京图书馆新馆工程
北京市第三建筑工程公司
文化部北京图书馆新馆工程筹建处
北京市设备安装工程公司
建设部建筑设计院
北京市勘察院

9.天津龙门大厦商业楼工程
天津市第六建筑工程公司
天津市龙门大厦管理委员会
天津市建筑设计院

10.天津铁路枢纽改造工程天津新客站工程
天津市第二建筑工程公司
北京铁路局天津铁路分局
铁道部第三设计院
天津市建筑设计院

11.青岛市铁港、杭州路立交桥工程
山东省交通工程公司
青岛市第二市政工程公司
青岛市市政建设重点工程指挥部杭州路立交桥分部
北京市市政设计院

12.大连市香炉礁高架立交桥工程
大连市政工程公司
天津市第三市政工程公司
铁道部第十三工程局第一工程处
大连市第四建筑工程公司
大连市市政设施管理处
天津市市政工程勘测设计院
大连市市政园林设计院
大连市道路桥梁指挥部

13.流亭机场扩建工程
海军第十工程建筑处
海军工程设计研究局
海军航空兵勘察设计处
中国民用航空青岛站
海军北海舰队航空兵

14.浪头机场扩建工程
中国人民解放军八七四七八部队
中国人民解放军八六三三八部队
中国人民解放军八九五三三部队
沈阳军区空军勘察设计院

15.红光电子管厂黑白显象管玻壳生产线改造工程
国营红兴电子管厂
机械电子工业部第十设计研究院
四川振华电子工程公司
四川新兴建筑工程公司
中国电子系统工程公司第三安装公司
四川工业设备安装公司

16.淮南洛河电厂一期（1#、2#）工程
安徽电力建设第一工程公司
华东电力设计院
淮南发电总厂

17.淮南——繁昌500千伏输变电工程
安徽送变电建设公司
华东电力设计院
安徽电力局500千伏筹建处
芜湖供电局

18.开滦矿务局范各庄矿洗煤厂工程
煤炭工业部第六十九工程处
煤炭工业部第九十二工程处
煤炭工业部选煤设计研究院
开滦矿务局范各庄矿

19.北京天燃气工程东郊罐站工程
中国石油天然气总公司第一建设公司
北京炼焦厂化学厂
北京市天然气进京工程指挥部
中国石油天然气总公司四川设计院

20.北京郊怀220千伏线路工程
北京供电局工程处
北京供电局
北京供电局设计所

21.天津石油化工总公司炼油厂烷基化装置工程
中国石油化工总公司第四建设公司
天津石油化工公司炼油厂
中国石油化工公司北京设计院

22.北京电冰箱压缩机厂扩建工程

北京电冰箱压缩机厂

北京市第一建筑工程公司

北京市设备安装工程公司

轻工业部上海轻工业设计院

23.仪征短纤维涤纶一厂工程（年产 6.3 万吨切片，12 万吨短纤维）

仪征化纤联合公司涤纶一厂

核工业总公司华兴建设公司

仪征化纤工业联合公司安装检修工程公司

中国纺织机械总公司

纺织工业部设计院

24.北京有机化工厂（VAE）乳液工程（年产 1.5 万吨醋酸乙烯——乙烯共聚）

化学工业部第六化工建设公司

北京有机化工厂

中国环球化学工程公司

25.乌鲁木齐石油化工总厂年产 30 万吨合成氨、52 万吨尿素装置工程

化学工业部第七化工建设公司

中国石油化工总公司乌鲁木齐石油化工总厂

中国石油化工总公司兰州石油化工设计院

新疆维吾尔自治区建筑工程总公司

化学工业部第十一化工建设公司新疆分公司

26.四川省珙县造林工程（速生丰产林）

珙县林业局

四川省林业厅造林经营处

宜宾地区林业局

四川省林业勘察设计院

1990 年国家优质工程奖项目及获奖单位名单

（国家工程建设质量奖审定委员会公布，1990 年 10 月 3 日）

获国家优质工程金质奖项目及获奖单位名单

上海石油化工总厂涤纶二厂工程

1.中国核工业总公司第五安装工程公司 2.上海市第一建筑工程公司 3.上海石油化工总厂涤纶二厂 4.国家医药管理局上海医药设计院 5.上海纺织工业设计院 6、上海石油化工总厂工程公司

获国家优质工程银质奖项目及获奖单位名单

一、上海铁路新客站工程

1.上海铁路新客站工程指挥部 2.上海铁路局工程总公司 3.上海市第五建筑工程公司 4.上海市第一市政工程公司 5.上海市工业设备安装公司 6.上海铁路局勘测设计院 7.上海市城市规划设计院 7.华东建筑设计院 8.上海市市政工程设计院

二、天津铁路枢纽改造工程

1.铁道部北京铁路局 2.北京铁路局北京工程处 3.北京铁路局太原工程处 4.铁道部第十八工程局 5.铁道部第十六工程局第二工程处 6.铁道部第三勘测设计院 7.北京铁路局北京勘测设计院

三、京广铁路衡阳至广州复线工程

1.铁道部广州铁路局 2.铁道部第五工程局 3.铁道部第二工程局 4.铁道部隧道工程局 5.铁道部电气化工程局 6.铁道部大桥工程局 7.铁道部第四勘察设计院

四、105 国道番禺洛溪大桥工程

1.广东省公路工程处 2.番禺县大石洛溪大桥工程指挥部 3.广东省公路勘察规划设计院 4.交通部公路规划设计院

五、京石公路永定河大桥工程

1.交通部第一公路工程总公司 2.北京市京石公路扩建工程指挥部 3.北京市公路工程公司 4.北京市市政设计研究院 5、北京市勘察院 6.北京市测绘院

六、粤东西 1800 路微波通信系统工程

1.广东省邮电管理局直属工程指挥部 2.邮电部第二工程公司 3.邮电部设计院 4.邮电通信建设第二设计所

七、成都涤纶厂（生产区）工程

1.成都涤纶厂 2.冶金部第五冶金建设公司第一工程公司 3.四川省工业设备安装公司 4.四川省纺织工业设计院 5.四川维尼纶厂机械厂

八、云浮硫铁矿工程

云浮硫铁矿企业集团公司建筑安装工程公司 3.化学工业部化学矿山设计研究院

九、水溶液全循环法年产四万吨尿素工程

1.河南省辉县市化肥厂 2.河南省辉县市化工建筑安装工程队 3.中国武汉化工工程公司

十、上海石油化工总厂芳烃联合装置工程

1.上海市工业设备安装公司 2.上海石油化工总厂芳烃厂 3.上海市第一建筑工程公司 4.上海石油化工总厂设计院

十一、上海石油化工总厂涤纶厂长丝装置工程

1.金山石油化工建筑公司 2.中国核工业总公司第五安装工程公司 3.上海石油化工总厂涤纶厂 4.上海石油化工总厂设计院

十二、上海石油化工总厂海运码头工程

1.交通部第三航务工程局第四工程公司 2.金山石油化工建筑公司 3.上海石油化工总厂安装检修工程公司 4.上海石油化工总厂海运码头作业区 5.上海石油化工总厂设计院 6.交通部第三航务局工程勘察设计院

十三、天津市川府新村住宅试验小区工程

1.天津市房地产开发经营集团 2.天津市房地产开发经营集团第一工程承包公司 3.天津市建筑工程局 4.天津市第一建筑工程公司 5.天津市第四建筑工程公司 6.天津市第六建筑工程公司 7.天津市第七建筑工程公司 8.天津市建筑设计院 9.清华大学建筑设计研究院 10.中国建筑标准设计研究所 11.天津经济技术开发区滨海建筑设计所 12.天津市城乡规划设计院

十四、济南燕子山实验住宅小区工程

1.山东省建筑工程总公司 2.济南市城市建设综合开发公司 3.济南市规划局 4.山东省建筑设计院 5.济南市建筑设计研究院

十五、北京国际饭店工程

1.北京市第一建筑工程公司 2.北京市设备安装工程公司 3.北京国际饭店 4.建设部建筑设计院

十六、中国康复研究中心工程

1.北京市第五城市建设工程公司 2.北京市城市建设工程安装公司 3.中国康复研究中心 4.北京市建筑设计研究院

十七、上海大观园工程

1.上海市园林工程公司 2.上海淀山湖大观园游览区管理处 3.上海市园林设计院

十八、法门寺重建工程

1.陕西省宝鸡市第一建筑工程公司 2.法门寺建塔工程指挥部办公室 3.法门寺总体建设指挥部 4.陕西省综合勘察设计院 5.中国建筑西北设计院

十九、大庆 30 万吨乙烯原料工程

1.大庆石油管理局油田建设公司 2.大庆石油管理局天然气公司 3.大庆石油管理局建筑材料工程公司 4.大庆石油管理局油田安装工程公司 5.大庆石油管理局油田建设设计研究院

二十、孤东油田 500 万吨产能建设二期工程

1.胜利石油管理局油建一公司 2.胜利石油管理局孤东采油厂 3.中国石油天然气总公司胜利设计院

二十一、秦山核电厂海堤工程

1.浙江省钱塘江工程管理局 2.浙江省钱塘江工程管理局 728 海堤工程处 3.秦山核电公司 4.浙江省钱塘江工程管理局勘测设计室

二十二、秦岭发电厂——西安北郊变电所——庄头变电所 330 千伏输电线路工程

1.陕西送变电工程公司 2.能源部西北电力设计院

二十三、500 千伏徐州至江都输变电工程

1.江苏省送变电工程公司 2.江苏省 500 千伏输变电工程筹建处 3.江都县水利工程队 4.扬州供电局 5.徐州供电局 6.淮阴供电局 7.能源部华东电力设计院 8.能源部西南电力设计院

二十四、500 千伏郑州变电站工程

1.河南送变电建设公司 2.郑州供电局 3.河南省电力勘测设计院

二十五、上海耀华皮尔金顿玻璃有限公司浮法玻璃工程

1.上海市第三建筑工程公司 2.上海耀华皮尔金顿玻璃有限公司 3.上海市工业设备安装公司 4.华东建筑设计院 5.上海市机电设计研究院

二十六、马钢高速线材厂工程

1.冶金工业部第十七冶金建设公司 2.马鞍山钢铁公司矿山工程公司 3.冶金部马鞍山钢铁设计研究院

国家建设机械优质产品奖

金奖：旋风牌 DMJ250 水磨石机（河南黄河磨具厂）

银奖：1、QNA900.25、QNA1000.25 单排球式回转支承（安徽马鞍山回转支承厂）

2、路友牌 CA25 振动压路机（江苏徐州工程机械制造厂）

3、四拉牌 YT3138XSK 千斤顶（吉林四平市建筑机械厂）

4、川建牌 H3／36B 塔式起重机（四川建筑机械厂）

国家施工企业质量管理奖

1、冶金部二十冶金属结构安装工程公司

2、大庆石油管理局油田建设公司

1989年建筑工程鲁班奖获奖工程名单

(中国建筑业联合会公布，1989年11月25日)

工程名称	承建单位	参建单位
国家科技情报中心主楼	北京市第六建筑工程公司	北京市设备安装工程公司
上海新客站	上海市第五建筑工程公司	上海市工业设备安装公司
上海大观园	上海市园林工程公司	
天津新客站	天津市第二建筑工程公司	
天津龙门大厦	天津市第六建筑工程公司	
吉林省电力调度微波通讯楼	吉林省第一建筑公司	
黑龙江省物资贸易中心	黑龙江省第一建筑工程公司	
黑龙江省粮食学校文化活动中心	哈尔滨市城乡建筑工程公司	
广东省人民银行 广州市建设银行 营业楼	广州市第二建筑工程公司	广东省工业设备安装公司 广州市机电安装公司
云南外贸大楼	云南省第三建筑工程公司	
上海南桥500千伏交直流变电站	金山石油化工建筑公司	上海送变电工程公司
南京扬子30万吨／年乙烯生产装置	南京化学工业公司建设公司	
广州万宝冰箱三厂主厂房	开平县第三建筑工程公司	
山东石横电厂2×300MW机组主厂房	山东电力建设第二工程公司	
厦门彩色感光材料厂	中国建筑第四工程局	中国建筑第四工程局安装公司 中国建筑第四工程局第一建筑公司
沈阳油田2#联合站油气集输系统	辽河石油勘探局油田建设工程一公司	
合肥国家同步辐射实验室光源区	安徽省第一建筑工程公司	安徽省工业设备安装公司 中国机械工业安装总公司第五安装工程公司
京广铁路衡广复线南岭隧道	铁道部第五工程局	铁道部第五工程局第一工程处 铁道部第五工程局第五工程处
宝(鸡)兰(州)铁路电气化宝鸡东编组站	郑州铁路局西安工程公司	
山东东营胜利黄河公路大桥	山东省交通工程公司	胜利石油管理局油田建设第三工程公司

1990年建筑工程鲁班奖获奖名单

(中国建筑业联合会公布，1991年2月5日)

工 程 名 称	承 建 单 位	参 建 单 位
北京长富宫中心	北京市第一建筑工程公司	北京市设备安装工程公司、北京市机械施工公司
北京发展大厦	北京市第五建筑工程公司	北京市设备安装工程公司
中国工艺美术馆	北京市第六建筑工程公司	北京市设备安装工程公司
中国康复研究中心业务区	北京市第五城市建设工程公司	北京市城市建设工程安装公司
北京天文台兴隆站2.16米天文望远镜观测室	南通市第七建筑安装工程公司	上海江南造船厂 北京市设备安装工程公司
山西省委办公楼	山西省第二建筑工程公司	北京市第二建筑工程公司
上海国际机场宾馆	上海市第八建筑工程公司	上海市工业设备安装公司
南京水利科学研究院综合楼	南通市新华建筑工程公司	
济南军区八一礼堂	济南第四建筑工程公司	济南工业设备安装公司
烟台工商银行营业楼	烟台市建筑工程公司	
广州江南大酒店	广州市第四建筑工程公司	广州市机电安装公司

亚运工程特别鲁班奖获奖工程名单

(中国建筑业联合会公布1990年12月29日)

1.北京国际网球中心

承建单位：北京市第一建筑工程公司

参建单位：北京市设备安装工程公司

山西省第五建筑工程公司

2.北京月坛体育馆

承建单位：北京市第二建筑工程公司

参建单位：北京市设备安装工程公司

山西省汾阳建筑金属结构公司

3.北京五洲大酒店2号楼

承建单位：北京市第二建筑工程公司

参建单位：北京市设备安装工程公司

4.国家奥林匹克体育中心游泳馆

承建单位：北京市第三建筑工程公司

参建单位：北京市设备安装工程公司

陕西省机械施工公司

5.国家奥林匹克体育中心体育馆

承建单位：北京市第三建筑工程公司

参建单位：北京市设备安装工程公司

北京市机械施工公司

6.北京工人体育场(改建工程)

承建单位：北京市第五建筑工程公司

参建单位：北京市机械施工公司

7.北京国际会议中心

承建单位：北京市第六建筑工程公司

参建单位：北京市设备安装工程公司

8.国际新闻广播电视交流中心

承建单位：北京市第六建筑工程公司

参建单位：北京市设备安装工程公司

9.昌平自行车赛场跑道

承建单位：北京市第一城市建设工程公司

10.国家奥林匹克体育中心体育场

承建单位：北京市第三城市建设工程公司

参建单位：北京市城市建设工程安装公司

徐州飞虹网架公司

11.北京地坛体育馆

承建单位：北京市第三城市建设工程公司

参建单位：北京市城市建设工程安装公司

徐州飞虹网架公司

12.北京康乐宫

承建单位：北京市第二住宅建筑工程公司

参建单位：北京市建设安装装饰公司

13.亚运村汇园公寓2号楼、4号楼

承建单位：北京市第三住宅建筑工程公司

参建单位：北京市建设安装装饰公司

14.亚运村运动员餐厅

承建单位：北京市第五住宅建筑工程公司

参建单位：北京市住宅建设总公司安装公司

北京市天桥建筑公司

15.亚运村综合楼

承建单位：北京市第二住宅建筑工程公司

参建单位：北京市住宅建设总公司安装公司

16.北京朝阳体育馆

承建单位：中国建筑第一工程局第五建筑公司

参建单位：北京市水利局利康网架公司

17.北京光彩体育馆

承建单位：中国建筑第二工程局第一建筑公司

参建单位：山西省第五建筑工程公司

18.国家体委训练局水球馆

承建单位：中国建筑第二工程局第三建筑公司

参建单位：常州建筑构件厂

19.北京丰台体育中心体育场

承建单位：中国人民解放军总后勤部工程总队

参建单位：陕西省机械施工公司

20.国家体委武博馆

承建单位：北京市城乡建设第二建筑工程公司

参建单位：山西省汾阳建筑金属结构公司

21.金海湖水上运动场服务楼

承建单位：平谷县建筑总公司东高村工程队

22.北京体育学院体育馆

承建单位：河北省第一建筑工程公司

参建单位：北京市机械施工公司

23.北京海淀体育馆

承建单位：河北省第四建筑工程公司

参建单位：山西省汾阳建筑金属结构公司

24.秦皇岛海上运动场

承建单位：陆域工程，秦皇岛市第二建筑工程公司；海域工程，交通部第一航务工程局第五工程公司

25.北四环路(学院路至机场路)道路工程

承建单位：北京市市政工程局

参建单位：北京市第一市政工程公司

北京市第四市政工程公司

26.北中轴路道路工程

承建单位：北京市市政工程局

参建单位：北京市第一市政工程公司

北京市第四市政工程公司

27.安立路道路展宽工程

承建单位：北京市市政工程局

参建单位：北京市第二市政工程公司

北京市市政机械施工公司

28.健翔立交桥

承建单位：北京市第一市政工程公司

参建单位：北京市第五市政工程公司

29.安华立交桥

承建单位：北京市第四市政工程公司

30.北小河污水处理厂

承建单位：北京市第四市政工程公司

31.天津机场航站楼

承建单位：天津市第三建筑工程公司

参建单位：天津市铝合金厂

铁道部第十八工程局新兴建筑材料厂

建设部1989年度科技进步奖获奖名单

(建设部公布，1989年12月1日)

(一等奖)……5项

项目名称	主要完成单位	主要完成者
不对称建筑抗震计算方法的研究	中国建筑科学研究院抗震所、中国建筑科学研究院计算中心、福州大学土建系	魏琏 韦承基 朱锦心 吴晓云 杨鉴
辽宁彩色电视发射塔主体工程成套施工技术	中国建筑第三工程局一公司、中国建筑第三工程局机械施工公司	傅开荣 樊凤兰 廖锡洪 何景洪 杨柱
不同类型城市基础设施等级划分与发展水平研究	中国市政工程华北设计院、中国城乡建设经济研究所、中国城市规划设计研究院、武汉城市建设学院、武汉市城市防汛指挥部	郭功全 华奎元 卢永昌 关忠和 于志熙
城市工程地质系列图的组合原理及信息的空间传输暨应用研究	建设部综合勘察研究院	方鸿琪 杨闽中
上海电信大楼建筑设计与施工	华东建筑设计院、上海市第四建筑工程公司、上海市基础工程公司	蔡镇钰 胡精发 许庸楚 陈子林 王有忠

(二等奖)……13项

项目名称	主要完成单位	主要完成者
稀柱框——筒等新型筒体的研究与应用	上海市建筑科学研究所、上海市民用建筑设计院、兵器部第五设计院	胡绍隆 徐建平 刘圣龙 高金华 杨德才
楼盖变形和抗震墙刚度退化对高层建筑地震内力的影响	中国建筑西北设计院	钟锡根 杨翠如 刘大海
多层大跨建筑组合网架结构应用技术	中国建筑科学研究院结构所、河南省建筑设计院、河南省新乡市钢结构构件厂	董石麟 杨永革 苗春芳 刘清文
50—150米高层建筑筒体结构的研究	中国建筑科学研究院结构所、广播电影电视部设计院	张维嶽 吴秀水 赵西安 孙芳垂 宦荣芬
高温水、蒸汽——水冷式散热器试验台	哈尔滨建筑工程学院供热研究室	郭骏 韩厚本 张建利 姜永成 范洪波
等高不等高非对称厂房双向抗震空间分析	中国建筑西北设计院	杨翠如 钟锡根 刘大海
高层建筑超级构架结构体系	广东省建筑设计院	容伯生 陈宗弼 梁松林 李永彪 黄光濠
城市生活垃圾卫生填埋技术与环境效益的研究	沈阳市环境卫生科学研究所	艾桂芹 李长茂 周中人 王荣森 刘惠君
方便残疾人使用的城市道路和建筑物设计规范	北京市建筑设计研究院情报所、北京市市政设计研究院研究所	周文林 高宝真 金东霖 赵天伟 邓昭瑜
QTZ120塔式起重机	长沙建筑机械研究所、哈尔滨工程机械厂、江麓机械厂	胡肇林 许武全 陈晓菲 何士琪 陈文清
面向微机的多层和高层建筑结构空间分析程序TBSA	中国建筑科学研究院	李丹

项目名称	主要完成单位	主要完成者
近景摄影测量技术在石窟测绘中的应用研究	建设部综合勘察研究院、文化部文物保护科学技术研究所	薛雄坚 贾瑞广 郝桂芝 宋森才
CA25 振动压路机	徐州工程机械制造厂	许建民 吴耀云 王景霞 孔庆华 陈文琴

(三等奖)……33 项

项目名称	主要完成单位	主要完成者
城市供水水文地质勘察规范(GJJ16—88)	中国市政工程东北设计院、陕西省综合勘察院、上海市勘察院、山西省勘察院、中国市政工程西北设计院	李传尧 张仁隆 刘蔼如 范淑玲 赵广德
砼减水剂质量标准和试验方法(JGJ56—84)	上海市建筑科学研究所、中国建筑科学研究院混凝土所	陆继光 吴菊珍 臧庆珊 陈嫣兮 袁凤娟
液压挖掘机反铲装置挖掘性能电算分析研究	重庆建筑工程学院	喻志刚 洪昌银 陈世教 陈 进 苏震龄
平衡环境型房间量热计试验室	中国建筑科学研究院空调所	黄支美 廖传善 宋容卿 薛国典 黄民跃
中央彩色电视中心的音质设计	中国建筑科学研究院物理所、广播电视设计院	叶恒健 郭甲群 叶素娟 崔顺生
四川省体育馆拱与预应力索网组合屋盖结构	中国建筑西南设计院	朱思荣 赵壁荣 邓开国 祝荣和 蒋寿时
盾构隧道内衬砼钢模台车研制	上海市隧道公司、隧道机械厂、隧道二队隧道一处	朱金林 陆纪根 周吾森 张闵庆 张建生
水平配筋砖砌体抗震性能的试验研究	北京市建筑设计院、国家地震局工程力学研究所、西安冶金建筑学院土建系、陕西省建筑科学研究所、天津大学建筑设计研究院	周炳章 夏敬谦 冯建国 霍自正 宋秉泽
钢管砼半刚性骨架“假载法”施工钢筋砼大拱工艺	江西省建筑工程总公司、江西省第一建筑工程公司、江西省建筑安装公司、江西省建筑机械施工公司	龚绵佑 厉佩英 黄铁安 张孝林 钱守毅
大底盘大空间高层建筑剪力墙结构的研究	中国建筑科学研究院结构所、深圳市建筑设计院、航天工业部第七设计研究院、机械电子工业部设计研究院	郝锐坤 梁锦璜 缪国良 章连钧 黄小坤
安全壳砼质量检测和评定的研究	中国建筑科学研究院建材制品所、原核工业部第二十二建设公司第二工程公司	龚洛书 朱 宾 张志强 王海民 杨建新
门架式钢脚手架研究	上海市建筑施工技术研究所、上海市第四建筑工程公司、上海市第八建筑工程公司上海远东建筑五金厂	何定遐 潘 鼐 金 怡 夏 岳 鲁若瀛
双层地基承载力的研究和应用	杭州市城建设计院	金问鲁 谢德贵 骆 敏
承重空心砖(KPI)建筑抗震性能试验研究	中国建筑科学研究院抗震所、陕西省建筑科学研究所、同济大学、四川省建筑科学研究院、中国建筑西北设计院	王有为 董竟成 周九仪 顾蕙若 陈蜀贤
TZS 型水溶性聚氨酯注浆防水技术	上海市隧道工程公司	姚 渊 俞志强 劳复兴 陈礼逵 花象娟
塑料波纹管生产机组的改进提高及配套技术开发研究	河南省建筑科学研究所、郑州市第一塑料厂、中国建筑技术发展研究中心情报所、中国船舶工业总公司 713 所	吴云龙 崔新峰 张 军 李梅武 吕 丽

项目名称	主要完成单位	主要完成者
粉煤灰回填土试验研究	上海市建筑科学研究所、南通市经济技术开发区总公司工程建设公司、航空工业部第四规划设计研究院、南通市建委基建办、北京市第二市政工程公司驻南通施工处	沙俊民 顾兆祥 单来福 陶锦如 单锦春
DWP单片微机平层装置	上海市建筑科学研究所、	唐民 颜元和 楼志雄
翼片斜板沉淀实验研究	哈尔滨建筑工程学院、哈尔滨市公用事业局、哈尔滨市自来水公司、浙江省玉环净水设备厂	刘灿生 苏继德 沈志恒 关静 关伟平
低温地热采暖节能系统研究	天津市热力公司	孙恺尧 郑维民 梁经通 王明霞
北京市柔性路面设计方法及参数的研究	北京市市政设计研究院	林治远 杨树祺 赵天伟 张嘉明 邓昭瑜
水处理滤料标准	中国市政工程中南设计院	乐丽孙 徐均官 徐广祥
民用建筑隔声设计规范	中国建筑科学研究院物理所、同济大学、北京市建筑设计研究院、上海市民用建筑设计院	吴大胜 王秀卿 向斌南 项端祈 朱茂林
广州市首级平面测量控制网	广州市城市规划勘测设计研究院、同济大学	区福邦 范孝强 莫家寅 黄浩斌 顾孝烈
国槐研究与推广应用	濮阳市园林处、林业局、市绿化委员会、第一苗圃、市科委	邵化范 唐云龙 卢进南 张俊朴 吕宝岭
S—30型扫路机	北京市环境卫生科学研究所、北京市清洁机械厂、湖南衡阳特种车制造厂	舒广仁 施阳 刘竟 赵坤 肖远威
DY45道路养护工程车	上海城建机械厂、同济大学工程机械教研室、上海市政工程管理处	余涵 王福林 赵刚 秦林雄 刘希平
建筑结构软件包W—1	沈阳建筑工程学院、辽宁省建筑设计院	刘德明 林立岩 张璇 胡人浩 邹积斌
GB10170—88挖掘装载机技术条件	中国建筑科学研究院建筑机械化所、北京建筑机械厂、福建省建筑机械厂	郑骥 陈国兰 张华 陈锡康 段林发
钢筋焊接接头试验方法(JGJ27—86)	陕西省建筑科学研究所、南京市砼构件公司、冶金部建筑研究总院、黑龙江省低温建筑科学研究所、中国建筑科学研究院结构所	吴成材 洪宗元 杨熊川 陈金安 李平壤
塔式起重机小车式臂架计算方法研究	长沙建筑机械研究所	陈佳伟 孙在鲁 朱星球 华杰 陈炳炎
液化石油气储罐运行微机监控管理系统	吉林市煤气供热公司、沈阳建筑工程学院	刘德明 丛柏章 刁子生 纪学贵 刘伟
煤矿城市发展预测合理布局和有关政策研究	辽宁省城乡规划设计院、同济大学、中国煤炭技术咨询公司、贵州省城乡规划设计研究院、安徽省城乡规划设计研究院	孔庆熔 陶松龄 钱汉书 韩世维 孙晋山

建设部1990年度科技进步获奖名单

(建设部公布，1990年12月27日)

项目名称	主要完成单位	主要完成者
一等奖		
混凝土结构设计规范(GBJ10—89)	中国建筑科学研究院、清华大学、天津大学、上海城市建设学院、铁道部北京铁路局勘察设计院	李明顺 白生翔 胡德炘 滕智明 车宏亚
二等奖		
广东国际大厦主楼(63层)无粘结预应力楼盖设计与施工	广东省建筑工程总公司、广东省建筑设计研究所、广东省第四建筑工程公司，中国建筑科学研究院，北京市建筑工程研究所	陈家辉 葛毓东 颜本昭 丁方儒 张玉明
建筑抗震设计规范(GBJ11—89)	中国建筑科学研究院、国家地震局工程力学研究所、北京市建筑设计研究院、机械电子部设计研究总院、中国建筑西北设计院	龚思礼 谢君斐 胡庆昌 裘民川 王广军
软土地基注浆加固推广应用	上海市隧道施工技术研究所	程 骁 董秦海 白 云 王 宝 吉永年
加速北京旧城危旧房区改建问题的研究	首都规划建设委员会办公室、北京发展战略研究所、北京住房制度改革领导小组办公室、北京市城市规划设计研究院、清华大学	孙洪铭 张 维 董光器 张纪斯 杨燕敏
240米烟囱钢内筒气顶倒装法施工工艺	浙江省工业设备安装公司	骆锡耀 王有发 黄安康 何铁生 唐挺进
RV—02系列立式容积式换热器	建设部建筑设计院、济南市压力容器厂	刘振印 李娥飞 李廷尧 孙云凤 李本远
北方古树复壮技术的研究	北京市园林科学研究所	李锦龄 姜宁峰 富秀敏 卜向春 董燕生
鞍山市大赵台除铁除锰试验及地下水除锰机理研究	中国市政工程东北设计院、吉林大学、鞍山市自来水公司	刘德明 徐爱军 李 维 刘庆春 卜恩云
中国光气候研究及分区	中国建筑科学研究院、国家气象局气象科学研究院	林若慈 祝昌汉 肖辉乾 崔 明 齐树芬
城市燃气输配系统工况最优化研究	中国市政工程华北设计院	刘书贞 李猷嘉 顾剑刚 姜庆汶 张秀根
工程抗震设计软件系列	中国建筑科学研究院	魏 琏 王亚勇 朱锦心 韦承基 江静贝
北京地铁限界研究	上海铁道学院、北京市地下铁道总公司	张定贤 范德明 冯铭 李勤莲 程心平
QTZ60塔式起重机研制	长沙建筑机械研究所、四川建筑机械厂	许武全 周 仲 黄时伟 耿德林 喻乐康
SCD160／160施工升降机	山东省建筑科学研究院、山东省莱州市建筑机械厂	李继明 陈恒乐 聂延进 何学功 任洪珍

项目名称	主要完成单位	主要完成者
建筑机械设备综合信息管理系统	上海市机械施工公司、北京市第六建筑工程公司、天津市第二建筑工程公司	杨文狮　阎静瑜　叶玉振　孙福生　王云飞
城市园林植物病虫害、天敌资源普查和检疫对象的研究	上海市园林局、天津市园林局、南京市园林局、广州市园林局、西安市文物园林管理局	王瑞灿　孙企农　张连生　柏桂华　蓝净江
TH5060GXC 吸尘车	天津市环境卫生设备厂	李新伟　刘文郁　张俊鹤　崔　弘　尹达伦
预应力混凝土球形水塔设计施工研究	中建总公司驻阿尔及利亚经理部、中国建筑科学研究院、安徽省第三建筑工程公司	刘永颐　李善志　柏镔棋　吴秀水　郑根贤
三等奖		
惠州大桥预应力连续梁及连续弯桥设计	广东省建筑设计研究院	梅尧坤　李丽君　肖健雄　徐锡瑶　谢荣东
国际建筑业发展与统计分析	中国建筑技术发展研究中心	水亚佑　姚国华　李俊峰
土层锚杆成套技术--螺旋干作业锚固法	北京市建筑工程研究所、北京市机械施工公司	伍冰莹　沈保汉　段兴华　顾长清　董　欣
上海地铁工程地下连续墙原体测试及分析	上海市隧道工程公司、上海市地铁公司、上海市隧道工程设计院	傅德明　董云德　俞荣麟　史柏川　韩秋官
广东国际大厦垂直度控制及计算	广东省第四建筑工程公司、华南理工大学	葛毓东　刘玉珠　苏德基　刘　远　甘远明
大型计算机设备隔震楼板	中国建筑科学研究院、中国石油天然气总公司	吴绮芸　孙仁范　吕沛先　梁明德　刘丽华
80 米直径预应力伞形悬索屋盖	广西综合设计院	姚寿宁　黄超义　周光孔
改善城市住宅建筑的功能与质量	中国建筑技术发展研究中心、同济大学、清华大学、东南大学、重庆建筑工程学院	赵冠谦　马韵玉　付信祁　车世光　詹庆旋
软土隧道施工的安全分析与评价	上海市隧道工程公司、同济大学	董炳文　侯学渊　刘庆伟　陈立道　张东山
上海市桩基工程地质图集(浦东陆家嘴地区)	上海勘察院、同济大学	徐菊娥　朱小林　黄宝山　钱新华　顾迪鸣
建筑物供暖热指标实测研究与应用	沈阳市热力供暖公司、沈阳建筑工程学院	黄志刚　张　强　王岳人　王思平　王桂珍
旅游旅馆能耗调查测试	中国建筑科学研究院、北京节能技术服务中心、上海市节能技术服务中心、全国节能计量测试技术服务中心	汪训昌　李厚祥　魏　钢　潘世本　赵锡平
混凝土构件厂简易拉压检测系列设备的研制	江苏省建筑科学研究院、无锡县测试机械厂	张云龙　王　怡　俞杏元　陈胜德
预制构件钢底模实用变形计算方法的研究与应用	北京市建筑工程研究所	王绍民　赵红军　鲍　威　王　波
TMZG—312 型监控式调压器	浙江省宁海县阀门厂、北京首都机场	杨方平　张　岳　陈焕区
低脆度道路水泥研制	上海市市政工程研究所、安徽繁昌县第三水泥厂	姚井宝　胡　白　王锦福　陈冠岳　吴初航
洗澡废水的净化和回用研究	北京市市政设计研究院、河北固安县水处理设备厂	陆　菊　崔招女　崔国臣　刘运爽　王子元

项目名称	主要完成单位	主要完成者
多用户微机节水管理系统	郑州市供水节水办公室、郑州市公用事业局、河南省建设厅节水办公室	陈尚忠 石红梅 田开元 宾宏德 李廷杰
建筑模数协调统一标准(GBJ2—86)	中国建筑技术发展研究中心、燕山石油化学总公司设计院、同济大学	吕良芳 沈运柱 陈金寿
施工现场临时用电安全技术规范(JGJ46—88)	沈阳建筑工程学院、中国建筑科学研究院、建筑机械化研究所	魏焕文 徐荣杰 马英轩 刘思亮 林天一
城市无轨电车运行耗电计算通则(GB1010—89)	沈阳市电车总公司	姜德录 任德光 李志远 赵　凯 刘长海
城镇航空摄影技术的研究	河北省城乡勘察院	黄福思 周焕珍 孙　拳
珍稀鹤类人工繁殖技术的研究	沈阳市动物园	张　玲 刘大军 李焕敏 宋艳珠 邰淑卿
天然沸石用于植物栽培基质的研究	包头市园林科研所	何福悌 魏凤珍 张丽娜 许革华
建筑设计绘图软件包	北京市市政设计研究院	徐士芳 陈立群 孙凤琴 张伯英
徐州市市区自行车交通对策研究	徐州市规划局、同济大学	王静霞 郭燕生 张涵双 李世民 刘志强
常熟市市域规划和县域规划编制办法研究	江苏省城乡规划设计研究院、常熟市建委	周宁生 胡丽娅 陈闽齐 翁志廉 龚志源
柳树钻蛀性害虫综合防治技术研究	济南市园林科学研究所	蒋三登 王桂欣 李玉中
山东省村镇规划布局与设施标准的试点研究	山东省城乡规划设计研究院	戴增强 王绍强 潘光明 赵文思 阎海舰
沈阳城区工程地质图的研编与应用	沈阳市勘察测绘院	王志忠 杨惠昌 王世平 王福贵 马希彩
桉树引种及耐寒性选种研究	武汉市园林科研所、湖北省林科所、武汉市青山区园林局	伍善久 施国威 阮翠芝 姜　骞
红叶牌 BK6590 旅游车	北京市客车总厂一厂	袁昌伟 赵永恒 王志君 刘文杰 崔　庆
QT20 塔式起重机	长沙建筑机械研究所、湖南省煤矿机械厂	陈佳伟 王作宏 孙在鲁 刘庆水 张大星
振动平板夯参数的合理选择	长沙建筑机械研究所	李国桦 孟　凯 李岳伟
ZB55—50 平板式振动器	长沙建筑机械研究所、泰州市电机厂、湘潭市建筑机械厂	王本廷 陈毓兰 蒋士斌 赵仕林
IC 双金属复合铸造斗齿工艺的研究	沈阳铸造研究所、山东临沂市特钢厂	朴东学 李慧玉 齐笑冰 谢华生 孙超英
平衡阀研制	中国建筑科学研究院、杭州富阳电动仪表厂	郎四维 廖传善 汪国士 冯铁栓 付　涛
RDZ 型热水采暖全自动安全定压装置	哈尔滨建筑工程学院、松花江地区非标准设备工业公司	方修睦 刘成钢 王义贞 刘淑文 李中基
SC100 施工升降机	中国建筑科学研究院、深圳海湾建筑机械有限公司	陈德清 刘　正 孙　杰 宗雪峰 陈彦平
合肥旧城改造的综合治理——金寨路规划、建设	合肥市城市改造指挥部、合肥市规划设计院、合肥市规划处	程华昭 王丽梅 高大龙 葛长荣 杨自泉

建设部实验住宅小区新技术开发部级奖励项目名单

（建设部公布，1989年8月18日）

奖励类别	项目名称	受奖单位和人员
一、综合奖三项	1.授予无锡市沁园新村优秀实验住宅小区	无锡市建筑工程局 中国房屋建设开发公司无锡公司 无锡市城乡建设管理委员会 无锡市建筑设计院
	2.授予济南市燕子山优秀实验住宅小区	济南市城市建设综合开发公司 山东省城乡建设委员会 山东省建筑工程总公司 济南市城乡建设委员会
	3.授予天津市川府新村优秀实验住宅小区	天津市规划设计管理局 天津市城乡建设委员会 天津市建筑工程局 天津市房地产开发经营集团
二、单项奖		
1.优秀规划一等奖1项	无锡市沁园新村实验住宅小区规划设计	无锡市建筑设计院：许克勤、王桂琴、胡寿、黄组缘、王芝杰 无锡市建筑工程局：戴建之 无锡市规划管理局：陶向东 无锡市规划设计院园林设计室：刘淑君
优秀规划二等奖2项	1.天津市川府新村实验住宅小区规划设计	天津市城乡规划设计院：陶滔、王乃泽、陆平、陈丽笙、张菲菲 中国建筑标准设计研究所：程述成 清华大学：吕俊华
	2.济南市燕子山实验住宅小区规划设计	济南市规划局：赵志冰、姜连忠 济南市规划设计院：徐其芳、王茂元、盛其芳 山东省建筑设计院：骈蓉蓉 济南市建筑设计院：李传仁
2.优秀设计二等奖3项	1.燕子山小区幼儿园设计	山东省建筑设计院：张振邦、丁齐青、张念顺、陈兴涛、张永明、毕监毅、卢广英
	2.川府新村大开间住宅系列设计	中国建筑标准设计研究所：吴英凡、程述成、黄际光、唐璋、李晓菲、孙兰、杨明
	3.川府新村11.16米进深砖混住宅设计	天津市开发区滨海建筑设计所：刘向一、佟晋瑚、段孝庭、王东锦、宋彩妤、刘坚 天津市规划设计管理局：杨运川

奖励类别	项目名称	受奖单位和人员
优秀设计三等奖3项	1.沁园新村三明住宅系列设计 2.燕子山小区三室一厅大进深住宅设计 3.沁园新村幼儿园设计	无锡市建筑设计院：王桂琴、胡壁、王榕生 山东省建筑设计院：任为欣、张振邦、丁齐青、刘学民、周长亮
3.科技成果开发应用二等奖4项	1.川府新村大面积深厚回填土降水强夯地基处理技术	无锡市建筑设计院：王桂琴、许克勤、王芝杰 天津市建筑设计院：王恩源　冯铁铖 天津市城乡建设委员会：杨正 中国建筑科学研究院地基所：甘厚义
	2.沁园新村节能楼试点建筑	天津市机械化施工公司吊装队：张文孝 天津市建筑工程局：祁鸿书 中国建筑科学研究院空调所：郎四维、范有臣、徐选才
	3.川府新村厨房设计研究	无锡市建筑科研所；刘可立、王惠良 无锡市建筑工程局：戴建之、盛德兴 中国建筑标准设计研究所：马韵玉、肖志兰、宋为茹 建设部城镇住宅研究所：林润泉
	4.硬质聚氯乙烯塑料排水管在燕子山小区的扩大应用	中央工艺美院环境艺术研究所：尹立国 沈阳建筑工程学院：黄志刚、马世明 济南市建筑管理局：顾瑾、田家香
科技成果开发应用三等奖10项	1.川府新村小区综合开发项目经济效益评价	济南市第一建筑工程公司：刘启明 济南市建筑设计院：李庆峰 济南市城市建设综合开发公司：刘民
	2.沁园新村预应力装配整体叠合式大跨度楼板	天津市房地产开发经营集团：霍占礼、赵时中、刘启祥、崔耀明
	3.沁园新村装配式梁、板、柱异形框架轻墙住宅开发应用	河北工学院：张建立 无锡市建筑设计院：陆肇洲、许克勤
	4.二毡三油防水屋面"空铺法"在沁园新村的应用	无锡市建筑构件厂：夏士良 无锡市建材工业设计室：姚熙成、方一军、姚文浩 无锡市新型建材房屋建设公司：吴裕林 无锡市建筑工程局：戴建之
	5.硬聚氯乙烯塑料排水管在沁园新村的应用	无锡市第二建筑工程公司：刘守瑾 无锡市建筑工程公司：罗海松、黄云桂 无锡市建筑科研所：陈伯茂 无锡市第三建筑工程公司：安锡甫
	6.燕子山小区管理科学化、系列化、规范化	无锡市工业设备安装公司：吴光秋 无锡市建筑设计院：王华康 中国房地产开发总公司无锡公司：赵炳荣
	7.机械喷涂抹灰成套技术在燕子山小区的应用	无锡市第二建筑工程公司：朱松祺 济南市规划局：赵志冰、周以时、姜连忠 济南市历下区城市建设管理委员会：牟可兵 济南市城市建设综合开发公司：顾柏林 山东省建筑科学研究院：李继明、倪修仁、朱克昌 山东省桓台县唐山建筑公司：胡庆财、张秀森

奖励类别	项目名称	受奖单位和人员
	8.强夯在燕子山小区地基处理中的应用	山东省机械施工公司：周庆泉、韩民、白叔越 济南市城市建设综合开发公司：孙锦棠 济南市建筑设计院：程懋微
	9.炉渣混凝土隔样板在川府新村的研究应用	天津市建筑设计院：董乐民 天津市城乡建设委员会：杨正 天津市河东区房建公司六队预制构件厂：吴国荃
	10.水泥泡沫聚苯乙烯保温块在川府新村屋面上的应用	天津市建筑科技设计研究院：孔祥溶 天津市开发区滨海建筑设计所：佟晋瑚 天津市第六建筑工程公司：瞿宝山 天津市第七建筑工程公司：黄永贞
4.新技术推广组织管理一等奖1项	川府新村实验住宅小区科研管理	天津市规划设计管理局：刘宇骧 天津市城乡规划设计院：张菲菲、陆平、王乃泽 天津市城乡建设委员会：岳家军 天津市建筑工程局：张肇康、孙广才 天津市房地产开发经营集团：黄介然、曾长宏
新技术推广组织管理二等奖2项	1.燕子山实验住宅小区科技组织管理	济南市城乡建设委员会：金质君 中国建筑标准设计研究所：赵冠谦 山东省建筑工程总公司：张毅　张代秦 济南市城市建设综合开发公司：顾柏林、李新平、郭有明
	2.泌园新村实验住宅小区综合开发推广应用新技术	无锡市建筑工程局：戴建之、盛德兴 中国房地产开发总公司无锡公司：王韦、冷锡方、许浩兴 无锡市建筑科研所：陈伯茂
5.工程质量管理一等奖1项	燕子山实验住宅小区工程质量创优	无锡市建筑设计院：许克勤 山东省建筑工程总公司；李国强 济南市城市建设综合开发公司：顾柏林、石福勤 山东省建筑工会：杨贤豪、詹望 济南市城乡建设委员会：陈玉璋 济南市建筑管理局：何连生 济南市城市建设综合开发公司第一工程管理处：马振才
6.优秀住宅工程6栋	1.燕子山实验住宅小区37号楼	山东省淄博市建筑公司
	2.燕子山实验住宅小区18号楼	中国建筑第八工程局一公司
	3.川府新村实验住宅小区3号楼	天津市第六建筑工程公司
	4.燕子山实验住宅小区65号楼	济南市第四建筑工程公司
	5.燕子山实验住宅小区60号楼	中国建筑第八工程局二公司
	6.川府新村实验住宅小区6号楼	天津市第一建筑工程公司

1988——1989年度建设部系统思想政治工作优秀企业名单

(建设部公布，1990年7月11日)

北京市自来水公司
天津市市政工程排水管理处
上海市住宅总公司材料供应处
上海市第三建筑工程公司
河北省安装工程公司
山东省德州地区建筑工程公司
山西省大同市自来水公司
内蒙古自治区哲里木盟第一建筑安装工程公司
黑龙江省佳木斯市第一建筑工程公司
黑龙江省哈尔滨市公共汽车公司
吉林省吉林市第一建筑工程公司
辽宁省沈阳市热力供暖公司
辽宁省沈阳市第四建筑工程公司
江苏省南京市第三建筑工程公司
江苏省苏州市第二建筑工程公司
中房总公司安徽铜陵房地产开发公司
江西省第一建筑工程公司
福建省福州市公共交通公司
浙江省宁波市自来水公司
浙江省第一建筑工程公司
河南省第四建筑工程公司
湖北省武汉市第一建筑工程公司
湖南省株洲市自来水公司
广东省深圳市机电设备安装公司
广西壮族自治区柳州市环境卫生管理处
云南省昆明市自来水公司
贵州省六盘水市环境卫生管理处
贵州省第四建筑工程公司
四川省成都市自来水公司
陕西省宝鸡市自来水公司
甘肃省第七建筑工程公司
宁夏回族自治区第二建筑工程公司
青海省机械化工程公司
新疆维吾尔自治区第三建筑工程公司
中国市政工程中南设计院
中国建筑第六工程局第三建筑工程公司

全国施工技术进步先进企业和优秀工程项目名单

(建设部公布，1990年11月8日)

全国施工技术进步先进企业名单

铁道部隧道工程局
铁道部第十六工程局
铁道部第一工程局
铁道部通信信号公司上海工程公司
上海宝钢冶金建设公司
上海宝山钢铁总厂工程指挥部二十冶分指挥部
冶金工业部第十九冶金建设公司
中国化学工程总公司第三建设公司
中国化学工程总公司第十一建设公司
北京燕山石化总公司建筑安装工程公司
中国有色金属工业总公司第三建设公司
中国建筑第一工程局
中国建筑第三工程局第一建筑安装工程公司
中国统配煤矿总公司两淮煤矿特殊凿井公司
兖州矿务局第六工程处
兖州矿务局第七十工程处
胜利石油管理局油建一公司
中国石油天燃气总公司第一建设公司
辽河石油勘探局油田建设工程一公司
中国核工业总公司22建设公司第二工程公司
中国核工业总公司23建设公司第三工程公司
水利电力部闽江工程局
北京市建筑工程总公司
北京市第一城市建设工程公司
天津市第一建筑工程公司
天津市第三市政工程公司
河北省第四建筑工程公司
河北省安装工程公司
山西省机械施工公司
沈阳市第二建筑工程公司
长春市第一建筑工程公司
黑龙江省第一建筑工程公司
上海市基础工程公司
上海市隧道工程公司

上海市第一建筑工程公司
徐州飞虹网架公司
浙江省工业设备安装公司
安徽省第二建筑工程公司
福建省第一建筑工程公司
福建省水利水电工程局
江西省地质工程公司
山东省烟台市建筑工程公司
河南省工业设备安装工程公司
武汉市建筑机械化施工公司
湖南省第四工程公司
广东省第四建筑工程公司
广东省交通厅公路工程处
广西壮族自治区第二建筑工程公司
四川省建筑工程总公司
重庆市桥梁工程公司
贵州省第四建筑工程公司
陕西省第五建筑工程公司
甘肃省第七建筑工程公司
宁夏回族自治区第二建筑工程公司
新疆维吾尔自治区经三建筑工程公司

全国施工技术进步优秀项目名单

项目名称	完成单位
大瑶山长大铁路隧道修建新技术	铁道部隧道工程局 铁道部第四设计院
软弱围岩隧道“眼镜法”施工技术	铁道部第十六工程局 铁道部第三设计院
重载铁路路基填筑压实工艺及检测技术	铁道部第一工程局 铁道部科学研究院
光、电缆施工新技术	铁道部通信信号公司上海工程公司
洞外大间隔等微差爆破技术	中国铁道建筑总公司研究设计院
软土地基处理技术	上海宝钢工程指挥部
混凝土施工技术	上海宝钢工程指挥部
钢结构制作、安装及焊接技术	上海宝钢工程指挥部
预应力锚杆新技术	冶金部建筑研究总院 冶金部第二十冶建公司
共振法试桩技术	冶金部建筑研究总院
6250KN·M 高能级强夯加固地基法	中化总公司第二建设公司 中化总公司第二设计院等
倾斜单抱杆偏心提吊法及 250 吨双排轮滑车的设计与应用	中化总公司第十一建设公司
扬子乙烯芳烃工程超大型塔器优化施工法	中化总公司第三建设公司
XXQ—2050C、XXQ—2505CP 型携带式工频充气 X 射线探伤机	中化总公司第四建设公司探伤机厂
“桥上桥”设计与应用	中化总公司北京重型机械化公司 铁道部工程指挥部科研所
催化裂化装置高热阻无龟甲网隔热耐磨衬里	中石化总公司第四建设公司 中国石油化工洛阳石油化工工程公司等
650t 再生器分段衬里、滑移倒装、整体组合吊装	中石化总公司第四建设公司
郑州铝厂黄河水源工程建设新技术	中国有色金属工业总公司第六建设公司
钢筋混凝土倒锥壳水塔“双液压滑提”施工工艺	中国有色金属工业总公司第三建设公司
沸石粉的推广应用	中国建筑第一工程局
钢筋气压焊技术在全局的推广应用	中国建筑第一工程局
整体预应力板柱建筑成套技术	中国建筑第一工程局 北京市建筑设计院等
深圳发展中心大厦超高层钢结构施工及工艺研究	中国建筑第三工程局第一建筑工程公司 中国建筑第三工程局科研所
辽宁省彩色电视发射塔主体工程成套施工技术	中国建筑第三工程局第一建筑工程公司 中国建筑第三工程局机械施工公司
深圳国贸大厦主楼施工大面积液压滑模新技术	中国建筑第三工程局第一建筑工程公司
508 米深井钻井法凿井技术	两淮特殊凿井公司 北京建井所等
415 米深井冻结凿井技术	两淮特殊凿井公司 淮南矿务局三十九工程处
鲍店竖井机械化施工配套技术	兖州矿务局第七十工程处 兖州矿务局第六工程处等

钢管道防腐保温泡沫黄夹克“一步法”成型工艺	胜利石油管理局油建一公司
大跨度斜拉索管桥跨越江河技术	中国石油天燃气总公司四川设计院 四川石油管理局油建公司
水下不分散混凝土的研究与应用	中国石油天燃气总公司工程技术研究所 胜利油田油建三公司
大型浮顶油罐建造技术	中国石油天燃气总公司管道局三公司 大庆石油管理局油建公司
秦山核电厂核岛土建施工技术	核工业总公司22建设公司第二工程公司
秦山核电厂核岛安装施工技术	核工业总公司23建设公司第三工程公司
喷射混凝土新工艺	水电部第十工程局 东北勘测设计院科研所等
亚运会康乐宫嬉水乐园胶木大梁的研究与应用	中国建筑技术开发公司 铁道部北京木材防腐厂等
TF铸铁方翼型散热器	中国建筑技术开发公司 高原供热技术研究所
锚护结构体系成套技术	北京市机械施工公司
花岗石薄板饰面技术	北京市第二建筑工程公司
国家科技情报中心综合施工技术	北京市第六建筑工程公司
新型防水材料的研制与应用	北京市建筑工程总公司
底层大空间上层大开间大模板高层建筑技术	北京市建筑工程总公司 中国建筑科学研究院结构所
后张无粘结预应力混凝土结构成套技术	北京市建筑工程研究所 北京市建筑设计院等
北京昌平自行车场跑道测量和面层施工技术	北京市第一城市建设工程公司 清华大学土木工程系等
粉煤灰、石灰、砂砾混合料道路基层双钢筋技术开发应用	北京市政工程工程研究所 北京市住宅建设总公司
高层及超高层建筑主体滑框倒模施工工艺	北京市建筑设计院等 天津市建工局第四建筑工程公司
天津新客站工程综合施工技术	天津市第二建筑工程公司

深基础预制混凝土桩及环梁护壁工艺	天津市第一建筑工程公司
爆破扩孔垂直抗浮锚杆研究与应用	天津市第三市政工程公司 天津市政工程设计院等
大柱网双向无粘结预应力密肋楼盖结构研究与应用	河北省建筑总公司 中国建研究结构所等
100米无刚架火炬塔整体扳吊法	河北省安装工程公司 石家庄地区建筑公司
YH—32型钢筋气压焊接机及推广应用	石家庄市焊割炬厂
网架管球对接曲面角焊缝单面焊接双面成型工艺	山西省空间钢结构公司
高强混凝土的研究与应用	沈阳市第四建筑工程公司 沈阳市第二建筑工程公司
冷轧螺纹钢筋及其在空心板中的应用技术	沈阳市冷轧螺纹钢厂 中国建筑东北设计院
火山渣混凝土首次在高层建筑中应用	沈阳市第二建筑工程公司 中国建研院混凝土所等
混凝土防冻外加剂的研究与应用	黑龙江省低温建筑科学研究所
钢管在软土中长距离顶进施工技术	上海市特种基础工程研究所 上海市基础工程公司第三工程处等
直径4.35米加泥式土压平衡盾构掘进机	上海市隧道工程公司
商品混凝土生产和成套技术的开发应用	上海市建筑工程管理局 常州市建筑工程总公司等
升模和悬撑脚手在超高层建筑施工中应用	上海市第一建筑工程公司
高层建筑整体爬模施工技术的研究与应用	上海市第六住宅建筑工程公司
超高层建筑模具外挂脚手整体升降施工成套技术	上海市第五建筑工程公司
60米旋转式多臂浮抱杆	江苏省送变电工程公司
网架与网壳螺栓球节点的应用	徐州飞虹网架公司
240米烟囱钢内筒气顶倒装法施工工艺	浙江省工业设备安装公司

无桩靴夯扩桩的施工工艺	杭州市下城区住宅建筑工程公司 杭州市城建设计院
福州火电厂 80.7 米跨干煤棚装吊技术	福建省第一建筑工程公司
福建坑口碾压混凝土坝施工工艺	福建省水利水电工程局
120 米跨三角 T 构索道安装和 40 米跨连续梁体外索施工	福建省第二公路工程公司
泵吸反循环钻孔灌注桩施工技术	江西省地质工程公司
江西省体育馆比赛馆钢筋混凝土大拱假载法施工	江西省建筑工程总公司 江西省第一建筑工程公司等
多层大跨组合网架的制作及施工工艺	河南省新乡市第一建筑工程公司 河南省新乡市钢结构构件厂
广东省国际大厦 63 层工程施工新技术成果综合应用	广东省第四建筑工程公司
YG 系列预应力混凝土管桩	广东省建筑构件工程公司
大直径圆筒仓钢铰线预应力施工	广州市第一建筑工程公司
105 国道番禺洛溪大桥工程施工	广东省交通厅公路工程处
冷轧扭钢筋的推广应用(含键式叠合板)	广西壮族自治区第二建筑工程公司
钢筋焊接工艺技术及设备	四川省建筑科学研究院等
双流机场场道混凝土工程施工技术	四川省第六建筑工程公司
大型薄管板胀焊胀工艺	四川省工业设备安装公司 四川省建筑科学研究院等
重庆石门大桥斜拉桥施工新技术	重庆市桥梁工程公司
贵州体育馆 54 米跨立体桁架制作吊装新工艺	贵州省建筑工程总公司 贵州省机械化施工公司等
“内板外砖”住宅建筑体系成套技术	甘肃省第七建筑工程公司 甘肃省城乡规划设计院等
大跨度预应力钢桁架施工的研究应用	宁夏回族自治区第二建筑工程公司
无井架电动爬升倒模工艺	新疆维吾尔自治区第三建筑工程公司

全国村镇建设工作先进单位

(建设部公布，1990 年 11 月 23 日)

一、先进集镇、村庄

北　京	通县牛堡屯镇	房山区望楚村
天　津	静海县大邱庄	武清县王庆坨镇
河　北	三河县燕郊镇	晋县周家庄村
山　西	晋城市东四义村	汾阳县杏花村镇
内蒙古	呼盟鄂温克族乡	赤峰市建昌营镇
辽　宁	营口县青花峪村	海城市牛庄镇
吉　林	永吉县阿拉底村	扶余市三岔河镇
黑龙江	齐齐哈尔市向阳村	东宁县三岔口镇
上　海	青浦县赵巷镇	奉贤县洪庙镇
江　苏	昆山市城北乡	射阳县黄尖镇
浙　江	湖州市南浔镇	瓯海县永中镇
安　徽	无为县江坝镇	合肥市郊区七里塘镇
福　建	建瓯县杰游村	龙海县角美镇
江　西	宁都县青塘镇	靖安县宝峰镇
山　东	临沂市罗庄镇	威海市黄泥沟村
河　南	安阳县水冶镇	辉县孟庄镇
湖　北	天门市岳口镇	天门市车湾村
湖　南	临澧县合口镇	桂阳县黄砂坪镇
广　东	恩平县沙湖镇	顺德县容奇镇
广　西	钦州市小董镇	武鸣县双桥乡杨李村
四　川	温江县永宁村	绵竹县玉泉镇
贵　州	遵义县虾子集镇	遵义县新舟集镇
云　南	玉溪市大营街集镇	曲靖市越州镇
西　藏	乃东县泽当镇	
陕　西	三原县鲁桥镇	大荔县雷北村
甘　肃	玉门市花海集镇	镇原县屯宇镇
青　海	化隆县群科镇	贵德县河西集镇
宁　夏	青铜峡市瞿靖集镇	固原县张易乡
新　疆	乌鲁木齐县安宁渠镇	博乐市小营盘镇
海　南	儋县新英镇南岸村	琼海县大路镇
重　庆	永川县双石镇	
武　汉	东西湖区吴家山镇	
西　安	未央区大明宫乡刘南村	
沈　阳	苏家屯区陈相镇	

大　连　瓦房店市瓦房村
哈尔滨　道里区太平镇
青　岛　平度县南村镇
宁　波　鄞县邱隘镇
南　京　浦口区三河乡双龙村
广　州　番禺县大岗镇
长　春　榆树县恩育乡
深　圳　宝安县福永镇
成　都　崇庆县街子场镇

二、先进市（地）、县建设局（建委）

北　京　昌平县建委
天　津　东郊区建委
河　北　张家口市城乡建委
山　西　榆次市建委
内蒙古　赤峰市郊区建设局
辽　宁　鞍山市城乡建委
吉　林　梅河口市建委
黑龙江　绥化地区建委
上　海　奉贤县建设局
江　苏　盐城市建委
浙　江　海宁市城乡建设局
安　徽　滁州市建委
福　建　南平地区建委
江　西　宜春地区建设局
山　东　淄博市建委
河　南　南阳地区计建委
湖　北　宜昌县建设局
湖　南　益阳地区建委
广　东　佛山市建委
广　西　合浦县建委
四　川　内江市建委
贵　州　遵义县建设局
云　南　保山市建委
陕　西　咸阳市建委
甘　肃　酒泉地区建委
青　海　化隆回族自治县建设局
宁　夏　贺兰县建设局
新　疆　阿瓦提县建设局

第三届(1988—1989年)建设部级设备管理优秀单位

(建设部公布，1990年5月26日)

(以申报时间为序)

江西省：江西省第一建筑工程公司
南昌市第一建筑工程公司
南昌市第三建筑工程公司

辽宁省：☆沈阳市第三建筑工程公司
大连市第一建筑工程公司
大连市第二建筑工程公司
抚顺市第一建筑工程公司
沈阳市工业安装工程公司
沈阳市电车公司

河北省：邯郸市建筑工程总公司
张家口市第一建筑工程公司
石家庄市第二建筑工程公司

天津市：天津市第三建筑工程公司
天津市构件公司
天津市第二建筑工程公司
☆天津市排水管理处
天津市市政一公司
天津市自来水公司

安徽省：安徽省第三建筑工程公司
阜阳地区建筑工程公司
芜湖市第一建筑工程公司

福建省：福建省第六建筑工程公司
福建省第五建筑工程公司
福建省第二建筑工程公司

北京市：☆北京市第五建筑工程公司
北京市第六建筑工程公司
北京市第二市政工程公司
北京市自来水公司
北京市热力公司
北京市电车公司二场

广西区：广西第二安装工程公司
广西第四建筑工程公司

黑龙江省：大庆市第二建筑工程公司
哈尔滨市第二建筑工程公司
哈尔滨市第一建筑工程公司
佳木斯市第一建筑工程公司

山西省：山西省机械施工公司
太原市公共交通公司
忻州地区建筑工程总公司

江苏省：☆常州第二建筑工程公司
南京市第三建筑工程公司
无锡市建筑工程公司
苏州市第一建筑工程公司

上海市：☆上海市工业设备安装公司
上海市隧道工程公司
上海市第八建筑工程公司
上海市第六住宅建筑工程公司

上海市公交总公司第一汽车公司
上海市第一建筑工程公司

四川省：四川建筑机械厂
四川省第一建筑工程公司
四川省第三建筑工程公司
重庆市第八建筑工程公司

湖北省：湖北建筑机械厂
武汉建筑机械厂
湖北省工业建筑总公司第一工程公司
武汉市煤气公司

贵州省：贵州省第二建筑工程公司

广东省：广州市机电安装公司

云南省：云南省第二建筑工程公司
云南省第六建筑工程公司
云南省第二建筑安装公司

甘肃省：甘肃省第一建筑工程公司
甘肃省第四建筑工程公司

浙江省：宁波市市政工程公司
湖州市建筑安装公司

陕西省：陕西省第三建筑工程公司
陕西省第八建筑工程公司
西安市第一市政工程公司
西安市第二建筑工程公司
西安市自来水公司

青海省：青海省第一建筑工程公司

内蒙古区：包头市自来水公司
内蒙古第一建筑公司
包头市公共汽车公司

新疆区：新疆第三建筑工程公司
新疆工业设备安装工程公司

河南省：安阳市公共交通公司
河南省第四建筑工程公司
河南省工业设备安装工程公司

吉林省：吉林省安装公司
吉林市市政工程公司
长春市自来水公司
吉林省第一建筑公司

山东省：烟台市建筑工程公司
淄博市煤气公司
潍坊市第一建筑工程公司
济南市自来水公司
山东省建筑机械厂

中建总公司：一局第四建筑工程公司
三局第一建筑安装工程公司
六局机械化施工公司

注："☆"为第三届全国设备管理优秀单位

11

企业简介

中国房地产开发总公司

总经理　张耀宗

中国房地产开发总公司，成立于1981年元月，是国家专门经营房地产开发业务的大型企业，对国家承担经济责任，具有法人资格。由建设部归口管理，内部管理实行董事会领导下的总经理负责制。公司经营范围：从事国内外房地产综合开发与经营，包括土地综合开发，城市基础设施建设，民用与工业建筑（含高层建筑）总承包，建筑工程设计，技术咨询，建筑装修，经营集团内企业所需建筑材料、机电设备和汽车等。举办中外合资企业共同开发和经营房地产以及建设项目所需材料设备的进出口以及世界各地劳务出口业务。

中国房地产开发总公司是在国家经济体制改革中诞生、发展起来的，现已发展成为国家专门经营房地产开发业务的大型企业集团，迄今在全国29个省、市、自治区的140个城市有143家成员单位，组建有海外、物资、设计和14个区域型联合体，经济、技术实力不断加强，拥有自有资金10亿元以上，形成了年开发房屋面积2000万m^2，13万套住宅的综合生产能力。10年来，公司累计开发商品房面积1.1亿m^2，竣工房屋建筑面积5000多万m^2，建成住宅71万套。公司按照“统一规划、合理布局、因地制宜、综合开发、配套建设”的原则，建成了合肥西园小区、无锡沁园新村、北京翠微园、常州红梅新村、清潭新村、沙市洪垸小区，苏州彩香新村等270多个配套齐全的住宅小区，为改变我国城市面貌、缓解居民住房难，推进城市住宅制度改革，加速房屋商品化作出了积极贡献。1988年4月，国家正式批准公司享有对外经营权以来，已把房地产业务拓展到日本、美国、加拿大、西班牙、澳大利亚、香港等国家和地区，取得了一定的经济效益，并初步积累了经验。

中房公司一贯遵循“守约、保质、薄利、重义”的原则，竭诚为国内外客房服务。衷心希望与国内外同行建立合作关系。

总　经　理：张耀宗

副总经理：张鸿馨　谢增益

地　　址：北京市海淀区万寿路翠微小区南里8号楼

电　　话：8212079　8212077

电　　挂：4322北京

邮政编码：100036

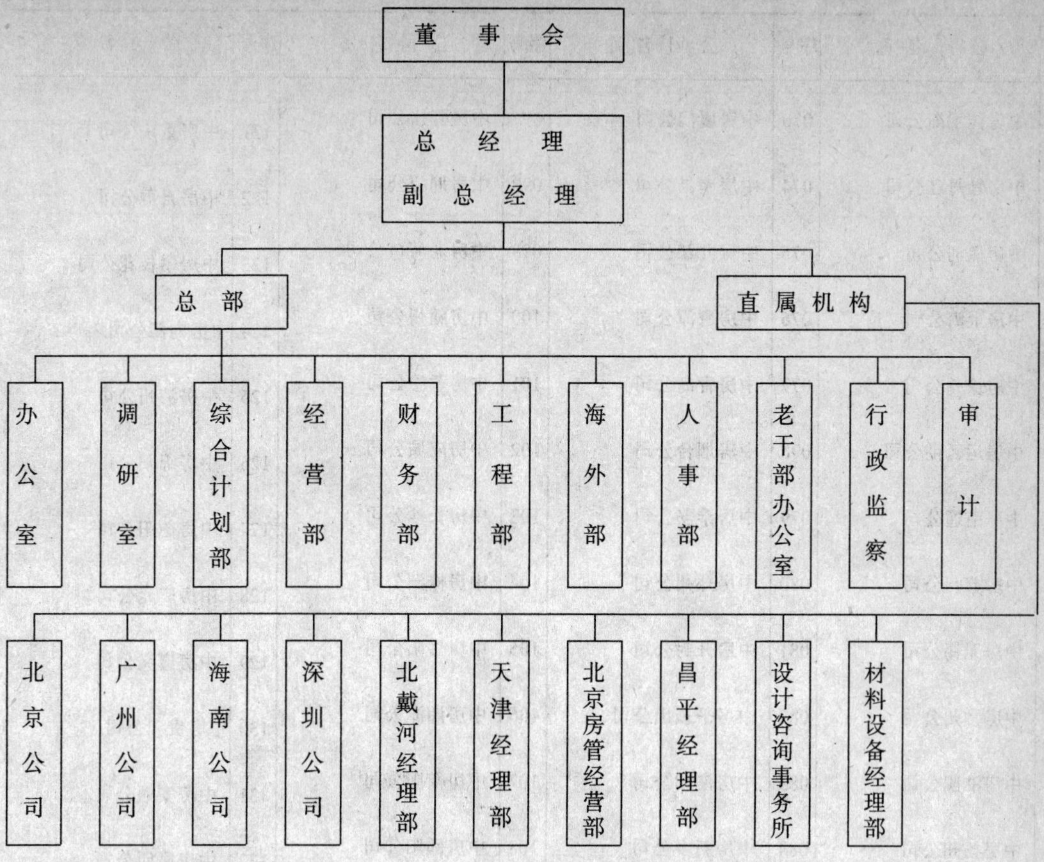

中房企业集团分支机构名录:

序号	公司名称	序号	公司名称	序号	公司名称	序号	公司名称
001	中房材料设备经理部	013	中房唐山公司	025	中房鞍山公司	037	中房通化公司
002	中房北京房管经营部	014	中房秦皇岛公司	026	中房抚顺公司	038	中房浑江公司
003	中房北京公司	015	中房北戴河经理部	027	中房本溪公司	039	中房四平公司
004	中房昌平经理部	016	中房廊坊公司	028	中房丹东公司	040	中房白城公司
005	中房设咨事务所	017	中房太原公司	029	中房阜新公司	041	中房辽源公司
006	中房天津经理部	018	中房大同公司	030	中房营口公司	042	中房敦化公司
007	中房石家庄公司	019	中房阳泉公司	031	中房辽阳公司	043	中房哈尔滨公司
008	中房邯郸公司	020	中房长治公司	032	中房锦西公司	044	中房鹤岗公司
009	中房邢台公司	021	中房呼和浩特公司	033	中房长春公司	045	中房双鸭山公司
010	中房保定公司	022	中房通辽公司	034	中房吉林公司	046	中房鸡西公司
011	中房张家口公司	023	中房大连公司	035	中房延吉公司	047	中房齐齐哈尔公司
012	中房承德公司	024	中房锦州公司	036	中房图们公司	048	中房伊春公司

序号	公司名称	序号	公司名称	序号	公司名称	序号	公司名称
049	中房佳木斯公司	073	中房厦门公司	097	中房鄂州公司	121	中房重庆公司
050	中房牡丹江公司	074	中房南昌公司	098	中房荆门公司	122	中房自贡公司
051	中房黑河公司	075	中房九江公司	099	中房老河口公司	123	中房攀枝花公司
052	中房上海公司	076	中房鹰潭公司	100	中房随州公司	124	中房内江公司
053	中房徐州公司	077	中房青岛公司	101	中房孝感公司	125	中房泸州公司
054	中房运云港公司	078	中房烟台公司	102	中房应城公司	126	中房绵阳公司
055	中房南通公司	079	中房泰安公司	103	中房长沙公司	127	中房德阳公司
056	中房苏州公司	080	中房郑州公司	104	中房株洲公司	128	中房广元公司
057	中房无锡公司	081	中房开封公司	105	中房岳阳公司	129	中房遵义公司
058	中房常州公司	082	中房平顶山公司	106	中房湘潭公司	130	中房贵阳公司
059	中房淮阴公司	083	中房洛阳公司	107	中房衡阳公司	131	中房安顺公司
060	中房扬州公司	084	中房新乡公司	108	中房邵阳公司	132	中房昆明公司
061	中房镇江公司	085	中房焦作公司	109	中房怀化公司	133	中房个旧公司
062	中房盐城公司	086	中房安阳公司	110	中房湛江公司	134	中房西安公司
063	中房宁波公司	087	中房商丘公司	111	中房佛山公司	135	中房宝鸡公司
064	中房温州公司	088	中房许昌公司	112	中房江门公司	136	中房咸阳公司
065	中房湖州公司	089	中房三门峡公司	113	中房深圳公司	137	中房汉中公司
066	中房嘉兴公司	090	中房武汉公司	114	中房广州公司	138	中房兰州公司
067	中房绍兴公司	091	中房江岸公司	115	中房南宁公司	139	中房西宁公司
068	中房衢州公司	092	中房黄石公司	116	中房柳州公司	140	中房银川公司
069	中房合肥公司	093	中房十堰公司	117	中房桂林公司	141	中房石河子公司
070	中房安庆公司	094	中房沙市公司	118	中房梧州公司	142	中房乌鲁木齐公司
071	中房蚌埠公司	095	中房宜昌公司	119	中房北海公司	143	中房海南公司
072	中房芜湖公司	096	中房襄樊公司	120	中房成都公司		

中国房地产开发总公司北京公司

中国房地产开发总公司北京公司是中国房地产开发总公司的直属公司。成立于1982年。是专门从事房地产开发经营业务的一级企业。对国家承担经济责任，是有独立法人资格。

该公司是随着我国的房地产开发事业诞生、发展起来的。几年来，他们已经摸索出一套在社会主义条件下兴办房地产开发事业的成功经验。在北京地区已开发建设商品房近70万m^2，其中包括密度大、功能全、环境美、建筑面积近50万m^2的翠微小区。完成开发工作量2.3亿元，交付使用商品住宅5434套，累计上缴利润4814万元，为缓解和改善北京市居民的居住条件做出了贡献。

该公司实行经理负责制，下设计划、经营、拆迁、档案、工程、质监、材料、预算、财务、经理办、行政办等八部三室，职工中有各种专业技术业务职称的占75%以上，在管理体制上已初步形成了以经理为首的工作标准化体系，以总工程师为首的质量保证体系，以总经济师为首的经济预测体系和以总会计师为首的成本控制体系。该公司实力雄厚，资金充足，信誉卓著，是有较大规模的综合开发能力。

该公司一贯遵循“守约、保质、薄利、重义”的原则，坚持“奉献、开拓、务实、求效益”和“团结、进取、负责、有纪律”的企业精神，竭诚为用户服务，并热诚希望与国内外朋友合作，为发展房地产开发事业作出积极贡献。

经　　理：班　林

副 经 理：贾洪栋

总工程师：吴之乃

住　　所：海淀区翠微小区南里8#楼

经济性质：全民所有制

注册资金：1040万元

电　　话：812526

邮政编码：100036

中国房地产开发总公司郑州公司

总经理　王国定

中国房地产开发总公司郑州公司，是中国房地产开发集团公司和郑州市政府于 1982 年 6 月联合组建的国营房地产综合开发企业，实行独立核算，自负盈亏，具有法人资格。公司总经理王国定，副总经理李国和、张达、刘振清，现有职工 120 余人，其中：高级工程技术人员 6 人，中级工程技术人员 14 人，初级工程技术人员 40 人。

中国房地产开发总公司郑州公司主要业务范围包括：开发建设用地，承建各类用房，代办拆迁安置，出售商品住宅，实行横向联合，开展多种经营。该公司一贯注重工程质量，信守合同，服务周到，取费合理，享有较高声誉，是目前郑州市房地产开发行业中具有较强开发能力的骨干企业。

该公司建立以来，认真贯彻执行了“统一规划，合理布局，综合开发，配套建设”的方针，积极组织开发住宅小区和改造旧城区，展开了较大规模的住宅建设工作，先后开发建设了五个住宅小区，改造了北二七路、西红卫路、前进路、建新街等部分旧城区，据统计，截止 1990 年底，中房郑州公司共完成住宅建设总投资 14.500 万元，累计竣工和交付使用住宅建筑面积 58 万平方米，对改善城市面貌和缓解住房紧张状况作出了积极贡献。

中房郑州公司非常重视住宅小区的综合开发，对住宅小区的给排水、供电、道路、通讯等基础设施，以及住宅小区内的商业网点，文教卫生，行政管理等配套建筑，全面进行了比较周密的考虑和合理安排，取得了较好的社会效益、环境效益和经济效益，得到了广大群众和各界人士的欢迎与好评。目前公司在抓紧建设同乐和耿河小区的同时，正积极筹备开发绿云住宅小区。并争取纳入建设部全国第三批试验小区进行管理，以期在质量、效益管理等方面迈上新台阶。

办公地址：郑州市康复中街 15 号

邮政编码：450052

电话号码：663659

中国房地产开发总公司昆明公司

经理　俞汉民

中国房地产开发总公司昆明公司，简称中房昆明公司（下同），前身是市政府统建办，1981年市政府批准成立"昆明市房地产开发经营公司"。84年6月昆政函（84）6号文同意加入中国房屋建设开发公司，从此一套机构，一个法人代表俞汉民，挂两块牌子；88年中房开计22号文通知，根据国家工商企内字01406号文通知和规定并经市政府同意改挂一块牌子即"中国房地产开发总公司昆明公司"。

公司成立以来，在"统一规划，合理布局，综合开发，配套建设"方针指引下，在上级主管部门领导和各兄弟单位大力支持和协助下，截止90年底，先后建成了环境优美，绿化良好，生活方便，设施配套的董家湾、虹山、东华、席子营、前卫营和刘家营等六个新型住宅小区；改造了市正义路北段一条街长249m，改造面积1.96公顷，街道由原13m拓宽25m，拆迁后新建各种房屋4.9万m^2；拆迁和拓宽了市北京路中段和长春路东段共1.1km的街道和地下管网，街道由原来18m拓宽为40m，街道两侧已竣工6万多m^2；现正在施工的还有小龙村片区和小菜园小区等。九年多来共开发建设各类房屋110多万m^2，其中有各种高层建筑10幢，完成投资三亿五千多万元，现已交付使用各种房屋95万m^2，其中各种住宅80万m^2，使16000多户居民乔迁了新居。上述工程质量全部合格，其中有20%左右达到优良。

公司1988年被省评为省房地产开发一级企业（资质），同年被盘龙区人民政府授予"文明单位"光荣称号。

公司办公大楼

正义路旧城改造的北段建筑

经　　理：俞汉民
地　　址：昆明市北京路511号
电　　话：33770　33815
电　　挂：5657
邮政编码：650051

中国房地产开发总公司
北京设计咨询事务所

中国房地产开发总公司北京设计咨询事务所于1988年12月经建设部批准成立，实行独立核算、自负盈亏，编制70人，具有法人资格。

1989年2月建设部发给建筑设计甲级证书0131号。

经营范围：建设设计及技术咨询。承担各类民用建筑（装修）与工业建筑的设计、规划和技术咨询，同时也积极地致力于环境艺术的设计与研究。

该所自创建开始，即以高素质、高水平、高效率为奋斗不息的目标，坚持质量第一、信誉第一，努力建成小型化、高能化、现代化的新型设计单位，以自己的优势通过竞争创出一条小型设计单位在中国生存、发展、强盛之路。

机构设置分为五个专业室：综合管理室、建筑专业室、结构专业室、设备专业室、电气专业室。人员文化素质高，有一批年富力强的中年技术骨干，有占职工总数56%的35岁以下朝气蓬勃的青年技术人员。硕士、博士学位人员占职工总数17%。技术人员分布为：高级技术职务占36%，中级技术职务占21%，初级技术职务占43%。在短短的二年时间内，完成10多项较大设计项目，如烟台莱山机场航站楼、北京太阳宫综合服务楼、北戴河林海度假村、北京万泉庄危房改造工程等。还参加了建设部海南咨询大厦、烟台食品街规划方案、河南新乡怡园小区规划等方案竞赛并中标。由于该所技术实力强，还完成了甲方直接委托的较大型公共建筑方案及住宅小区规划方案6个。取得了较好的社会效益、环境效益、经济效益。

烟台莱山机场航站楼

该所一贯遵循质量第一、信誉第一、严守合同的原则，竭诚为各界服务，力争创作出更多的一流建筑作品。

经理:陈淑玲　副经理、高级建筑师:樊乃麟　总建筑师、高级建筑师：布正伟　副总建筑师、高级建筑师：沈继仁

北戴河林海度假村

建设部海南咨询服务中心设计方案模型

地　　址：北京百万庄建设部内
电　　话：8311375, 8327818, 8321379, 8321377
邮政编政：100835

中国龙乡经济建设实业开发公司

中国龙乡经济建设实业开发公司，系自主经营、自负盈亏、独立核算、具有法人资格的全民所有制企业。公司原有注册资本全部为自筹，经过数年创业奋斗，现已成为拥有相当实力和具有经营特色的社会主义企业。

本公司实行董事会领导下的总经理负责制。在改革开放大潮中，始终坚持讲奋斗、比奉献、敢于创新，努力为国家和社会多做贡献，竭诚为城乡建设，特别是为老、少、边、贫地区经济振兴服务为宗旨。

立足国内，面向世界，注重效益，是本公司的经营方针。根据业务发展需要，公司在国内外拓建了房地产开发、实业开发、工程和贸易等广泛业务渠道。本公司主营：综合开发经营房地产业（含土地开发）及所需的建材、设备、工程设计、装修和建筑物清洗；城市基础设施建设、民用与工业建筑承包等。兼营：本系统所需的建筑材料、机电设备、交通器材、金属门窗料及成品；引进资金和先进技术设备；转让技术、设备更新和技术改造；业务代理、咨询、信息服务等。

董事会主要领导成员：

董事长、总经理： 王鞠华（企业法人代表）

第一副董事长： 宋大海

副 董 事 长： 孟磊

执 行 董 事： 于莉（兼第一副总经理）

董事、副秘书长： 哈刚（兼副总经理）

公 司 地 址： 中国北京安定门外安立路8号亚运村汇园公寓K座3门11层

电话：4992499 电传：201605HYA CN

传真：4913638或4910536-K-3-1106室

邮编：100101

龍鄉公司惠存

龍鄉精神
志在奉献

辛未初冬于若木

中国老区科技开发促进会理事长于若木题词

王鞠华董事长、总经理在1991年9月中外女领导人女企业家研讨会上演讲

中国石油工程建设公司

总经理　单永复

中国石油工程建设公司（China Petroleum Engineering Construction Corporation）是承包石油天然气勘探、钻井和建筑安装工程的综合性国营企业。其前身建立于1949年。上级单位是中国石油天然气总公司（原中华人民共和国石油工业部）。随着中华人民共和国对外开放政策的实行，经国务院批准，于1980年6月中国石油工程建设公司开始对外承包工程业务，于1988年6月经国家批准，开始经营本系统三类商品进出口贸易业务。

中国石油工程建设公司主要经营范围是：地球物理勘探；钻井工程；油、气、水集输、储运及石油、天然气加工处理工程；长输管道工程；炼油厂、石油化工厂、化肥厂、化纤厂和天然气处理厂建设；金属油罐、球罐、气柜、非金属油罐及地下水封石洞油库安装建设；石油和天然气各种专用设备以及钢结构制造；道路、桥梁、电力及通讯工程；土木建筑及其他工程；经营本系统三类商品的进出口贸易和与国内外有关厂商合资、合营、合作设计、合作生产等业务。

中国石油工程建设公司经过40年的发展，现已拥有勘探、设计、施工、制造和科研等专业机构，职工总人数为13万人，包括工程管理专家7,800人，各种技术专家8,200人和各工种熟练工人，以及配套的大中型施工设备和检测手段。中国石油工程建设公司已与国外47个国家和地区的250多家公司有了业务联系，在国外设有6个办事机构。

中国石油工程建设公司恪守用户至上；信誉第一的原则，不论工程和贸易都能做到保证质量，严守合同，尊重所在国的风俗习惯，遵守所在国的法令，遵守国际惯例和法规。我们愿意以交钥匙，全部承包、部分承包或联合承包等多种方式承包工程项目的勘察设计、供货、施工、试运和培训；提供劳务和技术服务；选派研修生；和外国公司或华侨公司合资经营；承接石油天然气专用设备制造和来料加工，来件装配；经营或代理本系统三类商品进出口业务。为促进国际、国内石油事业的发展，促进友谊与合作做出贡献。谨向各界致敬!

总经理：单永复
电　话：201.6118
电　传：20047CPECC CN
电　挂：3111 BEIJING
传　真：201.0844 BJ

水电第九工程局

局 长 柳克勤

水电第九工程局是能源部中国水利水电工程总公司所属的全民所有制大型施工企业。下辖土建工程、机电安装、基础处理、汽车运输、工民建筑等10个县团级施工单位。

水电第九工程局始建于1958年7月，是我国开发水力资源较早的骨干企业之一。30多年来，全面完成了猫跳河流域6个水电站的梯级开发，总装机容量为23.9万kW。为我国江河梯级电站的开发奠定了基础，取得了岩溶发育地区建筑水电站的丰富经验。水电第九工程局还先后参加了突尼斯、伊拉克等国的水电站建设；参加了乌江渡水电站建设，承担了龙羊峡水电站主厂房的建设任务，支援了四川渔子溪水电站、吉林红石水电站建设。1965年荣获国家大庆式企业称号，1988、1989年和1990年被评为贵州省“双增双节”先进企业；在龙羊峡和渔子溪电站施工中，由于施工进度快，工程质量好，多次受到省、部嘉奖。目前，水电第九工程局独立承担着东风电站的建设，担负着天生桥二级水电站调压井和压力管道工程、猫跳河二级半李官水电站。同时，在四川、云南、广西和贵州各地还承建有不少工程项目。

水电第九工程局拥有职工近万人，其中管理人员1927人。各类专业干部1488人，具有高级职称的112人，中级职称的395人，初级职称的863人。设备原值13328万元，多年来一直坚持“百年大计，质量第一”，工程质量合格率100%，优良品率80%以上，全员劳动率逐年提高，企业盈利、职工收入不断增加。

水电第九工程局主要从事水电建筑安装及水电基础处理工作，以及工业与民用建筑安装、航务工程、公路工程、桥梁工程、送变电工程、给排水工程、混凝土构件及砂石骨料生产等工作。具有土建、金属结构制安、机电设备安装、基础处理等设计和施工能力；具有T-300t大跨度混凝土公路桥施工和箱型桥基造孔的能力；具有80t大型索道桥设计和施工能力；具有110kV高压输电线路和变电站设计和施工能力；首创于猫跳河电站建设的人工砂石骨料生产技术，现已在全国水电系统中推广应用；具有高边坡处理、大口径大跨度洞室群施工、YKC防渗墙处理等经验。30多年来，先后荣获省和国家21项科技奖。目前，水电第九工程局承担着东风电站国家“七五”重点科技攻关项目，在有关单位协助下，《高混凝土坝快速施工技术研究》专题，经专家鉴定委员会鉴定：该专题的研究和应用成果，在总体上达到了国际先进水平。其中，坝基开挖爆破综合技术、悬臂模板与自升模板研制与应用、质量控制微机管理系统3个子题达到国际先进水平，坝基开挖爆破综合技术子题中塑料导爆管接力起爆网路达到国际领先水平；施工机械设备配套、混凝土检测技术与管理2个子题达到国际领先水平，施工机械设备配套子题中研制的调频振动给料机、附壁式冷风机、GH6侧卸式混凝土料罐运输车达到国际先进水平，“混合上料、二次分筛、连续风冷、快速运输”的机械配套，填补了国内高坝混凝土施工中的空白。成功地应用了深孔微差爆破、水平予裂爆破、光面爆破、大方量一次成型爆破、水泥裹砂、混凝土外加氧化镁、碾压混凝土、锚喷支护等新技术、新工艺。水电第九工程局技术力量雄厚，拥有设备2500多台件，大型施工机械480多台件，装备精良。经营方式灵活，从业种类多，具有现代化管理水平，独立作战能力强，施工进度快，工程质量保证。

多年来，始终保持有一个团结一致，思想过硬，作风民主，为政清廉，联系群众，勇于开拓，具有较高的现代化生产、经营、决策、管理水平的领导班子；有一支敢于吃苦，勇于拚博，能打硬仗、艰苦创业，纪律严明，训练有素，作风泼辣，团结奋进的职工队伍。依靠广大职工，依靠科技进步，依靠社会各方面力量的支持，今后，在强化企业管理的基础上，挖掘内部潜力，力争各项技术经济指标超过国内同行先进水平，确保东风电站按期发电。坚持“一业为主，多种经营”，立足贵州，面向全国，打入世界，增强竞争能力，为开发水电资源作贡献。

水电九局的工人正在东风水电站大坝施工。

东风水电站坝肩开挖，是在75至85度的悬崖峭壁上进行的。承担该电站建设任务的水电九局，以先进的设备和钻爆技术，经九个多月的顽强拼搏，挖运石方30万m^3，比原计划提前完成了任务。图为已挖的坝肩地貌。

我局承建的天生桥（二级）水电站三大调压井及六条高压管道的施工任务，制作的钢管总长3636m，重量为17000t，长度和重量均为世界之最。

龙羊峡水电站厂房长 142.5m，宽 51m，高 61.42 米，总装机容量为 128 万 kW，是目前国内最大的坝后式厂房。承建该厂房的水电九局，经过三年的奋力工作，以安全、优质、高效、低耗顺利完成建设任务。图为职工在蜗壳施工内情况。

“高混凝土快速施工”中的配套子题，《机械配套》拌合楼，采用“混合上料，楼顶筛分、连续风冷、微机控制”的研究成果，达到了国际先进水平。

我局针对猫跳河岩溶发育强烈、溶洞多、复盖层厚的特点，在设计中采用新型的结构，即以混凝土拱桥跨过河床，在其上再建双曲拱坝的猫跳河（四级）窄巷口电站库区风光。

东风水电站坝高 173m（最大设计高度），是目前国内最薄的抛物线型拱坝。在大坝混凝土浇筑中，水电九局应用自己承担的“七五”国家重点科技攻关项目《高混凝土坝快速施工技术研究》这一达到国际先进水平的科研与应用成果，不仅加快了工期，而且使工程合格率 100%、优良品率已达 83.6%，确保了 1991 年安全渡汛。图为已浇的东风水电站大坝俯瞰。

九局自己设计、制造，架设的东风索道桥载重量 80t，该桥具有建设快，投资少、可拆卸搬迁使用等优点。

负责人：局长　柳克勤
通讯联络地址：贵阳市解放路 80 号
邮政编码：551408
电　　话：522265、525773
电报挂号：4574
电　　传：523674

中国石油化工总公司第二建设公司

中国石油化工总公司第二建设公司是从事石油化工工程建设的施工一级企业，能独立承担炼油、石油化工、化纤、化肥等大、中型整套生产装置与配套工程，如输油气管道、贮运油库、球形贮罐、电站、锅炉及大型气柜工程的新建、改扩建、检修以及设备制造安装任务，并可承担与上述业务相适应的无损检测、理化检验、设备运输、吊装以及各种工业 X 光机的修理业务，还可提供相应各项施工业务的技术咨询和技术服务。

该公司现有职工 4935 人，拥有各类专业技术人员 821 人，其中各类高级专业技术人员有 44 人，中级专业技术人员 170 人；持有西德、日本、中国各种焊接资格合格证的焊工 420 名；拥有固定资产 9548 万元，定额流动资金平均占用 2479 万元，拥有各种施工机械设备 1200 余台，一次最大吊装能力 700t，一次综合运输能力达 932t。

该公司已有 30 多年安装制造历史，先后为全国 30 多家生产厂、科研和设计单位提供过服务，并参加了伊拉克天然气脱硫自动化控制工程和阿尔巴尼亚巴尔什炼油厂的建设。80 年代以来，先后承担了仪征化纤工业联合公司、扬子乙烯工程、齐鲁乙烯工程、金陵石化公司、洛阳炼油厂、福建炼油厂等国家重点工程的建设任务，如期或提前建成生产装置 30 多套，全部一次投产成功；其中山东齐鲁石化公司胜利炼油厂 80 万 t/年加氢精制配套工程、南京炼油厂从日本引进的 80 万 t/年加氢裂化装置获国家优质工程银质奖；扬子乙烯 300 万 t/年常减压装置、齐鲁乙烯 150 万 t/年常减压装置、仪征化纤一期系统管线工程获部级优质工程奖，扬子乙烯从西德引进的 120 万 t/年加氢裂化装置获南京市金陵杯奖。1982～1986 年，全优工程达 310 项，1987～1990 年，单位优良工程 503 项，优良率达 97.1%。公司先后被命名为“质量管理先进单位”、“安全生产先进单位”、“南京市文明单位”、“南京市重合同、守信用企业”、“江苏省省级先进企业”，荣获“中国施工企业管理优秀奖”、“江苏省建筑业最佳企业奖”。

本公司承建的南京炼油厂从日本引进的 80 万 t/年加氢裂化装置

公司经理（法人代表）：章宝麟
地　　址：江苏省南京市尧化门
电　　话：761314　761388　761021
电　　挂：8031
传　　真：761051
邮政编码：210046

中国核工业总公司华康建设公司

中国核工业总公司华康建设公司创建于 50 年代（原是核工业部二一建设公司)，是核工业建筑施工一级兼国家通用工业与民用建筑施工一级企业。一直从事国家大型核工程项目的建设，为核工业的创建和发展做出了贡献。1984 年承建的 405-1 国家重点工程已建成投产。该公司现有职工 4000 人，其中有高、中级技术经济职称的人员 507 人；固定资产 2000 多万元；各类主要机械设备 1200 余台。该公司施工技术和设备先进，专业配套，有较全检测手段，力量雄厚。该公司可承包反应堆、核电站。核科研、放射性化工、核燃料元件厂等各类核工程建设项目的建设施工；还可承包各种通用工业与民用建设项目的建筑施工以及大中型土石方、大型钢筋混凝土构件的制作与安装，大型给排水、电气安装、悬索吊桥、混凝土道路和机场跑道等工程。近年来，根据“保军转民”的方针，还承建了本部八一三厂、五二四厂，部外六〇三所、西光厂、红旗厂、陕西汽车齿轮厂、西安变压器电炉厂、济南涤纶工程污水处理厂、汉中市政府大楼、勉县铁合金厂等建设项目。该公司严格遵循质量第一，用户至上，信守合同的职业道德，为社会争创优质服务。该公司已取得国家二级计量合格证书，能源检测达到《企业能源计量器具配备和管理通则》二期要求。

该公司 1975 年获得“大庆式企业”称号；1978 年以“重要厂房大面积深填土地基试验与施工”荣获全国科学大会奖；1986 年因保质保量完成国家重点工程土建任务受到核工业部表扬；1987 年获共青团中央“国家重点建设青年突击工程”证书；1988 年承建的陕西汽车齿轮厂西安分厂工程被评为优质工程并获陕西省招标办“文明、安全、优质、按期竣工招标工程”信誉奖，国家计委检查团认为该工程的速度和质量是名列前茅的。

本公司已开始全面深化改革，向国家级施工企业迈进、愿为各地区、各企业提供优质、高效的服务。

公司总经理：陶广明
总工程师：李秉春
总会计师：高思云
地　址：陕西省汉中
通讯处：陕西省汉中 26 号信箱
电　话：陕西、洋县　212006　212008
电　挂：2100
邮　编：723312

中国核工业华夏安装公司
(原核工业部 23 建设公司)

中国核工业华夏安装公司（原核工业部 23 建设公司）是中国核工业总公司所属的综合性大型安装企业，组建于 1958 年 8 月。本公司现有正式职工 9000 余人，各类专业技术干部 1755 人，其中具有高级专业技术职称的专家 140 余人；注册资金 7000 余万元；各类施工机具、设备、仪器 4800 余台（套)。本公司下辖 7 个工程公司和汽车修配厂、技工学校、焊接研究所等直属机构，施工地域遍布国内 10 多个省、市、区。1990 年完成企业总产值 1.8 亿元。

本公司 50 年代中期在北京承建了我国第一座研究性重水反应堆和回旋加速器，此后又承担了我国核工业各类铀浓缩、反应堆、核化工及核武器研制等项工程任务，为中国核工业的创建与发展作出了重要贡献。70 年代后，本公司贯彻军民结合的方针，先后完成了上海石化总厂（涤纶厂、维纶厂、腈纶厂)、大庆石化总厂 30 万吨乙烯、杭州磁带厂等国家重点工程的安装，在核领域先后完成了高通量反应堆、中国环流器一号（受控核聚变装置)、清华大学低温核供热堆等工程项目的安装任务，并且正在承担秦山核电站和大亚湾核电站的核岛安装工程。

本公司在长期核工程施工中形成了重质量、守信用的优良传统，建立了完善的质量保证体系和严格的质量保证制度，承建的多项工程受到国家验收委员会和用户的好评。高通量反应堆工程及中国环流器一号双获国家优质工程银质奖；大庆乙烯一期工程被评为黑龙江省甲级优质工程，其中丁辛醇装置获中国工程建设焊接协会优秀工程奖和中国建筑工程最高奖——鲁班奖；不锈钢、铜铝材焊接和无损检验等多项科研成果获国家科学大会奖和国防科委、四川省重大科技成果奖。近两年，秦山核电站安全壳穹顶钢衬里施工技术、压力壳及蒸发器吊装、清华大学低温核供热堆双壳安装及某工程铝合金管道焊接等，分别获部级科技进步奖。

本公司承建工程及经营范围：核军工、核发电、核供热、航天、航空、电子、兵器、轻纺、化工、化肥、火力发电厂、高科技和高级民用建筑的成套设备，以及管道和金属结构安装，电气、暖通、空调、通讯、消防、自控系统、电梯、大型电子计算机，保温及制冷等各类工程的安装与调试。本公司经建设部审定为一级施工企业，具备二级计量证，一、二类压力容器制作安装许可证和大型球罐等三类压力容器现场组装许可证，电梯安装许可证及各类锅炉安装许可证，在国内外享有较高信誉。

公司经理：关纪群
党委书记：宋剑波
总工程师：陈培田
地　　址：河北省三河县燕郊镇
邮政编码：101601
电　　话：北京 9526664、9526665
电报挂号：河北省三河县 2702

中国核工业总公司第五安装工程公司
(又名：上海石油化工总厂安装检修工程公司)

我公司是隶属于中国核工业总公司建工局的一个工业设备安装公司，1984年7月，建工局与上海石化总厂以我公司为实体联营，所以，公司又名“上海石油化工总厂安装检修工程公司”。

我公司现有职工2719人。固定资产原值2786万元，机械设备总功率9629.15kW（13092马力），公司1985年取得了“二级计量合格证”，1990年取得“一级计量合格证”，1986年取得了“第一二类压力容器制造许可证”和“20T／h锅炉安装许可证”，是一个工种齐全，技术力量雄厚，具有独立承担大型核化工、石油化工、化纤工程施工的国营企业。公司是资质一级、信用等级一级企业，1989年公司成为国家二级企业。

公司1964年成立前后至1974年的十几年间，一直从事我国核工业的施工任务。1974年初，公司施工重点由军转民，全建制搬迁来上海参加了金山石化工程会战，先后承担安装了上海石化总厂一期、二期、三期工程施工。

我公司从参加核工业建设起，由于核工厂管道设备介质强辐射的不可返修性，对质量要求非常严格，建立了一整套严格的规章制度和质保体系。所以，公司十几年来所有的竣工工程，均一次试车成功。合格率为100%，优良率为81.94%，其中经上海市和核工业总公司建工局批准的全优工程18个。公司安装的上海石化总厂涤纶二厂工程，1990年被国家工程建设质量奖审定委员会授予国家优质工程金质奖，涤纶长丝装置和海运码头分别授予国家优质工程银质奖。

我公司十几年来施工的宗旨是“四保两不留”。即：保质量，保工期，保设计修改，保投产；不留隐患，不留工程尾巴。

由于公司重视企业管理和技术进步，1985、1989年两次被中国施工企业管理协会授予“施工管理优秀企业”称号，1989、1990年连续两年被上海市府评选为“重点工程建设实事立功竞赛优秀公司”，从1986年以来，连续五年被上海市工商行政管理局评选为“重合同，守信用”单位。公司经理张书贵于1989年和1990年分别被中国建筑业联合会、中国施工企业管理协会授予“优秀施工企业家”称号。

公司通信地址：上海市金山卫上海石油化工总厂龙胜路
国内直拨电话：7940552
电话总机：7941567
电报挂号：7631
邮政编码：200540

地矿部江西省地质工程公司

该公司是具有一级施工资质证书、国外施工资质证书、上海市甲类钻孔灌注桩施工资质证书的从事各类基础工程、地下连续墙工程、各类建井工程和隧道工程的专业公司。

现有正式职工1200人，具有各类技术经济职称的人员占职工人数的29%；拥有各类勘察、施工测试装备400多台（套），注册资金1100万元。初步形成了从工程勘察、设计、施工、静载试验、无损检测、混凝土完整取心与强度测试、工程质量验评等一整套工程勘察和基础施工体系。在施工技术方面，形成了以反循环工法为主，配合振冲沉管、气举、冲抓、冲击、扩底等技术方法，能适应陆地和水上各种复杂地层条件的工艺方法和配套的技术装备。同时还形成了以高压旋喷、深层搅拌、振冲碎石桩、树根桩等多种方法组成的软弱地基处理和钻孔桩−树根桩、钻孔桩−旋喷桩、深层搅拌桩、地下连续墙等边坡支挡围护体系及曝气井、大直径基岩潜孔锤的施工技术与装备。我公司承担了南昌滕王阁、富阳富春江大桥、宁波甬江大桥、福建洪塘大桥、上海漕西北路立交桥、上海医药设计院高层围护桩、上海恒丰大楼桩、襄樊汉江大桥零号墩等一百多项国家重点建设工程基础施工，工程质量合格率达100%，优良率达85%。

由于公司在技术进步方面取得的成绩，1990年11月被建设部授予“全国施工技术进步先进企业”，公司开发的“泵吸及循环钻孔灌注桩施工技术”获全国施工技术优秀项目奖，公司刘小敏副总经理获全国施工技术进步先进个人奖，充分显示了公司的经济技术实力。

宁波甬江大桥江心主墩施工全景

公司法人代表：李德奎
地　　址：江西省南昌市站前路52号
电　　话：215417　211452
电　　挂：0966
传　　真：(0791)　215417
邮政编码：330002

中国化学工程第三建设公司

经 理 陈桂久

中国化学工程第三建设公司组建于1962年。公司总部设在安徽省淮南市。

公司现有职工8000余人，其中专业技术管理干部1462人，高级职称管理人员124人，中级职称474人。四级以上技工5144人，技师50人。

经国家建设部核定，公司资质等级为化工建筑安装一级，兼营石油、建筑、建筑设备安装三项一级。拥有一、二、三类压力容器现场组装和一、二类压力容器制造许可证；一、二类压力容器设计和P＜100KGFcm蒸汽锅炉（与化工、炼油系列配套A级锅炉）安装许可证，现为国家二级计量合格单位。

本公司年施工生产能力达2亿元。下设2个分公司和北京、上海、南京、合肥等十个项目经理部及35个专业化工程队。拥有1000t/年压力容器制造和400t/年管件制造的化工机械厂、年运输能力1500万t和100万m^3土方施工的机械化施工公司、年产3万t的水泥厂、年加工能力400m^3混凝土的预制厂和年加工3500m^3木材、150万张宝丽板的木制品厂。

本公司拥有大中型施工机械1400余台，总功率36885kW。专业施工能力配套齐全。特别在大型设备吊装、各类压力容器组焊及整体热处理、设备管道及建筑防腐、高压高速传动设备安装及自控设备安装调试等方面具有十大技术优势，可为用户提供高质量服务。

公司成立近三十年来，先后在全国十几个省市承建大中型化工、石油、能源、轻纺等工程70多项，并参加朝鲜、孟加拉、坦桑尼亚、阿尔巴尼亚等国外工程建设，积累了丰富的国内外施工经验。

质量第一、信守合同是本公司一贯坚持的服务宗旨。高速优质建成的南京扬子乙烯工程、安庆石化总厂、江西氨厂、铜陵磷铵厂、盘锦天然气化工厂等国家重点项目，荣获化工部部优项目奖，是与用户良好合作的典范。

近年来，公司不断深化企业内部配套改革，坚持推行方针目标管理和全面质量管理，通过打基础，抓管理，上等级，使企业素质和信誉不断提高，首批进入省级先进企业，连续五年在“安徽省创最佳经济效益竞赛”中夺魁，连续四年获省市“重合同守信用”单位称号。先后荣获安徽省、化工部和国家质量管理奖，现为国家二级企业、化工六好企业、全国思想政治工作优秀企业。公司创立的“项目动态管理法”在国家重点工程施工中取得显著的综合效益和社会效益。安徽省科委组织专家鉴定认为：该法“属国内创新，是一项重大软科学研究成果”。1991年“项目动态管理法”被国务院企业管理指导委员会和国务院生产委员会授予“国家级现代化管理创新成果一等奖”。

中国化学工程第三建设公司愿与国内外各界朋友建立友谊，携手合作，并提供优质服务。

公司承建的盘锦聚乙烯、聚丙烯装置

法人代表：陈桂久
公司地址：安徽省淮南市泉山
电　　话：44906　44907
电　　报：6080
邮政编码：232038

天津市第二建筑工程公司

经理　韩家祥

天津市第二建筑工程公司是具有40年施工历史的一级大型国营建筑企业。现有职工7600名，其中中级以上技术工人4000余人；各类专业技术人员960余人，其中具有工程师以上职称的100余人，公司下设12个基层单位。

公司实力雄厚，施工设备先进，有固定资产5400万元。具有年竣工3万m^2，年完成工作量2亿元的施工生产能力。拥有各种施工机械、加工设备1400余台、辆，其中包括从日本、西德、意大利等国家引进的年产12万m^3混凝土的搅拌、运输、泵送成套设备以及进口的大型汽车吊、塔吊、挖掘、运输等现代化施工设备，总功率23000kW，适应各种类型建筑工程的施工和安装的需要。

公司施工技术先进，施工经验丰富，在施工中广泛采用新技术、新工艺。自50年代以来，先后建成了天津重型机器厂、发电设备厂、机车车辆厂、动力机厂、天津油漆厂等天津大型骨干企业。公司积极发挥国营大型骨干施工企业的优势，优质快速地建成了天津石油化纤总厂涤纶分厂、微型汽车制造厂、电子计算机厂、商学院、水晶宫饭店和援藏建设项目拉萨剧院、群众艺术馆等大型现代化厂房、公共建筑以及各类型高层住宅和小区配套工程，其中被列为国家重点工程的“引滦入津”尔王庄、宜兴阜两大泵站和天津新客站工程，以质量优、速度快、社会效益高著称，分获国优工程，荣膺金质奖、银质奖和“鲁班奖”。公司还承建了目前我国技术门类最全、规模最大的综合性中医医院——天津市中医学院第一附属医院，建筑面积4万m^2，床位701个。

公司在施工管理方面，建立了一整套严密的质量保证体系，应用了全面质量管理、方针目标管理和电子计算机等现代化管理手段和方法。采用了国内外先进的监测仪器和试验设备，科学组织，精心施工，十年改革期间共创建出1054项210万m^2的优良工程。

公司在社会主义建设中成绩优异，多次受到国家和上级有关部门的表彰。连续四年被评为市级先进企业；连续三年获全国施工管理先进企业；曾受到国务院嘉奖；被国家建委、全国总工会命名为全国先进施工企业；1988年荣获全国“五一劳动奖状”和“全国先进集体”称号；1989年被中组部评为“全国先进基层党组织”同年晋升国家二级企业；1990年被评为市级优秀企业，获“金帆奖”、“质量管理奖”；公司自1986年以来连续被评为“七五”立功先进单位。

天津市中医学院第一附属医院

天津新铁路客站

经理姓名：韩家祥
公司地址：天津市河北区二马路82号
电　　话：263214
电报挂号：1695
邮政编码：300141

天津市第六建筑工程公司

法人代表　张长明

十三省市大楼外景

天津市第六建筑工程公司是一个具有30多年历史，拥有7000职工的全民所有制一级施工企业，素以工艺严格，质量优良，信守合同而著称。

公司技术力量雄厚，机械装备先进、施工经验丰富，适合承包大中型工业建筑、各种高层民用及公用建筑工程。也可承揽大型机械运输、水电安装、金属结构加工以及原材料性能鉴定业务。

该公司先后参加过265个工厂企业的新建、改建和扩建工程，建起了18所医院，7所大专院校、71所大中小学、幼儿园以及一大批民用住宅。50年代，在西北地区承建了一一五厂等三项国家重点工程。70年代又在太行山区和市承建了涉县铁厂和天津拖拉机厂、炼钢厂、发电厂、硫酸厂、体育馆等一大批大型建筑。进入80年代以来，该公司引进和推行现代化管理，努力提高施工技术水平，及创出了一批局优、市优、国优工程，体比三区、田川里小区先后荣获国家优质工程银质奖；天津龙门大厦同时获得全国建筑工程鲁班奖和优质工程银质奖；华联商厦以较高的声誉申报国优奖；高达28层的天津经济联合中心大厦获市优工程奖。该公司也先后荣获天津市级管理、质量、政治工作的先进企业，晋升为国家二级企业，荣获国家五一劳动奖状。企业法人代表张长明先后被授予市级优秀建筑企业家，市级优秀企业家、全国优秀施工企业家的荣誉称号。

龙门大厦外檐面砖

华联商厦外景

法人代表：张长明
地　　址：天津市和平区多伦道274号
电　　话：22.1387
邮政编码：300021

天津市自来水工程公司

天津市自来水工程公司是承建城市供水、供气、供热、凿井以及设备安装、土建等工程施工的国营企业。是国家建设部批准的“市政建设施工一级企业”，1990年晋升为“国家二级企业”。

公司现有职工3000余人，干部528人。其中获高级技术职称的15人，中级65人，初级334人。公司资金雄厚，固定资产净值达3700万元，流动资金860万元。公司机械化施工程度较高，拥有进口、国产等各类施工机械2035台（件）。动力装备率人均9.1kW，技术装备率人均6710元。

公司能独立承建各种压力级别、各类材质的管道安装工程，对管道穿越河道、公路、铁路等难点工程更具丰富的施工经验和技术保障措施。能承建一般工业项目的设备安装和工民建土建施工；开凿各种类型的供水管井和进行深井修理。还可加工卷制Dg300mm以上钢管及钢制管件、深井滤水管等。公司还从意大利、西德、美国等国家引进成套设备，生产Dg600mm以内的低压高密度聚乙烯外套管的直埋式保温管及配套的保温管件，闸阀。同时还可生产玻璃钢外套（缠绕式、整体套筒式）的直埋式保温管。

五排巨型热力管道整体穿越天津海河工程一次成功

近年来，公司承建的“引滦入津”、“引滦入塘（沽）”，“引滦入（大）港”等供水工程均获优质工程，其中“引滦入津”工程荣获国家质量金奖。在天津市三年气化工程中，公司承担了450km的煤气管道铺设任务，全市90%的难点穿越工程均由该公司承建。在天津站改造工程中，公司承建了20万m^2的供热工程（汽网、水网、154911.6MJ（37Mcal）汽水交换站的土建及全部设备安装工程）。

随着改革开放的不断深入，企业也不断地开拓前进，施工范围逐步向外埠省市扩展。几年来承建了淄博、秦皇岛、潍坊、濮阳、大同的供水工程；长春、张家口、北京、等城市的煤气化工程；银川、格尔木、兴城、大兴安岭矿区等城市的供热工程，均获当地的好评和嘉奖。在国家重点工程——齐鲁30万t乙烯工程中，公司承建了排海管运和开闭所的土建和设备安装工程获优质工程奖。

公司连续三年被天津市人民政府授予“重合同、守信誉”单位称号。及“质量管理奖”并获国家级“施工企业管理优秀奖”。

天津市自来水工程公司愿竭尽全力为社会各界的建设项目忠诚服务。

引进设备生产的直埋式保温管及配套的管件

公司法人代表：陈质枫

地　　址：天津市和平区赤峰道91号

邮政编码：300041

电　　话：398532　310315

电　　挂：7020

电　　传：23174 TJPTB (TWSECO)

传　　真：313105

河北省安装工程公司

河北省安装工程公司，是全民所有制大型一级工业设备安装企业，现设有5个工程处，1个电气仪表调整队和1个加工厂。公司始建于1961年7月，隶属河北省建筑工程总公司。

公司拥有职工2600人，专业技术人员462人。其中，高级工程师16人，高级经济师4人，高级会计师1人，中级专业技术职务118人。公司现有固定资产原值2299万元，净值1573万元，主要施工机械1276台，技术装备3176元／人，动力装备率5kW／人，有比较齐全、满足施工生产需要的各种检测、试验设备，具有Ⅰ、Ⅱ类压力容器制造、B级锅炉安装和电梯安装资格。年生产能力可完成建安产值8000万元以上。

公司成立以来，在河北省先后承担过大中小化肥、冶金、石油、化工、建材、电力、机械、纺织、医药、轻工、国防等工业项目和城市供水、热力、煤气工程的施工，并参加了东北“八、三”输油管道及泵站、沧州化肥厂、唐山陡河电厂、冀东水泥厂、鲁南水泥厂、唐山碱厂和石家庄焦化厂等国家重点工程建设施工。

公司施工技术力量雄厚，技术全面，广泛推行和应用新技术、新工艺。公司整体搬吊100m无刚架火炬技术荣获建设部南京双交会优秀项目奖和全国施工技术进步优秀项目奖；馆外整体吊装、高空长距离滑移的网架吊装技术获省技术进步奖；钢管球节点网架建造技术和ZTTQ3-5塔吊分别获全国科技大会奖和省科技奖；计算机“全国通用安装预算软件”获全国工程造价管理优秀软件二等奖。唐山陡河电厂二期扩建工程、沧州化肥厂、中国人民解放军空军5721厂扩建工程、唐山冀东水泥厂工程均获国家质量银质奖。在企业管理方面，1989年度获“施工企业管理优秀奖”；1990年获“全国施工技术进步先进企业”称号，1989年、1990年分别获省建委和建设部“职工教育先进单位”；1987～1990年连续4年被评为河北省优秀政工企业；被建设部评为1989～1990年建筑系统“优秀政工企业”，1990年经省政府和国务院分别批准为“省级先进企业”和“国家二级企业”。

企业经营方针：质量优良，保证工期，价格合理，用户满意。

石家庄焦化厂技术改造工程

企业经理：贾桂华
地　　址：石家庄市槐北中路2号
电　　话：613170
电　　挂：1184
邮政编码：**050011**

邯郸市东污水处理厂

邯郸市东污水处理厂是利用丹麦政府赠款建设的城市二级污水处理厂，它位于邯郸市区东部，东环路西侧，主要排除市区京广铁路以东、人民路以南地区的生活和工业污水，汇水面积$26km^2$，规划服务人口35万，总设计规模为10万m^3／日。第一期工程已于1991年3月建成投运，建设规模为6.6万m^3／日，设计高峰流量为$3650m^3$／h。

该厂采用三沟式氧化沟处理工艺，主要技术和设备由丹麦引进污水经提升泵站，格栅、曝气沉砂除油池、计量室、配水井进入氧化沟，沟内安装水平式曝气转刷，污水在氧化沟内交替进行曝气和沉淀后，经可调式溢流堰汇入集水池，再由排水泵站抽升排放。氧化沟中的剩余污泥由污泥泵站抽升至浓缩池和均质池，经投加高分子聚合物由带式压滤机脱水后外运。处理厂设计出水水质为：$BOD_5$15～20mg／l，SS20～25mg／l，NH_3-N2～3mg／l，TN6～12mg／l。目前处理厂出水用于农业灌溉，第二期工程建成后，将作为邯郸热电厂生产用水水源。

鉴于采用三沟式氧化沟处理城市污水在我国尚属首次，这种处理工艺不仅可去除污水中的有机物和悬浮物，还可部分去除氮、磷等富营养化物质，且具有设备先进、流程简单、效果稳定、管理方便和处理成本低、占地面积小等优点，是国内外较先进的污水处理方法之一，因此，该厂被国家环保局列为全国城市污水处理示范厂，最近又被国家建设部和环保局评为“城市环境综合整治优秀项目”。

邯郸市东污水处理厂隶属邯郸市市政工程管理处。

厂　　长：高嵩
电　　话：314456
邮政编码：056002
地　　址：河北省邯郸市朝阳路24号

辽宁省工业安装工程公司

经理　曹凤舞

公司是承担大中型工业设备安装并兼营土建的大型一类施工企业，现有职工7645人，其中具有高、中级技术专业职称人员1000余人。公司所属八个分公司和球罐工程处、吊装运输处、开发公司、职工学校12个基层单位，分别设在沈阳大连、抚顺、锦西五市。公司现有固定资产原值4570.8万元，各种装备2274台。

30多年来，公司施工幅射面已达六省十五个市地。先后承担了石油、化工、钢铁、机械等系统成套设备、装置的安装工程4500多项。其中：大连石油七厂年产60万t润滑油糠醛装置的安装获国家银质奖牌；该厂年产40万吨柴油加氢装置获部优质工程奖；并有30多项重点工程被评为省、市级优质工程。

近年来，公司全面实行了承包经营责任制，深化了企业内部配套改革，先后进入了中东、日本和苏联的建安市场，每年可完成施工产值1.5～2亿元，税利、创汇大幅度增长。公司连续三年被沈阳市人民政府评为“改革明星企业”，90年被辽宁省政府授予“省级先进企业”。

辽阳化纤总厂球型罐群工程

经　　理：曹凤舞
地　　址：沈阳市和平区宁波路39号
电　　话：366633　电　　挂：1344
邮政编码：110006

辽宁省建筑工程机械施工公司

经理　贾锡宝

公司是国家建设部批准的辽宁省唯一的国家一级机械施工企业。现有职工2000人，固定资产3500万元，主要机械设备400余台（件），总功率20000kW。

公司有较强的施工能力，可承担港口、机场、铁路、电站、公路等各类大型土石方工程，打桩、吊装工程，工业与民用建筑的设计与施工工程。每年可承担200～300万m^3的土石方工程，10～15万m^2的土建工程。

公司成立以来先后承建了轻工部辽阳化纤总厂土石方、打桩工程；交通部营口鲅鱼圈港土石方、爆破、陆域回填、海上筑坝工程；化工部四平联化热电站大跨构件吊装工程；交通部大连新港和机械部抚顺挖掘机厂土石方、打桩工程；沈大高速公路和沈海热电厂土石方、贮灰坝工程等国家、省、市重点工程600多项。1989年公司被全国机械施工协会评为全国机械施工行业先进单位。

中山路综合住宅楼

经理：贾锡宝
邮编：110006　电话：361276
电传：361186　电挂：2727
地址：辽宁省沈阳市和平区宁波路39号

大连市第五建筑工程公司

经　理　郭世宽

公司成立于 1981 年，是经大连市政府批准，由原大连建筑基础工程公司与原大连五建合并组成，是辽宁省首批进人大型二类企业并取得国家建设部颁发的对外承包工程资质证书以及国家一级资质等级证书的市属集体施工企业。现有职工 2881 人，工程技术人员和专业管理干部 414 人，具有各种专业技术职称的 392 人。现有固定资产原值 1617 万元，净值 1022 万元，自有流动资金 219 万元，各种机械设备总台数 549 台（件），总功率 13116kW，动力装备率 5kW／人，技术装备率 2378 元／人。公司具有对外承担大型工业厂房、住宅小区、高层建筑等土建、安装配套施工能力，拥有设备精良、技术过硬的土石方机械化专业施工队伍，承担大型土石方挖掘、凿岩、爆破、运输等配套施工任务。公司组建十年来，共承建工程 900 多项，面积达 400 多万 m^2，共创省级优质工程 7 项，市级优质工程优质工程 21 项。并打入了国际建筑市场，承担了苏联纳霍德卡市 13 项工程，总建筑面积 $37954m^2$，合同价款 347 万瑞士法郎，赢得了较好的经济效益和社会信誉。在建筑施工企业步入低谷的情况下，生产逐年增长，管理水平逐年提高，全员劳动生产率、利润总额、人均利税、成本降低率等主要经济指标在省市属集体施工企业中名列前茅。先后获得了国家省、市先进集体建筑施工企业和省、市的“文明单位”、“明星企业”等称号。

香炉礁 1 号住宅

大连第二水泥厂熟料库

经　　理：郭世宽

地　　址：大连市沙河口区太原街371号

电　　话：444178

邮政编码：116021

辽宁省海城市第四建筑工程公司

经　理　张文志

辽宁省海城市第四建筑工程公司，组建于1973年，是集体建筑二级企业。公司下设五个土建和一个电力安装工区，附属预制构件厂、砖厂、散状耐火材料厂等。共有固定职工2103人，其中高级工程师及各种专业技术职称人员151人。固定资产1006万元，共有机械设备447台件，其中有适应高层建筑施工的大型机械设备，还有客货运输汽车55台。人均机械装备率1573元。自有流动资金382万元。1990年总产值4500万元，实现利税500万元。

本公司具有综合施工能力，可承建30m跨度以内和30层以下的工业与民用建筑工程。公司组建以来，在党的改革、开放的方针指引下，始终坚持"百年大计、质量第一"的方针，积极推行全面质量管理，把工程质量视为"求生存，求发展"的第一件大事来抓，使工程质量逐年提高。自1982年在鞍钢机修总厂住宅楼工程创优以来，共创省甲级优良工程15项，市乙级优良工程34项，总面积272,690m^2，工程优良品率逐年上升，1989年68%、1990年73%。

1989年竣工的鞍山市物贸中心大厦和地下人防工程均获得了省优质工程，并申报了"鲁班奖"。1989年一位苏联专家在参观物贸中心大厦时，对该工程的木制油漆、面砖粘贴、艺术水磨石地面工程给予高度评价，称这三项工艺为"三绝"，并邀请我们公司到苏联去施工。

在鞍山2万m^{2}地下人防工程施工中，我们采取了新的施工方案，做到了地下人防工程的不渗不漏。保证了工程质量。在解放军总参谋部和国家建设部组织验收时，受到了负责工程质量检查的领导同志的高度赞扬。1990年，工程质量、竣工面积、产值，利税、劳动生产率第几项指标，均创省内同行业先进水平。1989年和1990年连续被省、市评为工程质量"达标创优"企业、省集体建筑先进企业、鞍山市"明星企业"、"重合同守信誉"企业等荣誉称号。

鞍山市海关大楼

鞍山物资贸易中心

鞍钢劳研所科技大楼

经　　理：张文志
副 经 理：李华民　董绍文　黄录谦　张洪书
总工程师：郑文权　　总会计师：王坤兰
总经济师：张群
地　　址：海城市腾鳌镇内
邮政编码：114225　　电　　话：351

沈阳市第一建筑工程公司

经　理　焦振山

公司是国家大型施工企业，组建于1972年。现有职工4935人，其中各类专业技术管理干部913人，具有专业技术职称人员901人，其中具有高、中级技术职称人员168人。生产工人平均技术等级为6.5级。公司现有固定资产4,180万元，拥有大中型施工配套机械设备328台，其中有可供大型高层工程施工的60.26型艾迪美先进塔机设备；QT80系列自升式高塔等18台塔吊；瑞典艾迪美马克高层施工的外用客货两用电梯4台；还有自制安装使用的具有国际先进水平的混凝土坍落度控制仪计量仪器等。公司人均技术装备率为2,718元，人均动力装备率为2.2kW。公司下属6个土建分公司，以及机械厂、大型墙板厂、机械分公司、材料供应管理站、工程设计室、中心试验室、商品住宅开发公司、锅炉安装处等11个附属企业。公司年生产能力为9000万元施工产值，具备大型高、精、尖工程的施工能力。主要承担大型公共建筑、商业大厦、宾馆、厂房等各类结构工程的高级施工和商品住宅小区开发销售，锅炉安装、压力容器及非标设备、混凝土全自动控制台、电子称、涡轮流量仪等制作安装任务。

公司承建的中科院金属腐蚀与防护研究所科研楼、沈阳联营公司营业楼、沈阳南湖剧场、苏联哈巴罗夫斯克城的旅游旅馆等项典型优质工程，以及混凝土全自动控制台、电子称、压力容器和非标设备等优质产品的制作安装在国内外享有盛誉，深受用户好评。

沈阳联营百货公司营业楼

法人代表：焦振山　　**电　话**：392587
地　址：沈阳市和平区文化路57号
邮政编码：110003

江苏省电力建设公司

江苏省电力建设公司是从事火力发电厂建筑安装的一级施工企业，兼营机械制造，并可接受建设单位委托，负责电站工程建设的招标和现场施工管理。现有职工1万余人，其中高、中级技工4300多人；1276名专业技术人员中，高级职称专业技术人员34人。

公司诞生于1953年。自建成国产第一套6000kW发电设备至今，已在皖、鲁、赣、苏、沪等省市安装国产及苏联、东欧、美国、西欧等发电机组91台，总容量521万kW。其中有当今我国第一和第三大火力发电厂——谏壁电厂和徐州电厂；1990年建成投产的华能南通电厂2×35万kW进口机组，其N–90微机分散控制系统的自动化程度达当今国际先进水平。

公司下辖三家工程公司和一所技工学校。现有固定资产原值1.15亿元，各类施工机械3810台件，总功率5.36万kW。其中包括$50m^3$/h混凝土搅拌楼4座，混凝土泵车3台，$6m^3$/h混凝土搅拌运输车10辆；3000t·米塔吊、150吨履带吊、80～100t水仓吊、70t汽车吊以及40t以上龙门吊等大型起重机械35台；各类载重、拖挂运输车151辆。在材料、金属、电气和热工等方面拥有完备的试验和检测手段，能够满足国内外大型机组建筑安装的需要。计算机已在施工、技术和经营管理等方面广泛应用。

80年代以来，公司以质量求信誉。仪征化纤公司自备电厂一期工程和徐州电厂二期工程分别荣获纺织工业部"优质工程"和水电部"优秀工程"称号。谏壁电厂四期工程210m高烟囱和七号30万kW机组分别被评为水电部"优质工程"和"工程质量优秀奖"。获部级"优质施工工程"的计有"徐州电厂7号冷水塔、谏壁电厂10号汽机基础和华能南通电厂主厂房工程等。"七五"期间投产的7台20万～35万kW国产和进口机组，安装质量优良品率均达98%以上。

法人代表：姚正明；
地址：南京中山路248号；
邮政编码：210008；
电话：711493；　　**电挂**：5000

江苏省送变电工程公司

经理　陈庆祥

江苏省送变电工程公司是从事输变电工程建设施工的国家大中型施工企业，是具有法人资格的经济实体。

公司自1953年成立以来，先后承担过11个省市的施工建设项目。建成各种电压等级的输电线路7601km，其中500kV线路545km，安装变电容量584万kVA、调相机35万kVar，工程质量达到国内一流水平。公司还具备生产各种混凝土电杆及加工铁塔等金属构件的能力，信守合同，优质服务。

公司现有职工1745人，固定资产2232万元，流动资金800.6万元，具备有线路施工的大型机具和电气调试设备，能同时完成110～500kV线路工程250～400km／年；变电容量50万kVA／年；混凝土电杆10万段／年；铁塔等5000t／年。产品遍布全国，深受用户好评。

公司重视智力开发，不断引进新的先进技术，269人有各类技术职称，占公司总职工的15.5%。有建设施工承包各类输变电工程的经验和能力，并不断地参与国际投标工作。公司有一个健全的质量保证体系，实施全面质量管理，投运的工程运行一直良好，曾六次施工跨越长江输电线路工程和一次水底跨越电缆工程，最大跨距2838m，铁塔高193.5m。公司对高塔施工，有成熟的工程经验。公司研制的"60m旋转式多臂浮抱杆"成功地用于500kV镇江长江大跨越高塔吊装，该项目获1990年度国家级科技进步三等奖。220kV淮阴至泰州输变电工程获国家优质工程银质奖章；500kV徐州至江都输变电工程及500kV镇江跨越长江输电线路工程获90年能源部优质工程奖；500kV徐州至江都输变电工程荣获1990年国家优质工程银质奖章。

500kV镇江长江大跨越工程179.75m铁塔

500kV江都变电所高压开关

经　　理：陈庆祥

地　　址：南京市中央门外东井村41号

电　　话：652314　电　　报：南京市6623

邮政编码：210037

苏州市第二建筑工程公司

该公司创建于1952年，是具有国家一级资质的大型施工企业。现有职工4300余人，固定资产1900余万元，拥有440名技经专业人员和800万元国内外先进的大中型机械设备。年施工能力为7000万元产值，人均竣工面积$40m^2$。公司除土建施工外，还兼营水电安装；铝合金门窗生产、安装；装饰装璜施工；商品房开发；大型机械租赁、拆装等。企业以“优质高速、信誉至上”为宗旨，注重产品质量和产品信誉。已连续二年获江苏省建工系统“综合质量管理先进企业”、“最佳企业”；连续六年获“重合同、守信用”企业；连续二年荣获建设部系统“思想政治工作优秀企业”称号，并被列为“八五”期间全国百家施工企业全面质量管理的排头兵企业。公司愿与社会各界竭诚合作，为社会提供第一流的建筑产品和第一流的服务。

公司经理：陈伟建

地　　址：苏州市锦帆路九号

电　　话：227379、225424

电　　挂：5424

邮政编码：215002

河南省第五建筑工程公司

该公司是国营建筑安装一级企业，拥有固定职工5114人，具有工程师，经济师，会计师等专业技术职称的109人，属于高级职称的26人；拥有固定资产原值4300万元，各种机械1322台。下设九个分公司、厂，设备齐全，队伍成套，工艺先进，管理科学，能独立承担各种工业和高级民用建筑。公司成立以来先后建成郑州国棉一、三、四、五、六厂，郑州印染厂，沙市、襄凡、周口三个棉纺织印染联合厂，湖北化纤厂，上海石化总厂维纶厂，平顶山锦纶帘子布厂，安阳彩色显象管玻壳厂，郑州中原制药厂，河南国际饭店，河南外贸大楼，郑州商城大厦，郑州测绘学院，郑州自行车赛车场，郑州群众艺术宫等建筑工程。

该公司设有混凝土预制厂，能生产大跨度的预应力梁板，进行预制装配的机械化施工，对高层建筑和大面积工程采用集中搅拌混凝土，泵送技术，现场清整，文明施工。采用目标管理，网络技术，电算，全面质量管理等现代化管理方法，技术精湛，质量优良，讲究信誉，效益显著。公司曾先后获得三项国家优质工程银质奖。1983年被原城乡建设环境保护部表彰为全国经济效益显著企业之一，被河南省人民政府授予质量管理奖；1985年被河南省建筑总公司评为先进企业；1986年国家计委授予施工管理优秀奖；1987年被郑州市人民政府评为先进企业；1987、1988、1989连续三年被河南省建设厅评为质量管理先进企业；1989年河南省人民政府授予企业改革先进单位称号。

公司地址：河南省郑州市建设路100号

经　　理：费名谕

电　　话：448882

电　　挂：4930

邮政编码：450007

河南省城乡建设设计研究所

副所长　周可法

河南省城乡建设设计研究所于1984年10月开始组建，1987年5月经省编委批准成立，隶属省建设厅。现有职工71人，其中高级工程师（含经济师）5人，工程师5人，固定资产60万元，经省审查认证确定为乙级建筑工程设计单位，主管城乡建筑工程设计，兼营建筑技术研究、开发、技术转让、技术咨询。

(1) 人员精、素质好。具有大学专科、本科学历的占总人数的70%以上，获得初、中、高级技术职称的人数占总人数的93%。建筑、结构、水、暖、电、天燃气、概预算、模型、照相、图书情报资料等各类工种齐全。

(2) 设计速度快，质量高。中青年设计人员占90%，思路敏捷，图面清晰。建所以来，已完成设计项目300多项，总建筑面积70多万m^2，设计总产值达220多万元，其中设计大、中型项目60多项，优秀作品22项。1990年，许昌博物馆、郑州山河宾馆二项获得河南省优秀设计二等奖，许昌博物馆推荐为国家评优。

许昌博物馆位于省级文物保护单位文峰塔保护区以内，设计处理上必须与其特定的环境相协调，经多方案论证，并经省文物局批准，国家文物局同意，确定采用仿古建筑形式。

设计建筑面积达49000m^2的焦作贸易大厦，为全国商业系统三大商场之一，是河南省建筑面积最大的商场。

(3) 重革新，注意推广应用新技术、新材料、新工艺，节约基建投资。如设计中原棉纺厂的厂房工程时，采用振冲碎石桩的处理方法加固地基，修改了原钢筋混凝土灌注桩设计方案，仅此一项就节约基建投资70万元，工期缩短了3个月，并提前投入生产。

(4) 讲风格，收费合理。对国家重点事业和农业，采取了适当收费的办法。如郑州金水区的7栋教学楼，只收了图纸成本费，郑州市政府给该所颁发了“集资办学发展教育事业先进单位”的证书及锦旗。对郑州郊区关虎屯村的综合楼，应收设计费7.8万元，为支援农业，实收设计费3.5万元。

(5) 善经营，赏罚分明。在设计管理方面，狠抓全面质量管理，设计校对、审查层层把关，避免了“错、漏、碰、缺”，保证了设计质量。在经营管理方面，推行了技术经济目标责任制，实行了工程师万元以上产值的效益工资、奖金制，奖勤罚懒，使设计所呈现出人员少、效益高、管理严、信誉好，生机盎然的喜人局面。

许昌博物馆

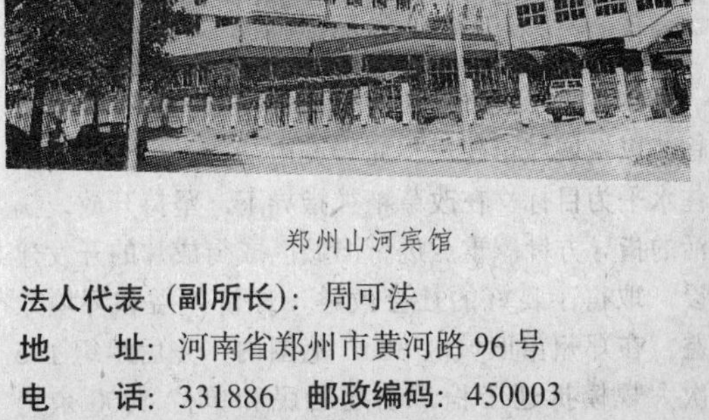

郑州山河宾馆

法人代表（副所长）：周可法
地　　址：河南省郑州市黄河路96号
电　　话：331886　**邮政编码**：450003

郑州市城市建设开发总公司

郑州市城市建设开发总公司是1985年6月经郑州市人民政府批准，由郑州市工商局直属分局注册成立的全民所有制企业法人，是经河南省城乡建设厅审查批准的从事城镇房地产综合开发和经营的甲级开发企业，属郑州市建委领导。总公司下设十二个职能科室，一个承担各种民用建筑和工业厂房设计任务的乙级设计研究所，一个建筑工程承包公司，一个机械运输队，一个营业食堂和三个建材供应站。总公司在改革中崛起，在改革中腾飞发展壮大。现注册资金2800多万元，流动资金2300万元，固定资产500万元。现有职工130多人，其中各类具有初、中、高级技术，经济职称人员80多人，是一个资金雄厚，知识技术密集型的开发企业。

郑州黄和平大厦(现格林兰大酒店)

6年来，总公司以“改造旧城，造福人民”为宗旨，以发展城市建设、完善城市功能，提高群众居住水平为目标，在改革精神指导下，坚持开放，搞活的指导方针，重点进行旧城区成街成片的开发建设，取得了良好的社会效益，经济效益和环境效益。在郑州市旧城区$3km^2$范围内，先后组织了5次大规模拆迁工程，动迁居民和单位5000余户(个)，拆除旧房面积达20多万m^2，开发建设用地30多万m^2。先后投资4亿多元，开发了各类公用建筑、商场，商品住宅48万m^2。改造了火车站广场，拓宽了福寿街，兴隆街，大同路、一马路、铭功路、二七广场，打通了人民路，投资上亿元建设了郑州黄和平大厦（现格林兰大酒店），中州商场，承建了亚细亚商场，华联商厦等大型建筑和建设了具有伊斯兰风格的人民路回民住宅楼，北下街回民住宅群及正在建设的铭功路商品住宅群；新开发了建筑面积达12万m^2的桐淮居民小区。初步改变了郑州市的旧城面貌，提高了群众的居住水平。

总公司坚持一业为主，多种经营，发展第三产业，既搞活了经济，增加了收入，又方便了群众生活。

近几年，总公司立足郑州，面向特区，积极在沿海和经济特区拓展业务，取得了可喜的进展，并向海外拓展业务，向外向型企业发展。

人民路回民住宅楼

总经理兼党总支书记： 王 玮 工程师

副总经理： 李瑞千 高级工程师

潘金生 李一先

党总支副书记： 刘松福

总工程师： 赵海方 高级工程师

总建筑师： 周培南 高级工程师

副总建筑师兼设计研究所所长： 杨明清 高级工程师

地址： 郑州市汝河路中段

电话： 773251

传真： 0371 773935

邮编： 450006

河南省城乡建设设计研究所

副所长　周可法

河南省城乡建设设计研究所于1984年10月开始组建，1987年5月经省编委批准成立，隶属省建设厅。现有职工71人，其中高级工程师（含经济师）5人，工程师5人，固定资产60万元，经省审查认证确定为乙级建筑工程设计单位，主管城乡建筑工程设计，兼营建筑技术研究、开发、技术转让、技术咨询。

(1) 人员精、素质好。具有大学专科、本科学历的占总人数的70%以上，获得初、中、高级技术职称的人数占总人数的93%。建筑、结构、水、暖、电、天燃气、概预算、模型、照相、图书情报资料等各类工种齐全。

(2) 设计速度快，质量高。中青年设计人员占90%，思路敏捷，图面清晰。建所以来，已完成设计项目300多项，总建筑面积70多万m^2，设计总产值达220多万元，其中设计大、中型项目60多项，优秀作品22项。1990年，许昌博物馆、郑州山河宾馆二项获得河南省优秀设计二等奖，许昌博物馆推荐为国家评优。

许昌博物馆位于省级文物保护单位文峰塔保护区以内，设计处理上必须与其特定的环境相协调，经多方案论证，并经省文物局批准，国家文物局同意，确定采用仿古建筑形式。

设计建筑面积达49000m^2的焦作贸易大厦，为全国商业系统三大商场之一，是河南省建筑面积最大的商场。

(3) 重革新，注意推广应用新技术、新材料、新工艺，节约基建投资。如设计中原棉纺厂的厂房工程时，采用振冲碎石桩的处理方法加固地基，修改了原钢筋混凝土灌注桩设计方案，仅此一项就节约基建投资70万元，工期缩短了3个月，并提前投入生产。

(4) 讲风格，收费合理。对国家重点事业和农业，采取了适当收费的办法。如郑州金水区的7栋教学楼，只收了图纸成本费，郑州市政府给该所颁发了“集资办学发展教育事业先进单位”的证书及锦旗。对郑州郊区关虎屯村的综合楼，应收设计费7.8万元，为支援农业，实收设计费3.5万元。

(5) 善经营，赏罚分明。在设计管理方面，狠抓全面质量管理，设计校对、审查层层把关，避免了“错、漏、碰、缺”，保证了设计质量。在经营管理方面，推行了技术经济目标责任制，实行了工程师万元以上产值的效益工资、奖金制，奖勤罚懒，使设计所呈现出人员少、效益高、管理严、信誉好，生机盎然的喜人局面。

许昌博物馆

郑州山河宾馆

法人代表（副所长）：周可法
地　　址：河南省郑州市黄河路96号
电　　话：331886　邮政编码：450003

郑州市城市建设开发总公司

郑州市城市建设开发总公司是 1985 年 6 月经郑州市人民政府批准，由郑州市工商局直属分局注册成立的全民所有制企业法人，是经河南省城乡建设厅审查批准的从事城镇房地产综合开发和经营的甲级开发企业，属郑州市建委领导。总公司下设十二个职能科室，一个承担各种民用建筑和工业厂房设计任务的乙级设计研究所，一个建筑工程承包公司，一个机械运输队，一个营业食堂和三个建材供应站。总公司在改革中崛起，在改革中腾飞发展壮大。现注册资金 2800 多万元，流动资金 2300 万元，固定资产 500 万元。现有职工 130 多人，其中各类具有初、中、高级技术，经济职称人员 80 多人，是一个资金雄厚，知识技术密集型的开发企业。

郑州黄和平大厦(现格林兰大酒店)

6 年来，总公司以“改造旧城，造福人民”为宗旨，以发展城市建设、完善城市功能，提高群众居住水平为目标，在改革精神指导下，坚持开放，搞活的指导方针，重点进行旧城区成街成片的开发建设，取得了良好的社会效益，经济效益和环境效益。在郑州市旧城区 $3km^2$ 范围内，先后组织了 5 次大规模拆迁工程，动迁居民和单位 5000 余户(个)，拆除旧房面积达 20 多万 m^2，开发建设用地 30 多万 m^2。先后投资 4 亿多元，开发了各类公用建筑、商场，商品住宅 48 万 m^2。改造了火车站广场，拓宽了福寿街，兴隆街，大同路、一马路、铭功路、二七广场，打通了人民路，投资上亿元建设了郑州黄和平大厦（现格林兰大酒店)，中州商场，承建了亚细亚商场，华联商厦等大型建筑和建设了具有伊斯兰风格的人民路回民住宅楼，北下街回民住宅群及正在建设的铭功路商品住宅群；新开发了建筑面积达 12 万 m^2 的桐淮居民小区。初步改变了郑州市的旧城面貌，提高了群众的居住水平。

总公司坚持一业为主，多种经营，发展第三产业，既搞活了经济，增加了收入，又方便了群众生活。

近几年，总公司立足郑州，面向特区，积极在沿海和经济特区拓展业务，取得了可喜的进展，并向海外拓展业务，向外向型企业发展。

人民路回民住宅楼

总经理兼党总支书记：王　玮　工程师

副总经理：李瑞千　高级工程师

潘金生　李一先

党总支副书记：刘松福

总工程师：赵海方　高级工程师

总建筑师：周培南　高级工程师

副总建筑师兼设计研究所所长：杨明清　高级工程师

地址：郑州市汝河路中段

电话：773251

传真：0371　773935

邮编：450006

安徽省第三建筑工程公司

安徽省第三建筑工程公司成立于1952年，经建设部资质审定为国营建筑一级施工企业，最近经安徽省政府正式批准晋升为省级先进企业。

公司现有职工5103人，各类管理人员829人，有技术经济职称415人，其中高级职称13人，中级职称81人，初级职称321人，有六级和六级以上技工429人，工人平均技术等级5.5级。拥有固定资产总值2172.18万元，流动资金578万元，技术装备人均806元，施工机械设备750台，其中大型设备有香港引进的$27m^3$／小时混凝土输送泵一台，塔吊8台，外用施工人货电梯5台。公司下设七个土建工程处，三个外地分公司，两个水电安装处，一个装饰分公司，一个轻钢龙骨厂以及预制构件，木材加工，金属构件等附属厂。公司基本形成主体结构、装饰、水电安装一条龙配套施工体系。

公司是安徽建筑施工战线上一支骨干力量，承担着大量国民经济基本建设项目的建筑施工任务。足迹遍及大江南北、淮河两岸。八四年以来又开拓厦门、上海两个沿海开发区建筑市场，主要承接的有大型工业厂房，民用住宅，通信民航设施，教学科研医疗卫生楼房，商业楼房等各类各样结构不同高、难、尖、技术的工业与民用建设项目。主要工程有：引进国外先进技术设备的合服电冰箱总厂、合肥精炼油厂、省新华印刷厂、蚌埠瓶罐厂、邮电系统4201通信枢纽大楼；电力系统的华东电力调度大楼、航空系统的合肥骆岗国际机场。民用的有科大新教学区、合肥西苑新村、上海同济大学图书楼、厦门彩霞公寓、湖光大厦、美湖、华鸿两个住宅区以及阿尔及利亚2500t钢筋混凝土预应力球型水塔等。公司以高层建筑善长，不仅工期快，而且质量好，受到建设单位好评，为公司赢得了广泛的，良好的社会信誉。在全国、全省工程质量大检查中已连续四年获得合肥地区第一名，两次名列全省榜首。其中儿童医院病房大楼获安徽省省级优质工程。中行合肥分行大楼获合肥市优良工程，美湖住宅区获总公司优良工程，上海同济大学图书楼获上海杨浦区优质工程，该工程采用大吨位高强钢丝预应力后张法施工工艺，获安徽省科技进步二等奖。

公司在“打基础，抓管理，上等级，全面提高企业素质”的活动中，以“质量取胜，工期合理，信誉至上”为宗旨，不断强化管理，提高素质。三次荣获安徽省创最佳经济效益夺魁单位称号和安徽省思想政治工作先进企业称号，两次获合肥市“重合同，守信用”企业称号。经理唐志海同志获中国建筑业联合会授予首届全国建筑优秀企业家称号和建设部劳动模范光荣称号。

公司热忱欢迎社会各界人士和港澳台同胞洽谈任务，并竭尽全力做好服务。

安徽省第三建筑工程公司

法人代表：唐志海

地　　址：安徽省合肥市芜湖路83号

邮　　编：230001

电　　话：252550　256045

福建省第六建筑工程公司

总经理　陈其端

本公司创建于1950年，是福建省最早成立的一家大型国营建筑施工企业和福建省45家全民所有制骨干企业之一。现有职工6204人，各类管理人员900余人，其中高、中、初级职称的技术人员450人。拥有各种大中型机械设备1000余台，总功率15479kW。企业年总产值现达1亿元，其中施工产值达7000多万元，固定资产3790万元，经营场所15万m^2，企业技术资质为一级。

公司下设15个分公司（厂），其中有4个土建分公司和水电设备安装分公司、机械化施工分公司、材料运输供应分公司、钢筋混凝土构件分公司、钢木构件分公司、房地产开发分公司、石料厂、设计事务所、闽中新型建筑材料公司等。公司经营范围为：工业与民用建筑，工程打桩，吊装，施工机械维修，钢构件、钢筋制作，钢、木、铝合金门窗与木家俱制作，各种石料加工、销售，八层以下工业一般厂房建筑设计，房地产开发。

本公司还与香港武夷装修工程有限公司合资成立“福建武夷建筑工程有限公司”，承包国内外各类新建、扩建、改建工程和装修工程。

40年来，本公司承建了大中型工业、民用和国防建筑工程1300余项，近几年承建的主要高层建筑项目有：国际四星级宾馆温泉大厦、东湖高级宾馆、福建医附一院病房大楼、省人大办公楼、六一路南段立交桥和八一七路南段立交桥等。承包的国外在建工程有非洲贝宁科托努伊斯兰文化中心和首都波多若伏医院等多项工程。

1979年开展创全优工程以来，经省、市两级主管部门认定的全优工程有268项，建筑面积648184m^2，其中10项评定为福建省全优样板工程和省优质工程。全国、全省质量抽查中，质量均名列全省第一名，评为福建省创全优工程先进企业。

1985年以来，公司先后荣获国家计委、建设部、福建省人民政府和中国施工企业管理协会分别授予的“企业管理优秀单位”、“施工管理优秀奖”、“经济效益先进单位”、“施工管理优秀企业”和“设备管理优秀单位”的称号，以及福州市人民政府、福建省委宣传部、福建省经委政治部、福建省总工会分别授予的“福州市第二十届先进单位”和“思想政治工作优秀企业”，还获得省工程建设质量协会与省建委联合授予的全面质量管理先进单位。

国际四星级宾馆——温泉大厦

福建省人大办公楼

总 经 理：陈其端（高级工程师）
副总经理：梁鸿泉　程铖端　陈彦荣　史子山
颜沿尚
地　　址：福建省福州市五一路水部龙庭境21号
传　　真：0591-534971
邮　　码：350005
电　　话：557842　**电报**：8226

福建省工业设备安装公司

福建省工业设备安装公司是以原中建部第三工业设备安装公司调入福建省的施工力量为基础组建起来的，1958 年创立于福州市，原隶属于省建设厅。1984 年被评为国家技术资质一级施工企业，1986 年被列为福建省骨干企业。

公司主要承担国内外各类大、中型工业设计安装和高级民用安装及装饰工程；兼营非标设备、压力容器、定型钢模板和电控设备等工业品生产，以及电气设备试调、吊装运输等业务；并对建设工程实行勘察设计、设备成套、土建安装和物资供应的总承包。

公司现有职工 3332 人，其中包括具有高级技术、经济职称者在内的各类技术和经济管理人员 669 人。公司设有培养安装专业技术工人的学校和焊接培训中心站，为企业输送合格的技术操作工人，具有有色金属合金钢焊接设备和施工能力，拥有各类施工机械、加工机械和起重运输机械 2000 多台件，具备起吊单重 300t 设备的吊装能力，以及相应的运输能力。公司自行设计制造的管道中频电源弯制设备于 1979 年获国家科技大会成果奖。公司所属的中心试验室，是经省级批准的合格试调单位，专门从事工程电气试调、无损探伤和金相分析，使企业质保体系拥有现代化的检测手段。公司已取得一、二类压力容器的设计、制作、安装许可证和 $P>39kg/cm^2$、$D>75t/h$ 的锅炉安装许可证，并已取得档案、计量国家二级证书。

30 多年来，公司先后承建了冶金、化工、电力、轻工、机械、建材、商业、外贸、水产、文教卫生和国防科研等各行各业的建设项目达 1200 余项。其中工业工程主要有：三明钢铁厂的 24 孔焦炉、氧气顶吹转炉、3 号高炉、西德引进的连铸、650 轧钢机，龙岩特钢厂高炉焦化工程，福州第二化工厂的氯碱、氯乙烯、PVC 等工程，三明化工厂的 4 万 t 电石、6 万 t 碳酸氢、氨、11 万 t 尿素、1200kW 热电站等工程，上海金山石化总厂 30 万 t 乙烯罐区和 12 万 t 乙醇南区工程，福建永安万吨维尼纶厂电厂、PVA、纺丝工程，5 万纱锭的厦门、三明、福州棉纺厂，瑞士引进 4 万 t 涤纶和聚酯切片的厦门涤纶厂，厦门化学感光厂，厦门新华玻璃厂年产 5 万箱平板玻璃工程，美国引进的福州中密度人造板厂，年产 80 万 t 的福建水泥厂，澳大利亚引进的年产 62 万 t 的顺昌水泥厂等工程，福州、泉州、邵武等地的万 t 啤酒厂，瑞典引进的福州抗菌素厂头孢等工程，日榨 2000 万 t 的渔溪、诏安等大型糖厂工程，$400m^3$ 球罐、10 万 m^3 干式煤气柜等各种容器的制作安装等等；公共设施和民用工程主要有：福州温泉大厦、闽江饭店、闽都大厦、西湖宾馆、厦门华侨旅行社、鹭江宾馆、上海宝隆宾馆、西藏拉萨宾馆和福厦两地的民航机场及万吨水产冷库等等；另外还在国外援建过贝宁体育馆。公司所承建的工程，质量优、进度快，深受社会各界好评。近几年来，公司在不断完善企业内部管理体制的基础上，企业发展迅速，主要经济技术指标均居同行业先进水平，公司荣获省市人民政府授予的“文明单位”、“企业管理优秀单位”、重点工程建设先进单位”称号，荣获中宣部、国家计委授予的“全国思想政治工作优秀企业”称号。承建的福州棉纺厂获国家优质工程“银质奖”。

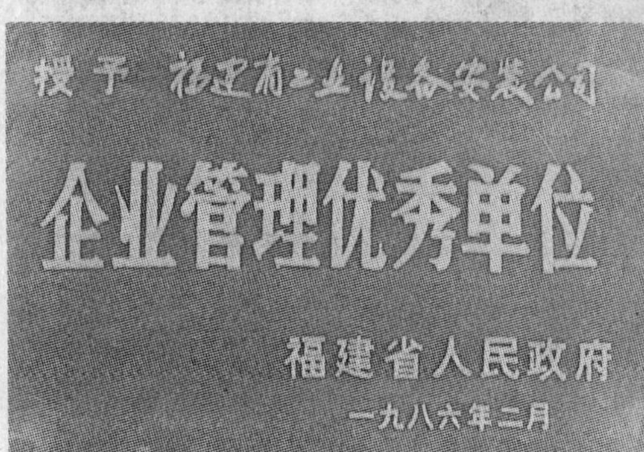

详细地址：三明市三元区富文路 2 号

负责人姓名及职务：经理　林肇熙

电话号码：37546　37540

邮编：365001

电挂：0023

广西壮族自治区第一建筑工程公司

本公司有30多年的施工经历，是国家一级建筑施工企业。现有职工7000多人，其中专业技术、业务管理人员823名，具有中级以上专业职称人员311名。1989年被建设部核定为建筑一级企业。

本公司有雄厚的经济实力和较强的技术开发能力。公司施工生产基地47万m^2，每年完成建筑面积20多万m^2；年产钢门窗、铝合金门窗15万m^2；年产混凝土预制构件10万多m^3。

近10年来，公司在广东深圳经济特区所承建的160多项工程，均以优质、快速、恪守合同而博得客户的好评，被国内外客户赞为“信得过”的企业。

本公司自1965年起，先后在索马里、伊拉克、约旦、美国关岛等国家和地区从事劳务合作和建筑工程承包，均取得良好的信誉。

本公司以“质量第一、用户至上”为宗旨，恪守合同，讲究信誉，竭诚为国内外客户服务。

南方大酒店

南宁银河大厦

本公司有完整的生产指挥系统和科学的管理制度，有健全的质量保证体系。30多年来，公司所承建的3000多个工程项目，质量符合国家标准。公司先后3次荣获全国施工企业管理优秀奖。公司承建的广西蒲庙糖厂荣获国家优质工程银质奖；公司承建的高20层、建筑面积2.4万m^2的南宁市银河大厦和高23层，建筑面积2.7万m^2的南宁市最高最大、设施最先进、唯一设旋转餐厅的南方大酒店均被评为优良工程。公司生产的钢门窗荣获省优、部优产品称号，是广西定点生产铝合金门窗的企业。

法人代表：张慰国高级工程师

公司地址：广西南宁市中华路79号

电话：23158　22203

电挂：7171

邮码：530011

深圳公司地址：深圳市蛇口工业大道

电话：691733

邮码：518067

海南分公司地址：海口市海秀路滨濂新村283号

电话：779309

邮码：570011

广西壮族自治区第二建筑工程公司

本公司是国家一级建筑施工企业。前身是国家建筑工程部中南工程管理总局第六工程公司和广西建筑安装公司，重新组建于1965年，下设厦门、海南、北海、桂林4个分公司、5个土建工程处和水电安装工程处、综合加工厂、汽车队等12个生产单位。在冈比亚设有经理部，在几内亚有中外合资的科南建筑工程有限公司。现有职工5720名，各类专业管理技术人员800余名。其中，教授级高级工程师1人，高级工程师30人，工程师52人，助理工程师129人，共有固定资产2020多万元，各种施工机械设备658台。

南宁电信枢纽工程主楼

公司技术力量雄厚，机械设备齐全，检测手段先进，管理机制完善，能独立承建各种类型的工业厂房、大型公共与民用建筑、水电卫生设备安装、制作安装各类型钢、铝、木门窗以及铝合金吊顶、幕墙。具有生产各型大板住宅整套构件、多孔板、V型折板、大型屋面板、小砌块、花阶砖等混凝土制品能力，经营汽车运输和大中修业务。

本公司有严格的质量保证体系，讲求信誉，信守合同，先后在广西、厦门等地建成了100多个大中型项目和重点工程。在冈比亚、几内亚承建了国家体育场、政府办公大楼、麦卡锡广场等70多个工程。这些工程均以质量优、速度快，赢得较高的社会信誉。1990年晋升为广西壮族自治区级先进企业，被评为自治区职工思想政治工作优秀企业，荣获全国施工技术进步先进企业称号。

公司经理：谭时华

公司地址：广西南宁市新竹路14号

电　　话：42071

国际直拨：20388

传　　真：20388

电　　挂：2080

邮政编码：530022

广西壮族自治区第一工业建筑设备安装工程公司

广西第一工业建筑设备安装工程公司成立于1955年，是广西一级综合性施工企业，也是广西建筑安装企业首家国家二级企业。现有职工近3000人，拥有高级技术职称人员16人，中级技术职称人员129人，初级技术职称人员126人等一大批骨干力量和企业管理人员，技术力量雄厚，装备精良，质量保证体系完善，施工机械齐全，拥有固定资产原值2234万元，净值1512万元。

本公司具有扎实的横向联营体系，施工生产专业配套，门类齐全，并积累了丰富的土建、设备安装总承包的施工经验。承接石油、冶金、化工、机械、建材、制糖、纺织、造纸、食品、热电站等工业成套设备、工艺管道、送变电、供排水、仪表、工业厂房建筑、各种工业锅炉砌筑、保温、防腐、体育场馆等各类工矿企业的土建、设备安装工程。

本公司具有一、二类压力容器设备设计和制造许可证、B级锅炉安装证、电梯安装许可证。生产液化气钢瓶、定型组合钢模板、各种冲压和中频推弯管子弯头、蒸发罐、加热器、煮糖罐等制糖设备以及生产氧气、氩气、高纯氮等工业与民用产品。

本公司37年来，曾担任并圆满完成索马里、卢旺达、越南、香港的工程任务，先后承接了国内外工业厂房建筑和工业成套设备安装工程1000多项，深受建设单位的好评。其中承包安装的广西梧州松脂厂歧化车间日本引进的全套设备安装工程、广西邕宁县日榨千吨的蒲庙糖厂安装工程，荣获国家优质工程银质奖，是目前广西唯一获得国家两块银牌的施工安装企业。

地址：广西南宁市明德街27-1号
电话：20726（经理室、办公室）、
24692（值班室）
电挂：0674
邮政编码：530012
经理：翁民奇　**党委书记**：申允昌
副经理：郝富、陈绍德、廖明、卢清泉
党委副书记：黄继进
总工程师：覃宗题
总经济师：郝富
总会计师：李全富

云南省城乡建设材料设备供应公司

经　理　黄明岐

本公司于1984年成立，负责系统内生产、建设所需的计划物资的调拨、供应。

经营的品种有：各种城市、团体、旅游大中型公共汽车；环卫、绿化、施工、汽车修理；各种载客、载货的无轨电车；高层建筑、住宅、院校、医院等服务电梯等。工程机械类有：挖掘、铲土、压路、桩工、起重、混凝土、钢筋、市政、环卫、园林机械等；自来水厂、燃气设备以及上述的配件、备件。

经营的材料有：各种建筑钢材、水泥、玻璃、油毡、沥青、轮胎、陶瓷、石棉制品、建筑五金、交电、化工产品；城乡花卉苗木。

我公司直属云南省建委领导，是中国建筑机械总公司、中国村镇建设发展公司、中国建设物资总公司、中国城市客车公司在云南的定点供应单位，与全国数百家生产厂、公司建立业务关系。

我公司将继续贯彻为城乡建设服务的宗旨，在新的形势下，努力搞好工作，为四个现代化作贡献。

地址：云南省昆明市西坝新村28号
电话：42543，42996，42949，42956
电报：5008
经理：黄明岐

成都市第一建筑工程公司

公司建立于1954年3月，主要经营通用工业与民用建设工程，兼营预制构件加工，施工机械出租，建筑科技咨询。经营方式为承包。

公司现有职工3400人，其中工程技术经济人员395人，高级工程师8人，高级经济师1人。拥有大中型施工机械设备413台（件）。1989年经国家建设部资质审查，定为一级施工企业。

改革的十年间，在成都地区建筑企业中率先应用了框架轻板、大板、升板、滑模等先进的施工工艺，创建了成都饭店、成都玻璃厂、攀钢蓉城大厦、成都市三医院门诊大楼、成都自来水六厂（一期）等一批优良工程。其中攀钢蓉城大厦获得四川省优质工程奖，框架轻板、升板、滑模等先进工艺获得省、市科技成果奖。

公司大力推行现代化科学管理。强化经济责任制体系，有健全的质量保证体系和严格的质量管理制度，实施项目法施工，工程质量不断提高，社会信誉越来越好。正在承担成都市人民商场、成都钢铁厂、成都科技大学等七个成都市重点工程的施工任务。

公司现为中国施工企业管理协会会员，四川省建筑业联合会常务理事。1990年获成都市建委、成都市建筑业联合会“优秀企业”奖。

公司宗旨：精心施工，质量优良；缩短工期，信守合同；为建设单位提供优质服务，为社会提供更多优良建筑产品。

四川制药厂检测中心

成都市自来水六厂工程全貌

公司经理：曾昌达

地　　址：成都市梁家巷互助路181号

电　　话：334054　331297

邮政编码：610081

青海省第一建筑工程公司

经理　金浩然

本公司1952年创建于辽宁省大连市，1956年成建制迁至青海，是省属一级建安企业，82年被国务院批准为全国先进施工企业。公司历史悠久，基础雄厚，技术力量较强，年平均职工5000人。其中：管理人员814人，工程技术人员255人；5人获高级职称，84人获中级职称，57人被评为技师，高、中级工1686人。公司拥有主要机械设备1400余台，总功率为17664kW。公司实行两级管理，下设18个生产经营单位，具有土、水、电、暖及通风、安装、机修和机械化施工、汽车运输、混凝土构件加工等配套的施工能力，平均年竣工面积16万m^2，施工总产值7500万元左右，各项主要经济技术指标，居省内同行业之首，超国内同行业平均水平。

本公司面向全国，坚持“质量第一，信誉至上”的宗旨，信守合同，确保工期，竭诚服务，愿为用户提供满意的建筑产品。

“全国先进施工企业”奖状和金牌

中国工商银行大楼

西宁市委办公楼

经　　理：金浩然
地　　址：青海省西宁市胜利路8号
电　　话：45472
电　　挂：0362
邮政编码：810001

青海省第二建筑工程公司

经　理　杨树宽

青海省第二建筑工程公司是全民所有制一级施工企业，能独立承担各种类型的工业与民用建筑安装工程。

泮字山电视发射塔

公司创建于1953年，是青海省成立最早的建筑企业之一。现有职工2249人。其中，工程技术人员和有经济专业职称的管理人员258人，具有中、高级职称的51人，生产工人1580人，平均等级5.27级，工人技师26人。公司拥有固定资产1719万元，适应大型和高层建筑的施工机械528台，技术装备率3258元／人，总功率13053马力，人均动力装备率5.35kW。年生产能力：施工产值3500～4000万元，年竣工面积8～10万m^3。

公司创建近四十年来，承建了多项军工、机械、化工、轻纺、煤炭等大中型工程项目和大型公共建筑的施工，为国家建设交付使用了一批重点大中型工程项目。累计完成建安工作量6亿元，完成竣工面积330万m^2，积累了丰富的施工经验，具有相应的试验检测手段，为国家建设做出了积极的贡献。公司先后承建了大型轻纺工程万锭规模的青海第三毛纺织厂，大型有色金属矿山青海省锡铁山铅锌矿地面工程及1.8万kW火力发电厂工程，在海拔2800m的山顶上建成青海电视调频发射台工程（发射塔高131m，垂直误差仅5.9mm）以及国防工业和城市建设几十项各种工业建筑和高难度的公共建设，荣获“重合同、守信誉”先进单位称号。

湟中饭店

经　　理：杨树宽
地　　址：青海省西宁市共和路217号
电　　话：77024
电　　挂：2222
邮政编码：810007

青海省第三建筑工程公司

经 理 齐子亮

公司成立于1954年，原为建工部西北二公司。1963年为承担国家重点军工国防建设任务从陕西调来青海。后为建工部七局九公司。1972年下放到青海，为青海省第三建筑工程公司。公司现有土建工程处四个，水电安装处、机械动力站、混凝土预制构件厂、木材加工厂、综合建材厂各一个，能独立承担各种大型工业与民用建筑以及高级装饰和富有民族风格的施工任务，并能生产各种混凝土构件和木构件，是一个综合配套的一级施工企业。

公司成立三十多年来，转战于湖北、福建、广东、陕西等地及国外，承担过近百个大中型国防及工业与民用建筑工程的施工。1985～1986年曾派人员去阿拉伯联合酋长国承建了“西拉中心清真大寺及玛尔发海员休养所”的建设工程，快速高质地完成了施工任务。公司施工技术和企业管理力量比较雄厚，技术装备率1365元／人，动力装备率3.4kW／人，拥有一批专业技术和经营管理人才，其中高级工程师、工程师、经济师、会计师85人，初级专业职务人员276人。公司现有职工3024人，拥有固定资产1530万元，流动资金820万元，每年可完成竣工面积95000m^2，建安产值4000万元。

公司以“信誉至上，质量第一、信守合同、竭诚为用户服务”为宗旨，在施工中重视施工质量，建立了工程质量管理和保证体系。1986年全国质量大检查中公司曾获青海省总分第一名。在1987年复查时也名列前茅。尤其是1988年公司实行承包经营以来，工程交验全部合格，工程质量优良品率1989年为32.14%。1990年达38.34%，居青海榜首。公司连续五年被地方政府评为“重合同、守信誉”先进单位。

西宁汽车站

青海省五交化大楼

经　　理：齐子亮（高级工程师）

地　　址：青海省西宁市西关大街100号

电　　话：43833

电　　挂：3079

邮政编码：810001

青海省第四建筑工程公司

经　理　陈文元

本公司系全民所有制一级建筑企业。1952 年成立于上海。近四十年来，先后转战上海、陕西、广东、河南、青海五省、市，主要承担国家重点工程建设。并支援过首都“十大建筑”的施工；出国援建过阿尔巴尼亚、赞比亚、蒙古、越南、马里、坦桑尼亚、朝鲜、苏联等八国的工程项目。承建大中型工业厂房、高层民用建筑和高级装饰装修工程，是本公司的传统优势。

本公司现有职工 3000 多人，有技术职称的 352 人（其中：高级职称 7 人；中级职称 59 人）。

青海科技活动中心大楼

共有资产 4000 多万元，各种机械近千台。公司施工技术先进，施工力量配套，施工机械齐全，施工管理完备。国家建设部 1990 年 1 月 8 日核定：“可承包各种通用工业与民用建设项目的建筑施工（包括客货电梯、锅炉安装及装饰装璜工程）。

1990 年完成总产值 4053 万元，竣工面积 7.6 万 m^2。

本公司坚持“质量第一、用户第一、服务第一、信誉第一”的宗旨，竭诚服务，始终以优质赢得社会信誉。近年来，青海省内所评出的“优质工程”，本公司即占三分之二。

青海少儿活动中心内景

（焊接网架）

经　　理：陈文元

地　　址：青海省西宁市五四大街一号

邮政编码：810001

电　　话：45280

电　　挂：7777

青海省公路桥梁工程公司

经 理 茹鹏孝

青海省公路桥梁工程公司为全民所有制企业，其前身系青海省交通厅工程总队（成立于1949年），1957年与交通部公路五局一处合并组建青海省公路局。1980年改为青海省公路工程处1984年改为青海省公路桥梁工程公司。1990年经建设部审查核定为公路工程施工一级企业。公司下设一、二、三工程处、机械工程运输处、房屋建筑工程处共5个处，年生产能力可完成公路桥梁工作量7000万元。

在40年发展中，本公司，已经成为一家能够独立承担高难度的公路桥梁工程，具有综合施工手段和能力的公路工程施工企业。公司现有注册资金3650万元，固定资金3468万元，各种施工机械设备746台（辆），运输车辆375辆，总功率54203kW，人均动力装配20.4kW，其中大型机械均从日本、美国、英国、意大利、苏联等国进口。

本公司现有固定职工2659名，各类专业技术人员459名，其中高级工程师9名，高级会计师1名，具有中级职称的114名，各类技术工人1000余名。

本公司先后在青海省、西藏自治区修建数条干线公路近17000km；在长江、黄河上游及省内其它大中河流上架设永久性大中小型桥梁1300余座，其中大桥35座；修建高级、次高级路面2700余km；在国家重点工程青藏公路改建任务中，取得了在高海拔、中低纬度永冻土地区修建黑色路面的成功经验，该项工程1987年获国家科技进步一等奖。此外，即将完工的西宁曹家堡飞机场为本公司总承包修建，青海宾馆大直径深孔灌注桩也是我们施工完成的。

本公司1985年、1988年两次被评为全国交通企业经济效益先进单位，这在全国同行业企业中，是独一无二的。

正在建设的西宁曹家堡飞机场

甘青公路享堂3-60m箱形拱桥

经理：茹鹏孝（高级工程师）

地址：青海省西宁市五四大街四十二号

电话：42954

电挂：2890

邮编：810008

新疆喀什市恰萨建筑工程公司

书记：夏吾屯玉尼斯

经理：艾买提卡日

恰萨建筑工程公司位于喀什市帕依那甫路48号，系集体建筑四级企业，公司的前身是修缮队，创建于1962年，党的十一届三中全会以后，企业持续、稳定、协调的发展，企业固定职工人数从修缮队时期的7人发展到今天的218人（其中少数民族职工占94%以上），资金1962年的300元，发展到今天的140万元，从1987年到1990年上交税金48万元，上交主管部门管理费32万元，实现净利润20万元。

自1985年以来，工程质量合格率100%，1988年施工的驼铃商场，被地区评为优良工程，1989年自治区建设厅来喀什抽样大检查中，工程质量名列为喀什地区第一，公司从未发生过重大质量、安全事故，90年评为市级安全生产先进单位，89年、90年持续两年被喀什市人民政府评为纳税先进企业和"重合同守信用"单位。自85年以来，公司采取了多层次、多渠道、多形式的人才培训，大力进行智力投资，先后送去培训的达74人次。同时，还根据我们维吾尔民族职工的实际情况，长期地开展互教互学、以师傅带徒弟，现场培训、岗位练兵等活动，有力地推动了技术进步，提高了企业素质。现公司拥有技术经济职称人员24人（其中：工程技术人员17人），经自治区建设厅培训持证上岗21人，经地区建设处安全员培训持证上岗20人。

长期以来，我们始终把加强政治思想工作放在重要地位，以五中、六中全会精神为指针，团结奋战。教育广大职工识大体，顾大局，多提合理化建议。企业领导也虚心听取群众意见，改进工作，廉洁奉公。现任公司领导的三位同志，都是从年青的技术骨干中选拔上来的，在职工中威信较高。90年公司被评为先进企业和民族团结进步先进集体。

喀什市第七小学教学楼

乌鲁木齐市天山区建筑公司

天山区建筑公司是1982年在街道建筑社（队）基础上组建起来的三级集体所有制房屋建筑施工企业。现有职工1192人，管理人员57人，拥有高、中、初级工程技术人员39人，具有经济职称人员11人，注册资金725万元，全员技术装备率1227元／人，工业与民用住宅年施工能力6—7万m^2，竣工率70%以上，1990年是本地区创优良品工程项目人均面积最好的企业。9年来，共建工业与民用住宅近300栋40多万m^2，为住宅施工积累了一定经验，在市区（县）和自治区同级同行业中具有较强的竞争能力和社会信誉。

右起：经理：杨希广，书记：李立工，高级工程师，企业主任工程师：张炜

自1984年公司进行体制改革后，连续两年被评为区、市重合同、守信誉企业，先后荣获区先进单位，双增双节先进单位，市民主管理先进单位和地区质量评比优良单位等称号。“七五”期间，获市、自治区优质工程23600多m^2，得到各级领导的好评和新老用户的支持和信懒。

乌鲁木齐市天山区人民商场

法人代表：杨希广　　**党支部书记**：李立功
地　　址：乌鲁木齐市解放北路23号
电　　话：221978　　**邮政编码**：830002

新疆奇台县第三建筑安装工程公司

新疆奇台县第三建筑公司是三级集体建筑企业。组建15年来，现拥有生产发展专用基金127万元，固定资产110万元，其中：机械设备132台套，价值72.4万元。周转材料31万元，辖属五个土建工队，一个装饰队，一个电照水暖安装队，一个钢、木材料加工厂和预制构件厂。全员技术装备率人均1.889元，全员动力装备率人均2.5kW，固定职工406人，三至六级技术工人228人，持证上岗的工程师1人，助理工程师13人。公司承揽的工程遍及南疆的和田，乌市，昌吉等大中城市和东疆的石油基地，北塔山，青河，富温县城矿区。年施工能力600万元，工程合格率多年来保持100%，优品率以建筑面积计算占23.7%，受到自治区集体建筑业协会，昌吉州双先大会的通报表扬。

公司经理杨治虎决心带领一班人在深入改革中为“四化”建设做出新贡献。

奇台县粮食局综合办公楼

企业地址：新疆奇台县东关街民族一巷10号
邮政编码：831800　　**电话**：县邮局总机转

新疆维吾尔自治区建筑总公司新华建筑公司

本公司成立于 1974 年，拥有职工 990 人。其中业务人员 144 人，助理以上技术人员 27 人，公司能独立承担工业和民用建筑工程、对框架结构的厂房和住宅建筑有一定的施工经验，具有混凝土构件加工和建筑材料运输能力；并有一定的施工机械设备和建筑涂料生产能力。

新疆工业设备安装公司锻压车间

本公司承建过新疆水泥厂、工业设备安装公司、建材局技校、公安厅、师范大学、工商局、税务局等单位的工程。

本公司被中国建筑联合会集体建筑企业协会授予先进集体建筑企业称号，被自治区集体建筑协会授予先进集体建筑联合企业称号，同时授予集体建筑业合作协会先进协会称号。近三年，本公司连续被乌鲁木齐市政府命名为“重合同、守信用”企业。

新疆工商学校集体宿舍楼

地　址：新疆维吾尔自治区乌鲁木齐市河南路九号

电　话：335539　335541　　**邮政编码**：830011

公司经理、法人代表：李宝顺

哈巴河县建筑总公司

经理：刘跃春

总公司共有职工 422 人，合同工 105 人，职工平均等级 3.7 级，企业管理人员 40 人，有经济职称管理人员 25 人，有技术职称工程技术人员 15，经过专业培训持证上岗 22 人，大专、中专毕业生 9 人。公司有固定资产 165 万元，流动资金 58 万元。技术装备率 2962 元／人。

本公司 1989 年 3 月成立。公司成立之前，我县共有大小 6 个施工企业，经营各种中、小规模的工业与民用建筑，1988 年经县委和县人民政府研究决定成立了哈巴河县建筑总公司，形成了联合经济实体。

总公司成立以后，人、材、物得到了全面的优化组合，真正做到了人尽其才、物尽其用。1989 年工程施工以速度快，质量好迎得了社会信誉，全年公司工程合格率达 100%，优良率达 25%，同时，通过投标招标，迈出了哈巴河县，拓宽了我们的建筑市场。

阿尔太市北屯客运站

1990 年，我们公司承建的地区客运中心中转站 4600m^2 框架结构工程和哈巴河县民族一中教学楼 4445m^2 砖混凝土结构工程，都以高速、质优取得了良好的社会效益和经济效益。90 年全公司工程合格率 100%，优良率 41%，受到了县、地区的表彰。91 年再次中标承建地区邮电中转业务楼和地区老干部活动中心楼。经认证达到国标。

经理：刘跃春

地址：新疆哈巴河县　　**邮编**：836700

中国建筑年鉴

12

统计资料

全社会建筑业总产值

表1

年份	社会总产值 (亿元)	建筑业总产值 (亿元)	占社会总产值的比重 (%)	社会总产值指数 (以1952年为100) (%)	建筑业总产值指数 (以1952年为100) (%)
1949	557	4	0.7	54.0	7.0
1952	1 015	57	5.62	100	100
1953	1 241	85	6.85	118.7	154.4
1954	1 346	82	6.09	128.8	152.6
1955	1 415	86	6.08	136.6	163.2
1956	1 639	146	8.90	161.1	249.1
1957	1 606	118	7.35	170.9	236.8
1958	2 138	202	9.45	226.6	403.4
1959	2 548	235	9.22	267.4	439.6
1960	2 679	248	9.26	279.8	453.6
1961	1 978	90	4.55	186.2	162.6
1962	1 800	74	4.11	167.5	138.5
1963	1 956	97	4.96	184.6	184.7
1964	2 268	151	6.66	216.9	285.0
1965	2 695	177	6.57	258.2	351.2
1966	3 062	197	6.43	301.9	395.4
1967	2 774	155	5.59	272.0	311.1
1968	2 648	132	4.98	259.2	264.9
1969	3 184	222	6.97	324.7	445.6
1970	3 800	271	7.13	403.2	543.9
1971	4 203	311	7.40	445.4	614.2
1972	4 396	323	7.35	465.3	630.2
1973	4 776	335	7.01	505.5	640.3
1974	4 859	376	7.74	515.1	702.5
1975	5 379	437	8.12	574.4	800.8
1976	5 433	435	8.01	582.3	784.8
1977	6 003	462	7.70	642.5	820.9
1978	6 846	569	8.31	726.3	995.5
1979	7 642	645	8.44	788.2	1 101.9
1980	8 534	767	8.99	854.2	1 282.6
1981	9 075	747	8.23	891.7	1 212.3
1982	9 966	912	9.15	976.4	1 438.1
1983	11 131	1 053	9.46	1 076.2	1 588.6
1984	13 171	1 263	9.59	1 234.6	1 800.9
1985	16 582	1 656	9.99	1 446.3	2 167.1
1986	19 045	2 038	10.70	1 593.1	2 469.8
1987	23 034	2 431	10.55	1 818.2	2 717.3
1988	29 807	2 967	9.95	2 106.0	2.914.6
1989	34 604	2 834	8.19	2 215.5	2 576.5
1990	37 996	3 009	7.9	2 364.2	2 582.0

注：1.本表社会总产值及建筑业总产值按当年价格计算，社会总产值指数及建筑业总产值指数按可比价格计算。

2.本表1989年及以前年度资料按国家统计局《中国统计年鉴1990》整理，部分数字和本年鉴前几卷不同时，以此为准。1990年资料依据国家统计局平衡司数据。

3.本统计资料由中国建筑业联合会统计研究会卢安祖、严雪芳整理提供。

全社会建筑业净产值 表2

年份	国民收入总额 (亿元)	建筑业净产值 (亿元)	占国民收入总额比重 (%)	国民收入总额指数 (以1952年为100) (%)	建筑业净产值指数 (以1952年为100) (%)
1949	358	1	0.3	58.9	4.8
1952	589	21	3.57	100.0	100.0
1953	709	28	3.95	114.0	138.1
1954	748	26	3.48	120.6	133.3
1955	788	30	3.81	128.3	152.4
1956	882	55	6.24	146.4	261.9
1957	908	45	4.96	153.0	242.9
1958	1 118	68	6.08	186.7	367.0
1959	1 222	76	6.22	202.0	388.6
1960	1 220	79	6.48	199.1	394.0
1961	996	25	2.51	140.0	129.5
1962	924	32	3.47	130.9	161.9
1963	1 000	40	4.00	144.9	205.1
1964	1 166	50	4.29	168.8	259.0
1965	1 387	53	3.82	197.4	286.0
1966	1 586	58	3.66	231.0	313.0
1967	1 487	55	3.70	214.3	296.8
1968	1 415	44	3.11	200.3	237.5
1969	1 617	60	3.71	239.0	323.8
1970	1 926	80	4.15	294.6	421.0
1971	2 077	91	4.38	315.3	468.3
1972	2 136	88	4.12	324.3	452.5
1973	2 318	92	3.97	351.2	457.8
1974	2 348	99	4.21	355.2	484.1
1975	2 503	113	4.51	384.7	542.0
1976	2 427	120	4.95	374.5	568.3
1977	2 644	124	4.69	403.7	578.8
1978	3 010	125	4.15	453.4	573.5
1979	3 350	130	3.88	485.1	584.1
1980	3 688	185	5.02	516.3	757.7
1981	3 941	193	4.90	541.5	770.0
1982	4 258	209	4.91	585.8	806.9
1983	4 736	259	5.47	644.2	954.3
1984	5 652	303	5.36	731.9	1 056.7
1985	7 020	409	5.82	830.6	1 310.6
1986	7 859	514	6.54	894.5	1 540.0
1987	9 313	637	6.84	985.7	1 744.8
1988	11 738	783	6.67	1 097.2	1 884.0
1989	13 125	774	5.90	1 133.4	1 723.9
1990	14 429	822	5.7	1 191.6	1 724.3

注：1.本表国民收入总额和建筑业净产值按当年价格计算；国民收入总额指数和建筑业净产值指数按可比价格计算。

2.本表1989年及以前年度资料按国家统计局《中国统计年鉴1990》整理，部分数字和本年鉴前几卷不同时，以此为准。1990年资料，依据国家统计局平衡司数据。

1989、1990年全社会固定资产投资总额

单位：亿元　　表3

指　　标	1989年	1990年
投资总额	4137.73	4449.29
1.全国所有制单位	2535.48	2918.64
基本建设	1551.74	1889.38
更新改造	788.78	830.19
其他固定资产投资	194.97	199.07
2.集体所有制单位	569.99	529.48
城　　镇	185.63	163.38
农　　村	384.36	366.10
3.个人投资	1032.26	1001.17
城　　镇	140.23	124.7
农　　村	892.03	876.47

注：本表1989年资料按《中国统计年鉴1990》整理，1990年资料依据国家统计局投资司数据。

1989、1990年全社会固定资产投资构成及比重

表4

年　　份	投资总额	在投资总额中		
		建筑安装工程	设备、工具、器具购置	其他费用
全社会固定资产投资构成(亿元)				
1989年	4137.73	2812.57	1048.71	276.45
1990年	4449.29	2962.84	1148.39	338.08
全社会固定资产投资构成比重(%)				
1989年	100	68.0	25.3	6.7
1990年	100	66.6	25.8	7.6

注：1.本表1989年资料按《中国统计年鉴1990》整理，1990年资料依据国家统计局投资司数据。

2.本表"建筑安装工程"投资中，包括购置商品房屋的投资，1989年为46.38亿元，1990年为185.59亿元，商品房占投资总额比重1989年为1.1%，1990年为4.17%。以下有关表同此。

全民所有制单位固定资产投资总额

单位：亿元　　表5

年份	总计	基本建设投资				更新改造及其他投资
		合　计	生产性建设	非生产性建设		
				合计	其中:住宅	
1952	43.56	43.56	29.14	14.42	4.48	
1957	151.23	143.32	105.09	38.23	13.29	7.91
1962	87.28	71.26	58.53	12.73	4.17	16.02
1963	116.66	98.16	78.05	20.11	7.59	18.50
1964	165.89	144.12	112.26	31.86	11.59	21.77
1965	216.90	179.61	144.74	34.87	9.91	37.29
1966	254.80	209.42	172.70	36.72	9.21	45.38
1967	187.72	140.17	114.21	25.96	5.33	47.55
1968	151.57	113.06	91.22	21.84	5.66	38.51
1969	246.92	200.83	163.93	36.90	11.04	46.09
1970	368.08	312.55	275.96	36.59	8.08	55.53
1971	417.31	340.84	288.82	52.02	14.53	76.47
1972	412.81	327.98	272.82	55.16	18.84	84.83
1973	438.12	338.10	275.88	62.22	20.89	100.02
1974	463.19	347.71	281.76	65.95	22.51	115.48
1975	544.94	409.32	335.88	73.44	23.97	135.62
1976	523.94	376.44	305.81	70.63	22.84	147.50
1977	548.30	382.37	303.47	78.90	26.30	165.93
1978	668.72	500.99	396.24	104.75	39.21	167.73
1979	699.36	523.48	365.14	158.34	77.28	175.88
1980	745.90	558.89	359.28	199.61	111.66	187.01
1981	667.51	442.91	252.43	190.48	111.19	224.60
1982	845.31	555.53	302.90	252.63	141.05	289.78
1983	951.96	594.13	346.44	247.69	125.07	357.83
1984	1 185.18	743.15	443.40	299.75	134.50	442.03
1985	1 680.51	1 074.37	611.34	463.03	215.18	606.14
1986	1 978.50	1 176.11	712.15	463.96	189.41	802.39
1987	2 297.99	1 343.10	880.30	462.80	181.24	954.89
1988	2 712.8	1 525.79	1 006.09	519.69	198.07	1 187.02
1989	2 535.48	1 551.74	1 064.07	487.67	189.39	983.75
1990	2 918.64	1 703.81	1 235.58	468.23	170.32	1 029.26

注：本表1989年及以前年度资料按《中国统计年鉴1990》整理，1990年资料依据国家统计局投资司数据。

本表1990年基本建设投资中不包括商品房投资。

基本建设投资中建筑安装工程所占比重　　表 6

时　期	在基本建设投资额中(亿元)			比重(以基本建设投资总额为100)(%)		
	建筑安装工程	设备、工具、器具购置	其他费用	建筑安装工程	设备、工具、器具购置	其他费用
恢复时期	54.70	18.05	5.61	69.8	23.0	7.2
一五时期	366.76	178.06	43.65	62.3	30.3	7.4
二五时期	690.31	448.94	66.84	57.2	37.2	5.6
63～65 年	266.22	126.94	28.73	63.1	30.1	6.8
三五时期	553.08	322.86	100.09	56.7	33.1	10.2
四五时期	1 013.45	631.05	119.45	57.4	35.8	6.8
五五时期	1 465.72	710.20	166.25	62.6	30.3	7.1
六五时期	2 364.08	672.29	373.72	69.3	19.7	11.0
1981 年	317.32	84.22	41.37	71.6	19.0	9.4
1982 年	397.35	101.67	56.51	71.5	18.3	10.2
1983 年	414.99	117.13	62.01	69.8	19.7	10.5
1984 年	507.71	151.88	83.56	68.3	20.4	11.3
1985 年	726.71	217.39	130.27	67.6	20.2	12.2
1986 年	770.6	260.34	145.17	65.5	22.1	12.4
1987 年	856.76	325.19	161.15	63.8	24.2	12.0
1988 年	979.02	361.13	185.64	64.2	23.7	12.1
1989 年	998.73	380.94	172.07	64.4	24.5	11.1
1990 年	1 230.94	453.76	204.69	65.2	24.0	10.8

注：1.本表资料为全民所有制单位数字；

2.本表 1989 年及以前年度资料按《中国统计年鉴 1990》整理，1990 年资料依据国家统计局投资司数据。

1978～1990 年全国建筑业从业人数(年底数)

单位：万人　　表 7

年份	社会劳动者人数	建　筑　业						
		合计	全民所有制职工	城镇集体所有制职工	城镇个体劳动者	乡村建筑企业人数	其他所有制	乡村以下从业人员
1978	40 152	879.0	472.0	176.0	1	230		
1979	41 024	943.0	490.0	219.0	1	233		
1980	42 361	1022.0	504.0	235.0	0.4	283		
1981	43 725	1058.0	505	255.0	1	297		
1982	45 295	1173.0	512	281	1	379		
1983	46 436	1314.0	529	301	1	483		
1984	48 197	1692.0	550	326	4	684.3	1	126.7
1985	49 873	2069.0	579	354.0	5.0	789.9	1.1	340.0
1986	51 282	2271.0	592	364.0	5	806.9	1	502.1
1987	52 783	2419.0	602	379.0	6	828.4	1	602.6
1988	54 334	2527.3	605.1	385.2	9.7	854.6	1.3	671.4
1989	55 329	2444.0	578	357	4.9	768.7	2	733.4
1990	56 740	2461.4	575.1	356.7	4.6	715	2	808.0

注：1.本表 1989 年及以前年度资料，依据国家统计局编《中国统计年鉴》1990 卷；1990 年资料依据国家统计局社会司数据。

2.乡村建筑企业人数指乡、村两级的建筑企业的职工；乡村以下从业人员不包括乡村两级中建筑企业的职工，1983 年及以前年度无统计资料。

3.其他所有制职工的人数自 1984 年起，单独列示，未单独列示的年份数量极小包括在全民所有制中。

4.本表数字与本书前几卷有不同时，以本卷为准。

1980～1990 年全国建筑企业个数

单位：个　　表 8

年份	总计	在总计中		
		全民所有制建筑企业	城镇集体所有制建筑企业	乡村建筑企业
1980	57 404	1 996	4 608	50 800
1981	55 627	2 586	4 741	48 300
1982	61 684	2 808	5 076	53 800
1983	66 653	2 885	6 768	57 000
1984	90 141	3 017	6 724	80 400
1985	93 750	3 385	7 765	82 600
1986	88 771	3 608	8 977	76 186
1987	87 474	3 788	9 837	73 849
1988	87 224	3 798	10 336	73 090
1989	88 106	3 927	9 179	67 000
1990	74 145	4 275	9 052	60 818

注：本表 1987 年及以前年度资料按国家统计局投资司《建筑业统计资料 1952—1978》整理，1988 年及以后年度资料依据国家统计局投资司数据。

1978～1990 年全民所有制建筑企业各类人员年末数

单位：万人　　表 10

年份	合计	工人	学徒	工程技术人员	管理人员	服务人员	其他人员
1978	447	313	22	12	44	42	14
1979	463	320	27	12	48	43	13
1980	475	325	29	13	50	44	14
1981	475	320	24	14	52	46	19
1982	481	325	17	15	54	48	22
1983	497	339	14	17	56	47	24
1984	518	356	11	18	57	48	28
1985	546	375	10	21	60	50	30
1986	557	382	10	22	63	50	30
1987	566	386	11	24	64	51	30
1990	537.1	351.7	7.4	33.1	63.7	51.1	30.1

注：1.本表不包括勘察设计单位。

2.本表资料据国家统计局社会司《中国劳动工资统计资料》1949—1985、1978—1987。

3.1988、1989 年因报表制度变更，没有建筑业人员分类数。

4.1990 年依据国家统计局社会司数据。

1985～1990 年全民所有制勘察设计单位及年末人数

表 9

年份	单位个数	年末人数(万人)
1985	1 975	34.0
1986	2 171	35.0
1987	2 450	36.3
1988	2 582	36.4
1989	2 792	37.1
1990	3 331	38.1

注：本表 1987 年及以前年度资料据国家统计局社会司《中国劳动工资统计资料 1978～1987》；1988 年及以后年度资料依据国家统计局社会司数据。

1989、1990 年中央各部所属全民所有制建筑企业个数和年末职工人数　　表 11

部门	企业个数(个)		年末职工人数(万人)	
	1989	1990	1989	1990
合计	876	803	235.71	242.00
其中：中建总公司	59	60	17.62	17.75
冶金部	13	13	22.76	22.56
有色总公司	24	25	14.87	14.34
能源部	336	307	98.88	104.71
煤炭总公司	166	131	32.10	36.85
石油天然气总公司	43	47	11.23	11.68
电力企业联合会	100	102	26.72	27.76
水电总公司	19	19	23.15	23.09
核工业总公司	8	8	5.68	5.33
石化总公司	5	5	3.14	3.16
化工总公司	13	13	6.30	6.35
机械电子部	11	11	0.81	0.83
林业部	19	19	1.83	1.84
建材局	1	1	0.51	0.53
铁道部	306	320	57.95	58.73
交通部	66	9	8.81	8.77

注：1.本表资料依据国家统计局投资司提供数据。

2.交通部 1989 年的企业个数是按工程处统计。

1989 年中央各部所属全民所有制建筑企业固定资产、流动资金及利润、税金

单位：万元　　表 12

部　　门	年末自有固定资产		定额流动资金平均占用额	利润总额	上缴税金	税后利润
	原值	净值				
合　计	2,868,251	2,074,499	1,118,022	93,433	81,252	79,073
其中：中建总公司	106,974	70,744	80,270	6,590	9,782	4,749
冶金部	233,771	167,130	96,989	9,995	9,268	8,170
有色总公司	117,452	825,74	65,728	2,595	4,914	3,413
能源部	1,204,835	875,983	473,553	40,599	29,444	37,405
煤炭总公司	281,911	199,966	123,236	12,953	8,899	10,874
石油天然气总公司	239,040	174,454	55,860	1814	899	1,186
电力联合会	291,929	217,401	173,165	27,240	15,589	21,545
水电总公司	358,733	261,209	97,919	−3,944	1,906	1,753
核工业总公司	33,222	22,953	23,373	2,536	2,151	2,047
石化总公司	54,906	43,886	14,581	2,837	2,450	2,878
化工总公司	72,782	52,121	30,386	7,045	4,000	5,548
机械电子部	7,825	5,958	4,579	763	396	530
林业部	19,379	6,059	7,349	539	384	336
建材局	10,758	7,547	3,659	582	402	327
铁道部	617,869	481,021	272,143	11,882	12,390	9,645
交通部	397,089	262,036	57,081	8,618	6,847	5,259

注：本表资料据国家统计局投资司提供数据。

1990 年中央各部所属全民所有制建筑企业固定资产、流动资金及利润、税金

单位：万元　　表 13

部　　门	年末自有固定资产		定额流动资金平均占用额	利润总额	上缴税金	税后利润
	原值	净值				
合　计	3,114,005	2,177,327	1,263,095	85,007	105,747	82,866
其中：中建总公司	117,040	75,220	90,270	4,058	10,319	4,774
冶金部	244,939	166,131	105,885	2,617	10,296	4,854
有色总公司	119,007	119,007	71,876	−592	4,347	2,333
能源部	1,356,450	933,203	562,823	50,274	45,951	53,334
煤炭总公司	362,232	257,124	143,008	9,268	16,445	16,907
石油天然气总公司	224,995	155,250	67,289	16,826	1,658	16,262
电力联合会	328,489	240,647	201,796	31,055	23,193	17,111
水电总公司	351,942	254,646	120,313	−8,463	2,512	1,696
核工业总公司	88,792	25,536	30,417	1,588	2,143	1,358
石化总公司	58,653	45,560	18,968	6,319	3,744	4,840
化工总公司	77,215	53,173	36,056	5,683	4,211	4,868
机械电子部	8,165	5,976	5,259	730	467	478
林业部	19,773	14,109	9,654	−574	340	74
建材局	11,830	8,054	3,603	566	567	344
铁道部	647,164	497,111	279,575	11,129	17,407	3,775
交通部	427,885	275,943	65,665	3,625	7,199	2,333

注：本表资料据国家统计局投资司提供的数据。

1989、1990年全民所有制建筑企业固定资产、流动资金及利润、税金情况

单位：亿元　　表14

		1989年	1990年
年末自有固定资产	原值	511.8	311.4
	净值	362.4	217.7
定额流动资金平均占用额		291.7	126.3
利润总额		26.4	8.5
上缴税金		22.8	10.6
税后利润		21.3	8.3
固定资产折旧		28.6	30.9

注：本表数据据国家统计局投资司资料整理。

全国对外承包工程和劳务合作签订合同及合同金额

表15

年份	合同数(份)			合同额(万美元)		
	合计	承包	劳务	合计	承包	劳务
1976～1978年	7	6	1	200	200	–
1979年	36	24	12	5 117	3 352	1 765
1980年	172	138	34	18 513	14 032	4 481
1981年	363	250	113	50 345	27 593	22 752
1982年	314	195	119	50 673	34 586	16 087
1983年	460	280	180	92 386	79 862	12 524
1984年	740	344	396	173 749	153 813	19 936
1985年	923	465	458	126 475	111 574	14 901
1986年	944	486	458	135 888	118 870	17 018
1987年	1 332	561	771	153 444	129 562	23 882
1988年	2 126	642	1 484	217 168	181 253	35 915
1989年	3 100	776	2 324	221 200	178 100	43 100
1990年	5 175	920	4 255	260 350	212 535	47 815

注：1976年以前我国没有开展对外承包和劳务合作业务活动。

1989、1990年全国按用途分竣工房屋面积

单位：万m^2　　表16

房屋用途	1989年				1990年			
	合计	基本建设	更新改造	其他固定资产投资	合计	基本建设	更新改造	其他固定资产投资
全国总计	17281.11	11611.55	5403.17	266.39	16285.7	11245.9	4738.6	301.4
1.厂　房	3346.01	1359.11	1927.5	59.4	2947.6	1231.8	1668.1	47.7
2.仓　库	920.25	445.96	377.91	96.38	921.3	448.6	335.1	137.6
3.商业营业用房	617.2	433.84	175.26	8.1	498.9	340.7	152.7	5.5
4.服务业用房	397.35	308.05	85.10	4.2	402.9	322.5	77.1	3.3
5.办公室	1065.89	863.17	195.60	7.12	942.5	786.1	150.5	5.9
6.住宅	7113.32	5064.2	1995.63	53.49	6662.2	4824.8	1771.7	65.7
家属宿舍	6438.1	4538.86	1853.49	45.75	6009.1	4300.1	1654.1	54.9
集体宿舍	675.22	525.34	142.14	7.74	653.1	524.7	117.6	10.8
7.教育用房	1669.96	1547.06	113.72	9.18	1710.2	1588.9	110.3	11.0
8.文化体育用房	193.13	165.42	26.26	1.45	189.6	162.4	26.4	0.8
9.医疗用房	357.01	292.25	61.68	3.08	382.5	324.5	55.5	2.5
10.科学实验研究用房	205.84	160.84	43.36	1.64	199.6	163.4	34.1	2.1
11.其　他	1395.15	971.65	401.15	22.35	1428.4	1052.2	357.1	19.1
其中：业务用房	498.63	358.12	136.36	4.15	526.1	399.3	122.0	4.8

注：1.本表按投资来源统计，表内房屋均系全民所有制单位建造。
2.本表数据按国家统计局投资司提供资料整理。

1989、1990 年全国竣工房屋面积

单位：万 m^2　　**表 17**

	指　标	1989	1990
总计	合　计	105,749	107,793
	(1)全民所有制	17,281	20324
	基本建设	11612	11246
	更新改造及其他措施	5669	5041
	商品房屋	(691,0　)	4037
	(2)城　镇	11043	9153
	集　体	2478	1971
	个　人	8565	7182
	(3)农　村	77425	78316
	集　体	6399	7180
	个　人	71,026	71136
住宅	合　计	83,197	86289
	(1)全民所有制	7113	10053
	基本建设	5064	4825
	更新改造及其他措施	2049	1837
	商品房	(589)	3391
	(2)城　镇	8525	1931
	集　体	702	636
	个　人	7823	1295
	(3)农　村	67559	74305
	集　体	1425	6493
	个　人	66134	67812

注：1.本表系从建房资金来源统计的房屋面积。

2.1989 年括号内商品房屋面积已包括在总数中。

3.本表 1989 年资料，依据国家统计局《中国统计年鉴 1990》整理，1990 年资料依据国家统计局投资司数据。

1989、1990 年城镇集体建筑企业基本情况

表 18

项　目	计算单位	1989 年	1990 年
企业个数	个	9179	9052
年末实有人数	万人	390.12	389.7
年末固定资产原值	亿元	107.16	121.2
年末固定资产净值	亿元	77.56	85.9
施工产值	亿元	384.4	396.0
利润总额	亿元	12.2	9.1
上缴税金	亿元	13.3	15.1

注：本表资料由国家统计局投资司提供。

1978～1990 年全部建成投产的大中型建设项目个数

表 19

年　份	施工的建设项目	全部建成投产的建设项目
1978	1 723	99
1979	1 610(1 315)	128
1980	1 106(986)	82
1981	893(742)	79
1982	819	116
1983	814	91
1984	821	113
1985	961	121
1986	930	102
1987	932	119
1988	952	121
1989	969	95
1990	1 059	152

注：1.由于多数建设项目跨年施工，表列施工的建设项目各年之间不能相加。

2.1979、1980、1981 年括号内数字为不包括当年停缓建的项目。

3.本表所列项目个数均指用基本建设投资建设的。

4.本表 1989 年及以前年度资料依据国家统计局《中国统计年鉴 1990》，1990 年资料依据国家统计局投资司数据。

1989、1990 年全民所有制建筑企业技术装备 表 20

	计算单位	1989 年			1990 年		
		全国合计	中央部属单位	地方所属单位	全国合计	中央部属单位	地方所属单位
年末自有机械设备价值							
原值	万元	2,910,174	1,626,600	1,283,574	3,145,385	1,780,581	1,364,804
净值	万元	1,908,938	1,067,299	841639	2,034,742	1,153,021	881,721
年末自有机械设备总功率	万千瓦	2938	1484	1454	3061.3	1597.6	1463.7
全部职工技术装备率	元／人	3105	4387	2266	3277	4576	2364
全部职工动力装备率	千瓦／人	4.8	6.1	3.9	4.9	6.4	3.9

注：本表资料依据国家统计局投资司数据。

1989 年全部建成投入生产的大中型建设项目 表 21

建设项目名称	建设地址	本年投产日期(年、月)	本年新增生产能力		
			名称	计算单位	能力
水利业					
浙江临海牛头山水库	临海市	89.12	水库容量	万立方米／年	30250
			有效灌溉面积	万亩	35
煤炭工业					
山西省洪洞县洗煤厂	洪洞县	89.12	洗煤	万吨／年	60
冶金工业					
河北邯邢冶金矿山公司	武安县	89.12	铁矿开采	万吨／年	70
重庆钢铁公司太和铁矿	大渡口区	89.12	铁矿开采	万吨／年	70
有色金属工业					
河北华北铝加工厂	涿州市	89.12	铝加工	吨／年	5000
深圳华加日铝业有限公司	演江区	89.12	铝建筑型材	吨／年	5000
			铝门窗	万平方米／年	17
四川会理锌矿	会理县	89.12	铝锌选矿:处理原矿	万吨／年	16
黄金					
山东省三山岛金矿	掖县	89.12	黄金	公斤／年	1562.50
水产					
浙江舟山海洋渔业公司冷库	普陀区	89.12	水产冷藏库	万吨	1

建设项目名称	建设地址	本年投产日期(年、月)	本年新增生产能力		
			名称	计算单位	能力
轻工业					
内蒙巴盟陕坝糖厂	杭锦后旗	89.01	机制糖	年生产:吨	25000
				日处理原料:吨	1500
黑龙江新谊糖厂	友谊县	89.01	机制糖	年生产:吨	30000
				日处理原料:吨	3000
广东海康县下市桥糖厂		89.12	机制糖	年生产:吨	26832
				日处理原料:吨	2000
广西柳江县拉堡糖厂	柳江县	89.01	机制糖	年生产:吨	26800
				日处理原料:吨	1000
广西龙州糖厂	龙州县	89.12	机制糖	年生产:吨	22848
				日处理原料:吨	1700
广西博白龙潭糖厂	博白县	89.12	机制糖	年生产:吨	13400
				日处理原料:吨	1000
福建福州啤酒厂	福州市辖区	89.07	啤酒	吨/年	30000
福建莆田啤酒厂	莆田县	89.02	啤酒	吨/年	20000
湖北武汉长江啤酒厂	汉阳区	89.09	啤酒	吨/年	50000
广州珠江啤酒厂	荔湾区	89.12	啤酒	吨/年	10
广东韶关啤酒厂	汕头市辖区	89.12	啤酒	吨/年	30000
贵州仁怀县茅台酒厂扩建	仁怀县	89.10	其他酒	吨/年	400
天津市板纸厂	南郊区	89.12	机制纸及纸板	吨/年	60000
黑龙江三江食品公司	东风区	89.07	植物油	吨/年	15000
浙江嘉兴市人造鹿皮厂	城区	89.12			
广州造纸厂	荔湾区	89.12	新闻纸	吨/年	34000
纺织工业					
北京毛条厂	昌平县	89.12	毛条	吨/年	3000
湖南湘潭市化纤厂	湘潭市辖区	89.10	合成纤维	吨/年	2000
电力工业					
天津军粮城电厂	东郊区	89.11	发电机组容量	万千瓦	20
邯郸电厂	丛台区	89.12	发电机组容量	万千瓦	2.50
邢台电厂扩建工程	桥西区	89.03	发电机组容量	万千瓦	20
内蒙包头第二热电厂	青山区	89.12	发电机组容量	万千瓦	10
吉林热电厂	吉林市辖区	89.09	发电机组容量	万千瓦	20
吉林珲春发电厂	珲春县	89.12	发电机组容量	万千瓦	10
黑龙江哈尔滨市发电厂	南岗区	89.06	发电机组容量	万千瓦	2.50
黑龙江富拉尔基第二电厂	富拉尔基区	89.12	发电机组容量	万千瓦	20
黑龙江双鸭山发电厂一期	宝山区	89.12	发电机组容量	万千瓦	20
上海望亭发电厂	吴县	89.09	发电机组容量	万千瓦	30
江西南昌发电厂	南昌市辖区	89.09	发电机组容量	万千瓦	12

续表

建设项目名称	建设地址	本年投产日期(年、月)	本年新增生产能力		
			名称	计算单位	能力
山东张店热电厂	张店区	89.08	发电机组容量	万千瓦	2.50
山东邹县发电厂	邹县	89.12	发电机组容量	万千瓦	30
河南首阳山电厂	偃师县	89.06	发电机组容量	万千瓦	40
湖北沙市热电厂	沙市市	89.09	发电机组容量	万千瓦	5
湖南耒阳电厂一期工程		89.11	发电机组容量	万千瓦	20
广东汕头电厂		89.03	发电机组容量	万千瓦	3.50
广西南宁燃气轮机发电工程	南宁市辖区	89.12	发电机组容量	万千瓦	3.66
海南海口火电厂一期工程		89.12	发电机组容量	万千瓦	5
四川内江白马发电厂	市中区	89.12	发电机组容量	万千瓦	20
贵州清镇发电厂	清镇县	89.10	发电机组容量	万千瓦	20
辽宁丹东水丰电站	宽甸县	89.12	发电机组容量	万千瓦	13.50
福建将乐县范厝水电站	将乐县	89.12	发电机组容量	万千瓦	2.40
湖南东江梯级水电站	资兴市	89.08	发电机组容量	万千瓦	12.50
青海龙羊峡水电站	海南藏族自	89.06	发电机组容量	万千瓦	32
辽阳至沈阳50万伏输变电工程	沈阳市辖区	89.12	输电线路	公里	64
山东邹县至淄博50万伏输变电工程	山东	89.11	输电线路	公里	227.60
葛洲坝—上海直流输变电工程	不分地区	89.08	输电线路	公里	1045
化学工业					
天津碱厂	塘沽区	89.12	纯碱	万吨/年	15
河北唐山碱厂	唐山市辖区	89.09	纯碱	万吨/年	60
青岛碱厂	沧口区	89.06	纯碱	万吨/年	10
四川自贡市化工总厂联碱工程	自流井区	89.12	纯碱	万吨/年	13.50
天津大沽化工厂	塘沽区	89.10	环氧丙烷	万吨/年	2
南京化学工业公司	南京市	89.12	磷肥	实物量:吨	240000
江苏南通醋酸纤维厂	南通市辖区	89.12	合成纤维	吨/年	10000
福建三明市化工厂	三明市辖区	89.12	电石	万吨/年	3.40
山东济南炼油厂	历下区	89.12	裂化设备	万吨/年	80
广东汕头聚脂切片厂		89.12	聚脂切片	吨/年	7500
贵阳开阳磷矿	开阳县	89.12	磷矿开采	万吨/年	50
建材工业					
湖北光化水泥厂	老河口市	89.12	水泥	万吨/年	23
广州市珠江水泥厂	花县	89.01	水泥	万吨/年	129
贵州都匀水泥厂	都匀市	89.12	水泥	万吨/年	28
陕西新川水泥厂	铜川市辖区	89.12	水泥	万吨/年	30
山西省太原平板玻璃厂	太原市辖区	89.12	平板玻璃	万重量箱/年	
安徽蚌埠平板玻璃厂	蚌埠市辖区	89.11	平板玻璃	万重量箱/年	130
湖北武汉玻璃厂	武昌区	89.12	平板玻璃	万重量箱/年	159
陕西玻璃厂	渭城区	89.12	平板玻璃	万重量箱/年	130
山西省忻州地区玻璃厂	忻州市	89.06	玻璃瓶	万吨/年	5
辽宁抚顺耐火材料厂	望花区	89.10	耐火材料	吨/年	8000

续表

建设项目名称	建设地址	本年投产日期(年、月)	本年新增生产能力		
			名称	计算单位	能力
邮电					
上海程控交换机	闸北区	89.04	市内电话自动交换机	门	300000
电子工业					
深圳皇冠电子生产基地	韶关市辖区	89.12			
铁道					
黑龙江嫩黑铁路		89.09	新建铁路交付营业里程	公里	157
新焦太焦复线	不分地区	89.12	新建复线交付营业里程	公里	
交通					
浙江温州港龙湾港区一期工程	龙湾区	89.12	新(扩)建港口码头	长度:米	
黑龙江佳木斯市松花江公路大桥	永红区	89.12	新建独立公路桥梁	米	1396.82
河南开封市黄河大桥	开封市辖区	89.12	新建独立公路桥梁	米	4475
广东惠州东江大桥	湛江市辖区	89.05	新建独立公路桥梁	米	1103
广东韩江大桥		89.04	新建独立公路桥	米	1153
广州——珠海高速公路		89.10	新建公路	米	37.20
广州——佛山高速公路		89.08	新建公路	公里	15.70
平泉–双井公路	不分地区	89.10	新建公路	公里	328.30
民航					
沈阳桃仙机场	东陵区	89.04	民航机场跑道	条	1
湖南黄花机场	长沙县	89.09	民航机场跑道	条	1
教育					
广东汕头大学		89.12	大专院校学生席位	个	150
银行					
上海印钞厂	上海	89.03			
城建					
山东引黄保泉工程	天桥区	89.12	自来水供水能力	万吨／日	20
湖北武汉市汉口煤气厂	硚口区	89.09	城市煤气供气能力	万立方米／日	14
西安市第四期给水工程		89.11	自来水供水能力	万吨／日	6.40

1990年全部建成投入生产的大中型建设项目

表22

建设项目名称	建设地址	本年投产日期(年、月)	本年新增生产能力		
			名称	计算单位	能力
农林牧渔					
天津海洋渔业公司	塘沽区	90.12			
广东汕头海洋渔业公司	汕头经济特区	90.12			
甘肃省种鸡场	西固区	90.12	商品蛋鸡场	万公斤蛋/年	150
水　利					
河北秦皇岛引青济秦东线工程	海港区	90.05	自来水供水能力	万吨/日	5
内蒙古察尔森水库		90.12	水库容量(总库容)	亿立方米	13.65
黑龙江桃山水库	勃利县	90.08	水库容量(总库容)	亿立方米	2.64
山东省引黄济青供水工程	山东	90.12	自来水供水能力	万吨/日	15
陕西东雷抽黄灌溉工程	合阳县	90.10	有效灌溉面积	万亩	33.11
煤炭工业					
广西合山矿务局	合山市	90.12	煤炭开采	万吨/年	51
石油工业					
天津大港石油管理局	大港区	90.12	天然石油开采	万吨/年	52.50
河北冀东石油勘探局	唐海县	90.12	天然石油开采	万吨/年	1.60
辽宁辽河油田	兴隆台区	90.12	天然石油开采	万吨/年	180.10
吉林油田		90.12	天然石油开采	万吨/年	25.40
黑龙江大庆石油管理局	萨尔图区	90.12	天然石油开采	万吨/年	370.10
江苏石油勘探局	江都县	90.12	天然石油开采	万吨/年	48
山东胜利石油管理局	东营区	90.12	天然石油开采	万吨/年	378
河南中原油田		90.12	天然石油开采	万吨/年	70.50
河南石油勘探局	南阳县	90.12	天然石油开采	万吨/年	21.20
湖北江汉石油管理局		90.12	天然石油开采	万吨/年	22.30
甘肃玉门石油管理局	玉门市	90.12	天然石油开采	万吨/年	4.10
青海省青海油田		90.12	天然石油开采	万吨/年	20
新疆石油管理局	克拉玛依区	90.12	天然石油开采	万吨/年	105.30
长庆石油勘探局	不分地区	90.12	天然石油开采	万吨/年	2
华北石油管理局	不分地区	90.12	天然石油开采	万吨/年	54.30
四川石油管理局		90.12	天然气开采	亿立方米/年	6.60
黄　金					
新疆哈图金矿	托里县	90.09	黄金	万公斤/年	540
轻纺工业					
河北保定六零四厂		90.12	机制纸及纸板	万吨/年	0.55
河北长芦黄骅盐场	黄骅市	90.12	原盐	万吨/年	25
内蒙古啤酒厂	郊区	90.12	啤酒	吨/年	30000
辽宁大连日清制油有限公司		90.09	植物油	日处理原料:吨	600
黑龙江双城雀巢有限公司	双城市	90.06	其他乳制品	吨/年	5040
黑龙江肇融亚麻纺织公司	肇州县	90.12	苎麻纺绽	锭	5000
安徽省定远县盐矿	定远县	90.04	原盐	万吨/年	10
湖北宜昌市活性干酵母基地	宜昌市	90.12	干酵母	吨/年	2000
广东广州麦芽有限公司		90.09	麦芽	万吨/年	6
广东省韶关市胶合板厂	北江区	90.12	胶合板	万立方米/年	1
广东省翁源县糖厂	翁源县	90.11	机制糖	日处理原料:吨	1500
				年生产:吨	18000

建设项目名称	建设地址	本年投产日期(年、月)	本年新增生产能力		
			名称	计算单位	能力
广东遂溪县北坡糖厂	遂溪县	90.01	机制糖	日处理原料:吨	1000
				年生产:吨	13200
广东海康县客路糖厂	海康县	90.11	机制糖	日处理原料:吨	3000
				年生产:吨	33000
广东深圳莱英达啤酒公司	罗湖区	90.08	啤酒	吨/年	50000
广东省深圳市永新印染厂	南头区	90.11	棉印染	万米/年	4800
广东珠海裕华聚酯切片厂		90.11			
广东湛江南方柠檬酸公司	赤坎区	90.12			
广西贵港市西江农场糖厂		90.02	机制糖	日处理原料:吨	1000
				年生产:吨	13800
四川自贡市化纤厂	大安区	90.10	合成纤维	吨/年	7500
云南澜沧县上允白糖二厂	澜沧县	90.09	机制糖	日处理原料:吨	1300
				年生产:吨	15600
陕西第九棉纺厂	岐山县	90.12	合成纤维	吨/年	4443
新疆博湖纸厂	库尔勒市	90.11	机制纸及纸板	万吨/年	1.70
新疆啤酒厂扩建	天山区	90.12	啤酒	吨/年	30000
电力工业					
北京石景山发电总厂	石景山区	90.08	火电	万千瓦	20
河北上安电厂		90.12	火电	万千瓦	70
内蒙包头第一热电厂	昆都伦区	90.12	火电	万千瓦	10
内蒙通辽发电厂	通辽市	90.11	火电	万千瓦	20
黑龙江佳木斯发电厂	东风区	90.06	火电	万千瓦	10
上海市石洞口电厂		90.05	火电	万千瓦	30
江苏南通电厂	南通市	90.04	火电	万千瓦	35
江苏扬州电厂	郊区	90.10	火电	万千瓦	20
浙江镇海电厂	镇海区	90.06	火电	万千瓦	20
安徽铜陵电厂	铜陵市	90.09	火电	万千瓦	12.50
山东黄台电厂	历城区	90.12	火电	万千瓦	30
河南新乡火电厂	北站区	90.12	火电	万千瓦	20
湖北沙市热电厂	沙市市	90.10	火电	万千瓦	5
广东黄埔电厂		90.11	火电	万千瓦	30
广东韶关发电厂	北江区	90.12	火电	万千瓦	20
广东珠海电厂		90.12	火电	万千瓦	2.80
广东沙角A电厂	缺省县	90.12	火电	万千瓦	
广西来宾电厂	来宾县	90.04	火电	万千瓦	12.50
广西桂林兴安电厂	兴安县	90.10	火电	万千瓦	2.50
海南海口火电厂二期工程	海口市	90.03	火电	万千瓦	12.50
四川成都电厂	东城区	90.08	火电	万千瓦	20
四川龙桥电厂	涪陵市	90.12	火电	万千瓦	5
浙江石塘水电站	云和县	90.06	水电	万千瓦	2.60
福建沙溪口水电站	南平市	90.11	水电	万千瓦	7.50
湖南春阳滩水电站	芷江县	90.12	水电	万千瓦	0.88
四川甘堡电站	理县	90.08	水电	万千瓦	2.55
甘肃盐锅峡水电站	永靖县	90.06	水电	万千瓦	4.40
其他能源工业					
黑龙江哈尔滨市热力公司	南岗区	90.11	城市供热能力:蒸汽	吨/小时	
山东东黄复线输油管道	山东	90.12	石油输送管道	公里	253
河南平顶山焦化厂		90.12	炼焦	万吨/年	28
湖北枝城油库		90.09	商业石油库	万立方米	9.42

建设项目名称	建设地址	本年投产日期(年、月)	本年新增生产能力		
			名称	计算单位	能力
化学工业					
辽宁锦西化工总厂	连山区	90.12	环氧丙烷	万吨／年	2
安徽铜陵磷氨工程	铜陵市	90.12	氮肥	吨／年	21600
山东潍坊碱厂	寿光县	90.11	纯碱	吨／年	600000
湖北宜昌樟村坪磷矿	宜昌县	90.12	磷矿开采	万吨／年	30
陕西复肥厂	华县	90.06	硫酸	吨／年	
青海钾肥厂	格尔木市	90.12	钾肥	吨／年	113760
建材工业					
河北秦皇岛燕山玻璃厂	海港区	90.09	日用玻璃制品	万吨／年	3.80
内蒙海勃湾玻璃厂	海勃湾区	90.12	平板玻璃	万重量箱／年	108.50
吉林石岭水泥厂	梨树县	90.12	水泥	万吨／年	25
江苏宜兴水泥厂	宜兴市	90.07	水泥	万吨／年	25
福建顺昌水泥厂	顺昌县	90.12	水泥	万吨／年	33
河南郑州玻璃厂		90.12	日用玻璃制品	万吨／年	3.75
陕西宝鸡医药玻璃厂	渭滨区	90.12			
有色金属工业					
山西太原铝材厂	太原市	90.12	铝加工	吨／年	
上海铝材一厂	闵行区	90.12	铝加工	吨／年	6000
云南铝加工厂	官渡区	90.09	铝加工	吨／年	5350
机械电子工业					
北京市松下彩管有限公司	朝阳区	90.06	显像管	万只／年	85
河北保定变压器厂		90.11	变压器	万千伏安	100
山西永济电机厂	永济县	90.12	电机制造	台份	200
辽宁东北输变电设备公司	铁西区	90.11	变电设备	万千伏安	610
辽宁大连医疗器具有限公司		90.04			8100
黑龙江哈尔滨发电设备制造	动力区	90.12	蒸汽锅炉	台	3
上海市沪东造船厂		90.12	民用船舶制造	艘／年	7
上海国营六一四厂	普陀区	90.12			
上海电器联合公司	闵行区	90.12	汽轮发电机	万千瓦／年	
江苏华飞彩色显示系统公司	南京市	90.11	显像管	万只／年	160
湖北襄樊市湖北钢丝厂		90.12	钢丝及其制品	吨／年	3500
海南黄海美机电公司	海口市	90.10	电视机	台／年	20
四川东方电站成套设备公司	成都市	90.12	汽轮发电机	万千瓦／年	100
陕西咸阳偏转线圈厂	秦都区	90.04	偏转线圈	万只／年	157
陕西彩色显象管总厂	秦都区	90.12	显像管	万只／年	160
铁　道					
河北石家庄铁路枢纽		90.12			
山西北同蒲复线	山西	90.12	新建铁路主线正线交付运营	公里	
安徽漯阜铁路	阜阳地区	90.08	新建铁路主线正线交付运营	公里	72
山东益羊铁路	寿光县	90.12	新建铁路主线正线交付运营	公里	72
石太电化	不分地区	90.12	电气化铁路主线正线交付运营	公里	
大沙线	不分地区	90.12	新建铁路主线正线交付运营	公里	127.20
交通运输					
内蒙锡林浩特——赛汗塔拉公路	锡林浩特市	90.08	新建公路	公里	25
辽宁沈大高速公路	辽宁	90.08	高速公路	公里	136
湖北襄樊市宜城汉江大桥	宜城县	90.10	新建独立公路桥梁	延长米	1886
广东斗门大桥	斗门县	90.06	新建独立公路桥梁	延长米	1587

建设项目名称	建设地址	本年投产日期(年、月)	本年新增生产能力		
			名称	计算单位	能力
民航					
浙江宁波栎社机场	海曙区	90.06	民航机场跑道	条	1
				米	2500
浙江温州机场	鹿城区	90.07	民航机场跑道	条	1
				米	2400
云南西双版纳州嘎洒机场	景洪县	90.03	民航机场跑道	条	1
				米	2200
云南德宏州芒市机场	潞西县	90.04	民航机场跑道	条	1
				米	2200
邮电					
天津市话网	和平区	90.11	新建微波电路	公里	274
上海市话网	虹口区	90.11	市内电话自动交换	门	59000
广东广州市话网	东山区	90.12	市内电话自动交换	门	25000
广东深圳邮政大厦	罗湖区	90.02			
广东肇庆市邮电局		90.12	市内电话自动交换	门	10000
京沪数字微波工程	不分地区	90.12	新建微波电路	公里	
宁汉渝光缆	不分地区	90.12	长途电缆	延长公里	
城市供水					
北京第九水厂	朝阳区	90.12	自来水供水能力	万吨/日	16
辽宁大连水源工程	甘井子区	90.12	自来水供水能力	万吨/日	23
湖北宜昌第三水厂	宜昌市	90.06	自来水供水能力	万吨/日	10
湖南长沙第五水厂	长沙市	90.07	自来水供水能力	万吨/日	15
广东深圳笔架山水厂	上步区	90.07	自来水供水能力	万吨/日	12
云南昆明第五自来水厂	官渡区	90.05	自来水供水能力	万吨/日	20
其它					
北京华丰计算中心	海淀区	90.12			
北京电力医院	丰台区	90.12			
北京正负电子对撞机	石景山区	90.07			
第十一届亚运会工程	西城区	90.08			
北京新华社业务楼	西城区	90.12			
北京中日青年交流中心	朝阳区	90.10			
北京 8371 工程	海淀区	90.12			
北京国家专利局业务楼	海淀区	90.11			
北京天坛医院	崇文区	90.08			
辽宁沈阳四十七所	皇姑区	90.12			
辽宁沈阳机器人示范工程	东陵区	90.09			
江苏南京第五十五研究所	南京市	90.11			
浙江杭州中国水稻研究所		90.12			
山东建材学院	市中心	90.12			

江苏、山东八个建筑县市("建筑之乡")

1990 年主要指标汇总表　　表 23

指　　标	泰兴县	江都县	泰　县	启东市	海门县	南通县	桓台县	肥城县
1.建筑业从业人员(万人)	8.70	7.5	6.51	3.26	7.58	10.93	5.6	7.2
占县总劳动者(%)	12.07	12.2	10.61	3.85	11.90	11.53	24.03	25.7
2.建筑业在册人数(万人)	4.18	4.15	3.45	3.26	4.33	4.86	4.97	5.10
占劳动者(%)	5.80	6.80	5.62	3.85	6.80	5.12	21.30	18.2
3.社会总产值(亿元)	54.90	49.5	37.1	46.96	36.40	58.54	22.66	14.4
4.建筑业总产值(亿元)	6.68	5.9	3.94	5.56	7.59	6.46	4.85	5.2
占社会总产值(%)	12.17	11.92	10.62	11.84	20.85	11.04	21.40	36.1
5.国民总收入(亿元)	18.92	15.22	12.5	16.79	12.90	19.60	8.45	11
6.建筑业净产值(亿元)	1.87	1.92	1.38	1.75	2.63	2.21	1.74	1.87
占国民收入(%)	9.88	12.6	11.04	10.44	20.40	11.28	20.60	17
7.进城出省出国人数(万人)	3.20	3.2	2.83	2.78	4.00	4.41	3.23	3.52
占在册人数(%)	76.56	77.11	82.03	85.28	92.40	90.7	6.5	6.9
8.技管人员(人)	1864	2198	1503	3260	3421	3763	3783	3925
占在册人数(%)	4.46	5.3	4.36	10	7.90	7.7	7.6	7.7
9.机械设备净值(万元)	3979	4803	2979	3300	3507	5030.19	5103.44	5424.54
人均装备率(元/人)	9.52	11.57	8.63	1009.5	8.10	1050	1587	1601

1989 年～1990 年各项指标均衡发展统计表　　表 24

县(市) \ 指标	年度	建筑业从业人员(万)	建筑业总产值(亿)	建筑业净产值(亿)	占国民收入(亿)	进城出省出国人数(万)	人均装备率(元/人)
泰兴县	1989	8.54	5.44	1.63	8.70	3.17	910
	1990	8.70	6.68	1.87	9.88	3.20	952
江都县	1989	7.36	5.57	1.53	10.7	3.72	1056
	1990	7.5	5.9	1.92	12.6	3.2	1157
泰　县	1989	6.52	3.59	1.23	10.4	2.97	817
	1990	6.51	3.94	1.38	11.04	2.83	863
启东市	1989	3.59	5.18	1.81	11.79	3.14	993
	1990	3.26	5.56	1.75	10.44	2.78	1009.5
海门县	1989	7.33	7.07	2.36	18.99	4.13	808
	1990	7.58	7.59	2.63	20.40	4.00	810
南通县	1989	11.77	7.14	2.16	11.53	4.51	1035
	1990	10.93	6.46	2.21	11.28	4.41	1050
桓　台	1989	5.6	4.5	1.57	20.36	2.82	1432
	1990	5.6	4.85	1.74	20.60	3.23	1587
肥　城	1989	7.03	4.8	1.7	18.2	3.3	1483
	1990	7.2	5.2	1.87	17	3.52	1601

十年改革富国利民经济效益统计表　　表 25

主要指标 \ 县(市)	泰兴县	江都县	泰　县	启东市	海门县	南通县	桓台县	肥城县	备　注
全县总人口(万)	140.20	107.26	106.4	115.86	102.41	156.51	47.03	93.8	
建筑业从业人数(万)	8.7	7.5	6.5	3.26	7.58	10.93	5.6	7.2	
实现利润(万元)	13918	9567	6021.4	10360.41	7472	12801.9	13584.71	21600	
上交税金(万元)	8859	7371	6916.19	12072.73	7026	18131	9434.65	11880	
上交地方财政(万元)	4826	2418	3617.63	1697.44	636	5106.94	2200	3600	
支援城市建设(万元)	1420	1360	3287	116.28	724	858	2830	3400	

注：本表系本文特约填报自 1980～1990 年共 11 年统计数；桓台、肥城系 1981～1990 年数。

中国建筑年鉴

13

纪事

1989年

1月12日 “首都青年突击队35年回顾与展望报告会”在人民大会堂举行。1954年1月13日，北京市第一建筑公司的17名青年木工，在胡耀林的带领下，在北京展览馆工地成立了全国第一支青年突击队。从此，青年突击队活动遍及全国建筑行业。北京市常务副市长、当年的青年突击队队长张百发在会上作了报告。万里、李锡铭、芮杏文、倪志福、陈希同及建设部副部长叶如棠、共青团中央书记处书记刘延东等到会祝贺。中国建筑工业出版社出版了《首都青年突击队35年》一书。

2月26日 国务院致电中国东南极考察队，热烈祝贺南极中山站落成。这座颇有中国传统庭院特色的中山站第一期建筑面积为1654平方米。它的主楼由28个集装箱拼装而成。邓小平同志题写的“中国南极中山站”镀金铜质站标悬挂在主楼正门左上方。右厢是由22个集装箱组装而成的宿舍楼，左厢为二层楼的发电站。这座红色的建筑按设计可抗每秒50米的狂风。中山站是我国建成的第二个南极考察站。

2月28日 国家统计局发布1988年国民经济和社会发展统计公报披露：

1988年全国固定资产投资完成4314亿元，比上年增加673亿元，增长18.5%；扣除价格因素，实际工作量略有增长。全国在建工程投资总规模仍然偏大，约1.3万亿元，比上年扩大12%。清理固定资产投资在建项目工作已取得一些成效。全国决定停缓建的投资项目14400多个，可压缩今后几年的投资442亿元。

全民所有制单位基本建设投资1543亿元，比上年增长14.9%。生产性建设投资比重由上年的65.5%上升到66.9%；非生产性建设投资比重由上年的34.5%下降为33.1%。楼堂馆所投资仍然增加较多。

国家按合理工期组织建设的203个重点项目完成投资421亿元，比上年增长16.3%。全国建成投产的大中型基本建设项目78个，大中型项目单项工程138个。

2月27日～3月2日 建设部与世界银行经济发展学院在北京联合召开中国城市供水与卫生工程项目管理人员培训网圆桌会议。双方专家评估了第一期供水与卫生项目管理培训班的成效；讨论制定了5年培训规划，确定了今年合作培训计划。同时双方专家还讨论了中国住房与房地产业的发展趋势。评估了住房与房地产业职工培训需求。培训条件和项目，制定了五年培训规划及争取双方和多边国际组织资助的计划。

3月1日 李鹏总理颁发国务院第27号令：《铺设海底电缆管道管理规定》已经1989年1月20日国务院第32次常务会议通过，现予发布，自1989年3月1日起施行。本规定是为维护国家主权和权益，合理开发利用海洋，有秩序地铺设和保护海底电缆、管道而制定的，由国家海洋局负责解释。

3月8日 国家计委、建设部以建设字第91号文联合印布《促进工程设计技术进步若干问题的规定》。作出如下规定：一、严格控制重复引进，加强软件开发，端正设计思想，强化技术培训努力提高国产化水平；二、设计软件实行有偿转让，加快商品化步伐；三、要大力运用电算技术，提高装备水平；四、坚持正确设计思想，继续开展创优秀设计活动；五、要强化培训，提高设计人员的素质；六、创造条件，开展国际交流与合作。

3月21日 国务院总理李鹏发布命令：《中华人民共和国测绘成果管理规定》自1989年5月1日起施行。

测绘成果是国家疆界、国土面积、行政区划、地籍等立法的一个重要依据。目前我国有30多个经济建设部门的测绘队伍分散执行各种测绘任务，由于未能施行有效的行业管理，以致成果信息交流不畅，重复测绘的浪费现象时有发生，质量监督管理不能很好开展，自定价格乱收费妨碍测绘成果的充分利用，擅自对外提供测绘成果以及其他失泄密事件也不断发生。国务院规定，加强对测绘成果的管理。

3月21日～25日 建设部召开全国设计处长会议，贯彻“治理经济环境、整顿经济秩序，全国深化改革”的方针，拟订整顿勘察设计资格，明确勘察设计资格分级管理范围。即，中央一级由国家建设部负责，各有关部委参加组成资格审查工作小组，负责全国甲级证书和中央直属单位乙级证书的审定工作；审定合格后，其资格证书分别由各主管部门进行管理。地方一级由省、自治区、直辖市勘察设计主管部门负责，各有关厅局（包括国务院有关派出机构）参加组成资格审定工作小组，负责本地区中央和地方所属单位丙、丁级证书和地方所属单位乙级证书的审定工作；审定合格者，其资格证书由地方勘察设计主管部门管理。其他任何机关和个人无权审定勘察设计资格等级。甲级证书全国通行。其余等级的证书都要限定部门和地区，丙、丁级证书原则上不在全国流通。乙级证书需要跨部门和地区时，应在当地登记。

3月24日～26日 中国建筑业联合会在济南召开第二次年会，颁发1988年度建筑工程鲁班奖。获奖的有：广州天河体育中心、拉萨饭店、北京昆仑饭店、北京图书馆新馆、陕西省统建办公楼、内蒙古彩色电视中心、上海雁荡大厦、镇海石油化工总厂大化肥工程尿素装置区、广东浮法玻璃厂、上海耀华皮尔金顿浮法玻璃主线工程、大庆石油化工总厂丁辛醇装置、东庞煤矿矿井工程、姚孟电厂3号至4号汽轮发电机厂房、深圳市梧桐山公路隧道、石臼港一期煤码头主体工程、洛阳民用机场场道、天津市中山门立交桥、青岛市铁港杭州路立交桥。

会议还根据全国治理整顿的要求，研究建筑业面临的形势与对策，交流克服暂时困难的经验，肖桐会长在会上作了《在治理整顿中提高和发展建筑业》的讲话，回顾了十年改革成就，阐述了治理整顿的决策。年会对动员全行业积极投身治理整顿深化改革问题作出决议。

3月25日 建设部印发《整顿建设市场座谈会纪要》的通知。3月1日至3日在南宁召开的整顿建设市场工作座谈会，检查了前一阶段整顿工作的进展情况，交流了上海、湖南、贵州、四川等省市的经验，肯定了1986年以来建筑市场整顿工作所取得的成绩，讨论明确了整顿建设市场的指导思想与预期目标。会议确定，这次整顿的目的，一是通过整"倒"治贿，查处违章、违纪、违法案件，纠正混乱现象，规范市场行为，逐步形成公正交易、平等竞争和严格监督管理的新秩序，建立起国家调节市场、市场引导企业的新的经济运行机制；二是明确各地建设主管部门对建设市场的指导和监督管理责任，理顺各方面关系，建立起良好的工作秩序。

3月31日 建设部、国家计委联合发布《纺织工程项目建设工期定额》的通知。本定额由纺织工业部负责管理、解释和出版发行，自1989年5月1日起试行。

4月1日 建设部、国家计委、财政部、建设银行、物资部联合发出《关于扩大设计单位进行工程总承包试点及有关问题的补充通知》，批准中国华西工程设计建设（集团）公司、中国远东国际工程承包公司和中国华龙工程咨询设计（集团）公司为第二批工程总承包试点单位。

同年6月4日建设部根据五部委通知精神，将华西、远东、华龙三个设计集团公司中成员单位名单通知如下：

1.铁道部第二勘测设计院，

2.能源部西南电力设计院，

3.能源部成都勘测设计院，

4.能源部四川石油勘察设计研究院，

5.中国建筑西南设计院，

6.中国建筑西南勘察院，

7.冶金工业部重庆钢铁设计研究院，

8.轻工部成都设计院，

9.机械电子工业部第三设计研究院，

10.机械电子工业部第十一设计研究院，

11.中国市政工程西南设计院，

12.煤炭部重庆煤矿设计研究院，

13.国家建材局成都设计研究院，

14.机械电子工业部设计研究院，

15.机械电子工业部工程设计研究院，

16.机械电子工业部综合勘察研究院，

17.机械电子工业部第十设计研究院，

18.核工业总公司第二研究设计院，

19.航空航天工业部第四规划设计研究院，

20.航空航天工业部第七设计研究院，

21.沈阳铝镁设计研究院，

22.中国建筑东北设计院，

23.沈阳煤矿设计院，

24.能源部东北电力设计院。

4月3日 应中国建筑业联合会的邀请，台湾建筑企业家23人访问团来大陆参观考察，商谈海峡两岸同行进行合作等事宜。该团成员多是台湾各地建筑业、房地产业界的实业家、建筑专家，多为公司董事长、经理等。建筑业联合会会长肖桐会见并宴请了客人。该团在京期间同北京建筑企业界举行会谈并探讨加强合作的途径和方式，参观了在建的亚运村工程和住宅小区等，并赴西安、广州等地参观。

4月8日～14日 应中国建筑业联合会邀请，法国建筑业联合会主席雅克·布鲁尼埃等一行3人来华考察了我国建筑业。在京期间，中国建筑业联合会会长肖桐会见了法国客人。两国建筑联合会在建立经常联系、促进建筑企业联合开展国际承包和劳动合作、互派经营管理人员进行学习考察以及组织培训等方面，达成协议，并签定了协议书。

4月11日～14日 中国建筑设计管理研究会在沈阳召开会议。决定将建筑设计管理研究会更名为中国建筑设计协会，并讨论通过了协会章程和推举出协会领导成员。协会理事有67人，常务理事31人。理事长吴奕良；副理事长牧一征、孔庆忠、樊小卿、周耀南、茅贵生、周庆琳、张学信、宋而千、赵俊生；秘书长：赵俊生（兼）。

4月30日 "台湾首次建筑作品展"在北京清华大学揭幕。展览由清华大学建筑学院、北京市建筑设计院主办。展览包括台湾中原大学、淡江大学、东海大学建筑系和中原大学室内设计系的学生作业以及中原大学都市设计研究室的作品，共113块展板。这些作品反映出台湾同行在教学上的辛勤耕耘以及在建筑创作上的不懈攀登和探索。

5月2日 21个省、自治区、直辖市建筑工程总公司总经理在北京聚会，探讨企业发展方向。自1983年以来，各地的建筑工程总公司出现三种类型，一种是已经转变为经济实体，正在向龙头企业的方向发展，如北京、四川、云南、陕西等；一种是正在向经济实体转化过程中的广东、山西、江西等；还有一种是一个机构、两块牌子，即是经济实体，又承担着建筑行业管理局职能，如河北、山东、江苏、湖北等省。各地总经理反映建筑总公司体制不顺，方向不明。行业管理方面与建委（建设厅）的职能和工作范围交叉，同时作为企业又在市场不断变化中竞争能力和经济实力相对削弱，处境困难、矛盾增多。会议期间建设部施工管理司长张青林与总经理们进行了对话提出，建筑工程总公司要向经济实体方面转化，成为龙头企业。建设部副部长干志坚、北京市副市长张百发参加座谈会并讲了话。

5月12日　《建筑》杂志发表建设部科技发展司司长徐正忠的文章《科技进步与建设领域的五大滑坡》。文章提出：自1985年以后，在建筑经济效益、工程质量、能源消耗、商品化和工业化程度、建筑队伍素质等五方面均出现滑坡。对经济效益方面的滑坡指出：1983年产值利润率为9.3%，1987年降至4.2%，只及1983年的一半；1985年全国地方预算内国营施工企业实现利润14.8亿元，1987年减至11.5亿元，下降率为22%；企业的人均留利也由381元下降到245元；1988年上半年，亏损面由10.5%增至17.3%。文章期望上上下下有关方面对目前建筑业的滑坡现状和科技进步情况给予更大的关注。

5月16日　建设部以建设字第253号文发布《对集体、个体设计单位进行清理整顿的几点意见》的通知。清理整顿的主要意见共九条，其中规定：

凡是1984年以来，新成立的集体、个体设计单位，要与国家党政机关、企事业单位以及协会、学会等群众团体，在人员、财务、资金等方面限期彻底脱钩。

所有在职人员，都必须办理离职手续，由所在单位开具离职证明。

完全由退（离）休人员组成的集体个体设计单位，其技术骨干要在限期内配备不少于30%的中青年。

退（离）休人员应聘到集体、个体设计单位工作，不能作为评定设计单位资格的依据。

5月22日～24日　沈阳市建筑业联合会和《建设报》社联合召集全国10家大型国营建筑企业经理座谈会。经理们就如何进一步强化企业自主经营、加强内部管理、承包合同的公平性、合理性及分配制度等承包经营责任制进一步完善问题，从实践上、理论上进行了探讨，认为承包制仍是建筑企业的现实选择。

5月26日　《建设报》报导：全国建设职工因工伤亡事故呈上升趋势，并引用建设监理司提供的统计资料，1988年全国工程建设和城市建设职工因工死亡2016人，重伤2261人，伤亡事故的直接经济损失达2216万元。职工伤亡事故的大头在建筑施工企业和农村建筑队，死亡1910人，重伤2035人，分别占死亡和重伤总人数的94.7%和90%。今年以来，恶性重大死亡事故连续发生。水电八局乌江分局在贵州乌江电站施工中，因施工洞内药室爆炸，造成28人死亡，16人受伤；新疆建设兵团工一师四团在阿勒泰地区吉林乃特水泥厂工地施工时，41名民工误食亚硝酸盐中毒，死亡16人。

为尽快扭转上述状况，建设部已作出安排，要求通过整顿建设市场，强化政府监督检查工作；加强有关法规建设；并开展全国性的建筑施工安全生产大检查，增强安全意识，堵塞漏洞，消除隐患。

5月30日　建设部发布《施工企业资质等级标准》。标准是由建设部负责组织国务院各有关部门在原有标准的基础上进行修订的，包括建筑、冶金、有色金属、机械电子、化学、石油、石油化工、核工业、火电及送变电、煤炭、建材、林业、水利水电、海洋石油、铁路、公路、邮电、地矿、市政建设及建筑装饰等20个专业、40种企业类型。建设部要求，从一九八九年下半年开始，所有施工企业都要按此标准进行资质复查，重新确定资质等级，换发资质证书。

6月18日　建设部、中国人民建设银行印发《关于改进建筑安装工程费用项目划分的若干规定》，对原国家计委、中国人民建设银行计标（85）352号通知的《暂行规定》主要作如下修订：一、建筑安装工程费用项目的组成，包括直接费、间接费、计划利润和税金四个部分。二、合理调整施工管理费的项目内容。三、施工企业实行计划利润，不再计取法定利润和技术装备费。施工企业投标报价时，可依据本企业经营管理素质和市场供求情况，在规定的计划利润率范围内，自行确定本企业的利润水平。四、税金：按照国务院及财政部的有关规定，工程造价中列入营业税，城市建设维护税及教育费附加。对其他直接费、劳保支出等也都作出规定。

6月27日　据中国国际工程咨询公司统计：一九八六年以来，该公司先后评估论证了所有需经国家计委审批立项的"大中型建设项目和限额以上技术改造项目"402个，总投资达1900多亿元。通过评估，有113个项目调增投资51亿元，有132个项目核减投资98亿元，取得了显著的经济效益和社会效益。承担评估决策的中国国际工程咨询公司已拥有各省市和各部门参加的成员公司64家，工程咨询集团初步形成。

7月1日　为纪念世界建筑节，中国建筑学会举行以"建筑与文化"为主题的座谈会。学会副理事长、建筑部工程师许溶烈主持会议。建设部领导及建筑界知名人士吴良镛、戴念慈、郑孝燮、刘开济、彭培根、严星华到会发言，从各个方面阐述了建筑与文化的内在联系，会议指出，在探求我国建筑文化和城市文化中，要注意对传统文化的发掘和继承，也要注意对外国文化的研究与借鉴，坚持需要与可能结合，理想与现实结合，文化与技术结合，使中国新的建筑文化得到充分发展，真正屹立于世界建筑文化之林。

7月14日 建设部在山东胜利油田召开全国施工企业质量管理小组代表会议，评出1989年全国优秀质量管理小组38个，优秀施工企业QC小组45个。我国建设系统自1980年起开展全国质量管理TQC活动，目前施工企业各个层次的QC小组已发展到5万余个。在历年召开的全国性代表会议上，评出优秀QC成果300多个，其中有两个曾参加在日本、泰国举行的质量管理小组会议。

7月28日 由建设部委托中国建筑学会主持的1989年度建设部优秀建筑工程设计评选工作结束。在各省、市、自治区建设厅（建委）报送的240项工程项目中，共评出部级一等奖4项，二等奖23项，三等奖29项，鼓励奖29项，全部获奖项目85项，占申报项目的三分之一。

这一届评选出的优秀建筑设计，内容广泛，其中有宾馆、商场、写字楼、图书馆、体育、医疗、科研、文教、展览、会堂等各种建筑类型。形式上，有中有西，有古有今，不拘一格，体现建筑创作的多元化。

获得一等奖的有：北京图书馆新馆工程、北京国际饭店、自贡恐龙博物馆、广州天河体育中心等4项工程。

7月28日 建设部印发《建设监理试行规定》。《规定》包括：政府监理机构及职责、社会监理单位及监理内容、监理单位、建设单位和承建单位之间的关系、外资、中外合资和外国贷款建设项目的监理等。建设部在通知中指出：当前，建设监理工作正值扩大试点阶段，政府监理的范围以建设项目实施阶段为主（不含建设前期阶段），社会监理的范围由建设单位根据需要与社会监理单位协商确定。

7月31日 建设部发出《关于发布〈有色金属工程项目建设工期定额〉的通知》，本定额由中国有色金属工业总公司负责管理、解释和出版发行，自1989年10月1日起试行。

8月5日 建设部、机械电子工业部联合发出关于发布《电子工程项目建设工期定额》的通知，本定额由机械电子工业部负责管理、解释和出版发行，自1989年10月1日起试行。

8月15日～17日 建设部在北京召开国务院工交部门工程建设工作座谈会。国务院所属的29个部、局、总公司的同志参加了座谈会。1989年上半年，全国完成基本建设投资442.2亿元，比去年同期减少13.8亿元，下降3%；改变了“七五”以来同期增长过快的势头。上半年新开25万元以上的基建项目3427个，比去年同期少开工5827个，减少近2/3；建设队伍膨胀趋势开始回转。全国工程建设的治理整顿工作取得初步成效。会议指出：压缩建设规模的任务离计划要求还相距甚远，建设力量大于建设任务的矛盾相当突出，必须进一步贯彻治理整顿方针，维护稳定，压缩队伍，共度难关，对存在的问题不能掉以轻心。

8月12～14日 全国村镇建设工作座谈会暨试点集镇规划评议会在上海嘉定召开。会议提出，要适当控制村镇建设的发展规模和发展速度，动员和引导城市的规划设计力量支援农村，正确引导农民建房合理使用土地。会上，经过评议，12个省、市、区的5个集镇规划获得优秀奖，17个集镇的规划获得佳作奖和单项奖。

8月18日 建设部以建科字第377号文，发布《关于表彰无锡、济南、天津三个优秀实验住宅小区的决定》，决定授予三个实验住宅小区技术开发部级奖。

8月22～26日 建设部在济南市召开城市住宅小区建设现场会，总结推广济南市燕子山实验住宅小区、天津市川府新村、无锡市沁园新村实验住宅小区的建设经验，宣布建设部的表彰决定。并对获得小区综合奖和33项单项奖的单位和个人颁发了奖品和证书。

上述三个实验工程是建设部“七五”科技发展计划的重点项目，实验小区总建筑面积50万平方米，基建总投资共3亿元，于1986和1987年开始兴建，1988、1989年分别建成。

8月20日 由《世界建筑》杂志社举办的评选“八十年代世界名建筑”活动揭晓。下列10个项目获选：1.香港汇丰银行大厦（1984年），2.美国波特兰波特兰大厦（1982年），3.美国纽约美国电报电话公司大厦（1984年），4.联邦德国斯图加特新州立美术馆（1984年），5.日本筑波中心（1983年），6.法国巴黎罗浮宫地下宫（1989年），7.沙特阿拉伯利雅得国际机场航站楼（1983年），8.1987年西柏林国际建筑展览会社会住宅，9.法国巴黎维莱特公园（1987年），10.加拿大多伦多汤姆逊音乐厅（1982年）。这项活动是《世界建筑》杂志社1988年9月发起的，由各方面专家组成评选委员会，经过广泛的票选而确定的。

9月1日 建设部、国家计委联合发布《林业工程项目建设工期定额》的通知，本定额由林业部负责出版发行、管理和解释，自1989年10月1日起试行。

9月5日 建设部、国家计委、监察部、审计署、工商行政管理局、建设银行联合召开全国整顿建设市场电话会议，介绍辽宁、山西、福建三省市经验。建设部干志坚副部长通报了全国建设市场整顿情况，据上海、新疆、辽宁、山东、黑龙江、湖南六个地区不完全统计，已经查处各类违法案件1045起。其中，行贿受贿144起，非法转包工程242起，出卖证件、无证和越级承包工程659起。已查出一批大案如上海市申港建筑有限公司一个副总经理收受贿赂10万余元，被判无期徒刑。深圳某工程行贿受贿案件涉及28人，两名主犯移送司法机关。广州市规划局一工作人员利用审批工程报建之机，一次索贿6.5万元，被判死缓。抚顺市综合开发建设公司倒卖铝锭，获暴利380万元，经理被撤职，非法所得全部没收并罚款19万元。会议确定，下一步整顿的重点是进一步整“倒”，治“贿”，清查违法经营，解决危害改革和社会生活，严重干扰建设市场秩序等问题。

9月8日 财政部发出《关于在勘察设计单位恢复征收国营企业所得税的通知》，通知指出，财政部1985年曾规定暂免征所得税，根据治理经济环境、整顿经济秩序方针的要求，为了平衡各单位之间的税收负担，加强对勘察设计单位的税收管理，确定从1989年10月1日起恢复征收所得税。具体规定为：一、勘察设计单位的勘察设计所得及其他经营所得盈余，从1989～1991年三年内，暂减按15%的税率征收国营企业所得税。二、对年人均盈余不足1200元的勘察设计单位，经税务部审查批准后，可在1991年以前按年免征国营企业所得税。

9月9日 中国人民解放军空军工程学院章文纲教授、程铁生副教授作出的《钢纤维混凝土框架节点抗震性能的研究》成果，在北京通过技术鉴定，该项成果达到国际先进水平。

现代大型建筑的框架节点（即梁、柱结合部），过去采用钢筋混凝土节点，施工中箍筋绑扎困难，混凝土浇铸质量难以保证，影响了建筑物的抗震性能。采用钢纤维混凝土节点取代钢筋混凝土节点，其工程造价相近，抗震性能提高，且施工方便，可大大加快工程进度。今年三月宋文纲、程铁生在中、美、日、英等20多个国家参加的国际高层建筑学术会议上发表了他们的研究成果。

9月12日 建设部以建抗字第426号文发布《地震基本烈度六度区现有建筑抗震加固暂行规定》和《地震基本烈度十度区建筑抗震设防暂行规定》，明确规定当前对六度区现有建筑物的抗震加固，只限于市级供水、供电、交通、通讯等重要生命线工程第七类建筑物；对十度区建筑和建结构设计均分别提出了要求。

9月23日 建设部建房字第408号文发布《城市综合开发公司资质等级标准》。标准共11条，适用于专营城市综合开发，建设、经营商品房屋的公司；开发公司按资质条件划分为一、二、三、四四个等级；对各级开发公司必须具备的全部条件作了明确规定。

9月28～10月2日 全国劳动模范和先进工作者大会在北京召开。建设系统有132人被评为全国劳动模范和先进工作者。其中：建筑职工63人；房管职工6人；环卫职工31人；公交职工20人；市政职工11人；园林职工1人。一线工人92名占70%，女同志45名占34%，经营管理、工程技术人员有所增多。这次建设系统劳模人数约占全国劳模总人数的5%。

9月30日 建设部发布《工程建设重大事故报告和调查程序规定》。《规定》包括：总则、重大事故的报告和现场保护、重大事故的调查、罚则、附则等共计五章21条。《规定》对重大事故的四个等级，按死亡人数和直接经济损失分别作了界定，要求重大事故发生后，事故发生单位应在24小时内写出书面报告，按规定的程序和部门逐级上报。《规定》自1989年12月1日开始施行。

10月1日 建设部批准实行城建系统8种工人技术等级标准，即：适应各行业劳动工资制度的改革，《城市勘察、测量工人技术等级标准》、《城市园林工人技术等级标准》、《古建筑修建工人技术等级标准》、《城市公共交通工人技术等级标准》、《城市供水行业工人技术等级标准》、《城市煤气、热力工人技术等级标准》、《环卫工人技术等级标准》、《房屋修建工人技术等级标准》。1979年原国家城市建设总局颁发的城市煤气、热力、房屋修缮、园林、供水等工人技术等级标准（试行）同日起停止执行。

10月6日 建设部、农业部、国务院贫困地区经济开发领导小组联合发出《关于建立第一批国家建筑劳务基地问题的通知》，决定在13个省、市自治区建立第一批由国家重点指导的建筑劳务基地。劳务基地的主要任务是：通过治理整顿培养一支能工能农的、素质好的建筑劳务队伍；加强集约化管理，促进非等级施工队伍的科学管理和技术进步，提高资质水平，使建筑业成为（县）市经济的支柱产业；集中发挥建筑业投入少、产出快的优势，更好地为脱贫致富服务。第一批30个国家建筑劳务基地是：

河北省　定州市　阜平县

江苏省　启东县　江都县　金坛县　睢宁县

安徽省　肥东县

江西省　临川县　广丰县☆　瑞金县☆

山东省　汶上县　沂水县☆

河南省　林　县　长垣县　平舆县☆　信阳地区(信阳市)☆

湖北省　孝感市　黄冈地区(麻城市)☆

广西自治区　北流县　都安县☆

湖南省　桑植县☆

四川省　遂宁县　泸　县　仁寿县　南部县☆

陕西省　宝鸡县　绥德县☆

甘肃省　临　县☆　甘谷县☆

青海省　乐都县☆

（注：有☆为贫困县）

10月13～16日 南京、济南、沈阳、南昌、重庆、昆明等25个城市建筑业主管部门的负责人，在济南举行建筑业改革座谈会。会议着重总结和反思了几年来建筑业改革的经验和问题，研究探讨治理整顿、全面深化建筑业改革的措施。与会同志一致认为，建筑业深化改革的首要问题是，必须切实加强建筑业的行业管理。

10月19日 建设部、国家计委联合颁发《新建工程抗震设防暂行规定》。《规定》指出：凡是在地震基本烈度六度和六度以上的地区的所有新建工程，都必须按规定进行设防；建设项目抗震设防烈度可以按国家有关部门颁发的地震基本烈度，或者执行经国家抗震主管部门批准的城市抗震防灾规划中的设防区划；经有权单位批准和颁发的工程抗震设防标准不得随意提高或降低。

10月19日 在曼谷召开的亚洲建筑师协会第10次理事会上，一致通过接纳中国建筑学会为该组织的国家会员。中国建筑学会常务副会长许溶烈率领代表团参加了会议。

10月23日 “中国建筑创作四十年”交流讨论会暨中国建筑学会建筑师学会成立大会在杭州召开。来自全国各省、市、自治区的建筑师代表、各大设计院的技术负责人、各大专院校的教授、学者及建筑界部分老专家一百多人参加了会议。全国著名建筑师龚德顺当选为建筑师学会理事长。

11月20日～25日 建设部标准定额研究所和中国工程建设概算予算定额委员会，在天津大学召开全国工程造价管理优秀应用软件演示交流大会。有16个工业部门和14个省市推荐的91个优秀软件在会上进行了演示交流。

11月21日 建设部发布《城市危险房屋管理规定》和《城市异产毗连房屋管理规定》，均自1990年1月1日起施行。

11月27日 “转变中的亚洲城市与建筑”国际学术研讨会在北京举行。来自美国、英国、加拿大、澳大利亚等13国的50名专家学者与国内学者，共同探讨亚洲地区城市及建筑的发展战略。国际建协主席哈尼克、亚洲建协主席坎巴塔、建设部长林汉雄及北京市副市长张百发到会致贺并讲了话。

12月9日 建设部施工管理司召开推广“鲁布革”工程管理经验试点工作检查、汇报会，听取了由建设部、国家体改委、劳动部、建设银行、国家工商行政管理局五部委组织的联合检查组对第一批试点企业进行实地检查的情况汇报。第一批试点企业是1987年10月由五部委联合审批确定的，共18家企业，分别属于建筑、冶金、石油、煤炭、化工、水电、铁路、交通等行业。检查组根据五部委9月4日通知精神，从10月11日开始检查，先后赴13个省市，召开35次大会，听取企业和企业主管部门的汇报，共检查40多项工程，参观了30多个生活基地和多种经营网点。试点结果表明，施工企业组织结构和经营机制改革的总体态势已经形成，“项目法”施工已为企业普遍接受，并积累了一些有共性的经验鲁布革工程管理经验，主要是：把竞争机制引入工程建设，推行铁面无私的招标、投标；工程施工实行全过程总承包方式；施工现场的管理机构和作业队伍精干灵活，真正能打仗；科学组织施工，讲求综合经济效益。

12月19日 首届中国西部建筑学术研讨会在西安召开。会议由西北建筑工程学院、西安冶金建筑学院等十二个单位共同发起，由西北建筑工程学院承办。会议旨在发掘西部建筑历史文化遗产，总结建筑创作经验，探索发展方向，提高建筑理论水平，振兴西部建筑事业。参加会议的代表59人，收到论文48篇，有24名专家、教授、建筑设计工作者和建筑教育工作者在会议上宣读了论文。与会代表一致同意，组织成立“中国西部建筑研究会筹备委员会”，负责协调今后的工作。

12月21日 由国务委员、国家科委主任宋健同志主持，国家质量奖审定委员会召开1989年国家质量奖审定会议，建设部负责评选的26项国家优质工程及两个国家质量管理奖（中国化工第三建设公司及胜利油田油建一公司），获得通过。26项国家优质工程是：

1.北京市东单电话局工程

2.京包线丰沙大电气化工程

3.新乡——荷泽铁路（含长恒——东明黄河大桥）工程

4.洛阳民用机场工程

5.黄浦港洪圣沙水转水码头工程

6.福马一级公路鼓山隧道工程

7.平朔安太堡露天煤矿铁路专用线路工程

8.北京图书馆新馆工程

9.天津龙门大厦商业楼工程

10.天津铁路枢纽改造工程天津新客站工程

11.青岛市铁港、杭州路立交桥工程

12.大连市香炉礁高架立交桥工程

13.流亭机场扩建工程

14.浪头机场扩建工程

15.红光电子管厂黑白显象管玻壳生产线改造工程

16.淮南洛河电厂一期（1#、2#）工程

17.淮南——繁昌500千伏输变电工程

18.开滦矿务局范各庄矿洗煤厂工程

19.北京天然气工程东郊罐站工程

20.北京郊怀220千伏线路工程

21.天津石油化工总公司炼油厂烷基化装置工程

22.北京电冰箱压缩机厂扩建工程

23.仪征短纤维涤纶一厂工程（年产6.3万吨切片，12万吨短纤维）

24.北京有机化工厂（VAE）乳液工程（年产1.5万吨醋酸乙烯——乙烯共聚）

25.乌鲁木齐石油化工总厂年产30万吨合成氨、52万吨尿素装置工程

26.四川省珙县造林工程（速生丰产林）

12月22～24日 第三届建筑工程鲁班奖及首届优秀建筑企业家颁奖大会在桂林举行。有20项工程荣获1989年建设工程鲁班奖，57名经理（局长）荣获优秀企业家的光荣称号。会议向获奖单位颁发了奖章和荣誉证书。获得1989年鲁班奖的工程是：

1.国家科技情报中心主楼

2.上海新客站

3.上海大观园

4.天津新客站

5.天津龙门大厦

6.吉林省电力调度微波通讯楼

7.黑龙江省物资贸易中心

8.黑龙江省粮食学校文化活动中心

9.广东省人民银行、广州市建设银行 营业楼

10.云南外贸大楼

11.上海南桥500千伏交直流变电站

12.南京扬子30万吨／年乙烯生产装置

13.广州万宝冰箱三厂主厂房

14.山东石横电厂2×300MW机组主厂房

15.厦门彩色感光材料厂

16.沈阳油田2#联合站油气集输系统

17.合肥国家同步辐射实验室光源区

18.京广铁路衡广复线南岭隧道

19.宝（鸡）兰（州）铁路电气化宝鸡东编组站

20.山东东营胜利黄河公路大桥

12月26日 中华人民共和国主席令第23号发布《中华人民共和国城市规划法》，自1990年4月1日起施行。《规划法》于1989年10月13日经国务院第49次常务会议讨论通过，同年12月26日经全国人大常委会第十一次会议审议通过。这是新中国建立以来，我国在城市规划、建设和管理方面的第一部法律。

12月31日 建设部发布《国家优质工程奖评选与管理办法》。《办法》包括评选范围、评选条件、申报办法、评审组织和程序、详审纪律、奖励等共计8章25条。自1990年1月1日开始实施。

12月 在法国首都巴黎郊区克雷泰伊市的塞纳河与马恩河交汇处的三角地上，法中交流中心——巴黎“中国城”动工兴建。该工程全部建筑装修设计均出自广东省顺德县建筑设计师梁昆浩之手；主体工程由法国著名的SAEP公司承包施工。

“中国城”占地9992平方米，建筑面积45285平方米。建筑项目包括：牌坊、四层城楼、六层船舫、十二层旅业楼、四层商场、四层钟楼、60米食品街、建筑联廊、苏州庭院式大花园、地下停车场等十大部分。其中全部中国式装修工程，均由中国特派古建筑装修技工承担。

1989年 据国家计委有关部门的报告资料，1989年，固定资产投资规模得到控制，一批大中型建设项目建成投产。全民所有制单位基本建设和更新施工为12.3万个，比上年减少4.3万个；当年新开工项目3.7万个，比上年减少4.1万个。生产性投资所占的比重，由上年的65.9%上升到68.4%；非生产性建设投资的比重，由34.1%下降到31.6%；特别是楼堂馆所建设得到严格控制。重点建设有所加强。城镇新建住宅1.6亿平方米，农村新建住宅7.1亿平方米。

1989年 据建设部计划财务部门提供的资料，1989年全国城市基础设施建设有所改善，投资额占全国全民所有制单位固定资产投资的4.26%。新增生产能力：自来水日供水能力368万吨，自来水管道长度1880公里，人工煤气日供气能力112.6万立方米，公共汽车、电车3604辆，新建扩建道路长度998.2公里，新建扩建道路面积1801万平方米，下水道铺设长度1422公里，污水日处理能力10万吨，永久性桥梁274座，防洪堤长度112.5公里。

城市各项基础设施水平：自来水普及率达到87.9%，人均日生活用水量为172.4升，煤气普及率达到38.6%，每万人拥有公共交通车辆4.6标台，人均拥有道路面积6.2平方米，下水道普及率达到59.5%，污水处理率达到12.7%，人均公共绿地面积为3.7平方米；建成区绿化覆盖率达到17.8%。各项设施水平较上年有所提高。

1989年末 全国共有建制市450个。城市结构、布局进一步趋于合理。100万人口以上的特大城市28个，50至100万人口的大城市30个，20至50万人口的中等城市116个，20万人口以下城市276个。新增的上百个中小城市与中心城市协作、配合，逐步形成我国城市网。

1989年 据国务院企业管理指导委员会资料，1989年有56个建筑施工企业经主管部门审定升为国家二级企业。到1989年底，全国建筑施工企业被审定为国家二级的共有78个。其中，属于中央各专业部的36个，属于各省、市、自治区的42个。

1990年

1月16日 以“我心目中的家”为主题的九十年代全国首届城镇商品住宅设计竞赛，评选揭晓。这次设计竞赛是建设部房地产司和设计司共同组织的，发起于1989年4月份。各省、市、自治区从4000多个设计方案中推荐出154个方案。经部级评选裁定39个优秀方案，其中：抚顺市建筑设计院朱显泽、重庆建筑学院潘泳华、中房公司上海设计院欧阳康等3项设计方案获一等奖；同时评选出二等奖10名，三

等奖26名，表扬奖63名；另有论文奖3名。

在评选工作汇报会上，建设部领导叶如棠、周干峙、戴念慈、许溶烈以及有关专家，对这次竞赛作了充分肯定，认为对繁荣建筑创作、更新住宅设计观念、推进住宅商品化，都将产生一定的积极影响。

1月9日 建设部解决施工企业停工待工问题领导小组召开例会。传达劳动部关于各地区、各部门妥善处理停工待工人员有关问题的情况通报，结合建筑行业实际，研究落实建设部提出的妥善解决部分全民所有制施工企业待工问题的通知》及北京、天津采取的一些措施。冶金、化工等九个部门的联络员参加了会议。

建设部1月3日发布的通知指出：今年的固定资产投资规模大体相当于去年预计完成的水平，由于投资结构调整，地区、部门之间存在不平衡，一些地区和专业施工队伍较多的部门，力量大于任务，待工的形势仍较严峻。对此要予以高度重视，对施工队伍规模必须严格控制，防止一面压缩、一面膨胀。

领导小组，有办公厅主任和计财司、体改司、监理司、设计司、施工司、城边司领导参加，由干志坚同志任组长。

1月12日 建设部为促进工程设计计算机整体的社会化、商品化，印发《工程设计计算机软件转让暂行办法》，办法共12条，对转让范围、转让合同、转让费的支付、使用和税收等问题均作了规定。

1月25日 据全国交通工作会议提供资料：七五"期间继续贯彻落实了修路、建桥、筑港、治河"的工作方针，交通基础设施取得突破性进展，是建国40年来发展速度最快、技术构成改善最大的五年。五年中，新建公路8万多公里，使我国公路总里程达到102.8万公里，提前两年实现了"七五"计划。公路建设不仅数量增加，而且开始发生质的变化。5年内新增2级以上公路2.4万公里，相当前35年修建2级以上公路里程的总和，并结束了我国大陆没有高速公路的历史。

沿海港口，建成深水泊位96个，中级泊位90个，加上过驳措施，新增吞吐能力1.38亿吨，使我国港口能力全面紧张的状况得到了较大程度的缓解。

2月12—15日 建设部在北京召开全国建设工作座谈会。全国29个省、市、自治区和14个计划单列市主管建设工作的负责同志，60余人参加了会议。会议着重讨论了《建设部1990年工作要点》和《建设领域治理整顿和深化改革三年工作纲要》，提出了本年度全国建设工作要点。会议强调，高度重视住宅建设，在治理整顿期间，要按照国家要求，确保计划内的住宅建设规模不低于1987年80%的水平。与会代表介绍了各自地区解决窝工问题的措施和效果，并提出一些要求和建议：希望"政策倾斜"，给骨干企业一些"温饱工程"；要治理拖欠工程款；打向国外应有配套政策等。会议结束时林汉雄部长作了总结发言。

3月3日 建设部印发《关于整顿建设市场的情况及下一步安排》的通知。《通知》在综述1988年底全国建设工作会议以来整顿建设市场工作情况之后，提出1990年整顿建设市场要抓好五项工作：一、继续深入清查违法违纪行为；二、强化设计、施工和房地产开发经营企业的资质管理；三、切实推行招投标制，加强承发包管理；四、在整顿中要注意掌握政策，依法办事；五、建设市场要实行统一领导，分级管理。强调指出：要重点清查1987年以来在各建制市（含工矿区）工程承发包中发生的行贿受贿、收受"回扣"、倒手转包；管理机构和工作人员中利用职权索贿受贿；设计、施工单位无证经营、越级承包、偷工减料；指定产品或设计、施工单位而谋取私利等问题。

3月9日 据建设部主管部门提供资料：我国自1985年4月实施专利法以来，至1989年9月共授予国内专利3万件，其中与建设方面有关的专利技术为7000多件，约占总数的25%；这些专利技术涉及建筑结构、施工工艺、建筑制品、机械工具、测试仪表、水暖电工设备等16个技术领域中的100多个技术类别。"现场叠层生产预应力钢筋混凝土拱型屋面大板"、"真空预压加固软土地基法"、"平衡阀及其专用智能仪表"等一大批高水平的技术专利，已获得1989年11月颁发的"中国专利发明创造优秀奖"。

3月13—15日 建设部在京召开监察工作会议，研究部署1990年的监察工作，推动建设部系统反腐败斗争和廉政建设的进一步开展。据统计，建设部各级监察部门1989年共受理举报、信访违纪问题和案件线索596件，立案查处和要求报告结果的110件，已了结76件，受到各种处理的76人，其中处级干部11人，移送司法机关20人。在两院一部《通告》发布后，中建总公司所属单位共有43人主动坦白交待了贪污、贿赂等经济问题，共计金额25.9万余元。建设部副部长叶如棠和监察部七司负责同志参加会议并讲了话。

3月21日 国务委员兼国家计委主任邹家华在七届人大三次会议上关于一九九〇年国民经济和社会发展计划草案的报告中提出：从1990年起，国家对基本建设实行年度投资规模和在建项目总规模双重控制办法，开征投资方向调节税，同时取消建筑税，把一部分非重点建设资金转到国家重点建设上来，还要把更多的注意力放在对现有企业的技术改造上来。1990年要继续控制投资规模，调整投资结构。全社会固定资产投资规模4100亿元。其中全民所有制单位投资为2510亿元，集体和城乡个体投资为1590亿元。在全民所有制单位固定资产投资中，基本建设投资为1350亿元，更新改造投资为820亿元。主要是压缩一般性建设投资。重点加强农业、能源、交通等方面的投资。

3月27—28日 为适应各省、市、自治区建设系统编修《城乡建设志》、《建筑志》等专业志的工作需要，建设部科学技术委员会在北京召开建设系统专业志座谈会，正式成立建设系统专业志编纂指导委员会。参加会议的有部机关有关部门和部分省市建设系统编修专业志的负责同志。建设部顾问肖桐、总工程师许溶烈同志参加会议并讲了话，强调了这一历史性文化建设工作的重要意义及其艰巨性、复杂性，表示部各有关业务部门将尽力支持推动这一工作的顺利开展。会议根据现职与二线同志结合、部机关与地方同志结合的原则，议定了委员会成员，推举袁镜身同志为主任，魏芳亭、乔虹、陈为邦、王弗为副主任，并确定了秘书处工作人员。

1990年3月 据国家统计局资料，新中国建立40年来，建筑业共创造总产值23，480亿元，净产值6208亿元。其中，1989年完成总产值2834亿元（1949年仅为4亿元），占社会总产值的比重由1949年的0.7%提高到8.19%。建筑业产值已超过商业和运输业之和，在五大产业部门中，仅次于工业和农业。1989年完成净产值774亿元，占国民收入的比重由1949年的0.3%提高到5.9%。

4月1日 为纪念由建设部、民政部、中国残疾人联合会联合颁布的《方便残疾人使用的城市道路和建筑设计规范》发布实施一周年，各有关部门联合召开座谈会。建设部副部长干志坚出席座谈会并讲了话，他指出：我们要高举社会主义的旗帜，理解、尊重、关心、帮助残疾人，使他们能“回归社会”，发挥自己的光和热。

近年来，北京部分亚运工程、康乐中心、隆福大厦、长安商场、北京图书馆以及上海的一些商店、影剧院采取了无障碍设计。深圳市除规定新公共场所设置残疾人设施外，还对市区原有的主要道路和公共场所进行了改造。一些残疾人反映：“不仅便利了我们的生活，更增添了自立自强的信心和平等感。”

4月9日 建设部印发《建设工程质量监督管理规定》，共7章30条，并附发《建设工程质量监督机构及人员考核办法》。

4月14日 建设部以建设字第162号文发布《关于认真开展资质大检查，坚决清理不合格勘察设计单位的通知》，强调要彻底清理一批不合格的勘察设计单位，凡有下列情况之一的单位，要坚决吊销其资格证书：如人员构成不符合国家的有关规定，以兼职人员或离退休人员为主体的单位；主要技术人员和骨干组建前未从事过勘察设计的单位；没有固定建筑师的建筑设计单位；专业基本不配套的单位等。

4月25日 国务院清理“三角债”领导小组、建设部、建设银行发出《关于抓紧清理拖欠工程款的通知》。通知指出：近几年来，基本建设单位拖欠施工企业工程款大量增加，而且边清边欠、前清后欠的情况十分严重。截止到1989年底，全国国营和城镇集体施工企业被拖欠的工程款总额达99.9亿元，占基本建设单位拖欠设备材料款和工程款总数的50%，占全国“三角债”总数的10%以上。大量的拖欠工程款，不仅挤占了施工企业50%以上的流动资金，使企业经营极度困难，而且影响国家重点工程建设和银行资金周转。通知要求各地区、各部门集中力量对拖欠工程款进行一次全面清理和回收，力争在七月底以前抓出成效。

5月3日 建设部印发《关于工程建设标准设计编制与管理的若干规定》，规定指出，标准设计对提高工程建设质量、节约工程建设投资、缩短设计和建设周期、节约材料和能耗、提高工程综合经济效益和劳动生产率都具有重要作用。对标准设计的编制、修订、管理机构及其职责等作了明确规定。

5月14日 建设部发出《关于进一步加强结合民用建筑修建防空地下室工作的通知》，通知强调以居住区人防工程建设为重点，居住区防空地下室既可为居民在战时提供就地掩蔽场所，又可在平时用于居民的生活生产服务。通知并对防空地下室的工程质量、资金管理等作出具体规定。

7月8日，建设部颁发《六级人民防空地下室设计规程》。本规程系《人民防空地下室设计规范》的补充，自1990年10月1日起执行。

5月17—20日 全国22个省、直辖市、自治区建筑工程总公司总经理，在成都聚会，探讨大型建筑集团企业如何走出困境，求得发展，在国民经济中发挥支柱地位作用。

据会议提供的资料，这22个国营大型建筑集团企业，拥有88万名职工，是我国社会主义现代化建设的一支骨干队伍。它们在10年改革中，完成总产值609亿元，竣工房屋面积16406万平方米，实现利润47.5亿元，上交国家利税、能源交通重点建设基金和其他各种费用25亿元，为国家作出了巨大贡献。

近几年来，由于国家压缩全社会固定资产投资规模，建筑市场运行机制不顺，企业面临着七大困难，即①任务锐减，队伍庞大，难以为继；②资金短缺，拖欠工程款严重，难以周转；③招标投标法规不健全，条块保护多，难以中标；④全社会商品几经调价，建筑产品价格严重背离价值，企业难以消化；⑤企业负担重，利润少，难以发展；⑥各省建筑总公司无直接对外经营权，难以出国门；⑦行业管理体制不顺，互相掣肘，改革难以深化和发展。

针对这一系列问题，22家建筑总公司总经理向国务院主要领导提出十点建议。

一、把企业管理纳入计划经济

和市场调节相结合的轨道。二、强化建筑企业的资质管理和建筑市场管理。三、建立科学、合理、严格的工程招投标管理体制。四、迅速纠正建筑产品价格扭曲的状况。五、尽快走出资金匮乏的困境。六、尽可能为国营大型建筑企业打入国际建筑市场创造条件。七、继续推行经营承包责任制，适当调整承包基数。八、改进定额流动资金管理制度。、九、一业为主，多种经营。十、劳保社会统筹，准许建筑业实行行业统筹、主管部门统一管理办法。

5月17日 亚洲最高建筑、七十层的香港中国银行大厦，正式落成，1200多名来宾参加落成典礼。这座以铝合金和银灰色反光玻璃为幕墙的建筑物，总高度（加桅杆）367.4米，在全世界高楼中排名第五。大厦由著名建筑师贝聿铭设计。

5月22日 建设部评出24名有突出贡献的中青年专家，并经部务会议批准，决定予以表彰。这24名同志将按照有关规定晋升一级工资，并在工作条件、生活待遇方面得到改善。

5月25—6月4日 建设部城市住宅小区建设试点办公室在南通市召开专家评议会，审定参加全国第二批住宅小区试点的16个住宅小区规划方案。这16个小区是：南通学田小区、济南佛山苑小区、无锡芦庄小区及锡惠里小区、常州红梅西村小区、苏州三元小区、合肥琥珀山庄南村、上海康乐小区、承德馒岭小区、北京恩济里小区、洛阳华侨新村、成都棕北小区、南宁官塘小区、太原漪汾苑小区、株洲滨江一村、西安麇家桥小区。

5月27—6月2日 第十七届世界建筑师大会在加拿大蒙特利尔市召开。来自各大洲的3000余名建筑师与专家通过讨论提出《蒙特利尔宣言》。与此同时召开的第十八届代表会议上，我国著名规划师周干峙当选为世界建协理事。大会期间，还举行了大学生国际设计竞赛及建筑书刊评选。我国西安冶金建筑学院建筑系的岑北缨等9名学生，提交的住宅设计方案，荣获大学生国际竞赛最高奖——联合国科教文组织奖。

6月5日 全国高等学校建筑学专业教育评估委员会正式成立。评估委员会由建筑教育专家、知名建筑师、有关教育管理部门和学术团体共15人组成。评估委员会1991年进行试点评估，1992年开始正式管理评估申请。评估工作将为我国高等学校建筑学专业教育水平的提高、建筑学职业学位的建立和国际间相互承认学历以及注册建筑师制度的建立创造条件。全国近50所高等学校建筑系主任、全国高等学校建筑学学科专业指导委员会、建设部、国家教委、国务院学位委员会办公室有关领导出席了在天津大学召开的成立大会。

6月8日 经过三万余名建设者三年多的拼搏，第十一届亚运会工程33个比赛场馆已全部竣工。与场馆配套的市政、邮电、广播通讯等设施亦大部完成。整个工程总建筑面积达130万平方米。部分工程采用了具有世界先进水平的新技术、新工艺、新材料。其中，新型斜拉索桥式屋盖结构等先进技术已达世界一流水平。

亚运会工程于1986年9月奠基，总体规划建设方案既考虑了满足亚运会的需要，又要为将来举办奥运会创造条件。除帆船比赛在河北省秦皇岛市外，其他项目都分散在北京市各区（县）及高等院校内建设。

北京市建筑设计院承担了亚运会工程设计总量的80%，另外还有航空航天部第四设计院、等13家设计单位；参加施工的一级施工企业有北京市建总公司、住宅总公司、城建总公司、市政工程局，中建一局、二局，河北省建筑总公司及其下属的30多个公司。

12月25日，亚运会工程正式通过国家验收。

7月5日 在日本大阪举行的国际花与绿博览会上，中国江南园林“同乐园”荣获10项奖，即3个优秀奖（庭园艺术性、垂花门、廊）、6个金奖（方亭、四面厅、石舫、亭、庭园设计、传统庭园艺术）、1个银奖（庭园施工）。1990年日本大阪国际花与绿博览会，是世界上历次博览会中规模最大的一次盛会，有71个国家和地区参展。

7月5日，日本政府代表西田盛哉主持了“中国国家日”庆典。国务委员李铁映代表中国政府、建设部副部长叶如棠率建设部代表团参加了庆典活动。

同乐园建造在大阪花博中心区，占地1000平方米，由中建园林公司设计施工，所用砖瓦、木构、山石等均由中国运去。

7月6日 由中国艺术研究院等三单位，举办的“中国80年代建筑艺术优秀作品”评选在北京揭晓。获奖的10项作品为：中国国际展览中心（北京市建筑设计院柴裴义）、侵华日军南京大屠杀，遇难同胞纪念馆（东南大学建筑设计所、南京市建筑设计院齐康、顾强国等）、福建武夷山庄（东南大学建筑设计所、福建省建筑设计院齐康、赖聚奎等）、深圳体育馆（建设部建筑设计院、华森建筑与工程设计顾问公司熊承彰、梁应添、吴持敏）、敦煌机场航站楼（甘肃省建筑勘察设计院刘纯翰）、新疆迎宾馆（新疆自治区建筑勘察设计院高庆林、罗传浩、吴建业等）、华东电业管理大楼（华东建筑设计院罗新阳）、上海龙柏饭店（华东建筑设计院张耀曾）、阙里宾舍（建设部建筑设计院戴念慈）、北京台阶式花园住宅（清华大学建筑学院吕俊华）。

这次评选活动，是新中国建立以来第一次由民间举办的大规模建筑艺术作品评选。自去年11月开始，经广泛的群众推荐和自荐，评委会共收到60余家设计单位和建筑院校创作的110余项作品，从中精选出39项作为候选作品，经近200人的选举团投票，按得票数依次确定的。

7月11—14日 建设部系统思想政治工作和劳动模范表彰大会在北京举行。30个省、市、自治区的代表共200余名出席了会议。建设部部长林汉雄在会上作了开创思想政治工作新局面的报告，中国职工思想政治工作研究会会长袁宝华出席了开幕式大会。会议讨论了《建设部系统职业道德建设三年规划》，表彰了全国建设系统的1076名劳动模范、36个思想政治工作优秀企业、34位优秀企业思想政治工作者，给35个研究会颁发了工作奖。中顾委常委余秋里、王首道、委员荣高棠、吕东、北京市常务副市长张百发为劳模颁奖。

7月13日 《中国社会报》报导：遍布我国城乡的各类烈士纪念建筑物计有5327处。经国务院批准列为国家重点保护单位的已有两批共69处。

7月31日 建设部印发《广州抽水蓄能电站工程建设监理调查报告》和《广西岩滩水电站工程建设监理调查报告》。广州抽水蓄能电站试行建设管理模式，业主用合同约定的方式，将工程建设的组织管理和对设计与施工的监督工作，委托能完全独立的监理单位承担，改变了旧体制。岩滩水电站实行建设监理制、招标承包制，并采取了一些重大技术措施，该工程建设亦取得良好成绩。

8月15—19日 "历史城市的保护与现代化发展"国际学术讨论会在北京举行。亚洲、欧洲、北美、大洋洲共14个国家和地区以及国际组织的近30名官员、教授、学者出席；国内有6个城市、28位学者参加。建设部副部长周干峙在会议开幕致词时指出，我国历史城市比较多，国家级历史文化名城有62个。历史城市的保护和发展，重要的是现代文化与传统文化不可割裂，物质文明和精神文明不可偏废。会上交流了17篇论文。我国代表吴良镛，英国代表沃特·波尔，苏联代表瓦瓦金的论文受到重视。

8月25日 建设部、中国人民建设银行以建施字第443号文印发《清理拖欠工程款座谈会纪要》。纪要综述了7月27日至8月5日在北京召开两次清理拖欠工程款座谈会，及近年来各地清理拖欠工程款的进展情况。对下一步的清欠工作提出五点要求，强调当前，要抓紧审查1990年列入国家计划的大中型重点建设项目的拖欠工程款，函项加以落实；按照"先还款、后建设"的原则，解决建设项目中自筹资金缺口造成的拖欠；要根据建设部(90)建施字第357号《关于印发被拖欠工程款大户施工企业名单的通知》要求，集中精力，积极帮助被欠大户回收拖欠工程款；并严格管理，防止新欠。

9月6日 建设部、国家计委联合发出《关于贯彻执行〈国务院关于严格控制城镇住宅标准的规定〉补充意见的通知》。《通知》再一次明确，住宅建设的面积标准，"八五"期间乃至今后一段时间内，仍应以中小型户为主，平均每套建筑面积控制在50平方米以内，不得用国家或单位资金搞高级装修。当前住宅建设的重点，应放在解决困难户，尤其是无房户和严重拥挤户的居住问题上。不得以任何借口或变通办法，突破住宅建设标准。凡突破标准的，计划部门不得予以立项，设计单位不得予以设计，建设管理部门不得批准施工。

9月11日 中国兰新铁路与苏联土西铁路接轨。至此，第二座亚欧大陆桥全线贯通。这段铁路，从中国兰新铁路乌鲁木齐西段至苏联边境的新疆阿拉山口站，全长460公里，是1985年5月开工的。这条大陆桥，东起我国连云港，西至荷兰鹿特丹港，横跨欧亚两大洲，连接太平洋和大西洋，穿越中国、苏联、波兰、德国、荷兰等国，辐射30多个国家，构成一条长达1万多公里的经济走廊。它在我国境内的部分4100多公里，横贯我国中部五省区。

9月27日 建设部举行新闻发布会，公布全国首批120名勘察设计大师名单。这是经过国务院有关部门和各省、自治区、直辖市主管部门逐级推荐，在广泛征求意见的基础上，由建设部确定的。其中设计大师100名，勘察大师20名，共分布在21个行业。

建设部副部长叶如棠在新闻发布会上，称赞大师们对我国社会主义建设事业作出的巨大贡献和他们崇高的思想境界，高度评价了勘察设计工作在国民经济中的重要地位。41年来，我们依靠自己的勘察设计力量，建成大中型基本建设项目4300多个、小型项目近百万个。勘察设计已成为我国经济建设中的重要力量。

9月27日 国家质量奖审定委员会审定并通过了1990年度国家优质工程奖获奖名单。这次共有27项工程获奖。其中，上海石化总厂涤纶二厂工程荣获金质奖，上海铁路新客站工程等26项工程荣获优质工程银质奖。这27项获奖工程是从九个省、市、自治区和国务院11个部门申报的37项工程中评选出来的。其中，能源、水利工程6项，交通邮电通讯工程6项，原材料工程5项，轻纺工程4项，民用、市政工程6项。

9月28日 纵贯山西省的大(同)运(城)公路建成通车。大运公路是国家重点公路建设项目。1986年破土动工。参加建设职工达3万人，工期4年，总投资6.9亿元。这条公路全长737公里，宽12米，连接全省23个县市；修筑桥梁209座，涵洞2366个，隧道3座，总土石方为1590万立方米。

10月5日 据国际隧道与地下工程学术会议披露，我国已建成铁路隧道4800余座，总长度达2200多公里。80年代以来，相继修建了全长为1.4万米的大瑶山双线隧道，

8460米的军都山隧道，以及云南鲁布革水电站引水隧道、上海延安东路越江隧道等。大瑶山隧道工程，开创了我国铁路隧道建设使用高效率重型机具，进行全断面综合机械化施工的先例。

10月6—10日 建设部科技工作会议在郑州召开。国务院各有关部委、各省、市、自治区、计划单列市建委、建设厅、有关科研单位、大专院校、重点企业的代表共200余人参加了会议。建设部副部长叶如棠、干志坚、总规划师储传亨、总工程师许溶烈出席会议。会议就各地区、各部门推动建设事业科技进步的做法和经验进行了交流；并就如何加速建设科技进步、搞好科研成果转化工作，以及“八五”计划和十年规划纲要进行了深入研讨。140项部级科技成果推广项目在会上正式发布，这是建设部建立科技成果公报制度后发布的首批推广项目。

10月11日 海峡两岸110多名建筑师在清华大学举行“中国第三次建筑学术交流会”。交流会主题是“中国建筑的过去与未来”，按建筑教育、传统与未来、建筑创作和城乡规划四个专题组进行了交流和研讨。戴念慈、张学敏、林长勋、倪维计、叶如棠、谭庆琏等两岸建筑师及来宾在会上发言。海峡两岸建筑师首次座谈会是1988年10月7日至10日在香港举办的，有46人参加；第二次在泰国曼谷举行，有52人参加，这一次有台湾建筑师40人，大陆各地建筑师70人参加。

10月16日 建设部、国家体改委发出《关于继续在部分城市建筑业进行行业管理试点的意见》的通知。提出了行业主管部门10项职能，同时确定在19个城市继续进行试点。建筑业行业管理试点工作是1985年在国家体改委和原城乡建设部的指导下开始的，先在南京、沈阳、重庆、南昌4个城市进行，逐步发展到19个城市。6年来试点实践证明，行业管理冲破了部门界限，强化了政府对全行业的宏观调控，有利于调整队伍结构，为企业发展创造更好的外部环境；也有利于提高企业素质、经营管理水平和调动企业积极性，成效显著。

10月20日 我国最高的建筑——京广中心工程全部竣工，在北京通过专家和质量监督部门的竣工总验收和质量评估。该工程建筑面积14.5万多平方米，共53层，高度为208米。工程立面采用天蓝色玻璃墙，色调优美，挺拔俊秀。

10月25日 建设部召开国家优质工程奖表彰总结大会。建设部领导及国务院有关部委的领导同志和144个获奖单位的代表参加了大会。1990年，建设领域有27项优质工程、5项建筑机械产品，分获金质奖和银质奖，有两个施工企业荣获质量管理奖。据大会提供的资料：十年来，共创出了246项国家优质工程，其中金质奖9项，银质奖237项；有1072个规划、设计、施工及建设单位获奖；有12个施工企业获得了国家质量管理奖；有416个QC小组获国家优秀质量管理奖。

10月27日 首届全国青工技术大赛建筑系统瓦工、抹灰工决赛揭晓。顾振林获瓦工第一名，于建友获抹灰工第一名，在闭幕式大会上，建设部、中国城建建材工会向获得瓦工、抹灰工比赛前10名的选手授予“全国青年瓦工技术的能手”和“全国青年抹灰工技术能手”光荣称号。同时向这次大赛成绩良好的瓦工第11名至第24名、抹灰工第11名至第25名参赛选手颁发了鼓励证书，向给予这次大赛以大力支持的北京市建委等9个单位赠送了锦旗。

10月30日 建设部“三定”方案，经国家机构编制委员会审议并原则批准。按照批准的“三定”方案，建设部是国务院领导下综合管理全国建设事业的职能部门。其基本职能包括四个方面：一是对全国各部门、各地区基本建设的勘察设计、建筑施工进行综合管理和监督，会同国家计委组织制定各行业建设项目的标准定额。二是规划和指导全国城市建设和村镇建设。三是归口管理全国建筑业、房地产业和市政公用事业。四是开拓国外建筑市场，发展对外工程承包，带动建筑材料和机械设备出口。

11月6日 国际体育建筑学术交流会在北京举行。中国和日、英、德、美、苏等18个国家和地区的建筑及体育设施专家参加了会议。国际建协主席哈克尼、亚洲建协主席坎巴塔以及建设部副部长叶如棠、周干峙，北京市常务副市长张百发到会祝贺。

与会的200余位中外专家，围绕如何使体育设施更好地为社会服务，发挥并提高体育设施的社会效益和经济效益等问题，进行了深入探讨。国际建协主席哈克尼先生在发言中，盛赞不久前在中国举办的亚运会。他认为，现有的场馆，为中国今后成功地举办奥运会创造了良好条件。

会议由中国建筑学会主办、中国体育科学学会、北京市土建学会协办，并得到了国际建筑师协会和亚洲建筑师协会的大力支持。

11月6日 建设部以建施字第559号文，公布全国施工技术先进企业、先进个人和施工新技术优秀项目表彰名单。同日，由建设部主办的第一次全国施工企业新技术成果展览和表彰先进大会在北京举行。据建设部施工管理司提供的资料：改革十年来，我国施工技术已有多项达到或接近国际水平。其中有：

上下长距离顶管技术，顶进长度达1140米，仅次于西德，居世界第二位；

上海市第二条越江隧道采用挤压格构式盾构法施工，盾构直径11.3米，居世界第三位，总推力1.08万吨，推进长度1476米；

大面积土方压实技术，采用机械化、信息化施工，压实密度达到96%；

长江葛洲坝水利枢纽工程大江

截流技术，深水围堰技术和坝基基础处理等复杂技术的处理能力居国际先进行列；

钢筋混凝土高层建筑施工技术及其混凝土泵送技术，一次泵送高度达200米；

超厚钢板的焊接技术，已达到国际先进水平；

设备整体吊装与气顶法安装技术；

拆除爆破技术，已居世界领先地位。

11月7日 国内规模最大的现代化综合建筑群——中国国际贸易中心，通过工程竣工总验收。该工程设计、施工质量均达到国际先进水平。国贸中心总建筑面积达42万平方米，总投资4.5亿美元，包括饭店，公寓、写字楼及展览大厅等13个单位工程。该工程由法国艾萨义建筑工程公司总承包施工，中建一局等单位分包施工。

11月13日 我国特大型化纤骨干企业仪征化纤公司的最后一个建设项目——二期工程的聚酯八单元投料试车成功。至此，仪化公司宣告全面建成投产。国务院致电祝贺，国务委员邹家华等出席建成投产大会。该公司的化纤生产能力占全国化纤生产能力的1/3，成为我国最大的化纤及其原料生产基地。

11月21日 建设部发布《关于进一步加强建设系统廉政建设。纠正行业不正之风的通知》，要求各级建设主管部门，要把纠正行业不正之风当作一项中心工作来抓，严格管理，健全制度；各级领导干部以身作则，一级抓一级，层层落实；弘扬正气；严肃法纪，强调对违纪违法案件，配合监察、审计、纪检等部门查清一件，处理一件。对于违纪违法的单位和个人要按有关规定和法律，严肃处理，决不姑息迁就。

11月21—24日 建设部在天津召开全国村镇建设工作会议。农业部、卫生部、国家土地局等有关部、局的副部长和局长参加了会议。会议总结近10年来村镇建设工作的经验，表彰100个村镇建设先进单位，研究了“八五”和今后十年村镇建设的发展规划及政策措施，部署了当前工作。建设部部长林汉雄作了报告。

截至1989年底，我国集镇已达45644个，村庄3819090个，有95.4%的集镇和74.1%的村庄编制完成了建设规划。近10年来完成4184套农民住宅通用设计图的设计工作。培训村镇建设专业技术和管理人员近50万人次。全国新建村镇住房67亿平方米，相当于前30年建设总量的两倍多。

11月21—24日 城市住宅小区规划设计国际研讨会在北京举行。参加会议的有苏联、日本、加拿大、印度和香港地区，以及我国23个省、市、自治区的建筑科研、规划设计、高等院校、住宅开发及管理部门的近百名专家。会议研讨了城市住宅小区规划设计的指导思想和发展趋势；改善住宅小区环境质量，实现住宅设计标准和多样化的途径；提高住宅功能质量的措施，以及住宅小区综合开发配套建设和维护管理等方面的问题。建设部副部长叶如棠、周干峙出席了会议。

11月29日 东南大学建筑系收到日本建设报社负责人由东京发来的贺信，通知该系陈松、李长君、毛大庆、蔡均如、陈兰5位同学的设计方案，在日本第四届建筑与环境国际设计竞赛中荣获学生奖。这五位同学在庄金元、胡仁录等老师指导下共同完成的《轮回》规划设计方案，“因对南京市东北部地区今后发展和保持生态平衡的自然环境，及用现代化手段对自然能源利用，作了有益探讨与合理规划”。

12月4日—6日 为纪念邓小平同志关于建筑业是支柱产业的重要指示发表十周年，中国建筑业联合会、《建筑经济》编辑部、江苏省建委、江苏省建筑工程局、江苏省建筑业联合会等单位，在扬州联合召开了有120人参加的“江苏建筑业发展及其支柱作用研讨会”。会议总结交流了建筑业改革和发展经验，研究探讨建筑业真正成为国民经济支柱产业的有关政策，如何进一步推动经济的振兴和发展等问题。江苏省人民政府季允石副省长、建设部总经济师杨慎同志、中国建筑业联合会副会长张恩树同志等在会上作了重要讲话。在这次会上，江苏省人民政府授与泰兴、江都、泰县、启东、海门、南通等六县(市)“建筑之乡”称号。北京、上海、山东、山西、河北、黑龙江、辽宁以及厦门等20个兄弟省市建筑主管部门的负责同志应邀出席了会议。

12月5日 第五届全国优秀科技图书奖评选揭晓，新闻出版署及科技出版工作委员会在人民大会堂举行发奖大会。建筑方面图书：

《曲阜孔庙建筑》、《地震工程学》获一等奖；《地基处理手册》、《建筑物的裂缝控制》、《冻土路基工程》获二等奖。中国建筑工业出版社亦获得奖励。

12月7—12日 联合国教科文组织世界遗产委员会第十四次会议在加拿大召开，会议一致通过：中国著名风景区黄山被联合国列为世界“文化与自然遗产”。

我国的长城、故宫、秦始皇陵、莫高窟和周口店北京人遗址，已于1987年被联合国世界遗产委员会首批作为“文化遗产”；泰山作为“文化与自然遗产”已列入《世界遗产名录》。黄山系由建设部作为《世界自然遗产》于1989年10月向联合国提出申报的。教科文组织今年5月派世界遗产项目官员桑塞尔博士赴黄山进行了实地考察，认为黄山不仅是世界无与伦比的自然风景区，而且具有历史文化风采。

12月12日 中国施工企业管理协会组织评选的59名全国优秀施工企业家获“金星奖”。这次评选是根据中国企业管理协会和中国企业家协会关于评选全国优秀企业家的要求，经建设部同意，由中国城建建材工会、中国施工企业管理协会组织的。评委会主任、建设部副部长干志坚出席评委会并讲了话。

12月13—15日 建设部在北京召开首次全国勘察设计工作暨表彰大会。国务委员、国家科委主任宋健等中央领导同志出席了会议。大会向获得全国设计大师和勘察大师称号的120位专家，以及获得优秀工程勘察、优秀工程设计金奖的单位，分别颁发了证书、奖状和奖牌。建设部部长林汉雄在大会上作了《坚持改革，勇于创新，把勘察设计工作提高到一个新水平》的报告。报告说，改革前的1979年，全国勘察设计单位大约完成300亿元左右投资额的勘察设计任务，1989年达到2263亿元，增长了6倍多，保证了一大批国家重点工程勘察设计任务如期完成，勘察设计水平有了明显的提高。十年中，有114项工程获国家优秀勘察奖，665项工程获国家优秀设计奖。

12月14日 北京市政府决定，对金中都水关遗址建馆保护，为向游人开放创造条件。中都水关是9月下旬在北京右安门外兴建住宅小区时发掘出的。根据出土位置，专家们断定，这是金中都南城垣下的一处水关距今847年，比卢沟桥早47年。具有重要的历史价值和科学价值，为金中都水系的研究，提供了重要实物资料。专家们还注意到，梁思成教授生前依据《营造法式》的文字纪载而绘制的水关复原图，同这次发掘出的金中都水关遗址的外貌、结构完全一样。

12月29日 亚运工程特别鲁班奖颁奖大会在北京国际会议中心隆重举行。万里、李锡铭、谷牧、陈希同等领导同志出席颁奖大会。中国建筑业联合会会长肖桐主持大会并讲话。出席颁奖大会的还有原国家建委主任韩光、体委副主任何振梁、北京市常务副市长张百发、建设部副部长叶如棠、干志坚、中国建筑业联合会副会长张恩树等。参加颁奖大会的有获奖单位代表以及北京部分建筑工程公司代表共600余人。万里等领导同志向获奖工程的24个承建单位代表颁发了亚运工程特别鲁班奖金像；大会还授予19个主要参建单位荣誉奖状，授予北京市工程建设质量监督总站质量监督纪念奖，向亚运会工程指挥部赠送工程建设纪念鲁班金像。亚运工程总指挥张百发，代表4万多名建设者讲了话。万里、李锡铭、谷牧、陈希同等领导同志接见获奖单位代表，并合影留念。

1990年 据李鹏总理在七届人大第四次会议上《关于国民经济和社会发展十年规划和第八个五年计划纲要的报告》，1980～1990“十年间全社会固定资产投资完成2.77万亿元，超过前30年的总和。其中，全民所有制基本建设投资1.08万亿元，建成投产包括能源、原材料、交通运输、邮电通信等方面的大中型项目1000多个。投入更新改造资金5470亿元，完成技术改造项目40.9万项。一大批基础工业和基础设施重点项目建成投产，经济的薄弱环节有所加强，产业结构和产品结构有所调整，城乡建设取得明显成就，为国民经济持续发展增添了后续力量。

1990年 经国务院批准，新增17个县级市，全国城市总数由1989年的450个上升到467个。其中，直辖市3个，地级市185个，县级市279个。

1990年 据国务院口岸领导小组公布的资料，为适应改革开放需要，1990年全国增辟了妈湾、盐田、清澜、洋浦、大安、马鞍山6个港口，长沙、合肥、南昌、济南4个机场，以及阿拉山口铁路共11个一类口岸。截至1990年底，全国对外开放的一类口岸已达150个，并已由沿海地区向内地和边境省区发展。全国沿海和长江共投产33个深水泊位，新增能力1700万吨，增添和更新了一批装卸机械设备，扩建了库场，使港口生产保持了宽松局面。

1990年 据公路建设部门提供的资料，“七五”期间，我国公路建设达到建国以来的最高水平：已建成干线公路29条，使我国公路总里程达到102万公里，比“六五”末期新增8万公里。全国除一个边境县(西藏墨脱县）未通公路外，其余2300多个县（市）、95%的乡镇、75%的村庄都通了公路。“七五”期间，我国二级以上高等级公路发展尤为迅速，总数已达45000公里，比“六五”末期增加24000公里。其中，高速公路从无到有，达到524公里；一级公路达到2600公里；二级公路达到41000多公里。

1990年 据国家统计局投资司提供的资料，1990年建筑业经济效益处于低谷。全民所有制施工企业经济效益下降。

全员劳动生产率14509元，比1989年的13820元增长5%，但扣除价格因素，实际降低1.8%，是“七五”期间劳动生产率增长速度最慢的一年。

亏损企业845个，比上年增加340个；亏损面19.8%，比上年提高6.9个百分点。

实现利润16.6亿元，比上年的26.4亿元下降37.2%；人均创利257元，比上年的415元下降38.1%。

产值利润率和资金利润率，分别比上年减少1.2和1.7个百分点。

《中国建筑年鉴》
编委会办公室
主　　任　赵铁凡
副 主 任　郭丽瑗
出版社编辑部
主　　任　李金龙
编辑人员　向建国
　　　　　张子忠
封面设计　张树杰
正文设计　黄　燕
责任校对　骆毓华